Die Zulässigkeit und Ausgestaltung von beruflichen Zusammenschlüssen von Ärzten mit Nichtärzten

Europäische Hochschulschriften Recht

European University Studies in Law

Publications Universitaires Européennes de Droit

Band/ Volume **6282**

Philipp Henneberg

Die Zulässigkeit und Ausgestaltung von beruflichen Zusammenschlüssen von Ärzten mit Nichtärzten

PETER LANG

Bibliografische Information der Deutschen Nationalbibliothek
Die Deutsche Nationalbibliothek verzeichnet diese Publikation in der Deutschen Nationalbibliografie; detaillierte bibliografische Daten sind im Internet über http://dnb.d-nb.de abrufbar.

Zugl.: Mannheim, Univ., Diss., 2021

D180
ISSN 0531-7312
ISBN 978-3-631-86199-8 (Print)
E-ISBN 978-3-631-87239-0 (E-PDF)
E-ISBN 978-3-631-87240-6 (EPUB)
DOI 10.3726/b19382

Diese Publikation wurde begutachtet.

www.peterlang.com

Meinen Eltern

Vorwort

Diese Arbeit beruht im Wesentlichen auf der im Frühjahr-Sommer-Semester 2021 an der Abteilung Rechtswissenschaft der Fakultät für Rechtswissenschaft und Volkswissenschaft an der Universität Mannheim angenommenen Dissertation, die zum Zwecke ihrer Veröffentlichung lediglich noch an die Hinweise der Gutachter angepasst worden ist.

Durch jüngste Entwicklungen der Gesetzgebung (Gesetz zur Modernisierung des Personengesellschaftsrechts (MoPeG); Gesetz zur Neuregelung des Berufsrechts der anwaltlichen und steuerberatenden Berufsausübungsgesellschaften sowie zur Änderung weiterer Vorschriften im Bereich der rechtsberatenden Berufe) ist die Arbeit allerdings in wesentlichem Maße betroffen. So führen die Neuerungen zu interessanten Fragestellungen, denen sich die Rechtswissenschaft widmen wird. Die augenscheinliste der die hier vorliegende Thematik betreffenden Änderungen dürfte die grundsätzliche Öffnung der Personenhandelsgesellschaften nach § 107 Abs. 1 S. 2 HGB n.F. für Angehörige freier Berufe sein, obwohl diese keinen Gewerbebetrieb ausüben. Beachtung finden muss allerdings, dass diese Öffnung dem Wortlaut der Regelung nur dann eingreift, „soweit das anwendbare Berufsrecht die Eintragung zulässt." Von der Einarbeitung dieser wie auch anderer aktueller Aspekte habe ich abgesehen, denn das veröffentlichte Werk würde ansonsten inhaltlich zu sehr von der eingereichten Arbeit abweichen. Darüber hinaus wäre eine solche Anpassung nach Verlassen des universitären Bereichs und im Rahmen des Referendariats bei der zwischenzeitlichen Geltung von Zugangsbeschränkungen zu öffentlichen Bibliotheken im Rahmen der Corona-Pandemie innerhalb der Veröffentlichungsfrist kaum in wissenschaftlich zufriedenstellender Weise zu leisten gewesen, ohne dass die Aktualisierung einen erheblichen Bruch innerhalb der Arbeit bewirken würde. Inhaltliche Änderungen haben sich für diese Arbeit daher keine ergeben, insbesondere wurde keine neue Literatur oder Rechtsprechung seit Juli 2020 berücksichtigt.

Der Arbeit ist am Ende ein kurzes Sachverzeichnis beigefügt. Wie die bereits vielfach eingearbeiteten Querverweise soll das Verzeichnis der besseren Auffindbarkeit verbundener Passagen zu einem Thema dienen, es erhebt aber keinen Anspruch auf Vollständigkeit.

Ich bedanke mich vor allem und von Herzen bei meinem Doktorvater Herrn Prof. Dr. Jochen Taupitz. An seinem Institut bekam ich bereits seit meinem zweiten Semester die Gelegenheit, in dem von ihm gepflegten offenen Klima juristisch zu arbeiten. Die außergewöhnlichen Aufgaben – wie zum Beispiel die Teilnahme an verschiedenen internationalen Konferenzen – werden ebenso wie die vielen schönen Stunden, die ich am Institut erleben durfte, noch lange in meiner Erinnerung bleiben. Prof. Dr. Taupitz war es auch, der mir nach dem ersten Staatsexamen den Anstoß zur Verfassung einer juristischen Dissertation gegeben und in der Folge meinen Blick auf die hier besprochene Thematik gelenkt hat. Dabei wurden von ihm in Bezug auf die Dissertation weitgehende Freiheiten gewährt, die ich gerade im Hinblick auf meine private Situation besonders geschätzt habe – zum rechten Zeitpunkt hakte er aber auch nach und förderte so stets die Entwicklung meiner Arbeit.

Herrn Prof. Dr. Jochen Taupitz und dem Zweitgutachter der Arbeit, Herrn Prof. Dr. Mark Makowsky, gebührt zudem ein besonderer Dank für ihre jeweils – trotz des erhöhten Umfangs der Arbeit – zügige Begutachtung und Hinweiserteilung. Dem Prüfungsvorsitzenden, Herrn Prof. Dr. Nils Schaks, bin ich für seine sehr freundliche Leitung des Rigorosums im März 2021 dankbar.

Danken möchte ich ferner für die Durchsicht der Arbeit und ihre hilfreichen Anmerkungen Herrn Benny Bergmann, Herrn Dr. Ben Koslowski, Herrn Lucas Schäfer, Herrn Simon Wizemann und meinen Eltern Walter und Manuela Henneberg. Meinen Eltern danke ich darüber hinaus für ihre immer wieder unter Beweis gestellte Unterstützung.

Meiner Frau Darya danke ich für ihre mentale Unterstützung und Geduld, die sie im Laufe der Entstehung dieser Arbeit immer wieder bewiesen hat.

Paris, im November 2021

Inhaltsverzeichnis

Abkürzungsverzeichnis

3. RBerG	Drittes Gesetz zur Bereinigung des baden-württembergischen Landesrechts
a. A.	Andere(r) Ansicht
a. E.	am Ende
a. F.	alter Fassung
A&R	Zeitschrift für Arzneimittelrecht und Arzneimittelpolitik
AAppO	Approbationsordnung für Apotheker
Abs.	Absatz
ästhetische dermatologie	Ästhetische Dermatologie & Kosmetik (Zeitschrift)
AG	Aktiengesellschaft
AktG	Aktiengesetz
ÄM	Ärztliche Mitteilungen
AnwBl	Anwaltsblatt
ApBetrO	Verordnung über den Betrieb von Apotheken
ApoG	Gesetz über das Apothekenwesen (Apothekengesetz)
ArchG	Architektengesetz Baden-Württemberg
Art.	Artikel
Artt.	Artikel (Plural)
Ärzte-ZV	Zulassungsverordnung für Vertragsärzte
Aufl.	Auflage
BAFöG	Bundesausbildungsförderungsgesetz
Bad.-Württ.	Baden-Württemberg (ausschließlich in Fußnoten)
BÄK	Bundesärztekammer
BÄO	Bundesärzteordnung
BApO	Bundes-Apothekerordnung

BayObLG	Bayerisches Oberstes Landesgericht
BC	Zeitschrift für Bilanzierung, Rechnungswesen und Controlling
BB	Betriebs-Berater (Zeitschrift)
Bbg.	Brandenburg
Bd.	Band
BFH	Bundesfinanzhof
BGB	Bürgerliches Gesetzbuch
BGesBl	Bundesgesundheitsblatt (seit 1997: Bundesgesundheitsblatt – Gesundheitsforschung – Gesundheitsschutz)
BGH	Bundesgerichtshof
BGHSt	Entscheidungen des Bundesgerichtshofs in Strafsachen
BGHZ	Entscheidungen des Bundesgerichtshofs in Zivilsachen
BlnHKG	Berliner Heilberufskammergesetz
BMVÄ	Bundesmantelvertrag Ärzte
BnotO	Bundesnotarordnung
BO	Berufsordnung (für Ärzte)
BO-Apo	Berufsordnung für Apotheker (Landesrecht)
BOArch	Berufsordnung der Architekten (Baden-Württemberg)
BOH	Berufsordnung für Heilpraktiker des Verbands Deutscher Heilpraktiker e.V.
BOPt	Berufsordnung der Psychotherapeuten
BORA	Berufsordnung der Rechtsanwälte
BOStB	Berufsordnung der Steuerberater und der Steuerbevollmächtigten
BOZÄ	Berufsordnung (Zahnärzte)
BR	Bundesrat
BR-Drs.	Deutscher Bundesrat Drucksache
BRAK	Bundesrechtsanwaltskammer
BRAK-Mitt.	Mitteilungen der Bundesrechtsanwaltskammer (Zeitschrift)

BRAO	Bundesrechtsanwaltsordnung
BSG	Bundessozialgericht
BSWP/vBP	Berufsordnung für Wirtschaftsprüfer/vereidigte Buchprüfer
BT	Bundestag
BT-Drs.	Deutscher Bundestag Drucksache
BVerfG	Bundesverfassungsgericht
BVerfGE	Entscheidungen des Bundesverfassungsgerichts (amtliche Sammlung)
BVerwG	Bundesverwaltungsgericht
BW	Baden-Württemberg (ausschließlich zur Kennzeichnung von Normen)
BY	Bayern
bzgl.	Bezüglich
bzw.	beziehungsweise
CB	Compliance Berater (Zeitschrift)
CCZ	Corporate Compliance Zeitschrift
DÄBl.	Deutsches Ärzteblatt (Zeitschrift)
Diss.	Dissertation
DHZ	Deutsche Hebammen (Zeitschrift)
DiätAssG	Gesetz über den Beruf der Diätassistentin und des Diätassistenten
DMW	Deutsche Medizinische Wochenschau
DNotZ	Deutsche Notarzeitschrift
DöV	Die öffentliche Verwaltung (Zeitschrift)
Drs.	Drucksache (eines Landtags)
DSGVO	Verordnung (EU) 2016/679 (Datenschutz-Grundverordnung)
DStR	Deutsches Steuerrecht (Zeitschrift)
DStRE	Deutsches Steuerrecht Entscheidungsdienst
E	Entwurf
e.V.	eingetragener Verein

eG	Eingetragene Genossenschaft
Einf.	Einführung
Einl.	Einleitung
ErgThG	Gesetz über den Beruf der Ergotherapeutin und des Ergotherapeuten
EStG	Einkommensteuergesetz
etc.	et cetera
EU	Europäische Union
EuGH	Gerichtshof der Europäischen Union
Eur J Health Econ	European Journal of Heath Economics (Zeitschrift)
EWiR	Entscheidungen zum Wirtschaftsrecht (Zeitschrift)
f.	und der/die folgende
FAZ	Frankfurter Allgemeine Zeitung
FD-SozVR	Fachdienst Sozialversicherungsrecht (Online-Zeitschrift)
ff.	und die folgenden
Fn.	Fußnote
Forsch Komplementmed	Forschende Komplementärmedizin (Zeitschrift)
FS	Festschrift
G-BA	Gemeinsamer Bundesausschuss
GbR	Gesellschaft bürgerlichen Rechts
gem.	gemäß
GesR	Gesundheitsrecht (Zeitschrift)
GewArch	Gewerbearchiv (Zeitschrift)
GewO	Gewerbeordnung
GG	Grundgesetz
ggf.	gegebenenfalls
GKV	Gesetzliche Krankenversicherung

GKV-VSG	Gesetz zur Stärkung der Versorgung in der gesetzlichen Krankenversicherung
GmbH	Gesellschaft mit beschränkter Haftung
GmbHG	Gesetz betreffend die Gesellschaften mit beschränkter Haftung
GOÄ	Gebührenordnung für Ärzte
GuP	Gesundheit und Pflege (Zeitschrift)
GWR	Gesellschafts- und Wirtschaftsrecht (Zeitschrift)
h. M.	herrschende Meinung
Habil.-Schr.	Habilitationsschrift
HB	Bremen
HBKG	Heilberufe-Kammergesetz (verschiedene Länder)
Hdb.	Handbuch
HE	Hessen
HebBO	Hebammenberufsordnung
HebBVO	Hebammenberufsverordnung
HebG	Hebammengesetz (kontextbezogen des Bundes oder einzelner Länder)
HeilBerG	Heilberufsgesetz (verschiedene Länder)
HeilBG RP	Heilberufsgesetz Rheinland-Pfalz
HeilprG	Heilpraktikergesetz
HeiprGDV	Erste Durchführungsverordnung zum Heilpraktikergesetz
hess.	hessische (-r, -s)
HGB	Handelsgesetzbuch
HH	Hamburg
HK-AKM	Heidelberger Kommentar Arztrecht Krankenhausrecht Medizinrecht
HKaG BW	Heilberufe-Kammergesetz Bayern
HKG Nds.	Kammergesetz für die Heilberufe Niedersachsen
HmbKGH	Hamburgisches Kammergesetz für die Heilberufe

Hrsg.	Herausgeber
Hs.	Halbsatz
HwO	Gesetz zur Ordnung des Handwerks
i.d.F.	in der Fassung
INF	Information für Steuerberater und Wirtschaftsprüfer (Zeitschrift)
IngG	Ingenieurgesetz Baden-Württemberg
IngKammG	Ingenieurkammergesetz Baden-Württemberg
insb.	insbesondere
iRd	im Rahmen des
iSd	im Sinne des
iVm	in Verbindung mit
JZ	Juristen-Zeitschrift
KaG Berlin	Berliner Kammergesetz
Kap.	Kapitel
KBV	Kassenärztliche Bundesvereinigung
KG	Kommanditgesellschaft
KGaA	Kommanditgesellschaft auf Aktien
KGHB LSA	Gesetz über die Kammern für Heilberufe Sachsen-Anhalt
KH	Das Krankenhaus (Zeitschrift)
KJ	Kritische Justiz (Zeitschrift)
KV	Kassenärztliche Vereinigung (-en)
KrV	Kranken- und Pflegeversicherung (Zeitschrift)
krit.	kritisch
LAG	Landesarbeitsgericht
LG	Landgericht
lit.	Litera/Buchstabe
LLP	Limited Liability Partnership
LSA	Land Sachsen-Anhalt

LSG	Landessozialgericht
LT	Landtag
Manuelle Medizin	Manuelle Medizin – European Journal of Manual Medicine
MB/KK	Musterbedingungen für die Krankheitskostenversicherung 2009
MBO-Pt	Musterberufsordnung der Bundespsychotherapeutenkammer
MBO-ZÄ	Musterberufsordnung der Bundeszahnärztekammer
MBOÄ	Musterberufsordnung für die in Deutschland tätigen Ärztinnen und Ärzte
MDR	Monatsschrift für Deutsches Recht
MedR	Medizinrecht (Zeitschrift)
Medstra	Zeitschrift für Medizinstrafrecht
MKG	Medizinische Kooperationsgemeinschaft
MMR	Zeitschrift für IT-Recht und Recht der Digitalisierung
MPhG	Gesetz über die Berufe in der Physiotherapie
MV	Mecklenburg-Vorpommern
MVZ	Medizinisches Versorgungszentrum
n. F.	neuer Fassung
n.v.	Nicht veröffentlicht
Nds.	Niedersachsen
NdsÄBl	Niedersächsisches Ärzteblatt (Zeitschrift)
Nr.	Nummer (-n)
NRW	Nordrhein-Westfalen
NStZ	Neue Zeitschrift für Strafrecht
NVwZ	Neue Zeitschrift für Verwaltungsrecht
NZG	Neue Zeitschrift für Gesellschaftsrecht
NZS	Neue Zeitschrift für Sozialrecht
OHG	Offene Handelsgesellschaft

OLG	Oberlandesgericht
OPK	Ostdeutsche Psychotherapeutenkammer
PAO	Patentanwaltsordnung
PartG	Partnerschaftsgesellschaft
PartGG	Partnerschaftsgesellschaftsgesetz
PartGmbB	Partnerschaftsgesellschaft mit beschränkter Berufshaftung
PinG	Privacy in Germany (Zeitschrift)
PodG	Gesetz über den Beruf der Podologin und des Podologen
PsychThG	Psychotherapeutengesetz
RDG	kontextbezogen: Rechtsdepesche für das Gesundheitswesen (Zeitschrift) oder Rechtsdienstleistungsgesetz
resp.	respektive
RGZ	Entscheidungen des Reichsgerichts in Zivilsachen
Rn.	Randnummer
RP	Rheinland-Pfalz
RPG	Recht und Politik im Gesundheitswesen (Zeitschrift)
Rspr.	Rechtsprechung
S.	Satz/ Seite (kontextbezogen)
SächsHebG	Sächsisches Hebammengesetz
SächsHKaG	Sächsisches Heilberufekammergesetz
SG	Sozialgericht
SGb	Die Sozialgerichtsbarkeit (Zeitschrift)
SGB V	Fünftes Sozialgesetzbuch
SH	Schleswig-Holstein
SHKG	Saarländisches Heilberufekammergesetz
SL	Saarland
sog.	sogenannte(-s/-r)
StB	Der Steuerberater (Zeitschrift)
StBerG	Steuerberatungsgesetz

StGB	Strafgesetzbuch
StPO	Strafprozessordnung
SVR	Sachverständigenrat zur Begutachtung der Entwicklung im Gesundheitswesen
TH/Thür.	Thüringen
ThürHeilBG	Thüringisches Heilberufegesetz
u. a.	unter anderem/anderen
UAbs.	Unterabsatz
UStG	Umsatzsteuergesetz
UWG	Gesetz gegen den unlauteren Wettbewerb
v. a.	vor allem
VersR	Zeitschrift für Versicherungsrecht, Haftungs- und Schadensrecht
VersMed	Versicherungsmedizin (Zeitschrift)
vgl.	Vergleiche
VO	Verordnung
VuR	Verbraucher und Recht
WiB	Wirtschaftsrechtliche Beratung (Zeitschrift)
WiJ	Journal der Wirtschaftsstrafrechtlichen Vereinigung
WPK-Mitt.	Mitteilungen der Wirtschaftsprüferkammer (Zeitschrift)
WPO	Wirtschaftsprüferordnung
WuB	Entscheidungsanmerkungen zum Wirtschafts- und Bankrecht (Zeitschrift)
WzS	Wege zur Sozialversicherung (Zeitschrift)
z. B.	zum Beispiel
ZGR	Zeitschrift für Unternehmens- und Gesellschaftsrecht
ZHG	Gesetz über die Ausübung der Zahnheilkunde
ZIP	Zeitschrift für Wirtschaftsrecht
ZP	Zahnärztliche Praxis (Zeitschrift)
ZPO	Zivilprozessordnung

ZRP	Zeitschrift Rechtspolitik
ZV-Z	Zulassungsverordnung für Vertragszahnärzte
zugl.	zugleich
zust.	zustimmend

§ 1 Einführung

I. Ausgangslage

Die Einzelpraxis ist die traditionelle Art der Heilkundeausübung durch Ärzte. Noch heute stellt sie die am weitesten verbreitete Praxisform dar,[1] doch andere Modelle der Berufsausübung erfahren immer mehr Zuwendung. Die ungebrochene[2] Tendenz zu kooperativer Zusammenarbeit wird durch die zunehmende Spezialisierung und die nicht nur mit dem apparativen Fortschritt verbundenen Kostensteigerungen in der Medizin auch über den eigenen Fachbereich hinaus und berufsübergreifend verstärkt.[3] Interprofessionelle Kooperationen sind in der heutigen Zeit salonfähig und erweisen sich insbesondere in der Rechts- und Wirtschaftsberatung[4] nicht mehr lediglich als Randerscheinungen.[5] Berufsübergreifende Zusammenarbeit ist im nichtmedizinischen Bereich seit langem anerkannt, mittlerweile beliebt und bietet den Beteiligten durch intensivere Behandlung von Themenbereichen des interprofessionellen Berufszwecks die Möglichkeit, sich im eigenen Berufsfeld zu spezialisieren, während simultan das Spektrum angebotener Dienstleistungen generalisiert werden kann.[6] Dabei vereinen sich regelmäßig Berufsträger zu gemeinsamer Tätigkeit, die über eine gewisse kontextbezogene Verwandtschaft verfügen. So sind viele Rechtsanwälte mit Steuerberatern und Wirtschaftsprüfern in gemeinsamer Organisation tätig. Interprofessionelle Zusammenschlüsse unter Beteiligung von Ärzten sind allerdings noch selten anzutreffen,

---

1 *Wigge* in: *Schnapp/Wigge*, Vertragsarztrecht, § 6 Rn. 4; *Dochow*, PinG 2018, 51 (52).

2 Schon im Zeitraum zwischen 1973 bis 1977/1978 hat sich die Bedeutung ärztlicher Kooperationen erheblich verstärkt: von 770 Kooperationen unter Beteiligung von 1940 Ärzten zu 1946 Kooperationen mit 9286 Ärzten, siehe *Holldack-Heckmann*, Gruppenpraxis, S. 17 f.; allgemein ohne quantitative Nachweise zum Trend der Zusammenarbeit seit bereits 1945 *Lach*, Freiberufliche Zusammenarbeit, S. 139.

3 Vgl. zur historischen Entwicklung von der Einzelpraxis zu Berufsausübungs- und -organisationsgemeinschaften hier nur *Schäfer-Golz*, in: FS Huber, S. 951 (951); siehe näher S. 65 ff., 113 ff.

4 Die Literatur widmet sich bereits seit langer Zeit vorrangig der praktisch häufigen interprofessionellen Kooperation von Rechtsanwälten mit Steuerberatern, Wirtschaftsprüfern und (Anwalts-) Notaren, zu der sich auch die Rechtsprechung bereits öfter äußern konnte. Die hieraus ergangene Literatur ist kaum zu überblicken, siehe daher hier nur einleitend *Droste*, Gemeinschaftliche Berufsausübung, passim; *Gotzens*, Interprofessionelle Zusammenarbeit, passim; *Quodbach*, Grenzen interprofessioneller Zusammenarbeit, passim; *Kämmerer*, DStR 2014, 669 ff.; *Damm/Mickwitz*, JZ 2001, 76 (79 ff.); *Henssler/Trottmann*, NZG 2017, 241 ff.; *Römermann*, NZG 2014, 481 ff.

5 *Kämmerer*, DStR-Beih 2015, 33.

6 *Damm/Mickwitz*, JZ 2001, 76 (76).

während bereits Zusammenschlüsse von Ärzten unterschiedlicher Fachrichtungen dem Alltag angehören.[7]

Bei einem unbefangenen Blick bietet sich im Gesundheitssektor die Zusammenarbeit von Ärzten mit Angehörigen anderer Berufe im Gesundheitswesen an, um medizinische Behandlungen durch Zentralisierung der Behandlungsbeiträge verschiedener Berufe in der Nähe des Arztes in ihren Abläufen effizienter zu gestalten und einen informativen Austausch über Berufsgrenzen und Schnittstellen in der Behandlung hinweg zu ermöglichen. Konträr zu Verbindungen im Bereich des Gesundheitswesens mag die Zusammenarbeit mit Berufsträgern ohne Evidenz fachlicher Verwandtschaft zunächst ungewöhnlich oder sogar sinnlos erscheinen. Gleichwohl existieren in der Praxis Zusammenschlüsse von Ärzten mit einem Wirtschaftsprüfer oder einem Rechtsanwalt.[8] So witterte *Kämmerer* bei der bis zum *BVerfG* vorgedrungenen gerichtlichen Auseinandersetzung bezüglich der Zulässigkeit einer Berufsausübungsgemeinschaft zwischen einer Ärztin und Apothekerin und einem Rechtsanwalt – ihrem Ehemann und dem langzeitigen Geschäftsführer einer Rechtsanwaltskammer[9] – eher die *„Lust am Streit“* als ein tatsächliches fachliches Interesse.[10] An anderer Stelle soll demonstriert werden, dass Verknüpfungen der ärztlichen Berufstätigkeit mit Berufen außerhalb des Gesundheitswesens durchaus auf interessanten Konzepten basieren können, die den Bedarf der Zielgruppen ansprechen dürften.[11]

Den bisher angerissenen Zusammenschlussmöglichkeiten ist ein unmittelbarer oder mittelbarer Bezug zur Ausübung des jeweils eigenen Berufs jedes Beteiligten gemeinsam. Unmittelbar wirkt sich der Zusammenschluss auf die Berufsausübung bei ihrer Einbringung in eine gemeinsame Gesellschaft aus, wenn der Arzt also Leistungen als Mitglied der Gesellschaft für diese anbietet. Derartige Zusammenschlüsse werden als Berufsausübungsgemeinschaften bezeichnet, da die Gemeinschaft der gemeinsamen Berufsausübung dient. Ihnen stehen die sogenannten Berufsorganisationsgemeinschaften gegenüber, in denen lediglich Kosten für gemeinsame Infrastruktur wie Räumlichkeiten und Einrichtung wie auch Gerätschaften sowie für Personal untereinander aufgeteilt werden, um eine effizientere Ressourcennutzung zu erreichen.[12] Ein gemeinsamer Auftritt der Beteiligten von Berufsorganisationsgemeinschaften als Gesellschaft erfolgt nur zum Abschluss von Rechtsgeschäften im Hinblick auf die Schaffung der Voraussetzungen zur

---

7 *Krahe*, MedR 2005, 691.

8 Zugleich den Zusammenschluss mit einem Rechtsanwalt als auch in der Stellungnahme des Instituts der Wirtschaftsprüfer den Zusammenschluss mit einem Wirtschaftsprüfer betreffend *BVerfG*, Beschl. v. 12.01.2016 – 1 BvL 6/13, *BVerfGE* 141, 82 ff.

9 Siehe allein bei *Kilian*, WuB 2016, 656 (658).

10 *Kämmerer*, DStR-Beih 2015, 33 (33).

11 Siehe hierzu insbesondere S. 554 ff.

12 Vgl. *Burghardt/Dahm*, MedR 1999, 485 (489 f.). Siehe ferner S. 47 f., 83 ff., 117 ff., 540 ff.

Ausübung der jeweiligen Berufe, dagegen nicht gegenüber Nachfragern berufsspezifischer Leistungen.

Im Gegensatz zu diesen Zusammenschlüssen besteht in rein investiven Beteiligungen an der Berufsausübung von Ärzten oder Angehörigen anderer Berufe keine Relation zu der Berufsausübung aller Beteiligten, da der Investor an der Vereinigung lediglich ein finanzielles Interesse aufweist. Optionen und Begrenzungen zur rein finanziellen Teilhabe an ärztlicher oder sonstiger Berufsausübung werden in dieser Arbeit nicht näher beleuchtet, da sie – im Kontrast zu solchen Assoziationen im Zusammenhang mit der Berufsausübung aller Beteiligten – insbesondere im Berufsrecht der Ärzte bereits Gegenstand intensiver wissenschaftlicher Untersuchungen gewesen sind.[13]

Anlass für die Befassung mit berufsübergreifenden Zusammenschlüssen unter Beteiligung von Ärzten ist die jüngere Entwicklung des Berufsrechts insbesondere durch Judikate des *BVerfG,* die originär nicht das ärztliche Berufsrecht tangierten, sondern berufsrechtliche Beschränkungen der Rechtsanwälte in Teilen aufgehoben haben. Die Literatur hat sich zudem bereits ausgiebig mit den Möglichkeiten berufsübergreifender Zusammenschlüsse aus der rechtsanwaltlichen Perspektive auseinandergesetzt. Mit der vorliegenden Arbeit soll erstmals den ärztlichen Aussichten auf institutionell verfestigte interprofessionelle Zusammenarbeit besonderes Augenmerk verliehen werden. Ziel ist es, mögliche Kooperationsmodelle aufzuzeigen, wobei ihre detaillierte Beschreibung und Einzelfragen[14] hierauf spezialisierten Traktaten[15] überlassen bleiben muss. Die Arbeit fokussiert sich auf die Beurteilung der Zulässigkeit berufsübergreifender Zusammenschlüsse aus dem Blickwinkel des für Ärzte anwendbaren Rechts. Gleichwohl erscheint es zur praktischen Tauglichkeit der hier angestrebten Abhandlung unerlässlich, zumindest einen grundsätzlichen Blick auf fremde Berufsrechte zu werfen. Die alleinige Bewertung aus ärztlicher Sicht vermag schließlich keine Aussage über die Zulässigkeit eines angestrebten berufsübergreifenden Zusammenschlusses zu treffen, da ein Nichtarzt als potentieller Partner kraft des für ihn anwendbaren Berufsrechts an einer Vereinigung mit Ärzten gehindert sein kann.

---

13 Siehe hier nur *Köbler,* Die Beteiligung Berufsfremder, passim und rekurrierend auf die Teilhabe an ärztlicher Berufsausübung S. 182 ff.; zur Teilhabe an fremder Berufsausübung durch Ärzte *Schmidt,* Grenzen finanzieller Einflussnahme, S. 215 ff. In der Aufsatzliteratur findet sich ansonsten eine Fülle von Abhandlungen, insbesondere zur Frage, inwiefern Ärzte sich an Unternehmen von Hilfsmittelerbringern finanziell beteiligen können, siehe hier nur *Flasbarth,* MedR 2009, 708 (714 f.); *Ratzel,* ZMGR 2012, 258 ff.; *Braun/Püschel,* MedR 2013, 655 ff.; *Scholz,* GesR 2013, 12 ff.; *Grinblat,* MPR 2015, 53 (56 f.); zuvor bereits *Bonvie,* in: *ARGE,* FS 10 Jahre, S. 827 (835 ff.).

14 Vgl. zur Haftung in interprofessionellen Sozietäten *Heyers,* MDR 2013, 1322 (1324 f.).

15 Vgl. hierzu bisher allein zu Partnerschaften zwischen Ärzten und Physiotherapeuten *Junkert,* Ärzte und Physiotherapeuten, passim.

II. Grundlagen

Im Folgenden werden die für die untersuchte Thematik fundamentalen Stützen des ärztlichen Berufsrechts dargestellt, um die Lokalisierung der mannigfaltigen Problemkreise und die hierfür vorgetragene Argumentation auch ohne besondere Expertise im Arztrecht nachvollziehen zu können.

1. Aufbau des ärztlichen Berufsrechts

Dem Bund wird in Art. 74 I Nr. 19 GG die Gesetzgebungskompetenz zur „*Zulassung zu ärztlichen und anderen Heilberufen und zum Heilgewerbe*“ und damit die Zuständigkeit für solche Regelungen zugewiesen, die sich auf Erteilung, Zurücknahme und Verlust der Approbation als Befugnis zur Ausübung des ärztlichen Berufs beziehen.[16] Durch den Bundesgesetzgeber geschaffene, den Zugang zum Arztberuf regelnde Rechtsquellen des Berufsrechts sind die Bundesärzteordnung (BÄO) und die Approbationsordnung für Ärzte (ApprO). Daneben existiert die auf § 11 BÄO basierende Gebührenordnung für Ärzte (GOÄ) zur Festlegung der Vergütung (privat-) ärztlicher Tätigkeit.

Die Gesetzgebungskompetenz für die Regelung der Berufsausübung liegt dagegen gemäß Artt. 30, 70 I GG bei den Ländern, da das Grundgesetz dem Bund die Kompetenz nicht ausdrücklich zuweist und auch keine ungeschriebene Gesetzgebungskompetenz des Bundes vorliegt.[17] Das landesspezifische Berufsrecht untergliedert sich in Heilberufsgesetze zur Regelung aller darin in Berufskammern verpflichtend assoziierten Heilberufe und Satzungen der Landesärztekammern als Körperschaften des öffentlichen Rechts unter staatlicher Aufsicht,[18] die durch die Landesgesetzgeber Satzungsautonomie übertragen bekommen, um insbesondere die Berufspflichten näher zu regeln.[19] Die Berufsausübung des Arztes unterfällt damit dem Prinzip der Selbstverwaltung, da die als Satzungen erlassenen Berufsordnungen der 17 Landesärztekammern eine exponierte Stellung einnehmen.[20] Um Rechtszersplitterung möglichst zu vermeiden, erlässt die Bundesärztekammer als privatrechtlicher Zusammenschluss aller Landesärztekammern ohne Rechtssetzungsbefugnis[21] eine Musterberufsordnung (MBOÄ). Ihr lässt sich nur ein

---

16 *BVerfGE* 4, 74 (83 ff.); 7, 18 (25); 17, 287 (292); 33, 125 (154 f.). *Steiner*, in: *Spickhoff*, Medizinrecht, GG, Art. 74, Rn. 6.

17 *BVerfGE* 4, 74 (83); 17, 287 (292); 125 (154 f.); *Steiner*, in: *Spickhoff*, Medizinrecht, GG, Art. 74, Rn. 6.

18 Vgl. exemplarisch §§ 7 f. HBKG BW: Die LÄK Bad.-Württ. untersteht der Aufsicht durch das Sozialministerium, § 8 II HBKG BW.

19 Vgl. hierzu exemplarisch als Ermächtigungsnorm § 31 HBKG BW; vgl. ferner *BVerfGE* 33, 125 (156 f.); zu vorherigen Ansichten originärer Satzungsgewalt *Brandstetter*, Berufsordnungen, S. 49 f.

20 *Heberer*, Ärztliches Berufs- und Standesrecht, S. 34.

21 Vgl. hier nur *Graml*, Zuweisungsverbot, S. 65.

Empfehlungscharakter beimessen, rechtliche Bindungen zeitigt sie nicht.[22] In der Praxis orientieren sich die Landesärztekammern bei dem Erlass ihrer Berufsordnungen an der MBOÄ und weichen regelmäßig nur geringfügig ab.[23] Daher wird zugunsten einer simpleren Abhandlung grundsätzlich auf die MBOÄ rekurriert, lediglich bei erheblicheren Divergenzen werden die geltenden Landesregelungen in den Fokus gerückt.

Das Selbstverwaltungsprinzip entspringt mangels expliziter Anordnung oder Ablehnung im Kontrast zum kommunalen Selbstverwaltungsrecht (gemäß Art. 28 II GG) oder derjenigen der Religionsgemeinschaften (gem. Art. 140 GG iVm den fortgeltenden Bestimmungen der Weimarer Reichsverfassung) nicht dem Grundgesetz.[24] Hintergrund der beruflichen Selbstverwaltung ist die Annahme, dass berufsständige Angelegenheiten durch den Berufsstand sachgerechter gehandhabt werden können als durch den Staat selbst, der keine fachliche Expertise besitzt.[25] Um Aufgaben mittelbarer Staatsverwaltung ausführen zu können, besteht eine Pflichtmitgliedschaft aller approbierten Ärzte in der für sie zuständigen Landesärztekammer.[26] Die Verleihung von Satzungsautonomie durch die Landesgesetzgeber sowie die Ausübung der Satzungsgewalt ist an Grenzen der grundgesetzlichen Ordnung gebunden.[27] Sowohl aus dem Rechtsstaats- als auch dem Demokratieprinzip folgt, dass „*der Gesetzgeber sich seiner Rechtsetzungsbefugnis nicht völlig entäußern darf und seinen Einfluss auf den Inhalt der von den körperschaftlichen Organen zu erlassenden Normen nicht gänzlich preisgeben darf.*“[28] Umso mehr gilt dieser Grundsatz, da den Landesärztekammern neben dem Recht zur eigenverantwortlichen Wahrnehmung der übertragenen Aufgaben und zum Erlass hierzu erforderlicher Organisationsnormen auch die Ermächtigung zu Eingriffen in den Grundrechtsbereich seiner Mitglieder eingeräumt wird.[29] Die Rechtssetzung durch Berufsverbände birgt spezifische Gefahren sowohl für die Betroffenen als auch für die Allgemeinheit.[30] Insbesondere mag sie „*ein verengtes Standesdenken begünstigen, das notwendigen Veränderungen und Auflockerungen festgefügter Berufsbilder hinderlich ist.*“[31] So wurde in der jüngeren Zeit die ärztliche Selbstverwaltung auch

---

22 Siehe hier nur *Taupitz*, NJW 1986, 2851 (2853); *Piper*, in: FS Brandner, S. 449 (453).
23 Zum Leitcharakter der MBOÄ *Taupitz*, Standesordnungen, S. 162; *Deutsch/Spickhoff*, Rn. 51.
24 *Brandstetter*, Berufsordnungen, S. 97, 114.
25 BT-Drucks. 13/6087, S. 17.
26 *Kluth*, in: *Kluth*, Handbuch des Kammerrechts, Kap. B Rn. 9; *Kern/Rehborn*, in: *Laufs et al.*, Hdb. Arztrechts, § 14 Rn. 5; *Graml*, Zuweisungsverbot, S. 63 f.
27 *BVerfGE* 33, 125 (157).
28 *BVerfGE* 33, 125 (158); vgl. ferner *Schnapp/Kaltenborn*, SGb 2001, 101 (104); *Starck*, NJW 1972, 1489 (1490).
29 *BVerfGE* 33, 125 (158).
30 *BVerfGE* 33, 125 (159).
31 *BVerfGE* 33, 125 (159 f.).

nicht nur als zu intransparent in den Entscheidungen kritisiert,[32] sondern es wurden u. a. auch eine mangelhafte innere Demokratieausgestaltung,[33] eine regelmäßige Aufgabenerweiterung[34] und die ausstehende Modernisierung und Anpassung an den Wandel von Märkten und Gesellschaft[35] bemängelt. Inwieweit einfachgesetzliche Regelungen des Gesetzgebers an die Ärzteschaft wie an andere Freiberufler herangetragen werden, bestimmt sich seit jeher zu großen Teilen danach, ob die berufliche Selbstverwaltung konkret funktioniert und Vertrauen in die berufsständische Selbstverwaltung besteht.[36] Je weniger der Gesetzgeber bzw. die Gesellschaft von der Selbstverwaltung den Eindruck qualifizierter Selbstkontrolle hatte, desto mehr wurden in der Geschichte diese Berufsstände fremdbestimmt durch staatliche Regelungen.[37]

Die Heilberufsgesetze der Länder regeln die Anforderungen an die Berufsausübung allgemein, sodass diese durch Satzungen der Landesärztekammern auszugestalten sind.[38] Allen Landesärztekammern wird im Rahmen der Satzungsermächtigung zur näheren Regelung der Berufspflichten die Befugnis übertragen, Vorschriften hinsichtlich der gemeinsamen Ausübung der Berufstätigkeit zu erlassen.

Das Vertragsarztrecht regelt die ärztliche Tätigkeit innerhalb des Systems der gesetzlichen Krankenversicherung (GKV) und das Verhältnis der vertragsärztlichen Leistungserbringer zu den gesetzlichen Krankenkassen und ihren Verbänden.[39] Es ist aufgrund regelmäßiger Änderungen ein von großer Dynamik geprägtes Rechtsgebiet im Arztrecht.[40] In Art. 74 I Nr. 12 GG wird dem Bund die weit interpretierte

32 *Transparency International*, Transparenzmängel, S. 28 ff.

33 *Kluth*, Funktionale Selbstverwaltung, S. 544 ff.

34 *Schirmer/Fuchs*, in: *Katzenmeier/Bergdolt*, Das Bild des Arztes im 21. Jahrhundert, S. 121 (144). Parallele Kritik an Rechtsanwaltskammern *Ehlers/Lechleitner*, Die Aufgaben der Rechtsanwaltskammern, S. 180.

35 *Oesingmann*, in: *Merz*: Freie Berufe im Wandel der Märkte, S. 99 ff.; *Filges*, NJW 2010, 2619 (2620).

36 Vgl. *Taupitz*, NJW 1986, 2851 (2853 ff.); *ders.*, Standesordnungen, S. 200 f., 305.

37 *Taupitz*, NJW 1986, 2851 (2853 f.); *ders.*, MedR 1995, 475 (477). Siehe hierzu die Einführung strafrechtlicher Regelungen gegen Korruption im Gesundheitswesen in den §§ 299a, 299b StGB, die der Gesetzgeber aufgrund der Attestierung mangelnder Selbstreinigungskräfte in der Selbstverwaltung als Offizialdelikt ausgestaltet hat, *Bittmann et al.*, WiJ 2015, 176 (195); *Frank/Vogel*, AnwBl 2016, 95 (99); *Rosenau et al.*, in: *Kuhlen et al.*, Korruption und Strafrecht, S. 53 (62, 73).

38 Siehe exemplarisch die Ermächtigung zur Regelung der Verschwiegenheitspflicht durch Berufsordnung nach § 31 III Nr. 1 HBKG BW, § 30 I HBKG BW zur Fortbildungspflicht und § 30 II HBKG BW zur Qualitätssicherungspflicht.

39 *Montgomery et al.*, MedR 2015, 555 (555); *Propp*, in: *Schnapp/Wigge*, Vertragsarztrecht, § 12 Rn. 2.

40 Vgl. hier nur anlässlich des GKV-Modernisierungsgesetzes den Ausblik von *Hiddemann/Muckel*, NJW 2004, 7 (13)

Gesetzgebungszuständigkeit für die Sozialversicherung inklusive der GKV übertragen.[41] Das Vertragsarztrecht tangiert somit allein diejenigen Ärzte, die ärztliche Behandlungen als Leistungen im Rahmen des Systems der GKV zu erbringen planen und erbringen. Der Zugang zur vertragsärztlichen bzw. der früheren kassenärztlichen Versorgung ist seit der Zulassungsordnung vom 17.5.1934 an eine Zulassung gebunden.[42] Das GKV-System bedient sich zur Behandlung gesetzlich versicherter Patienten der approbierten Ärzte, die bereits den berufsrechtlichen Regelungen kraft ihrer Zwangsmitgliedschaft in der zuständigen Landesärztekammer unterliegen. Das Vertragsarztsystem baut auf dem freien Arztberuf auf; die Tätigkeit als Vertragsarzt stellt nicht die Ausübung eines vom Arztberuf zu trennenden Berufs dar.[43] Das Vertragsarztrecht ist an das ärztliche Berufsrecht angebunden,[44] weshalb das Berufsrecht denklogisch nicht unbeachtet bleiben kann. Zudem erfordern die verschiedenen Regelungszwecke von Berufs- und Vertragsarztrecht die grundsätzlich primäre Beachtung des Berufsrechts.

Das ärztliche Berufsrecht lässt sich aufgrund der Vielzahl rechtlicher Regelungsaspekte in unterschiedlicher Herangehensweise untergliedern, wozu die Sammelbegriffe „Berufsrecht", „Vertragsarztrecht" und „Standesrecht" nur einzelne Oberbegriffe mit ambivalentem Verhältnis zueinander darstellen, da sie unterschiedlichen Inhalts und gleichzeitig zum Teil deckungsgleich sind. In einem weiten Sinne verstanden werden alle Rechtsvorschriften mit Bezug auf den Arztberuf zum Begriff des ärztlichen Berufsrechts zusammengefasst, also auch diejenigen Rechtsnormen, die für alle unbeachtlich der beruflichen Zugehörigkeit gelten und bei der Tätigkeit des Arztes von diesem ebenso zu beachten sind.[45] Eng interpretiert umfasst das Berufsrecht dagegen alle formellen und materiellen gesetzlichen Regelungen, die sich als berufsspezifisch erweisen und die Rechtsstellung als Arzt ebenso wie seine Rechtsstellung und sein Verhalten gegenüber anderen erfassen.[46] Noch enger beschreiben andere das ärztliche Berufsrecht als die Zusammenfassung der Bestimmungen, die die ärztliche Berufsausübung konstitutiv regeln.[47] Damit fallen unter den Terminus des Berufsrechts die Berufsbezeichnung, die Berufszulassung, die Berufsausübung, das Organisationswesen und die Berufsgerichtsbarkeit,[48] nicht dagegen die Vorschriften des Vertragsarztrechts. Zur Gewährleistung von Stringenz und Verständlichkeit soll bei dieser Abhandlung an die verfeinerte

---

41 *Steiner*, in: *Spickhoff*, Medizinrecht, GG, Art. 74 Rn. 3.

42 *Riedel*, NZS 2009, 260 (260).

43 Grundlegend *BVerfGE* 11, 30 (41); 12, 144 (147); 16, 286 (298).

44 *Schneider*, NZS 1997, 267 (268); *Prehn*, MedR 2015, 560 (561 f.).

45 *Taupitz*, Standesordnungen, S. 157 f.; *ders.*, NJW 1986, 2851 (2853); *Montgomery et al.*, MedR 2015, 555 (555). *Zuck*, NJW 1987, 3033 (3033), spricht insoweit bei Bezugnahme auf das anwaltliche Berufsrecht vom *„sach- und verfahrensbezogenem Berufsrecht"*.

46 *Zuck*, NJW 1987, 3033 (3033).

47 *Montgomery et al.*, MedR 2015, 555 (555); *Graml*, Zuweisungsverbot, S. 60 f.

48 *Taupitz*, Standesordnungen, S. 158 unter Hinweis auf BT-Drucks. 8/3139, S. 20.

Einteilung angeknüpft werden, sodass allgemeinere Hinweise auf berufsrechtliche Vorschriften das Vertragsarztrecht ausklammern. Diese Arbeit stellt vielmehr stets die sozialversicherungsrechtlichen Vorschriften den Normen der Berufszulassung und -ausübung gegenüber, um die ausschließlich für ärztliche Leistungserbringer im System der GKV geltenden Anforderungen zu verdeutlichen. Außerdem können auf diese Weise gesellschaftsrechtliche Normen, die gerade kein Sonderrecht der Ärzte darstellen, plausibel vorgelagert besprochen und in ihrem Einfluss auf (berufsübergreifenden) Kooperationsmöglichkeiten von Ärzten dargestellt werden.

Der Begriff des Standesrechts stimmt, auch wenn oftmals vereinheitlicht vom *„Berufs- und Standesrecht“* die Rede ist, nicht mit dem Berufsrechtsbegriff überein, was schon in der sprachlichen Differenzierung deutlich wird.[49] Der Begriff des Standesrechts rekurriert auf den Urheber der Normen und erfasst die von einer durch die Berufsangehörigen selbst beeinflussten, unterstaatlichen Instanz aufgestellten rechtlichen Vorschriften zur Regelung der Berufsausübung, sodass das Standesrecht anders als Gesetze und Rechtsverordnungen durch den Stand selbst gesetzt wird.[50] Der Begriff des Standesrechts wird in der Arbeit weitgehend vermieden. Durch die enge Verschränkung mit den gesetzlichen Normen, die den Standesorganisationen durch Erteilung der Rechtsetzungsbefugnis überhaupt erst verbindliche Normsetzung ermöglichen, erweist sich eine differenzierte Herangehensweise nur in Bezug auf partikulare Fragestellungen als tauglich – konkret in Bezug auf die Konformität standesrechtlicher Regelungen mit der erteilten Satzungsermächtigung.

2. Angehörige freier Berufe

Ärzte sind, so wird es in § 1 II Hs. 1 BÄO und § 1 S. 2 MBOÄ hervorgehoben, Angehörige eines freien Berufs. Das Wesen freier Berufe soll eine grundsätzlich altruistische Intention des Berufsangehörigen sein; er soll aus idealistischen Gründen den Mitmenschen helfen wollen.[51] Evident entspringt dieser Grundgedanke einem eher romantischen Weltbild. Die Erträge aus seiner ärztlichen Tätigkeit erweisen sich als die Lebensgrundlage eines Arztes und damit als nicht zu unterschätzender Einflussfaktor, sodass ökonomischen Notwendigkeiten oder bloßen Gegebenheiten prinzipiell ein die Steuerung ärztlichen Handelns beeinflussendes Element innewohnt. So wächst die Bedeutung der Ökonomie im Gesundheitssystem durch gesellschaftliche und sozialrechtliche Faktoren, sodass Ärzte zunehmend als Unternehmer agieren müssen,[52] deren Nutzen sich anhand des

49 Vgl. bereits den Titel *Heberer,* Das ärztliche Berufs- und Standesrecht.

50 *Taupitz,* Standesordnungen, S. 151 ff., 157 ff., 193 f.

51 *Gollasch,* Fachübergreifende Gemeinschaftspraxis, S. 39.

52 *Gollasch,* Fachübergreifende Gemeinschaftspraxis, S. 39; *Laufs,* in: *Thomas,* Freiheit und Berufsethos, S. 77 (85). *Kirchhof,* ZMGR 2010, 210 (210 f., 213), spricht außerdem

Einkommens, des Zeitaufwands und der Qualität seiner Versorgungstätigkeit messen lässt.[53]

Die generelle Bestimmung freier Berufe ist schwierig und auch seit Einführung und mehrfacher Bearbeitung des PartGG zur Regelung der Partnerschaftsgesellschaft, einer exklusiven Gesellschaftsform für Angehörige freier Berufe, nicht einfacher geworden.[54] Eine allgemeingültige und der deutlichen Abgrenzung zu anderen Berufen zugänglichen Definition für alle freien Berufe lässt sich selbst für das PartGG nicht finden.[55] Der Begriff des freien Berufs stellt einen Typusbegriff dar, sodass sich Berufe durch ein wertendes Gesamterscheinungsbild bei Aufweisen nicht notwendig aller charakteristischen Merkmale als frei auszeichnen.[56] Zu den charakteristischen Merkmalen freier Berufe zählen nach *Taupitz* die persönliche Leistungserbringung, die Erbringung ideeller Leistungen, die sachlich-persönliche Weisungsfreiheit und Eigenverantwortlichkeit, die wirtschaftliche Selbständigkeit, die besonders qualifizierte Ausbildung, das besondere Vertrauensverhältnis zu Auftraggebern, dem altruistischen Bestreben der Tätigkeit und die Existenz berufsständischer Autonomie.[57]

3. Formen der Zusammenarbeit

Es gibt zwischen den klaren Formen von Berufsausübungs- und -organisationsgemeinschaften eine Vielfalt an Gestaltungsmöglichkeiten der Zusammenarbeit.[58]

Den Begriff der beruflichen „*Zusammenarbeit*" nutzt die MBOÄ in § 23c MBOÄ zur Definition sonstiger Partnerschaften[59] und in § 29a MBOÄ zur Regulierung der

---

vom Arzt als „*Dienstleister*" und vom Patienten als „*Kunden*". Zur steigenden Erwartungshaltung der Patienten an ärztliche Behandlung bereits *Taupitz*, NJW 1986, 2851 (2857). Vgl. ferner zur Bedeutung von Werbung für Ärzte in der heutigen „*modernen Dienstleistungsgesellschaft*" *Kleine-Cosack*, NJW 2003, 868 (868); *Kazemi*, MedR 2005, 17 (17 f.).

53 *Wasem/Staudt*, MedR 2018, 676 (676 ff.). *Michels*, in: FS Steinhilper, S. 91, statuiert plastisch: „*Er* [Der Arzt] *muss aus seiner (heil)beruflichen Tätigkeit aber auch zumindest ein so hohes Einkommen erwirtschaften, um seine Kreditgeber bezahlen und sich und seine Familie angemessen unterhalten zu können.*" Siehe ferner *Rixen*, MedR 2018, 667 (675), verweisend auf den Berufsbegriffs im Sinne des Art. 12 I GG als Tätigkeit, die der Sicherung des Lebensunterhaltes dient. *Kemmler*, NZS 2015, 401 (401), erkennt eine Tendenz der Zuordnung von Gesundheitsleistungen zu einem „*gewöhnlichen*" Markt.

54 *Hirtz*, in: *Henssler/Strohn*, Gesellschaftsrecht, PartGG, § 1 Rn. 13; *Römermann*, NJW 2013, 2305 (2306).

55 Ausführlich auf die historische Entwicklung rekurrierend *Taupitz*, Standesordnungen, S. 18 ff.; *Seibert*, Partnerschaft, S. 53 f.

56 *Taupitz*, Standesordnungen, S. 38 ff.

57 *Taupitz*, Standesordnungen, S. 40 ff.

58 *Hartung*, AnwBl 1995, 333 (335).

59 Siehe näher S. 516 ff. und S. 553 ff.

Zusammenarbeit von Ärzten mit Angehörigen nichtärztlicher Gesundheitsfachberufe im Rahmen der eigentlichen Behandlung. Dem Begriff der Zusammenarbeit lassen sich weder eine gewisse Festigkeit noch sonstige Anforderungen entnehmen, er ist jeweils kontextbezogen auszulegen.

Der Begriff der Kooperation ist vom kirchenlateinischen *cooperatio* für „Mitwirkung" abgeleitet,[60] wird häufig aber freier als „Zusammenarbeit" übersetzt.[61] Kooperation kann allgemein und damit konturlos alle Formen von Zusammenarbeit bezeichnend verstanden werden, lässt sich allerdings – insbesondere im rechtsanwaltlichen und steuerberaterlichen[62] Berufsrecht – auch als eine Art der dauerhaft, nicht als Außengesellschaft institutionalisierten Zusammenarbeit auffassen.[63]

Der Zusammenschluss dagegen ist als die stärkste Verbindung dieser Begriffe zu beurteilen und erfasst die rechtliche Verbindung im Sinne einer Vereinigung mindestens zweier Rechtssubjekte. Dem Begriff lässt sich aber nicht bereits entnehmen, ob die Berufsausübung gemeinsam erfolgt oder die Zusammenarbeit lediglich durch Teilung der sachlichen, räumlichen und personellen Kosten die voneinander getrennte Ausübung des Berufs fördern soll. Selbst die rein finanzielle Teilhabe an der Berufsausübung eines anderen lässt sich als Zusammenschluss auffassen. Gleichwohl sollen solche monetären Beteiligungen in dieser Arbeit außer Betracht gelassen werden, da sie keinen originären Bezug zur Berufsausübung aller Beteiligter aufweisen und vor allen Dingen bereits Gegenstand anderer wissenschaftlicher Auseinandersetzungen sind.[64]

Nicht unter den Begriffen von Zusammenarbeit und Zusammenschlüssen sind (zumindest für die Zwecke dieser Arbeit) Anstellungen zu verorten. Abgrenzende Merkmale zwischen Anstellung und gesellschaftsrechtlicher Beteiligung sind die Beteiligung am Gewinn oder Verlust im Gegensatz zu einem Festgehalt, sodass Chancen und Risiken des beruflichen (Miss-) Erfolgs den Arzt persönlich treffen, die Beteiligung zumindest am immateriellen Wert der Berufsausübungsgemeinschaft

---

60 *Duden*, Schlagwort „Kooperation".

61 Siehe z.B. bei *OLG Köln*, AnwBl 1997, 120; *Greve/Polster*, in: FS Münkner, S. 191 (192).

62 Vgl. die Legaldefinition in § 56 V 1 StBerG: *„[...] eine auf einen Einzelfall oder auf Dauer angelegte berufliche Zusammenarbeit, der nicht die Annahme gemeinschaftlicher Aufträge zugrunde liegt [...]."*

63 Zur Rechtsnatur nach § 56 V 1 StBerG *Kamps/Wollweber*, DStR 2009, 926 (931); *Henssler*, AnwBl 2009, 670 (678 f.). Ferner *Huff*, NJW-Spezial 2005, 429; Vortrag von *Kempter* in Trient im Jahr 2003, zitiert nach *Hohlheimer/Oberlander*, Kooperationsformen bei Rechtsanwälten, S. 3; *Greve/Polster*, in: FS Münkner, S. 191 (192). Vgl. ferner in Abgrenzung zu Bürogemeinschaften *BGH*, NJW 2005, 2692 (2693).Von einer Konzeption als Innengesellschaft ausgehend *Brüggemann*, in: *Feuerich/Weyland*, BRAO, § 59a BRAO Rn. 93.

64 Siehe insbesondere *Burghardt/Dahm*, MedR 1999, 485 ff.; *Schulenburg/Heckmann*, GesR 2010, 525 ff.; *Köbler*, Beteiligung Berufsfremder, S. 182 ff.; *Schmidt*, Grenzen finanzieller Einflussnahme, S. 215 ff.; *Reiter*, GesR 2005, 6 (10 ff.).

(„*Goodwill*“) sowie die Befugnis zur Gestaltung des medizinischen Auftrags nach eigenem Ermessen und zur Disposition über Personal sowie räumliche und sachliche Mittel oder zumindest die Möglichkeit zur Mitwirkung an dieser Disposition.[65]

4. Terminologie der berufsübergreifenden Zusammenarbeit

Die Terminologie zur Beschreibung der Teilhabe von Angehörigen verschiedener Berufe an einer Zusammenarbeit findet keine einheitliche Verwendung. So werden „monoprofessionell“ und „monodisziplinär“ einerseits wie auch „interdisziplinär“ und „interprofessionell“ andererseits synonym genutzt.

Das Präfix „*mono*“ entstammt dem Griechischen („*ein*“, „*allein*“).[66] Die Differenzierung der Termini „Profession“ und „Disziplin“ wird in der Literatur nicht stringent verfolgt. Gerade bei Beteiligung des ärztlichen Berufs ist aufgrund der voranschreitenden Tendenz zur Subspezialisierung mit Facharzt- und Schwerpunktqualifikationen sowie Zusatz-Weiterbildungen[67] eine klare Unterscheidungskraft der Begriffe notwendig. Profession bezeichnet die Arbeit, den Beruf, das Gewerbe (lat. *professio*), während Disziplin aus lat. *disciplina* als Wissenschaft, Wissenschaftszweig oder Teilbereich einer Wissenschaft aufzufassen ist.[68] Je nach Einzelfall kann sowohl der Profession als auch der Disziplin damit eine umfangreichere Bedeutung zukommen als dem anderen Begriff. Da die Arbeit sich mit berufsübergreifenden Kooperationen beschäftigt, wird der Begriff der Interprofessionalität bemüht und Interdisziplinarität ausdrücklich nicht synonym gebraucht. Unter „multiprofessioneller“ Zusammenarbeit wird, den Begriff als eigene Terminologie betrachtend – lediglich dem weiteren Verständnis dienend –, die Zusammenarbeit mindestens dreier unterschiedlicher Berufe aufgefasst.[69]

5. Berufsübergreifende Berufsausübung im ärztlichen Berufsrecht

Auf die Zusammenarbeit von Ärzten mit Nichtangehörigen des ärztlichen Berufs wirken rechtliche Regelungen aus verschiedenen Richtungen ein. Zunächst sind die allgemeinen gesellschaftsrechtlichen Regelungen bei der Gründung gemeinsamer Gesellschaften zu beachten.

Allerdings sind Ärzte betreffend die berufsrechtlichen Regelungen von zentraler Bedeutung. Die Heilberufsgesetze der Länder eröffnen regelmäßig nur generalklauselartig den Heilberufskammern die Regelung gemeinsamer Berufsausübung.

---

65 Siehe hier nur *Osmialowski*, ArztR 2011, 32 (35 f.).

66 *Duden*, Schlagwort „mono-“.

67 *Gollasch*, Fachübergreifende Gemeinschaftspraxis, S. 23; SVR, Gutachten 2014, S. 378.

68 Duden, Schlagwörter „Profession“, „Disziplin“.

69 Der synonymen Begriffsverwendung von „*multiprofessionell*“ und „*interprofessionell*“ und gar „*multidisziplinär*“ wird sich nicht angeschlossen. So allerdings *Krenzler*, BRAK-Mitt. 2010, 234 (234); *Kämmerer*, DStR-Beih. 2015, 33 (33).

Die Berufsordnungen der Landesärztekammern enthalten dagegen ausdifferenziertere Regelungen zur Kooperation mit anderen Ärzten und Angehörigen anderer Berufe, die in der Regel die Vorschriften der MBOÄ abbilden. Ausgangsnorm ist hierbei § 18 I MBOÄ, wonach sich Ärzte zu Berufsausübungsgemeinschaften, Organisationsgemeinschaften, Kooperationsgemeinschaften und Praxisverbünden zusammenschließen dürfen. Berufsausübungsgemeinschaften sind nach § 18 IIa 1 MBOÄ Zusammenschlüsse von Ärzten untereinander, mit Ärztegesellschaften oder mit ärztlich geleiteten Medizinischen Versorgungszentren (MVZ), die den Vorgaben des § 23a I lit. a), b) und d) MBOÄ entsprechen, oder dieser untereinander zur gemeinsamen Berufsausübung. Organisationsgemeinschaften werden in der MBOÄ nicht weiter behandelt und erfahren keine Definition. Sie stellen Verbindungen dar, die primär der gemeinsamen Aufteilung von Kosten für Personal, Räume und Infrastruktur wie medizinische Gerätschaften dienen und sich damit nachgelagert auf die selbständige Berufsausübung der Beteiligten der Organisationsgemeinschaft positiv auswirken. Im Gegensatz zu Berufsausübungsgemeinschaften erfolgt kein gemeinsamer Auftritt gegenüber Nachfragern der berufsspezifischen Leistungen, sondern allein gegenüber Erbringern von Leistungen gegenüber der Organisation wie Lieferanten, Angestellten oder Darlehensgebern.[70] Medizinischen Kooperationsgemeinschaften (MKG) wird in § 23b MBOÄ die wohl ausführlichste Regelung der gesamten MBOÄ zuteil. Sie stellen Gemeinschaften zur kooperativen Berufsausübung von Ärzten mit Angehörigen kategorisch zugeordneter anderer Berufe im Gesundheitswesen dar. Ärzten wird der Zusammenschluss nach § 23b I 3 MBOÄ im Einzelnen nur mit solchen Angehörigen anderer Gesundheitsberufe und in der Weise erlaubt, dass diese in ihrer Verbindung mit dem Arzt einen gleichgerichteten oder integrierenden diagnostischen oder therapeutischen Zweck bei der Heilbehandlung durch räumlich nahes und koordiniertes Zusammenwirken aller beteiligten Berufsangehörigen erfüllen können. § 23b I 4 MBOÄ statuiert besonders ausgearbeitete Voraussetzungen an den „*Kooperationsvertrag*". Ärzten ist die Zusammenarbeit mit Angehörigen anderer Berufe als den in § 23b MBOÄ genannten durch § 23c MBOÄ in allen Rechtsformen gestattet, wenn sie nicht die Heilkunde am Menschen ausüben. Außerdem rekurriert § 29a MBOÄ auf die Zusammenarbeit mit Dritten und versagt Ärzten, mit Personen zusammen zu untersuchen oder zu behandeln, die weder Ärzte noch zu ihren berufsmäßig tätigen Mitarbeitern gehören. Eine Ausnahme gilt allein für Personen, die sich in der Ausbildung zum ärztlichen Beruf oder zu einem Fachberuf im Gesundheitswesen befinden (§ 29a I 2 MBOÄ) und für Angehörige anderer Fachberufe im Gesundheitswesen unter der Voraussetzung klar erkennbarer Verantwortungsbereiche (§ 29a II MBOÄ).

70 Eine ausführlichere Gegenüberstellung von Berufsausübungs- und -organisationsgemeinschaften erfolgt auf S. 117 ff.

III. Gang der Untersuchung

Ziel dieser Arbeit ist die Herausarbeitung der für Ärzte verfügbaren Möglichkeiten berufsübergreifender Berufsausübung. Soweit ersichtlich hat zu gemeinsamer interprofessioneller Berufsausübung von Ärzten bislang keine umfassendere[71] Auseinandersetzung stattgefunden; die bisherigen Untersuchungen berufsübergreifender Kooperationen sind im Kern auf finanzielle Beteiligungen von Ärzten an Unternehmen nichtärztlicher Leistungserbringer oder von Dritten an ärztlichen Praxen begrenzt. Rein investive Beteiligungen werden daher zur unerlässlichen Einschränkung der Abhandlung ausgeklammert. Aus praktischen Erwägungen erforderlich erscheint stattdessen die Klärung grundlegender Erfordernisse an interprofessionelle Berufsausübung der Ärzte. Diese Arbeit bezweckt die Betrachtung der Zulässigkeit und die Ausgestaltung von interprofessionellen Zusammenschlüssen mit ärztlicher Beteiligung. Um eine adäquate Behandlung dieses Themas auf rechtlicher Ebene vornehmen zu können, soll in einem ersten Schritt die Motivation beleuchtet werden, die Ärzte allgemein und ohne besondere Rücksicht auf die Berufszugehörigkeit der Kooperationspartner zu einem interprofessionellen Zusammenschluss bewegen. Nur wem die Hintergründe bekannt sind, erschließt sich die Bedeutung des Ganzen. Dabei soll bereits berufsunspezifisch ergründet werden, warum mit Nichtärzten eine Zusammenarbeit für Ärzte lukrativ sein kann. Um ein vollständiges Bild ohne Scheuklappen zu erhalten, sind als Nichtärzte nicht nur Angehörige anderer Gesundheitsberufe und anderer Freiberufler, sondern auch Gewerbetreibende anzusehen. Ein Augenmerk soll auf der Frage liegen, wozu sich ein enger Zusammenschluss in einer berufsübergreifenden Gesellschaft eignet.

In einem Zwischenschritt soll ein prägnanter Überblick rein ärztlicher Zusammenschlüsse dem Leser ermöglichen, Parallelen und Besonderheiten der Regulierung ärztlicher Berufsausübung in interprofessionellen Vereinigungen zu erkennen.

Im Hauptteil dieser Arbeit (§ 4) sollen Zusammenschlüsse von Ärzten mit Angehörigen anderer Berufe des Gesundheitswesens beleuchtet werden. Die MBOÄ behandelt solche Zusammenschlüsse zu kooperativer Berufsausübung explizit und separat in § 23b MBOÄ. Schon in praktischer Hinsicht sind Assoziationen mit Angehörigen anderer Gesundheitsberufe in den Fokus der Arbeit zu rücken. Es wird minutiös zu fragen sein, ob und welche Voraussetzungen durch Gesellschaftsrecht, Berufsrecht und Vertragsrecht auf die Kooperationsvorhaben einwirken, insbesondere: Mit wem dürfen Ärzte gemeinschaftlich ihren Beruf ausüben und

71 Ersichtlich sind neben dem betagten und in erheblichen Punkten überholten Aufsatz von *Schirmer*, MedR 1995, 383 ff., und dem im Wesentlichen hierauf aufgebauten Beitrag in der Dissertation von *Eisenberg*, Ärztliche Kooperationen, S. 191 ff., nur eine auf Zusammenschlüsse in einer PartG zwischen Ärzten und Physiotherapeuten beschränkte Dissertation von *Junkert*, Ärzte und Physiotherapeuten, passim.

auf welche Weise? Die Prüfung der Verfassungsmäßigkeit von Beschränkungen der Zusammenarbeit wird von zentralem Interesse sein. Dabei sind u. a. die verschiedenen Zwecke von Berufs- und Vertragsarztrecht zu würdigen, daneben auch ökonomische Effekte und die Effizienz der Vorschriften bezüglich ihrer Zweckerreichung. Neben der verfassungsrechtlichen Überprüfung der Vorschriften wird auf eine unionsrechtliche Bewertung grundsätzlich verzichtet, da sie den Rahmen der ohnehin bereits mit umfangreichen Fragestellungen beladenen Arbeit letztlich sprengen würde.[72] Von besonderer Relevanz ist dagegen die Einbeziehung berufsrechtlicher Regelungen der nichtärztlichen Kooperationspartner. Es wird insbesondere das Verhältnis der widerstreitenden Berufsrechte zu überprüfen sein. Bei Betrachtung des Vertragsarztrechts wird die besondere berufsübergreifende Situation zu würdigen sein, sodass die sozialversicherungsrechtliche Anerkennung bestimmter beruflicher Zusammenschlüsse zu bewerten ist. Beschränkungen sind abermals am Grundgesetz zu messen.

Der folgende Abschnitt (§ 5) enthält einen Überblick zu praktisch (noch) eher irrelevanten Zusammenschlüssen mit anderen Freiberuflern. Von zentralem Interesse ist bei dieser Frage, wie das ärztliche Berufsrecht Zusammenschlüsse bewertet, wenn zumindest einer der Beteiligten keinem Heilberuf angehört. Bei der Betrachtung soll sich für wirtschaftsberatende freie Berufe auf Rechtsanwälte, Patentanwälte, Steuerberater und Wirtschaftsprüfer und für naturwissenschaftliche freie Berufe auf Ingenieure und Architekten beschränkt werden. Da dem gegenüberstehenden Berufsrecht ebenfalls Beschränkungen erwachsen können, werden die Berufsrechte der benannten Berufe grundrissartig rekurrierend auf die Zusammenarbeit mit Ärzten vorgestellt.

Die Möglichkeit des Arztes als Angehöriger eines freien Berufs zu Zusammenschlüssen mit Gewerbetreibenden soll in einem abschließenden Kapitel (§ 6) der Untersuchung nur noch angerissen werden, auch wenn aus den anzustellenden Überlegungen höchstinteressante Fragestellungen folgen. Hierzu zählen zur besseren Systematisierung auch Krankenhausträger als Träger von MVZ. Sind bereits Zusammenschlüsse mit anderen Freiberuflern unter Einbringung der gesamten ärztlichen Tätigkeit nach allgemeiner Auffassung nur schwer denkbar, so stellen Vereinigungen mit Gewerbetreibenden eine nur von weiter Ferne hallende Zukunftsmusik dar.

Eine Zusammenfassung wird die Erkenntnisse der Arbeit in Thesen zusammentragen.

---

72 Insbesondere bei Ärzten als Angehörigen der Heilberufe, die schon aus dem Anwendungsbereich der Dienstleistungsrichtlinie RL 2006/123/EG nach Art. 2 II lit. f) herausgenommen worden sind, wird nicht mit einer stärkeren Akzentuierung unionsrechtlicher Impulse zu rechnen sein. Vgl. allgemein *Michel*, in: *Kluth*, Kammer- und Berufsrecht, S. 225 (241).

§ 2 Beweggründe für Zusammenschlüsse

I. Allgemeine Beweggründe ärztlicher Zusammenarbeit

1. Einleitung

Im gesamten ökonomischen Bereich haben kooperative Beziehungen an Bedeutung gewonnen und sind von einer singulären Erscheinung zur Regel geworden.[73] Auch in den freien Berufen ist eine derartige Entwicklung von einer Tätigkeit als Einzelkämpfer zu mehr Kooperation seit langem deutlich erkennbar.[74] War zu Beginn der Bundesrepublik die gemeinsame Ausübung ärztlicher Tätigkeit grundsätzlich noch unzulässig,[75] ist heute ein stetiger Zuwachs der Anzahl kooperativ tätiger Ärzte zu verzeichnen, ohne dass bisher ein Ende dieser Entwicklung absehbar wäre.[76] Die rechtliche Normierung von Kooperationen darf jedoch nicht isoliert betrachtet werden. Der Frage des Eingehens wie auch immer gearteter (nicht notwendigerweise) interprofessioneller Zusammenschlüsse hängt von vielfältigen Einflussfaktoren ab,[77] wobei die ökonomischen Bedingungen von besonderem Gewicht sind.[78] War die Kritik am übersteigerten Gewinnstreben und die gewerbsmäßige Berufsausübung bei Anwälten und Ärzten noch einer der zentralen Auslöser für die spätere Entwicklung zu dem heutigen Verständnis freier Berufe,[79] ist heute eine Tendenz zu neuen Freiräumen in der Berufsausübung erkennbar. Zudem drängt auch die Europäische Kommission immer stärker im Bereich der freien Berufe auf stärkeren Wettbewerb als Teil der Wachstumsstrategie Europa 2020.[80] Eine ausgeprägte Regulierung hemme danach die Arbeitsproduktivität.[81]

---

73 *Zentes et al.*, in: *Zentes et al.*, Kooperationen, S. 3 (5).

74 *Michalski*, Freie Berufe, S. 106 f.. Bzgl. Ärzte: *Narr*, Ärztliches Berufsrecht, Teil D VI. S. 725 (Rn. B 425); bzgl. Rechtsanwälte: *Hohlheimer/Oberlander*, Kooperationsformen bei Rechtsanwälten, S. 6 ff.

75 *Narr*, Ärztliches Berufsrecht, Teil D VI S. 725 (Rn. B 425) mit Hinweis auf § 18 Musterberufs- und -facharztordnung, 1956, ÄM 1962, 2323, zuletzt abgedruckt bei *Scholz*, ZMGR 2010, 143 (143); *Munte et al.*, Kooperative Berufsausübung, S. 25.

76 Vgl. hierzu die Statistik der Kassenärztlichen Bundesvereinigung zu den Jahren 1993, 2007 und 2014; siehe bereits zuvor *Hohlheimer/Oberlander*, Kooperationsformen bei Rechtsanwälten, S. 6 ff.

77 *Michalski*, Freie Berufe, S. 100.

78 *Preißler*, MedR 1998, 90 (90).

79 *Taupitz*, Standesordnungen, S. 132

80 *Schröder*, EuZW 2016, 5 (6); COM(2015) 256 final, Empfehlung 3 sowie ABl. 2015 C 271, S. 1 (4).

81 SWD(2015) 25 final/2, S. 20 f.; ferner SWD(2019) 1004 final/2, S. 21, 71.

Kooperation ist das Ergebnis einer Abwägung von Vorteilen einer Kooperation mit den durch die Kooperation entstehenden Beschränkungen, das im Vergleich[82] mit separater Berufsausübung der Partner vorteilhaft erscheint. Die Kooperation ist potentiell sinnvoll bei überschneidenden oder sich sinnvoll ergänzenden Tätigkeitsbereichen,[83] sodass Anknüpfungspunkte bei allen Partnern für eine wechselseitig gewinnbringende und fruchtbare Zusammenarbeit bestehen. Die konkreten Kooperationsanlässe bestimmen ihre ideale Organisation. Neben vordergründigen ökonomischen Motiven fließen vornehmlich fachliche, rechtliche und persönliche Beweggründe in die Abwägungsentscheidung ein.

2. Ökonomische Motive

Heute zeichnet sich eine Entwicklung ab, in der die jeweiligen Berufsangehörigen dem Gedanken des Liberalismus sowie der Prämisse der Regelung des Marktes durch den Markt selbst folgend Veränderungen zu mehr freiheitlicher Berufsausübung fordern.[84] Ökonomische Faktoren können als solche zusammengefasst werden, die sich auf die Kosten-Ertrags-Relation auswirken;[85] ökonomische Gründe zur Kooperation sind mithin solche, die auf einen gemeinsam zu erreichenden wirtschaftlichen Erfolg abzielen.[86] Arztpraxen und wirtschaftliche Unternehmen sind in rein ökonomischer Perspektive vergleichbar, denn die berufliche Tätigkeit eines Arztes ist auf Erwerb gerichtet und wird daher ebenso in Gewinnerzielungsabsicht verrichtet.[87] So lassen sich vermehrt in der neueren medizinrechtlichen Literatur[88]

---

82 *Merschbächer*, in: *Eichhorn et al.*, Krankenhausmanagement, S. 141 (142 f.).

83 *Kaiser*, Ärzte-GmbH, S. 5; *Michalski*, Freie Berufe, S. 99.

84 Exemplarisch ist die hier behandelte Thematik der interprofessionellen Zusammenschlüsse, die bis zur heutigen Zeit in den Standesregelungen streng reglementiert sind. In der jüngsten Zeit begehrten dagegen Angehörige einzelner freier Berufe auf, worauf graduell Zusammenschlussverbote bzw. -voraussetzungen für verfassungswidrig erachtet worden sind, *BVerfGE* 135, 90 ff., 141, 82 ff.

85 *Merschbächer*, in: *Eichhorn et al.*, Krankenhausmanagement, S. 141 (145).

86 *Cramer*, MedR 2004, 552 (554). Vgl. ökonomisch differenzierte Kooperationsstrategien *Michels et al.*, Ärztliche Kooperationen, S. 3 ff.

87 *BGHZ* 16, 71 (79); 48, 313 (324); *Gesellensetter*, Annäherung an das Gewerbe, S. 58 f. Bereits *Henke*, NJW 1974, 2035 (2036), erkannte die nicht nur untergeordnete Bedeutung des erwerbswirtschaftlichen Moments; vgl. auch *Ahrens*, AnwBl 1992, 247 (248); *Gummert/Meier*, MedR 2007, 75 (83). Ärzte sind zunehmend als Unternehmer gefordert, *Taupitz*, NJW 1986, 2851 (2857); *Michels et al.*, Ärztliche Kooperationen, S. 6; *Gollasch*, Fachübergreifende Gemeinschaftspraxis, S. 39. Rekurrierend auf alle freien Berufe *Henssler*, JZ 1998, 1065 (1066).

88 Siehe hier nur exemplarisch *Papier/Petz*, NJW 1994, 1553 (1554); *Preißler*, MedR 1998, 90 (90); *Koller*, Ärztliche Kooperationsformen, S. 114 ff.; *Laufs*, NJW 2001, 1768 (1768 f.); *Kemmler*, NZS 2015, 401 (401). Zum Einzug von Marktinstrumenten *Kalb*, GesR 2012, 143 (143 f.).

und in Gesetzesmaterialien[89] Begriffe wie *„Wettbewerb"*, *„Effizienz"* und *„ärztlicher Markt"* antreffen. Arztpraxen sind in einen Markt von Gesundheitsdienstleistungen als Konsumgüter eingebunden.[90] Weitergehend haben auch Ärzte als Freiberufler die Wirtschaftlichkeit ihrer Tätigkeit im Auge zu behalten,[91] sie tragen das volle wirtschaftliche Risiko ihrer beruflichen Tätigkeit.[92] Das wirtschaftliche Risiko beträgt allerdings nicht allein die Differenz aus Einnahmen und Ausgaben durch die ärztliche Tätigkeit, sondern umfasst insbesondere auch das Haftungsrisiko. In den letzten Dekaden hat sich die Gefahr einer haftungsrechtlichen Inanspruchnahme für Ärzte aufgrund verschiedener Faktoren – Entscheidungen der Rechtsprechung zulasten der Ärzte, die zunehmende Verbreitung von Rechtsschutzversicherungen und den immer ausgeprägteren Wandel des Patienten zu einem kritischen, souveränen und mündigen Kunden mit dem Willen zu möglichst uneingeschränkter Selbstverwirklichung – erheblich erhöht.[93] Das wirtschaftliche Risiko und die Kostentragungslast kann durch Zusammenschlüsse auf mehrere Schultern verteilt werden[94] – dieser Sicherheitsaspekt hat besonders für Berufsanfänger eine hohe Bedeutung.[95] Jüngere Ärzte erkennen in

---

89 Vgl. BT-Drs. 15/1525, S. 74 zum Wettbewerb zwischen verschiedenen Versorgungsformen; BT-Drs. 16/2474, S. 1 zur Effizienz der vertragsärztlichen Berufsausübung; BT-Drs. 17/6906, S. 42; BT-Drs. 18/4095, S. 3 zur Versorgungseffizienz.

90 *Gesellensetter*, Annäherung an das Gewerbe, S. 240, und *Eberbach*, MedR 2008, 325 (328), sprechen von der Gesundheit als (Konsum-)Gut, *Kemmler*, NZS 2015, 401 (401), von der Tendenz zu einem *„gewöhnlichen"* Markt. Zur Güterknappheit der Gesundheitsdienstleistungen *Huster*, VSSR 2011, 183 (185); *Katzenmeier*, in: *Katzenmeier/Bergdolt*, Das Bild des Arztes im 21. Jahrhundert, S. 45 (56 ff.); plastisch beschrieben anhand des Krankenhauses im *„Schlaraffenland"* ohne Personal- und Finanzmangel von *Müller-Lissner*, Berliner Ärzte 03/2018, S. 14 (15).

91 *BVerfGE* 117, 163 (183): *„nicht schlechthin unvereinbar"* sei kommerzielles Denken mit dem freiberuflichen Anwaltsberuf; ähnlich (*„Erwerbszwecke"*, *„wirtschaftliche Existenz"*, *„auf Erwerb gerichtete Tätigkeit"*) bereits *RGZ* 99, 189 (192); 153, 280 (285); *BGHZ* 16, 71 (79); ferner *Müller*, Freie Berufe, S. 136 f.; *Taupitz*, Standesordnungen, S. 60 f., 63 ff., mit ausführlichen Nachweisen und in Relation zu anderen Interessen; *Laufs*, in: *Thomas*, Freiheit und Berufsethos, S. 77 (85).

92 Allgemein auf Freiberufler rekurrierend *Taupitz*, Standesordnungen, S. 60 f.

93 *Laufs*, in: *Thomas*, Freiheit und Berufsethos, S. 77 (84); *Taupitz*, MedR 1995, 475 (475).

94 Vgl. bereits *Kremer*, GmbHR 1983, 259 (261).

95 Diese sind regelmäßig *„bis über beide Ohren"* verschuldet, *Taupitz*, NJW 1996, 3033 (3040). Vgl. exemplarisch zum Sicherheitsaspekt *Möller*, MedR 2003, 195 (195); *Michalski*, Freie Berufe, S. 101 f.; *Dahns/Gelmke*, NJW-Spezial 2004, 237. *Stackelberg/Lehmann*, GuP 2016, 24 (25), werten die Tätigkeit im Angestelltenverhältnis statt als *„Betriebsunfall"* als eine den Vorstellungen vieler junger Mediziner entsprechende Arbeitsweise. Ihren Gedanken der Anstellung als „sicherheitsorientierte" Tätigkeit weitergesponnen trägt der Zusammenschluss in einer Berufsausübungsgemeinschaft im Vergleich zur Einzelpraxis durch Verteilung des wirtschaftlichen Risikos zu „sicherheitsorientierter Selbständigkeit" bei.

kooperativen Strukturen bessere Entwicklungsmöglichkeiten als in der klassischen Einzelpraxis.[96]

Auf die Kosten-Ertrags-Relation kann in verschiedener Art und Weise eingewirkt werden. Durch *interne Anpassungen* ist einerseits externen Einflüssen so gerecht zu werden, dass die notwendige Rentabilität der Tätigkeit zur Sicherung der Existenz gewährleistet ist.[97] Durch Zusammenarbeit kann die Kostenstruktur effizienter gestaltet werden.[98] So ist – exemplarisch – die umsatzabhängige Verteilung von Kosten auf mehrere Schultern möglich.[99] Dies betrifft insbesondere die von Freiberuflern notwendigen, gerade bei Ärzten nicht unerheblichen finanziellen Investitionen,[100] die der medizinische Fortschritt im Zeitalter der apparativen Medizin für teure, dem aktuellen medizinischen Standard entsprechende[101] technische Ausstattung der Praxen und fachliches Knowhow erfordert.[102] Der medizinische Fortschritt verlangt damit Investitionen der Ärzte, um noch dem Stand der Zeit zu entsprechen. Hohe Investitionen werden aber nur dann getätigt, wenn sie als wirtschaftlich vertretbar eingestuft werden.[103] Durch einen Zusammenschluss mit anderen Ärzten kann die Auslastung meist sehr teurer medizinischer Apparaturen gesteigert und so effizienter und kostengünstiger gestaltet werden.[104] Organisatorisch können überdies einzelne Maßnahmen auf ihre Effizienz überprüft werden.[105]

Bezüglich Investitionen kommt es in der Praxis jedoch nicht lediglich auf die Kostenaufteilung an. Auch auf Finanzierungsmöglichkeiten können Kooperationen günstig einwirken. Durch gemeinsamen Auftritt einer höheren Anzahl von Schuldnern erhöht sich die Bonität bei gleichzeitiger Reduzierung des Risikos potentieller Geldgeber bei einem Investment, weshalb allgemein eine höhere

96 *Möller*, MedR 2004, 69 (69 f.).

97 *Oberender/Fleckenstein*, in: *Halbe/Schirmer*, Kooperationen, E 1600 Rn. 10.

98 Der ZiPP-Jahresbericht 2017, S. 25, stellt wie bereits in den Vorjahren fest, dass Berufsausübungsgemeinschaften im Vergleich zu Einzelpraxen im fachärztlichen Bereich profitabler sind, nicht jedoch im rein hausärztlichen Bereich. Als Begründung wird allem voran die persönliche Motivationslage zur Reduzierung der Arbeitslast gesehen, nicht dagegen ökonomische Faktoren.

99 *Narr*, Ärztliches Berufsrecht, Teil D IV. 20. S. 725 (Rn. B 425); *Gesellensetter*, Annäherung an das Gewerbe, S. 186; *Cramer*, MedR 2004, 552 (554).

100 *Taupitz*, Standesordnungen, S. 60.

101 Vgl. § 630a II BGB.

102 *Holldack-Heckmann*, Gruppenpraxis, S. 19 f., 24; *Oberender/Fleckenstein*, in: *Halbe/Schirmer*, Kooperationen, E 1600 Rn. 9; *Eisenberg*, Ärztliche Kooperationen, S. 27. Als Aspekt der Wettbewerbsfähigkeit die technische Ausstattung berücksichtigend *Lach*, Freiberufliche Zusammenarbeit, S. 133.

103 *Dahm*, MedR 1998, 70 (70).

104 *Cramer*, MedR 2004, 552 (554); *Kaiser*, Die Ärzte-GmbH, S. 5; vgl. ferner *Dahm*, MedR 1998, 70 (70 f.).

105 *Oberender/Fleckenstein*, in: *Halbe/Schirmer*, Kooperationen, E 1600 Rn. 11 f.

Aussicht auf Finanzierungszusage eines Vorhabens verbundener Ärzte bestehen dürfte.[106] Insbesondere fungieren dabei als Geldgeber Banken. Durch die verschärfte Bankenregulierung sind – v. a. in Krisenzeiten – Einschränkungen denkbar, da Banken risikogewichtet mehr Eigenkapital vorhalten müssen, wodurch sich Refinanzierung der Bank und mittelbar Darlehen für Unternehmen verteuern.[107] Im schlimmsten Fall unterbleibt eine Finanzierung folglich in Gänze. Bereits 2008 gab es Berichte darüber, dass Ärzte vermehrt auf Alternativen zu Bankkrediten ausweichen müssen, da sie keine Bankfinanzierung mehr erhalten haben.[108] Die Alternativen sind für Freiberufler vergleichbar zu kleinen und mittleren Unternehmen nur begrenzt und entsprechen nicht den Möglichkeiten großer Unternehmen am Kapitalmarkt. Durch das Einbringen von Gesellschaftskapital lässt sich in einer Gemeinschaft daher praxisnah eine verbesserte Finanzierungssituation verbundener Ärzte herstellen.

Um am Markt bestehen zu können, dürfen die Interessen der potentiellen Klientel außerdem nicht aus dem Blick geraten, sondern müssen hierfür berücksichtigt werden.[109] Auf strategischer Ebene kann daher in Anbetracht eines sich verändernden Morbiditätsspektrums immer älterer Patienten und zunehmender Spezialisierung der Ärzteschaft die Anpassung des Leistungsangebots an die Nachfrage eine adäquate Reaktion sein, um Einfluss auf die Einnahmesituation zu nehmen. So können durch gemeinsame Leistungen, die alleine nicht angeboten werden

106 Insbesondere Zahnärzte haben einen Bedarf an teurer medizinischer Ausstattung, die zudem relativ schnell veraltet. Da ihr Insolvenzrisiko hierdurch steigt, werden Banken mehr Sicherheiten für denselben Darlehensbetrag verlangen bzw. für dieselbe Sicherheitsleistung einen geringeren Darlehensbetrag anbieten.

107 Europäische Kommission, Grünbuch Schaffung einer Kapitalmarktunion, COM(2015) 63 final, S. 14; vgl. ferner *LSG Niedersachsen-Bremen*, GesR 2002, 21 (24). Krit. bzgl. Kausalität von Basel II *Müller*, DStR 2009, 64 (65 f., 68); ohne Prognose bzgl. Auswirkungen von „Basel III“ und CRD IV *Paul et al.*, DStR 2013, 1849 (1856). Fragwürdig sind insofern die Privilegien staatlicher Emittenten, näher *Kersting*, ZBB 2012, 439 ff.

108 Handelsblatt vom 26.9.2008, „Ärzte müssen rechnen können“; so auch im Rahmen der „Corona-Krise“, in der Banken nur aufgrund umfassender Garantien des Bundes zur Kreditvergabe an kleine und mittelständische Unternehmen bereit gewesen sind, Süddeutsche Zeitung vom 6.4.2020, „Notfall-Kredite für den Mittelstand sollen binnen Tagen kommen.“; siehe auch *Bundesbank*, Monatsbericht Mai 2020, S. 9. Zum circulus vitiosus bei der bankseitigen Störungen Kreditvergabe zwischen Finanz- und Realwirtschaft siehe hier nur *Bundesbank*, Monatsbericht Mai 2020, S. 8.

109 *Michalski*, Freie Berufe, S. 100 f. Gleichwohl sind Interessen der Patienten potentiell aufgrund ihrer regelmäßigen Angewiesenheit auf ärztliche Behandlung weniger entscheidend für die Inanspruchnahme als bei Nachfrage nach anderen Dienstleistungen/Produkten.

könnten, neue Geschäftsfelder erschlossen werden,[110] wobei Gewinn- und Umsatzsteigerungen zum Teil[111] als nicht realistisch eingestuft werden.

Weiterer ökonomischer Faktor ist der sich fortentwickelnde Wettbewerb im Gesundheitsbereich, ergänzt um gesellschaftliche Entwicklungen und solche der regionalen Wirtschafts- und Infrastruktur. Eine grundlegende Analyse muss an dieser Stelle ausgespart werden. Die jüngeren Aktivitäten des Gesetzgebers im Bereich des Gesundheitssystems[112] sind von entscheidender Bedeutung für die Entwicklung des Wettbewerbs.[113] Die Situation für ambulant tätige Ärzte hat sich jedenfalls grundlegend verändert.[114] So ist der Wettbewerbsdruck auf Ärzte zunehmend gestiegen,[115] wobei auch die Konkurrenz zu Anbietern nichtärztlicher Gesundheitsdienstleistungen beachtlich ist.[116] Durch die Öffnung der ambulanten Versorgung für Krankenhäuser[117] fördert der Gesetzgeber den Wunsch nach einer Konkurrenzsituation am Markt.[118] Die Lage in den ländlichen Gebieten[119] ist dagegen ambivalent. Einerseits ist die gestiegene Mobilität der Bevölkerung zu beachten, durch die auch entferntere Arztpraxen in Ballungsgebieten leichter erreichbar sind. Daraus folgt, dass auf dem Land ein Wettbewerb um Patienten besteht, der mangels umfangreichen spezialärztlichen Angebots die Patienten tendenziell weiter in die Städte treibt. Für Ärzte gestaltet sich damit zunächst die Wahl einer Tätigkeit im ländlichen bzw. strukturschwachen Bereich aufgrund sinkender

---

110 *Preißler*, MedR 1998, 90 (91); *Oberender/Fleckenstein*, in: *Halbe/Schirmer*, Kooperationen, E 1600 Rn. 34.

111 *Gollasch*, Fachübergreifende Gemeinschaftspraxis, S. 27.

112 Hierzu insbesondere GKV-Modernisierungsgesetz (2004), Vertragsarztrechtsänderungsgesetz (2006), GKV-Wettbewerbsstärkungsgesetz (2007), GKV-Versorgungsstrukturgesetz (2011), GKV-Versorgungsstärkungsgesetz (2015).

113 Überblicksartige Darstellung ohne GKV-Versorgungsstärkungsgesetz bei *Halbe*, MedR 2015, 168 (170 ff.).

114 *Halbe*, MedR 2015, 168 (170 f.); *Eisenberg*, Ärztliche Kooperationen, S. 27.

115 *Gesellensetter*, Annäherung an das Gewerbe, S. 186.

116 Siehe hierzu exemplarisch die Konkurrenz zu Heilpraktikern, *Joos et al.*, Evid Based Complement Alternat Med 2011; ID 495813, S. 2.

117 Beispielsweise durch §§ 116a, 116b SGB V für ambulante Leistungen und durch § 115b SGB V für ambulante Operationen.

118 *Baumgärtner et al.*, in: *Baumgärtner et al.*, Zukunft Arztpraxis, S. 12 (15). *Oberender/Fleckenstein*, in: *Halbe/Schirmer*, Kooperationen, E 1600 Rn. 5, prophezeien einen Verdrängungswettbewerb zwischen den Sektoren um Patientenströme und Versorgungsverträge mit den Krankenkassen, sodass das unternehmerische Risiko durch neue Mitbewerber aus fremden Branchen und aus dem Ausland steige. Freilich ist durch die vorherige Überführung stationärer Leistungen entsprechend dem Wirtschaftlichkeitsgebot in die ambulante Versorgung erst das Tätigkeitsspektrum erweitert worden, vgl. *Braun*, NJW 1985, 2739 (2739).

119 Ländliche Gebiete sind keinesfalls als homogene Gruppe zu begreifen; speziell sind stadtferne und stadtnahe ländliche Gebiete zu unterscheiden, siehe *Schlömer*, in: *Fachinger/Künemund*, Gerontologie und ländlicher Raum, S. 25 (29).

Patientenzahlen als unattraktiver für eine Niederlassung dar,[120] fehlende Infrastruktur[121] verschärft diese negative Aussicht. Paradoxerweise entsteht andererseits auf dem Land damit für den wachsenden Anteil älterer und/oder immobiler[122] Menschen gleichzeitig ein Erreichbarkeitsproblem,[123] wodurch der Wettbewerb der Ärzte insbesondere auf dem Land und in strukturschwachen Regionen auf diese Patientengruppe ausgerichtet sein wird. Zusammenschlüsse können möglicherweise eine Reaktion auf die verschiedenen Wettbewerbssituationen darstellen. Während im ländlichen Bereich auf den Arbeitsaufwand der einzelnen Gesellschafter eingewirkt werden mag, lässt sich in Ballungszentren der Abgrenzungswunsch zu anderen Praxen fruchtbar machen.

Als nicht zu verachtende Einflüsse auf die Wettbewerbssituation der Praxis erweisen sich die im Internet einschließlich der Darstellung in den sozialen Netzwerken und Bewertungsportalen für Ärzte. Die Außendarstellung ist für die Akquise von Patienten insbesondere in den ärztlich überversorgten Ballungsgebieten äußerst bedeutend, um von Patienten wahrgenommen zu werden. Zusätzlich hat sich das Patientenbild durch bessere Information der Bevölkerung über medizinische Grundlagen, ihrer kritischeren Grundhaltung und ihrer gesteigerte Mobilität zu einem souveränen und mündigen Kunden mit gewachsenen Ansprüchen an die Qualität medizinischer Leistungen entwickelt, auf den durch Anpassung des Leistungsangebots maßgeblich einzugehen ist.[124] Patienten konsultieren Ärzte öfter nach deren Spezialgebiet in Bezug auf das konkrete Anliegen und binden sich weniger an die Person *eines* Arztes als Vertrauensperson.[125] Durch verschiedenste Zusammenarbeit kann auf dieses neue Patientenbild als kompetenzorientierte Nachfrager eingegangen werden. So können Behandlungsabläufe insbesondere

---

120 Vgl. hierzu nur den geschilderten Fall eines „*Pendler-Arztes*" zur Behebung von Versorgungslücken in einem ländlichen Gebiet, *Schäfer*, Ärzte Zeitung (56) 2020, S. 24.

121 Schon der ehemalige Bundesminister für Arbeit und Sozialordnung *Theodor Blank* konstatierte vor dem *BVerfG*, eine unbeschränkte Zulassung von Ärzten zur kassenärztlichen Versorgung führe ohne geeignete Maßnahmen zur Ansammlung von Ärzten in Ballungsgebieten bei Meidung weniger bevorzugter Plätze wie ländlichen Gebieten, siehe *BVerfGE* 11, 30 (37).

122 Es setzte in den letzten Jahren eine Landflucht der arbeitstätigen und eher gebildeten Bevölkerung ein, weshalb diese Regionen wirtschaftlich für Unternehmer und den Zuzug von Personen unattraktiver werden, siehe *Kröhnert et al.*, Demografische Lage, S. 10; *Bauer-Schade*, Vertragsärztliche Versorgung, S. 33, 46 f.; *Kuhn/Amelung*, G+S 2015 (6), S. 16 (19); *Herr/Lessing*, G+S 2014 (6), S. 7 (12); Süddeutsche Zeitung vom 14.5.2016 titelte „*Leben in der Geisterstadt*", nachdem die Innenstädte kleinerer Städte verödeten.

123 *Kuhn/Amelung*, G+S 2015 (6), S. 16 (19).

124 *Oberender/Fleckenstein*, in: *Halbe/Schirmer*, Kooperationen, E 1600 Rn. 6; *Zykla-Menhorn*, DÄBl. 2013, A 743; *Gesellensetter*, Annäherung an das Gewerbe, S. 188; *Taupitz*, MedR 1995, 475 (475); *Laufs*, in: *Thomas*, Freiheit und Berufsethos, S. 77 (84).

125 *Gesellensetter*, Annäherung an das Gewerbe, S. 188.

bei komplexen Krankheitsbildern für Patienten in einer Hand verbessert werden.[126] Damit liegt ein möglicher Wettbewerbsvorteil eines Zusammenschlusses darin, dem Patienten die Gesamtkompetenz[127] der zusammengeschlossenen Ärzte in fachlicher und persönlicher Hinsicht öffentlichkeitswirksam bieten zu können.

3. Rechtliche Motive

Besonders offensichtlich ist der Wunsch nach Abfederung von Haftungsrisiken, welcher auch schon als entscheidender ökonomischer Faktor beurteilt worden ist, der sich aber – nicht zwingend zusätzlich zu dem Wunsch nach Zusammenarbeit – auf die Rechtsformwahl der gemeinsamen Tätigkeit auswirken kann.[128] Auch die teilweise verbesserten Abrechnungsmöglichkeiten von ärztlichen Gemeinschaftspraxen können Anlass zur Zusammenarbeit sein.[129] Die juristischen Motive gehen aufgrund ihrer Beeinflussung der Rahmenbedingungen ärztlicher Tätigkeit mit den ökonomischen Beweggründen Hand in Hand.

4. Fachliche Motive

Die Behandlung von Krankheiten erfordert oftmals eine gesamtheitliche Betrachtung.[130] Durch einen gegenseitigen fachlichen Austausch gerade auch bei fachlichen Zweifeln oder fachübergreifenden Behandlungsaspekten können das Knowhow maximiert, Leistungsangebote erweitert, Qualitätssteigerungen in Diagnostik und Behandlung herbeigeführt und die Betreuung der Patienten insgesamt verbessert werden.[131] Durch den stetigen medizinischen Fortschritt und die damit verbundenen neuen Erkenntnisse sowie die Verwendung komplizierter und teurerer Spezialapparaturen verstärkt sich die Spezialisierung der Ärzte.[132] Für eine umfassende Begleitung der Patienten auch in fachübergreifenden Fällen kann die Zusammenarbeit mit spezialisierten Ärzten eine möglichst simple Information und Rücksprache garantieren, um Patienten anschließend an eine Verweisung besser zur Seite stehen zu können. Außerdem wird dem Arzt aufgrund der Abdeckung eines Fachbereichs durch einen Kollegen die eigene Spezialisierung erleichtert.[133] Den nicht

---

126 *Cansun*, Kooperationsmöglichkeiten, S. 241.

127 Von *Gesamtkapazität* ausgehend *Henke*, NJW 1974, 2035 (2036).

128 *Weber/Vogt-Weber*, DÄ 1998, A-1146 (A-1146).

129 *Quaas*, in: *Quaas et al.*, § 15 Rn. 1; *Möller*, MedR 2003, 195 (195).

130 *Krieger*, MedR 1998, 57 (57).

131 Siehe hier nur *Lach*, Freiberufliche Zusammenarbeit, S. 92 f.; *Ratzel*, in: *Ratzel/Lippert*, MBOÄ, §§ 18–18a Rn. 3; *Michalski*, Freie Berufe, S. 101; *Kaiser*, Ärzte-GmbH, S. 6; *Walter*, MedR 2002, 169 (169); *Merschbächer*, in: *Eichhorn et al.*, Krankenhausmanagement, S. 141 (144 f.); *Kremer*, GmbHR 1983, 259 (260 f.); *ders.*, Freiberufler-GmbH, S. 22.

132 *Quaas*, in: *Quaas et al.*, Medizinrecht, § 15 Rn. 1; *Kremer*, Freiberufler-GmbH, S. 20 f.; vgl. bereits *Lach*, Freiberufliche Zusammenschlüsse, S. 129 f.

133 *Ehmann*, MedR 1994, 141 (142); *Kaiser*, Ärzte-GmbH, S. 6.

zu vernachlässigenden Gefahren immer stärkerer Subspezialisierungen[134] mag ein Zusammenschluss durch geeignete Koordination vorbeugen.[135] Schließlich können unerfahrenere Kollegen durch den gemeinsamen fachlichen Austausch profitieren und bei Unsicherheit zeitnah und einfach Ratschläge einholen.[136] Die regelmäßige Zusammenarbeit hilft zudem in Fällen, in denen die Tätigkeit von Angehörigen eines anderen Berufs die vorherige Untersuchung durch einen Arzt erfordern. So ist nach den sog. Probatorischen Sitzungen bei einem Psychotherapeuten nach § 28 III 2 SGB V iVm § 92 VIa SGB V, § 24 Psychotherapie-RL ein Konsiliarbericht eines Vertragsarztes zur Abklärung somatischer Erkrankungen einzuholen.[137]

5. Persönliche Motive

Nicht unterschätzt werden dürfen persönliche Beweggründe, wie der Wunsch nach reduzierter Arbeitszeit.[138] Es werden immer mehr Frauen als Ärzte tätig, weshalb teilweise eine *„Feminisierung"* des Ärztestandes attestiert wird.[139] Im Medizinstudium stellten schon im Jahr 2006 Frauen mit ca. 63 % der Studienanfänger die Mehrheit dar, in 2008 waren bereits ca. 40 % der berufstätigen Ärzte weiblich.[140] Bei den Ärzten bis 34 Jahren stellen Frauen momentan mit 72,6 % die weit überwiegende Mehrheit, in der Altersgruppe von 35 bis 39 mit 56,4 % mittlerweile auch eine deutliche Mehrheit dar.[141] Bei den älteren Altersgruppen sind noch überwiegend Männer vertreten.[142] Nimmt man eine bei Frauen stärker als bei Männern ausgeprägte Tendenz zu geregelten Arbeitszeiten und zur Tätigkeit in Teilzeit aufgrund der Vereinbarkeit des Berufs mit der Familiengründung bzw. -planung, insbesondere nach dem Wiedereinstieg in das Berufsleben nach der Geburt von Kindern an,[143] so wird die Teilzeittätigkeit[144] ein immer stärkeres Gewicht in der ärztlichen

---

134 Siehe bereits *Lach*, Freiberufliche Zusammenschlüsse, S. 130.

135 Bezogen auf fachübergreifende Gemeinschaftspraxen *Gollasch*, Fachübergreifende Gemeinschaftspraxis, S. 23 f.

136 *Michalski*, Freie Berufe, S. 101 f.

137 Siehe näher *Mandler*, MedR 2016, 874 (877).

138 *Quaas*, in: *Quaas et al.*, Medizinrecht, § 15 Rn. 1.

139 *Günther et al.*, Health Services Research 2010, 212 (224 f.); *Hibbeler/Korzilius*, DÄBl. 2008, 609 ff.; *Gerlach*, in: *Wille/Knabner*, Gesundheitswesen, S. 51 (56); von *„Feminisierung"* sprechen *Klose/Rehbein*, Ärzteatlas 2016, S. 258; *Wasem/Staudt*, MedR 2018, 676 (678).

140 *Hibbeler/Korzilius*, DÄBl. 2008, A-609 (A-609 f.).

141 Statistische Kerndaten Bundesarztregister zum Stichtag 31.12.2014, S. 13.

142 Statistische Kerndaten Bundesarztregister zum Stichtag 31.12.2014, S. 13; insgesamt stellen weibliche Ärzte daher noch die Minderheit der Vertragsärzte dar, Statistische Informationen Bundesarztregister zum Stichtag 31.12.2018, S. 6.

143 *Hibbeler/Korzilius*, DÄBl. 2008, A-609 (A-609, A-612); *Müller*, VSSR 2011, 205 (207).

144 Schon in den letzten Jahren etablierte sich die Tätigkeit in Teilzeit immer mehr, wenn auch noch auf niedrigerem Niveau, siehe die statistischen Kerndaten Bundesarztregister zum Stichtag 31.12.2014, S. 4; die Teilzeitarbeit hat von 1998 bis 2007

Versorgung erlangen.[145] Insgesamt achtet die jüngere Ärzteschaft infolge eines geänderten Selbstverständnisses mehr auf die Vereinbarkeit von Familie und Beruf wie auch eine ausgeglichene Work-Life-Balance; Flexibilität gewinnt als Kriterium der Berufswahl an Bedeutung.[146] Neben einer Entlastung von organisatorischen Aufgaben[147] können weitere persönliche Gründe für einen Zusammenschluss mit anderen in der beruflichen Tätigkeit sprechen.

II. Anlässe zur Eingehung interprofessioneller Zusammenschlüsse

1. Allgemein

Interprofessionelle Zusammenschlüsse mit ärztlicher Beteiligung sollen nach dem hier zugrundeliegenden Verständnis Vereinigungen zu einer verfestigten Gemeinschaft *zwecks gemeinsamer Ausübung ihrer Berufe* der jeweils in der Gemeinschaft verbundenen Beteiligten bezeichnen, von denen zumindest ein Beteiligter den Arztberuf aktiv ausübt. Lockerere berufsübergreifende Verbindungen wie zu Praxis- bzw. Bürogemeinschaften werden anlässlich der Breite des zu beleuchtenden potentiellen Wirkungsgrads interprofessioneller Zusammenschlüsse nur insoweit dargelegt, als hierfür eine Notwendigkeit zur Gegenüberstellung gesehen wird. Für die Eingrenzung interprofessioneller Zusammenschlüsse unter ärztlicher Beteiligung ist daher lediglich die Beteiligung mindestens eines Arztes und mindestens eines Angehörigen einer anderen Profession gewiss. Mit wem der Arzt eine solche Gemeinschaft eingeht, ist durch die Begrifflichkeit des interprofessionellen Zusammenschlusses weder auf Gesundheitsberufe noch auf freie Berufe beschränkt. Die Anlässe zur Bildung eines interprofessionellen Zusammenschlusses können aufgrund der damit verbundenen breit gestreuten Potentiale nicht umfassend dargestellt werden.

Interprofessionelle Zusammenschlüsse erfreuen sich entgegen möglicher erster Verwunderung großer Beliebtheit. Nach *Römermann* besteht insbesondere bei

---

bei den berufstätigen Ärzten um 53 % zugenommen, *Adler/Knesebeck*, BGesBl 2011, 228 (232).

145 Zum Trend zur Tätigkeit in Anstellungsverhältnissen, *Korzilius/Maybaum*, DÄBl. 2018, A-692 (A-692).

146 *Gerlach*, in: *Wille/Knabner*, Gesundheitswesen, 51 (57); *Hibbeler/Korzilius*, DÄBl. 2008, A-609 (A-610); *Müller*, VSSR 2011, 205 (207); *Wasem/Staudt*, MedR 2018, 676 (678). Siehe ferner das Konzept von *BÄK/KBV*, Physician Assistant, S. 6; *BÄK*, Kooperation und Koordination, S. 5. Vgl. auch für Zahnärzte *Kettler/Klingenberger*, zm 2016 (24), 80 (83). Jüngere Ärzte seien weniger bereit, auf Kosten der eigenen Gesundheit sich in ihrer Berufsausübung „*aufzureiben*", so der Präsident der BÄK *Montgomery*, zitiert von *Korzilius/Maybaum*, DÄBl. 2018, A-692 (A-694).

147 *Steinhilper*, MedR 2018, 639 (640).

den rechts- und wirtschaftsberatenden freien Berufen ein praktisches Bedürfnis für interprofessionelle Zusammenschlüsse,[148] *Ost* beschreibt sie als zweckmäßig.[149] Auf Nachfrageseite herrsche sowohl bei Unternehmen und Privaten als auch der öffentlichen Hand zentrales Interesse an Beratung aus einer Hand.[150] Ein Transfer von Know-how aus verschiedenen Berufen ermöglicht die erleichterte Bearbeitung von Aufträgen, die die Kompetenz eines einzelnen Berufs übersteigen.[151] Auch die gemeinsame Akquise von Aufträgen, deren gemeinsame Betreuung und Koordination sowie die gegenseitige Auftragsvermittlung steigern die Leistungsfähigkeit durch bessere Fokussierung auf das *eigene* Aufgabengebiet.[152] Für Nachfrager koordinierter interprofessioneller Leistungen fällt weniger eigener Koordinationsaufwand an. Der entsprechende Zeitvorteil kann in andere Aufgaben, wie in die weitere Strategieentwicklung oder Kundenakquise investiert werden. Zusätzlich sind aufgrund der Ersparnis einzelfallbezogener Koordinationsarbeit separater Auftragnehmer monetäre Kostenvorteile für Auftraggeber und -nehmer denkbar. Den zusammengeschlossenen Anbietern wird die Koordination ihrer Leistungserbringung einfacher als bei singulärer Zusammenarbeit fallen, bei der mangels persönlicher Vertrautheit des Gegenübers oder Entwicklung gemeinsamer Verfahren – vergleichbar zu einer betriebswirtschaftswissenschaftlichen Lernkurve – gegenseitige Missverständnisse verstärkt auftreten können. Das gegenseitige Vertrauen der interprofessionell Verbundenen mag außerdem nach außen wirken und Auftraggebern bei ihrer Auftragsvergabe eine gegenseitige positive Qualitätseinstufung der Leistungen der Angehörigen des verbundenen Berufs signalisieren.

Im Vergleich zu monoprofessioneller Zusammenarbeit ist bei interprofessionellen Zusammenschlüssen eine Kostenteilung schwerer denkbar, da jeder Berufsangehörige regelmäßig auf eigene Ausstattung angewiesen ist. Sie findet daher bei interprofessionellen Zusammenschlüssen wohl nur dann statt, wenn innerhalb der Gemeinschaft mehrere Beteiligte einem verwandten Beruf mit gemeinsamer Schnittmenge angehören oder aufgrund einer gesellschaftsvertraglichen Regelung, soweit eine solche möglich ist.

---

148 *Römermann*, NZG 2014, 481 (481).

149 *Ost*, DStR 2015, 442 (442).

150 *Henssler*, AnwBl 2009, 670 (670); *Hohlheimer/Oberlander*, Kooperationsformen bei Rechtsanwälten, S. 1 f.

151 *Henssler*, AnwBl 2009, 670 (679). Da der Zusammenschluss als gesellschaftsrechtliche Verbindung durch wesentlich engere Verbindung als in einer Kooperation charakterisiert ist, sind die bei *Henssler* aufgeführten Vorteile auf Zusammenschlüsse übertragbar.

152 *Henssler*, AnwBl 2009, 670 (679).

2. Besondere Motive zu interprofessionellen Zusammenschlüssen unter ärztlicher Beteiligung

Die Konkurrenzsituation des beteiligten Arztes mag sich durch ein interprofessionelles Angebot der Berufsausübungsgemeinschaft potentiell verbessern. Insbesondere die zunehmende Nutzung von Internetsuchmaschinen und Bewertungsportalen[153] führt zu einem transparenteren und leistungsorientierteren Wettbewerb von Ärzten, auf dem das interprofessionelle Angebot Patienten deutlicher sichtbar wird. Schon heute entscheiden sich viele Patienten bei ihrer Arztwahl anhand von Bewertungen anderer Patienten im Internet.[154] Da der Arzt immer mehr zum Unternehmer wird, hat auch er zur Marktdurchdringung am Markt akzeptierte innovative Konzepte zur Abgrenzung von anderen (ärztlichen und nichtärztlichen) Leistungserbringern zu entwickeln.[155] Dazu können ein verbesserter und bequemerer Service für Patienten wie durch Online-Vereinbarung von Terminen,[156] die Steigerung der Bekanntheit durch Werbung[157] und die Verbreiterung des Angebots durch interprofessionelle Zusammenarbeit hin zu einem *one-stop shopping*[158] dienen. Mit Angehörigen von Berufen im Gesundheitsbereich könnte Patienten eine schnittstellenübergreifende medizinische Betreuung aus einer Hand angeboten werden, die den Arzt – gesamtgesellschaftlich bedeutsam[159] – zudem entlastet.[160] Durch die enge Zusammenarbeit weiß der beteiligte Arzt seine von ihm betreuten Patienten in den Händen der Kooperationspartner auch möglichst

---

153 *Laschet*, Ärzte Zeitung 2014 (116), S. 1; *ohne Verfasser*, Ärzte Zeitung 2016 (99D), S. 8.

154 *Bertelsmann Stiftung*, Arztbewertungen, S. 4; *Hübner*, Ärzte Zeitung 2017 (56), S. 12.

155 *Laufs*, NJW 2001, 1768 (1769 f.); *Kleine-Cosack*, NJW 2003, 868 (868); *Kazemi*, MedR 2005, 17 (18); *Michels et al.*, Ärztliche Kooperationen, S. 6. *Papier/Petz*, NJW 1994, 1553 (1553 f.), sprechen vom Leistungswettbewerb, *Kirchhof*, ZMGR 2010, 210 (213 ff.), verweist außerdem auf Enhancement-Medizin als möglichem neuen Markt.

156 *Ohne Verfasser*, Ärzte Zeitung 2016 (99D), S. 8.

157 *Wölker*, Ärzte Zeitung 2003 (125), S. 18. Zu Beschränkungen des ärztlichen Berufsrechts in der Werbung siehe unten S. 384 ff.

158 Vgl. *Henssler*, BRAK-Mitt. 2007, 238 (240), bzgl. englischer interprofessioneller Anwaltsgesellschaften als sog. Alternative Business Structures; ferner *Glindemann*, Personengesellschaften, S. 126; *Kilian/Glindemann*, BRAK-Mitt. 2016, 102 (108); vgl. ferner den Zweck der Verbreiterung des Handlungsspielraums im Sinne strategischer Allianzen *Oberender/Fleckenstein*, in: *Halbe/Schirmer*, Kooperationen, E 1600 Rn. 13 ff.

159 Vgl. zur notwendigen Entlastung der Ärzte durch Integration der Gesundheitsfachberufe den Gemeinsamen Bericht der Gesundheitsministerkonferenz und der Kultusministerkonferenz „Fachkräftesicherung im Gesundheitswesen“ vom 12.6.2015 resp. 24./25.6.2015, S. 41.

160 Zur Bedeutung arztentlastender Einbeziehung Angehöriger anderer Gesundheitsberufe *Klose/Rehbein*, Ärzteatlas 2017, S. 13; siehe näher zu Kooperationsmöglichkeiten mit Angehörigen von Gesundheitsberufen S. 99 ff.

gut betreut.[161] Die berufsübergreifende Leistungserbringung könnte einen Schlüssel zur Behauptung am Markt darstellen. Öffentlichkeitswirksam wäre neben dem Internetauftritt der Praxis v. a. die lobende Erwähnung der interprofessionellen Aufstellung durch Patienten auf Bewertungsportalen.

Durch berufsübergreifende Zusammenarbeit können weitere überwiegend ökonomische Vorteile genutzt werden. So verpflichtet § 630c II 2, 3 BGB bei Nachfrage des Patienten oder zur Abwendung gesundheitlicher Gefahren den Behandelnden sowohl eigene als auch fremde Behandlungsfehler dem Patienten mitzuteilen. Der Arzt in Gemeinschaft mit einem auf Medizinrecht spezialisierten Rechtsanwalt könnte bei erkanntem Behandlungsfehler an seinen Kooperationspartner verweisen. Er könnte zudem gutachterlich tätig werden[162] und durch die Bündelung des Know-How[163] selbst rechtliche Probleme schneller erkennen und bannen. Praktisch wird allerdings wohl die gemeinsame Beratung von Arztpraxen als Kooperationszweck mit Partnern wirtschafts- und rechtsberatender Berufe am ehesten in Betracht kommen.

III. Gefahren interprofessioneller Zusammenschlüsse

Lediglich kurz soll nach einer ausführlicheren Untersuchung von Kooperationsanlässen auf mögliche Gefahren eingegangen werden, die statt an diesem Ort in Praktikerhandbüchern genauer zu thematisieren sind. Neben der Herbeiführung einer für Ärzte praktisch oft schwerfallende gegenseitige Abhängigkeit im Rahmen gemeinsamer Zusammenarbeit,[164] die sich gerade in wirtschaftlichen Krisensituationen oder bei persönlichem Zwist der Gesellschafter verstärkt auswirken mag, stellt v. a. die Frage der Akzeptanz interprofessioneller Leistungen auf Nachfragerseite ein erhebliches Risiko für den Fortbestand des Zusammenschlusses dar. Die gemeinsame Gesellschaft muss eine kritische Anzahl an Patienten bzw. Klienten erhalten, um wirtschaftlich überhaupt tragbar zu sein.[165] Schlechte Organisation und ungenaue Klärung der Verantwortlichkeiten[166] werden sich bei interprofessionellen Berufsausübungsgemeinschaften besonders negativ auf die Wettbewerbssituation auswirken. Weniger relevant dürfte aufgrund des eigenen Entschlusses der Gesellschafter eine fehlende gegenseitige Einbeziehung in Mandate sein. Risiken monoprofessioneller Berufsausübungsgemeinschaften wie interner Konkurrenzkampf in der Patientenversorgung oder das Ausruhen eines Berufsangehörigen

161 Vgl. in Bezug auf Intentionen zur Zusammenarbeit mit Krankenhäusern *Makoski*, MedR 2009, 376 (376).

162 Siehe näher S. 554 ff.

163 *Henssler*, NJW 2003, 241 (246).

164 *Schlingensiepen*, Uro-News 2014 (5), 56; siehe ferner *Ratzel*, in: *Ratzel/Lippert*, MBOÄ, §§ 18–18a Rn. 3: „*nicht allein finanzielle Aspekte zu berücksichtigen*".

165 Vgl. auch *Ratzel*, in: *Ratzel/Lippert*, MBOÄ, §§ 18–18a Rn. 2.

166 Bzgl. rein ärztlicher Gemeinschaftspraxen *Schlingensiepen*, Uro-News 2014 (5), 56.

zulasten anderer (moral hazard bzw. free riding)[167] dürften entfallen, gleichwohl darf eine gewisse, auch wechselseitiges Misstrauen[168] erzeugende Konkurrenzsituation insbesondere dann nicht außer Acht gelassen werden, wenn – wie in Organisationsgesellschaften – nicht jegliches berufliches Handeln vergemeinschaftet wird.

---

167 Siehe zu den Problemen rein ärztlicher Gemeinschaftspraxen bereits *Schattel*, Gruppenpraxis, S. 211 f.

168 *Oberender/Fleckenstein*, in: *Halbe/Schirmer*, Kooperationen, E 1600 Rn. 48.

§ 3 Zusammenschlüsse niedergelassener Ärzte und zivilrechtliche Grundsätze

I. Einführung

Selbst die Möglichkeit der Verbindung zweier Ärzte desselben Fachgebiets in einer Gemeinschaftspraxis war in den sechziger Jahren des letzten Jahrhunderts aufgrund einer befürchteten, als Übel angesehenen Kommerzialisierung des Arztberufs umstritten.[169] Im Jahr 1956 wurde die Gemeinschaftspraxis fachgleicher Ärzte in der damaligen Musterberufsordnung[170] lediglich bei in Ausnahmefällen erteilter Genehmigung der zuständigen Ärztekammer für zulässig erklärt.[171] *Kreienberg* sah stellvertretend für große Teile der Ärzteschaft *„das Leitbild des freiberuflichen Arztes"* und das Vertrauensverhältnis von Arzt und Patient als *„das Fundament des deutschen Arzttums schlechthin"* durch – rein ärztliche (!) – Zusammenschlüsse als in Gefahr geraten.[172] 1968 wurden Gemeinschaftspraxen durch die Beschlüsse des 71. Deutschen Ärztetags in Wiesbaden in der Musterberufsordnung der Ärzte allgemein anerkannt, das bestehende repressive Verbot mit Befreiungsvorbehalt wich einer bloßen Anzeigepflicht,[173] deren Umsetzung allerdings nicht

---

169 *Kreienberg*, ÄM 1962, 1548 (1556 f.); *Spitzl*, Die ärztliche Gemeinschaftspraxis, S. 46 ff.; *Holldack-Heckmann*, Gruppenpraxis, S. 38 f.

170 In den einzelnen Ländern wurde diese bereits *„liberalere"* Möglichkeit eines Zusammenschlusses zu einer Gemeinschaftspraxis für Ausnahmefälle nicht übernommen. In *Hessen* war die Gemeinschaftspraxis überhaupt nicht zulässig, Praxisgemeinschaften durften nur mit Genehmigung betrieben werden. Dagegen bestand in *Niedersachsen* die wohl liberalste Regelung, die lediglich zu der Erteilung einer Genehmigung einer Gemeinschaftspraxis die Vorlage bei der Ärztekammer erforderte. Siehe näher zu einzelnen länderspezifischen Regelungen ab dem Jahr 1956 *Spitzl*, Die ärztliche Gemeinschaftspraxis, S. 15 ff.

171 *Munte et al.*, Kooperative Berufsausübung, S. 25; *Gollasch*, Fachübergreifende Gemeinschaftspraxis, S. 28 f. § 18 MBOÄ-1956 lautete: *„Die Errichtung einer Gemeinschaftspraxis ist nur in Ausnahmefällen und mit Genehmigung der Ärztekammer zulässig."*, abgedruckt bei *Scholz*, ZMGR 2010, 143 (143). Siehe ferner *Taupitz*, NJW 1992, 2317 (2318); *Gollasch*, Fachübergreifende Gemeinschaftspraxis, S. 28 f.; *Spitzl*, Die ärztliche Gemeinschaftspraxis, S. 14 f.; *Gesellensetter*, Annäherung an das Gewerbe, S. 185. Auch bei den anderen freien Berufen wurden Zusammenschlüsse zu gemeinsamer Berufsausübung als Widerspruch zum Wesen der Freiberuflichkeit betrachtet, näher *Römermann*, NJW 2013, 2305 (2305).

172 *Kreienberg*, ÄM 1962, 1548 (1558, 1559).

173 *Gollasch*, Fachübergreifende Gemeinschaftspraxis, S. 29.

flächendeckend zügig erfolgte.[174] In der kassenärztlichen Versorgung, die mittlerweile durch die vertragsärztliche Versorgung ersetzt worden ist, ließ die grundsätzliche Öffnung für Gemeinschaftspraxen bis in das Jahr 1977 auf sich warten. Bis dahin wurde eine Gemeinschaftspraxis nur für den Fall genehmigt, dass gerade die Bildung einer Gemeinschaftspraxis zur Versorgung der Kassenpatienten erforderlich gewesen ist.[175] Nächster Schritt der Liberalisierung war die Öffnung für fachübergreifende Gemeinschaftspraxen, die lange Zeit mehrheitlich aufgrund vermeintlicher Verstöße gegen die Fachgebietsbeschränkung und die Freiheit der Arztwahl sowohl in den Berufsordnungen der Länder und dem Kassenarztrecht für unzulässig gehalten worden sind.[176] Auch nach grundsätzlicher Verpflichtung der Kassenärztlichen Vereinigungen zur Genehmigung von Gemeinschaftspraxen seit 1977 war die Zulässigkeit von fachübergreifenden Gemeinschaftspraxen aber noch bis zum Erlass zweier Urteile des *BSG* vom 22. April 1983[177] umstritten, obwohl weder im Berufsrecht noch im Kassenarztrecht ein wörtlicher Ansatzpunkt für die Differenzierung angelegt gewesen ist.[178] Eine Ansicht wollte nicht überprüfbare Umgehungsmöglichkeiten der Fachbereichsbegrenzung erkennen, da jeder Arzt der Gemeinschaftspraxis durch den Arztvertrag ungeachtet der Fachgebietsbegrenzungen zur Behandlung verpflichtet würde.[179] Außerdem ginge ein Patient in Bezug auf alle in der Praxis vertretenen Fachbereiche des Rechts der freien Arztwahl verlustig.[180] Das *BSG* erkannte dagegen weder eine Umgehung der freien Arztwahl noch der Fachbereichsbegrenzung, sondern sah in fachübergreifenden Gemeinschaftspraxen ein der Modernisierung und Rationalisierung der ärztlichen Versorgung dienliches Instrument.[181] Der Gemeinschaftspraxis sei insbesondere die Austauschbarkeit der Leistungen der beteiligten Ärzte nicht immanent.[182]

---

174 V. a. die *LÄK Bad.-Württ.* und die *Ärztekammer Nordrhein* hielten für längere Zeit ein grundsätzliches Verbot mit Ausnahmevorbehalt aufrecht, siehe die die Aufstellung aus dem Jahr 1979 von *Kremer*, Freiberufler-GmbH, S. 167 f.

175 § 33 II 3 Ärzte-ZV a. F. lautete in der Fassung vom 28.5.1957: *„Die Zustimmung kann nur erteilt werden, wenn die Versorgung der Versicherten es erfordert und die landesrechtlichen Vorschriften über die ärztliche Berufsausübung dem nicht entgegenstehen.*", abgedruckt bei *Scholz*, ZMGR 2010, 143 (143). Siehe ferner *Lach*, Freiberufliche Zusammenarbeit, S. 85 f.; *Gollasch*, Fachübergreifende Gemeinschaftspraxis, S. 29.

176 Grundlegend *BSGE* 55, 97 (101); bereits zuvor *SG Hamburg*, Urt. v. 4.2.1981 – 3 KA 14/80 (n.v.); *Gollasch*, Fachübergreifende Gemeinschaftspraxis, S. 28 ff. Stellvertretend für die zuvor herrschend angenommene Unzulässigkeit *Spielmeyer*, DÄBl 1981, 2152 (2153 f.) mit ausführlichen Nachweisen; siehe ferner *Holldack-Heckmann*, Gruppenpraxis, S. 58 ff.

177 *BSGE* 55, 97 ff.; *BSG*, Urt. v. 22.4.1983 – 6 R Ka 2/82, MedR 1983, 196 ff.

178 Vgl. ferner *Gollasch*, Fachübergreifende Gemeinschaftspraxis, S. 29.

179 *LSG Bad.-Württ.*, NJW 1982, 1350 (1351 f.); zust. *Narr*, DMW 1982, 434 ff.; *Gollasch*, Fachübergreifende Gemeinschaftspraxis, S. 30; *Spielmeyer*, DÄBl 1981, 2152 (2153).

180 *Narr*, DMW 1982, 434 (435).

181 *BSG*, MedR 1983, 196 (197 f.).

182 *BSG*, MedR 1983, 196 (198).

Trotz der Anerkennung der grundsätzlichen Zulässigkeit von fachübergreifenden Gemeinschaftspraxen im Jahr 1983 durch das *BSG* in den beiden genannten Urteilen, blieben wesentliche Fragen der Ausgestaltung noch für lange Zeit umstritten, weshalb Ärzte der fachübergreifenden Gemeinschaftspraxis noch Skepsis entgegenbrachten.[183] Mittlerweile gehören ärztliche Berufsausübungsgemeinschaften inklusive der fachübergreifenden Gemeinschaftspraxen zum alltäglichen Bild der ärztlichen Versorgung. So waren im Jahr 2018 bei weiter steigender Tendenz 45 % der Vertragsärzte in Berufsausübungsgemeinschaften oder MVZ tätig.[184]

Auf ärztliche Berufsausübungsgemeinschaften sind neben den Regelungen des Berufsrechts im weiten Sinne auch die allgemeinen zivilrechtlichen Regelungen anwendbar, wobei dem Gesellschaftsrecht besondere Bedeutung beigemessen werden muss. Gesellschaftsrecht und Berufsrecht haben zwar einen separaten Ordnungsgegenstand, das der Organisation dienende[185] Zivilrecht wird als Ausgangspunkt rechtlicher Betrachtung durch die Art und Weise der Berufstätigkeit ordnenden berufsrechtlichen Regelungen jedoch modifiziert.[186] Im Rahmen des Berufsrechts im weiteren Sinne ist aufgrund differierender Gesetzgebungskompetenzen strikt zwischen originären Berufsausübungsregelungen und solchen mit sozialrechtlicher Zielsetzung zu unterscheiden.[187] Die Regelungen des Vertragsarztrechts sind nur heranzuziehen, wenn zumindest einer der beteiligten Ärzte einer Berufsausübungsgemeinschaft als Vertragsarzt zugelassen ist, vgl. § 33 II 1 Ärzte-ZV.

II. Gesellschaftsrechtliche Regelungen

1. Allgemeine Hinweise

Aus dem Gesellschaftsrecht allein ergeben sich im Grundsatz aufgrund der Beteiligung von Ärzten an einer Gesellschaft grundsätzlich keine besonderen Problemstellungen. Weder sind Ärzte auf bestimmte Rechtsformen ausdrücklich verwiesen oder von ihrer Nutzung ausgeschlossen noch ergeben sich aus dem Gesellschaftsrecht[188] besondere Rechte oder Pflichten für die ärztliche Berufsausübung. Das Gesellschaftsrecht gilt regelmäßig allgemein und ohne Beachtung der Berufsangehörigkeit. Allein aus der Ausübung der Heilkunde und damit nach § 1 II BÄO,

183 *Gollasch*, Fachübergreifende Gemeinschaftspraxis, S. 30 ff.

184 Statistische Gesundheitsdaten der KBV, abrufbar unter https://gesundheitsdaten.kbv.de/cms/html/17019.php (zuletzt aufgerufen am 19.11.2021).

185 *Laufs*, MedR 1995, 11 (11).

186 *Ratzel*, in: *Spickhoff*, Medizinrecht, BGB, § 705 Rn. 1; *Laufs*, MedR 1995, 11 (11).

187 *Butzer*, NZS 2005, 344 (344), spricht daher einleitend treffend von einer *„patchwork-artigen Kompetenzlage"*.

188 Gleichwohl sind andere allgemeine zivilrechtliche Regelungen, insbesondere des Behandlungsvertrags nach §§ 630a ff. BGB zu beachten.

§ 1 I 2, 3 MBOÄ keines Gewerbes bzw. Handelsgewerbes nach § 1 II HGB durch den Arzt ergibt sich die Einschränkung, dass die Wahl einer Handelsgesellschaft, in der die Heilkunde ausgeübt werden soll, nicht als Organisationsform zur ambulanten ärztlichen Tätigkeit in Betracht kommt.[189] In Ergänzung der einzelnen Darstellungen ist damit festzuhalten, dass die Grundsätze des Gesellschaftsrechts somit zu beachten sind.[190]

2. Gesellschaft bürgerlichen Rechts (GbR)

Traditionell werden Zusammenschlüsse von Ärzten zur gemeinsamen Berufsausübung in der Rechtsform einer GbR nach den §§ 705 ff. BGB geführt.[191] Als flexible, universell einsetzbare Rechtsform,[192] auf deren Vorschriften sich Regelungen der weiteren Personengesellschaften durch Verweise[193] beziehen, ist sie als Grundtyp der Personengesellschaften aufzufassen.[194] Durch den Gesellschaftsvertrag verpflichten sich die Gesellschafter gegenseitig, die Erreichung eines gemeinsamen Zwecks zu fördern, wofür jede erlaubte Zielsetzung in Betracht kommt.[195] Begrenzt[196] wird die Zielsetzung nach § 105 I HGB, wonach bei Ausübung eines Handelsgewerbes nach § 1 HGB unabhängig von Willen und Bewusstsein der Gesellschafter über die Rechtsfolge eine OHG entsteht.[197] Die Ausübung des Arztberufs stellt jedoch als klassischer freier Beruf[198] kein Gewerbe dar. Zudem ist der Arztberuf nach § 1 II BÄO, § 1 I 2, 3 MBOÄ und den entsprechenden Regelungen der Berufsordnungen der Landesärztekammern[199] seiner Natur nach ein freier Beruf und damit von der Erscheinungsform ärztlicher Tätigkeit unabhängig als gesetzlich verfasster freier Beruf anzusehen.

Eine gesellschaftsrechtliche Bestimmung, die den Gesellschaftsvertrag an eine bestimmte Form bindet, fehlt, womit nach der aus der Privatautonomie

---

189 So bereits *Spitzl*, Die ärztliche Gemeinschaftspraxis, S. 71.

190 *Gummert/Remplik*, in: Münchener Hdb. Gesellschaftsrecht, Bd. 1, § 25 Rn. 10.

191 *Taupitz*, MedR 1995, 475 (479). Praktisch sind insbesondere kleinere Berufsausübungsgemeinschaften meist in der Form der GbR zusammengeschlossen, siehe ferner *Gummert/Remplik*, in: Münchener Hdb. Gesellschaftsrecht, Bd. 1, § 25 Rn. 10. Vgl. allgemein bezüglich Freiberufler, *Lieder/Hoffmann*, NJW 2015, 897 (902).

192 *Schücking*, in: Münchener Hdb. Gesellschaftsrecht, Bd. 1, § 1 Rn. 1.

193 Siehe § 105 III HGB, § 1 IV PartGG.

194 Vgl. *Kaiser*, Ärzte-GmbH, S. 23; *Schäfer*, in: MüKo BGB, Vor § 705 BGB Rn. 17.

195 *Mutter/Müller*, in: *Gummert*, Personengesellschaften, § 1 Rn. 42 ff.

196 Die Grenze ist praktisch aufgrund des Verbots gewerblicher Berufsausübung in § 18 II 2 MBOÄ entsprechenden Regelungen der Berufsordnungen der Landesärztekammern bedeutungslos, vgl. *Ratzel*, in: *Ratzel/Lippert*, MBOÄ, §§ 18–18a Rn. 2.

197 *Schäfer*, in: MüKo BGB, § 705 BGB Rn. 3.

198 *Taupitz*, Standesordnungen, S. 148.

199 Exemplarisch hierfür § 1 I 2, 3 BO BW, § 1 I 2, 3 BO BY, § 1 I 2, 3 BO Bln., § 1 I 2, 3 BO Bbg.

folgenden Formfreiheit aus gesellschaftsrechtlicher Betrachtung ein konkludenter oder stillschweigender Abschluss des Gesellschaftsvertrags möglich ist.[200] Konträr zu Kapitalgesellschaften stellt der Grundsatz der Selbstorganschaft ein Charakteristikum der Personengesellschaften dar.[201] Die grundsätzliche Geltung der Selbstorganschaft führt nicht zu einem Ausschluss Dritter von Geschäftsführungsaufgaben. Die Übertragung von Geschäftsführungsaufgaben ist im Rahmen eines Anstellungs- oder Auftragsverhältnisses im Sinne einer Generalvollmacht in sehr weitem Umfang möglich.[202] Neben der Selbstorganschaft sind für die GbR ebenfalls das dispositive Einstimmigkeitsprinzip nach § 709 I Hs. 2 BGB und die Treubindung der Gesellschafter prägend.

Geboten ist ein Hinweis auf die Folgen eines mittlerweile ausgiebig erörterten grundlegenden Rechtsprechungswandels[203] von der bisherigen Doppelverpflichtungstheorie hin zur Gruppen- und Akzessorietätstheorie und Anerkennung der Rechts- und Parteifähigkeit der nach außen am Rechtsverkehr auftretenden GbR.[204] Nach der lange Zeit herrschenden Doppelverpflichtungslehre galt, dass ein handelnder Gesellschafter einerseits für die Außengesellschaft auftritt und sie verpflichtet, andererseits zugleich auch eine Verpflichtung für sich und alle Mitgesellschafter begründet.[205] Im Gegensatz zu der früher vertretenen Lehre sind nicht mehr die Gesellschafter Zuordnungsobjekt und Inhaber der zum Sondervermögen gehörenden Gegenstände, sondern die GbR selbst.[206] Ein Wechsel im Mitgliederbestand hat somit keinen Einfluss auf den Fortbestand der mit der Gesellschaft bestehenden Rechtsverhältnisse.[207] Die GbR ist folglich regelmäßig selbst alleiniger Vertragspartner des Patienten.[208] Die Gesellschafter haften für Gemeinschaftsschulden nach § 128 HGB analog als Gesamtschuldner,[209] eintretende Gesellschafter

200 Vgl. auch *Mutter/Müller*, in: *Gummert*, Personengesellschaften, § 1 Rn. 42.

201 Der Grundsatz wird – für ärztliche Berufsausübungsgemeinschaften praktisch irrelevant – bei allgemein zugänglichen Publikumsgesellschaften durch die Rechtsprechung zu großen Teilen eingeschränkt, *Schäfer*, in: MüKo BGB, Vor § 705 BGB Rn. 3a, § 709 Rn. 5 f.

202 *Schäfer*, in: MüKo BGB, § 709 BGB Rn. 5.

203 *BGHZ* 146, 341 ff. Siehe zu den Folgen insbesondere die Rezensionen von *Habersack*, BB 2001, 477 ff.; *K. Schmidt*, NJW 2001, 993 ff.; *Ulmer*, ZIP 2001, 585 ff.

204 Einen guten und knappen Überblick stellt *Schäfer*, in: MüKo BGB, Vor § 705 Rn. 9 ff., dar. Die GbR ist auch weiterhin aufgrund struktureller Unterschiede zu Kapitalgesellschaften nicht als juristische Person zu qualifizieren, *Schäfer*, in: MüKo BGB, Vor § 705 Rn. 13, § 705 Rn. 307 ff.

205 *BGHZ* 74, 240 (242); siehe näher *Ulmer*, ZIP 2001, 585 (589).

206 Vgl. *Schäfer*, in: MüKo BGB, Vor § 705 Rn. 9 ff., § 705 Rn. 303 ff.

207 *BGHZ* 146, 341 (345).

208 Vgl. nur exemplarisch *Koller*, Ärztliche Kooperationsformen, S. 52. Gleichwohl bleibt es dem behandelnden Arzt unbenommen, im Einklang mit seiner gesellschaftsrechtlichen Treuepflicht einen eigenen Behandlungsvertrag mit Patienten zu schließen.

209 *BGHZ* 146, 341 (358 f.).

haften für bereits begründete Forderungen nach § 130 HGB analog.[210] Neben dem handelnden Arzt haften somit auch seine Mitgesellschafter gegenüber Patienten für dessen begangene Behandlungsfehler.[211] Über die analoge Anwendung des § 31 BGB haftet zudem das Gesellschaftsvermögen für deliktische Handlungen in Ausführung der ihm zustehenden Verrichtungen eines verfassungsmäßig berufenen Vertreters gegenüber einem Dritten.[212] Kritische Folge aus Ärzte- bzw. Gesellschaftersicht ist die über § 31 BGB analog iVm § 128 HGB analog resultierende persönliche Haftung der Ärzte für das deliktische Handeln eines verbundenen Arztes.[213] Eine Beschränkung der Haftung im Außenverhältnis auf den handelnden Arzt ist mangels planwidriger Regelungslücke nicht durch Analogie des § 8 II PartGG begründbar.[214] Eine Haftungsbeschränkung ist letztlich von der Vereinbarung mit den Patienten[215] abhängig, wobei die Wirksamkeit solcher Abreden vielerseits abgelehnt wird,[216] zumal sich Patienten auf derartige Vereinbarungen überhaupt einlassen müssten.[217] Zu bedenken ist ferner die Nachhaftung austretender Gesellschafter für zur Zeit des Austritts bereits begründete Verbindlichkeiten gemäß § 736 II BGB iVm § 160 HGB.[218]

3. Personenhandelsgesellschaften

Zweck der gemeinsamen Ausübung des Arztberufs ist nicht der Betrieb eines Handelsgewerbes; der ärztliche Beruf stellt in Berücksichtigung der § 1 II BÄO und § 1 I 2, 3 MBOÄ kein Gewerbe, sondern einen freien Beruf dar. Die ambulante Ausübung des ärztlichen Berufs in den Rechtsformen der OHG, KG und GmbH & Co. KG kommt daher *de lege lata* nicht in Betracht.[219] Zwar seien nach Ansicht einiger OHG und KG durch die Reform des Handelsrechts 1998 mit der Aufnahme von

---

210 *BGHZ* 154, 370 (372 ff.).

211 *Steffen*, MedR 2006, 75 (77).

212 *BGH*, NJW 2003, 1445 (1446 f.); 2007, 2490 (2491); *OLG Koblenz*, VersR 2005, 655.

213 *Walter*, MedR 2002, 169 (172 f.); *Steffen*, MedR 2006, 75 (77).

214 *Reiff*, VersR 2003, 773 (774); *Steffen*, MedR 2006, 75 (78); *Ulmer*, ZIP 2003, 1113 (1119). Krit. *K. Schmidt*, NJW 2003, 1897 (1902).

215 *Walter*, MedR 2002, 169 (173).

216 Vgl. *Taupitz*, MedR 1995, 475 (481).

217 Vgl. *Walter*, MedR 2002, 169 (173); bzgl. der Haftung von Rechtsanwälten *Leuering*, ZIP 2012, 1112 (1114).

218 Näher *Westermann*, in: *Erman*, BGB, § 736 Rn. 6.

219 *BGH*, NJW 1978, 589 (591); siehe ferner hier nur *Spitzl*, Die ärztliche Gemeinschaftspraxis, S. 71; *Lach*, Freiberufliche Zusammenarbeit, S. 93; *Henke*, NJW 1974, 2035 (2036); *Kremer*, Freiberufler-GmbH, S. 23; *Steffen*, MedR 2006, 75 (77). Ferner rekurrierend auf MVZ, *Butzer*, NZS 2005, 344 (350); *Zwingel/Preißler*, MVZ, S. 95; *Wigge*, MedR 2004, 123 (129); *Klöck*, NZS 2013, 368 (370 f.); begrenzend auf Zusammenschlüsse mehrerer Leistungserbringer *Schäfer-Golz*, in: FS Huber, S. 951 (959 ff.); *Joussen*, in: *Becker/Kingreen*, SGB V, § 95 Rn. 12. A. A. *Glindemann*, Personengesellschaften, S. 38. Nach *Ziermann*, MedR 2004, 540 (541) sei allerdings die Gründung

Vermögensverwaltung in § 105 II HGB so geöffnet worden, dass ohne auf die Ausübung eines Gewerbes abzustellen die Eintragung einer Freiberufler-KG in Frage komme.[220] Dem ist jedoch entgegenzuhalten, dass § 105 II 1 HGB nach wie vor grundsätzlich einen Gewerbebetrieb erfordert und der Gesetzgeber Vermögensverwaltung nur insoweit erfassen wollte, als sie einem Gewerbe vergleichbaren betrieben wird.[221] § 105 II 1 HGB hilft daher allein über den Mangel eines *Handels*gewerbes nach § 1 II HGB hinweg, ein Gewerbebetrieb bleibt erforderlich.[222] § 1 I 2 MBOÄ und § 1 II Hs. 1 BÄO verdeutlichen, dass die Ausübung des Arztberufs kein Gewerbe darstellt. Ein unterschiedlicher Sprachgebrauch in Bezug auf die Bedeutung eines „*Gewerbes*" bei § 1 I 2 MBOÄ und § 1 II Hs. 1 BÄO im Kontrast zu § 1 II HGB ist auch bei Berücksichtigung des Gebots der funktionalen Interpretation von Normen, nach dem dieselben Begriffe in verschiedenen Gesetzen eine unterschiedliche Bedeutung haben können, mit dem *BGH* zu verneinen.[223] Allein bei einem über die Berufsausübung hinausgehenden Zweck wäre die Wahl der Rechtsform einer Personenhandelsgesellschaft gesellschaftsrechtlich denkbar.[224] Eine Öffnung der Handelsgesellschaften erforderte für einen kohärenten Regelungsansatz die strukturelle Abkehr bzw. Anpassung der Zweckbindung in §§ 105 I, 161 I HGB zwischen GbR, OHG und KG und letztlich zumindest die faktische Versenkung[225] der PartG[226] – eine Revolution![227]

---

eines MVZ keine Ausübung eines freien Berufs, sondern unternehmerische Tätigkeit; a. A. *SG Köln*, GesR 2009, 89 (90 f.).

220 *K. Schmidt*, DB 1998, 61 (62); *ders.*, NJW 1998, 2161 (2165); *ders.*, DB 2009, 271 (273); *ders.*, DB 2011, 2477 (2478); *Römermann*, AnwBl 2008, 609 (610 f., 612); *Klose*, BB 2003, 2702 (2702); *Lindenau*, MVZ, Rn. 290 f.; *Leuering/Rubner*, NJW-Spezial 2010, 591 (591 f.); *Peikert*, ZMGR 2004, 211 (214 f.); *Bauckmann*, MVZ, S. 85.

221 *BGH*, NJW 2011, 3036 (3037); BT-Drs. 13/8444, S. 39. Krit. *Römermann*, GmbHR 2012, 64 (67); zu dem *BGH*-Urteil folgenden Nichtannahmebeschluss des *BVerfG* krit. *Römermann*, GmbHR 2012, 341 (344).

222 *Haas*, in: *Röhricht et al.*, HGB, § 105 Rn. 10.

223 *BGH*, NJW 2011, 3036 (3036).

224 *Ganster*, Freier Beruf, S. 288 ff.

225 Das Bedürfnis der Existenz einer PartG (mbB) als Rechtsform wäre erloschen, da die Konstruktion einer GmbH & Co. KG eine Haftungsbeschränkung nicht nur in Bezug auf Berufsfehler ermöglichte. Mit der Aufhebung der Vorschriften rechnen bereits *Westermann*, NZG 2019, 1 (2); *Römermann*, NZG 2018, 1041 (1042).

226 Siehe zu schlüssiger Kritik und Reformanregungen allgemein und im Kern bezüglich einer anwaltlichen (GmbH & Co.) KG hier nur *K. Schmidt*, DB 2011, 2477 (2480); *Römermann*, GmbHR 2012, 341 (344); *Henssler*, AnwBl 2014, 762 (762); *ders.*, AnwBl Online 2019, 257 (268); *Henssler/Markworth*, NZG 2015, 1 (6 f.); ausführliche Auseinandersetzung bei *Glindemann*, Personengesellschaften, S. 329 ff.

227 Die Reform stellte eine Revolution im ursprünglichen Sinne der Restauration dar, also einen früheren Zustand wiederherzustellen – vgl. *Arendt*, Die Freiheit frei zu sein, S. 11 ff. – , denn bereits zuvor waren freiberufliche Berufe als Gewerbetreibende aufgefasst, wozu sie faktisch gestellt würden.

4. Partnerschaftsgesellschaften

a) Partnerschaftsgesellschaft (PartG)

Im Jahr 1995 wurde mit Inkrafttreten des PartGG die PartG als eine Art „OHG für Freiberufler“[228] eingeführt. Schon lange Zeit zuvor, sowohl 1957[229] als auch in den 1970er Jahren,[230] wurde das Bedürfnis nach einer Gesellschaftsform für Freiberufler verlautbart, nachdem der Gedanke interprofessioneller Kooperation salonfähig geworden ist.[231] Nach § 1 I 1 PartGG ist die PartG eine Gesellschaft, *„in der sich Angehörige Freier Berufe zur Ausübung ihrer Berufe zusammenschließen.“* Die Gesellschaftsform ist exklusiv Freiberuflern zugänglich.[232] Freie Berufe sind nach § 1 II PartGG solche, die *„im allgemeinen auf der Grundlage besonderer beruflicher Qualifikation oder schöpferischer Begabung die persönliche, eigenverantwortliche und fachlich unabhängige Erbringung von Dienstleistungen höherer Art im Interesse der Auftraggeber und der Allgemeinheit zum Inhalt“* haben. Ärzte sind im ausführlichen Katalog des § 1 II PartGG explizit genannt. Regelungen der Berufsordnung sind als Vorschriften über einen einzelnen freien Beruf gemäß § 1 III PartGG vorrangig zu beachten. Diese Mischung aus gesellschaftsrechtlichen und berufsrechtlichen Vorschriften wird teilweise beklagt.[233]

Die PartG ist Personengesellschaft und verweist in den §§ 6 ff. PartGG für die Rechtsverhältnisse der Partner untereinander und zu Dritten wie für die Haftung für Verbindlichkeiten auf das Recht der OHG. Grundsätzlich haften die Partner den Gläubigern für Verbindlichkeiten der PartG gem. dem § 128 HGB nachgebildeten § 8 I 1 PartGG neben dem Vermögen der PartG als Gesamtschuldner persönlich.[234] Allerdings gilt seit 1998 nach § 8 II PartGG eine gesetzliche Beschränkung der Haftung wegen fehlerhafter Berufsausübung auf den handelnden Partner[235] für

---

228 *Steffen*, MedR 2006, 75 (78). Die Installation eines Sondergesellschaftsrechts für Freie Berufe mit der Maßgabe ablehnend, beruflichen Spezifikationen durch berufsrechtliche Regelungen Rechnung zu tragen *Henssler*, AnwBl 2014, 762 (763).

229 *Kaiser*, Ärzte-GmbH, S. 24.

230 So beispielsweise durch *Henke*, NJW 1974, 2035 (2037).

231 *Ganster*, Freier Beruf, S. 82 f.

232 *Hirtz*, in: *Henssler/Strohn*, Gesellschaftsrecht, PartGG, § 1 Rn. 13.

233 *Henssler*, AnwBl Online 2018, 564 (568); a. A. *Salger*, in: Münchener Hdb. Gesellschaftsrecht, § 40 Rn. 2.

234 Die Haftung der PartG selbst wird dabei vorausgesetzt und folgt aus § 7 II iVm § 124 HGB, *Hirtz*, in: *Henssler/Strohn*, Gesellschaftsrecht, PartGG, § 8 Rn. 5, 8.

235 BT-Drs. 13/10955, S. 10, 13. Zuvor bestand nach § 8 II PartGG a. F. nur die Möglichkeit der einzelvertraglichen Beschränkung der Haftung auf den handelnden Partner, wobei auch vorformulierte Vertragsbedingungen zur Erreichung einer Haftungsbegrenzung verwendet werden konnten. § 8 II PartGG a. F. lautete: *„Die Partner können ihre Haftung gemäß Absatz 1 Satz 1 für Ansprüche aus Schäden wegen fehlerhafter Berufsausübung auch unter Verwendung vorformulierter Vertragsbedingungen auf den von ihnen beschränken, der innerhalb der Partnerschaft die berufliche Leistung zu erbringen oder verantwortlich zu leiten und zu überwachen hat.“* Rekurrierend auf

die höchstpersönliche Mandatsbearbeitung, deren Überwachung oder bei dessen fehlender Hinzuziehung trotz interner Zuständigkeit.[236] Das Haftungsrisiko an einer Bearbeitung unbeteiligter Partner sollte reduziert werden,[237] Beiträge von untergeordneter Bedeutung bleiben außer Betracht.[238] Vorteilhaft stellt sich für austretende Gesellschafter auch die Enthaftung gemäß § 10 II PartGG auf eine Ausschlussfrist von fünf Jahren nach Eintragung des Ausscheidens in das Partnerschaftsregister dar – bei der GbR beginnt die Fünf-Jahres-Frist mangels Registerpublizität dagegen erst mit Kenntniserlangung des Gläubigers vom Ausscheiden des Gesellschafters.[239] Für ärztliche Berufsausübungsgemeinschaften hat die PartG allerdings kaum Bedeutung erlangt.[240]

b) Partnerschaftsgesellschaft mit beschränkter Berufshaftung

Als Folge der Verbreitung der englischen Limited Liability Partnership (LLP) insbesondere im Bereich der Rechtsanwälte aufgrund stärkeren Bedarfs[241] an institutionellen Haftungsbeschränkungen bei Überschreitung einer gewissen Größenordnung in der Gesellschafterstruktur und bei interdisziplinären wie auch interprofessionellen Partnerschaften,[242] wurde der Initiative der Anwaltschaft folgend[243] als Rechtsformvariante[244] der PartG die Partnerschaft mit beschränkter

---

§ 51a BRAO a. F. *krit.* würdigend mangels praktischer Auswirkungen für Rechtsanwälte *Römermann*, AnwBl 2012, 288 (288 f.).

236 Fehlende Hinzuziehung führt zur Haftung eines Partners, wenn ansonsten nur Angestellte mit der Bearbeitung befasst sind *OLG Hamm*, DStRE 2010, 1533 (1536); *zust. Posegga*, DStR 2010, 2007 (2008).

237 *Hirtz*, in: *Henssler/Strohn*, Gesellschaftsrecht, PartGG, § 8 Rn. 23.

238 Vgl. zur marginalen praktischen Bedeutung *Römermann*, NJW 2013, 2305 (2307).

239 *Salger*, in: Münchener Hdb. Gesellschaftsrecht, Bd. 1, § 36 Rn. 25.

240 *Ratzel*, in: *Ratzel/Lippert*, MBOÄ, §§ 18–18a Rn. 22.

241 Trotz 1998 eingeführter Handelndenhaftung bestand ein Bedürfnis nach weiterer Haftungsbegrenzung fort, siehe *Linardatos*, VersR 2013, 1488 (1488); *Ruppert*, DStR 2013, 1623 (1624); *Römermann*, AnwBl 2012, 288 (291); *ders.*, NJW 2013, 2305 (2307); *Kilian*, MDR 2013, 1137 (1137 f.). Hierzu trug die Rechtsprechung des *BGH, NJW* 2010, 1360 (1361 f.), entscheidend bei, in dem bereits der berufsfehlerfreie Versuch eines neu eingetretenen Partners, den Fehler eines Vorgängers zu korrigieren, für seine umfassende Haftung ausreichte.

242 *Leuering*, ZIP 2012, 1112 (1113).

243 *Dahns*, NJW-Spezial, 2011, 574 (574); *Henssler*, NJW 2014, 1761 (1764); *Römermann*, NJW 2013, 2305 (2306); BRAK-Stellungnahme Nr. 31/2011; siehe ferner zur Entwicklung freiberuflicher Gesellschaftsformen *Römermann*, AnwBl 2012, 288 (288 f.).

244 Siehe hier nur *OLG Nürnberg*, NZG 2014, 422 (422 f.); *Pestke/Michel*, Stgb 2013, 366 (371); *Beck*, AnwBl 2015, 380 (380); *Kilian*, MDR 2013, 1137 (1138); *Henssler*, NJW 2014, 1761 (1761); *Leitzen*, DNotZ 2013, 596 (597); *Ruppert*, DStR 2013, 1623 (1624). Das *OLG Nürnberg*, NZG 2014, 422 (423), schließt hieraus auf die fehlende Eintragungsfähigkeit des Haftungsbeschränkungszusatzes in das Partnerschaftsregister.

Berufshaftung (PartGmbB) als explizit ausgewiesene Alternative zur LLP in § 8 IV PartGG und weiteren Vorschriften des PartGG[245] ins Leben gerufen.[246] Grund hierfür war sicherlich auch die geringe Nutzung der PartG,[247] die parallel zu der PartGmbB fortbesteht.[248] Voraussetzung für die Umwandlung einer „einfachen" PartG in eine PartGmbB[249] ist nicht das Aufbringen eines Stammkapitals wie bei Kapitalgesellschaften,[250] sondern nach dem Wortlaut des § 8 IV PartGG lediglich der Unterhalt einer nach dem jeweiligen Berufsrecht zu diesem Zweck gesetzlich geregelten Berufshaftpflichtversicherung,[251] ohne die eine Haftungsbeschränkung verwehrt bleibt.[252] Das Führen des Namenszusatzes[253] ist nach § 8 IV PartGG im Gegensatz zur Fassung des Regierungsentwurfs[254] keine Voraussetzung der

---

245 §§ 4 III, 7 V PartGG.

246 BT-Drucks. 17/10487, S. 11. Krit., ob die PartGmbB eine Alternative zur LLP darstellt *Schüppen*, Wpg 2013, 1193 (1204); *Römermann/Jähne*, BB 2015, 579 (579); *Grunewald*, ZIP 2012, 1115 (1117).

247 Siehe exemplarisch *Leitzen*, DStR 2013, 596 (596), konstatierend, dass die PartG noch auf ihren *„ganz großen Durchbruch"* warte. *Schüppen*, Wpg 2013, 1193 (1193), und *Knoll/Schüppen*, DStR 1995, 646 (652), bezeichneten die PartG als *„Schubladenmodell"*. Seit Einführung der PartGmbB ist die Gesamtzahl der PartG zurückführend auf die berufshaftungsbeschränkte Variante stetig gestiegen, *Lieder/Hoffmann*, NZG 2017, 325 (327).

248 BT-Drucks. 17/10487, S. 1, 11, siehe ferner hier nur *Schüppen*, Wpg 2013, 1193 (1193).

249 Nach anfänglichen Umwandlungen „einfacher" PartG in die haftungsbeschränkte Rechtsformvariante ist nunmehr ein Trend zu Umwandlungen aus einer GbR und echten Neugründungen von PartGmbB zu verzeichnen, *Lieder/Hoffmann*, NZG 2017, 325 (328).

250 *Römermann*, NJW 2013, 2305 (2309).

251 *Römermann*, NJW 2013, 2305 (2309); *Linardatos*, VersR 2013, 1488 (1489); *Schüppen*, Wpg 2013, 1193 (1194). Perspektivisch sind daher Angehörige nicht geregelter freier Berufe von der Nutzung der PartGmbB ausgeschlossen, *Kilian*, MDR 2013, 1137 (1141).

252 BT-Drs. 17/10487, S. 14; siehe ferner hier nur *Meyer*, PartG, S. 53; *Römermann/Jähne*, BB 2015, 579 (580). Zu berufsrechtlichen Regelungen siehe S. 86 ff.

253 Im Vergleich zur Unternehmergesellschaft (haftungsbeschränkt) ist bei Kennzeichnung der Haftungsbeschränkung ein relativ weiter Spielraum eröffnet. Ausreichend sind neben „mit beschränkter Berufshaftung" und „mbB" auch *„eine andere allgemein verständliche Abkürzung"*. Unzulässig bleibt „mbH", da die Abkürzung den Eindruck einer allgemeinen Haftungsbeschränkung erweckt, siehe z.B. *Lieder/Hoffmann*, NJW 2015, 897 (899); *dies.*, NZG 2014, 127 (130). Nicht zu erklären ist der Unterschied zwischen PartG und der PartGmbB, die nach § 8 IV PartGG auch die „Partnerschaft" an sich abkürzen kann durch „PartG", vgl. *Römermann*, NJW 2013, 2305 (2307); *Lieder/Hoffmann*, NZG 2019, 249 (251), vertreten allerdings, dass auch einfache PartG die Abkürzung nutzen können.

254 Siehe § 8 IV Nr. 2 Hs. 1 PartGG-E in BT-Drucks. 17/10487, S. 7.

Haftungsbeschränkung.[255] Fehlt die Bezeichnung, ergibt sich die Möglichkeit einer Haftung aus Rechtsscheingrundsätzen, culpa in contrahendo oder Deliktsrecht.[256]

§ 8 IV PartGG sieht eine partielle Haftungsbeschränkung vor.[257] Die Haftung wird lediglich bei fehlerhafter *Berufsausübung* eines Partners auf das Gesellschaftsvermögen begrenzt, für andere Verbindlichkeiten haften die Partner weiterhin persönlich nach § 8 I PartGG als Gesamtschuldner.[258] Allein in Bezug auf die Haftung für berufliche Fehler steht die PartGmbB einer Kapitalgesellschaft gleich.[259] Für unmittelbar gegen einen Partner gerichtete deliktische Ansprüche[260] und nicht aus fehlerhafter Berufsausübung resultierende Verbindlichkeiten wie aus Miet-, Kauf- und Arbeitsverträgen gelten keine Haftungsbeschränkungen.[261] Zugrunde liegt der Gedanke einer Kompensierung fehlender persönlicher Haftung bei gleichzeitig nicht existierenden Kapitalaufbringungs- und -erhaltungsvorschriften[262] und Begrenzung der Haftpflichtversicherung auf Berufsfehler,[263] was ohne Fortbestand

---

255 *Hirtz*, in: *Henssler/Strohn*, Gesellschaftsrecht, PartGG, § 8 Rn. 39; *Ruppert*, DStR 2013, 1623 (1628); *Sommer/Treptow*, NJW 2013, 3269 (3270); *Lieder/Hoffmann*, NJW 2015, 897 (898 f.); *Schüppen*, Wpg 2013, 1193 (1195); *Linardatos*, VersR 2013, 1488 (1490, 1494); Möglich ist aber bei Fehlen des Zusatzes neben der Amtslöschung des falschen Namenszusatzes nach § 395 I FamFG die persönliche Haftung nach § 5 II PartGG iVm § 15 HGB – hierfür: *Ulmer*, AnwBl 2014, 806 (808 f.) unter Hinweis auf BT-Drs. 17/10837, S. 14; *Lieder/Hoffmann*, NJW 2015, 897 (899 f.) – oder zumindest allgemeinen Rechtsscheingrundsätzen, *Sommer/Treptow*, NJW 2013, 2369 (3271, 3272); wohl ebenso *Salger*, in: Münchener Hdb. Gesellschaftsrecht, Bd. 1, § 45a Rn. 9; *Ruppert*, DStR 2013, 1623 (1628). Überzeugende Differenzierung nach Einzelfall *Schäfer*, in: MüKo BGB, PartGG, § 8 Rn. 46.

256 *Leuering*, ZIP 2012, 1112 (1115); *Seibert*, DB 2013, 1710 (1713).

257 *Leitzen*, DNotZ 2013, 596 (597 f.); *Salger*, in: Münchener Hdb. Gesellschaftsrecht, Bd. 1, § 45a Rn. 24; *Römermann/Jähne*, BB 2015, BB 2015, 579 (581).

258 *Salger*, in: Münchener Hdb. Gesellschaftsrecht, Bd. 1, § 45a Rn. 24; *Linardatos*, VersR 2013, 1488 (1493); *Meyer*, PartG, S. 97. Zu weiteren drohenden Ansprüchen gegen die Gesellschafter persönlich, insb. Rückgriffsansprüchen des Versicherers und Innenregress *Schüppen*, Wpg 2013, 1193 (1200 f.); *Römermann/Jähne*, BB 2015, 579 (581 ff.); *Wertenbruch*, NZG 2013, 1006 (1007 f.).

259 Daher bezeichnen *Römermann*, NJW 2013, 2305 (2308), *Beuthien*, ZRP 2012, 127, und *Linardatos*, VersR 2013, 1488 (1488), die PartGmbB als Hybrid zwischen Personen- und Kapitalgesellschaft, woran *Römermann*, BB 2019, 899 (899), einen „Systembruch" festmacht.

260 Siehe hier nur *Schüppen*, Wpg 2013, 1193 (1195), auf einen Freistellungsanspruch des Partners gegen die Gesellschaft verweisend. A.A. *Ruppert*, DStR 2013, 1623 (1625) unter Hinweis auf BT-Drs. 6152, S. 18.

261 BT-Drucks. 17/10487, S. 14; *Leitzen*, DNotZ 2013, 596 (597); *Ruppert*, DNotZ 2013, 1623 (1625); *Schüppen*, Wpg 2013, 1193 (1195).

262 So bleiben Entnahmen aus dem Gesellschaftsvermögen trotz drohender Überschuldung weiterhin möglich, siehe ausführlich *Schüppen*, Wpg 2013, 1193 (1197, 1202).

263 *Meyer*, PartG, S. 50 ff., 98. Siehe ferner BT-Drs. 17/10487, S. 14; *Ruppert*, DStR 2013, 1623 (1625); *Leuering*, NZG 2013, 1001 (1004). Praktisch dürften Ansprüche besser

der persönlichen Haftung zu einer Übervorteilung zulasten der Gläubiger bei nicht beruflichen Fehlern geführt hätte. Nichtberufliche Fehler sollen sich zudem nicht praktikabel versichern lassen.[264] Vorteilhaft für die Gläubiger ist aufgrund des erhöhten Mindestvolumens der Berufshaftpflichtversicherung die Erweiterung der zugriffbereiten Haftungsmasse im Vergleich zum Privatvermögen der Partner.[265] Für das Eingreifen der Haftungsbeschränkung ist es unbeachtlich, ob die Versicherung für den Schaden eintritt oder dies zum Beispiel wegen Vorsatzes nicht tut.[266] Daraus folgt aber auch, dass die Gesellschaft sowohl für die Differenz zwischen dem tatsächlichen Schadensbetrag und der darunterliegenden Versicherungssumme haftet,[267] als auch in Fällen, in denen die Versicherung überhaupt nicht eintritt.

Im Vergleich zu Kapitalgesellschaften kombiniert die PartGmbB Vorteile einer Haftungsbeschränkung bei fehlender Verpflichtung zu Buchführung und steuerlich vorteilhafter Behandlung.[268] Die insbesondere bei Anwälten immer beliebtere[269] PartGmbB hat sich bei einigen Freiberuflern bereits fest etabliert, ihre Verbreitung nimmt stetig zu.[270] Auch der jüngst erfolgte „Brexit" kann ihre Bedeutung festigen, wenn nach der sogenannten „Wechselbalgtheorie" die Sitztheorie modifiziert gilt und die in Deutschland aktive LLP als GbR mit der Konsequenz der persönlichen Haftung aller Partner eingreift.[271] Die Attraktivität der PartGmbB für Ärzte hält sich dennoch in engen Grenzen, da bei ärztlichen Berufsfehlern regelmäßig ein Anspruch aus Delikt gegen den handelnden Arzt persönlich begründet wird, dem

---

als bei persönlicher Haftung der vereinigten Gesellschafter gesichert sein, so bereits *Seibert*, DB 2013, 1710 (1711); *Pestke/Michel*, Stbg 2013, 366 (372).

264 *Grunewald*, ZIP 2012, 1115 (1117).

265 *Hellwig*, NJW 2011, 1557 (1558); *Leuering*, ZIP 2012, 1112 (1115)

266 *Seibert*, DB 2013, 1710 (1712 f.); ausführlich *Schüppen*, Wpg 2013, 1193 (1194). Auch im Rahmen des § 117 I VVG wird bei Pflichtversicherungen (die entsprechende Anwendung der §§ 113 III, 114 – 124 VVG erfolgt gemäß § 8 IV 2 PartGG) kein Direktanspruch nach gegen den Versicherer begründet, wenn selbst bei „gesundem Vertragsverhältnis" zwischen Versicherer und Versicherungsnehmer kein Versicherungsschutz besteht, siehe *Schneider*, in: MüKo VVG, § 115 Rn. 21 ff., § 117 Rn. 9, 30; vgl. zudem § 103 VVG, wonach Versicherer bei vorsätzlicher und widerrechtlicher Herbeiführung einer Schädigung Dritter nicht zur Leistung verpflichtet werden.

267 *Wertenbruch*, NZG 2013, 1006 (1006).

268 *Linardatos*, VersR 2013, 1488 (1489); *Grunewald*, ZIP 2012, 1115 (1116); *Pestke/Michel*, Stbg 2013, 366 (372). Eine Gegenüberstellung weiterer Vor- und Nachteile der PartGmbB erfolgt bei *Heckschen*, AnwBl Online 2018, 116 (120 f.).

269 *Beck*, AnwBl 2015, 380 (380); *Lieder/Hoffmann*, NZG 2019, 249 (250).

270 Siehe hier nur *Lieder/Hoffmann*, NJW 2015, 897 (897); *dies.*, NZG 2016, 287 (287); *dies.*, NZG 2019, 249 (251). Noch pessimistisch die PartGmbB beäugend dagegen hier nur *Schüppen*, Wpg 2013, 1193 (1206); *Römermann*, BB 2019, 899 (899), sieht in ihr eine Gesellschaftsform für Hasardeure.

271 Siehe *Lieder/Hoffmann*, NZG 2017, 325 (332); *Heckschen*, AnwBl Online 2018, 116 (227).

er sich nach § 8 IV PartGG nicht entziehen kann.[272] Außerdem kommen entgegen der Annahme *Salgers*[273] die Zahlung von Arbeitslohn[274] und bei notwendiger teurer Praxiseinrichtung nennenswerte finanzielle Verbindlichkeiten in Betracht, auf die sich die Haftungsbegrenzung ebenfalls nicht erstreckt.

c) Limited Liability Partnership (LLP)

Ausländische Äquivalente zur PartG können im Partnerschaftsregister eingetragen werden.[275] Neben der hauptsächlich vorzufindenden, dem englischen Recht entspringenden LLP sind in den Partnerschaftsregistern auch Partnerschaften des ungarischen[276] und US-amerikanischen Rechts[277] eingetragen. Die LLP nach englischem Recht ist äußerst flexibel und nur durch wenige disponible Auffangregelungen des *Limited Liability Partnership Act* geregelt, der ein Minimum an Rechtssicherheit garantiert. Die LLP steht jedermann, nicht lediglich Freiberuflern offen, sofern die Gründung nicht rein gemeinnützigen Zwecken dient.[278] Sie ist alleiniges Zuordnungsobjekt von Rechten und Pflichten[279] und stellt eine hybride Rechtsform dar, die Eigenschaften der dem deutschen Recht äquivalenten Kapitalgesellschaften und Personengesellschaften vereinigt.[280] Mangels ausführlicher Regelung der Rechtsform ist die konkrete Ausgestaltung der Gesellschaft für ihre rechtliche Qualifizierung in Deutschland relevant.[281] Für die Gründung der LLP sind mindestens zwei Gesellschafter erforderlich, wobei ein nachträgliches Absinken der Gesellschafteranzahl auf einen Gesellschafter zwar möglich ist, dieser dann aber nach dem Ablauf von 6 Monaten bei Weiterführung der Geschäfte trotz Kenntnis der alleinigen Gesellschafterstellung gem. Sec. 4A LLPA 2000 persönlich haftet.[282]

Im Gegensatz zu der PartGmbB umfasst die Haftungsbegrenzung auf das Gesellschaftsvermögen alle Gesellschaftsschulden.[283] Eine persönliche Haftung

---

272 So auch *Lieder/Hoffmann*, NJW 2015, 897 (901); *Henssler*, AnwBl 2014, 96 (104); *Neufang/Bartschat*, StB 2012, 430 (434); *Seibert*, DB 2013, 1710 (1710).
273 *Salger*, DB 2012, 1794 (1796).
274 *Gummert/Remplik*, in: Münchener Hdb. Gesellschaftsrecht Bd. 1, § 25 Rn. 41.
275 *Lieder/Hoffmann*, NZG 2014, 127 (130); *Grunewald*, ZIP 2012, 1115 (1116).
276 Ügevédi Iroda.
277 Public Limited Liability Company (PLLC).
278 *Schnittker/Bank*, LLP, Rn. 32 ff., 44; *Linardatos*, VersR 2013, 1488 (1489, 1498); *Grunewald*, ZIP 2012, 1115 (1117).
279 *Linardatos*, VersR 2013, 1488 (1489).
280 *Schnittker/Bank*, LLP, Rn. 27 f.
281 *Schnittker/Bank*, LLP, Rn. 302 ff.
282 *Schnittker/Bank*, LLP, Rn. 43.
283 *Henssler*, NJW 2014, 1761; *Linardatos*, VersR 2013, 1488 (1489); *Leuering*, ZIP 2012, 1112 (1113); zweifelnd *Römermann/Jähne*, BB 2015, 579 (579); ferner *Römermann*, in: *Römermann*, PartGG, Einf. Rn. 67.

der Partner ist grundsätzlich ausgeschlossen, allein eine persönliche deliktische Haftung des schadensverursachenden Gesellschafters kommt nach dem regelmäßig auch Vermögensschäden umfassenden englischen Deliktsrecht in Frage.[284] Bei Anwendung des deutschen Vertrags- und Deliktsrechts ist dieses Haftungssystem aber erheblich aufgebrochen und hinterlässt eine Haftungslücke, da der Partner für Vermögensschäden lediglich in den Sonderfällen der §§ 823 II, 826 BGB haftet.[285] Von diesem Vorteil eines weitgehenden Haftungsausschlusses[286] kann die Ärzteschaft jedoch regelmäßig nicht profitieren, da bei beruflichem Fehlverhalten gewöhnlich die persönliche Haftung nach § 823 I BGB aufgrund einer Körperverletzung eintritt. Die Prophezeiung einer Bedeutungssteigerung innerhalb der Ärzteschaft[287] hat sich daher zumindest bisher nicht bewahrheitet. Mit dem „Brexit" dürfte die Gesellschaftsform nicht attraktiver geworden sein.[288] Außerdem stößt man auf unbeantwortete Fragestellungen der Registrierungs*pflicht* in deutschen Registern,[289] der Postulationsfähigkeit, der Beurteilung der Haftung der Partner und der steuerlichen Behandlung.[290] Zu beachten sind außerdem strenge Bilanzierungs- und Publizitätspflichten nach englischem Recht, deren Verletzung zur Löschung aus dem Register und Auflösung der LLP führen kann und dadurch das Risiko der Rückbildung in eine GbR in sich birgt.[291]

5. Gesellschaft mit beschränkter Haftung (GmbH)

Eine GmbH kann gemäß § 1 GmbHG zu jedem gesetzlich zulässigen Zweck durch eine oder mehrere Personen gegründet werden. Ein Ausschluss von Ärzten aus dem zulässigen Gesellschafterkreis lässt sich dem Gesellschaftsrecht nicht

284 Die Haftung erfolgt nach den deliktsrechtlichen Grundsätzen des „tort of negligence", siehe *Leuering*, ZIP 2012, 1112 (1113); *Henssler*, NJW 2014, 1761 (1762); *Linardatos*, VersR 2013, 1488 (1489). *Schnittker/Bank*, LLP, Rn. 133 ff., 137 ff., weisen zusätzlich zur „tort of negligence" auf die Haftung aus persönlicher Verantwortungsübernahme hin.

285 *Linardatos*, VersR 2013, 1488 (1496); *Schnittker/Bank*, LLP, Rn. 197; *Römermann/Praß*, NZG 2012, 601 (602); *Römermann*, AnwBl 2012, 288 (291); *ders.*, in: *Römermann*, PartGG, Einf. Rn. 67.

286 *Henssler*, NJW 2014, 1761 (1763 ff.); *Linardatos*, VersR 2013, 1488 (1496); *Schnittker/Bank*, LLP, Rn. 197; zweifelnd dagegen mangels vorliegender Rechtsprechung *Römermann*, AnwBl 2012, 288 (291).

287 *Saenger*, MedR 2006, 138 (146).

288 Vgl. *Lieder/Hoffmann*, NZG 2017, 325 (332).

289 Bejahend bei Unterhalt einer selbständigen Zweigniederlassung in Deutschland *Henssler*, NJW 2009, 3136 (3137 f.); *ders.*, NJW 2014, 1761 (1762); *Lieder/Hoffmann*, NZG 2014, 127 (130 f.); *Seibert*, DB 2013, 1710 (1714); *Weller/Kienle*, DStR 2005, 1102 (1103). Ablehnend siehe hier nur *Roth*, BB Beil. 3/2010, 29 (30).

290 *Henssler*, NJW 2014, 1761 (1761 f.).

291 *Linardatos*, VersR 2013, 1488 (1496 f.).

entnehmen.[292] Der Betrieb eines Handelsgewerbes ist als Unternehmensgegenstand ebenso wenig erforderlich wie ein Zusammenschluss mehrerer Personen. Die GmbH gilt gemäß § 13 III GmbHG kraft Gesetzes als Handelsgesellschaft unabhängig davon, ob ihr Gegenstand der Betrieb eines Handelsgewerbes ist.[293] Nach § 6 II HGB ist eine GmbH Formkaufmann. Gewerblich wird eine GmbH dennoch nur dann tätig, wenn sie tatsächlich ein Gewerbe ausübt.[294] Die (gemeinsame) ärztliche Berufsausübung[295] in einer GmbH ist daher nicht als gewerblich aufzufassen und steht mit dem Verständnis des Arztberufs nach § 1 II BÄO, § 1 I 2 MBOÄ und dem Verbot gewerblicher Berufsausübung nach § 18 II 1 MBOÄ in Einklang. Grundsätzlich steht dem Zusammenschluss von Ärzten daher die GmbH offen.[296]

Für die Verbindlichkeiten der GmbH haftet nach § 13 II GmbHG Gläubigern nur das Gesellschaftsvermögen. Eine persönliche Haftung sieht das GmbHG im Kontrast zu Personengesellschaften mit Ausnahme des § 11 II GmbHG nicht vor.[297] Die persönliche Haftungsfreistellung kommt jedoch nur in Betracht, wenn ein Anspruch nicht auch gleichzeitig gegen den Arzt persönlich besteht. In ärztlichen Berufshaftungsfällen entsteht regelmäßig aufgrund der Verletzung der Rechtsgüter Leben, Körper und Gesundheit ein deliktischer Anspruch aus § 823 I BGB, der den behandelnden Arzt persönlich passivlegitimiert.[298] Das Interesse an einer Haftungsbeschränkung für Kunstfehler lässt sich durch eine GmbH somit nicht befriedigen.[299] Der Vorzug der GmbH beschränkt sich in Berufshaftungsfällen wie bei der PartG nach § 8 II PartGG auf die Freistellung des mit dem deliktisch handelnden Arzt verbundenen Arztes. In Bezug auf sonstige vertragliche Verpflichtungen wie

---

292 Siehe hier nur *Kremer*, Freiberufler-GmbH, S. 25; *Stehle*, DStR 1983, 100 (101); *Saenger*, MedR 2006, 138 (139 f.); *Attermeyer*, Arzt- GmbH, S. 81 ff. *Taupitz*, NJW 1992, 2317 (2319); *Katzenmeier*, MedR 1998, 113 (114).

293 *Fastrich*, in: *Baumbach/Hueck*, GmbHG, § 13 Rn. 73.

294 Vgl. *Lieder*, in: *Michalski et al.*, GmbHG, § 13 Rn. 326.

295 Nicht zu verwechseln mit zwischengeschalteten Zusammenschlüssen mehrerer Ärzte zur Organisation räumlicher, sachlicher und/oder personeller Hilfsmittel bei separatem Angebot medizinischer Dienstleistungen, hierzu näher *Taupitz*, MedR 1995, 475 (479).

296 Siehe hier nur *Henke*, NJW 1974, 2035 (2036); *Meyer/Kreft*, GmbHR 1997, 193 (194).

297 Zur schwindenden Bedeutung des § 11 II GmbHG *Blath*, in: *Michalski et al.*, GmbHG, § 11 Rn. 84 ff.

298 *OLG Zweibrücken*, Beschl. V. 21.1.2016 – 3 W 128/15, MedR 2016, 798 (801). Siehe hier ferner nur *Taupitz*, NJW 1992, 2317 (2324); *ders.*, MedR 1995, 475 (478 f.); *Stuber*, WiB 1994, 705 (706); *Meyer/Kreft*, GmbHR 1997, 193 (195); *Weber/Vogt-Weber*, ArztR 1997, 179 (182 f.); *dies.*, DÄBl. 1998, A-1146 (A-1146); *Klose*, BB 2004, 2702 (2705); *Attermeyer*, Arzt-GmbH, S. 61. Die fortbestehende Haftung aus Deliktsrecht wurde zuvor übersehen, so exemplarisch von *AG Saarbrücken*, GmbHR 1989, 297 f.; wortgleich zuvor bereits *Kremer*, Freiberufler-GmbH, S. 148, 176.

299 Zum Aspekt des historisch gestiegenen Haftungsrisikos bei der ärztlichen Heilbehandlung *Kremer*, Freiberufler-GmbH, S. 174 f.; *Taupitz*, MedR 1995, 475 (475 f.).

Miet- und Finanzierungsverpflichtungen greift dagegen die Haftungsbegrenzung auf das Gesellschaftsvermögen durch[300] und hebt die GmbH von der PartGmbB ab. Praktisch werden Geschäftspartner die Haftungsbegrenzung gleichwohl regelmäßig in ihre Überlegungen zur Minimierung des eigenen Risikos einbeziehen und eine umfassendere Stellung von Sicherheiten fordern.[301] Daher ist mit zusätzlichen unmittelbaren wie mittelbaren Kosten, beispielsweise für die Stellung von Aval-Krediten oder die Bindung von Kapital, oder mit der Herbeiführung persönlicher Haftung durch Bürgschaftsübernahme zu rechnen.

Die Führung der Geschäfte ist Nichtgesellschaftern nach dem im Kapitalgesellschaftsrecht herrschenden Prinzip der Fremdorganschaft unproblematisch eröffnet.[302] Denkbar wäre in einer Ärzte-GmbH die Delegation der Buchführung auf eine hierauf spezialisierte Person, während die ärztliche Tätigkeit in das Zentrum der Tätigkeit des Arztes gerückt werden könnte.[303] Außerdem ist auf eine richtige Bewertung von Sacheinlagen zu achten. Das Registergericht prüft die richtige Bewertung der eingebrachten Gegenstände, weshalb über sie genaue Angaben und gegebenenfalls sogar Sachverständigengutachten erforderlich werden können.[304] Bei einer nicht unwesentlichen Überbewertung einer Sacheinlage hat das Gericht die Eintragung der Gesellschaft in das Handelsregister nach § 9c I 2 GmbHG abzulehnen. Die Eintragung der GmbH hat das Registergericht nach § 9c GmbHG ferner abzulehnen, wenn die Gesellschaft konkret mit dem Berufsrecht unvereinbar ist.[305] Die GmbH erwartet zudem umfassende Vorschriften zur handelsrechtlichen Buchführung und Bilanzierung nach §§ 238 I 1, 6 I HGB, 13 III GmbHG wie auch vielschichtige steuerrechtliche Fallstricke.[306] Als Kaptalgesellschaft unterliegt sie der Körperschaftsteuer (KSt), der Gewerbesteuer (GewSt) und dem Solidaritätszuschlag.[307] Die vereinfachte Gewinnermittlung nach § 4 III EStG steht ihr ebenso wenig offen wie die Übertragung der Verluste von der GmbH auf die einzelnen Gesellschafter zur Reduzierung der Einkommensteuerpflicht.[308] Gewinne der GmbH sind unabhängig von der Frage, ob sie ausgeschüttet oder thesauriert werden körperschaftsteuerpflichtig, bei Ausschüttung der Gewinne kommt außerdem nach § 3 Nr. 40 lit. d) EStG noch die Belastung von 60 % der Einkünfte aus der Ausschüttung mit dem individuellen Einkommensteuertarif bzw. dem Tarif für

300 *Klose*, BB 2003, 2702 (2705); *Kaiser*, Ärzte-GmbH, S. 134 f.
301 Vgl. *Kaiser*, Ärzte-GmbH, S. 135; *Häußermann/Dollmann*, MedR 2005, 255 (256).
302 *Braun/Richter*, MedR 2005, 485 (486).
303 *Kaiser*, Ärzte-GmbH, S. 135.
304 *Saenger*, MedR 2006, 138 (145).
305 Siehe hier nur *Henssler*, ZIP 1994, 844 (847); *Katzenmeier*, MedR 1998, 113 (117).
306 Vgl. *Braun/Richter*, MedR 2005, 685 (688 ff.); *Ratzel/Lippert*, MedR 2004, 525 (533).
307 *Grunewald*, ZIP 2012, 1115 (1116); *Linardatos*, VersR 2012, 1488 (1489); *Braun/Richter*, MedR 2005, 685 (688).
308 *Braun/Richter*, MedR 2005, 685 (688).

Kapitalerträge in Höhe von 25 % hinzu.[309] Bei Anstellung des Arzt-Gesellschafters erzielt dieser Einkünfte aus nichtselbständiger Arbeit und hat insbesondere auf die Regelungen zur verdeckten Gewinnausschüttung Acht zu geben.[310] Im Endeffekt ergibt sich durch die doppelte Besteuerung nach KStG und EStG eine höhere Steuerbelastung.[311] Aus wirtschaftlicher Sicht wird die GmbH daher von vielen Ärzten als eher unattraktiv bewertet,[312] nur zum Teil werden steuerliche Vorteile erwartet.[313]

6. Aktiengesellschaft (AG)

Auch im AktG lassen sich keine Normen finden, die eine ambulante Tätigkeit des Arztes innerhalb einer AG ausschließen. Insofern kann auf die parallelen Ausführungen zur GmbH verwiesen werden. Besonderheiten ergeben sich insbesondere aus der sog. Satzungsstrenge der Aktiengesellschaft nach § 23 V AktG.

7. Eingetragene Genossenschaft (eG)

Die Genossenschaft kommt nach § 1 I GenG für Gesellschaften in Betracht, deren Zweck darauf gerichtet ist, den Erwerb oder die Wirtschaft ihrer Mitglieder oder deren soziale oder kulturelle Belange durch gemeinschaftlichen Geschäftsbetrieb zu fördern. Hauptcharakteristikum ist der genossenschaftliche Förderzweck, wobei die Mitglieder selbst keinem gemeinsamen Zweck nachgehen müssen.[314] Der erforderliche Inhalt des Förderzwecks ist allerdings Quell von Unklarheiten[315] – der beliebige Geschäftsverkehr mit Dritten wird als nicht ausreichend erachtet, da zwingendes Charakteristikum und *„alleiniger Daseinszweck“* der Genossenschaft die gleichzeitige Kundenstellung der Mitglieder gegenüber ihr ist;[316] ansonsten vermag jeder zulässige Unternehmensgegenstand verfolgt werden.[317] Der Fördererfolg kann auch in vermehrten Einnahmen oder der Verminderung der zur Ausübung der Erwerbstätigkeit eingegangenen Ausgaben der Mitglieder bestehen.[318] Zur Zweckerreichung erforderlich ist ein genossenschaftlicher Geschäftsbetrieb.[319]

---

309 Vgl. die ausführlichere Auseinandersetzung vor Einführung der Abgeltungsteuer für Kapitalerträge *Braun/Richter*, MedR 2005, 685 (689).

310 *Braun/Richter*, MedR 2005, 685 (689 f.).

311 Vgl. auch hierzu den eher überschlagsmäßigen Vergleich von *Braun/Richter*, MedR 2005, 685 (689).

312 *Clemens*, in: FS Steinhilper, S. 11 (22).

313 *Krahe*, MedR 2005, 691 (694).

314 *Geibel*, in: *Henssler/Strohn*, Gesellschaftsrecht, GenG, § 1 Rn. 1, 3, 8.

315 Unsicherheit bemängelt exemplarisch *Beuthien*, in: *Beuthien*, GenG, § 1 Rn. 9.

316 *Beuthien*, in: *Beuthien*, GenG, § 1 Rn. 8; *Helios*, in: *Helios/Strieder*, Genossenschaft, § 1 Rn. 9.

317 *Fandrich*, in: *Pöhlmann et al.*, GenG, § 1 Rn. 16.

318 *Geibel*, in: *Henssler/Strohn*, Gesellschaftsrecht, GenG, § 1 Rn. 3.

319 *Geibel*, in: *Henssler/Strohn*, Gesellschaftsrecht, GenG, § 1 Rn. 11.

Erwerbsförderung im Sinne von § 1 I Var. 1 GenG liegt vor, wenn der Hauptzweck der Gesellschaft in der Förderung der Einnahmeerzielung gerichteten, explizit auch freiberuflichen Tätigkeiten der Mitglieder besteht.[320] Charakteristisch ist zudem ein freier Wechsel des Mitgliederbestands[321] und die nicht geschlossene Mitgliederzahl[322], die allerdings nach § 4 GenG mindestens drei Mitglieder umfassen muss. Die Genossenschaft ist nach § 10 I GenG in das Genossenschaftsregister einzutragen, besitzt als juristische Person eigene Rechtspersönlichkeit und ist Formkaufmann gem. § 17 GenG. Als Vehikel gemeinsamer Berufsausübung kommt die Ausprägung der Produktivgenossenschaft zur gemeinsamen Erbringung von Dienstleistungen bei Anstellung ihrer Mitglieder in Betracht, im Hinblick auf die strengen Formalien des GenG wird allerdings eher von der Rechtsform abgeraten.[323] Mit der Zeit haben sich folglich Freiberuflergenossenschaften von Ärzten, Steuerberatern und Rechtsanwälten herausgebildet,[324] die allerdings nicht auf gemeinsame Berufsausübung ausgerichtet sind,[325] sondern Arztpraxen mit Dienstleistungen und Produkten unterstützen und als Interessenvertretungen der verbundenen Ärzte fungieren.

III. Regelungen des ärztlichen Berufsrechts im engeren Sinne

1. Berufsausübung

Neben den Bestimmungen des Gesellschaftsrechts sind die berufsrechtlichen Regelungen zu beachten, die wiederum auf die grundsätzlichen gesellschaftsrechtlichen Regelungen einwirken und sie modifizieren.[326] Selbständig ärztlich tätige Ärzte müssen gemäß § 17 I MBOÄ in einer Praxis niedergelassen sein. Als Praxis werden Einrichtungen angesehen, in der die Gesamtheit der zur selbständigen ärztlichen Berufsausübung außerhalb eines Krankenhauses erforderlichen sachlichen, räumlichen und personellen Mittel vereinigt sind und in der Patienten von Ärzten ambulant versorgt werden, unter Einschluss des dazugehörigen

---

320 *Geibel*, in: *Henssler/Strohn*, Gesellschaftsrecht, GenG, § 1 Rn. 3.

321 *Henke*, NJW 1974, 2035 (2036).

322 *Geibel*, in: *Henssler/Strohn*, Gesellschaftsrecht, GenG, § 1 Rn. 2.

323 *Wigge*, in: *Schnapp/Wigge*, Vertragsarztrecht, § 6 Rn. 195; zur Produktivgenossenschaft *Fandrich*, in: *Pöhlmann et al.*, GenG, § 1 Rn. 39 f. Teilweise werden die Voraussetzungen einer eG im Hinblick auf den Förderzweck unerfüllt angesehen, siehe hier nur *Sandberger/Müller-Graff*, ZRP 1975, 1 (5); *Schäfer-Golz*, in: FS Huber, S. 951 (966 Fn. 71);.

324 *Fandrich*, in: *Pöhlmann et al.*, GenG, § 1 Rn. 50.

325 Gleichwohl können Medizinische Versorgungszentren nach § 95 Ia S. 3 SGB V in Form der eG gegründet werden.

326 *Ratzel*, in: *Spickhoff*, Medizinrecht, § 705 Rn. 1.

Patientenstamms.[327] Der Arzt ist niedergelassen, wenn er öffentlich erkennbar eine Praxis zur Ausübung des ärztlichen Berufs bereitstellt.[328] Im Gegensatz zu früher wird nicht mehr die Niederlassung in „eigener" Praxis verlangt, sondern in „einer" Praxis. Dadurch soll klargestellt werden, dass die Eigentumsverhältnisse an der Praxis nicht entscheidend sind.[329] Die Praxisräume muss der Arzt unterhalten, er bedarf einer generellen Nutzungsbefugnis.[330] Die Praxis muss nach § 19 I 1 MBOÄ durch den Arzt persönlich ausgeübt werden.

2. Gemeinsame Berufsausübung gem. § 18 I 1 MBOÄ

Die berufliche Kooperation wird in der MBOÄ an mehreren Stellen thematisiert. § 18 MBOÄ stellt dabei die Ausgangsnorm dar. § 18 I 1 MBOÄ eröffnet Ärzten einen Zusammenschluss zu Berufsausübungsgemeinschaften, Organisationsgemeinschaften, Kooperationsgemeinschaften und Praxisverbünden. Der Begriff der Gemeinschaftspraxis, der zuvor noch in der MBOÄ Verwendung fand,[331] ist heute nicht mehr in der MBOÄ aufzufinden. Stattdessen gebraucht § 18 I 1 MBOÄ den rechtsformneutralen[332] Begriff der Berufsausübungsgemeinschaften, die nach § 18 IIa 1 MBOÄ Zusammenschlüsse *„von Ärztinnen und Ärzten untereinander oder mit Ärztegesellschaften oder mit ärztlich geleiteten Medizinischen Versorgungszentren"* darstellen, *„die den Vorgaben von § 23a I lit. a, b und d entsprechen, oder dieser untereinander zur gemeinsamen Berufsausübung."* Nicht als Ärzte aufzufassen sind hierbei Zahnärzte oder Psychotherapeuten, die nach den Landesvorschriften Ärzten gegenüberstehen, grundsätzlich[333] anderen Kammern angehören und stets separaten Berufsordnungen unterworfen sind. Die gemeinsame Berufsausübung muss nach § 18 IIa 2 MBOÄ eine *„auf Dauer angelegte berufliche Zusammenarbeit selbstständiger, freiberuflich tätiger Gesellschafter"* sein. § 18 IIa 1, 2 MBOÄ erscheinen im Hinblick auf die nach Satz 2 erforderliche selbständige und freiberufliche Tätigkeit nicht gänzlich konsistent, da sowohl Ärztegesellschaften nach § 23a MBOÄ als auch MVZ nach § 95 Ia SGB V eine gesonderte Personengesellschaft oder juristische Person des Privatrechts als Rechtsträger erfordern.[334]

---

327 Siehe hier nur BayVerfGH, NJW 2000, 3418 (3418); *Taupitz*, NJW 1996, 3033 (3035); *Gollasch*, Fachübergreifende Gemeinschaftspraxis, S. 41.

328 *BGHZ* 70, 158 (161); *Scholz*, in: *Spickhoff*, Medizinrecht, MBOÄ § 17 Rn. 2.

329 *Sächsische LÄK*, Niederlassung und berufliche Kooperation, S. 3.

330 *Scholz*, in: *Spickhoff*, Medizinrecht, MBOÄ § 17 Rn. 2.

331 So exemplarisch in der Vorgängernorm des heutigen § 18 MBOÄ, § 23 I 1, II 2 MBOÄ-1996, abgedruckt in *BÄK*, DÄBl. 1996, A-407 (A-410).

332 Der Begriff der Gemeinschaftspraxis wird bisweilen im allgemeinen Sprachgebrauch allein für die als GbR organisierte ärztliche Berufsausübungsgemeinschaft gebraucht.

333 Siehe aber die gemeinsame Kammer von Ärzten und Zahnärzten im Saarland, die nach § 1 I 2 SHKG in zwei Abteilungen aufgeteilt ist, die nach § 17 I SHKG zum Erlass jeweils eigener Berufsordnungen ermächtigt sind.

334 *Meschke*, MedR 2018, 655 (655). Siehe näher S. 221 ff. und S. 230 f.

Im Vergleich zu früheren Zeiten sind die berufsrechtlichen Möglichkeiten der beruflichen Zusammenarbeit durch die Möglichkeit Teil-[335] und überörtlicher[336] Berufsausübungsgemeinschaften sowie der Mitgliedschaft in mehreren Berufsausübungsgemeinschaften nach § 18 III 1 MBOÄ vielfältiger geworden.[337] Hintergrund der Liberalisierung ist vor allen Dingen eine ins Auge gefasste Verbesserung der Wettbewerbsfähigkeit selbständiger Ärzte gegenüber Krankenhäusern und MVZ.[338] Nach § 18 IIa 4 MBOÄ ist *„regelmäßig eine Teilnahme aller Gesellschafter der Berufsausübungsgemeinschaft an deren unternehmerischen Risiko, an unternehmerischen Entscheidungen und an dem gemeinschaftlich erwirtschafteten Gewinn"* erforderlich. Organisationsgemeinschaften grenzen sich von Berufsausübungsgemeinschaften durch die fehlende Vergemeinschaftung der Berufsausübung ab, sie ermöglichen lediglich eine gemeinsame Organisation unabhängig voneinander erfolgender Berufsausübung. Gegenüber Patienten erfolgt kein gemeinsamer Auftritt. Es werden innerhalb der Gemeinschaft lediglich die personellen und sächlichen Mittel bereitgestellt.[339] Der Behandlungsvertrag kommt aufgrund des alleinigen Gegenübertretens von behandelndem Arzt und Patient zwischen dem Behandelnden und dem Patienten zustande.[340] Gleichwohl besteht mittlerweile gemäß § 18a III 1 MBOÄ ausdrücklich die Möglichkeit ihrer Ankündigung im Rechtsverkehr.[341] Die Abgrenzung von Berufsausübungs- und Kooperationsgemeinschaft erfolgt dagegen nach später darzustellender Argumentation anhand der Interprofessionalität.[342] Praxisverbünde als letzte genannte Kooperationsform des § 18 I 1 MBOÄ sind überörtliche Zusammenschlüsse eigenständiger Praxen und u. a. auch anderer Leistungserbringer, wobei keine gemeinsame Berufsausübung bezweckt wird.[343]

---

335 § 18 I 2 MBOÄ.

336 § 18 III 3 MBOÄ.

337 *Scholz*, in: *Spickhoff*, Medizinrecht, MBOÄ § 18 Rn. 2.

338 *BÄK*, DÄBl. 2006, A-801 (A-801); *BÄK*, DÄBl. 2008, A-1019 (A-1019); *Sächsische LÄK*, Niederlassung und berufliche Kooperation, S. 1; *Scholz*, in: *Spickhoff*, Medizinrecht, MBOÄ § 18 Rn. 2.

339 *Ehmann*, MedR 1994, 141 (144); *Walter*, MedR 2002, 169 (169); *Ahrens*, MedR 1992, 141 (142); *Kaiser*, Ärzte-GmbH, S. 8. Siehe hierzu S. 117 ff., 540 ff.

340 *Ehmann*, MedR 1994, 141 (144); *Walter*, MedR 2002, 169 (170); *Kaiser*, Ärzte-GmbH, S. 8.

341 Zu beachten ist allerdings das Risiko einer Rechtsscheinhaftung, wenn die Ankündigung objektiv als solche einer Berufsausübungsgemeinschaft verstanden werden kann und von Dritten auf diese Weise verstanden wird. Seitdem Berufsausübungsgemeinschaften und Organisationsgemeinschaften rekurrierend auf die erweiterten Möglichkeiten der Teil-Berufsausübungsgemeinschaft und Ankündigung von Organisationsgemeinschaften einander immer ähnlicher werden, wird deren berufsrechtliche Trennung angezweifelt, vgl. *Ratzel*, in: *Ratzel/Lippert*, MBOÄ, § 18 Rn. 26.

342 Siehe hierzu näher S. 117 ff. So bereits ferner *Scholz*, in: *Spickhoff*, Medizinrecht, MBOÄ § 18 Rn. 5; *Halbe/Roth-fuß*, in: *Halbe/Schirmer*, Kooperationen, A 1100 Rn. 5.

343 Prägnant *Scholz*, in: *Spickhoff*, Medizinrecht, MBOÄ § 18 Rn. 5.

Alle Kooperationsformen sind nach § 18 V 1 MBOÄ der zuständigen Ärztekammer anzuzeigen, einer Genehmigung bedarf es nicht.

Für die Abgrenzung der Kooperationsformen ist entscheidend, welche Interessen vergemeinschaftet werden.[344] Dem Gesellschaftsrecht folgend ist die Beurteilung anhand einer Gesamtbetrachtung der gesellschaftsvertraglichen Regelungen in Berücksichtigung des tatsächlichen Auslebens der Kooperation vorzunehmen.[345] In der Konsequenz beschreiben die in § 18 I 1 MBOÄ verankerten Kooperationsformen den Gesellschaftszweck des Zusammenschlusses.[346] Zu Recht wird mittlerweile in Abkehr zur früheren Forderung der Austauschbarkeit der ärztlichen Leistungen[347] als relevantes Kriterium einer vergesellschafteten Berufsausübung auf die unternehmerische Komponente hingewiesen.[348]

Der Arzt tritt nicht in eigenem Namen auf, sondern handelt im Namen der Gesellschaft und schließt mit Patienten einen Behandlungsvertrag für die Gesellschaft, die alleiniger Vertragspartner des Patienten wird. Aus dem Behandlungsvertrag ergibt sich die Verpflichtung der ärztlichen Berufsausübungsgemeinschaft zur Erbringung der Behandlung durch einen hierfür geeigneten Arzt, wobei unter den fachlich in Frage kommenden Ärzten nach § 18 IV MBOÄ die freie Arztwahl des Patienten gewährleistet sein muss. Die gemeinsame Berufsausübung ist damit bereits im gemeinsamen Auftritt gegenüber dem Patienten mit dem Zweck zu erkennen, die bei einer Einzelpraxis auftretenden Risiken sowohl auf Ausgaben- als auch auf Einnahmenseite zu vergemeinschaften.[349]

3. Einschränkung der Formfreiheit

Während die Gesellschaftsverträge (Satzungen) der PartG, GmbH und AG einer bestimmten Form bedürfen, fehlt eine Formvorschrift für den Gesellschaftsvertrag

---

344 *Scholz*, in: *Spickhoff*, Medizinrecht, MBOÄ § 18 Rn. 5.

345 *BÄK*, DÄBl. 2006, 801 (802, 804); vgl. ferner bzgl. Der Zulässigkeit konkreter Teil-Berufsausübungsgemeinschaften *Ratzel*, GesR 2012, 564 (565).

346 Vgl. *Köbler*, Beteiligung Berufsfremder, S. 195.

347 Vgl. *Halbe/Rothfuß*, in: *Halbe/Schirmer*, Kooperationen, A 1100 Rn. 7. Diese Ansicht war allein bei Geltung der Doppelverpflichtungslehre vor Anerkennung der Rechts- und Parteifähigkeit der Außen-GbR infolge von *BGH*, NJW 2001, 1056 ff., schlüssig begründbar, da nach ihr neben der Gesellschaft auch der behandelnde Arzt und seine Mitgesellschafter durch den Abschluss eines Behandlungsvertrags verpflichtet worden sind, siehe hierzu *Werner*, Gemeinschaftliche ärztliche Berufsausübung, S. 186.

348 *Burghardt/Dahm*, MedR 1999, 485 (488); *Gollasch*, Fachübergreifende Gemeinschaftspraxis, S. 109 f. Siehe insbesondere zur Definition des ökonomisch begründeten Nutzens freiberuflicher Ärzte in Einkommen, Arbeitszeit und Qualität der Versorgungstätigkeit, *Wasem/Staudt*, MedR 2018, 676 (676 ff.).

349 Allein auf den gemeinsamen Auftritt gegenüber Patienten beschränkt *Ganster*, Freier Beruf, S. 174.

einer GbR, der von Ärzten traditionell[350] gewählten Rechtsform. Eine formlose Gesellschaftsgründung versagt jedoch § 18 IIa 3 MBOÄ: *„Erforderlich ist, dass sich die Gesellschafter in einem schriftlichen Gesellschaftsvertrag gegenseitig verpflichten [...].“* Ob den Landesärztekammern die Befugnis zukommt, besondere Voraussetzungen an die Form des Gesellschaftsvertrags zu stellen, ist fraglich, da das Gesellschaftsrecht als Teil des bürgerlichen Rechts bzw. des Rechts der Wirtschaft der konkurrierenden Gesetzgebungszuständigkeit des Bundes nach Art. 74 I Nr. 1, Nr. 11 GG unterliegt.[351] In der Anordnung des Schriftformerfordernisses lässt sich gleichwohl keine Änderung des Gesellschaftsrechts erkennen. Die Anordnung zeitigt keine zivilrechtlichen Folgen, sondern ist allein aus berufsrechtlicher Perspektive relevant und dient der Überprüfung der Einhaltung der ärztlichen Berufspflichten durch die Landesärztekammer.[352]

4. Gesellschaftsformen

Ärzte dürfen gemäß § 18 II 1 MBOÄ *„ihren Beruf einzeln oder gemeinsam in allen für den Arztberuf zulässigen Gesellschaftsformen ausüben, wenn ihre eigenverantwortliche, medizinisch unabhängige sowie nicht gewerbliche Berufsausübung gewährleistet ist.“* Traditionell sind Berufsausübungsgemeinschaften von Ärzten und anderen Freiberuflern als GbR organisiert.[353] Innerhalb der GbR ist durch die persönliche Haftung sichergestellt, dass die Ärzte eigenverantwortlich handeln. Bei Behandlungsfehlern kommt eine unmittelbare Haftung des Arztes aus Delikt und die akzessorische Haftung des Arztes nach § 128 HGB analog in Betracht. Zudem wird regelmäßig auch die Voraussetzung der Teilhabe des Arzt-Gesellschafters am unternehmerischen Risiko entsprechend § 18 IIa 4 MBOÄ erfüllt.

Mangels Ausübung eines Handelsgewerbes kommt zur ärztlichen Berufsausübung die Gründung einer Personenhandelsgesellschaft de lege lata gesellschaftsrechtlich bereits nicht in Frage.[354] Unzutreffend ist daher, wenn § 18 II 1 MBOÄ ein Verbot der Rechtsform abgeleitet wird.[355] Vielmehr enthält sich die Norm einer eigenen Restriktion und verweist auf einen Einklang von Gesellschaftsrecht und berufsrechtlichen Berufspflichten.

Auch die „einfache“ Partnerschaft ohne Beschränkung der Berufshaftung steht Ärzten zur Organisation der gemeinsamen Berufsausübung zur Verfügung. Die gesellschaftsrechtlichen Regelungen des PartGG werden bei Kollision mit dem ärztlichen Berufsrecht durch dieses überragt, wobei der Vorrang des

350 Vgl. hier nur *Taupitz*, MedR 1995, 475 (479).
351 Vgl. *Maunz*, in: *Maunz/Dürig*, GG, Art. 74 Rn. 54, 133.
352 Siehe hierzu näher S. 301 ff.
353 *Taupitz*, MedR 1995, 475 (479).
354 Siehe bereits S. 70 f.
355 Vgl. *Bauckmann*, MVZ, S. 86 f., wobei unklar bleibt, auf welche Weise die Abgrenzung zulässiger von *„übrigen“* Rechtsformen erfolgt.

Berufsrechts nach § 1 III PartGG entgegen dem Wortlaut der Berufsordnung in § 18 V MBOÄ lediglich auf die Berufsausübung bezogen ist. Schwieriger ist die Beurteilung der Zulässigkeit der Organisation in einer PartmbB. Nach § 8 IV PartGG haftet für Verbindlichkeiten der Partnerschaft aus Schäden wegen fehlerhafter Berufsausübung *„den Gläubigern nur das Gesellschaftsvermögen, wenn die Partnerschaft eine zu diesem Zweck durch Gesetz vorgegebene Berufshaftpflichtversicherung unterhält."* Die ohnehin nach den Berufsordnungen und teilweise den Landesheilberufegesetzen verpflichtend abzuschließende Berufshaftpflichtversicherung ist nicht als hinreichende Versicherung im Sinne des § 8 IV PartGG aufzufassen.[356] Es bedarf ausdrücklich einer *„gesetzlich zu diesem Zweck"* – der Haftungsbeschränkung auf das Gesellschaftsvermögen – vorgegebenen Berufshaftpflichtversicherung.[357] Im Gegensatz zu den rechts- und wirtschaftsberatenden Berufen, zugunsten derer die Haftungsbeschränkung durch Regelung einer § 8 IV PartGG entsprechenden Haftpflichtversicherung bei Einführung der Haftungsbeschränkung geregelt worden ist, konnte der Bund mangels Gesetzgebungskompetenz für die Berufsausübung keine entsprechende Regelung für Ärzte treffen.[358] Den für das ärztliche Berufsrecht gesetzgebungskompetenten Ländern kommt daher die Entscheidung darüber zu, ob einem Berufsstand die Rechtsformvariante der PartGmbB zur Verfügung steht. Nicht ausreichend ist dabei eine Regelung in der Berufsordnung durch die jeweilige Landesärztekammer, da § 8 IV 1 PartGG eine solche *„durch Gesetz"* erfordert.[359] Verschließen sie sich einer Regelung, ist die PartGmbB den betroffenen Berufen nicht zugänglich. Bisher haben lediglich zwei Bundesländer, der Freistaat Bayern in Art. 18 II HKaG BY und Niedersachsen in § 32 IV HKG Nds., von ihrer Gesetzgebungskompetenz Gebrauch gemacht[360] und eine § 8 IV PartGG entsprechende Haftpflichtversicherung geregelt. Die PartGmbB steht daher momentan nur Ärzten in diesen beiden Ländern zur Verfügung.[361] In *Bayern* verlangt Art. 18 II 1 HKaG BY zur Begrenzung der Haftung nach § 8 IV 1 PartGG die Unterhaltung einer *„angemessenen Berufshaftpflichtversicherung"*, wobei die Mindestversicherungssumme pro Versicherungsfall 5 Millionen Euro beträgt. Die Leistungen des Versicherers für alle innerhalb eines Versicherungsjahres

---

356 *Lieder/Hoffmann*, NJW 2015, 897 (901).

357 Vgl. BT-Drs. 17/10487, S. 14; *Meyer*, PartG, S. 53.

358 Allgemein auf freie Berufe bezogen *Meyer*, PartG, S. 54.

359 *Kilian*, MDR 2013, 1137 (1140, 1141); missverständlich *Henssler*, PartGG, § 1 Rn. 262. Dennoch auf die MBOÄ abstellend *Henssler/Trottmann*, NZG 2017, 241 (242). Vgl. zum Erfordernis einer gesetzlichen Regelung bzgl. des Berufsrechts Beratender Ingenieure *OLG Hamm*, NZG 2016, 73 (74).

360 In *Bad.-Württ.*, *Bremen* und *Meck.-Vorp.* eingetragene PartGmbB sind nicht haftungsprivilegiert, *Lieder/Hoffmann*, NZG 2019, 249 (251); *dies.*, NZG 2017, 325 (330). Eine zunehmende Öffnung der PartGmbB prophezeiend *Henssler/Trottmann*, NZG 2017, 241 (242).

361 *Lieder/Hoffmann*, NZG 2019, 249 (250 f.).

verursachten Schäden können nach Art. 18 II 2 HKaG BY auf den Betrag der Mindestversicherungssumme begrenzt werden, wobei diese mit der Zahl der Partner zu vervielfachen ist und sich die Jahreshöchstleistung mindestens auf den vierfachen Betrag der Mindestversicherungssumme zu belaufen hat.[362] Die Regelung in § 32 IV HKG Nds. ist lediglich sprachlich abgeändert. Die Haftungsbeschränkung deckt zwar Verbindlichkeiten aus Berufsfehlern ab, die regelmäßige persönliche Haftung des Arztes aufgrund deliktischen Handelns bei Behandlungsfehlern bleibt jedoch bestehen.[363]

In der MBOÄ-1997[364] wurden die GbR und die PartG als explizit zulässige Gesellschaftsformen genannt und andere Rechtsformen im Umkehrschluss ausgeschlossen. Die Regelung des § 18 II 1 MBOÄ ist wesentlich offener, indem sie alle für den Arztberuf zulässigen Gesellschaftsformen zur Auswahl stellt. Nach langer Auseinandersetzung[365] über die Unzulässigkeit von Kapitalgesellschaften als Rechtsform ärztlicher Berufsausübungsgemeinschaften regelt heute § 23a MBOÄ sog. Ärztegesellschaften. Ärzte können nach § 23a I 1 MBOÄ *„in der Form der juristischen Person des Privatrechts ärztlich tätig sein."* Die Norm wurde jedoch nicht in allen Berufsordnungen der Landesärztekammern übernommen. Insbesondere steht in Bayern noch der normhierarchisch als Landesgesetz auf höherer Ebene stehende Art. 18 I 2 HKaG BY entgegen. Ärztlichen Berufsausübungsgemeinschaften stehen bei Übernahme des § 23a MBOÄ zweifelsfrei Kapitalgesellschaften zur Verfügung.[366] § 23a MBOÄ regelt die Anforderungen an die juristische Person, damit Ärzte in ihr ärztlich tätig sein dürfen.[367] Dazu zählen vor allen Dingen die Beschränkung des Gesellschafterkreises sowie Mehrheitserfordernisse betreffend der Gesellschafts- und Stimmrechtsanteile wie auch bei der Aufteilung der Führung der Gesellschaft.[368] Außerdem ist ausdrücklich die Gewinnbeteiligung Dritter nach § 23a I 2 lit. c) MBOÄ ausgeschlossen. Durch die Regelung soll gewährleitet werden, dass die in der Gesellschaft tätigen Ärzte nicht durch gewerbliche Motive anderer in eine Fremdbestimmung geraten.[369] Zum Teil wird empfohlen, neben der

---

362 Zu den für kleinere Berufsausübungsgemeinschaften schwierigen Anforderungen des Versicherungsschutzes vgl. zu den vergleichbaren Anforderungen bei Rechtsanwälten *Henssler*, AnwBl 2017, 378 (382).

363 Gleichwohl sei die PartGmbB eine attraktive Gestaltungsoption nach *Treptow*, NdsÄBl. 2016 (10), S. 28.

364 Kap. D II. Nr. 8 Abs. 1 S. 1 MBOÄ-1997 in der Fassung der Beschlüsse des 100. Deutschen Ärztetages in Eisenach.

365 Siehe hierzu näher S. 306 ff.

366 *Schiller/Hartmann*, in: *Halbe/Schirmer*, Kooperationen, A 1600, Rn. 3 Fn. 6, stellen Ärztegesellschafte wohl Berufsausübungsgemeinschaften nebeneinander; so auch *Töfflinger*, Ambulante Kapitalgesellschaften, S. 34.

367 *Treptow*, MVZ-GmbH, S. 146 ff. Siehe hierzu näher S. 314 f.

368 Siehe hierzu eingehend S. 310 ff.

369 *Braun/Richter*, MedR 2005, 685 (687).

gesellschaftsvertraglichen Gewährleistung der ausdrücklichen Anforderungen des § 23a MBOÄ im Gesellschaftsvertrag deutlich zu machen, dass nicht die Gesellschaft selbst die medizinischen Leistungen erbringt.[370] Ein derartiger Hinweis dient allein der Klarstellung und dürfte demnach zu vernachlässigen sein; die juristische Person selbst kann nicht tatsächlich handeln und daher auch keine medizinische Behandlung vornehmen. Eine vertragliche Manifestation der Weisungsfreiheit sowie der obligatorischen Beachtung von Berufsrecht und -pflichten dürfte dagegen – neben einer ihm zuzumessenden nützlichen Informationsfunktion – nach § 18 II MBOÄ zu deren simpleren vertraglichen Durchsetzung erforderlich sein.

5. Folgen eines berufsrechtswidrigen Zusammenschlusses

Verstöße gegen das ärztliche Berufsrecht können nach Rechtsprechung und h. M. in der Literatur zivilrechtlich zur Nichtigkeit eines Rechtsgeschäfts und damit auch eines Gesellschaftsvertrags führen, wenn die verletzte berufsrechtliche Norm als Verbotsgesetz im Sinne des § 134 BGB anzusehen ist.[371] Zwar stellen die Berufsordnungen der Ärztekammern lediglich autonomes Satzungsrecht dar, nach § 2 EGBGB ist jedoch jede Rechtsnorm als Gesetz im Sinne des BGB zu verstehen.[372] Die Nichtigkeit eines Rechtsgeschäfts aufgrund eines Berufsrechtsverstoßes kann aber auch wegen eines Formverstoßes nach § 125 BGB oder wegen Sittenwidrigkeit nach § 138 I BGB folgen.[373]

IV. Vertragsarztrecht

1. Gemeinsame Berufsausübung

Neben der Frage der Zulassung zur Teilnahme an der vertragsärztlichen Versorgung der gesetzlich Krankenversicherten nach § 95 I 1 SGB V in Verbindung mit

---

370 Vgl. bereits *Taupitz*, NJW 1992, 2317 (2320), der allerdings die Heilkunde-GmbH als Berufsorganisationsgemeinschaft eingeordnet hat; *Katzenmeier*, MedR 1998 113 (115).

371 Zur Verbotsgesetzqualität landesrechtlicher Berufsordnungen *BGH*, NJW 1986, 2360 (2361); 1992, 1159 (1160); NJW-RR 2003, 1175 (1175); *BayObLGZ* 2000, 301 (307 ff.); *OLGR Naumburg* 2008, 938 (939); *Ellenberger*, in: *Palandt*, BGB, § 134 Rn. 2; *Ratzel*, MedR 2002, 492 (492, 496); *Lippert*, in: *Ratzel/Lippert*, MBOÄ, § 2 Rn. 34; *Ratzel*, in: *Ratzel/Lippert*, MBOÄ, §§ 18, 18a Rn. 3; *Kuhn*, Arzt-AG, S. 147 ff.; *Schirmer*, MedR 1995, 383 (386); *Schulenburg/Heckmann*, GesR 2010, 525 (529); krit. *Taupitz*, Standesordnungen, S. 1073 ff.; *ders.*, MedR 1992, 271 (272); *ders.*, JZ 1994, 221 (224 ff.); ihm zust. *Treptow*, MVZ-GmbH, S. 124.

372 Ausdrücklich zur Verbotsgesetzqualität des § 23a MBOÄ *Saenger*, MedR 2006, 138 (141).

373 *Gollasch*, Fachübergreifende Gemeinschaftspraxis, S. 43 f. Offen gelassen bzgl. § 138 BGB *BayObLGZ* 2000, 301 (311).

den Regelungen der Ärzte-ZV regelt das Vertragsarztrecht Möglichkeiten von Kooperationen innerhalb der vertragsärztlichen Versorgung.[374] Im Vertragsarztrecht wird die Möglichkeit zur gemeinschaftlichen Berufsausübung von Ärzten in § 33 II 1 Ärzte-ZV thematisiert. Danach ist die *„gemeinsame Ausübung vertragsärztlicher Tätigkeit [...] unter allen zur vertragsärztlichen Versorgung zugelassenen Leistungserbringern an einem gemeinsamen Vertragsarztsitz"* zulässig. Nach der Rechtsprechung setzt eine Berufsausübungsgemeinschaft einen Zusammenschluss mehrerer fachgebietsgleicher oder -verschiedener Ärzte voraus, die unter Nutzung gemeinsamer Räume, gemeinschaftlicher Einrichtungen und gemeinsamer Praxisorganisation ihre ärztliche Tätigkeit ausüben und die erbrachten ärztlichen Leistungen gemeinsam abrechnen.[375] Mit Hinblick auf nunmehr zulässige fachgebietsübergreifende Berufsausübungsgemeinschaften ist die nur noch eingeschränkt vertretene[376] Ansicht abzulehnen, die ärztliche Berufsausübungsgemeinschaft erfordere die Austauschbarkeit der ärztlichen Leistungen.[377] Umstritten ist außerdem, ob § 33 II 1 Ärzte-ZV Zusammenschlüsse von Vertragsärzten mit nicht nach § 95 I 1 SGB V zugelassenen Ärzten Raum belässt.[378] Der Wortlaut beschränkt sich auf die gemeinsame Ausübung der *„vertragsärztlichen Tätigkeit"*, bezieht sich demnach gerade nicht auf die gemeinsame Ausübung der *ärztlichen* Tätigkeit schlechthin und drückt damit lediglich eine Selbstverständlichkeit aus:[379] Wer innerhalb der vertragsärztlichen Versorgung ärztliche Leistungen anbieten möchte, muss auch als Vertragsarzt zugelassen sein. Auch eine teleologische und verfassungskonforme Auslegung des § 33 II 1 Ärzte-ZV legt ein enges Verständnis der *„vertragsärztlichen Tätigkeit"* nahe, da ansonsten in erheblichem Maße in die Berufsausübungsfreiheit des Vertragsarztes eingegriffen wird. Da Vertragsärzten

---

374 *Lipp*, in: *Laufs et al.*, Arztrecht, Kap. II Rn. 63.

375 *Rothfuß*, in: *Bäune et al.*, Ärzte-ZV, § 33 Rn. 25.

376 Vgl. *Wigge*, in: *Schnapp/Wigge*, Vertragsarztrecht, § 6 Rn. 99 f., seit *BSGE* 55, 97 ff.; *BSG*, Urt. v. 22.4.1983 – 6 R Ka 2/82, MedR 1983, 196 ff. Siehe hierzu bereits S. 65 ff.

377 *Rothfuß*, in: *Bäune et al.*, Ärzte-ZV, § 33 Rn. 25.

378 Ablehnend *OLG München*, MedR 2006, 172, allerdings bzgl. eines Gesellschaftsvertrags, der die Verpflichtung zur gemeinsamen vertragsärztlichen Tätigkeit zum Gegenstand hatte; ferner grundsätzlich ablehnend *Schirmer*, MedR 1995, 383 (388); *ders.*, Gemeinsame und arbeitsteilige Berufsausübung in der vertragsärztlichen Versorgung (unveröffentlicht), zitiert nach *Cramer*, MedR 2006, 173 (173); zweifelnd *Trautmann*, NZS 2004, 238 (245); *krit.* auch *Scholz*, ZMGR 2010, 143 (143); befürwortend heute die wohl h.M. *Möller*, MedR 2003, 195 (197 f.); *ders.*, MedR 2006, 621 (630); *Cramer*, MedR 2004, 552 (555); *ders.*, MedR 2006, 173 (173); *Dahm*, MedR 2017, 490 (491); *Dahm/Ratzel*, MedR 2006, 555 (557); *Düring*, in: *Schallen*, Ärzte-ZV, § 33 Rn. 77; *Steinhilper*, in: *Laufs et al.*, Hdb. Arztrecht, § 35 Rn. 19; *Wigge*, in: *Schnapp/Wigge*, Vertragsarztrecht, § 6 Rn. 22; ebenfalls befürwortend und zur Handhabung in der Rechtspraxis der KVen und Zulassungsausschüssen *Gummert/Remplik*, in: Münchener Hdb. Gesellschaftsrecht, Bd. 1, § 25 Rn. 49.

379 *Möller*, MedR 2003, 195 (197).

unzweifelhaft erlaubt ist, privat versicherte Patienten und Selbstzahler zu behandeln, muss zumindest insoweit ein Zusammenschluss mit Privatärzten in einer Berufsausübungsgemeinschaft zulässig sein, während vertragsarztrechtliche Tätigkeit in dieser nicht ausgeübt werden darf und auf sie rekurrierend nur eine Organisationsgemeinschaft zulässig ist.

2. Gesellschaftsformen

§ 33 II 1 Ärzte-ZV geht auf die Frage zulässiger Rechtsformen der Berufsausübungsgemeinschaften nicht ein. Nach der herrschenden Literatur sind die personengesellschaftlichen Rechtsformen der GbR und der PartG den Kooperationspartnern unzweifelhaft zugänglich, während mit Hinweis auf die alleinige Teilnahme von zugelassenen und ermächtigten Ärzten, zugelassenen Medizinischen Versorgungszentren (MVZ) und ermächtigten Einrichtungen an der vertragsärztlichen Versorgung die Nutzung von Kapitalgesellschaften unzulässig sein soll.[380] Juristische Personen sollen keine Zulassung für die vertragsärztliche Versorgung erhalten können,[381] denn die Erteilung sei nach § 3 II Ärzte-ZV nur einem Arzt gegenüber möglich – als öffentlich-rechtliche Rechtsposition könne die Zulassung weder von einer GmbH noch einer GbR oder PartGG trotz deren Rechtsfähigkeit eingenommen werden.[382] Denkbar sei lediglich die Ermächtigung der GmbH als ärztlich geleitete Einrichtung, die aufgrund des Vorrangs[383] der Zulassung von Ärzten und MVZ nur in zumindest von Unterversorgung unmittelbar bedrohten Gebieten (vgl. § 31 I Ärzte-ZV) in Betracht kommt.[384] Auch die bei der GmbH angestellten Ärzte könnten nicht zugelassen werden, da sie ihre Tätigkeit nicht persönlich in freier Praxis (vgl. § 32 I 1 Ärzte-ZV) ausüben.[385] Da auch die Musterbedingungen der privaten Krankenversicherungen als vertragsrechtliche Regelungen die

---

380 Siehe hier nur *Rothfuß*, in: *Bäune et al.*, Ärzte-ZV, § 33 Rn. 85. Dementsprechend beschränkt § 76 I 1 SGB V die freie Arztwahl der gesetzlich Krankenversicherten hauptsächlich auf die zugelassenen Ärzte, MVZ, ermächtigte Ärzte und ermächtigte ärztlich geleitete Einrichtungen, siehe bereits zur Rechtslage vor Einführung von MVZ hier nur *Taupitz*, VersR 1992, 1064 (1064); *Katzenmeier*, MedR 1998, 113 (118). A.A. soweit ersichtlich wurde nur bei *Schallen*, Ärzte-ZV, 6. Aufl., § 33 Rn. 86 ff., vertreten, inzwischen jedoch aufgegeben.

381 *Katzenmeier*, MedR 1998, 113 (118).

382 *Quaas/Zuck*, 2005, § 15 Rn. 36.

383 *BSG*, NZS 2000, 625 (625 f.).

384 Vgl. bereits *Taupitz*, NJW 1992, 2317 (2318); *ders.*, VersR 1992, 1064 (1065); *Preißler*, MedR 1995, 110 (111); *Katzenmeier*, MedR 1998, 113 (118); *Quaas*, in: *Quaas/Zuck*, Medizinrecht, § 16 Rn. 62 f.; *Eisenberg*, Ärztliche Kooperationen, S. 291. Praktisch war damit die Erbringung ärztlicher Leistungen zulasten der GKV ausgeschlossen, *Taupitz*, VersR 1992, 1064 (1064 f.); *Eisenberg*, Ärztliche Kooperationen, S. 292 f.

385 *Taupitz*, VersR 1992, 1064 (1065); *ders.*, NJW 1992, 2317 (2318); *Katzenmeier*, MedR 1998, 113 (118).

Beschränkung der Arztwahl auf die niedergelassenen approbierten Ärzte vorsieht, wird auch eine Kostenübernahme durch die privaten Krankenversicherer herrschend abgelehnt.[386] Für den Arzt in einer GmbH verblieben daher als Nachfrager lediglich „aufgeklärte effektive Selbstzahler“,[387] weshalb das Ende der Heilkunde-GmbH *„durch die Hintertür“* als nicht unwahrscheinlich eingestuft worden ist.[388] Die Verifizierung dieser herrschenden Ansicht bedarf näherer Untersuchung, die an späterer Stelle in interprofessionellem Bezug geleistet werden soll.[389]

Die Einführung von MVZ in der vertragsärztlichen Versorgung durch das GKV-Modernisierungsgesetz im Jahr 2004 stellte eine Abkehr zu dem bis dahin geltenden Grundsatz der Sicherstellung der ambulanten Versorgung durch freiberuflich tätige Ärzte dar. Seitdem nehmen MVZ an der vertragsärztlichen Versorgung der gesetzlich versicherten Patienten gleichberechtigt teil.[390] MVZ sollen v. a. der Durchbrechung der Trennung von ambulantem und stationärem Sektor sowie der Förderung des Wettbewerbs dienen.[391] Nach § 95 I 2 SGB V sind MVZ *„ärztlich geleitete Einrichtungen, in denen Ärzte, die in das Arztregister [...] eingetragen sind, als Angestellte oder Vertragsärzte tätig sind.“* Als *„Einrichtung“* muss eine räumlich und sachlich abgrenzbare Einheit erkennbar sein, um eine Abgrenzung von lediglich auf dem Papier stehenden Organisationseinheiten zu ermöglichen.[392] Gründer eines MVZ können gemäß § 95 Ia S. 1 SGB V zugelassene Ärzte, zugelassene Krankenhäuser, Erbringer nichtärztlicher Dialyseleistungen nach § 126 III SGB V, gemeinnützige Träger, die aufgrund von Zulassung oder Ermächtigung an der vertragsärztlichen Versorgung teilnehmen, und Kommunen sein. Während MVZ zunächst als zwingend fachübergreifende Einrichtungen eingeführt worden sind,[393] können nunmehr nach ersatzloser Streichung des Erfordernisses

386 *Taupitz*, NJW 1992, 2317 (2324 f.); *ders.*, VersR 1992, 1064 (1067 f.); *Laufs*, MedR 1995, 11 (16); *Katzenmeier*, MedR 1998, 113 (118). Die Musterbedingungen der privaten Krankenverssicherungen wurden gerichtlich mehrfach überprüft und in ihrer Wirksamkeit bestätigt, siehe hier nur *OLGR Köln* 1992, 133; *OLG München*, VersR 1990, 614; *OLG Düsseldorf*, VersR 1994, 207; *OLG Karlsruhe*, VersR 1994, 1459; *LG Mainz*, VersR 1992, 44.

387 *Taupitz*, NJW 1992, 2317 (2324).

388 *Taupitz*, VersR 1992, 1064 (1068).

389 Siehe S. 477 ff.

390 BT Drucks. 15/1525, S. 107; *Joussen*, in: *Becker/Kingreen*, SGB V, § 95 Rn. 9; *Hannes*, in: *Hauck/Noftz*, Sozialgesetzbuch SGB V, K § 95 Rn. 40; *Möller*, in: *Ratzel/Luxenburger*, Medizinrecht, Kap. 16 Rn. 417 ff.

391 BT Drs. 15/1525, S. 74; *Klose*, BB 2004, 2702 (2703); *Scholz/Buchner*, NZS 2012, 401 (401 f.); *Wigge*, in: *Schnapp/Wigge*, Vertragsarztrecht, § 6 Rn. 145.

392 *Clemens*, in: *Quaas et al.*, Medizinrecht, § 17 Rn. 21; *Zwingel/Preißler*, MVZ, Kap. 3 Rn. 6 f. Keine weitere Bedeutung misst *Lindenau*, MVZ, S. 63 ff. dem Einrichtungsbegriff bei.

393 Angedacht war eine medizinische Versorgung *„aus einer Hand“* in Anlehnung an die ehemaligen Polikliniken, vgl. *BSGE 111, 240 (248)*. Zum weitergehenden Beispiel der US-amerikanischen managed care organisations *Schulz/Schulte*, RPG 2006, 97 (97).

fachübergreifender Leistungsangebote durch das GKV-Versorgungsstärkungsgesetz im Jahr 2015 auch fachgleiche MVZ zugelassen werden.[394] Gem. § 95 Ia S. 3 SGB V können sie in den explizit aufgezählten Rechtsformen, insbesondere auch in der GmbH betrieben werden. Im Umkehrschluss ist jedoch der Betrieb in einer AG ausgeschlossen.[395] Als Gebilde des Vertragsarztrechts[396] müssen MVZ strikt gedanklich von der Ärzte-GmbH getrennt werden.[397] Im Vergleich zu der Ärzte-GmbH, die ihre ärztlichen Leistungen vor Einführung des MVZ nicht zulasten der Krankenkassen abrechnen konnte, hat ein MVZ, deren Träger eine Ärzte-GmbH ist, als selbst[398] zugelassener Teilnehmer an der vertragsärztlichen Versorgung die Möglichkeit der Abrechnung unter eigener Arztnummer,[399] die GmbH ist damit Inhaber des Honoraranspruchs.[400] Das MVZ muss nach § 95 I 2 SGB V unter ärztlicher Leitung stehen, womit jedoch nicht die wirtschaftliche bzw. rechtliche Unternehmensführung oder die Gesellschafterstruktur der MVZ-Trägergesellschaft gemeint ist, sondern das Bestehen einer ärztlichen Gesamtverantwortung in Bezug auf die Binnenstruktur des MVZ.[401] MVZ werden in der Praxis gut angenommen, ihr Vorkommen steigt seit ihrer gesetzlichen Einführung stetig an.[402]

3. Genehmigungserfordernis

Während berufsrechtlich nach § 18 V 1 MBOÄ lediglich eine Anzeige der Berufsausübungsgemeinschaft an die zuständige Ärztekammer erforderlich ist, bedarf eine Berufsausübungsgemeinschaft von Vertragsärzten nach § 33 III 1 Ärzte-ZV der vorherigen Genehmigung des Zulassungsausschusses, die nach § 33 III 5 Ärzte-ZV auch unter Auflagen erteilt werden kann. Die Prüfungskompetenz des Zulassungsausschusses erstreckt sich allein auf vertragsärztliche Fragestellungen, während nach § 33 II 4 Ärzte-ZV a. F. ehemals ebenfalls landesrechtliche Fragestellungen

394 Dabei ist das Merkmal „*fachübergreifend*" ohne weitere Begründung weggefallen, siehe *Fiedler*, DStR 2016, 322 (322).

395 *Hannes*, in: *Hauck/Hoftz*, SGB V, K § 95 Rn. 86.

396 *Clemens*, in: FS Steinhilper, S. 11 (11).

397 *Ratzel*, in: *Ratzel/Lippert*, MBOÄ, §§ 18–18a Rn. 30; *Häußermann/Dollmann*, MedR 2005, 255 (255).

398 *Quaas*, in: *Quaas et al.*, Medizinrecht, § 15 Rn. 36, bezweifelt noch immer – die Besonderheit eigener Zulassung des MVZ nicht beachtend – die praktische Möglichkeit der Erbringung ärztlicher Leistungen in Kapitalgesellschaften zulasten der GKV.

399 *Hess*, in: Kasseler Kommentar, SGB V, § 95 Rn. 13. A.A. *Hannes*, in: *Hauck/Noftz*, SGB V, K § 95 Rn. 42.

400 *Zwingel/Preißler*, MVZ, S. 141.

401 *Clemens*, in: *Quaas et al.*, Medizinrecht, § 17 Rn. 14; *Joussen*, in: *Becker/Kingreen*, SGB V, § 95 Rn. 9; *Wigge*, in: *Schnapp/Wigge*, Vertragsarztrecht, § 6 Rn. 153 f.; a.A. *Klose*, BB 2003, 2702 (2703, 2705), der ein Mehrheitserfordernis zugunsten von Ärzten bezüglich Geschäftsführung und Gesellschafterkreis postuliert.

402 *Hoßbach*, MedR 2017, 905 (905).

der ärztlichen Berufsausübung zur Versagung der Genehmigung der Berufsausübungsgemeinschaft führen konnten.[403] Die berufsrechtliche Überprüfung bleibt seither allein den Ärztekammern überlassen. Bei Erfüllung der Voraussetzungen in § 33 II, 3 Ärzte-ZV besteht ein Anspruch der beteiligten Vertragsärzte.[404] Die Genehmigung hat statusbegründenden Charakter und ist bei Mitgliederwechsel erneut erforderlich.[405]

4. Insbesondere: Medizinische Versorgungszentren (MVZ)

a) Keine eigene Rechtsfähigkeit

Der Wortlaut des § 95 SGB V zur Teilnahme von MVZ an der vertragsärztlichen Versorgung ist als ambivalent aufzufassen und bezeichnet einerseits das MVZ als Einrichtung und andererseits deren Träger.[406] Das MVZ ist lediglich Gebilde des Vertragsarztrechts und stellt eine Versorgungsform[407] dar.

Es bietet sich im Verständnis eine Parallele zur Benutzung des Begriffs „*Krankenhaus*" an, der ebenso ungenau verwendet wird.[408] Nach § 107 I SGB V sind Krankenhäuser dort näher definierte Einrichtungen. Die Definition soll jedoch zur Vermeidung von Widersprüchen keine weitere Begriffsdefinition neben § 2 Nr. 1 KHG darstellen.[409] Der Begriff des Krankenhauses bezeichnet damit die rein bauliche und betriebliche Einrichtung als solche, der selbst die Rechtsfähigkeit fehlt und daher keine Rechtsposition erwerben kann.[410] Die Zulassung eines Krankenhauses ist daher an die Betriebsgesellschaft zu richten.[411] Die gleiche Ungenauigkeit betrifft

---

403 *Rothfuß*, in: *Bäune et al.*, Ärzte-ZV, § 33 Rn. 105.

404 *Rothfuß*, in: *Bäune et al.*, Ärzte-ZV, § 33 Rn. 106.

405 *Rothfuß*, in: *Bäune et al.*, Ärzte-ZV, § 33 Rn. 113, mit Verweis auf *BSG*, GesR 2006, 455 ff.

406 *Schäfer*, GesR 2010, 351 (354); *Meschke*, MedR 2009, 263 (264 f.). Siehe ferner differenzierend zwischen MVZ als Einrichtung und ihrem Träger *BSGE* 110, 269 (274).

407 Vgl. BT-Drs. 16/2474, S. 21.

408 *Schäfer*, GesR 2010, 351 (353 f.); *Peikert*, ZMGR 2004, 211 (214). In § 108 Nr. 3 SGB V wird der Begriff des Krankenhauses ebenfalls ungenau benutzt. So wird an dieser Stelle dem Wortlaut nach dem Krankenhaus die Möglichkeit zum Abschluss von Versorgungsverträgen zugewiesen, wobei in diesem Sinne mit „Krankenhaus" der Krankenhausträger gemeint sein muss, siehe näher *Wigge et al.*, in: *Wigge/von Leoprechting*, MVZ, S. 99 (122). Dagegen stellt § 109 SGB V bei Bezeichnung des Vertragspartners der Versorgungsverträge ausdrücklich auf den Krankenhausträger ab. § 108a SGB V differenziert genau zwischen zugelassenen Krankenhäusern und ihren Trägern.

409 *Hess*, in: Kasseler Kommentar, § 107 SGB V Rn. 2.

410 *Rehborn/Thomae*, in: *Ratzel/Luxenburger*, Medizinrecht, Kap. 30 Rn. 38; *Wigge et al.*, in: *Wigge/von Leoprechting*, MVZ, S. 121 f.; *Schäfer*, GesR 2010, 351 (353); *Gummert/Remplik*, in: Münchener Hdb. Gesellschaftsrecht, Bd. 1, § 25 Rn. 147.

411 *Clemens*, in: FS Steinhilper, S. 11 (20).

den Gebrauch des Terminus „MVZ“ in § 95 SGB V, der einerseits die Einrichtung, andererseits die Trägergesellschaft beschreibt.[412] Übertragen auf das MVZ ist die Einrichtung „MVZ“ wie die Einrichtung „Krankenhaus“ nicht rechtsfähig und kein tauglicher Träger eines subjektiven Rechts.[413] Daher kann es auch keine Zulassung zur Teilnahme an der vertragsärztlichen Versorgung als eine höchstpersönliche öffentlich-rechtliche Rechtsposition[414] erhalten. Stattdessen ist die Zulassung dem Träger des MVZ als Adressaten zu erteilen und bezieht sich auf *dessen* Teilnahme an der vertragsärztlichen Versorgung *mit* dem in der Zulassung genannten MVZ.[415] Dem stimmt wohl auch das *BSG* in zwei Entscheidungen zu, indem es den Zulassungsstatus für juristische Personen nur insofern nicht erreichbar gehalten hat, soweit in dieser Rechtsform einzelne Leistungserbringer vertragsärztlich tätig werden wollen.[416] Eine andere Ansicht, dem MVZ als Einrichtung selbst die Zulassung zu erteilen,[417] überzeugt nicht, da sie zirkelschlussartig darauf aufbaut, dem MVZ als Einrichtung Rechtsfähigkeit zuzusprechen, wenn es rechtsfähig sei. Die Aufzählung der möglichen Rechtsformen bezieht sich nun aber nicht auf das MVZ als Einrichtung, sondern auf die Trägergesellschaft, weshalb das MVZ als Einrichtung gerade nicht in einer *„bescheidempfangsfähigen Rechtsform“* organisiert ist.[418] Auch die zum Teil angenommene[419] Anordnung einer teilweisen Rechtsfähigkeit

---

412 *Schäfer*, GesR 2010, 351 (354); *Fiedler*, DStR 2016, 322 (322).

413 *Meschke*, MedR 2009, 263 (264); *Peikert*, ZMGR 2004, 211 (214); ebenso im Ergebnis *John*, ZMGR 2019, 67 (68). Siehe zur Beteiligtenfähigkeit *BSG*, Urt. v. 4.5.2016 – B 6 KA 28/15 R, Rn. 11, BeckRS 2016, 72717; *LSG Bayern*, GesR 2015, 675 (676); *Kremer/Wittmann*, Vertragsärztliche Zulassungsverfahren, Kap. 4 Rn. 871.

414 *BVerfG*, MedR 2013, 664 (665); *BSG*, MedR 2013, 66 (66); NZS 2001, 160 (161); *Wigge*, in: *Wigge/von Leoprechting*, MVZ, S. 185 f.

415 *Gummert/Remplik*, in: Münchener Hdb. Gesellschaftsrecht, Bd. 1, § 25 Rn. 134; *Kremer/Wittmann*, Vertragsärztliche Zulassungsverfahren, Kap. 4 Rn. 915; *Meschke*, MedR 2009, 263 (264); *Schäfer*, GesR 2010, 351 (354); *Zwingel/Preißler*, MVZ, S. 62. Auch das *BVerfG* konstatierte die Bindung der Zulassung an die Trägergesellschaft des MVZ, MedR 2013, 664 (665). Vgl. bzgl. Krankenhäuser *Wigge et al.*, in: *Wigge/von Leoprechting*, MVZ, S. 121. A.A. *Joussen*, in: *Becker/Kingreen*, SGB V, § 95 Rn. 14; *Ossege*, in: *Berchtold et al.*, Gesundheitsrecht, § 95 SGB V Rn. 80; *Hannes*, in: *Hauck/Noftz*, SGB V, K § 95 Rn. 42.

416 *BSGE* 111, 240 (243); siehe ferner *BSGE* 110, 269 (275 f.) bzgl. der Entziehung der Zulassung als MVZ; *SG Berlin*, Beschl. v. 2.9.2009 – S 83 KA 469/09 ER. Rekurrierend auf die Klageberechtigung des Trägers *BSG*, Beschl. v. 21.9.2016 – B 6 KA 77/15 B, Rn. 7; *BSG*, Urt. v. 4.5.2016 – B 6 KA 28/15 R, Rn. 12, BeckRS 2016, 72717.

417 So allerdings *LSG Berlin-Brandenburg*, Beschl. v. 27.1.2010 – L 7 KA 139/09 B ER, Rn. 29 f. Ebenso ohne nähere Begründung *Joussen*, in: *Becker/Kingreen*, SGB V, § 95 Rn. 14; *Clemens*, in: FS Steinhilper, S. 11 (20). Wie hier *LSG Bayern*, GesR 2015, 675 (676).

418 So jedoch *Clemens*, in: FS Steinhilfer, S. 11 (20).

419 *LSG Berlin-Brandenburg*, Beschl. v. 27.1.2010 – L 7 KA 139/09 B ER, BeckRS 2010, 69858.

im Rahmen des Vertragsarztrechts wird nicht in § 95 SGB V deutlich, insbesondere nicht in der Anordnung des § 95 Ia S. 2 SGB V, nach dem die Zulassung von MVZ, die am 1. Januar 2012 bereits zugelassen waren, unabhängig von der Trägerschaft und der Rechtsform des MVZ unverändert fortgilt.[420] Die Vorschrift ist reiner Ausdruck eines umfassenden Bestandsschutzes für MVZ, die zum Zeitpunkt des Inkrafttretens des GKV-VStG am 1. Januar 2012 bereits zugelassen waren,[421] und daher lediglich der damals eingeführten Begrenzung der Rechtsformen und der Trägerschaft geschuldet. Auch aus § 95 I 5, III 2, VII 2 SGB V ergibt sich aufgrund der ungenauen Bezeichnung in § 95 SGB V kein ausreichendes Wortlautargument für eine partielle Rechtsfähigkeit des MVZ als Einrichtung. Außerdem lässt sich mit der Annahme einer teilweisen Rechtsfähigkeit die in § 95 Ia SGB V deutlich gewordene Struktur nicht erklären, die auf der Trägerschaft eines MVZ aufbaut.[422] Dem Träger werden Rechte und Pflichten zugeordnet.[423] Die Zulassung eines MVZ ist mithin ein Teilnahmestatus wie auch die Zulassung des Vertragsarztes, jedoch mit dem Unterschied, dass Inhaber der Zulassung und Leistungserbringer beim MVZ persönlich nicht identisch sind.[424] Diese Schlussfolgerung lässt sich bestätigten bei einem Vergleich mit der Zulassung des Vertragsarztes als archetypischem Leistungserbringer – würde man die Zulassung der Einrichtung und nicht des Trägers befürworten, wäre parallel bei Vertragsärzten dessen Praxis als Ort seiner vertragsärztlichen Tätigkeit zuzulassen. Stattdessen wird jedoch der Vertragsarzt selbst als natürliche Person zugelassen nach § 19 II Ärzte-ZV. Die Zulassung erfolgt allerdings nach § 24 I Ärzte-ZV für den Vertragsarztsitz. Da § 19 I Ärzte-ZV gemäß § 1 III Nr. 2 Ärzte-ZV für MVZ entsprechend gilt, ist in dem Ort der Betriebsstätte des MVZ sein Vertragsarztsitz, also der Ort der Niederlassung, zu verstehen. Nach § 95 I 7 SGB V erfolgt zudem die Zulassung explizit für den Ort der Niederlassung als MVZ, der auch als Vertragsarztsitz zu verstehen ist. Daraus ergibt sich, dass der Träger zur Teilnahme an der vertragsärztlichen Versorgung mit dieser Einrichtung am Ort der Betriebsstätte zugelassen wird,[425] was auch

---

420 A. A. jedoch und im Widerspruch zu anderen Entscheidungen *BSG*, Urt. v. 4.5.2016 – B 6 KA 28/15 R, Rn. 12, BeckRS 2016, 72717.

421 BT Drs. 17/6906, S. 71.

422 Vgl. hierzu *Makoski/Möller*, MedR 2007, 524 (525), die Trägerschaft beim MVZ als Eigenbetrieb und bei der MVZ-GmbH exemplarisch darstellend. Siehe ferner zur Relevanz der Trägergesellschaft *Kremer/Wittmann*, Vertragsärztliche Zulassungsverfahren, 871. Anders jedoch *Clemens*, in: FS Steinhilper, S. 11 (20), der im Kontrast zu Krankenhäusern die Gründung der Einrichtung *selbst* in einer Rechtsform annimmt.

423 *LSG Bayern*, GesR 2015, 675 (676). Ferner implizit *Gummert/Remplik*, in: Münchener Hdb. Gesellschaftsrecht, Bd. 1, § 25 Rn. 134.

424 *Zwingel/Preißler*, MVZ, S. 62. Vgl. *SG Berlin*, Beschl. v. 2.9.2009 – S 83 KA 469/09 ER.

425 So im Ergebnis auch *Kremer/Wittmann*, Vertragsärztliche Zulassungsverfahren, Rn. 919; *Meschke*, MedR 2009, 263 (265); *Wigge*, MedR 2004, 123 (128). Vgl. auch *Wigge*, in: *Wigge/von Leoprechting*, MVZ, S. 165.

ausdrücklich den Ausführungen des Gesetzgebers entspricht.[426] Es lässt sich jedoch nicht die Schlussfolgerung ziehen, dass das MVZ als Einrichtung die Zulassung erhält, da sie letztlich den Vertragsarztsitz und damit den Umfang der Zulassung des MVZ-Trägers zur Teilnahme an der vertragsärztlichen Versorgung bestimmt.

Hierfür spricht auch die Gründungsberechtigung von Kommunen. Sie haben bei der Gründung eines MVZ die Wahl zwischen seiner Organisation als rechtsfähiger oder nicht rechtsfähiger Organisationsform des öffentlichen Rechts.[427]

b) Einordnung der MVZ in Kooperationsformen

Ein MVZ kann auch über die in ihm selbst liegende Form der Kooperation hinaus weitere Zusammenarbeit anstreben, weshalb ein MVZ auch Mitglied einer Organisationsgemeinschaft sein kann. Insofern ist *Ratzel* und *Lippert*[428] durchaus in abgeänderter Art und Weise zuzustimmen, dass MVZ als Berufsausübungsgemeinschaften, Organisationsgemeinschaften, Einzelpraxen oder in einem Gebilde sui generis vorliegen können. Die früher als problematisch[429] erachtete Bildung eines MVZ durch Krankenhäuser unter Einbezug von Vertragsärzten hat an Diskussionspotential verloren. Die Bundesärztekammer hat im Jahr 2015 MVZ als Partner innerhalb einer Berufsausübungsgemeinschaft in § 18 IIa 1 MBOÄ aufgenommen und dadurch insoweit Berufsausübungsgemeinschaften zwischen Krankenhäusern und Vertragsärzten den Weg geebnet.[430]

---

426 Nach BT-Drs. 15/1525, S. 108, erfolgt die Zulassung eines MVZ durch den Zulassungsausschuss für den Ort der Betriebsstätte und nicht für den Ort des Sitzes des Trägers des MVZ.

427 Dazu *Wigge*, in: *Schnapp/Wigge*, Vertragsarztrecht, § 6 Rn. 176.

428 *Ratzel/Lippert*, MedR 2004, 525 (529); *Ratzel*, in: *Ratzel/Lippert*, MBOÄ, §§ 18–18a Rn. 35.

429 So noch *Ratzel*, in: *Ratzel/Lippert*, MBOÄ, §§ 18–18a Rn. 37.

430 Die Musterregelung der BÄK wurde insofern lediglich von den LÄK *Bad.-Württ.*, *Berlin*, *Rh.-Pfalz* und der Ärztekammer *Nordrh.* nicht übernommen. Die *bayerische LÄK* hat die Regelung unter Berücksichtigung des § 18 II 1 HKaG BY nur teilweise übernommen und MVZ in juristischen Personen des Privatrechts in *Bayern* von einer Berufsausübungsgemeinschaft mit Ärzten ausgeschlossen.

§ 4 Zusammenschlüsse mit Angehörigen anderer Gesundheitsberufe

I. Einführung

Die rechtliche Möglichkeit für Ärzte, interprofessionelle Zusammenschlüsse zur Ausübung der jeweils eigenen Berufe einzugehen, mag auf den ersten Blick befremdlich anmuten. Die Zusammenarbeit von Ärzten mit Nichtärzten in einer Institution entwickelt sich unabhängig vom Grad des Zusammenwirkens der Kooperationspartner zu einem (immer größeren) Bedürfnis. Die Arbeit widmet sich im Schwerpunkt der gemeinsamen *aktiven* Berufsausübung in einer Berufsausübungsgemeinschaft, deren rechtliche Möglichkeit und weiter deren Voraussetzungen bisher nur wenig erforscht sind. Bereits wurde darauf hingewiesen, dass abhängig von den Kooperationspartnern des Arztes die Anwendung anderer berufsrechtlicher Normen (§ 23b MBOÄ, § 23c MBOÄ) naheliegt und daher in diesem Kapitel Zusammenschlüsse mit Angehörigen anderer Gesundheitsberufe zu thematisieren sein werden. Die Untersuchung interprofessioneller Berufsausübungsgemeinschaften unter ärztlicher Beteiligung teilt sich im Folgenden dahingehend weiter auf, ob der Arzt in der Gesellschaft die Heilkunde auszuüben gedenkt (unter II.) oder anderer ärztlicher Tätigkeit ohne Ausübung der Heilkunde (unter III.) nachgeht, sofern dies als zulässig erachtet wird. Grundsätzliche Hinweise zu sonstiger Zusammenarbeit in Organisationsgemeinschaften, in denen keine gemeinsame Berufsausübung erfolgt, werden im Anschluss in gebotener Kürze dargestellt (unter IV.). So kommen zwischen Ärzten und Angehörigen anderer Gesundheitsberufe u. a. Verbindungen in Betracht, die der Praxisgemeinschaft unter alleiniger Beteiligung von Ärzten ähneln und sich auf die gemeinsame Beschaffung und Bereithaltung räumlich-sachlich-personeller Mittel beschränken.[431]

II. Medizinische Kooperationsgemeinschaften (MKG)

1. Einleitung

a) Denkbare Kooperationsmöglichkeiten

Bereits der zuvor aufgegriffene § 23a MBOÄ verdeutlicht durch seine Aufnahme Angehöriger nichtärztlicher Gesundheitsberufe als mögliche Gesellschafter einer

---

431 *Steffen*, MedR 2006, 75 (79).

Ärztegesellschaft, dass interprofessionelle Zusammenschlüsse im Gesundheitsbereich aufgrund zunehmender Spezialisierung, erhöhten Konkurrenzdrucks und angestiegener Investitionskosten[432] sowie aufgrund gleichgerichteter Interessen[433] sinnvoll sein können und bereits Regelungen unterworfen sind. Regelmäßig sind Patienten zur Behandlung eines Leidens auf die medizinischen Leistungen von Angehörigen verschiedener Berufe im Gesundheitswesen angewiesen,[434] archetypisch in Form der Einlösung ärztlicher Rezepte in der Apotheke. Reizvoll erscheint die interprofessionelle Zusammenarbeit aufgrund der Zuweisungsfunktion als *„Gatekeeper"* bzw. *„Lotse"* von (Haus-) Ärzten[435] vor allen Dingen für nichtärztliche Kooperationspartner. Eine ähnliche Anziehungswirkung mag aus Sicht der Ärzte bei Zusammenschlüssen mit Zahnärzten denkbar sein, deren jährliches Besuchsaufkommen nach statistischen Erhebungen mit rund 77 % der deutschen Bevölkerung höher als dasjenige von (Haus-) Ärzten liegt.[436] Außerdem kommt eine gemeinsame Behandlung mit Orthopäden exemplarisch bei orthopädischen Beschwerden durch Kiefer- oder Zahnfehlstellungen in Betracht.[437] Auch zwischen Anästhesisten und Psychotherapeuten kommen Kooperationsgemeinschaften in Betracht.[438] Gerade in Berücksichtigung zunehmender psychischer Erkrankungen innerhalb der Arbeitswelt[439] dürften Kooperationen mit Psychotherapeuten an Attraktivität gewinnen. Außerdem vermag die medizinische Behandlung von Flüchtenden, deren Anzahl seit 2015 erheblich gestiegen ist und die nach empirischen Untersuchungen im Behandlungsbereich psychischer Erkrankungen im Vergleich zur *„Allgemeinbevölkerung"* als Personengruppe überrepräsentativ betroffen sind,[440] Anlass zur Kooperation mit Psychotherapeuten bieten. Auch Apotheker wünschen sich eine engere Zusammenarbeit mit Ärzten, beispielsweise ihre Einbindung in die Erstellung von Medikationsplänen im Rahmen der Durchführung einer Medikationsanalyse.[441] Das auf der Medikationsanalyse

---

432 Siehe hier nur *Laufs*, NJW 1995, 1590 (1595).

433 *Ratzel*, in: *Ratzel/Lippert*, MBOÄ, § 3 Rn. 6.

434 *Schneider*, medstra 2018, 67 (67); *Igl*, in: *Igl/Welti*, Gesundheitsrecht, § 18 Rn. 1.

435 *Schwanenflügel*, NZS 2006, 285 (286); *Bauer-Schade*, Vertragsärztliche Versorgung, S. 39; *Schmidt*, Grenzen finanzieller Einflussnahme, S. 30; BT-Drucks. 15/3581, S. 2. Vgl. zur zentralen Stellung des Arztes im Rahmen der GKV die Darstellung von *Wiese*, Einbindung von Gesundheitsberufen, S. 170 ff.

436 Zu den Daten allein *Hickel/Knüpper*, BGesBl 2011, 1035 (1037).

437 *Jahn*, in: *Halbe/Schirmer*, Kooperationen, A 1800 Rn. 29.

438 Vgl. *Hartmann*, in: *Halbe/Schirmer*, Kooperationen, A 1500, Rn. 4.

439 Siehe hierzu *Rijkenberg et al.*, VersMed 2013, 140 (141, 144). *Molkentin*, SGb 2019, 200 ff., zudem weitergehend zu der Frage, ob psychische Erkrankungen unfallversicherungsrechtlich als Berufskrankheit anzuerkennen sind.

440 *Greiser/Frerichs*, SGb 2018, 213 (213 f., 221). Im Rahmen dieser Arbeit wird der eingeschränkte auf akute Erkrankungen und Schmerzzustände beschränkte Anspruch auf Krankenbehandlung nach §§ 4, 6 AsylbLG nicht weiter behandelt, siehe dazu näher *Greiser/Frerichs*, SGb 2018, 213 (214 ff.); *Gerlach*, SGb 2018, 408 (409 f.).

441 *Löffler*, GuP 2015, 219 (219 f.).

aufbauende, kontinuierliche Medikationsmanagement als pharmazeutisches Leistungsangebot von Apothekern bedarf ebenfalls berufsübergreifender Zusammenarbeit, speziell im Fall der Detektion eines arzneimittelbedingten Problems in der Behandlung: Für weitere therapeutische Entscheidungen des Arztes ließe sich klären, ob es auf Wechselwirkungen oder mangelnde Adhärenz, also fehlender Therapie- und Einnahmetreue des Patienten, zurückzuführen ist.[442] Simpel nachvollziehbar ist zudem der Nutzen von Kooperationen zwischen Gynäkologen und Hebammen,[443] Orthopäden mit Physiotherapeuten in beispielsweise ambulanten orthopädischen Operationszentren[444] und Internisten mit Diätassistenten.[445] In der Literatur werden weitere Beispiele sinnvoller Arbeitsteilung durch Zusammenarbeit mit Masseuren, Kosmetikern und Heilpraktikern aufgezählt.[446] Durch eine Asoziierung mit Heilpraktikern könnte die ärztliche Beratung des Heilpraktikers die notwendige Überleitung von Patienten in ärztliche Behandlung sicherstellen und auf diese Weise könnten auch solche Patienten ärztlich erreicht werden, die sich von der Schulmedizin abgewendet haben. Schon lange vor Einführung der MKG hat *Holldack-Heckmann* zur Bewältigung psychischer Leiden auf nützliche Verbindungen mit anderen Berufsgruppen wie Psychotherapeuten, Psychologen und auch Sozialarbeiter hingewiesen.[447] In der Suchttherapie kann insbesondere eine Zusammenarbeit mit Sozialpädagogen erfolgen.[448] Im Übrigen sind in allen Kooperationsvarianten Kostenersparnisse durch gemeinsame Nutzung von Räumen, Einrichtungen und Personal, aber auch Gerätschaften möglich.[449]

Die bisherige Darstellung denkbarer interprofessioneller Zusammenarbeit lässt die Fülle an Möglichkeiten erahnen, sie kann und soll die Komplexität jedoch nicht umfassend abbilden.[450] Sicher ist jedenfalls, dass Zusammenschlüsse keinen „Selbstzweck" darstellen, sondern regelmäßig ein objektives Resultat von Überlegungen der Kooperationspartner in Bezug auf den Nutzen der Verbindung aus

---

442 Vgl. *ABDA*, Grundsatzpapier zur Medikationsanalyse und zum Medikationsmanagement, S. 20.

443 Vgl. *Halstrick*, Frauenarzt 2005, 91 ff.

444 Vgl. *Schirmer*, MedR 1995, 383 (384); *Twer*, Physiotherapeuten, S. 60; *Munte et al.*, Kooperative Berufsausübung, S. 36.

445 *Munte et al.*, Kooperative Berufsausübung, S. 36. Außerdem noch in Bezug auf Zusammenschlüsse von Augenärzten mit „*Autoptisten*" (sic!, wohl Orthoptisten gemeint) bei *Cramer et al.*, Der Frauenarzt 1996, 1069 (1070).

446 *Krieger*, MedR 1998, 57 (57); *Lenz*, MDR 1994, 741 (746). Allgemein zu Zusammenschlüssen mit Heilpraktikern *Schillhorn*, ZMGR 2017, 101 ff.; *Willkomm/Braun*, ZMGR 2019, 11 ff.

447 *Holldack-Heckmann*, Gruppenpraxis, S. 42, die daneben auch Juristen einbezieht.

448 *Stebner*, Ärzte Zeitung vom 17.11.2010, S. 14.

449 *Cansun*, Kooperationsmöglichkeiten, S. 128.

450 Darüber hinaus wird für mögliche Gestaltungen exemplarisch verwiesen auf *Schirmer*, MedR 1995, 383 (384); *Werner*, Berufsausübung, S. 365 ff.

der jeweils eigenen Perspektive.[451] Die Aufgeschlossenheit eines Arztes zur berufsübergreifenden Zusammenarbeit beruht auf einer persönlichen Entscheidung und berücksichtigt die vor Ort vorzufindende Versorgungssituation.[452]

b) Mikro- und makroökonomische Vorteile der Behandlungsqualität

Soweit es ihm notwendig erscheint, wird ein Arzt kompetentes Fachpersonal – neben spezialisierten Ärzten auch Angehörige anderer medizinischer Berufe – in die Behandlung eines Patienten einbeziehen.[453] Die erforderliche kommunikative Abstimmung[454] für die Behandlung von Patienten zwischen Arzt und anderen Gesundheitsberufen kann durch Zusammenarbeit insbesondere bei institutioneller Verfestigung aufgrund geringerer *„Reibungsverluste“*[455] wesentlich erleichtert werden;[456] im Gegensatz zu einem speziellen Koordinationsaufwand singulärer Zusammenarbeit können die Gesellschafter durch die in einer gelebten Gemeinschaft bereits einstudierte Koordination Missverständnissen vorbeugen.[457] Zugleich unterziehen sich Kooperationspartner einer ständigen gegenseitigen Qualitätskontrolle ihres Tuns.[458] Daher ist *Gelkings* allgemeine Einstufung interprofessioneller Berufsausübungsgemeinschaften als *„logische Weiterentwicklung bereits bestehender büroübergreifender Zusammenarbeit zwischen verschiedenen Freiberuflern im Einzelfall“* nachvollziehbar.[459] Im Notfall oder bei sonstigem Bedarf kann der nichtärztliche Kooperationspartner den Arzt zügig hinzuziehen.[460] Interprofessionelle

---

451 Vgl. hierzu *Michalski*, Freie Berufe, S. 100 ff.; *K. Schmidt*, NJW 1995, 1 (2); *Weyand*, INF 1995, 22 (23).

452 *Halstrick*, Frauenarzt 2005, 91 (91).

453 *Krieger*, MedR 1998, 57 (57).

454 So haben beispielsweise nach § 14 der Heilmittelrichtlinien Heilmittelerbringer und Vertragsärzte *„eng zusammenzuwirken“*, was durch eine Kooperation *„insbesondere für den Beginn und die Durchführung der Heilmittelbehandlung“* sicherzustellen ist.

455 *Droste*, Gemeinschaftliche Berufsausübung, S. 65.

456 *Cramer et al.*, Der Frauenarzt 1996, 1069 (1069 f.).

457 Siehe allgemein zu freiberuflichen Zusammenschlüssen *Droste*, Gemeinschaftliche Berufsausübung, S. 65, 71 f. Vgl. ferner § 125 I 4 SGB V, der für die Versorgung mit Heilmitteln u. a. fordert, dass in Rahmenempfehlungen des Spitzenverbands Bund der Krankenkassen und der für die Wahrnehmung der Interessen der Heilmittelerbringer maßgeblichen Spitzenorganisationen auf Bundesebene insbesondere der Inhalt und der Umfang der Zusammenarbeit des Heilmittelerbringers mit dem verordnenden Vertragsarzt zu regeln sind. In § 17 dieser Rahmenempfehlungen wird ein enges Zusammenwirken von Vertragsarzt und Heilmittelerbringer für eine zweckmäßige und wirtschaftliche Versorgung mit Heilmitteln als erforderlich beschrieben.

458 Allgemein auf ärztliche Zusammenarbeit bezogen *Munte et al.*, Kooperative Berufsausübung, S. 11.

459 *Gelking*, Deregulierung, S. 51.

460 Vgl. zur Einbeziehung von Fachärzten in laufende Behandlungen in medizinischen Versorgungszentren *Schwanenflügel*, NZS 2006, 285 (290).

Zusammenschlüsse im Gesundheitsbereich dienen daher potentiell der Patientensicherheit, die ihrerseits von intakter Kommunikation und flachen Teamstrukturen abhängig ist,[461] und stellen außerdem eine Entlastung des Arztes in Aussicht, soweit eine Substitution seiner ärztlichen Leistungen erfolgt. In Anbetracht der demografischen Entwicklung inklusive Überalterung der Gesellschaft bei Zunahme der Multimorbidität[462] der Erkrankten wird sich die Behandlung der Patienten zunehmend aufwendiger und personalintensiver gestalten.[463] Der überalterten Ärzteschaft fehlt hierzu ein ausreichender Nachwuchs.[464] Zusätzlich verknappt[465] der Wunsch der jüngeren Ärzteschaft nach ausgewogenerer Work-Life-Balance und Flexibilität einschließlich Möglichkeiten zu Teilzeitarbeit das ärztliche Angebot.[466] Bereits im Jahr 2010 wurde die durchschnittliche Behandlungszeit eines Patienten auf den im internationalen Vergleich niedrigen Wert von weniger als acht Minuten geschätzt.[467] Die Okkupation der Ärzteschaft muss daher für eine effiziente Gesundheitsversorgung der Bevölkerung reduziert werden.[468] Durch Entlastung der Ärzte kommt so ärztliche Expertise dort zweckdienlich zur Geltung, wo sie mangels ausreichender Kompetenz anderer Berufe am ehesten gebraucht wird. Auf der anderen Seite lassen sich sonst fehlende Kapazitäten für die Aufnahme von Patienten auch auf Seiten Angehöriger nichtärztlicher Gesundheitsberufe durch institutionellen Zusammenschluss mit Ärzten schaffen.[469] Denkbar ist die Erhöhung der Behandlungsqualität durch Abbau von in den Professionsgrenzen begründeten Hemmungen für Nichtärzte, ärztlichen Rat bei Bedarf heranzuziehen.

---

461 Gutachten des SVR zur Begutachtung der Entwicklung im Gesundheitswesen, BT-Drs. 16/6339, S. 95.

462 Vgl. *Kuhn/Amelung*, G+S 2015 (6), 16 (19); *Adler/Knesebeck*, BGesBl 2011, 228 (233).

463 Bezugnehmend auf notwendige Delegation ärztlicher Leistungen *Frahm*, VersR 2009, 1576 (1576 f.). Zu den Aspekten der demographischen Entwicklung und ihrer Auswirkungen insbesondere auf die Sozialsysteme siehe *Kaufmann*, Schrumpfende Gesellschaft, passim.

464 *Klose/Rehbein*, Ärzteatlas 2016, S. 257.

465 *BÄK/KBV*, Physician Assistant, S. 6. V. a. die Arbeit in Teilzeit soll dazu geführt haben, dass das Arbeitsvolumen der Ärzteschaft in den letzten Jahren trotz der im Jahr 2017 höchsten Anzahl berufstätiger Ärzte in Deutschland gesunken ist, *Korzilius/Maybaum*, DÄBl. 2018, A-692; *Kuhn/Amelung*, G+S 2015 (6), 16 (20).

466 *Gerlach*, in: *Wille/Knabner*, Gesundheitswesen, 51 (57); *Hibbeler/Korzilius*, DÄ 2008, A-609 (610); *Müller*, VSSR 2011, 205 (207); *Klose/Rehbein*, Ärzteatlas 2016, S. 258; *Wasem/Staudt*, MedR 2018, 676 (678). Siehe auch das Konzept von *BÄK/KBV*, Physician Assistant, S. 6; *BÄK*, Kooperation und Koordination, S. 5. Vgl. auch für Zahnärzte *Kettler/Klingenberger*, zm 2016 (24), 80 (83).

467 *Barmer GEK*, Arztreport, S. 58.

468 *Sottas* et al., Gesundheitspolitik, S. 27.

469 Siehe exemplarisch für die Überlastung aktuell freiberuflich tätiger Hebammen und daraus entstehende Versorgungsengpässe FAZ Online vom 6.8.2019, „*Warum es so schwer ist, eine Hebamme zu finden*".

Die mögliche effizientere Koordination von Behandlungen mit berufsübergreifender Beteiligung vermag sich in Zeitvorteilen für Patienten durch kürzere Wartezeiten niederschlagen.[470] Zudem verlassen Patienten bei einer durch verschiedene Gesundheitsdienstleister zu erbringenden Behandlung in einem aufeinander abgestimmten Team nicht die Umgebung des behandelnden Arztes, zu dem bereits ein Vertrauensverhältnis entwickelt worden ist – eine Offenbarung gegenüber weiteren *außenstehenden* Personen entfällt.[471]

c) Ökonomisch-finanzielle Anreize der Beteiligten

Durch die Zusammenarbeit mit nichtärztlichem Personal kann sich auch die Erschließung eines neuen Geschäftsfelds zeitigen: Das interprofessionelle Leistungsangebot unter einem Dach mag zu besserer Außenwirkung mit Vermittlung eines kompetenten Eindrucks führen,[472] das eigene Profil des Arztes zu Marketingzwecken und der Erhöhung seiner Sichtbarkeit im Wettbewerb mit anderen Ärzten und monoprofessionellen Berufsausübungsgemeinschaften schärfen[473] und Patienten ein attraktives und flächendeckendes Behandlungsangebot durch Möglichkeit effektiverer Informationsflüsse und zu umgehendem Austausch der Kooperationspartner bei Bedarf bieten.[474] Auch der Eintritt in den Wettbewerb gesundheitsrelevanter Dienstleistungen mit Gewerbetreibenden der Wellnessanbieter, Fitnessstudios oder sog. Gesundheitscoaches ist denkbar.[475]

Überdies unterliegen Zusammenschlüsse von Ärzten mit nichtärztlichen Therapeuten unbeachtlich ihrer Zulassungs- oder Genehmigungsfähigkeit[476] keinen Zulassungsbeschränkungen des Sozialversicherungsrechts, weshalb die vertragsärztliche Bedarfsplanung im Vergleich zu rein ärztlichen Gemeinschaftspraxen[477] die sozialversicherungsrechtliche Zulässigkeit des Zusammenschlusses unberührt lässt. Insbesondere bei gesperrten Zulassungsbezirken mag zur Reduzierung von Kosten und finanziellem Wagnis durch Nutzung von Synergieeffekten[478] ein Bündnis mit nichtärztlichen Kooperationspartnern bei Nutzung weitgehend gleicher Infrastruktur als „Ersatz“ eines ärztlichen Mitgesellschafters dienen. Auch der die

---

470 *Schwanenflügel*, NZS 2006, 285 (290).

471 Vgl. zur Situation bei Mandanten von rechts- und wirtschaftsberatenden Berufen *Droste*, Gemeinschaftliche Berufsausübung, S. 65.

472 *Cramer et al.*, Der Frauenarzt 1996, 1069 (1069 f.); *Droste*, Gemeinschaftliche Berufsausübung, S. 65; *Haack*, in: *Wenzel*, Medizinrecht, Kap. 11 Rn. 126.

473 *Munte et al.*, Kooperative Berufsausübung, S. 17; *Willkomm/Braun*, ZMGR 2019, 11 (11).

474 *Halstrick*, Frauenarzt 2005, 91 (94).

475 *Hartmann*, in: *Halbe/Schirmer*, Kooperationen, A 1500 Rn. 9.

476 Siehe zur sozialversicherungsrechtlichen Zulässigkeit S. 454 ff.

477 Vgl. *Munte et al.*,Kooperative Berufsausübung, S. 15, 31.

478 In Bezug auf damals noch zwingend fachübergreifende MVZ *Schulz/Schulte*, RPG 2006, 97 (102).

Ärzteschaft selbst ergreifende demographische Wandel mag den Zusammenschluss zu rein ärztlichen Gemeinschaftspraxen erschweren. So ergeben sich bereits in ländlichen und strukturschwachen Gebieten im Kontrast zu gleichzeitiger Überversorgung von Ballungszentren[479] Probleme bei der Wiederbesetzung offener Hausarztstellen.[480] Auch für junge Ärzte steht somit der unorthodoxe berufsübergreifende Zusammenschluss mit dem Grundbedürfnis nach mehr Sicherheit[481] durchaus im Einklang.

d) Naheliegende Risiken

Gleichfalls dürfen potentielle negative Auswirkungen engerer rechtlicher und wirtschaftlicher Verflechtung von Ärzten mit Angehörigen nichtärztlicher Gesundheitsberufe nicht ausgeblendet werden, um ihnen durch das Berufsrecht einen erforderlichen Einhalt gebieten zu können. Neben Abgrenzungsproblemen in Kompetenzfragen[482] und einer ohnehin intern anzunehmenden Selbstbeschränkung bei Berufsausübungsgemeinschaften[483] ist nicht ausgeschlossen, dass die Partner in der Berufsausübungsgemeinschaft kollusiv zulasten ihrer Patienten und/oder des durch die Allgemeinheit finanzierten Gesundheitswesens zusammenwirken, indem eine Verweisung auf Dienstleistungen noch nicht an der Behandlung beteiligter Partner auch ohne medizinische Indikation vorgenommen wird. Gleichwohl liegt hierin kein originäres Problem interprofessioneller Zusammenschlüsse

---

479 *Klose/Rehbein*, Ärzteatlas 2016, S. 252; *Steinhilper*, GuP 2016, 15 (15); *OECD*, Health at a Glance, S. 126; *Sundmacher/Ozegowski*, Eur J Health Econ 2016, 443 (443); *Wenner*, MedR 2015, 175 (176); *Bauer-Schade*, Vertragsärztliche Versorgung, S. 41 ff.

480 *Beerheide*, DÄBl. 2019, A-1043 (A-1043 f.); *Klose/Rehbein*, Ärzteatlas 2016, S. 251 f.; *OECD*, Health at a Glance, S. 126; *Wenner*, MedR 2015, 175 (177); *SVR*, Gutachten 2014, S. 379; *Kopetsch*, Gesundheitswesen, S. 59; *Schütz/Knieps*, ZRP 2012, 164 (164 f.); *Gerlach*, in: *Wille/Knabner*, Gesundheitswesen S. 51 (57 f.); *Rieser*, DÄBl. 2014, A-1231. *Sundmacher/Ozegowski*, Eur J Health Econ 2016, 443 (448 ff.), konstatieren einerseits eine Korrelation zwischen Arztdichte und prozentualem Anteil der Privatpatienten und außerdem, dass sowohl in städtischen Regionen die Arztdichte um 1,42 mal höher als in ländlichen Regionen Deutschlands ist und Regionen mit sinkender Bevölkerung eine deutlich geringere Arztdichte aufweisen. Nach *Günther et al.*, Health Services Research 2010, 212 (213), läge die durchschnittliche Wartezeit für einen Arzttermin in einigen ländlichen Gebieten Sachsen-Anhalts bei 33 Tagen, was fast dem Dreifachen Wert für Berlin (12 Tage) entspreche.

481 Auch wenn zwischenzeitlich eine Mehrheit der Existenzgründer eine Einzelpraxis bevorzugt, ändert sich das Grundbedürfnis nach mehr Sicherheit und Berechenbarkeit nicht – längerfristig sei auch bei Existenzgründern oft eine Zusammenarbeit auf verschiedene Weise mit anderen Ärzten beabsichtigt, *Clade*, DÄ 2014, A-2080 (A-2080 f.). Vgl. zum Sicherheitsaspekt ferner *Müller*, VSSR 2011, 205 (207).

482 *Cramer et al.*, Der Frauenarzt 1996, 1069 (1070).

483 *Munte et al.*, Kooperative Berufsausübung, S. 13.

im Gesundheitswesen. Auch fachübergreifende ärztliche Gemeinschaften bieten ein vergleichbares Risikopotential.

Für den Bestand der Gesellschaft und die Berufsausübung der einzelnen beteiligten Partner sind wie in allen Berufsausübungsgemeinschaften Konflikte denkbar. Besondere Bedeutung hat bei berufsübergreifenden Zusammenschlüssen die Entstehung einer Drucksituation aufgrund einer Majorität von Angehörigen einer der beteiligten Berufe, die Einflussnahmen auf die Berufsausübung der Angehörigen eines Berufs in der Minderheit begünstigen können. Nicht vergessen werden dürfen zudem Haftungsrisiken für das Verhalten Berufsfremder insbesondere bei personengesellschaftsrechtlicher Gestaltung des Zusammenschlusses.

2. Praktische Bedeutung der MKG

Obwohl die Regelungen zur Zulässigkeit von MKG kein Novum der letzten Jahre sind, ist deren praktische Bedeutung gering.[484] Über die Gesamtzahl von MKG bestehen keine belastbaren Daten,[485] nur vereinzelt führen Landesärztekammern Statistiken über sie. Die praktische Ausgestaltung der wenigen MKG ist hingegen vielfältig. Einige sind auf Ernährungsberatung spezialisiert, in ihnen vereinigen sich Allgemeinärzte mit Diätassistenten. Praktisch am relevantesten dürften zur Zeit Berufsausübungsgemeinschaften von Orthopäden mit Physiotherapeuten sein, die bereits im Jahr 2016 30 Partnerschaften zählten.[486] Bezeugt werden außerdem Finanzierungsanfragen bei der Deutschen Apotheker- und Ärztebank für Verbindungen von Arztpraxen mit Apotheken, medizinische Nebeneinrichtungen wie Wellness und Logotherapie und anderen nichtmedizinischen Nutzern.[487] Auffallend ist die nicht selten anzutreffende Ausgliederung der ärztlichen (Gemeinschafts-) Praxis aus der MKG.

Als Begründung der bisher erfahrenen Ablehnung trotz interessanter Möglichkeiten von Versorgungsmodellen wird in der Literatur eine grundsätzliche Skepsis von Ärzten insbesondere gegenüber Kooperationen mit Nichtakademikern angeführt.[488] Diese Erklärung mutet jedoch zu einfach an. Interprofessionelle Zusammenarbeit wird sich Bahn brechen, sofern von den Akteuren ein Bedarf für sie diagnostiziert wird.[489] *Lüke-Rosendahl* wies bereits im Jahr 1999 ein besonderes

---

484 *Ratzel*, in: *Ratzel/Lippert*, MBOÄ, § 23a-d Rn. 14; *Ratzel/Lippert*, MedR 2004, 525 (529); *Möller*, in: *Ratzel/Luxenburger*, Medizinrecht, Kap. 16. Rn. 420.

485 *Haack*, in: *Wenzel*, Medizinrecht, Kap. 11 Rn. 126, berichtet gleichwohl von einer stetigen Zunahme ihrer Bedeutung.

486 *Lieder/Hoffmann*, NZG 2017, 325 (326).

487 *Gerst*, DÄBl. 2006, A 2988 (2990).

488 *Möller*, in: *Ratzel/Luxenburger*, Medizinrecht, Kap. 16 Rn. 421; *Möller/Makoski*, in: *Wenzel*, Arzthaftungsprozess, Rn. 262. Allgemein von Ressentiments aufgrund verschiedener Qualifikationen ausgehend *Lenz*, MDR 1994, 741 (746).

489 Vgl. hinweisend auf die Entstehung interdisziplinärer Zusammenarbeit aufgrund praktischen Bedarfs statt infolge rechtlicher Normierung *Lenz*, MDR 1994, 741 (746).

Interesse der Ärzteschaft an Zusammenarbeit mit nichtärztlichen Gesundheitsberufen in drei strukturell verschieden entwickelten Gebieten (Münsterland, Bremen und Leipzig) nach, obwohl damals die Einzelpraxis als herrschende Form der Berufsausübung noch stärker ausgeprägt war als heute.[490] So ist die Zusammenarbeit zwischen Ärzten und anderen Erbringern medizinischer Leistungen ein immer wiederkehrendes Thema vor den Gerichten,[491] wenn auch hauptsächlich außerhalb gesellschaftsrechtlicher Zusammenschlüsse.[492] Nahe liegt daher zumindest eine die Ablehnungshaltung verstärkende rechtliche Unsicherheit der Ärzte über die eröffneten Möglichkeiten im Rahmen von MKG. Denn während in der Rechtswissenschaft bereits zur Zulässigkeit der Ärzte-GmbH[493] und im Feld der anderen freien Berufe zur Zulässigkeit interprofessioneller Zusammenschlüsse[494] zu Genüge publiziert worden ist, konzentriert sich die doch relativ spärlich aufzufindende Literatur zu MKG im Wesentlichen auf fünf nähere Auseinandersetzungen,[495] die in der Mehrheit zur alten Rechtslage bei Geltung der restriktiveren Vorgängernorm in Kap. D II. Nr. 9 MBOÄ-1997 bzw. dem gleichlautenden § 23a MBOÄ-1995 erschienen sind. Andere Auseinandersetzungen[496] mit der MKG beschränken sich regelmäßig im Kern auf die bloße Wiedergabe der Norm. Dabei ergeben sich viele Fragen über die konkrete Zulässigkeit und gesellschaftsrechtliche Ausgestaltung der Kooperationsform und eingedenk des hohen Anteils gesetzlich Versicherter in der Bevölkerung auch zur Zulässigkeit der interprofessionellen Berufsausübungsgemeinschaft

---

490 *Lüke-Rosendahl*, Beruf des Arztes, S. 199 ff.

491 *Spickhoff*, NJW 2015, 1728 (1729).

492 Siehe hier nur stellvertretend zur Versorgung mit Hörgeräten über den sog. verkürzten Versorgungsweg *BGH*, NJW 2002, 962 ff. („*Hörgeräteversorgung*"); NJW 2011, 2211 ff. („*Hörgeräteversorgung II*"); GRUR 2015, 283 ff. („*Hörgeräteversorgung III*").

493 Siehe hier nur *Taupitz*, VersR 1992, 2317 ff.; *ders.*, NJW 1996, 3033 ff.; *Katzenmeier*, MedR 1998, 113 ff.; *Attermeyer*, Arzt-GmbH, passim; siehe näher mit umfangreicheren Literaturangaben S. 306 ff.

494 Allem voran zu interprofessionellen Berufsausübungsgemeinschaften aus Betrachtung des rechtsanwaltlichen Berufsrechts, siehe hier nur *Droste*, Gemeinsame Berufsausübung, passim; *Quodbach*, Grenzen interprofessioneller Zusammenarbeit, passim; *Gotzens*, Interprofessionelle Zusammenarbeit, passim; *Römermann/Michalski*, NJW 1996, 3233 ff.; *Hartung/Wendenburg*, NJW 2009, 1551 ff.; *Henssler*, WPK-Mitt. 1999, 2 ff.; *ders.*, AnwBl 2009, 670 ff.

495 *Schirmer*, MedR 1995, 341 ff., 383 ff.; *Werner*, Berufsausübung, S. 359 ff.; *Eisenberg*, Ärztliche Kooperationen, S. 191 ff.; *Junkert*, Ärzte und Physiotherapeuten, passim; *Hartmann*, in: *Halbe/Schirmer*, Kooperationen, A 1500.

496 Siehe stellvertretend hier nur *Hildebrandt*, in: *Stellpflug et al.*, Gesundheitsrecht, E 2000, Rn. 107 ff.; *Möller*, in: *Ratzel/Luxenburger*, Medizinrecht, Kap. 16 Rn. 420 ff.; *Schirmer/Dochow*, in: *Wenzel*, Medizinrecht, Kap. 10 Rn. 190 ff.; *Cansun*, Kooperationsmöglichkeiten, S. 128 ff.; *Kaiser*, Ärzte-GmbH, S. 16 f.; *Meyer-Lutterloh*, Praxiskooperationen und Praxisnetze, S. 47 ff.

im Bereich der vertragsärztlichen Versorgung.[497] Zusätzlich erhöhte sich erst vor Kurzem durch Einführung der §§ 299a, 299b StGB zur Strafbarkeit der Bestechlichkeit im Gesundheitswesen die Unsicherheit für an interprofessioneller Zusammenarbeit Interessierte.[498] So wird in der strafrechtlichen Literatur doch allzu freigiebig mit dem Verdikt der Korrumpierung bei kooperativer Zusammenarbeit umgegangen.[499] Unter das über Kooperationen zwischen Angehörigen verschiedener Berufe des Gesundheitssystems schwebende Damoklesschwert der Strafbarkeit wird sich freilich kein Arzt in der Hoffnung begeben, es werde schon gut gehen. Frappierend ist zudem die alleinige Fokussierung der wissenschaftlichen Auseinandersetzung mit MKG auf das ärztliche Berufsrecht, insbesondere die berufsrechtliche Zulässigkeit.[500] Das Berufsrecht der Kooperationspartner bleibt erstaunlicherweise nahezu einhellig außer Betracht, obwohl Fragestellungen der Kooperation verschiedener Berufsangehöriger nicht ausschließlich über die ärztliche Perspektive gelöst werden können.[501] Als großes Problem ist außerdem aufzufassen, dass bereits der Umfang *„kooperativer Berufsausübung“* als Kooperationszweck nach § 23b MBOÄ dem Rechtsanwender eher Fragen als Antworten präsentiert.[502] *Schäfer-Golz* resümiert also zurecht, dass § 23b MBOÄ *„in vielfacher Hinsicht missglückt“*[503] ist. Unglücklich ist jedoch auch der nur oberflächliche Umgang mit der Norm in Wissenschaft und Gerichtspraxis.

Neben der bestehenden Rechtsunsicherheit mögen sich durchaus allerdings Unklarheiten und Befremdlichkeiten über die konkrete Ausgestaltung des

497 Vgl. hierzu *Cramer et al.*, Der Frauenarzt 1996, 1069 (1071), die ersichtlich als einzige eine – angeknüpft an die Erfahrungen zur Heilkunde-GmbH und an dieser Stelle nur unterstellte – Unzulässigkeit von *Partnerschaftsgesellschaften* unter Beteiligung von Ärzten und Nichtärzten im Sozialrecht als hinderlich thematisieren; ferner *Schirmer*, MedR 1995, 383 (389). *Junkert*, Ärzte und Physiotherapeuten, S. 18 ff., konstatiert ohne Berücksichtigung der bestehenden Rechtsunsicherheit die sozialrechtliche Zulässigkeit als MVZ nach § 95 I SGB V.

498 So bescheinigen für die sektorenübergreifende Kooperation *Reimer/Penner*, GuP 2018, 121(128), gravierende Rechtsunsicherheiten unter Geltung der §§ 299a, 299b StGB.

499 Vgl. dazu die Ausführungen von *Michels*, medstra 2018, 65 (66).

500 In den drei „Hauptwerken“ zur MKG gehen lediglich *Schirmer*, MedR 1995, 383 (388), *Eisenberg*, Ärztliche Kooperationen, S. 202 ff., und *Junkert*, Ärzte und Physiotherapeuten, S. 31, zumindest knapp auf vertragsarztrechtliche Fragestellungen ein; *Werner*, Berufsausübung, lässt sie dagegen gänzlich außer Betracht.

501 Allein *Twer*, Physiotherapeuten, S. 50 f., geht kurz auf die Zulässigkeit nach dem Recht der Kooperationspartner, im konkreten Fall der Physiotherapeuten, ein.

502 Siehe hierzu ausführlich S. 117 ff.

503 *Schäfer-Golz*, in: *Saalfrank*, Medizin- und Gesundheitsrecht, Rn. 84.

Zusammenschlusses, exemplarisch über die Verteilung vereinnahmter Gebühren auswirken.[504]

3. Zivilrechtliche, insbesondere gesellschaftsrechtliche Anforderungen

a) Allgemeine Hinweise

Es sind Grenzen allein in den allgemeinen zivilrechtlichen Bestimmungen zu finden, wie vor allen Dingen in §§ 134, 138 und 242 BGB.[505] Insbesondere ist daher aus gesellschaftsrechtlicher Sicht bei allen gesellschaftsrechtlichen Formen darauf zu achten, dass die Vereinbarung der Gesellschaft nicht gegen ein gesetzliches Verbot verstößt und der Gesellschaftsvertrag nicht nach § 134 BGB nichtig ist. Die Nichtigkeit kommt nach § 134 BGB insbesondere bei berufsrechtlichen Verstößen in Betracht.[506]

b) Gründung des Zusammenschlusses außerhalb einer Partnerschaftsgesellschaft (PartG)

Das originäre Gesellschaftsrecht enthält keine Vorschriften, welche die interprofessionelle Zusammenarbeit in Anknüpfung der Berufe besonders regeln. Darauf ist das Gesellschaftsrecht auch nicht ausgelegt. Vielmehr ist Aufgabe des Gesellschaftsrechts, rechtliche Organisationsformen für die wirtschaftlichen Bedürfnisse bereitzustellen.[507] Die Regelung der ärztlichen Berufsausübung ist daher im Gesellschaftsrecht nicht bezweckt. Cum grano salis werden gesellschaftsrechtlich keine besonderen Anforderungen an einen interprofessionellen Zusammenschluss von Ärzten mit Angehörigen anderer Gesundheitsberufe gestellt.

c) Interprofessionelle Zusammenarbeit in einer PartG

aa) Gründung

Schließen sich die Kooperationswilligen in einer PartG zusammen, ergibt sich die Besonderheit, dass diese Gesellschaftsform allein Angehörigen freier Berufe offensteht. Damit müssen alle Gesellschafter in der PartG nach herrschender Ansicht ihre freiberufliche Tätigkeit *aktiv* ausüben, zumindest jedoch die *aktive*

504 Vgl. die Mutmaßungen von *Kilian/Glindemann*, BRAK-Mitt. 2016, 102 (108), zu berufsübergreifenden Berufsausübungsgemeinschaften unter Beteiligung von Rechtsanwälten.

505 *Gummert/Remplik*, in: Münchener Hdb. Gesellschaftsrecht, Bd 1, § 25 Rn. 10.

506 *Leisner*, NJW 2004, 2340 (2340).

507 Vgl. *Wüst*, JZ 1989, 270 (270, 272).

Berufsausübung in der Gesellschaft bezwecken.[508] Ausdrücklich als Ausübung eines freien Berufs im medizinischen Bereich werden in § 1 II 2 PartGG die selbständige Berufstätigkeit der Ärzte, Zahnärzte, Tierärzte, Heilpraktiker, Krankengymnasten, Hebammen, Heilmasseure und Diplom-Psychologen genannt. Die selbständige Ausübung eines anderen medizinischen Berufs kann jedoch auch als *„ähnlicher Beruf"* nach § 1 II 2 PartGG als Ausübung eines freien Berufs aufzufassen sein. *„Ähnlich"* ist ein Beruf in Anlehnung an die steuerrechtliche Rechtsprechung des *BFH*[509] zur vergleichbar lautenden Norm des § 18 I Nr. 1 S. 2 EStG,[510] wenn er in den wesentlichen Punkten mit einem Katalogberuf verglichen werden kann. Dazu gehört einerseits die Vergleichbarkeit der Ausbildung, der ausgeübten beruflichen Tätigkeit, andererseits muss der Beruf das Gepräge eines Katalogberufs besitzen.

bb) Interprofessionelle Verbindung

Die Normen des PartGG schweigen zur Frage der Vereinbarkeit einer interprofessionellen Verbindung mit dem PartGG,[511] ihr Wortlaut enthält daher auch keine Restriktionen. So beschreibt § 1 I 1 PartGG die PartG als Gesellschaft, in der sich Angehörige freier Berufe zur Ausübung *„ihrer Berufe"* zusammenschließen. Der offene Wortlaut des § 1 I 1 PartGG legt die Zulässigkeit interprofessioneller Zusammenschlüsse nahe, indem er wörtlich keinen gemeinsamen Beruf aller

---

508 Siehe hier nur BT-Drs. 12/6152, S. 7, 9; *Quaas*, in: *Quaas et al.*, Medizinrecht, § 15 Rn. 31, 31; *Henssler*, PartGG, § 1 Rn. 24, 29; *Brüggemann*, in: *Feuerich/Weyland*, BRAO, PartGG, § 1 Rn. 6a; *Salger*, in: Münchener Hdb. Gesellschaftsrecht, Bd. 1, § 36 Rn. 15; *Broglie/Hartmann*, in: *Clausen/Schroeder-Printzen*, Medizinrecht, § 11 Rn. 94; *Seibert/Kilian*, in: *Kilian*, PartGG, § 1 Rn. 2 ff.; *Krieger*, MedR 1995, 95 (96); *K. Schmidt*, NJW 1995, 1 (2). Ebenso bereits *Stuber*, WiB 1994, 705 (706 f.), allerdings mit dem Hinweis, die Verhinderung der Gesellschafterstellung eines Freiberuflers ohne aktive Mitarbeit sei praktisch kaum zu verhindern. Zusätzlich begründet *Weyand*, INF 1995, 22 (24), die Beschränkung auf aktive gemeinsame Berufsausübung aller Partner rekurrierend auf § 6 I PartGG (*„erbringen [...] ihre beruflichen Leistungen"*); Bezeichnung als Berufsausübungsgemeinschaft durch *Schäfer-Golz*, in: FS Huber, S. 951 (955). Sehr weite Auslegung des Begriffs der *„Berufsausübung"* *Lenz*, in: *Meilicke et al.*, PartGG, § 1 Rn. 96 ff. Als gegenteilige Auffassung wird regelmäßig auf *Zimmermann*, in: *Römermann*, PartGG, § 1 Rn. 8 ff. verwiesen, der jedoch in Rn. 6 durchaus die PartG als Berufsausübungsgemeinschaft ansieht, entgegen einer tatsächlich aktiven Berufsausübung allerdings die *Intention* der Partner zu gemeinsamer Berufsausübung ausreichen lässt; zust. *Römermann*, NZG 2014, 481 (482); *Wedel*, in: *Hartung/ Scharmer*, BORA, BRAO, § 59a Rn. 8. Für die Zulässigkeit einer Nutzung der PartG bei Organisationsgemeinschaften jedoch wohl *Weber/Vogt-Weber*, ArztR 1997, 179 (179), nach denen die PartG für eine Gemeinschaftspraxis *„oder mindestens eine Gerätegemeinschaft"* genutzt werden könne.

509 Siehe hier nur *BFH*, DStR 2004, 130 (131); 2000, 1432; 1998, 416.

510 Bei Einführung des PartGG wurde § 1 II PartGG ausdrücklich an die Formulierung des § 18 I Nr. 1 EStG angelehnt erlassen und die Rechtsprechung zu den Katalogberufen und ähnlichen Berufen gewürdigt, BT-Drs. 12/6152, S. 9 f.

511 *Lenz*, in: *Meilicke et al.*, PartGG, § 1 Rn. 110.

Gesellschafter verlangt. Auch §§ 3 II Nr. 2, 4 II 1, 9 III PartGG rekurrieren stets auf den Beruf des konkreten Partners. So ist nach § 3 II Nr. 2 PartGG der in der Partnerschaft ausgeübte Beruf *„jedes Partners"* aufzuführen. Nach § 4 II 1 PartGG ist bei der Anmeldung zum Partnerschaftsregister die Zugehörigkeit *„jedes Partners"* zu dem Beruf anzugeben, den *„er"* in der Partnerschaft ausübt. Nach § 9 III PartGG scheidet ein Partner aus der PartG aus, wenn er seine erforderliche Zulassung zu dem *„von ihm"* in der Partnerschaft ausgeübten Beruf verliert. Die auf jeden einzelnen Partner bezogene Angabe ist außerdem nur sinnvoll, wenn innerhalb der PartG verschiedene Berufe ausübt werden können. Der Bundesgesetzgeber hat zudem ausdrücklich bei Einführung des PartGG die Möglichkeit interprofessioneller Zusammenschlüsse als Regelungszweck hervorgehoben[512] und bei Wiederaufnahme des Projekts der Einführung einer Gesellschaftsform für Angehörige freier Berufe die interprofessionelle Zusammenarbeit als Anlass deutlich hervorgehoben.[513]

Aus dem PartGG folgt jedoch auch nicht die Zulässigkeit *jeglicher* interprofessioneller Zusammenschlüsse.[514] Ihr Ausschluss ist auf Grundlage des Berufsrechts möglich, dem § 1 III PartGG einen Vorrang – der sog. Berufsrechtsvorbehalt[515] – einräumt. Ihm liegt die Annahme zugrunde, dass die berufsrechtliche Beurteilung interprofessioneller Zusammenschlüsse sinnvoller sei.[516] Tatsächlich ist die Übertragung auf das Berufsrecht aber aufgrund der heterogenen Verteilung der Gesetzgebungskompetenzen sogar geboten, da sich die konkurrierende Gesetzgebung des Bundes in Bezug auf das Recht der Wirtschaft nach Art. 74 I Nr. 11 GG allein auf Regelungen zu Unternehmensformen erstreckt, nicht aber die Berufsausübung insbesondere der Ärzte abdeckt.[517] Damit wäre ein pauschales Verbot interprofessioneller Zusammenschlüsse verfassungsrechtlich bereits in formeller Hinsicht bedenklich. Somit ist die Entscheidung dem jeweiligen Berufsrecht überlassen, ob die PartG zu gemeinsamer berufsübergreifender Berufsausübung offensteht.

4. Regelungen des Heilpraktikergesetzes

Das HeilprG regelt die Zulässigkeit der Ausübung der Heilkunde durch Personen, die keine ärztliche Approbation besitzen. Sie bedürfen einer Erlaubnis nach § 1 I HeilprG. Ausübung der Heilkunde wird nach § 1 II HeilprG verstanden als *„jede berufs- oder gewerbsmäßig vorgenommene Tätigkeit zur Feststellung, Heilung oder*

512 BT-Drs. 12/6152, S. 10.

513 BT-Drs. 12/21, S. 45; vgl. zur Diskussion im Entwurfsprozess hier nur *K. Schmidt*, ZIP 1993, 633 (639).

514 Vgl. *Lenz*, MDR 1994, 741 (746).

515 BT-Drs. 16/6152, S. 10.

516 *Lenz*, in: *Meilicke et al.*, PartGG, § 1 Rn. 110; *Beck*, AnwBl 2015, 380 (383); *Salger*, in: Münchener Hdb. Gesellschaftsrecht, Bd. 1, § 40 Rn. 2.

517 *Maunz*, in: *Maunz/Dürig*, GG, Art. 74 Rn. 133. Siehe bereits genauer zum ärztlichen Berufsrecht S. 40 ff.

Linderung von Krankheiten, Leiden oder Körperschäden bei Menschen, auch wenn sie im Dienste von anderen ausgeübt wird.“ Aus dem letzten Halbsatz schlussfolgert *Köbler* die implizite Anerkennung des Fremdbetriebs von Arztpraxen nach dem HeilprG, also der Betreibung einer Arztpraxis durch Berufsfremde mit Hilfe angestellter Ärzte.[518] § 1 II HeilprG kann eine solche Anerkennung jedoch nicht entnommen werden, da den Ländern nach Artt. 30, 70 GG die Gesetzgebungskompetenz zur Berufsausübung der Heilberufe zukommt. Dem Bund überträgt dagegen Art. 74 I Nr. 19 GG lediglich die Gesetzgebungskompetenz zur Zulassung zu den Heilberufen. Während die Erlaubnis nach § 1 I HeilprG persönlich zur Ausübung der Heilkunde berechtigt, betrifft die Frage des Fremdbetriebs die Ausgestaltung der Heilkundeausübung und wird daher dem Bundesgesetzgeber entzogen. § 1 II a. E. HeilprG nimmt daher für das Begriffsverständnis der „Heilkundeausübung“ im Sinne des HeilprG allein klarstellend die Tätigkeit von Angestellten auf; ein Verbot des Fremdbetriebs und andere Auswirkungen auf die ärztliche Berufsausübung können der Norm dagegen mangels Charakters einer Berufsausübungsregelung auch bei anderem Wortlaut nicht entnommen werden.

5. Regelungen des ärztlichen Berufsrechts

a) Einführung

Die Zulässigkeit interprofessioneller Zusammenschlüsse im Gesundheitsbereich mit gemeinsamer aktiver Berufsausübung bestimmt sich maßgeblich anhand des inhaltlich ausdifferenzierten § 23b MBOÄ. Der Regelungsvorschlag des § 23b MBOÄ wurde in fast allen Berufsordnungen unterschiedslos adoptiert; Berufsordnungen, in denen § 23b MBOÄ nicht übernommen worden ist,[519] sind zumindest stark an der Vorschrift orientiert. Die Darstellung begnügt sich daher im Wesentlichen mit Angabe des § 23b MBOÄ, gleichwohl wird auf Spezifika in einzelnen Berufsordnungen Bezug genommen.

Nach § 23b I 1 MBOÄ können Ärzte sich *„mit selbstständig tätigen und zur eigenverantwortlichen Berufsausübung befugten Berufsangehörigen anderer akademischer Heilberufe im Gesundheitswesen oder staatlicher Ausbildungsberufe im Gesundheitswesen sowie anderen Naturwissenschaftlern und Angehörigen sozialpädagogischer Berufe [...] zur kooperativen Berufsausübung zusammenschließen.“* Vergleichbar zu der Teilgemeinschaftspraxis unter Ärzten kann der Zusammenschluss in einer MKG ausdrücklich nach § 23b I 1 MBOÄ auch auf einzelne Leistungen beschränkt sein. Eine MKG ist nach § 23b I 3 MBOÄ *„im Einzelnen nur mit solchen anderen Berufsangehörigen und in der Weise erlaubt, dass diese in Verbindung mit [...] dem Arzt einen gleichgerichteten oder integrierenden diagnostischen oder therapeutischen Zweck bei der Heilbehandlung, auch auf dem Gebiete der*

---

518 *Köbler*, Beteiligung Berufsfremder, S. 185.
519 Siehe hierzu ausführlich S. 117, 247 f.

Prävention und Rehabilitation, durch räumlich nahes und koordiniertes Zusammenwirken aller beteiligten Berufsangehörigen erfüllen können." Konkretisiert wird dieses Zweckbindungsgebot durch § 23b II Hs. 2 MBOÄ, nach dem das Gebot erfüllt ist, „*wenn Angehörige aus den vorgenannten Berufsgruppen [des § 23b I 1 MBOÄ] kooperieren, die mit [...] dem Arzt entsprechend [...] seinem Fachgebiet einen gemeinschaftlich erreichbaren medizinischen Zweck nach der Art ihrer beruflichen Kompetenz zielbezogen erfüllen können.*" Als Rechtsform der Gesellschaft kommen nach § 23b I 2 MBOÄ die GbR, die PartG und „*juristische Personen des Privatrechts gemäß § 23a [MBOÄ]*" in Frage. § 23b I 4 MBOÄ stellt mehrere Anforderungen an den „Kooperationsvertrag".[520]

Neben § 23b MBOÄ fällt im Zusammenhang mit der Ausübung der Behandlungstätigkeit des Arztes in räumlicher und organisatorischer Nähe die Regelung des § 29a MBOÄ auf. Nach § 29a I MBOÄ ist Ärzten es nicht gestattet, „*zusammen mit Personen, die weder [...] Ärzte sind, noch zu ihren berufsmäßig tätigen Mitarbeiterinnen oder Mitarbeitern gehören, zu untersuchen oder zu behandeln.*" Abweichend hiervon findet sich in § 29a II MBOÄ eine Spezialvorschrift für die Zusammenarbeit mit Angehörigen anderer Fachberufe im Gesundheitswesen: Diese ist danach zulässig, „*wenn die Verantwortungsbereiche [...] des Arztes und des Angehörigen des Fachberufs klar erkennbar voneinander getrennt bleiben.*"

b) Entstehungsgeschichte des § 23b MBOÄ

§ 23b MBOÄ gilt seit dem Beschluss der Neufassung der MBOÄ auf dem 107. Deutschen Ärztetag 2004 in Bremen. Zuvor galt bereits die Regelung des § 22 iVm Kap. D. II. Nr. 9 MBOÄ-1997.[521] Erstmals in das ärztliche Berufsrecht als berufspolitische Neuerung eingeführt wurde die Möglichkeit eines Zusammenschlusses mit nichtärztlichen Gesundheitsberufen in § 23a der MBOÄ-1995.[522] Insbesondere anlässlich der Einführung der PartG wurden interprofessionelle Kooperationen im Gesundheitswesen als Möglichkeit einer besseren Abstimmung der Leistungen in Prävention, Diagnostik, Therapie und Rehabilitation zum Nutzen der Patienten durch Zeit- und Wegersparnis wie auch für einen verbesserten Informationsaustausch zwischen den Gesundheitsberufen aufgegriffen.[523] Die Öffnung

---

520 *Schäfer-Golz*, in: *Saalfrank*, Medizin- und Gesundheitsrecht, § 7 Rn. 84; siehe näher S. 374 ff.

521 Abgedruckt in DÄBl. 1997, A-2354 (A-2362).

522 *Spielberg*, DÄBl. 1995, A-1636 (A-1636); *Eisenberg*, Ärztliche Kooperationen, S. 191 f. Abgedruckt ist § 23a MBOÄ-1995 in: *Korts/Korts*, Heilberufsgesellschaften, S. 15. Falsch ist dagegen die Benennung des Jahres 1997 als Einführung der MKG durch *Cansun*, Kooperationsgemeinschaften, S. 128.

523 *Spielberg*, DÄBl. 1995, A-1636 (A-1636); *BÄK*, DÄBl. 1995, A-1818; *Schirmer*, MedR 1995, 341 (341); *Cramer et al.*, Der Frauenarzt 1996, 1069 (1069 f.); *Werner*, Berufsausübung, S. 362.

für interprofessionelle Zusammenschlüsse erfolgte, nachdem bereits seit 1990 in Großbritannien und Frankreich eine entsprechende Liberalisierung stattgefunden hatte.[524]

Die Einführung von MKG eröffnete *„völlig neue Perspektiven der Zusammenarbeit“*.[525] Zuvor waren Zusammenschlüsse von Ärzten mit Nichtärzten generell unzulässig.[526] Das Verbot wurde hergeleitet aus dem für alle freien Berufe geltenden Gebot loyaler Wahrung der Interessen der Mandanten und Patienten, die eine Ausschaltung von Fremdeinflüssen und nach damaliger Ansicht folglich die Verhinderung einer Vermengung der Heilkundeausübung des Arztes mit Tätigkeiten von Nichtärzten erfordere.[527] Das Verbot der Zusammenarbeit basierte auf dem Gedanken, ein gewissenhafter Arzt habe die Verantwortung für Untersuchung und Behandlung selbst zu tragen und dürfe sie nicht mit einer nicht als Arzt approbierten Person teilen, da dieser die erforderliche medizinisch-wissenschaftliche Ausbildung fehlt.[528] Noch 1994 enthielt § 29 MBOÄ-1994 ein Verbot der Zusammenarbeit mit Nichtärzten, wobei die Regelung per se auf konkrete Behandlungen fokussiert gewesen ist. Auch in den vorigen Fassungen der MBOÄ bestand ein explizites Verbot in § 23 MBOÄ-1988 und § 29 MBOÄ-1993.[529] Die Bundesregierung stellte gleichwohl damals bereits fest, dass aus Sicht der Nachfrage grundsätzlich möglichst keine Begrenzung der Zusammenarbeit freiberuflicher Spezialisten bestehen dürfte, wobei eine Zusammenarbeit aus Anbietersicht ohne schädliche Auswirkungen auf die Leistungsfähigkeit über die Grenzen zwischen den geregelten und nicht geregelten freien Berufen hinweg bekräftigt wird.[530] Sinn und Zweck der

---

524 *Gelking*, Deregulierung, S. 51.

525 *Cramer et al.*, Der Frauenarzt 1996, 1069 (1070).

526 Siehe auch BT-Drs. 12/21, S. 11; *Ahrens*, MedR 1992, 141 (145); *Taupitz*, MedR 1993, 367 (368); *Schirmer*, MedR 1995, 383 (383); *Korts/Korts*, Heilberufsgesellschaften, S. 26; *Lüke-Rosendahl*, Beruf des Arztes, S. 133; *Eisenberg*, Ärztliche Kooperationen, S. 191. Zur Entstehung aus dem historischen Verbot fachlichen Kontakts mit Zunftfremden („*Unzünftigen*“) und gemeinsamer Behandlungen mit außerhalb des Zunftverbands Stehenden, *Taupitz*, Standesordnungen, S. 218 f. mit umfangreichen Nachweisen; zu dem Einfluss der gewerblichen Zunftordnungen auf die Entwicklung der heutigen Standesordnungen siehe *Taupitz*, Standesordnungen, S. 213 ff.

527 *Ahrens*, MedR 1992, 141 (145 Fn. 36); *Taupitz*, MedR 1993, 367 (368); *Eisenberg*, Ärztliche Kooperationen, S. 191. Vgl. auch eigene finanzielle Beteiligungen des Arztes an Unternehmen im Gesundheitsbereich als fremde Einflüsse *Schröder/Taupitz*, Menschliches Blut, S. 58 f. Zum Gebot der loyalen Wahrung fremder Interessen *Ahrens*, AnwBl 1992, 247 (248 f.). Vgl. zur Verquickung finanzieller Interessen eines Zahnarztes mit denen eines konkreten Dentallabors *OLG Nürnberg*, Urt. v. 18.09.1987 – 6 U 466/87, BeckRS 1987, 31127995.

528 So bereits in Bezug auf eine Zusammenarbeit mit Heilpraktikern *BayVerfGH*, DÖV 1966, 793 (793 f.). Siehe ferner *Taupitz*, MedR 1993, 367 (369).

529 *Eisenberg*, Ärztliche Kooperationen, S. 191 f.

530 BT-Drs. 12/21, S. 45.

Regelung von MKG ist dementsprechend die Sicherstellung der selbständigen und eigenverantwortlichen Berufsausübung des Arztes.[531]

Nach grundlegender Änderung der MBOÄ im Jahr 1997 fand sich die MKG in § 22 MBOÄ-1997 verankert. § 22 MBOÄ-1997 wurde in den ergänzenden Bestimmungen durch Kap. D. II. Nr. 9 MBOÄ-1997 konkretisiert, worin die Anforderungen an MKG festgehalten worden sind. Inhaltlich wurde dabei die Vorgängerregelung des § 23a MBOÄ-1995 fast in ihrer Gesamtheit übernommen. Mit der Änderung der MBOÄ im Jahr 2004 bekam die Norm des § 23b MBOÄ ihre heutige Gestalt. Eine Novellierung der Norm ist seither nicht mehr erfolgt.

In Nuancen lassen sich Unterschiede zwischen der unmittelbaren Vorgängerregelung in Kap. D. II. Nr. 9 MBOÄ-1997 und der heutigen Regulierung erkennen. Aufgrund eines Umkehrschlusses aus der Nichtaufzählung als zulässige Rechtsform waren juristische Personen des Privatrechts im Gegensatz zu GbR und PartG nicht für die Organisation der MKG zugelassen. Als gravierendste Änderung erweist sich die Abkehr von einer abschließenden Aufzählung kooperationsfähiger Berufe[532] zu einer Nennung kooperationsfähiger Berufsgruppen. Eine Öffnungsklausel für ähnliche Berufe, wie sie § 1 II PartGG kennt, enthält die Norm weiterhin nicht. Intention der Neufassung war es, den Entwicklungen im Bereich der anderen medizinischen Fachberufe durch eine dynamische Regelung Rechnung zu tragen.[533] Außerdem sind einige Beschränkungen der alten Regelung entfallen. Kap. D. II. Nr. 9 Abs. 3 MBOÄ-1997 besagte, dass angestellte Ärzte einer MKG nur der Weisungsbefugnis der ärztlichen Partner unterstehen dürfen. Ärztlichen Partnern war nach Kap. D. II. Nr. 9 Abs. 4 MBOÄ-1997 die Mitgliedschaft in nur einer MKG eröffnet. Auch das in Kap. D. II. Nr. 9 Abs. 5 normierte Genehmigungserfordernis durch die Ärztekammer, welcher der Kooperations- oder Partnerschaftsvertag vorzulegen gewesen ist, besteht nicht mehr.[534] Ein auf einzelne Leistungen beschränkter Zusammenschluss war auch ohne ausdrückliche Normierung unzulässig, was v. a. darauf zurückzuführen ist, dass auch unter Ärzten in der MBOÄ-1997 noch keine Teilgemeinschaftspraxis als zulässig angesehen worden ist.

531 *Eisenberg*, Ärztliche Kooperationen, S. 192.

532 Zahnärzte, Psychologische Psychotherapeuten, Kinder- und Jugendlichenpsychotherapeuten, Diplompsychologen, Klinische Chemiker, Ernährungswissenschaftler und anderen Naturwissenschaftler, Diplom-Sozialpädagogen, Diplom-Heilpädagogen, Hebammen, Logopäden und Angehörige gleichgestellter sprachtherapeutischer Berufe, Ergotherapeuten, Angehörige der Berufe in der Physiotherapie, Medizinisch-technische Assistenten, Angehörige staatlich anerkannter Pflegeberufe und Diätassistenten.

533 *BÄK*, DÄBl. 2006, A-801 (A-806); *BÄK*, DÄBl. 2008, A-1019 (A-1024). Unsicher über die Folgen *Frehse/Kleinke*, in: *Saalfrank*, Medizin- und Gesundheitsrecht, § 1 Rn. 386.

534 *Cramer et al.*, Der Frauenarzt 1996, 1069 (1070). Gleichwohl hatte der Arzt bei Erfüllung aller Voraussetzungen einen Anspruch auf Erteilung der Genehmigung.

c) Normadressaten

Die § 23b MBOÄ umsetzenden Normen der Berufsordnungen der Landesärztekammern richten sich lediglich an Ärzte als Zwangsmitglieder ihrer jeweiligen Landesärztekammer. Über den eigenen Mitgliederkreis hinaus besitzen die Landesärztekammern keine Rechtssetzungsbefugnis.[535] Die Landesärztekammern können daher Angehörige anderer Berufe nicht mithilfe der ihnen übertragenen Satzungsgewalt binden. Auch die MKG selbst kann nicht Adressat der Regelungen der MBOÄ sein, da die entstehende Gesellschaft unbeachtlich ihrer Rechtsform nicht Mitglied einer Ärztekammer wird.[536]

Dementsprechend ist § 23b MBOÄ so aufgebaut, dass sie sich allein an den Arzt als Berufspflicht versteht.[537] Die Norm bindet den Zusammenschluss in einer MKG an einen bestimmten Rahmen und sichert nach Gründung der Gesellschaft den weiteren Einfluss durch die Ärztekammer durch die gesellschaftsvertragliche Gewährleistung der Einhaltung des ärztlichen Berufsrechts. Kann der Arzt im Kooperationsvertrag nicht die katalogartig aufgezählten Voraussetzungen durchsetzen oder widerspricht der Kooperationsvertrag in sonstiger Weise § 23b MBOÄ, ist es dem Arzt nicht erlaubt, sich der MKG anzuschließen.[538] Ob die Berufsrechtswidrigkeit des Vertrags die Nichtigkeit desselben nach § 134 BGB wegen Verstoßes gegen ein Verbotsgesetz zur Folge hat oder nicht,[539] ist für die Frage allein nach der berufsrechtlichen Zulässigkeit unerheblich. Abgesehen von der Problematik der Rückabwicklung eines nach § 134 BGB nichtigen Gesellschaftsvertrags, hat ein Arzt zumindest mit berufsrechtlichen Sanktionen zu rechnen.[540] Weiterführend ergibt sich in der Konsequenz, dass der Arzt bei einer Änderung des Kooperationsvertrags in einer Weise, die nicht mehr den Anforderungen des § 23b MBOÄ genügen würde, auch ohne ausdrückliche Normierung in der Berufsordnung die Gesellschaft zu verlassen hätte. Der Arzt verhielte sich dann allein mit seinem Austritt aus der Gesellschaft berufsrechtskonform. So zeigt sich zumindest eine mittelbare Ausstrahlungswirkung des ärztlichen Berufsrechts auf Kooperationen eines Arztes und seine Kooperationspartner,[541] die aufgrund der impliziten Konsequenz des Regelungsauftrags zur Regelung von Teilnahmebedingungen für den Arzt an Kooperationen von der rechtlichen Ermächtigung der Ärztekammern

535 *Schirmer*, MedR 1995, 341 (348); 383 (383); *Narr*, Ärztliches Berufsrecht, B 392.
536 Vgl. insbesondere in Bezug auf die Rechtsform der GmbH *BGH*, GRUR 2001, 181 (184); *Ratzel/Knüpper*, in: *Ratzel/Luxenburger*, Medizinrecht, Kap. 5 Rn. 191. Daher ist bei Verstößen gegen das ärztliche Berufsrecht lediglich ein Vorgehen gegenüber den an der MKG beteiligten Ärzte möglich, *Saenger*, MedR 2006, 138 (144).
537 *Schirmer*, MedR 1995, 383 (383); *Saenger*, MedR 2006, 138 (144).
538 Allgemein dargestellt *Köbler*, Beteiligung Berufsfremder, S. 195.
539 Vgl. hierzu bereits oben S. 89.
540 Siehe auch *Köbler*, Beteiligung Berufsfremder, S. 195.
541 *Gummert/Remplik*, in: Münchener Hdb. Gesellschaftsrecht, Bd. 1, § 25 Rn. 4.

grundsätzlich gedeckt ist,[542] wobei inhaltlich die materiellen Regelungen der Berufsordnung gleichwohl dem Verhältnismäßigkeitsprinzip entsprechen müssen.

d) Landesrechtliche Besonderheiten

Ein grundsätzlicher Ausschluss von Zusammenschlüssen mit Angehörigen anderer Gesundheitsberufe ist in keinem der Landesheilberufsgesetze vorgesehen, wenn auch Besonderheiten in einzelnen Ländern zu berücksichtigen sind. Damit können alle Landesärztekammern die Regelung des § 23b MBOÄ zumindest im Grundsatz übernehmen. Von den meisten Landesärztekammern wurde § 23b MBOÄ wortlautgetreu in die jeweilige Berufsordnung aufgenommen.[543] Sich von § 23b MBOÄ mehr oder weniger inhaltlich unterscheidende Regelungen haben die Ärztekammern in *Bayern*, *Berlin*, *Nordrhein* und *Niedersachsen* erlassen. Nur exemplarisch wird an dieser Stelle für die zu berücksichtigenden landesspezifischen Einschränkungen auf den Ausschluss der Ausübung der Heilkunde in einer juristischen Person des Privatrechts in *Bayern* nach Art. 18 I 2 BayHKaG verwiesen.[544] Landesrechtliche Besonderheiten werden an den entsprechenden Stellen genauer dargestellt.

e) Kooperative Berufsausübung

aa) Problemstellung

Die Kooperationsform der MKG nach § 23b MBOÄ stellt in gesellschaftsrechtlicher Betrachtung den Gesellschaftszweck dar[545] und stellt zur Organisation berufsrechtliche Anforderungen. Auffällig ist in Bezug auf den Gesellschaftszweck eine doppelte Inkongruenz sowohl mit den sonstigen Regelungen der MBOÄ als auch im eigenen System der Norm selbst. Dabei fällt zunächst die im Unterschied zur restlichen MBOÄ vorgenommene Verwendung eigener Begrifflichkeiten auf. Der Zusammenschluss erfolgt nach § 23b I 1 MBOÄ zur *„kooperativen Berufsausübung"*. An keiner anderen Stelle in der MBOÄ wird der Begriff der *„kooperativen Berufsausübung"* gebraucht, insbesondere wird eine solche nicht definiert. Eine Verwendung des Begriffs der *„Kooperation"* findet sich lediglich an zwei Stellen in der gesamten MBOÄ wieder. § 18 MBOÄ wird mit *„[b]eruflichen Kooperationen"* als übergeordnetem Begriff für *alle* dort genannten Kooperationsformen überschrieben und umfasst nach § 18 I 1 MBOÄ Berufsausübungsgemeinschaften, Kooperationsgemeinschaften, Organisationsgemeinschaften und Praxisverbünde. Rekurrierend

---

542 *Narr*, Ärztliches Berufsrecht, B 392.

543 § 23b BO Saarland, § 23b BO BW, § 23b BO Westf.-Lippe, § 23b BO RP, § 23b BO Sachsen, § 23b BO LSA, § 23b BO Bbg, § 23b BO HB, § 23b BO MVP, § 23b BO SH, § 23b BO Thüringen. § 23b BO Hessen und § 23b BO HH sind inhaltsgleich geregelt wie § 23b MBOÄ, jedoch in drei Absätze aufgeteilt.

544 Siehe hierzu ausführlich S. 328 ff., 333 ff.

545 *Köbler*, Beteiligung Berufsfremder, S. 195; siehe bereits S. 85.

auf die Berufsausübung sprechen § 18 II 1, IIa MBOÄ allein von der *„gemeinsamen Berufsausübung"* in Berufsausübungsgemeinschaften. Nach § 23b I 4 lit. a) MBOÄ ist zudem festgelegt, dass der Kooperationsvertrag die *„eigenverantwortliche und selbständige Berufsausübung"* des Arztes zu gewährleisten hat. § 18 II 2 MBOÄ geht dagegen auf die *„berufliche Zusammenarbeit [...] gleich in welcher Form"* ein. § 23c MBOÄ beschreibt allein die *Zusammenarbeit* (*„in allen Rechtsformen zusammenzuarbeiten"*) von Ärzten mit Angehörigen anderer als in § 23b MBOÄ genannter Berufe. Infolge der semantischen Inkongruenz ist die bestehende Unklarheit in Literatur und Rechtsprechung über die Zuordnung der MKG zu den Organisationsgemeinschaften oder Berufsausübungsgemeinschaften nicht überraschend.

Die Einstufung der MKG ist für ihre praktische Handhabung von elementarer Bedeutung. Einerseits unterscheiden sich Organisationsgemeinschaft und Berufsausübungsgemeinschaft in der Frage, wer Vertragspartner des Patienten wird. Die beteiligten Partner einer Organisationsgemeinschaft treten ihren Patienten gegenüber selbständig auf, der einzelne Behandelnde wird Vertragspartner des Patienten. Ihr Zweck liegt grundsätzlich allein in der Einsparung von Kosten der Praxisräume, Praxiseinrichtungen und/oder Personal durch deren Aufteilung auf die beteiligten Partner, die Patientenkartei erfolgt hingegen getrennt und die Beteiligten treten gegenüber den Patienten gerade nicht gemeinsam auf.[546] Ein gemeinsamer Auftritt geschieht lediglich gegenüber Lieferanten, dem Vermieter der Praxisräume oder anderen Vertragspartnern zur Beschaffung, Einrichtung und Unterhaltung der gemeinschaftlichen Einrichtungen.[547] In der Berufsausübungsgemeinschaft findet demgegenüber ein gemeinsamer Auftritt gegenüber den Patienten statt, die medizinischen Behandlungen werden von der gemeinsamen Gesellschaft angeboten, die Patientenkartei wird gemeinsam geführt und Einkünfte werden gemeinschaftlich von der Gesellschaft erzielt.[548] In der Berufsausübungsgemeinschaft wird daher – abgesehen von der im Einzelfall ersichtlichen Beauftragung eines

---

546 Zur Praxisgemeinschaft und ihren Ausformungen unterschiedlicher Intensität bereits *Spitzl*, Die ärztliche Gemeinschaftspraxis, S. 6 f.; *Holldack-Heckmann*, Gruppenpraxis, S. 24 ff.; *Wigge*, in: *Schnapp/Wigge*, Vertragsarztrecht, § 6 Rn. 125 ff.; *Rothfuß*, in: *Bäune et al.*, Ärzte-ZV, § 33 Rn. 2; siehe ferner *Nebendahl*, in: *Igl/Welti*, Gesundheitsrecht, § 47 Rn. 28 f.; *Blaurock*, MedR 2006, 643 (643 f.); *Trautmann*, Gemeinschaftspraxis, S. 19 ff.; *Walter*, MedR 2002, 169 (169); *Wenzel*, in: *Wenzel*, Patientenrechtegesetz, BGB, § 630a Rn. 74; *Dochow*, PinG 2018, 51 (52 f.); *Steffen*, MedR 2006, 75 (76); *Narr*, Ärztliches Berufsrecht, B 435 ff.; *Schirmer*, MedR 1995, 341 (347); *Taupitz*, MedR 1993, 367 (368); *Henke*, NJW 1974, 2035 (2035). Siehe parallel zur berufsübergreifenden Bürogemeinschaft mit anwaltlicher Beteiligung nach § 59a III BRAO *BGH, NJW* 2018, 1095 (1101).

547 *Blaurock*, MedR 2006, 643 (644); *Rehborn*, in: *Laufs et al.*, Hdb. Arztrecht, § 22 Rn. 13 ff; *Gummert/Remplik*, Münchener Hdb. Gesellschaftsrecht, Bd. 1, § 25 Rn. 167.

548 *BerufsG für Heilberufe beim VG Potsdam*, MedR 2014, 689 (691). *OLG Brandenburg*, GesR 2016, 89 (89), knüpft dagegen – ohnehin in Verkennung anerkannter fachübergreifender Gemeinschaftspraxen – an die Rechtsprechung vor Anerkennung der Teilrechtsfähigkeit der Außen-GbR an und stellt fest, dass ein Patient *„zu all diesen*

einzelnen Beteiligten[549] – die Gesellschaft selbst als Vertragspartner berechtigt und verpflichtet,[550] die sich zu der Erfüllung ihrer vertraglichen Verpflichtungen der berufsrechtlich befugten und befähigten Personen zu bedienen hat.[551]

Andererseits hängt der konkrete Haftungsumfang von der Einteilung ab. Ist die MKG als Organisationsgemeinschaft aufzufassen, haftet allein der im konkreten Fall Behandelnde. Die vertragliche Haftung erstreckt sich weder auf nicht an der Behandlung beteiligte Partner der MKG noch auf die Gesellschaft selbst. Als Berufsausübungsgemeinschaft trifft dagegen die Gesellschaft selbst die vertragliche

---

Ärzten in vertragliche Beziehungen tritt[.]" Siehe ferner bereits *Wenzel*, in: *Wenzel*, Patientenrechtegesetz, BGB, § 630a Rn. 77; *Möller/Makoski*, in: *Wenzel*, Arzthaftungsprozess, Rn. 194; *Nebendahl*, in: *Igl/Welti*, Gesundheitsrecht, § 47 Rn. 31 f.; *Blaurock*, MedR 2006, 643 (644); *Henke*, NJW 1974, 2035 (2035); *Spitzl*, Die ärztliche Gemeinschaftspraxis, S. 7 f.; *Holldack-Heckmann*, Gruppenpraxis, S. 37; *Ehmann*, MedR 1994, 141 (145); *Schirmer*, MedR 1995, 383 (386); *Taupitz*, MedR 1993, 367 (368); *Walter*, MedR 2002, 169 (170); *Wigge*, in: *Schnapp/Wigge*, Vertragsarztrecht, § 6 Rn. 6 ff.; *Narr*, Ärztliches Berufsrecht, B 386. *Ratzel/Lippert*, MedR 2004, 525 (528), eine negative Abgrenzung von der Organisationsgemeinschaft befürwortend. Da Organisationsgemeinschaften in zahlreichen Ausprägungen möglich sind, scheint ein solcher Ansatz nicht zielführend, so bereits *Fiedler/Fürstenberg*, NZS 2007, 184 (190), außerdem verhindert der Ansatz eine rechtsichere Handhabung.

549 Siehe hierzu *Steffen*, MedR 2007, 75 (77); allgemein bzgl. freiberuflicher Sozietäten *Sprau*, in: *Palandt*, BGB, § 705 Rn. 49; vgl. bzgl. Rechtsanwälten auch *Hirtz*, AnwBl. 2008, 82 (82); *Heyers*, MDR 2013, 1322 (1322 f.).

550 Siehe allgemein hier nur *Steffen*, MedR 2007, 75 (77); zu interprofessionellen Sozietäten *BGH*, NJW 2011, 2301 (2301 f.); *Riechert*, AnwBl 2019, 474 (474); *Sprau*, in: *Palandt*, BGB, § 705 Rn. 49; *Heyers*, MDR 2013, 1322 (1322); *Markworth*, NJW 2015, 2152 (2155); *Rieger*, MedR 1998, 75 (78); *Schirmer*, MedR 1995, 341 (347); bezüglich interprofessioneller PartG *Schirmer*, MedR 1995, 383 (386). Bereits vor Anerkennung der Rechtsfähigkeit der Außen-GbR galt insofern das Prinzip der Gemeinschaftsmandatierung einer Sozietät nach *BGHZ* 56, 355 (358 ff.), und zwar auch im Rahmen berufsübergreifender Sozietäten *BGH*, NJW 1982, 1866 (1866); *OLG Köln* WiB 1997, 667, insoweit *zust. Römermann*, WiB 1997 667 (668); anders dagegen noch für interprofessionelle Sozietäten bei Anwendung der Doppelverpflichtungslehre *BGH*, JZ 2001, 95 ff.; NJW 2000, 1560 (1561); 2001, 1572 (1573);. Vgl. dazu für das Berufsrecht der Rechtsanwälte hier nur *Riechert*, AnwBl 2019, 474 (474); *Römermann*, NZG 2014, 481 (482); *Deckenbrock*, AnwBl 2014, 118 (118); *Lux*, MDR 2009, 957 (959). Die Anerkennung der Teilrechtsfähigkeit einer Außen-GbR nach *BGHZ* 146, 341 ff., außer Acht lässt *Wende*, Fremdbesitzverbot, S. 51, der unter Hinweis auf *BGH*, NJW 1986, 2364 (2365) konstatiert, der Vertrag komme mit allen in der Gemeinschaftspraxis verbundenen Ärzten zustande.

551 Die tatsächliche Auftragserfüllung bleibt somit den einzelnen hierzu berechtigten Berufsträgern vorbehalten, vgl. für interprofessionelle Sozietäten unter anwaltlicher Beteiligung *Heyers*, MDR 2013, 1322 (1325).

Haftung.[552] In der praktisch häufig für Berufsausübungsgemeinschaften gewählten GbR treten außerdem – im Kontrast zu Organisationsgemeinschaften – die bereits beschriebenen Haftungsfolgen ein.[553]

Auch für die Gestaltung der Zusammenarbeit ist die Einstufung von Belang. Während innerhalb einer Berufsausübungsgemeinschaft der fachliche Austausch der Partner von dem Patienten regelmäßig erwartet wird, ist innerhalb einer Organisationsgemeinschaft die Einbindung anderer Beteiligter aufgrund der nach § 203 I Nr. 1 StGB strafbewehrten und berufsrechtlich in § 9 MBOÄ fixierten ärztlichen Schweigepflicht nur bei ausdrücklicher Einwilligung des Patienten zulässig.

Außerdem folgt aus der Charakterisierung als Berufsausübungsgemeinschaft ein Ausschluss rein finanzieller Beteiligungen, da in einer solchen Teilhabe keine Ausübung des entsprechenden Berufs zu sehen ist.[554] Die Abgrenzung zwischen Organisations- und Berufsausübungsgemeinschaften ist in den letzten Jahren durch die angehende Liberalisierung des Berufsrechts schwieriger geworden.[555]

bb) Meinungsaufriss

Hauptsächlich wohl[556] aufgrund der wörtlichen Inkongruenz, aber auch unter Hinweis auf die erforderliche Trennung der Verantwortungsbereiche nach § 23b I 4 lit. b) MBOÄ[557] kommen die bisher ergangene Rechtsprechung[558] und einige Literaturstimmen[559] zu dem Schluss, dass innerhalb einer MKG nach § 23b MBOÄ keine

---

552 Vgl. *OLG Düsseldorf*, Urt. v. 17.11.2011 – I-8 U 1/08; *Walter*, MedR 2002, 169 (172 f.).

553 Siehe S. 68 ff.

554 Anders wohl *Schulenburg/Heckmann*, GesR 2010, 525 ff., den Ausschluss rein unternehmerischer Beteiligungen gesellschaftsrechtlicher Art aus der Freiberuflichkeit des Arztberufs und dem Gewerbeverbot im ärztlichen Berufsrecht herleiten.

555 *Ratzel/Lippert*, MedR 2004, 525 (528).

556 Gemeinsam ist den Ansichten aller Richtungen in der Regel, dass ihnen eine nähere Begründung fehlt. Eine vertiefte Auseinandersetzung, die verschiedene Argumente differenziert herausgearbeitet hat und gegeneinander abwägt, hat noch nicht stattgefunden.

557 *Wigge et al.*, in: *Wigge/von Leoprechting*, MVZ, S. 108 f.

558 *SG München* MedR 2004, 235 (236); *BerufsG für Heilberufe beim VG Potsdam*, MedR 2014, 689 (691). Anders innerhalb der Rechtsprechung wohl allein *VG Stuttgart*, MedR 2004, 634 (636), jedoch in Bezug auf die MKG nach *zahnärztlichem* Berufsrecht, wobei der damals relevante § 22 BOZÄ BW betitelt war als *„Gemeinsame Berufsausübung von Zahnärzten mit Angehörigen anderer Berufe"*. Der heute relevante § 17 BOZÄ BW trägt nur noch den Titel *„Zahnärzte und andere Berufe"*.

559 *Rehborn*, in: *Laufs et al.*, Hdb. Arztrecht, § 22 Rn. 59; *Wigge*, in: *Schnapp/Wigge*, Vertragsarztrecht, § 6 Rn. 121; *Wigge et al.*, in: *Wigge/von Leoprechting*, MVZ, S. 108 f.; implizit auch *Berg*, MedR 2014, 692 (692 f.); widersprüchlich *Quaas*, in: *Quaas et al.*, Medizinrecht, § 15 Rn. 7, 17. *Frank*, in: *Frank/Schmid*, Recht für Ärzte, S. 144, konstatiert, *„im Prinzip"* werde nur eine Organisationsgemeinschaft gegründet. *Reiter*, GesR 2005, 6 (6), wird bisweilen als Vertreter dieser Meinung benannt, resümiert allerdings lediglich im Hinblick auf § 18 I 1 MBOÄ, dass MKG keine *ärztlichen*

gemeinsame Berufsausübung stattfindet und sie daher nur eine Organisationsgemeinschaft darstellt. Die ersichtliche Majorität in der Literatur betrachtet MKG oft ohne das Anstellen von Bedenken als interprofessionelle Berufsausübungsgemeinschaft, insbesondere bleiben die meisten Einschätzungen einer Begründung schuldig.[560] Die seltenen Untermauerungen der Ansicht schließen einerseits aufgrund des strafbewehrten Verbots der Bestechlichkeit im Gesundheitswesen nach § 299a StGB auf die Unzulässigkeit interprofessioneller Organisationsgemeinschaften.[561] Von anderen werden in der ausdrücklichen Zulässigkeit der Führung der MKG in Form einer PartG, der gemeinsamen Ankündigung nach § 18a II 1 MBOÄ[562] und dem Wortlaut der Bezeichnung als Kooperations*gemeinschaft*[563] Zeichen für die Annahme einer Berufsausübungsgemeinschaft erkannt. Vereinzelt wird wohl ein Wahlrecht anerkannt, ob die MKG im konkreten Einzelfall als Berufsausübungsgemeinschaft oder Organisationsgemeinschaft ausgestaltet wird.[564]

Berufsausübungsgemeinschaften darstellen; einer Aussage, ob sie als interprofessionelle Berufsausübungsgemeinschaft anzusehen sind, enthält er sich. Unklar auch *Munte et al.*, Kooperative Berufsausübung, die auf S. 21, 36 bisherige Zusammenschlüsse in Praxisgemeinschaften als potentielle Interessenten für die Kooperationsform der MKG ansehen, auf S. 45 diese jedoch als Berufsausübungsgemeinschaften aufzählen.

560 *Spielberg*, DÄBl. 1995, A-1636 (A-1636); *Cramer et al.*, Der Frauenarzt 1996, 1069 (1070); *Werner*, Berufsausübung, S. 362 f.; *Henssler*, PartGG, § 1 Rn. 261; *Hildebrandt*, Freiberufliche Zusammenschlüsse, S. 63; *Rothfuß*, in: *Bäune et al.*, Ärzte-ZV, § 33 Rn. 24 Fn. 53; *Erbsen*, Praxisnetze, S. 64, 129; *Damas*, Thera-Biz 2015 (4), 76 (77); *Buchner/Jäkel*, in: *Stellpflug et al.*, Gesundheitsrecht, B1000 Rn. 235; *Narr*, Ärztliches Berufsrecht, B 392, B 443; *Scholz*, in: *Spickhoff*, Medizinrecht, MBOÄ, § 18a Rn. 2, 23b Rn. 1; *Kilian*, in: *Prütting*, Medizinrecht, MBOÄ, § 23b Rn. 1; *Köbler*, Beteiligung Berufsfremder, S. 196, 198 f., 200 f.; *Nentwig/Pfisterer*, in: ARGE, Psychotherapeutengesetz, S. 147 (150 f.); *Cansun*, Kooperationsmöglichkeiten, S. 128; *Frehse/Kleinke*, in: *Saalfrank*, Medizin- und Gesundheitsrecht, § 1 Rn. 386; *Schirmer*, MedR 1995, 341 (347, 348); 383 (386, 389 f.); *Schirmer*, MedR 1998, 435 (449); *Halbe/Rothfuß*, in: *Halbe/Schirmer*, Kooperationen, A 1100 Rn. 5, 11; *Hartmann*, in: *Halbe/Schirmer*, Kooperationen, A 1500, Rn. 2; *Broglie/Hartmann*, in: *Clausen/Schroeder-Printzen*, Medizinrecht, § 11 Rn. 62 ff. *Gummert/Meier*, MedR 2007, 75 (75, 79, 81), differenzieren nicht zwischen „*kooperativer*" und „*gemeinsamer*" Berufsausübung. Siehe auch *Steffen*, MedR 2006, 75 (79 f.), nach dem die MKG „*ja wohl primär*" eine „*wirkliche Zusammenbindung*" bezwecke und der Zweck einer gemeinsamen Berufsausübung trotz erforderlicher Trennung der Verantwortungsbereiche anzunehmen sei.

561 So wohl implizit *Scholz*, in: *Spickhoff*, Medizinrecht, MBOÄ, § 23b Rn. 1.

562 *Scholz*, in: *Spickhoff*, Medizinrecht, MBOÄ, § 23b Rn. 1. *Rieger*, MedR 1998, 75 (78), lässt hierauf schließen, wobei offen bleibt, ob er bei konkreter Ausgestaltung ein Wahlrecht zwischen als Berufsausübungsgemeinschaft oder Organisationsgemeinschaft anerkennt.

563 *Kilian*, in: *Prütting*, Medizinrecht, MBOÄ, § 18 Rn. 46.

564 *Möller*, MedR 2003, 195 (197), stellt fest, dass die MKG gegenüber Patienten als Einheit auftreten „*darf*". *Rieger*, MedR 1998, 75 (78), stellt die MKG als

cc) Auslegung

aaa) Historische Auslegung

Aus der historischen Entwicklung der Norm lassen sich kaum Anhaltspunkte für die Frage der Einstufung als Berufsausübungs- oder Organisationsgemeinschaft finden. Einerseits ist die Kooperationsform der MKG anlässlich[565] der Einführung der nach ihrem Zweck die Zusammenarbeit unterschiedlicher freier Berufe begünstigenden PartG[566] in die Berufsordnung aufgenommen worden. Die Zugehörigkeit zu verschiedenen Berufen vermag somit nicht bereits den Zusammenschluss zu einer Berufsausübungsgemeinschaft hindern. Daher lässt sich mit Vorsicht zugunsten der Annahme einer interprofessionellen Berufsausübungsgemeinschaft schließen. Dafür spricht auch das Verständnis der Landesärztekammern *Baden-Württembergs* und *Bayerns*, die ausdrücklich von einem Zusammenschluss zur gemeinschaftlichen Berufsausübung ausgehen.[567]

bbb) Semantik

Während § 23b MBOÄ den interprofessionellen Zusammenschluss als *„Medizinische Kooperationsgemeinschaft"* bezeichnet, steht in § 18 I 1 MBOÄ als Ausgangsnorm zulässiger Kooperationsmöglichkeiten der Zusammenschluss zu *„Berufsausübungsgemeinschaften, Organisationsgemeinschaften, Kooperationsgemeinschaften und Praxisverbünden"* in Rede. Die MKG wird nicht explizit erwähnt,[568] sie stellt allerdings in der MBOÄ die einzige als solche bezeichnete und detailliert geregelte *„Kooperationsgemeinschaft"* dar.[569] Auch § 23b I 2 MBOÄ spricht innerhalb

---

Berufsausübungsgemeinschaft einer MKG als Innengesellschaft gegenüber. Auch dem Verständnis von *Eisenberg*, Ärztliche Kooperationen, S. 204, liegt die Existenz eines Wahlrechts jedenfalls nicht fern, wenn sie am Merkmal der Selbständigkeit davon ausgeht, die Partner müssten *„ihre Praxis jeweils selbständig [...] betreiben"*, da zuvor von einer Ähnlichkeit zu ärztlichen Gemeinschaftspraxen und einer Zusammenarbeit *„in"* MKG ausgegangen wird (S. 191 ff.). Ähnlich bereits zuvor *Schirmer*, MedR 1995, 383 (389 f.), der *„gemeinsame"* und *„kooperative"* Berufsausübung in der MKG für möglich erachtet.

565 *Spielberg*, DÄBl. 1995, A-1636 (A-1636); *BÄK*, DÄBl. 1995, A-1818; *Schirmer*, MedR 1995, 341 (341); *Cramer et al.*, Der Frauenarzt 1996, 1069 (1069 f.); *Werner*, Berufsausübung, S. 362. Siehe näher oben S. 113 ff.

566 BT-Drs. 12/21, S. 45.

567 *LÄK Bad.-Württ.*, PartG/MKG, Punkt 1.3; so neuerdings auch das übersichtliche Schaubild der *Bayerischen Landesärztekammer* auf ihrer Website *https://www.blaek.de/arzt-und-recht/berufliche-kooperationen.*

568 Vereinzelt wird in den Berufsordnungen der Landesärztekammern die „MKG" in § 18 I 1 MBOÄ entsprechenden Ausgangsnormen zu beruflicher Kooperation explizit genannt, siehe z.B. § 18 I BO Bln.

569 Daher ist die pauschale Feststellung der Nichtanwendbarkeit des § 18 MBOÄ für interprofessionelle Kooperationen, wie sie von *Willkomm/Braun*, ZMGR 2019, 11

der Regelung zu MKG verkürzt von der *„Bildung einer Kooperationsgemeinschaft“*, zudem verdeutlichen die Hinweise der Bundesärztekammer wie auch von Landesärztekammern ihr Verständnis in dieser Weise.[570] Für die Einstufung als interprofessionelle Berufsausübungsgemeinschaft oder Organisationsgemeinschaft lässt sich hieraus jedoch nichts ableiten.

Aus dem begrifflichem Konnex mit dem Wort *„Gemeinschaft“* lässt sich jedenfalls kein Rückschluss auf eine Berufsausübungsgemeinschaft ziehen, da sowohl Berufsausübungsgemeinschaften als auch Organisationsgemeinschaften als solche bezeichnet werden.[571] Gegen die Annahme einer Berufsausübungsgemeinschaft spricht auf den ersten Blick, dass nach § 23b I 1 MBOÄ die zugelassenen *Kooperationspartner „selbständig“* tätig sein müssen.[572] Zudem muss der Kooperationsvertrag nach § 23b I 4 lit. a) MBOÄ die selbständige Berufsausübung des Arztes gewährleisten. Mit dem Hinweis auf Selbständigkeit der Kooperationspartner legt der Wortlaut scheinbar einen Zusammenschluss nahe, der allein die gemeinsame Nutzung personeller und sachlicher Mittel ohne gemeinsame Berufsausübung betrifft. Rekurrierend auf § 18 IIa 2 MBOÄ verlangt jedoch die gemeinsame Berufsausübung in einer ärztlichen Berufsausübungsgemeinschaft ebenfalls die auf Dauer angelegte Zusammenarbeit *selbständiger*, freiberuflich tätiger Gesellschafter. Dem Begriff der Selbständigkeit lässt sich daher keine überzeugende Begründung für die Annahme einer Organisationsgemeinschaft ableiten. Für eine Nähe zur Berufsausübungsgemeinschaft spricht die Erwähnung der *„Berufsausübung“* in der Beschreibung der Kooperationsform. Während die Berufsausübung in Berufsausübungsgemeinschaften gemeinschaftlich stattfindet und in Organisationsgemeinschaften außerhalb der Gesellschaft erfolgt, weist die *„kooperative Berufsausübung“* auf eine Eingliederung der Berufsausübung in die MKG hin.

Die Benennung gesundheitsberatender, interprofessioneller Zusammenschlüsse in § 23b MBOÄ als *„Medizinische Kooperationsgemeinschaft“*, die eine *„kooperative Berufsausübung“* beinhalten, weist damit nicht offensichtlich eine

---

(12), vorgenommen wird, viel zu weitgehend; vielmehr ist zwischen den in § 18 I MBOÄ genannten Kooperationsformen zu differenzieren. Die Absätze 4 und 6 betreffen alle Kooperationsformen nach Satz 1 und Absatz 5 alle Kooperationsformen, zu deren Organisation eine PartG gegründet werden kann und daher auch die MKG.

570 Siehe die Mitteilung der *BÄK*, DÄBl. 2008, A-1019 (A-1020), sowie die Merkblätter der *LÄK Bad.-Württ.*, Kooperationsmöglichkeiten, S. 4, und der *Sächsischen LÄK*, Niederlassung und berufliche Kooperation, S. 6.

571 So jedoch *Kilian*, in: *Prütting*, Medizinrecht, MBOÄ, § 18 Rn. 46.

572 So das *BerufsG beim VG Potsdam* MedR 2014, 689 (691); *zust. Berg*, MedR 2014, 692 (692). Aufgrund seiner Hinweise zu § 23d MBOÄ muss erstaunen, dass das Gericht nicht den Schluss gezogen hat, dass § 23b MBOÄ allein auf Berufsausübungsgemeinschaften anzuwenden ist, sondern stattdessen pauschal die Verfassungswidrigkeit der Regelung des § 23b MBOÄ in den Raum stellt. In der Berufungsinstanz wurde das Verfahren eingestellt, sodass keine Klärung der Frage herbeigeführt worden ist.

eindeutige Richtung der Kooperationsform. Durch die Verwendung des Begriffs der *„gemeinsamen Berufsausübung"* in Berufsausübungsgemeinschaften ist zwischen dieser und der *„kooperativen Berufsausübung"* offensichtlich zu differenzieren. Die Problematik führt das *SG München* zu dem in sich widersprüchlichen Schluss, die Berufsordnung erlaube eine *„Berufsausübungsgemeinschaft nur kooperativ, d.h. in Form einer Praxisgemeinschaft."*[573] Zu eklatant stehen Berufsausübungsgemeinschaft, in der eine gemeinsame Berufsausübung stattfindet, und Praxisgemeinschaft, die gerade keine gemeinsame Berufsausübung zum Gegenstand hat, in einem Alternativverhältnis. Während die Praktikerliteratur unter *„kooperativer"* Berufsausübung jegliche Zusammenarbeit von Ärzten mit anderen Heilberufen – innerhalb Berufs- und Organisationsgemeinschaften – versteht,[574] drängt sich eine Unterscheidung zu Berufsausübungsgemeinschaft und Organisationsgemeinschaft aufgrund des Wortlauts der MBOÄ auf. *„Gemeinsame"* Berufsausübung im Sinne der MBOÄ wird allein im Kontext rein *ärztlicher* Zusammenarbeit im Rahmen des § 18 IIa MBOÄ benutzt, dagegen erfolgt die Benennung als *„kooperative"* Berufsausübung in MKG allein in *interprofessionellem* Bezug und legt das Verständnis einer gemeinsamen interprofessionellen Berufsausübung nahe. Insoweit beschreibt *Schirmer* auch die *„Gemeinsamkeit in berufsrechtlicher Spezialität"* innerhalb von MKG als Unterscheidungsmerkmal zu den damals als Gemeinschaftspraxen bezeichneten ärztlichen Berufsausübungsgemeinschaften, die eine *„Gemeinsamkeit in berufsrechtlicher Identität"* aufweisen.[575] Hierfür spricht, dass nach § 18 I 1, IIa MBOÄ ausdrücklich nur Ärzte als Mitglieder von Berufsausübungsgemeinschaften in Frage kommen. Die Benutzung des Terminus *„gemeinsame Berufsausübung"* im Rahmen des § 23b MBOÄ würde daher einen wörtlichen Widerspruch zu § 23a I 1, IIa MBOÄ provozieren. Keinesfalls wird jedoch eine gemeinsame interprofessionelle Berufsausübung ausgeschlossen, da § 18 I 2 MBOÄ Berufsausübungsgemeinschaften näher als einen Zusammenschluss zu gemeinsamer Ausübung *des Arztberufs* bezeichnet, woran sich die Legaldefinition der Berufsausübungsgemeinschaften in § 18 IIa MBOÄ letztlich anschließt. Der Wortlaut legt somit nahe, *„kooperative Berufsausübung"*

---

573 *SG München*, MedR 2004, 235 (236), in Bezug auf die insoweit sprachlich deckungsgleiche Vorgängernorm des § 23b MBOÄ in Kap. D II. Nr. 9 MBOÄ-1997.

574 *Munte et al.*, Kooperative Berufsausübung, passim, beschreiben insofern die gesamte Breite möglicher Zusammenarbeit von MKG über Praxisgemeinschaften, Praxisnetzen und MVZ. Vgl. auch die Nutzung als Oberbegriff für alle Arten der Zusammenarbeit durch *Rehborn*, in: *Laufs et al.*, Hdb. Arztrecht, § 22 Rn. 11.

575 *Schirmer*, MedR 1995, 341 (348). Siehe ferner *Broglie/Hartmann*, in: *Clausen/Schroeder-Printzen*, Medizinrecht, § 11 Rn. 62, die lediglich in der Qualifikation der Gesellschafter der MKG einen Unterschied zu Berufsausübungsgemeinschaften erkennen. So ferner im Ergebnis auch *Narr*, Ärztliches Berufsrecht, B 392, der in der gemeinsamen Ausübung verschiedener Berufe das relevante Abgrenzungskriterium zu Gemeinschaftspraxen erkennt.

als gemeinsame interprofessionelle Berufsausübung und daher MKG als interprofessionelle Berufsausübungsgemeinschaften aufzufassen.

ccc) Systematisch-teleologische Auslegung

Folgt man der hier vertretenen Ansicht, die in § 23b MBOÄ geregelten Gesellschaften sind in § 18 I 1 MBOÄ als Kooperationsgemeinschaften bezeichnet, so könnte der dortigen Reihenfolge der Aufzählung zulässiger Kooperationsformen ein erster Anhaltspunkt entnommen werden, wenn sie an dem Grad der Verbundenheit angelehnt ist. Zunächst nennt § 18 I 1 MBOÄ die engste Form der Kooperation – die Berufsausübungsgemeinschaft. Ihr folgt die Organisationsgemeinschaft als losere Form der Verbundenheit, in der keine gemeinsame Berufsausübung stattfindet, jedoch wirtschaftliche Vorteile durch gemeinsames Tragen der Kosten für sächliche und personelle Mittel beabsichtigt sind und durchaus ein gemeinsames Wirtschaften zur Unterstützung der selbständigen Berufsausübung erfolgt. Zuletzt werden Praxisverbünde nach den Kooperationsgemeinschaften aufgezählt, innerhalb derer ein selbständiger Auftritt der Partner erfolgt und die Bindung der Partner nur lose ist – allenfalls lassen sich gemeinsame Anschaffungen tätigen, sie sind jedoch nicht erforderlich. Außerdem soll die Teilnahme an einem Praxisverbund nach § 23d I 2 MBOÄ „*allen dazu bereiten [...] Ärzten ermöglicht werden[.]*“ Die Aufzählung in § 18 I 1 MBOÄ mag daher nach Intensität der Gemeinschaft erfolgen. Dann wäre indes auf eine weniger intensive Verschränkung der Beteiligtensphären zu schließen als in Organisationsgemeinschaften. Müsste jedoch die Intensität der Gemeinschaft als geringer als in Organisationsgemeinschaften einzuschätzen sein, wäre folglich die MKG wie der Praxisverbund als Kooperationsform sui generis in Abgrenzung zu Berufsausübungs- und -organisationsgesellschaften zu verstehen. Dieses Verständnis als neuartiges Kooperationskonstrukt wird ersichtlich von niemandem vertreten.

Gegen die Annahme einer Kooperationsform sui generis spricht bereits die Zulässigkeit der PartG als Organisationsform für eine gemeinsame Berufsausübung.[576] Nach § 1 I 1 PartGG ist die PartG „*eine Gesellschaft, in der sich Angehörige Freier Berufe zur Ausübung ihrer Berufe zusammenschließen.*“ Die PartG ist folglich ein Zusammenschluss zur gemeinsamen *aktiven* Berufsausübung aller Partner,[577] die nur zur aktiven Ausübung des freien Berufs jedes Beteiligten in der Gesellschaft

576 Siehe auch *Scholz*, in: *Spickhoff*, Medizinrecht, MBOÄ, § 23b Rn. 1. Offen in sich widersprüchlich *Quaas*, in: *Quaas et al.*, Medizinrecht, § 15 Rn. 17, 31 ff., der mangels gemeinsamer Berufsausübung die Beteiligung von Nichtärzten in Praxisgemeinschaften, bei denen es sich um MKG und nicht um Praxisgesellschaften „*als solche*“ handele, anerkennt, später jedoch die PartG als Berufsausübungsgemeinschaft bezeichnet.

577 Siehe hierzu S. 110 Fn. 508.

gewählt werden kann.[578] Wenn die Partnerschaft eine mögliche Form der MKG sein soll, muss im Umkehrschluss in der MKG eine gemeinsame Berufsausübung erfolgen *können*[579] – ansonsten wäre die Zulässigkeit der PartG sinnlos. Denklogisch ist die Führung einer als Organisationsgemeinschaft aufzufassenden MKG in einer PartG ausgeschlossen. Schon aufgrund der ausdrücklichen Eröffnung der PartG ist wenig nachvollziehbar, dass *Gummert* und *Remplik* bei ihrer Gegenüberstellung u. a. zu Organisationsgemeinschaften, in denen keine gemeinsame Berufsausübung erfolgt, die MKG als die loseste Form der Zusammenarbeit darstellen.[580]

Aus der nach § 23b I 2 MBOÄ folgenden Zulässigkeit ihrer Organisation in juristischen Personen des Privatrechts *„gemäß § 23a MBOÄ"* ist zudem der Schluss zu ziehen, dass MKG der gemeinsamen Berufsausübung dienen können. So verlangt § 23a I 3 MBOÄ ausdrücklich die berufliche Tätigkeit der Gesellschafter *„in"* der Gesellschaft, was auf die Vergemeinschaftung der Berufsausübung schließen lässt.[581] Der Verweis auf § 23a MBOÄ in § 23b I 2 MBOÄ schließt somit die Führung einer als Organisationsgemeinschaft zu verstehenden MKG in einer Kapitalgesellschaft denklogisch aus. Üben alle Gesellschafter ihre berufliche Tätigkeit in der Gesellschaft aus, treten sie nicht im eigenen Namen, sondern für die Gesellschaft auf. Gerade in diesem Auftritt für die Gesellschaft gegenüber Patienten ist – wie auch die Bundesärztekammer erkennt[582] – das Hauptmerkmal einer gemeinsamen Berufsausübung zu sehen. Für die Nutzung einer MKG als Organisationsform verbliebe letztlich mit der GbR nur eine der in § 23b I 2 MBOÄ genannten Rechtsformen.

Jedoch ist die Gründung einer MKG nach § 23b I 3, II MBOÄ *„nur mit solchen anderen Berufsangehörigen und in der Weise erlaubt, dass diese in ihrer Verbindung mit der Ärztin oder dem Arzt einen gleichgerichteten oder integrierenden diagnostischen oder therapeutischen Zweck bei der Heilbehandlung, auch auf dem Gebiete der Prävention und Rehabilitation, durch räumlich nahes und koordiniertes Zusammenwirken aller beteiligten Berufsangehörigen erfüllen können."* Zwar spricht § 23b I 3 MBOÄ lediglich von einem *„gleichgerichteten oder integrierenden"* Zweck

578 *Hirtz*, in: *Henssler/Strohn*, Gesellschaftsrecht, PartGG, § 1 Rn. 37. Siehe ferner *LÄK Bad.-Württ.*, PartG/MKG, S. 2.

579 *Scholz*, in: *Spickhoff*, Medizinrecht, MBOÄ, § 23b Rn. 1.

580 *Gummert/Remplik*, in: Münchener Hdb. Gesellschaftsrecht, Bd. 1, § 25 Rn. 1.

581 Ebenfalls als Berufsausübungsgemeinschaft wird die Ärztegesellschaft aufgefasst von *Kilian*, in: *Prütting*, Medizinrecht, MBOÄ, § 23a Rn. 1, 3.

582 Die *BÄK*, DÄBl. 2008, A-1019 (A-1021), hebt als Voraussetzungen einer gemeinsamen Berufsausübungen neben dem erkennbaren Willen zur gemeinsamen Berufsausübung in einer auf Dauer angelegten systematischen Kooperation und einem Gesellschaftsvertrag die Außenankündigung der Gesellschaft, den Abschluss von Behandlungsverträgen von der Gesellschaft und einen gemeinsamen Patientenstamm sowie im Wesentlichen gleiche Rechte und Pflichten der beteiligten Ärzte hervor.

und steht einem gemeinsamen Gesellschaftszweck scheinbar entgegen. Jedoch ist bereits das Verständnis der Kooperationsform als Gesellschaftszweck herausgestellt worden – der Zweck der Kooperationsform selbst ist daher wiederum dem gemeinsamen Gesellschaftszweck *untergeordnet*. Beachtung muss vielmehr der Voraussetzung eines *räumlich nahen und koordinierten Zusammenwirkens der beteiligten Kooperationspartner* geschenkt werden. Die der Kooperationsform implizit zugrundeliegende *regelmäßige* Koordination des *„Zusammenwirken[s]"* kann nur dann erfolgen, wenn nicht nur Kosten materieller oder personeller Art geteilt werden, sondern eine aktive Abstimmung der Beteiligten im Regelfall möglich ist. Passend hierzu setzt § 23b II Hs. 2 MBOÄ in Konkretisierung des *„Gebot[s]"* in § 23b I 3 MBOÄ die Möglichkeit zur Erfüllung eines *„gemeinschaftlich erreichbaren medizinischen Zweck[s]"* voraus. Gerade die Verpflichtung der Ärzte zur Verschwiegenheit nach § 9 MBOÄ – strafrechtlich abgesichert durch § 203 I Nr. 1 StGB – konfligiert allerdings stark mit einer Einbindung externer Dritter. Während in Organisationsgemeinschaften vor jeder Behandlung und jedem internen Informationsaustausch konkreter Patienteninformationen die Einwilligung des Patienten auch rekurrierend auf die Beteiligung des Kooperationspartners einzuholen wäre, ist in einer Berufsausübungsgemeinschaft die Einschaltung der übrigen Partner von Patienten anzunehmen und oftmals gewünscht.[583] Hierin liegt auch das Bedürfnis von Berufsangehörigen, die regelmäßig wegen derselben Angelegenheit nach- oder nebeneinander tätig werden.[584] Die in der MKG angelegte dauerhafte Zusammenarbeit der beteiligten Partner gerade *bei* der Heilbehandlung verlangt für ihre Praxistauglichkeit ein Absicherungsniveau der Verschwiegenheit auf der Ebene einer Berufsausübungsgemeinschaft. Nur wenn zwischen den Partnern ein Informationsaustausch grundsätzlich durch die Einwilligung des Patienten in die Informationsweitergabe innerhalb des Kreises der Gesellschafter en bloc und nicht nur im Ausnahmefall zusätzlicher Einwilligung hierzu möglich ist,[585] kann die notwendige Flexibilität für eine sinnvolle berufsübergreifende Kooperation erreicht werden. In Verbindung mit dem Kooperationszweck, bei der Heilbehandlung zusammenzuwirken, spricht die Verschwiegenheitspflicht daher deutlich für das Begreifen der MKG als Berufsausübungsgemeinschaft.

Dementsprechend kann der Zusammenschluss zu einer MKG gem. § 23b I 1 MBOÄ auch auf singuläre Leistungserbringung beschränkt werden. § 23b I 1 MBOÄ schlägt evident eine Brücke zu ärztlichen Berufsausübungsgemeinschaften,

583 Vgl. *BVerfGE* 141, 82 (102)

584 Siehe allgemein – unklar, wohl jedoch wenig nachvollziehbar allein in Bezug auf Büro- bzw. Praxisgemeinschaften, in denen auch die Schweigepflicht durchbrochen werde, die in Berufsausübungsgemeinschaften wegen des näheren Kontakts noch häufiger durchbrochen sei – *Michalski*, Freie Berufe, S. 142, 181.

585 Siehe zur Verschwiegenheitspflicht im Rahmen der MKG ausführlicher S. 391 ff.

für die allein § 18 I 2 MBOÄ auch einen Zusammenschluss *„zur gemeinsamen Ausübung des Arztberufs[,]“* zur Erbringung einzelner Leistungen ermöglicht, sog. Teil-Berufsausübungsgemeinschaften. Weder besteht eine ähnliche Vorschrift für Organisationsgemeinschaften, noch bedürfte die Beschränkung auf einzelne Leistungen innerhalb einer Organisationsgemeinschaft aufgrund ihrer Natur als auf die gemeinsame Kostentragung beschränkter Zusammenschluss einer ausdrücklichen Regelung.

Außerdem wäre bei exemplarischer Betrachtung des seither aufgezählten Hebammenberufs nicht nachvollziehbar, worin der Vorteil einer MKG als Berufsausübungsgemeinschaft mit einer Frauenärztin liegen sollte, wenn keine fachliche Kooperation mit ihr stattfinden dürfte. Typischerweise werden Hebammen ohne Hilfskräfte und in den Räumlichkeiten der Patientinnen tätig,[586] sodass eine interprofessionelle Praxisgemeinschaft für sie nur beschränkt von Vorteil wäre, indem sich ihre Bekanntheit bei potentiellen Patientinnen steigern ließe. In der Steigerung der Bekanntheit der verbundenen Kooperationspartner kann sich jedoch nicht der Zweck von MKG als berufsrechtliche Regelung der Ärzte erschöpfen.

Systematisch-teleologisch spricht außerdem der durch §§ 18a II 1, 23b I 4 lit. g) MBOÄ obligatorische gemeinsame Auftritt im Rechtsverkehr für die Annahme einer gemeinsamen Berufsausübung.[587] Nach § 23b I 4 lit. g) MBOÄ sind alle Partner der MKG inklusive ihrer Berufsbezeichnungen im Rechtsverkehr anzugeben. § 18a II 1 MBOÄ verpflichtet zudem zu einer Ankündigung der MKG einschließlich der beteiligten Ärzte mit den Kooperationspartnern auf einem gemeinsamen Praxisschild. Für die Erstreckung der Gemeinschaft auf die Berufsausübung spricht bereits die Bezeichnung als *„gemeinsames Praxisschild“*. Darüber hinaus ist im Kontrast zu Berufsausübungsgemeinschaften die Ankündigung von Organisationsgemeinschaften nach § 18a III 1 MBOÄ zwar seit dem Jahr 2008 in der MBOÄ als zulässig angesehen, im Gegensatz zu Berufsausübungsgemeinschaften nach §§ 17 IV, 18a I MBOÄ und MKG nach §§ 23b I IV lit. g), 18a II 1 MBOÄ ist sie aber fakultativ[588] und wird *nicht* als „gemeinsames Praxisschild“ bezeichnet. Zuvor war eine Ankündigung einer Organisationsgemeinschaft nach Kap. D. I. Nr. 2 Abs. 11 MBOÄ-1997 noch ausdrücklich als unzulässig eingestuft worden, während nach Kap. D. I. Nr. 2 Abs. 10 MBOÄ-1997 und davor nach § 34 VIII 1 MBOÄ-1995 eine

---

586 *Michalski*, Freie Berufe, S. 136.

587 Unmittelbar aus der Angabe der Namen aller Partner im Rechtsverkehr folgte für *Rieger*, MedR 1998, 75 (78), bereits ohne die Verpflichtung zu gemeinsamer Ankündigung nach altem Recht in Kap. D II. Nr. 9 MBOÄ-1997 der Vertragsschluss des Patienten mit der MKG und daher auch in der Konsequenz die gemeinsame Berufsausübung der an ihr beteiligten Partner. Auch *Erbsen*, Praxisnetze, S. 130, sieht die Angaben allein durch die Führung einer Berufsausübungsgemeinschaft gerechtfertigt.

588 *Ratzel*, in: *Ratzel/Lippert*, MBOÄ§§ 18–18a Rn. 2; *Narr*, Ärztliches Berufsrecht, B 386.

Ankündigung der MKG auf einem gemeinsamen Praxisschild zumindest möglich und die gemeinsame Angabe im Rechtsverkehr nach Kap. D. II. Nr. 9 Abs. 1 S. 4 lit. g) MBOÄ-1997 und zuvor nach § 23a I 4 Nr. 7 MBOÄ-1995 bereits verpflichtend gewesen ist.[589] Die *obligatorische* gemeinsame Außenankündigung ist also ein Charakteristikum von Berufsausübungsgemeinschaften. Bezweckt die Zusammenarbeit dagegen keinen gemeinsamen Auftritt, wäre eine als Organisationsgemeinschaft aufzufassende MKG im Sinne des § 23b MBOÄ eine riskante Organisationsform für die Kooperation. Bei Ankündigung und Angabe der Namen aller beteiligten Partner im Rechtsverkehr auf einem gemeinsamen Praxisschild setzen sich die Kooperationspartner stets dem Risiko einer Rechtsscheinhaftung wie bei der Ankündigung von Praxisgemeinschaften[590] aus, wenn die gemeinsame Ankündigung für Patienten eine gemeinsame Berufsausübung suggeriert.[591] Eine Verpflichtung zum gemeinsamen Auftritt im Rechtsverkehr und auf einem gemeinsamen Praxisschild ist daher nur dann sinnvoll, wenn die Berufsausübung in der Gesellschaft gemeinsam erfolgt.[592]

Gegen das Verständnis als Berufsausübungsgemeinschaft spricht auch nicht der insbesondere von *Wigge* erhobene Einwand, § 23b I 4 lit. b) MBOÄ ordne eine Trennung der Verantwortungsbereiche an.[593] Da die Norm auf die *konkrete* Behandlung eines Patienten rekurriert,[594] erfordert auch § 29a II MBOÄ als Öffnung des Verbots der Zusammenarbeit von Ärzten mit Nichtärzten bei der eigentlichen Patientenbehandlung die Trennung der Verantwortungsbereiche. § 29a II MBOÄ ist damit deutlich zu entnehmen, dass interprofessionelle Zusammenarbeit selbst bei der

---

589 Eine Differenzierung zu Berufsausübungsgemeinschaften, die schon zuvor verpflichtend auf einem gemeinsamen Praxisschild nach Kap. D. I. Nr. 2 Abs. 9 MBOÄ-1997 anzukündigen gewesen sind, wurde dennoch deutlich. In Bayern gab es nach § 22a II 1 BO Bayern-1997 sogar bereits vor der Änderung der MBOÄ im Jahr 2004 die Verpflichtung zur Ankündigung der MKG auf einem gemeinsamen Praxisschild mit dem Zusatz „*Kooperationsgemeinschaft*".

590 Vgl. hier nur *OLG Brandenburg*, GesR 2016, 89; *Rehborn/Gescher*, in: *Erman*, BGB, § 630a Rn. 24a. Auf dieses Risiko wird ausdrücklich hingewiesen von der *BÄK*, DÄBl. 2008, A-1019 (A-1023). Siehe insbesondere auch in Bezug auf Bürogemeinschaften unter Rechtsanwälten *BGH*, AnwBl 2014, 557 (557); ferner *OLG Köln*, NJW-RR 2004, 279 (280), wonach selbst der Hinweis „*in Kanzleigemeinschaft*" nicht den Rechtsschein einer Sozietät zerstöre.

591 Die einheitliche Kurzbezeichnung erzeugt nach *BGH*, AnwBl 2013, 557 (557), die berechtigte Erwartung, die Berufsträger seien unter Aufgabe beruflicher und unternehmerischer Selbständigkeit tätig.

592 So – wenn auch ohne nähere Darlegung – auch *Scholz*, in: *Spickhoff*, Medizinrecht, MBOÄ, § 23b Rn. 1; auch *Rieger*, MedR 1998, 75 (78), lässt hierauf schließen.

593 *Wigge*, MedR 2004, 123 (127).

594 *LG Dortmund*, MedR 1998, 36 (37); *Ratzel*, in: *Ratzel/Lippert*, MBOÄ, § 29a Rn. 1. Vgl. ferner *Köbler*, Beteiligungen Berufsfremder, S. 198.

konkreten Heilbehandlung bei getrennten Verantwortungsbereichen möglich ist. Wenn jedoch die Zusammenarbeit bereits „*so nah*" am Patienten erfolgen darf, wäre nicht nachvollziehbar, auf welcher gedanklichen Grundlage die *regelmäßige* Zusammenarbeit in Form einer Berufsausübungsgemeinschaft unzulässig sein sollte. Im Gegenteil spricht die ausdrückliche Anordnung *für* die Annahme der Berufsausübungsgemeinschaft, da sie für eine Organisationsgemeinschaft selbstverständlich ist und keiner besonderen Erwähnung bedarf. In Organisationsgemeinschaften werden lediglich organisatorische Aspekte zusammengefasst, nicht jedoch solche der Berufsausübung. Die Anordnung des § 23b I 4 lit. b) MBOÄ zeitigt daher lediglich partielle Auswirkungen; es wird nicht die Ausgliederung der ärztlichen beruflichen Tätigkeit, im Besonderen nicht die Ausgrenzung der Heilbehandlung des Arztes aus der Gesellschaft für notwendig erachtet, sondern es bedarf lediglich der Einrichtung getrennter Verantwortungsbereiche. „*Getrennte*" Verantwortungsbereiche setzten ein gemeinsames Ganzes voraus, das hinsichtlich der Verantwortungsübernahme aufzuteilen ist. Diese Gesamtheit lässt sich im Hinblick auf den Zweck des § 23b MBOÄ – Gewährleistung eigenverantwortlicher *Berufsausübung* des Arztes[595] – und das in § 23b I 3 MBOÄ verankerte Kooperationsziel – Zusammenarbeit bei der Heilbehandlung – nur in einem gemeinsamen Auftritt gegenüber Patienten bei gemeinsamer Berufsausübung erkennen. Der Arzt muss daher *in* der Gesellschaft die Heilbehandlung von Patienten vornehmen können, was nach § 17 I MBOÄ sowie den Heilberufsgesetzen die Niederlassung in einer Praxis erfordert. Zwar erfordern manche Heilberufsgesetze ausdrücklich für die gemeinsame Führung einer Praxis die Berechtigung der Beteiligten zur Ausübung des ärztlichen Berufs.[596] „*Praxis*" lässt im spezifischen Kontext allein einen Bezug auf den ärztlichen Praxisteil zu, da sowohl die Führung einer ärztlichen Einzel- und Gemeinschaftspraxis als auch eine kooperative Zusammenarbeit mit anderen Gesundheitsberufen zulässig ist.[597] Die Trennung der Verantwortungsbereiche nach § 23b I 4 lit. b) MBOÄ dient mithin der verantwortungsorientierten

---

595 *Eisenberg*, Ärztliche Kooperationen, S. 192.

596 So exemplarisch § 31 II 3 HeilBerG Bbg, der lautet: „*Die gemeinsame Führung einer Praxis ist nur zulässig, wenn die Beteiligten zur Ausübung des ärztlichen oder zahnärztlichen Berufes besitzen.*"

597 So lautet § 31 IV HeilBerG Bbg.: „*Die Führung einer Einzelpraxis sowie die gemeinschaftliche oder kooperative Berufsausübung von Ärztinnen und Ärzten, Tierärztinnen und Tierärzten sowie Zahnärztinnen und Zahnärzten sind auch in Form einer juristischen Person des Privatrechts zulässig, soweit eine eigenverantwortliche, unabhängige und nicht gewerbliche Berufsausübung gewährleistet ist. Die in Satz 1 genannten Berufsangehörigen können sich unter den dort genannten Voraussetzungen auch mit anderen Angehörigen akademischer Heilberufe, Naturwissenschaftlerinnen und Naturwissenschaftlern, Berufsangehörigen staatlicher Ausbildungsberufe im Gesundheitswesen oder Angehörigen sozialpädagogischer Berufe zur kooperativen Berufsausübung in Form einer juristischen Person des Privatrechts zusammenschließen.*"

Aufteilung der Gesamtpraxis in ärztliche und nichtärztliche Praxisteile. Bestärkt wird diese Annahme im Zusammenhang mit § 23c MBOÄ, wonach die Heilkunde am Menschen in einer sonstigen Partnerschaft nicht ausgeübt werden darf. Im Umkehrschluss ist mangels ausdrücklicher Ausgrenzungsanordnung der ärztlichen Heilkundeausübung aus der MKG von ihrer Integration als ärztlicher Praxisteil in die Praxis der Gesellschaft[598] auszugehen, in der die verbundenen Heilberufler ihre Behandlungen vornehmen.

Der nach § 23b I 4 lit. b) MBOÄ erforderlichen Trennung der Verantwortungsbereiche der Partner gegenüber den Patienten kann im Hinblick auf die nach § 23b I 3, II MBOÄ erforderliche Zusammenarbeit ferner kein Verbot gemeinsamer Haftung entnommen werden.[599] Dem Verbot gegenseitiger Haftung würde die Ausgliederung der Berufsausübung zwingend folgen, da bei gemeinsamer Berufsausübung entweder die – unabhängig von interner Regressnahme – nach außen eintretende persönliche Haftung des Arztes für Berufsfehler des nichtärztlichen Kooperationspartners nach § 128 HBG analog bzw. § 31 BGB analog in der GbR[600] oder die Haftung der Gesellschaft als gemeinschaftliche Organisation der Kooperationspartner in allen zugänglichen Rechtsformen als Übernahme *haftungsrechtlicher* Verantwortung unzulässig sein müssten. Statt eines Haftungsbezugs kommt nur ein Verständnis als Akzeptanz der Einhaltung eigener Berufsgrenzen in Betracht, wozu die interne Aufteilung der Gesamtpraxis der MKG in einen ärztlichen Praxisteil und diejenigen der Kooperationspartner erfolgt. Während medizinische Entscheidungen – die allein bei der Behandlung von Patienten anfallen – bereits nach § 23b I 4 lit. c) MBOÄ durch den Arzt zu treffen sind, stellt die Trennung der Verantwortungsbereiche *„gegenüber den Patienten"* also auf eine *interne* Verantwortlichkeitsaufteilung der Partner ein.

Außerdem können in Praxisverbünden nach § 23d I, III Var. 3 MBOÄ auch Angehörige anderer Gesundheitsberufe nach § 23b MBOÄ einbezogen werden, *„wenn die Grundsätze nach § 23b gewahrt sind.*[601] Zu bemerken ist die Natur des Praxisverbundes nach § 23d I MBOÄ als Kooperationsform *„auch ohne sich zu einer Berufsausübungsgemeinschaft zusammenzuschließen"*. Im Umkehrschluss lässt sich ableiten, dass mit den in § 23d MBOÄ zulässigen Kooperationspartnern in einem Praxisverbund grundsätzlich ein Zusammenschluss in einer Berufsausübungsgemeinschaft gegebenenfalls über die Zwischenschaltung eines MVZ[602] zulässig sein

598 Von einer einheitlichen Praxis bzw. einem einheitlichen Institut geht bereits auch *Erbsen*, Praxisnetze, S. 64, aus.

599 So beruhigt *Weigt*, Praxisführung Professionell 2004 (8), S. 5, nichtärztliche Kooperationspartner hafteten für fehlerhafte Behandlungen des Arztes und umgekehrt nicht.

600 In der PartG stünde die Handelndenhaftung nach § 8 II PartG der Haftung des Arztes möglicherweise entgegen.

601 Zum Merkmal der *„Grundsätze des § 23b"* siehe S. 548 ff.

602 Vgl. hierzu § 18 IIa 1 MBOÄ, wonach eine Berufsausübungsgemeinschaft auch unter (alleiniger) Beteiligung von MVZ möglich ist.

muss. Da außer Zahnärzten und Psychologischen Psychotherapeuten nach § 95 Ia 1 SGB V nichtärztliche Kooperationspartner nach § 23b MBOÄ als Gründer von MVZ ausscheiden und daher nicht über ein solches an einer Berufsausübungsgemeinschaft nach § 18 IIa 1 MBOÄ beteiligt sein können, muss die MKG selbst eine gemeinsame Berufsausübung ermöglichen.[603]

§ 299a StGB, der nach *Scholz* wohl[604] interprofessionellen *Organisations*gemeinschaften unter Beteiligung von Ärzten entgegenstehe, spricht bereits systematisch nicht *generell* gegen die berufsrechtliche Zulässigkeit von interprofessionellen Organisationsgemeinschaften.[605] Zu der Auslegung des § 23b MBOÄ lässt sich schon deswegen kein Hinweis dem § 299a StGB entnehmen, da das Verbot der Bestechung im Gesundheitswesen an außerstrafrechtliche, nämlich insbesondere die berufsrechtlichen Normen zurückgreift[606] und somit selbst in seinem Tatbestand durch das Berufsrecht beeinflusst wird. Soweit das Berufsrecht mithin einen Bereich für Kooperation eröffnet, kann der Tatbestand des § 299a StGB nicht erfüllt sein, dem Berufsrecht kommt insofern Legalisierungswirkung zu. Auch in Verbindung mit anderen berufsrechtlichen Kooperationsverboten wie § 31 II MBOÄ, wonach Ärzte ihren Patientinnen und Patienten nicht ohne hinreichenden Grund bestimmte Ärztinnen oder Ärzte, Apotheken, Heil- und Hilfsmittelerbringer oder sonstige Anbieter gesundheitlicher Leistungen empfehlen oder an diese verweisen dürfen, ist kein Argument für die Auslegung des § 23b MBOÄ gewonnen, da gegenüber diesen berufsrechtlichen Normen dem § 23b MBOÄ ebenso Legalisierungswirkung zukommt. Inhaltlich verhält sich § 299a StGB zur Auslegung des Berufsrechts daher indifferent.

Unklar bleibt die gezogene Konsequenz *Rehborns*,[607] der statt gemeinsamer Berufsausübung lediglich ein auf den Behandlungszweck zugeschnittenes und individuelles Zusammenwirken der Beteiligten in MKG erkennt. Lehnt er mit der gemeinsamen Berufsausübung die Annahme einer interprofessionellen Berufsausübungsgemeinschaft ab, wäre mit dem *LSG Berlin-Brandenburg* einzuwenden, dass die Führung eines gemeinsamen Praxisschilds nach § 18a II 1 MBOÄ und die Erfüllung darüber hinausgehender Publizitätspflichten nach § 23b I 4 lit. g) MBOÄ sowie die Verpflichtung des nichtärztlichen Kooperationspartners zur Beachtung des ärztlichen Berufsrechts nach § 23b I 4 lit. f) MBOÄ als Folgen des § 23b MBOÄ

---

603 Bereits entgegen dem damaligen Wortlaut von Kap. D II. Nr. 9, 11 MBOÄ-1997 erkannte *Rieger*, MedR 1998, 75 (78), eine inhaltlich nicht näher diskutierte Möglichkeit der Integration von Angehörigen nicht-ärztlicher Gesundheitsberufe in einen Praxisverbund.

604 *Scholz*, in: *Spickhoff*, Medizinrecht, MBOÄ, § 18 Rn. 1.

605 So *Scholz*, in: *Spickhoff*, Medizinrecht, MBOÄ, § 23b Rn. 1.

606 Zur Anknüpfung an außerstrafrechtliche Normen bei Beurteilung korruptionsrechtlicher Sachverhalte siehe u.a. *Bahner*, RDG 2017, 290 (291).

607 *Rehborn*, in: *Laufs et al.*, Hdb. Arztrecht, § 22 Rn. 59.

für Organisationsgemeinschaften unverhältnismäßig in die freie Berufsausübung eingreifen.

Gegen die Einordnung als interprofessionelle Berufsausübungsgemeinschaft spricht auch nicht die ohnehin nicht mehr vertretene Ansicht in der Literatur, die eine jederzeitige Austauschbarkeit der Leistungserbringung oder Möglichkeit der gegenseitigen Vertretung der an der Berufsausübungsgemeinschaft beteiligten Partner für zwingend erforderlich hält.[608] Sie ist selbst bei Beurteilung monoprofessioneller Berufsausübungsgemeinschaften im Hinblick auf die bereits zulässige überörtliche und fachübergreifende Gestaltung nach § 18 I 2, III MBOÄ veraltet, da bei ihnen nicht mehr von einer Austauschbarkeit bzw. Vertretungsmöglichkeit ausgegangen werden kann.[609] Richtigerweise sind daher Kooperations- und Vertretungsfähigkeit zu differenzieren.[610] Eine gemeinsame Tätigkeit lässt sich daher auch in dem Fall annehmen, dass in der Kooperation ein gemeinsames Leistungsangebot verschiedener Berufe mit einer gleichartigen Zielsetzung besteht. Die Irrelevanz eines Austauschbarkeitserfordernisses bezeugt zudem die mittlerweile eingefügte Legaldefinition ärztlicher Berufsausübungsgemeinschaften in § 18 IIa MBOÄ.

ddd) Diskussion eines Wahlrechts

Eine Unterform der MKG ist in der Berufsordnung nicht ausdrücklich vorgesehen.[611] Im Ergebnis kann zur Erhaltung der Rechtssicherheit kein Wahlrecht der Kooperationspartner bestehen.[612] Insbesondere für Patienten wäre aufgrund der zwingenden gemeinsamen Ankündigung nach § 18a II 1 MBOÄ nicht nachvollziehbar, ob ihnen die Gesellschaft oder lediglich der einzelne Behandelnde gegenübertritt. Zur Differenzierung bedürfte es daher der zusätzlichen Kennzeichnung der MKG als Berufsausübungs- oder Organisationsgemeinschaft. Außerdem vermag die Norm mit ihren sonstigen Anforderungen wie beschrieben – man denke nur an die zivilrechtliche Verpflichtung des nichtärztlichen Partners zur Beachtung des ärztlichen Berufsrechts – nicht die Bedürfnisse einer Organisationsgemeinschaft befriedigen.[613]

---

608 Vgl. zur Darstellung des Streitstands *Ratzel*, in: *Ratzel/Lippert*, MBOÄ, §§ 18–18a Rn. 27, und der Entwicklung der Rspr. *Reiter*, GesR 2005, 6 (7); *Steffen*, MedR 2006, 75 (76 f.).

609 Nach *Ratzel*, in: *Ratzel/Lippert*, MBOÄ, §§ 18–18a Rn. 27, kann die *„gemeinsame"* Tätigkeit am Patienten völlig in den Hintergrund treten. Siehe ferner *Gummert/Remplik*, Münchener Hdb. Gesellschaftsrecht, Bd. 1, § 25 Rn. 15.

610 *Michalski*, Freie Berufe, S. 181 f.

611 Anders jedoch *Halbe*, Praxis Computer 2001 (2), 8 (11).

612 Vgl. hier nur *Möller*, MedR 2003, 195 (197), der jedenfalls missverständlich feststellt, dass die MKG gegenüber Patienten auftreten *„darf"*; siehe ferner bereits S. 120 f.

613 Insoweit lässt dem *BerufsG für Heilberufe beim VG Potsdam*, freilich unter falscher Diskussionsgrundlage, beipflichten. Das *BerufsG für Heilberufe beim VG Potsdam*, MedR 2014, 689 (691), bezweifelte die Erforderlichkeit der gesellschaftsrechtlichen

Ein Wahlrecht ist im Übrigen nicht erforderlich. Der Begriff der Organisationsgemeinschaft wird im Kontrast zu Berufsausübungsgemeinschaften nach § 18 IIa MBOÄ als Zusammenschluss im Kern ärztlicher Berufsangehöriger, MKG gemäß § 23b MBOÄ und Praxisverbünden nach § 23d MBOÄ in der MBOÄ nicht erläuternd aufgegriffen. Unumstritten ist jedoch, dass er die gemeinsame Unterhaltung räumlicher und sachlicher Mittel wie auch Personal ohne Vergemeinschaftung der Berufsausübung umfasst. Aus der Zulässigkeit gemeinsamer Berufsausübung mit anderen als in § 23b MBOÄ benannten Berufen außerhalb der Heilkundeausübung kann in einem argumentum a maiore ad minus auf die Zulässigkeit gemeinsamer Kostenteilung ohne gemeinsame Berufsausübung geschlossen werden.[614] § 23b MBOÄ ist insofern zweierlei zu entnehmen: Einerseits stellt nach der bisherigen Argumentation in ihrer Gesamtheit die MKG zwingend eine Berufsausübungsgemeinschaft dar. Zweitens folgt ebenso in einem argumentum a maiore ad minus aus der Zulässigkeit gemeinsamer Berufsausübung, sich erst recht zu loseren, die Berufsausübung ausklammernden Gemeinschaften vereinigen zu dürfen. Organisationsgemeinschaften mit Angehörigen der in § 23b MBOÄ genannten Berufe als auch mit anderen sind daher zwar in der MBOÄ nicht ausdrücklich geregelt, müssen für Ärzte jedoch zulässig sein. Folglich ist der Begriff der Organisationsgemeinschaften in § 18 I 1 MBOÄ *unabhängig* von der Berufszugehörigkeit zu verstehen. Schließlich erübrigt sich dadurch eine Regelungslücke, zu deren Schließung das Wahlrecht offensichtlich dienen würde. Einer ausdrücklichen Regelung von Organisationsgemeinschaften mit Angehörigen anderer Gesundheitsberufe bedarf es daher folglich nicht.

eee) Rückschlüsse für die Auslegung

Der Wortlaut der relevanten Vorschriften der MBOÄ legt ein Verständnis kooperativer Berufsausübung als einen der Abgrenzung gemeinsamer rein ärztlicher Berufsausübung erfolgenden Begriff nahe und spricht daher ebenso wie der historische Anlass der Einführung der PartG zur Regelung von MKG für die Auffassung, in ihnen eine interprofessionelle Berufsausübungsgemeinschaft zu erkennen. Die

---

Verknüpfung bei eigenständiger Berufsausübung und erkennt daher in der Norm ohne tiefere strukturelle Auseinandersetzung auch mit der eigenen Auslegung der Norm die Verfassungswidrigkeit von § 23b MBOÄ. Siehe außerdem zur Zulässigkeit sog. Integrativer Gesundheitszentren *Dahm*, MedR 1995, 106 (106 f.); *Taupitz*, MedR 1993, 367 ff.

614 *Köbler*, Beteiligung Berufsfremder, S. 199, sieht hierin ein *argumentum e contrario*. Berufsausübungsgemeinschaften und Organisationsgemeinschaften stellen jedoch keinen Gegensatz, sondern Kooperationsformen verschiedener Intensität dar, weshalb in diesem Fall von der ausdrücklichen Erlaubnis intensiverer Zusammenarbeit auf die Zulässigkeit erst recht der weniger intensiven Kooperation geschlossen werden muss. Siehe darüber hinaus *Trautmann*, Gemeinschaftspraxis, S. 25.

systematischen Erwägungen erzwingen sogar die Interpretation als berufsübergreifende Berufsausübungsgemeinschaft.

Die Ausgliederung der medizinischen Tätigkeit des Arztes aus der Gesellschaft, wie sie in der Praxis aktuell vermutlich zur rechtlichen Absicherung erfolgt, ist nicht erforderlich. Dafür spricht insbesondere die Zulässigkeit des auf einzelne Leistungen beschränkten Zusammenschlusses nach § 23b I 1 a. E. MBOÄ. Wäre die rein ärztliche, heilbehandlerische Tätigkeit des Arztes aus der Gesellschaft auszugliedern, bedürfte es nicht der ausdrücklichen Anordnung der Zulässigkeit, lediglich einzelne Leistungen zu vergemeinschaften – sie stellte im Gegenteil eine Verpflichtung des Arztes dar, der er sich nicht zu widersetzen hätte. Ferner wäre die Ausgliederung rein ärztlicher Tätigkeit den Patienten nicht nachvollziehbar zu vermitteln oder überhaupt zu handhaben. Es bliebe im Unklaren, welche Leistungen der Arzt außerhalb der MKG vornimmt bzw. in ihrem Namen erbringt.

Fernere konsekutive Auswirkung der Klassifikation von MKG als Berufsausübungsgemeinschaften ist mangels gemeinsamer Berufsausübung der Ausschluss rein investiver Beteiligungen unbeachtlich der Berufsangehörigkeit des Investors.

dd) Auslegungsergebnis

Im Ergebnis ist zu konstatieren, dass die MKG nach § 23b MBOÄ eine interprofessionelle Berufsausübungsgemeinschaft darstellt. Daraus folgt namentlich der Abschluss des Behandlungsvertrags zwischen der MKG und dem Patienten.

f) Grundvoraussetzungen eines Zusammenschlusses nach § 23b MBOÄ

aa) Anforderungen an die ärztliche Berufsausübung

Ausdrücklich stellt § 23b MBOÄ keine Voraussetzungen an die Art und Weise der Berufsausübung durch den Arzt. Im Kontext mit § 23c MBOÄ wird die Berufsausübung gleichwohl konkretisiert. Nach § 23c MBOÄ ist Ärzten die Zusammenarbeit mit Angehörigen anderer Berufe als den in § 23b MBOÄ beschriebenen in allen Rechtsformen gestattet, wenn sie die Heilkunde am Menschen nicht ausüben. Es lässt sich also grundsätzlich unterscheiden zwischen einer ärztlichen Berufsausübung, die die ärztliche Ausübung der Heilkunde am Menschen umfasst, und derjenigen, die sie nicht umfasst.[615]

Nach § 23b I 3 MBOÄ steht die MKG nur solchen nicht-ärztlichen Berufsangehörigen und in der Weise offen, dass *„in der Verbindung mit dem Arzt ein gleichgerichteter oder integrierender diagnostischer oder therapeutischer Zweck bei der Heilbehandlung, auch auf dem Gebiet der Prävention und Rehabilitation, durch räumlich nahes und koordiniertes Zusammenwirken aller beteiligten Berufsangehörigen"* verfolgt wird. Ohne eine gründliche Aufarbeitung des Inhalts dieser Zweckbindung der Kooperationsform vorwegzunehmen, wird bereits aus ihrem Fokus auf

615 Vgl. *BGH,* NJW 2013, 2674 (2675). Hierzu näher S. 516 ff., 564 ff.

die Heilbehandlung deutlich, dass Ärzte ausschließlich dann Mitglied einer MKG werden können, wenn sie die Heilkunde am Menschen im Rahmen der Gesellschaft[616] praktizieren. Eine Begrenzung auf rein gutachterliche und/oder beratende Tätigkeit des Arztes ist damit ausgeschlossen. Auch die rein finanzielle Teilnahme eines Arztes scheidet aus. Zwar bezieht sich die Bezeichnung *„Berufsangehörige"* in § 23b MBOÄ regelmäßig allein auf Nichtärzte. In § 23b I 3 a. E. MBOÄ ist jedoch semantisch allein sein Bezug auf alle ärztlichen und nichtärztlichen Gesellschafter der MKG sinnvoll. Außerdem spricht bereits der Zweck der *„kooperativen Berufsausübung"* gegen die Zulässigkeit rein finanzieller Beteiligung. Ferner ist es für den Arzt unzulässig, innerhalb der Gesellschaft Leistungen des nichtärztlichen Kooperationspartners bloß anzuordnen,[617] da faktisch lediglich nach § 31 MBOÄ untersagte Zuweisungen vorgenommen würden, ohne den durch § 23b MBOÄ angestrebten fachlichen Nutzen der Kooperation zu realisieren. Die alleinige Vornahme von Anordnungen der Leistungen des Kooperationspartners stellen daher lediglich einen Versuch der Umgehung der Berufsrechtswidrigkeit und ferner der Strafbarkeit nach §§ 299a, 299b StGB dar. Die Beschränkung auf die ärztliche Verordnung von Leistungen des Kooperationspartners lässt sich auch nicht in einer Teil-Berufsausübungsgemeinschaft in zulässiger Weise bewerkstelligen, auch wenn sich deren Gestaltung *„hervorragend zur vermeintlich legalen Umgehung des § 31 MBO[Ä] eignet."*[618] Während für ärztliche Teil-Berufsausübungsgemeinschaften aufgrund ihrer entsprechenden missbräuchlichen Nutzung in der Praxis[619] der mittlerweile eingefügte § 18 I 2 MBOÄ solche Zusammenschlüsse untersagt, die lediglich der Umgehung des § 31 MBOÄ dienen, erfolgte keine äquivalente Klarstellung zu Teil-Berufsausübungsgemeinschaften nach § 23b MBOÄ. § 18 I 2 MBOÄ lässt sich auch nicht direkt auf sie anwenden, da die Vorschrift auf Zusammenschlüsse *„zur gemeinsamen Ausübung des ärztlichen Berufs"* restringiert ist; die Diskrepanz dürfte sich aber durch die mangelnde praktische Relevanz von MKG erklären lassen. Die entstandene unbewusste Regelungslücke lässt sich aufgrund des unverändert bestehenden – wenn nicht auf der Interprofessionalität aufbauend sogar höheren – Interesses, Umgehungen des § 31 MBOÄ zu verhindern, daher durch eine Analogie schließen.

Junkert konstatiert im Übrigen, dass *„eine uneingeschränkte Berufsausübung aller Partner"* nicht gefordert werden könne.[620] Dem ist im Ergebnis zwar zuzustimmen, ihre rudimentäre Begründung – es sei trotz näherer Darlegungen in § 23b MBOÄ an die Auslegung des PartGG anzuknüpfen – ist jedoch wenig überzeugend, da sie den berufsrechtlichen Vorbehalt des § 1 III PartGG missachtet. Zudem lässt *Junkert* die bereits 2004 erfolgte Änderung des § 23b MBOÄ außer

---

616 Vgl. *Koch*, GesR 2005, 241 (243), zum Verständnis des Begriffs der Berufsausübung.
617 So bereits auch *Hartmann*, in: *Halbe/Schirmer*, Kooperationen, A 1500 Rn. 8.
618 *Ratzel*, in: *Ratzel/Lippert*, MBOÄ, § 18–18a Rn. 18.
619 Hierzu *Ratzel*, GesR 2007, 457 f.
620 *Junkert*, Ärzte und Physiotherapeuten, S. 76.

Betracht, die ausdrücklich den auf einzelne Leistungen beschränkten Zusammenschluss ermöglicht.[621]

Bei Nonkonformität der Gesellschaft mit § 23b MBOÄ ist eine Assoziation von Ärzten mit nichtärztlichen Gesundheitsberufen zu gemeinsamer Erbringung heilkundlicher Leistungen nicht erlaubt. § 23b MBOÄ bezweckt allein die Entlastung behandlerischer ärztlicher Tätigkeit durch effiziente Zusammenarbeit mit anderen Gesundheitsberufen bei gleichzeitiger Gewährleistung des ärztlichen Berufsrechts. Eine weitere Organisationsform berufsübergreifender Zusammenschlüsse zur gemeinsamen Erbringung medizinischer Behandlungen ermöglicht die MBOÄ nicht.

bb) Rechtsformneutrale Anwendbarkeit des § 23b MBOÄ

§ 23b I 2 MBOÄ erklärt die PartG, GbR und juristische Personen des Privatrechts *„gemäß § 23a"* zu zulässigen Gesellschaftsformen.[622] Wohl aus dem Umstand, dass § 23a I 2 MBOÄ neben Ärzten auch Angehörige der in § 23b I 1 MBOÄ genannten Berufe als Gesellschafter einer juristischen Person des Privatrechts nennt, meint *Köbler*, § 23b MBOÄ beinhalte die Voraussetzungen für interprofessionelle Zusammenarbeit *außerhalb* juristischer Personen.[623] Er schlussfolgert wohl ein Alternativverhältnis von § 23a MBOÄ und § 23b MBOÄ. Deutlicher formuliert *Treptow* die These eines Alternativverhältnisses der Vorschriften.[624] Entscheidend für die Qualifizierung als Ärztegesellschaft bzw. MKG sei eine qualitative und quantitative Beurteilung des Zusammenschlusses. Solange die nicht-ärztlichen Leistungen eine untergeordnete Rolle einnähmen und das Unternehmen maßgeblich von der ärztlichen Praxis geprägt sei, gelte der Zusammenschluss als Ärztegesellschaft und unterfiele demnach nur § 23a MBOÄ.[625] Voraussetzung für die Gesellschaft sei nur dann die ärztliche Gesellschaftermehrheit gem. § 23a I 4 lit. b) MBOÄ.[626] Als Begründung führt *Treptow* eine sprachliche Inkonsistenz der wechselseitig verweisenden §§ 23a, 23b MBOÄ an.[627] Während bereits nach § 23b I 2 MBOÄ die Zulässigkeit juristischer Personen des Privatrechts als Organisationsform für MKG ausgedrückt werde, verweise § 23a I 2 MBOÄ auf die zulässige Gesellschafterbeteiligung von Angehörigen der in § 23b I 1 MBOÄ genannten Berufe

621 Zur Änderung *BÄK*, DÄBl. A-1578 (A-1579).
622 Siehe hierzu S. 301 ff.
623 *Köbler*, Beteiligung Berufsfremder, S. 194. So ist wohl auch *Ratzel*, in: *Ratzel/Lippert*, MBOÄ, § 23a-d Rn. 3, zu verstehen: *„Auf die ‚Mehrheitsregelung' in § 23a I b MBO könnte sich nämlich ein einzelner Arzt nur schwer zurückziehen. Im* [sic!] *steht allerdings die Möglichkeit einer Medizinischen Kooperationsgemeinschaft gemäß § 23b I MBO offen."*
624 *Treptow*, MVZ-GmbH, S. 171 ff.
625 *Treptow*, MVZ-GmbH, S. 173.
626 *Treptow*, MVZ-GmbH, S. 171.
627 *Treptow*, MVZ-GmbH, S. 172.

an Ärztegesellschaften.[628] *Treptows* Hauptargument liegt fortführend in der entstehenden Inkonsistenz der Bezeichnungen im Rechtsverkehr. Während eine MKG nach § 23b I 6 MBOÄ zur Führung des Zusatzes *„Medizinische Kooperationsgemeinschaft"* verpflichtet sei, passe dieser Zusatz sprachlich offensichtlich nicht zu einer Ärztegesellschaft nach § 23a MBOÄ.[629] Gegen *Köblers* und *Treptows* Ansicht steht die Möglichkeit einer Anwendung beider Normen nebeneinander im Raum, die bisher nicht ausdrücklich und daher – wenn überhaupt – lediglich als gedanklich vorausgesetzt vertreten wird. Die Beantwortung der aufgeworfenen Frage bedarf bereits detaillierter Begründung.

Für ein Alternativverhältnis kann zunächst die Betitelung des § 23a MBOÄ als *„Ärztegesellschaften"* herangezogen werden, denen neben ärztlichen Gesellschaftern nach § 23a I 2 MBOÄ auch nichtärztliche Gesellschafter unter den Voraussetzungen des § 23b I 1 MBOÄ angehören können.

Die von *Treptow* bemängelten sprachlichen Inkonsistenzen im Verhältnis der §§ 23a, 23b MBOÄ[630] führen außerdem tatsächlich zu anfänglicher Verwirrung. Die Lösung alleiniger Zulässigkeit interprofessioneller Berufsausübungsgemeinschaften mit Ausübung der Heilkunde am Menschen innerhalb von MKG steht dem Wortlaut aber nicht wie von *Treptow* angenommen als miteinander unvereinbar entgegen. Vielmehr ist die konfus wirkende Konstruktion gegenseitiger Verweise nach dem verwendeten Wortlaut erforderlich, um eine ausschließliche Zulässigkeit interprofessioneller Berufsausübung innerhalb von MKG zu konstatieren. Während § 23a I 2 MBOÄ besagt, dass Gesellschafter der Ärztegesellschaft nur Ärztinnen und Ärzte sowie Angehörige der in § 23b I 1 MBOÄ genannten Berufe sein können, gestattet § 23b I 2 MBOÄ u. a. die Kooperation in der Form einer juristischen Person des Privatrechts *„gemäß"* § 23a MBOÄ. Festzuhalten ist zunächst, dass es sich bei dem Verweis auf § 23a MBOÄ um eine Rechtsgrundverweisung handelt, denn ein Hinweis allein auf die Rechtsfolge der Zulässigkeit juristischer Personen des Privatrechts wäre sinnlos – es hätte des Verweises nicht bedurft, sondern bereits die Anerkennung der Zulässigkeit von Kapitalgesellschaften innerhalb des § 23b I 2 MBOÄ ausgereicht. Ohne den Verweis auf § 23a MBOÄ läge jedoch im Unklaren, wie kapitalgesellschaftliche MKG auszugestalten wären. Mangels weiterführender Regelung müsste von Gestaltungsfreiheit ausgegangen werden. Der rechtlichen Ausgestaltung der Kapitalgesellschaft nach Gutdünken der Kooperationspartner beugt der Verweis in § 23b I 2 MBOÄ daher durch die Übernahme der Voraussetzungen der Ärztegesellschaften in § 23a MBOÄ vor. Bei genauer Betrachtung verweist § 23b I 2 MBOÄ dabei nicht auf eine *entsprechende* Anwendung des § 23a MBOÄ für die MKG, die nicht nur im Hinblick auf den Zweck des § 23a MBOÄ zur Absicherung des ärztlichen Berufsrechts zu weiteren Unklarheiten bei den Anforderungen an die „verantwortliche" Geschäftsführung

628 *Treptow*, MVZ-GmbH, S. 172 f.
629 *Treptow*, MVZ-GmbH, S. 172 f.
630 *Treptow*, MVZ-GmbH, S. 172.

„eines Arztes" und ärztliche Gesellschaftermehrheiten führen würde. Der Verweis auf § 23a MBOÄ führt stattdessen bereits wörtlich die *direkte* Anwendung grundsätzlich des *gesamten* § 23a MBOÄ und seiner Anforderungen herbei. Bei direkter Anwendung ohne Rückverweisung in § 23a I 2 MBOÄ auf die Gesellschafterfähigkeit Angehöriger der in § 23b I 1 MBOÄ benannter Personen wären jedoch allein Ärzte als Gesellschafter zulässig. Ist nun von einer direkten Anwendung des § 23a MBOÄ auszugehen, offenbart sich in *Treptows* Annahme eines Alternativverhältnisses der Normen ein Zirkelschluss seiner Argumentation: Da bei Anwendung des § 23a MBOÄ die Mehrheit ärztlicher Gesellschafter erforderlich ist, die für *Treptow* letztlich die Außerachtlassung des § 23b MBOÄ nach sich zieht, wäre die Führung einer MKG in einer Kapitalgesellschaft entgegen der ausdrücklichen Anerkennung in § 23b I 2 MBOÄ praktisch ausgeschlossen. Der Verweis in § 23b I 2 MBOÄ setzt wie nach seinem Wortlaut daher eine *zusätzliche* Anwendung des § 23a MBOÄ für die Ausgestaltung der Kapitalgesellschaften voraus und wäre bei anzunehmendem Alternativverhältnis der Regelungen sinnlos.

Der Schluss von *Treptow* auf die Zulässigkeit des Zusammenschlusses von Ärzten mit anderen Heilberufen im Sinne des § 23b I 1 MBOÄ außerhalb von MKG ist zudem in Betrachtung der gesamten Berufsordnung systematisch – seit Einfügung des § 18 IIa MBOÄ zum 3. Juni 2011 augenscheinlich – verfehlt. Ärzte können sich nach § 18 I MBOÄ zu Berufsausübungsgemeinschaften, Organisationsgemeinschaften, Kooperationsgemeinschaften und Praxisverbünden zusammenschließen. Der Zusammenschluss kann gemäß § 18 II 1 MBOÄ in allen für den Arztberuf zulässigen Gesellschaftsformen erfolgen; dazu zählen nach § 23a MBOÄ auch juristische Personen des Privatrechts. § 23a I 3 MBOÄ verpflichtet die Gesellschafter zur beruflichen Tätigkeit in der Gesellschaft. Der Zusammenschluss in einer Ärztegesellschaft erfolgt damit zur gemeinsamen Berufsausübung, sie ist Berufsausübungsgemeinschaft.[631] Dafür spricht neben § 18a I 1 MBOÄ[632] im Übrigen das Fehlen der Ärztegesellschaft in der Aufzählung zulässiger Kooperationen nach § 18 I MBOÄ, womit sie keine eigene Kooperationsform darstellt.[633] Sie wird *im Rechtsverkehr* mangels Anordnung in § 23a MBOÄ auch nicht als Ärztegesellschaft bezeichnet. Der Begriff der Ärztegesellschaft erschöpft sich in der im Rahmen

---

631 So auch selbst *Treptow*, MVZ-GmbH, S. 33 f., 171. Siehe ferner *Köbler*, Beteiligungen Berufsfremder, S. 193; *Ratzel*, ZGMR 2005, 143 (146).

632 § 18a I 1 MBOÄ lautet: *„Bei Berufsausübungsgemeinschaften von Ärztinnen und Ärzten sind – unbeschadet des Namens einer Partnerschaftsgesellschaft oder einer juristischen Person des Privatrechts – die Namen und Arztbezeichnungen aller der Gemeinschaft zusammengeschlossenen Ärztinnen und Ärzte sowie die Rechtsform anzukündigen."*

633 Vgl. auch *Sobotta*, in: *Bergmann et al.*, Medizinrecht, MBOÄ, § 23d Rn. 1 (*„keine berufsrechtliche Organisationsform"*). A. A. *Töfflinger*, Ambulante Kapitalgesellschaften, S. 34, die Ärztegesellschaften als *„weitere Form"* gemeinsamer Berufsausübung einordnet; so wohl auch *Schiller/Hartmann*, in: *Halbe/Schirmer*, Kooperationen, A 1600 Rn. 3 Fn. 6.

der Berufsordnung erfolgenden Beschreibung der rechtlichen Organisation einer Berufsausübungsgemeinschaft in einer Kapitalgesellschaft unter aktiver ärztlicher Beteiligung.[634] Nach § 18 IIa 1 MBOÄ ist eine Berufsausübungsgemeinschaft ein Zusammenschluss von Ärzten *„untereinander, mit Ärztegesellschaften oder mit ärztlich geleiteten Medizinischen Versorgungszentren, die den Vorgaben des § 23a I lit. a), b) und d) entsprechen, oder dieser untereinander zur gemeinsamen Berufsausübung."* § 18 IIa 1 MBOÄ macht die Einstufung als Berufsausübungsgemeinschaft nicht abhängig von der Mehrheit ärztlicher Gesellschafter, sondern legt abschließend die möglichen Gesellschafter einer Berufsausübungsgemeinschaft fest, wozu die Angehörigen der in § 23b I 1 MBOÄ benannten Berufe *nicht* gehören. Eine Berufsausübungsgemeinschaft im Sinne des § 18 IIa MBOÄ mit Angehörigen der in § 23b I 1 MBOÄ genannten Berufe ist daher ausgeschlossen, weshalb es für eine Kooperation mit eben diesen Berufen bei den nach § 18 I 1 MBOÄ sonstigen Möglichkeiten beruflicher Kooperation in Organisationsgemeinschaften, Kooperationsgemeinschaften und Praxisverbünden verbleibt. Schließlich stellt von diesen Kooperationsformen die MKG die einzige Möglichkeit gemeinsamer interprofessioneller Berufsausübung von Ärzten mit Angehörigen der in § 23b I 1 MBOÄ benannten Berufe unabhängig davon dar, ob der Praxis ein ärztliches Gepräge zukommt oder nicht.[635] Die Berufsordnung selbst enthält auch sonst keinen Hinweis auf die von *Treptow* angenommene Relevanz des ärztlichen Gepräges eines Zusammenschlusses für dessen Einstufung als Berufsausübungsgemeinschaft im Sinne des § 18 I 1 MBOÄ oder als MKG nach § 23b MBOÄ. Im Gegenteil wird nur in § 23a MBOÄ die Voraussetzung einer ärztlichen Mehrheit an *Gesellschaftsanteilen* formuliert. Allein die Mehrheit an nicht notwendig nach Köpfen zu verteilenden Gesellschaftsanteilen spricht aber noch nicht für ein ärztliches Gepräge des Zusammenschlusses. Zudem fehlen entsprechende, am ärztlichen Gepräge orientierten Regelungen für die ärztliche Berufsausübungsgemeinschaft bzw. die MKG in anderen Rechtsformen. Offen bleibt daher, warum nach *Treptow* im Rahmen einer juristischen Person des Privatrechts ein ärztliches Gepräge des interprofessionellen Zusammenschlusses für die Nichtanwendung des § 23b MBOÄ sprechen soll, während bei Personengesellschaften auch trotz möglichen ärztlichen Gepräges die Anforderungen des § 23b MBOÄ zu beachten seien. Nicht hinreichend beachtet *Treptow* im Übrigen, dass § 23a I 1 MBOÄ die *Ausübung* der ärztlichen Tätigkeit in einer juristischen Person des Privatrechts – nicht hingegen die Gesellschaft als Nichtkammermitglied – reguliert. Inwiefern Ärzte in kapitalgesellschaftlich organisierten MKG

---

634 Daher handelt es sich bei einer interprofessionellen Kapitalgesellschaft nach § 23a MBOÄ zugleich um eine *„Ärztegesellschaft"* und eine „MKG", a. A. *Töfflinger*, Ambulante Kapitalgesellschaften, S. 35.

635 Davon implizit wohl ausgehend u.a. *Scholz*, in: *Spickhoff*, Medizinrecht, MBOÄ, § 23b Rn. 4; *Hartmann*, in: *Halbe/Schirmer*, A 1500, Rn. 27; *Ratzel/Lippert*, MedR 2004, 525 (530); *Ratzel*, ZMGR 2005, 143 (146); *Häußermann/Dollmann*, MedR 2005, 255 (259, 261).

ohne die Hervorrufung systematischer Brüche zwischen § 23a I MBOÄ und § 23b I 2 MBOÄ tätig sein sollen, lässt sich nicht schlüssig darlegen. Die Schaffung einer weiteren interprofessionellen Berufsausübungsgemeinschaft, die über die in § 18 I 1 MBOÄ genannten Kooperationsmöglichkeiten hinausgeht und allein für eine Organisation in Kapitalgesellschaften in Frage kommen soll, ist damit insgesamt nicht schlüssig.

Auch die Publizitätsvorschriften zur Schaffung von Transparenz gegenüber Patienten[636] sprechen für die gleichzeitige Anwendung nebeneinander. Während § 23a II 1 MBOÄ nämlich vorschreibt, dass der Name der Ärztegesellschaft *„nur"* die Namen der in ihr Tätigen enthalten darf – und im Kontext mit dem ihm vorstehenden § 23a II 2 MBOÄ[637] ein Verbot der Aufnahme des Namens *angestellter* Ärzte nahelegt –, enthalten die § 23b I 5–7 MBOÄ eine eigenständige an der Interprofessionalität ausgerichtete Regelung des Auftritts von Kapitalgesellschaften im Rechtsverkehr. Im Rahmen eines Alternativverhältnisses wären die § 23b I 5–7 MBOÄ – nach *Treptow* bei einem Mehrheitsverhältnis von Ärzten – unbeachtlich, die Publizität der Beteiligung von aktiv in der Gesellschaft berufstätigen nichtärztlichen Gesellschaftern daher wenig nachvollziehbar nicht gewährleistet.[638] § 23b I 5–7 MBOÄ sind daher wiederum als Spezialvorschriften zu § 23a MBOÄ anzusehen und daher gegenüber den Namensvorschriften in § 23a MBOÄ vorrangig. Hierdurch ergibt sich kein systematischer Bruch in der Anwendung von § 23a MBOÄ und § 23b MBOÄ, sondern § 23b MBOÄ wird als zentrale Norm der ausführlichen Normierung von MKG hervorgehoben. Die systematische Erklärung der durchaus bestehenden Verworrenheit in der Anwendung der §§ 23a, 23b MBOÄ lässt sich im Umfang der Regelung des § 23a MBOÄ, der sich der Ausgestaltung juristischer Personen des Privatrechts sowohl bei rein ärztlicher Berufsausübung als auch interprofessioneller Berufsausübung unter ärztlicher Beteiligung in der Gesellschaft widmet. Auch die Ankündigung einer interprofessionellen Berufsausübungsgemeinschaft, die nicht den Vorschriften des § 23b MBOÄ unterliegen solle, wäre unklar. Während eine Ankündigung nach § 18a I MBOÄ als Berufsausübungsgemeinschaft mangels Erfüllung der Voraussetzungen der Legaldefinition von Berufsausübungsgemeinschaften nach § 18 IIa MBOÄ nicht infrage kommt, wäre auch eine Ankündigung nach § 18a II MBOÄ für *„Kooperationen gemäß § 23b"* nicht heranzuziehen, da der Norm im Alternativverhältnis gerade keine Bedeutung zukommen solle.

Weiterhin spricht sowohl gegen *Köblers* Annahme eines grundsätzlichen Alternativverhältnisses als auch gegen *Treptows* Annahme eines

636 *BÄK*, DÄBl. 2008, A-1019 (A-1023); *BerufsG beim VG Potsdam*, MedR 2014, 689 (691).

637 § 23a II MBOÄ lautet: *„Der Name der Ärztegesellschaft des Privatrechts darf nur die Namen der in der Gesellschaft tätigen ärztlichen Gesellschafter enthalten. Unbeschadet des Namens der Gesellschaft können die Namen und Arztbezeichnungen aller ärztlichen Gesellschafter und der angestellten Ärztinnen und Ärzte angezeigt werden."*

638 Vgl. sogleich hierzu näher rekurrierend auf § 18a I, II MBOÄ.

Alternativverhältnisses unter entscheidender Bestimmung anhand des ärztlichen Gepräges die Konsequenz ihrer Lösungen. Das Alternativverhältnis führte zu einem Unterlaufen des Zwecks der Regelung in § 23b MBOÄ, zusammenhanglose Konstellationen in der Zusammenarbeit im Stile eines *„medizinischen Gemischtwarenladens“*[639] zu verhindern. § 23a I 2 MBOÄ besagt, dass Gesellschafter einer Ärztegesellschaft *„nur Ärztinnen und Ärzte sowie Angehörige der in § 23b I 1 MBOÄ genannten Berufe“* sein können. Der Verweis ist ausdrücklich auf den ersten Satz begrenzt, die sonstigen Maßgaben des § 23b MBOÄ werden nicht in den Verweis aufgenommen. Damit bliebe die nach § 23b I 3, II Hs. 1 MBOÄ zusätzliche qualitative Anforderung konkreter Art an MKG außer Betracht, einen *„gleichgerichteten oder integrierenden diagnostischen oder therapeutischen Zweck bei der Heilbehandlung [...] durch räumlich nahes und koordiniertes Zusammenwirken“* zu erfüllen. Die Zweckbindung wirkt sich entscheidend auf die konkrete Kooperationsfähigkeit der nach § 23b I 1 MBOÄ abstrakt kooperationsfähigen nicht-ärztlichen Gesellschafter aus. Mangels Verweises in § 23a I 2 MBOÄ auf die Einhaltung des Zweckerfüllungsgebots fände in der interprofessionellen Ärztegesellschaft ärztlicher Prägung *Treptows* keine Korrektur der Kooperationsfähigkeit der unter § 23b I 1 MBOÄ benannten Berufe mehr statt. In der Folge wären beliebige Zusammensetzungen der Kooperation entgegen des eindeutigen Ziels ihrer Verhinderung durch Umgehung des § 23b MBOÄ zulässig. Die Integration der Zweckbindung lässt sich auch nicht implizit in dem Verweis auf § 23b I 1 MBOÄ finden, da der Verweis selbst *abstrakt* auf die reine Professionszugehörigkeit begrenzt bleibt. Darüber hinaus konterkariert die Anerkennung nicht den Erfordernissen des § 23a MBOÄ unterworfener Kapitalgesellschaften zum Zweck kooperativer Berufsausübung dem Gedanken des § 23a MBOÄ, den in Kapitalgesellschaften strukturellbedingt möglichen Einfluss auf die ärztliche Weisungsfreiheit zu minimieren.

Die dargestellten Widersprüche lassen sich allein bei gleichzeitiger Anwendbarkeit der §§ 23a, 23b MBOÄ vermeiden. § 23b MBOÄ stellt daher nach hier vertretener Ansicht die grundsätzlichen Voraussetzungen für aktive interprofessionelle Kooperation im Gesundheitswesen unter ärztlicher Beteiligung auf, während § 23a MBOÄ bei Organisation der interprofessionellen Gesellschaft als juristische Person des Privatrechts zusätzlich zu beachten ist.

---

639 Vgl. zur Begriffsprägung des *„medizinischen Gemischtwarenladens“* *Schirmer*, MedR 1995, 383 (384); an diesen anschließend *Eisenberg*, Ärztliche Kooperationen, S. 194; *Möller*, in: *Ratzel/Luxenburger*, Kap. 16 Rn. 424; *Ratzel*, in: *Ratzel/Lippert*, MBOÄ, § 23a-d Rn. 15; *ders.*, ZMGR 2005, 143 (146); *Ratzel/Lippert*, MedR 2004, 525 (529).

cc) Kooperationsfähige Partner

aaa) Einführung

Die §§ 18, 23a ff. MBOÄ eröffnen einen Raum, in dem die Berufsausübung eines Arztes mit der Berufsausübung anderer Personen kombiniert werden kann. Die Normen setzen an die Kooperation besondere Voraussetzungen, sodass im Umkehrschluss Ärzten außerhalb des eröffneten Felds eine berufliche Kooperation mit anderen untersagt sein soll. Den Normen ist die Anknüpfung an die ärztliche Berufsausübung gemeinsam, sie knüpfen nicht an die geführte Arztpraxis an.[640]

Zunächst ist zu erkennen, dass im Gegensatz zu den früheren Regelungen in Kap. D II. Nr. 9 Abs. 2 MBOÄ-1997 und § 23a II 1 Hs. 2 MBOÄ-1995 ein abschließender Katalog kooperationsfähiger Berufe[641] nicht mehr existiert.[642] Stattdessen wird die Kooperationsfähigkeit Angehöriger nichtärztlicher Gesundheitsberufe nunmehr anhand von Berufsoberbegriffen generalklauselartig beurteilt, um insbesondere die Entwicklungen der anderen medizinischen Fachberufe berücksichtigen zu können.[643] Eine enumerative Aufzählung einzelner Berufe als zulässige Kooperationspartner wird bei Änderung der Rechtsüberzeugung lückenhaft.[644] Neu entstehenden Berufen im Gesundheitsbereich steht die Regelung somit durch Anknüpfung an generelle Merkmale offen gegenüber.[645] § 23b I 1 MBOÄ ermöglicht nach seinem Wortlaut den Zusammenschluss zwischen Ärzten *„mit selbstständig tätigen und zur eigenverantwortlichen Berufsausübung befugten Berufsangehörigen anderer akademischer Heilberufe im Gesundheitswesen oder staatlicher Ausbildungsberufe im Gesundheitswesen sowie anderen Naturwissenschaftlerinnen und Naturwissenschaftlern und Angehörigen sozialpädagogischer Berufe[.]"* Qualitativ ergibt sich durch die Beschränkung des Kreises potentieller Gesellschafter ein gelockertes Fremdnutzungsverbot, das grundsätzlich die ertragreiche Verwertung der wirtschaftlichen Ergebnisse ärztlicher Tätigkeit durch Nichtärzte versagt.[646] Die Abkehr

---

640 So jedoch *Schulenburg/Heckmann*, GesR 2010, 525 (525).

641 Kooperationsfähig waren danach lediglich Zahnärzte, Psychologische Psychotherapeuten, Kinder- und Jugendlichenpsychotherapeuten, Diplompsychologen, klinische Chemiker, Ernährungswissenschaftler und andere Naturwissenschaftler, Diplom-Sozialpädagogen, Diplom-Heilpädagogen, Hebammen, Logopäden und Angehörige gleichgestellter sprachtherapeutischer Berufe, Ergotherapeuten, Angehörige der Berufe in der Physiotherapie, medizinisch-technische Assistenten, Angehörige staatlich anerkannter Pflegeberufe und Diätassistenten.

642 Siehe hier nur *Ratzel/Lippert*, MedR 2004, 525 (529); *Reiter*, GesR 2005, 6 (11).

643 *BÄK*, DÄBl. 2006, A-801 (A-806); *Narr*, Ärztliches Berufsrecht, B 392.

644 *Michalski*, Freie Berufe, S. 138.

645 *Henssler*, PartGG, § 1 Rn. 271.

646 Vgl. zum Fremdnutzungsverbot der Apotheker derart deutlich *Taupitz*, Fremd- und Mehrbesitz, S. 15; *Povel*, Fremd- und Mehrbesitzverbot, S. 27; *Chertkova*, Fremdbesitzverbot, S. 29. Siehe auch in Bezug auf Ärzte derart deutlich, jedoch zu eng auf Ärztegesellschaften begrenzt *Wende*, Fremdbesitzverbot, S. 88 ff.

von der starren Katalogaufzählung erweiterte den Kreis zulässiger nichtärztlicher Kooperationspartner. Dennoch werden in der Literatur regelmäßig – ebenso wie durch die Landesärztekammern[647] und Bundesärztekammer[648] – lediglich die vormals katalogartig aufgelisteten Berufe als kooperationsfähige Professionen exemplarisch aufgeführt, ohne überhaupt zwischen den vier in § 23b I 1 MBOÄ genannten Oberbegriffen zu differenzieren.[649]

Die nach § 23b I 1 MBOÄ maßgebliche Professionszugehörigkeit des nichtärztlichen Kooperationspartners ergänzend ist ein *„Zusammenschluss im Einzelnen nur mit solchen anderen Berufsangehörigen und in der Weise erlaubt, dass diese in ihrer Verbindung mit [...] dem Arzt einen gleichgerichteten oder integrierenden diagnostischen oder therapeutischen Zweck bei der Heilbehandlung, auch auf dem Gebiete der Prävention und Rehabilitation, durch räumlich nahes und koordiniertes Zusammenwirken aller beteiligten Berufsangehörigen erfüllen können.“* Nach § 23b II Hs. 2 MBOÄ ist dieses Gebot erfüllt, wenn solche Nichtärzte mit dem Arzt kooperieren, *„die mit [...] dem Arzt entsprechend [...] seinem Fachgebiet einen gemeinschaftlich erreichbaren medizinischen Zweck nach der Art ihrer beruflichen Kompetenz zielbezogen erfüllen können.“* Während die Berufszugehörigkeit des Kooperationspartners vom konkreten Zusammenschluss abstrakt zu bestimmen ist, setzt § 23b I 3 MBOÄ nach seinem Wortlaut (*„im Einzelnen“*) mit dem besonderen Zweck der Verbindung eine zusätzlich konkret im Einzelfall zu bestimmende Anforderung an den medizinischen Zweck des Zusammenschlusses.[650]

bbb) Berufszugehörigkeit

i) Berufsangehörige akademischer Heilberufe

α) Umfasste Berufe

(1) Allgemeine Berufsanforderungen

Die erste Gruppe kooperationsfähiger Berufe sind nach § 23b I 1 Var. 1 MBOÄ akademische Heilberufe. Angehörige der akademischen Heilberufe müssen selbständig tätig und zur eigenverantwortlichen Berufsausübung befugt sein. Weder § 23b MBOÄ noch die restlichen Vorschriften der MBOÄ definieren, was unter einem Heilberuf zu verstehen ist und wann ein solcher als akademisch aufzufassen

---

647 *LÄK Bad.-Württ.*, PartG/MKG, S. 4; *Sächsische LÄK*, Niederlassung und berufliche Kooperation, S. 18.

648 *BÄK*, DÄBl. 2008, A-1019 (A-1024).

649 Siehe hier nur *Hildebrandt*, in: *Stellpflug et al.*, Gesundheitsrecht, 36. Aktualisierung, E2000 Rn. 112; *Kuhn*, Arzt-AG, S. 27; *Munte et al.*, Kooperative Berufsausübung, S. 35; *Häußermann/Dollmann*, MedR 2005, 255 (259); *Wehrheim/Wirtz*, PartG, Teil I, 1.3.1; ersichtlich noch veraltet *Narr*, Ärztliches Berufsrecht, B 443.

650 So auch bereits zur alten Rechtslage *Werner*, Berufsausübung, S. 366.

ist. Auch die Literatur geht hierauf in Bezug auf § 23b I 1 Var. 1 MBOÄ nicht speziell ein.

Der Begriff des Heilberufs wird in verschiedenen Rechtsquellen erwähnt, sowohl im einfachen Recht, exemplarisch in § 2 HWG und § 6 I 2 Hs. 2 GewO, als auch im Grundgesetz in Art. 74 I Nr. 19 GG. Sowohl das *BVerfG* als auch die Literatur haben sich regelmäßig bei der Auslegung des Heilberufsbegriffs in verschiedenen Gesetzen mit bloßen kasuistischen Aufzählungen zufriedengeben.[651] Auch wenn nicht alle Auffassungen des Begriffs *„Heilberuf"* übereinstimmen, hat *Schnitzler* allgemein geltende Wesensmerkmale ausfindig machen können. Danach befassen sich Angehörige von Heilberufen professionell mit Krankheiten und Behinderungen als Gesundheitsabweichungen, die entweder beseitigt oder gelindert werden können oder zu einer Beeinträchtigung bei der Teilnahme am Leben in der Gesellschaft führen.[652] Noch weiter fasste das *BVerfG* in seiner Entscheidung zum Altenpflegegesetz den Heilberufsbegriff in Art. 74 I Nr. 19 GG in einer der Entwicklung zugänglichen offenen Richtung als helfende Betreuung von Menschen mit gesundheitlichen Problemen.[653] Damit sollen Berufe als Heilberufe erfasst sein, die der Feststellung, Heilung oder Linderung von Krankheiten, Leiden oder Körperschäden bei Menschen dienen. Auch teleologisch ist eine weite Auslegung darin begründet, dass mit dem verwandten Begriff der Heilkunde in § 1 II HeilprG jede nicht-ärztliche Tätigkeit auf dem Gebiet der Heilkunde erfasst werden sollte.[654] Einer allein am Wortlaut ausgerichteten Auslegung im Sinne aller Berufe, deren Berufsbild durch das Heilen oder den Versuch zu heilen geprägt ist und sich maßgeblich von anderen Tätigkeiten unterscheidet,[655] ist das *BVerfG* entgegengetreten. Der weiten Definition

---

651 Lediglich beispielhafte Aufzählungen finden sich zu § 2 HWG bei *Pfohl*, in: *Erbs/Kohlhaas*, Strafrechtliche Nebengesetze, HWG, § 2 Rn. 2; *Zimmermann*, HWG, § 2 Rn. 2. Zu Art. 74 I Nr. 19 GG findet sich eine beispielhafte Aufzählung zu Heilhilfsberufen bei *BVerfGE* 17, 287 (293); *Seiler*, in: *Epping/Hillgruber*, GG, Art. 74 Rn. 71 f.

652 *Schnitzler*, Heilberufe, S. 142.

653 *BVerfGE* 106, 62 (105 f.), unter Hinweis auf *Gallwas*, DöV 1993, 17 (18) sowie die historische Entwicklung des Art. 74 I Nr. 19 GG, dessen Heilberufsbegriff sich anhand des zum Entstehungszeitpunkt bereits bestehenden Begriffs der Heilkunde nach § 1 II HeilprG auslegen lässt. Dagegen nahm der Bundesrat, BT-Drs. 11/8012, S. 21 f., noch im Jahr 1990 eine Interpretation des Altenpflegeberufs als sozialpflegerischer Beruf vor unter Ablehnung ihrer Zuordnung zu den Heilberufen im Sinne von Art. 74 I Nr. 19 GG unter Hinweis auf die in der Literatur vertretene Begrenzung des Begriffs auf solche Berufe, die solche Berufe, deren Berufsbild davon geprägt ist, im Rahmen der Feststellung, Heilung oder Linderung von Krankheiten, Leiden oder Körperschäden diagnostische, therapeutische oder (kranken-)pflegerische Dienste oder Dienste im Rahmen der Geburtshilfe zu erbringen.

654 *BVerfGE* 106, 62 (107), rekurrierend auf *BVerfGE* 78, 179 (192).

655 So noch die bayerische Landesregierung, *BVerfGE* 106, 62 (89 ff.).

kann sich bei Beurteilung des § 23b I 1 Var. 1 MBOÄ angeschlossen werden, da in § 23b I 1 Var. 1 MBOÄ die Zulässigkeit von Berufsausübungsgemeinschaften mit nicht-ärztlichen Berufen auf Grundlage koordinierter Zusammenarbeit bei der Heilbehandlung bestimmt wird. Die Prämisse des § 1 II HeilprG ist insofern zu übernehmen.

§ 23b I 1 Var. 1 MBOÄ unterscheidet die kooperationsfähigen akademischen Heilberufe von nicht-akademischen Heilberufen, die sich nicht unter die erste Variante subsumieren lassen. Aus der Zusammenschau mit § 23b I 1 Var. 2 MBOÄ, der Angehörige staatlicher Ausbildungsberufe im Gesundheitswesen ebenfalls als kooperationsfähig erachtet, lässt sich der ohnehin naheliegende Schluss ziehen, dass der Berufszugang zu einem akademischen Heilberuf einen universitären bzw. hochschulischen Ausbildungsabschluss erfordern muss.

Ob ein Angehöriger einen Heilberuf im Gesundheitswesen ausübt, ist keine Frage der konkreten Art der Berufsausübung, sondern eine abstrakte Bestimmung kooperationsfähiger Professionen. Die Begrenzung auf das Gesundheitswesen schließt somit solche Angehörige von Heilberufen nicht aus, die im Rahmen der MKG keine Beteiligung an Heilbehandlungen zu erbringen gedenken. Hierzu dient die noch zu erörternde Verpflichtung der MKG auf den gemeinsam zu verfolgenden Zweck bei der Heilbehandlung nach § 23b I 3 MBOÄ. Für die Bestimmung der Berufe des Gesundheitswesen lässt sich außerdem im Hinblick auf die Abstraktheit von Berufs- und Sozialversicherungsrecht nicht auf die generell zur Abrechnung gegenüber den Gesetzlichen Krankenkassen befähigten Berufskreise rekurrieren. In Bezug auf die akademischen Heilberufe dient das Merkmal des Gesundheitswesens daher praktisch keiner Begrenzung des Berufskreises.

In Frage kommen zunächst die in den Heilberufe-Kammergesetzen der Länder geregelten Heilberufe: Zahnärzte, psychologische Psychotherapeuten und Kinder- und Jugendlichenpsychotherapeuten[656] sowie Tierärzte. Im Grundsatz kommen auch Inhaber eines akademischen Abschlusses zu einem neuartigen Heilberuf als kooperationsfähig gemäß § 23b I 1 Var. 1 MBOÄ in Betracht, sofern die weiteren Voraussetzungen der Selbständigkeit und Eigenverantwortlichkeit erfüllt werden.[657] Dazu zählen beispielsweise die der Unterstützung und Entlastung dienenden sog. Physician Assistants,[658] die selbst nicht die Heilkunde ausüben und deren

656 *Hartmann*, in: *Halbe/Schirmer*, Kooperationen, A 1500 Rn. 16; *Scholz*, in: *Spickhoff*, Medizinrecht, MBOÄ, § 23b Rn. 1. Siehe zur Gleichstellung von Psychologischen Psychotherapeuten und Kinder- und Jugendlichenpsychotherapeuten durch das PsychThG *Stock*, MedR 2018, 73 (76) und die Verkammerung durch die Heilberufegesetze der Länder, z.B. durch § 1 I Nr. 5 HBKG BW.

657 Hierzu sogleich S. 163 ff. und S. 166 ff.

658 Siehe zur kontroversen Diskussion über Physician Assistants *Müller-Lissner*, Berliner Ärzte 3/2018, S. 14 ff. Der im Deutschen zuweilen gebrauchte Begriff Medizinassistent oder Arztassistent wird nur uneinheitlich verwendet. Ziel des Berufes ist nach jetzigem Verständnis keine selbständige Tätigkeit, sondern die unmittelbare Unterstützung des Arztes im gesamten praktischen Alltag durch Übernahme

nicht grundständiger Studiengang nach dem Beschluss des 120. Ärztetages in Freiburg im Jahr 2017 auf einer dreijährigen erfolgreich abgeschlossenen Ausbildung in einem Gesundheitsfachberuf aufbauen soll, z. B. als Medizinischer Fachangestellter, Notfallsanitäter, Operationstechnischer Assistent oder als Angehöriger von Therapie- oder medizinisch-technischen Gesundheitsfachberufen oder der Pflegeberufe.[659] Außerdem sind rekurrierend auf die aktuelle Akademisierung der Gesundheitsfachberufe[660] Berufsangehörige mit akademischem Abschluss statt des (noch) üblichen berufsschulischen Ausbildungsabschlusses bereits nach § 23b I 1 Var. 1 MBOÄ als kooperationsfähig einzustufen.[661]

(2) Zahnärzte

Der Zahnarzt ist im Rahmen des Art. 74 I Nr. 19 GG zwar als ein „*ärztlicher Beruf*" zu verstehen,[662] er stellt gleichwohl aufgrund seiner getrennten Organisation in verschiedenen Kammern keinen „*Arzt*" im Sinne der MBOÄ dar.[663] Arzt und Zahnarzt verbinden jedoch eine gemeinsame Geschichte, denn erst in der Neuzeit hat sich das Berufsbild des Zahnarztes, spätestens seit 1952 mit Einführung des ZHG,[664]

---

delegierbarer Aufgaben. Momentan liegt der Einsatzbereich von Physician Assistants zumindest noch in der stationären Versorgung, siehe *BÄK/KBV*, Physician Assistant, S. 5.

659 Die Berufsbilder berechtigen nach aktueller Rechtslage allein aufgrund des erlangten Abschlusses weder zur Ausübung der Heilkunde, noch zum Einbezug in die Arbeit des Arztes. Sie werden daher im Folgenden außer Betracht gelassen. Siehe näher *Ratzel*, ZMGR 2008, 186 (192).

660 *Gerst*, DÄBl. 2015, A-168 f.; *Adler/Knesebeck*, DÄBl. 2010, A-386 ff. Durch den Beschluss des 117. Deutschen Ärztetags im Jahr 2017 wurde außerdem von der BÄK und der KBV die gemeinsame Arbeitsgruppe „*Akademisierte Gesundheitsfachberufe*" eingesetzt, die ein Konzept für ein bundeseinheitliches Berufsbild des *Physician Assistant* ausgearbeitet und 2017 vorgelegt hat.

661 Da im Bereich der Gesundheitsberufe noch in keinem Beruf der „*akademische Weg*" auf absehbare Zeit den Praxisgrundfall darstellt, werden diese Berufe unter § 23b I 1 Var. 2 MBOÄ behandelt; für die hier bearbeitete Fragestellung von Zusammenschlüssen mit ihnen unter ärztlicher Beteiligung ergibt sich kein Unterschied.

662 *Maunz*, in: *Maunz/Dürig*, GG, Art. 74 Rn. 214.

663 Die Heranziehung des ohnehin unverbindlichen § 23a MBOÄ ist bei der Beurteilung einer GmbH zwischen einem Zahnarzt und einer Kauffrau durch das *OLG Celle*, MedR 2014, 98 (99), unbeachtlich der sonstigen besonderen Problemstellungen des Falls nicht nachvollziehbar; vielmehr hätte die Umsetzung des § 17a MBO-ZÄ durch die Landeszahnärztekammer ausschlaggebend für die Beurteilung des Gerichts sein müssen bzw. hätte außerhalb der Ausübung der Zahnheilkunde § 1 HPG herangezogen werden müssen.

664 Das ZHG beseitigte die bestehende Kurierfreiheit und nahm Zahnärzte aus der bestehenden Einordnung in die Gewerbeordnung heraus, *Deutsch/Spickhoff*, Medizinrecht, Rn. 83.

von demjenigen des Arztes ausdifferenziert;[665] zuvor war die Zahnheilkunde bis in das 19. Jahrhundert hinein als Zweig der Chirurgie angesehen worden.[666] Der Berufsstand der Zahnärzte bestand bis zu dem Erlass des Zahnheilkundegesetzes (ZHG) aus Ärzten und Wundärzten, die eine zusätzliche Prüfung abgelegt haben.[667]

Wie für Ärzte und alle anderen Heilberufe gilt, dass zwar die Berufszulassung durch den Bund gem. Art. 74 I Nr. 19 GG geregelt werden kann, die Berufsausübung dagegen Ländersache ist.[668] Dementsprechend gliedert sich das zahnärztliche Berufsrecht mit dem ZHG und der Approbationsordnung für Zahnärzte (ZÄPro) in einen Part der Zulassungsregelungen auf Bundesebene und einen Anteil der Berufsausübungsregelungen im Landesrecht durch die Heilberufsgesetze und den auf ihnen beruhenden Berufsordnungen der Landeszahnärztekammern als Satzungen. Auf Bundesebene sind außerdem die Gebührenordnung für Zahnärzte (GOZ)[669] geregelt wie auch die Erbringung zahnärztlicher Leistungen zulasten des Systems der GKV (SGB V, Zahnärzte-ZV). Zahnärzte üben nach § 1 IV, VII ZHG die Zahnheilkunde freiberuflich[670] und nicht als Gewerbe aus. Zahnheilkunde ist nach § 1 III 1 ZHG die berufsmäßige und auf zahnärztlich wissenschaftliche Erkenntnisse gegründete Feststellung und Behandlung von Zahn-, Mund- und Kieferkrankheiten.[671] Zur Ausübung der Zahnheilkunde ist nach § 1 I 1 ZHG grundsätzlich die Approbation als Zahnarzt erforderlich,[672] Ärzte dürfen die Zahnheilkunde nicht ausüben.[673] Die Approbation als Zahnarzt erfordert

665 *Haage*, MedR 2002, 395 (396).

666 *Deutsch/Spickhoff*, Medizinrecht, Rn. 83.

667 *Haage*, MedR 2002, 395 (396).

668 Vgl. hier nur *Burghardt*, in: *Leibholz/Rinck*, GG, Art. 74 Rn. 706.

669 Siehe näher *Deutsch/Spickhoff*, Medizinrecht, Rn. 86.

670 *BGHZ* 124, 224 (227 f.); *Tettinger*, MedR 2001, 287 (287); *Haage*, ZHG, § 1 Rn. 4.

671 Zur Reichweite des Begriffs der Zahnheilkunde insbesondere angesichts ihrer wörtlichen Einschränkung auf wissenschaftlichen Erkenntnissen gegründete Tätigkeiten *OLG Zweibrücken*, WRP 1999, 228 (231); *Eichelberger*, in: *Spickhoff*, Medizinrecht, ZHG, § 1 Rn. 14; in Bezug auf zulässige Tätigkeiten von Heilpraktikern *Oberhauser*, DHZ 2018 (13), 10 (10 ff.).

672 In Betracht kommt nach § 1 I ZHG auch eine – durch den Zweck grundsätzlich langfristig ausgerichteter Zusammenschlüsse praktisch weniger interessante – vorübergehende Ausübung der Zahnheilkunde nach Erteilung einer jederzeit widerruflichen, nach § 13 II ZHG auf maximal zwei Jahre begrenzten Erlaubnis im Sinne von § 13 ZHG; nach Erteilung der Erlaubnis kann aber bei Erfüllung aller Voraussetzungen der Erlaubnisinhaber nach § 13 Ia S. 2 ZHG klarstellend eine Approbation als Zahnarzt erhalten, siehe näher *Haage*, ZHG, § 13 Rn. 1 ff.; *Eichelberger*, in: *Spickhoff*, Medizinrecht, ZHG, § 13 Rn. 1 ff.

673 Siehe jedoch *VG Darmstadt*, Urt. v. 5.4.2001 – 3 E 1356/00 –, juris, wonach approbierte Ärzte auch als Zahnärzte arbeiten und mithin Zahnarztpraxen eröffnen sowie die Bezeichnung Zahnarzt führen können. Das Urteil wurde in der Sprungrevision aufgehoben durch *BVerwG*, DVBl. 2004, 1379 f. Vgl. den Gang des Verfahrens ausführlich untersuchend *Haage*, MedR 2002, 395 (395 ff.). Zur Zeit des Urteils des *VG*

insbesondere nach § 2 I Nr. 4 ZHG die bestandene zahnärztliche Prüfung nach dem Studium der Zahnheilkunde an einer wissenschaftlichen Hochschule von mindestens 5.000 Stunden und einer Dauer von mindestens fünf Jahren. Offensichtlich ist somit der Beruf des Zahnarztes als akademischer Heilberuf im Gesundheitswesen aufzufassen.[674]

(3) Psychologische Psychotherapeuten und Kinder- und Jugendlichenpsychotherapeuten[675]

Die Psychotherapie stellt eine junge Form therapeutischer Berufsausübung dar, die im System der vertragspsychotherapeutischen Versorgung in Deutschland heute von mehr als 20.000 Psychotherapeuten ausgeübt wird, während im Jahr 1969 gerade einmal 190 Berufsträger tätig gewesen sind.[676] Erst 1998 wurden nach langer Diskussion und mehrmaligem Scheitern der Regulierungsbestrebungen[677] die

---

Darmstadt lautete § 1 I 1 noch: *„Wer im Geltungsbereich dieses Gesetzes die Zahnheilkunde dauernd ausüben will, bedarf einer Approbation als Zahnarzt nach Maßgabe dieses Gesetzes oder als Arzt nach bundesgesetzlicher Bestimmung."*

674 Überraschend ist die von *Ziermann*, MedR 2004, 540 (542), getroffene Feststellung, es bestünden keine berufsrechtlichen Beschränkungen in Bezug auf MKG unter Beteiligung von Ärzten und Zahnärzten – zur Zeit einer tatsächlich noch tiefer als heute einschneidenden Regelung in Kap. D II. Nr. 9 MBOÄ-1997. Ihr sei jedoch eingestanden, dass die Zulässigkeit eines Zusammenschlusses von Ärzten mit Zahnärzten in einem MVZ nach ärztlichem Berufsrecht gem. § 23b I 1 Var. 1 MBOÄ zumindest außer Frage steht.

675 Im Folgenden wird grundsätzlich unterschiedslos von *„Psychotherapeuten"* gesprochen. Die Berufsbezeichnung unterliegt aktuell einem Wandel. Nach der grundlegenden Reform des PsychThG durch das Gesetz vom 15. November 2019, BGBl. 2019 Teil I, S. 1604 ff., das nach Art. 12 II zum Großteil am 1. September 2020 in Kraft tritt, werden *„Psychologische Psychotherapeuten"* bzw. *„Kinder- und Jugendlichenpsychotherapeuten"* nach § 1 I 1 PsychThG n. F. altersgruppenübergreifend als *„Psychotherapeuten"* bezeichnet. Das nach § 2 I Nr. 1 PsychThG zum Erhalt der Approbation erforderlich abzuschließende Studium der Psychotherapie nach § 7 PsychThG n. F. ist von Altersgruppen unabhängig, siehe näher zu den Hintergründen der Neubezeichnung BT-Drs. 19/9770, S. 35 f.; siehe kritisch ferner die Stellungnahmen der BÄK zum Psychotherapeutenausbildungsreformgesetz vom 30.1.2019, S. 2, des Arbeitskreises der Chefärztinnen und Chefärzte der Kliniken für Psychiatrie und Psychotherapie an Allgemeinkrankenhäusern in Deutschland ACKPA vom 30.1.2019, S. 3, und die gemeinsame Stellungnahme der kinder- und jugendpsychiatrischen und -psychotherapeutischen Verbände und der wissenschaftlichen Fachgesellschaft vom 30.1.2019, S. 2 f.

676 *Ratzel/Knüpper*, in: *Ratzel/Luxenburger*, Kap. 5 Rn. 284. Im Jahr 2017 waren 23.717 Psychologische Psychotherapeuten in Deutschland tätig, *Korzilius/Maybaum*, DÄBl. 2018, A-692 (A-694).

677 Siehe insbesondere *Stellpflug*, in: *Stellpflug et al.*, Gesundheitsrecht, B 4000 Rn. 3 ff.; *ders.*, in: *ARGE*, FS 10 Jahre, S. 851 (851); *Schirmer*, MedR 1998, 435 (435); *Haage*,

vergleichsweise jungen Berufe einer bundesweiten Regelung durch das PsychThG unterzogen, nachdem sie sich im Rahmen ihrer Mitwirkung über das sog. Delegationsverfahren unter Aufsicht des Arztes oder als Kostenerstattungspsychotherapeuten[678] in der vertragsärztlichen Versorgung bewährt hatten.[679] Auch wenn nunmehr Ärzte und Psychotherapeuten nach der Integrationslösung sozialversicherungsrechtlich in die vertragsärztliche Versorgung integriert worden sind,[680] stellen sie keine Ärzte dar – die für MKG nötige Interprofessionalität wahrt ihre Beteiligung.

Ausübung der Psychotherapie ist nach § 1 II 1 PsychThG n. F. beschrieben als *„jede mittels wissenschaftlich geprüfter und anerkannter psychotherapeutischer Verfahren oder Methoden berufs- oder geschäftsmäßig vorgenommene Tätigkeit zur Feststellung, Heilung oder Linderung von Störungen mit Krankheitswert, bei denen Psychotherapie indiziert ist.“*[681] Psychologische Tätigkeit zur Aufarbeitung sozialer Konflikte ist mangels Krankheitswerts dagegen keine Ausübung der heilkundlichen Psychotherapie.[682] Psychotherapeuten üben eigenverantwortlich im Bereich der Psychotherapie[683] die Heilkunde als Angehörige eines eigenständigen Heilberufs[684] aus. Sie sind von Ärzten, die *auch* Psychotherapie anbieten sowie hauptsächlich psychotherapeutisch tätigen Ärzten und ärztlichen Psychotherapeuten als auch von psychotherapeutisch tätigen Heilpraktikern abzugrenzen.[685] Während Psychotherapeuten auf wissenschaftlich anerkannte Verfahren der Psychotherapie ohne

---

MedR 1998, 291 (291); *Schlund*, NJW 1998, 2722 (2722). Siehe auch bereits BT-Drs. 7/3322, S. 29, wonach das Bundesministerium für Jugend, Familie und Gesundheit bereits eine gesetzliche Regelung für den Beruf des nichtärztlichen Psychotherapeuten vorbereitet hat, da aufgrund seines *„festen Platzes“* in der psychiatrischen Praxis eine berufsrechtliche Regelung als unerlässlich eingestuft worden ist.

678 Kostenerstattung durch die Krankenkasse gemäß nach § 13 III SGB V. Näher zum Delegationsverfahren sowie zur Erstattungspsychotherapie *Spellbrink*, NZS 1999, 1 (3).

679 BT-Drs. 13/8035, S. 13, 15; *Mandler*, MedR 2016, 874 (877); *Schabram*, in: *ARGE*, Psychotherapeutengesetz, S. 1 (1 f.); *Schirmer*, MedR 1998, 435 (435).

680 *Schirmer*, MedR 1998, 435 (437).

681 Im Kern entspricht die Regelung § 1 III PsychThG a. F. Teilweise werden als wissenschaftlich anerkannt neben allgemein wissenschaftlich anerkannten und unbestrittenen Verfahren auch Mindermeinungen gefasst, *OVG Nordrh.-Westf.*, MedR 2008, 287; *Stebner*, PharmR 2014, 403 (406); *Stellpflug*, in: ARGE, FS 10 Jahre, S. 851 (869); ablehnend allerdings *BVerfG*, NJW 2009, 3593 (3593 f.).

682 *Haage*, MedR 1998, 291 (292); *Schlund*, NJW 1998, 2722 (2722). Siehe nunmehr explizit § 1 II 3 PsychThG n. F.

683 BT-Drs. 13/8035, S. 14; *Haage*, MedR 1998, 291 (292).

684 *Mandler*, MedR 2016, 874 (876); *Ratzel/Knüpper*, in: *Ratzel/Luxenburger*, Kap. 5 Rn. 287.

685 *Stellpflug*, in: *Stellpflug et al.*, Gesundheitsrecht, B 4000 Rn. 37; *Mandler*, MedR 2016, 874 (875 ff.); *Haage*, MedR 1998, 291 (291).

Anwendung von Arzneimitteln[686] beschränkt sind, können Ärzte und Heilpraktiker darüber hinaus Arzneimitteltherapien anwenden oder wissenschaftlich nicht anerkannte Verfahren in ihrer psychotherapeutischen Tätigkeit einbinden.[687] Zu Beginn jeder Behandlung sind zumindest im Rahmen vertragsärztlicher Behandlung nach § 92 VIa SGB V iVm § 24 Psychotherapie-RL somatische Ursachen für die Erkrankung abzuklären.[688] Die Verpflichtung zur Einholung eines Konsiliarberichts eines Vertragsarztes und die Psychotherapeuten verwehrte Möglichkeit des Einsatzes von Psychopharmaka verdeutlicht die Sinnhaftigkeit strukturierter und koordinierter Zusammenschlüsse der Berufe.

Das Recht der Zulassung von Psychotherapeuten wurde dem ärztlichen Berufsrecht nachgezeichnet.[689] Wer die heilkundliche Psychotherapie unter den genannten Berufsbezeichnungen[690] ausüben will, bedarf nach § 1 I 1 PsychThG der Approbation als Psychotherapeut.[691] Die Approbation ist aktuell

---

686 Eine Verordnung von Psychopharmaka durch Psychotherapeuten kommt nicht in Betracht und wurde nach zunächst erfolgter Aufnahme in den Referentenentwurf des Psychotherapeutenausbildungsreformgesetz nach Stellungnahmen der Ärzteschaft und Psychotherapeutenvereinigungen verworfen, siehe exemplarisch die Stellungnahmen der *BÄK* zum Referentenentwurf vom 30.1.2019, S. 2 f., und des *AOK-Bundesverbandes* vom 4.2.2019, S. 9, in denen ausdrücklich Modellversuchsstudiengänge nach § 26 PsychThG-E zum Schutz der Arzneimittel- und Patientensicherheit abgelehnt werden, in denen die Studieninhalte um den Erwerb von Kenntnissen und Fertigkeiten zur Feststellung, Verordnung und Überprüfung von psychopharmakologischen Maßnahmen erweitert werden sollen, um Psychotherapeuten in die Lage zu versetzen, eine medikamentöse Behandlung vorzunehmen. Ablehnung erhielt diese Neuregelung im Referentenentwurf ganz allgemein, sodass im Gesetzentwurfsbeschluss auf die Einrichtung der Modellversuchsstudiengänge verzichtet worden ist. Siehe für die ablehnenden Stellungnahmen hier nur diejenigen des G-BA vom 30.1.2019, S. 3, des Berufsverbands der Kinder- und Jugendlichenpsychotherapeuten vom 28.1.2019, S. 5, der Bundespsychotherapeutenkammer vom 29.1.2019, S. 27, und der kinder- und jugendpsychiatrischen und-psychotherapeutischen Verbände sowie der wissenschaftlichen Fachgesellschaft vom 30.1.2019, S. 5 f.

687 Vgl. *Stebner*, PharmR 2014, 403 (403); *Francke*, MedR 2000, 447 (448 f., 451 f.).

688 *Mandler*, MedR 2016, 874 (877); *Wollersheim*, in: *Clausen/Schroeder-Printzen*, Medizinrecht, § 6 Rn. 382; *Spellbrink*, NZS 1999, 1 (9) noch in Bezug auf § 28 III 2 SGB V iVm Psychotherapie-RL. Zwar war in § 1 III 2 PsychThG a. F. bzw. § 1 II 2 PsychThG n. F. eine Pflicht zur vorherigen Abklärung somatischer Ursächlichkeit statuiert, als Berufsausübungsregelung fehlt dem Bundesgesetzgeber die erforderliche Gesetzgebungskompetenz, dagegen stellt *Schlund*, NJW 1998, 2722 (2722), eine *„gesetzliche Pflicht“* zur somatischen Abklärung fest.

689 *Schirmer*, MedR 1998, 435 (436); *Haage*, MedR 1998, 291 (296).

690 § 1 I 1 PsychThG a. F.: „Psychologischer Psychotherapeut“, „Kinder- und Jugendlichenpsychotherapeut“; § 1 I 1 PsychThG n. F.: „Psychotherapeut“.

691 Näher zur Frage der missbräuchlichen Führung der Berufsbezeichnungen *Stellpflug*, in: *ARGE*, FS 10 Jahre, S. 851 (866 f.).

noch[692] nach § 2 I PsychThG a. F. zu erteilen, wenn u. a. der Antragsteller die vorgeschriebene Ausbildung abgeleistet und die staatliche Prüfung bestanden hat. Die in § 2 I PsychThG a. F. genannte erforderliche Ausbildung an einer staatlich anerkannten Ausbildungsstätte ergänzt ein abgeschlossenes einschlägiges Hochschulstudium[693] und schließt gem. § 5 I 2 PsychThG mit Bestehen der staatlichen

692 Nach dem Gesetz zur Reform der Psychotherapeutenausbildung ist die Ausbildung erheblichen Neuerungen unterzogen worden. Nach § 2 I Nr. 1 PsychThG wird die Approbation einer Person erteilt, die u.a. das in §§ 7, 9 PsychThG geregelte Studium erfolgreich absolviert und die psychotherapeutische Prüfung nach § 10 PsychThG bestanden hat. Das Studium darf nach § 9 I PsychThG nur an Universitäten und ihnen gleichgestellten Hochschulen angeboten werden und dauert in Vollzeit fünf Jahre, wobei es sich nach § 9 III 1 PsychThG in einen Bachelorstudiengang und einen konsekutiven Masterstudiengang unterteilt. Da nach § 10 III PsychThG die zur Approbation erforderliche, nach § 10 II als staatliche Prüfung organisierte psychotherapeutische Prüfung *„nicht vor dem letzten Semester des Masterstudiums durchgeführt"* wird, ist zumindest für die Zukunft deutlich geklärt, dass nur ein der aufgrund von § 20 PsychThG-E zu erlassenden Rechtsverordnung entsprechender Masterabschluss in einem § 7 PsychThG-E entsprechenden Studiengang *„Psychotherapie"* zur Approbation ausreichend ist, da *„nach Auffassung der Bundesregierung eine Approbation nach einem wissenschaftlichen Hochschulstudium auf Masterniveau mit einer sich anschließenden Weiterbildung am besten geeignet [ist], um auf Dauer eine moderne und zukunftsfähige Psychotherapeutenausbildung zu gewährleisten"*, (BT-Drs. 19/9770, S. 33). Im Unterschied zum geltenden Recht soll jedoch zugunsten eines Direktstudiums auf die bisherige postgraduale Ausbildungsstruktur verzichtet werden (BT-Drs. 19/9770, S. 34). Wird jedoch vor dem 1.9.2020 noch eine Ausbildung zum Psychologischen Psychotherapeuten oder Kinder- und Jugendlichenpsychotherapeuten begonnen, kann diese nach dem PsychThG in der bis zum 31. August 2020 geltenden Fassung abgeschlossen werden und berechtigt weiterhin zum Erhalt der Approbation nach § 2 I PsychThG a. F., vgl. § 27 I PsychThG n.F. Beginnt eine Person nach § 27 II PsychThG sogar ein Studium im Sinne des § 5 II PsychThG a. F. vor dem 1.9.2020, kann die aktuell nach § 2 I PsychThG erforderliche Ausbildung noch bis zum 1.9.2032 erfolgreich absolviert werden, um nach § 2 I PsychThG a. F. die Approbation zu erhalten. Die bisherigen Ausbildungsstätten wird Bestandsschutz gewährt, sodass sie bis zum 1.9.2032 weiterhin Ausbildungen durchführen können, § 28 PsychThG.

693 Insbesondere in Anbetracht des Bologna-Prozesses mit der Entwicklung zu einem Bachelor-/Master-System ist eine Spezifizierung der Anforderungen an das abzuschließende Hochschulstudium erforderlich, da das Gesetz noch auf die bei Gesetzeseinführung bestehende Studienstruktur mit Diplom- und Magisterstudiengängen ausgerichtet ist, künftige Änderungen aber mitbedacht haben soll, vgl. *BVerwG*, NVwZ 2017, 1880; ferner BT-Drs. 12/6811, S. 29. Momentan besteht Unklarheit darüber, ob ein Bachelorabschluss ausreichend ist oder nicht, vgl. *Stellpflug*, in: *Stellpflug et al.*, Gesundheitsrecht, B 4000 Rn. 10 ff.; *Stock*, MedR 2016, 991 (991 f.); *Mandler*, MedR 2016, 874 (878); *Hess. VGH*, MedR 2016, 986 ff. Zumindest erfüllt nach der Rspr. des *BVerwG* der erfolgreiche Abschluss eines Masterstudiengangs in Psychologie an einer inländischen Universität die Zugangsvoraussetzung für eine Ausbildung

Prüfung ab. Die zeitlich und auch finanziell aufwändige[694] Ausbildung von Psychologischen Psychotherapeuten und Kinder- und Jugendlichenpsychotherapeuten ist getrennt geregelt in jeweils eigenen Ausbildungs- und Prüfungsverordnungen.[695] Die Ausbildung dient nach § 8 II PsychThG a. F. der Vermittlung von Kenntnissen und Fähigkeiten, die für eine eigenverantwortliche und selbständige Ausübung der psychotherapeutischen Berufe erforderlich sind.[696] Aufgrund der einschlägig akademischen Vorbildung lassen sich Psychotherapeuten als akademische Heilberufe im Gesundheitswesen einordnen. Zweifel hieran aufgrund der Inkorporation eines abgeschlossenen Studiums in die Ausbildung wirken sich zumindest für die Zukunft nicht aus, da nach § 2 I Nr. 1 PsychThG n. F. seit dem 1. September 2020 ein eigener akademischen Studiengang für Psychotherapeuten vorgesehen ist.

(4) Diplom-Psychologen

Die Zuordnung der Diplom-Psychologen zu den Heilberufen ist umstritten und wird von der herrschenden Ansicht abgelehnt.[697] Da im Rahmen des § 23b I 1 Var. 1 MBOÄ eine Tätigkeit im Gesundheitswesen erforderlich ist, kommen bereits nur solche Diplom-Psychologen als Kooperationspartner in Betracht, denen eine Erlaubnis nach § 1 HeilprG erteilt worden ist. Sie scheiden als Kooperationspartner aus, weil sich die (mögliche) Erlaubnis aus § 1 HeilprG nicht auf den akademischen Abschluss zurückführen lässt.

(5) Tierärzte

Auch Tierärzte stellen einen akademischen Heilberuf dar, im Grunde genommen wäre damit auch ein Zusammenschluss von Ärzten mit Tierärzten in einer MKG denkbar. Andere Kooperationsgestaltungen erscheinen jedoch lebensnäher, weshalb eine Auseinandersetzung mit ihnen als dringlicher erachtet wird. Tierärzte werden daher in der weiteren Betrachtung außer Acht gelassen.[698]

---

zum Psychotherapeuten, wobei ein *zusätzlicher konsekutiver, also in derselben Fachrichtung absolvierter* Bachelorabschluss nicht erforderlich ist, *BVerwG*, NVwZ 2017, 1880 (1880 ff.); *zust. Grote*, NVwZ 2018, 1882 (1882 f.); a.A. dagegen noch *Hess. VGH*, MedR 2016, 986 (987 ff.). Siehe auch *Maaß*, NZS 2018, 41 (45).

694 *Mandler*, MedR 2016, 874 (880).

695 Ausbildungs- und Prüfungsverordnung für Psychologische Psychotherapeuten vom 18.12.1998 (BGBl. I S. 3749); Ausbildungs- und Prüfungsverordnung für Kinder- und Jugendlichenpsychotherapeuten vom 18.12.1998 (BGBl. I S. 3761). Siehe näher zur Ausbildung der Psychotherapeuten *Mandler*, MedR 2016, 874 (878 ff.); *Kies*, NJW 1999, 2724.

696 BT-Drs. 13/8035, S. 19; *Mandler*, MedR 2016, 874 (879).

697 Siehe genauer die ausführliche Untersuchung von *Schnitzler*, Heilberufe, S. 146 ff.

698 Die Zulässigkeit von Kooperationen zwischen Ärzten und Tierärzten in MKG soll daher ausdrücklich offen gelassen bleiben, denn als problematisch könnten sich durchaus die Anforderungen an den besonderen Zweck nach § 23b I 3, II MBOÄ der Kooperationsform erweisen. Eine genauere Untersuchung kann jedoch insofern

(6) Ärzte

Ausgeschlossen ist die Gründung einer MKG allein unter Ärzten, wie sie *Schirmer*[699] für zulässig erachtet hat.[700] § 23a II 1 MBOÄ-1995, auf den sich *Schirmer* noch bezogen hatte, enthielt einen abschließenden Katalog kooperationsfähiger Berufe, der in seinem Wortlaut allein auf die Zusammenarbeit mit „artverwandten" Berufen beschränkt gewesen ist und Ärzte im Umkehrschluss aus ihrer Nichtnennung ausgeschlossen hat.[701] Der Wortlaut des heutigen § 23b MBOÄ spricht auch weiterhin gegen die Zulässigkeit von MKG unter rein ärztlicher Beteiligung, da § 23b I 1 Var. 1 MBOÄ gerade von „*anderen*" akademischen Heilberufen spricht. Für die Zulässigkeit rein ärztlicher MKG gibt es auch keinen Anlass, da Ärzten bereits Berufsausübungsgemeinschaften nach § 18 I, 2a MBOÄ zur Verfügung stehen, die auch fachübergreifend ausgestaltet sein können.[702] Im Kontrast zu ärztlichen Berufsausübungsgemeinschaften wäre ohne ausdrückliche Normierung in § 23b MBOÄ eine gemeinsame interprofessionelle Berufsausübung inklusive der Ausübung der Heilkunde am Menschen im Umkehrschluss aus §§ 18 I 1, 23c MBOÄ nicht zulässig. § 23b MBOÄ bezweckt daher auch nach Auslösung der katalogartigen Aufzählung die Ermöglichung einer Zusammenarbeit von Ärzten mit anderen Heilberufen. Ohnehin brächte die Zulässigkeit ärztlicher MKG tatsächliche Abgrenzungsschwierigkeiten zu Berufsausübungsgemeinschaften mit sich,[703] die in sich systematisch nicht nachvollziehbar wären.

Die Beteiligung eines *weiteren* Arztes an einer MKG neben nicht-ärztlichen Kooperationspartnern kommt jedoch in Betracht. Dem interprofessionellen Charakter der Kooperationsform nach § 23b MBOÄ würde dann ausreichend Rechnung getragen. Der Wortlaut des § 23b I 3 MBOÄ, wonach Ärzten der Zusammenschluss nur erlaubt ist, wenn die beteiligten Nichtärzte in ihrer Verbindung mit „dem Arzt" einen bestimmten Zweck erfüllen können müssen, steht der Beteiligung eines weiteren Arztes nicht entgegen. § 23b I 3 MBOÄ regelt im Gegensatz zu § 23b I 1 MBOÄ nicht die abstrakte Zulässigkeit von Berufsgruppen, sondern stellt konkrete Anforderungen an die Ausgestaltung der MKG. Konsequent enthält sich § 23b I 3 MBOÄ zu der Beteiligung weiterer Ärzte.

---

nicht geleistet werden, ohne andere Berufsfelder zu vernachlässigen, mit denen eine Kooperation praktisch bedeutungsvoller sein wird.

699 *Schirmer*, MedR 1995, 341 (348).

700 Ebenso ablehnend *Hildebrandt*, Freiberufliche Zusammenschlüsse, S. 65, und *Trautmann*, Gemeinschaftspraxis, S. 36, jedoch noch in Bezug auf die vorherige katalogweise Aufzählung kooperationsfähiger Berufe.

701 *Hildebrandt*, Freiberufliche Zusammenschlüsse, S. 65.

702 Siehe zu fachübergreifenden Gemeinschaftspraxen ausführlich *Gollasch*, Fachübergreifende Gemeinschaftspraxis, passim.

703 *Hildebrandt*, Freiberufliche Zusammenschlüsse, S. 66.

(7) Apotheker

Fraglich ist die Kooperationsfähigkeit von Apothekern nach § 23b I 1 Var. 1 MBOÄ.[704] Soweit ersichtlich, erfasst allein *Kilian* Apotheker als kooperationsfähigen Beruf im Sinne des § 23b I 1 Var. 1 MBOÄ.[705] Dabei beschränkt sich die Untersuchung an dieser Stelle auf die Prüfung des dem ärztlichen Berufsrecht entspringenden § 23b I 1 Var. 1 MBOÄ.[706] Bereits aus dem Edikt von Salerno Friedrichs II. aus dem Jahr 1240 für das Königreich Sizilien als auch der ersten umfassenden Medizinalordnung Karls IV. aus dem Jahr 1350 ist ein Verbot geschäftlicher Gemeinschaft mit Apotheken überliefert.[707] In der früheren abschließenden Aufzählung zulässiger Kooperationspartner in Kap. D II. Nr. 9 Abs. 2 MBOÄ-1997 haben Apotheker gefehlt und waren daher im Umkehrschluss keine geeigneten Kooperationspartner innerhalb einer MKG. Der heutige § 23b I 1 Var. 1 MBOÄ ist dagegen offener gestaltet und ermöglicht den Zusammenschluss, wenn der Apothekerberuf als akademischer Heilberuf des Gesundheitswesens aufzufassen ist.[708] Fraglich ist insoweit bereits, ob der Apothekerberuf einen Heilberuf darstellt.

Zwar stuft das *BVerfG* den Beruf des Apothekers als *„zu den höheren Berufen des Gesundheitswesens"* gehörig ein, es bejaht jedoch gleichzeitig den gewerblichen Charakter des Apothekenbetriebs.[709] Daraus schließt ein Teil der Literatur auf eine Verneinung der Einordnung des Apothekers als Heilberuf im Sinne des Art. 74 I Nr. 19 GG, wohingegen ein anderer Teil der Literatur wie auch der Rechtsprechung den Apotheker als Heilberuf versteht.[710] Richtigerweise ist dem Urteil des *BVerfG* jedoch keine Einordnung des Apothekerberufs zu entnehmen, denn seine Aussagen rekurrieren auf Apotheken*betrieb* sowie *-errichtung*, nicht jedoch auf den Apotheker*beruf*. Ebenso wenig folgt aus der nunmehr separaten Aufzählung des Apothekenwesens in Art. 74 I Nr. 19 GG die Ausgliederung des Apothekerberufs aus dem Bereich der Heilberufe. Nach herrschender Ansicht ist der Apotheker unter den Begriff des Heilberufs nach Art. 74 I Nr. 19 GG einzuordnen, da

---

704 Daneben käme zumindest eine MKG mit Apothekern als Naturwissenschaftlern gem. § 23b I 1 Var. 3 MBOÄ in Betracht, wie bereits *Erbsen*, Praxisnetze, S. 126 f., für den Berufekatalog der alten Regelung angemerkt hat.

705 Seine Annahme jedoch unbegründet belassen *Kilian*, in: *Prütting*, Medizinrecht, MBOÄ, § 23b Rn. 4.

706 Zur Zulässigkeit nach apothekerlichem Berufsrecht siehe S. 436 ff.

707 *Schiedermair/Pieck*, ApoG, Gr. I S. 23; *Taupitz*, Standesordnungen, S. 212 f., 332 f.

708 Vgl. zum vorherigen Ausschluss *Spielberg*, DÄBl. 1995, A-1636 (A-1636).

709 *BVerfGE* 5, 25 (28 f.). Daher sind auch die Normen des Apothekenrechts im engeren Sinne dem Gewerberecht als besonderem Ordnungsrecht bzw. dem Gesundheitsgewerberecht zuzuordnen, *Rixen*, in: *Rixen/Krämer*, ApoG, Einl. Rn. 1, 4.

710 *BVerwGE* 4, 51 (52); *BVerwG*, Buchholz 418.20 Nr. 5, S. 27 (28). Siehe hierzu die ausführliche Darstellung von *Schnitzler*, Heilberufe, 184 ff.

er aufgrund seiner Aufgabe in der Arzneimittelversorgung der Bevölkerung einen besonders wichtigen Teil des Gesundheitswesens darstellt.[711] In § 203 I Nr. 1 StGB werden Apotheker ausdrücklich als Angehörige eines Heilberufs aufgezählt. Der Bundesgesetzgeber ordnet Apotheker zudem auch allgemein als freie Heilberufe ein.[712] Ob der Beruf des Apothekers als Heilberuf im Sinne des § 23b MBOÄ zu verstehen ist, ergibt sich noch nicht aufgrund allgemeiner Einschätzung, weshalb nähere Hinweise des ärztlichen Berufsrechts selbst auf seine Nutzung des Begriffs für das Verständnis entscheidend sind.

Heilberufe im Sinne des § 23b I 1 Var. 1 MBOÄ dienen nach oben zugrunde gelegtem Verständnis der Feststellung, Heilung oder Linderung von Krankheiten, Leiden oder Körperschäden bei Menschen. Ihre Zuordnung zu den Heilberufen auf dieser Grundlage ist daher im Hinblick auf ihre Aufgabe bei der Arzneimittelversorgung der Bevölkerung wenig zweifelhaft.[713] Erst wenn im Hinblick auf den Zweck der MKG eine unmittelbare Ausübung der Heilkunde als Voraussetzung eines Heilberufs angesehen würde,[714] wäre die Zuordnung zu den Heilberufen abzulehnen, da Apothekern die Ausübung der Heilkunde durch die Berufsordnungen der Apotheker[715] und § 1 I HeilprG mangels Erlaubnis zur Ausübung der Heilkunde untersagt ist. § 23b I 3 MBOÄ selbst spricht jedoch statt von einer unmittelbaren Beteiligung bei der Heilbehandlung lediglich von einem auf sie gleichgerichteten oder integrierenden therapeutischen oder diagnostischen Zweck. Auch ohne die Heilkunde selbst auszuüben kommt die Beteiligung von Apothekern bei der Heilbehandlung nicht allein mittelbar durch die Abgabe von Arzneimitteln im Rahmen der Therapieausführung in Betracht,[716] sondern auch aufgrund der Zuweisung der Medikationsanalyse bzw. des Medikationsmanagements als Aufgabe der Apotheker[717] insbesondere bei der Therapie*auswahl* und *-bewertung*. Im Übrigen wird bereits die Anwendung der Regelungen zum Behandlungsvertrag in den §§ 630a ff. BGB auf Apotheker gefordert.[718]

Gegen die Kooperationsfähigkeit von Apothekern könnte ihr früherer Ausschluss aus dem Kreis zulässiger Kooperationspartner fruchtbar gemacht werden.[719] Allein die Entwicklung der Norm zu einer Öffnung von MKG für einen erweiterten Personenkreis legt noch kein Verständnis des Heilberufs innerhalb der

711 *BVerwGE* 4, 51 (52); *BVerwG*, Buchholz 418.20 Nr. 5, S. 27 (28).
712 BT-Drs. 12/21, S. 36.
713 *Schnitzler*, Heilberufe, S. 185 f.
714 Vgl. *Gallwas*, DöV 1993, 17 (18).
715 Vgl. hier nur § 11 BO-Apo Bln.
716 Vgl. ferner zum Einbezug in die anwaltliche Beratungspraxis *BVerfGE* 141, 82 (104 f.).
717 Vgl. hierzu die Berufsordnungen der Apotheker in *Rh.-Pfalz* (Präambel), *Sachsen* (§ 2 II), *Sachs.-Anhalt* (§ 1 I), *Schl.-Holst.* (§ 1 II) und *Thüringen* (Präambel). Das Medikationsmanagement ist außerdem in § 1a III Nr. 6 ApBetrO erfasst.
718 *Effertz*, GesR 2019, 15 (17 ff.).
719 Siehe daher auf Grundlage des Katalogs in Kap. D II. Nr. 9 Abs. 2 MBOÄ-1997 unzweifelhaft richtig *Wigge/Kleinke*, MedR 2002, 391 (391).

MBOÄ nahe, wird seither schließlich erst das Tatbestandsmerkmal des Heilberufs relevant. Zwar fehlt in den Mitteilungen der Bundesärztekammer bei Kommentierung der MKG eine Aufzählung von Apothekern als dem Kreis der Kooperationspartner zugehörig auch weiterhin.[720] Ihre Nichtbeachtung lässt sich jedoch schlüssig durch die Unterstellung erklären, derartige Kooperationen seien durch das Berufsrecht der Apotheker nicht zulässig.[721] Ein Schluss aus dem Berufsrecht der Apotheker auf die Auslegung einer Norm des ärztlichen Berufsrechts verbietet sich jedoch, die Normen verhalten sich indifferent zueinander.[722] Allein für den Berufsangehörigen, dessen Berufsrecht einen interprofessionellen Zusammenschluss verbietet oder im Ausmaß einschränkt, ist die Inkompatibilität erzeugende Vorschrift unmittelbar durch die Bindung an sein eigenes Berufsrecht relevant. Ärzte und ärztliches Berufsrecht werden dagegen nicht durch das Berufsrecht der Apotheker gebunden, es ergeben sich allenfalls mittelbare Reflexwirkungen.

Dem widersprichen zwar Entscheidungen des *BVerwG* und des *OVG Nordrhein-Westfalen* in Bezug auf § 11 ApoG, in denen die Ansicht vertreten wird, dass nicht allein Apotheker, sondern nach dem Wortlaut wie auch aus teleologischer Hinsicht auch Ärzte Normadressaten seien.[723] Als Norm des ärztlichen Berufsrechts wäre in diesem Fall § 11 ApoG systematisch zur Auslegung heranzuziehen. Nach § 11 I ApoG dürfen Inhaber einer Apothekenbetriebserlaubnis und Personal von Apotheken mit Ärzten keine Rechtsgeschäfte vornehmen oder Absprachen treffen, die eine bevorzugte Lieferung bestimmter Arzneimittel, die Zuführung von Patienten, die Zuweisung von Verschreibungen oder die Fertigung von Arzneimitteln ohne volle Angabe der Zusammensetzung zum Gegenstand haben. Unbeachtlich der Gründe der Vertreter der genannten Ansicht ist zunächst überhaupt zu ermitteln, ob eine solche Auslegung, die Ärzte als Normadressaten des § 11 ApoG einbezieht, zulässig ist. Die Vorschrift würde für den Fall der Anwendbarkeit auf Ärzte die Art und Weise, also das „Wie" ärztlicher Berufsausübung, regeln und stellte somit eine Berufsausübungsregelung dar. Mangels Rechtsetzungskompetenz des Bundes für

720 *BÄK*, DÄBl. 2006, A-801 (A-806); wörtlich übernommen von der *Sächsischen LÄK*, Niederlassung und berufliche Kooperation, S. 18.

721 So jedenfalls ausdrücklich *LÄK Bad.-Württ.*, PartG/MKG, Punkt 4.2.

722 Die rechtliche Einschätzung, Apotheker seien von der Regelung des § 23b (M)BOÄ ausgenommen, ist genau genommen falsch, da nicht die Regelung des ärztlichen Berufsrechts Apotheker von MKG ausschließt, sondern erst dem Recht der Apotheker der Ausschluss folgen soll. Ob ein solcher Ausschluss durch das Berufsrecht der Apotheker tatsächlich erfolgt, wird an anderer Stelle einer Prüfung unterzogen, siehe S. 436 ff.

723 *BVerwG*, NJW 1995, 1627 (1628); *OVG Nordrh.-Westf.*, NVwZ-RR 2000, 216 (216 f.); vgl. auch *BGH*, VersR 2015, 469 (471); *Wigge/Kleinke*, MedR 2002, 391 (393). A.A. *Rixen*, in: *Rixen/Krämer*, ApoG, § 11 Rn. 6 f.; *ders.*, GesR 2006, 433 (437 f., Fn. 49). Als nicht unmittelbare Adressaten, jedoch als Beteiligte der unzulässigen Rechtsgeschäfte werden sie aufgefasst von *Schiedermair/Pieck*, ApoG, § 11 Rn. 5.

die Berufsausübung der Heilberufe[724] kommt eine Auslegung nicht dahingehend in Betracht, dass auch Ärzte Adressaten des sog. Ärztebevorzugungsverbots darstellen. Dagegen bezieht sich § 11 ApoG noch nicht einmal auf alle Apotheker, sondern allein auf den Betrieb einer Apotheke. Auch wörtlich wird dieser Bezug deutlich, indem das Verbot vorrangig auf Erlaubnisinhaber sowie dessen Personal rekurriert. Auch Sinn und Zweck der Norm sprechen nicht für eine Ausweitung des Adressatenkreises auf Ärzte, denn die Vorschrift bezweckt wie das gesamte ApoG lediglich die Regulierung Apothekenbetriebs. § 11 ApoG bleibt daher auch bei Auslegung des § 23b MBOÄ außer Betracht.

Systematisch sind zur Auslegung des § 23b MBOÄ allerdings die Landesheilberufsgesetze heranzuziehen. In allen Ländern werden nach ihnen sowohl Ärzte als auch Apotheker verkammert[725] und die Rechtsgrundlage für die Satzungskompetenz der Landesärzte- wie auch -apothekerkammern geschaffen.[726] Weisen die den Berufsordnungen der Landesärztekammern hierarchisch übergeordneten und sie regelnden Landesheilberufsgesetze Apotheker bereits nach der Bezeichnung als *Heilberufs*gesetz als solche aus, sind sie auch als Heilberufe im Sinne des § 23b I 1 MBOÄ zu verstehen.

Festzuhalten ist somit, dass nach dem ärztlichen Berufsrecht *für den Arzt* ein Zusammenschluss mit Apothekern in einer MKG grundsätzlich zulässig ist. Nicht bei der Frage grundsätzlicher Kooperationsfähigkeit, sondern erst rekurrierend auf die Art ihrer Einbeziehung darf die besondere Rolle[727] der Apotheker im Gesundheitswesen nicht unberücksichtigt bleiben.

Wer den Apothekerberuf ausüben möchte, bedarf nach § 2 I BApO der Approbation als Apotheker, die nach § 20 I 1, S. 2 Nr. 7 BAppO das Bestehen der aus drei Teilen bestehenden Pharmazeutischen Prüfung erfordert. Während die ersten beiden Teile der Pharmazeutischen Prüfung nach zweijähriger bzw. vierjährigem Studium zu absolvieren sind, ist der dritte Teil der Pharmazeutischen Prüfung nach Ableistung der praktischen Ausbildungszeit zu absolvieren. Apotheker üben auf Grundlage ihres universitären Abschlusses einen akademischen Heilberuf aus. Apothekern kommt nach § 1 BApO die Aufgabe der ordnungsgemäßen Versorgung der Bevölkerung mit Arzneimitteln zu und wird daher grundsätzlich innerhalb des Gesundheitssystems tätig. Hieran fehlt es bei persönlicher Begrenzung eines Apothekers auf reine Unternehmensberatung, bei der die Tätigkeit nicht mehr der Erbringung einzelner Gesundheitsdienstleistungen zugeordnet werden kann.

Apotheker sind auch freiberuflich tätig, soweit sie keine Apotheke betreiben,[728] da sie insoweit als eigenverantwortlich und selbständig Handelnde wesentliche

---

724 Siehe hierzu S. 40 ff.
725 Vgl. hierzu § 1 Nr. 4 HBKG BW.
726 Siehe hierzu § 31 iVm § 10 Nr. 14 HBKG BW.
727 *Wigge/Kleinke*, MedR 2002, 391 (391).
728 Siehe hier nur *Ring/Vogel*, MedR 2016, 876 (880); siehe ausführlich S. 441 ff.

Typusmerkmale freier Berufe erfüllen.[729] Die Einschätzung zu Zeiten der Einführung der MKG, dass Apotheker keinen freien Beruf ausüben,[730] ist zu undifferenziert.

(8) Heilpraktiker

Der heilkundliche Tätigkeitsbereich von Heilpraktikern umfasst eine Vielzahl diagnostischer und therapeutischer Verfahren, darunter Natur- und Erfahrungsheilkunde, alternative Medizinsysteme, Anthroposophie, Ayurveda, traditionelle chinesische oder traditionelle europäische Medizin, die in den meisten Fällen wissenschaftlich nicht anerkannt,[731] teilweise gleichwohl wie die Akupunktur jedoch akademisch bestätigt worden sind.[732] Der Beruf des Heilpraktikers entstand mit dem Erlass des Heilpraktikergesetzes im Jahr 1939, das zur Beendigung der bis dahin geltenden Kurierfreiheit führen, ein Ärztemonopol errichten und den Berufsstand der Heilpraktiker langfristig abschaffen sollte.[733] Das Gesetz diente aber auch der Besitzstandswahrung der bis dahin tätigen Heilpraktiker, sofern sie nicht als ungeeignet eingestuft worden sind.[734] Insofern entpuppte sich die Einführung des HeilprG als *„Wiege und Grab“* des Heilpraktikerwesens in einem.[735] Anlässlich der bezweckten Abschaffung des Berufsstands wurden keine Ausbildungsvorschriften in das Gesetz integriert und die vorhandenen Ausbildungsstätten geschlossen.[736] Mit Inkrafttreten des Grundgesetzes im Jahr 1949 wandelte sich in Berücksichtigung der Berufsfreiheit nach Art. 12 I GG die Bedeutung des

---

729 Siehe hier nur *Taupitz*, Standesordnungen, S. 88 ff.

730 Vgl. *Spielberg*, DÄBl. 1995, A-1636 (A-1636).

731 *Hilpert-Mühlig*, MedR 2019, 473 (473). Zu den als Heilkunde aufgefassten Tätigkeitsbereichen siehe *Haage*, HeilprG, § 1 Rn. 16 f.; siehe ferner *Hildebrandt*, in: *ARGE*, FS 20 Jahre, S. 255 (261 f.).

732 *Donhauser*, RPG 2000, 109 (112).

733 *Arndt*, Heilpraktikerrecht, S. 31 ff.; *BVerfGE* 78, 179 (181); *Donhauser*, RPG 2000, 109 (110); *Hahn*, MedR 2010, 485 (486); *Thanner et al.*, ForschKomplementmed 2013, 23 (24); *Stebner*, PharmR 2014, 403 (404). Ausführlich zu Genese und Entwicklungen des HeilprG hier nur *Arndt*, Heilpraktikerrecht, S. 19 ff.; *Donhauser*, RPG 2000, 109 (109 ff.); *Schulte/Waechter*, MedR 2000, 78 (79 f.); *Tamm*, VuR 2008, 465 (466 f.); Parallelen und Unterschiede der Genese zum RBerG aufzeigend *Klose*, KJ 2007, 35 (36 ff.).

734 *Stebner*, PharmR 2014, 403 (404); *BVerfGE* 78, 179 (181).

735 *Tamm*, VuR 2008, 465 (466); übernommen von *Hildebrandt*, in: *ARGE*, FS 20 Jahre, S. 255 (257). Vgl. ferner *BVerwG*, NJW 1966, 1187 (1188): *„Aus einem Gesetz, das alle Befugnisse auf dem Gebiet der Heilkunde den Ärzten zuzuteilen bestrebt war, wurde in verfassungskonformer Auslegung eine Berufsregelung für den zu neuem Leben erweckten Heilpraktikerstand.“*

736 *BVerfGE* 78, 179 (181).

Heilpraktikergesetzes nach Art. 123 I GG als in seinem Kern weitergeltendes vorkonstitutionelles Recht.[737] Die Streichung mit dem Grundgesetz nicht vereinbarer Regelungen hinterließ lediglich einen Torso. Im Wege verfassungskonformer Auslegung der Vorschriften wurde statt einer repressiven Ausnahmevorschrift zur Zulassung ein Anspruch von Antragstellern auf Erteilung der Erlaubnis nach § 1 I HeilprG hergeleitet, sofern die Zulassungsvoraussetzungen erfüllt werden.[738]

Heilpraktikern steht vorbehaltlich besonderer Arztvorbehalte neben Ärzten als einzigem Heilberuf die Ausübung der gesamten Heilkunde offen.[739] Sie treten daher regelmäßig in Konkurrenz zu Ärzten.[740] In der Praxis werden vermehrt berufliche Kooperationen zwischen niedergelassenen Ärzten und Heilpraktikern zumindest angestrebt.[741] Als attraktiv erscheinen sie besonders bei Beachtung der von privaten Krankenversicherern getragenen Leistungen, die sich im Jahr 2014 zu einem Viertel auf Heilpraktikerbehandlungen zurückführen ließen.[742]

Mangels Ausbildungsvorschriften stellt der Heilpraktikerberuf jedoch keinen akademischen Heilberuf dar,[743] auch wenn nach statistischen Erhebungen eine Mehrheit des Berufsstands einen höheren Bildungsabschluss besitzen soll.[744]

---

737 *Arndt*, Heilpraktikerrecht, S. 47 ff.; *Schelling*, in: *Spickhoff*, Medizinrecht, HeilprG, Vorb Rn. 2; *Haage*, HeilprG, Einl., Rn. 8 ff.; *Heudorf et al.*, BGesBl 2010, 245 (246); *Hildebrandt*, in: *ARGE*, FS 20 Jahre, S. 255 (257 f.). Mit der Zeit sind neben den Vorschriften nationalsozialistischen Gedankenguts weitere Vorschriften aus dem Heilpraktikergesetz gestrichen worden bzw. werden nicht mehr angewendet, siehe näher *Stebner*, PharmR 2014, 403 (404); *BVerfGE* 78, 179 (182).

738 Siehe näher eine ausführliche Rechtsprechungsübersicht *Arndt*, Heilpraktikerrecht, S. 47 f., 58 ff. Siehe außerdem hier nur *BVerfGE* 78, 179 (182 f., 192); *Bockelmann*, NJW 1966, 1145 (1148); *Hahn*, MedR 2010, 485 (486); *Deutsch/Spickhoff*, Medizinrecht, Rn. 89.

739 Vgl. *Stebner*, PharmR 2014, 403 (404); *Rauscher*, VersR 2016, 217 (218). Siehe zu den Arztvorbehalten auch die Auflistung in *Taupitz et al.*, Heilpersonal, S. 18 f.; *Hilpert-Mühlig*, MedR 2019, 473 (474); *Hildebrandt*, in: ARGE, FS 20 Jahre, S. 255 (262).

740 Vgl. aus ärztlicher Perspektive *Hoppe*, Der Frauenarzt 1998, 1822. Vgl. dazu auch *Donhauser*, RPG 2000, 109 (117). Zur im europäischen Vergleich exponierten Stellung des Heilpraktikers bereits *Schulte/Waechter*, MedR 2000, 78 (81).

741 *Willkomm/Braun*, ZMGR 2019, 11 (11).

742 *Rauscher*, VersR 2016, 217 (217); *Willkomm/Braun*, ZMGR 2019, 11 (11).

743 *Schillhorn*, ZMGR 2017, 101 (102).

744 Siehe *Donhauser*, RPG 2000, 109 (113), wobei als höherer Bildungsabschluss in der Umfrage unterschiedslos Fachhochschulabschluss und Abitur kollektiv in Abgrenzung zu den Kategorien Hauptschulabschluss und Mittlere Reife erhoben worden sind. Dagegen erfassen *Heudorf et al.*, BGesBl. 2010, 245 (251 f.), eine Quote von ca. einem Drittel der Heilpraktikeranwärter mit abgeschlossenem Studium für das Rhein-Main-Gebiet in den Jahren 2004–2007, wobei sie auf die signifikant höhere Bestehensquote von Bewerbern mit abgeschlossenem Studium hinweisen.

Die Zulassung zu dem Beruf des Heilpraktikers erfordert nach § 2 I lit. i) Erste HeilprGDV keine spezielle Ausbildung, insbesondere nicht den erfolgreichen Abschluss eines Studiengangs, sondern lediglich die Überprüfung der Kenntnisse und Fähigkeiten des Antragstellers zur Beurteilung, ob die Ausübung durch ihn eine Gefahr für die Gesundheit der Bevölkerung oder für die ihn aufsuchenden Patienten bedeuten würde. Heilpraktiker sind daher nach § 23b I 1 Var. 1 MBOÄ nicht kooperationsfähig.[745] Unerheblich ist dabei, dass weder ein eigenes gesetzliches noch verbindliches standesrechtliches Berufsrecht[746] der Heilpraktiker wie der ärztlichen Heilberufe besteht.

Näherer Untersuchung bedarf jedoch die Frage nach einem umfassenden Ausschluss von Heilpraktikern als Kooperationspartner einer MKG durch § 23b I 1 Var. 1 MBOÄ. Auch Angehörige eines akademischen Heilberufs wie Zahnärzte können eine Heilpraktikererlaubnis nach § 1 I HeilprG erhalten, um *außerhalb* ihres Fachbereichs – exemplarisch der Zahnheilkunde – tätig zu werden.[747] Außerdem ist fraglich, ob sog. Add-on-Heilpraktiker, denen zur Ausübung *ihres* Fachberufs ohne vorherige ärztliche Verordnung[748] eine Heilpraktikererlaubnis erteilt wurde, als Kooperationspartner ausgeschlossen sind. So könnte ein akademisch ausgebildeter[749] Physiotherapeut eine auf den Bereich seiner heilkundlichen

745 Im Gegensatz dazu fehlt in § 17 I MBO-ZÄ das Erfordernis eines akademischen Abschlusses, weshalb richtigerweise auch die Kooperationsfähigkeit von Heilpraktikern nach § 17 I MBO-ZÄ anerkannt ist, siehe *Hartmann*, in: *Halbe/Schirmer*, Kooperationen, A 1500 Rn. 17. Insgesamt ist § 17 MBO-ZÄ offener gestaltet und erlaubt einen Zusammenschluss mit anderen Heilberufen, staatlichen Ausbildungsberufen im Gesundheitswesen und mit anderen freien Berufen, die ebenfalls einer berufsrechtlichen oder anderen gesetzlichen Schweigepflicht unterliegen, siehe näher S. 420 ff.

746 *Klose*, KJ 2007, 35 (43); *Hildebrandt*, in: *ARGE*, FS 20 Jahre, S. 255 (266 f.). Gleichwohl wurde bei Einführung des HeilprG 1939 noch eine Zwangsmitgliedschaft in der „Deutschen Heilpraktikerschaft e.V." als alleinigen berufsständischen Vertretung installiert, der – nahe an den Regelungen zur Verkammerung freier Berufe – die Befugnis zum Erlass einer Berufsordnung zukam; die Vorschriften über die rechtliche Grundlage für die berufsständische, quasi öffentlich-rechtliche Organisation durch Pflichtmitgliedschaft und Berufsaufsicht sind mit Einführung des Grundgesetzes als diesem widersprechend jedoch außer Kraft getreten, siehe näher *Arndt*, Heilpraktikerrecht, S. 28 ff., 33, 50 ff.

747 *BVerwG*, MedR 2010, 334 ff.; *OVG Lüneburg*, GewA 2014, 179 ff.. Vgl. zuvor zur sektoralen Heilpraktikererlaubnis für nichtärztliche Psychotherapeuten *BVerwG*, NJW 1993, 2395 ff.; für Ergotherapeuten *VG Braunschweig*, GewArch 2016, 214 f.

748 Zum grundsätzlichen Erfordernis ärztlicher Verordnung für die Leistungserbringung von Angehörigen der Gesundheitsfachberufe siehe S. 180 ff.

749 Trotz mittlerweile grundsätzlicher Möglichkeit von Studiengängen im Bereich der nicht traditionell akademischen Heilberufe wie des Physiotherapeuten, sollen diese Berufe einheitlich als staatliche Ausbildungsberufe des Gesundheitswesens nach § 23b I 1 Var. 2 MBOÄ ausführlich dargelegt werden; die rechtlichen Probleme bezüglich der Eigenverantwortlichkeit bleiben dabei unverändert. Nach

Ausbildung *beschränkte* Heilpraktikererlaubnis nach § 1 I HeilprG erhalten.[750] Der letzten Frage soll aufgrund der im Gange befindlichen Akademisierung von staatlich anerkannten Gesundheitsfachberufen bei Untersuchung des § 23b I 1 Var. 2 MBOÄ nachgegangen werden. Dagegen hängt die Einbeziehung des Angehörigen eines akademischen Heilberufs von der Art der beabsichtigten Tätigkeit ab. Bezieht sich die Kooperation allein auf die Ausübung des akademischen Heilberufs, vermag aufgrund der unzweifelhaften Expertise kein vernünftiger Grund seine Einbeziehung behindern. Soll dagegen allein die Tätigkeit außerhalb des eigenen Fachbereichs in die Gemeinschaft eingebracht werden, lässt sich mangels spezieller Ausbildung in dem betreffenden Bereich keine sinnvolle Abgrenzung zu „üblichen" Heilpraktikern ziehen. Nach dem Zweck des § 23b I 1 Var. 1 MBOÄ nicht anders zu bewerten ist die Einbindung der Tätigkeit eines akademischen Kooperationspartners *auch* als Heilpraktiker, da dieser im Bereich seiner Heilpraktikerzulassung keine akademische Ausbildung vorweisen kann. Das Erfordernis eines akademischen Abschlusses stiftet nämlich nur dann einen Sinn, wenn es auf die gesamte in die MKG integrierte Berufsausübung bezogen ist.

(9) Sonstige akademische Berufe

Im Rahmen anhaltender Akademisierung der Gesundheitsfachberufe besteht die Möglichkeit in bisherigen Ausbildungsberufen, diese statt durch die übliche Ausbildung auf Grundlage eines Studiums zu erlernen. Der Beruf der Hebamme soll darüber hinaus nach einem aktuellen Gesetzesvorhaben generell statt einer Ausbildung ein Hochschulstudium erfordern.[751] Diese Berufe sollen an anderer Stelle thematisiert werden, da ihr Berufsbild zumindest in der Praxis noch auf längere Sicht durch Absolventen einer Ausbildung geprägt sein wird.

Hingegen setzen die Berufe der Medizinischen Sprachheilpädagogen sowie Musik- und Kunsttherapeuten auf Basis eines Diploms oder Bachelors den Abschluss eines Universitäts- oder Hochschulstudiums voraus. Mangels bundesgesetzlicher Regelung werden sie in der Regel allerdings nicht als den akademischen Heilberufen zugehörig verstanden.[752] So können aufgrund dieses Mangels akademische Musiktherapeuten eigenverantwortlich die Heilkunde nur aufgrund einer Erlaubnis nach § 1 HeilprG ausüben[753] – eine eigens für sie geregelte

---

Kluth, MedR 2010, 372 (377), sind die meisten gängigen Studiengänge aktuell noch Weiterbildungsstudiengänge, sodass eine Anknüpfung an den Abschluss des Ausbildungsberufs ohnehin in Frage kommt. Zum Akademisierungsbestreben siehe u.a. *Ebert/Beyer*, Manuelle Medizin 2016, 322 ff., wonach für die interdisziplinäre Zusammenarbeit von Physiotherapeut und Arzt die Basis in einer akademischen Ausbildung liegen soll.

750 Siehe hierzu ausführlich S. 196 ff.

751 Entwurf eines Gesetzes zur Reform der Hebammenausbildung und zur Änderung des Fünften Buches Sozialgesetzbuch, BT-Drs. 19/10612.

752 *Schnitzler*, Heilberufe, S. 114.

753 *Flach*, in: *Voigt/Weymann*, Musiktherapie, S. 85 (86).

„Approbation“ existiert nicht. Daher liegt im Rahmen des § 23b MBOÄ eine Gleichstellung mit Heilpraktikern nicht fern. Außerdem ist die Berufsbezeichnung als Musiktherapeut nicht selbst geschützt; allein der akademische Grad unterliegt einem strafbewehrten Missbrauchsverbot nach § 132a I Nr. 1 StGB. Dennoch ist die grundrechtsbeschränkende Wirkung des § 23b I 1 MBOÄ zu beachten und anzumerken, dass ein die genannten Berufe ausgrenzendes Verständnis nicht zwingend ist. Im Gegenteil: Ihr Ausschluss kommt weder im Wortsinn apodiktisch zum Ausdruck, noch erfordert der Zweck der Zusammenarbeit in einer MKG ihre Ausgrenzung. Die Berufe lassen sich daher im Lichte der Freiheitsvermutung des Grundgesetzes[754] als kooperationsfähig erachten.

β) Selbständige Tätigkeit

Die nichtärztlichen Gesellschafter müssen nach § 23b I 1 MBOÄ ausdrücklich selbständig tätig sein. Ob ein Zusammenschluss mit Krankenhäusern oder einer juristischen Person erfolgen kann, ist entgegen Stimmen in der Literatur keine Frage der Selbständigkeit,[755] sondern der Berufszugehörigkeit.

Den Begriff der Selbständigkeit in § 23b MBOÄ versteht das *BerufsG beim VG Potsdam* als wirtschaftliche Selbständigkeit im Sinne eines eigenständigen, vom Kooperationspartner separierten Wirtschaftens.[756] Da das erforderliche selbständige Handeln der Partner mit der gemeinsamen Berufsausübung innerhalb einer Gesellschaft konfligiere, stellt das *Gericht* die Unverhältnismäßigkeit der Regelung fest, ohne jedoch eine Auslegung des Begriffs der Selbständigkeit anzustrengen.[757] Dem muss dezidiert widersprochen werden. Das ärztliche Berufsrecht spricht zwar einerseits von „medizinischer bzw. ärztlicher Unabhängigkeit oder Weisungsfreiheit“[758] des Arztes, womit im Umkehrschluss das Verständnis der „Selbständigkeit“ als „wirtschaftliche Unabhängigkeit“ naheliegen mag. Doch der Begriff der Selbständigkeit wird auch für die Legaldefinition der ärztlichen Berufsausübungsgemeinschaft in § 18 IIa 2 MBOÄ benutzt.[759] § 18 IIa 4 MBOÄ gibt insoweit vor, dass eine Teilnahme aller Gesellschafter der Berufsausübungsgemeinschaft am unternehmerischen Risiko, den unternehmerischen Entscheidungen und am gemeinschaftlich erwirtschafteten Gewinn erforderlich ist. Für ein anderes Verständnis

---

754 Zur aus Art. 2 I GG ersichtlichen allgemeinen Freiheitsvermutung *BVerfGE* 17, 306 (313).

755 So jedoch in Bezug auf Pflegedienst-GmbH *Scholz*, in: Spickhoff, Medizinrecht, MBOÄ, § 23b Rn. 2; *Engelmann*, GesR 2010, 577 (584); in Bezug auf Krankenhäuser *Braun/Richter*, MedR 2005, 685 (686). Siehe hierzu näher S. 230 f.

756 *BerufsG beim VG Potsdam* MedR 2014, 689 (691); zust. *Berg*, MedR 2014, 692 (692).

757 *BerufsG beim VG Potsdam* MedR 2014, 689 (691): *„Ein gemeinschaftliches Wirtschaften soll gerade nicht erfolgen, da die Selbständigkeit der PartnerInnen gewahrt werden muss.“*

758 §§ 2 IV, 18 II 1, 30 MBOÄ.

759 Siehe bereits S. 122 ff.

der „Selbständigkeit" in § 23b I 3 MBOÄ ergeben sich trotz seines Bezugs auf nichtärztliche Kooperationspartner keine Anhaltspunkte. Ansonsten müsste nach dem Verständnis des *BerufsG beim VG Potsdam* in geradezu paradoxer Weise für die ärztliche Berufsausübungsgemeinschaft folgen, dass entgegen der ausdrücklichen Definition durch das ärztliche Berufsrecht keine gemeinsame Berufsausübung stattfände und praktisch daher für Ärzte keine Möglichkeit gemeinsamer Berufsausübung verbliebe. Gegen die Sichtweise des *BerufsG am VG Potsdam*, Selbständigkeit im Rahmen von § 23b MBOÄ als eigenständiges Wirtschaften zu definieren, spricht daher die bereits begründete Annahme gemeinsamer Berufsausübung innerhalb der MKG.

Es bietet sich anfangs eine Anknüpfung an § 84 I 2 HGB im Recht des Handelsvertreters an, der auch in anderen Rechtsgebieten als Auslegungsgrundlage des Selbständigkeitsbegriffs dient.[760] Danach ist selbständig, „*wer im wesentlichen frei seine Tätigkeit gestalten und seine Arbeitszeit bestimmen kann.*" Zur Feststellung der Selbständigkeit werden typischerweise folgende Kriterien herangezogen: das Maß unternehmerischer Freiheit und wirtschaftlichen Risikos, die Freiheit zur Bestimmung der Arbeitszeit und des Arbeitsumfangs und die Weisungsfreiheit.[761] Es existiert kein fester Kriterienkatalog zur Beurteilung der Selbständigkeit, die als Typusbegriff aufzufassen ist.[762] Auch im Rahmen des § 2 II Nr. 1 UStG, wonach die berufliche Tätigkeit nicht selbständig ausgeübt wird, „*soweit natürliche Personen, einzeln oder zusammengeschlossen, einem Unternehmen so eingegliedert sind, dass sie den Weisungen des Unternehmers zu folgen verpflichtet sind[,]*" dient das bewertungsrelevante Gesamtbild[763] der Feststellung, ob eine Tätigkeit auf eigene Rechnung und in eigener Verantwortung erfolgt. Die Bestimmung gleicht dem Verständnis des Selbständigkeitsbegriffs aus § 1 GewO, wonach als selbständig aufgefasst wird, wer nach außen hin auf eigene Rechnung und unter Übernahme des Unternehmensrisikos im eigenen Namen auftritt und im Innenverhältnis in persönlicher und sachlicher Unabhängigkeit eigenverantwortlich haftet.[764]

Da die Partner als Vertreter der Berufsausübungsgemeinschaft auftreten, die Selbständigkeit nach § 23b I 1 MBOÄ sich jedoch auf die Partner selbst beziehen muss, ist für die Zwecke des § 23b I 1 MBOÄ ein modifiziertes Verständnis erforderlich. Unternehmerisches Risiko ist das eigene Tragen des Berufs- und

---

760 *Busche*, in: *Oetker*, HGB, § 84 Rn. 25. Vgl. z.B. § 1 AÜG.

761 *Busche*, in: *Oetker*, HGB, § 84 Rn. 27. Zum Begriff der Selbständigkeit als Typusbegriff *Ahrens*, MedR 1992, 141 (144); *zust. Taupitz*, MedR 1993, 367 (372). Zu Typusbegriffen *Taupitz*, Standesordnungen, S. 23 ff.

762 *Ahrens*, MedR 1992, 141 (144 f.).

763 *Korn*, in: *Bunjes*, UStG, § 2 UStG Rn. 94 ff.

764 *Ennuschat*, in: Tettinger et al., GewO, § 1 Rn. 27 ff.; *Wank*, in: Erfurter Kommentar, § 1 AÜG, Rn. 43. Ein Zurücktreten eines dieser Merkmale muss nicht zwingend zur Verneinung der Selbständigeneigenschaft führen, soweit das Gesamtbild der Selbständigkeit gewahrt ist, *Pielow*, in: *Pielow*, GewO, § 1 Rn. 160.

Existenzrisikos, während dem Arbeitnehmer diese Risiken weitgehend abgenommen werden.[765]

Im Übrigen lässt sich auf die Rechtsprechung des *BSG*[766] zur Tätigkeit in *„freier Praxis"* nach § 32 I 1 Ärzte-ZV und des *BFH*[767] zur sogenannten Freiberuflerpraxis mit demselben Ergebnis rekurrieren. Trotz verschiedener Anknüpfungspunkte[768] finden sich in den Leitentscheidungen von *BSG* und *BFH* gleiche Bemessungskriterien.[769] Es bedarf danach zur Annahme selbständiger Tätigkeit neben der zivilrechtlichen Gesellschafterstellung auch einer Mitunternehmerinitiative wie auch das Tragen von Mitunternehmerrisiko.[770] Mitunternehmerinitiative ist hierbei die Teilnahme an unternehmerischen Entscheidungen, wobei bereits die Möglichkeit zur Ausübung von Gesellschafterrechten, die wenigstens den Stimm-, Kontroll- und Widerspruchsrechten nach § 716 I BGB angenähert sind, ausreichend ist.[771] Die Teilnahme am Mitunternehmerrisiko erfordert eine „Beteiligung am Gewinn und Verlust sowie an den stillen Reserven des Anlagevermögens einschließlich des Geschäftswerts" als sog. „Goodwill".[772] Mitunternehmerinitiative und Mitunternehmerrisiko können unterschiedlich stark ausgeprägt sein, was daraus folgt, dass der Mitunternehmerbegriff in § 15 I 1 Nr. 2 EStG einen Typusbegriff darstellt.[773] Dementsprechend kann ein geringer ausgeprägtes Mitunternehmerinitiativrecht durch ein stärker ausgeprägtes Mitunternehmerrisiko ausgeglichen werden.[774] Die Selbständigkeit wird durch die Bindung in einer Berufsausübungsgemeinschaft in gewissem Maße beschränkt, jedoch muss jeder einzelne Arzt über den räumlichen und sächlichen Mitteleinsatz disponieren können oder zumindest die Möglichkeit zur Mitwirkung an der Disposition haben.[775] Außerdem beschreibt im Gesellschaftsrecht § 1 II PartGG die Ausübung eines freien Berufs als „selbständige" Berufstätigkeit. Die Norm bestimmt, welche Berufsangehörigen eines freien Berufs im Rahmen einer PartG zusammenschlussfähig sind. Dabei ist aus gesellschaftsrechtlicher Perspektive zu beachten, dass sich im Gegensatz zur allgemeinen Einordnung als freier Beruf, der auch ohne Abbruch bei der Selbständigkeit

---

765 *Wank*, NZA 1999, 225 (226 f.).
766 *BSG*, MedR 2011, 298 ff.
767 *BFH*, DStR 2016, 726 ff.
768 Im Vertragsarztrecht ist der Anknüpfungspunkt der Prüfung der Selbständigkeit das Tatbestandsmerkmal der Tätigkeit in einer *„freien Praxis"* nach § 32 I 1 Ärzte-ZV; im Steuerrecht wird nach §§ 15 I 1 Nr. 2, 18 I 1, IV 2 EStG an den Begriff des Mitunternehmers angeknüpft, wobei in der Beurteilung zwischen freiberuflichem und gewerblichem Mitunternehmer kein grundsätzlicher Unterschied besteht.
769 *Meschke*, MedR 2018, 655 (659).
770 *BFH*, DStR 2016, 726 (728); *BSG*, MedR 2011, 298 (302 f.).
771 *BFH*, DStR 2016, 726 (728).
772 *BFH*, DStR 2016, 726 (728); *BSG*, MedR 2011, 298 (303 f.).
773 *BFH*, DStR 2016, 726 (728).
774 *BFH*, DStR 2016, 726 (728); *BSG*, MedR 2011, 298 (303).
775 *BSGE* 35, 247 (250); *BSG*, MedR 2011, 298 (304).

in Anstellungsverhältnissen geführt werden kann,[776] eine Arbeitnehmertätigkeit mit der Gesellschafterstellung regelmäßig nicht verträgt.[777] Gemeinsam ist der Auslegung aller genannten Normen die Unabhängigkeit von einem anweisenden Arbeitgeber.[778]

Im Gegensatz zum Merkmal der Eigenverantwortlichkeit ist keine „Befugnis zu selbständiger Tätigkeit" erforderlich, womit auch aus dem rein tatsächlichen Aspekt auf die Abgrenzung zu Anstellungsverhältnissen geschlossen werden kann.[779] Zu den Voraussetzungen kann trotz Interprofessionalität – und damit trotz notwendiger Loslösung von einer Fokussierung auf ärztliche Berufsausübungsgemeinschaften – auf die Rechtsprechung des *BSG*[780] zur Tätigkeit in *„freier Praxis"* nach § 32 I 1 Ärzte-ZV und des *BFH*[781] zur sogenannten Freiberuflerpraxis zurückgegriffen werden, die in § 18 IIa 4 MBOÄ rein ärztliche Berufsausübungsgemeinschaften betreffend ebenso in sich tragen.

Nach *Hartmann* soll die Selbständigkeit bereits im Fall der Anstellung *bei Dritten* fehlen, weshalb als wesentliches Abgrenzungsmerkmal die Fähigkeit zum Abschluss eines eigenen Behandlungsvertrags mit Patienten dienen solle.[782] Dem ist bereits zu entgegnen, dass im Rahmen der Zusammenarbeit Behandlungsverträge im Namen der MKG als interprofessionelle Berufsausübungsgemeinschaft geschlossen werden. Wer einen Behandlungsvertrag abzuschließen berechtigt ist, stellt sich daher vorranging als Frage des Gesellschaftsvertrags dar. Die reine Fähigkeit zum Abschluss eines Behandlungsvertrags ist zudem ungeeignet, um eine Abgrenzung zu einer Anstellung zu bewirken, da auch Angestellten die erforderlichen Befugnisse eingeräumt werden können. Außerdem hat die Anstellung *bei Dritten* an sich keine unmittelbaren Folgen für eine außerhalb der Anstellung zusätzlich verfolgte selbständige Tätigkeit. Notwendig ist daher ein konkreter Bezug der zu beurteilenden Tätigkeit zu der MKG. Der Gesellschaftsvertrag der MKG selbst darf sich nicht als „verkappter Angestelltenvertrag" erweisen.[783] Zu beachten und abzusichern sind jedoch Interessenskonflikte, die sich aus der Anstellung bei Dritten ergeben können.

γ) Befugnis zu eigenverantwortlicher Berufsausübung

Außerdem ist nach § 23b I 1 Var. 1 MBOÄ erforderlich, dass der *nichtärztliche* Angehörige eines akademischen Heilberufs zur eigenverantwortlichen Berufsausübung

---

776 Siehe näher *Taupitz*, Standesordnungen, S. 47.

777 *Henssler*, PartGG, § 1 Rn. 70

778 *Meschke*, MedR 2018, 655 (655).

779 Knapp feststellend *Meschke*, MedR 2018, 655 (655).

780 *BSG*, MedR 2011, 298 ff.

781 *BFH*, DStRE 2016, 723 ff.; BFH, DStR 2016, 726 ff.

782 *Hartmann*, in: *Halbe/Schirmer*, Kooperationen, A 1500 Rn. 18.

783 Vgl. zu ärztlichen Berufsausübungsgemeinschaften *Schnapp/Kaltenborn*, SGb 2001, 101 (107).

befugt ist. Das Verständnis von Eigenverantwortlichkeit ist eher unscharf und besitzt eine Nähe zum Begriff der Selbständigkeit.[784]. Das *BSG*[785] hielt bereits 1973 über das medizinische Tätigwerden hinaus die Befugnis des (damaligen) Kassenarztes für erforderlich, den medizinischen Auftrag nach eigenem Ermessen gestalten zu können. Dazu gehöre die Möglichkeit, über die räumlichen und sächlichen Mittel sowie gegebenenfalls über den Einsatz von Hilfspersonal zu disponieren bzw. an der Dispositionsentscheidung mitzuwirken.

Zur Begriffsbestimmung kommt eine Anlehnung an das Verständnis des Terminus in anderen Rechtsbereichen in Betracht. Gebrauch findet der Begriff der Eigenverantwortlichkeit auch in anderen berufsrechtlichen Vorschriften der Ärzte,[786] im Berufsrecht medizinischer und nichtmedizinischer freier Berufe[787] und berufsunabhängig in § 76 I AktG, § 9 II 1 Nr. 2 OWiG, § 14 II 1 Nr. 2 StGB, § 18 I Nr. 1 S. 3 Hs. 2 EStG und § 1627 S. 1 BGB sowie auch in der Verfassung im Rahmen der Eigenverantwortlichkeit der Gemeinde nach Art. 28 II 3 Hs. 1 GG. Ausdrücklich nehmen § 60 II StBerG und § 44 I WPO eine eigenverantwortliche Tätigkeit ausdrücklich nicht mehr an, wenn der Berufsangehörige sich an Weisungen zu halten hat, durch die ihm die Freiheit zu pflichtmäßigem Handeln genommen wird. Nähere Auseinandersetzungen zum Begriff der Eigenverantwortlichkeit haben sich bisher im Steuerrecht zu § 18 I 3 Hs. 2 EStG ergeben. Danach hat die praktische Ausführung der Aufträge den *„Stempel der Eigenpersönlichkeit"* zu tragen, worunter die Übernahme uneingeschränkter Verantwortlichkeit über das Haftungsrisiko hinaus für die Ausführung der Aufträge zu verstehen sei.[788] Erforderlich ist dazu die Teilnahme an der praktischen Arbeit in ausreichendem Umfang[789] und die Möglichkeit des Berufsträgers zum Überblick und zur Überprüfung der Arbeit seiner Mitarbeiter.[790] Notwendig müssen sich die eigenen Fachkenntnisse des Berufsträgers auf den gesamten Bereich der ausgeübten Berufstätigkeit erstrecken.[791] Die Finanzrechtsprechung grenzt ihr Verständnis von Eigenverantwortlichkeit aber

---

784 So sei das Kriterium der Eigenverantwortlichkeit bei Eingehen einer Berufsausübungsgemeinschaft gewährleistet, wenn der Kooperationspartner bei seiner medizinischen Tätigkeit keinen Weisungen Dritter unterworfen ist, *Schnapp/Kaltenborn*, SGb 2001, 101 (107).

785 *BSGE* 35, 247 (250), sog. Laborarzturteil im Rahmen des § 5 Nr. 5 des Ersatzkassenvertrags-Ärzte.

786 So seien nur exemplarisch § 18 II 1 MBOÄ und § 29 HeilBerG Nordrh.-Westf. genannt.

787 § 2 I 2 MBO-ZÄ; § 21 IV, VI MBO-Pt.; § 60 StBerG; § 44 II WPO; § 46 III BORA; § 13 II IngKammG.

788 *Hutter*, in: *Blümich*, EStG, § 18 Rn. 56 ff.; *Pfirrmann*, in: *Kirchhof/Seer*, EStG, § 18 Rn. 90; krit. hierzu bereits *Abele*, DStR 1966, 754 (755 f.); *Korn*, DStR 1995, 1249 (1250 f.).

789 *BFH*, DStRE 2001, 577 (578).

790 *BFH*, BStBl. II 1970, 86; DStRE 2016, 723 f.

791 *Hutter*, in: *Blümich*, EStG, § 18 Rn. 57; *Pfirrmann*, in: *Kirchhof/Seer*, EStG, § 18 Rn. 91.

ausdrücklich von derjenigen des Berufsrechts ab.[792] Im Ergebnis geht es allen Vorschriften zur Eigenverantwortlichkeit um die höchstpersönliche, keiner vertraglichen Abänderung zugängliche Verantwortung eines Agierenden innerhalb des Kernbereichs seiner Tätigkeit,[793] sodass auch die Dispositionsbefugnis über sächliche und personelle Mittel wie auch die Erforderlichkeit der zum wesentlichen Teil eigenen Erbringung der höchstpersönlichen ärztlichen Leistungen notwendig ist.[794] Eigenverantwortlichkeit bezeichnet demzufolge – und diese Prämisse lässt sich auf § 23b I MBOÄ übertragen – die grundsätzlich persönliche Leistungserbringung[795] und erfordert eine unmittelbare und vollumfängliche Verantwortlichkeit gegenüber den Patienten in der eigentlichen Behandlungstätigkeit wie auch im tatsächlichen und rechtlichem Umfeld.[796] Das Erfordernis eigenverantwortlichen Tätigseins ergibt sich bei allen Angehörigen akademischer Heilberufe insbesondere aus ihrem eigenen Berufsrecht.[797]

Mit dem Erfordernis von Selbständigkeit[798] und Eigenverantwortlichkeit als den essentiellen Typusmerkmalen freier Berufe[799] in § 23b I 1 Var. 1 MBOÄ ist

792 Siehe ausführlich hierzu *Geyer et al.*, DStR 2019, 1285 (1287 ff.).

793 Vgl. zur Unteilbarkeit der ärztlichen und apothekerlichen Eigenverantwortlichkeit *BayVerfGH*, DÖV 1966, 793 (793 f.). So manifestiert sich exemplarisch nach § 1627 S. 1 BGB die Pflicht jedes Elternteils gegenüber dem Kind in der selbständigen Prüfung aller Maßnahmen und Entscheidungen elterlicher Sorge auf ihre Vereinbarkeit mit dem Kindeswohl, siehe *Peschel-Gutzeit*, in: *Staudinger*, BGB, § 1627 Rn. 6 f.; *Fink*, in: *Heilmann*, Kindschaftsrecht, § 1627 BGB Rn. 3.

794 *BFH*, DStRE 2016, 723 f.

795 *Meschke*, MedR 2018, 655 (655 f.).

796 *BSG*, NZS 1996, 90 (92); DStR 1998, 217 (218).

797 Für Zahnärzte nach § 2 I 2 MBO-ZÄ, für Psychotherapeuten ausdrücklich nur im Rahmen von Berufsausübungsgemeinschaften nach § 21 IV, VI MBO-Pt., für Apotheker vgl. die Präambel und § 2 S. 3 BO-Apo Bln. Für die gleichfalls nach § 23b I 1 Var. 2 MBOÄ angesprochenen Ausbildungsberufe im Gesundheitswesen hat sich dagegen größtenteils schon kein eigenes Berufsrecht entwickelt.

798 Ob die äußere Form der Berufsausübung selbständig oder unselbständig erfolgt, ist nach *Rixen*, MedR 2018, 667 (673), indifferent, da die Freiberuflichkeit mit dieser Frage *„nichts zu tun"* habe. Das Verständnis von Freiberuflichkeit als Typusbegriff stuft demgegenüber einen Beruf nach Gesamtbetrachtung diverser typischerweise bei freien Berufen vorliegender Merkmale als frei ein, vgl. *Taupitz*, Standesordnungen, S. 44 ff.; *Sodan*, Freie Berufe, S. 64.

799 So *Taupitz*, Standesordnungen, S. 44 (zu den Merkmalen selbst S. 44 ff. – 3. und 4. Merkmal); siehe ferner *Sodan*, Freie Berufe, S. 81 ff.; *Gummert/Meier*, MedR 2007, 1 (3); *Gummert/Remplik*, in: Münchener Hdb. Gesellschaftsrecht, Bd. 1, § 25 Rn. 4. Zum Verständnis der freien Berufe als Typusbegriff siehe *Taupitz*, Standesordnungen, S. 23 ff.; *Sodan*, Freie Berufe, S. 63 ff. Versuche einer Definition der freien Berufe haben sich nicht als erfolgversprechend herausgestellt, vgl. *Seibert*, Die Partnerschaft, S. 53 f.; Siehe exemplarisch den Definitionsversuch von *Michalski*, Freie Berufe, S. 156: *„Ein freier Beruf ist eine sämtliche Merkmale des Gewerbebetriebs*

im Übrigen der Rückschluss zu ziehen, dass die Zugehörigkeit des Kooperationspartners zu einem freien Beruf gewährleistet werden soll.[800] Dadurch stellen MKG einen freiberuflichen Zusammenschluss dar.[801]

ii) Staatliche Ausbildungsberufe im Gesundheitswesen

α) Allgemein

Nach § 23b I 1 Var. 2 MBOÄ kommen für einen Zusammenschluss in einer MKG staatliche Ausbildungsberufe im Gesundheitswesen in Betracht.[802] Weder in der MBOÄ noch in der Literatur findet sich bisher eine allgemeingültige Klärung

---

erfüllende Berufsgruppe, deren Angehörige sich dadurch von einem Gewerbetreibenden abgrenzen, daß sie eine zentral wertbezogene, gemeinschaftswichtige Tätigkeit aufgrund eines zum Vertragspartner bestehenden, durch persönliche (enger Begriff des freien Berufs) oder sachliche Motive (weiter Begriff des freien Berufs) begründeten Vertrauensverhältnisses verrichten, sofern ein nicht unerheblicher Teil der Berufsangehörigen bei gleichzeitig fehlender gesetzlicher Verpflichtung zu weisungsunabhängigem Tätigwerden wirtschaftlich selbstständig ist."

800 *Spielberg*, DÄBl. 1995, A-1636 (A-1636), weist im Titel – ohne nachfolgend vertiefte Problematisierung – auf die Kooperationsmöglichkeit „*mit anderen freien Berufen*" hin; ebenso ohne Problematisierung *Munte et al.*, Kooperative Berufsausübung, S. 35; *Junkert*, Ärzte und Physiotherapeuten, S. 13 f. *Saenger*, MedR 2006, 138 (140), erkennt diametral entgegen den Vorgenannten ohne wesentliche Auseinandersetzung eine Erweiterung des möglichen Gesellschafterkreises, da über § 23b I 1 MBOÄ nicht lediglich Angehörige freier Berufe als Gesellschafter nach § 23a MBOÄ in Betracht kämen. Siehe näher zum Erfordernis der Freiberuflichkeit S. 207 ff.

801 Dagegen sei nach *Gummert/Meier*, MedR 2007, 75 (77), § 23b MBOÄ eine Ausnahmevorschrift und durchbreche den Grundsatz der Freiberuflichkeit. Gegen ihre Ansicht spricht bereits, dass die Beteiligung berufsfremder Freiberufler keinen Einfluss auf die Freiberuflichkeit der Berufsausübung haben kann, ansonsten ließe sich nicht die bewusste und zweckgerichtete Öffnung des PartGG für erleichterte Gründung interprofessioneller Berufsausübungsgemeinschaften erklären, siehe BT-Drs. 12/6152 S. 7; ferner im Vergleich zu Voraussetzungen an die Freiberufler-GmbH nur *Scharlach/Hoffmann*, WM 2000, 2082 (2084, 2088).

802 Richtigerweise könnten einige Ausbildungsberufe im Gesundheitswesen infolge der Akademisierung der Gesundheitsfachberufe auch als akademische Heilberufe dargestellt werden. So gibt es bereits Studiengänge zur Physiotherapie, Logopädie, Ergotherapie, Pflege, die in der Regel jedoch Weiterbildungsstudiengänge darstellen und daher an den Ausbildungsabschluss anknüpfen. Siehe dazu u.a. *Gerst*, DÄBl 2015, A-168 f.; *Kluth*, MedR 2010, 372 (377); *Adler/Knesebeck*, DÄBl 2010, A-386 ff. Die Behandlung der betroffenen Berufe erfolgt bei den staatlichen Ausbildungsberufen, da sich praktisch grundständige Studiengänge ohne Einbezug einer Fachschulausbildung nur in Ansätzen entwickelt haben, vgl. *Adler/Knesebeck*, DÄBl. 2010, A-386 (A-387).

der Voraussetzungen des Tatbestandsmerkmals. Stattdessen wird sich stets mit der exemplarischen Aufzählung kooperationsfähiger Berufe begnügt.[803] Auch den Merkblättern der Ärztekammern ist nur eine beispielhafte Aufzählung zu entnehmen, die an den vorigen abschließenden Katalog erinnert.[804] Einen nur vorsichtigen Anhalt kann die seit dem Jahr 1989 bestehende Konferenz der Fachberufe im Gesundheitswesen bei der Bundesärztekammer bieten, deren Mitglieder die Berufsverbände diverser Gesundheitsberufe sind. Gemeinsam ist allen lediglich der Ausschluss von Heilpraktikern aus dem Kreis der zusammenschlussfähigen Personen.[805] Für eine angemessene Rechtssicherheit ist die Bestimmung der Voraussetzungen einer MKG jedoch unerlässlich, um eine Durchsetzung der Kooperationsform in der Praxis erwarten zu können.

Allein aus der Norm wird nicht hinreichend deutlich, was unter einem *„staatlichen Ausbildungsberuf“* zu verstehen ist. Die Bundesärztekammer und die Landesärztekammern verdeutlichen in ihren Bekanntmachungen immerhin, dass die Kooperationsform staatlich *„anerkannten“* Ausbildungsberufen zugänglich sein sollte.[806] In ähnlicher Weise sind §§ 203 I 1 Nr. 1, 299a, 299b StGB an Heilberufe gerichtet, die

803 In Frage kommen nach *Broglie/Hartmann,* in: *Clausen/Schroeder-Printzen,* Medizinrecht, § 11 Rn. 62, z.B. Podologen, medizinisch-technische Angestellte, Logopäden, Ergotherapeuten, Physiotherapeuten, Hebammen, Gesundheits- und Krankenpfleger und weitere. *Kilian,* in: Prütting, Medizinrecht, MBOÄ, § 23b Rn. 4, nennt zudem Diätassistenten, *Hartmann,* in: *Halbe/Schirmer,* Kooperationen A 1500 Rn. 16, in seiner exemplarischen Aufzählung ferner Angehörige Logopäden gleichgestellter sprachtherapeutischer Berufe, die Angehörigen staatlich anerkannter Pflegeberufe und Diätassistenten. Vgl. ferner *Saenger,* MedR 2006, 138 (140); *Häußermann/Dollmann,* MedR 2005, 255 (259); *Kuhn,* Arzt-AG, S. 27. Vgl. auch die nicht in dem konkreten Bezug zu § 23b MBOÄ stehende Aufzählung nicht-akademischer Gesundheitsberufe im Gutachten des SVR zur Begutachtung der Entwicklung im Gesundheitswesen, BT-Drs. 16/6339, S. 43, 45 ff. Ausweitung sogar auf Orthopädietechniker nach *Müller,* Arzt und Sanitätshaus, S. 6 f.

804 Sowohl die Mitteilung der *BÄK,* DÄBl. 2008, A-1019 (A-1024), als auch die Merkblätter von *Sächsischer LÄK,* Niederlassung und berufliche Kooperation, S. 18, und der *LAK Bad.-Württ.,* PartG/MKG, Punkt 4.2, gehen über einen Katalog nicht hinaus.

805 Siehe neben den hierzu ausdrücklichen Darstellungen der Ärztekammern in den Merkblättern auch *Möller,* in: *Ratzel/Luxenburger,* Medizinrecht, Kap. 16 Rn. 422; *Scholz,* in *Spickhoff,* Medizinrecht, MBOÄ, § 23b Rn. 2; *Kilian,* in *Prütting,* Medizinrecht, § 23b MBOÄ Rn. 5; *Hartmann,* in: *Halbe/Schirmer,* Kooperationen, A 1500 Rn. 17.

806 Die Mitteilung der *BÄK,* DÄBl. 2008, A-1019 (A-1024), und das Merkblatt „Partnerschaftsgesellschaft/Medizinische Kooperationsgemeinschaft“ der *LÄK Bad.-Württ.* nehmen Heilpraktiker aus dem Kreis der kooperationsfähigen Berufe vom Bereich kooperationsfähiger Berufe nach § 23b MBOÄ aus, da sie weder Angehörige akademischer Heilberufe noch Angehörige staatlich *„anerkannter“* Ausbildungsberufe seien.

„für die Berufsausübung oder die Führung der Berufsbezeichnung eine staatlich geregelte Ausbildung“ erfordern. Wörtlich kommt dieses Verständnis zumindest durch den Bezug der „Staatlichkeit“ auf die Ausbildung zu dem Beruf in Betracht. Die staatliche Anerkennung von Ausbildungsberufen richtet sich auf Bundesebene grundsätzlich nach dem Berufsbildungsgesetz, genauer nach § 4 I BBiG.[807] Danach kann das zuständige Fachministerium im Einvernehmen mit dem Bundesministerium für Bildung und Forschung durch Rechtsverordnung,[808] die nicht der Zustimmung des Bundesrates bedarf, Ausbildungsberufe staatlich anerkennen und hierfür Ausbildungsordnungen nach § 5 BBiG erlassen.

Im Bereich der Gesundheitsfachberufe ergibt sich jedoch die Besonderheit, dass einige Spezialgesetze[809] zum Schutz der Berufsbezeichnungen erlassen worden sind und sich damit von der Anerkennung eines Berufs durch Rechtsverordnung normhierarchisch abheben. Die Regelungen des BBiG finden bei Anwendbarkeit derartiger Spezialgesetze allenfalls ergänzend Anwendung, wie exemplarisch nach dem *LAG Sachsen* die Regelungen zur Ausbildungsvergütung,[810] soweit die Anwendung des BBiG nicht ausdrücklich spezialgesetzlich ausgeschlossen ist wie gem. § 26 HebG.[811] Die Gesetze regeln die Voraussetzungen für die Erteilung der Erlaubnis zur Führung der Berufsbezeichnungen, zu denen die Ableistung der speziell vorgeschriebenen Ausbildung und das Bestehen einer staatlichen Prüfung zählen. Das Bundesministerium für Gesundheit wird dabei ermächtigt, jeweils im Benehmen mit dem Bundesministerium für Bildung und Forschung, die jeweilige Ausbildung durch Rechtsverordnung mit Zustimmung des Bundesrates in Ausbildungs- und Prüfungsverordnungen zu regeln.[812]

---

807 Zu beachten sind aber auch landesrechtliche Regelungen, wie sie für Kardiotechniker in *Berlin* bestehen, vgl. dazu auch die Aufstellung der entsprechenden Berufe im Verzeichnis der anerkannten Ausbildungsberufe 2017 des Bundesinstituts für Berufsbildung, S. 225 ff. Siehe auch eine Aufstellung von Berufen im Gesundheitswesen im Gutachten des SVR, BT-Drs. 16/6339, S. 45 ff. Siehe dazu auch die Aufstellung der bundesrechtlich geregelten Heilhilfsberufe bei *Marcks*, in: *Landmann/Rohmer*, GewO, § 6 Rn. 64. Es ist jedoch im Grundsatz auf die konkurrierende Gesetzgebungskompetenz des Bundes für die Zulassung zu ärztlichen und anderen Heilberufen nach Art. 74 I Nr. 19 GG zu verweisen.

808 Siehe hierzu exemplarisch die Anerkennung von Kosmetikern als staatlich anerkanntem Ausbildungsberuf nach § 1 der Kosmetikerausbildungsverordnung.

809 Hier nur exemplarisch DiätAssG. Zu weiteren Gesetzen sogleich ausführlicher.

810 *LAG Sachsen*, Urt. v. 30.9.2005 – 3 Sa 542/04, BeckRS 2005, 31050041; *Hagen*, in: *Rolfs et al.*, Arbeitsrecht, BBiG, § 3 Rn. 8; *Schlachter*, in: Erfurter Kommentar, BBiG, § 3 Rn. 2a; *Leinemann/Taubert*, BBiG, § 3 Rn. 17 f.

811 Näher *Horschitz/Kurtenbach*, HebG, § 26.

812 Siehe hierzu exemplarisch § 8 I DiätAssG. Eine ausführlichere exemplarische Darstellung folgt sogleich.

Dagegen kommt eine ausschlaggebende Anknüpfung an die abschließend in der Medizinalfachberufe-Verordnung aufgezählten Berufe für die Frage der Kooperationsfähigkeit nicht in Betracht.[813] Diese Verordnung kann lediglich einen ersten Anhalt für die weitere Beurteilung geben. Sie dient lediglich der Festlegung, für den Besuch welcher Bildungseinrichtungen Ausbildungsförderung nach dem BAFöG geleistet wird. Daher beinhaltet sie insbesondere nicht alle Ausbildungsberufe im Gesundheitswesen, das selbst in seiner Weite überhaupt nicht zu bemessen ist.[814] Die staatliche Anerkennung als Ausbildungsberuf ergibt sich folglich durch bundes- oder landesrechtliche Anerkennung durch Gesetz oder Rechtsverordnung.

Der Ausbildungsberuf muss im Gesundheitswesen verankert sein. Im Gegensatz zu der gleichen Begrenzung auf das Gesundheitswesen bei akademischen Heilberufen nach § 23b I 1 Var. 1 MBOÄ stellt das Merkmal die einzige ausdrücklich genannte inhaltlich-fachliche Begrenzung dar. Der Begriff des Gesundheitswesens bewirkt nach dem Wortlaut die Abgrenzung jedoch undeutlich, da sowohl neben Berufen mit direktem Bezug zu Heilbehandlungen als auch kaufmännische Berufe originär innerhalb des Gesundheitswesens tätig werden.[815] Die Verwendung des Begriffs des Gesundheitswesens ist uneinheitlich. Im Rahmen des § 2 SGB VII erfolgt nach der Rechtsprechung eine Tätigkeit nur dann im Gesundheitswesen, wenn sie nach ihrem Hauptzweck auf die Gesundheit einschließlich der Hygiene ausgerichtet ist.[816] Konkreter ist bereits die Beschreibung von „Gesundheitsberufen" als *„Berufe innerhalb des Versorgungssystems, deren Tätigkeitsinhalte unmittelbar darauf abzielen, Krankheiten oder gesundheitliche Beeinträchtigungen zu diagnostizieren, zu heilen, zu lindern oder zu verhüten"* im Gutachten des Sachverständigenrates zur Begutachtung der Entwicklung im Gesundheitswesen.[817] Der erst zuletzt eingefügte § 299a StGB versteht als dem Gesundheitssystem zugehörig nur die Angehörigen eines Heilberufs, der für die Berufsausübung oder die Führung der Berufsbezeichnung eine staatlich geregelte Ausbildung erfordert. Die handwerklichen Gesundheitsberufe sollen daher keinen Beruf des Gesundheitswesens im

---

813 Vgl. aber den Verweis auf sie von *Scholz*, in: *Spickhoff*, Medizinrecht, MBOÄ, § 23b Rn. 2.

814 Zur ohnehin uneinheitlichen Verwendung der Begriffe für mit der Gesundheitsversorgung betrauten Berufe siehe SVR, BT-Drs. 16/6339, S. 42. Siehe auch *Schnitzler*, Heilberufe, passim.

815 So insbesondere der Kaufmann im Gesundheitswesen nach der Verordnung über die Berufsausbildung für Kaufleute in den Dienstleistungsbereichen Gesundheitswesen sowie Veranstaltungswirtschaft vom 25.6.2001 (BGBl. I S. 1262, 1878), die zuletzt durch Artikel 6 des Gesetzes vom 24.5.2016 (BGBl. I S. 1190) geändert worden ist.

816 *Lilienfeld*, in: Kasseler Kommentar, SGB VII, § 2 Rn. 44.

817 BT-Drs. 16/6339, S. 42.

Sinne des § 299a StGB darstellen,[818] andere kaufmännische Berufen im Gesundheitswesen müssten mit derselben Begründung aus dem Anwendungsbereich des § 299a StGB ausscheiden. Die Norm ist im Wortlaut durch die Voraussetzung einer staatlich geregelten Ausbildung zwar ähnlich zum Inhalt des § 23b I 1 Var. 2 MBOÄ, sie unterscheidet sich aber insbesondere durch die ausdrückliche Begrenzung auf *Heilberufe*, während § 23b I 1 Var. 2 MBOÄ staatliche *Ausbildungsberufe im Gesundheitswesen* wörtlich erfasst und dem Gesundheitswesen keine Eingrenzung auf Heilberufe immanent ist. § 299a StGB ist als strafandrohende Norm nach der freiheitlichen Ausrichtung des deutschen Rechtssystems enger zu interpretieren als eine Norm, die erst durch einen Umkehrschluss aus einer ausdrücklichen Anerkennung zulässiger Kooperationen freiheitsbeschränkend wirken soll und kann daher nicht ohne Weiteres übertragen werden. Der Begriff des Gesundheitswesens in § 23b I 1 Var. 2 MBOÄ ist daher grundsätzlich weit zu verstehen und umfasst Berufe, die *irgendeinen* Bezug zur gesundheitlichen Versorgung der Bevölkerung aufweisen.[819] Auf die konkrete Tätigkeit des Einzelnen nimmt die Regelung des § 23b I 1 Var. 2 MBOÄ nicht Bezug, weshalb die Beurteilung der Kooperationsfähigkeit der zu beurteilenden Berufe anhand des typischen beruflichen Tätigkeitsbereichs vorzunehmen ist und eine konkrete Anschauung der Berufsausübung des potentiellen Kooperationspartners *an diesem Punkt* ohne Belang ist. Die allgemeine Einordnung der Berufe nach ihrem typischen Betätigungsfeld kann jedoch nicht allgemein, sondern nur mit konkretem Berufsbezug beurteilt werden. Eine ausführliche Untersuchung erfolgt daher problemorientiert bei den gesundheitshandwerklichen und kaufmännischen Berufen, die keinen Heilberuf darstellen.

β) Gesundheitsfachberufe[820]

(1) Einführung

Im Rahmen dieser Arbeit kann nur ein unvollständiges Bild über die tatsächliche Bandbreite des potentiellen Kreises an Kooperationspartnern von MKG nach

---

818 *Dann/Scholz*, NJW 2016, 2077 (2078). Im Übrigen ließe sich bedingt an § 203 I 1 Nr. 1 StGB anknüpfen, der die Strafbarkeit bei unerlaubter Veröffentlichung von Privatgeheimnissen durch Angehörige eines einer staatlich geregelten Ausbildung erfordernden Heilberufs regelt, ohne den Begriff des Gesundheitswesens zu erwähnen.

819 Vgl. die Beschreibung des Begriffs der Gesundheitsberufe von *Igl*, in: *Igl/Welti*, Gesundheitsrecht, Rn. 125.

820 Nicht behandelt werden an dieser Stelle Angehörige von lediglich landesgesetzlich geregelten Berufen wie Kinderpflegern in Niedersachsen, neuroonkologische Assistenten in Hamburg und Motopäden in Hessen. Gegen ihre Kooperationsfähigkeit ist aufgrund landesgesetzlicher Regelung der Berufsausbildung im Grundsatz nichts einzuwenden.

§ 23b MBOÄ geliefert werden. Die Untersuchung beschränkt sich daher auf Berufe, deren Auswahl an dem nach § 23b I 3 MBOÄ erforderlichen Zweck in der Zusammenarbeit bei der Heilbehandlung ausgerichtet ist. Daher beschränkt sich die Untersuchung auf einzelne therapeutische Berufe und die Zusammenarbeit mit Hebammen und Entbindungspflegern.[821] Als medizinischen Fachberufen ist ihnen allen grundsätzlich ein vorwiegend praktisch orientierter Charakter gemein.[822] Regelmäßig werden die nichtakademischen[823] Heilberufe nach demselben Muster in Gesetzen zum Berufsbezeichnungsschutz geregelt, wodurch ein bundeseinheitliches Qualifikationsniveau geschaffen wird.[824] Der Berufsbezeichnungsschutz führt zu der Konsequenz, dass nicht die Tätigkeit den Angehörigen der Berufe unter Berufsbezeichnungsschutz vorbehalten wird, sondern allein die Tätigkeit unter der geschützten Berufsbezeichnung.[825] Aufgrund der erforderlichen staatlichen Anerkennung des Ausbildungsberufs gemäß § 23b I 1 Var. 2 MBOÄ ist ein Zusammenschluss mit Personen, die die typische Tätigkeit eines bezeichnungsgeschützten Berufs ohne entsprechenden Berufsausbildungsabschluss ausüben möchten, nicht zulässig.

---

821 Vgl. die Gliederung von *Wiese*, Einbindung von Gesundheitsberufen, S. 37 ff., 95 ff.

822 Vgl. *Haage*, Diätassistentengesetz, Einf. Rn. 18; BT-Drs. 12/5619, S. 10.

823 Im Gegensatz zu vielen Ländern des europäischen Auslands wie Norwegen, Finnland, England oder Schweden ist in Deutschland keine akademische Ausbildung vorgeschrieben, vgl. die Evaluation und Bericht gem. § 65 SGB V der Zürcher Hochschule für angewandte Wissenschaften, betitelt *„Das Modellvorhaben Physiotherapie gemäß § 63 IIIb SGB V“*, S. 8, 101. Für Ergotherapeuten, Logopäden und Physiotherapeuten besteht in einigen Bundesländern mittlerweile durch nach § 4 ErgThG, § 6 HebG, § 4 LogopG und § 9 MPhG zugelassene Modellvorhaben auch die Möglichkeit einer hochschulischen Ausbildung, vgl. hierzu näher *Adler/Knesebeck*, DÄBl. 2010, A-386 (A-386); *Igl*, in: *Igl*, Gesundheitsfachberufe, Ziff. 3.0 Rn. 1a ff., für Hebammen ist sie nach § 5 II Nr. 1 HebG neuerdings vorgeschrieben. Siehe ferner auch den Bericht des Bundesministeriums für Gesundheit über die Ergebnisse der Modellvorhaben, BT-Drs. 18/9400. Aus der Prüfung nach der typischen Ausbildung (Var. 2) und eines akademischen Berufs (Var. 1) ergibt sich jedoch kein Unterschied, weshalb die üblichen Ausbildungsverfahren als ausreichend für die hier zu prüfende Frage der Zulässigkeit eines Zusammenschlusses mit Ärzten nach § 23b MBOÄ.

824 *Igl*, in: *Igl.*, Gesundheitsfachberufe, Ziff. 18.1, § 1 Rn. 1. In die Berufsgesetze der Hebammen, Logopäden, Physiotherapeuten und Ergotherapeuten wurde zwar 2009 mit Einführung einer Modellklausel eine modellhafte Ausbildung neben bisherigen Fachschulen auch in Hochschulen ermöglicht, weshalb diese Berufe als akademische Heilberufe im Gesundheitswesen nach § 23b I 1 Var. 1 MBOÄ gewertet werden können. Ihre Kooperationsfähigkeit wird anhand § 23b I 1 Var. 2 MBOÄ als *„staatlicher Ausbildungsberuf im Gesundheitswesen“* geprüft, um eine möglichst breite, praktisch relevante Antwort in Bezug auf diese Berufe darlegen zu können.

825 *Schnitzler*, Heilberufe, S. 97; *Pitz*, Medizinalpersonal, S. 37 ff.; *Guttau*, Nichtärztliche Heilberufe, S. 60.

(2) Nichtärztliche therapeutische Ausbildungsberufe

Diätassistenten führen in Anlehnung an das in § 3 DiätAssG fixierte Ausbildungsziel diättherapeutische und ernährungsmedizinische Maßnahmen wie die Erstellung von Diätplänen, ernährungstherapeutische Beratungen und Schulungen durch und wirken bei der Prävention und Therapie von Krankheiten mit.[826] Erste Diätschulen entstanden bereits vor 1930,[827] bereits im Jahr 1937 wurde das Berufsbild staatlich anerkannt.[828] Die Führung der Berufsbezeichnung erfordert nach § 1 I DiätAssG eine Erlaubnis, die u. a. nach § 2 I Nr. 1 DiätAssG den erfolgreichen Abschluss der vorgeschriebenen Ausbildung voraussetzt. Diätassistenten üben damit einen staatlichen Ausbildungsberuf aus. §§ 3 ff. DiätAssG regeln die dreijährige Ausbildung an staatlich anerkannten Schulen.[829] § 3 DiätAssG definiert ihr Ziel als die Vermittlung der Kenntnisse, Fähigkeiten und Fertigkeiten, *„die zur eigenverantwortlichen Durchführung diättherapeutischer und ernährungsmedizinischer Maßnahmen auf ärztliche Anordnung oder im Rahmen ärztlicher Verordnung"* befähigen. Diätassistenten lassen sich nach den einleitend bezeichneten Maßstäben als staatlicher Ausbildungsberuf im Gesundheitswesen auffassen.

Ebenso ist die Führung der Berufsbezeichnung *„Physiotherapeut"* nach § 1 I Nr. 2 MPhG erlaubnispflichtig. Vor Einführung des MPhG wurde der Physiotherapeut noch als Krankengymnast bezeichnet.[830] Die Erlaubnis wird u.a. erst nach einer gem. § 9 I MPhG abgeleisteter dreijähriger Ausbildung an einer staatlich anerkannten Schule und bestandener staatlicher Prüfung erteilt. Die Ausbildung wird durch die §§ 8 ff. MPhG geregelt.[831] Der Physiotherapeut soll durch die Ausbildung nach § 8 MPhG befähigt werden, *„durch Anwenden geeigneter Verfahren der Physiotherapie in Prävention, kurativer Medizin, Rehabilitation und im Kurwesen Hilfen zur Entwicklung, zum Erhalt oder zur Wiederherstellung aller Funktionen im somatischen und psychischen Bereich zu geben und bei nicht rückbildungsfähigen Körperbehinderungen Ersatzfunktionen zu schulen."* Physiotherapeuten üben daher einen staatlicher Ausbildungsberuf im Gesundheitswesen aus.

Nach § 1 I ErgThG ist zur Ausübung einer Tätigkeit unter der Berufsbezeichnung „Ergotherapeut" eine Erlaubnis erforderlich. Die erst in jüngerer Zeit eingeführte Bezeichnung als *„Ergotherapeut"* basiert auf Art. 8 des Gesetzes über die Berufe des Psychologischen Psychotherapeuten und des Kinder- und Jugendlichenpsychotherapeuten, zur Änderung des Fünften Buches Sozialgesetzbuch und

---

826 *Igl*, in: *Igl*, Gesundheitsfachberufe, Ziff. 15.1, § 3 Rn. 2.

827 *Haage*, Diätassistentengesetz, Einführung Rn. 10.

828 Vgl. zur Anerkennung im Elsass, Reichsgesundheitsblatt 1943, Nr. 37 S. 630 ff.

829 Siehe zur Ausbildung des Diätassistenten auch die Ausbildungs- und Prüfungsverordnung für Diätassistentinnen und Diätassistenten (DiätAss-APrV).

830 BT-Drs. 12/5887, S. 9.

831 Siehe zur Ausbildung des Physiotherapeuten auch die Ausbildungs- und Prüfungsverordnung für Physiotherapeuten (PhysTh-APrV).

anderer Gesetze im Jahr 1998, durch das die Bezeichnung als *„Beschäftigungs- und Arbeitstherapeut“* von dem damals in Europa bereits gebräuchlichen Ausdruck des *„Ergotherapeuten“* abgelöst worden ist.[832] Die Beschäftigungstherapie wird in der Rehabilitation zur Wiederherstellung von Grundfunktionen bei Kranken und Behinderten und zur Wiedereingliederung in das Alltagsleben eingesetzt.[833] Zur Erteilung der Erlaubnis ist nach § 2 I Nr. 1 ErgThG u. a. die Absolvierung einer Ausbildung vorgeschrieben. Die Regelung der nach § 4 I ErgThG an staatlich anerkannten Schulen für Ergotherapeuten zu absolvierende Ausbildung erfolgt durch eine Ausbildungs- und Prüfungsverordnung. Auch der Beruf des Ergotherapeuten stellt somit einen staatlichen Ausbildungsberuf im Gesundheitswesen dar.

Podologen üben die nichtärztliche Heilkunde des Fußes aus, Podologie ist jedoch nicht im PodG legaldefiniert.[834] Fußmedizinische Behandlungen können zur Erhaltung der Mobilität beitragen, vielfach lassen sich Operationen wie diabetisch bedingte Amputationen durch fußmedizinische Behandlungen vermeiden.[835] Die Führung der Berufsbezeichnung des Podologen erfordert eine Erlaubnis nach § 1 I 1 PodG. Da der Begriff des Podologen bei Einführung des PodG noch wenig gebräuchlich war – und wohl auch noch ist – wird nach § 1 I 2 PodG außerdem die Bezeichnung des *„Medizinischen Fußpflegers“* geschützt, um mangels berufsschützender Qualität des PodG einen hinreichenden Berufsbezeichnungsschutz gewährleisten zu können.[836] Auch der erst vor Kurzem *„als noch fehlender Baustein“*[837] im System der Gesundheitsfachberufe bundesweit eingeführte nichtärztliche und noch relativ unbekannte Beruf[838] des Podologen stellt aufgrund der in § 2 I Nr. 1 PodG vorgeschriebenen Ausbildung einen staatlichen Ausbildungsberuf im Gesundheitswesen dar. Zuvor war die Ausbildung in den meisten Ländern nicht geregelt, weshalb auch in der Praxis vorkommende Kurzausbildungen „von einigen Tagen bis wenigen Wochen mit teilweise fragwürdiger Qualität“ durch das PodG zugunsten einer Berufsausbildung auf bundeseinheitlichem Qualitätsniveau zur Reduzierung des Gefahrenpotentials abgelöst werden sollten.[839] Die Ausbildung ist

832 BGBl. I 1998, S. 1311 (1319); BT-Drs. 13/8035, S. 13, 16.
833 BT-Drs. 7/3113, S. 6; 7/4834, S. 3.
834 *Schnitzler*, MedR 2011, 270 (270).
835 *Igl*, in: *Igl*, Gesundheitsfachberufe, Ziff. 18.1, § 3 Rn. 1; BT-Drs. 14/5593, S. 1.
836 BT-Drs, 14/5993, S. 1; *Rosenthal*, WzS 2002, 289 (289); *Schnitzler*, MedR 2011, 270 (271 f.). Zu weiteren Problemen in Bezug auf den Berufsschutz *Schnitzler*, MedR 2011, 270 (271 f.) mit Rechtsprechungshinweisen.
837 BT-Drs. 14/5993, S. 9.
838 *Schnitzler*, MedR 2011, 270 (270). Bereits 1978 wurde jedoch die Notwendigkeit einer gesetzlichen Ausbildungsregelung für die medizinische Fußpflege erkannt, BGesBl 1979, S. 274, siehe BT-Drs. 14/5593, S. 8.
839 BT-Drs. 14/5593, S. 8 f.; 14/7107, S. 1; *Schnitzler*, MedR 2011, 270 (270 f.).

in den §§ 3 ff. PodG sowie in der PodAprV[840] des Bundesministeriums für Gesundheit geregelt. Das Ausbildungsziel wird in § 3 PodG legaldefiniert. Die Ausbildung soll insbesondere dazu befähigen, *„durch Anwendung geeigneter Verfahren nach den anerkannten Regeln der Hygiene allgemeine und spezielle fußpflegerische Maßnahmen selbständig auszuführen, pathologische Veränderungen oder Symptome von Erkrankungen am Fuß, die eine ärztliche Abklärung erfordern, zu erkennen, unter ärztlicher Anleitung oder auf ärztliche Veranlassung medizinisch indizierte podologische Behandlungen durchzuführen und damit bei der Prävention, Therapie und Rehabilitation von Fußerkrankungen mitzuwirken.“* Der Podologe soll hierzu nach dem Gesetzentwurf der Bundesregierung an die Seite der Ärzte gestellt werden.[841] Kooperationen mit Ärzten könnte ein großer Bedarf gegenüberstehen, denn nach der St. Vincent-Deklaration der Weltgesundheitsorganisation im Jahr 1989 sind Diabeteserkrankungen in Mitteleuropa, aber insbesondere auch in Deutschland als Volkskrankheit verbreitet und können zu Amputationen im Fußbereich führen.[842] Die Voraussetzungen eines staatlichen Ausbildungsberufs im Gesundheitswesen nach § 23b I 1 Var. 2 MBOÄ erfüllen Podologen somit.

(3) Hebammen

Schließlich stellt auch der Beruf der Hebamme bzw. des Entbindungspflegers[843] einen staatlichen Beruf im Gesundheitswesen dar,[844] der als eigenständiger Medizinalberuf neben dem Arzt[845] steht. Vor Professionalisierung der Geburtshilfe wurden durch eigene Geburten erfahrene Mütter

840 Ausbildungs- und Prüfungsverordnung für Podologinnen und Podologen (PodAPrV).

841 BT-Drs. 14/5593, S. 1.

842 Vgl. BT-Drs. 14/5993, S. 8.

843 Durch das Hebammenreformgesetz entfällt die Berufsbezeichnung des *„Entbindungspflegers“* für männliche Berufsangehörige entfallen, da er in Anbetracht des weiten Umfangs von Aufgaben eines Entbindungspflegers als irreführend beurteilt wird; männliche wie auch diverse Berufsangehörige sollen nach § 3 II HebG n. F. ebenso die Berufsbezeichnung „Hebamme“ führen, BT-Drs. 19/10612, S. 48 f.

844 Durch das Hebammenreformgesetz wird insbesondere die Hebammenausbildung akademisiert. So wird statt einer Ausbildung an Hebammenschulen ab dem 1.1.2021 die erfolgreiche Absolvierung eines dualen Studiums mit einem hohen Praxisanteil von mindestens sechs, höchstens jedoch acht Semestern erforderlich sein, zu dem der Zugang insbesondere im Grundsatz eine zwölfjährige allgemeine Schulausbildung erfordert, S. 52 f., 57 ff. Bis zum 31.12.2022 begonnene Ausbildungen an Hebammenschulen können bis zum 31.12.2027 abgeschlossen werden, § 77 I HebG n. F. Da die ersten akademischen Regelabschlüsse von Hebammen in der Praxis auf sich warten lassen, wird sich hier an den aktuell praktizierenden Hebammen orientiert, die auch nach Einführung des obligatorischen Studiums mit ihrer bisherigen Berufserlaubnis tätig sein dürfen sollen und für geraume Zeit die Majorität der Hebammenschaft bilden werden.

845 *Ratzel*, ZMGR 2008, 186 (189).

bei bevorstehenden Geburten als mütterliche Beraterinnen bzw. Helferinnen[846] zu Rate gezogen[847] und spielten damit eine tragende Rolle in der Geburtshilfe.[848] Der hoch angesehene[849] Beruf der Hebamme und seine Regulierung hat sich frühzeitig entwickelt, die erste Erwähnung wird in der Stadt Koblenz für das Jahr 1298 nachgewiesen,[850] während bereits im Jahr 1452 in Regensburg die erste bekannte Hebammenordnung erlassen wurde.[851] Bereits diese ersten Hebammenordnungen enthielten Bestimmungen zur Hinzuziehung eines Arztes in schweren Fällen und zur Verschwiegenheitspflicht der Hebammen.[852] Seit dem Jahr 1950 hat sich das Berufsbild erheblich gewandelt. Während zuvor im Regelfall zu Hause entbunden worden ist, lag der Anteil der Klinikentbindungen aufgrund der medizinischen Entwicklung im Jahr 1980 bereits bei mehr als 99 %, außerdem ist der Beruf seit dem Jahr 1985 auch Männern als sog. Entbindungspfleger zugänglich.[853] Hebammen übernehmen Aufgaben in der Schwangerenvorsorge, der Geburtshilfe, der nachgeburtlichen Fürsorge für Mutter und Kind („Wochenbett") wie auch der Beratung im Bereich der Familienplanung.[854] Auf Bundesebene bestehen mit dem Hebammengesetz (HebG) sowie der Ausbildungs- und Prüfungsverordnung für Hebammen und Entbindungspfleger (HebAPrV) Berufszulassungsregelungen, für die dem Bund nach Art. 74 I Nr. 19 GG die Gesetzgebungskompetenz zukommt.[855] Nach § 1 I HebG ist zur Führung der Berufsbezeichnung „Hebamme" oder „Entbindungspfleger"

---

846 *Burckhard*, Geschichte des Hebammenwesens, S. 2.

847 *Wiese*, Einbindung von Gesundheitsberufen, S. 95; *Schäfer*, in: *Schäfer*, Rheinische Hebammengeschichte, S. 13 (14).

848 BT-Drs. 19, 10612, S. 49.

849 Nach *Burckhard*, Geschichte des Hebammenwesens, S. 10, wurden Hebammen einige Vergünstigungen wie freie Wohnung oder die Befreiung von Personallasten – zum Teil unter der Bedingung der unentgeltlichen Vornahme von Entbindungen bei Armen – gewährt.

850 *Flügge*, Hebammen und heilkundige Frauen, S. 34 f.

851 *Schäfer*, in: *Schäfer*, Rheinische Hebammengeschichte, S. 13 (14 f.); *Pitz*, Medizinalpersonal, S. 9. Bei *Burckhard*, Geschichte des Hebammenwesens, S. 5 f., 12 ff., 24 ff., mit Verweis auf *Freund*, Die Entwicklung der deutschen Geburtshilfe aus der Hebammenkunst, in: Klinisches Jahrbuch, Band III, 1891, finden sich Hinweise zu weiteren Hebammenordnungen sowie hebammenbezogenen Regelungen in Kirchenordnungen, deren Inhalt auf den S. 69 ff. abgedruckt ist.

852 *Burckhard*, Geschichte des Hebammenwesens, S. 25 ff.

853 BT-Drs. 10/1064, S. 12 f., 14; *Franzki*, in: *Berg/Ulsenheimer*, Patientensicherheit, S. 125 (125), spricht immerhin noch von etwa 97 % der Schwangeren, die zur Geburt ein Krankenhaus aufsuchen.

854 BT-Drs. 10/1064, S. 13; vgl. auch § 2 I HebBO BW.

855 Vgl. am Rande *Franzki*, in: *Berg/Ulsenheimer*, Patientensicherheit, S. 125 (125); siehe ferner überblicksartig zur Ausbildung *Wiese*, Einbindung von Gesundheitsberufen, S. 96.

eine Erlaubnis erforderlich, die nach § 2 I Nr. 1 HebG in Anbetracht aktueller Akademisierungsbestrebungen noch eine Ausbildung und das Bestehen einer staatlichen Prüfung zur Voraussetzung hat, die in der HebAPrV näher geregelt ist. Die Spezifik des Hebammenberufs – im Kontrast zu anderen (typischerweise) nicht akademischen[856] Heilberufen – liegt in der Ausprägung von Berufsausübungsregelungen in allen Bundesländern neben den Berufszulassungsvorschriften auf Bundesebene.[857] Inhaltlich stimmen die Berufsordnungen in großen Teilen überein und weisen insbesondere Hebammen ausdrücklich einen Tätigkeitsbereich in eigener Verantwortung zu.[858] Hebammen erfüllen mit dieser Beschreibung ohne Zweifel die Anforderungen an einen staatlichen Ausbildungsberuf im Gesundheitswesen.

(4) Geburtsvorbereiterinnen

Neben der Leistung von Geburtsvorbereitung durch Hebammen hat sich bereits seit einigen Jahrzehnten eine Betätigung von sog. Geburtsvorbereiterinnen herausgebildet, die mitunter im Aufgabengebiet von Hebammen tätig sind.[859] Der Beruf stellt jedoch mangels rechtlicher Regelung der Ausbildung keinen staatlich anerkannten Ausbildungsberuf dar[860] und scheidet als Kooperationspartner eines Arztes nach § 23b I 1 Var. 2 MBOÄ aus.

(5) Selbständigkeit und Befugnis zu eigenverantwortlicher Tätigkeit

Nach § 23b I 1 Var. 2 MBOÄ bezieht sich das Erfordernis selbständiger Tätigkeit und der Befugnis zu eigenverantwortlicher Berufsausübung auch auf Angehörige staatlicher Ausbildungsberufe. Zur Selbständigkeit lässt sich an die Ausführungen bei akademischen Heilberufen anknüpfen, weshalb eine Tätigkeit außerhalb

---

856 Nota bene die eingeleitete Akademisierung des Hebammenberufs aufgrund der Anforderungen der RL 2013/55/EU vom 20.11.2013, siehe dazu den Bericht des Bundesministeriums für Gesundheit, BT-Drs. 18/9400, S. 33.

857 In der Regel sind die ausführlichen Berufsausübungsregelungen der Länder in Verordnungen enthalten, allein in Niedersachsen und Sachsen sind sie durch formelles Gesetz erlassen worden. Vgl. ferner auch *Pitz*, Medizinalpersonal, S. 9; *Erlinger*, Der Gynäkologe 2005, 734 (734).

858 § 2 II HebBO BW; § 2 III BayHebBO; § 1 I HebBO BE; § 2 I HebBOBbg; § 2 II HebBO HB; § 3 I HebBO HH; § 3 HesHebBO; § 1 II HebBerufsO Th; § 1 I HebBO MV; § 1 III HebG Nds.; § 2 III HebBO NRW; § 2 II HebBO RP; § 2 HebBVO SL; § 2 I HebBVO LSA; § 3 I SächsHebG; § 2 III HebBVO SH.

859 Siehe näher *Ratzel*, in: *Ratzel/Lippert*, MBOÄ, § 29a Rn. 9 f.; *Werner*, Berufsausübung, S. 372; *FG Köln*, Urt. v. 20.03.2002 – 10 K 3418/99,; siehe allerdings zurückverweisend *BFH*, Urt. vom 12.08.2004 – V R 27/02, BeckRS 2004, 25007390.

860 *Ratzel*, in: *Ratzel/Lippert*, MBOÄ, § 29a Rn. 9; siehe jedoch *FG Köln*, Urt. v. 20.03.2002 – 10 K 3418/99, BeckRS 2002, 21013113, wonach die Tätigkeit von Geburtsvorbereiterinnen derjenigen einer Hebamme vergleichbar sei.

eines Beschäftigungsverhältnisses erforderlich ist. Näher einzugehen ist auf die Frage, was unter dem Begriff der Eigenverantwortlichkeit in Bezug auf Ausbildungsberufe im Sinne des § 23b I 1 MBOÄ zu verstehen ist und ob Angehörige eines staatlich anerkannten Ausbildungsberufs überhaupt zu eigenverantwortlicher Berufsausübung *befugt* sein können. Anlass zu Zweifeln geben die lange in der Literatur ausgefochtene Auseinandersetzung[861] sowie die Rechtsprechung,[862] wonach Physiotherapeuten mangels ausdrücklicher gesetzlicher Befugniserteilung nicht *eigenverantwortlich* körperliche oder seelische Leiden behandeln dürfen und zur Krankheitsbehandlung nur aufgrund ärztlicher Verordnung befugt sind. Das *BVerwG* verweist zur Begründung insbesondere auf die unterschiedliche Gestaltung der gesetzlichen Grundlagen von Physiotherapeuten, denen nach § 1 I Nr. 2 MPhG nur die Führung der Berufsbezeichnung erlaubt wird, und Psychotherapeuten, denen ausdrücklich die Ausübung der Heilkunde im Bereich der Psychotherapie in § 1 I PsychThG erlaubt wird.[863] Der Rechtsprechung des *BVerwG* wurde sich allgemein angeschlossen.[864] *Marcks* schließt aus diesen Äußerungen augenscheinlich, Physiotherapeuten seien *generell* nicht eigenverantwortlich tätig,[865] *Stock* auf die *unselbständige* Ausübung der heilkundlichen Tätigkeit.[866] Dieses Verständnis von Eigenverantwortlichkeit im Rahmen des § 23b I 1 Var. 2 MBOÄ würde die

---

861 Siehe die Darstellung des Meinungsstands in der Literatur vor gerichtlicher Klärung des *BVerwG* bei *Schnitzler*, MedR 2010, 828 (830).

862 Insbesondere *BVerwG*, MedR 2010, 334 (335 ff.); siehe weitere im Folgenden.

863 *BVerwG* MedR 2010, 334 (335 f.).

864 *VG Braunschweig*, GewArch 2016, 214 f.; *OVG Lüneburg*, GewArch 2014, 179 ff. Siehe bereits zuvor *VG Stuttgart* MedR 2009, 238 ff.; *OVG Rh.-Pfalz* MedR 2007, 496 ff.; in diesem Sinne auch zur Synergetik-Therapie *VG Braunschweig*, GewArch 2007, 150 ff., bestätigt durch *BVerwG*, GewA 2011, 34 ff. Siehe auch vor Einführung des PsychThG zu beschränkten Anforderungen zur Erteilung an die Heilpraktikererlaubnis nach § 1 I HeilprG *BVerfGE* 78, 179 (192 ff.), und *BVerwG*, NJW 1993, 2395. A.A. dagegen *VGH Bad.-Württ.*, MedR 2009, 610 (611 f.), wonach die ausreichende Eignung des Physiotherapeuten zur eigenverantwortlichen Ausübung seines Teilbereichs der Heilkunde bereits durch die Erlaubnis zur Führung der Berufsbezeichnung nachgewiesen worden ist. Die Ansicht des *VGH Bad.-Württ.* kann aufgrund des Wortlauts des MPhG nicht überzeugen, denn neben dem Argument der Gesetzesgestaltung in Wortlaut und Systematik ist auf die fehlende Anordnung eigenverantwortlicher Berufs*ausübung* aufgrund der beschränkten Gesetzgebungskompetenz des Bundes für die Berufs*zulassung* hinzuweisen. Siehe ferner *Pitz*, Medizinalpersonal, S. 35 f.

865 *Marcks*, in: *Landmann/Rohmer*, GewO, § 6 Rn. 6.

866 *Stock*, MedR 2018, 73 (75), meint mit Selbständigkeit aber offensichtlich die eigenständige Verordnung physiotherapeutischer Behandlung, nicht die wirtschaftliche Selbständigkeit. Die begriffliche Unterscheidung des Tätigwerdens aufgrund ärztlicher Verordnung oder ohne sie in selbständige und unselbständige Tätigkeit ist durchaus gängig, siehe *Schnitzler*, MedR 2010, 828 (830).

Kooperationsfähigkeit von Physiotherapeuten und der meisten sonstigen Ausbildungsberufe im Gesundheitswesen in Frage stellen.[867] Ihnen wird ohne Zuweisung eines eigenverantwortlichen Tätigkeitsgebiets lediglich die Erlaubnis zur Führung der Berufsbezeichnung erteilt.

Aus den ohnehin uneinheitlichen Ausbildungsverordnungen und bundesgesetzlichen Ausbildungsregelungen lässt sich ebenso wenig die Zuordnung eines Umfangs beruflicher Tätigkeiten ableiten.[868]

Zur Beschreibung eines Bereichs eigenverantwortlicher Tätigkeit kommt auch eine Anknüpfung an sozialrechtliche Bestimmungen der §§ 124 f. SGB V, wonach die Zulassung zur Heilmittelerbringung zulasten der GKV geregelt wird, nicht in Betracht. Sie regeln lediglich das Verhältnis von Leistungserbringer zu den Krankenkassen,[869] stellen keine Regelungen der Berufsausübung dar und beinhalten in § 124 I Nr. 1 SGB V außerdem eine Öffnung zugunsten von Personen, denen die Führung einer geschützten Berufsbezeichnung nicht erlaubt ist.[870] Ein Bereich eigenverantwortlicher Berufsausübung kann den Berufsangehörigen lediglich über Berufsausübungsvorschriften ausdrücklich zugewiesen oder verweigert werden. Mangels Gesetzgebungskompetenz des Bundes[871] zur Regelung der

---

867 Betroffen wären damit von den aufgeführten Professionen neben Physiotherapeuten die Berufe des Diätassistenten, des Ergotherapeuten und des Podologen. Nicht die Heilkunde übt dagegen der hier nicht näher beachtete, ebenfalls im MPhG geregelte Masseur und medizinischer Bademeister nach § 1 I Nr. 1 MPhG mangels nennenswerter Gesundheitsgefahren; er bedarf keiner beschränkten Heilpraktikererlaubnis nach § 1 I HeilprG zur eigenverantwortlichen Ausübung seines Berufs im Sinne einer vorherigen ärztlichen Anordnung, siehe *BVerwG*, Beschl. v. 28.10.2009 – 3 B 39/09, BeckRS 2009, 41579 Rn. 3.

868 *Pitz*, Medizinalpersonal, S. 37 ff.; *Guttau*, Nichtärztliche Heilberufe, S. 56 ff.

869 *Guttau*, Nichtärztliche Heilberufe, S. 62. Vgl. auch zu § 27 SGB V *Pitz*, Medizinalpersonal, S. 41 f.; *zust. Guttau*, Nichtärztliche Heilberufe, S. 61, richtigerweise hierin eine Regelung des Verhältnisses der Krankenkassen zu ihren Versicherten erblickend.

870 So bereits vor Änderung des § 124 SGB V *Guttau*, Nichtärztliche Heilberufe, S. 63 f.; siehe ferner die Differenzierung in zur Heilmittelerbringung zulassungsfähige und nicht zulassungsfähige Berufsgruppen in den Zulassungsempfehlungen des GKV-Spitzenverbands in der Fassung vom 26.11.2018.

871 Insbesondere kommt daher eine Zuweisung einer eigenverantwortlichen Tätigkeit durch bundesgesetzliche Tätigkeitsvorbehalte wie in § 4 I HebG oder Berufsbezeichnungsschutz-Gesetze wie in § 1 I Nr. 2 MPhG nicht in Betracht, siehe ausführlich *Achterfeld*, Aufgabenverteilung im Gesundheitswesen, S. 23 ff.; *Taupitz et al.*, Heilpersonal, S. 11 ff.; *Pitz*, Medizinalpersonal, S. 33 ff.; *Neupert*, MedR 2004, 134 (136 ff.). Siehe dagegen *Igl*, in: *Igl*, Gesundheitsfachberufe, Ziff. 20.1, § 4 Rn. 10, der § 4 I HebG dennoch von Art. 74 I Nr. 19 GG im Zusammenhang zur Gefahrenabwehr getragen sieht. Vgl. hierzu auch BT-Drs. 15/13, S. 22. Erst recht nicht ausreichend ist die Festlegung des Ausbildungsziels eines eigenverantwortlichen Tätigkeitsbereichs wie in § 3 DiätAssG., siehe allerdings *Igl*, in: *Igl*, Gesundheitsfachberufe, Ziff.

Berufsausübung nach Art. 74 I Nr. 19 GG[872] sind hierfür Vorschriften der Länder heranzuziehen, die zu den meisten Berufen jedoch gar nicht existieren.

Allein für den Beruf der Hebamme haben sich in allen Bundesländern Vorschriften zur Berufsausübung herausgebildet.[873] So wird Hebammen nach § 2 II HebBO BW in *Baden-Württemberg* ein Katalog an Tätigkeiten zugewiesen, die Hebammen in eigener Verantwortung ausführen.

Grundsätzliche Voraussetzung für die heilbehandlerische Tätigkeit Angehöriger von Gesundheitsfachberufen ist daher eine ärztliche Verordnung.[874] Der Arzt setzt durch seine Verordnung bereits den Rahmen der weiteren Heilbehandlung durch den Angehörigen eines Gesundheitsfachberufs.[875] Daher trifft auch allein den Arzt, nicht den Physiotherapeuten richtigerweise die Verantwortlichkeit für Fehler in der Auswahl der Therapie und Mängel in der Aufklärung.[876] Die Annahme fehlender Befugnis zu eigenverantwortlicher Tätigkeit von Physiotherapeuten und Angehörigen anderer Gesundheitsfachberufe steht daher in Konflikt zu ihrer einhelligen Aufzählung durch die Kammern als typische Kooperationspartner von MKG.[877] § 23b I 1 Var. 2 MBOÄ wäre in sich widersprüchlich und mangels Zuordnung eigenverantwortlicher Tätigkeiten in fast allen Gesundheitsfachberufen weitgehend überflüssig, weil der eigene Anwendungsbereich auf Zusammenschlüsse mit Hebammen reduziert worden wäre.

Als einzig gangbarer Weg der Beteiligung an einer MKG unter Beteiligung von Physiotherapeuten oder Angehörigen anderer Gesundheitsfachberufe stellte der Erhalt einer zusätzlichen, nach dem Tätigkeitsfeld des Berufsbild beschränkten Heilpraktikererlaubnis nach § 1 HeilprG dar.[878] Ein von den Landesärztekammern gestelltes Erfordernis einer Heilpraktikererlaubnis zugunsten des Kooperationspartners

---

15.1, § 3 Rn. 3, der aufgrund § 3 DiätAssG die Position eines eigenverantwortlichen Leistungserbringers annimmt.

872 Näher zur Verteilung der Gesetzgebungskompetenz nach Art. 74 I Nr. 19 GG auch *Prehn*, MedR 2015, 560 (562 ff.).

873 Siehe bereits oben sowie *Pitz*, Medizinalpersonal, S. 9; *Horschitz/Kurtenbach*, HebG, S. 34. Vgl. aber auch die Pflegefachkräfte, denen in einzelnen Bundesländern ein Tätigkeitsbereich zu eigenverantwortlicher Berufsausübung zugewiesen worden ist, z.B. durch § 4 II, III BO Pflegekräfte Saarland.

874 *Stock*, in: *Stellpflug et al.*, Gesundheitsrecht, B 6000 Rn. 54.

875 *Nadler*, Rettungsassistent und -sanitäter, S. 117.

876 *OLG Jena*, GesR 2005, 556 (558).

877 *BÄK*, DÄBl. 2008, A-1019 (A-1024); *LÄK Bad.-Württ.*, PartG/MKG, Punkt 4.2; *Sächsische LÄK*, Niederlassung und berufliche Kooperation, S. 18.

878 Entsprechend versucht *Schillhorn*, ZMGR 2017, 101 (104), einen Weg zur Delegation auf in der Folge eigenverantwortlich agierende, nichtärztliche Mitarbeiter in einer Praxis zu schlagen, ohne jedoch MKG nach § 23b MBOÄ anzusprechen. Zur beschränkten Erteilung der Heilpraktikererlaubnis bei Physiotherapeuten BVerwG, MedR 2010, 334 (336). Siehe zur Kooperationsfähigkeit von Heilberufen mit beschränkter Heilpraktikererlaubnis nach § 1 II HeilprG S. 196 ff.

stünde jedoch in starkem Widerspruch zu den sonstigen Erwägungen des § 23b MBOÄ und den darüber hinaus geltenden allgemeinen Normen der Zusammenarbeit mit Angehörigen anderer Fachberufe des Gesundheitswesens nach §§ 7 III 1, 29a II MBOÄ, nach denen eine Zusammenarbeit mit Heilpraktikern sowohl innerhalb als auch außerhalb von MKG als nicht zulässig erachtet wird.[879]

Lediglich entgegen dem Wortlaut des § 23b I 1 Var. 2 MBOÄ könnte die Forderung nach einer Befugnis zu eigenverantwortlicher Berufsausübung außer Acht gelassen werden. Zumindest könnte aber ein abgeschwächtes Verständnis der Eigenverantwortlichkeit zur Auslegung des § 23b I 1 Var. 2 MBOÄ herangezogen werden, um den Sinn der Norm zu bewahren. Es bietet sich an, die Deutung der Eigenverantwortlichkeit auf die Kompetenz in der beruflichen Tätigkeit zu reduzieren.[880] Auf diese Weise wären die Ausführungen des *BVerwG* als reine Selbstverständlichkeit aufzufassen, denn der Physiotherapeut kann selbstverständlich mangels Approbation, grundsätzlich fehlender Heilpraktikererlaubnis und ohnehin fehlender entsprechender Ausbildung nicht eigenverantwortlich die gesamte Heilkunde ausüben.[881] Die Tätigkeit des Physiotherapeuten und damit auch das Maß seiner möglichen Eigenverantwortlichkeit in seiner Berufsausübung beschränkt sich auf seine durch den Arzt verordnete physiotherapeutische Behandlung, wobei ihm die Abklärung ihrer Einzelheiten und ihre Durchführung in eigener Verantwortung überlassen bleibt.[882] Wird der Physiotherapeut auf ärztliche Verordnung tätig, übt er nicht die Heilkunde im Sinne von § 1 II HeilprG aus.[883] Zu trennen ist damit eine eigenverantwortliche Ausübung der *Heilkunde* im Sinne des § 1 II HeilprG mithilfe eigenständiger Indikationsstellung zur Durchführung einer medizinischen Maßnahme und gegebenenfalls deren eigenständiger Durchführung[884] von der

879 *Scholz*, in: *Spickhoff*, Medizinrecht, MBOÄ, § 7 Rn. 13. Siehe hierzu sogleich S. 192 ff.

880 Vgl. *Hutter*, in: *Blümich*, EStG, § 18 EStG Rn. 59, nach dem der Inhalt einer eigenverantwortlichen Tätigkeit bei den verschiedenen Berufsgruppen unterschiedlich zu verstehen ist.

881 *BVerwG*, MedR 2010, 334 (335). Die Bedeutung des Urteils bleibt hervorzuheben, es stellte nämlich die Möglichkeit einer auf den Aufgabenkreis bezogenen Heilpraktikererlaubnis fest, aufgrund derer der Physiotherapeut seinen Beruf auf ohne vorherige ärztliche Verordnung ausüben kann, a.A. ausführlich *VGH Bad.-Württ.*, MedR 2009, 610 (611 ff.). Vgl. auch BT-Drs. 13/8035, S. 15, wonach durch HeilprG und BÄO die Zulassung zu Heilberufen, deren Angehörige heilkundlich tätig werden, abschließend geregelt wird und nur durch Bundesrecht die Zulassung weiterer Heilberufe erfolgen kann.

882 Siehe *Bartels*, MedR 2009, 238.

883 *Schnitzler*, MedR 2010, 828 (830); *Bearbeiter*, in: *Igl*, Gesundheitsfachberufe, 30.1, § 1 HeilprG Rn. 6. Der SVR übt Kritik an der Definition des Heilkundebegriffs inklusive der daraus gezogenen Schlussfolgerungen, Angehörige von Gesundheitsberufen könnten die Heilkunde nicht eigenverantwortlich ausüben, BT-Drs. 16/6339, S. 100.

884 Vgl. zu eigenverantwortlichem Handeln *Taupitz et al.*, Heilpersonal, S. 10; *Pitz*, Medizinalpersonal, S. 5.

eigenverantwortlichen *Berufsausübung* unter der geschützten Berufsbezeichnung innerhalb bestehender Berufsgrenzen.[885]

Das *VG Düsseldorf* hat daher zuletzt richtig festgestellt, dass das Recht der Gesundheitsberufe zwischen Heilberufen, die eigenverantwortlich körperliche oder seelische Leiden behandeln dürfen, und den Gesundheitsfachberufen, die zur Krankenbehandlung grundsätzlich nur aufgrund ärztlicher Verordnung befugt sind, unterscheidet.[886] Der Schluss, aus dem Urteil folge die Feststellung, erst durch eine erteilte Heilpraktikererlaubnis läge eine *„eigenverantwortliche Tätigkeit"* per se vor, ist daher ungenau. Mit der Einschätzung des *BSG*, wonach eine Diätassistentin eigenverantwortlich diättherapeutische Maßnahmen und Ernährungsberatung im Rahmen ärztlicher Anordnungen durchführte,[887] lässt sich die Eigenverantwortung von Gesundheitsberufen nicht durch die obligatorische vorherige ärztliche Anordnung als Anlass der Behandlung absprechen.[888] Die Eigenverantwortlichkeit in den dargestellten Fällen war allein fraglich in Bezug auf die Ausübung der Heilkunde, also über solche Tätigkeiten hinaus, die anlässlich der ärztlichen Verordnung vorgenommen werden. Die konkreten Anforderungen an die Eigenverantwortlichkeit sind in Abhängigkeit des ausgeübten Berufs zu beurteilen. In der Folge übt ein Physiotherapeut die mit seinem Berufsbild verbundene Tätigkeit eigenverantwortlich aus, in dem ihm eigene Durchführungsverantwortung zukommt.[889] Sie bezieht sich auf die Ausübung der bei horizontaler Arbeitsteilung auf ihn delegierten konkreten Behandlung und gegebenenfalls auf die eigene Bestimmung und Übernahme einer Therapie.[890] Für die in diesem Bereich erfolgende Tätigkeit muss er also die uneingeschränkte fachliche Verantwortlichkeit übernehmen und handelt insofern also eigenverantwortlich. Diese Lösung entspricht auch dem Verständnis einer eigenständigen Funktion der anderen Gesundheitsberufe[891] in der Berufsordnung.

Systematisch stellt ein solches Verständnis von Eigenverantwortlichkeit keine Besonderheit dar. Die Hebammenberufsordnungen und -gesetze der Länder weisen Hebammen ebenfalls regelmäßig u.a. die Durchführung einer ärztlich verordneten

---

885 Vgl. dazu auch *Nadler*, Rettungsassistent und -sanitäter, S. 116 f.

886 *VG Düsseldorf*, Urt. v. 25.08.2016 – 7 K 1583/14, BeckRS 2016, 51362.

887 Vgl. *BSG*, NZS 2001, 590 (595).

888 Siehe zu diesem Verständnis auch *Igl*, in: *Igl*, Gesundheitsfachberufe, Ziff. 15.1, § 3 Rn. 3, wenngleich in Bezug auf den bundesgesetzlichen § 3 DiätAssG, dem jedoch tatsächlich kein Hinweis auf eine eigenverantwortliche Berufsausübung mangels Gesetzgebungskompetenz des Bundes für die Berufsausübung der Heilberufe entnommen werden kann.

889 *Scholz*, in: *Spickhoff*, Medizinrecht, MBOÄ, § 7 Rn. 13; *Achterfeld*, Aufgabenverteilung im Gesundheitswesen, S. 3.

890 Siehe zur Aufklärungspflicht in diesen Fällen *OLG Jena*, GesR 2005, 556 (558).

891 *Scholz*, in: *Spickhoff*, Medizinrecht, MBOÄ, § 7 Rn. 13.

Behandlung in eigener Verantwortung zu.[892] Die eigene Verantwortung der Hebammen kann insoweit nur die Durchführungsverantwortung der Hebammen meinen, wie sie bei Physiotherapeuten und anderen Angehörigen anderer Heilberufe regelmäßig anzunehmen ist.

Außerdem wird berufsrechtlich gar nicht von einer eigenständigen Indikationsstellung zur Durchführung medizinischer Maßnahmen durch den Kooperationspartner ausgegangen, denn der Kooperationsvertrag hat nach § 23b I 4 lit. c) MBOÄ zu gewährleisten, dass im Grundsatz ausschließlich der Arzt die medizinischen Entscheidungen trifft. Im Umkehrschluss kann auf Seiten des nichtärztlichen Kooperationspartners keine Befugnis zu eigenverantwortlicher Übernahme einer Heilbehandlung vorausgesetzt werden.

Auch der Verweis in § 23b I 2 MBOÄ auf das PartGG spricht gegen die Interpretation, erforderlich sei eine Befugnis zu eigenverantwortlicher Ausübung der Heilkunde. Zwar ist das PartGG eine gesellschaftsrechtliche Regelung durch den Bundesgesetzgeber, jedoch kann durch seine Inkorporation („*nach dem PartGG*") auf dessen Grundannahmen rekurriert werden. In § 1 II PartGG werden die partnerschaftsfähigen Freien Berufe anhand ihrer persönlichen, eigenverantwortlichen und fachlich unabhängigen Erbringung von Dienstleistungen höherer Art im Interesse der Auftraggeber und der Allgemeinheit beschrieben, wobei u. a. in der exemplarischen Aufzählung auch Krankengymnasten – als ehemalige Bezeichnung für Physiotherapeuten – genannt sind.[893] Mithin geht § 1 II PartGG offenkundig von der Möglichkeit eigenverantwortlicher Tätigkeit von Physiotherapeuten aus, während § 23b I 2 MBOÄ diese Annahme inkorporiert.

Es lässt sich festhalten, dass Ärzten ein Zusammenschluss mit selbständig tätigen Hebammen eröffnet ist, da ihnen die Berufsordnungen der Länder einen Bereich eigenverantwortlicher Tätigkeit zuweisen. Ärzte können sich zudem mit Angehörigen anderer Gesundheitsfachberufe zusammenschließen, auch wenn ihnen kein Bereich eigenverantwortlich durchzuführender Tätigkeiten gesetzlich zugewiesen wird. Das Erfordernis der Befugnis zu eigenverantwortlicher Berufsausübung muss teleologisch auf die Befugnis zu der tatsächlichen Übernahme der Durchführung von

892 Siehe hierzu beispielsweise § 2 II Nr. 13 HebBO BW; § 1 I Nr. 10 HebBO MV; § 3 I Nr. 10 SächsHebG. Allein die HebBO in *Hamburg* weist Hebammen nicht explizit die Eigenverantwortlichkeit für die Durchführung einer ärztlich verordneten Behandlung zu.

893 Siehe allerdings *Schiller/Hartmann*, in: *Halbe/Schirmer*, Kooperationen, A 1600 Rn. 98, die Physiotherapeuten, Sprechtherapeuten und Ergotherapeuten entgegen dem ausdrücklichen § 1 II 2 PartGG die Freiberuflichkeit und Partnerschaftsfähigkeit absprechen. Ebenso *Saenger*, MedR 2006, 138 (140), ohne nähere Auseinandersetzung bezgl. Physiotherapeuten, Hebammen, Sprach- und Ergotherapeuten. *Sodan*, Freie Berufe, S. 214, stuft Heilmittelerbringer „*nur mit Bedenken*" als Freiberufler ein.

Behandlungen unter Führung der Berufsbezeichnung reduziert werden und läuft damit aufgrund des vorrangigen Erfordernisses eines staatlich anerkannten Ausbildungsberufs praktisch leer.

„Eigenverantwortlichkeit" lässt sich in Verbindung mit dem Erfordernis der Selbständigkeit immerhin eine Beschränkung der Kooperationsfähigkeit auf Angehörige freier Berufe entnehmen. Für eine immanente Begrenzung der MKG auf freiberufliche Kooperationspartner spricht schon die vorrangige Aufzählung der PartG als zulässige Rechtsform nach § 23b I 2 MBOÄ. Auch die deutliche Parallele zu ärztlichen Berufsausübungsgemeinschaften, die nach § 18a II 2 MBOÄ nur freiberuflich tätigen Gesellschaftern offensteht, demonstriert die Limitierung auf Angehörige freier Berufe. Zur Bemessung der Freiberuflichkeit von Physiotherapeuten[894] kann auf den in § 23b MBOÄ inkorporierten § 1 II PartGG verwiesen werden, der ausdrücklich Krankengymnasten als Freiberufler ansieht.[895] Auch nicht in § 1 II 2 PartGG genannte Gesundheitsfachberufe sind als den Physiotherapeuten ähnliche Berufe als Freiberufler zu verstehen.

(6) Einschränkungen der Zusammenarbeit

Während die Aufnahme Angehöriger von Gesundheitsfachberufen in den Kreis kooperationsfähiger Berufsangehöriger mangels gewerblicher Tätigkeit nicht mit § 3 II MBOÄ konfligiert, kommt ein genereller Verstoß gegen § 31 MBOÄ durchaus in Betracht, denn: Ziel der Gemeinschaft ist auch die gemeinsame Bindung von Patienten durch gegenseitige Überweisung.[896] Nach § 31 I MBOÄ wird zur Wahrung der ärztlichen Unabhängigkeit und damit zugunsten des Patientenschutzes und des Vertrauens der Allgemeinheit in die Ärzteschaft und ihre sachgerechte ärztliche Berufsausübung sowie zur Verhinderung ungerechtfertigter Wettbewerbsvorteile von Ärzten gegenüber ihren Berufskollegen[897] und zur Gewährleistung der freien Arztwahl[898] Ärzten u. a. verboten, für die Verordnung oder den Bezug von Hilfsmitteln oder Medizinprodukten ein Entgelt oder andere Vorteile zu fordern, *„sich oder Dritten versprechen oder gewähren zu lassen oder selbst zu versprechen oder zu gewähren."*[899] Zwar nennt die Norm seit dem 114. Deutschen

894 Näher zum Physiotherapeuten als freier Beruf *Twer*, Physiotherapeuten, S. 54 ff. A.A. dagegen *Deutsch/Spickhoff*, Medizinrecht, Rn. 95.

895 Siehe aber a. A. *Saenger*, MedR 2006, 138 (140); *Schiller/Hartmann*, in: *Halbe/Schirmer*, Kooperationen, A 1600 Rn. 98; *Sodan*, Freie Berufe, S. 214.

896 Vgl. zu überörtlichen Berufsausübungsgemeinschaften *Dahm/Ratzel*, MedR 2006, 555 (560).

897 *Ratzel*, in: *Ratzel/Lippert*, § 31 Rn. 1 ff.; *Wittmann/Koch*, MedR 2011, 476 (477); *Kiefer/Meseke*, VSSR 2011, 211 (219 f.); *Scholz*, GesR 2013, 12 (13).

898 *Ahrens*, MedR 1992, 141 (146).

899 Siehe zu fachlich und medial Aufsehen erregenden Verfehlungen im Gesundheitsmarkt aufgrund von Beeinflussungen der ärztlichen Unabhängigkeit durch finanzielle Interessen Dritter *Schütze*, in: FS Jaeger, S. 539 (541 ff.). Siehe insbesondere Bezug auf Beeinflussung durch Pharmaunternehmen auch *Bausch*, DÄBl. 2010, 390 (390 f.).

Ärztetag nicht mehr ausdrücklich – als krankenversicherungsrechtlichen Ausdruck – Heilmittelerbringer als erfasste Zuweisungsempfänger, sie sind jedoch über das Tatbestandsmerkmal der *„Zuweisung von Patienten“* erfasst.[900] Als Vorteil gilt jede entgeltliche Leistung materieller oder immaterieller Art, die die wirtschaftliche, rechtliche oder persönliche Lage des Empfängers objektiv verbessert.[901] Als durch § 31 I MBOÄ verpönter Vorteil kommt einerseits ein Gewinnanteil aus einer gesellschaftsrechtlichen Beteiligung,[902] andererseits auch ein Ansteigen des Werts eines Gesellschaftsanteils[903] in Betracht. In beiden Fällen hat der Arzt ein eigenes finanzielles, regelmäßig nicht offenbartes Interesse an der Verordnung von Heilmitteln, die das Unternehmen selbst abgibt, an dem sich der Arzt beteiligt hat. Das pekuniäre Eigeninteresse des Arztes an der Verordnung von Hilfsmitteln kann die innere Unabhängigkeit des Arztes beeinträchtigen.[904] Eine unabhängige Berufsausübung setzt daher voraus, dass der Arzt kein eigenes monetäres Interesse an der Weiterleitung an einen bestimmten Kooperationspartner hat.

Die Beteiligungsproblematik wurde in der Literatur bisher lediglich für eine rein finanzielle Beteiligung des Arztes bei Angehörigen der Gesundheitsfachberufe oder Gesundheitshandwerkern thematisiert, wobei die Reichweite des Verbots seit Langem diskutiert wird.[905] MKG gehen darüber weit hinaus, indem der Arzt selbst ärztlich in einer gemeinsamen Gesellschaft mit dem Gesundheitshandwerker tätig wäre. An den bisherigen Diskussionsstand lässt sich gleichwohl anknüpfen, denn das pekuniäre Interesse des Arztes wird durch das nach § 23b I 4 lit. e) MBOÄ im Kooperationsvertrag zu gewährleistende Recht des Arztes, andere als in der Gemeinschaft kooperierende Berufsangehörige hinzuziehen zu können, nicht geschmälert.

Der Wortlaut des § 31 I MBOÄ erfordert eine Unmittelbarkeit des Erhalts eines Entgelts bzw. Vorteils für eine Verordnung, wobei gesellschaftsrechtliche Beteiligungen bereits im *„Randbereich der Wortlautinterpretation“* liegen.[906] Literatur und Rechtsprechung gehen aber im Kontrast zur früheren Annahme[907] unter Abkehr von dem Unmittelbarkeitserfordernis von der Unzulässigkeit gesellschaftsrechtlicher Beteiligungen aus, auf deren Wert und Höhe der mit ihr verbundenen

900 *Ratzel*, in: *Ratzel/Lippert*, MBOÄ, § 31 Rn. 1.

901 *Landesberufsgericht Nordrh.-Westf.*, MedR 2012, 69 (72).

902 *Wittmann/Koch*, MedR 2011, 476 (477); *Landesberufsgericht Nordrh.-Westf.*, MedR 2012, 69 (72).

903 Vgl. *Braun/Püschel*, MedR 2013, 655 (657).

904 Vgl. zur anwaltlichen Mandatsbearbeitung *Ahrens*, AnwBl 1992, 247 (251).

905 Siehe exemplarisch *Wittmann/Koch*, MedR 2011, 476 ff.; *Braun/Püschel*, MedR 2013, 655 ff.; *Scholz*, GesR 2013, 12 ff.; *Ratzel*, GesR 2007, 200 ff.; *Dahm* MedR 1995, 106 ff.; *Ratzel*, ZMGR 2012, 258 ff.; *Harneit*, MedR 2017, 688 ff.; *Flasbarth*, MedR 2009, 708 (715).

906 *Wittmann/Koch*, MedR 2011, 476 (477 f.).

907 *Dahm*, MedR 1995, 106 (108).

Gewinnausschüttungen der Arzt durch sein Verordnungsverhalten steuernden Einfluss hat.[908] Die Erfassung mittelbarer Vergünstigungen erfährt dabei insbesondere in der Literatur ihre Begründung darin, dass der Unrechtskern des § 31 I MBOÄ bereits dann tangiert wird, wenn die geschäftliche Entwichlung des Unternehmens und folglich ferner der Gewinnanteil wie auch der Beteiligungswert zumindest mittelbar beeinflusst werden kann.[909] Zulässig ist mangels denkbarer Auswirkungen auf das Verordnungsverhalten des Arztes eine Beteiligung bei „deutlicher" räumlicher Distanz und gleichzeitiger fachlicher Nähe – plakativ ist insofern die Beteiligung eines Arztes in München an einem Hilfsmittelunternehmen in *Berlin*[910] – sowie bei fachlicher Distanz und räumlicher Nähe zwischen Arzt und Hilfsmittelerbringer.[911] Bei räumlicher und fachlicher Nähe von Arzt und Hilfsmittelerbringer wird aufgrund der besonderen Vertrauenssituation zwischen Arzt und Patient und der daraus folgenden Autorität des Arztes, ein Patient in der Regel diesen Hilfsmittelerbringer bereits aufgrund zeiteffizienten und bequemeren Verhaltens auswählen.[912]

Aufgrund der deutlichen Zweckbindung nach § 23b I 3 MBOÄ kommt jedoch im Rahmen von MKG weder erhebliche räumliche Distanz noch fachliche Trennung in Betracht. § 23b MBOÄ ist daher eine Legalisierungswirkung in dem Sinne zu entnehmen, dass die Anwendbarkeit der Norm nicht behindert wird und ihr Sinn und Zweck trotz grundsätzlicher Kollision mit § 31 I MBOÄ aufrechterhalten bleibt. Bereits im restriktiv gestalteten Kap. D II. Nr. 9 Abs. 2 MBOÄ-1997 bestand für Hebammen, Logopäden, Ergotherapeuten, angehörige Berufe der Physiotherapie und Diätassistenten ausdrücklich die Möglichkeit zu einem Zusammenschluss in MKG. Die nunmehr weiter gefasste Norm sollte den Kreis zulässiger Berufe schließlich nicht verkürzen.[913]

---

908 *BGH*, MedR 1990, 77 (79); *Landesberufsgericht Nordrh.-Westf.*, MedR 2012, 69 (72); *Dahm*, MedR 1998, 70 (71; 73); *Harneit*, MedR 2017, 688 (690 f.); *Ratzel*, ZMGR 2012, 258 (262); *Braun/Püschel*, MedR 2013, 655 (656); *Wittmann/Koch*, MedR 2011, 476 (478).

909 Ausführlich *Wittmann/Koch*, MedR 2011, 476 (478).

910 *Braun/Püschel*, MedR 2013, 655 (656); *Harneit*, MedR 2017, 688 (691).

911 *Braun/Püschel*, MedR 2013, 655 (657 f.); *Wittmann/Koch*, MedR 2011, 476 (484); *Harneit*, MedR 2017, 655 (690 f.). In ähnlicher Weise hat auch das *OLG Köln*, GRUR 2006, 600 (602 f.); entschieden, dass die Stärke des Anreizes aus der Beteiligung den entscheidenden Faktor für Beurteilung der Zulässigkeit einer Beteiligung darstellt. Es ist jedoch nicht überzeugend wie *Braun/Püschel*, MedR 2013, 655 (658) anzunehmen, Konstellationen, bei denen es ausgeschlossen erscheint, dass sich das Verordnungsverhalten des Arztes auf seine Gewinnausschüttungen auswirken können, seinen zulässig; vielmehr muss im Sinne des Schutzzwecks der Norm ausgeschlossen sein, dass sich mögliche Gewinnausschüttungen *auf das ärztliche Verordnungsverhalten* im Sinne merkantiler Anreize auswirken können.

912 *Scholz*, GesR 2013, 12 (14); *Braun/Püschel*, MedR 2013, 655 (656).

913 So wird derselbe Berufskreis noch immer exemplarisch in den Erläuterungen der *BÄK* erwähnt, *BÄK*, DÄBl. 2008, A-1019 (A-1024); ebenso *Sächsische LÄK*, Niederlassung und berufliche Kooperation, S. 18, und *LÄK Bad.-Württ.*, PartG/MKG, Punkt 4.2.

Durch den gemeinsamen Auftritt gegenüber Patienten als Vertragspartner wie auch in der gemeinsamen Ankündigung der MKG auf einem gemeinsamen Praxisschild mit Nennung aller Kooperationspartner nach § 18 II 1 MBOÄ gegenüber Patienten wird die Zusammenarbeit ausreichend transparent gestaltet.[914] Das Herantreten des Patienten an einen Arzt in einer MKG ist folglich Ausdruck eigener, selbstbestimmter Entscheidung des Patienten, sich an ein interprofessionelles Team zu wenden, das fachlich miteinander kooperiert. In einer Verbindung von Ärzten mit Angehörigen der Gesundheitsfachberufe liegt folglich kein Verstoß gegen die Vorschrift des § 31 II MBOÄ vor.

Nach § 31 II MBOÄ dürfen Ärzte ihren Patienten nicht ohne hinreichenden Grund bestimmte Ärzte, Apotheken, Heil- und Hilfsmittelerbringer oder sonstige Anbieter gesundheitlicher Leistungen empfehlen oder an diese verweisen. Zweck der Regelung ist die Gewährleistung der Wahlfreiheit des Patienten in Bezug auf Anbieter von Gesundheitsleistungen wie auch die Sicherung der Unabhängigkeit des Arztes von Dritten.[915]

Eine Beeinträchtigung der Wahlfreiheit des Patienten liegt nach ständiger Rechtsprechung bereits dann vor, wenn ein Arzt von sich aus einen bestimmten Erbringer gesundheitlicher Leistungen nahelegt oder empfiehlt.[916] Vom Begriff der Empfehlung werden alle Arten der Kundgabe erfasst; ausreichend ist bereits ein Hinweis durch Formulare,[917] Schilder,[918] Plakate, Flyer, Visitenkarten, Gutscheine[919] oder Rezeptaufdruck.[920] Eine neutrale Information über die verfügbaren Versorgungswege und die damit verbundenen Vor- und Nachteile ist dagegen auch ohne Nachfrage durch den Patienten zulässig, sofern kein bestimmter Leistungserbringer empfohlen wird.[921] Rekurrierend auf den in der interprofessionellen Zusammenarbeit der Kooperationspartner bei der Heilbehandlung liegenden Zweck von MKG nach § 23b I 3 MBOÄ lässt sich auf die grundsätzliche Einbeziehung nichtärztlicher Kooperationspartner durch den Arzt schließen. Die nach § 18a II 1 MBOÄ obligatorische Ankündigung aller Gesellschafter inklusive Berufsbezeichnung auf einem gemeinsamen Praxisschild

914 *Harneit*, MedR 2017, 688 (693) erkennt in der transparenten Offenlegung einer rein finanziellen Beteiligung eines Arztes an einer Therapieeinrichtung eines Heilmittelerbingers in Übertragung der Grundsätze des UWG einen ausreichenden Schutz der Patienten des Arztes; krit. bei Hilfsmittelerbringern in Bezug auf die Übertragung bank- und wettbewerbsrechtlicher Transparenzregeln dagegen *Wittmann/Koch*, MedR 2011, 476 (480; 482 f.; 484).

915 *BGH*, MedR 2011, 158 (160); 500 (502); GRUR 2015, 283 (285); 2017, 194 (198); *OLG Koblenz*, MMR 2006, 312 (312); ferner hier nur *Stumpf/Voigts*, MedR 2009, 205 (206).

916 *BGH*, MedR 2011, 500 (502); GRUR 2017, 194 (198).

917 *BGH*, GRUR 2015, 283 ff.

918 *BGH*, GRUR 2017, 194 (198 f.).

919 *BGH*, MedR 2011, 500 (502); *OLG Hamm*, AZR 2008, 75 (76).

920 *OLG Koblenz*, MMR 2006, 312.

921 *BGH*, GRUR 2015, 283 (285).

führte außerdem zu einer grundsätzlichen Empfehlung des Gesundheitshandwerkers durch den Arzt gegenüber seinen Patienten, denn die Rechtsprechung erkennt bereits in Schildern innerhalb einer Arztpraxis mit sachlichem Verweis auf einen in gemieteten Räumen der Arztpraxis tätigen Orthopädietechniker eine nach § 31 II MBOÄ verpönte Empfehlung.[922] Ein sachlich gehaltener Hinweis ist mit der verpflichtenden Ankündigung nach § 18a II 1 MBOÄ durchaus vergleichbar.

Ist folglich von einer grundsätzlichen Empfehlung des verbundenen Nichtarztes auszugehen, ist sie nach § 31 II MBOÄ nur bei vorliegendem *„hinreichendem Grund"* zulässig. Die Ausnahme ist verfassungsrechtlich in Hinblick auf die Berufsfreiheit der Ärzte aus Art. 12 I GG weit zu interpretieren.[923] Für die Erteilung einer Empfehlung erforderlich und ausreichend ist eine *sachliche* Begründung,[924] einer *medizinischen* Begründung bedarf es nicht. Aus Gründen der Versorgungsqualität, zur Vermeidung von Wegen bei gehbehinderten Patienten und schlechte Erfahrungen mit anderen Anbietern berechtigen zu einer Empfehlung.[925] Auch die Einhaltung des sozialversicherungsrechtlichen Wirtschaftlichkeitsgebots nach § 12 I SGB V kann eine Empfehlung eines Gesundheitsdienstleisters rechtfertigen.[926] Schließlich ist eine Empfehlung auch immer dann zulässig, wenn sie auf die Bitte des Patienten erfolgt, da der erbetene Hinweis seiner Wahlfreiheit entspricht.[927] Nicht ausreichend für eine zulässige Empfehlung soll jedoch der aus Bequemlichkeit resultierende Wunsch des Patienten sein, sämtliche Leistungen aus einer Hand zu erhalten.[928] Allen Gründen ist gemeinsam, dass sie die Umstände des Einzelfalls berücksichtigen. Eine regelmäßige bzw. generelle Empfehlung eines Leistungsanbieters ist dagegen zum Schutz der Wahlfreiheit der Patienten in Bezug auf Anbieter von Gesundheitsleistungen unzulässig.[929]

Wird jedoch der Begriff der Empfehlung so weit ausgelegt, dass bereits gemeinsame Praxisschilder oder Hinweise auf den interprofessionellen Zusammenschluss als Empfehlung einzustufen sind, stünden §§ 23b, 18a II 1 MBOÄ in einem nicht zu lösenden generellen Widerspruch zu § 31 II MBOÄ, von dem auch offensichtlich

---

922 *BGH,* GRUR 2017, 194 (198 f.).
923 *BGH,* MedR 2011, 158 (160).
924 *Kern,* NJW 2000, 833 (835).
925 *BGH,* NJW 2009, 3582 (3584); MedR 2011, 500 (503); BGH GRUR 2000, 1080 (1082); 2015, 283 (286).
926 *BGH,* NJW 2000, 2745 (2747). Vgl. hierzu den Abschluss von Verträgen nach § 128 IV SGB V, an denen die Krankenkassen am Prozess des verkürzten Versorgungswegs zur Herstellung von Transparenz zur Überprüfung des Verhaltens der Beteiligten auf Verstöße gegen das sozialrechtliche Verbot von entgeltlichen Zuweisungen. Siehe auch die grundsätzlich positive Beurteilung des verkürzten Versorgungswegs durch das Sozialministerium Bad.-Württ. und die Krankenkasse AOK bei *BGH,* GRUR 2018, 622 (623).
927 *BGH,* GRUR 2015, 283 (285); 2011, 345 (348); MedR 2017, 194 (198).
928 *BGH,* NJW 2009, 3582 (3584); 2011, 2211 (2214); GRUR 2015, 283 (286).
929 *BGH,* MedR 2011, 158 (160); 500 (503); GRUR 2009, 977 (979).

als zulässig beabsichtigte Gestaltungsformen wie der Zusammenschluss eines Arztes mit einem Zahnarzt betroffen wären. Verstieße mithin jede MKG in berufsrechtswidriger Weise gegen das Empfehlungsverbot des § 31 II MBOÄ, wäre die Norm des § 23b MBOÄ mangels praktischen Freiraums bedeutungslos. Damit § 23b MBOÄ eine sinnvolle Regelung darstellt, muss in der hiernach erfolgenden gemeinsamen interprofessionellen Berufsausübung ein hinreichender Grund zur Empfehlung der Kooperationspartner zu entnehmen sein.[930] Die gegenseitige Empfehlung der Partner ist innerhalb der MKG als Ermöglichung der Zusammenarbeit bei der Heilbehandlung essentiell. Patienten werden sich gerade aufgrund der Möglichkeit zum Erhalt mehrerer medizinischer Dienstleistungen aus einer Hand an eine MKG wenden. Mit einem Hinweis auf seine freie Entscheidungsmöglichkeit muss dem Patienten jedoch seine Ungebundenheit an die Empfehlung verdeutlicht werden.[931] Grundsätzlich unzulässig bleibt die Empfehlung anderer Anbieter von Gesundheitsleistungen außerhalb der interprofessionellen Berufsausübungsgemeinschaft.

Außerdem untersagt § 32 I MBOÄ Ärzten, Geschenke oder andere Vorteile für sich oder Dritte zu fordern oder sich oder Dritten versprechen zu lassen oder anzunehmen, wenn hierdurch der Eindruck erweckt wird, dass die Unabhängigkeit der ärztlichen Entscheidung beeinflusst wird. Nach § 32 I 2 MBOÄ ist eine Beeinflussung dann aber nicht berufswidrig, wenn sie einer wirtschaftlichen Behandlungsweise oder Verordnungsweise auf sozialrechtlicher Grundlage im Rahmen von Selektivverträgen oder Verträgen zur besonderen Versorgung[932] dient und dem Arzt die Möglichkeit erhalten bleibt, aus medizinischen Gründen eine andere als die mit finanziellen Anreizen verbundene Entscheidung zu treffen. Durch einen Zusammenschluss im Einklang mit § 23b MBOÄ zu einer MKG wird die ärztliche Unabhängigkeit nicht beeinflusst. Die Anforderungen an die Zulässigkeit der Gesellschaft, insbesondere an den Gesellschaftsvertrag der MKG nach § 23b I 4 MBOÄ, dienen bereits der Gewährleistung der Unabhängigkeit der an ihr teilnehmenden Ärzte, sodass in der gemeinsamen Beteiligung von Arzt und nichtärztlichem Kooperationspartner keine unzulässige Zuwendung vorliegt.

γ) Heilpraktiker

Zu untersuchen ist die Kooperationsfähigkeit von Heilpraktikern nach § 23b I 1 Var. 2 MBOÄ. Eine gerichtliche Feststellung der Unzulässigkeit einer Beteiligung von Heilpraktikern an MKG liegt – soweit ersichtlich – nicht vor. Allein das

930 Im Ergebnis ebenso *Krieger*, in: *ARGE*, Psychotherapeutengesetz, S. 169 (172).

931 Vgl. auch zur Auslegung des Tatbestandsmerkmals der *„Zuführung von Patienten"* im Rahmen der §§ 299a Nr. 3, 299b Nr. 3 StGB *Schneider*, medstra 2018, 67 (68).

932 *Bombien/Heckmann*, SGb 2013, 76 (80).

VG München[933] vermochte ein Verbot der Kooperation von Ärzten und Nichtärzten – konkret: Heilpraktikern – zu erkennen. In dem Fall beantragte eine in Gemeinschaftspraxis tätige Ärztin zusätzlich eine Erlaubnis nach § 1 I HeilprG, um auch in Gemeinschaftspraxis mit anderen Heilpraktikern tätig zu sein. Dem *VG München* nach stehen der Erteilung Hindernisse des ärztlichen Berufsrechts entgegen, *„die sich schlechthin nicht ausräumen"* ließen. Dabei verwies es auf die – allgemein angenommene[934] – Unvereinbarkeit der Ausübung der Heilkunde als Arzt und Heilpraktiker in *Personalunion.*[935] Mangels entscheidender Bedeutung der Kooperation selbst kann dem Urteil kann kein Argument, vor allen Dingen kein Präjudiz für die Beurteilung der Kooperationsfähigkeit von Heilpraktikern in MKG entnommen werden.

Obwohl das *VG München* im Ergebnis richtig liegt, ist gleichwohl seine Annahme eines Ausschlusses der Zusammenarbeit von Arzt und Nichtarzt nach dem § 29a MBOÄ ähnlichen § 30 BO BY a. F. voreilig.[936] Vor Einführung der MKG konnte der Norm ein solcher Gehalt noch beigemessen werden.[937] Seither haben sich die rechtlichen Umstände durch die Anerkennung institutionell interprofessioneller Zusammenarbeit in MKG nach § 23b MBOÄ jedoch erheblich geändert.[938] § 29a MBOÄ ist in Kontrast zu § 23b MBOÄ systematisch betrachtet auf

---

933 *VG München*, Urt. v. 19.1.2010 – M 16 K 09.5144, Rn. 18 ff.; bestätigt durch *VGH München*, GesR 2010, 632 f.

934 Siehe auch *VG München*, MedR 1996, 229 (231 ff.); zust. *VGH München*, NVwZ-RR 1998, 113 (114 ff.) mit weiteren Literaturhinweisen. Siehe außerdem *BVerwG*, NJW 1967, 1525 (1526); *OVG Nordrh.-Westf.*, MedR 1999, 187 (188); *VG Augsburg*, Urt. v. 30.3.2005 – Au 4 K 04.1676, Rn. 18 ff.; *VG München*, Urt. v. 19.1.2010 – M 16 K 09.5144 Rn. 17 ff.; *Rauscher*, VersR 2016, 217 (218); *Schelling*, in: *Spickhoff*, Medizinrecht, HeilprG, § 1 Rn. 2; *Ratzel*, in: *Ratzel/Lippert*, MBOÄ, § 29a Rn. 5 f.; *Rehborn*, in: *Laufs et al.*, Hdb. Arztrecht, § 8 Rn. 10. Dem *VG München* einschränkend auf die Unzulässigkeit gleichzeitiger *Ausübung* beider Berufe *zust. Taupitz*, MedR 1996, 234 (234); *ders.*, MedR 1999, 187 (188). Siehe bereits zuvor die pauschale Annahme der Unvereinbarkeit von ärztlicher Approbation und Heilpraktikererlaubnis *krit. Taupitz*, MedR 1993, 219 (220 ff.). Ferner *VGH Kassel*, MedR 1993, 240 (240).

935 Zahnärzte hingegen können zu der Ausübung einer heilkundlichen Tätigkeit fernab der *Zahn*heilkunde eine Erlaubnis als Heilpraktiker erlangen und bedürfen dieser hierzu auch, siehe *hier nur OVG Nordrh.-Westf.*, MedR 1999, 187 (188).

936 So jedoch zuletzt *VG München*, Urt. v. 19.1.2010 – M 16 K 09.5144, Rn. 27; zust. durch *VGH München*, GesR 2010, 632 (632).

937 Siehe exemplarisch *Taupitz*, MedR 1993, 219 (223).

938 Insofern unzutreffend ist der Verweis des *VG München*, Urt. v. 19.1.2010 – M 16 K 09.5144, Rn. 27, auf *VG München* MedR 1996, 229 (231), dem die Berufsordnung vom 1.1.1994 zugrunde lag, in der institutionelle Zusammenschlüsse zu einer MKG noch nicht in der Berufsordnung für die Ärzte Bayerns aufgenommen worden war. Irritierend ist insbesondere in Rn. 19, dass die Berufsordnung aus dem Jahr 1997 für ein Urteil aus dem Jahr 1995 (!) als entscheidungserheblich aufgefasst wird. Das gleichfalls in Bezug genommene Urteil des *VG Augsburg*, Urt. v. 30.3.2005 – Au 4 K 04.1676, verweist dagegen auf die entscheidungserheblich richtige Berufsordnung vom 1.1.1994.

die *konkrete* Behandlung eines Patienten ausgerichtet,[939] während § 23b MBOÄ die gemeinsame interprofessionelle Berufsausübung ausdrücklich mit anderen Berufen im Gesundheitswesen ermöglicht. Daher hätte § 23a BO BY als § 23b MBOÄ entsprechende Norm zur Beurteilung eines Zusammenschlusses mit einem Heilpraktiker herangezogen werden müssen.

Die staatliche „Anerkennung" des Heilpraktikerberufs ist nicht ernsthaft anzuzweifeln,[940] da durch § 1 HeilprG der Heilpraktikerberuf entgegen der ursprünglichen Intention des Gesetzgebers einer perspektivischen Abschaffung der Kurierfreiheit bzw. des Berufsstands der Heilpraktiker[941] nicht nur nicht verboten ist,[942] sondern aufgrund der freiheitlichen Ausrichtung des Grundgesetzes auf die Erlaubnis nach § 1 I HeilprG bei Erfüllung der Voraussetzungen ein Anspruch besteht.[943] Der Beruf des Heilpraktikers ist durch die Erlaubnis nach § 1 I HeilprG in Verbindung mit der Strafvorschrift des § 5 HeilprG faktisch sogar vor der unerlaubten Ausübung durch Unbefugte geschützt, auch wenn die Regelung vorrangig eine Auslieferung von Patienten an ungeeignete Heilbehandler verhindern soll.[944] Im Rahmen des Dritten Pflegestärkungsgesetzes Ende 2016 wurden § 2 I HeilprG und § 2 I lit. i) HeilprG-DVO außerdem an die Feststellung der 89. Gesundheitsministerkonferenz in Rostock[945] angepasst, wonach die Anforderungen an die Erlaubniserteilung nicht mehr den Qualitätserfordernissen genügten, die aus Gründen des Patientenschutzes an die selbständige Ausübung der Heilkunde zu stellen sind. Hieran ausgerichtet wurden die Leitlinien für die Überprüfung von Heilpraktikeranwärtern gemäß § 2 I lit. i) HeilprGDVO aktualisiert und erstmals eine Grundlage im Heilpraktikergesetz für sie geschaffen, um ihren Verbindlichkeitscharakter zu erhöhen.[946]

---

939 *LG Dortmund*, MedR 1998, 36 (37); *Ratzel*, in: *Ratzel/Lippert*, MBOÄ, § 29a Rn. 1. Vgl. ferner *Köbler*, Beteiligungen Berufsfremder, S. 198; siehe bereits S. 129 f.

940 Anders jedoch *Heudorf et al.*, BGesBl 2010, 245 (245), nach denen der Beruf des Heilpraktikers zwar ein staatlich geregelter, aber nicht staatlich anerkannter Beruf sei.

941 Von intendierter Abschaffung der Kurierfreiheit bis zum grundrechtlichen Schutz der Kurierfreiheit durch Art. 12 I GG *Donhauser*, RPG 2000, 109 (109 ff.); *Schnitzler*, MedR 2010, 828 ff.; *Haage*, HeilprG, Einleitung Rn. 1 ff.; *Stock*, MedR 2018, 73 (74); *Bockelmann*, NJW 1966, 1145 (1148), konstatiert, „*der Sache nach*" gelte wieder Kurierfreiheit; krit. hierauf *Arndt*, Heilpraktikerrecht, S. 65, 70. Siehe auch *BVerfGE* 78, 179 (181, 191 ff.); *BVerwG*, NJW 1959, 833 f.; 1993, 2395 (2396 f.).

942 Vgl. *Bockelmann*, NJW 1966, 1145 (1147 ff.).

943 Siehe hier nur *BVerwG*, NJW 1957, 841 (842); *BayVerfGH*, DÖV 1966, 793 (794); *Taupitz*, MedR 1993, 219 (220 f.).

944 *VGH Bad.-Württ.*, MedR 2009, 610 (611); *BVerfGE* 78, 179 (192, 194).

945 Dieses Ergebnis geht aus TOP 6.4 zur Neuordnung des Heilpraktikerrechts hervor, das die Gesundheitsministerkonferenz einstimmig beschlossen hat.

946 BT-Drs. 18/10510, S. 141 f. Zuvor praktizierten die Länder die Überprüfung sehr heterogen, siehe *Schelling*, in: *Spickhoff*, HeilprGDVO, § 2 Rn. 10; *Klose*, KJ 2007, 35 (42).

Eine staatliche Ausgestaltung als Ausbildungsberuf ist jedoch nicht erfolgt. Vielmehr erfasst das Heilpraktikergesetz mangels Ausbildungsvorschriften[947] ein nicht nach Aus- und Vorbildung differenziertes Berufsbild.[948] Allein in Niedersachsen besteht die Möglichkeit der Anerkennung von Heilpraktikerschulen als Ergänzungsschulen nach § 161 II des niedersächsischen Schulgesetzes, die mindestens einen 18 Monate langen halbtätigen Unterricht zu mindestens drei im Heilpraktikerwesen nicht nur vereinzelt vertretenen Behandlungsmethoden umfassend ausbilden. Ein Profil fachlicher Qualitätsgewährleistung wird dennoch nicht gewährleistet, auch wird durch die Anerkennung von Heilpraktikerschulen nicht die Ausbildung selbst staatlich geregelt. Erst recht stellen die zahlreichen privaten Heilprkatikerschulen[949] mit einem Angebot von Fachlehrgängen für Ausbildungen zum Heilpraktiker sowie Weiterbildungsmöglichkeiten lediglich eine Vorbereitung auf die Heilpraktikerprüfung als reine Gefahrenabwehrprüfung durch das zuständige Gesundheitsamt dar. Eine Bestätigung für die Teilnahme an Prüfungsvorbereitungskursen einer Heilpraktikerschule sind daher kein Berufsabschluss.[950] Ein nicht unwesentlicher Teil der Heilpraktiker bereitet sich autodidaktisch auf die Prüfung vor.[951] Die Prüfung durch das Gesundheitsamt dient nicht der Abfrage eines bestimmten Kenntnis- bzw. Ausbildungsstands, sondern als *„Negativattest“* oder *„Unbedenklichkeitsbescheinigung“*[952] darüber, dass der Bewerber gem. § 2 I lit. i) DVO-HeilPrG keine Gefährdung für die Gesundheit der Bevölkerung darstellt.[953] *Dünisch* bringt daher auf den Punkt: *„Der zu Überprüfende mu[ss] wissen,*

---

947 *BVerfGE* 78, 179 (181); *BayVerfGH*, DöV 1966, 793 (794); *Schnitzler*, MedR 2010, 828 (829). Einerseits soll ein Widerspruch zur Schulmedizin durch den Gesetzgeber vermieden werden, indem Heilpraktikern nicht aufgrund staatlicher Regelung der Ausbildung Aufwertung und Anerkennung fachlicher Art im Sinne einer qualitativen Garantie des Heilpraktikerwesens zuteil werden, die aufgrund der Breite des Berufsfeldes von Naturheilkundlern bis Anwender alternativer Medizinsysteme einbeziehen würde, Andererseits erscheint es aufgrund der Konturlosigkeit des Berufsbilds nicht möglich, Ausbildungsinhalte vorzuschreiben, *Hilpert-Mühlig*, MedR 2019, 473 (473 f., 475); *Arndt*, Heilpraktikerrecht, S. 80; *Donhauser*, RPG 2000, 109 (115); *Sasse*, GesR 2018, 279 (282); *Hildebrandt*, in: *ARGE*, FS 20 Jahre, S. 255 (262 f.).

948 *BVerfGE* 78, 179 (193); *Stock*, MedR 2018, 73 (74).

949 Vgl. *Stebner*, PharmR 2014, 403 (409).

950 Vgl. *VG München*, Urt. v. 15.01.2019 – M 16 K 17.4427, Rn. 24.

951 *Heudorf et al.*, BGesBl 2010, 245 (251).

952 *BVerfG*, NJW 1988, 2292 (2293).

953 *BVerfGE* 78, 179 (182); *BGH*, NJW 1973, 579 (580); *BVerwG*, GewArch 2014, 179 (180); MedR 2010, 334 (338); NVwZ 1997, 179 (180 f.); NJW 1984, 1414 (1415); *Stock*, MedR 2018, 73 (74). Siehe ferner *VG München*, MedR 1996, 229 (233); *VGH München*, NVwZ-RR 1998, 113 (114); *VG Augsburg*, Urt. v. 30.3.2005 – Au 4 K 04.1676, Rn. 23; *Taupitz*, NJW 1991, 1505 (1507); *Thanner et al.*, ForschKomplementmed 2013, 23 (25);

wie er als [Heilpraktiker] seinen Patienten nicht schadet, nicht aber, wie er ihnen nützt!"[954] Als Maßnahme der Gefahrenabwehr – so ist das gesamte Heilpraktikerrecht teleologisch auf die Abwehr von den missbräuchlichen Erscheinungen zur Zeit der Kurierfreiheit entsprechenden Gefahren zu beziehen[955] – ist die Überprüfung darauf konzentriert, ob der zu prüfende Kandidat um die Grenzen der Heilbefugnis eines Heilpraktikers weiß.[956] Die Fokussierung auf die Gefahrenabwehr wird auch in den neuen bundeseinheitlichen Leitlinien zur Überprüfung der Heilpraktikeranwärter deutlich.[957] Eine staatliche Anerkennung bzw. Prüfung[958] im Sinne einer „*kleinen Approbation*" sollte dem Heilpraktikerberuf mit Einführung des Heilpraktikergesetzes verwehrt bleiben,[959] was sich auch durch die verfassungskonforme Auslegung des vorkonstitutionellen Gesetzes zu einem Anspruch auf Zulassung zum Heilpraktikerberuf nicht geändert hat. Die Berufsbezeichnung als Heilpraktiker ist somit nicht als Ausdruck fachlicher Qualität, sondern in seiner „*Hinweisfunktion auf den in der Heilkunde tätigen Nichtarzt*"[960] zu interpretieren, um die ihn konsultierenden Patienten über seine Stellung als Nichtarzt zu informieren. Folglich haben Heilpraktiker keinen staatlich anerkannten Ausbildungsberuf erlernt.[961] Die Berufsverbände von Heilpraktikern sind daher beispielsweise auch nicht bei der Konferenz für die Fachberufe im Gesundheitswesen bei der Bundesärztekammer beteiligt. Heilpraktiker sind daher nicht im Sinne von § 23b I 1 Var. 2 MBOÄ kooperationsfähig, der regelmäßigen[962] Annahme in der Literatur ist beizupflichten. Ein Zusammenschluss ist daher allein im Rahmen des § 23c MBOÄ – praktisch unattraktiv ohne Einbindung ärztlicher Heilbehandlungen – eröffnet.[963]

Hildebrandt, in: *ARGE*, FS 20 Jahre, S. 255 (264); *Schelling*, in: *Spickhoff*, Medizinrecht, HeilprGDVO, § 2 Rn. 10.

954 *Dünisch*, Recht des Heilpraktikerberufs, Kommentar 2.2, § 2 Rn. 10.1.1.

955 *Arndt*, Heilpraktikerrecht, S. 65 f.

956 *Taupitz*, NJW 1991, 1505 (1507).

957 Siehe näher *Hildebrandt*, in: *ARGE*, FS 20 Jahre, S. 255 (264 ff.).

958 Siehe *Taupitz*, NJW 1991, 1505 (1507).

959 *BVerfGE* 78, 179 (181); *BVerwG*, NVwZ 1997, 179 (180).

960 *VGH München*, NVwZ-RR 1998, 113 (114); *VG Augsburg*, Urt. v. 30.3.2005 – Au 4 K 04.1676, Rn. 23; *Rehborn*, in: *Laufs et al.*, Hdb. Arztrecht, § 8 Rn. 10 Fn. 54.

961 *BayVerfGH*, DÖV 1966, 793 (794). „*bei strenger Betrachtungsweise*" nach *Frehse/Kleinke*, in: *Saalfrank*, Medizin- und Gesundheitsrecht, § 1 Rn. 386.

962 Siehe hier nur *Schulenburg*, Rheinisches Ärzteblatt, 12/2010, S. 21; *Möller*, in: *Ratzel/Luxenburger*, Medizinrecht, Kap. 16 Rn. 422; *Kilian*, in: *D. Prütting*, Medizinrecht, MBOÄ, § 23b Rn. 5; *Möller/Makoski*, in: *Wenzel*, Arzthaftungsprozess, Rn. 263; *Henssler*, PartGG, § 1 Rn. 272; *Willkomm/Braun*, ZGR 2019, 11 (12).

963 *Schirmer/Dochow*, in: *Wenzel*, Medizinrecht, Kap. 10 Rn. 199.

Darüber hinaus ist Ärzten eine Zusammenarbeit in der Behandlung mit ihnen als Nichtärzten nach § 29a I 1 MBOÄ untersagt.[964] § 29a II MBOÄ gebraucht zwar nicht die Begriffe des § 23b I 1 Var. 1, 2 MBOÄ der „*akademischen Heilberufe*" oder „*staatlichen Ausbildungsberufe*", sondern den Terminus „*Fachberuf*" im Gesundheitswesen. Doch bezeichnen innerhalb der Berufsordnung sonst nur § 23b I 4 lit. c) MBOÄ und dessen Überschrift die kooperationsfähigen Partner des Arztes als Angehörige eines anderen Fachberufs. Eine Zusammenarbeit kommt nach § 29a II MBOÄ daher selbst bei Trennung der Verantwortungsbereiche nicht in Frage.[965]

δ) Angehörige von Gesundheitsfachberufen mit beschränkter Heilpraktikererlaubnis

Die Angehörigen der Gesundheitsfachberufe sind wie bereits gesehen nicht zur eigenverantwortlichen Heilkunde berechtigt. Erhält ein Physiotherapeut[966] die Erlaubnis zur Führung der Berufsbezeichnung gem. § 1 I Nr. 2 MPhG, so folgt daraus nach der Rechtsprechung des *BVerwG*[967] und anderer Gerichte[968] nicht unmittelbar seine Erlaubnis zur eigenverantwortlichen Entscheidung über die Anwendung einer physiotherapeutischen Behandlung bei dem Patienten ohne ärztliche Verordnung. Eigenständige Indikationsstellung zur Durchführung einer medizinischen Maßnahme und ihre eigenständige Durchführung[969] bleiben dem Physiotherapeuten grundsätzlich verwehrt. Die Angehörigen der Gesundheitsfachberufe wie Physiotherapeuten sind zur Krankenbehandlung grundsätzlich nur aufgrund ärztlicher Verordnung befugt.[970] Der Physiotherapeut trägt nur die Durchführungsverantwortung für eine durch den Arzt bereits ausgewählte Behandlungsmaßnahme.[971]

---

964 *Willkomm/Braun*, ZMGR 2019, 11 (12), die statt eines generelles Verständnisses von Heilpraktikern als Nichtärzten diese Einschätzung nur „*im Sinne dieser Vorschrift*" vornehmen.

965 Ohne Erläuterung a. A. *Hespeler/Küntzel*, in: *Rieger et al.*, HK-AKM, 2100 Rn. 38; *Schillhorn*, ZMGR 2017, 101 (102).

966 Daneben wurde bereits in der Rechtsprechung die zulässige Erteilung einer sektoralen Heilpraktikererlaubnis an Podologen (siehe u.a. *OVG Bautzen*, Urt. v. 14.03.2017 – 4 A 703/16, BeckRS 2017, 111909), Ergotherapeuten (*VG Karlsruhe*, Urt. v. 19.3.2015 – 9 K 1519/13, BeckRS 2015, 45329, zust. *VGH Bad.-Württ.*, DöV 2017, 644 (Ls.)) entschieden. Keine sektorale Heilpraktikererlaubnis ist dagegen für den Bereich der Chiropraktik möglich, *VGH Bad.-Württ.*, GesR 2019, 674 ff.

967 *BVerwG*, MedR 2010, 334 ff.

968 *OVG Lüneburg*, GewArch 2014, 179; *VG Braunschweig*, GewArch 2016, 214 f.; *OVG Rh.-Pfalz*, MedR 2007, 496. Siehe weitere Urteile bei *Schnitzler*, MedR 2010, 828 ff.; *Nösser/Hespeler*, MedR 2009, 615. A.A. *VGH Bad.-Württ.*, MedR 2009, 610 ff. Vgl. auch zum Psychotherapeuten vor Erlass des PsychThG *BVerfGE* 78, 179 (193 f.).

969 *Taupitz et al.*, Heilpersonal, S. 10. Vgl. auch *Twer*, Physiotherapeuten, S. 53.

970 *BVerwG*, MedR 2010, 334 (335).

971 *Achterfeld*, Aufgabenverteilung im Gesundheitswesen, S. 3.

Gleichwohl ist die Tätigkeit eines ausgebildeten Physiotherapeuten oder Angehöriger anderer Gesundheitsberufe[972] ohne ärztliche Verordnung nicht ausgeschlossen. Geboten durch das Verhältnismäßigkeitsprinzip können Physiotherapeuten eine auf ihren Tätigkeitsbereich in der Physiotherapie beschränkte[973] Erlaubnis nach § 1 I HeilprG erhalten.[974] In der nach § 2 I lit. i) HeilprGDV abzuleistenden Gefahrenabwehrprüfung hat der Physiotherapeut ausreichende diagnostische Fähigkeiten nachzuweisen, deren Vermittlung nach Maßgabe des § 8 MPhG keinen

---

972 Die Erteilung einer auf das eigene Tätigkeitsfeld beschränkten Heilpraktikererlaubnis setzt voraus, dass der Tätigkeitsbereich des Heilberufs hinreichend ausdifferenziert und abrenzbar ist, *BVerwG*, MedR 2010, 334 (336); *VGH Bad.-Württ.*, Urt. v. 24.07.2019 – 9 S 1460/18, Rn. 35. Vgl. auch *BVerfGE* 78, 179 (193). Dagegen hielt der *VGH Bad.-Württ.*, MedR 2009, 610 (614), den Tätigkeitsbereich der Physiotherapie unter Hinweis auf den Fachbereich der Orthopädie noch nicht hinreichend abgrenzbar und aus dem allgemeinen Feld der Heilkunde ausdifferenziert. Das *BVerwG*, MedR 2010, 334 (336), macht bei Anerkennung einer beschränkten Heilpraktikererlaubnis deutlich, dass diese auch der Abmilderung der Unstimmigkeit der Dichotomie von Berufsbildern dient, die einerseits erheblichen Qualifikationsanforderungen unterliegen und andererseits über das HeilprG eine eigenverantwortliche Tätigkeit allein aufgrund einer Kenntnisüberprüfung durch das Gesundheitsamt ermöglichen. Teilweise wird für Angehörige von Heil(hilfs) berufen mit beschränkter Heilpraktikererlaubnis der hier übernommene Terminus des *„Add-on-Heilpraktikers“* verwendet, vgl. *Münsteraner Kreis*, Münsteraner Memorandum Heilpraktiker, 21.8.2017, S. 4, teilweise der Begriff des *„kleinen Heilpraktikers“*, *Stock*, MedR 2018, 73 (75).

973 Grundlegend zur Teilbarkeit der Heilpraktikererlaubnis *BVerwG*, NJW 1993, 2395 (2396 f.). Diese Grundsätze wurden in den neuen Heilpraktikerüberprüfungsleitlinien vom 7.12.2017 in Abschnitt 1.6.5 UII übernommen; näher hierzu *VG München*, Urt. v. 15.1.2019 – M 16 K 17.4427 Rn. 16 ff.

974 *BVerwG*, MedR 2010, 334 (335 ff.); OVG Lüneburg, GewArch 2014, 179 (180). In Bezug auf Ergotherapie *VGH Bad.-Württ.*, Urt. v. 23.3.2017 – 9 S 1034/15, juris Rn. 63; *VG Braunschweig* GewArch 2016, 214 f.; *VG Oldenburg*, Urt. v. 31.1.2017 – 7 A 3879/16, juris Rn. 23; in Bezug auf Logopädie *BVerwG*, NVwZ-RR 2020, 450 (452 ff.); *OVG Nordrh.-Westf.*, MedR 2012, 751 ff.; *VGH Bad.-Württ.*, Urt. v. 23.3.2017 – 9 S 1899/16, Rn. 54; in Bezug auf Podologie *Sächsisches OVG*, Urt. v. 14.3.2017 – 4 A 703/16, Rn. 22; ablehnend für Osteopathie *BVerwG*, Urt. v. 10.10.2019 – 3 C 15.17, BeckRS 2019, 37902 Rn. 15 ff.; Chiropraktik *VGH Bad.-Württ.*, Urt. v. 24.7.2019 – 9 S 1460/18, BeckRS 2019, 19916 Rn. 22. *OVG Rh.-Pfalz*, MedR 2007, 496 (498), verlangt aufgrund teleologischer Reduktion der grundsätzlich nach § 2 I lit. i) HeilprG zu erfolgenden Überprüfung im Vergleich zu den vorstehenden Urteilen jedoch keine der Erlaubniserteilung vorgehende Kontrolle der Kenntnisse des Antragstellers. *Zust.* im Hinblick auf die zunehmende Professionalisierung im Bereich der Gesundheitsberufe *Ratzel*, ZMGR 2008, 186 (188). Insgesamt a.A. *VGH Bad.-Württ.* MedR 2009, 610 (611 ff.), noch keine zusätzliche Heilpraktikererlaubnis für erforderlich haltend. Zur Entwicklung der Rechtsprechung hierzu *Stock*, MedR 2018, 73 (75 f.).

Inhalt der Ausbildung darstellt,[975] um die Lücke zwischen vorhandener Berufsqualifikation und eigenverantwortlicher Ausübung der Heilkunde zu schließen.[976] Für den Physiotherapeuten mit beschränkter Heilpraktikererlaubnis entfällt jedoch die Pflicht – und mangels umfassender Erlaubnis auch die Berechtigung – nach § 1 III Hs. 2 HeilprG zur Führung der Berufsbezeichnung „*Heilpraktiker*"; sie wäre irreführend und belastete den Inhaber der beschränkten Heilpraktikererlaubnis aufgrund seiner qualitativ geregelten Vorbildung im Vergleich zum typischerweise nicht einschlägig vorgebildeten Heilpraktiker unverhältnismäßig.[977] Im Anschluss an die Rechtsprechung ist die beschränkte Erteilung der Heilpraktikererlaubnis in die Verwaltungsvorschriften der Länder explizit aufgenommen worden.[978]

Festgestellt werden konnte bisher zweierlei: Erstens ist zur Kooperationsfähigkeit Angehöriger von Heilberufen in einer MKG nach § 23b MBOÄ ihre Eigenverantwortlichkeit nicht in dem Sinne erforderlich, dass sie eigenständig über die Durchführung einer medizinischen Maßnahme im Bereich der Physiotherapie entscheiden dürfen. Zweitens wurden Heilpraktiker als Kooperationspartner des Arztes nach § 23b I 1 Var. 1, Var. 2 MBOÄ ausgeschlossen. Fraglich ist nunmehr, ob die einem Physiotherapeuten oder Angehörigen eines anderen Gesundheitsfachberufs erteilte, auf den beruflichen Tätigkeitsbereich beschränkte Heilpraktikererlaubnis seine Tätigkeit mit einem Makel behaftet, der die grundsätzlich gegebene Kooperationsfähigkeit als Angehöriger eines Gesundheitsfachberufs beseitigt.

In der Literatur ist die Annahme vorzufinden, Heilpraktiker seien umfassend von der Teilnahme an MKG nach § 23b MBOÄ ausgeschlossen.[979] Konsequent käme der eigentlich für kompetent erachtete Physiotherapeut bei Erhalt einer

975 *BVerwG,* MedR 2010, 334 (337); OVG Lüneburg, GewArch 2014, 179 (180 f.). A.A. *OVG Rh.-Pfalz,* MedR 2007, 496 (498).

976 Siehe hierzu ausführlich unter Heranziehung der Heilpraktikerüberprüfungsrichtlinie *VG München,* Urt. v. 15.01.2019 – M 16 K 17.4427, Rn. 16 ff., 20, 26.

977 *BVerfGE* 78, 179 (194 f.); *BVerwG,* NJW 1993, 2395 (2396); *VGH Rh.-Pfalz,* MedR 2007, 496 (498); *Nösser/Hespeler,* MedR 2009, 615 (615); *Schelling,* in: *Spickhoff,* Medizinrecht, HeilprG, § 1 Rn. 32 f. Vgl. bzgl. als Heilpraktiker zugelassenen Psychotherapeuten anlässlich der Einführung des PsychThG *Stock,* NJW 1999, 2702 (2702 f.).

978 Exemplarisch die Aufnahme einer sektoralen Heilpraktikererlaubnis für Psychotherapie, Physiotherapie und Podologie in Bad.-Württ. in der Verwaltungsvorschrift des Sozialministeriums zur Durchführung des Heilpraktikergesetzes (Heilpraktiker-Verwaltungsvorschrift – HP-VwV) vom 23.6.2014, GABl. 2014, 357 ff., in den Punkten 4.4–4.6; umfassender für Bayern die Aufnahme im Bereich der Psychotherapie und den Gebieten der Heilhilfsberufe in der Bekanntmachung „Vollzug des Gesetzes über die berufsmäßige Ausübung der Heilkunde ohne Bestalltung (Heilpraktikergesetz – HeilprG)" vom 27.1.2010, AllMBl. 2010, 21, in den Punkten 3.4 und 3.5.

979 Z.B. durch *Wehrheim/Wirtz,* PartG, Teil I, Kapitel 1.3.1; *Kilian,* in: *Prütting,* Medizinrecht, MBOÄ, § 23b Rn. 5; *Möller,* in: *Ratzel/Luxenburger,* Medizinrecht, Kap. 16 Rn. 422; *Scholz,* in: *Spickhoff,* Medizinrecht, MBOÄ, § 23b Rn. 2.

beschränkten Erlaubnis nach § 1 I HeilprG dann nicht mehr als Kooperationspartner des Arztes in Betracht. Hiergegen spricht jedoch bereits der Wortlaut des § 23b I 1 Var. 2 MBOÄ. So wird ein Ausschluss von Inhabern einer Heilpraktikererlaubnis oder allgemein Heilpraktikern nicht ausgedrückt. Die Unzulässigkeit der Kooperation mit Heilpraktikern ergibt sich aus der fehlenden staatlichen Regelung ihrer Berufsausbildung, die ein Physiotherapeut hingegen aufweist. Der Physiotherapeut bleibt als solcher tätig und wird seiner Erlaubnis nach § 1 I Nr. 2 MPhG zur Führung der entsprechenden Berufserlaubnis nicht verlustig. Den zusätzlichen Erhalt einer Erlaubnis nach § 1 I HeilprG neben dem Abschluss einer staatlich anerkannten Ausbildung lässt § 23b I 1 Var. 2 MBOÄ unerwähnt, schließt ihn nicht aus und straft ihn jedenfalls nicht mit der Aufhebung der Kooperationsfähigkeit.

Teleologisch und im Kontext mit den anderen Varianten muss § 23b I 1 Var. 2 MBOÄ sich als Ausschluss von solchen Personen verstehen lassen, die keine qualitative Ausbildung vorweisen können. Mit der Erteilung einer beschränkten Heilpraktikererlaubnis wird dem Physiotherapeuten *neben* der Erfüllung der fachlichen Voraussetzungen in der Ausführung physiotherapeutischer Maßnahmen aufgrund ärztlicher Anordnung zusätzlich bescheinigt, dass seine Indikationsstellung auf dem Gebiet der Physiotherapie keine Gefahr darstellt. Zwar ließe sich dann behaupten, dass für die Indikationsstellung eine Ausbildung des Angehörigen des Gesundheitsfachberufs nicht vorliegt und er daher keine Expertise besitzt. Im Unterschied zu reinen Heilpraktikern ist der Angehörige eines Gesundheitsfachberufs zumindest nach der sozialgerichtlichen Rechtsprechung stets zur Prüfung ärztlicher Vorordnungen auf aus eigener professioneller Sicht erkennbare Fehler und Vollständigkeit angehalten.[980] Bereits ohne gesonderte Prüfung wird teilweise die ausreichende Sachkunde bei Physiotherapeuten zur eigenständigen Behandlung angenommen.[981] Außerdem bleibt im Gegensatz zu Heilpraktikern bei Angehörigen der Gesundheitsfachberufe die Expertise bei der Durchführung der Behandlung im eigenen Berufsfeld vorhanden. Insoweit unterscheidet sich die Situation von derjenigen eines Zahnarztes mit zusätzlicher Heilpraktikererlaubnis, der in Bezug auf die nach § 1 HeilprG zusätzlich erlaubte Tätigkeit weder im Hinblick auf Diagnose noch auf die Durchführung der Behandlung eine akademische Ausbildung besitzt.

980 *BSGE* 105, 1 (7 f.); OVG Lüneburg, GewArch 2014, 179 (182).

981 *VGH Bad.-Württ.*, MedR 2009, 610 (613); entgegen dem *VGH Bad.-Württ.* folgt daraus nicht Ausschluss der Anwendbarkeit des § 1 I HeilprG. Physiotherapeuten wird nach § 1 I Nr. 2 MPhG lediglich die Führung der Berufsbezeichnung gestattet. Die Ausübung der Heilkunde und damit auch der eigenständigen Diagnostizierung fällt jedoch unter den weiten Tatbestand des § 1 I HeilprG, der alle nicht-ärztlichen Handlungen auf dem Gebiet der Heilkunde erfassen soll, vgl. *BVerfGE* 106, 62 (105 f.).

Auch historisch wäre der Ausschluss von Inhabern einer sektoralen Heilpraktikerzulassung nicht folgerichtig, denn verblüffenderweise lag diese dem Konzept der MKG bereits bei ihrer erstmaliger Regelung zugrunde. So waren Psychotherapeuten ausdrücklich als zulässige Kooperationspartner nach § 23a II 1 Nr. 1 lit. b) MBOÄ-1995 aufgeführt, obwohl sie vor Einführung des PsychThG im Jahr 1998 zur Ausübung der Psychotherapie als Teil der Heilkunde auf die Erteilung einer auf die Psychotherapie beschränkten Heilpraktikererlaubnis nach § 1 I HeilprG angewiesen waren.[982]

Im Übrigen tritt bei dem Physiotherapeuten erteilter Erlaubnis zur Ausübung der Heilkunde auf dem Gebiet der Physiotherapie mangels Führung der Berufsbezeichnung „Heilpraktiker" nach schon außen keine Kooperation mit einer nicht staatlich anerkannt ausgebildeten Person in Erscheinung.

Auch genetisch konnte bei Wahl der Berufsgruppenarten lediglich der Ausschluss reiner Heilpraktiker verfolgt worden sein, da erst *nach* der grundlegenden Änderung der MBOÄ das *BVerwG*[983] eine klärende Entscheidung bezüglich Physiotherapeuten getroffen hat, das sich auf andere Gesundheitsfachberufe ausweiten ließ. Der MBOÄ ist also keine Äquivalenz von Heilpraktikern mit und ohne staatlich anerkannte Ausbildung immanent. Vielmehr ist zwischen ihnen anhand der Primärqualifikation in einem staatlich anerkannten Ausbildungsberuf zu differenzieren.

Ein ausdrücklicher Ausschluss von Heilpraktikern ist zwar in § 23b III BO RP sowie § 23a I 2 BO Bayern aufgenommen worden. Danach sind MKG mit solchen Berufsangehörigen ausgeschlossen, die aufgrund einer Erlaubnis nach § 1 I HeilprG tätig werden.[984] Gleichwohl kommt ihre Auslegung nicht zu einem anderen Ergebnis als bei § 23b I 1 Var. 2 MBOÄ. Die Normen zeigen im Kontext deutlich, dass Zusammenschlüsse mit typischen, nicht ausgebildeten Heilpraktikern verhindert werden sollten.[985] Der erfolgreiche Abschluss der Ausbildung einschließlich Bestehens einer staatlichen Prüfung belegen dagegen die Kompetenz eines Physiotherapeuten oder Angehöriger anderer Gesundheitsfachberufe. Die Ausbildung zu einem Gesundheitsfachberuf und die Beschränkung der Heilpraktikererlaubnis

---

982 Zur auf den Bereich der Psychotherapie begrenzten Erteilung der Heilpraktikererlaubnis *BVerwGE*, NJW 1993, 2395 (2396 f.). Prägnant zur Ausübung der Psychotherapie vor Inkrafttreten des PsychThG *Wollersheim*, in: *Clausen/Schroeder-Printzen*, Medizinrecht, § 6 Rn. 379; *Spellbrink*, NZS 1999, 1 (2); *Schirmer*, MedR 1998, 435 (435); *Haage*, MedR 1998, 291 (292).

983 BVerwG, MedR 2010, 334 (335).

984 § 23a I 2 BO BY lautet: *„Dies gilt nicht, soweit der Angehörige des anderen Berufes durch sein Berufsrecht an dem Zusammenschluss gehindert ist oder aufgrund einer Erlaubnis nach § 1 I Heilpraktikergesetz tätig wird."* § 23b III BO RP lautet: *„Eine Kooperationsgemeinschaft oder Zusammenarbeit zwischen Ärztinnen und Ärzten und Heilpraktikerinnen und Heilpraktikern ist nicht gestattet."*

985 Vgl. parallel dazu *BVerfGE* 78, 179 (194), wonach § 2 I lit. i) HeilprGDV auf den *„eigentlichen"* Heilpraktiker ohne einschlägige Vorbildung bezogen ist.

grenzen Add-on-Heilpraktiker damit signifikant von nicht ausgebildeten Heilpraktikern ab. Die sektorale Heilpraktikererlaubnis kann daher auch in *Bayern* und *Rheinland-Pfalz* keinen Makel darstellen, der die Kompetenz eigentlich kooperationsfähiger Berufe in Frage stellt.

Auch der Wortlaut der ausdrücklichen Ausschlussnormen steht dem Zusammenschluss nicht entgegen. § 23a I 2 BO BY lässt sich historisch in Anbetracht der späteren Entwicklung der Rechtsprechung zu einer beschränkten Erteilung der Erlaubnis nach § 1 HeilprG sinnvollerweise nur so lesen, dass MKG mit Angehörigen eines anderen Berufs ausgeschlossen sind, die *nur* aufgrund einer Erlaubnis nach § 1 I HeilprG, also als „reine Heilpraktiker", tätig werden. Zwar konnten schon damals Zahnärzte eine Erlaubnis nach § 1 HeilprG neben ihrer Approbation als Zahnarzt erhalten; unumstritten waren sie für heilkundliche Leistungen außerhalb der Zahnheilkunde jedoch nicht ausgebildet und gingen sowohl in Diagnose als auch Durchführung einer Behandlung über ihre Ausbildung hinaus, sodass sie bei Ausübung der Heilkunde nur aufgrund einer Erlaubnis nach § 1 HeilprG und unter der Bezeichnung als Heilpraktiker tätig wurden. Physiotherapeuten und Angehörige anderer Gesundheitsfachberufe werden dagegen nicht nur aufgrund einer Heilpraktikererlaubnis nach § 1 I HeilprG tätig, sondern *auch* und bei Durchführung der Behandlung gerade aufgrund einer Erlaubnis nach § 1 I Nr. 2 MPhG, die sie zur Führung der Berufsbezeichnung als Physiotherapeut berechtigt. Ähnliches gilt für § 23b III BO RP, wonach eine Kooperationsgemeinschaft zwischen Ärzten und *reinen* Heilpraktikern nach dem Wortlaut nicht gestattet ist.

Mithin ist in allen Ländern Ärzten eine MKG mit Physiotherapeuten mit beschränkter Heilpraktikererlaubnis möglich. Deshalb lässt sich die regelmäßig anzutreffende Behauptung, Heilpraktiker seien nicht im Sinne von § 23b I 1 MBOÄ kooperationsfähig, nur in einem auf Heilpraktiker ohne spezielle heilkundliche Ausbildung reduzierten Maß bestätigen. Geht die durch den Zusammenschluss beabsichtigte Tätigkeit des Kooperationspartners allerdings über seinen mittelbaren beruflichen Tätigkeitsbereich hinaus, ist mangels einschlägiger Ausbildung hat eine Gleichstellung mit „reinen" Heilpraktikern zu erfolgen. Zumindest im Land *Brandenburg* lässt sich wenigstens eine MKG mit Beteiligung eines Add on-Heilpraktikers mit sektoraler Heilpraktikererlaubnis auf die physikalische Therapie ausfindig machen.

ε) Pflegeberufe

Pflegeberufe werden nicht ausdrücklich in § 23b I 1 MBOÄ als kooperationsfähig ausgewiesen. Auf sie kommt jedoch eine Anwendung von § 23b I 1 Var. 1, Var. 2 MBOÄ in Betracht. Aufgrund des weiten Verständnisses des Begriffs des Heilberufs, der bereits die helfende Betreuung von Menschen mit gesundheitlichen Problemen umfasst,[986] sind die Pflegeberufe als Heilberufe aufzufassen. Ihre Tätigkeit

986 Siehe S. 144 ff.

dient insbesondere der Linderung von Krankheiten, Leiden oder Körperschäden bei Menschen sowie deren Heilung. Die bisherigen staatlich anerkannten Berufe in der Altenpflege, der Gesundheits- und Krankenpflege sowie der Gesundheits- und Kinderkrankenpflege wurden aufgrund der bereits beschriebenen Herausforderungen durch den demografischen Wandel zum 1. Januar 2020 zu einer generalistischen Ausbildung mit dem Berufsabschluss *„Pflegefachmann“* zusammengeführt.[987] *„Entsprechend den übrigen bundeseinheitlichen Heilberufsgesetzen“*[988] wird nicht die Ausübung der Tätigkeit der Pflegekräfte, sondern deren Berufsbezeichnung durch § 1 I PflBG geschützt, die der Erlaubnis bedarf und nach § 2 PflBG u.a. nur bei Absolvierung der vorgeschriebenen Ausbildung und Bestehen der staatlichen Abschlussprüfung erteilt wird. In § 4 PflBG werden außerdem pflegerische Aufgaben als Vorbehaltsaufgaben der Pflegeberufsangehörigen geregelt. Daher dürfen nur von Pflegefachkräften der individuelle Pflegebedarf erhoben und festgestellt, der Pflegeprozess organisiert, gestaltet und gesteuert sowie die Qualität der Pflege analysiert, evaluiert, gesichert und entwickelt werden. Mangels Gesetzgebungskompetenz für die Berufsausübung von Angehörigen der Heilberufe enthält sich das bundesgesetzliche PflBG zu der Frage selbständiger und eigenverantwortlicher Tätigkeit. Einer selbständigen Tätigkeit stehen landesgesetzliche Regelungen jedenfalls nicht im Weg. Bereits die Vorbehaltsaufgaben des § 4 PflBG zeigen außerdem bereits den Mindestumfang möglicher Befugnis zu eigenverantwortlicher Tätigkeit. Pflegefachkräfte kommen daher als Kooperationspartner nach § 23b I 1 Var. 2 MBOÄ in Betracht.[989]

ζ) Gesundheitshandwerker

(1) Problemstellung

Unter den Begriff der Gesundheitshandwerker werden die in Anlage A Nr. 33–37 zur HwO bezeichneten Berufe des Augenoptikers, Hörgeräteakustikers, Orthopädieschuhmachers, Orthopädietechnikers und Zahntechnikers zusammengefasst.[990] Nach § 25 I 1 HwO kann das Bundesministerium für Wirtschaft und Energie im Einvernehmen mit dem Bundesministerium für Bildung und Forschung durch

---

987 Vgl. BT-Drs. 18/7823, S. 51 f. Ergänzend zur berufsschulischen Ausbildung wurde zusätzlich ein berufsqualifizierendes Pflegestudium eingeführt.

988 BT-Drs. 18/7823, S. 64.

989 Zu der Professionalisierung der Pflegeberufe und Gründung eigener Pflegekammern in *Schl.-Holst.*, *Rh.-Pfalz* und *Niedersachsen* ausführlich *Scholz*, GuP 2017, 41 ff. Am 24. Juni 2020 hat der *Landtag Nordrh.-Westf.* ebenfalls ein Gesetz zur Errichtung einer Pflegekammer beschlossen.

990 Vgl. hier nur noch zur alten Rechtslage *Schnitzler*, Heilberufe, S. 76.

Rechtsverordnung Ausbildungsberufe anerkennen und für diese Ausbildungsordnungen erlassen. Für die in Anlage A der HwO aufgezählten Gesundheitshandwerke sind entsprechende Rechtsverordnungen erlassen worden.[991] Die Ausbildungen werden durch die Handwerkskammern gemäß §§ 41 f. HwO im Rahmen der gesetzlichen Vorschriften geregelt und überwacht. Dem Gesundheitshandwerk sind im Ergebnis unzweifelhaft staatlich anerkannte Ausbildungsberufe zuordenbar. Regelmäßig werden die gesundheitshandwerklichen Berufe wegen ihrer Aufnahme als Leistungserbringer von Hilfsmitteln im Sinne der §§ 126 ff. SGB V den Gesundheitsberufen und daher dem Gesundheitswesen zugeordnet.[992] Ihre Tätigkeit ließe sich sogar nach dem Wortsinn des § 1 II HeilprG unter den Begriff der Heilkunde subsumieren.[993] Angehörige der Gesundheitsberufe scheinen daher als Kooperationspartner in Betracht zu kommen. Ausdrücklich erkennen Literaturstimmen Gesundheitshandwerker ohne Problematisierung als kooperationsfähig im Sinne des § 23b I 1 Var. 2 MBOÄ an, wobei die Abgabe konfektionierter Hilfsmittel nicht als Kooperationszweck ausreiche.[994] Selbst der *BGH* hat – ohne Anzeichen inhaltlicher Auseinandersetzung mit § 23b MBOÄ – beiläufig in zwei Urteilen vom 2.6.2005 die Kooperationsfähigkeit von Gesundheitshandwerkern

---

991 Siehe zu den Ausbildungsordnungen der Gesundheitshandwerke die Verordnung über die Berufsausbildung zum Augenoptiker und zur Augenoptikerin (Augenoptiker-Ausbildungsverordnung – AugenoptAusbV), die Verordnung über die Berufsausbildung zum Hörakustiker und zur Hörakustikerin (Hörakustikerausbildungsverordnung – HörAkAusbV), die Verordnung über die Berufsausbildung zum Orthopädietechnik-Mechaniker und zur Orthopädietechnik-Mechanikerin (Orthopädieausbildungsverordnung – OrthAusbVO), die Verordnung über die Berufsausbildung zum Orthopädieschuhmacher und zur Orthopädieschuhmacherin (Orthopädieschuhmacherausbildungsverordnung – OrthopschuhmAusbV) und die Verordnung über die Berufsausbildung zum Zahntechniker/zur Zahntechnikerin.

992 *Kluth*, MedR 2010, 372 (374); *Igl*, in: *Igl/Welti*, Gesundheitsrecht, § 12 Rn. 5; *Schnitzler*, Heilberufe, S. 74 ff.

993 *Taupitz*, ArztR 1993, 173 (175); vgl. ferner *BGH*, NJW 1972, 1132 (1132). Daher ist Begriff der Heilkunde im Sinne von § 1 II HeilprG nach allgemeiner Meinung – im Kontrast zur Eindruckstheorie strafgerichtlicher Rechtsprechung – dahingehend zu korrigieren, dass Heilkunde erst ausgeübt wird, wenn die Tätigkeit nach allgemeiner Auffassung ärztliche oder medizinische Fachkenntnisse voraussetzt und die Behandlung zur Verursachung gesundheitlicher Schädigungen geeignet ist, *Taupitz*, ArztR 1993, 173 (175). Vgl. zur Eindruckstheorie, nach der bereits Heilkunde ausgeübt wird, wenn beim Patienten der Eindruck erweckt wird, dass durch die Tätigkeit eine Heilung oder Linderung gesundheitlicher Beeinträchtigungen bewirkt wird *OVG Nordrh.-Westf.*, MedR 2000, 46 (49); zur Differenzierung verwaltungs- und strafgerichtlicher Auslegung *Taupitz*, MedR 2000, 46.

994 Inkonsequenz *Scholz*, in: *Spickhoff*, Medizinrecht, MBOÄ, § 23b Rn. 3 der zuvor auf die Medizinalfachberufe-Verordnung rekurriert; gleichwohl übernommen von *Hildebrandt*, in: *Stellpflug et al.*, Gesundheitsrecht, E 2000 Rn. 112, und *Sobotta*, in: *Bergmann et al.*, Medizinrecht, MBOÄ, § 23d Rn. 2.

nach § 23b I 1 MBOÄ bejaht.[995] Zweifel an der Kooperationsfähigkeit gewerblich tätiger Handwerker ergeben sich allerdings schon rekurrierend auf die Freiberuflichkeit des Arztes, weshalb eine gründlichere Untersuchung unabdingbar ist.

(2) Semantik

Der Wortlaut des § 23b I 1 Var. 2 MBOÄ nennt staatliche Ausbildungsberufe im Gesundheitswesen als mögliche Gesellschafter einer MKG. Bereits einleitend konnten gesundheitshandwerkliche Berufe im Grundsatz unter die Norm gefasst werden. Unterstützen lässt sich die Annahme der Kooperationsfähigkeit mit einem Vergleich des § 23b I 1 MBOÄ und der in Bayern in § 23a I 1 BO BY umgesetzten Regelung. Danach erstreckt sich die Zusammenschlussfähigkeit auf die *„sonstigen Ausbildungsberufe im Gesundheitswesen [...] mit Ausnahme der handwerklichen und gewerblichen Berufe*[.]" Im Umkehrschluss versteht die Norm die Gesundheitshandwerke als staatliche Ausbildungsberufe im Gesundheitswesen und erachtet ihren expliziten Ausschluss aus dem Kreis der Kooperationspartner für notwendig, der ansonsten bedeutungslos wäre. Eine grammatikalische Begründung für ein abweichendes Verständnis im Rahmen von § 23b I 1 Var. 2 MBOÄ ist nicht ersichtlich. Folglich müssten Gesundheitshandwerker wie auch nichthandwerkliche gewerbliche Berufsangehörige mangels ausdrücklichen Ausschlusses nach dem Wortlaut als Kooperationspartner aufgefasst werden. Allein in *Bayern* ist Ärzten schon aufgrund des Wortlauts in § 23a I 1 BO BY ein Zusammenschluss mit ihnen nicht gestattet.

(3) Historisch-genetische Auslegung

Vor Einführung der MKG im Jahr 1995 in die MBOÄ war die systematische Zusammenarbeit von Ärzten mit Nichtärzten äußerst restriktiv geregelt, eine Zusammenarbeit war allein im Einzelfall erlaubt.[996] Bei Einführung der MKG wurde die Kooperationsfähigkeit noch restriktiv durch abschließende katalogartige Aufzählung kooperationsfähiger Berufe geregelt.[997] Gesundheitshandwerker wurden nicht in die Liste aufgenommen und waren daher im Umkehrschluss von der Kooperationsform ausgeschlossen. Auch nach grundlegender Änderung der MBOÄ enthielt die Regelung in Kap. D. II. Nr. 9 MBOÄ-1997 eine kaum abgeänderte abschließende Aufzählung kooperationsfähiger Berufe, zu deren Kreis Gesundheitshandwerker weiterhin nicht zählten. Die MBOÄ sowie die Regelung selbst wurden abermals 2004 in großen Teilen überarbeitet und freier gestaltet. § 23b I 1 MBOÄ enthält seitdem abstrakt-generelle Voraussetzungen an die Berufszugehörigkeit, um Entwicklungen im Bereich der medizinischen Fachberufe Rechnung tragen zu können.[998] Gleichwohl wird in der Literatur bezweifelt, ob Berufsgruppen außerhalb

995 *BGH*, GesR 2005, 456 (457); NJW 2005, 3422 (3424); *zust. Graf Kerssenbrock*, MedR 2006, 199 (202).

996 *Schirmer*, MedR 1995, 383 (383).

997 Siehe bereits S. 113 ff.

998 *BÄK*, DÄBl. 2008, A-1019 (1024).

der bis dato erfolgten Aufzählung seither als kooperationsfähig erfasst sind.[999] Zu stützen scheint diesen restriktiven Ansatz eine anlässlich der Änderung der MBOÄ veröffentlichte Mitteilung der Bundesärztekammer, in der zur Beurteilung der Kooperationsfähigkeit weiterhin nur die zuvor ausdrücklich aufgezählten Berufsangehörigen genannt sind. Die Aufzählung ist allerdings beispielhaft („*insbesondere*") und lässt sich nicht ohne Weiteres als Votum gegen eine Aufnahme von Gesundheitshandwerkern in MKG begreifen. Im Übrigen wird auf die Aufzählung von Gesundheitshandwerkern lediglich verzichtet, während Heilpraktiker als Kooperationspartner ausdrücklich ausgeschlossen worden sind.[1000] Ein kategorischer Ausschluss von Gesundheitshandwerkern lag demnach nicht im Sinn des § 23b I 1 Var. 2 MBOÄ. Die historische Entwicklung widerspricht daher einer Aufnahme von Gesundheitshandwerkern zumindest nicht eindeutig.

(4) Teleologische Auslegung

In MKG sollten medizinisch sinnvolle Zusammenschlüsse erlaubt werden, die befürchteten „*medizinischen Gemischtwarenläden*" dagegen weiterhin ausgeschlossen bleiben.[1001] Die Einhaltung des nach § 23b I 3, II Hs. 2 MBOÄ beschriebenen Zwecks ist unabdingbare Voraussetzung für die Gründung einer MKG. Im Einzelnen kommt ein Zusammenschluss nur mit solchen anderen Berufsangehörigen und in der Weise in Frage, dass diese in ihrer Verbindung mit dem Arzt einen gleichgerichteten oder integrierenden diagnostischen oder therapeutischen Zweck bei der Heilbehandlung durch räumlich nahes und koordiniertes Zusammenwirken aller beteiligten Berufsangehörigen erfüllen können. Die Voraussetzung ist nach § 23b II Hs. 2 MBOÄ erfüllt, wenn Berufsangehörige mit dem Arzt kooperieren, die mit ihm entsprechend dem Fachgebiet des Arztes einen gemeinschaftlich erreichbaren medizinischen Zweck nach Art ihrer beruflichen Kompetenz zielbezogen erfüllen können. Eine gemeinsame Schnittmenge der Kompetenzen der beteiligten Partner reicht dafür aus.[1002] Auch die Tätigkeiten von Ärzten und Gesundheitshandwerkern besitzen eine Schnittmenge. So können beispielsweise Augenoptiker neben Ärzten Sehschärfenbestimmungen, die Prüfung des Dämmerungssehens oder der Blendeempfindlichkeit vornehmen.[1003] Allein rekurrierend auf eine Schnittmenge

---

999 So jedenfalls *Frehse/Kleinke*, in: *Saalfrank*, Medizin- und Gesundheitsrecht, § 1 Rn. 386, insbesondere auf Heilpraktiker rekurrierend.

1000 *BÄK*, DÄBl. 2008, A-1019 (1024).

1001 Siehe bereits zum Begriff S. 142.

1002 *Schirmer*, MedR 1995, 383 (384).

1003 *BGH*, NJW 1972, 1132 (1132 f.); 1999, 865 (868); *BVerwGE* 23, 140 (145 ff.); *Kern*, NJW 2000, 833 (833);. Außerdem können sowohl Zahnärzte als auch Zahntechniker Zahnersatz anfertigen, *Kern*, NJW 2000, 833 (833); *BGH*, NJW 1975, 305 (306); *BVerwG*, NJW 1980, 1349; *BSG*, NJW 1967, 317 (318) unter Hinweis auf *BSGE* 23, 176 (179). Zahnärzte bleiben im weiteren Verlauf außer Betracht, da für sie nicht die Regelung des § 23b MBOÄ einschlägig ist – ihre berufsübergreifenden

gemeinsamer Tätigkeiten wären Gesundheitshandwerker als kooperationsfähig einzustufen.

Dennoch sollen allein Partner zusammenwirken, die gemeinsam, aber auch einzeln im Rahmen ihres jeweiligen Berufsrechts diagnostisch und therapeutisch bei der Heilbehandlung wirken können.[1004] Die Anfertigung oder Abgabe des Medizinprodukts an Patienten müsste somit als Teil der Heilbehandlung verstanden werden können. Gesundheitshandwerker dürfen aber keine Heilkunde ausüben,[1005] eine unmittelbare Beteiligung bei der Heilbehandlung kommt daher nicht in Betracht. Sie geben hergestellte Medizinprodukte regelmäßig aufgrund ärztlicher Verordnung an Patienten ab. Im Vergleich mit Gesundheitsfachberufen wie Physiotherapeuten zeigt sich ein qualitativer Unterschied. Während Physiotherapeuten eine physiotherapeutische Behandlung aufgrund einer ärztlichen Verordnung ausführen, die selbst der Heilung oder Linderung von Schmerzen soll – und damit einen Teil der Heilbehandlung darstellt –, folgt der Anfertigung eines Medizinprodukts nicht unmittelbar eine Heilung oder Linderung von Schmerzen oder Behinderungen, sondern erst ihrem Gebrauch, an dem Gesundheitshandwerker nicht mehr beteiligt sind. Die technische Anfertigung,[1006] Anpassung[1007] und Abgabe von Medizinprodukten ist ihrerseits selbst dann kein Bestandteil der Heilbehandlung, wenn sie durch einen Arzt im Rahmen seiner Behandlung ausgeführt wird. Im Vordergrund der Tätigkeit von Gesundheitshandwerkern steht der Produktverkauf.

Untermauert werden kann die Annahme dadurch, dass Gesundheitshandwerker mangels Erbringung medizinischer Leistungen mit ihren Kunden gerade keinen Behandlungsvertrag abschießen.[1008] Sind ihre Leistungen nicht als medizinische Behandlung aufzufassen, können sie auf der Grundlage von Anfertigung und Abgabe von Medizinprodukten auch keinen Zweck *bei der Heilbehandlung* – wie nach § 23b I 3 MBOÄ erforderlich – erfüllen. So ist im Übrigen auch keine Innung der Gesundheitsberufe an der Konferenz der Fachberufe im Gesundheitswesen bei der Bundesärztekammer beteiligt.

Kooperationsmöglichkeiten richten sich nach den § 17 MBO-ZÄ entsprechenden Normen der Landeszahnärztekammern.

1004 *Ratzel*, in: *Ratzel/Lippert*, MBOÄ, §§ 23a-d Rn. 15; *Ratzel/Lippert*, MedR 2004, 525 (529); *Krieger*, in: ARGE, Psychotherapeutengesetz, S. 169 (170); *Schirmer*, MedR 1995, 383 (384).

1005 *BGH*, NJW 1999, 865 (866 f.); *Kern*, NJW 2000, 833 (833).

1006 *BVerwG*, NJW 1980, 1349 (1349).

1007 *BGH*, NJW 2009, 3582 (3585) verneint das Vorliegen ärztlicher Tätigkeit bei Anpassung einer Brille.

1008 *Wenzel*, in: *Wenzel*, Patientenrechtegesetz, BGB, § 630a Rn. 21; *Weidenkaff*, in: *Palandt*, Vor § 630a Rn. 3.

(5) Systematische Auslegung

Wie bereits im Überabschnitt einführend angemerkt kommt die Ausgrenzung der gesundheitshandwerklichen Berufe rekurrierend auf § 299a StGB in Betracht, der das Gesundheitswesen auf die Angehörigen eines Heilberufs, der für die Berufsausübung oder die Führung der Berufsbezeichnung eine staatlich geregelte Ausbildung erfordert, beschränkt.[1009] In Anknüpfung an das Erfordernis staatlicher Ausbildung konnte zudem zusätzlich bereits auf § 203 I 1 Nr. 1 StGB verwiesen werden, der die unbefugte Offenbarung von Privatgeheimnissen durch einen Angehörigen eines *Heilberufs* mit staatlich geregelter Ausbildung unter Strafe stellt. Zwar ist § 23b I 1 Var. 2 MBOÄ nicht ausdrücklich auf Heilberufe beschränkt. Im Kontext der Abgrenzung anhand des Ausbildungsabschlusses von akademischen Heilberufen des § 23b I 1 Var. 1 MBOÄ liegt jedoch zumindest der Schluss nahe, dass als *„staatliche Ausbildungsberufe im Gesundheitswesen"* lediglich Heilberufe zu verstehen sind. Mangels Richtung ihrer Tätigkeit auf Feststellung, Heilung oder Linderung von Krankheiten, Leiden oder Körperschäden bei Menschen sind Gesundheitshandwerker mangels Zugehörigkeit zu einem nichtakademischen Heilberuf (Gesundheitsfachberufe) als nicht kooperationsfähig im Sinne des § 23b I 1 Var. 2 MBOÄ aufzufassen.

Der Kooperationsfähigkeit von Gesundheitshandwerkern könnten weitere, gewichtigere systematische Erwägungen entgegenstehen. Neben § 23b I 3 MBOÄ ließe sich die Unzulässigkeit ihrer Beteiligung aus den allgemeinen berufsrechtlichen Normen – § 31 I, II MBOÄ; § 3 II MBOÄ; § 18 II 1 MBOÄ – herleiten. Außerdem kommt ein Ausschluss nicht-freiberuflicher Berufsangehöriger aus § 23b MBOÄ selbst in Betracht. Zumindest aus § 29a MBOÄ lassen sich wegen dessen Anknüfung an die eigentliche Behandlung[1010] keine Hinweise auf die Zulässigkeit eines Zusammenschlusses zu einer gesellschaftlich verfestigten, gemeinsamen Berufsausübung entnehmen. Rückschlüsse auf eine generelle institutionalisierte Zusammenarbeit mit gemeinsamem Auftritt lassen sich der Norm wegen Spezialität des § 23b MBOÄ nicht entnehmen.

§ 23b MBOÄ konnte bereits eine Legalisierungswirkung für die gesellschaftliche Beteiligung des Arztes an einer Gesellschaft mit den kooperationsfähigen Berufsangehörigen trotz Kollision mit § 31 I MBOÄ zuerkannt werden.[1011] Da vorliegend die vorrangige Frage der Kooperationsfähigkeit von Gesundheitshandwerkern und damit der Anwendbarkeit des § 23b MBOÄ zu klären ist, kann sich dagegen nicht auf eine § 23b MBOÄ zuzuschreibende Legalisierungswirkung gestützt werden. Gleichwohl ergibt sich auch kein zwingend erforderlicher Ausschluss

---

1009 Zu § 299a StGB *Dann/Scholz*, NJW 2016, 2077 (2078).
1010 Siehe bereits S. 129, 192 f.
1011 Siehe S. 186 ff.

der Beteiligung von Gesundheitshandwerkern, da die zumindest potentielle Legalisierungswirkung des § 23b MBOÄ in Erwägung gezogen werden muss – grundsätzliche Konflikte mit § 31 I MBOÄ treten bei allen sonstigen denkbaren Kooperationspartnern einer mono- oder interprofessionellen Berufsausübungsgemeinschaft ebenso auf. Als Auslegungshilfe zur Bestimmung des kooperationsfähigen Personenkreises im Rahmen des § 23b I 1 Var. 2 MBOÄ scheidet § 31 I MBOÄ daher insgesamt aus.[1012]

Gemäß § 31 II MBOÄ ist eine Empfehlung anderer Gesundheitsdienstleister trotz grundsätzlicher Untersagung bei hinreichendem Grund zulässig. Die gemeinsame interprofessionelle Berufsausübung in einer MKG stellt einen hinreichenden Grund dar. Dennoch lässt sich hierauf ebenso wenig wie auf § 31 I MBOÄ zur Entscheidung über die vorrangige Frage der Kooperationsfähigkeit bestimmter Berufskreise rekurrieren.

§ 3 I MBOÄ verbietet eine gewerbliche Betätigung, die mit den ethischen Grundsätzen des ärztlichen Berufs nicht vereinbar ist. Daher ist eine gewerblich-unternehmerische Tätigkeit des Arztes nicht schlechthin untersagt.[1013] Ein Ausschluss der Verbindung von Ärzten mit Gesundheitshandwerkern in MKG kommt jedoch nach § 3 II MBOÄ in Betracht. Die Norm war regelmäßig Prüfungsmaßstab für die Beurteilung der Zulässigkeit des sogenannten *„verkürzten Versorgungswegs“*. Unter dieser Bezeichnung wird diskutiert, inwiefern Ärzte berechtigt sind, neben dem eigentlichen Praxis- oder Sprechstundenbedarf in der Praxis Hilfsmittel an Patienten abzugeben, wobei der Arzt für die Abgabe von seinem Hilfsmittellieferanten eine Vergütung erhält, der seinerseits wiederum die Hilfsmittel den Krankenkassen in Rechnung stellt.[1014] Der Arzt wird durch die für ihn in Aussicht stehende Vergütung in seiner fachlichen Unabhängigkeit zumindest beeinflusst. Treten nun Arzt und Hilfsmittelerbringer gemeinsam unter einem Dach bei gemeinsamem Wirtschaften auf, ergibt sich für den Arzt in seiner Verordnung

---

1012 Gleichwohl kann ein Kooperationsvertrag gegen § 31 MBOÄ verstoßen und nichtig sein, da nach h. M. § 31 MBOÄ ein Verbotsgesetz im Sinne des § 134 BGB darstellt, siehe hier nur *BGH*, NJW 1986, 2360 (2361); *Scholz*, GesR 2013, 12 (15). Wie *Dahm*, MedR 2012, 69 (70), richtig festhält, sind alle Beteiligungsformen von Ärzten auf dem Prüfstand, sofern sie ortsnah angelegt sind und Gewinne erwarten lassen. Dies muss auch für Berufsausübungsgemeinschaften gelten, die keine Umgehung des § 31 I MBOÄ darstellen dürfen.

1013 Siehe bereits allgemein *BVerfG*, NJW 1986, 1536 (1537). Siehe außerdem *BGH*, NJW 2008, 2850 (2852); *Ratzel*, ZMGR 2012, 258 (258).

1014 Siehe hier nur *Ratzel*, MedR 2011, 158; *Dahm*, MedR 2005, 528; *Schütze*, in: FS Jaeger, S. 539 (544 f.).

auch ohne gesonderte Vergütung eine Verquickung ökonomischer Interessen mit dem medizinisch Gebotenen, da dem Arzt – nicht nur, aber insbesondere, wenn die Gewinnverteilung die Hilfsmittelabgaben aufgrund von Verordnungen durch den beteiligten Arzt berücksichtigt und der Arzt mithin am durch den Hilfsmittelerbringer erwirtschafteten Gewinn partizipiert – am Erfolg des gemeinsamen Unternehmens gelegen ist.[1015] Außerdem wird die Freiheit des Patienten, sich an einen selbst ausgewählten Hilfsmittelerbringer zu wenden, insofern beeinträchtigt, als er sich – unbeachtlich möglicher Einflussnahmen durch den Arzt oder um das Vertrauensverhältnis zum Arzt nicht zu beeinträchtigen – bereits aus Zeiteffizienz bzw. Bequemlichkeit regelmäßig für den Bezug eines verordneten Hilfsmittels an den mit dem Arzt zusammengeschlossenen Hilfsmittelerbringer wenden wird. Aufgrund der genannten ähnlichen Folgen eines gemeinschaftlichen Auftritts von Arzt und Gesundheitshandwerker in einer MKG kann an die zum verkürzten Versorgungsweg ergangene Rechtsprechung angeknüpft werden.

Nach § 3 II MBOÄ ist Ärzten untersagt, *„im Zusammenhang mit der Ausübung ihrer ärztlichen Tätigkeit Waren und andere Gegenstände abzugeben oder unter ihrer Mitwirkung abgeben zu lassen sowie gewerbliche Dienstleistungen zu erbringen oder erbringen zu lassen, soweit nicht die Abgabe des Produkts oder die Dienstleistung wegen ihrer Besonderheiten notwendiger Bestandteil der ärztlichen Therapie sind."* Die Norm verbietet grundsätzlich nicht nur dem Arzt auf eigene Rechnung[1016] ausdrücklich die Abgabe von Gegenständen, schon die Abgabe von Gegenständen unter seiner Mitwirkung ist grundsätzlich nach § 3 II MBOÄ verboten.[1017] Das Verbot dient der Trennung merkantiler Gesichtspunkte vom Heilauftrag des Arztes – der Patient soll darauf vertrauen können, dass sich der Arzt nicht von kommerziellen Interessen, sondern ausschließlich von medizinischen Notwendigkeiten leiten lässt.[1018] Der Zweck des § 3 II MBOÄ ist damit enger zu fassen als der Schutz der Wahlfreiheit des Patienten in Bezug auf Erbringer gesundheitlicher Leistungen nach § 31 II MBOÄ. Eine Abgabe unter Mitwirkung des Arztes wurde beispielsweise durch den *BGH* in einem Fall bejaht, in dem ein Arzt Diabetesteststreifen aus dem Depot eines Sanitätshauses in der Arztpraxis nach einem entsprechenden Hinweis an die Patienten abgegeben hat.[1019] Im Rahmen einer MKG würde die

---

1015 Vgl. allgemein *Schütze*, in: FS Jaeger, S. 539 (545 f.).

1016 *Scholz*, in: Spickhoff, Medizinrecht, MBOÄ, § 3 Rn. 6.

1017 Die berufsrechtliche Regelung eines grundsätzlichen Verbots der Abgabe von Waren oder anderen Gegenständen übersieht *Bahner*, RDG 2017, 290 (293), wenn sie feststellt, dass an Privatpatienten – also außerhalb des Anwendungsbereichs des sozialrechtlichen Depotverbots aus § 128 I SGB V – eine Abgabe von Hilfsmitteln durch den Arzt an Patienten aus seinem Depot zulässig sei.

1018 Siehe hier nur *BVerfG*, GRUR 2003, 966 (967 f.); *BGH*, NJW 2009, 3582 (3585); MedR 2011, 158 (159); GesR 2005, 456 (457); *OLG Koblenz*, MMR 2006, 312 (313); *OLG Celle*, MedR 2007, 435 (437); *Gätjen/Combé*, MedR 2007, 437 (437); *Ratzel*, GesR 2007, 200 (201); *ders.*, MedR 2011, 158; *Kern* NJW 2000, 833.

1019 *BGH*, GesR 2005, 456 (457).

Abgabe von Medizinprodukten aufgrund des gemeinsamen Auftritts von Arzt und Gesundheitshandwerker als Gesellschaft sogar auf eigene Rechnung erfolgen.

Ausnahmsweise ist die Abgabe eines Gegenstands durch den Arzt oder unter seiner Mitwirkung zulässig, wenn sie wegen ihrer Besonderheiten notwendiger Bestandteil der ärztlichen Therapie ist. Das verfassungsrechtliche Verhältnismäßigkeitsprinzip gebietet zum Schutz der Berufsfreiheit des Arztes nach Art. 12 I GG eine weite Auslegung, wann ein Produkt wegen seiner Besonderheiten notwendiger Bestandteil der ärztlichen Therapie ist.[1020] Positiv ausgedrückt kommt die Abgabe einer Ware, die Erbringung einer gewerblichen Dienstleistung oder die Mitwirkung des Arztes an einer dieser beiden gewerblichen Tätigkeiten im Rahmen der ärztlichen Behandlung erst dann in Betracht, wenn sie ganz konkret dem Patienten dient und seiner Behandlung nützlich ist.[1021] *Kern* zufolge sind Gestaltungen des verkürzten Versorgungswegs allenfalls im Einzelfall unzulässig, selbst in der Abgabe von Kontaktlinsen in Augenpraxen, von Hörgeräten in HNO-Praxen und von orthopädischen Hilfsmitteln in der Orthopädiepraxis sei der Ausnahmetatbestand erfüllt.[1022] Die Rechtsprechung ist jedoch restriktiver und erkennt am Wortlaut orientiert lediglich medizinische Gründe als ausreichend an.[1023] Die Rechtsprechung entspricht damit auch dem Normzweck, die Ausrichtung ärztlicher Entscheidungen an medizinischen Notwendigkeiten zu gewährleisten. Daher ist es nicht ausreichend, wenn der Wunsch der Patienten angenommen wird, alle Leistungen aus Bequemlichkeit aus einer Hand zu erhalten.[1024] Einweisungen, Schulungen, Anpassungs- oder Kontrollleistungen sowie eine vom Arzt für erforderlich erachtete Notfallversorgung reichen für die Zulässigkeit der Abgabe des Produkts aus, wenn sie in direktem Zusammenhang damit vorgenommen oder veranlasst wird.[1025] Wird im Einzelfall die Abgabe einer Gehstütze zur sofortigen Versorgung des Patienten in medizinisch vertretbarer Weise als notwendig erachtet, ist die Abgabe nach der Ausnahmeregelung zulässig.[1026] Auch für die Abgabe von Hörgeräten ist die Einbindung des Arztes medizinisch sinnvoll und notwendig und daher eine Abgabe von Hörgeräten im sog. verkürzten Versorgungsweg zulässig.[1027] Auch für eine Ersteinweisung oder notwendige Nachschulungen ist eine Abgabe von Diabetesteststreifen zulässig, darüber hinaus ist die Abgabe der Diabetesteststreifen durch den Arzt nicht medizinisch notwendig.[1028] Ebenso wenig

---

1020 *BGH*, NJW 2009, 3582 (3585); GesR 2005, 456 (457); *zust. Graf Kerssenbrock*, MedR 2006, 199 (201); *OLG Celle*, MedR 2007, 435 (437).

1021 In Anlehnung an *Gätjen/Combé*, MedR 2007, 437 (437).

1022 *Kern*, NJW 2000, 833 (835).

1023 *BGH*, NJW 2009, 3582 (3585); GesR 2005, 456 (457); vgl. ferner *BVerfG*, GRUR 2003, 966 (969); *Scholz*, in: Spickhoff, Medizinrecht, MBOÄ, § 3 Rn. 7.

1024 *BGH*, NJW 2009, 3582 (3585).

1025 *BGH*, GesR 2005, 456 (457).

1026 *OLG Düsseldorf*, MedR 2005, 528 f.

1027 *BGH*, GesR 2005, 456 (458) unter Hinweis auf *BGH*, GRUR 2000, 1080; MDR 2002, 471.

1028 *BGH*, GesR 2005, 456 (457 f.).

medizinisch notwendig ist nach dem *BGH* regelmäßig die Abgabe und Anpassung von Brillen.[1029] Dagegen wurde für die Abgabe und Anpassung von einem Hörgerät wegen der ohnehin stattfindenden Einbindung des HNO-Arztes in die Abgabe und Anpassung als zulässig erachtet.[1030]

Durch die verfestigte Zusammenarbeit von Arzt und Gesundheitshandwerker in einer MKG wäre eine einzelfallbezogene Unterscheidung nach medizinischen Gründen in der Abgabe von hergestellten Medizinprodukten nicht mehr möglich. Der Zusammenschluss wäre stattdessen auf eine grundsätzliche Abgabe durch die Gesellschaft und daher gleichzeitig auch immer durch den Arzt angelegt, um einen gleichgerichteten oder integrativen diagnostischen oder therapeutischen Zweck bei der Heilbehandlung durch die Zusammenarbeit erfüllen zu können. Daher wäre eine generelle Befreiung des Arztes in der MKG von dem Abgabeverbot in § 3 II MBOÄ erforderlich. Sie widerspräche jedoch dem Sinn und Zweck des § 3 II MBOÄ, dass Patienten darauf vertrauen können, dass der Arzt sich ausschließlich von medizinisch notwendigen Erwägungen und nicht durch merkantile Interessen beeinflussen lässt. Das wirtschaftliche Interesse bliebe stets in der MKG und damit auch bei dem Arzt verhaftet. Im Gegensatz zu § 31 II MBOÄ bedarf es auch keiner Korrektur, um § 23b MBOÄ einen Anwendungsbereich zu belassen. Insbesondere ist auch ein Spezialitätsverhältnis von § 23b MBOÄ zu § 3 II MBOÄ abzulehnen. Denn während § 31 II MBOÄ durch den Arzt geäußerte Empfehlungen aller Gesundheitsleistungen betrifft, richtet sich das Verbot aus § 3 II MBOÄ nur gegen die Abgabe von Gegenständen und die Erbringung gewerblicher Dienstleistungen durch den Arzt oder unter seiner Mitwirkung. § 31 II MBOÄ stellt damit ohne Anerkennung eines vorliegenden hinreichenden Grunds bei einem Zusammenschluss nach § 23b MBOÄ von dem Verbot die Sinnhaftigkeit des § 23b MBOÄ insgesamt in Frage, wohingegen § 3 II MBOÄ allein die Erbringung *gewerblicher* Leistungen wie die Abgabe von Medizinprodukten untersagt. Der Zusammenschluss von Arzt mit akademischen Heilberufen oder Gesundheitsfachberufen konfligiert nicht mit § 3 II MBOÄ. § 3 II MBOÄ steht somit einer MKG mit Gesundheitshandwerkern entgegen.[1031]

1029 *BGH,* NJW 2009, 3582 (3585); MedR 2011, 158 (159). Die Anpassung von Brillen wäre im Sinne von § 3 II MBOÄ als verpönte gewerbliche Dienstleistung aufzufassen, *BGH,* MedR 2011, 159 (161).

1030 Siehe hier nur *BGH,* NJW 2000, 2745 (2746); 2005, 3422 (3424); 2009, 3582 (3585).

1031 Einen Sonderfall stellen dagegen wohl die Leistungen von Zahntechnikern dar. Zwar ist auch die technische Anfertigung von Zahnprothesen keine Heilbehandlung, *BSG,* NJW 1967, 317 (318); *BGH,* NJW 1975, 305 (306); zweifelnd insofern jedoch *BVerwG,* NJW 1980, 1349 (1349). Ferner kommen als Abnehmer von Zahnprothesen nicht Patienten selbst, sondern nur deren behandelnde Ärzte zur Planung und Eingliederung des Zahnersatzes als Teil der Heilbehandlung in Betracht – *BVerwG,* NJW 1980, 1349 (1350); vgl. ferner *BSG,* NJW 1967, 317 (318). Bei einem Zusammenschluss von Zahnärzten mit Zahntechnikern ist allerdings § 23b MBOÄ mangels ärztlicher Beteiligung nicht anzuwenden.

Zusätzlich stünde möglicherweise der Verbindung mit einem gewerblichen Beruf das Gewerblichkeitsverbot nach § 18 II 1 MBOÄ in Bezug auf die ärztliche Berufsausübung entgegen.

Aus § 1 I 2 MBOÄ und § 1 II BÄO lässt sich dagegen kein Gewerblichkeitsverbot entnehmen, sondern nur die gesetzliche Fiktion freiberuflicher Berufsausübung.[1032] Dagegen ist § 18 II 1 MBOÄ eine präzisere Bestimmung zu entnehmen.

Die Norm ist nach systematischer Auslegung auch auf interprofessionelle MKG anwendbar, denn im Gegensatz zu § 18 I 2 MBOÄ wird nicht von einer „*gemeinsamen Ausübung des Arztberufs*" gesprochen. Danach dürfen Ärzte einzeln oder gemeinsam in allen zulässigen Gesellschaftsformen ihren Beruf ausüben, wenn ihre eigenverantwortliche, medizinisch unabhängige und nicht gewerbliche Berufsausübung gewährleistet ist. Eine Einschränkung des Gewerblichkeitsverbots findet nicht statt – weder auf einzelne Berufsausübung, noch auf monoprofessionelle Berufsausübungsgemeinschaften.

Gesundheitshandwerker als potentielle Kooperationspartner sind ihrerseits nicht von der Anwendung der GewO nach § 6 I GewO ausgeschlossen,[1033] die einzelnen Berufe des Gesundheitshandwerks[1034] sind vielmehr aufgrund ihrer Gefahrgeneigtheit[1035] ausdrücklich in Anlage A der HwO als gemäß § 1 II HwO zulassungspflichtiges Gewerbe genannt, das nur natürlichen oder juristischen Personen gestattet ist, die in der Handwerksrolle eingetragen sind.[1036] Gesundheitshandwerker betreiben nach § 1 I 1 HwO, §§ 14 ff. GewO ein stehendes Gewerbe,[1037] in dessen Rahmen neben der Beachtung der HwO ergänzend die Normen der

---

1032 *Kern*, NJW 2000, 833 (834). Dagegen ist nach *Kluth*, Abgabe von Hilfsmitteln, S. 29, der Anordnung in § 1 I 2 MBOÄ und § 1 II BÄO eine über die Abgrenzung vom Gewerbe hinausgehende normative Bedeutung zuzuerkennen.

1033 Vgl. *Marcks*, in: *Landmann/Rohmer*, GewO, § 6 Rn. 65. Nach Anlage A Nr. 33 HwO ist – in Bezugnahme auf das o. g. Beispiel – der Augenoptiker als ein Gewerbe, das als zulassungspflichtiges Handwerk betrieben werden kann, aufgezählt.

1034 Augenoptiker (Nr. 33), Hörakustiker (Nr. 34), Orthopädietechniker (Nr. 35), Orthopädieschuhmacher (Nr. 36) und Zahntechniker (Nr. 37).

1035 *Wiemers*, DVBl. 2012, 942 (944).

1036 Näher zur Zulassung zu einem zulassungspflichtigen Handwerk: *Bulla*, in: *Schmidt/Wollenschläger*, Öffentliches Wirtschaftsrecht, § 10 Rn. 14 ff.

1037 Unbeachtlich einer nicht in die Handwerksrolle einzutragenden Ausübung als Reisegewerbe nach den §§ 55 ff. GewO, siehe *Bulla*, in: *Schmidt/Wollenschläger*, Öffentliches Wirtschaftsrecht, § 10 Rn. 21 ff. Hier kann ein solcher Fall jedoch außer Acht gelassen werden aufgrund des gemeinsam zu erfüllenden Zwecks nach § 23b I 3 MBOÄ.

GewO zu beachten sind.[1038] Gesundheitshandwerker sind daher gewerblich, nicht freiberuflich tätig.[1039]

Die Tätigkeit des Arztes wäre infolge der in der MKG stattfindenden gemeinsamen interprofessionellen Berufsausübung von der Gewerblichkeit betroffen – insofern kann an die in § 15 III Nr. 1 EStG gesetzliche Verankerung der zuvor in der Rechtsprechung entwickelten[1040] Abfärbetheorie angeknüpft werden.[1041] Für eine Übernahme der Abfärbetheorie in das ärztliche Berufsrecht spricht § 3 II MBOÄ, der grundsätzlich die Ausübung der ärztlichen Tätigkeit im Zusammenhang mit der Erbringung gewerblicher Dienstleistungen untersagt. Nach § 15 III Nr. 1 EStG gilt als Gewerbebetrieb die mit Einkünfteerzielungsabsicht unternommene Tätigkeit einer Personengesellschaft, wenn die Gesellschaft auch eine gewerbliche Tätigkeit ausübt bzw. gewerbliche Einkünfte erzielt. Nach der Rechtsprechung des *BFH*[1042] werden sämtliche, auch originär nicht gewerblichen Einkünfte einer Personengesellschaft bei gewerblicher Betätigung eines Gesellschafters in gewerbliche Einkünfte umqualifiziert, wenn der Anteil gewerblicher Einkünfte nicht von ganz untergeordneter Bedeutung ist.[1043] Die Beteiligung nicht-freiberuflicher Berufsfremder an einer Personengesellschaft führt zur steuerrechtlichen Qualifizierung als Gewerbebetrieb.[1044] Hintergrund der Abfärbetheorie ist neben der Vereinfachung der Gewinnermittlung von Personengesellschaften die Sicherung des Gewerbesteueraufkommens.[1045] Folge der Umqualifizierung in gewerbliche Einkünfte sind Gewerbesteuer- und Umsatzsteuerpflicht wie daraus folgend steuerrechtliche Buchführungs- und Bilanzierungspflichten.[1046]

1038 *Leisner*, Handwerkstätigkeit und Reisegewerbe, S. 20 f.; *Korte*, in: *Schmidt/Wollenschläger*, Öffentliches Wirtschaftsrecht, § 9 Rn. 36; *Bulla*, in: *Schmidt/Wollenschläger*, Öffentliches Wirtschaftsrecht, § 10 Rn. 12.

1039 Trotzdem verweisen die Arbeits- und Qualitätsrichtlinien für Augenoptik und Optometrie 2018 des Zentralverbands der Augenoptiker und Optometristen auf die eigenverantwortliche Tätigkeit in Punkt 23.1, wobei jedoch allein die Haftung angesprochen wird.

1040 *BFH*, BStBl. III 1964, 530; siehe ferner *Geyer et al.*, DStR 2019, 1285 (1287).

1041 *Ratzel*, GesR 2007, 200 (201), nimmt die Abfärbetheorie nur zum Anlass, um auf *steuer*rechtliche Probleme in der Zusammenarbeit von Ärzten und Gesundheitshandwerkern hinzuweisen. Krit. zu einer Übernahme bzgl. der Anforderungen des PartGG *Schäfer-Golz*, in: FS Huber, S. 951 (958); *Schäfer*, in: MüKo BGB, PartGG, § 1 Rn. 20.

1042 *BFH*, BStBl II 1995, 171 (172); DStRE 2016, 723 (724).

1043 *BFH*, BStBl. II 2000, 229; *Wehrheim/Brodthage*, DStR 2003, 485 (488); *Korn*, DStR 1995, 1249 (1253); zur Verfassungsmäßigkeit der Abfärbetheorie *BFH*, DStR 2019, 1630 (1631 ff.).

1044 Siehe hier nur *BFH*, BStBl. II 1979, 574; 1985, 584; 1994, 922; NJW 1990, 71 (72); *Korn*, DStR 1995, 1249 (1253, 1255 f.);

1045 *Wehrheim/Brodthage*, DStR 2003, 485 (486); *Seer/Drüen*, BB 2000, 2176 (2178).

1046 Vgl. *Korn*, DStR 1995, 1249 (1249).

Zwar wird eine Übernahme der Abfärbetheorie in das Gesellschaftsrecht für die Frage der Freiberuflichkeit zur Konstitution einer PartG als nicht übertragbar angesehen, da sich die Praktikabilitätserwägungen des Steuerrechts nicht auf das Gesellschaftsrecht übertragen lassen[1047] und im Gegensatz zur steuerrechtlichen Bewertung keiner jährlichen Überprüfung unterliegen.[1048] In die berufsrechtliche Betrachtung kann der Gedanke der Abfärbetheorie gleichwohl übernommen werden, dass sich gewerbliches und ärztliches Wirken bei gemeinsamem Außenauftritt von Gewerbetreibenden mit einem Arzt in einer Gesellschaft nicht sinnvoll auseinanderhalten ließen.[1049] Die gesamte, auch ärztliche Tätigkeit des Arztes in der MKG wäre daher durch die Gewerblichkeit des heilhandwerklichen Berufsangehörigen betroffen.

Dem stehen gewerbliche Tätigkeiten des Arztes *außerhalb* der ärztlichen Berufsausübung gegenüber, die durchaus zulässig sein können.[1050] Der gefestigte gemeinsame Auftritt von Arzt und handwerklichem Dienstleister lässt für Patienten nicht hinreichend erkennen, inwieweit der Arzt heilkundlich tätig ist und welche Tätigkeit gewerblich und vorrangig auf Gewinnerzielung ausgerichtet ist. Insofern findet eine Verschmelzung von heilkundlicher, freiberuflicher Tätigkeit und gewerblicher Tätigkeit statt. Patienten werden in ihrer Abhängigkeit von der ärztlichen Behandlung einem ärztlichen Rat zum Bezug von Gesundheitshandwerksleistungen über die eigene Gesellschaft in der Regel folgen.[1051] Es ergäbe sich somit typisiert eine erhebliche Gefahr, dass – zumindest faktisch – durch den gemeinsamen Auftritt von Arzt und Gesundheitshandwerkern eine unsachgemäße Beeinflussung der Patienten stattfindet,[1052] wo sie ihre Hilfsmittel beziehen. Das elementare Vertrauensverhältnis zwischen Arzt und Patient kann durch die unsachgemäße Einflussnahme erheblichen Schaden erleiden. Daher widerspräche die Annahme der Kooperationsfähigkeit von Gesundheitshandwerkern im Rahmen des § 23b MBOÄ dem Verbot gewerblicher Berufsausübung.[1053] Da nach § 23b MBOÄ nicht-gewerbliche Kooperationspartner für Ärzte in Betracht kommen, liegt auch keine systematische Verwerfung durch die

1047 *Lenz*, in: *Meilicke et al.*, PartGG, § 1 Rn. 84; *Henssler*, PartGG, § 1 Rn. 100.

1048 BT-Drs. 12/6152, S. 9.

1049 Sie überträgt auch *Arens*, DStR 2011, 1825 (1827), in das Recht der Handelsgesellschaften zur Begründung der Zulässigkeit freiberuflicher Kommanditgesellschaften aufgrund Infizierung freiberuflicher Tätigkeit durch gewerbliche Aspekte.

1050 Vgl. hier nur *Kluth*, Abgabe von Hilfsmitteln, S. 28 ff.; *Kern*, NJW 2000, 833 (837).

1051 Vgl. bereits *Kluth*, Abgabe von Hilfsmitteln, S. 30, 41.

1052 *OLG Hamm*, NJW 1998, 2749 (2750); *LG München*, WRP 1999, 1058 (1060). Im Grunde *zust. Kluth*, Abgabe von Hilfsmitteln, S. 30.

1053 Vgl. im Ergebnis in Bezug auf die Regelung des § 21 IV MBO-Pt auch *Stellpflug/Berns*, MBO-Pt Pt, Rn. 744, bei der die Autoren von gewerblicher „*Infizierung*“ der eigenen Tätigkeit des Psychotherapeuten durch Zusammenarbeit mit Gewerbetreibenden ausgehen.

Besonderheiten der MKG vor, die zu systematischen Einschränkungen zwingend führen müsse.

Außerdem wurde bereits bei den nicht-ärztlichen Heilberufen die Frage der Eigenverantwortlichkeit aufgeworfen. Dabei wurde bereits darauf hingewiesen, dass die Befugnis zur eigenverantwortlichen Berufsausübung nach § 23b I 1 MBOÄ einen weiteren Hinweis auf den Ausschluss nicht-freiberuflicher Berufsangehöriger, und damit gewerblicher oder handwerklicher Berufe, von der Kooperationsfähigkeit in MKG darstellt. Dafür spricht zum einen die unabhängig von der konkreten Zusammensetzung der MKG unbeschränkte Zulässigkeit der Rechtsform der PartG nach § 23b I 2 MBOÄ, die allein Angehörigen freier Berufe offensteht. Außerdem benutzt der Gesetzgeber des PartGG eine ähnliche Umschreibung der freien Berufe in § 1 II PartGG als *„selbständige Berufstätigkeit“*.[1054] Auch eine Betrachtung der gesamten Berufsfelder des § 23b I 1 MBOÄ, denen typischerweise freie Berufe angehören, lässt den Schluss auf ein Privileg freiberuflicher Zusammenschlüsse zu.

Die auf §§ 3 II, 18 II 1 MBOÄ begründeten systematischen Zweifel könnten allein dann aus der Welt geräumt werden, wenn § 23b I 1 MBOÄ als speziellere Norm den geregelten Berufspflichten vorgehen sollte. Dagegen spricht jedoch bereits die Verpflichtung gem. § 23b I 4 lit. g) MBOÄ zur kooperationsvertraglichen Gewährleistung, dass von den übrigen Partnern des Arztes die Einhaltung *„der berufsrechtlichen Bestimmungen“* der Ärzte beachtet wird. Zwar nennt § 23b I 4 lit. f) MBOÄ lediglich ausdrücklich die Pflicht zur Dokumentation, das Verbot der berufswidrigen Werbung und die Regeln zur Erstellung einer Honorarforderung, jedoch ist die Aufzählung offenkundig (*„insbesondere“*) nicht abschließend. Dem Arzt wird damit die Einhaltung berufsrechtlicher Pflichten weder zur Wahl gestellt noch werden die berufsrechtlich einzuhalten Pflichten für den Arzt reduziert. Außerdem ist bereits dargelegt worden, dass durch Nennung der Merkmale selbständiger Tätigkeit wie auch der Befugnis zu eigenverantwortlicher Tätigkeit eine Begrenzung des Kreises kooperationsfähiger Berufe auf Angehörige freier Berufe erfolgt.[1055] Außerdem lässt sich auf die Begrenzung der MKG auf einen Zusammenschluss freiberuflicher Professionsangehörige anhand des Wortlauts von § 23b I 2 MBOÄ rekurrieren, nach dem für alle Berufszusammenschlüsse unabhängig von ihrer konkreten Berufsbesetzung die *allgemeine* Zugänglichkeit der PartG zu entnehmen ist. Die Ausgrenzung von Gesundheitshandwerkern ist somit auch in § 23b I 1 Var. 2 MBOÄ selbst angelegt, weshalb selbst die Annahme der Spezialität des § 23b I 1 Var. 2 MBOÄ nicht zu einer Inklusion von Gesundheitshandwerkern

---

1054 Vgl. BT-Drs. 12/6152, S. 9; *Lenz*, in: *Meilicke et al.*, PartGG, § 1 Rn. 92.

1055 Ohne Begründung eher beiläufig eine Begrenzung auf freiberufliche Zusammenschlüsse feststellend auch *Junkert*, Ärzte und Physiotherapeuten, S. 13 f. Ebenso ablehnend, jedoch noch bei Geltung des abschließenden Katalogs kooperationsfähiger Berufsangehöriger *Lüke-Rosendahl*, Beruf des Arztes, S. 134.

führte. In Rekurs auf §§ 3 II, 18 II 1 MBOÄ wie auch § 23b I 1 Var. 1, S. 2 MBOÄ stehen der Beteiligung von Gesundheitshandwerkern systematische Erwägungen entgegen.

(6) Ergebnis

Während der Wortlaut des § 23b MBOÄ vorsichtig für die Kooperationsfähigkeit von Gesundheitshandwerkern spricht und die historische Entwicklung keine eindeutige Richtung weist, ist aus teleologischen und systematischen Erwägungen ihre Beteiligung an MKG unzulässig. Allein in Bayern besteht eine ausdrückliche Regelung in Bezug auf handwerkliche Gesundheitsberufe in § 23a I 1 BO BY, die ihre Beteiligung ausdrücklich untersagt.

η) Kaufmännische Berufe

Anschließend an den Ausschluss der gesundheitshandwerklichen Berufe müssen auch kaufmännische Berufe des Gesundheitswesens aus dem Kreis kooperationsfähiger Berufe ausscheiden. Kaufleute im Gesundheitswesen üben Verwaltungstätigkeiten aus und übernehmen allgemeine kaufmännische Tätigkeiten in Finanz-, Rechnungs- und Personalwesen und dem betrieblichen Qualitätsmanagement.[1056] Während Gesundheitshandwerker durch die Herstellung von in der Regel durch den Arzt verordneten Hilfsmitteln zumindest eine gewisse Nähe an der Heilbehandlung vorweisen können, ist eine fachliche Verbindung kaufmännischer Berufe zu der praktischen ärztlichen Behandlung von Patienten kaum gegeben, sodass die Erreichung eines gleichgerichteten oder integrierenden Zwecks bei der Heilbehandlung durch räumlich nahes und koordiniertes Zusammenwirken bereits theoretisch ausscheidet. In diesem Sinne wird auch der einzige ausdrückliche Ausschluss gewerblicher Ausbildungsberufe im Gesundheitswesen in einer ärztlichen Berufsordnung der Länder gemäß § 23b I 1 Var. 2 BO BY zu verstehen sein.

θ) Kosmetiker

Krieger[1057] lehnt die Kooperationsfähigkeit von Kosmetikern nach § 23b I 1 Var. 2 MBOÄ richtigerweise ab. Zwar ist die staatliche Anerkennung als Ausbildungsberuf vorhanden, seine Zugehörigkeit zum Gesundheitswesen ist jedoch fraglich. Im Verzeichnis anerkannter Ausbildungsberufe des Bundesinstituts für Berufsbildung werden Kosmetiker neben Friseuren, Maskenbildnern, Augenoptikern und Hörakustikern in der Rubrik „nichtmedizinische Gesundheits-, Körperpflege- und

---

1056 Siehe hierzu den Steckbrief „*Kaufmann/-frau im Gesundheitswesen*“ der Bundesagentur für Arbeit vom 01.08.2019.

1057 *Krieger*, MedR 1998, 57 (57); *zust. Haack*, in: *Wenzel*, Medizinrecht, Kap. 11 Rn. 130.

Wellnessberufe, Medizintechnik" geführt. Der Zuordnung des Verzeichnisses lässt sich ein Bezug zum Gesundheitswesen aufgrund der heterogenen Gruppenbildung nicht zwingend entnehmen. Allein § 4 I Nr. 12 der KosmAusbVO[1058] nennt als Ausbildungsgegenstand den Erwerb von Kenntnissen in der Ernährungsberatung und Gesundheitsförderung, andere Ausbildungsinhalte dienen der Schönheitspflege und der Pflege von Geschäftsverhältnissen. Die Anlage zu § 5 der KosmAusbVO präzisiert in Punkt 1.12 die Ausbildungsinhalte im Bereich der Ernährungsberatung und Gesundheitsförderung. Danach gehören die Unterscheidung der Auswirkungen des Ernährungs- und Bewegungsverhaltens auf den Hautzustand, Empfehlungen zu gesunden Ernährungs- und Lebensweisen und Vorschläge zu Bewegungs-, Haltungs- und Entspannungsübungen zum Ausbildungsprogramm. Wie oben beschrieben gehört ein Ausbildungsberuf dem Gesundheitswesen an, wenn dessen Hauptzweck auf die Gesundheit einschließlich der Hygiene ausgerichtet ist. Die kosmetische Tätigkeit richtet sich nach ihrem Schwerpunkt offenkundig nicht unmittelbar auf die Diagnose, Heilung, Linderung oder Verhütung von Krankheiten oder gesundheitlicher Beeinträchtigungen.[1059] In Betracht käme aufgrund der überwiegend nicht-gesundheitsberatenden Inhalte allenfalls die Hauptzielrichtung des kosmetischen Berufs auf die Hygiene als Teil des Gesundheitssektors. Hygiene kann nach berühmter Definition von *Max Rubner* als *„bewusste Vermeidung aller der Gesundheit drohenden Gefahren und die Betätigung gesundheitsmehrender Handlungen"*[1060] aufgefasst werden. Die kosmetische Pflege ist hingegen vor allen Dingen auf Schönheitspflege und nicht auf die Vermeidung der Gesundheit drohender Gefahren ausgerichtet, auch wenn sich gleichwohl kosmetische Maßnahmen mitunter beiläufig förderlich auf die Gesundheit auswirken können.[1061] Die Tätigkeit stellt im Kern eine gewerbliche Dienstleistung außerhalb des Gesundheitswesens dar. Kosmetikern fehlt damit das Element medizinischer Behandlung, weshalb sie auch keine Behandlungsverträge mit ihren Kunden schließen.[1062] Ihre

---

1058 Verordnung über die Berufsausbildung zum Kosmetiker/zur Kosmetikerin vom 9. Januar 2002, BGBl. I 2002, S. 417.

1059 Vgl. die Definition von *„Gesundheitsberufen"* im Gutachten des SVR, BT-Drs. 16/6339, S. 42. Siehe zur Abgrenzung Heilkunde/Kosmetik auch *Stelzl*, ZMGR 2006, 168 (170).

1060 *Siefert*, in: *Gerabek et al.*, Medizingeschichte, Band 1 A-G, S. 647, mit Hinweis auf *Rubner*, in: *Rubner et al.* (Hrsg.), Handbuch der Hygiene, Band I, 1911, S. 19 ff.

1061 So lässt sich der Begriff der Kosmetik (aus dem Griechischen *κοσμητική* - Kunst des Schmückens, *κοσμεῖν - zieren, schmücken*) Schönheitspflege, Körperpflege- oder Schönheitsmittel, Make-up oder (auch in weniger körperlichem Bezug) die nur vordergründig vorgenommene Korrektur eines Tatbestands zum Zweck der Manipulation; sowie manipulatives Verhalten, mit dem ein äußerlich günstiger, gewünschter Eindruck erweckt werden soll; siehe Duden, Schlagwort Kosmetik; *Müller-Jahncke*, in: *Gerabek et al.*, Medizingeschichte, S. 785. Dagegen ordnet *Krieger*, MedR 1998, 57 (57), Kosmetiker den medizinischen Assistenz- oder Hilfsberufen zu.

1062 *Wenzel*, in: *Wenzel*, Patientenrechtegesetz, BGB, § 630a Rn. 19 f.

Tätigkeit entspricht daher – wie bei Gesundheitshandwerkern – nicht dem Zweck von MKG nach § 23b I 3 MBOÄ als ein Zusammenwirken bei der Heilbehandlung. Kosmetiker sind damit unbeachtlich ihres konkreten Angebots nicht nach § 23b I 1 Var. 2 MBOÄ kooperationsfähig.

iii) Naturwissenschaftler

§ 23b I 1 Var. 3 MBOÄ ermöglicht den Zusammenschluss zu einer MKG auch mit *„anderen [...] Naturwissenschaftlern"*. Zu den zusammenschlussfähigen Naturwissenschaftlern zählen nach der Literatur Chemiker, Physiker, Biologen,[1063] zum Teil auch Ernährungswissenschaftler.[1064] Zudem werden auch *„andere Naturwissenschaftler"* genannt.[1065] Nach der Sächsischen Landesärztekammer und auch der Bundesärztekammer kommen insbesondere Zusammenschlüsse mit (Klinischen)[1066] Chemikern, Ernährungswissenschaftlern und anderen Naturwissenschaften in Betracht.[1067] Unter Rekurrenz auf das sog. Blaue Papier aus dem Jahr 1980[1068] kommt auch die Beteiligung von Ingenieuren an einer MKG in Frage, soweit sie zur Diagnosestellung einbezogen werden können. Die genannten Aufzählungen sind offenkundig nur beispielhaft bezweckt. Es bedarf sohin zuvorderst der Aufklärung, welche Anforderungen § 23b I 1 Var. 3 MBOÄ an Naturwissenschaftler stellt.

Nur scheinbar ist eindeutig, wodurch sich eine Naturwissenschaft auszeichnet. Allgemein wird unter Naturwissenschaften eine einzelne Wissenschaft verstanden, die ein bestimmtes Gebiet der Natur zum Gegenstand hat.[1069] *Kircheldorf* erklärt dagegen Naturwissenschaft als die Beschreibung aller Erscheinungen der Natur und des Kosmos sowie ihre Erklärung auf Basis von (Natur-) Gesetzen und deren Wechselwirkungen.[1070] *Habermas* geht noch weiter und überträgt der Naturwissenschaft neben der Erklärung von Naturphänomenen die Aufgabe, die Natur nutzbar zu machen.[1071] Allein im Verständnis von *Habermas* ist die Möglichkeit

---

1063 *Broglie/Hartmann*, in: *Clausen/Schroeder-Printzen*, Medizinrecht, § 11 Rn. 62; *Kilian*, in: *Prütting*, Medizinrecht, MBOÄ, § 23b Rn. 4.

1064 *Kilian*, in: *Prütting*, Medizinrecht, MBOÄ, § 23b Rn. 4.

1065 *Hartmann*, in: *Halbe/Schirmer*, Kooperationen, A 1500 Rn. 16.

1066 Die *LÄK Bad.-Württ.*, PartG/MKG, Punkt 4.2, führt ausdrücklich neben Klinischen Chemikern auch Chemiker als kooperationsfähig auf.

1067 *Sächsische LÄK*, Niederlassung und berufliche Kooperation, S. 18; *BÄK*, DÄBl. 2008, A-1019 (A-1024). Diese Berufe wurden bereits in der Vorgängerregelung des § 23b MBOÄ, Kap. D II. Nr. 9 Abs. 2 MBOÄ-1997, genannt.

1068 *BÄK*, DÄBl. 1980, A-1641, (A-1649).

1069 *Duden*, Schlagwort Naturwissenschaft.

1070 *Kircheldorf*, Erkenntnisse und Irrtümer, S. 14.

1071 *Habermas*, Technik und Wissenschaft als ‚Ideologie',S. 146 (148 ff.), thematisiert in Darlegung der historischen Intention der Theorie einer Einheit von Tatsachen und Werten die in der modernen Wissenschaft vorgenommene Wertfreiheit, die in einer Gegenüberstellung des puren Seins mit dem abstrakten Sollen resultiert.

inhaltlicher Beschreibung der Natur durch Voraussetzung ihrer Nutzbarkeit immanent, die Definition dient jedoch nicht der Verdeutlichung im Rahmen des § 23b MBOÄ. Geeignet ist eher eine Abgrenzung zu Geisteswissenschaften anhand ihrer Zugänglichkeit zu empirischer Beurteilung. In der Folge könnte mit Rekurs auf die bereits wörtlich immanente „*Wissenschaft*"[1072] eine forschende Tätigkeit der Kooperationspartner als Wissenschaftler beabsichtigt sein. Sie stellte allerdings die Sinnhaftigkeit der Kooperationsform in Frage, deren Zweck in der koordinierten Heilbehandlung mehrerer Behandler unterschiedlicher Berufe liegt.

Nach dem Sinn und Zweck der Vorschrift ist an den Abschluss eines naturwissenschaftlichen Studiums als Voraussetzung an Naturwissenschaftler anzuknüpfen. Diese Auslegung fügt sich in die Systematik des § 23b I 1 MBOÄ ein, der bereits in den ersten beiden Varianten der Bestimmung zusammenschlussfähiger Berufsangehöriger auf die Ausbildung rekurriert. Ein medizinischer Bezug des naturwissenschaftlichen Berufs wird erst durch die Zweckbindung von MKG nach § 23b I 3, II MBOÄ an die Beteiligung an der Heilbehandlung in diagnostischem oder therapeutischem Zusammenhang vorausgesetzt.

Die Voraussetzungen einer selbständigen Tätigkeit und Befugnis zu eigenverantwortlicher Berufsausübung beziehen sich semantisch infolge der getrennten Aufzählung durch das Bindeglied „sowie" nicht auf Naturwissenschaftler,[1073] sie dürfen jedoch bereits aus gesellschaftsrechtlichen Gründen nicht lediglich Angestellte sein. Von praktischer Relevanz dürften damit nur die in der Literatur genannten Physikern, (Klinischen)[1074] Chemikern und Biologen sein.

iv) Angehörige sozialpädagogischer Berufe

Nach § 23b I 1 Var. 4 MBOÄ kommen für den Arzt auch Zusammenschlüsse mit Angehörigen sozialpädagogischer Berufe in Betracht. Der Bereich ist wohl auch mangels Bedeutung für die Praxis nur selten Gegenstand von Abhandlungen, eine genaue Auseinandersetzung hat insoweit soweit ersichtlich noch nicht stattgefunden. Während *Kilian* den Kreis der „sozialpädagogischen Berufe" – ohne

---

1072 Siehe hierzu den weiten Begriff der Wissenschaft nach *BVerfGE* 35, 79 (113), wonach wissenschaftliche Tätigkeit sich darstellt als *„alles, was nach Inhalt und Form als ernsthafter planmäßiger Versuch zur Ermittlung der Wahrheit anzusehen ist."*

1073 In der Literatur wird der grammatikalischen Strukturierung nicht hinreichend Beachtung geschenkt, weswegen die Voraussetzungen der Selbständigkeit und Eigenverantwortlichkeit auf alle Berufe bezogen werden, siehe hier nur *Scholz*, in: *Spickhoff*, Medizinrecht, MBOÄ, § 23b Rn. 2; *Hartmann*, in: *Halbe/Schirmer*, Kooperationen, A 1600 Rn. 18.

1074 Praktisch zu beachten ist insbesondere, dass Klinische Chemiker nicht umsatzsteuerbefreit arbeiten, da sie im Gegensatz zu Ärzten, Zahnärzten und anderen Heilberufen in Behandlungsverhältnissen von der Befreiungsregelung des § 4 Nr. 14 lit. a) UStG mangels Vertrauensverhältnisses zu einem Patienten nicht erfasst werden, siehe *Heidner*, in: *Bunjes*, UStG, § 4 Nr. 14 Rn. 54.

Begründung – auf soziale Pflegeberufe einengt,[1075] nennt *Hartmann* darüber hinaus beispielhaft Diplomsozialpädagogen und Diplomheilpädagogen.[1076]

Der Begriff der sozialpädagogischen Berufe mag ihre Trennung von sozialpflegerischen Berufen erahnen lassen,[1077] die in den landesrechtlichen Regelungen allerdings nur in *Berlin* ausdrücklich vorgenommen wird. Eine dem Wortlaut zu entnehmende Ausgrenzung der sozialpflegerischen Berufe ergibt sich jedoch nicht zwingend. Hierfür spricht bereits, dass eine Trennung beider Berufsgruppen im Recht der meisten Länder – ausgenommen in *Berlin* – nicht deutlich zu Tage tritt. Im sozialpflegerischen Bereich existieren dabei Berufe medizinischen Einschlags, die den ersten beiden Varianten des § 23b I 1 MBOÄ noch nicht zugeordnet werden können.[1078] Die Aufnahme von Angehörigen dieser Berufe in eine MKG ist wegen ihrer im Vergleich zu sozialpädagogischen Berufen ausgeprägteren Nähe zur Heilbehandlungstätigkeit von Ärzten allerdings erst recht plausibel. Gegen die Erfassung sozialpflegerischer Berufe spricht auch nicht in historischer Auslegung die Entwicklung der heutigen Vorschrift aus der ehemaligen Katalogregelung des Kap. D II. Nr. 9 Abs. 2 MBOÄ-1997, welche noch ausdrücklich auf Diplom-Sozialpädagogen und Diplom-Heilpädagogen begrenzt gewesen ist. Die Auflösung des Katalogs sollte eine Erweiterung der bis dato bestehenden Kooperationsmöglichkeiten bewirken, auch um für Entwicklungen der Kooperationsberufe offen zu sein. Diese Offenheit lässt sich in Anbetracht der für die Auslegung des § 23b MBOÄ maßgeblichen Berufsausübungsfreiheit der Ärzte auch auf ein sich fortentwickelndes Verständnis von Berufsgruppierungen beziehen. Mangels ausdrücklicher Trennung zwischen sozialpädagogischen und -pflegerischen Berufen durch das Recht der meisten Länder ist eine Auslegung zu präferieren, die auch sozialpflegerische Berufe als kooperationsfähig erachtet und damit dem Grundrecht am meisten Wirkung verschafft.

Während dabei in den früheren Bestimmungen der § 23a II 1 Nr. 1 lit. d) MBOÄ-1995 und Kap. D II. Nr. 9 Abs. 2 S. 1 lit. d) MBOÄ-1997 noch ein Diplom erforderlich gewesen ist, beschränkt sich der Wortlaut des § 23b I 1 Var. 4 MBOÄ auf die Nennung von „*Angehörigen sozialpädagogischer Berufe*“, ohne ein Studium vorauszusetzen. Wie bei Naturwissenschaftlern sind die Voraussetzungen der Selbständigkeit und Befugnis zu eigenverantwortlicher Berufsausübung grammatikalisch nicht auf Angehörige sozialpädagogischer Berufe bezogen. Bereits gesellschaftsrechtlich dürfen sie allerdings nicht lediglich angestellt sein. Angehörige

1075 *Kilian*, in: *Prütting*, Medizinrecht, MBOÄ, § 23b Rn. 4.

1076 *Hartmann*, in: *Halbe/Schirmer*, Kooperationen, A 1500 Rn. 16.

1077 Siehe dazu das „Gesetz über die staatliche Anerkennung in sozialpädagogischen und sozialpflegerischen Berufen im Land Berlin“ vom 5. Oktober 2004.

1078 So exemplarisch Heilerziehungspfleger, die trotz gesundheitsbezogener Tätigkeiten den pädagogischen Berufen zugerechnet werden, vgl. zu diesen *Schnitzler*, Heilberufe, S. 80.

sozialpädagogischer und -pflegerischer Berufe sind damit ungeachtet der Art ihres Ausbildungsabschlusses zulässige Kooperationspartner.

v) Beteiligung von Personengesellschaften

α) Ausgangslage

Der Wortlaut des § 23b I 1 MBOÄ eröffnet Ärzten einen Zusammenschluss zur kooperativen Berufsausübung mit Angehörigen anderer Berufe. Mehrstöckige Beteiligungen werden nicht ausdrücklich untersagt, auf die Unzulässigkeit der Beteiligung von Personengesellschaften lässt sich zunächst dennoch im Umkehrschluss aus der Bindung an die Berufsangehörigkeit schließen, da einem Beruf nur natürliche Personen angehören können.[1079] Eine solche Auslegung verstieße jedoch gegen das Bestimmtheitsgebot,[1080] denn der Umkehrschluss ist nicht zwingend. Bekanntlich ist bereits die Berufsfreiheit nach Art. 12 I GG ihrem Wesen nach auf inländische juristische Personen anwendbar.[1081] Gesellschaftsrechtlich folgt allein für die Beteiligung an einer PartG aus § 1 I 3 PartGG der Ausschluss von Personengesellschaften und juristischen Personen.[1082] Die Norm schließt allerdings nicht die Beteiligung der PartG selbst an anderen Gesellschaften aus.[1083] Gesellschaftsrechtlich stünde der Beteiligung von Personengesellschaften an einer GbR[1084] oder an einer juristischen Person des Privatrechts[1085] jedenfalls nichts im Wege.[1086]

1079 Hier nur *Treptow*, MVZ-GmbH, S. 177; siehe auch *Henssler*, PartGG, § 1 Rn. 4.

1080 Ähnlich in Bezug auf das patentanwaltliche Berufsrecht *BGH*, NJW 2002, 68 (70).

1081 *BVerfGE*, 30, 292 (312); 50, 290 (363); 65, 196 (209 f.); 74, 129 (148 f.); 97, 228 (253); 102, 197 (213); 105, 252 (265); 115, 205 (229); 126, 112 (136).

1082 *BGH*, NJW 2017, 1681 (1682; 1684). Nach der Bundesregierung entspricht eine Begrenzung auf natürliche Personen als Partner einer PartG dem Leitbild eines persönlichen Vertrauensverhältnisses zum Auftraggeber am ehesten, BT-Drs. 12/6152, S. 9. Die Ansicht ist zwar umstritten, insbesondere *K. Schmidt*, ZIP 1993, 633 (639); *Beck*, AnwBl. 2015, 380 (382) kritisieren sie. Die Kritik muss aber aufgrund des klar erkennbar zum Ausdruck gekommenen objektivierten Willens des Gesetzgebers in § 1 I 3 PartGG als rechtspolitisch verstanden werden, siehe so auch *Henssler*, PartGG, § 1 Rn. 43 ff.; *Hirtz*, in: *Henssler/Strohn*, Gesellschaftsrecht, PartGG, § 1 Rn. 40 f.; *Schäfer*, in: MüKo BGB, PartGG, § 1 Rn. 23 f.

1083 *Hirtz*, in: *Henssler/Strohn*, Gesellschaftsrecht, PartGG, § 1 Rn. 41; *Henssler*, PartGG, § 1 Rn. 4, 49 f.

1084 *Servatius*, in: *Henssler/Strohn*, Gesellschaftsrecht, BGB, § 705 Rn. 22.

1085 Für die GmbH *Schäfer*, in: *Henssler/Strohn*, Gesellschaftsrecht, GmbHG, § 2 Rn. 41 f.; *Heinze*, in: MüKo GmbHG, § 2 Rn. 98 ff. Für die AG *Lange*, in: *Henssler/Strohn*, Gesellschaftsrecht, AktG, § 2 Rn. 2 ff.; *Heider*, in: MüKo AktG, § 2 Rn. 16 f.

1086 Ferner *Römermann*, GmbHR 2017, 572 (572).

β) Rechtsprechung zum anwaltlichen Berufsrecht

(1) GbR

Die zentralen Regelungen zu berufsübergreifenden Zusammenschlüssen – insbesondere die Gestaltung des § 23a MBOÄ[1087] – weisen zu den Vorschriften der §§ 59a, 59c ff. BRAO Parallelen auf. Für § 23b MBOÄ folgt diese Parallele jedenfalls aus seiner Inkorporierung des § 23a MBOÄ in § 23b I 2 a. E. MBOÄ, weshalb sich ein Blick auf das rechtsanwaltliche Berufsrecht lohnt. Nach der Rechtsprechung des *VIII.* und *X. Senats des BGH* kann sich eine GbR an einer Rechtsanwaltsgesellschaft, einer selbst zugelassenen kapitalgesellschaftlich organisierten Berufsausübungsgemeinschaft,[1088] beteiligen, wenn sie so ausgestaltet ist, dass den an die Rechtsanwaltsgesellschaft gestellten berufsrechtlichen Anforderungen Genüge getan ist.[1089] Mangels objektiv zwingenden Niederschlags der entgegenstehenden Intention des Gesetzgebers[1090] sei die von ihr abweichende Auslegung des Gesetzes nicht verhindert und verfassungsrechtlich in Hinblick auf die Berufsfreiheit gem. Art. 12 I GG und aus Gründen der Gleichheit nach Art. 3 GG gegenüber Wirtschaftsprüfern und Steuerberatern, bei denen eine Beteiligung einer GbR nach § 28 IV 2 WPO bzw. § 50a II StBerG in Frage kommt, sogar geboten.[1091] Beide Normen setzten die Zulässigkeit der Gesellschafterstellung einer GbR voraus, ohne die zulässige Gesellschafterstellung der GbR zu erwähnen.[1092] Auch zum Erhalt des entscheidenden Gewichts der jeweiligen Berufsgruppe sowie zur Verhinderung berufsfremder Einflüsse durch Dritte und reiner Kapitalbeteiligungen erkennt die Rechtsprechung keine Erforderlichkeit des Ausschlusses der GbR von der Gesellschafterstellung, da die Willensbildung in der GbR durch identische Personen erfolge, die als Gesellschafter der GmbH in Frage kommen.[1093]

(2) Keine Beteiligung der PartG

Dagegen schließt der *VIII. Senat des BGH* die Zulässigkeit der Gesellschafterstellung einer PartG in einer Rechtsanwaltsgesellschaft aus.[1094] Der Ausschluss lasse sich

---

1087 Ausdrücklich diese betreffend *Scholz*, in: *Spickhoff*, Medizinrecht, MBOÄ, § 23a Rn. 2, nach dem § 23a MBO Anleihen bei den §§ 59c ff. MBOÄ nimmt.

1088 Siehe hierzu näher S. 574 ff.

1089 *BGH*, NJW 2017, 1681 (1683); bzgl. § 52e I PatAO für die Patentanwaltsgesellschaft mbH *BGH*, NJW 2002, 68 ff.; im Grundsatz *zust. Römermann*, GmbHR 2017, 572 (573).

1090 Aus BT-Drs. 13/9820, S. 14, ergibt sich, dass die Beteiligung einer BGB-Gesellschaft explizit ausgeschlossen sein sollte.

1091 *BGH*, NJW 2002, 68 (68, 70 f.) unter Verweis auf *BVerfGE* 48, 40 (45); 62, 1 (45); 64, 229 (242).

1092 *BGH*, NJW 2002, 68 (69).

1093 *BGH*, NJW 2002, 68 (69 f.).

1094 *BGH*, NJW 2017, 1681 (1683).

dem Wortlaut des § 59e I 1 BRAO, seiner Entstehungsgeschichte, der Gesetzessystematik sowie dem Sinn und Zweck des § 59e I 1 BRAO als auch dem Charakter der PartG als Berufsausübungsgemeinschaft entnehmen, die nicht der *„(ausschließliche[n]) Beteiligung an einer anderen Gesellschaft"* dienen dürfe.[1095] In Anbetracht der Parallelen des § 23b MBOÄ iVm § 23a MBOÄ zu der Normierung (berufsübergreifender) Zusammenschlüsse in Kapitalgesellschaften im rechtsanwaltlichen Berufsrecht mag diese Rechtsprechung auch für Ärzte Bedeutung gewinnen. Daher ist diese vor der Prüfung ihrer Übertragung auf das ärztliche Berufsrecht kritisch zu würdigen.

(3) Kritische Überprüfung des Beteiligungsausschlusses der PartG

Der *BGH* versagt der PartG die Gesellschafterstellung zunächst, da sie aufgrund ihrer losgelösten Rechtspersönlichkeit an die juristische Person angenähert sei.[1096] Die Differenzierung wird heute weder durch den Wortlaut des § 59e I 1 BRAO noch durch die Eigenart der PartG getragen. Die PartG ist ebenso wenig juristische Person wie die GbR, deren Beteiligung als zulässig erachtet wird. PartG und GbR sind strukturgleich,[1097] wenn auch die PartG exemplarisch von *Stuber* vor der wegwesendem Zuerkennung der Rechtsfähigkeit der Außen-GbR[1098] als *„abgewandelte Personenhandelsgesellschaft"* bezeichnet worden ist, die *„de facto der juristischen Person angenähert"* sei.[1099] Der ähnlich lautende Gesetzentwurf zum PartGG rekurrierte im Kontext allein auf die zuerkannte Rechtspersönlichkeit,[1100] die der Außen-GbR damals nicht beigemessen worden ist. Wenn der *BGH* darauf verweist, dass bei der GbR keine vollständige Abkoppelung der Gesellschaft von ihren Mitgliedern vollzogen ist, stellt das zur Untermauerung zitierte Urteil desselben Senats[1101] die Argumentation auf tönerne Füße – es unterscheidet zwischen der GbR und juristischen Personen, ein Kontrast zu anderen Personengesellschaften wird nicht erwogen. Eine Gesellschaftsbeteiligung wird sowohl der PartG als auch seit Anerkennung ihrer Rechtsfähigkeit auch der Außen-GbR[1102] als Gesellschaft

---

1095 *BGH*, NJW 2017, 1681 (1683 ff.).

1096 *BGH*, NJW 2017, 1681 (1683). Siehe bereits der Gesetzentwurf zum PartGG ZIP 1993, 153 (154).

1097 *Gummert/Remplik*, Münchener Hdb. Gesellschaftsrecht, Bd. 1, § 25 Rn. 11.

1098 *BGH*, NJW 2001, 1056 ff.

1099 *Stuber*, WiB 1994, 705 (708), der dennoch feststellt, dass sich die Partnerschaft in das dogmatische Konzept der Gesamtheit einfügt. Vgl. ferner die Bezeichnung als *„Freiberufler-OHG"* durch *Schäfer-Golz*, in: FS Huber, S. 951 (951).

1100 ZIP 1993, 153 (154); *K. Schmidt*, ZIP 1993, 633 (635), bezog die Annäherung an die juristische Person ebenfalls auf die eigene Rechtspersönlichkeit der PartG (*„damit"*).

1101 *BGH*, NJW 2017, 547 (549).

1102 Das Halten von Gesellschaftsanteilen an einer anderen Gesellschaft ist durch die Betroffenheit eines anderen Rechtsobjekts, nämlich der Zielgesellschaft, notwendigerweise ein Auftreten nach außen.

zugeordnet, sodass bei PartG und GbR gleichfalls eine „*Abkoppelung*" stattfindet. Auch haftungsrechtlich gleicht die einfache PartG aufgrund ihres Grundsatzes persönlicher Haftung der Partner nach § 8 I PartGG der GbR.[1103]

Aus den Gesetzesmaterialien lässt sich ebenso wenig eine Unterscheidung zwischen GbR und PartG herleiten. In der Gesetzesbegründung wird stattdessen bereits die GbR als nicht beteiligungsfähig eingestuft.[1104] Entgegen der Gesetzesbegründung hat der *BGH* jedoch die Gesellschafterfähigkeit der GbR anerkannt.[1105] Gleichwohl erfolgte die Anerkennung auch zur Erreichung einer Gleichheit zwischen dem Recht der Steuerberater, Wirtschaftsprüfer und Rechtsanwälte. Zweck der in § 50a II 1 StBerG bzw. § 28 IV 2 WPO geregelten GbR als Gesellschafter einer Steuerberatungs- bzw. Wirtschaftsprüfungsgesellschaft ist jedoch ausschließlich das Halten von Anteilen an ihr. Allein zu diesem Zweck soll nach der Rechtsprechung die Beteiligung einer GbR ermöglicht werden. Da die PartG aktive Berufsausübung in der Gesellschaft erfordere, wofür das Halten einer Beteiligung nicht ausreiche, sei der PartG die Beteiligung verwehrt.[1106] Die Argumentation erscheint schlüssig, betrachtet jedoch § 28 IV 2 WPO bzw. § 50a II 1 StBerG isoliert und kommt daher im Umkehrschluss zu der falschen Grundannahme, dass Personenmehrheiten zu anderen Zwecken als der ausschließlichen Verwaltung der Gesellschaftsanteile keine tauglichen Gesellschafter sein könnten. Ausdrücklich kommen aber nach § 28 I 2, IV Nr. 1 WPO bzw. §§ 50 I 3, 50a I Nr. 1 StBerG Wirtschaftsprüfungsbzw. Steuerberatungsgesellschaften als persönlich haftende Gesellschafter in Betracht und ermöglichen daher mehrstöckige[1107] Wirtschaftsprüfungs- bzw. Steuerberatungsgesellschaften. Im Gegensatz zu Rechtsanwaltsgesellschaften nach § 59c BRAO sind sie nicht zwingend Kapitalgesellschaft, sondern können auch als Personengesellschaften, also auch als PartG nach § 49 I StBerG (ausdrücklich) bzw. § 27 I WPO („*Gesellschaften nach deutschem Recht*") organisiert werden. § 50a IV 2 StBerG und § 28 II 1 WPO regeln folglich nur die Beteiligung reiner Verwaltungsgesellschaften, die nicht der gemeinsamen Berufsausübung dienen.

Im Übrigen vermag die bezweckte Unzulässigkeit mehrstöckiger Gesellschaften[1108] zur Sicherstellung der Transparenz[1109] und zur Verhinderung von

1103 Die akzessorische Haftung der Gesellschafter wird lediglich durch § 8 II PartGG eingeschränkt.

1104 BT-Drs. 13/9820, S. 14.

1105 *BGH*, NJW 2002, 68 (68, 70 f.)

1106 *BGH*, NJW 2017, 1681 (1685).

1107 Vgl. BT-Drs. 14/2667, S. 33.

1108 *BGH*, NJW 2017, 1681 (1684), mit Hinweis auf BT-Drs. 13/9820, S. 12 f.

1109 *Römermann*, BB 2019, 899 (901), schlussfolgert provokant aus der Urteilsbegründung des *BGH*, die PartG sei im Gegensatz zu der GbR trotz ihrer Registereintragung „*intransparent*", weshalb „*vor solchen dubiosen Strukturen*" zu schützen sei; gleichfalls zuvor *ders.*, GmbHR 2017, 572 (573 f.).

Abhängigkeiten und externen Einflussnahmen die historisch-genetische Argumentation des Gerichts nicht zu stützen. So strebt der Gesetzgeber zwar an, mehrstöckige Gesellschaften zu verhindern. Jedoch dient hierzu ausdrücklich die Vorschrift des § 59c II BRAO, wonach die Beteiligung von Rechtsanwaltsgesellschaften an Zusammenschlüssen zur gemeinschaftlichen Berufsausübung unzulässig ist.[1110] Über die Beteiligung an einer Rechtsanwaltsgesellschaft ist daraus lediglich zu folgern, dass eine andere nach § 59c I BRAO errichtete Rechtsanwaltsgesellschaft[1111] nicht an ihr beteiligt sein kann.[1112] Darüber hinaus lassen sich keine Schlussfolgerungen für die Beteiligung von Personengesellschaften *an* einer Rechtsanwaltsgesellschaft entnehmen.[1113] Auch um die Gleichbehandlung mit Steuerberatern und Wirtschaftsprüfern wie vom *BGH* selbst angestoßen ernsthaft zu erzielen, ist eine Auslegung heranzuziehen, nach der die Beteiligung auch einer PartG an Rechtsanwaltsgesellschaften anerkannt wird.

Die Argumentation des *BGH* anhand der Regelung in § 59j II 2 BRAO zur Berufshaftpflichtversicherung[1114] schlägt fehlt. Nach § 59j I BRAO ist eine Rechtsanwaltsgesellschaft verpflichtet, eine Berufshaftpflichtversicherung abzuschließen. Die Mindestversicherungssumme beträgt 2,5 Millionen Euro für jeden Versicherungsfall.[1115] Die Leistungen des Versicherers können für alle innerhalb eines Versicherungsjahres verursachten Schäden nach § 59j II 2 BRAO auf den Betrag der Mindestversicherungssumme, vervielfacht mit der Zahl der Gesellschafter und der Geschäftsführer, die nicht Gesellschafter sind, begrenzt werden. Der *BGH* weist auch auf die entsprechende Norm für die Organisation der Berufsausübungsgemeinschaft

---

1110 BT-Drs. 13/9820, S. 13. Damals wie heute lautet § 59c II BRAO: „*Die Beteiligung von Rechtsanwaltsgesellschaften an Zusammenschlüssen zur gemeinschaftlichen Berufsausübung ist unzulässig.*“

1111 Genannt sind damit zwar nur Gesellschaften mit beschränkter Haftung, die Rechtsprechung hat jedoch die Regelungen zur Rechtsanwaltsgesellschaft mbH für die Rechtsanwalts-AG übernommen und somit die AG als zulässige Rechtsform anerkannt, *BGH*, NJW 2005, 1568 (1569 ff.). Siehe näher auch *Brüggemann*, in: *Feuering/Weyland*, BRAO, Vor 59c Rn. 8 ff.

1112 *BGH*, NJW 2017, 1681 (1684); nach *AnwGH Meck.-Vorp.*, Urt. v. 1.12.2000 – AGH 7/00 [I/4], Rn. 20 – juris, gilt dies erst recht für die Beteiligung von Steuerberatungsgesellschaften.

1113 Diesen Schluss zieht wohl auch *Henssler*, NJW 2017, 1644 (1645), nach dem die „*These, mehrstöckige -Gesellschaften stünden per se in einem Widerspruch zu den Grundsätzen der Freiberuflichkeit*“ nicht zutrifft.

1114 *BGH*, NJW 2017, 1681 (1684).

1115 In der Literatur wird die Mindestversicherungssumme teilweise für überhöht gehalten, siehe hier nur *Römermann/Günther*, in: in: *Römermann*, BORA, 21. Edition Stand 01.09.2018, BRAO, § 59j Rn. 7 f.; *Henssler*, NJW 1999, 241 (244); als angemessen, aber nicht unbedingt geboten wird sie eingestuft von *Zuck*, MDR 1998, 1317 (1320 f.). Als verhältnismäßig erachtend ebenso *BVerfG*, NJW 2001, 1560 f.

in einer PartGmbB nach § 51a II BRAO hin. Den §§ 59j II 2 und 3, 51a II BRAO ist der Grundsatz zu entnehmen, dass mit steigender Anzahl der Gesellschafter ein zunehmender Umfang des Mindestversicherungsschutzes zu gewährleisten ist. Dieser Maxime laufe es zuwider, wenn die Bemessung des Mindestversicherungsumfangs nach § 59j II 3 BRAO lediglich in Anknüpfung an die PartGmbB anstelle der darin vereinigten Berufsangehörigen erfolge.[1116] Eine Unterscheidung zwischen der GbR und der einfachen Form der PartG wird für die Höhe der Mindesthaftpflichtversicherung jedoch nicht dargelegt. Tatsächlich besteht auch kein Unterschied zwischen der Haftung einer Sozietät in Form einer GbR oder einer PartG, die beide selbst nicht haftpflichtversicherungspflichtig sind. Vielmehr sind nach § 51 I 1 BRAO in beiden Rechtsformen die Berufsträger kraft ihrer Zulassung selbst versicherungspflichtig,[1117] auch wenn die Sozietät in der Praxis regelmäßig die Haftpflichtversicherung für ihre Anwälte übernimmt.[1118] Innerhalb einer Sozietät wird lediglich nach § 12 der Allgemeinen Vertragsbedingungen zwischen Versicherer und Versicherungsnehmer der Versicherungsfall eines Sozius als solcher aller Sozien behandelt.[1119] Allein im Rahmen der haftungsbeschränkten PartGmbB besteht nach § 8 IV 1 PartGG eine eigene Versicherungspflicht der Gesellschaft mit erhöhter Mindestversicherungssumme. Die Anknüpfung der Haftpflichtversicherungspflicht an die einzelnen Rechtsanwälte nach § 51 I 1 BRAO spricht entgegen dem *BGH* für eine Abkoppelung der Partner von der GbR[1120] ebenso wie von der einfachen PartG. Ein Unterschied bei Bemessung der Mindesthaftpflichtversicherung nach § 59j II 2 BRAO lässt sich daher zwischen GbR und PartG als Gesellschafter einer Rechtsanwaltsgesellschaft nicht erkennen. Wenn der *BGH* am Wortlaut stehen bleibt und die Haftungsbegrenzung an der Anzahl der „Gesellschafter" belässt, müsste er dasselbe Risiko einer unangemessenen Begrenzung der Mindestversicherungssumme im Fall der Beteiligung einer GbR bekunden. Statt einer Anknüpfung an die PartG ist zur Berechnung vielmehr ein Durchgriff auf die in ihr zusammengeschlossenen Berufsträger erforderlich, wie ihn der Senat zur Gesellschafterfähigkeit von der GbR schließlich stillschweigend annehmen muss. Die zur Begründung eines Durchgriffs

---

1116 *BGH*, NJW 2017, 1681 (1684).

1117 *BGH*, AnwBl 2006, 356; *Diller*, in: *Henssler/Prütting*, BRAO, BRAO, § 51 Rn. 20; *Sassenbach*, in: *Höra*, Versicherungsrecht, § 18 Rn. 6; *Römermann/Günther*, in: *Römermann*, BORA, BRAO, § 51 Rn. 3; *Stobbe*, in: *Henssler/Streck*, Sozietätsrecht, Kap. B Rz. 563. Die nicht statuierte Haftpflichtversicherungspflicht für die PartG stellt außerdem rechtspolitisch einen Vorzug gegenüber der haftungsbeschränkten Formen der PartGmbB und der GmbH dar, vgl. *Römermann/Günther*, in: *Römermann*, BORA, BRAO, § 59j Rn. 5; *Römermann*, GmbHR 1998, 966 (969).

1118 *Diller*, in: *Henssler/Prütting*, BRAO, § 51 Rn. 25 f., § 51a Rn. 6.; *Grams*, in: *Hartung/Scharmer*, BRAO, § 51 Rn. 30 ff., 38.

1119 *Sassenbach*, in: *Höra*, Versicherungsrecht, § 18 Rn. 47.

1120 Vgl. bereits *Römermann*, GmbHR 2017, 572 (575), nach dem die *„GbR noch als lockeren Verbund zu betrachten [...] getrost als überholt vernachlässigt werden [darf]"*.

auf die Gesellschafter vorzunehmende Auslegung des Gesellschafterbegriffs in § 59j II 2 BRAO verstößt auch nicht gegen das auf Art. 20 III GG gestützte Analogieverbot im Verwaltungsrecht,[1121] da sie Folge einer verfassungsrechtlich begründeten extensiven Auslegung der Gesellschafterfähigkeit im Rahmen von Rechtsanwaltsgesellschaften ist.

Insgesamt lässt sich die durch den *BGH* vertretene Ausgrenzung der PartG als Gesellschafter einer Rechtsanwaltsgesellschaft kaum aufrecht erhalten.[1122] Durch die nunmehr anhängige Verfassungsbeschwerde[1123] dürfte das *BVerfG* (abermals)[1124] die Berufsausübung der freien Berufe ein Stück weit liberalisieren.

γ) Übertragung auf MKG

Die Gesellschafterfähigkeit von Personengesellschaften in MKG thematisiert bisher lediglich *Scholz*, der den Kreis potentieller Gesellschafter nach § 23a I 1 MBOÄ an den *BGH* anknüpfend auf natürliche Personen begrenzt.[1125] Die Bundesärztekammer geht auf die Gesellschafterfähigkeit von Personenmehrheiten in Ärztegesellschaften oder MKG nicht ein.[1126] Die Anlehnung des § 23a MBOÄ an die Regelung der Rechtsanwaltsgesellschaft[1127] lässt die dort anzunehmende zulässige Beteiligung von Personengesellschaften denkbar erscheinen. In Bezug auf die Gesellschafterfähigkeit in Ärztegesellschaften wird hervorgehoben, die Kriterien dienten der Gewährleistung, *„auch bei der Ausübung der ambulanten Heilkunde durch eine Gesellschaft die den Beruf prägenden Merkmale im Interesse des Patientenschutzes einzuhalten."*[1128] Entsprechend lässt sich auf die Ausführungen des *BGH* verweisen, nach denen der Ausschluss der Einflussnahme Berufsfremder sowie reiner Kapitalbeteiligungen keiner Untersagung der Gesellschafterstellung einer

1121 Zum Analogieverbot im Verwaltungsrecht bei hoheitlichen Eingriffen siehe *Konzak*, NVwZ 1997, 872 ff.

1122 Ebenfalls *krit. Römermann*, GmbHR 2017, 572 (573 ff.); *Henssler*, NJW 2017, 1644 (1644 ff.).

1123 Az. 1 BvR 1072/17.

1124 Bereits zurückgelegte Etappen der Liberalisierung sind u. a. die teilweise Kassation von Mehrheitserfordernissen von Rechtsanwälten und Patentanwälten in Rechtsanwalts- bzw. Patentanwaltsgesellschaften – *BVerfGE* 135, 90 ff. – sowie von einem Verbot der Vereinigung eines Rechtsanwalts mit Ärzten und Apothekern in Rechtsform der PartG – *BVerfGE* 141, 82 ff.

1125 *Scholz*, in: *Spickhoff*, Medizinrecht, MBOÄ, § 23a Rn. 3. Die Norm ist für kapitalgesellschaftlich organisierte MKG gleichfalls relevant, siehe S. 306 ff. Siehe nunmehr aber auch beiläufig *Halbe/Rothfuß*, in: *Halbe/Schirmer*, Kooperationen, A 1100 Rn. 5 Fn. 3 die Zulässigkeit anerkennend.

1126 *BÄK*, DÄBl. 2008, A-1019 (A-1024).

1127 *Scholz*, in: *Spickhoff*, Medizinrecht, MBOÄ, § 23a Rn. 2.

1128 *BÄK*, DÄBl. 2008, A-1019 (A-1024).

GbR bedürfe.[1129] Stattdessen ist das Gebot aktiver Berufsausübung ausreichend, wenn die Gesellschafterfähigkeit auf solche Personengesellschaften begrenzt wird, denen nur nach §§ 23a I 2, 23b I 1 MBOÄ kooperationsfähige Personen angehören.

Auch die Verfolgung eines gleichgerichteten oder integrierenden diagnostischen oder therapeutischen Zwecks bei der Heilbehandlung nach § 23b I 3 MBOÄ erfordert weder nach dem Wortlaut noch teleologisch die Verhinderung eines Zusammenschlusses mit Personengesellschaften. Weder § 23b I 1 MBOÄ noch der die Zulässigkeit ärztlicher Tätigkeit in juristischen Personen des Privatrechts regelnde § 23a I MBOÄ weisen darauf hin, dass nur natürliche Personen Gesellschafter einer MKG sein können. Der *BGH* hat das Merkmal der Berufszugehörigkeit extensiv ausgelegt und fasst auch Personenmehrheiten hierunter.[1130] Eine dem eindeutig entgegenstehende Begrenzung auf natürliche Personen ist dem Wortlaut (in § 23a I 2 MBOÄ *„nur [...] Ärzte und Angehörige der in § 23b I 1 genannten Berufe“* bzw. in § 23b I 1 MBOÄ *„[...] Ärzte können sich [...] zusammenschließen“*) jedenfalls nicht zu entnehmen,[1131] sodass ein möglicher, aber nicht publizierter entgegenstehender Wille der Bundesärztekammer zum Verständnis der Normen keinen Anklang gefunden hat. Mangels ausdrücklichen Ausschlusses von Personenmehrheiten aus dem potentiellen Gesellschafterkreis würde sich ihr Verbot aus einem Umkehrschluss jedenfalls als zu unbestimmt herausstellen. Ausreichend aber auch erforderlich könnte folglich sein, dass die entsprechende Zusammenarbeit bei der Heilbehandlung durch die natürlichen Personen erfolgt, die einer MKG unmittelbar oder mittelbar angehören. Diese Annahme lässt sich durch das Zusammenspiel von § 23b I MBOÄ mit § 23a MBOÄ systematisch und teleologisch untermauern.

Insbesondere lässt sich die Gesellschafterfähigkeit durch verfassungsrechtliche Überlegungen stützen. Zwar liegt mangels Zuständigkeit desselben Hoheitsträgers keine nach Art. 3 GG zu messende Ungleichbehandlung im Berufsrecht von Rechtsanwälten, Steuerberatern oder Wirtschaftsprüfern und Ärzten vor. Jedoch erscheint insbesondere bezüglich der Berufsfreiheit nach Art. 12 I GG der Ausschluss von Personengesellschaften als Gesellschafter nicht erforderlich, da bereits durch das Gebot aktiver Berufsausübung in § 23a I 3, S. 4 lit. c) MBOÄ reine Kapitalbeteiligungen unmittelbar sowie mittelbar ausgeschlossen werden. Auch führt die Zulässigkeit personenmehrheitlicher Beteiligungen keine Einflussnahme Berufsfremder mit sich, wenn die Beteiligungsgesellschaften an gleichen Voraussetzungen zu messen sind.

1129 *BGH*, NJW 2002, 68 (69 f.).

1130 *BGH*, NJW 2002, 68 (69 f.); 2017, 1681 (1683); *OLG Düsseldorf*, NJOZ 2012, 1359 (1360 f.).

1131 In Bezug auf die systematisch vergleichbare Regelung zu Rechtsanwaltsgesellschaften, wobei nach § 59c II BRAO die Beteiligung von Rechtsanwaltsgesellschaften an Berufsausübungsgemeinschaften explizit untersagt ist, wird rechtspolitisch aktuell gefordert, auch eine Beteiligung von kapitalgesellschaftlichen Rechtsanwaltsgesellschaften zuzulassen, siehe näher die *Stellungnahme der BRAK* Nr. 15/2018, S. 10 ff.

Überdies ist nach einem Vergleich ärztlicher Berufsausübungsgemeinschaften mit MKG die Ausweitung des Gesellschafterkreises auf Personenmehrheiten folgerichtig. In der Legaldefinition der ärztlichen Berufsausübungsgemeinschaft wird in § 18 IIa 1 MBOÄ die mögliche Beteiligung von kapitalgesellschaftlich organisierten Ärztegesellschaften an ärztlichen Berufsausübungsgemeinschaften unabhängig von ihrer Rechtsform anerkannt.[1132] Er regelt ausdrücklich die Beteiligungsmöglichkeit von *„Ärztegesellschaften"*, die nach § 23a MBOÄ stets Kapitalgesellschaften darstellen, sowie von Medizinischen Versorgungszentren, die § 23a I MBOÄ entsprechen. Sie können sich auch *„untereinander"* zusammenschließen, also ohne Beteiligung auch nur einer natürlichen Person. Mangels eindeutiger Begrenzung des Gesellschafterkreises auf natürliche Personen in § 23a MBOÄ in Abgrenzung zu § 18 IIa MBOÄ können sogar Ärztegesellschaften an anderen kapitalgesellschaftlich organisierten ärztlichen Berufsausübungsgemeinschaften beteiligt sein. Auch zur Verhinderung von Konzernstrukturen[1133] kann eine Ausgrenzung von Kapitalgesellschaften nicht in Frage kommen, da sie nunmehr dem eindeutigen Wortlaut des § 18 IIa 1 MBOÄ widerspräche. Auch an anderer Stelle ist kein Verbot von Konzernstrukturen fixiert, sodass von ihrer Zulässigkeit auszugehen ist. Die Aufnahme von Personengesellschaften in den Kreis möglicher Gesellschafter in ärztlichen Berufsausübungsgemeinschaften führt zu keinem semantischen Widerspruch, obwohl in § 18 IIa 1 MBOÄ lediglich Ärztegesellschaften als kapitalgesellschaftlich organisierte Berufsausübungsgemeinschaften genannt werden. Die Aufzählung in § 18 IIa 1 MBOÄ orientiert sich an der Rechtspersönlichkeit (*„Ärzte"* als natürliche Personen, *„Ärztegesellschaften"* und *„Medizinischen Versorgungszentren, die [...] § 23a [...] entsprechen"* als Kapitalgesellschaften), die Personengesellschaften gerade nicht zukommt, jedoch ihren Gesellschaftern. Teleologisch wäre eine Benachteiligung von Personengesellschaften gegenüber den ansonsten kritisch beäugten und eng geregelten Kapitalgesellschaften nicht nachvollziehbar. Die Beteiligung von Personen- und Kapitalgesellschaften nach § 18a IIa 1 MBOÄ ist aus systematischen Erwägungen zudem übertragbar auf MKG.[1134] Es müsste als systematischer Widerspruch anmuten, wenn die rekurrierend auf den Gesellschafterkreis eigentlich monoprofessionell angedachte ärztliche Berufsausübungsgemeinschaft im Endresultat liberaler gestaltet wäre als die interprofessionelle MKG. Insbesondere wäre es paradox, wenn sich eine kapitalgesellschaftliche MKG als Ärztegesellschaft nach § 23a

1132 Anders noch vor Einfügung der Legaldefinition in § 18 IIa MBOÄ *Treptow*, MVZ-GmbH, S. 177, nach dem eine Ärzte-GmbH nicht als Gesellschafterin einer Ärzte-GmbH in Frage kommt.

1133 *Treptow*, MVZ-GmbH, S. 177 f.

1134 Die Gesellschafterfähigkeit von Kapitalgesellschaften ablehnend allerdings *Hildebrandt*, in: *Stellpflug*, Gesundheitsrecht, E2000 Rn. 111 mit Verweis auf *Scholz*, in: *Spickhoff*, Medizinrecht, MBOÄ, § 23b Rn. 2.

MBOÄ – deren Beteiligung nach § 18 IIa 1 MBOÄ gerade nicht auf monoprofessionelle Zusammenschlüsse begrenzt ist – an einer ärztlichen Berufsausübungsgemeinschaft nach § 18 IIa 1 MBOÄ beteiligen kann, während ihr gleichzeitig die Beteiligung an einer anderen MKG verwehrt bliebe.

Die Beteiligung einer Personengesellschaft an der MKG erscheint gerade dann zweckmäßig, wenn sich mehrere Ärzte an ihr beteiligen, ohne ihre gesamte Berufstätigkeit in sie einzubringen, im Übrigen jedoch die gemeinsame Berufsausübung mit den anderen Ärzten der MKG fortbestehen soll. Hierfür bietet sich die Gründung einer ärztlichen Berufsausübungsgemeinschaft an, die wiederum Gesellschafter einer als Teil-Berufsausübungsgemeinschaft organisierten MKG ist. Die ärztliche Berufsgemeinschaft mag folglich unabhängig von der MKG im Rahmen ihrer gesellschaftsrechtlichen Treuepflicht agieren. Alles in allem spricht v. a. gestützt auf teleologisch-systematische Erwägungen mehr für die Beteiligungsmöglichkeit von Personengesellschaften an MKG. Der Wortlaut steht ihrer Beteiligung nicht zwingend entgegen und kann zumindest bei extensiver Auslegung Personengesellschaften als Kooperationspartner erfassen.

vi) Beteiligung von Kapitalgesellschaften

Die Beteiligungsmöglichkeit von Kapitalgesellschaften wurde bereits ausweislich des § 18 IIa 1 MBOÄ festgestellt,[1135] um teleologisch und systematisch die Beteiligungsfähigkeit von Personengesellschaften darzulegen. Nicht überzeugend ist insbesondere der Einwand, juristische Personen des Privatrechts seien mangels Selbständigkeit keine geeigneten Kooperationspartner.[1136] Im Kontrast zu der Untersagung der Beteiligung von Rechtsanwaltsgesellschaften an anderen Rechtsanwaltsgesellschaften nach § 59c II BRAO im Berufsrecht der Rechtsanwälte[1137] verhält sich das ärztliche Berufsrecht wörtlich indifferent zu Kapitalgesellschaften. Auch das in § 23a I 3 MBOÄ verfasste Erfordernis aktiver Berufsausübung in der Gesellschaft kann nicht als Ausschlussgrund herangezogen werden, zumal § 18 IIa 1 MBOÄ die Beteiligung von kapitalgesellschaftlichen Ärztegesellschaften an Berufsausübungsgesellschaften anerkennt. Zudem stellt das Gebot aktiver Berufsausübung keine besondere Ausprägung der kapitalgesellschaftlichen Ärztegesellschaft dar, denn auch in personengesellschaftlichen Berufsausübungsgemeinschaften wird sie vorausgesetzt. Ausgehend von einer Übertragung des § 18 IIa 1

1135 A. A. *Engelmann*, GesR 2010, 577 (584); *Scholz*, in: *Spickhoff*, Medizinrecht, MBOÄ, § 23b Rn. 2.

1136 So jedoch *Hildebrandt*, in: *Stellpflug*, Gesundheitsrecht, E2000 Rn. 111 mit Verweis auf *Scholz*, in: *Spickhoff*, Medizinrecht, MBOÄ, § 23b Rn. 2.

1137 Siehe zu dem Ausschluss einer Beteiligung von Kapitalgesellschaften an Zusammenschlüssen zur gemeinsamen Berufsausübung nach § 59c II BRAO *Henssler*, AnwBl 2009, 670 (672).

MBOÄ sind die Anforderungen des § 23a MBOÄ zu erfüllen, um als Gesellschafter einer MKG in Frage zu kommen.[1138]

vii) Zwischenergebnis zur Berufszugehörigkeit

§ 23b MBOÄ richtet sich nur an Ärzte und formuliert generalklauselartig, mit welchen Berufsgruppen sich Ärzte in einer MKG zusammenschließen dürfen. Angehörige von Berufen, die sich nicht unter die Norm fassen lassen, können sich im Umkehrschluss nicht an einer MKG beteiligen, die Regelung ist insofern abschließend.[1139] Insbesondere betrifft der Ausschluss Inhaber einer Erlaubnis nach § 1 II HeilprG.[1140] Für Angehörige staatlich anerkannter Ausbildungsberufe im Gesundheitswesen wie den Gesundheitsfachberufen stellt die zusätzliche Erlaubnis nach § 1 II HeilprG für die auf den Bereich ihrer Berufstätigkeit begrenzte Heilkundeausübung keinen Makel dar, der ihre Kooperationsfähigkeit ausschließt. Kooperationspartner kann nur sein, wer einen Behandlungsvertrag gem. §§ 630a ff. BGB zur Erbringung der eigenen beruflichen Leistungen abschließt. Angehörige handwerklicher und gewerblicher Berufe im Gesundheitswesen erweisen sich daher nicht als taugliche Gesellschafter einer MKG. Dagegen kommt die Beteiligung von Personen- und Kapitalgesellschaften nach hier vertretener Ansicht in Betracht.

ccc) Einschränkendes Zweckverfolgungsgebot

i) Einführung

Neben der nach § 23b I 1 MBOÄ erforderlichen Zugehörigkeit zu einer kooperationsfähigen nichtärztlichen Profession bestimmt nach § 23b I 3 MBOÄ iVm § 23b II Hs. 2 MBOÄ auch der genaue Zweck des Zusammenschlusses seine konkrete Zulässigkeit.[1141] § 23b I 3 MBOÄ *„erlaubt"* den Zusammenschluss *„im Einzelnen nur mit solchen anderen Berufsangehörigen und in der Weise [...], dass diese in ihrer Verbindung mit [...] dem Arzt einen gleichgerichteten oder integrierenden diagnostischen oder therapeutischen Zweck bei der Heilbehandlung, auch auf dem Gebiete der Prävention und Rehabilitation, durch räumlich nahes und koordiniertes Zusammenwirken aller beteiligten Berufsangehörigen erfüllen können."* Der Wortlaut (*„im Einzelnen nur"*, *„erlaubt"*) lässt keinen Zweifel offen, dass die Erfüllung dieses *„Gebots"*[1142] obligatorisch ist. Im Umkehrschluss sind alle nicht hieran

---

1138 Vgl. bereits den progressiven Vorschlag von *Kremer*, Freiberufler-GmbH, S. 135 f., juristische Personen als freiberufliche Partner anzuerkennen, wenn diese ausschließlich von Freiberuflern verantwortlich geführt werden.
1139 *Schäfer-Golz*, in: *Saalfrank*, Medizin- und Gesundheitsrecht, § 7 Rn. 83.
1140 *BÄK*, DÄBl. 2006, A-801 (806).
1141 So bereits auch *Werner*, Berufsausübung, S. 366.
1142 So § 23b II Hs. 2 MBOÄ.

ausgerichteten Zusammenschlüsse *unzulässig*. Diese Unzulässigkeit reicht im systematischen Kontext mit § 23c MBOÄ (*„wenn sie nicht die Heilkunde am Menschen ausüben“*)[1143] soweit, als in der Gesellschaft durch den Arzt die Heilkunde am Menschen ausgeübt werden soll. Nach § 23b II Hs. 2 MBOÄ ist das Gebot erfüllt, wenn *„Angehörige aus den vorgenannten Berufsgruppen kooperieren, die mit [...] dem Arzt entsprechend seinem Fachgebiet einen gemeinschaftlich erreichbaren medizinischen Zweck nach der Art ihrer beruflichen Kompetenz zielbezogen erfüllen können.“*

ii) Medizinischer Zweck

α) Allgemein

§ 23b I 3 MBOÄ verlangt die Verfolgung eines gleichgerichteten oder integrierenden diagnostischen oder therapeutischen Zwecks bei der Heilbehandlung, der in § 23b II Hs. 2 MBOÄ pragmatisch als *„medizinischer Zweck“* bezeichnet wird. Während nach dem allgemeinen Sprachgebrauch unter Diagnose die Bestimmung oder Feststellung einer Krankheit verstanden wird und daher Vorstufe der eigentlichen Behandlung ist,[1144] ist die Therapie die Heilbehandlung einer eingetretenen Krankheit.[1145] § 23b I 3 MBOÄ ist nach Maßgabe dieses Verständnisses daher nicht gänzlich konsistent. § 23b I 3 MBOÄ erfordert die Verfolgung eines *„diagnostischen oder therapeutischen“* Zwecks bei der *„Heilbehandlung“* und greift semantisch mit dem Begriff der Heilbehandlung in der Lokalisierung der zweckgebundenen Zusammenarbeit allein das Feld der Therapie auf. Zur Begrenzung auf therapeutische Maßnahmen dient § 23b I 3 MBOÄ aufgrund des ausdrücklichen Einbezugs diagnostischer Zwecke jedenfalls nicht. Näher liegt daher ein umfangreicheres Verständnis der Heilbehandlung im Rahmen des § 23b I 3 MBOÄ als „medizinische Behandlung“. Auch die Behandlungen von Hebammen, die keine Heilung von Krankheiten leisten,[1146] sind als solche medizinische Behandlungen aufzufassen. Zweifel hieran kann die historische Entwicklung der Norm zerstreuen, da bereits vor Ausweitung der Kooperationsmöglichkeiten Hebammen im abschließenden Katalog zulässiger Kooperationspartner in § 23a II 1 Nr. 2 lit. a) MBOÄ-1995 und anschließend in Kap. D II. Nr. 9 Abs. 2 lit. e) MBOÄ-1997 genannt wurden.

1143 Siehe zu Zusammenschlüssen mit Angehörigen anderer Gesundheitsberufe nach § 23c MBOÄ S. 516 ff.

1144 *Deutsch/Spickhoff*, Medizinrecht, Rn. 213.

1145 Zur Therapie siehe z.B. *Beck*, MedR 2006, 95 (96). Siehe zudem *Duden*, Schlagwörter „Diagnose“ und „Therapie“.

1146 Schwangerschaft ist nicht als Krankheit aufzufassen, vgl. *Welti*, in: *Becker/Kingreen*, SGB V, § 24c Rn. 2.

Nicht ausreichend für die Gründung einer MKG ist jedenfalls trotz Zugehörigkeit des Kooperationspartners zu einem Beruf nach § 23b I 1 MBOÄ eine bloß wirtschaftlich motivierte Zusammenarbeit.[1147] Außerdem genügt die Beabsichtigung rein unternehmerischer Beteiligung an der Tätigkeit eines Kooperationspartners bzw. des Arztes nicht, da hierin kein medizinischer Zweck verfolgt wird. Ohnehin läge darüber hinaus bei rein investiver Beteiligung keine gemeinsame Berufsausübung vor, die jedoch im Rahmen von MKG obligatorisch ist.[1148] Auch die reine Anordnung von Leistungen des Kooperationspartners als Beitrag des Arztes zur MKG erfüllt weder die Anforderungen an eine gemeinsame Berufsausübung noch an den medizinischen Zweck.[1149]

Der bereits abstrakt festgestellte Ausschluss von Gesundheitshandwerkern verfestigt sich durch die notwendige Zweckverfolgung in § 23b I 3, II MBOÄ. Gesundheitshandwerker stellen Hilfsmittel her, die der Sicherung des Erfolgs der Krankenbehandlung, Vorbeugung einer drohenden Behinderung oder dem Ausgleich einer Behinderung dienen.[1150] Trotz des therapeutischen Nutzens von Heilmitteln werden Gesundheitshandwerker nicht behandelnd am Patienten tätig, sondern lediglich durch Abgabe von Hilfsmitteln an ihn auf Verordnung. Gegenüber ärztlichen Verordnungen medizinischer Dienstleistungen, die einem Heilzweck dienen oder einen Heilerfolg sichern sollen und noch von entsprechend ausgebildeten Personen erbracht werden,[1151] fehlt ihrer Tätigkeit der diagnostische oder therapeutische Charakter. Ihnen obliegt lediglich die vorgelagerte Abgabe von Hilfsmitteln, die in der Therapie Gebrauch finden sollen.

β) Wunscherfüllende Medizin

Fraglich erscheint, ob der Zweck von MKG durch § 23b I 3 MBOÄ auf medizinisch indizierte Behandlungen beschränkt wird und sich daher die Einbeziehung rein wunscherfüllender Behandlungen als unzulässig erweist. Als wunscherfüllend

1147 *Haack*, in: *Wenzel*, Medizinrecht, Kap. 11 Rn. 133.

1148 Siehe bereits S. 134 f. *Broglie/Hartmann*, in: *Clausen/Schroeder-Printzen*, Medizinrecht, § 11 Rn. 63, sehen den Ausschluss rein unternehmerischer Beteiligungen statt bereits in dem Erfordernis der gemeinsamen Berufsausübung erst in der Zweckbindung des § 23b I 3 MBOÄ aufgegriffen; ähnlich zur Vorgängerregelung wohl auch *Burghardt/Dahm*, MedR 1999, 485 (489), die aufgrund der engen Zweckbindung eine investive Beteiligung Dritter nicht als zulässig erachten. Anders insoweit *Schulenburg/Heckmann*, GesR 2010, 525 ff., die einen Ausschluss rein finanzieller gesellschaftsrechtlicher Beteiligungen zum Schutz der Freiberuflichkeit des Arztes und des Gewerbeverbots im ärztlichen Berufsrecht annehmen.

1149 Siehe bereits S. 135 ff.

1150 *Wiemers*, DVBl. 2012, 942 (945).

1151 Vgl. in Bezug auf § 32 SGB V *Butzer*, in: *Becker/Kingreen*, SGB V, § 32 Rn. 1.

werden Behandlungen bezeichnet, die nicht aufgrund medizinischer Indikation, sondern vorwiegend[1152] wegen des – in Abgrenzung zu psychologisch vermittelten Krankheiten – bloßen Begehrens des Patienten und nicht notwendig zu körperlicher Verbesserung erfolgen.[1153]

Setzt die Behandlung nach allgemeiner Auffassung ärztliche Kenntnisse voraus und ist sie geeignet, gesundheitliche Schädigungen zu verursachen, unterfallen rein kosmetisch bezweckte Eingriffe dem Begriff der Ausübung der Heilkunde oder sind ihr zumindest gleichgestellt.[1154] Die Erwägung des HeilprG, medizinische Behandlungen durch fachlich ungeeignete Personen zu verhindern, ist auf kosmetische Eingriffe als Archetyp wunscherfüllender Medizin übertragbar, da bei ihnen die Gefahr des Eintritts von Körperschäden *„auf der Hand"* liegt und sie deshalb ärztliche Kenntnisse voraussetzen.[1155] Die Mitteilungen der Bundesärztekammer wie auch die Merkblätter der Landesärztekammern erläutern den Zweck des § 23b I 3 MBOÄ nicht. Allgemein wird lediglich davon ausgegangen, dass durch die Vorschrift in der Gesellschaft eine *„medizinisch sinnvolle Zusammenarbeit"* ermöglicht[1156] und beliebige Verbindungen verhindert werden sollen,[1157] wobei wortlautgetreu eine Begrenzung auf kurative und präventive Behandlungen erkannt wird.[1158] Tiefer schürft die Literatur weder bezüglich des Zwecks noch auf Untersuchung des genauen Wortlauts des Zweckverfolgungsgebots bezogen. Allein an die spärlichen Literaturmeinungen anknüpfend käme die Konzentration einer MKG auf wunscherfüllende

1152 Zu *„eindimensional"* sei die Auffassung der Wunschmedizin als *„indikationslose Medizin"*, *Stock*, MedR 2019, 872 (873).

1153 *Stock*, MedR 2019, 872 (872); *Eberbach*, MedR 2008, 325 (326); *Quaas*, in: *Quaas et al.*, Medizinrecht, § 14 Rn. 32. Gebraucht wird in der Medizinethik auch der – jedoch nicht deckungsgleiche – Begriff des *„Enhancements"* für verbessernde Maßnahmen, siehe *Stock*, Enhancement, S. 39 ff.; *Stock*, MedR 2019, 872 (872 f.); *Beck*, MedR 2006, 95 (95 f.). Typisch sind die Fälle kosmetisch-ästhetischer Operationen (*„Body-Enhancement"*) wie auch Neuro-Enhancement, siehe *Kern*, in: *Laufs et al.*, Hdb. Arztrecht, § 6 Rn. 23, Gen-Enhancement, siehe *Stock*, MedR 2019, 872 (872), und die Anti-Aging-Medizin, die nach *Eberbach*, MedR 2008, 325 (328), *„weniger das Älterwerden als das Portemonnaie der Älteren"* erleichtere. Zur Problematik einer fehlenden Legitimationsgrundlage von Eingriffen in die körperliche Integrität zum Zwecke der reinen Verbesserung *Kirchhof*, ZMGR 2010, 210 (214 f.).

1154 *„[S]inngemäße Anwendung"* des § 1 II HeilprG nach *BVerwG*, NJW 1959, 833 (834); NVwZ-RR 2007, 686; auf die Rspr. des *BVerwG* rekurrierend *BVerfGE* 106, 62 (107); *Taupitz et al.*, Heilpersonal, S. 22; *Pitz*, Medizinpersonal, S. 64; *Taupitz/Fröhlich*, MedR 1998, 257 (259); *Taupitz*, ArztR 1993, 173 (173).

1155 *BVerwG*, NJW 1959, 833 (834).

1156 So noch *Hartmann*, in: *Halbe/Schirmer*, Kooperationen, A 1500 Rn. 2.

1157 *Schirmer*, MedR 1995, 383 (384); *Möller*, in: *Ratzel/Luxenburger*, Kap. 16 Rn. 424; *Ratzel*, in: *Ratzel/Lippert*, MBOÄ, § 23a -23d, Rn. 15; *ders.*, ZMGR 2005, 143 (146).

1158 *Hartmann*, in: *Halbe/Schirmer*, Kooperationen, A 1500 Rn. 8.

Behandlungen durchaus in Betracht. Die berufsübergreifende Zusammenarbeit kann in diesem Bereich zweifellos medizinisch sinnvoll sein, so beispielsweise bei der Nachsorge ästhetisch-kosmetischer Operationen.

Parallelen zu monoprofessionellen (fachübergreifenden) Berufsausübungsgemeinschaften können zur Auslegung des § 23b I 3 MBOÄ keine gezogen werden. § 18 IIa MBOÄ enthält keine ähnlichen Bestimmungen zu der Zusammenarbeit in fachlicher Hinsicht.

§ 23b I 3 MBOÄ ist seinem Wortlaut nach auf die zulässige Zusammenarbeit zu diagnostischen und therapeutischen Zwecken bei der medizinischen Behandlung begrenzt, wobei noch ausdrücklich die Gebiete der Prävention und Rehabilitation als Verhinderung von Krankheiten bzw. Wiederherstellung normaler Körperfunktionen nach abgeschlossener therapeutischer Behandlung erfasst werden. Dem behandlerischen Tätigwerden im Bereich von Diagnose, Therapie, Prävention und Rehabilitation ist die medizinische Indikation immanent, die wunscherfüllenden Behandlungen dagegen fehlt. Zentral erscheint somit für den Zusammenschluss in MKG der Krankheitsbezug der bezweckten Zusammenarbeit.

Der Wortlaut des § 23b I 3 MBOÄ legt gleichwohl nicht präzise fest, dass die Zusammenarbeit neben diagnostischen Maßnahmen auf medizinisch indizierte Behandlungen gerichtet sein *muss*. Nach § 23b I 3 MBOÄ müssen die Kooperationspartner nämlich nur einen diagnostischen oder therapeutischen Zweck bei der Heilbehandlung erfüllen *können*. Semantisch ist daher lediglich die Möglichkeit gemeinsamer Tätigkeit zu diagnostischen oder therapeutischen Zwecken erforderlich, nicht dagegen die vorrangige oder ausschließliche Orientierung des Zusammenschlusses an ihnen. Auch § 23b II Hs. 2 MBOÄ bleibt insoweit bei gleicher Wortwahl („*erfüllen können*") auf die Erreichbarkeit zielbezogener Kooperation zu einem gemeinschaftlichen medizinischen Zweck beschränkt. Auch eine Beurteilung der Zulässigkeit des Zusammenschlusses anhand der Typizität bezweckter Heilbehandlungen kann mangels Anhaltspunkten nicht gewollt sein.

Zu berücksichtigen ist allerdings, dass nach allgemeiner Ansicht die Berufsordnung im Rahmen wunscherfüllender Behandlungen keine Anwendung finden soll.[1159] Begründet wird die Nichtanwendbarkeit der Berufsordnung mit dem Aufgabenkatalog der Ärzte in § 1 II MBOÄ, wonach die Aufgabe der Ärzte die Erhaltung des Lebens, der Schutz und die Wiederherstellung der Gesundheit, die Linderung von Leiden, der Beistand für Sterbende und die Mitwirkung an der Erhaltung der natürlichen Lebensgrundlagen im Hinblick auf ihre Bedeutung für die Gesundheit der Menschen ist. Mangels Bezugs zum Dienst an der Gesundheit des Menschen sollen wunscherfüllende Maßnahmen nicht den §§ 7 ff. MBOÄ und

1159 *Eberbach*, MedR 2008, 325 (328, 332); *Beck*, MedR 2006, 95 (97); *Lippert*, in: *Ratzel/Lippert*, MBOÄ, § 1 Rn. 17. Für die Frage des Dopings, *Linck*, MedR 1993, 55 (55 f.).

insoweit insgesamt auch das Handeln des Arztes nicht der Berufsordnung unterfallen.[1160] Unter dieser Prämisse wäre – übertragen auf den Fall von MKG – § 23b MBOÄ bei vorrangiger Ausrichtung auf wunscherfüllende Behandlungsmaßnahmen somit schon überhaupt nicht anwendbar. Daher entfiele auch die Möglichkeit der Gründung einer MKG. Gleichwohl käme ein interprofessioneller Zusammenschluss in Betracht und hinge mangels Anwendbarkeit der ärztlichen Berufsregelungen lediglich von dem Berufsrecht der nicht-ärztlichen Kooperationspartner und von zivilrechtlichen Vorschriften ab.

Festzuhalten ist dagegen zunächst, dass Ärzte qua Zulassung Pflichtmitglieder in der zuständigen Landesärztekammer sind,[1161] weshalb sie zunächst grundsätzlich zur Einhaltung der Vorschriften in der Berufsordnung verpflichtet sind. Die MBOÄ selbst unterteilt die ärztliche Tätigkeit zudem nicht in medizinisch indizierte und wunscherfüllende, *„verbessernde"* Behandlungen. Ganz im Gegenteil ist in einigen Berufsordnungen ausdrücklich statuiert, dass unter ärztlicher Berufsausübung *jede* Tätigkeit von Ärzten zu verstehen ist, bei der ärztliche Fachkenntnisse eingesetzt oder mit verwendet werden können einschließlich nicht kurativer Tätigkeiten.[1162] Im Übrigen beschreibt § 1 MBOÄ selbst ohne die explizite Aufnahme nicht kurativer Tätigkeiten nicht den Anwendungsbereich der Berufsordnung, sondern lediglich den Aufgabenbereich der Ärzte. Nicht ausdrücklich erfasste Tätigkeiten werden durch § 1 II MBOÄ jedoch weder verboten[1163] noch vom Anwendungsbereich der weiteren Vorschriften der Berufsordnung ausgenommen. Dafür bestünde auch kein Grund, denn die Berufsordnungen dienen

---

1160 *Eberbach*, MedR 2008, 525 (332). So wohl auch *Lippert*, in: *Ratzel/Lippert*, MBOÄ, § 1 Rn. 17: *„Tätigkeiten* [im Bereich der reinen Wunschmedizin] *unterfallen nicht den Vorschriften der §§ 7 ff. MBOÄ. Der Arzt der sie durchführt unterfällt damit nicht der Berufsordnung [...]."* *Eberbach*, MedR 2008, 525 (528), bemerkt, es sei *„systemkonform, dass* [im Rahmen von Schönheitsoperationen] *auch das ansonsten bestehende Werbeverbot, dem ärztliches Handeln grundsätzlich unterliegt, nicht zum Tragen kommt. Den hier in der Regel in gesellschaftsrechtlicher Form betriebenen Kliniken ist Werbung erlaubt."*

1161 Z. B. nach § 2 I Nr. 1 HBKG BW. Vgl. zur weiten Auslegung der Pflichtmitgliedschaft bei Psychologischen Psychotherapeuten und Kinder- und Jugendlichenpsychotherapeuten auch im Hinblick auf die Gewährleistung der Einhaltung berufsrechtlicher Pflichten *Stellpflug*, MedR 2005, 71 (73).

1162 So lautet § 1 III BO BW: *„Unter ärztlicher Berufsausübung ist jede Tätigkeit von Ärztinnen und Ärzten zu verstehen, bei der ärztliche Fachkenntnisse eingesetzt oder mit verwendet werden können. Dies können neben kurativen Tätigkeiten auch nicht kurative Tätigkeiten sein."* Vergleichbare Vorschriften enthalten die Berufsordnungen der Ärztekammern Westefalen-Lippe und Bayern.

1163 Fragwürdig wäre wohl ohnehin die hierfür erforderliche Kompetenz der Landesärztekamern.

als Nachweis funktionierender Selbstverwaltung[1164] letztlich auch der Schaffung von Vertrauen bei den Patienten, die sich gerade aufgrund ärztlicher Kompetenz an Ärzte bei wunscherfüllenden Maßnahmen wenden. Außerdem dienen die Berufsordnungen der Erhaltung des Ansehens des ärztlichen Berufs,[1165] das durch anpreisende Werbung für rein ästhetisch-kosmetische Eingriffe ohne medizinische Indikation, wie sie mitunter bereits schon anzutreffen ist, in Mitleidenschaft gezogen werden könnte.[1166] Außerdem dient die Anwendung der berufsrechtlichen Vorschriften für alle Behandlungsmaßnahmen eines Arztes der Rechtssicherheit, denn die Abgrenzung zwischen medizinischer Indikation und reiner Verbesserung bzw. Wunscherfüllung ist nicht immer klar zu ziehen.[1167] Daher bietet sich eine insofern indifferente Anwendung der Regelungen der Berufsordnung an. Schließlich führte die Nichtanwendung der Vorschriften der Berufsordnung zu mehrfachen Wertungswidersprüchen. Einerseits würden Ärzte, die sich auf die Erbringung wunscherfüllender Behandlungen fokussieren, mehr Freiheiten genießen als solche Ärzte, die sich den in § 1 II MBOÄ ausdrücklich erwähnten ärztlichen Aufgaben verpflichtet haben. Andererseits wäre die paradoxe Konsequenz der Befreiung berufsrechtlicher Bindungen, dass der Arzt mit der Erbringung einer nach der kritisierten Ansicht *nichtärztlichen*[1168] wunscherfüllenden Behandlung zwar die Heilkunde im Sinne von § 1 HeilprG ausüben würde[1169] und aufgrund seiner *ärztlichen* Approbation auch dürfte. Die Ausgestaltung der Behandlung durch den Arzt erfolgte jedoch mangels berufsrechtlicher Bindungen wie bei einem Heilpraktiker allein aufgrund allgemeiner Vorschriften. Die Übernahme wunscherfüllender Behandlungen durch Ärzte ohne berufsrechtliche Regulierung wäre dem Vertrauen

---

1164 *Taupitz*, Standesordnungen, S. 498 f.; ders., NJW 1986, 2851 (2856).

1165 *Taupitz*, Standesordnungen, S. 498 f.

1166 So lassen sich Werbebroschüren mit auf das Dekolleté beschränkten Bildern finden verbunden mit der Aussage *„Schön gemacht."* Vgl. ferner zu fragwürdiger medienwirksamer Kundenwerbung im Enhancement-Sektor *Stock*, MedR 2019, 872 (875). Nach *Becker*, Süddeutsche Zeitung v. 16./17.5.2007, S. 1, wurde bereits 2007 das Umsatzvolumen ästhetisch-kosmetischer Operationen auf 5 Milliarden Euro geschätzt. Bei verfänglichen medizinischen Behandlungen sollte also gerade die Bindung an die Berufsordnung aufrecht erhalten bleiben, um durch Verhinderung einer nicht wünschenswerten Kommerzialisierung das Vertrauen in die Medizin aufrechtzuerhalten. Insoweit ist jedoch auf das in der Rechtsprechung anerkannte Werbeprivileg der praktisch werbenden Krankenhäuser wie auch Privatkliniken und Sanatorien zu verweisen. Zu dem Werbeprivileg der Krankenhäuser und Sanatorien siehe bereits *BVerfG*, GRUR 1986, 387 (390); *BGH*, GRUR 2001, 181 (184); ferner *Hüttl*, in: *Heberer*, Arzt und Recht, S. 257 (300 f.).

1167 *Stock*, Enhancement, S. 42; *Beck*, MedR 2006, 95 (96 f.).

1168 *Eberbach*, MedR 2008, 325 (332); bezogen auf Doping *Linck*, MedR 1993, 55 (55 f.).

1169 Siehe hier nur *BVerwG*, NJW 1959, 833 (834); NVwZ-RR 2007, 686; *BGH*, NJW 2006, 1879 (1880).

in den Berufsstand zusätzlich abträglich, weil eine Anknüpfung insbesondere in § 1 II MBOÄ durchaus möglich erscheint. Danach ist es nämlich Aufgabe der Ärzte, die Gesundheit zu schützen und wiederherzustellen. Zwar stellt eine wunscherfüllende Behandlung einen Eingriff in einen eigentlich medizinisch betrachtet *gesunden* Körper dar, die Art und Weise der Ausführung der Behandlung, das „Wie", ist aber ein ebenso entscheidender Faktor für die Gesundheit des Patienten. Alles in allem ist damit festzuhalten, dass zur Erbringung wunscherfüllender Maßnahmen Ärzte die Berufsordnung auch ohne deren explizite Aufzählung im ärztlichen Aufgabenbereich zu berücksichtigen haben und daher für eine Gründung einer Gesellschaft zur interprofessionellen medizinischen Berufsausübung an die Vorschriften des § 23b MBOÄ ebenso gebunden sind wie an die sonstigen Regelungen der Berufsordnung.

Die Gründung einer MKG zur Erbringung wunscherfüllender Behandlungen kommt daher mangels ausdrücklichen Ausschlusses in Betracht, sofern die Kooperationspartner nach Art ihrer beruflichen Kompetenz einen diagnostischen oder therapeutischen Zweck in der Heilbehandlung durch räumlich nahes und koordiniertes Zusammenwirken theoretisch erfüllen *können*. Dafür spricht auch die fehlende Publizität der tatsächlichen Verfolgung des Gebots aus § 23b I 3 MBOÄ. § 18a II 1 MBOÄ erfordert lediglich die Aufnahme des Arztes auf ein gemeinsames Praxisschild mit den nichtärztlichen Kooperationspartnern, nach § 23b I 4 lit. g) MBOÄ sind im Rechtsverkehr zusätzlich die Berufsbezeichnungen aller ärztlichen und nichtärztlichen Kooperationspartner anzugeben. Wäre eine obligatorische Begrenzung des Heilbehandlungszwecks für Patienten nicht nach außen sichtbar, stellte sich die Frage der Praxistauglichkeit der Kooperationsform. Es kommt somit nicht auf die tatsächliche medizinische Zwecksetzung der Kooperationsgemeinschaft an, sondern auf das theoretische Potential der Zusammenarbeit, das nach außen durch Angabe der Berufsbezeichnungen in ausreichendem Maß deutlich wird.

γ) Palliativbehandlungen

Der Bereich erfasster Heilbehandlungen wird in § 23b I 3 MBOÄ zwar auf die Gebiete der Prävention und Rehabilitation erweitert, Palliativbehandlungen finden dagegen keine Erwähnung. Allgemein wird die Palliativbehandlung gleichwohl als Therapie verstanden, da sie der Linderung krankheitsbedingter Schmerzen dient.[1170] Der – nur scheinbar – als zentrales Element von MKG ausfindig gemachte Krankheitsbezug typischerweise übernommener Behandlungen liegt bei Palliativbehandlungen daher vor. Die Ausrichtung der Gesellschaft auf das Angebot palliativmedizinischer Maßnahmen ist daher ohne weiteres zulässig.

1170 *Deutsch/Spickhoff*, Medizinrecht, Rn. 213.

iii) Fachliche Verbundenheit

Des Weiteren bedingen sich der zulässige Gesellschafterkreis und die zulässige Zweckverfolgung der konkreten MKG wechselseitig:[1171] Die Erreichbarkeit des subjektiv durch die Partner gemeinsam verfolgten Zwecks muss auf objektiver Ebene durch die Ausübung der im zu beurteilenden Zusammenschluss vertretenen Berufe möglich sein. Die Kooperationspartner müssen im Rahmen ihres eigenen Fachgebiets medizinische Leistungen erbringen wollen, die sie mit dem Arzt gemeinsam, aber auch einzeln im Rahmen des eigenen Berufsrechts erbringen können,[1172] damit die Verfolgung eines gleichgerichteten oder integrierenden Zwecks in der Heilbehandlung möglich ist. Eine unverbundene Tätigkeit heterogener Partner nebeneinander reicht nicht aus.[1173] *Broglie* und *Hartmann* sprechen insofern von einer *„Teilmenge der Berufstätigkeit"* und erachten ein gemeinsames Patientenklientel als notwendig.[1174] Mit Einführung der MKG wurde primär wohl *„eine wirkliche Zusammenbindung von ärztlicher und sie vorbereitender, ergänzender bzw. erweiternder nichtärztlicher Heilbehandlung"* bezweckt.[1175] Durch Verknüpfung der Zulässigkeit der konkreten personellen Zusammensetzung der Gesellschaft mit dem Zweckverfolgungsgebot aus § 23b I 3 MBOÄ soll nur medizinisch sinnvolle Zusammenarbeit ermöglicht werden.

Im Ergebnis kommen somit Zusammenschlüsse zur ambulanten medizinischen Rehabilitation bei der Beteiligung von Physiotherapeuten, Logopäden, Ergotherapeuten und Psychologen neben dem Arzt, zur medizinischen Prävention bei Verbindung des Arztes mit Diätassistenten und Psychologen, auf dem Gebiet der Frauenheilkunde zwischen Gynäkologen, Hebammen und Psychotherapeuten oder zur Erbringung labormedizinischer Leistungen unter der Partizipation von klinischen Chemikern, Laborärzten und medizinisch-technischen Assistenten in Betracht.[1176] Da wie gesehen kein konkreter medizinischer Zweck der Zusammenarbeit fixiert werden muss, bleibt den Kooperationspartnern allerdings ein weiter Freiraum belassen. Die Allianz dürfte daher allenfalls in solchen Fällen gegen § 23b I 3,

---

1171 *Schirmer*, MedR 1995, 383 (384). Vgl. daneben auch *Narr*, Ärztliches Berufsrecht, B 392, der die Beschränkung des Gesellschafterkreises durch den zu verfolgenden Zweck nach § 23b I 3 MBOÄ erkennt.

1172 *Ratzel/Lippert*, MedR 2004, 525 (529); *Eisenberg*, Ärztliche Kooperationen, S. 194; *Schirmer*, MedR 1995, 383 (384). Entgegen *Eisenberg*, Ärztliche Kooperationen, S. 194 f., folgt aus der engen Zweckbindung jedoch nicht der Ausschluss des Rechtsanwalts als Kooperationspartner, da er bereits den persönlichen Anforderungen nicht entspricht.

1173 *Schirmer*, MedR 1995, 341 (348); *Narr*, Ärztliches Berufsrecht, B 392.

1174 *Broglie/Hartmann*, in: *Clausen/Schroeder-Printzen*, Medizinrecht, § 11 Rn. 63; ebenso *Scholz*, in: *Spickhoff*, Medizinrecht, MBOÄ, § 23b Rn. 3.

1175 *Steffen*, MedR 2006, 75 (80).

1176 *Schirmer*, MedR 1995, 383 (384). Siehe weitere Gestaltungen bei *Hartmann*, in: *Halbe/Schirmer*, A 1500, Rn. 4.

II MBOÄ verstoßen, wenn schlechthin keine medizinische Zusammenarbeit der Kooperationspartner auf ihrem Fachgebiet denkbar ist. Exemplarisch dürfte mangels fachlicher Verbundenheit die Verbindung eines Augenarztes mit einer Hebamme oder einem Logopäden ausgeschlossen sein. Lediglich zur Klarstellung soll darauf hingewiesen werden, dass dem Defizit bei der erforderlichen fachlichen Verbundenheit als mangelnde Erfüllung der konkreten Erfordernisse nach § 23b I 3 MBOÄ wörtlich die Unzulässigkeit der Verbindung zu einer Berufsausübungsgemeinschaft folgt.

iv) Räumlich nahes und koordiniertes Zusammenwirken

α) Einführung

Weiteres Erfordernis ist nach § 23b I 3 MBOÄ ein räumliches nahes und koordiniertes Zusammenwirken aller beteiligten Partner, durch das der medizinische Zweck erfüllt werden kann. *Scholz* interpretiert § 23b I 3 MBOÄ im Zusammenhang mit §§ 3 II, 31 II MBOÄ dahingehend, dass für die Zweckerreichung ein räumlich nahes und koordiniertes Zusammenwirken nicht nur tatsächlich vorzuliegen hat, sondern zumindest im Notfall auch erforderlich sein muss.[1177] Eine Erforderlichkeit des Zusammenwirkens setzt § 23b I 3 MBOÄ jedoch in seinem Wortlaut nicht voraus: Wäre die Erforderlichkeit des Zusammenwirkens maßgeblich, muss sich nämlich bereits die Frage gestellt werden, inwiefern vor Einführung der MKG eine sinnvolle Berufsausübung der betroffenen Berufe überhaupt möglich gewesen sein soll. Zudem dürfte heute die MKG dann nicht lediglich eine zulässige Kooperationsform für die Partner darstellen, die betroffenen Berufe wären vielmehr zu einer Kooperation nach § 23b MBOÄ zu verpflichten. Ohnehin erscheint ein Bedürfnis nach gemeinsamer Versorgung nur bei der gleichzeitigen Zusammenarbeit von Anästhesist und Operateur zu bestehen.[1178]

β) Zulässigkeit überörtlicher MKG

§ 23b I 3 MBOÄ begnügt sich mit einem Bezug des räumlichen Zusammenwirkens auf den gemeinsamen medizinischen Zweck. Die Verfolgung des medizinischen Zwecks muss sich damit vielmehr in einem räumlich nahen und koordinierten Zusammenwirken lediglich manifestieren. Inwiefern die Verfolgung des gemeinsamen Zwecks in räumlicher Hinsicht deutlich werden muss, besagt aber weder § 23b I 3 MBOÄ noch § 23b II Hs. 2 MBOÄ. Insbesondere wird eine Tätigkeit in gemeinsamen Räumlichkeiten nicht ausdrücklich verlangt.

1177 *Scholz*, in: *Spickhoff*, Medizinrecht, MBOÄ, § 23b Rn. 3. Richtigerweise ist dieses Erfordernis allein auf §§ 3 II, 31 II MBOÄ zu beziehen, durch die der Zweck der MKG zusätzliche Anforderungen zu erfüllen hätte.

1178 *Meschke*, MedR 2018, 655 (657).

Nach teilweiser Ansicht in der Literatur fehlt dennoch das obligatorische räumlich nahe Zusammenwirken bei überörtlichen Kooperationsgemeinschaften.[1179] Anderen geht der Ausschluss überörtlicher Kooperationsgemeinschaften zu weit, denn die MKG ist nicht an die gemeinsame Tätigkeit an einen Praxissitz gebunden.[1180] Kritisiert wird darüber hinaus die Gleichsetzung des (Praxis-) Sitzes mit der Leistungserbringung bei Beurteilung der räumlichen Nähe des Zusammenwirkens.[1181]

Zur Klärung hilft die Heranziehung des § 18 III 3 MBOÄ nicht weiter. Danach sind auch ärztliche Berufsausübungsgemeinschaften mit mehreren Praxissitzen zulässig, wenn an dem jeweiligen Praxissitz verantwortlich mindestens ein Mitglied der Berufsausübungsgemeinschaft eine ausreichende Patientenversorgung sicherstellt. Räumliche Anforderungen stellt § 18 III 3 MBOÄ nicht, stattdessen wird ein Präsenzgebot statuiert.[1182] Allenfalls in der Literatur wird vereinzelt ein gemeinsames medizinisches Konzept als Voraussetzung überörtlicher Berufsausübungsgemeinschaften gefordert.[1183] Obwohl MKG Zusammenschlüsse zur gemeinsamen interprofessionellen Berufsausübung darstellen, sind sie keine ärztlichen Berufsausübungsgemeinschaften im Sinne des § 18 MBOÄ. Stattdessen werden sie in § 18 I 1 MBOÄ als „*Kooperationsgemeinschaften*" bezeichnet, auf die die Regelung des § 18 III 3 MBOÄ nicht unmittelbar anwendbar ist. Auch eine Analogie ist mangels Regelungslücke nicht vertretbar – während räumliche Voraussetzungen in § 18 III 3 MBOÄ fehlen, stellt § 23b I 3 MBOÄ in Abgrenzung zu ärztlichen Berufsausübungsgemeinschaften solche für MKG auf.

Anknüpfend an den Wortlaut ist zu bemerken, dass lediglich ein räumlich nahes Zusammenwirken durch § 23b I 3 MBOÄ gefordert wird,[1184] nicht dagegen eine kooperative Berufsausübung bzw. Zusammenarbeit an einem gemeinsamen Ort.

Eine am Sinn und Zweck von MKG ausgerichtete Auslegung des § 23b I 3 MBOÄ mag die am Wortlaut vorgenommene Differenzierung stützen. Der besondere Vorteil einer MKG als interprofessionelle Berufsausübungsgemeinschaft ist nur scheinbar dann nicht mehr vorhanden, wenn sich der zu behandelnde Patient zur Inanspruchnahme der nichtärztlichen Behandlung stets an

---

1179 *Scholz*, in: *Spickhoff*, Medizinrecht, MBOÄ, § 23b Rn. 4. Auch *Werner*, Berufsausübung, S. 368, *Eisenberg*, Ärztliche Kooperationen, S. 195, und *Schirmer*, MedR 1995, 383 (384), erkennen in der räumlichen Voraussetzung die grundsätzliche Notwendigkeit eines gemeinsamen Praxissitzes, wobei jedoch noch nach dem damals anwendbaren Berufsrecht überörtliche Berufsausübungsgemeinschaften grundsätzlich unzulässig gewesen sind, vgl. Kap. D II. Nr. 8 Abs. 2 S. 1 MBOÄ-1997.

1180 *Narr*, Ärztliches Berufsrecht, B 443.

1181 *Broglie/Hartmann*, in: *Clausen/Schroeder-Printzen*, Medizinrecht, § 11 Rn. 64.

1182 Vgl. *Gummert/Remplik*, in: Münchener Hdb. Gesellschaftsrecht, Bd. 1, § 25 Rn. 56.

1183 *Ratzel*, in: Ratzel/Lippert, MBOÄ, § 18 Rn. 5.

1184 So auch *Krieger*, in: ARGE, Psychotherapeutengesetz, S. 169 (171).

einen anderen Praxissitz zu begeben hätte. Aber selbst bei Nutzung gemeinsamer Praxisräume kann außerhalb von Notfällen regelmäßig nicht damit gerechnet werden, dass ein Patient zeitlich unmittelbar an einen Kooperationspartner verwiesen werden könnte. Vielmehr wird regelmäßig eine weitere Terminvereinbarung zur Behandlung durch den Kooperationspartner notwendig sein oder es erfolgt bereits im Voraus eine Terminvereinbarung mit allen zu involvierenden Behandelnden. In beiden Fällen weicht die Behandlungssituation bei überörtlichen Kooperationsgemeinschaften nicht negativ von der Behandlung in gemeinsamen Praxisräumen ab, da bei gleichzeitiger oder späterer Terminvereinbarung der Anreiseweg des Behandelnden oder Patienten eingeplant werden kann. Der typische Vorteil der Kooperationsgemeinschaft liegt somit nicht in einer stets spontan möglichen Zusammenarbeit der Kooperationspartner, sondern in dem Potential eines verbesserten Austauschs zwischen Arzt und nichtärztlichem Behandelnden, der selbst dann vorliegt, wenn die Zusammenarbeit nicht am selben Praxissitz erfolgt. Übrigens kommen auch nützliche Konstellationen in Frage, in denen ein Nichtarzt einer MKG mit zwei oder mehr an unterschiedlichen Praxissitzen niedergelassenen Ärzten zwischen den Kooperationspartnern „pendelt". Auf der anderen Seite brächte die überörtliche Gestaltung beteiligten Ärzten die Möglichkeit, über den eigenen Praxissitz hinaus tätig zu sein. Bei der Beteiligung von Berufen, denen in der MKG keine unmittelbare Behandlungstätigkeit zukommt, wie Klinischen Chemikern, beeinflusst die räumliche Situation regelmäßig ohnehin nur die zusammengeschlossenen Partner in ihrer Koordination. An die nach § 23b I 3 MBOÄ geforderte räumliche Nähe sind daher unabhängig von der konkreten Zusammensetzung der Kooperationsgemeinschaft keine überzogenen Forderungen zu stellen.

Die so verstandene Zulässigkeit überörtlicher MKG bei gleichzeitiger angemessener Erreichbarkeit entspricht auch der historischen Entwicklung des § 23b MBOÄ. Im Gegensatz zu der früheren Fassung in Kap. D II. Nr. 9 Abs. 1 S. 4 lit. f) MBOÄ-1997[1185] wird heute nicht mehr auf das – bereits nicht mehr bestehende – grundsätzliche Verbot der Errichtung einer Zweigpraxis hingewiesen. § 23b MBOÄ regelt nunmehr für MKG zudem kein spezielles ausdrückliches Verbot überörtlicher Berufsausübungsgemeinschaften. Die fehlende Bezugnahme auf § 18 III 3 MBOÄ, der überörtliche ärztliche Berufsausübungsgemeinschaften gestattet, kann zumindest mangels hinreichender Bestimmtheit nicht als Verbot aufgefasst werden.

1185 Vgl. *Spielberg*, DÄBl. 1995, 1636 (1637), wonach im Rahmen der Delegiertenversammlung des Deutschen Ärztetages Bedenken u. a. durch *Schirmers* Hinweis auf die notwendige Einhaltung der berufsrechtlichen Bestimmungen wie insbesondere des grundsätzlichen Verbots der Errichtung einer Zweigpraxis zerstreut werden konnten.

Dafür spricht auch in systematischer Hinsicht, dass keine Bindung der Tätigkeit an einen gemeinsamen Praxissitz vorgesehen ist,[1186] wie sie jedoch nach § 18 III 2 MBOÄ bei ärztlichen Berufsausübungsgemeinschaften grundsätzlich besteht. War mithin bereits vor Eröffnung überörtlicher Berufsausübungsgemeinschaften das Verbot der Errichtung von Zweigpraxen ausdrücklich auch auf MKG bezogen worden, so ist nach dem Wegfall des Verbots mangels anschließender Regelung eines einschlägigen Verbots die Errichtung überörtlicher MKG zulässig.[1187]

Eine „räumliche Nähe" war nach § 18 II 1 MBOÄ-1997 wesentlich für genehmigungsfreie ausgelagerte Praxisräume.[1188] Als „räumlich nah" wurden die Räume lediglich dann bewertet, wenn der Arzt *„für alle seine Patienten jederzeit räumlich erreichbar ist und so seinen Berufspflichten uneingeschränkt nachkommen kann."*[1189] An dieses Verständnis kann angeknüpft werden und entspricht dem Sinn und Zweck der MKG als Förderung der Koordination interprofessioneller Behandlung am ehesten. Somit muss eine relative räumliche Erreichbarkeit der Partner für die verbundenen Partner ausschlaggebend sein. Die Bewertung hat nicht allein anhand der Erreichbarkeit des Arztes, sondern der Kooperationspartner insgesamt zu erfolgen, da § 23b I 3 MBOÄ *„diese in ihrer Verbindung"* räumlich verknüpft. Sind alle Kooperationspartner patientennah tätig, so wird insbesondere ihre Erreichbarkeit durch die Patienten zu bewerten sein, wobei ausreichen muss, dass die Kooperationspartner ihrerseits den Praxissitz nach der Wahl des Patienten in einem für die interprofessionelle Behandlung angemessenen Zeitraum erreichen können. Die Beurteilung des angemessenen Zeitraums muss die Berufszugehörigkeit der konkret zusammengeschlossenen Gesellschafter berücksichtigen. Die räumliche Trennung widerspricht dem Zweck des § 23b I 3 MBOÄ, wenn die Koordination der fachlichen Zusammenarbeit nicht mehr möglich ist. Daneben sind auch die konkrete Einwohneranzahl und Infrastruktur in der Bewertung heranzuziehen, die unmittelbar das Maß der räumlichen Trennung beeinflussen. Während in dichter besiedelten Gegenden eine Entfernung der Praxisorte von 20 Kilometern nicht mehr als „nah" zu bezeichnen sein dürfte, wäre es die gleiche Entfernung in ländlicheren Gebieten durchaus. Eine pauschale Grenzziehung wird der Vielzahl der in Betracht kommenden Gestaltungen nicht gerecht. Bei Gründung einer überörtlichen MKG dürfte es sich empfehlen, im Voraus eine Einschätzung der zuständigen Ärztekammer einzuholen.

1186 *Narr*, Ärztliches Berufsrecht, B 443.

1187 Im Ergebnis wohl auch *Narr*, Ärztliches Berufsrecht, B 443.

1188 Zu der Abgrenzung von ausgelagerten Praxisräumen und Zweigpraxen siehe *BSG*, NZS 2002, 443 (445); *VGH Bad.-Württ.*, MedR 2000, 439 ff.; *Kiesecker*, MedR 1999, 426.

1189 *VGH Bad.-Württ.*, Urt. v. 16.5.2000 – 9 S 1445/99 Rn. 24, MedR 2000, 439 (441).

γ) Erforderliche ärztliche Präsenz

Nach Begründung der Zulässigkeit überörtlicher MKG fragt sich, ob bezüglich ihrer Ausgestaltung das Präsenzgebot des § 18 III 3 MBOÄ zu übertragen ist und jeder Standort ärztlich zumindest mitgeleitet werden muss. Mangels direkter Anwendbarkeit des § 18 III 3 MBOÄ und mangels ausdrücklicher Anordnung seiner entsprechenden Anwendung durch § 23b MBOÄ käme auch insoweit allenfalls eine Analogie des § 18 III 3 MBOÄ in Betracht, die jedenfalls an der mangelnden Vergleichbarkeit von ärztlichen und berufsübergreifenden Berufsausübungsgemeinschaften aufgrund ihrer unterschiedlichen Charakteristika abzulehnen ist. Während § 18 III 3 MBOÄ bei überörtlichen ärztlichen Berufsausübungsgemeinschaften die ärztliche Versorgung an jedem Praxisstandort sicherstellt, kommt eine äquivalente Gewährleistung einer *„ausreichenden"* ärztlichen Patientenversorgung an allen Standorten nicht in Betracht. Lediglich der Arzt kann an seinem hauptsächlichen Praxisstandort die ärztliche Patientenversorgung sicherstellen, nicht jedoch sein nichtärztlicher Kooperationspartner.

Neben § 18 III 3 MBOÄ statuiert auch § 17 II MBOÄ Voraussetzungen für eine überörtliche Tätigkeit des Arztes. Seine Anwendung muss jedoch ebenfalls ausscheiden. § 17 II MBOÄ lässt die Ausübung ärztlicher Tätigkeit in zwei Zweigpraxen neben dem Praxissitz zu, sofern der Arzt Vorkehrungen für eine ordnungsgemäße Versorgung ihrer Patienten an jedem Tätigkeitsort getroffen hat. Der Norm liegt die alleinige Tätigkeit des Arztes zugrunde und gewährleistet ebenso wie § 18 III 3 MBOÄ die ärztliche Versorgung der Patienten. In MKG ist der Arzt stattdessen in die Berufsausübungsgemeinschaft eingegliedert. Zwar wird der Arzt regelmäßig als einziger ärztlicher Gesellschafter *„allein"* ärztlich tätig sein – MKG zeichnen sich jedoch durch ihr interprofessionelles Angebot aus. Nicht die ärztliche Betreuung *aller* Patienten wird angestrebt, sondern die Möglichkeit verbesserter fachlicher Kooperation der medizinischen Berufsangehörigen. Ist bereits nicht die ärztliche Betreuung aller Patienten der MKG zu den Sprechzeiten an einem Ort bezweckt, kann die Zulässigkeit überörtlicher Tätigkeit folglich auch nicht von der Sicherstellung der ärztlichen Versorgung an allen Orten abhängen.

§§ 17 II, 18 III 3 MBOÄ lässt sich auch kein allgemeiner Rechtsgedanke entnehmen, dass Ärzte bei allen Tätigkeitsformen an allen Orten ihrer Berufsausübung eine ausreichende ärztliche Patientenversorgung zu gewährleisten haben. Die MKG ist aufgrund ihrer Interprofessionalität als Sonderfall aufzufassen, der sich durch sein medizinisches Angebot verschiedener Professionen im Gesundheitsbereich definiert. Allenfalls ließe sich noch die Voraussetzung herleiten, dass an jedem Standort der MKG die verantwortliche Leitung durch eines ihrer Mitglieder erforderlich wäre.[1190] Doch enthält bereits in ausreichendem

---

1190 Auch im rechtsanwaltlichen Berufsrecht ist anerkannt, dass bei überörtlichen interprofessionellen Berufsausübungsgemeinschaften nicht jeder Standort durch Angehörige jedes beteiligten Berufs mitgeleitet werden muss *Henssler*, AnwBl 2009, 670 (673). Mit *Henssler* ist gleichwohl auf wettbewerbsrechtliche Probleme

Maße § 23b I 3 MBOÄ die Regelung, dass die Zusammenarbeit der Kooperationspartner räumlich nah möglich sein muss. Daher richtet sich die Zulässigkeit von MKG bereits funktional an der Zusammenarbeit der Partner aus, während der Umfang der ärztlichen Patientenversorgung nicht zu ihrer Bewertung herangezogen wird. Bestätigen lässt sich seine Unbeachtlichkeit bei Heranziehung der Zulässigkeit von auf einzelne Leistungen beschränkte MKG nach § 23b I 1 MBOÄ. So kann – wie es in der Praxis zumindest in vielen Fällen geschieht – die rein ärztliche Tätigkeit aus der Kooperationsgemeinschaft ausgegliedert werden. In solchen Fällen könnte die Sicherstellung ärztlicher Tätigkeit nicht durch einen im Namen der Gesellschaft tätigen Arzt gewährleistet werden, da er bei rein ärztlichen Behandlungen im eigenen Namen auftritt.

ddd) Rechtsfolgen der Aufnahme nicht zulässiger Kooperationspartner

Bei den abstrakten oder konkreten Anforderungen des § 23b I 1, 3, II MBOÄ widersprechenden Zusammenschlüssen ist auf Grundlage der Rechtsprechung und der wohl herrschenden Meinung[1191] von der Nichtigkeit des Gesellschaftsvertrags bzw. bei erst nachträglichem Verstoß von der Nichtigkeit der Abtretung der Gesellschaftsanteile aufgrund Verstoßes gegen ein gesetzliches Verbot nach § 134 BGB auszugehen.[1192]

Trotz Nichtigkeit der Abtretung der Gesellschaftsanteile oder des Gesellschaftsvertrags sind allerdings die Grundsätze der fehlerhaften Gesellschaft zu beachten. Ihre Anwendung modifiziert den wesentlichen Zeitpunkt des Eintritts der Nichtigkeitsfolge, da die Nichtigkeit nicht ex tunc, sondern ex nunc eintritt. Zwar werden der Anwendung der Grundsätze der fehlerhaften Gesellschaft Grenzen gesetzt in gewichtigen Interessen der Allgemeinheit und bestimmter, besonders schutzwürdiger Personen.[1193] Der umfassende Ausschluss bei Verletzungen des § 23b I 1, 3, II MBOÄ lässt sich allerdings nicht über dessen Schutzzweck der Sicherung der ärztlichen Unabhängigkeit herleiten.[1194] Bereits das *Reichsgericht* hat die Anerkennung der Lehre der fehlerhaften Gesellschaft dahingehend eingeschränkt, dass ein Gesellschaftsvertrag jedenfalls dann nicht nichtig ist, wenn *„nicht der Gesellschaftsvertrag als solcher unerlaubt oder unsittlich ist"*, sondern nur die *„zur Erreichung des gesetzlich zulässigen Gesellschaftszwecks"* vorgenommenen Rechtshandlungen

---

für den Fall hinzuweisen, dass der Außenauftritt die Anwesenheit Angehöriger aller Professionen suggeriert.

1191 Siehe hierzu bereits S. 89.

1192 Siehe ausdrücklich in Bezug auf § 23a MBOÄ *Saenger*, MedR 2006, 138 (141).

1193 *BGHZ* 55, 5 (8); 62, 234 (241); *Schwintowski*, NJW 1988, 937 (938).

1194 So aber *Saenger*, MedR 2006, 138 (141). Siehe ferner *Dahm*, in: *ARGE*, Psychotherapeutengesetz, S. 39 (44); vgl. hierzu den Verstoß eines Zusammenschlussverbots eines öffentlich bestellten Vermessungsingenieurs mit einem nicht öffentlich bestellten Berufsangehörigen betreffend *BGH*, NJW 1987, 65 (67).

gesetzlich verboten oder sittenwidrig sind.[1195] Insbesondere im Hinblick auf bereits erfolgte gemeinsame Behandlungsaufgaben und den Austausch von Patienteninformationen aufgrund des nichtigen Gesellschaftsvertrags kommt es bereits zu irreversiblen Kenntniserlangungen, für die der mögliche nachträgliche Entfall der Zulässigkeit des Informationsaustauschs zwischen den Kooperationspartnern erhebliche und kaum vertretbare Kooperationshindernisse herbeiführen würde. Folge der rückwirkenden Nichtigkeit wäre wohlgemerkt der ebenfalls rückwirkende Entfall der Legalisierungswirkung für die fachliche Kooperation, sodass dem Arzt die berufsrechtliche Sanktionierung drohen würde. Jegliche Kooperationsbestrebungen kämen damit zum Erliegen, der Sinn und Zweck der berufsübergreifende Zusammenschlüsse ermöglichenden Norm bliebe praktisch unerreichbar. Um berufsübergreifende Berufsausübung nicht im Keim zu ersticken, sollte daher zwischen den Arten fehlerhafter Beteiligung differenziert werden. Ein Verstoß gegen die abstrakten, an die Berufszugehörigkeit anknüpfenden Faktoren in § 23b I 1 MBOÄ lässt sich auch aus der Warte der Beteiligten objektiv deutlicher bestimmen. Der Verstoß führt zu Beteiligungen, die unter allen Umständen untersagt sind, sodass eine Privilegierung durch die Grundsätze der fehlerhaften Gesellschaft fragwürdig erscheint.[1196] Dagegen wird gerade den Kooperationsparteien ein Verstoß gegen die konkreten Ausgestaltungserfordernisse an die Zusammenarbeit nach § 23b I 3, II MBOÄ eher im Unklaren bleiben, da die Kooperationspartner jedenfalls die objektiven Anforderungen an die Berufszugehörigkeit erfüllen und die Kooperation damit zumindest legitim erscheint. Die Vorenthaltung der aus den Grundsätzen der fehlerhaften Gesellschaft folgenden ex-nunc-Nichtigkeit auf solche Fälle der konkreten Ausgestaltung erstickte das Bestreben zu interprofessioneller gemeinsamer Berufsausübung im Keim, sodass im Hinblick auf § 23b MBOÄ die Nichtigkeitsfolge nur mit Wirkung für die Zukunft in Frage kommt.

Bei der GmbH kommt regelmäßig keine ursprüngliche Nichtigkeit des Gesellschaftsvertrags in Betracht, da das zuständige Registergericht bei Anmeldung der Gesellschaft zur konstitutiven Eintragung in das Handelsregister den Gesellschaftsvertrag u. a. nach § 9c II Nr. 3 GmbHG auf Mängel überprüft, die zur Gesamtnichtigkeit des Gesellschaftsvertrags führen.[1197] Gleiches trifft auf die Prüfung des Registergerichts für die ordnungsgemäße Errichtung der Aktiengesellschaft nach § 38 I 2 AktG zu.

1195 Siehe *Schwintowski*, NJW 1988, 937 (938 f.).

1196 Siehe aber zu verfassungsrechtlichen Bedenken an der Untersagung von Zusammenschlüssen mit anderen Berufen als in den § 23b I 1 MBOÄ genannten unter Einbringung der ärztlichen Heilkunde am Menschen in die Berufsausübungsgemeinschaft S. 564 ff.

1197 *Schäfer*, in: *Henssler/Strohn*, Gesellschaftsrecht, GmbHG, § 9c Rn. 10 ff.

eee) Übernahme der Regelung des § 23b I 1 MBOÄ durch die Landesärztekammern

Die Regelung des § 23b MBOÄ hinsichtlich der Breite zulässiger Zusammenschlüsse wurde nicht von allen Ärztekammern in ihre Berufsordnungen übernommen. Wörtlich übertragen wurde sie in den Berufsordnungen der Ärztekammern *Baden-Württemberg, Berlin, Brandenburg, Bremen, Hamburg, Hessen, Mecklenburg-Vorpommern, Nordrhein,* des *Saarland, Sachsen, Sachsen-Anhalt, Schleswig-Holstein, Thüringen* und *Westfalen-Lippe.*[1198]

In *Niedersachsen* wurde der Berufskreis in § 23 I 1 BO Nds. explizit auf Angehörige der in § 17 V Nr. 3 BO Nds. genannten Berufe beschränkt. § 17 V Nr. 3 BO Nds. benennt die naturwissenschaftlichen und sozialpädagogischen Berufe und verweist daneben auf die in § 1 I Nr. 1, 3 bis 5 NKaG Nds. genannten Heilberufe und die in § 1 II PartGG genannten sonstigen Ausbildungsberufe im Gesundheitswesen. Unter § 1 I Nr. 1, 3 bis 5 sind Ärzte, Tierärzte, Zahnärzte und psychologische Psychotherapeuten und Kinder- und Jugendlichentherapeuten zu verstehen. Die in § 1 I Nr. 2 HKG Nds. genannten Apotheker sind im Umkehrschluss nicht kooperationsfähig. Die Ausgrenzung von Apothekern, die in § 1 I Nr. 2 HKaG Nds. genannt werden, lässt sich auch nicht unmittelbar durch den zusätzlichen Hinweis auf § 1 II PartGG beheben, da sie dort nicht genannt werden. Sie stellen jedoch einen ähnlichen Beruf im Sinne des § 1 II PartGG dar. Gleichwohl manifestiert sich die Intention ihrer Ausgrenzung in der unterlassenen Aufzählung in § 1 I NKaG Nds. als einziger der dort geregelten Heilberufe. Ihre Beteiligung an MKG scheidet in Niedersachsen daher aus. Heilpraktiker sind in § 1 I Nr. 1, 3 bis 5 NKaG Nds. ebenfalls nicht genannt, sie werden stattdessen in § 1 II PartGG ausdrücklich aufgezählt. Da sie gleichwohl keinen Ausbildungsberuf darstellen, sind Heilpraktiker auch in Niedersachsen ausgeschlossen. Im Ergebnis unterscheidet sich die Rechtslage in *Niedersachsen* von der MBOÄ dahingehend, dass Apotheker keine nach §§ 23 I 1, 17 V Nr. 3 BO Nds. zulässigen Kooperationspartner darstellen.

Die *bayerische* Berufsordnung grenzt bei der Aufnahme Angehöriger von Ausbildungsberufen im Gesundheitswesen gewerbliche und handwerkliche Berufe ausdrücklich aus. Außerdem wird der Arzt ausdrücklich gehindert, Zusammenschlüsse mit Personen einzugehen, die aufgrund einer Erlaubnis nach § 1 I HeilprG tätig werden oder durch ihr Berufsrecht an dem Zusammenschluss gehindert werden.[1199] Ebenso werden in *Rheinland-Pfalz* durch die zusätzliche Regelung in § 23b III BO RP Heilpraktiker ausdrücklich von der Teilnahme an einer MKG

1198 „Angehörige" sozialpädagogischer Berufe werden in einigen Berufsordnungen dabei als Mitarbeiter sozialpädagogischer Berufe bezeichnet, exemplarisch in § 23b I 1 Var. 4 BO SH und § 23b I 1 Var. 4 BO Thüringen.

1199 Siehe hierzu bereits S. 196 ff., insb. S. 200 f.

ausgeschlossen.[1200] Hieraus ergeben sich keine Unterschiede zu der Darstellung des § 23b MBOÄ. Schließlich verzichtet die *bayerische* Berufsordnung auf die Präzisierung des Gebots zur Zusammenarbeit, wie sie in § 23b II MBOÄ vorgenommen wird. Da dieses lediglich der Präzisierung des durch § 23b I 4 BO BY auch in *Bayern* integrierten Gebots zum Zusammenwirken dient, sind Unterschiede in der Rechtslage nicht ersichtlich.

fff) Verfassungsmäßigkeit des Ausschlusses sonstiger Berufe des Gesundheitswesens als Kooperationspartner, insbesondere Heilpraktiker

Besonderer Untersuchung bedarf die Frage, ob die Ausgrenzung Angehöriger bestimmter Berufe im Gesundheitswesen als Eingriffe in die Grundrechte der Beteiligten verfassungsgemäß erfolgen. Insbesondere soll die Untersuchung anhand von Verbindungen mit dem freiberuflich agierenden Heilpraktiker in den Fokus gerückt werden, da solche als besonders anrüchig dargestellt werden. Nur peripher können auch Verbindungen mit gewerbetreibenden Gesundheitshandwerkern und anderen gewerblichen Berufen des Gesundheitswesens angesprochen werden. Die ihnen geltenden Ausführungen beruhen im Grundsatz auf denselben fundamentalen Erwägungen der Überprüfung der Rechtmäßigkeit des Verbots von Zusammenschlüssen mit Heilpraktikern.

i) Allgemeine Erwägungen

Neben dem ärztlichen Berufsrecht beschränkt auch das Berufsrecht anderer freier Berufe die Zulässigkeit berufsübergreifender Zusammenschlüsse auf Kooperationspartner eines bestimmten Berufskreises.[1201] Bei atypischen Berufskombinationen wird nicht nur das praktische Bedürfnis in Frage gestellt, sondern auch eine erhöhte Gefahr berufsfremden Einflusses auf die Berufsausübung befürchtet.[1202] Während andere Berufsrechte die Zulässigkeit interprofessioneller Zusammenschlüsse allein anhand der Berufszugehörigkeit bemessen, führt die Intention, „*medizinische Gemischtwarenläden*“ zu verhindern,[1203] zu einer weiteren Einschränkung hinsichtlich des genauen Zwecks der Zusammenarbeit in MKG. Ihr gegenüberstehend ist Ärzten ein interprofessioneller Zusammenschluss nach § 23c MBOÄ weitestgehend erlaubt, wenn sie die Heilkunde nicht in der Gesellschaft ausüben.[1204] Rekurrierend auf die sonst weitgehend freie Zulässigkeit von

---

1200 Siehe zum Kooperationsfähigkeit von Personen, die als Angehörige eines Gesundheitsfachberufs zusätzlich eine sektorale Heilpraktikererlaubnis erhalten haben, S. 196 ff.

1201 Siehe hier nur § 59a I 1 BRAO, § 28 II WPO, § 50 I, II, § 50a I Nr. 1 StBerG.

1202 Vgl. zu Rechtsanwaltsgesellschaften *Singer*, DStR-Beih. 2015, 11 (16); *Singer*, DStR 2013, 1856 (1859).

1203 Siehe bereits zum Begriff S. 142.

1204 Siehe hierzu S. 516 ff. und S. 563 ff.

Zusammenschlüssen hat sich die Prüfung des Ausschlusses in § 23b I 1 MBOÄ nicht-genannter Berufe auf ihre Verfassungsmäßigkeit am medizinischen Zweck zu orientieren.

ii) Entscheidung des BVerfG zu § 59a I 1 BRAO vom 12.1.2016 – 1 BvL 6/13

α) Einführung

Bereits früh sind Entscheidungen des *BVerfG* zu interprofessionellen Zusammenschlüssen und deren Verboten ergangen,[1205] erst die jüngsten Entscheidungen erhielten aber wieder verstärkte Aufmerksamkeit.[1206] Die sog. „Horn"-Entscheidung[1207] soll daher bereits an dieser Stelle als mögliches Fanal einer umfangreichen Prüfung von Zusammenschlussverboten im Recht freier Berufe besprochen werden.

In anderen Berufsrechten werden interprofessionelle Zusammenschlüsse in ähnlicher Weise wie in § 23b I 1 MBOÄ nach Berufszugehörigkeit der potentiellen Kooperationspartner beschränkt. So dürfen sich nach § 59a I 1 BRAO[1208] Rechtsanwälte nur *„mit Mitgliedern einer Rechtsanwaltskammer und der Patentanwaltskammer, mit Steuerberatern, Steuerbevollmächtigten, Wirtschaftsprüfern und vereidigten Buchprüfern zur gemeinschaftlichen Berufsausübung im Rahmen der eigenen beruflichen Befugnisse verbinden."* Für Rechtsanwälte wäre demnach ein Zusammenschluss zur gemeinsamen Berufsausübung mit Ärzten nicht zulässig. Nach der Rechtsprechung des *BVerfG* steht der Ausschluss von Ärzten aus Rechtsanwaltsgesellschaften[1209] nicht mit der Verfassung in Einklang. Die Beschränkung des Gesellschafterkreises interprofessioneller Rechtsanwaltsgesellschaften in § 59a I BRAO wurde anlässlich eines Zusammenschlusses eines Rechtsanwalts in einer PartG mit einer Ärztin, die zugleich Apothekerin gewesen ist, zu Fall gebracht.

1205 Zu Zusammenschlusshindernissen als Gegenstand der Verfassungsrechtsprechung vor der Jahrtausendwende *BVerfGE* 60, 215 ff.; 80, 269 (278); 98, 49 ff.; *BVerfG*, DStR 1979, 211.

1206 Siehe zuvor zu § 59a I 1 BRAO ergangene Entscheidungen bzgl. der Verbindung eines Rechtsanwalts mit einem Mediator *AGH Niedersachsen*, NJW-RR 2003, 129 f.; mit einer Unternehmensberaterin *AGH Bad.-Württ.*, BRAK-Mitt. 1995, 169 ff.; mit einem Diplom-Ökonom, *AGH Niedersachsen*, NJW-RR 2006, 927 f.

1207 *Bormann/Strauß* in: *Gaier et al.*, Anwaltliches Berufsrecht, BRAO, § 59a Rn. 85a; *Hellwig*, AnwBl 2016, 776 (776).

1208 Die BRAO wird im Gegensatz zu den ärztlichen Berufsordnungen der Länderärztekammern durch den Bundesgesetzgeber erlassen, vgl. hier nur *Saenger*, MedR 2006, 138 (141).

1209 *BVerfGE* 141, 82 ff.

β) Darstellung des Sachverhalts

Das *BVerfG* hatte sich nach einem Vorlagebeschluss des *BGH*[1210] mit dem Fall zu beschäftigen, in dem die Beteiligten eine gemeinsame PartG in das Partnerschaftsregister eintragen lassen wollten. Der Name der PartG sollte wie folgt lauten: „*Rechtsanwalt und Ärztin/Apothekerin – interprofessionelle Partnerschaft für das Recht des Arztes und des Apothekers*".[1211] Es handelte sich um eine interprofessionelle Zusammenarbeit zur Beratung praktizierender Ärzte und Apotheker. Gegenstand der PartG war nach dem Gesellschaftsvertrag „*die Ausübung des selbständigen Berufes des Rechtsanwalts [...] und der Ärztin und Apothekerin [...].*"[1212] Der Vertrag stellte explizit klar, dass die Ärztin lediglich gutachterlich und beratend tätig sein sollte, die Ausübung der Heilkunde am Menschen in der Gesellschaft wurde ausdrücklich ausgeschlossen.

Das Registergericht beim *Amtsgericht Würzburg*[1213] und das *OLG Bamberg*[1214] lehnten die Eintragung der PartG ab. § 59a I 1 BRAO stünde der Zulässigkeit der Gesellschaft entgegen, da Ärzte nicht in der abschließenden[1215] Aufzählung der sozietätsfähigen Berufe aufgeführt waren. Die Norm könne nicht erweiternd ausgelegt werden.[1216] Der *BGH*[1217] setzte das Verfahren aus und legte § 59a I 1 BRAO dem *BVerfG* im Wege der Normenkontrolle nach Art. 100 I GG vor.[1218] Das ärztliche Berufsrecht wurde nicht näher geprüft, da ein Verstoß gegen die Berufsordnung offenkundig ausschied – § 23c MBOÄ eröffnet Ärzten die Möglichkeit zur Zusammenarbeit mit Angehörigen anderer Berufe in allen Rechtsformen, wenn Ärzte – wie ausdrücklich im Gesellschaftsvertrag ausgeschlossen – die Heilkunde am Menschen nicht ausüben.

γ) Darstellung der Entscheidung des *BVerfG*

Das *BVerfG* konnte sich durch die Vorlage des *BGH* nicht mehr um die Bewertung des Kooperationsverbots „*drücken*"[1219] und schloss sich in den wesentlichen Zügen der Bewertung des *BGH* an. Es stellte die Unverhältnismäßigkeit des Eingriffs in Art. 12 I GG durch § 59a I 1 BRAO fest, soweit Rechtsanwälten eine gemeinschaftliche Berufsausübung mit Ärzten oder Apothekern im Rahmen einer PartG

1210 *BGH*, NJW 2013, 2674 ff.

1211 *BVerfGE* 141, 82 (88).

1212 *BVerfGE* 141, 82 (88).

1213 BeckRS 2013, 11623.

1214 BRAK-Mitt. 2011, 302 f.

1215 BT-Drs. 12/4993, S. 23; *OLG Bamberg*, BRAK-Mitt. 2011, 302 (302).

1216 *OLG Bamberg*, BRAK-Mitt. 302 (302).

1217 *BGH*, NJW 2013, 2674.

1218 Die Vorlagefrage lautete konkret: „*Ist § 59a I BRAO in der Fassung vom 12. Dezember 2007 mit Art. 3 I, Art. 9 I und Art. 12 I GG vereinbar?*"

1219 *Kleine-Cosack*, AnwBl 2016, 311 ff..

untersagt wird.[1220] Insoweit erklärte das *BVerfG* die Regelung des § 59a I 1 BRAO für nichtig und stellte die Zulässigkeit einer PartG mit Ärzten und Apothekern unter Beteiligung von Rechtsanwälten fest.[1221] Einen Verstoß gegen die Vereinigungsfreiheit nach Art. 9 I GG und den allgemeinen Gleichheitsgrundsatz nach Art. 3 I GG prüfte das *BVerfG* im Kontrast zu dem ausführlichen Vorlagebeschluss des *BGH* nicht mehr.[1222] Über den konkreten Fall hinaus äußerte sich das *BVerfG* nicht.

Den Schutzbereich der Berufsfreiheit erkennt das *BVerfG* für den beteiligten Rechtsanwalt als eröffnet.[1223] Insbesondere gehöre auch die Freiheit, den Beruf gemeinsam mit Angehörigen anderer Berufe auszuüben, zur durch Art. 12 I GG garantierten Berufsausübungsfreiheit.[1224] Für die Eröffnung seines Schutzbereichs sei zudem unerheblich, ob ein „hinreichender Bedarf" für derartige Zusammenschlüsse bestehe.[1225] Durch § 59a I 1 BRAO werde in die Berufsausübungsfreiheit eingegriffen, da die Aufzählung in § 59a I 1 BRAO abschließend die sozietätsfähigen Berufe regelt und im Umkehrschluss den Zusammenschluss von Rechtsanwälten mit Ärzten und Apothekern ausschließt. Es handelt sich daher nach dem *BVerfG* um eine Regelung der Berufsausübung.

In 59a I 1 BRAO erkennt das *BVerfG* eine für einen Eingriff in die Berufsfreiheit ausreichende gesetzliche Rechtsgrundlage[1226] und überprüft ihn auf seine Verhältnismäßigkeit. Der Gesetzgeber verfolge mit § 59a I 1 BRAO in der Erhaltung einer funktionsfähigen Rechtspflege ein auf vernünftigen Erwägungen des Gemeinwohls beruhendes legitimes Ziel. Dafür bezweckt die Norm die Gewährleistung der Einhaltung der wesentlichen anwaltlichen Berufspflichten nach

1220 Tenor des Beschlusses: *„§ 59a Absatz 1 Satz 1 der Bundesrechtsanwaltsordnung in der im Bundesgesetzblatt Teil III, Gliederungsnummer 303–8, veröffentlichten bereinigten Fassung, die zuletzt durch Artikel 4 des Gesetzes vom 12. Dezember 2007 (Bundesgesetzblatt I Seite 2840) geändert worden ist, ist mit Artikel 12 Absatz 1 des Grundgesetzes unvereinbar und nichtig, soweit Rechtsanwälten untersagt wird, sich mit Ärzten und Apothekern zur Ausübung ihrer Berufe zu einer PartG zusammenzuschließen."* Das *BVerfG* schränkte die Vorlagefrage in doppelter Hinsicht auf den konkreten Fall ein: einserseits auf die Zusammenarbeit von Rechtsanwälten mit Ärzten und Apothekern und andererseits auf die Form der Zusammenarbeit in einer PartG, *BVerfGE* 141, 82 (95 f.). *Kleine-Cosack*, AnwBl 2016, 311 (313); 2017, 590 (594), prangert an, es fehle dem Gericht nicht nur der Mut zu einer fallübergreifenden Grundsatzentscheidung, sondern die Entscheidung sei auch *„hasenherzig"*.

1221 *BVerfGE* 141, 82 (120).

1222 *BGH*, NJW 2013, 2674 (2682 f.).

1223 Die Einschränkung auf die Berufsfreiheit der Rechtsanwälte wird nicht ausdrücklich im Beschluss des *BVerfG* vorgenommen, die Argumentation erfolgt anschließend allerdings allein anhand der Interessen der anwaltlichen Berufsträger.

1224 *BVerfGE* 141, 82 (97).

1225 *BVerfGE* 141, 82 (97).

1226 *BVerfGE* 141, 82 (98).

§ 43a BRAO.[1227] Genannt werden dazu die Verschwiegenheitspflicht nach § 43a II BRAO, das Verbot der Vertretung widerstreitender Interessen nach § 43a IV BRAO und die Pflicht der beruflichen Unabhängigkeit nach § 43a I BRAO.

Insgesamt seien mit der interprofessionellen Zusammenarbeit von Rechtsanwälten mit Ärzten oder Apothekern keine wesentlichen Risiken für die anwaltliche Berufsausübung verbunden, die die Untersagung ihres Zusammenschlusses rechtfertigen würden.

Zum Schutz der Verschwiegenheitspflicht der Rechtsanwälte nach § 43a II BRAO und § 203 StGB und dadurch des Geheimhaltungsinteresses der Mandanten sei ein Sozietätsverbot für Rechtsanwälte mit Ärzten und Apothekern in weiten Teilen bereits nicht erforderlich. Die sozietätsinterne Weitergabe der Informationen stelle noch keine Verletzung der Verschwiegenheitspflicht dar. Es werde die Weitergabe von Informationen bei der Beauftragung einer interprofessionellen Sozietät nicht nur regelmäßig von den Mandanten erwartet, sondern im Zweifel aufgrund der Vorteile interprofessioneller Beratung gerade auch erwünscht. Außerdem unterliegen Ärzte und Apotheker ihrerseits ebenso nach den für sie geltenden Berufsordnungen[1228] der Pflicht zur Verschwiegenheit, die durch die Strafvorschrift des § 203 I Nr. 1 StGB flankiert ist. Maßgeblicher Bezugspunkt der Verschwiegenheitspflicht der Ärzte und Apotheker ist jeweils eine berufsbezogene Kenntnisnahme, wobei auch die mittelbare Kenntniserlangung durch die berufliche Zusammenarbeit die Verschwiegenheitspflicht auslöst. Die Verschwiegenheitspflicht betreffe auch Ärzte und Apotheker, die lediglich gutachterlich tätig werden.[1229] Insofern sei der Ausschluss des Zusammenschlusses von Rechtsanwälten mit Ärzten oder Apothekern nicht erforderlich. Allein in Fällen, in denen die Kenntniserlangung nicht bei der Berufsausübung als Arzt oder Apotheker erfolgt, bestehe keine eigene Verschwiegenheitspflicht der Ärzte oder Apotheker. Nach dem *BVerfG* sei die Regelung des § 59a I 1 BRAO insofern zwar erforderlich, aber unangemessen. In der Interessenabwägung erkennt das Gericht wegen der zunehmenden Komplexität moderner Lebens- und Wirtschaftsverhältnisse eine wachsende Nachfrage nach interprofessioneller Beratung, eine mögliche Bedeutung für den wirtschaftlichen Erfolg anwaltlicher Kanzleien – der aufgrund des vollen wirtschaftlichen Risikos der Rechtsanwälte in ihrer beruflichen Tätigkeit zu berücksichtigen ist und nicht etwa schlechthin mit dem Anwaltsberuf unvereinbar wäre[1230] – durch das Angebot

---

1227 So verallgemeinernd *BVerfGE* 141, 82 (98 f.). Der Gesetzentwurf nennt in der Begründung nur die Verschwiegenheitspflicht und die damit korrespondierenden Aussageverweigerungsrechte und Beschlagnahmeverbote, BT-Drs. 12/4993, S. 34.

1228 Hierfür führt das *BVerfG* die im konkreten Fall relevanten § 9 I 1 der bayerischen Berufsordnung für Ärzte und § 14 I 1 der bayerischen Berufsordnungen für Apotheker an. Vergleichbare Vorschriften existieren in allen anderen Berufsordnungen sowohl für Ärzte (stets in § 9 der jeweiligen Berufsordnung) als auch Apotheker (vgl. § 14 BO-Apo BW).

1229 *BVerfGE* 141, 82 (103 f., 109).

1230 *BVerfGE* 141, 82 (105 f.) unter Hinweis auf *BVerfGE* 117, 163 (183).

spezialisierter Beratung und eine Notwendigkeit der Heranziehung professionellen Sachverstands aus anderen Berufen für die Beantwortung von Rechtsfragen. Gerade durch eine gemeinsame Außendarstellung von dauerhaften Zusammenschlüssen könnten sich Vorteile beim Angebot berufsübergreifender Leistungen realisieren.[1231]

Auf der anderen Seite erkennt das *BVerfG* nur eine geringe zusätzliche Gefahr für das Mandanteninteresse an der Wahrung der Verschwiegenheit im Vergleich zu nach § 59a I 1 BRAO ausdrücklich erlaubten Zusammenschlüssen. Auch bei der Zusammenarbeit mit den dort als sozietätsfähig anerkannten Berufen seien Situationen nicht ausgeschlossen, in denen ein berufsfremder Partner von Umständen Kenntnis erlange, die nicht seiner eigenen beruflichen Verschwiegenheitsverpflichtung unterfielen. Bei Ärzten und Apothekern sei das Gefährdungspotential nicht höher einzustufen. Zusätzlich sprächen §§ 30 S. 1, 33 BORA für die Einhaltung der anwaltlichen Verschwiegenheit auch durch die nichtanwaltlichen Partner.[1232] Aus § 30 S. 1 BORA ergebe sich die Verpflichtung des Rechtsanwalts, *„den nichtanwaltlichen Partner etwa vertraglich an die Bestimmungen der anwaltlichen Verschwiegenheitspflicht zu binden.“*[1233] Aus §§ 33 II BORA ergebe sich zudem die Verpflichtung des Rechtsanwalts, aktiv auf das kollektive Verhalten der PartG Einfluss zu nehmen, um Verstöße gegen die Berufsordnung[1234] zu verhindern.

Auch zur Sicherung der anwaltlichen Zeugnisverweigerungsrechte sei das Verbot einer Partnerschaft von Rechtsanwälten mit Ärzten und Apothekern weitgehend nicht erforderlich. Die Zeugnisverweigerungsrechte dienen dem Schutz der Geheimhaltungsinteressen der Mandanten und dem individuellen Vertrauensverhältnis zwischen Mandant und Rechtsanwalt.[1235] Die Regelungen ergeben sich für Rechtsanwälte aus § 53 I Nr. 3 StPO im Strafverfahren, § 383 I Nr. 6 ZPO im Zivilprozess (iVm § 46 II 1 ArbGG im arbeitsgerichtlichen Verfahren bzw. § 98 VwGO im Verwaltungsstreitverfahren) und § 84 I FGO iVm § 102 I Nr. 3 AO im Verfahren vor den Finanzgerichten. Jedoch sind dort auch Ärzte und Apotheker

---

1231 *BVerfGE* 141, 82 (105 f.).

1232 § 30 S. 1 BORA lautet: *„Ein Rechtsanwalt darf sich mit Angehörigen anderer nach § 59a I Bundesrechtsanwaltsordnung sozietätsfähiger Berufe nur dann zu einer gemeinschaftlichen Berufsausübung in einer Sozietät, in sonstiger Weise oder in einer Bürogemeinschaft verbinden, wenn diese bei ihrer Tätigkeit auch das anwaltliche Berufsrecht beachten.“* § 33 BORA lautet: *„(1) Soweit Vorschriften dieser Berufsordnung Rechte und Pflichten des Rechtsanwalts im Hinblick auf die Sozietät als Form der gemeinschaftlichen Berufsausübung vorsehen, gelten sie sinngemäß für alle anderen Rechtsformen der gemeinschaftlichen Berufsausübung. (2) Bei beruflicher Zusammenarbeit gleich in welcher Form hat jeder Rechtsanwalt zu gewährleisten, dass die Regeln dieser Berufsordnung auch von der Organisation eingehalten werden.“*

1233 *BVerfGE* 141, 82 (107 f.).

1234 Zu den Regeln der Berufsordnung gehört auch die Verschwiegenheitspflicht nach § 2 BORA.

1235 *BVerfGE* 141, 82 (108 f.), unter Hinweis auf *BVerfGE* 38, 312 (323).

als aussageverweigerungsberechtigte Berufe genannt. Wie bei der Verschwiegenheitsverpflichtung ist die Gefahr für die Geheimhaltungsinteressen durch ein Zurückbleiben der Zeugnisverweigerungsrechte der Ärzte und Apotheker hinter denjenigen der Rechtsanwälte gering. Zudem seien derartige Beeinträchtigungen auch bei den als sozietätsfähig erachteten Berufen nicht gänzlich auszuschließen, weshalb ein hierauf gestütztes Verbot des Zusammenschlusses von Ärzten und Apothekern unangemessen wäre. Außerdem käme ohnehin ein Zeugnisverweigerungsrecht des nichtanwaltlichen Partners als Gehilfe des Rechtsanwalts ungeachtet der Berufszugehörigkeit aus § 53a StPO in Betracht.[1236] Im Zivilprozess hätten Mitarbeiter der in § 383 ZPO genannten Berufsträger ebenfalls ein Zeugnisverweigerungsrecht.

Auch zur Wahrung der strafprozessualen Beschlagnahmeverbote sei ein Verbot für Rechtsanwälte, Partnerschaften mit Ärzten und Apothekern einzugehen, nicht erforderlich, da die Untersagung der Beschlagnahme an das Zeugnisverweigerungsrecht nach § 53 I 1 Nr. 1 bis 3b StPO geknüpft sei.[1237]

Bei Ermittlungsmaßnahmen im repressiven Bereich der Strafverfolgung als auch im präventiven Bereich der Gefahrenabwehr und der Straftatenverhütung seien zwar Unterschiede im Schutzniveau möglich, dennoch sei ein Verbot von Zusammenschlüssen von Rechtsanwälten mit Ärzten und Apothekern unangemessen. Im Anwendungsbereich des Strafprozessrechts bestehe für Rechtsanwälte nach § 160a I StPO ein absolutes Beweiserhebungs- und -verwertungsverbot, für Ärzte und Apotheker dagegen nur ein relatives Beweiserhebungs- und -verwertungsverbot nach § 160a II iVm § 53 I Nr. 3 StPO. Im Vergleich mit den als ausdrücklich nach § 59a I 1 BRAO für sozietätsfähig befundenen Berufen ergebe sich jedoch keine Schwächung der Geheimhaltungsinteressen der Mandanten, die der Gesetzgeber nicht bereits zugunsten der Berufsfreiheit hingenommen hätte. Die für sozietätsfähig erachteten Berufe des Patentanwalts, Steuerberaters, Steuerbevollmächtigten, Wirtschaftsprüfers und vereidigten Buchprüfers sowie mit Einschränkungen des Anwaltnotars unterfielen nämlich auch nur dem relativen Schutz aus § 160a II StPO. Bei Einfügung des § 160a I StPO sei dem Gesetzgeber die Problematik des Verschwiegenheitsschutzes bei interprofessionellen Sozietäten bekannt gewesen, die in § 59a I 1 BRAO genannten sozietätsfähigen Berufe wurden gleichwohl nicht in den Kreis der durch § 160a I StPO absolut geschützten Personen aufgenommen.[1238]

Zum Zweck der Sicherung der anwaltlichen Unabhängigkeit stellt das *BVerfG* die Erforderlichkeit des Verbots von Zusammenschlüssen von Rechtsanwälten mit Ärzten und Apothekern fest. Die anwaltliche Unabhängigkeit garantiere rechtliche und tatsächliche Handlungsfreiheit, diene dem Zweck einer funktionierenden Rechtspflege und bestehe sowohl gegenüber dem Staat als auch im Verhältnis zu

1236 *BVerfGE* 141, 82 (110).
1237 *BVerfGE* 141, 82 (110 f.).
1238 *BVerfGE* 141, 82 (112 f.).

Sozien und anderen Dritten. Folglich sei Rechtsanwälten die Unterwerfung unter die anwaltliche Unabhängigkeit gefährdende rechtliche Bindungen nach § 43a I BRAO verboten. Beeinträchtigungen der beruflichen Unabhängigkeit der einzelnen Partner seien zudem nie völlig auszuschließen. Dennoch sei eine Gefahr für die berufliche Unabhängigkeit gering, da bereits die Verpflichtung zu beruflicher Unabhängigkeit ein wesentliches Kennzeichen aller freien Berufe sei, auch für Ärzte und Apotheker gelte und Verstöße der berufsgerichtlichen Ahndung unterlägen.[1239] Grundsätzlich sei von rechtstreuem Verhalten auszugehen.[1240] In der Interessenabwägung bewertet das *BVerfG* die Regelung des § 59a I BRAO daher als unangemessen. Für eine abweichende Entscheidung zu den als sozietätsfähig erachteten Berufen gebe es keinen Grund. Die Gefahr für die Unabhängigkeit der Rechtsanwälte sei in monoprofessioneller und ebenfalls im weiteren Bereich der wirtschaftlichen bzw. wirtschaftsrechtlich beratenden Kooperationen nach tatsächlicher Sachlage nämlich ungleich größer.[1241] Das grundlegend andere Tätigkeitsfeld der Ärzte und Apotheker spreche eher für die Wahrung beruflicher Distanz und stärkere Respektierung der Unabhängigkeit des anwaltlichen Partners. Auch aus der Organisationsform im konkreten Fall ergebe sich keine stärkere Gefährdung für die anwaltliche Unabhängigkeit, da nach § 6 I PartGG der Zusammenschluss in einer PartG keine Lösung von der Bindung an die berufsrechtlichen Pflichten darstelle. Außerdem könne die Geschäftsführungsbefugnis des einzelnen Partners nach § 6 II PartGG nicht insoweit beschränkt werden, als seine Berufsausübung betroffen würde. Zusätzlich dürfe nach § 30 S. 1 BORA ein Rechtsanwalt nur dann eine gesellschaftsrechtliche Bindung zur gemeinsamen Berufsausübung eingehen, wenn die Angehörigen anderer Berufe bei ihrer Tätigkeit das anwaltliche Berufsrecht beachteten, auch wenn sie dazu originär nicht verpflichtet sind. Die PartG selbst habe nach § 33 II BORA die anwaltlichen Berufspflichten einzuhalten – der Rechtsanwalt habe danach das ihm Mögliche zur Verhinderung berufswidrigen Verhaltens zu tun.[1242]

Auch mit Verweis auf möglicherweise entstehende Interessenkollisionen bleibe das Verbot des Ausschlusses von Partnerschaften von Rechtsanwälten mit Ärzten und Apothekern unverhältnismäßig. Nach § 43a IV BRAO und § 3 BORA dürfen Rechtsanwälte widerstreitende Interessen nicht vertreten, um die Stellung des Anwalts als unabhängigen Sachwalter im Dienste der Rechtssuchenden und die funktionierende Rechtspflege zu sichern.[1243] Strafrechtlich abgesichert werde die Geradlinigkeit der anwaltlichen Tätigkeit durch die Strafbarkeit des Parteiverrats nach § 356 StGB. Im Berufsrecht der Ärzte und Apotheker fehle eine Norm zur Verhinderung von Interessenkollisionen zwar, Ärzte

---

1239 *BVerfGE* 141, 82 (113 ff.).
1240 *BVerfGE* 141, 82 (114 f.), unter Hinweis auf *BVerfGE* 108, 150 (163).
1241 *BVerfGE* 141, 82 (115 f.), unter Hinweis auf *BVerfGE* 108, 150 (163), wiederum unter Hinweis auf *Hellwig*, AnwBl 2014, 606 (609).
1242 *BVerfGE* 141, 82 (117).
1243 *BVerfGE* 141, 82 (118).

und Apotheker gerieten im Interesse ihrer Patienten jedoch typischerweise nicht in ein Gegnerverhältnis zu Dritten. Als Sonderdelikt könne ein Arzt oder Apotheker den Straftatbestand des § 356 StGB zudem nicht erfüllen. Außerdem seien auch nicht alle nach § 59a BRAO als sozietätsfähig erachteten Berufe zu einer geradlinigen Interessenvertretung verpflichtet. Nach § 356 StGB käme zudem allenfalls eine Strafbarkeit durch Patentanwälte und nur eingeschränkt durch Steuerberater, Steuerbevollmächtigte, Wirtschaftsprüfer und vereidigte Buchprüfer in Frage. In der Konsequenz seien Rechtsanwälte nach § 30 S. 1 BORA dazu verpflichtet, die nichtanwaltlichen Partner vertraglich zur Einhaltung des anwaltlichen Berufsrechts zu binden. Der Gesetzgeber habe insgesamt betrachtet Gefährdungen für die Geradlinigkeit anwaltlicher Tätigkeit hingenommen. Bei Ärzten zeige sich im Vergleich zu den als sozietätsfähig erachteten Berufen kein erhöhtes Gefährdungspotential für die Entstehung von Interessenkonflikten, weshalb ein Verbot der PartG von Rechtsanwälten mit Ärzten und Apothekern unangemessen sei.[1244]

Wegen der bereits festgestellten Verletzung der Berufsausübungsfreiheit durch § 59a I 1 BRAO sieht das *BVerfG* von einer Befassung mit dem allgemeinen Gleichheitssatz aus Art. 3 I GG und der Vereinigungsfreiheit nach Art. 9 I GG ab.

δ) Besprechung der Entscheidung

(1) Eingriff in die Berufsausübungsfreiheit des beteiligten Rechtsanwalts

Das *BVerfG* hatte sich im konkreten Fall mit § 59a I 1 BRAO, einer Norm des anwaltlichen Berufsrechts, auseinanderzusetzen. Die Norm ist nicht für Ärzte anwendbar. Sie erlangte Bedeutung, da sie dem in der PartG beteiligten Rechtsanwalt den Zusammenschluss mit Ärzten und Apothekern verboten hat. Das ärztliche Berufsrecht stellte sich der Zulässigkeit der konkreten interprofessionellen PartG nicht entgegen, da sie mit dem § 23c MBOÄ nachgebildeten § 23b BO BY in Einklang stand. Die vorliegende Arbeit kann und soll aufgrund ihrer Richtung auf die Beurteilung ärztlicher Beteiligungen an interprofessionellen Partnerschaften keine abschließende Diskussion des Beschlusses des *BVerfG* darstellen. Die möglicherweise auch für das ärztliche Berufsrecht richtungsweisende Relevanz der Entscheidung ergibt sich jedoch aus der vergleichbaren Wirkung des Ausschlusses aus MKG von Angehörigen nicht in § 23b I 1 MBOÄ genannter Berufsgruppen.

Das *BVerfG* erkennt einen Eingriff in die Berufsausübungsfreiheit von Rechtsanwälten nach Art. 12 I GG. Explizit eingeschlossen in die Berufsausübungsfreiheit wird nicht zum ersten Mal in einer Entscheidung des *BVerfG* die Freiheit, den Beruf gemeinsam mit Angehörigen anderer Berufe auszuüben.[1245] Dem ist zuzustimmen, da die Berufsangehörigen erheblich in ihrer Auswahl der Art und Weise ihrer Berufsausübung beeinträchtigt werden. Richtig merkt das *BVerfG* hierbei an, dass

---

1244 *BVerfGE* 141, 82 (118 f.).

1245 *BVerfGE* 80, 269 (279); 108, 150 (165); 141, 82 (97).

„der Bedarf“ für einen Zusammenschluss von Rechtsanwälten mit Ärzten für die Eröffnung des Schutzbereichs ohne Relevanz ist.[1246] Leider hat es jedoch verpasst, den Einwand fehlenden praktischen Bedarfs bei der wesentlich eher naheliegenden und interessanteren Frage der Rechtfertigung des Eingriffs auf Stichhaltigkeit zu überprüfen. Im Ergebnis muss jedoch auch für die Rechtfertigung eines Eingriffs in die Berufsausübung der praktische Bedarf irrelevant sein. Die Entscheidung zu einem Zusammenschluss ist abhängig von den errechneten wirtschaftlichen Chancen, die mit der Verbindung einhergehen sollen. Von einem praktischen Bedarf gehen zumindest die Beteiligten des Zusammenschlusses aus, sonst wäre für sie ein Zusammenschluss bereits aus ex ante-Perspektive unsinnig. Der Staat darf den Bürger nicht durch einen autoritären staatlichen Eingriff in der Weise bevormunden,[1247] dass bereits objektiv wirtschaftlich unvernünftige Entscheidungen untersagt werden können,[1248] die dem Bereich der Selbstverwirklichung bzw. -verantwortung zuzurechnen sind und daher auf eigenem Risiko basieren. Erst durch ein Innovationen zugängliches, offenes Rechtsumfeld wird die Generierung eines neuen praktischen Bedarfs ermöglicht – gerade die Berufsfreiheit ist ein Grundrecht, dessen Offenheit zu neuen Entwicklungen durch das *BVerfG*[1249] deutlich hervorgehoben worden ist.

(2) Eingriff in die Berufsausübungsfreiheit der beteiligten Ärztin (und Apothekerin)

In dem Beschluss des *BVerfG* geht unter, dass auch den Grundrechten der nichtanwaltlichen Partnerin Bedeutung zukommen muss. Auch sie kann sich auf ihre Berufsausübungsfreiheit nach Art. 12 I GG stützen. Im konkreten Fall ging auch nicht nur der Rechtsanwalt gegen die vorinstanzlichen Entscheidungen vor, sondern ebenfalls die beteiligte Ärztin.[1250] Das *BVerfG* widmet sich dieser Frage inhaltlich nicht. Zwar werden Ärzte – und Apotheker – nicht unmittelbar durch § 59a I 1 BRAO als Nichtangehörige des anwaltlichen Berufsstands adressiert. Dennoch wirkt sich die Norm realiter zumindest mittelbar auf die Ärztin aus, indem das an ihren ausgewählten anwaltlichen Gesellschafterpartner gerichtete Verbot zu einer Beschränkung ihrer eigenen Freiheit führt, sich mit einem Rechtsanwalt zusammenzuschließen. Das Ergebnis wirkt somit faktisch gleich einer unmittelbaren Adressierung der Ärztin. Der sog. moderne Grundrechtseingriff umfasst nicht nur

---

1246 *BVerfGE* 141, 82 (97 f.). A. A. *Singer*, DStR 2013, 1856 (1859).

1247 Siehe in diese Richtung aus ökonomischer Perspektive ebenso *Gelking*, Deregulierung, S. 52; dieser Gedanke ist auch der Argumentation von *Gotzens*, Interprofessionelle Zusammenarbeit, S. 148, 234, 237, immanent, wenn er zwar keinen praktischen Bedarf für die dauerhafte Verbindung von Rechtsanwälten und Ärzten erkennt, dennoch die Zulässigkeit anerkennt.

1248 Vgl. *BVerfG*, NJW 2011, 2113 (2116).

1249 Vgl. bereits *BVerfGE* 7, 377 (397 f.).

1250 *BGH*, NJW 2016, 2263 (2263).

rechtsförmige, unmittelbare, finale und mit Zwang durchsetzbare Handlungen, sondern auch sonst jedes staatliche Handeln, das dem Einzelnen ein Verhalten, das in den Schutzbereich eines Grundrechts fällt, ganz oder teilweise unmöglich macht.[1251] Auch für die Berufsfreiheit nach Art. 12 I GG gilt, dass die Berufstätigkeit nicht unmittelbar durch die Regelung betroffen sein muss.[1252] Für die Qualifikation als mittelbaren Eingriff in die Berufsfreiheit fordert die Rechtsprechung jedoch mehr als reine Rückwirkungen einer Regelung auf die Berufstätigkeit. Art. 12 I GG zielt auf eine möglichst nicht reglementierte berufliche Betätigung ab,[1253] schützt aber nur vor Beeinträchtigungen, die sich entweder unmittelbar auf die berufliche Betätigung beziehen oder zumindest eine objektiv berufsregelnde Tendenz haben.[1254] § 59a I 1 BRAO unterscheidet zwischen sozietätsfähigen und nicht sozietätsfähigen Berufen und verbietet Rechtsanwälten unmittelbar einen Zusammenschluss mit den als nicht sozietätsfähig erachteten Berufen. Der Regelung kommt in Bezug auf alle als nicht sozietätsfähig erachteten Berufe durchaus finaler Charakter zu, denn sie zielt gerade auf den Ausschluss beruflicher Zusammenschlüsse mit nicht ausdrücklich als kooperationsfähig bezeichneten Berufen mit der Begründung ab, die Beachtung der wesentlichen anwaltlichen Grundpflichten sei nur bei den in § 59a BRAO genannten Berufen gewahrt.[1255] In ihnen selbst wird folglich eine Unzulänglichkeit entdeckt, an die das Zusammenschlussverbot des § 59a I 1 BRAO anknüpft, sodass nicht lediglich ihre reflexartige Betroffenheit anzunehmen ist. § 59a I 1 BRAO lässt sich auch nicht dahin interpretieren, dass die Regelung allein Rechtsanwälte in ihrer Berufsausübung beschränken soll, da sie jegliche Zusammenschlüsse ohne Betrachtung der Ausgestaltung des konkreten Zusammenschlusses mit einem als nicht sozietätsfähig erachteten Beruf vollständig untersagt und somit auch die Möglichkeiten der Berufsausübung anderer Berufe als Rechtsanwälten in ihrer Art und Weise verkürzt. Eine reine Regelung der Berufsausübung der Rechtsanwälte läge nur dann vor, wenn der Zusammenschluss auch mit den als nicht sozietätsfähig erachteten Berufen zumindest im Grundsatz möglich bleibt, der Rechtsanwalt allerdings in seiner Tätigkeit innerhalb des Zusammenschlusses auf einen zulässigen Bereich begrenzt wäre. Im kategorischen Verbot des § 59a I 1 BRAO liegt aus Sicht der Ärztin wegen ihrer Ausgrenzung ein unmittelbarer Bezug auf die eigene berufliche Betätigung, also eine subjektiv berufsregelnde Tendenz und dadurch auch ein Eingriff in die Berufsausübungsfreiheit der Ärztin – und Apothekerin – vor.[1256]

1251 *BVerfGE* 105, 252 (273); 279 (299 ff.).

1252 *BVerfGE* 95, 267 (302).

1253 *BVerfGE* 54, 301 (313); 81, 70 (85).

1254 *BVerfGE* 98, 218 (258); 97, 228 (253 f.); 95, 267 (302 f.).

1255 BT-Drs. 12/4993 34.

1256 Vgl. bereits nicht lediglich als Reflex wertend *Kleine-Cosack*, Berufsständische Autonomie, S. 263; *Taupitz*, Standesordnungen, S. 835; *ders.*, AnwBl 1991, 558 (562). Grundsätzlich von einem Eingriff in die Berufswahl ausgehend *Kunz*, Berufsbilder, S. 137.

In der Folge an die Feststellung grundrechtlicher Betroffenheit auch der Ärztin selbst hätte sich das *BVerfG* mit dem Problem der unterschiedlichen Gesetzgebungskompetenzen auseinandersetzen müssen. Während für die Berufsausübung der Rechtsanwälte nach Art. 74 I Nr. 1 GG der kompetente Bundesgesetzgeber § 59a I 1 BRAO erlassen hat, haben die Länder die Gesetzgebungskompetenz zur Regelung der Berufsausübung der Ärzte und der sonstigen Heilberufe inne. Nach Art. 74 I Nr. 19 GG erhält der Bundesgesetzgeber lediglich die Kompetenz zur Regelung der Zulassung zu ärztlichen und anderen Heilberufen, nicht jedoch für die Berufsausübung, die nach Artt. 70, 30 GG bei den Ländern verbleibt. Es hätte sich somit die formelle Verfassungswidrigkeit des § 59a I 1 BRAO angekündigt. Ihre Annahme würde jedoch in Konfusion enden. Da die grundrechtliche Betroffenheit der Ärzte durch § 59a I 1 BRAO nicht hinwegdiskutiert werden kann, wäre eine umfassende Regelung der Zusammenarbeit von Rechtsanwälten innerhalb des anwaltlichen Berufsrechts nicht möglich – stets würde eine Regelung zumindest mit Verweis auf die Gesetzgebungskompetenz der Länder für das Recht der ärztlichen Berufsausübung als insoweit formell verfassungswidrig zu erachten sein. Ginge nun tatsächlich ein Risiko von Zusammenschlüssen mit Ärzten einher und seien diese daher vernünftigerweise aus anwaltlicher Sicht in toto zu verhindern, wäre der Bundesgesetzgeber an dieser einleuchtenden Regelung gehindert und könnte somit die Berufsausübung der Rechtsanwälte folglich nicht mehr in verständiger Weise regeln. Insofern muss die ungeschriebene Gesetzgebungskompetenz kraft Sachzusammenhangs zugunsten des Bundesgesetzgebers angenommen werden, da offensichtlich nicht die Regelung der Berufsausübung der Ärzte, sondern der Rechtsanwälte Zweck und Kern der Vorschrift ist.[1257]

Als weiteres Folgeproblem ergibt sich die Beurteilung der materiellen Rechtmäßigkeit des Eingriffs in die ärztliche Berufsausübungsfreiheit, an der die Begründung des anwaltlichen Berufsrechts naturgemäß nicht ausgerichtet ist. Eingedenk der Richtung der Regelung auf rechtsanwaltliche Berufsausübungsformen und der Stützung auf die Gesetzgebungskompetenz kraft Sachzusammenhangs muss die Rechtmäßigkeit des Grundrechtseingriffs gegenüber ärztlichen Berufsangehörigen der Bewertung der Rechtmäßigkeit des Eingriffs gegenüber Rechtsanwälten folgen. Im Ergebnis gehen damit dem *BVerfG* trotz alleiniger Beachtung und materiell-rechtlicher Bewertung der Rechtmäßigkeit des Eingriffs in die anwaltliche Berufsausübungsfreiheit keine Komponenten in der Argumentation verloren.

(3) Eingriff in Grundrechte der PartG

Auf die Frage, ob sich die PartG selbst auf Grundrechte berufen kann, in die durch § 59a BRAO eingegriffen wird, geht der Beschluss des *BVerfG* ebenfalls nicht ein, da deren Grundrechte nicht gerügt worden sind. Die Berufsfreiheit nach Art. 12 I GG

1257 In diese Richtung bereits *Schnapp/Kaltenborn*, SGb 2001, 101 (104), und *Trautmann*, Gemeinschaftspraxis, S. 94.

bezieht sich gemäß Art. 19 III GG auch auf juristische Personen des Privatrechts,[1258] *„soweit sie eine Erwerbszwecken dienende Tätigkeit ausüben, die ihrem Wesen und ihrer Art nach in gleicher Weise juristischen wie natürlichen Personen offen steht.“*[1259] Unbestreitbar können sich juristische Personen und Personengesellschaften auf die Berufsfreiheit nach Art. 12 I GG stützen.[1260] Um sich auf Grundrechte berufen zu können, müsste die PartG jedoch bereits vor ihrer nach § 4 PartGG erforderlichen Eintragung überhaupt bestehen, da im konkret vorliegenden Fall gerade die Eintragung noch nicht erfolgt war. Für die Eintragung verweist § 4 II PartGG auf Vorschriften des HGB. Besonders ist jedoch, dass trotz der regelmäßigen Verweise des PartGG auf die Regelungen der OHG nach § 7 I PartGG die PartG im Verhältnis zu Dritten erst mit der Eintragung Wirkung entfaltet.[1261] Die Eintragung hat daher nicht wie bei der OHG[1262] lediglich deklaratorischen Charakter, sondern entfaltet konstitutive Wirkung.[1263] Die Gesellschaft ist daher vor ihrer Eintragung noch nicht als PartG rechtsfähig. Jedoch besteht die PartG vor ihrer Eintragung als GbR[1264] und könnte sich als solche auf das Grundrecht der Berufsfreiheit aus Art. 12 I GG iVm Art. 19 III GG berufen. Doch im konkreten Fall wäre auch die Entstehung der GbR gehindert, wenn der Gesellschaftsvertrag infolge eines Verstoßes gegen ein gesetzliches Verbot nach § 134 BGB nichtig wäre. § 59a I 1 BRAO verbot – bevor er durch das *BVerfG* für nichtig erklärt worden ist – den Zusammenschluss von Rechtsanwälten mit Ärzten, Apothekern und anderen nicht als sozietätsfähig erachteten Berufen zur gemeinsamen Berufsausübung. Die Vorschrift ließ sich insoweit als gesetzliches Verbot im Sinne des § 134 BGB auffassen. Ist die Gesellschaft noch nicht entstanden und nicht in Vollzug gesetzt, können ihr

1258 Der Begriff der juristischen Person in Art. 19 III GG ist weit zu verstehen und umfasst auch teilrechtsfähige Organisationen des Privatrechts, *Remmert*, in: *Maunz/Dürig*, Grundgesetz-Kommentar, § 19 Rn. 39.

1259 *BVerfGE* 105, 252 (265); 50, 290 (363); 30, 292 (312); VersR 2004, 898 (899).

1260 Siehe hier nur *BVerfGE* 3, 383 (391 f.); 6, 273 (277); siehe ferner *Scholz*, in: *Maunz/Dürig*, GG, Art. 12 Rn. 106.

1261 Insbesondere ist die PartG vor ihrer Eintragung nach h. M. noch keine besonders strukturierte Vorgesellschaft entsprechend der Vor-GmbH, *Schäfer*, in: MüKo BGB, PartGG, § 7 Rn. 4; *Hirtz*, in: *Henssler/Strohn*, Gesellschaftsrecht, PartGG, § 7 Rn. 2 ff.; a.A. *Praß*, in: *Römermann*, PartGG, § 7 Rn. 13 ff.

1262 § 123 II HGB verdeutlicht den deklaratorischen Charakter der Eintragung der OHG.

1263 *Hirtz*, in: *Henssler/Strohn*, Gesellschaftsrecht, PartGG, § 7 Rn. 2 ff. *Lochmann*, in: *Prinz/Hoffmann*, Personengesellschaften, § 20 Rn. 50; *Seibert/Kilian*, PartGG, § 7 Rn. 2.

1264 *Lochmann*, in: *Prinz/Hoffmann*, Personengesellschaften, § 20 Rn. 50; *K. Schmidt*, Gesellschaftsrecht, § 64 III 3 b, S. 1882; *Salger*, in: Münchener Hdb. Gesellschaftsrecht, § 37 Rn. 8. Differenzierter *Praß*, in: *Römermann*, PartGG, § 7 Rn. 13 ff., der die Regelungen der PartG bereits auf die Vorpartnerschaft ab dem Zeitpunkt des Abschlusses des schriftlichen Partnerschaftsvertrags anwendet, soweit die Anwendung der fraglichen Regelung nicht die Rechtsfähigkeit voraussetzt.

im Außenverhältnis auch keine Rechte zukommen. Zweck der Gesellschaft war entgegen der Vorschrift die gemeinsame Ausübung der Berufe des Rechtsanwalts, der Ärztin und der Apothekerin. Somit folgte zunächst die Nichtigkeit des Gesellschaftsvertrags. Da die Erklärung der Nichtigkeit der Norm durch das *BVerfG* zum Zeitpunkt des Inkrafttretens der Norm gilt,[1265] läge rückwirkend kein Gesetzesverstoß durch den Gesellschaftsvertrag vor.

(4) Rechtfertigung, insbesondere: Sicherung der Berufspflichten

Es stellt einen legitimen Zweck dar, die Verschwiegenheit der Rechtsanwälte, die sie flankierenden prozessualen Rechte – dem Zeugnisaussageverweigerungsrecht und dem Beschlagnahmeverbot – und die anwaltliche Unabhängigkeit zu schützen.[1266] Richtigerweise weitet das *BVerfG* den Zweck der Regelung auf die Einhaltung der sonstigen in § 43a BRAO formulierten Grundpflichten des Anwalts aus.[1267] Hierauf kann aus der Stellung des § 59a I 1 BRAO im ersten Abschnitt des dritten Teils („*Rechte und Pflichten des Rechtsanwalts und berufliche Zusammenarbeit der Rechtsanwälte*"), in den die allgemeine Berufspflicht und die Grundpflichten nach §§ 43, 43a BRAO einleiten, geschlossen werden. Wenig nachvollziehbar wäre es, wenn die Gewährleistung allein einer der in § 43a BRAO genannten Grundpflichten bezweckt würde.

Die Regelung ist zur Sicherung der Grundpflichten der Rechtsanwälte geeignet, da durch das in § 59a I 1 BRAO statuierte Verbot keine negativen Auswirkungen von Verbindungen von Rechtsanwälten mit nicht sozietätsfähigen Berufen auf die Einhaltung der Grundpflichten des Rechtsanwalts entstehen können. Noch genauer untersucht werden durch das *BVerfG* richtigerweise die Verschwiegenheitspflicht und die sie flankierenden Regelungen zum Zeugnisverweigerungsrecht und Beschlagnahmeverbot. Das *BVerfG* stellt auch richtig fest, dass die Regelung zur Sicherung der Verschwiegenheitspflicht und des Zeugnisverweigerungsrechts grundsätzlich nicht erforderlich ist, da Ärzte eigenen parallelen Regelungen unterliegen. Insbesondere ist die Verschwiegenheitspflicht nicht nur im Standesrecht der Ärzte und Apotheker geregelt, sondern wird auch von § 203 I Nr. 1 StGB erfasst. Allein in den Bereichen, in denen auf Seiten des Arztes (oder Apothekers) eine Information nicht im Bereich der Berufsausübung bekannt geworden ist, besteht

---

1265 *Bethge*, in: Maunz *et al.*, BVerfGG, § 78 Rn. 49.

1266 Die Gesetzesbegründung sieht den Zweck der Regelung im Schutz der Verschwiegenheit des Rechtsanwalts, die neben der Verschwiegenheitspflicht aus den Aussageverweigerungsrechten und den Beschlagnahmeverboten resultiert, BT-Drs. 12/4993, S. 34.

1267 *BVerfGE* 141, 82 (99 f.); *zust. Henssler/Deckenbrock*, AnwBl 2016, 211 (212). Dagegen erkennt *Ring*, WM 2016, 957 (962), lediglich die Verschwiegenheitspflicht, das Verbot widerstreitender Interessen und die anwaltliche Unabhängigkeit als maßgebliche Trias; *Römermann*, NJW 2016, 682 (685), sieht lediglich die Sicherung der anwaltlichen Unabhängigkeit als maßgeblich an.

keine berufsrechtliche Verpflichtung zur Verschwiegenheit des Arztes. Der Rechtsanwalt hat nach § 43a II 4 BRAO die *„von ihm beschäftigten Personen in schriftlicher Form zur Verschwiegenheit zu verpflichten"*, eine gesetzliche Verschwiegenheitspflicht entstünde dadurch jedoch nicht. Den von dem Rechtsanwalt beschäftigten Personen stehen nach § 59a II 5 BRAO zudem nur Personen gleich, die im Rahmen einer berufsvorbereitenden Tätigkeit oder einer sonstigen Hilfstätigkeit an seiner beruflichen Tätigkeit mitwirken. Mithin wäre der Schutz des Mandanteninteresses durch die Gewährleistung der Verschwiegenheit in nicht umfassender Weise durchaus gefährdet. Das *BVerfG* geht zwei Wege, um die Zulässigkeit des Zusammenschlusses eines Rechtsanwalts mit einem Arzt oder Apotheker zu begründen. Einerseits wird festgestellt, dass die gleiche Lücke der Verschwiegenheitsverpflichtung bei den sozietätsfähigen Berufen besteht, die gesetzliche Regelung nehme diesen Unterschied jedoch hin. Bei Ärzten bestehe zudem kein höheres Gefährdungspotential für die Verschwiegenheitspflicht als bei den sozietätsfähigen Berufen. Die Regelung sei aber auch deswegen unangemessen, weil der Rechtsanwalt zumindest nach §§ 30 S. 1, 33 BORA seine berufsfremden Partner auf vertraglicher Ebene zur Beachtung des anwaltlichen Berufsrechts zu verpflichten hat und Rechtsanwälte aktiven Einfluss auf das kollektive Verhalten der Partnerschaft zu nehmen haben.

(5) Insbesondere: Sicherung des Verbots widerstreitender Interessen

Auch ansonsten ist dem *BVerfG* grundsätzlich in der Argumentation zuzustimmen. Allein für die Sicherung der Beschlagnahmeverbote, der anwaltlichen Unabhängigkeit und der Geradlinigkeit der anwaltlichen Tätigkeit ist das Verbot nach § 59a I 1 BRAO erforderlich, in diesem Bezug aber unangemessen. Kritisch anzumerken ist insofern die Feststellung des *BVerfG*, dass in Bezug auf die Geradlinigkeit der anwaltlichen Tätigkeit bereits ein Interessenwiderspruch deswegen im Vergleich zu monoprofessionellen und den erlaubten interprofessionellen Kooperationen eher nicht in Betracht komme, da Ärzte *„typischerweise nicht im Interesse ihrer Patienten in ein Gegnerverhältnis zu Dritten geraten."*[1268] Tatsächlich ist dies bei der typischerweise durch den Arzt ausgeübten Heilkunde am Menschen nicht der Fall. Um einen typischen Zusammenschluss kann es sich bei bereits flüchtiger Betrachtung des § 23c MBOÄ[1269] jedoch nicht handeln, da hiernach dem Arzt bei der Zusammenarbeit mit anderen Berufen als den in § 23b MBOÄ genannten Berufen die Ausübung der Heilkunde am Menschen verboten ist. Stattdessen ging es im konkreten Fall folgerichtig allein um die gutachterliche und beratende Tätigkeit. Dabei kann es durchaus zu Gegnerverhältnissen kommen. Angeführt werden kann der wohl banalste Fall der rechtlichen Beratung einer Arztpraxis durch

1268 *BVerfGE* 141, 82 (118).

1269 Zu Zusammenschlüssen auf Grundlage des § 23c MBOÄ siehe näher S. 516 ff. sowie S. 563 ff.

den Rechtsanwalt und die durch einen Patienten aufgetragene Begutachtung seiner gesundheitlichen Schäden aus einem möglichen ärztlichen Behandlungsfehler durch den die Arztpraxis leitenden Arzt. Mit der typischen Ausgestaltung der Ausübung des Arztberufs kann dies nicht verglichen werden, da die interprofessionelle Zusammenarbeit mit nicht-ärztlichen Berufen gerade nicht typisch ist. Darauf hätte das *BVerfG* eingehen und zumindest an dieser Stelle § 23c MBOÄ bzw. den ihm nachgebildeten § 23b BO BY inhaltlich in seine Betrachtung aufnehmen müssen. Insbesondere unterliegen Ärzte nicht der Strafbarkeit des Parteiverrats nach § 356 StGB, weshalb zulasten des Verbots der Vertretung widerstreitender Interessen durchaus eine Risikolücke ermittelt werden kann. Zumindest Steuerberater und Wirtschaftsprüfer als andere kooperationsfähige Berufe nach § 59a I BRAO sind als *„anderer Rechtsbeistand"* einzuordnen[1270] und daher taugliche Täter des Parteiverrats nach § 356 StGB. Daraus resultiert gleichwohl im Ergebnis keine Abweichung zu der Lösung des *BVerfG*, sodass die Norm des § 59a I 1 BRAO auch insofern zumindest als unverhältnismäßig anzusehen ist und daher aufzuheben war, da in einer interprofessionellen Berufsausübungsgemeinschaft regelmäßig von der Zusammenarbeit der Beteiligten bei Bearbeitung der Mandate ausgegangen werden kann und typischerweise daher keine zusätzlichen Risiken durch die Beteiligung des Arztes zu erkennen sind. Die Bindung des Rechtsanwalts an das seinem Berufsrecht entspringende Verbot der Vertretung widerstreitender Interessen verhindert bereits ausreichend die Beteiligung des Rechtsanwalts an der Geradlinigkeit widersprechenden Handlungen. Insofern kommt die vertragliche Verpflichtung des Arztes durch den Gesellschaftsvertrag in Betracht, zu welcher der Rechtsanwalt nach §§ 30 S. 1, 33 BORA ohnehin berufsrechtlich verpflichtet ist. Das Verbot des § 59a I 1 BRAO ist damit weiterhin unangemessen.

(6) Verletzung der Koalitionsfreiheit und des Gleichbehandlungsgrundsatzes

Zu keinen Ausführungen mehr hat sich das *BVerfG* in Bezug auf die Beachtung von Art. 9 GG bemüßigt gesehen, nachdem bereits ein Verstoß gegen die Berufsfreiheit festgestellt werden konnte. Der *BGH* hat insoweit allerdings richtig festgestellt, dass eine Verletzung der Koalitionsfreiheit darin begründet liegt, dass sich das Verbot des Zusammenschlusses mit Ärzten spezifisch gegen die Zulässigkeit der Vereinigung als solche richtet,[1271] da Rechtsanwälten im Nebenberuf die Ausübung des ärztlichen Berufs sehr wohl gestattet ist. Einen Verstoß gegen den Gleichheitsgrundsatz, der in der Literatur in der Ungleichbehandlung von Ärzten als Kooperationspartner gegenüber den enumerativ genannten Berufsangehörigen erkannt wird, hat das *BVerfG* ebenso wenig aufgegriffen. Zwar hat der Bundesgesetzgeber mangels Gesetzgebungskompetenz keinen Einfluss auf die Ausgestaltung der ärztlichen Berufsausübung und -pflichten, gleichwohl wird bereits durch

---

1270 *Heine/Weißer*, in: *Schönke/Schröder*, StGB, § 356 Rn. 7.
1271 *BGH*, NJW 2013, 2674 (2682).

die Inpflichtnahme des Rechtsanwalts nach §§ 30, 33 II BORA die Einhaltung des rechtsanwaltlichen Berufsrechts in ausreichender Weise abgesichert. Der Inhalt des ärztlichen Berufsrechts ist daher aus rechtsanwaltlicher Perspektive nicht weiter relevant,[1272] da ohne Gewährleistung der rechtsanwaltlichen Pflichten Rechtsanwälten der Zusammenschluss vorenthalten bleibt. Daher liegt bei Betrachtung von Ärzten und in § 59a I BRAO aufgezählten Berufen ein vergleichbarer Sachverhalt vor, der allerdings ohne nachvollziehbaren Grund unterschiedlicher Regelung zugeführt wird. Somit läge zudem ein Verstoß gegen den Gleichbehandlungsgrundsatz des Art. 3 I GG vor.

Zudem vermag die auf die Rechtsform der PartG beschränkte Kassation des Verbots der Zusammenarbeit mit Ärzten nach § 59a I 1 BRAO insgesamt nicht zu überzeugen. Die Verfassungswidrigkeit des Verbots in Bezug auf andere Gesellschaftsformen wurde offengelassen. An ihr kann es jedoch keine vernünftigen Zweifel mehr geben, da spätestens seit Anerkennung der Rechtsfähigkeit der Außen-GbR im vertraglichen Auftritt[1273] gegenüber Rechtsuchenden und in der konkreten Zusammenarbeit keine erheblichen rechtsformabhängigen Differenzen existieren. Das fortbestehende Verbot lediglich in der als Grundform der Zusammenarbeit in § 59a BRAO angedachten GbR oder in kapitalgesellschaftlich ausgestalteten, nach § 59c BRAO selbst zugelassenen Rechtsanwaltsgesellschaften[1274] begründet einen Verstoß gegen den allgemeinen Gleichbehandlungssatz.[1275]

(7) Reaktionen in der Literatur

Die Entscheidung des *BVerfG* wurde in der Literatur ohne grundlegenden Widerspruch weit überwiegend positiv aufgenommen,[1276] auch wenn in der Anwaltschaft

---

1272 Dieses Fazit zieht aus dem Beschluss des *BVerfGE 141, 82 (102)* soweit ersichtlich allein noch *Hellwig*, AnwBl 2016, 776 (782).

1273 Die Haftungsbeschränkung ist erst für die gegebenenfalls erforderliche rechtsformabhängige Ausgestaltung der Zusammenarbeit in juristischen Personen relevant.

1274 § 59e I 1 BRAO knüpft die Gesellschafterfähigkeit in Rechtsanwaltsgesellschaften an die Sozietätsfähigkeit nach § 59a I 1, II BRAO an und ist daher im Grunde obsolet, so bereits *Henssler*, NZG 2019, 401 (403). Zu der begrifflich verwirrenden Bezeichnung als Rechtsanwaltsgesellschaften, die zuvor allgemein rechtsanwaltliche Berufsausübungsgemeinschaften umfasste, *Zuck*, MDR 1998, 1317 (1317 f.).

1275 Vgl. bereits auch *Henssler/Deckenbrock*, AnwBl 2016, 211 (213 f.); *Kleine-Cosack*, AnwBl 2016, 311 (313).

1276 Die Entscheidung lese sich wie eine Hymne auf die interprofessionelle Zusammenarbeit, *Römermann*, NJW 2016, 682 (685). Siehe ferner *Hellwig*, AnwBl 2016, 776 (778 ff.); *Henssler/Deckenbrock*, AnwBl 2016, 211 (212); *Kilian/Glindemann*, BRAK-Mitt. 2016, 102 (102 f.); *Kleine-Cosack*, AnwBl 2017, 590 (594 ff.); *Prütting*, EWiR 2016, 195 (196); *Römermann/Zimmermann*, BB 2016, 2691 (2695); *Spickhoff*, NJW 2017, 1790 (1791). Zum Vorlagebeschluss zudem hier nur *Ring*, NJ 2013, 477 (478 f.); *Ring/Vogel*, MedR 2014, 876 (879 ff.); *Kleine-Cosack*, AnwBl 2013, 570 (571, 576). Ohne ausdrückliche Wertung dagegen *Ring*, WM 2016, 957 (962).

der konträre Ausgang des Verfahrens präferiert worden ist.[1277] Die Entscheidung wird insgesamt als richtungsweisend angesehen,[1278] wenngleich sie sich auf die Rechtsform der PartG und den konkreten Zusammenschluss von Rechtsanwälten mit Ärzten und Apothekern beschränkte,[1279] was freilich in der Literatur zu Kritik führte.[1280] Die komplexe Argumentation des Gerichts wird unterschiedlich interpretiert.[1281] Die verbleibenden gesellschaftsrechtlichen Beschränkungen in der BRAO und BORA werden zu einem erheblichen Teil als verfassungswidrig – die Berufsfreiheit nach Art. 12 I GG betrachtend – und europarechtswidrig – in Bezug auf die Dienstleistungs- und Niederlassungsfreiheit nach Artt. 49, 56 AEUV – betrachtet.[1282]

ε) Bedeutung für das ärztliche Berufsrecht

Der Beschluss des *BVerfG* dürfte trotz seines bereits für das rechtsanwaltliche Berufsrecht intendiert beschränkten Aussageinhalts als Fanal für die weitere Öffnung der Berufsrechte aufzufassen sein.[1283] Gleichfalls vermindert der Beschluss nicht den Bedarf, die Zulässigkeit nicht § 59a I 1 BRAO oder dem Beschluss entsprechender interprofessioneller Zusammenschlüsse durchzufechten, da sich die Bindungswirkung des § 31 BVerfGG allein auf den entschiedenen Sachverhalt bezieht.[1284] Ein Schritt zu mehr Rechtssicherheit wurde durch die Entscheidung des *BVerfG* tatsächlich vertan. Selbst bei minimal anders gelagerten Sachverhalten, exemplarisch der personengleiche Zusammenschluss eines Rechtsanwalts mit einem Arzt – und ggf. Apotheker – in einer Kapitalgesellschaft, wäre vor den

1277 *Kilian/Glindemann*, BRAK-Mitt. 2016, 102 (106); *Kilian*, NJW 2015, 3144 (3146).

1278 *Heckschen*, AnwBl Online 2018, 116 (124); *Henssler/Trottmann*, NZG 2017, 241 (241); *Römermann*, NJW 2016, 682 (682, 685).

1279 Krit. *Römermann*, BB 2019, 899 (899); *Kilian/Glindemann*, BRAK-Mitt. 2016, 102 (103 f.).

1280 Siehe hier nur *Römermann*, BB 2019, 899 (899), der die Entscheidungen zur Frage von Rechtsanwaltsgesellschaften dem *„Klein-Klein juristischer Auslegungsfragen"* zuordnet.

1281 Als zentral erweise sich nach *Henssler/Deckenbrock*, AnwBl 2016, 211 (212), die Vergleichbarkeit der Berufsrechte, hingegen nach *Hellwig*, AnwBl 2016, 776 (782), die Erstreckung des berufseigenen Berufsrechts auf den berufsfremden Kooperationspartner durch Inpflichtnahme des Berufsträgers.

1282 *Kleine-Cosack*, AnwBl 2016, 311 (313 ff.); *Hellwig*, AnwBl 2016, 776 (785 ff.).

1283 Abwartend in der Übertragung auf andere Berufsrechte *Grunewald*, NJW 2016, 3694 (3695); skeptisch sogar *Ring*, WM 2016, 957 (962); dagegen bereits auf ähnliche berufsrechtliche Normen anderer freier Berufe prinzipiell anwendend *Römermann*, NJW 2016, 682 (685); *Römermann/Zimmermann*, BB 2016, 2691 (2695).

1284 Vgl. hier nur *Kilian*, WuB 2016, 656 (659). *Henssler/Deckenbrock*, AnwBl 2016, 211 (212 f.), und *Kallenbach*, AnwBl 2019, 165, ordnen das BVerfG überspitzt als *„Super-Zulassungsbehörde"* ein.

Gerichten von Neuem zu entscheiden.[1285] Zumindest lässt sich die Argumentationslinie des Beschlusses in groben Zügen auf das ärztliche Berufsrecht transferieren. Während damit die Überprüfung der Untersagung von Zusammenschlüssen mit nicht durch § 23b I 1 MBOÄ erfassten Berufsangehörigen vornehmlich die Sicherung der Verschwiegenheitspflicht der Ärzte, ihrer Flankierungen im Prozessrecht und der Einhaltung des Berufsrechts der Ärzte zu berücksichtigen hat, werden zusätzlich die Besonderheiten des ärztlichen Berufs einschließlich der strukturellen Spezifikationen des ärztlichen Berufsrechts ausreichend Berücksichtigung finden müssen.

iii) Formelle Verfassungsmäßigkeit des Ausschlusses von Heilpraktikern

Die Verbannung von Heilpraktikern aus den behandlungsbezogenen MKG wurzelt nicht in den Landesgesetzen, sondern in den berufsständischen Satzungen der Landesärztekammern. Die Heilberufsgesetze aller Länder zur Regelung der Berufe des Arztes, des Zahnarztes, Tierarztes, der Psychotherapeuten und Apotheker[1286] übertragen den Landesärztekammern die Befugnis für die Regelung gemeinsamer Ausübung der Berufstätigkeit sowie der Zusammenarbeit mit anderen Berufen.[1287]

Berufsausübungsbeschränkende Regelungen sind begrenzt in Satzungen zulässig, die von einer mit Autonomie ausgestatteten Körperschaft erlassen werden.[1288] Als Satzungen sind Rechtsvorschriften aufzufassen, die im Rahmen ihr gesetzlich verliehener Autonomie von einer dem Staat eingeordneten juristischen Person des öffentlichen Rechts wirksam für die ihr angehörigen Personen erlassen werden.[1289] Die Anforderungen an die Bestimmtheit der erforderlichen gesetzlichen Ermächtigung beurteilen sich nach Wortlaut und *ratio legis* nicht nach Art. 80 I 2 GG und den entsprechenden landesverfassungsrechtlichen Grundsätzen, sondern aufgrund der in der Facharztentscheidung des *BVerfG* aus Rechtsstaats- und

---

1285 Vgl. *BGH*, NJW 2018, 1095 ff., die Zulässigkeit der Sozietät eines Rechtsanwalts mit einem Mediator oder Berufsbetreuer verneinend; a. A. zuvor *Hartung/Wendenburg*, NJW 2009, 1551 (1553 f.).

1286 In *Rh.-Pfalz* regelt das HeilBerG nach § 1 I Nr. 5, Nr. 6 auch die Berufe des Gesundheits- und Krankenpflegers sowie des Gesundheits- und Kinderkrankenpflegers.

1287 § 31 III Nr. 7, Nr. 11 HBKG BW; Art. 19 Nr. 5, Nr. 9 HKaG BY; § 4a IV Nr. 12, Nr. 17 KaG Bln a. F. (nunmehr § 28 Nr. 16 BlnHKG); § 33 I Nr. 9, Nr. 14 HeilBerG Bbg.; § 30 I Nr. 9, Nr. 13 HeilBerG HB; § 25 Nr. 6, Nr. 10 HeilBerG HE; § 33 II Nr. 7, Nr. 12 HeilBerG MV; § 33 II Nr. 6, Nr. 10 HKG Nds; § 32 S. 2 Nr. 8, Nr. 11 HeilBerG Nordrh.-Westf.; § 17 II Nr. 9, Nr. 13 SHKG; § 24 I Nr. 9, Nr. 13 HeilBG RP; § 20 I Nr. 4, Nr. 14 KGHB LSA; § 23 Nr. 7, Nr. 11 ThürHeilBG. Zu den Regelungen in § 28 II Nr. 9, Nr. 10 HmbKGH und § 31 II Nr. 3 HBKG SH mit anderem Wortlaut siehe sogleich. § 17 I Nr. 7, Nr. 12 SächsHKaG beschränkt die Rechtsetzungsermächtigung zwar auf die *„gemeinsame Ausübung der Berufstätigkeit mit anderen Berufsangehörigen“*.

1288 *BVerfGE* 33, 125 (155).

1289 *BVerfGE* 10, 20 (49 f.); 33, 125 (156).

Demokratieprinzip hergeleiteten Wesentlichkeitstheorie.[1290] Der Verleihung und Ausübung von Satzungsgewalt wird darin eine Grenze gesetzt, dass *„der Gesetzgeber sich seiner Rechtsetzungsbefugnis nicht völlig entäußern und seinen Einfluß auf den Inhalt der von den körperschaftlichen Organen zu erlassenden Normen nicht gänzlich preisgeben darf."*[1291] Dem Gesetzgeber selbst obliegt daher eine umso deutlichere Bestimmung der Ermächtigung des zulässigen Maßes des Eingriffs, je empfindlicher die freie berufliche Betätigung beeinträchtigt und je stärker das Interesse der Allgemeinheit an Art und Weise der Tätigkeit berührt wird.[1292] In entsprechender Heranziehung der zu Art. 12 I GG entwickelten Stufentheorie[1293] folgt für das Grundrecht der Berufsfreiheit ferner, dass Berufswahlregelungen aufgrund ihrer höheren Eingriffsintensität – insbesondere bei Betroffenheit schutzwürdiger Interessen von Nichtmitgliedern – stets der Regelung durch den Gesetzgeber selbst bedürfen, sodass *„allenfalls Einzelfragen fachlich-technischen Charakters"* durch den Berufsverband insoweit selbst geregelt werden dürfen.[1294] Der Ermächtigung zu Eingriffen in die Freiheit der Berufsausübung von Mitgliedern eines Verbandes stehen keine grundsätzlichen Bedenken gegenüber, wobei das zulässige Maß des Eingriffs umso deutlicherer Bestimmung in der gesetzlichen Ermächtigung bedarf, je empfindlicher die freie Berufsausübung beeinträchtigt wird, sodass *„[e]inschneidende, das Gesamtbild der beruflichen Betätigung wesentlich prägende Vorschriften über die Ausübung des Berufs"* dem Gesetzgeber *„zumindest in den Grundzügen"* vorbehalten sind.[1295]

Ein Verbot der Assoziation mit Heilpraktikern zu gemeinsamer Berufsausübung erweist sich unabhängig von dem Umfang ihres Ausschlusses als Berufsausübungsregelung, sodass Regelungen der Landesärztekammern nicht von vornherein ausgeschlossen sind. Da die Berufsausübungsfreiheit von Ärzten bei umfassender Untersagung der Zusammenarbeit mit Heilpraktikern besonders tiefgreifend betroffen ist, wäre hierzu dennoch eine explizite gesetzliche Regelung unabdinglich. Eine solche Entscheidung haben die Landesgesetzgeber jedoch allesamt nicht getroffen. Wenn die Heilberufsgesetze eine Ermächtigung zum Erlass von Regelungen zur gemeinsamen Berufsausübung vorsehen, ohne sich hierzu auf denselben Berufskreis zu begrenzen oder eine Berufsgruppe oder mehrere Berufsgruppen auszugrenzen, ist die grundsätzliche Zulässigkeit auch gemeinsamer interprofessioneller Berufsausübung anzunehmen, die – worauf die Ermächtigungsgrundlage zu beschränken ist – in ihren Einzelheiten in den Berufsordnungen

1290 *BVerfGE* 33, 125 (157 f.); *Schnapp/Kaltenborn*, JuS 2000, 937 (938 f.); *Schnapp/Kaltenborn*, SGb 2001, 101 (104); *Köhler-Hohmann*, Ärzte- und Heilkunde-GmbH, S. 211 ff.; siehe ferner *Taupitz*, AnwBl 1991, 558 (561).
1291 *BVerfGE* 33, 125 (158).
1292 *BVerfGE* 33, 125 (160); 38, 373 (381).
1293 *BVerfGE* 33, 125 (160); 171 (183); 38, 373 (381).
1294 *BVerfGE* 33, 125 (160).
1295 *BVerfGE* 33, 125 (160).

der Landesärztekammern näher geregelt werden darf. Eine umfassende Untersagung gemeinsamer Berufsausübung durch die Berufsordnung selbst mit nur einzelnen Berufen ginge bereits über den gesetzlich eröffneten Bereich autonomer Regelungsbefugnis hinaus. Auf die generalklauselartige Befugnis zum Erlass von Regelungen zur gemeinsamen Berufsausübung lässt sich eine umfassende Ausgrenzung von Heilpraktikern aus Berufsausübungsgemeinschaften mit ärztlicher Beteiligung jedenfalls nicht stützen. Ebenso wenig kann auf die Rechtsetzungsbefugnis bezüglich der „*Zusammenarbeit*" mit anderen Berufen zurückgegriffen werden, die gleichfalls inhaltlich nicht auf einzelne Berufe beschränkt ist und ohnehin nach Gegenüberstellung der beiden Ermächtigungsnummern als konkrete Zusammenarbeit – exemplarisch in der Behandlung – zu verstehen ist.

Indessen lässt sich der Ausschluss von Heilpraktikern aus MKG mit der generalklauselartigen Ermächtigung zur Regelung gemeinsamer Berufsausübung in Einklang bringen.[1296] Zwar wird die gemeinsame Gründung einer MKG durch § 23b MBOÄ versagt, nach § 23c MBOÄ ist andererseits die Gründung von Berufsausübungsgemeinschaften mit anderen als in § 23b MBOÄ beschriebenen Berufen insoweit möglich, als durch den Arzt nicht die Heilkunde am Menschen ausgeübt wird.[1297] Der Zusammenarbeit mit Heilpraktikern verbleibt somit außerhalb von MKG Raum. § 23b MBOÄ reduziert folglich allein das Ausmaß zulässiger gemeinsamer Berufsausübung mit Heilpraktikern und ist von der Ermächtigung formell umfasst, die gemeinsame Berufsausübung zu regeln.

Einige Heilberufsgesetze gehen über die Generalklausel hinaus. So besagt § 17 III 1 SHKG für das *Saarland*, dass die Berufsordnung Regelungen zur Ausgestaltung der „*kooperativen Berufsausübung*" in verschiedenen Rechtsformen enthalten kann. Was unter „*kooperativer Berufsausübung*" verstanden sein soll, wird weder im Gesetz definiert, noch in der Gesetzesbegründung[1298] dargelegt. In Anbetracht des Datums des Gesetzentwurfs vom 28.6.2016 ist von einer Übernahme des seit 1995 bestehenden Begriffs in der MBOÄ zur Regelung von MKG als Berufsausübungsgemeinschaften zu gemeinsamer Behandlungstätigkeit auszugehen.

Nach § 17 III 2 SHKG können die Kammern in der Berufsordnung Anforderungen festlegen, die gewährleisten, dass die heilkundliche Tätigkeit eigenverantwortlich, unabhängig und nicht gewerblich ausgeübt wird. Die Ermächtigung zu einer Untersagung von Zusammenschlüssen zu kooperativer Berufsausübung mit einzelnen Berufen des Gesundheitswesens wird in der Norm nicht deutlich. Doch selbst wenn die Berufskammern hiernach ein solches Verbot erlassen dürften, müsste es zur Gewährleistung der eigenverantwortlichen, unabhängigen und nicht gewerblichen heilkundlichen Tätigkeit erfolgen. Diese Zwecke sollen jedoch

---

1296 Vgl. allgemein zum Ausreichen der Generalklausel zum Erlass konkretisierender Regelungen zur gemeinsamen Berufsausübung *Schnapp/Kaltenborn*, SGb 2001, 101 (104).

1297 Siehe hierzu näher S. 516 ff.

1298 *Landtag* des *Saarlandes*, Drs. 15/1876, S. 13.

bereits andere Regelungen gewährleisten – insbesondere § 23b I 4 lit. a), b), c) BO SL und § 18 II 1 BO SL, wonach in allen für den Arztberuf zulässigen Gesellschaftsformen die *„eigenverantwortliche, medizinisch unabhängige sowie nicht gewerbliche Berufsausübung“* zu gewährleisten ist. Der Ausschluss von Heilpraktikern dient daher offenkundig jedenfalls vorrangig anderen Zwecken und lässt sich nicht auf § 17 III SHKG als Rechtsetzungsermächtigung stützen. Aufgrund der spezielleren Norm des § 17 III SHKG ist ein Rückgriff auf die Generalklausel ausgeschlossen. Der Ausschluss von Heilpraktikern aus MKG ist im *Saarland* daher bereits formell verfassungswidrig.

§ 31 II Nr. 3 HBKG SH besagt in *Schleswig-Holstein*, dass die Berufsordnungen Regelungen über die Zulässigkeit der gemeinsamen Ausübung der Berufstätigkeit und der Zusammenarbeit zwischen Kammermitgliedern und Angehörigen anderer Berufe einschließlich Inhalt und Grenzen von Weisungsverhältnissen sowie die rechtliche Ausgestaltung der Zusammenarbeit in der Rechtsform einer juristischen Person des Privatrechts treffen können. *„Zusammenarbeit“* ist in der Norm kontextbezogen als gemeinsame Berufsausübung zu verstehen, da die Norm für sie eine rechtliche Ausgestaltung in der Rechtsform juristischer Personen des Privatrechts ausdrücklich zur Seite stellt. Außerdem benennt bereits § 29 II 2 HBKG SH die Zulässigkeit, dass Kammermitglieder Praxen gemeinsam mit Personen führen können, die einem in § 1 II PartGG genannten staatlichen Ausbildungsberuf im Gesundheitswesen, oder einem naturwissenschaftlichen resp. sozialpädagogischen Beruf angehören. Dabei stellt sich die Frage, ob § 29 II 2 HBKG SH so auszulegen ist, dass der Beruf ausdrücklich genannt oder lediglich unter § 1 II PartGG subsumierbar sein muss. Für die ausdrückliche Nennung spricht jedenfalls der Wortlaut, der explizit auf die *Nennung* statt auf einen nach § 1 II PartGG *partnerschaftsfähigen* Beruf abstellt. Für die Subsumtionslösung spricht der Verweis auf § 1 II PartGG, der auf dessen beide Sätze zu beziehen ist und daher auch die Öffnung für eine weitere Entwicklung freier Berufe (*„und ähnlicher Berufe“*) umfasst. Da Heilpraktiker ausdrücklich in § 1 II 2 PartGG genannt sind, ist diese Frage gleichwohl unerheblich für deren Kooperationsfähigkeit. Dennoch ist nicht allein die Partnerschaftsfähigkeit nach der Norm erforderlich, zusätzlich muss der partnerschaftsfähige Beruf ein staatlicher Ausbildungsberuf sein. An anderer Stelle wurde bereits festgestellt, dass der Beruf des Heilpraktikers mangels vorgeschriebener gesetzlicher Ausbildung kein staatlicher Ausbildungsberuf ist. Somit scheiden Heilpraktiker bereits nach § 29 II 2 HBKG SH aufgrund gesetzgeberischer Entscheidung aus. Da die Regelung ersichtlich an dem bereits zuvor veröffentlichten § 23b I 1 MBOÄ ausgerichtet ist und daher auch auf der entsprechenden Norm in der anwendbaren Berufsordnung aufbaut, wird die formelle Verfassungsmäßigkeit der Regelung in der Berufsordnung in *Schleswig-Holstein* nicht in Frage gestellt.

Eine ähnliche Regelung besteht in *Hamburg* in § 27 III 2 Nr. 3 HmbKGH, wonach alle Gesellschafter einem in § 2 I HmbKGH oder in § 1 II PartGG genannten sonstigen Gesundheitsfachberuf, einem naturwissenschaftlichen oder einem sozialpädagogischen Beruf angehören und diesen Beruf in der Gesellschaft auszuüben haben. Die Norm bezieht sich nach ihrem Wortlaut (*„als [...] Gesellschafter einer* *juristischen Person des Privatrechts*") allein auf juristische Personen des Privatrechts. Daher verbleibt für die Frage *grundsätzlicher* Zusammenschlussfähigkeit ein Rückgriff auf § 28 II Nr. 9, Nr. 10 HmbKGH, wonach die Berufsordnungen insbesondere Regelungen zu *„der Zulässigkeit der gemeinsamen Ausübung der Berufstätigkeit von Kammermitgliedern"* und der *„kollegialen Zusammenarbeit untereinander und mit Angehörigen anderer Berufe des Gesundheitswesens"* enthalten sollen. Während nach § 28 II Nr. 9 HmbKGH mithin die gemeinsame Ausübung der Berufstätigkeit der Kammermitglieder positiv (*„Zulässigkeit"*) zu regeln ist, enthält die Norm jedoch keinen Ausschluss von Zusammenschlüssen mit Nichtkammermitgliedern. Auf ihren Ausschluss ist auch nicht zwingend im Umkehrschluss zu ziehen, da bereits § 27 III 2 Nr. 3 HmbKGH eine gemeinsame Berufsausübung über Kammermitglieder hinaus ausdrücklich vorsieht. Die Begrenzung des Personenkreises juristischer Personen des Privatrechts lässt sich nicht auf die grundsätzliche Frage übertragen, welche Berufe per se kooperationsfähig sind. Außerdem ist bereits wörtlich kein Ausschluss von Angehörigen anderer, nicht verkammerter Berufe verbunden, da nicht allein die Zulässigkeit der gemeinsamen Berufsausübung der Kammermitglieder *untereinander* auf einen bestimmten Personenkreis begrenzt ist. Folglich liegt nahe, dass durch den Wortlaut allein ausgedrückt werden sollte, an welche Berufe die Regelung adressiert ist. Gleichwohl ist auch in *Hamburg* nicht die Aufnahme Angehöriger aller denkbaren Berufe in alle Formen geregelter Berufsausübungsgemeinschaften erforderlich. Mit § 23c BO HH verbleibt Heilpraktikern gleichwohl eine Beteiligungsmöglichkeit an einer Berufsausübungsgemeinschaft mit Ärzten. Auch in *Hamburg* ist der Ausschluss aus MKG somit nicht formell verfassungswidrig. Die Erwägungen treffen ebenfalls auf die Rechtslage in *Niedersachsen* zu, wo § 32 II Nr. 3 HKG Nds. eine mit § 27 III 2 Nr. 3 HmbKGH wortgleiche Regelung getroffen hat und ansonsten im Ergebnis eine gleiche Regelung enthält. Zwar ist die Zulässigkeit gemeinsamer Berufsausübung nicht auf *„Kammermitglieder"* wörtlich begrenzt, ihr konnte jedoch bereits für die Hamburger Regelung kein Ausschluss von Nicht-Kammermitgliedern aus Berufsausübungsgemeinschaften entnommen werden.

§ 27 II 4 HeilBerG HB besagt für *Bremen* wie auch § 29 II 4 HeilBerG NRW, dass die gemeinsame Führung einer Praxis nur zulässig ist, wenn die Beteiligten die Berechtigung zur Ausübung des ärztlichen, zahnärztlichen oder psychotherapeutischen Berufs besitzen. § 31 II 4 HeilBerG Bbg. beschränkt die gemeinsame Führung einer Praxis auf ärztliche und zahnärztliche Berufsangehörige. Gleichwohl ergibt sich hierdurch kein zwingender gesetzlicher Ausschluss von Heilpraktikern aus MKG. Die „Führung" der Praxis ist auf die Übernahme von Leitungsaufgaben gerichtet.[1299] Die Führung durch den Arzt ist auf die ärztliche Praxis beschränkt. Als *ärztliche* Praxis wird die Gesamtheit dessen verstanden, was die räumliche, gegenständliche und personelle Grundlage der Tätigkeit *des Arztes* bei Erfüllung

1299 *Attermeyer*, Arzt-GmbH, S. 88.

der *ihm* obliegenden Aufgaben bildet.[1300] Dazu gehört aber wie bereits erwähnt[1301] nur der ärztliche Praxisteil, der unter ärztlicher Verantwortung zu stehen hat, nicht jedoch das Gesamtgebilde der MKG. Eine andere Auslegung, die den Eintritt in Berufsausübungsgemeinschaften mit Angehörigen anderer Berufe auf Zahnärzte – und in *Nordrhein-Westfalen* zusätzlich Psychotherapeuten – beschränkte, führte zu einem schwerwiegenden Eingriff in die Berufsfreiheit nach Art. 12 I GG, zu der auch die Freiheit zählt, den Beruf mit Angehörigen anderer Berufe auszuüben.[1302] Da die Norm sich nach hier vertretener Auslegung zu einem Ausschluss von Heilpraktikern – wie auch zu Angehörigen anderer Berufe – über den Fall der Führung einer ärztlichen Praxis hinaus enthält, bleibt die Heranziehung der Generalklausel in § 31 I HeilBerG NRW bzw. § 29 I 1 HeilBerG HB zur Regelung der Berufsausübung der Ärzte weiterhin möglich. Der Ausschluss von Heilpraktikern ist in diesen Kammern daher formell verfassungsgemäß erfolgt.

Einen Sonderfall stellen auch die sich ähnelnden Regelungen in *Sachsen* und *Berlin* dar. Kooperationsfähig sind nach § 16 IV 3 SächsHKaG selbständig tätige und zur eigenverantwortlichen Berufsausübung berechtigte Angehörige anderer Heilberufe, andere Naturwissenschaftlicher im Gesundheitswesen, Angehörige der staatlich geregelten Gesundheitsberufe und die sozialpädagogischen Berufe. Gerade durch die gesetzliche Vorgabe der Kooperationsfähigkeit in § 16 IV 3 SächsHKaG *„selbständig tätiger und zur eigenverantwortlichen Berufsausübung berechtigter Angehöriger anderer Heilberufe"* werden Heilpraktiker bereits gesetzlich als kooperationsfähig eingeordnet. Der Heilpraktikerberuf lässt sich unter den Begriff der staatlich geregelten Gesundheitsberufe subsumieren, denn eine staatliche Regelung erfolgt – wenn auch nur rudimentär – durch das HeilprG. Die *Berliner* Situation unterscheidet sich hiervon insoweit, dass Heilpraktiker als kooperationsfähige Partner nach § 26 III 3, IV 1 BlnHKG als Angehörige eines *„staatlich geregelte[n] Gesundheitsberuf[s]"* subsumiert werden müssen.[1303] Im Unterschied zur Regelung in § 23b I 1 BO Sachsen wird also landesgesetzlich durch § 16 IV 3 SächsHKaG gerade weder das Attribut *„akademisch"* noch die Voraussetzung eines staatlichen *Ausbildungs*berufs gefordert, für *Berlin* gilt bezogen auf *die zweite Alternative* Gleiches. Mithin sind die in der Berufsordnung der *Sächsischen* und *Berliner* Landesärztekammer zum intendierten[1304] Ausschluss der Heilpraktiker erfolgten Regelungen als der landesgesetzlichen Regelung widersprechend zwingend formell verfassungswidrig.

1300 *Taupitz*, NJW 1996, 3033 (3035).
1301 Siehe hierzu S. 129 ff.
1302 Zur Erfassung interprofessioneller Gemeinschaften durch Art. 12 I GG *BVerfGE* 80, 269 (278); 141, 82 (97).
1303 § 26 III 3 BlnHKG benennt im Gegensatz zur sächsischen Regelung als kooperationsfähig u. a. *„Angehörige akademischer Heilberufe"*.
1304 Vgl. *Sächsische LÄK*, Niederlassung und berufliche Kooperation, S. 18.

Zusammenfassend ist der Ausschluss von Heilpraktikern aus MKG in den meisten Ländern formell verfassungsgemäß erfolgt, da ein Bereich gemeinsamer Berufsausübung weiterhin offensteht. Dagegen geht die Ausgrenzung von Heilpraktikern aus MKG im *Saarland* sowie in *Berlin* und *Sachsen* über die gesetzliche Rechtsetzungsermächtigung hinaus und ist somit bereits formell verfassungswidrig. Während im *Saarland* eine eigene Ermächtigung zur Regelung kooperativer Berufsausübung besteht, hält § 23b I 1 BO SL deren Zwecke und Grenzen nicht ein. In *Berlin* und *Sachsen* findet sich zwar eine berufsgruppenbezogene Begrenzung gemeinsamer Zusammenarbeit auf einzelne Berufe, es fehlt ihnen jedoch ein wesentliches Attribut (*„akademisch" bzw. „staatliche Ausbildungsberufe"*), das in der Berufsordnung den Ausschluss der Heilpraktiker bewirkt. Der Ausschluss von Heilpraktikern geht daher gerade nicht aus dem Gesetz hervor.

iv) Materielle Verletzung der Berufsausübungsfreiheit nach Art. 12 I GG

Im Folgenden ist zu fragen, ob der Ausschluss von Heilpraktikern aus der MKG auch materiell verfassungsgemäß erfolgt ist. Nach Einstufung der Ausgrenzung als Berufsausübungsregelung oder Berufszulassungsschranke sind mögliche Rechtfertigungsansätze zu diskutieren.

α) Ausschluss von Kooperationspartnern als Berufsausübungsregelung

Einerseits betrifft die Reduzierung des Kreises zulässiger Kooperationspartner Ärzte als Kammermitglieder in der Form ihrer Berufsausübung.[1305] Ihnen wird nicht die Zulassung zum Arztberuf versagt, sondern nur das „Wie" ihrer Berufsausübung beschränkt. Für Ärzte stellt sich die Bestimmung daher als Berufsausübungsregelung dar, die durch vernünftige Erwägungen des Gemeinwohls gerechtfertigt werden können.[1306]

Mittelbar werden auch die ausgeschlossenen Kooperationspartner selbst in ihrer Berufsausübung eingeschränkt. Wie für in § 59a I 1 BRAO nicht genannte Berufe wird bei den im Umkehrschluss aus § 23b I 1 MBOÄ Ausgeschlossenen ein in den nicht kooperationsfähigen Heilpraktikern begründeter Umstand herangezogen, um den Zusammenschluss mit ihnen zu untersagen.[1307] Als einziger im Gesundheitswesen therapeutisch behandelnder Beruf ist der Heilpraktiker von der Aufnahme in MKG nach § 23b I 1 MBOÄ ausgeschlossen. Ihre Betroffenheit ist daher mehr als nur ein reiner Reflex der Beschränkung ärztlicher Berufsausübung. Gleichwohl wäre eine verständige Regelung der ärztlichen Berufsausübung unmöglich, wenn die Ärztekammern die Zusammenarbeit bzw.

1305 Siehe bereits oben S. 266 ff.; siehe ferner hier nur *Michalski*, Freie Berufe, S. 139.
1306 Siehe hier nur begründend *BVerfGE* 7, 377 (405).
1307 Siehe *BÄK*, DÄBl. 2008, A-1019 (A-1024). Vgl. ferner *Taupitz*, AnwBl 1991, 558 (562), der ein unmittelbares Tangieren der Rechte der Angehörigen eines fremden Berufs, die insoweit als Nichtkammermitglieder „Außenstehende" sind, annimmt.

Zusammenschlussformen von Ärzten mit Angehörigen anderer Berufe nicht im praktisch erforderlichen Rahmen regeln könnten – soweit ihnen die Regelungskompetenz durch den Landesgesetzgeber übertragen worden ist. Der Übertragung der Regelungskompetenz zur Regelung der Zusammenarbeit von Ärzten ist daher die Kompetenz zum Eingriff gegenüber Heilpraktikern zur Regelung deren Beteiligung an Berufsausübungsgemeinschaften mit Ärzten immanent. Ist die Regelung als Eingriff in die Grundrechte der Ärzte als verfassungsrechtlich gerechtfertigt anzusehen, kann der Eingriff in die Berufsausübungsfreiheit der Heilpraktiker im Grundsatz[1308] nicht widersprüchlich hierzu als verfassungswidrig beurteilt werden. Richtigerweise wird daher hingenommen, die Geltung einer Regelung auf Nichtmitglieder zu erstrecken, wenn die Satzungsbestimmungen mit dem Aufgabenbereich der berufsständischen Organisation in engem Zusammenhang stehen und nach ihrem Gewicht lediglich von untergeordneter Bedeutung sind.[1309]

Außerdem liegt eine mittelbare Beschränkung auch aus Perspektive einer bereits gegründeten Gesellschaft selbst vor, der das Angebot einer Kombination ärztlicher Leistungen mit denjenigen nicht zulässiger Kooperationspartner unmöglich gemacht wird, indem Ärzten der Zusammenschluss bereits untersagt wird. In Bezug auf Gesellschaften stellt die Regelung des § 23b I 1 MBOÄ jedoch weder eine objektive noch subjektive Berufswahlregelung dar, die sich nur durch gewichtigere Erwägungen verfassungsrechtlich rechtfertigen ließe.[1310]

In Bezug auf die materielle Verfassungsmäßigkeit des Ausschlusses von Heilpraktikern von medizinischen Versorgungszentren ist insbesondere zu überprüfen, ob die Regelungen dem Grundsatz der Verhältnismäßigkeit entsprechen. Die unterschiedlichen – möglichen – Zwecke des Ausschlusses von Heilpraktikern sind einzeln auf ihre Legitimität, Geeignetheit, Erforderlichkeit und Verhältnismäßigkeit im engeren Sinne zu überprüfen. Erfolgt der Ausschluss von Heilpraktikern bereits auf Ebene der Heilberufsgesetze – wie dies in *Schleswig-Holstein* der Fall ist – sind die Erwägungen entsprechend heranzuziehen.

1308 Sicher könnte ein Eingriff in die Berufsausübungsfreiheit zwar unverhältnismäßig sein, hierzu bedürfte es dann aber wohl einer besonderen Abhängigkeit von Heilpraktikern von einem Zusammenschluss mit Ärzten. Ein solcher Fall dürfte jedoch auch in Zukunft wohl kaum entstehen.

1309 *Schnapp/Kaltenborn*, SGb 2001, 101 (104) mit Verweis auf *Clemens*, in: FS Böckenförde, S. 259 (270 ff.); *Köhler-Hohmann*, Ärzte- und Heilkunde-GmbH, S. 213.

1310 Anders stellt sich dagegen die Situation bei Untersagung der ärztlichen Tätigkeit in einer bestimmten Rechtsform dar, da nicht mehr die Tätigkeit in Verbindung mit einem Angehörigen eines nicht kooperationsfähigen Berufs und damit eine Berufsausübungsregelung im Vordergrund steht, sondern der Gesellschaft das Angebot ärztlicher Leistungen bereits untersagt wird. Siehe hierzu S. 306 ff.

β) Praktisch nicht vorliegender Bedarf als Rechtfertigungsgrund

Der teilweise in der Literatur vertretenen Auffassung, mangels praktischen Bedarfs sei ein Ausschluss von Angehörigen bestimmter Berufe gerechtfertigt,[1311] ist in Heranziehung der eben angeführten Entscheidung des *BVerfG*[1312] und ihrer Kommentierung zu widersprechen.[1313] Dabei soll nicht unerwähnt bleiben, dass sich durchaus ein Bedarf für die Zusammenarbeit zwischen Ärzten und Heilpraktikern aus Sicht der nachfragenden Patienten ermitteln lässt.[1314]

γ) Schutz der unabhängigen, eigenverantwortlichen und nicht gewerblichen Berufsausübung der Ärzte

In Betracht kommt auch keine Rechtfertigung des Ausschlusses von Heilpraktikern zum Schutz der Freiberuflichkeit der Ärzte in ihrer Berufsausübung. Heilpraktiker sind ebenso freiberuflich tätig[1315] und unterscheiden sich in diesem Belang nicht von anderen Heilberufen. Außerdem wird die Unabhängigkeit des Arztes und seine Eigenverantwortlichkeit in der Berufsausübung bereits in § 23b I 4 lit. a), b) und c) MBOÄ aufgegriffen und sichergestellt. Ohnehin besteht in § 18 II 1 MBOÄ bereits das Erfordernis der Gewährleistung der eigenverantwortlichen, medizinisch unabhängigen und nicht gewerblichen Berufsausübung. Der Ausschluss der Heilpraktiker ist daher in Bezug auf die Sicherung der Freiberuflichkeit zumindest nicht zum Schutz der Eigenverantwortlichkeit und Unabhängigkeit des Arztes erforderlich.

δ) Patientensicherheit als Rechtfertigungsgrund

Als legitimes Ziel könnte in Anbetracht der fehlenden vorausgesetzten Ausbildung von Heilpraktikern die Patientensicherheit angeführt werden.[1316] Unter Patientensicherheit als Qualitätsziel wird die Vermeidung oder Verringerung von unerwünschten Ereignissen in medizinischen Behandlungsprozessen verstanden, wobei die schädlichen Vorkommnisse eher auf der Behandlung als auf der

---

1311 *Singer*, DStR 2013, 1856 (1859); unklar *Wedel*, in: *Hartung*, BRAO, § 59a Rn. 7, 15 ff. Bereits der *BayVerfGH*, DÖV 1966, 793 (794 f.), begründet die landesverfassungsrechtliche Rechtfertigung eines Verbots der Zusammenarbeit mit Heilpraktikern unter Hinweis auf die praktisch nur geringe Bedeutung und der bisher von ärztlicher Seite nicht geübten Kritik am Verbot.

1312 *BVerfGE* 141, 82 (97 f.), das den praktischen Bedarf allein bei Eröffnung des Schutzbereichs überprüft.

1313 Siehe hierzu S. 256 f.

1314 Siehe *Thanner et al.*, ForschKomplementmed 2013, 23 (27).

1315 *Rauscher*, VersR 2016, 217 (218).

1316 Zur Patientensicherheit als Maßgabe berufsrechtlicher Pflichten *Spickhoff*, NJW 2017, 1790 (1791).

Erkrankung beruhen, deren Vermeidbarkeit jedoch unerheblich ist.[1317] Insofern wäre eine Untermauerung des Ausschlusses von Heilpraktikern unter Patientenschutzgründen auf dem Fundament der Annahme zu errichten, ein Zusammenschluss mit Heilpraktikern führe zumindest zu einem Anstieg unerwünschter Ereignisse im Behandlungsprozess von Patienten. Für diese Argumentation müsste der Umstand fruchtbar gemacht werden, dass die Wahrung der Patientensicherheit ohne medizinisches Fachwissen zumindest zu bezweifeln ist.[1318] Bereits der *BayVerfGH* begründete die Rechtfertigung des ärztlichen Kooperationsverbots mit Heilpraktikern u. a. damit, dass von Heilpraktikern auch nach den Grundsätzen der medizinischen Wissenschaft zu missbilligende Diagnostizier- und Behandlungsmethoden angewendet werden.[1319] Eine Einbuße an Patientensicherheit durch die Tätigkeit eines fachlich nicht ausgebildeten Heilpraktikers erkannte zuletzt insbesondere der Münsteraner Kreis als interdisziplinär besetztes Fachgremium und forderte die Abschaffung des Heilpraktikerberufs in seiner derzeitigen Form als nicht ausgebildeter Heilberufler.[1320] Hierfür könnten die in der Tagespresse besprochenen Fälle schwerer Folgen des Einsatzes alternativer Heilmethoden durch Heilpraktiker ins Feld geführt werden,[1321] die jedoch nicht zwingend

1317 *Hart*, MedR 2007, 383 (383, 393); *ders.*, MedR 2012, 1 (1); *ders.*, MedR 2013, 159 (159); *ders.*, MedR 2019, 509 (509).

1318 Für *Wimmer*, in: FS Schmidt, S. 450 (454), ist diese Diskrepanz „*unerfindlich*“.

1319 *BayVerfGH*, DÖV 1966, 793 (794).

1320 Die Abschaffungsforderung bezieht sich konkret auf den fachlich nicht ausgebildeten Heilpraktiker, nicht dagegen auf Add-on-Heilpraktiker. Neben der Abschaffungslösung postuliert der Münsteraner Kreis die Einführung spezialisierter „Fach-Heilpraktiker“ als Zusatzqualifikation für bestehende Gesundheitsfachberufe, um eine kompetente Behandlung sicherzustellen und Gefahren für Patienten zu minimieren, siehe *Münsteraner Kreis*, Münsteraner Memorandum Heilpraktiker, S. 10 f. Da an dieser Stelle lediglich die Gruppe von Heilpraktikern ohne fachliche Ausbildung relevant sind – Add-on-Heilpraktiker wurden bereits als zusammenschlussfähig erachtet, siehe S. 196 ff. – ist auf die vorgeschlagene Kompetenzlösung nicht näher einzugehen. Siehe exemplarisch und stellvertretend für zuvor in großer Zahl geäußerte Kritik und unterschiedliche Reformansätze *Wimmer*, in: FS Schmidt, S. 450 (458 ff.); *Ehlers*, Heilpraktiker, S. 263 ff., 273 ff.; *Tamm*, Außenseitermethoden, S. 90 ff.; *Tamm*, VuR 2008, 465 (467 ff.). Siehe zur Kritik an den Reformansätzen aufgrund der Eigenheiten des Heilpraktikerwesens und dem Gegenvorschlag, u. a. auf Landesebene Berufsausübungsregelungen in Landesheilpraktikergesetzen oder durch Integration in die Heilberufekammergesetze zu erlassen *Sasse*, GesR 2018, 279 (282, 285 ff.).

1321 Siehe exemplarisch die Verurteilung eines Heilpraktikers wegen fahrlässiger Tötung dreier Krebspatienten, siehe Spiegel Online, 15.7.2019 „Tod von Krebspatienten – Bewährungsstrafe für Heilpraktiker“; zu den Schadenspotentialen durch die Tätigkeit von Heilpraktikern, siehe auch *Münsteraner Kreis*, Münsteraner Memorandum Heilpraktiker, S. 6. Siehe ferner eine exemplarische Aufzählung bei *Tamm*, VuR 2008, 465 (465).

charakteristisch für Heilpraktiker sein müssen, sondern durchaus Einzelfälle sein mögen.[1322]

Insgesamt wird jedoch auch nicht bestritten werden können, dass zumindest ein Teil der Heilpraktiker über ausreichende Qualifikation verfügt, um Gefahren für Patienten zu vermeiden.[1323] Belastbare Daten über Fehlverhalten von Heilpraktikern liegen jedenfalls ebenso wenig vor wie überhaupt Statistiken zur Anzahl der tätigen Heilpraktiker.[1324] Die Entstehung von Gefahren durch die Behandlung durch „Unkundige" – oder besser: nicht zwingend qualifizierter Heilbehandler – lässt sich hingegen nicht von der Hand weisen, die Rechtslage mag sie sogar *„provozieren."*[1325] Nicht zu unterschätzen ist im Besonderen die Anwendung nicht geeigneter Diagnose- oder Therapieverfahren, sodass zwar nicht die einzelne Behandlungsmaßnahme an sich fatale Folgen herbeiführt, sondern das Vorenthalten einer geeigneten (schulmedizinischen) Behandlung.[1326] Nicht zu Unrecht lässt sich debattieren, ob der Berufsstand der Heilpraktiker (erheblich) zu reformieren ist. Der Schutz von Patienten *vor* Heilpraktikern ist gleichwohl nicht Sache der Landesärztekammern, sondern des Bundesgesetzgebers.

Ein Ausschluss zum Zweck des Patientenschutzes – zunächst unbeachtet der Tatsache, dass Heilpraktiker de lege lata einen staatlich geschützten Beruf ausüben – ist unter dieser Annahme legitim, auch wenn dem ärztlichen Berufsrecht zumindest nicht originär die Aufgabe des Patientenschutzes zukommt.[1327] Gleichwohl decken nämlich einzelne Normen den Patientenschutzaspekt auch in der Berufsordnung ab, wie insbesondere ausdrücklich in § 27 I MBOÄ.[1328] Zudem erschiene unter der geäußerten Annahme der Ausschluss auf den ersten Blick scheinbar am effektivsten, den Patientenschutz zu gewährleisten.

1322 Vgl. bereits *Eberhardt*, VersR 1986, 110 (113 f.).

1323 *Ehlers*, Heilpraktiker, S. 264; *Eberhardt*, VersR 1986, 110 (112); von *„besonderer Heilbegabung auf einzelnen Gebieten"* spricht der *BayVerfGH*, DÖV 1966, 793 (794).

1324 *Hildebrandt*, in: ARGE, FS 20 Jahre, S. 255 (256); vgl. auch *Klose*, KJ 2007, 35 (44), der abstrakte Gefahren als leicht plausibel erkennt, jedoch den Nachweis konkreter Schäden als ungleich schwerer einstuft. Siehe aber den Hinweis auf eine nicht-repräsentative Untersuchung von Fehlbehandlungen durch Heilpraktiker von *Eberhardt*, VersR 1986, 110 (113 f.).

1325 So *Eberhardt*, VersR 1986, 110 (114); siehe ferner *Taupitz*, NJW 1991, 1505 (1510), konstatierend, die Rechtsordnung handle auf eigenes Risiko, wenn sie den Heilpraktiker in der Weise agieren lasse, dass er als Laie die Heilbehandlung betreiben dürfe.

1326 Vgl. mit exemplarischer Falldarstellung *Heudorf et al.*, BGesBl 2010, 245 (255).

1327 Gleichwohl trägt das Berufsrecht zum Patientenschutz wesentlich bei, *Kalb*, GesR 2012, 143 (147). Zur zunehmenden Verbriefung von Patientenrechten in den Berufsordnungen der Ärzte *Scholz*, MedR 2015, 635 (641).

1328 § 27 I MBOÄ lautet: *„Zweck der nachstehenden Vorschriften der Berufsordnung ist die Gewährleistung des Patientenschutzes durch sachgerechte und angemessene Information und die Vermeidung einer dem Selbstverständnis der Ärztin oder des Arztes zuwiderlaufenden Kommerzialisierung des Arztberufs."*

Dabei zeigt sich jedoch ein Schwachpunkt der Annahme in der parallelen Existenz des Heilpraktikerberufs. Ein Ausschluss gemeinsamer Berufsausübung nach ärztlichem Berufsrecht verhindert schließlich nicht die Tätigkeit von – unterstellt – gefährlichen, unabhängig von Ärzten tätigen Heilpraktikern. Die Landesärztekammern können nicht das Verbot der Tätigkeit von Heilpraktikern herbeiführen, zumal sich ihre Rechtsetzungsbefugnis ohnehin auf ihre ärztlichen Mitglieder beschränkt. Die Exklusion der Heilpraktiker verhindert lediglich gemeinsame Berufsausübungsgemeinschaften, in denen Ärzte und Heilpraktiker heilkundliche Behandlungen vornehmen. Sowohl aus Makro- als auch aus Mikroperspektive stiege die Patientensicherheit – unter den gegebenen Umständen der Zulässigkeit heilkundlicher Tätigkeit durch nicht fachlich ausgebildete Personen – mit einer Öffnung des ärztlichen Berufsrechts zugunsten von Zusammenschlüssen mit Heilpraktikern konträr zur Ausgangsannahme eher an. Für die gemeinsame Tätigkeit in MKG spricht nämlich, dass der – unterstellt günstige – ärztliche Einfluss durch derartige Verbindungen sich auf Patienten, die der Schulmedizin grundsätzlich ablehnend oder kritisch gegenüber stehen und daher statt Ärzten Heilpraktiker konsultieren, erweitern bzw. restituieren kann.[1329] Die Bedeutung des Heilpraktikers ist nicht mehr nur unerheblich und steigt weiter an:[1330] Jeder dritte Deutsche soll bereits einen Heilpraktiker aufgesucht haben,[1331] für einige Patienten hat der Heilpraktiker mittlerweile wohl sogar den Hausarzt verdrängt.[1332] Durch den fachlichen Dialog in der Gesellschaft können solche Patienten, die von der – möglicherweise alleinigen – Inanspruchnahme eines Heilpraktikers eine (zusätzliche) Chance auf Genesung erhoffen, von ärztlicher Kompetenz in ihrer Behandlung durch den Heilpraktiker profitieren. Zudem kann durch den fachlichen Zusammenschluss die gegebenenfalls erforderliche Hinzuziehung eines Arztes bei Patienten des Heilpraktikers vereinfacht erfolgen; dabei kann die Zusammenarbeit auf Basis gemeinsam erarbeiteter Grundlagen gewährleisten, in welchen Situationen der Heilpraktiker den Arzt zumindest zu seiner eigenen Konsultation heranzuziehen hat, um Patienten die Kontaktierung eines Arztes zu empfehlen. Insbesondere reduziert die Zusammenarbeit dadurch eine möglicherweise bestehende Hemmschwelle auf Seiten des Heilpraktikers zur Konsultierung des Arztes, die er ansonsten aufgrund des ökonomischen Konkurrenzdrucks zwischen Heilpraktikern und Ärzten oder zur Verhinderung eines eigenen Ansehensverlusts vor dem

---

1329 Vgl. zur intendierten Gewinnung von schulmedizinkritischen Patienten durch *„Heilpraktiker-Ärzte"* *VG München*, MedR 1996, 229 (239, 232); *VGH München*, NVwZ-RR 1998, 113 (114); *Taupitz*, MedR 1993, 219 (219). Ob der Heilpraktiker wie früher vermutet nur dann aufgesucht wird, wenn eine vorhergehende ärztliche Behandlung erfolglos gewesen ist, kann für die heutige Zeit zumindest bezweifelt werden, nachdem alternative Heilmethoden in der Bevölkerung immer mehr Anerkennung erfahren.

1330 *Joos et al.*, Evid Based Complement Alternat Med 2011; ID 495813, S. 1.

1331 *Thanner et al.*, ForschKomplementmed 2013, 23 (24).

1332 *Joos et al.*, Evid Based Complement Alternat Med 2011; ID 495813, S. 2.

Patienten möglicherweise scheut und die infolgedessen zu unterbleiben droht. Es wird die Meinung geteilt, dass eine vergebliche Anwendung unangemessener Therapien oder ein Nichterkennen von Erkrankungen aufgrund nicht angemessener Diagnoseverfahren bei fachlicher Zusammenarbeit verhindert werden dürfte.[1333] In den gemeinsam zu erarbeitenden Grundlagen der gemeinsamen Zusammenarbeit wäre zudem festzuhalten, dass die Tätigkeit des Heilpraktikers begonnene ärztliche Behandlungen und damit den Heilerfolg nicht untergraben darf. Heilpraktiker dürfen keinen die Schulmedizin ablehnenden Einfluss auf die Patienten ausüben. Durch die gemeinsame Tätigkeit könnte eher sichergestellt werden, dass Heilpraktiker – die eine fachgerechte medizinische Behandlung schulden und sich nicht über die Schulmedizin hinwegsetzen dürfen[1334] – sich über die Fortschritte in der Heilkunde generell und über anderweitige Erkenntnisse zu Nutzen und Risiken der von ihnen angewandten Heilverfahren unterrichten bzw. unterrichtet werden. Tatsächlich ergäbe sich mithin eine Art der Absicherung der Patientensicherheit durch die zusätzliche ärztliche Betreuung. Das Verbot des Zusammenschlusses steht in gewissem Widerspruch zu der grundsätzlich für den Heilpraktiker erforderlichen Zusammenarbeit mit Ärzten, insbesondere wenn der Heilpraktiker an die Grenzen seiner therapeutischen Möglichkeiten stößt.[1335] Insgesamt dürfte daher dem Zweck des Schutzes der Patientensicherheit als Grundlage des Ausschlusses von Heilpraktikern aus MKG inhaltlich der Boden entzogen sein, da die Möglichkeit derartiger Zusammenschlüsse sogar eher die Patientensicherheit erhöhen könnte, indem sie das Konkurrenzverhältnis zwischen Ärzten und Heilpraktikern abschwächen bzw. auf Mikroebene auflösen kann und eine erhöhte Anzahl an Patienten ärztlicher Betreuung potentiell zugeführt werden.[1336] Nachvollziehbar ist

---

1333 *Thanner et al.*, ForschKomplementmed 2013, 23 (27).

1334 Zu den Voraussetzungen an die Ausübung der Heilkunde durch Heilpraktiker *Rauscher*, VersR 2016, 217 (218 f.).

1335 Vgl. *Thanner et al.*, ForschKomplementmed 2013, 23 (26). Faktisch finde daher eine Zusammenarbeit zwischen Ärzten und Heilpraktikern statt, *Schillhorn*, ZMGR 2017, 101 (103).

1336 Bereits *Taupitz*, MedR 1993, 219 (219), fragte, ob es nicht gerade der Volksgesundheit diene, *„wenn endlich auch hochqualifizierte ‚Heilpraktiker', die zugleich über die volle ärztliche Ausbildung verfügen, auf dem Gebiet der ‚alternativen' Heilkunde tätig werden? Und ist dies nicht gleichzeitig ein erster Schritt, um diesen Berufsstand vom Odium der Scharlatanerie zu befreien?"*. Siehe auch die Feststellung von *Tamm*, VuR 2008, 465 (470), dass eine zweistufige Behandlungsaufteilung zwischen Arzt und Heilpraktiker eine im Patientenwohl stehende Kooperation darstellt. Siehe ferner *Arndt*, Heilpraktikerrecht, S. 83, nach dem die für Ärzte in der Berufsordnung erfolgende Untersagung der Zusammenarbeit mit Heilpraktikern der *„selbstverständliche[n] Konsequenz aus der Zulassung eines anderen Heilberufs [...], nämlich mit dessen Angehörigen jedenfalls dann zusammenzuarbeiten, wenn es das Wohl eines Patienten, auch eines solchen, der einen Heilpraktiker konsultiert, erfordert"*, entgegensteht.

daher, wenn aus Patientensicht bereits ein Bedarf an Kooperationen von Ärzten mit Heilpraktikern ermittelt wird.[1337] Der Ausschluss von Heilpraktikern aus MKG ist damit bereits nicht geeignet, die Patientensicherheit zu erhöhen.

Zwar wird in der Zusammenarbeit ein Verweis durch den Arzt an den Heilpraktiker nicht in Frage kommen, da eine Indikation für eine Verschreibung von Heilpraktikerleistungen der alternativen Medizin aus Betrachtung der Schulmedizin nicht besteht.[1338] Umgekehrt ist jedoch gleichwohl eine Zusammenarbeit möglich, wenn eine Hinzuziehung des Arztes durch den Heilpraktiker erfolgt. § 23b I 3 MBOÄ erfordert nicht zwingend die reziproke Einbeziehung der Partner, sondern lediglich die Verfolgung eines *„gleichgerichteten oder integrierenden diagnostischen oder therapeutischen Zwecks bei der Heilbehandlung"* in der Verbindung des Nichtarztes mit dem Arzt. Die Konsultation des Arztes und seine Hinzuziehung vermag gerade im Sinne seiner diagnostischen oder therapeutischen Expertise[1339] in Frage kommen bzw. bei Überleitung von Krankheiten, deren Behandlung – wie solche übertragbarer Krankheiten nach § 24 S. 1 IfSG – nur Ärzten gestattet ist. Eine solche Arbeitsaufteilung in der gemeinsamen Berufsausübungsgemeinschaft kommt auch der präferierten Arbeitsweise vieler Heilpraktiker selbst entgegen, die ein gänzliches Ignorieren schulmedizinisch gestellter Diagnosen und Therapievorschläge für bedenklich halten.[1340]

Die als zulässig erachtete komplementäre Zusammenarbeit von Arzt und Heilpraktiker verdeutlicht die Widersprüchlichkeit der Untersagung von Zusammenschlüssen zum Zwecke des Patientenschutzes. Unter komplementärer Zusammenarbeit versteht man die Zusammenarbeit in einer Weise, dass die Behandlung des einen beginnt, wenn die Behandlung durch den anderen bereits abgeschlossen ist.[1341] Im Sinne des Patientenschutzes kann die Ungefährlichkeit des Heilpraktikers und damit die Zulässigkeit einer Zusammenarbeit nicht davon abhängig sein, ob die Zusammenarbeit nach Abschluss der Behandlung eines Kooperationspartners stattfindet.

Ohnehin ist darüber hinaus fraglich, ob der standesrechtliche Ausschluss vereinbar mit der staatlichen Anerkennung des Berufs des Heilpraktikers durch den Bundesgesetzgeber ist. Immerhin ist durch eine gesundheitsamtliche Prüfung anhand der erst Ende 2017 erlassenen Leitlinien des Bundesministeriums für

---

1337 *Thanner et al.*, ForschKomplementmed 2013, 23 (27).

1338 *Münsteraner Kreis*, Münsteraner Memorandum Heilpraktiker, S. 9.

1339 So exemplarisch für die Verordnung rezeptpflichtiger Arzneimittel, die Heilpraktikern versagt ist, was der *BayVerfGH*, DÖV 1966, 793 (794), neben anderen als Begründung der Verfassungsmäßigkeit eines Verbots der Zusammenarbeit mit Heilpraktikern auffasste.

1340 Einen solchen Befund für die Arbeitsweise von Heilpraktikern stellt *Tamm*, VuR 2008, 465 (470) fest.

1341 *Schillhorn*, ZMGR 2017, 101 (102).

Gesundheit[1342] – die eine Reaktion auf einen medial exponiert diskutierten Skandal um einen Heilpraktiker darstellten[1343] – die „Ungefährlichkeit" des einzelnen Heilpraktikers nachgewiesen. Dafür hat er lediglich allgemeine medizinische Kenntnisse vorzuweisen, eine Überprüfung der fachlichen Qualität im Bereich der Heilkunde erfolgt nicht. Zwar bezweckt diese Prüfung die Verhinderung der Betätigung fachlich unfähiger und charakterlich ungeeigneter Personen auf dem Gebiet der Heilkunde, um möglichen Gesundheitsschädigungen durch unzweckmäßige Behandlungsmethoden vorzubeugen.[1344] Sie stellt damit jedoch auch lediglich eine Minimierung[1345] der von fachlich nicht Ausgebildeten ausgehenden Gesundheitsgefahren dar, sodass von ihrer Verhinderung bzw. einer risikolosen Tätigkeit an sich nicht ausgegangen werden kann. Gleichwohl scheint nach Bewertung des Gesetzgebers keine so hohe Gefahr für die Gesundheit von Patienten und von der Bevölkerung vorhanden zu sein, da keine gravierenderen Eingriffe gegenüber dem Heilpraktikerstand gewagt worden sind. Die von Heilpraktikern ausgehenden Gefahren haften nicht lediglich ihnen an, sie sind viel mehr den *„unzulänglichen"* Rechtsgrundlagen[1346] zur Regelung des Berufs immanent und werden mithin durch den Gesetzgeber in Kauf genommen. Die Verankerung von Leitlinien zur Überprüfung von Heilpraktikeranwärtern in § 2 I lit. i) HeilprGDVO und mittelbar in § 2 I HeilprG wurde statt einer tiefgreifenden Beschneidung von Kompetenzen als ausreichend angesehen, um den Patientenschutz zu gewährleisten.[1347] Auch die Gesundheitsministerkonferenz sah lediglich eine derartige Vorgehensweise als geboten an, nicht dagegen das Verbot des Heilpraktikerberufs oder andere, einschneidende Maßnahmen.[1348] Insbesondere unter Hinweis auf die neuen Leitlinien

---

1342 Leitlinien zur Überprüfung von Heilpraktikeranwärterinnen und -anwärtern nach § 2 des Heilpraktikergesetzes in Verbindung mit § 2 Absatz 1 Buchstabe i der Ersten Durchführungsverordnung zum Heilpraktikergesetz vom 7.12.2017, in Kraft getreten am 22.3.2018. Sie dienen der Präambel nach als Grundlage für die Überprüfung der Kenntnisse und Fähigkeiten eines Heilpraktikeranwärters und damit als Grundlage für die Entscheidung, ob die Ausübung der Heilkunde durch die betreffende Person eine Gefährdung der Gesundheit der Bevölkerung oder der sie aufsuchenden Patienten erwarten lässt. Ergänzend hierzu sind Regelungen der Länder zum Vollzug der Leitlinien nicht ausgeschlossen; insofern ist exemplarisch in *Bad.-Württ.* noch die Verwaltungsvorschrift des Sozialministeriums zur Durchführung des Heilpraktikergesetzes (Heilpraktiker-Verwaltungsvorschrift – HP-VwV) vom 23. Juni 2014 anwendbar.

1343 Siehe näher zum Verlauf *Hildebrandt*, in: *ARGE*, FS 20 Jahre, S. 255 (255 f., 259).

1344 *Hahn*, MedR 2010, 485 (487).

1345 *Hildebrandt*, in: *ARGE*, FS 20 Jahre, S. 255 (262).

1346 *Laufs*, NJW 1986, 1515 (1521); *Eberhardt*, VersR 1986, 110 (114); *Ehlers*, Heilpraktiker, S. 265; *Taupitz*, NJW 1991, 1505 (1510).

1347 Siehe BT-Drs. 18/10510, S. 142 f.

1348 Die gesetzgeberische Aktivität lässt sich auf die Beschlüsse in TOP 6.4 zur Neuordnung des Heilpraktikerrechts der 89. Gesundheitsministerkonferenz in Rostock zurückführen.

wurde zumindest vorerst durch das Bundesministerium für Gesundheit von einer grundlegenden Reform des Heilpraktikerwesens abgesehen,[1349] obwohl der Gesetzgeber durchaus die Möglichkeit hätte, zu einer berufsmäßigen Ausübung der Heilkunde ein abgeschlossenes medizinisches Studium zu verlangen.[1350] Ob die Durchsetzung des Verbots von Heilpraktikern, wie von *Sasse* behauptet,[1351] faktisch unmöglich ist, mag bezweifelt werden – so ist in dem überwiegenden Teil der europäischen Länder die Heilkunde in unionsrechtlich vereinbarer Weise[1352] schließlich bereits exklusiv Ärzten vorbehalten.[1353] Darüber hinaus können Heilpraktiker bereits aufgrund des Arztvorbehalts nach § 15 I 2 SGB V, der nichtärztliche Heilbehandler von der selbständigen und eigenverantwortlichen Behandlung der Versicherten ausschließt, an dem System der GKV nicht teilnehmen,[1354] was durch die finanzielle Belastung allein des Patienten zumindest die Attraktivität ihrer Inanspruchnahme senkt.[1355] Das *BSG* verdeutlicht jedoch den unterschiedlichen Gehalt des Berufszugangs und des Krankenversicherungsrechts: *„Der Versichertengemeinschaft kann es nicht gleichgültig sein, ob eine auf öffentliche Kosten*

1349 Zwar wurde bei der 91. Gesundheitsministerkonferenz 2018 in Düsseldorf unter TOP 6.4 eine zwingende Reformbedürftigkeit des Heilpraktikerwesens festgestellt und der Bund gebeten, eine Bund-Länder-Arbeitsgruppe einzurichten, die eine grundlegende Reform des Heilpraktikerwesens prüft; das Bundesministerium für Gesundheit hat jedoch von der Einrichtung einer solchen Arbeitsgruppe abgesehen, da nach Meinung des Ministeriums abzuwarten sei, *„ob und inwieweit die verbindliche Anwendung der neuen Leitlinien zu einer Stärkung der Qualität der heilpraktischen Tätigkeiten beiträgt, ehe weitere Schritte überlegt werden.“* Siehe hierzu allein die Antwort vom 8.3.2019 der Gesundheitsministerkonferenz an den Verband unabhängiger Heilpraktiker auf dessen Anfrage https://www.heilpraktikerverband.de/aktuelles/aktuelle-meldungen/485–gkm-2019–bmg-sieht-von-grundlegender-reform-des-heilpraktikerwesens-ab.html (zuletzt aufgerufen am 19.11.2021).

1350 *BVerwGE* 4, 250 (255); auf diese Rechtsprechung rekurrierend in seinem leidenschaftlichen Plädoyer zur – wie in den *„allermeisten Kulturstaaten längst erfolgreich“* implementierten Abschaffung des Heilpraktikerwesens *Wimmer*, in: FS Schmidt, S. 450 (459).

1351 So *Sasse* in seinem Kurzgutachten vom 21.8.2017 anlässlich des Münsteraner Memorandums zum Heilpraktikerrecht, S. 2, abrufbar unter https://www.heilpraktikerrecht.com/wp-content/uploads/2017/08/20170821–Kurzgutachten-HP-Recht-signed.pdf (letzter Aufruf erfolgt am 30.7.2020); u. a. auf dieses Argument gestützt wurde im 19. Jahrhundert bereits die Einführung der Gewerbefreiheit für die Ausübung der Heilkunde, siehe hierzu allein *Arndt*, Heilpraktikerrecht, S. 19 f.

1352 *EuGH*, Urt. v. 11.07.2002 – C-294/00 (Paracelsus), BeckRS 2004, 76074 Rn. 50.

1353 *Schulte/Waechter*, MedR 2000, 88 (81).

1354 *BVerfG*, NJW 1988, 2292 (2292 f.).

1355 Gleichwohl bieten Heilpraktiker ihre Leistungen wesentlich preisgünstiger als Ärzte an, siehe hierzu nur *Ehlers*, Heilpraktiker, S. 267. Zudem existieren Heilpraktiker-Zusatzversicherungen für die Übernahme der Kosten einer Behandlung durch Heilpraktiker.

durchgeführte Behandlung, was die Art der angewendeten Behandlungsmethoden und die Qualifikation der behandelnden Personen betrifft, objektiv Erfolg verspricht oder nicht. Solange jemand als ‚Privatpatient' seine Behandlung selbst bezahlt, erfordert das öffentliche Interesse lediglich, daß er vor gesundheitlichen Gefahren geschützt wird, die mit einer Behandlung durch ungeeignete Personen verbunden sein können; ist die Behandlung objektiv unwirksam, aber,ungefährlich´, hat den Nachteil nur er selbst zu tragen."[1356]

Außerdem kann in der Gefahr oder Wahrscheinlichkeit faktischer Umgehung eines strafbewehrten[1357] Gesetzes zur Einführung eines Approbationsvorbehalts doch kein Grund liegen, von einer in Aussicht genommenen Regelung eines Sachverhalts abzusehen. Ostentativ müsste *Sasses* Argumention zur fehlenden Durchsetzungsmöglichkeit eines Verbots der Heilpraktikertätigkeit ja so weit geführt werden, dass auch die Vorschrift des § 212 StGB zur Strafbarkeit des Totschlags ersatzlos aufzuheben sei, weil dieses Handlungsgebot in der Praxis offensichtlich nicht unverletzt bleibt. Insbesondere ist als Zweck der Prüfung festzustellen, ob die Heilpraktikeranwärter die Grenzen ihrer Kenntnisse und Fähigkeiten zuverlässig einschätzen, sich der Gefahren bei Überschreitung dieser Grenzen bewusst und bereit sind und ihr Handeln angemessen daran ausrichten.[1358] Insbesondere ist auch zu beachten, dass für Heilpraktiker durchaus bereits Behandlungsverbote in als besonders gefahrgeneigt eingestuften Bereichen gelten.[1359]

Mithin kann eine Zusammenarbeit mit Heilpraktikern nicht mit der Begründung verwehrt werden, die Patientensicherheit sei aufgrund fehlender vorgeschriebener Ausbildung der Heilpraktiker gefährdet. Eine derartig differenzierende Kompetenz der Selektion durch Klassifizierung verschiedener anerkannter Berufe des Gesundheitswesens als kooperations(un)fähig infolge vorliegender bzw. fehlender fachlicher Qualifikation steht den Ärztekammern nicht zu. Insbesondere bleibt ihnen als berufsständigen Organisationen, die ihre Rechtsetzungsbefugnis von den Landesgesetzgebern ableiten, verwehrt, die Patientensicherheit durch einen bundesgesetzlich zur Ausübung der Heilkunde zugelassenen Berufsstand bedroht zu sehen.

Das HeilprG gewährleistet den Zugang zu einem staatlich anerkannten Beruf ohne vorgeschriebene Ausbildung. Schutzobjekt ist dabei nicht allein die Berufsfreiheit derjenigen, die die Heilkunde auch ohne ärztliche Approbation auszuüben gedenken; die Ablehnung eines Ärztemonopols entfaltet wohlgemerkt durchaus auch den Patienten gegenüber einen Freiheitsaspekt, indem ihre Wahl der Heilbehandler auf einen erweiterten Kreis an Berufsangehörigen bezogen ist, ohne die

1356 *BSG*, NJW 1979, 2363 (2365).

1357 An dieser Stelle wird angenommen, dass parallel zu dem heutigen § 5 HeilprG die Durchsetzung des Verbots (reiner) Heilpraktiker einer strafrechtlichen Flankierung bedürfte.

1358 Aus der Präambel und Punkt 1 der Leitlinien zur Überprüfung von Heilpraktikeranwärterinnen und -anwärtern.

1359 Vgl. hier nur *Sasse*, GesR 2018, 279 (283 f.).

Therapiefreiheit zu begrenzen – insbesondere rekurrierend auf Methoden, die als „unwissenschaftlich" aus dem Bereich der Schulmedizin ausgegrenzt werden.[1360] Ohne eine Änderung des HeilprG kann daher nicht anhand des Patientenschutzes entgegen der ausdrücklichen Auffassung des Bundesgesetzgebers, einstweilen alles zur Verhinderung von Gefahren Erforderliche unternommen zu haben, gegen eine Kooperation von Ärzten mit Heilpraktikern argumentiert werden.

Anhand des Patientenschutzes ließe sich nur dann argumentieren, wenn die Berufsbezeichnung des Heilpraktikers keinen staatlichen Schutz genießen würde. Darüber hinaus ließe sich anhand des Patientenschutzes eine Novellierung des HeilprG zum Zwecke der Beschneidung der Befugnisse von Heilpraktikern über die bestehenden Behandlungsverbote hinaus oder sogar die Auflösung des Berufsstands begründen.

Die Ausgrenzung der Heilpraktiker aus Berufsausübungsgemeinschaften unter ärztlicher Beteiligung führt dazu, dass Patienten sich erst dann wieder in ärztliche Betreuung begeben, wenn sie selbst falsch behandelt worden oder im privaten Umfeld fatale Folgen einer Heilpraktikerbehandlung eingetreten sind. Ostentativ ließe sich das gewählte Konstrukt *„Patientensicherheit durch Abgrenzung"* von dem *„gefährlichen"* Berufsstand der Heilpraktiker daher wie folgt resümieren: Der Patient hat selbst sein Schicksal durch autonome Entscheidung vorausbestimmt und somit die Folgen der Realisierung einer latenten Gefahr von Fehlbehandlungen durch nicht ausgebildete Heilpraktiker selbst zu tragen. Für die Zukunft werden er und seine Angehörige geläutert sein und sicher nicht mehr den Heilpraktiker dem Arztbesuch vorziehen. Soll der Patientenschutz durch die Norm beabsichtigt sein, so lässt er sich nur auf diesen recht makaberen Lerneffekt auf Seiten der Patienten bauen. Es sind Zweifel angebracht, ob sich in dieser Art der Konditionierung tatsächlich Aspekte des Patientenschutzes wiederfinden. Die Inklusion der Heilpraktiker entspricht auch dem Gebot in § 7 III 1 MBOÄ, wonach Ärzte *im Interesse der Patienten* mit Angehörigen anderer Fachberufe im Gesundheitswesen zusammenzuarbeiten haben. Auf dem Fundament des Patienteninteresses lässt sich die Ausgrenzung von Heilpraktikern nicht plausibel errichten, denn sie enthält den Patienten ärztliche Kompetenz sogar vor, obwohl die unterstellte Gefährlichkeit der Heilpraktiker das Gegenteil zum Patientenschutz nahelegen würde. Die erfolgende Ausgrenzung von Heilpraktikern von der Zusammenarbeit im Interesse der Patienten ist also paradox. Diese Kontraindikation des grundsätzlichen Kooperationsverbots wirkt sich auch auf den Ausschluss vergesellschafteter Zusammenarbeit aus.

Ohnehin kann auch nicht entgegengehalten werden, dass ein unterschiedliches Anforderungs- und Qualifikationsniveau der beiden Berufsgruppen vorliegt,[1361] da ein solches bei allen nach § 23b I 1 MBOÄ in Frage kommenden Angehörigen

---

1360 *Arndt*, Heilpraktikerrecht, S. 66.

1361 So verkürzt das Urteil des *VGH München*, NVwZ-RR 1998, 113 ff., wiedergebend *Scholz*, in: *Spickhoff*, Medizinrecht, MBOÄ, § 29a Rn. 2.

nichtärztlicher Berufe existiert und die Quintessenz jedes interprofessionellen Zusammenschlusses darstellt. Es taugt daher nicht zur Fundierung von Gefahren für die Patientensicherheit.

In die gleiche Richtung der Negierung besonderer Gesundheitsgefahren für Patienten aufgrund der Zulassung gemeinsamer Zusammenschlüsse zielt wohl das *VG Stuttgart,*[1362] dessen Urteil in der Literatur jedoch nahezu unbeachtet geblieben ist. Lediglich *Bartels* weitete seine Bedeutung auf ärztliche Kooperationsgemeinschaften aus.[1363] Das *VG Stuttgart* prüfte die Zulässigkeit von Kooperationsgemeinschaften zwischen Zahnärzten und Heilpraktikern unter Geltung einer Vorschrift,[1364] die der ursprünglichen Kataloglösung des ärztlichen Berufsrechts in Kap. D II. Nr. 9 MBOÄ-1997 ähnelt: *„Vorliegend ist jedoch nicht erkennbar, welche sachlichen Gründe unter Berücksichtigung des Belangs der Volksgesundheit dafür sprechen, eine medizinische Kooperation mit einem Heilpraktiker für unzulässig zu erklären. Dies auch und gerade vor dem Hintergrund, dass nicht Jedermann die Ausübung der Heilpraktikertätigkeit erlaubt ist, sondern hierzu eine Erlaubnis erforderlich ist, die sowohl von persönlichen Voraussetzungen wie vom Nachweis bestimmter Kenntnisse und Fertigkeiten abhängig ist. Insoweit ist auch nicht erkennbar, welche sachlichen Gründe dem gegenüber für eine gemeinsame Berufsausübung eines Zahnarztes und etwa einer Hebamme sprechen, während ein Zahnarzt jedoch nicht mit einem Heilpraktiker medizinisch kooperieren darf.“*

ε) Vorbeugung eines opaken Patientenkontakts

In Erwägung gezogen werden kann eine Übertragung der allgemein angenommenen Unvereinbarkeit von gleichzeitiger Inhaberschaft[1365] bzw.

1362 *VG Stuttgart,* MedR 2004, 634 ff.

1363 *Bartels,* MedR 2004, 634. Soweit ersichtlich, findet das Urteil ansonsten lediglich Erwähnung bei der Kommentierung des konkrete Heilbehandlungen betreffenden § 29a MBOÄ bei *Scholz,* in: *Spickhoff,* Medizinrecht, MBOÄ, § 29a Rn. 2, der jedoch die Argumentation des Gerichts aufgrund der divergierenden Tätigkeitsbereiche von Ärzten und Zahnärzten nicht auf eine Zusammenarbeit von Heilpraktikern mit Ärzten ausweitet.

1364 § 22 III BOZÄ BW war jedoch betitelt als „Gemeinsame Berufsausübung von Zahnärzten mit Angehörigen anderer Berufe“ und lautete: *„Zahnärzte können sich nach Maßgabe des Absatzes 1 mit einem oder mehreren Angehörigen folgender Berufe im Gesundheitswesen zu einer MKG zusammenschließen: a) Ärzten, b) Psychologische Psychotherapeuten, Kinder- und Jugendpsychotherapeuten, Diplompsychologen, c) Klinische Chemiker, Ernährungswissenschaftler und andere Naturwissenschaftler, d) Diplom-Sozialpädagogen, Diplom-Sozialarbeiter und Diplom- Heilpädagogen, e) Hebammen, Entbindungshelfer, f) Logopäden und Angehörige vergleichbarer sprachtherapeutischer Berufe, g) Ergotherapeuten, h) Angehörige der Berufe in der Physiotherapie, i) Medizinisch-technische Assistenten, j) Angehörige staatlich anerkannter Pflegeberufe und k) Diätassistenten.“*

1365 *VG München,* MedR 1996, 229 (231 ff.); zust. *VGH München,* NVwZ-RR 1998, 113 (114 ff.); *VG München,* Urt. v. 19.1.2010 – M 16 K 09.5144 Rn. 17 ff.; *VG Augsburg,* Urt.

Betätigung[1366] der ärztlichen Approbation und der Heilpraktikererlaubnis. Zwar wäre bei einem Heilpraktiker und approbierten Arzt in Personalunion ein Abgrenzungsproblem dahingehend entstanden, dass Patienten ohne hinreichende Trennung der Verantwortungsbereiche nicht hinreichend deutlich wird, in welcher Eigenschaft der Behandelnde ihnen gegenüber auftritt.[1367] V. a. ist bei Ausübung beider Berufe in Personalunion für Patienten nicht nachvollziehbar, dass der wissenschaftlich ausgebildete und hochqualifizierte Arzt im nächsten Moment lediglich als zur Heilkundeausübung berechtigter Laie auftritt.[1368] Durch die nach § 23b I 4 lit. g) MBOÄ und § 18a II 1 MBOÄ erforderliche Publizität der Berufsangehörigkeit aller Gesellschafter ist Patienten jedoch im Rahmen von MKG mit Heilpraktikern nicht unbekannt, in welcher Berufseigenschaft der einzelne Gesellschafter den Patienten entgegentritt. Insbesondere findet auch keine Irreführung der Patienten dahingehend statt, dass die Bezeichnung als Heilpraktiker als Zusatzqualifikation des Arztes missverstanden werden könnte.[1369] Mithin muss nicht besorgt werden, dass Patienten eine Behandlung durch den Heilpraktiker als solche des Arztes missverstehen.[1370] Eine grundlegende Diskrepanz zu der Sachlage bei MKG unter Beteiligung anderer Heilberufe besteht nicht, schließlich muss auch in diesen ausdrücklich zulässigen Fällen des § 23b I MBOÄ den Patienten deutlich werden, durch welchen Therapeuten ein Behandlungsteil verantwortet wird. Es handelt sich folglich um eine Frage der Ausgestaltung der Kooperation, nicht ihrer Zulässigkeit.

Weiterführend wird dem Patienten bei Konsultierung des Heilpraktikers bewusst sein, dass die erbrachten Leistungen nicht zulasten des Systems der GKV abrechenbar sind. Missbräuchen zulasten der GKV wird durch die gemeinsame Berufsausübung mit Heilpraktikern auch nicht *„Tor und Tür geöffnet“*[1371], indem der Patient zwar den Heilpraktiker konsultiert, jedoch eine Abrechnung gegenüber der GKV erfolgt. Einerseits ist diesem Argument bereits grundsätzlich

---

v. 30.3.2005 – Au 4 K 04.1676, Rn. 18 ff.; *Rauscher*, VersR 2016, 217 (218); *Schelling*, in: *Spickhoff*, Medizinrecht, HeilprG, § 1 Rn. 2; *Ratzel*, in: *Ratzel/Lippert*, MBOÄ, § 29a Rn. 5 f.; *Rehborn*, in: *Laufs et al.*, Hdb. Arztrecht, § 8 Rn. 10.

1366 *Taupitz*, MedR 1993, 219 (223).

1367 VG München, Urt. v. 19.1.2010 – M 16 K 09.5144, Rn. 29; VG München, MedR 1996, 229 (231).

1368 So bereits *Taupitz*, MedR 1993, 219 (223).

1369 Vgl. bei Personenidentität zum Aspekt der Irreführung *Taupitz*, MedR 1993, 219 (223).

1370 Zu undifferenziert daher die dahingehende Ansicht von *Schulenburg*, Rheinisches Ärzteblatt, 12/2010, S. 21.

1371 So *VG München*, MedR 1996, 229 (231), zur Frage der Zulässigkeit der Erteilung einer Heilpraktikererlaubnis an zugelassene Ärzte; daran anschließend *VGH München*, NVwZ-RR 1998, 113 (115). Hiervon zu trennen ist die Erforderlichkeit der Heilpraktikererlaubnis für einen Zahnarzt zur Durchführung ganzkörperlicher Behandlungen, siehe hier nur *OVG Nordrh.-Westf.*, MedR 1999, 187 ff.

entgegenzuhalten, dass an keiner anderen Stelle des Gesundheitswesens ein derartig kollusives Zusammenwirken von Arzt und Patient unterstellt wird, obwohl es auch außerhalb eines Zusammenhangs mit Heilpraktikern denkbar erscheint. Darüber hinaus steht der Annahme des *VG München* bereits systematisch die Trennung von Berufszulassungs-, -ausübungs- und Vertragsarztrecht entgegen. Das Vertragsarztrecht ist in Bezug auf die Frage von Berufszulassung zum Heilpraktiker und Berufsausübung als Arzt grundsätzlich unbeachtlich, wenn nicht auch eine Vertragsarztzulassung begehrt wird. Die Frage der Vertragsarztzulassung ist von der Frage der Berufszulassung und -ausübung zu trennen. Insbesondere können Hinderungsgründe für den Erhalt der Vertragsarztzulassung bestehen, obwohl der Arzt approbiert ist und der Beruf bereits im Einklang mit dem Berufsrecht ausgeübt wird. Eine mildere Regelung zur Verhinderung von Missbräuchen zulasten des Systems der GKV läge mithin in der Verortung eines Ausschlusses der Zusammenarbeit bei den vertragsarztrechtlichen Vorschriften selbst, die den Zugang eines Arztes in einem solchen Zusammenschluss zu dem Vertragsarztsystem gänzlich oder ohne gewisse Absicherungen verwehrt. Doch die Ärztekammern sind für das Vertragsarztrecht schon gar nicht regelungsbefugt,[1372] weshalb ein Ausschluss zum Zwecke der Sicherung des Vertragsarztsystems in den Berufsordnungen kompetenz- und damit verfassungswidrig wäre. Daher läuft die Zulassung eines „Heilpraktiker-Arztes" ebenso wenig wie ein Zusammenschluss eines Arztes mit einem Heilpraktiker zu gemeinsamer Berufsausübung darauf hinaus, dass *„die Kosten für die Inanspruchnahme eines Heilpraktikers faktisch den Trägern der gesetzlichen Krankenversicherung [...] in Rechnung gestellt werden könnten"*.[1373] Das befürchtete *„Ende essentieller, das Gesundheitswesen [...] prägender Strukturen"*[1374] stellt sich als mühsam konstruierter Popanz heraus.

Auch zu diesem Aspekt hat sich das *VG Stuttgart* bereits geäußert und stufte die Befürchtung der Bezirksärztekammer fehlender hinreichender Abgrenzungsmöglichkeit der Leistungen von Zahnärzten und Heilpraktikern als *„nicht nachvollziehbar"* ein:[1375] *„Der Umfang der jeweiligen von einem Heilpraktiker einerseits und einem Zahnarzt andererseits bei einer gemeinsamen Berufsausübung zu erbringenden Tätigkeiten wird bereits durch die nach der jeweiligen Berufsausübung allein zulässigen Behandlungen vorgegeben, so übt die Zahnheilkunde ausschließlich der Zahnarzt aus, wohingegen dem Heilpraktiker diese untersagt ist. Eine genaue Abgrenzung der Behandlungsfelder ist danach möglich. Im Übrigen dürften die von der Beklagten angeführten Bedenken im gleichen Maße gegen die Zulässigkeit der gemeinsamen Berufsausübung eines Zahnarztes mit einem Arzt anzuführen sein, eine solche gemeinsame Berufsausübung ist nach § 22 III Nr. 1 BO jedoch gerade zulässig."*

1372 Siehe näher S. 40 ff.

1373 So jedoch *VG München*, MedR 1996, 229 (231); zust. *VGH München*, NVwZ-RR 1998, 113 (115).

1374 *VG München*, MedR 1996, 229 (231 f.).

1375 *VG Stuttgart*, MedR 2004, 634 (636).

Zwar lässt sich dieses Argument nur schwer auf das ärztliche Berufsrecht übertragen, da Arzt und Heilpraktiker – bis auf die Bereiche der Arztvorbehalte – gleichfalls die gesamte Heilkunde ausüben. Im Unterschied zu Heilpraktikern üben sie jedoch die Heilkunde nach § 2 V BÄO unter der Berufsbezeichnung „Arzt" aus. Heilpraktiker führen als Nichtärzte dagegen die Berufsbezeichnung „Heilpraktiker" gemäß § 1 III Hs. 2 HeilprG und dürfen weder sich als Ärzte bezeichnen noch den Anschein ärztlicher Tätigkeit schaffen oder aufrechterhalten. Verwirrung der Patienten ist in dieser Situation durchaus denkbar, weshalb ein Verbot des Zusammenschlusses zumindest ihrer Entstehung vorbeugt. Sie kann jedoch durch eindeutige, die Berufsbezeichnungen enthaltene Beschilderungen und Hinweise aufgelöst werden.[1376] Selbst wenn dies anders gesehen werden sollte, wäre zwar zur Sicherung einer hinreichenden Abgrenzung des Leistungsspektrums von Arzt und Heilpraktiker die Untersagung dann möglicherweise auch erforderlich, da praktisch zwar ausreichende Regelungen zur Verhinderung eines opaken Leistungsangebots der MKG bestehen, der Untersagung jedoch stärkere Wirkung zukommt, indem sie Umgehungen erheblich erschwert. Gleichwohl ist aufgrund der bereits bestehenden Regelungen, die eine hinreichende Publizität der Interprofessionalität gewährleisten, zumindest in der vollständigen Untersagung ein außer Verhältnis stehender Eingriff in das Grundrecht der Berufsausübungsfreiheit zu erkennen.

ζ) Sicherstellung des Berufsbilds als Rechtfertigungsgrund

Als legitimer Zweck kommt auch die Sicherstellung des Berufsbilds der Ärzte in Betracht. Nach dem *BVerfG* sind Inkompatibilitätsbestimmungen als Verbote der Ausübung bestimmter Tätigkeiten *neben* dem Beruf *„besonders geeignet, das Bild des Berufs in der Öffentlichkeit deutlich darzustellen"* und sie erleichtern *„die Aufsicht über die gewissenhafte Erfüllung der Berufspflichten und fördern [...] das Ansehen des Berufs".*[1377] Auf das Verbot der Zusammenarbeit mit Angehörigen anderer Berufe lassen sich diese Grundsätze übertragen.[1378] Dabei ist zu beachten, dass Berufspflichten in ihrer normativen Ausgestaltung wie auch die Auslegung der Vorschriften bedingt durch die Entwicklung gesellschaftlicher Wertvorstellungen einem ständigen Wandel unterliegen.[1379]

Das Berufsbild und das Ansehen der wissenschaftlich ausgebildeten Ärzteschaft könnten durch einen Zusammenschluss mit einem Angehörigen eines Berufs, der keiner fachlichen Ausbildung bedarf, negativ beeinflusst werden. Das Ansehen der Ärzteschaft ist vital für eine funktionierende Gesundheitsversorgung, da bei fehlendem Zutrauen in fachgerechte Behandlungen Patienten die Konsultation von Ärzten eher unterlassen, was bei Verschleppung von Krankheiten oder Nicht- bzw.

1376 Siehe hierzu bereits auch *VG Stuttgart*, MedR 2004, 634 (636).
1377 *BVerfGE* 21, 173 (181).
1378 *Taupitz*, Standesordnungen, S. 531 f.
1379 *Heberer*, Ärztliches Berufs- und Standesrecht, S. 268.

Falschbehandlung von Krankheiten neben den gesundheitlichen Folgen gesamtgesellschaftlich zu einem enormen wirtschaftlichen Schaden führen kann. Durch gemeinsame Berufsausübung mit Ärzten lässt sich eine *„Adelung"* des nicht auf Grundlage wissenschaftlicher Erkenntnisse tätigen Heilpraktikers über die ohnehin aufgrund der Berufsbezeichnung als Heilpraktiker befürchtete Suggestion fachlicher Qualität hinaus nicht ausschließen.[1380] So dürfte sich für Patienten die Einstufung der Kenntnisse eines Heilpraktikers in Berufsausübungsgemeinschaft mit einem Arzt noch diffiziler gestalten als ohnehin bereits,[1381] zumal auch fachlich erheblich qualifizierte Heilpraktiker tätig sind.[1382] Während die Vorbeugung eines opaken Patientenkontakts an eine mögliche Verwischung der Berufsausübung von Arzt und Heilpraktiker anknüpft, geht es bei der Sicherung des ärztlichen Berufsbilds um Rückwirkungen auf das Ansehen der Ärzteschaft in der Öffentlichkeit aufgrund des Zusammenschlusses, das durch individuelle berufliche Erscheinungsbilder beeinflusst wird.[1383]

Die Literatur beschränkt sich bisher auf den Zweck der Verhinderung einer Aufwertung des Heilpraktikerberufs in Anbetracht deren ungeregelter Ausbildung; negative Folgen für das Ansehen der Ärzteschaft lassen sich allerdings nicht spiegelbildlich aus solchen positiven Auswirkungen auf den Heilpraktikerberuf ableiten. Einer solchen Argumentation lässt sich lediglich der Aspekt der Besitzstandswahrung entnehmen. Anhaltspunkte für den Vertrauensverlust der Patientenschaft können allenfalls die medial prominent behandelten Fälle von Behandlungsfehlern durch Heilpraktiker darstellen. Freilich sind auch Ärzte vor Behandlungsfehlern und anderen Skandalen nicht gefeit, sodass allein bei evidenter Fehlerneigung des Heilpraktikerstands ein Ansehensverlust mit ihnen kooperierender Ärzte überhaupt nachvollziehbar in Frage käme. Selbst bei immenser medialer Berichterstattung über *singuläre* Behandlungsfehler durch Heilpraktiker lassen sich aufgrund von Zusammenschlüssen mit Ärzten keine allgemeingültigen negativen Rückwirkungen auf das öffentliche Ansehen der Ärzteschaft ableiten. Zu berücksichtigen ist dabei, dass auch in der Ärzteschaft Außenseitermethoden, die regelmäßig von Heilpraktikern propagiert werden, bereits geraume Zeit verbreitet Anwendung finden.[1384]

1380 So sieht auf Grundlage solcher Überlegungen der *Münsteraner Kreis*, Münsteraner Memorandum Heilpraktiker, S. 6 f., auch in der Schulmedizin – die als wissenschaftsorientierte Versorgung bezeichnet wird – keinen Platz von Verfahren der Alternativmedizin – im Kontrast zu einer Gruppe von Verfahren der Komplementärmedizin.

1381 Siehe hier nur eine Erhebung der Deutschen Patientenzeitung aus dem Jahr 1993, zitiert von *Ehlers*, Heilpraktiker, S. 142 f., wonach 95 % der befragten Patienten eine Ausbildung von mehr als drei Jahren für Heilpraktiker vermuteten, dagegen nur 2 % davon ausgingen, dass eine Ausbildung nicht vorgeschrieben ist.

1382 *Eberhardt*, VersR 1986, 110 (112).

1383 Vgl. in Bezug auf das Ansehen der Rechtsanwaltschaft *BVerfGE* 87, 287 (320 f.).

1384 Vgl. *Eberhardt*, VersR 1986, 110 (113); vgl. auch *Taupitz*, MedR 1993, 219 /223).

Zudem mag sich im Gegenteil in Anbetracht der konstatierten potentiell patientenschützenden Auswirkungen eine Verbindung von Ärzten mit Heilpraktikern als für das Ansehen der Ärzteschaft durchaus als zuträglich erweisen. Insbesondere könnte das Vertrauen von Personen, die sich den Ärzten zugunsten der Behandlung durch Heilpraktiker abgewandt haben, wiedererlangt werden. Aus deren Sicht würde die Ärzteschaft sozusagen im Interesse der Patienten „über den eigenen Schatten springen", um gesundheitlich nachteiligen Folgen durch evident falsche Behandlungen vorzubeugen. Vor solchen wird schließlich durch die Ärzteschaft gewarnt, während die Tätigkeit der Heilpraktiker als rechtliches Faktum durch die Ärzte nicht verhindert werden kann. Durch die förderliche ärztliche Beeinflussung der Tätigkeit von asoziierten Heilpraktikern dürfte ferner eine negative Berichterstattung über diese vermindert werden, wodurch sich mittelbar das Ansehen der Heilpraktiker positiv entwickeln dürfte. Hieran angeschlossen mögen wiederum Bedenken gegen Verbindungen mit Heilpraktikern aus Sorge um negative Auswirkungen auf das ärztliche Berufsbild weiter abklingen. Der Ausschluss von Heilpraktikern aus MKG ist zum Erhalt des Berufsbilds und des Ansehens der Ärzteschaft folglich kontraproduktiv und stellt daher bereits keine geeignete Maßnahme dar.

η) Sicherstellung der Einhaltung des ärztlichen Berufsrechts als Rechtfertigungsgrund

Infrage kommt als Begründung des Ausschlusses von Heilpraktikern aus MKG außerdem der Schutz der Einhaltung ärztlicher Berufspflichten. Dem ärztlichen Berufsrecht einschließlich der ärztlichen Berufspflichten unterliegen Heilpraktiker nicht.[1385] So arbeitete das *VG München* richtig heraus, dass Heilpraktiker nicht oder nur abgeschwächt den beruflichen *„Aufklärungs-, Sorgfalts-, Verschwiegenheits-, Haftungs- und mannigfaltigen Schutzvorschriften"* unterliegen wie Ärzte.[1386] Heilpraktiker unterliegen zusätzlich mangels staatlich geregelter Berufsausbildung nicht der strafbewehrten Verschwiegenheitsverpflichtung nach § 203 I Nr. 1 StGB.[1387] Auch steht Heilpraktikern strafprozessrechtlich weder ein Zeugnisverweigerungsrecht nach § 53 I 1 Nr. 3 StPO noch ein Beschlagnahmeverbot nach § 97 I Nr. 1 StPO zu.[1388]

Dagegen wird Heilpraktikern zumindest im Zivilprozessrecht nach § 383 I Nr. 6 ZPO von einigen ein Zeugnisverweigerungsrecht zuerkannt.[1389] Diese Ansicht ist

---

1385 *BayVerfGH*, DÖV 1966, 793 (794).

1386 *VG München*, MedR 1996, 229 (231); zust. *VGH München*, NVwZ-RR 1998, 113 (115).

1387 Siehe hier nur exemplarisch *Fischer*, StGB, § 203 Rn. 19. Rechtspolitische Kritik aufgrund des vergleichbaren Geheimhaltungsinteresses zu den geregelten Ausbildungsberufen in der Medizin *äußern Knauer/Brose*, in: *Spickhoff*, Medizinrecht, StGB, § 203 Rn. 12.

1388 Siehe bereits *VG München*, MedR 1996, 229 (231).

1389 *Chr. Berger*, in: *Stein/Jonas*, ZPO, § 383 Rn. 53; *Scheuch*, in: *Vorwerk/Wolf*, ZPO, § 383 Rn. 23.1; hierauf verweisend *OLG Nürnberg*, Beschl. v. 7.4.2015 – 6 W 442/15;

jedoch nicht unumstritten, eine Gegenauffassung in der Literatur rekurriert zur Bestimmung der Zeugnisverweigerungsberechtigten im Hinblick auf den Wortlaut des § 383 I Nr. 6 Alt. 2 ZPO („*durch gesetzliche Vorschrift*") gleichwohl auf den Tatbestand des § 203 StGB, dem Heilpraktiker nicht unterliegen.[1390] Mangels speziell für Heilpraktiker verpflichtend geltender berufsrechtlicher Regelungen zur Berufsausübung existiert auch keine verbindliche Schweigepflicht wie bei Ärzten aus § 9 MBOÄ.

Immerhin lässt sich eine vertragliche Verschwiegenheitsverpflichtung des Heilpraktikers bei Behandlung von Patienten als Nebenpflicht ableiten.[1391] Zudem gelten die Pflichten aus dem Behandlungsvertrag nach §§ 630a ff. BGB wie die Pflicht zur Dokumentation nach § 630f BGB, zur Vornahme von Eingriffen erst bei Einwilligung nach sachgerechter Aufklärung nach §§ 630d, 630e BGB, zur Gewährung der Einsichtnahme in die Patientenakte nach § 630g auch gegenüber Heilpraktikern.[1392]

Trotz aller Differenzen kann auch die Sicherung der Einhaltung des ärztlichen Berufsrechts nicht zur Begründung des Ausschlusses von MKG unter Beteiligung von Heilpraktikern ausreichen. Zunächst erhöht sich bei jeder Form der Zusammenarbeit gegenüber der Tätigkeit als einzelner Berufsträger das Risiko von Vertraulichkeitslücken unabhängig davon, ob eine mono- oder interprofessionelle Kooperation vorliegt.[1393]

Darüber hinaus unterliegen zwar durchaus die akademischen Heilberufe und staatlichen Ausbildungsberufe des Gesundheitswesens auch ohne eigenständig berufsrechtliche Regelung einer strafbewehrten Schweigepflicht[1394] nach § 203 I Nr. 1 StGB wie auch Angehörige sozialpädagogischer Berufe nach § 203 I Nr. 6 StGB der Verschwiegenheitspflicht. Für die nach § 23b I 1 Var. 3 MBOÄ als zusammenschlussfähig erachteten Naturwissenschaftler fehlt dagegen wie bei Heilpraktikern eine originäre Schweigepflicht. Während bei Heilpraktikern grundsätzlich aus der Eigenart des Vertragsverhältnisses zumindest stets eine vertragliche Pflicht zur Vertraulichkeit persönlicher Informationen abzuleiten ist, stellt selbst eine solche Vertraulichkeit bei Naturwissenschaftlern nicht die Regel, sondern eher eine Besonderheit ausdrücklicher vertraglicher Gestaltung oder aufgrund erweiternder Vertragsauslegung im Falle gesundheitsspezifischer Leistungen dar. Insoweit

---

Greger, in: *Zöller*, ZPO, § 383 Rn. 18. Grundsätzlich – ohne Bezug auf Heilpraktiker per se – *BVerfG*, NJW 1972, 2214 (2215).

1390 So *Damrau*, in: MüKo ZPO, § 383 Rn. 37 ff.

1391 *Sasse*, GesR 2018, 279 (286); *Weidenkaff*, in: *Palandt*, BGB, § 630a Rn. 21.

1392 BT-Drs. 17/10488, S. 11, 18; *Katzenmeier*, NJW 2013, 817 (818); *Hildebrandt*, in: *ARGE*, FS 20 Jahre, S. 255 (267 f.).

1393 *BVerfGE* 141, 82 (101); *Deckenbrock*, AnwBl Online 2019, 321 (321); vgl. ferner *BGH*, NJW 2018, 1095 (1100 f.).

1394 *Cierniak/Niehaus*, in: MüKo StGB, § 203 Rn. 34.

besteht bei Heilpraktikern sogar eine höhere Kompatibilität mit den ärztlichen Berufspflichten als bei den kooperationsfähigen Naturwissenschaftlern.

Eine weitere Diskrepanz ergibt sich bei Betrachtung des Zeugnisverweigerungsrechts im Strafprozess nach § 53 I StPO, das nur den dort enumerierten Berufen als Berufsgeheimnisträger zukommt. Dazu zählen die akademischen Heilberufe sowie staatlichen Ausbildungsberufe im Gesundheitswesen, nicht jedoch Naturwissenschaftler oder die sozialpädagogischen Berufe.[1395] In diesem Aspekt ergibt sich folglich ebenfalls kein Anhaltspunkt zur Differenzierung der Heilpraktiker von den kooperationsfähigen Naturwissenschaftlern und den sozialpädagogischen Berufen. Ebenso verhält es sich mit dem Beschlagnahmeverbot, das auf das Zeugnisverweigerungsrecht rekurriert.

Nicht stimmig ist die Ausgrenzung der Heilpraktiker bei Betrachtung des Zeugnisverweigerungsrechts im Zivilprozess. Für Sozialpädagogen ergibt sich auf Grundlage ihrer Verschwiegenheitsverpflichtung nach § 203 I Nr. 6 StGB ein solches aus § 383 I Nr. 6 ZPO.[1396] Ein solches besteht allerdings – im Gegensatz zu Heilpraktikern – selbst bei vertraglicher Übernahme einer Schweigepflicht[1397] nicht für Naturwissenschaftler.

In der Konsequenz überwiegen zwar in Anbetracht der strafbewehrten Verschwiegenheitspflicht nach § 203 I Nr. 6 StPO die Geheimhaltungspflichten der sozialpädagogischen Berufe diejenigen der Heilpraktiker. Die Verpflichtungen der Heilpraktiker kommen aber im Hinblick auf die Verschwiegenheitspflicht jedenfalls den ärztlichen Berufspflichten näher als diejenigen der Naturwissenschaftler. Dennoch soll nach § 23b I 4 lit. g) MBOÄ für Naturwissenschaftler bereits eine vertragliche Verpflichtung zur Einhaltung des ärztlichen Berufsrechts ausreichend sein, um mit Ärzten in einer MKG einer gemeinsamen Tätigkeit nachzugehen. Inhaltlich lässt sich diese Diskrepanz nicht sinnvoll begründen, wenn es um die Frage der Gewährleistung des ärztlichen Berufsrechts geht.

Bei ähnlicher Sachlage hat das *BVerfG* in der dargestellten Entscheidung die Kooperationsbeschränkungen des § 59a I 1 BRAO für verfassungswidrig erklärt.[1398]

Die Sachlage ist im Rahmen des § 23b I 1 MBOÄ nicht anders in Bezug auf die Sicherung des ärztlichen Berufsrechts gelagert. Heilpraktiker unterliegen ihrerseits im Gegensatz zu Naturwissenschaftlern immerhin einer vertraglichen Verschwiegenheitspflicht nach der Eigenart des Vertrags und einer rechtlich nicht bindenden Verschwiegenheitspflicht nach der „Berufsordnung" der Heilpraktiker im Falle der Zugehörigkeit zu einem Heilpraktikerverband. Umso größer wird die

---

1395 In Bezug auf Sozialpädagogen *Percic*, in: MüKo StPO, § 53 Rn. 5, rekurrierend auf ein Urteil zu Drogenberatern des *BVerfG*, NJW 1988, 2945. Siehe ferner zu Sozialarbeitern *BVerfG*, NJW 1972, 2214 (2214 f.).

1396 *OLG Hamm*, NJW-RR 1992, 583 (584); *Chr. Berger*, in: *Stein/Jonas*, ZPO, § 383 Rn. 55; *Greger*, in: *Zöller*, ZPO, § 383 Rn. 18.

1397 *Seiler*, in: *Thomas/Putzo*, ZPO, § 383 Rn. 1.

1398 *BVerfGE*, 141, 82 (111 ff.); siehe hierzu oben S. 261 ff.

Diskrepanz zu Naturwissenschaftlern, weil Heilpraktikern zudem ein Zeugnisverweigerungsrecht im Zivilprozess zukommt, welches letzteren nicht zusteht. Außerdem unterliegen sie gleichfalls der Beschlagnahme im Strafprozess. Das *BVerfG* hat bereits im Jahr 1998 festgestellt, dass der Gesetzgeber bei der Ausgestaltung von Berufsausübungsregelungen den allgemeinen Gleichheitssatz nach Art. 3 I GG zu wahren hat.[1399] Insofern ist nicht nachvollziehbar, warum die Gewährleistung des ärztlichen Berufsrechts bei einer Zusammenarbeit im Speziellen mit Heilpraktikern stärker gefährdet sein soll. Wenn für Naturwissenschaftler eine gesellschaftsvertragliche Lösung ausreicht, wonach der Nichtarzt sich zur Einhaltung des ärztlichen Berufsrechts verpflichtet, kann die Folge bei Heilpraktikern keine andere sein. Die aufgefundenen Differenzen zwischen Heilpraktikern und den als kooperationsfähig erachteten Naturwissenschaftlern rechtfertigen keine Ungleichbehandlung zulasten der Heilpraktiker im Kontext der Sicherstellung des ärztlichen Berufsrechts.

Darüber hinaus sind seit Inkrafttreten des Gesetzes zur Neuregelung des Schutzes von Geheimnissen bei der Mitwirkung Dritter über § 203 IV StGB die mitwirkenden Personen selbst ohne originäre strafrechtliche Verschwiegenheitspflicht wie bei Heilpraktikern neuerdings als taugliche Täter erfasst, sodass zu gemeinsamer Berufsausübung vereinigte Personen[1400] zumindest derivativ der Verschwiegenheitspflicht strafbewehrt unterfallen. Die Regelung umfasst ausdrücklich auch Mitgesellschafter von Berufsgeheimnisträgern.[1401] Die Verschwiegenheitspflicht ist durch das Zeugnisverweigerungsrecht und das Beschlagnahmeverbot im Strafprozess nach §§ 53, 97 StPO ggf. in Verbindung mit §§ 53a, 97 III, IV StPO bei mitwirkenden Personen auf dem Niveau des Arztes[1402] abgesichert.[1403] Die originäre Unterwerfung eines Kooperationspartners unter die strafrechtlich verankerte Geheimhaltungspflicht des § 203 StGB war ohnehin spätestens seit der Entscheidung des *BVerfG* nicht weiter von Belang, nachdem sich das Gericht die Ansicht

---

1399 *BVerfG,* NJW 1998, 2269 (2271) zum Verbot des Eingehens einer Sozietät für Anwaltsnotare mit Wirtschaftsprüfern, wohingegen eine solche mit Steuerberatern in Betracht kam, wobei die bestehenden Unterschiede zwischen Steuerberatern und Wirtschaftsprüfern die Ungleichbehandlung nach dem *BVerfG* nicht rechtfertigen konnten.

1400 *Weidemann*, in: *Heintschel-Heinegg*, StGB, § 203 Rn. 30.

1401 BT-Drs. 18/12940, S. 11; *Deckenbrock*, AnwBl Online 2019, 321 (324).

1402 Dies gilt insbesondere für hiernach kooperationsfähige Heilpraktiker, die nach § 53 I Nr. 3 StPO kein Zeugnisverweigerungsrecht haben, siehe *Bader*, in: Karlsruher Kommentar, § 53 Rn. 17. § 53a StPO knüpft bei mitwirkenden Personen an das Zeugnisverweigerungsrecht des geregelten Berufsträgers an und überlässt ihm die Entscheidung über die Ausübung des Zeugnisverweigerungsrechts der mitwirkenden Person nach § 53a I 2 StPO.

1403 Vgl. aber noch krit. zu der Reichweite des § 203 IV StGB in Bezug auf rechtsanwaltliche Zusammenschlüsse die Stellungnahme der *Bundesrechtsanwaltskammer* Nr. 25/2019, S. 9.

zu eigen machte, dass Mitgesellschafter als Gehilfen im Sinne des § 203 III StGB a. F. anzusehen waren.[1404] Ihr kann daher auch keine Bedeutung mehr für die Zulässigkeit eines interprofessionellen Zusammenschluss zukommen.[1405]

Im Übrigen wird in der Zusammenarbeit von Arzt und Heilpraktiker bei Konsultation ihrer Berufsausübungsgemeinschaft im Einklang mit der Entscheidung des *BVerfG* von einem konkludenten Einverständnis des Patienten in die Weitergabe vertraulicher Informationen an den Kooperationspartner auszugehen sein mit der Maßgabe, dass die Vertraulichkeit der Informationen im Verbund zu gewährleisten ist.[1406] Das Argument, die bewusste Auswahl einer interprofessionellen Gemeinschaft durch den Auftraggeber lege die intendierte Ausnutzung der Vorzüge berufsübergreifender Kooperation nahe,[1407] ist auch im Verhältnis von Ärzten und Heilpraktikern valide. Zudem wird auch in monoprofessionellen Berufsausübungsgemeinschaften regelmäßig nur konkludent ein Einverständnis in den professionellen Informationsaustausch der Berufsträger vorgenommen.[1408]

Auch zur Sicherstellung des ärztlichen Werbeverbots kommt die Untersagung des Zusammenschlusses mit Heilpraktikern nach bereits erwähntem Urteil des *VG Stuttgart* zur parallelen Frage im zahnärztlichen Berufsrecht nicht in Frage.[1409] Während der Bund Deutscher Heilpraktiker in Art. 8 seiner Berufsordnung (BOH) zulässige Werbung auf sachliche und berufsbezogene Informationen begrenzt, besteht für die meisten nach § 23b I 1 Var. 2 MBOÄ anerkannten Kooperationspartner wie Physiotherapeuten oder Ergotherapeuten keine berufsbezogene gesetzliche oder standesrechtliche Regelung. Obwohl für deren Werbung allenfalls Beschränkungen aus dem HWG denkbar sind, wird ihnen die Zusammenarbeit mit Ärzten gestattet. Wird jedoch Physiotherapeuten und anderen Berufen trotz ungeregelter Werbebeschränkungen die Zusammenarbeit gleichwohl erlaubt, lässt

---

1404 Ausdrücklich zu § 53a StPO *BVerfGE* 141, 82 (110); so bereits zuvor allein *Michalski/Römermann*, NJW 1996, 3233 (3235); anders jedoch *BGH*, NJW 2018, 1095 (1099), berufend auf die zur alten Rechtslage h. M.

1405 Vgl. so bereits auch zum rechtsanwaltlichen Berufsrecht *Deckenbrock*, AnwBl Online 2019, 321 (324 f.); bereits zuvor *Michalski/Römermann*, NJW 1996, 3233 (3236); a. A. dagegen *BRAK*, Stellungnahme Nr. 25/2019, S. 9.

1406 Die Verschwiegenheitspflicht trifft den behandelnden Arzt persönlich, weshalb ihm ohne (konkludente) Einwilligung in die Weitergabe der erlangten Informationen selbst nicht gestattet ist, die Informationen gegenüber Mitgesellschaftern zu offenbaren; siehe hierzu näher S. 391 ff.

1407 Vgl. in Bezug auf berufsübergreifende Zusammenschlüsse unter Beteiligung von Rechtsanwälten *BVerfGE* 141, 82 (102); so auch *Kleine-Cosack*, AnwBl 2017, 590 (584). Einschränkend *Deckenbrock*, AnwBl Online 2019, 321 (323), wenn Offenbarung der Information an den Kooperationspartner zur sachgerechten Vertragserfüllung nicht notwendig ist.

1408 So zum anwaltlichen Berufsrecht *Deckenbrock*, AnwBl Online 2019, 321 (322).

1409 *VG Stuttgart*, MedR 2004, 634 (636).

sich eine die Differenzierung rechtfertigende Unterscheidung zu Heilpraktikern nach Art. 3 I GG nicht erblicken.

Im Übrigen lässt sich die verfassungsrechtliche Rechtfertigung nicht tragfähig auf den Pfeilern des Sanktionsregimes aufbauen, dem Nichtärzte nicht unterfallen. Zwar sind Verstöße gegen das ärztliche Berufsrecht gegenüber dem Kooperationspartner dann nicht zu ahnden,[1410] gleichwohl werden sich hieraus neben gesellschaftsvertraglichen Folgen berufsrechtliche Verpflichtungen des Arztes begründen lassen. So wäre bei Besorgung weiterer Verstöße von der Pflicht des Arztes auszugehen, die Berufsausübungsgemeinschaft zu verlassen.

θ) Sicherung des besonderen Vertrauensverhältnisses zwischen Arzt und Patient

Wie bereits in den 60-er Jahren des letzten Jahrhunderts bei der Errichtung von Gemeinschaftspraxen könnte auch bei Zusammenschlüssen mit Heilpraktikern der Versuch angestrengt werden, auf Gefährdungen für das Vertrauensverhältnis zwischen Arzt und Patient zu verweisen. Die Besonderheit des Vertrauensverhältnisses liegt darin begründet, dass der Patient Einblick in intime Angelegenheiten eröffnet, während der Arzt im Gegenzug die gewonnenen Informationen im Verhältnis zu Dritten vertraulich behandeln soll und gleichzeitig auf ein distanziertes Verhalten bedacht sein muss, um bei seiner beruflichen Tätigkeit durch objektive Beurteilung seinem Patienten möglichst gut helfen zu können.[1411] Die befürchteten Auswirkungen auf das Vertrauensverhältnis basieren auf der Annahme, durch den Zusammenschluss ergäben sich Gefahren für die Schweigepflicht.[1412] Im Vergleich zu anderen Berufen des § 23b I 1 MBOÄ liegen solche aber wie soeben erläutert nicht vor, sodass sich potentielle negative Rückwirkungen auf das Vertrauensverhältnis als Rechtfertigung für den Ausschluss von Heilpraktikern aus MKG nicht anführen lassen, da zu ihrer Verhinderung die Regelung folglich jedenfalls nicht erforderlich ist.

ι) Sonstige mangelnde „Gleichwertigkeit" der Berufe als Rechtfertigung?

Michalski erkannte interprofessionelle Zusammenschlüsse unter der Beteiligung berufsrechtlich gebundener Freiberufler nur unter der Voraussetzung als zulässig an, dass ihre Kooperationspartner einem artverwandten und gleichwertigen Beruf angehören, wozu insbesondere eine eigene berufsrechtliche Bindung des Kooperationspartners erforderlich sei.[1413] Artverwandtschaft sei gegeben, wenn sich die

1410 Vgl. *Bundesrechtsanwaltskammer*, Stellungnahme Nr. 25/2019, S. 9, zu interprofessionellen Zusammenschlüssen aus Perspektive des anwaltlichen Berufsrechts.

1411 *Taupitz*, Standesordnungen, S. 52 ff.; *Gelking*, Deregulierung, S. 7 f.

1412 *Gelking*, Deregulierung, S. 48, rekurrierend auf *Michalski*, Freie Berufe, S. 130 ff.

1413 *Michalski*, Freie Berufe, S. 141 ff., 224 f. Vgl. zum Wunsch *„minderwertige"* Berufsgruppen von der Teilhabe am Image des *„höherwertigen"* Berufsstands auszuschließen *Taupitz*, Standesordnungen, S. 836.

Berufe überschneidenden oder ergänzenden Aufgabengebieten zuordnen lassen. Die Gleichwertigkeit als vergleichbare berufliche Qualifikation sei erforderlich bei überschneidenden Aufgabenbereichen, wenn dem jederzeitigen Gedankenaustausch über Mandate in der Gesellschaft der wesentliche Zweck zukomme.[1414] Unbeachtlich der wohl damals bereits fragwürdigen Argumentation ohne nachvollziehbare Grundlage, ist jedenfalls seit Bestand der Regelung für MKG keine *„qualifikative Gleichwertigkeit"* der Berufe mehr erforderlich. So ist heutzutage ohne Zweifel eine Berufsausübungsgemeinschaft mit Hebammen zulässig, die auch nach der Argumentation *Michalskis* mangels Gleichwertigkeit eher undenkbar gewesen wäre.[1415] Daher können die fehlenden Ausbildungsvorschriften bei Heilpraktikern nicht zur Begründung einer fehlenden *„qualifikativen Gleichwertigkeit"* zur Untersagung des Zusammenschlusses herangezogen werden. Außerdem kommen MKG mit Angehörigen der Gesundheitsfachberufe in Betracht, zu deren Ausübung kein besonderes Berufsrecht existiert. Somit kann in diesem Bezug nur unbeachtlich sein, dass die Berufsordnung des Berufsverbands der Heilpraktiker mangels Pflichtmitgliedschaft nicht allgemeinverbindlich ist.[1416]

Im Übrigen kann der berufsständischen Organisation in einer Berufskammer keine ausschlaggebende Bedeutung zukommen, wie dies für die Zugänglichkeit berufsübergreifender Vereinigungen für Rechtsanwälte diskutiert wird.[1417] Im Gegensatz zu § 59a I 1 BRAO umfassen die Möglichkeiten interprofessioneller Berufsausübung nach § 23b I 1 MBOÄ über verkammerte Berufe hinaus selbst solche Berufe, für die sich bislang kein eigenes Berufsrecht herausgebildet hat. Eine Differenzierung zulasten von Heilpraktikern anzunehmen wäre nicht plausibel.

κ) Ökonomische Motive als Rechtfertigungsgrund

Ärztliches Interesse an Abgrenzung besteht nicht lediglich aus fachlichen Aspekten, sondern auch konkret aus ökonomischen Motiven als Schutz vor Konkurrenz durch den Berufsstand der Heilpraktiker,[1418] deren Motivation zur Abdeckung des Bedarfs an nichtärztlichen Behandlungsleistungen wie zur Abschöpfung der Zahlungsbereitschaften der Patienten auf einem durchaus lukrativen Markt naturgemäß groß ist.[1419] Diese ökonomischen Interessen vermögen jedoch nicht

---

1414 Wohlgemerkt verlangt *Michalski*, Freie Berufe, S. 143, die Möglichkeit zu jederzeitigem Gedankenaustausch in Bezug auf Praxisgemeinschaften.

1415 *Michalski*, Freie Berufe, S. 151 f.

1416 Zur Berufsordnung für Heilpraktiker des Verbands Deutscher Heilpraktiker siehe *Schillhorn*, ZMGR 2017, 101 (102). Zu der Bindungswirkung und Grenzen privater *„Berufsordnungen"* siehe *Taupitz*, Standesordnungen, S. 953 ff.

1417 *BGH*, NJW 2018, 1095 (1099); die Signifikanz der Verkammerung ablehnend *Römermann*, NJW 2016, 682 (685); *Deckenbrock*, AnwBl Online 2019, 321 (324);

1418 Vgl. *Donhauser*, RPG 2000, 109 (117); vgl. auch zum bezweckten Effekt der Abgrenzung „höherwertiger" Berufsstände von „minderwertigen" Berufen im Wettbewerb *Taupitz*, Standesordnungen, S. 836.

1419 Vgl. *Tamm*, VuR 2008, 465 (466).

durchzugreifen, um einen Eingriff in die Berufsfreiheit zu rechtfertigen. Sie stellen bereits kein legitimes Ziel dar.

Außerdem ist stark zu bezweifeln, ob überhaupt ein Verbot von Assoziationen mit Heilpraktikern als erhoffte Stigmatisierung des Berufsstands der Heilpraktiker einen *Konkurrenz*schutz bewirken würde und zur Erreichung des Zwecks geeignet wäre. Die Norm verbietet die gemeinsame heilbehandlerische Berufsausübung, der grassierende Wettbewerb untereinander verstummt indes nicht. Im Gegenteil werden sogar der Schulmedizin abgewandte Patienten für die Ärzteschaft aufgrund der Intensivierung des Wettbewerbs langfristig verloren gegeben. Bereits strategisch ist die Ausgrenzung der Heilpraktiker von mehr oder weniger Kooperationen nicht sinnvoll in einer Zeit der aszendenten Akzeptanz der Konsultation von Heilpraktikern bei simultan politisch verfolgter Kostenreduktion durch Leistungskürzung der GKV. Nicht zuletzt werden Heilpraktiker von Patienten aufgesucht, da sie sich im Kontrast zu Ärzten mehr Zeit für die Behandlung nähmen.[1420] Die Ärzteschaft erzielt auf diese Weise die erstrebte Abgrenzung von Heilpraktikern zu dem hohen Preis des Verlusts eines wachsenden Anteils des Gesundheitsmarktes. *Michael Corleones* berühmter Ausspruch aus dem Filmklassiker *Der Pate* – *„Halte Deine Freunde nahe bei Dir, aber Deine Feinde noch näher.“* – mag sich insoweit adaptieren lassen, als die Offenheit gegenüber Heilpraktikern der Ärzteschaft mehr Einfluss auf das Gesundheitssystem durch Einwirkung auf ihr bisher verschlossene Bereiche verspricht als die Verschanzung hinter den Gräben der Berufsstände.

λ) Ergebnis

Schon für das *VG Stuttgart* war anlässlich des berufsrechtlichen Verbots des Zusammenschlusses mit Heilpraktikern für Zahnärzte *„nicht erkennbar, welche sachlichen Gründe unter Berücksichtigung des Belangs der Volksgesundheit dafür sprechen, eine medizinische Kooperation mit einem Heilpraktiker für unzulässig zu erklären.“*[1421] Als Resümee ist nach Betrachtung unterschiedlicher Zwecke die Verfassungswidrigkeit des Ausschlusses von Heilpraktikern aus MKG festzuhalten. Keiner der diskutierten Zwecke kann den Eingriff rechtfertigen, insbesondere nicht die nur scheinbar naheliegenden Aspekte des Patientenschutzes. Offenkundig lässt sich als Triebfeder des Ausschlusses von Heilpraktikern die erhoffte Konkurrenzverhütung im Wettbewerb auf dem Gesundheitsmarkt identifizieren.

ν) Keine Verletzung der Vereinigungsfreiheit nach Art. 9 I GG

Der *BGH* erkannte in seinem Vorlagebeschluss zur Verfassungswidrigkeit des § 59a I 1 BRAO richtigerweise die Verletzung der Vereinigungsfreiheit, weil ihr ein eigener Schutzgehalt in Bezug auf die spezifisch koalitionsmäßige Betätigung

---

1420 Vgl. die Umfrage des Verbands Unabhängiger Heilpraktiker, veröffentlicht am 22.12.2017, Punkt 8.

1421 *VG Stuttgart*, MedR 2004, 634 (635).

beizumessen ist, der nicht hinter Art. 12 I GG zurücktritt.[1422] Eingriffe in die Vereinigungsfreiheit unterliegen im Gegensatz zu dem Gesetzesvorbehalt für die Berufsfreiheit in Art. 12 I 2 GG lediglich verfassungsimmanenten Schranken.[1423] Das Verbot des Zusammenschlusses mit in § 59a I 1 BRAO nicht aufgeführten Berufsgruppen im Gesundheitsbereich richtet sich spezifisch gegen die Zulässigkeit der Vereinigung und verbietet gemeinschaftliche Tätigkeit, die dem Einzelnen für sich eröffnet ist.[1424]

Im Gegensatz zu § 59a I 1 BRAO verbietet jedoch § 23b MBOÄ nicht jede Art von Zusammenschlüssen zu gemeinsamer Berufsausübung schlechthin, da § 23c MBOÄ Berufsausübungsgemeinschaften mit allen nicht in § 23b I 1 MBOÄ genannten Berufen Raum gibt.[1425] Folglich greift der Ausschluss von Heilpraktikern aus MKG nicht in den speziellen Gehalt der Vereinigungsfreiheit ein.

vi) Verletzung des allgemeinen Gleichheitsgrundsatzes

Jedoch liegt eine Verletzung des allgemeinen Gleichheitsgrundsatzes nach Art. 3 I GG vor. Der allgemeine Gleichheitssatz ist nämlich verletzt, wenn eine Gruppe von Normbetroffenen im Vergleich zu einer anderen unterschiedlich behandelt wird, obwohl zwischen den Gruppen keine Unterschiede von solcher Art und solchem Gewicht vorliegen, dass sie eine unterschiedliche Behandlung rechtfertigen können.[1426] Die Situation nicht nach § 23b I 1 MBOÄ beteiligungsfähiger Heilpraktiker und beteiligungsfähiger Angehöriger staatlicher Ausbildungsberufe im Gesundheitswesen sind nach genauerer Betrachtung im Wesentlichen gleich zu bewerten, werden jedoch in unterschiedlicher Weise rechtlich geregelt. Zwar kann ein unterschiedliches Qualitätsniveau zu *Ärzten* als logische Folge interprofessioneller Zusammenschlüsse keinen Grund für einen Ausschluss der Heilpraktiker darstellen, denn jegliche in § 23b I 1 MBOÄ genannten Berufe heben sich fachlich-qualitativ in der Ausbildung von Ärzten ab. § 23b I 1 MBOÄ differenziert daher nach der fachlichen Ausbildung der nichtärztlichen Kooperationspartner. Bei genauerer Betrachtung führt die gesetzlich ungeregelte Ausbildung des heterogenen Heilpraktikerberufs im Vergleich mit staatlichen Ausbildungsberufen im Gesundheitswesen in MKG zu keinem Unterschied. Sinn und Zweck der Anforderungen in § 23b I 1 MBOÄ sind vielmehr die Sicherstellung, dass nichtärztliche

---

1422 *BGH*, NJW 2011, 2301 (2301 f.); 2013, 2674 (2682 f.) unter Hinweis auf *BVerfGE* 98, 49 (59); *Kilian/Glindemann*, BRAK-Mitt. 2011, 303 (304). Anders noch *BVerfGE* 54, 237 (251).

1423 *Leisner*, NJW 2004, 2340 (2341).

1424 *BGH*, NJW 2013, 2674 (2682); *Kilian/Glindemann*, BRAK-Mitt. 2011, 303 (304). Zur Vereinbarkeit der Tätigkeit als Arzt und Rechtsanwalt nebeneinander *BGH*, NJW 2003, 1527 (1527).

1425 Siehe hierzu S. 516 ff.

1426 Siehe hier nur *BVerfGE* 71, 39 (58 f.); 93, 386 (397); *BVerfG*, NJW 2012, 833 (842); *BGH*, NJW 2013, 2674 (2683).

Kooperationspartner zumindest zur Vornahme einzelner heilbehandlerischer Tätigkeiten berufen sind, sodass eine Zusammenarbeit *bei der Behandlung* überhaupt sinnvoll in Betracht gezogen werden kann. Hierbei ist insbesondere die medizinisch zweckmäßige und erforderliche Überleitung von Patienten des Heilpraktikers an einen verbundenen Arzt zu berücksichtigen, wenn nach initialer Konsultierung des Heilpraktikers dieser an seine fachlichen Grenzen stößt. Da Heilpraktikern im Gegensatz zu Angehörigen von staatlichen Ausbildungsberufen die Ausübung der Heilkunde bundesgesetzlich weitgehend offensteht, lässt sich allein in den Ausbildungsvoraussetzungen kein ausreichendes Differenzierungskriterium für die Unzulässigkeit der Teilnahme von Heilpraktikern ableiten. Die Differenzierung anhand der Ausbildungsvoraussetzungen manifestiert lediglich den willkürlichen Ausschluss der Angehörigen des heterogenen Heilpraktikerberufs. Hierzu lässt sich auf die konstatierte Inexistenz legitimer Zwecke zu Eingriffen in die Berufsfreiheit nach Art. 12 I GG verweisen. Im Übrigen lässt sich keine Kompetenzgewährung gegenüber den Ärztekammern durch die einzelnen Landesgesetzgeber in Bezug auf eine Differenzierung von anerkannten Gesundheitsberufen als kooperationsfähig erkennen.

vii) Ergebnis der verfassungsmäßigen Überprüfung

In *Berlin*, *Sachsen* und dem *Saarland* ist die Untersagung der Gründung einer MKG mit Heilpraktikern bereits formell verfassungswidrig. In den übrigen Ländern ist ihr Ausschluss aufgrund Verstoßes gegen Art. 12 I GG mangels verhältnismäßiger Regelung und gegen den allgemeinen Gleichheitsgrundsatz nach Art. 3 I GG materiell verfassungswidrig.

ix) Verfassungsmäßigkeit des Ausschlusses anderer Berufe

Die Funktion von MKG als besonderer Kooperationsform darf bei der verfassungsrechtlichen Bewertung nicht außer Acht gelassen werden. Sie dienen unter Rekurrenz auf § 23b I 3 MBOÄ der fachlichen Zusammenarbeit eines Arztes mit Nichtärzten *bei der Behandlung* von Patienten. Der Aussagewert des Ausschlusses anderer Berufe nach § 23b I 1 MBOÄ ist hierauf zu beschränken, denn insbesondere belässt § 23c MBOÄ weitere Möglichkeiten gemeinsamer Berufsausübung ohne fachliche medizinische Zusammenarbeit bei der einzelnen Patientenbehandlung.[1427] Solange jedenfalls eine medizinische Tätigkeit des Kooperationspartners fehlt, muss die Gründung einer MKG daher ausscheiden, da der Zweck nach § 23b I 3 MBOÄ bereits nicht erreicht werden kann. Dazu zählt insbesondere der Berufsstand der Gesundheitshandwerker, die nicht behandlerisch tätig werden. Der Ausschluss von Angehörigen solcher anderer Berufe aus MKG ist daher verfassungsgemäß.

1427 Dies außer Acht lassend *Michel*, in: *Kluth*, Kammer- und Berufsrecht, S. 225 (244).

ggg) Verfassungsmäßigkeit der Erfordernisses fachlicher Verbundenheit

Im Umkehrschluss aus § 23b I 3, II MBOÄ musste festgestellt werden, dass die Gründung einer MKG die Existenz einer konkreten fachlichen Konnexität der assoziierten Gesundheitsberufe voraussetzt. Der Wortlaut lässt insoweit keine andere Auffassung zu, da die Verbindung „*nur*" bei Erfüllung der konkreten Erfordernisse, insbesondere der fachlichen Verbundenheit, „*zulässig*" ist. Wenn auch diese professionelle Verbindung keinen hohen Anforderungen unterliegen kann,[1428] führt dieser Befund zu einem erheblichen Eingriff in die Berufsausübungsfreiheit allianzgeneigter Ärzte (unmittelbar) und Angehöriger der als grundsätzlich kooperationsfähig eingestuften Berufe im Sinne des § 23b I 1 MBOÄ (mittelbar). Die beabsichtigte Verhinderung „*medizinischer Gemischtwarenläden*"[1429] lässt sich als Selbstzweck keinesfalls rechtfertigen. Die Sicherung des ärztlichen Berufsrechts in Anbetracht der hierzu dienenden gesellschaftsvertraglichen Grundvoraussetzungen in § 23b I 4 MBOÄ dürfte bereits als Regelungsanlass faktisch ausscheiden. Zur Bewahrung des ärztlichen Berufsrechts erweisen sich die in § 23b I 4 MBOÄ fixierten Anforderungen an den Gesellschaftsvertrag jedenfalls als milderes, gleich wirksames Mittel in Relation zu einem Verbot von Zusammenschlüssen bei fehlender konkreter fachlicher Verbindung. Zur Gewährleistung des ärztlichen Berufsrechts ist das Postulat fachlicher Verknüpfung der beteiligten Gesundheitsberufe daher auch im Einzelfall nicht erforderlich. Zur Bewahrung des Ansehens der Ärzteschaft mag die Regelung des § 23b I 3 MBOÄ zwar geeignet erscheinen; die Erforderlichkeit ist jedoch in Zweifel zu ziehen: Es bleibt rätselhaft, inwiefern schädliche Rückwirkungen für die Reputation der Ärzteschaft von einem Zusammenschluss mit solchen Personen zu erwarten sind, die durch ihre Zugehörigkeit zu einem in § 23b I 1 MBOÄ genannten Beruf für einen Zusammenschluss als grundsätzlich tauglich befunden werden. Doch selbst bei Annahme der Erforderlichkeit würde die Regelung unverhältnismäßig im engeren Sinne in die Berufsfreiheit eingreifen, da die undifferenzierte Untersagung der Assoziation zu dem konkret bezweckten Reputationserhalt außer Verhältnis steht. Die Voraussetzung fachlicher Verbundenheit stellt somit einen verfassungswidrigen Eingriff in die Berufsausübungsfreiheit nach Art. 12 I GG dar.

hhh) Ergebnis: Kooperationsfähige Partner in MKG

Ärzten eröffnet sich ein breiter Raum möglicher Kooperationen mit Angehörigen anderer im Gesundheitswesen zu verortenden Berufen. Dabei sind Zusammenschlüsse konkret nach der Berufskombination der Partner zu beurteilen, da sie fachlich zur Erfüllung eines therapeutischen oder diagnostischen Zwecks in der Heilbehandlung räumlich nah und koordiniert zusammenwirken können müssen. Auch ohne ausdrückliche Erwähnung kommen überörtliche Zusammenschlüsse

---

1428 Siehe hierzu S. 239 f.

1429 Siehe bereits zum Begriff S. 142.

in Betracht, sofern die koordinierte Zusammenarbeit nicht durch die räumliche Trennung behindert wird. Gleichwohl bleibt ein erhebliches Potential von MKG als Kooperationsform ungenutzt, da Gesundheitshandwerker und Heilpraktiker als Kooperationspartner nach Auslegung der Berufsordnungen als Kooperationspartner ausscheiden. Zumindest die gegenwärtige Ausgrenzung von Heilpraktikern ist verfassungswidrig. Zulässig ist nach hier vorgenommener Auslegung des § 23b MBOÄ ohnehin die Beteiligung von Gesundheitsfachberuflern, die eine zusätzliche Heilpraktikererlaubnis erworben haben.

dd) Doppelkooperationen

Während § 18 III 1 MBOÄ die simultane Zugehörigkeit von Ärzten zu mehreren monoprofessionellen Berufsausübungsgemeinschaften anerkennt, eröffnet § 23b MBOÄ keine ausdrückliche Möglichkeit zusätzlicher Zugehörigkeiten eines in einer MKG bereits beteiligten Arztes. Nach Einführung von MKG in das ärztliche Berufsrecht galt nach § 23a IV MBOÄ-1995 zunächst ein ausdrückliches Verbot von Doppelkooperationen, sodass Ärzte nur einer MKG angehören durften.[1430] Damit war aber nicht die Beteiligung eines Arztes an einer ärztlichen Gemeinschaftspraxis oder in einem Praxisnetz neben seiner Teilhabe an einer MKG ausgeschlossen.[1431] Auch die 1997 überarbeitete Berufsordnung erlaubte Ärzten in ihrem Kap. D II Nr. 9 IV nur den Anschluss zu *einer* MKG.[1432] Die heutige Fassung des § 23b MBOÄ erkennt zwar nicht ausdrücklich die Zulässigkeit einer Doppelkooperation an, ein Verbot besteht nach dem Wortlaut jedoch auch nicht mehr. In Verbindung mit ihrer historischen Entwicklung zeitigt die Semantik im Umkehrschluss unter zusätzlicher Berücksichtigung des Verbots belastender Analogien bei hoheitlichen Eingriffen[1433] und der freiheitsorientierten Grundordnung des Grundgesetzes die Zulässigkeit der Zugehörigkeit zu mehreren MKG.[1434] Ärzte, die neben der Beteiligung an einer MKG tätig sein möchten, sind jedoch im Rahmen ihrer gesellschaftsrechtlichen Treuepflicht gebunden und dürfen durch ihre Zugehörigkeit zu weiteren MKG oder anderen beruflichen Kooperationen nicht den Zweck der bereits eingegangenen Gesellschaft gefährden.

1430 § 23a IV MBOÄ-1995 lautete: *„Der Arzt darf sich nur einer einzigen medizinischen Kooperationsgemeinschaft anschließen."*

1431 *Schirmer*, MedR 1995, 383 (386).

1432 Die Normen der MBOÄ-1997 sind abgedruckt in DÄBl. 1997, A-2354 ff.

1433 *Konzak*, NVwZ 1997, 872 (873); *BVerfG*, NJW 1996, 3146 ff.

1434 *Munte et al.*, Kooperative Berufsausübung, S. 36, verweisen dennoch auch nach der Novellierung des Rechts der MKG im Jahr 2004 auf das Verbot der Doppelkooperationen.

g) *Gestaltung des Zusammenschlusses zu einer MKG*

aa) *Rechtsformwahl und investive Beteiligungen*

aaa) Gesellschaftsvertragliche Einigung

Nach § 23b I 2 MBOÄ können sich die Kooperationspartner der PartG, der GbR und einer juristischen Person des Privatrechts bedienen.[1435] Die meisten Berufsordnungen haben eine gleichlautende Regelung aufgenommen. Andere Rechtsformen scheiden aufgrund der positiven Aufzählung in § 23b I 2 MBOÄ im Umkehrschluss aus.[1436] Der Ausschluss ist kein Übergreifen in die Gesetzgebungskompetenz des Bundes nach Art. 74 I Nr. 1 zum Erlass des Gesellschaftsrechts als Teil des Bürgerlichen Rechts, da der numerus clausus der Gesellschaftsformen unangetastet bleibt und nicht modifiziert wird.[1437] Personenhandelsgesellschaften taugen ohnehin nicht als Rechtsform, weil sie das Betreiben eines Handelsgewerbes erfordern, während die ärztliche Berufsausübung nach § 1 II BÄO und § 1 I 2 MBOÄ kein Gewerbe darstellt und nach § 18 II 1 MBOÄ nicht gewerblich erfolgen darf. Aus der Aufzählung zulässiger Rechtsformen in § 23b I 2 MBOÄ lässt sich entgegen der bisherigen Rechtsprechung kein Ausschluss von Kooperationen mit Angehörigen anderer Gesundheitsberufe außerhalb gesellschaftsrechtlicher Verbindung herleiten.[1438] Ohne Begründung eines Gesellschaftsverhältnisses kann so die Zusammenarbeit ohne Verfolgung eines – gesellschaftsrechtlich erforderlichen – gemeinsamen Zwecks in vielfacher Hinsicht vereinbart werden, wobei insbesondere die Grenzen der §§ 29a, 30 ff. MBOÄ mangels Legalisierungswirkung[1439] eines berufsrechtlichen Kooperationstatbestands Anwendung finden.[1440]

bbb) Gesellschaft bürgerlichen Rechts (GbR)

Nach § 23b I 2 MBOÄ kann die MKG *„aufgrund eines schriftlichen Vertrags* [...] *in der Rechtsform einer Gesellschaft bürgerlichen Rechts"* geführt werden. Bemerkenswert ist das Schriftformerfordernis, das in die grundsätzliche Formfreiheit nach §§ 705 ff. BGB und damit in die Privatautonomie der Vertragspartner eingreift.[1441] Es bedarf daher verfassungsrechtlicher Rechtfertigung, die sich regelmäßig in einer Warn-, Beratungs- oder Belehrungsfunktion zum Schutz vor Übereilung, einer Klarstellungs- bzw. Beweisfunktion oder einer Kontrollfunktion erblicken

1435 Dagegen auf beliebige Rechtsformen abstellend *Kilian*, in: *Prütting*, Medizinrecht, MBOÄ, § 23b Rn. 1, 6.
1436 Zu ausländischen Rechtsformen siehe S. 372 ff.
1437 *Schnapp/Kaltenborn*, SGb 2001, 101 (103).
1438 So allerdings *BerufsG für Heilberufe am VG Potsdam*, MedR 2014, 689 (691).
1439 Siehe zur Legalisierungswirkung des § 23b MBOÄ S. 132, 188, 207 f.
1440 Vgl. zu außergesellschaftsrechtlichen Kooperationen bei Rechtsanwälten S. 596 f.
1441 *Preißler*, GesR 2002, 97 (98).

lässt.[1442] Zweck des Schriftformerfordernisses soll die Erleichterung der Prüfung der Gesellschaftsverträge durch die Ärztekammer zur Kontrolle der Einhaltung berufsrechtlicher Normen sein,[1443] daneben auch der Schutz der ärztlichen Berufspflichten und der ärztlichen Unabhängigkeit, die jeweils durch schriftliche Fixierung gerade im interprofessionellen Bezug den Partnern ins Bewusstsein gerufen werden. Problematisch mutet das Schriftformerfordernis an, weil den Landesärztekammern Satzungskompetenz lediglich zur Regelung der Berufspflichten hinsichtlich der gemeinsamen Ausübung der Berufstätigkeit zukommt,[1444] eine Modifikation gesellschaftsrechtlicher Regelungen, die der Bundesgesetzgebungskompetenz unterliegen, damit allerdings nicht gestattet ist. Die Ärztekammern überschreiten jedoch mit dem Schriftformerfordernis nicht die ihnen zugewiesene Kompetenz, denn originär gesellschaftsrechtliche Bestimmungen werden mit der Regelung nicht abgewandelt. Sie erhebt die Kontrollmöglichkeiten der Ärztekammer auf das Niveau der sonst zulässigen Gesellschaften, die bereits gesellschaftsrechtlich der Schriftform bzw. der notariellen Form unterliegen. Die Norm resultiert aus im Schwerpunkt berufsausübungsregelnder Motivation und verfolgt einen mit der Satzungskompetenz vereinbaren legitimen Zweck, zu dessen Erreichung sie geeignet ist und das relativ mildeste Mittel darstellt. Insbesondere stellt die Kontrolle der Gesellschaftsverträge gegenüber Verboten interprofessioneller Tätigkeiten eine erheblich mildere Form des Eingriffs dar. Das Schriftformerfordernis nach § 23b I 2 MBOÄ ist daher verfassungsgemäß.[1445] Die Schriftform zeitigt allerdings lediglich berufsrechtliche Wirkung. Ihre Nichteinhaltung führt nicht nach § 125 S. 1 BGB zur Formunwirksamkeit des Vertrags. Den Ärztekammern kann durch den Landesgesetzgeber bereits keine Ermächtigung zur Regelung zivilrechtlicher Folgen übertragen werden, über die der Bundesgesetzgeber bereits abschließend im Rahmen seiner konkurrierenden Gesetzgebungskompetenz nach Artt. 72, 74 GG entschieden hat.[1446]

Auch die Unwirksamkeit aufgrund eines Verstoßes gegen ein gesetzliches Verbot nach § 134 BGB kommt nicht in Frage, da sich teleologisch dem Schriftformerfordernis des § 23b I 3 MBOÄ kein Verbot des Rechtsgeschäfts entnehmen lässt,

---

1442 *Werner*, Berufsausübung, S. 364; *Trautmann*, NZS 2004, 238 (243); *Einsele*, in: MüKoBGB, § 125 Rn. 8 ff.

1443 *Werner*, Berufsausübung, S. 264 f.; *Trautmann*, NZS 2004, 238 (243).

1444 Vgl. hierzu § 33 I Nr. 9 HeilBerG Bbg.

1445 Anders dagegen in Bezug auf ein durch die Rechtsprechung angenommenes, nicht im Gesetz verankertes Schriftformerfordernis im Vertragsarztrecht *Trautmann*, NZS 2004, 238 (242 f). Ohne verfassungsrechtliche Hinterfragung *Werner*, Berufsausübung, S. 364 f.

1446 So im Ergebnis auch *Schrimer*, MedR 1995, 383 (384); *Werner*, Berufsausübung, S. 365; sich anschließend *Eisenberg*, Ärztliche Kooperationen, S. 194.

es wird stattdessen lediglich die Art des Zustandekommens als Ordnungsvorschrift besonders geregelt.[1447]

Die nach Systematik und Wortlaut speziell für Kapitalgesellschaften geregelten Restriktionen in der Gesellschaftsstruktur gemäß § 23a I 4 MBOÄ gelten nicht für Personengesellschaften[1448] und lassen sich auch unabhängig von der Problemstellung belastender Analogien im öffentlichen Recht nicht auf die GbR übertragen.[1449] So greift § 23b MBOÄ keine Mehrheitserfordernisse auf. Ärztliche Belange sind bereits ohne sie ausreichend gesichert. Während bei Kapitalgesellschaften grundsätzlich einfache Mehrheitsentscheidungen in der Gesellschafter- (§§ 46, 47 I GmbHG) bzw. Hauptversammlung (§§ 119, 133 I AktG) getroffen werden, gilt im Personengesellschaftsrecht bezüglich der Geschäftsführung grundsätzlich nach § 709 I BGB das Einstimmigkeitsprinzip. Bei Wahrung des Einstimmigkeitsprinzips können ärztliche Interessen nicht durch die nichtärztlichen Kooperationspartner unterlaufen werden. Doch auch wenn nach § 709 II BGB grundsätzlich Mehrheitsentscheidungen zulässig sind, muss an MKG beteiligten Ärzten ein ausreichender Raum der Geschäftsführung zugänglich bleiben, damit ihre eigenverantwortliche Berufsausübung (§ 23b I 4 lit. a) MBOÄ) und die grundsätzliche Übernahme medizinischer Entscheidungen bzw. in Bezug auf ärztliche Entscheidungen die alleinige Entscheidungskompetenz der Ärzte (§ 23b I 4 lit. c) MBOÄ) bei gegenüber den Patienten zu trennenden Verantwortlichkeitsbereichen der Partner (§ 23b I 4 lit. b) MBOÄ) gewährleistet ist.[1450]

Das Erfordernis gemeinsamer Berufsausübung nach § 23b I 1, 3 MBOÄ versperrt zudem allein unmittelbare Gesellschaftsbeteiligungen nicht aktiv in der Gesellschaft Berufstätiger,[1451] ein Verbot der Teilhabe Dritter am Gesellschaftsgewinn

---

1447 Zur Einstufung eines Gesetzes als Verbotsgesetz im Sinne des § 134 BGB *Armbrüster*, in: MüKo BGB, § 134 Rn. 41 ff.

1448 Dagegen stellen die berufsrechtlichen Vorschriften der Wirtschaftsprüfer und Steuerberater nicht rechtsformabhängige Mehrheitserfordernisse auf, die sich an der Interprofessionalität von Zusammenschlüssen orientieren.

1449 Siehe so auch in Bezug auf §§ 59e II 1, 59 f I 2 BRAO im Berufsrecht der Rechtsanwälte *Henssler*, in: *Henssler/Prütting*, PartGG, Einl. Rn. 12; *Deckenbrock*, BRAK-Mitt. 2019, 44 (45). Den vollständigen Verzicht auf Mehrheitserfordernisse kritisch betrachtend *Henssler*, AnwBl 2009, 670 (671). Nicht nachvollziehbar ist das umfassende Verständnis der MKG als Kooperationsform mit Ärzten *„als Mehrheitsgesellschafter"* durch *Haack/Dettling*, in: *Wenzel*, Medizinrecht, Kap. 11 Überschrift VI.

1450 So wird für die Rechtsanwalts-GbR auch ohne explizit gesetzliche Beschränkung wie in § 6 II PartGG anerkannt, dass die Geschäftsführungsbefugnis jedes Gesellschafters für den Kernbereich seiner Berufsausübung grundsätzlich nicht eingeschränkt werden kann, siehe *Henssler*, in: *Henssler/Prütting*, BRAO, § 43a Rn. 25; *Henssler/Deckenbrock*, AnwBl 2016, 211 (213).

1451 Vgl. im anwaltlichen Berufsrecht zur dort weniger deutlichen Ableitung des Erfordernisses aktiver Berufsausübung aus dem Merkmal gemeinsamer Berufsausübung *Deckenbrock*, AnwBl 2014, 118 (127).

wird nicht artikuliert. Mit *Köblers* ausführlicher Darstellung kann von der Zulässigkeit mittelbarer Beteiligungen mangels ausdrücklicher Verbotsnorm und fehlender Übertragbarkeit des § 23a I 4 lit. c) MBOÄ ausgegangen werden.[1452] Der Absicherung bedarf allerdings die ärztliche Unabhängigkeit vor Beeinträchtigungen aufgrund wirtschaftlicher Zwänge durch die Beteiligung eines Dritten.[1453] Mittelbare Gewinnbeteiligungen sind daher insoweit zulässig, als die ärztliche Unabhängigkeit durch entsprechende Vereinbarung bei der Beteiligungsabsprache gewährleistet wird.

ccc) Partnerschaftsgesellschaft (PartG)

Die PartG als freiberuflicher Zusammenschluss ist bei Beteiligung von Angehörigen akademischer Heilberufe bzw. von Ausbildungsberufen gesellschaftsrechtlich nach § 1 I 1 PartGG und berufsrechtlich nach § 23b I 2 MBOÄ für MKG stets eröffnete Rechtsform, da sie stets selbständig und eigenverantwortlich, mithin freiberuflich tätig sein müssen.[1454] Für Apotheker wird die Partnerschaftsfähigkeit zum Teil abgelehnt,[1455] außerhalb des Betriebs einer Apotheke bei beratender und gutachterlicher Tätigkeit ist gleichwohl von einem freien Beruf im Sinne des § 1 II PartGG auszugehen.[1456]

Dagegen wurde festgestellt, dass das Erfordernis der Freiberuflichkeit Naturwissenschaftler und Angehörige sozialpädagogischer Berufe nach § 23b I 1 MBOÄ nicht ausdrücklich betrifft. Daher ist bei Beteiligung von Naturwissenschaftlern oder Angehörigen sozialpädagogischer Berufe die Organisation in einer PartG auf Fälle begrenzt, in der auch alle nichtärztlichen Partner ihren Beruf freiberuflich ausüben.[1457] Bei Naturwissenschaftlern ist dies der Fall, wenn deren Berufsausübung

---

1452 *Köbler*, Beteiligung Berufsfremder, S. 212 ff., 239 ff.; ferner bereits *ARGE*, ZMGR 2003, 59 (64); *Gummert/Meier*, MedR 2007, 75 (75 f.); a. A. *Goette*, DStR 1995, 1722 (1723), der grundsätzlich eine bloß finanzielle Beteiligung an ärztlicher Berufsausübung für unzulässig hält; ablehnend *Schulenburg/Heckmann*, GesR 2010, 525 (527 f.); aufgrund Verstoßes gegen das Gebot der Freiberuflichkeit ablehnend *Reiter*, GesR 2005, 6 (11 ff.).

1453 Vgl. bzgl. Praxisgemeinschaften *Taupitz*, MedR 1993, 367 (369).

1454 Insofern ist es übrigens sehr verwunderlich, dass *Häußermann/Dollmann*, MedR 2005, 255 (259), und *Saenger*, MedR 2006, 138 (140), u.a. Hebammen als mögliche Partner einer in der PartG organisierten MKG mangels Freiberuflichkeit ausschließen, obwohl Hebammen in § 1 II 2 PartGG ausdrücklich als Freiberufler im Sinne des PartGG bezeichnet werden.

1455 *Henssler*, PartGG, § 1 Rn. 85 ff.

1456 *BGH*, NJW 2013, 2674 (2675 f.); *Seibert/Kilian*, in: *Kilian*, PartGG, § 1 Rn. 11. Siehe näher S. 441 ff.

1457 Von der Freiberuflichkeit auch dieser Partner dürfte auszugehen sein, wenn sie, wie in § 23 I MBOÄ gefordert, ihren Beruf in einer Weise ausüben, die eine Kooperation bei der Heilbehandlung ermöglicht. Siehe hierzu den Versuch eines umfassenden Katalogs partnerschaftsfähiger Berufe von *Henssler*, PartGG, § 1 Rn. 231.

mit den in § 1 PartGG gelisteten naturwissenschaftlich orientierten Berufen vergleichbar ist.[1458] Nach § 1 I 3 PartGG können außerdem nur natürliche Personen Gesellschafter einer PartG werden, weshalb die Aufnahme von Personen- und Kapitalgesellschaften im Gegensatz zur GbR oder zu Kapitalgesellschaften bereits gesellschaftsrechtlich ausgeschlossen ist.[1459] Aufgrund der Haftungskonzentration nach § 8 II PartGG auf den Agierenden im Rahmen eines Auftrags für berufliche Fehler[1460] erscheint die PartG für interprofessionelle Berufsausübung prädestiniert, um die Risiken der Arbeitsteilung Angehöriger verschiedener Berufe in der Gesellschaft abzufangen.[1461] Eine Besonderheit besteht für die PartG in der Restriktion des Namenszusatzes auf den Zusatz *„Partnerschaft"* gemäß § 23b I 4 lit. g) MBOÄ.[1462]

Wie bereits für die Organisation in einer GbR sieht § 23b MBOÄ weder in Bezug auf Gesellschafts- und Stimmrechtsanteile noch auf Geschäftsführungsbefugnisse Mehrheitserfordernisse zugunsten von Ärzten vor. Die Mehrheitserfordernisse nach § 23a MBOÄ sind nicht übertragbar.[1463]

Die PartGmbB steht bisher allein in *Bayern* und *Niedersachsen* zur Auswahl.[1464] Zwar eröffnen § 23a I 3 BO BY und § 23 I 2 BO Nds. nicht explizit die Haftungsbeschränkung für die MKG, ihre Zugänglichkeit ergibt sich allerdings aus Interaktion der Berufsordnungen mit dem PartGG (*„nach dem PartGG"*) – als Rechtsformvariante stellt die PartGmbB eine PartG nach dem PartGG dar[1465] – und § 18 II HKaG BY für *Bayern* resp. für *Niedersachsen* aus § 32 IV HKG Nds.

Entgegen Gesetzesbegründung und in der Literatur vertretener Ansicht[1466] sind stille und sonstige mittelbare Beteiligungen zulässig. Ein gesetzlicher Ausschluss ist weder gesellschaftsrechtlich noch berufsrechtlich normiert worden, weshalb grundsätzlich von der Freiheitsvermutung[1467] auszugehen ist. Schon der Inhalt des PartGG ist nicht auf mittelbare Beteiligungen ausgerichtet;[1468]

1458 Vgl. *Henssler*, PartGG, § 1 Rn. 90 ff.

1459 *Seibert/Kilian*, in: *Kilian*, PartGG, Rn. 7; *Henssler*, PartGG, § 1 Rn. 43.

1460 *Graf v. Westphalen*, in: *Meilicke et al.*, PartGG, § 8 Rn. 60; *Steffen*, MedR 2006, 75 (80); *Schirmer*, MedR 1995, 383. Vgl. zur Haftungskonzentration auch *Hirtz*, in: *Henssler/Strohn*, Gesellschaftsrecht, PartGG, § 8 Rn. 15.

1461 So auch *Steffen*, MedR 2006, 75 (80); *Narr*, Ärztliches Berufsrecht, B 392. So auch bereits vor Einführung der grundsätzlichen Handelndenhaftung als „Idealtypus" verstanden *Schirmer*, MedR 1995, 383 (383). Vgl. auch *Hirtz*, in: *Henssler/Strohn*, Gesellschaftsrecht, PartGG, § 8 Rn. 15.

1462 Siehe hierzu näher S. 401.

1463 Siehe hierzu S. 301 ff. Eingehend zur Zulässigkeit stiller Beteiligungen an ärztlichen Berufsausübungsgemeinschaften *Köbler*, Beteiligung Berufsfremder, S. 212 ff.

1464 Siehe oben S. 86 ff.

1465 So bereits zuletzt *Broglie/Hartmann*, in: *Clausen/Schroeder-Printzen*, Medizinrecht, § 11 Rn. 68.

1466 BT-Drs. 12/6152, S. 7, 9; *Henssler*, PartGG, § 1 Rn. 25, 232 f.

1467 Vgl. *BVerfGE* 17, 306 (313).

1468 *Köbler*, Beteiligung Berufsfremder, S. 208, 211.

der Gesellschaftszweck gemeinsamer Berufsausübung nach § 1 I 1 PartGG („*zur Ausübung ihrer Berufe*") ist jedenfalls nur für Partner bedeutsam. Stille Gesellschafter treten ihrerseits nicht als Gesellschafter der PartG auf, sondern erhalten lediglich eine schuldrechtliche Partizipationsmöglichkeit am Gewinn der Zielgesellschaft.[1469] Auch aus § 23a I 4 lit. c) MBOÄ lässt sich ihr Ausschluss nicht begründen, da die Norm auf juristische Personen begrenzt und auf personengesellschaftsrechtliche Gestaltungen nicht übertragbar ist.[1470] Auch aus dem Gebot der Freiberuflichkeit[1471] oder §§ 31 f. MBOÄ lässt sich kein Verbot mittelbarer Teilhabe Dritter herleiten, sofern keine konkret verpönten Patientenzuweisungen vorgenommen werden.[1472]

ddd) Juristische Personen des Privatrechts

i) Historischer Grundriss zu juristischen Personen im Gesundheitswesen

Die Nutzung von Kapitalgesellschaften, insbesondere der GmbH, ist bereits lange im Gesundheitswesen etabliert.[1473] Für geraume Zeit beschränkte sich ihr Aufkommen allerdings auf Krankenhäuser. Neben Privatkliniken ist auch ein Großteil kommunaler Krankenhäuser in privatwirtschaftliche Betriebsorganisationen überführt worden.[1474] Die ambulante Ausübung der ärztlichen Tätigkeit in einer Ärzte- oder Heilkunde-GmbH,[1475] die für die Behandlung Vertragspartner des Patienten wird und in deren Namen die ärztliche Behandlung erfolgt,[1476] galt verbreitet bis zu dem Anfang der 1990-er Jahre mit dem freiberuflich-ärztlichen Charakter als nicht in Einklang zu bringen.[1477] Angenommen wurde die Unvereinbarkeit der Strukturmerkmale einer GmbH mit den Erfordernissen an Ärzte wie der Eigenverantwortlichkeit des Arztes, seiner fachlichen Weisungsfreiheit, der Vertrauensbeziehung zwischen Arzt und Patient, der altruistischen Motivation

---

1469 *K. Schmidt*, in: MüKo HGB, § 230 Rn. 80.

1470 *Reiter*, GesR 2005, 6 (11); *Köbler*, Beteiligung Berufsfremder, S. 213 ff.; a. A. ein grundsätzliches Beteiligungsverbot annehmend *Schulenburg/Heckmann*, GesR 2010, 525 (528).

1471 *Reiter*, GesR 2005, 6 (11 ff.).

1472 So aber wohl *Dahm/Ratzel*, MedR 2006, 555 (556 f.).

1473 Siehe hierzu insbesondere *BGHZ* 70, 158 ff.

1474 *Attermeyer*, Arzt-GmbH, S. 9; *Michalski*, Freie Berufe, S. 98; *Taupitz*, NJW 1992, 2317 (2318); *ders.*, VersR 1992, 1064 (1066); *ders.*, NJW 1996, 3033 (3041).

1475 Zur begrifflichen Unterscheidung von Ärzte- und Heilkunde-GmbH siehe hier nur *Taupitz*, NJW 1996, 3033 (3034).

1476 Vgl. *Schiller/Hartmann*, in: *Halbe/Schirmer*, Kooperationen, A 1600, Rn. 2.

1477 *Bay. Landtag*, Drs. 12/10455 v. 9.3.1993, S. 6, 14 f.; vgl. *Taupitz* MedR 1995, 475 (477 f.); *Taupitz*, NJW 1992, 2317 (2318); *ders.*, NJW 1996, 3033 (3036); *ders.*, JZ 1994, 1100 (1100 f.); *Kremer*, GmbHR 1983, 259 (265); *ders.*, Freiberufler-GmbH, S. 168 f.; *Katzenmeier*, MedR 1998, 113 (113); *Stehle*, DStR 1983, 100 (101); *Holldack-Heckmann*, Gruppenpraxis, S. 38 f.

und der standesrechtlichen Bindung.[1478] Besorgt wurde eine sich verstärkt ausbreitende Anonymisierung und Kommerzialisierung ärztlicher Tätigkeit[1479] und die Beschädigung des sozialversicherungsrechtlichen Wirtschaftlichkeitsgebots.[1480] Es bestand die Befürchtung, dass unseriöse Kollegen die gesamte Ärzteschaft in Misskredit bringen könnten.[1481] Die Ärztekammern beäugten die GmbH besonders kritisch[1482] und warnten ihre Mitglieder unter Androhung standesrechtlicher Aufsichtsmaßnahmen vor der Beteiligung an Heilkunde-GmbHs.[1483] Neben der Haftungsbeschränkung gemäß § 13 II GmbHG hofften beteiligte Ärzte auf steuerliche Vorteile und eine stabile Organisationsstruktur durch Mehrheitsbeschlüsse, Unternehmenskontinuität und zulässige Fremdorganschaft.[1484]

Bereits im Jahr 1991 erkannte der *BGH*[1485] die Zulässigkeit der Berufsausübung eines Heilpraktikers in einer GmbH an. Zwei Jahre später erachtete er auch für Zahnärzte die GmbH als mögliche Organisationsform zahnheilkundlicher Tätigkeit.[1486] Die GmbH bedurfte nach dem *BGH* insbesondere keiner eigenen Approbation – allein[1487] auf den die Heilbehandlung konkret vornehmenden Arzt bezog er das Approbationserfordernis nach § 1 ZHG.[1488]

Sofern der Zahnarzt seine Tätigkeit weisungsfrei ausüben kann, seien die tatsächlichen und rechtlichen Rahmenbedingungen der Berufsausübung unerheblich, denn die Untersagung von Ärzte-Kapitalgesellschaften bedürfe einer (damals konkret nicht

---

1478 Eine ausführliche Darstellung genannter Aspekte findet sich bei *Taupitz*, NJW 1996, 3033 (3036); *ders.*, NJW 1992, 2317 (2323 f.); *ders.*, EWiR 1992, 187 (187); *ders.*, MedR 1995, 475 (477) und *ders.*, JZ 1994, 1100 (1100 f.). Das Entgegenstehen des Grundsatzes der persönlichen Haftung und des besonderen Vertrauensverhältnis bejahend *Spitzl*, Die ärztliche Gemeinschaftspraxis, S. 71 f.; *Henke*, NJW 1974, 2035 (2036).

1479 Siehe ferner nur *Laufs*, MedR 1995, 11 (11); *Katzenmeier*, MedR 1998, 113 (113).

1480 *Attermeyer*, Arzt-GmbH, S. 12, bezieht das Wirtschaftlichkeitsgebot auf *jede* Behandlung.

1481 *Attermeyer*, Arzt-GmbH, S. 13.

1482 *Taupitz*, NJW 1992, 2317 (2318); *Katzenmeier*, MedR 1998, 113 (113).

1483 *OLG Celle*, NJW-RR 1989, 555.

1484 *Attermeyer*, Arzt- GmbH, S. 10 f.; siehe allgemein zu Vorteilen kapitalgesellschaftlicher Organisation *Stehle*, DStR 1983, 100 (102);

1485 *BGH*, NJW-RR 1992, 430 f.

1486 *BGHZ* 124, 224 ff. Die Rechtsprechung setzte in den beiden viel beachteten Entscheidungen eine bereits 1977 in *BGHZ* 70, 158 ff. begründete Rechtsprechung fort, in der der IV. Zivilsenat die Zulässigkeit ambulanter Heilbehandlungen durch eine Klinik-AG festgestellt hat, *Katzenmeier*, MedR 1998, 113 (113).

1487 *BGHZ* 124, 224 (226).

1488 Parallel hierzu besteht das Erfordernis der Approbation nach § 2 BÄO ebenso wenig für die GmbH, sondern für die in ihr konkret tätig werdenden Ärzte; siehe hierzu bereits BGHZ 70, 158 (166 f.); ferner *Taupitz*, MedR 1992, 2317 (2319 f.); *Katzenmeier*, MedR 1998, 113 (114).

vorhandenen) gesetzlichen Grundlage.[1489] Entsprechende Regelungen waren allerdings nur in den Berufsordnungen einiger Landesärztekammern zu finden, zu deren Installation ihnen keine Satzungsbefugnis erteilt worden ist.[1490] Das *BVerfG* hob bereits 1972 in seinem „Facharzt-Beschluss" hervor, dass sich der Gesetzgeber seiner Rechtsetzungsbefugnis nicht völlig entäußern und seinen Einfluss auf den Inhalt der von den körperschaftlichen Organen erlassenden Normen nicht gänzlich preisgeben darf und daher die statusbildenden Normen durch förmliches Gesetz festzulegen hat.[1491]

Praktische Konsequenz der Entscheidung des *BGH* war allerdings nicht die Liberalisierung ärztlicher Tätigkeit, sondern die ausgedehnte gesetzliche Untersagung von Kapitalgesellschaften durch einige Bundesländer.[1492] Bisweilen wurde auch die Ausübung ambulanter ärztlicher und zahnärztlicher Tätigkeit an die Niederlassung in *„eigener"* Praxis gebunden,[1493] woraufhin Kapitalgesellschaften faktisch der Weg zum Angebot ambulanter ärztlicher Leistungserbringung mangels eigener Niederlassung des in einer GmbH angestellten Arztes verbarrikadiert war.[1494] Andere Länder verwarfen hingegen entsprechende Verbote aufgrund verfassungsrechtlicher Bedenken.[1495] Solchen Bedenken sahen sich die neu eingeführten Regelungen wenig verwunderlich auch in der Literatur ausgesetzt.[1496] So sei u. a. der Ausschluss als nicht zu rechtfertigende objektive Berufszulassungsregelung im Sinne der Dreistufentheorie[1497] zulasten der Kapitalgesellschaften als Grundrechtsinhaber aufzufassen.[1498] Zum Schutz der Freiberuflichkeit sei der

---

1489 *BGHZ* 124, 224 (225). Siehe dazu ferner *Taupitz*, NJW 1992, 2317 (2319).

1490 In dem der Entscheidung des *BGH* zugrunde liegenden Fall existierte im maßgeblichen Landesrecht in *Nordrh.-Westf.* keine einschlägige Verbotsnorm.

1491 *BVerfGE* 33, 125 (163); siehe hierzu bereits S. 40 ff.

1492 So beispielsweise *Bayern*, *Sachsen*, *Brandenburg* und *Nordrh.-Westf.*, vgl. *Laufs*, MedR 1995, 11 (12 f.). Siehe ferner *Attermeyer*, Arzt-GmbH, S. 10; *Taupitz*, MedR 1995, 475 (478); *ders.*, NJW 1996, 3033 (3033, 3035, 3038); *Katzenmeier*, MedR 1998, 113 (114); *Schäfer-Golz*, in: FS Huber, S. 951 (952).

1493 *Taupitz*, MedR 1995, 475 (478); *ders.*, NJW 1996, 3033 ff.; *Laufs*, MedR 1995, 11 (12).

1494 *Taupitz*, VersR 1992, 1064 (1064 f.); *ders.*, NJW 1992, 2317 (2321); *ders.*, MedR 1993, 367 (371); *ders.*, JZ 1994, 1100 (1102); *ders.*, MedR 1995, 475 (478); *ders.*, NJW 1996, 3033 (3036); *Rieger*, MedR 1995, 87 (88); *Meyer/Kreft*, GmbHR 1997, 193 (194); *Katzenmeier*, MedR 1998, 113 (114). Die Niederlassung des in einer GmbH angestellten Arztes verneinend *OLG Hamm*, NJW 1993, 801 (802).

1495 Näher *Taupitz*, NJW 1992, 2317 (2322); *ders.*, NJW 1996, 3033 (3038).

1496 Siehe hier nur *Taupitz*, MedR 1995, 475 (478); *ders.*, NJW 1996, 3033 (3038 ff.); *Rieger*, MedR 1995, 87 (88 f.); *Katzenmeier*, MedR 1998, 113 (116); *Attermeyer*, Arzt-GmbH, S. 37; *Kuhn*, Arzt-AG, S. 32 ff.; zweifelnd *Meyer/Kreft*, GmbHR 1997, 193 (194).

1497 *BVerfGE* 7, 377 (407); 9, 338 (345). Einen Überblick über die Dreistufentheorie bietet *Kaiser*, Ärzte-GmbH, S. 178 ff. Zu ihrer faktischen Überführung in eine übliche Verhältnismäßigkeitsprüfung durch das *BVerfG Rixen*, MedR 2018, 667 (668).

1498 *Taupitz*, NJW 1996, 3033 (3038 ff.); *Katzenmeier*, MedR 1998, 113 (114 ff.). Insbesondere hat der *BGH* deutlich gemacht, dass gerade auch die GmbH als juristische Person sich auf die Berufswahlfreiheit berufen können muss, *BGHZ* 124, 224 (225).

Ausschluss der GmbH untauglich, da wirtschaftliche Unabhängigkeit im Gegensatz zu fachlicher Unabhängigkeit kein Wesensmerkmal des freien Berufs sei – nicht nur andere Freiberufler, sondern gerade auch ein Großteil der Ärzte war bereits damals in einem Angestelltenverhältnis tätig.[1499] Zudem wurde ein Verstoß gegen Art. 3 GG gerügt, da Krankenhaus-Kapitalgesellschaften lediglich einer grundsätzlichen Konzessionspflicht[1500] unterliegen, obwohl in den Einrichtungen auch ambulante Behandlungen durchgeführt werden.[1501] § 30 GewO trage keine sachliche Differenzierung, da er nur typischen Gefahren einer stationären Aufnahme in unzureichend ausgestatteten oder schlecht geführten Krankenhäusern vorbeugen soll.[1502] Im Übrigen sei die stationäre Krankenbehandlung wesentlich sensibler als eine ambulante Behandlung zu beurteilen, weshalb die Rechtsform erst recht für die ambulante Heilkundeausübung zugänglich sein müsse.[1503] Rechtspolitische und standespolitische Begründungen wurden als nicht tragfähige Rechtfertigung bewertet.[1504] Außerdem liege ein Gleichheitsverstoß in den Verbotsregelungen begründet, soweit sie an „*Gruppenpraxen*“[1505] – also sowohl Praxisgemeinschaften als auch Gemeinschaftspraxen – anknüpften.[1506]

Die bisher zur Überprüfung existenter gesetzlicher Untersagungen von Kapitalgesellschaften ergangene Rechtsprechung hat sich der geäußerten verfassungsrechtlichen Kritik weit überwiegend nicht angeschlossen. Der *BayVerfGH*

Zudem differenzierten die betroffenen Landesgesetzgeber nicht bei den einzelnen Regelungen zwischen Praxisgemeinschaften und Gemeinschaftspraxen, sodass in Betroffenheit der Praxisgemeinschaften *Taupitz* bereits die Erforderlichkeit der Regelung verneinte, NJW 1996, 3033 (3039 f.).

1499 *Taupitz*, NJW 1992, 2317 (2323); *ders.*, NJW 1996, 3033 (3036); *ders.*, Standesordnungen, S. 33, 44 ff.

1500 Die Konzessionspflicht ist dabei an die Gewerblichkeit des Krankenhausbetriebs geknüpft, weshalb es durchaus auch möglich ist, dass selbst eine GmbH konzessionsfrei ein Krankenhaus betreiben kann, das sowohl stationäre als auch ambulante ärztliche Leistungen erbringen kann, siehe genauer *Taupitz* NJW 1996, 3033 (3042).

1501 *Taupitz*, MedR 1995, 475 (478); *ders.*, NJW 1996, 3033 (3041 f.); *ders.*, JZ 1994, 1100 (1102); *ders.*, MedR 1994, 152 (155); *ders.*, NJW 1992, 2317 (2320 f.); *Katzenmeier*, MedR 1998, 113 (116 f.); *Eisenberg*, Ärztliche Kooperationen, S. 277 f.; *Weber/Vogt-Weber*, ArztR 1997, 179 (181 f.).

1502 *BVerfG*, NJW 1985, 1414; *OLG Düsseldorf*, NJW-RR 1992, 808 (809); *Taupitz*, NJW 1992, 2317 (2320); *ders.*, MedR 1995, 475 (478); *ders.*, NJW 1996, 3033 (3041); *Laufs*, MedR 1995, 11 (14). Zum Zweck des § 30 GewO bereits *Braun*, NJW 1985, 2739 (2741).

1503 *Taupitz*, NJW 1996, 3033 (3041 f.); *ders.*, NJW 1992, 2317 (2323).

1504 *Eisenberg*, Ärztliche Kooperationen, S. 277 f.

1505 Der Begriff der Gruppenpraxis ist weit zu verstehen und umfasst alle möglichen ärztlichen Zusammenschlüsse, *Henke*, NJW 1974, 2035 (2035); *Walter*, MedR 2002, 169 (169).

1506 *Taupitz*, NJW 1996, 3033 (3041); international wird die Bezeichnung erst am mindestens drei Beteiligten verwendet, siehe *Holldack-Heckmann*, Gruppenpraxis, S. 18.

hat das Verbot des Führens einer Arztpraxis in Rechtsform der GmbH gem. Art. 18 I 2 HKaG BY[1507] bestätigt.[1508] Kürzlich erst hat sich das *OLG München* bei Anwendung des Art. 18 I 2 HKaG BY auf den *BayVerfGH* gestützt, um einem Augenlaserzentrum in Rechtsform der GmbH die Erbringung ärztlicher Leistungen in Bayern zu untersagen.[1509] Auch das *OVG Nordrhein-Westfalen* hat die Wirksamkeit eines Verbots der Heilkundeausübung durch juristische Personen nicht in Zweifel gezogen.[1510] Allein das *OLG Zweibrücken* erhob Bedenken gegen ein Verbot der Heilkunde-GmbH,[1511] die der *VerfGH Rheinland-Pfalz* unter knapper Darlegung einer konkret möglichen verfassungskonformen Auslegung jedoch nicht teilte und die landesverfassungsrechtliche Normkontrolle daher als unzulässig abgewiesen hat.[1512]

ii) Berufsrechtliche Anforderungen an die Berufsausübung in Kapitalgesellschaften

α) Anforderungen der Berufsordnungen

(1) Einführung

Die MBOÄ enthält kein Verbot der Ausübung ambulanter ärztlicher Tätigkeit in Kapitalgesellschaften, sondern statuiert mittlerweile in § 23a MBOÄ ausdrücklich ihre Zulässigkeit bei Einhaltung struktureller Erfordernisse. Nicht allein die monoprofessionelle Tätigkeit, sondern auch interprofessionelle Tätigkeit ist ausweislich der §§ 23a I 2, 23b I 2 MBOÄ in Kapitalgesellschaften gestattet. Auslöser für die Aufnahme von Kapitalgesellschaften waren neben der Anerkennung der Zahnheilkunde-GmbH durch die Rechtsprechung vor allen Dingen der steigende Wettbewerbs- und Kostendruck[1513] sowie die Schaffung der MVZ als vertragsärztlicher Leistungserbringer durch das GKV-Modernisierungsgesetz.[1514] Während die Attraktivität von Kapitalgesellschaften bei Rechtsanwälten infolge der Einführung der PartGmbB abgenommen haben mag,[1515] ist mangels Zugriffsmöglichkeit der

---

1507 Art. 18 I 2 HKaG BY lautet: *„Die Führung einer ärztlichen Praxis in der Berufsform einer juristischen Person des privaten Rechts ist nicht statthaft."*

1508 *BayVerfGH*, NJW 2000, 3418 ff.

1509 *OLG München*, Urt. v. 18.9.2014, Az. 29 U 1154/14, zitiert nach juris.

1510 *OVG Nordrh.-Westf.*, MedR 2001, 150 ff.

1511 *OLG Zweibrücken*, MedR 2016, 798 ff.

1512 *VerfGH RP*, Urt. v. 31.3.2017 – VGH N 4/16 u. VGH N 5/16.

1513 *Häußermann/Dollmann*, MedR 2005, 255 (255).

1514 *BÄK*, DÄBl. A 2006, 801 (805); *Koch*, GesR 2005, 241 (241); *Schäfer-Golz*, in: FS Huber, S. 951 (952, 967); *Klinkhammer*, DÄBl. 2004, A-1551 (A-1551); *Koller*, Ärztliche Kooperationsformen, S. 102; *Ratzel*, in: *Ratzel/Lippert*, MBOÄ, § 18, § 18a Rn. 30. Siehe auch *Sächsische LÄK*, Niederlassung und berufliche Kooperation, S. 1.

1515 *Tellmann-Schumacher*, GRUR-Prax 2014, 116.

meisten Ärzte auf die haftungsbeschränkte Variante der PartG die Auswahl einer Kapitalgesellschaft zur Verminderung des Haftungsrisikos noch aktuell.[1516]

§ 23a I 1, 4 MBOÄ beziehen sich bereits wörtlich („*ärztlich tätig*", „*in der Gesellschaft beruflich tätig*") allein auf die nicht notwendig gemeinsame Berufsausübung. Organisationsgemeinschaften sind nicht an § 23a MBOÄ zu messen. § 23a MBOÄ knüpft an die mono- und interprofessionellen Berufsausübungsgemeinschaften nach §§ 18 IIa, 23b MBOÄ an und unterwirft sie weiteren Voraussetzungen zur Gewährleistung der Unabhängigkeit des Arztes sowie zum Schutz der besonderen Vertrauensbeziehung zwischen Arzt und Patient und des Rechts der Patienten auf freie Arztwahl.[1517] Zu beachten bleibt die Adressierung des § 23a MBOÄ an den Arzt als Kammermitglied statt der Kapitalgesellschaft. Ansonsten ist § 23a MBOÄ systematisch den Regelungen der Rechtsanwaltsgesellschaft nach §§ 59c ff. BRAO sowie den landesgesetzlichen Regelungen zu Architekten- und Ingenieurgesellschaften weitgehend nachempfunden.[1518] Daher bietet sich die Herstellung von Parallelen zum rechtsanwaltlichen Berufsrecht an. Auch die Motivation des Bundesgesetzgebers zu unattraktiver Ausgestaltung[1519] der Rechtsanwaltsgesellschaft ist der Regelung des § 23a MBOÄ immanent.

(2) Gesellschaftsformen und Gesellschafter

MKG können sich nach § 23b I 2 MBOÄ juristischer Personen des Privatrechts bedienen. Mangels Restriktionen können alle juristischen Personen des Privatrechts gewählt werden. Dazu gehören neben der GmbH auch die AG[1520] und selbst ausländische Rechtsformen.[1521] Aus dem Wortlaut („*Geschäftsführer*") lässt sich nicht auf die Begrenzung wählbarer Rechtsformen auf die GmbH schließen, zumal § 23a I 4 MBOÄ in seiner Wortwahl auch insofern nicht konsequent wäre, da die Bezeichnung „*Gesellschaftsanteile*" keiner juristischen Person des Privatrechts

---

1516 Vgl. hierzu S. 304 ff.

1517 *Klinkhammer*, DÄBl. 2004, A-1551 (A-1552); *Scholz*, in: *Spickhoff*, Medizinrecht, MBOÄ, § 23a Rn. 1. Siehe auch in Bezug auf Rechtsanwaltsgesellschaften *BGH*, NJW 2012, 461 (463); in diesem Sinn auch *Scholz*, ZMGR 2010, 143 (144 f.). Zur Anwendbarkeit des § 23a MBOÄ bei interprofessionellen Berufsausübungsgemeinschaften nach § 23c MBOÄ siehe S. 572.

1518 *Scholz*, in: *Spickhoff*, Medizinrecht, MBOÄ, § 23a Rn. 2; implizit auch *Saenger*, MedR 2006, 138 (140).

1519 *Römermann*, GmbHR 1998, 966 (967) („*abschreckend*"); *ders.*, BB 2019, 899 (899).

1520 Vgl. *VG Köln*, Urt. v. 28.01.2010 – 13 K 1158/06, BeckRS 2010, 46379; *Kuhn*, Arzt-AG, passim; *Schäfer-Golz*, in: FS Huber, S. 951 (966); *Köbler*, Beteiligung Berufsfremder, S. 200. Richtigerweise ist die Aktiengesellschaft jedoch aus praktischen Erwägungen der Satzungsstrenge und des erhöhten Gründungsaufwands von geringerer Bedeutung, *Köbler*, Beteiligung Berufsfremder, S. 200; vgl. auch *Schäfer-Gölz*, in: FS Huber, S. 951 (966); ohne pauschale Wertung *Kuhn*, Arzt-AG, S. 217 f.

1521 *Braun*, MedR 2007, 218 (218).

eigenüblich ist.[1522] Auch die Unternehmergesellschaft (haftungsbeschränkt) kommt als Rechtsformvariante der GmbH in Betracht,[1523] da § 23a MBOÄ kein Mindeststammkapital vorschreibt. Außerdem ist auch die eingetragene Genossenschaft zulässige Rechtsform.[1524] Im Gegensatz zur Rechtsanwaltsgesellschaft nach §§ 59c ff. BRAO muss die Ärztegesellschaft nicht selbst zugelassen werden – ihre Zulassung ist auch nicht in der BÄO vorgesehen. Erforderlich ist die Aufnahme der in § 23a I 4 MBOÄ genannten Gewährleistungen in den Gesellschaftsvertrag[1525] und ihre fortlaufende Erfüllung.[1526] Werden die Anforderungen an die Gesellschaft nicht (mehr) eingehalten, darf der Arzt der Gesellschaft nicht beitreten bzw. muss bei ihrem Fortfall aus der Gesellschaft austreten, um nicht selbst berufsrechtswidrig zu handeln.

Nur Ärzte und Angehörige des bereits beurteilten Berufskreises nach § 23b I 1 MBOÄ dürfen gemäß § 23a I 2 MBOÄ Gesellschafter einer kapitalgesellschaftlichen MKG sein. Außerdem kommen nach bereits erfolgter Feststellung auch Personenmehrheiten in Form von Personengesellschaften und Kapitalgesellschaften in Betracht.[1527] Zur laufenden Sicherstellung des § 23a I 2 MBOÄ empfiehlt sich die Vinkulierung der Gesellschaftsanteile nach § 15 V GmbHG auch ohne ausdrückliche Anordnung, wie sie im Recht der Steuerberater oder Wirtschaftsprüfer[1528] erfolgt.[1529] Nach § 15 V GmbHG kann die Abtretung der Gesellschaftsanteile an einer GmbH durch den Gesellschaftsvertrag an weitere Voraussetzungen gebunden werden. Praktisch am relevantesten sind Zustimmungsvorbehalte mit der Wirkung, dass zur Wirksamkeit der Abtretung der Gesellschaftsanteile entgegen dem Grundsatz des § 137 S. 1 BGB[1530] die Zustimmung einer oder mehrerer

---

1522 So bereits *Schäfer-Gölz*, in: *Saalfrank*, Medizinrechtshandbuch, § 7 Kap. A Rn. 67.

1523 *Kilian*, in: *Prütting*, Medizinrecht, MBOÄ, § 23a Rn. 6; zur Einführung der UG durch das Gesetz zur Modernisierung des GmbH-Rechts und zur Bekämpfung von Missbräuchen (MoMiG) vom 23.10.2008 *Schäfer*, in: *Bork/Schäfer*, GmbHG, Einl Rn. 2.

1524 Zum Doppelcharakter von Genossenschaften *Geibel*, in: *Henssler/Strohn*, Gesellschaftsrecht, GenG, § 1 Rn. 2. A. A. *Schäfer-Golz*, in: FS Huber, S. 951 (966 Fn. 71).

1525 Siehe zu den erforderlichen Inhalten des Kooperationsvertrags näher S. 374 ff.

1526 Vgl. auch *Braun/Richter*, MedR 2005, 685 (686); *Häußermann/Dollmann*, MedR 2005, 255 (259 f.). Krit. *Treptow*, MVZ-GmbH, S. 172 f.

1527 Zur Beteiligung von Kapitalgesellschaften siehe bereits S. 230. Eine Beschränkung auf natürliche Personen erkennen dagegen *Saenger*, MedR 2006, 138 (140); *Scholz*, in: *Spickhoff*, Medizinrecht, MBOÄ, § 23a Rn. 3. So auch *Kuhn*, Arzt-AG, S. 123, der sie für verfassungswidrig erachtet.

1528 Nach § 50 V 2, 3 StBerG bzw. § 28 V 2, 3 WPO muss die Übertragung der Gesellschaftsanteile an einer GmbH an die Zustimmung der Gesellschaft gebunden werden.

1529 Siehe zur Vinkulierung *Servatius*, in: *Baumbach/Hueck*, GmbHG, § 15 Rn. 37 ff.; *Verse*, in: *Henssler/Strohn*, Gesellschaftsrecht, GmbHG, § 15 Rn. 82 ff.

1530 A. A. *Transfeld*, GmbHR 2010, 185 (188), der Vinkulierungsklauseln allein schuldrechtliche Wirkung zuschreibt.

Personen, eines Organs oder mehrerer Organe – oftmals der Gesellschafterversammlung – erforderlich ist.[1531] Ohne Vinkulierung der Gesellschaftsanteile könnte sich der Arzt bei Übertragung der Gesellschaftsanteile eines Kooperationspartners an einen Angehörigen eines nicht nach § 23a I 2 MBOÄ aufnahmefähigen Berufs unvermittelt berufsrechtlicher Konsequenzen ausgesetzt sehen. Gleichwohl ist mangels ausdrücklichen Erfordernisses die Vinkulierung der Gesellschaftsanteile aufgrund des § 23a I 2 MBOÄ nicht verpflichtend für die Berufstätigkeit des Arztes in der Gesellschaft.

Die Begrenzung auf gesellschaftsfähige Berufsangehörige widerspricht bei Bildung einer Aktiengesellschaft entgegen *Döge* nicht dem Grundsatz der Satzungsstrenge nach § 23 V AktG. Sie meint rekurrierend auf die parallel im anwaltlichen Berufsrecht die Gesellschaftsfähigkeit einzelner Berufsträger regelnden §§ 59e I, 59a I BRAO, einen Widerspruch zum Grundsatz der Satzungsstrenge aufgefunden zu haben und stellt die Unzulässigkeit eines entsprechenden Satzungsinhalts fest.[1532] Insofern ist aber zu berücksichtigen, dass der Grundsatz der Satzungsstrenge kein undurchdringliches Prinzip darstellt. Abweichungen sind dort zugelassen, wo sie das Gesetz ausdrücklich zulässt.[1533] Insbesondere kommt nach § 68 AktG abweichend vom Grundsatz freier Verfügbarkeit[1534] eine Vinkulierung der Namensaktien in Betracht, wobei nach § 68 II 4 AktG in der Satzung die Gründe bestimmt werden können, aus denen die Zustimmung zur Übertragung der Aktien verweigert werden darf. Auf diese Weise kann der Kreis der Aktionäre in der Satzung mithin durchaus bestimmt werden.[1535] Ein Widerspruch zwischen Aktien- und Berufsrecht liegt nicht vor. Für den Fall des Verlusts der Eigenschaft der Kooperationsfähigkeit in Person eines Aktionärs – der Verlust der Mitgliedschaft lässt sich auch bei Vinkulierung satzungsmäßig nicht anordnen[1536] – lässt sich dessen Austrittsverpflichtung schuldrechtlich fixieren.[1537]

1531 *Brandes*, in: *Bork/Schäfer*, GmbHG, § 15 Rn. 8; *Reichert*, GmbHR 2012, 713 (714). Daneben kommen Vorkaufsrechte, Vorerwerbsrechte, Andienungsrechte und -pflichten sowie der Ausschluss der Übertragbarkeit der Geschäftsanteile der GmbH und auch in gemeinsamer Kombination in Betracht, *Reichert* GmbHR 2012, 713 (721 f.).

1532 *Döge*, ZIP 2019, 596 (598).

1533 *Hüffer/Koch*, AktG, § 23 Rn. 34 ff.

1534 *BayObLGZ* 1988, 371 (377).

1535 Vgl. auch *Hüffer/Koch*, AktG, § 23 Rn. 10.

1536 *BayObLGZ* 1988, 371 (376 f.).

1537 Ohnehin ist Folge der Beteiligung eines nichtkooperationsfähigen Gesellschafters lediglich die Untersagung ärztlicher Tätigkeit in der Gesellschaft, sodass ein Verstoß gegen das ärztliche Berufsrecht bereits durch (vorübergehende) Einstellung der beruflichen Tätigkeit des Arztes in der Gesellschaft vermieden werden kann. Hierzu sogleich im Folgenden.

Nicht als Voraussetzung der Gesellschafterstellung konzipiert ist nach *Treptow*[1538] entgegen einer wohl überwiegenden Ansicht[1539] das Erfordernis aktiver Berufsausübung in der Gesellschaft gemäß § 23a I 3 MBOÄ – vielmehr stelle es eine faktische Voraussetzung für die Zulässigkeit ärztlicher Tätigkeit aller in der Gesellschaft beteiligten Ärzte dar. Dafür spreche, dass den Landesärztekammern lediglich eine standesrechtliche Bindung der ärztlichen Berufsträger im Rahmen der ärztlichen Berufsausübung möglich sei, die Untersagung ihrer kapitalmäßigen Beteiligung an einer GmbH jedoch nicht in Betracht komme.[1540] Dagegen ist zwar einzuwenden, dass die Berufskammern den ihnen angehörigen Ärzten kraft ihrer Berufsstellung Verhaltensge- und -verbote auferlegen können.[1541] Ansonsten ist *Treptow* beizupflichten. § 23a I 1 MBOÄ regelt schon wörtlich nicht die Gesellschafterstellung von Ärzten, sondern die ärztliche *Tätigkeit* in einer Kapitalgesellschaft. Sinn der zwingend aktiven Berufsausübung der Gesellschafter ist die Verhinderung rein finanzieller Beteiligungen auch grundsätzlich kooperationsfähiger Gesellschafter.[1542] Dadurch soll finanzielle Teilhabe *an* ärztlicher Tätigkeit unmöglich sein, weil sie der ärztlichen Unabhängigkeit abträglich sein könnte.[1543] Folglich beschränkt § 23a I 3 MBOÄ keine Investitionen von Ärzten an Gesellschaften, in denen keine ärztliche Berufsausübung erfolgt – dies schließt die investive Beteiligung an Gesellschaften anderer medizinischer Berufe ein, die mangels gemeinsamer Berufsausübung ohnehin auch keine MKG darstellen. Das Gebot aktiver Berufsausübung aller Teilhaber in der Gesellschaft ist daher korrekterweise lediglich eine faktische Voraussetzung für die Gründung und Führung einer MKG und anderer Kapitalgesellschaften, in denen der ärztliche Beruf ausgeübt werden soll.

Die Aufnahme des Angehörigen eines nicht nach §§ 23a I 2, 23b I 1 MBOÄ kooperationsfähigen Berufs stellt folglich keinen Verstoß gegen ein Verbotsgesetz im Sinne des § 134 BGB dar.[1544] Unbeachtlich der Gesetzesqualität im Sinne des § 134 BGB in Verbindung mit Art. 2 EGBGB und der landesrechtlichen Satzungsermächtigung wird nicht die Gesellschafterstellung selbst verboten, sondern vielmehr die Tätigkeit des Arztes in einer Gesellschaft, der entgegen § 23a I 2 MBOÄ

1538 *Treptow*, MVZ-GmbH, S. 146 ff.; *zust. Scholz*, in: *Spickoff*, Medizinrecht, MBOÄ, § 23a Rn. 1. Siehe am ähnlich lautenden rechtsanwaltlichen Berufsrecht ausgerichtet *Roth/Altmeppen*, GmbHG, § 15 Rn. 3; *Brandes*, in: *Bork/Schäfer*, GmbHG, § 15 Rn. 3.

1539 Siehe hier nur *Quaas*, in: *Quaas et al.*, Medizinrecht, § 15 Rn. 37; *Braun/Richter*, MedR 2005, 685 (686); *Häußermann/Dollmann*, MedR 2005, 255 (259); *Saenger*, MedR 2006, 138 (140).

1540 *Treptow*, MVZ-GmbH, S. 147.

1541 *Taupitz*, Standesordnungen, S. 174.

1542 *Saenger*, MedR 2006, 138 (140); *Häußermann/Dollmann*, MedR 2005, 255 (259).

1543 *Saenger*, MedR 2006, 138 (140); *Häußermann/Dollmann*, MedR 2005, 255 (259).

1544 So jedoch *Kilian*, in: *Prütting*, Medizinrecht, MBOÄ, § 23a Rn. 8. Zu undifferenziert *Schulenburg/Heckmann*, GesR 2010, 525 (529).

nicht kooperationsfähige Personen angehören.[1545] Der Arzt muss darauf hinwirken, den berufsrechtswidrigen Zustand im Gesellschafterkreis zu beenden oder darf nicht mehr in der Gesellschaft beruflich tätig sein.[1546] Daraus ist jedenfalls abzuleiten, dass die Nichteinhaltung der in § 23a MBOÄ statuierten Gewährleistungserfordernisse keinen unmittelbaren Hinderungsgrund für die Eintragung der GmbH nach § 9c GmbHG oder der AG nach § 38 I, IV AktG in das Handelsregister darstellt. Wird die Verfolgung des statutarischen Unternehmensgegenstands[1547] mangels zulässig zu erbringender ärztlicher Leistungen in der Gesellschaft dauerhaft unmöglich, kann nach § 61 GmbHG die Auflösungsklage erhoben werden.[1548]

(3) Ausschluss von Gewinnbeteiligungen Dritter

Die Ärztegesellschaft ist wie die Rechtsanwaltsgesellschaft als Berufsausübungsgemeinschaft konzipiert.[1549] Zum Schutz der ärztlichen Unabhängigkeit und Weisungsfreiheit der in der Gesellschaft tätigen Ärzte vor Einflussnahmen durch Finanzinvestoren versagt § 23a I 4 lit. c) MBOÄ neben unmittelbaren Gesellschaftsbeteiligungen auch die Beteiligung Dritter am Gewinn der Gesellschaft.[1550]

Teilweise werden unter Dritten im Sinne des § 23a I 4 lit. c) MBOÄ alle nach § 23a I 2 MBOÄ nicht aktiv gesellschafterfähigen Nichtärzte verstanden.[1551] Der Ansicht kann nicht gefolgt werden, jede außenstehende Person ist als Dritter im Sinne der Vorschrift aufzufassen.[1552] Sollen medizinische Entscheidungen der in der

---

1545 So lediglich allgemein ohne unmittelbare Bezugnahme auf § 23a MBOÄ *Roth/Altmeppen*, GmbHG, § 15 Rn. 3; *Brandes*, in: *Bork/Schäfer*, GmbHG, § 15 Rn. 3. In Bezug auf das ähnlich gestaltete rechtsanwaltliche Gesellschaftsrecht *Brüggemann*, in: *Feuerich/Weyland*, BRAO, § 59e Rn. 14.

1546 Ein Widerruf der Zulassung, wie er nach § 59h II BRAO im Berufsrecht der Rechtsanwälte möglich ist, kommt mangels Zulassungserfordernisses von Ärztegesellschaften nicht in Betracht.

1547 Der Unternehmensgegenstand ist nach allgemeiner Meinung von dem Gesellschaftszweck zu unterscheiden, siehe näher *Schäfer*, in: *Bork/Schäfer*, GmbHG, § 1 Rn. 4 ff.

1548 In Bezug auf MVZ *Treptow*, MVZ-GmbH, S. 129 f., 136 f. Im Aktienrecht existiert zu der nach allgemeiner Meinung nur subsidiären Auflösung gem. § 61 GmbHG kein Äquivalent, *Arnold*, in: *Henssler/Strohn*, Gesellschaftsrecht, GmbHG, § 61 Rn. 1.

1549 So nach objektiver Auslegung *Möller*, in: *Ratzel/Luxenburger*, Medizinrecht, Kap. 16 Rn. 411. Zu Rechtsanwaltsgesellschaften BT-Drs. 13/9820, S. 14; *Kleine-Cosack*, BRAO, § 59e Rn. 8.

1550 Siehe hier nur *Schiller/Hartmann*, in: *Halbe/Schirmer*, Kooperationen, A 1600 Rn. 99; *Reiter*, GesR 2005, 6 (11).

1551 *Köbler*, Beteiligung Berufsfremder, S. 200; *Schulenburg/Heckmann*, GesR 2010, 525 (525); *Reiter*, GesR 2005, 6 (11); so wohl implizit auch *Kuhn*, Arzt-AG, S. 119 f.

1552 So auch *Schäfer-Golz*, in: FS Huber, S. 951 (967); *Treptow*, MVZ-GmbH, S. 176; *Gummert/Meier*, MedR 2007, 75 (75); *Kilian*, in: *Prütting*, Medizinrecht, MBOÄ, § 23a Rn. 17. So in Bezug auf das anwaltliche Berufsrecht nach § 59e III BRAO auch *Feuerich*, in: *Feuerich/Weyland*, BRAO, § 59e Rn. 11.

Gesellschaft tätigen Ärzte nicht durch sachfremde Erwägungen wie dem Diktat der Profitabilität maßgeblich beeinflusst werden können, muss bereits teleologisch unbeachtlich sein, ob als Dritter ein Arzt, ein Angehöriger eines Gesundheitsberufs gem. § 23b I 1 MBOÄ oder der Angehörige eines anderen Berufs auftritt. Im Innenverhältnis aktiv berufsausübender Gesellschafter ist für die Gewährung ärztlicher Unabhängigkeit trotz gesellschaftsrechtlicher Bindungen ein reziprokes Verhalten der Nichtbeeinflussung in fachlichen Fragestellungen als ein erheblicher Faktor zu verstehen. Bei mittelbaren Gewinnbeteiligungen fehlt dieses Gegenseitigkeitsverhältnis. Ohne eigene heilkundliche Tätigkeit in der Gesellschaft besteht bei lediglich am Gewinn beteiligten Ärzten wie bei jeglichen Gewinnbeteiligten zumindest primär ein finanzielles Interesse.[1553] Aus der Systematik der Norm lässt sich im Übrigen entnehmen, dass § 23a I 3 MBOÄ in Verbindung mit § 23a I 2 MBOÄ allein die *unmittelbare* Beteiligung an der Gesellschaft regelt, während § 23a I 4 lit. c) MBOÄ *mittelbare* Gewinnbeteiligungen ausschließt. Die Beteiligung eines Arztes als Gesellschafter ohne Einbringung seiner ärztlichen Tätigkeit scheidet bereits aufgrund des Gebots aktiver Berufsausübung nach § 23a I 3 MBOÄ aus.[1554] Dementsprechend findet im Wortlaut von § 23a I 4 lit. c) MBOÄ keine Differenzierung nach Berufen statt, wie sie dagegen § 23a I 1 MBOÄ für eine *unmittelbare* gesellschaftsrechtliche Beteiligung vornimmt. Der Wortlaut des § 23a I 4 lit. c) MBOÄ stellt im Übrigen *„Dritte"* den Gesellschaftern, nicht jedoch den kooperationsfähigen Berufsangehörigen gegenüber. Auch die Gesetzesbegründung zu dem ähnlich lautenden, heutigen § 59e III Alt. 2 BRAO differenzierte insofern ausdrücklich nicht zwischen sozietätsfähigen und -unfähigen Berufszugehörigkeiten.[1555]

Fraglich ist die Reichweite des Verbots mittelbarer Beteiligung am Gewinn von MKG nach § 23a I 4 lit. c) MBOÄ. Nach allgemein anzutreffender Einschätzung soll eine stille Beteiligung Dritter an ärztlichen Praxen und MKG unzulässig sein.[1556] Daneben sind Unterbeteiligungen, partiarische Rechtsverhältnisse, Gewinnschuldverschreibungen, Nießbrauch und Treuhandverhältnisse möglicherweise als untersagte Beteiligung Dritter zu verstehen.[1557]

1553 Vgl. auch *Treptow*, MVZ-GmbH, S. 185; *Gummert/Meier*, MedR 2007, 75 (81).

1554 Eine unmittelbare gesellschaftsrechtliche Beteiligung ist nicht aktiv in der MKG berufsausübenden Ärzten außerdem bereits infolge der Zweckbindung in § 23b I 3 MBOÄ der MKG und auch des Erfordernisses einer gemeinsamen Berufsausübung in der Gesellschaft nach § 23b I 1 MBOÄ unzulässig.

1555 BT-Drs. 13/9820, S. 14 f. Siehe außerdem *Henssler*, in: *Henssler/Prütting*, BRAO, § 59e Rn. 30.

1556 *Ratzel*, in: *Ratzel/Lippert*, MBOÄ, § 23a/§ 23b/§ 23c/§ 23d MBOÄ Rn. 4; *Braun*, MedR 2007, 218 (220); *Saenger*, MedR 2006, 138 (140); *Braun/Richter*, MedR 2005, 685 (686); *Häußermann/Dollmann*, MedR 2005, 255 (260); *Ratzel/Lippert*, MedR 2004, 525 f.

1557 Siehe zu der Aufzählung anhand der Gesetzesbegründung zu dem ähnlich lautenden § 59e IV BRAO a. F. BT-Drs. 13/9820, S. 15; *Henssler*, in: *Henssler/Prütting*, BRAO, § 59e Rn. 28.

In Anknüpfung an die ähnlich lautende Regelung für die Rechtsanwaltsgesellschaft nach § 59e III Alt. 1 BRAO könnte auch das treuhänderische Halten von Gesellschaftsanteilen[1558] durch einen Arzt für Dritte, die nicht in der Gesellschaft aktiv ihren Beruf ausüben, unzulässig sein.[1559] Die treuhänderische Gestaltung von Ärztegesellschaftsanteilen wurde von *Gummert/Meier* und *Köbler* aufgegriffen und allgemein als unzulässig beurteilt.[1560] Aus der treuhänderischen Bindung mag sich eine Gefahr für die Unabhängigkeit der Gesellschafter und der Gesellschaft ergeben.[1561] Im Gegensatz zu § 59e III BRAO enthält § 23a I 4 lit. c) MBOÄ jedoch ausdrücklich allein ein Verbot der *Gewinn*beteiligung Dritter. Nicht ausdrücklich verboten ist es, Anteile an der Ärztegesellschaft für Rechnung Dritter zu halten. Hierfür müsste die Entstehung eines Treuhandverhältnisses zu einem Dritten jedoch überhaupt in Frage kommen. Treuhandverhältnisse bedürfen entweder der Übertragung eines Treuguts (je nach Übertragungsrichtung sog. Erwerbs- bzw. Übertragungstreuhand) oder der Vereinbarung, ein bisher im Eigentum des Treuhänders stehendes Treugut werde nunmehr für den Treugeber gehalten; eine Übertragung des Treuguts findet dann nicht statt.[1562] Gesellschaftsrechtlich bedürfen die Abtretung von Gesellschaftsanteilen an einer GmbH und die Verpflichtung hierzu nach § 15 III, IV GmbHG der notariellen Beurkundung.[1563] Die Abtretung der Gesellschaftsanteile an der Ärztegesellschaft an Dritte ist jedoch bei § 23a I 2 MBOÄ entsprechender Vinkulierung der Geschäftsanteile ausgeschlossen: Entweder fehlt dem Dritten die erforderliche Berufszugehörigkeit, um sich an der Gesellschaft zu beteiligen oder die unmittelbare Gesellschafterstellung des Treugebers ist gerade nicht beabsichtigt. Daher kommt allein eine Vereinbarungstreuhand zur Umgehung[1564] der Vinkulierung und gleichzeitiger Vermeidung eines Konflikts mit § 23a MBOÄ in Betracht, in der kein Übertragungsakt stattfindet. Gleichwohl

---

1558 Keine berufsrechtlichen Probleme ergeben sich bei treuhänderischem Halten von Gegenständen des Anlagevermögens, das insbesondere bei der Sicherung von Darlehen praktisch höchste Relevanz aufweist. Siehe hierzu *Gummert/Meier*, MedR 2006, 75 (82); *Köbler*, Beteiligung Berufsfremder, S. 259 f.

1559 Vgl. zur Rechtsanwaltsgesellschaft *Berninger*, GWR 2014, 101; *Wedel*, in: *Hartung/Scharmer*, BORA, BRAO, § 59e Rn. 21; *Henssler*, in: *Henssler/Prütting*, BRAO, § 59e Rn. 28; die Rechtmäßigkeit verfassungs- und unionsrechtlich in Zweifel ziehend *Kleine-Cosack*, BRAO, § 59e Rn. 12.

1560 *Gummert/Meier*, MedR 2006, 75 (82); *Köbler*, Beteiligung Berufsfremder, S. 260 f., erachten Treuhandverhältnisse in knapper Behandlung für allgemein unzulässig, da sie stets eine Anteilsübertragung an nicht kooperationsfähige Dritte nach sich ziehen. Sie lassen jedoch Vereinbarungstreuhandverhältnisse außer Betracht.

1561 BT-Drs. 13/9820, S. 14.

1562 *Geibel*, Treuhandrecht, S. 173 f. Zur Vereinbarungstreuhand allgemein *Geibel*, Treuhandrecht, S. 9, 28, 155, 162, 173 f.

1563 Näher *Servatius*, in: *Baumbach/Hueck*, GmbHG, § 15 Rn. 22, 30.

1564 Zu der Umgehung einer Vinkulierung von GmbH-Geschäftsanteilen *Brandes*, in: *Bork/Schäfer*, GmbHG, § 15 Rn. 17.

unterliegt nach Rechtsprechung und überwiegender Ansicht in der Literatur im Hinblick auf den Regelungszweck der Treuhandvertrag dem Formzwang des § 15 IV 1 GmbHG, obwohl keine rechtliche Übertragung der Gesellschaftsanteile beabsichtigt wird.[1565] Zwar betrifft die nach § 23a I 2 MBOÄ empfehlenswerte Vinkulierung der Gesellschaftsanteile[1566] nicht die schuldrechtliche Verpflichtung, sondern allein die Abtretung,[1567] doch soll dann darüber hinaus auch der Treuhandvertrag aufgrund der Übertragung der Anteile in ein Treuhandvermögen bereits den Satzungserfordernissen nach § 15 V 1 GmbHG unterfallen.[1568] Ist Gesellschafter der Ärztegesellschaft eine andere Ärztegesellschaft, so kann durch mittelbare Beteiligung an der Zielgesellschaft durch die Gesellschafter-Ärztegesellschaft keine Umgehung der Vinkulierung erzeugt werden. Als Gesellschafter kommen nur § 23a MBOÄ entsprechende Ärztegesellschaften in Betracht, deren Gesellschaftsanteile ebenso nach § 15 V GmbHG von der Berufszugehörigkeit abhängig gemacht werden müssen. Im Fall der Vinkulierung der Gesellschaftsanteile kommt somit das treuhänderische Halten der Gesellschaftsanteile für einen Dritten entgegen der Zustimmung durch die Gesellschaft bereits grundsätzlich nicht in Betracht.[1569]

Sind die Gesellschaftsanteile dagegen nicht nach § 15 V 1 GmbHG vinkuliert, ist die Umgehung der Konsequenzen aus einem Konflikt mit der Gesellschafterbeschränkung nach § 23a MBOÄ durch die Treuhand eines Gesellschafters zugunsten eines Dritten ohne Einschränkungen denkbar. Mangels ausdrücklicher Regelung in § 23a MBOÄ kann nicht davon auszugehen sein, dass die Übertragung von Gesellschaftsanteilen in ein Treuhandverhältnis zugunsten eines Dritten zur Umgehung einer Gesellschafterstellung eines Dritten der Regelung des § 23a I 4 lit. c) MBOÄ widerspricht.[1570] Erst recht lässt sich aus der Freiberuflichkeit kein Verbot eines treuhänderischen Haltens von Anteilen an einer Ärztegesellschaft ableiten. Ohnehin zulässig ist auch nach dem strengeren § 59e III Alt. 1 BRAO die Verpfändung von Gesellschaftsanteilen im Rahmen der Zwangsvollstreckung.[1571] Zwar ist damit das Halten von Gesellschaftsanteilen im Rahmen der Vereinbarungstreuhand nach

1565 *BGHZ* 141, 207 (212); im Ergebnis *zust.*, weiterführend und mit umfangreichen Nachweisen *Geibel*, Treuhandrecht, S. 271 f.; *Reichert*, GmbHR 2012, 713 (718).

1566 Siehe hierzu oben S. 311 ff.

1567 *Servatius*, in: *Baumbach/Hueck*, GmbHG, § 15 Rn. 37; *Brandes*, in: *Bork/Schäfer*, GmbHG, § 15 Rn. 17.

1568 *Geibel*, Treuhandrecht, S. 273 f. mit Hinweis insbesondere auf *BGH*, ZIP 2006, 1343 und *RGZ* 159, 272 (282); kritisch *Transfeld*, GmbHR 2010, 185 (189).

1569 Siehe jedoch zu weiteren Umgehungsmöglichkeiten von Vinkulierungen insbesondere durch Unterbeteiligungen *Transfeld*, GmbHR 2010, 185 (186 ff.).

1570 Ausdrücklich von grundsätzlicher Zulässigkeit treuhänderischer Beteiligungen ausgehend *Brandes*, in: *Bork/Schäfer*, GmbHG; § 15 Rn. 61.

1571 *Henssler*, in: *Henssler/Prütting*, BRAO, § 59e Rn. 29. Zu der durch Vinkulierung der GmbH-Geschäftsanteile nach § 15 V GmbHG unbeeinflussten Zwangsvollstreckung *Brandes*, in: *Bork/Schäfer*, GmbHG, § 15 Rn. 75.

§ 23a I 4 lit. c) MBOÄ nicht ausgeschlossen, in den Landesgesetzen kann jedoch das Halten von Anteilen untersagt werden.[1572]

§ 23a I 4 lit. c) MBOÄ betrifft nicht unmittelbar die Entstehung stiller Gesellschaften, da sie eine allein an den Arzt gerichtete Berufsausübungsregelung darstellt und im Übrigen die stille Gesellschaft als Innengesellschaft nicht Unternehmensträger ist.[1573] Auch die Zulässigkeit der Vereinbarung sog. partiarischer[1574] Darlehen oder Mietverträge über Räume oder Gerätschaften zur Reduzierung der Fixkosten[1575] und damit auch zur Erhöhung der Bonität bedarf näherer Untersuchung.[1576] Die Vereinbarung partiarischer Austauschverträge und stiller Gesellschaften nach §§ 230 ff. HGB ermöglichen grundsätzlich eine Beteiligung am Gewinn eines Handelsgewerbes,[1577] die Konstruktionen finden über Beteiligungen an einem Handelsgewerbe hinaus jedoch ebenfalls Anwendung.[1578] Reizvoll sind mittelbare Finanzierungs- und Beteiligungskonstruktionen bei hohen Kosten der Praxisausstattung, insbesondere in Verbindung mit der emergenten Kreditvergabepraxis der Banken gegenüber dem Mittelstand.[1579] Mezzanine

---

1572 Siehe hierzu § 32 II 5 Alt. 2 HeilBerG MV.

1573 *Treptow*, MVZ-GmbH, S. 175. A. A. wohl *Kilian*, in: *Prütting*, Medizinrecht, MBOÄ, § 23a Rn. 9, der stille Beteiligungen an der Ärztegesellschaft nach § 23a I 3 MBOÄ als ausgeschlossen ansieht.

1574 Bei partiarischen Mietverträgen erfolgt eine Vereinbarung gewinn- oder umsatzabhängiger Mietzinsen in Ergänzung oder an Stelle von festen Mietzinsen, *Blaurock*, Stille Gesellschaft, § 8 Rn. 47.

1575 *Pfalzgraf*, MedR 2000, 257.

1576 Unter hybriden oder mezzaninen Finanzierungsgestaltungen sind Finanzierungsinstrumente zu verstehen, die Wesenszüge sowohl von Eigen- als auch Fremdkapital in sich vereinen, siehe näher *Gleske/Laudenklos*, in: *Eilers et al.*, Unternehmensfinanzierung, Kap. D Rn. 1 ff.

1577 *Schön*, ZGR 1993, 210 (211).

1578 So wird eine analoge Anwendbarkeit der Regelungen der stillen Gesellschaft in §§ 230 ff. HGB allgemein angenommen und eine „stille GbR" auch für die Beteiligung an freiberuflichen Unternehmen anerkannt, *Schäfer*, in: MüKo BGB, § 705 Rn. 286 f; *Köbler*, Beteiligung Berufsfremder S. 207; *Blaurock*, Stille Gesellschaft, § 5 Rn. 4 f. Für die Frage der Zulässigkeit stiller Gesellschaften nach § 23a MBOÄ ist eine analoge Anwendung aber schon aufgrund der Fiktion in § 13 III GmbHG, 3 I AktG nicht notwendig, wonach GmbH bzw. AG auch ohne tatsächlichen Betrieb eines Handelsgewerbes Handelsgesellschaften darstellen und daher Formkaufleute nach § 6 II HGB sind.

1579 So sank nach der Finanzkrise 2008 die Kreditvergabe an kleine und mittlere Unternehmen überproportional, Grünbuch Schaffung einer Kapitalmarktunion, COM(2015) 63 final, S. 11. Im August 2018 wurde dagegen die Kreditvergabe an Unternehmen aufgrund einer anhaltenden Lockerung der Kreditangebotspolitik als sehr günstig eingeschätzt, *Bundesbank*, Monatsbericht August 2018, S. 28. Im Mai 2020 wurde die Kreditvergabe durch die Banken insbesondere im Firmenkundengeschäft dagegen restringiert, *Bundesbank*, Monatsbericht Mai 2020, S. 9. Vgl. hierzu bereits S. 52 ff.

Finanzierungsgestaltungen[1580] werden nämlich als wirtschaftliches Eigenkapital anerkannt, wobei unternehmenserfolgsabhängig zu leistende Zinskosten für das aufgenommene Kapital steuerlich als Fremdkapitalkosten abzugsfähig bleiben und in die bestehende Gesellschafterstruktur nicht eingegriffen wird.[1581] Die Zinsen werden in ihrer Höhe bei mezzaninen Finanzierungsinstrumenten zwar abhängig vom Periodenüberschuss oder -bilanzgewinn bestimmt, sie stellen jedoch noch keine Verwendung des Gewinns dar. Schon hiermit ist fraglich, ob mezzanine Finanzierungsgestaltungen durch § 23a I 4 lit. c) MBOÄ überhaupt grundsätzlich ausgeschlossen sind. Bei der am engsten verknüpften Form mezzaniner Finanzierungsinstrumente in gesellschaftstypischer Konstruktion, den stillen Gesellschaften, erfolgt zwar kein Eintritt als Gesellschafter in die juristische Person als gesellschaftsrechtlichem Verband, § 231 I HGB verweist jedoch ausdrücklich auf die nach § 231 II Hs. 2 HGB nicht vertraglich ausschließbare Beteiligung des stillen Gesellschafters am Gewinn. Schon nach dem Wortlaut ist mit den übrigen Stimmen[1582] daher zu schlussfolgern, dass durch die Regelung des § 23a I 4 lit. c) MBOÄ eine Untersagung gerade stiller Gesellschaften angedacht gewesen ist. Außerdem erhielte der stille Gesellschafter zwar keine Geschäftsführungsbefugnisse innerhalb der MKG, jedoch könnte er auf Einhaltung der Zweckförderungspflicht durch Geschäftstätigkeit und vertragsgemäße Verwendung der Einlage klagen[1583] und damit durchaus die ärztliche Tätigkeit beeinflussen. In der Regel lassen sich stille Gesellschafter zudem Mitspracherechte einräumen, die über die Kontrollrechte des § 233 HGB hinausgehen, weshalb eine nicht unerhebliche

1580 Außerhalb des öffentlichen Kapitalmarkts zählen dazu vor allen Dingen das partiarische Darlehen sowie die typische und atypische stille Gesellschaft, die ihrerseits in der Gestaltung eigenen Besonderheiten unterliegen. So zeichnen sich stille Gesellschaften nach allgemeiner Ansicht durch eine gesellschaftstypische Zweckverfolgung ohne verbandsmäßige Organisation aus, *Servatius*, in: *Henssler/Strohn*, Gesellschaftsrecht, HGB, § 230 Rn. 22; *Gleske/Laudenklos*, in: *Eilers et al.*, Unternehmensfinanzierung, Kap. D Rn. 51 ff.; *Blaurock*, Stille Gesellschaft, § 4 Rn. 25; a. A. *Schön*, ZGR 1993, 210 (241 ff.), der die gemeinsame Zweckverfolgung als reine Fiktion beschreibt und im Ergebnis nicht zwischen partiarischen Darlehen und stillen Gesellschaften unter Hinweis auf die rechtshistorische Entwicklung unterscheidet. Während in der typischen stillen Gesellschaft der stille Gesellschafter weder am Liquidationserlös oder am Vermögen des finanzierten Handelsgewerbes teilnimmt, noch Geschäftsführungsbefugnisse erhält, ist in der atypisch stillen Gesellschaft eine Beteiligung an den stillen Reserven ebenso möglich wie gesellschaftergleiche Kontroll- und Abstimmungsrechte, *Gleske/Laudenklos*, in: *Eilers et al.*, Unternehmensfinanzierung, Kap. D Rn. 56.; *Blaurock*, Stille Gesellschaft, § 4 Rn. 26 ff.

1581 *Gleske/Laudenklos*, in: *Eilers et al.*, Unternehmensfinanzierung, Kap. D Rn. 2, 10 f., 33 ff.

1582 *Köbler*, Beteiligung Berufsfremder, S. 212; *Kuhn*, Arzt-AG, S. 116 ff.

1583 *K. Schmidt*, in: MüKo HGB, § 230 Rn. 137, 156.

Einflussnahmemöglichkeit durch faktische Druckausübung[1584] auf die Gesellschaft und die Berufsausübung des Arztes zumindest naheliegt.[1585]

Während in stillen Gesellschaften ein gemeinsamer Zweck verfolgt wird, stellen partiarische Darlehen synallagmatische Austauschverträge dar – die Abgrenzung gestaltet sich aufgrund zahlreicher Gemeinsamkeiten regelmäßig sehr schwierig und ist in der Rechtsprechung bisweilen widersprüchlich erfolgt.[1586] Da in der Praxis dem partiarischen Darlehen eine ähnliche Bedeutung wie stillen Beteiligungen beigemessen wird, könnte ihre Zulässigkeit nach Sinn und Zweck des § 23a I 4 lit. c) MBOÄ ausscheiden.[1587] Bemerkenswert ist jedoch der strukturelle Unterschied zu stillen Beteiligungen. Partiarische Vertragskonstrukte verschaffen der MKG eine Leistung im Austausch für ein (variables) Entgelt. Kontroll-, Mitsprache- oder Überwachungsrechte stehen dem „Leistungserbringer" im Vergleich zu stillen Gesellschaftern regelmäßig nicht zu.[1588] Außerdem stellen erfolgsabhängige Zahlungsverpflichtungen innerhalb partiarischer Miet- oder Darlehensverträge für die ärztliche Leistung eine durchaus sachgerechte Lösung dar, da die Zahlungsverpflichtungen der Gesellschaft grundsätzlich nicht nur mit stärkerer Nutzung steigen, sondern mit schwächerer Nutzung im Gegenzug auch sinken. Damit sind partiarische Austauschverträge nach § 23a I 4 lit. c) MBOÄ nicht ausgeschlossen. Zu beachten sein wird in der konkreten Ausgestaltung, dass die Zahlungsverpflichtungen nicht den Wert der erhaltenen Leistungen übersteigen oder dem Leistungserbringer Rechte zugebilligt werden, um Anhaltspunkte für die Annahme einer nach § 23a I 4 lit. c) MBOÄ unzulässigen stillen Gesellschaft zu vermeiden.[1589]

1584 Vgl. in Bezug auf umsatzabhängige Entgeltvereinbarungen *Schulenburg/Heckmann*, GesR 2010, 525 (528).

1585 *Treptow*, MVZ-GmbH, S. 185.

1586 *Blaurock*, Stille Gesellschaft, § 8 Rn. 30; *Servatius*, in: *Henssler/Strohn*, Gesellschaftsrecht, HGB, § 230 Rn. 25 f. Siehe dazu auch *BFH*, NZG 2008, 920, wonach die Rechtsprechung ein *„substanzielles Mehr"* als die bloße Kapitalhingabe und dessen Verwendung verlangt. *Schön*, ZGR 1993, 210 (241 ff.), bezweifelt die rechtlich eigenständige Bedeutung partiarischer Rechtsverhältnisse mit Hinweis auf die rechtshistorische Entstehung per se sowie unter Hinweis auf dargelegte widersprüchliche praktische Abgrenzungsergebnisse in der Rechtsprechung, weshalb er entsprechende Konstruktionen den Regelungen der stillen Gesellschaft nach §§ 230 ff. HGB unterwirft.

1587 So im Ergebnis *Schulenburg/Heckmann*, GesR 2010, 525 (526 f.).

1588 *Blaurock*, Stille Gesellschaft, § 8 Rn. 34.

1589 Siehe bereits knapp eingehend auf Gewinnbeteiligungsvereinbarungen, im Speziellen umsatzabhängige Mietzinsverpflichtungen *Ahrens*, MedR 1992, 141 (145), der ebenfalls eine Grenze bei der Marktüblichkeit gesetzt hat.

(4) Gesellschafter- und Stimmrechtsmehrheit sowie verantwortliche Führung durch ärztliche Berufsangehörige

Der Einfluss nichtärztlicher Gesellschafter wird durch § 23a I 4 MBOÄ begrenzt. Die Mehrheit der Gesellschaftsanteile und der Stimmrechte muss ärztlichen Gesellschaftern zustehen, auch die Geschäftsführer müssen mehrheitlich Ärzte sein (lit. b)). Die nichtärztlichen Gesellschafter können sich folglich allein als Minderheitsgesellschafter an kapitalgesellschaftlich ausgestalteten MKG beteiligen.[1590] Außerdem ist die Gesellschaft verantwortlich durch einen ärztlichen Gesellschafter zu führen (lit. a)). Die Norm soll gewährleisten, dass das entscheidende Gewicht bei der Willensbildung der GmbH den Ärzten zukommt und berufsfremde Einflüsse Dritter verhindert werden.[1591] Versuche einer Einflussnahme auf die ärztliche Unabhängigkeit durch Kooperationspartner aufgrund eines eigenen wirtschaftlichen Interesses erscheinen nicht ausgeschlossen. So zeigte ein kürzlich entschiedener Fall des *LG Hamburg* die durch einen Apotheker unternommene Anstrengung auf, die Alleinversorgung von Patienten mit Zytostatika – hoch wirksamen und individuell für die einzelnen Patienten hergestellten Krebsmedikamenten – zu erreichen.[1592]

Die Kapitalbindungsvorschriften der wirtschafts- und rechtsberatenden Berufe standen vermutlich Pate für die Konstruktion des § 23a I 4 MBOÄ. Die Normen sehen sich erheblicher Kritik ausgesetzt, weil die interprofessionelle Zusammenarbeit mangels gegenseitiger Abstimmung der Normen praktisch erheblich erschwert wird.[1593] In den gleich lautenden Mehrheitsregelungen des rechtsanwaltlichen Berufsrechts besteht kein Erfordernis der Aufnahme quotaler Mehrheitsregelungen in den Gesellschaftsvertrag zur Regelung der Gesellschafterstellung, der Stimmrechte oder der Geschäftsführung. Als für die Zulassungsentscheidung allein entscheidend stellt sich die Übereinstimmung der tatsächlichen Gesellschafterkonstellation im status quo mit den Anforderungen der §§ 59e II 1, 59 f I 2 BRAO dar.[1594] Dagegen bedarf es bereits nach dem Wortlaut des § 23a I 4 MBOÄ („*[g]ewährleistet sein muss*") einer expliziten Sicherstellung der Mehrheitserfordernisse

1590 *Kuhn*, Arzt-AG, S. 27; *Saenger*, MedR 2006, 138 (140); *Braun/Richter*, MedR 2005, 685 (686); *Häußermann/Dollmann*, MedR 2005, 255 (259).

1591 Dieser Hintergrund kann den Äußerungen zu § 59e II 1 BRAO entnommen werden, an dem die Regelung des ärztlichen Berufsrechts angelehnt ist. Zu § 59e II 1 BRAO siehe *Brüggemann*, in: *Feuerich/Weyland*, BRAO, § 59e, Rn. 12; *Henssler* in: *Henssler/Prütting*, BRAO, § 59e Rn. 19; *Bormann* in: *Gaier et al.*, Anwaltliches Berufsrecht, § 59e BRAO Rn. 19; *AnwGH Bad.-Württ.*, Beschl. v. 19.10.2018 – AGH 13/2018 II, Rn. 64; BT-Drs. 13/9820, S. 14.

1592 *LG Hamburg*, Urt. vom 11.03.2019 – 918 KLs 2/17, BeckRS 2019, 9009.

1593 Vgl. hier bereits *Henssler*, WPK-Mitt. 1999, 2 (6).

1594 *AnwGH Bad.-Württ.*, Beschl. v. 19.10.2018 – AGH 13/2018 II, Rn. 54 f.; missverständlich das hierzu in Bezug genommene Urteil des *BayAnwGH*, BRAK-Mitt. 2010, 214 (218).

in der Kapitalgesellschaft, die allein durch eine ausdrückliche Satzungsregelung erfolgen kann. Durch Vinkulierung der Gesellschaftsanteile lassen sich auch die Mehrheitserfordernisse absichern, indem ihre Veräußerbarkeit und Vererbbarkeit eingeschränkt werden.[1595] Auf das Erfordernis ausdrücklicher gesellschaftsvertraglicher Gewährleistung im Kontrast zu dem rechtsanwaltlichen Berufsrecht lässt sich auch teleologisch aus dem Fehlen einer Zulassungs- bzw. Genehmigungspflicht der Ärztegesellschaften schließen.

Die strategische und planerische Führungsentscheidungen umfassende Geschäftsführung obliegt einer ärztlichen Mehrheit, was bei einer GmbH[1596] auf den Geschäftsführer nach § 35 GmbH zielt und bei der AG[1597] ihren Vorstand betrifft. Ein nicht-ärztlicher Geschäftsführer ist damit erst bei einer Anzahl von drei Geschäftsführern zulässig.[1598] Allgemein wird der Hervorhebung der verantwortlichen Führung der Gesellschaft *„von […] einem Arzt"* in § 23a I 4 lit. a) Hs. 1 MBOÄ entnommen,[1599] dass Ärzten stets die Führung der juristischen Person[1600] und die maßgeblichen Geschäftsführungsentscheidungen[1601] obliegen. Die „verantwortliche" Führung beschreibe zudem die gesamte interne Leitungsbefugnis der Ärzte zur Sicherstellung ärztlicher Mitwirkung an Geschäftsführungsmaßnahmen und der Unabhängigkeit ärztlicher Geschäftsführer.[1602] Außerdem sollen Nichtärzte nur gemeinsam mit ärztlichen Geschäftsführern vertretungsbefugt sein können.[1603] Dem ist jedoch entgegenzutreten. § 23a I 4 lit. b) MBOÄ schließt die Einzelvertretungsbefugnis nichtärztlicher Gesellschafter nicht ausdrücklich aus, sondern stellt allein auf die Mehrheitsverhältnisse ab.[1604] Eine Begrenzung der

---

1595 A. A. *Braun/Richter*, MedR 2005, 685 (686), und *Häußermann/Dollmann*, MedR 2005, 255 (259), die diese Folge § 23a MBOÄ unmittelbar entnehmen.

1596 *Saenger*, MedR 2006, 138 (142).

1597 *Kuhn*, Arzt-AG, S. 28, 60.

1598 *Saenger*, MedR 2006, 138 (143); *Schäfer-Golz*, in: FS Huber, §. 951 (967); *Häußermann/ Dollmann*, MedR 2005, 255 (260).

1599 Durch die sprachliche Gestaltung des § 23a I 4 lit. a) MBOÄ (*„Gewährleistet sein muss zudem, dass die Gesellschaft verantwortlich von einer Ärztin oder einem Arzt geführt wird; Geschäftsführer müssen mehrheitlich Ärztinnen und Ärzte sein."*) ergäbe sich durch den ersten Halbsatz ein möglicher Ausschluss der mehrheitlichen Geschäftsführung, die im zweiten Halbsatz offensichtlich als zulässig beschrieben wird, vgl. dazu *Kuhn*, Arzt-AG, S. 28; *Saenger*, MedR 2006, 138 (142); *Kilian*, in: *Prütting*, Medizinrecht, MBOÄ, § 23a Rn. 13.

1600 *Kuhn*, Arzt-AG, S. 28; *Saenger*, MedR 2006, 138 (142).

1601 *Scholz*, in: *Spickhoff*, Medizinrecht, MBOÄ, § 23a Rn. 3; siehe zur Rechtsanwaltsgesellschaft mbH *BGH*, NJW 2012, 461 (462).

1602 *Saenger*, MedR 2006, 138 (142 f.). Kritisch in Bezug auf die Verfassungsmäßigkeit der Mehrheitsvoraussetzung in der Geschäftsführung *Kuhn*, Arzt-AG, S. 123 f.

1603 *Saenger*, MedR 2006, 138 (143).

1604 So in Bezug auf § 59 f I BRAO bereits *Wedel*, in: *Hartung/Scharmer*, BORA, BRAO, § 59 f Rn. 5. Zu der geringen Sinnhaftigkeit der Regelung von Mehrheitsverhältnissen bezüglich der Geschäftsführung *Römermann*, GmbHR 1999, 526 (529).

Art der Vertretungsmacht lässt sich nur in der Gesetzesbegründung zu § 59 f I BRAO zu einer als exemplarisch aufgeführten Satzungsgestaltung entnehmen.[1605] § 59 f I BRAO stellt ebenso allein auf Mehrheitsverhältnisse, nicht jedoch auf die Art der Vertretungsmacht ab.[1606] Im rechtsanwaltlichen Berufsrecht wird für die ähnlich lautende Norm des § 59 f I BRAO unter verantwortlicher Führung die Ausübung der ausschlaggebenden Entscheidungsgewalt durch unabhängige und freie Anwälte verstanden.[1607] Sie dient der Gewährleistung, dass ein Rechtsanwalt eines interprofessionellen Zusammenschlusses ohne Mitwirkung Angehöriger anderer Berufe im Innen- und Außenverhältnis handlungsfähig ist.[1608] Für ein Verbot der Einzelvertretungsbefugnis eines nichtanwaltlichen Gesellschafters ergibt sich jedoch keine Stütze im Gesetz. Zudem werden alleinvertretungsberechtigte Rechtsanwälte nicht durch die Einzelvertretungsbefugnis eines Nichtanwalts in ihrer Handlungsfähigkeit beeinträchtigt. So liegt es auch im Fall des § 23a I 4 lit. a) MBOÄ, sodass bereits einfachrechtlich kein Verbot der Einzelvertretungsbefugnis von Nichtärzten aufgrund § 23a I 4 lit. a) MBOÄ besteht. Daher muss die Geschäftsführung nichtärztlicher Bereiche auch Nichtärzten in Einzelvertretungsbefugnis übertragen werden können.[1609]

Ein Arzt wird jedoch erheblich in seiner Handlungsfähigkeit beeinträchtigt, wenn er als Geschäftsführer in Gesamtvertretung an die Mitwirkung eines Nichtarztes gebunden ist. Sie kann daher nicht zulässig sein.[1610] Im Übrigen ist eine Fremdgeschäftsführung nicht nach § 23a I 4 lit. a) MBOÄ ausgeschlossen.[1611] Die Norm schweigt dahingehend. § 23a I 4 lit. a) MBOÄ fordert lediglich die verantwortliche Führung der Gesellschaft durch *„einen"* Arzt, wobei die übrigen Geschäftsführer weder die Gesellschafterstellung noch eine besondere Berufszugehörigkeit aufweisen müssen.[1612] Somit kommen auch Angehörige nicht in §§ 23a I 1, 23b I 1 MBOÄ genannter Berufe als Geschäftsführer in Frage.

1605 BT-Drs. 13/9820, S. 15.

1606 So allein noch *Römermann*, GmbHR 1999, 526 (529); *Wedel*, in: *Hartung/Scharmer*, BORA, BRAO, § 59 f Rn. 5.

1607 *Henssler*, in: *Henssler/Prütting*, BRAO, § 59 f Rn. 6.

1608 *Henssler*, in: *Henssler/Prütting*, BRAO, § 59 f Rn. 17; BT-Drs. 13/9820, S. 15.

1609 *Kilian*, in: *Prütting*, Medizinrecht, MBOÄ, § 23a Rn. 14;

1610 *Saenger*, MedR 2006, 138 (143).

1611 So richtig *Kuhn*, Arzt-AG, S. 63 f.; *Saenger*, MedR 2006, 138 (143); *Braun/Richter*, MedR 2005, 685 (687); *Kilian*, in: *Prütting*, Medizinrecht, MBOÄ, § 23a Rn. 13.

1612 Anders dagegen das Berufsrecht der Rechtsanwälte in § 59 f II BRAO, das eine Beschränkung der Geschäftsführung auf diejenigen Berufsfelder kennt, denen die Gesellschafterstellung offensteht, *Saenger*, MedR 2006, 138 (143); *Kuhn*, Arzt-AG, S. 62.

(5) Name der juristischen Person

Der Name der juristischen Person des Privatrechts hat nach § 23b I 6 MBOÄ den Namen eines ärztlichen Gesellschafters zu enthalten und darf nach § 23a II 1 MBOÄ lediglich die Namen der in der Gesellschaft tätigen ärztlichen Gesellschafter enthalten. Damit ist die Führung des Namens angestellter Ärzte[1613] wie auch die Nutzung von Phantasie- und Sachfirmen unzulässig.[1614] Außerdem verbietet sich die Aufnahme des Namens nichtärztlicher Gesellschafter. Zur Bestimmung des Zwecks der Vorschrift lässt sich das früher ähnlich formulierte anwaltliche Berufsrecht[1615] heranziehen. Die Norm diente der Kennzeichnung freiberuflicher und eigenverantwortlicher Tätigkeit und dem Schutz vor Irreführung. Diese Aspekte lassen sich auf §§ 23b I 6, 23a II MBOÄ übertragen.[1616] Richtigerweise ist die Restriktion der Aufnahme lediglich ärztlicher Gesellschafter in den Namen allerdings verfassungswidrig, da Patienten bereits durch die handelsrechtliche Regelung in § 18 II HGB[1617] vor Irreführung durch Hervorrufen falscher Vorstellungen wie auch der Aufführung aller Partner mit Berufsangabe auf dem Praxisschild nach § 18a II 1 MBOÄ ausreichend geschützt sind. Insofern ergäbe sich eine erhebliche Ungleichbehandlung zu der Organisation in einer PartG, die gesellschaftsrechtlich nach § 2 I 1 PartGG die Aufnahme aller Berufsbezeichnungen in ihren Namen notwendig macht – berufsrechtlich ist nach § 23b I 4 lit. g) MBOÄ sogar die Namensangabe aller Partner erforderlich.

Nach § 23b I 6 MBOÄ hat der Name außerdem die Bezeichnung *„medizinische Kooperationsgemeinschaft"* zu enthalten.[1618] Der nach dem Gesellschaftsrecht zu führende Rechtsformzusatz wird natürlich nicht durch die berufsrechtliche Regelung der §§ 23a, b MBOÄ berührt.[1619]

(6) Haftpflichtversicherung, § 23a I 4 lit. d) MBOÄ

§ 23a I 4 lit d) MBOÄ erfordert das Bestehen einer ausreichenden Berufshaftpflichtversicherung für jeden in der Gesellschaft tätigen Arzt. Mithin ist es Sache jedes einzelnen Arztes, eine § 21 MBOÄ entsprechende Berufshaftpflichtversicherung abzuschließen. Die Berufspflicht wird nicht auf die Gesellschaft übertragen.[1620] Als

---

1613 So jedoch *Häußermann/Dollmann*, MedR 2005, 255 (261).

1614 *Kuhn*, Arzt-AG, S. 28; *Saenger*, MedR 2006, 138 (145); *Braun/Richter*, MedR 2005, 685 (686); *Häußermann/Dollmann*, MedR 2005, 255 (261).

1615 Nach § 59k I S . 1 BRAO a. F. hatte die Firma der Rechtsanwaltsgesellschaft den Namen wenigstens eines rechtsanwaltlichen Gesellschafters und die Bezeichnung *„Rechtsanwaltsgesellschaft"* zu enthalten.

1616 *Kuhn*, Arzt-AG, S. 141 f. mit Hinweis auf *Kempter/Kopp*, NJW 2000, 3449 (3450) in Bezug auf die frühere Regelung des § 59k BRAO im anwaltlichen Berufsrecht.

1617 *Kuhn*, Arzt-AG, S. 142 f.

1618 So auch *Kilian*, in: *Prütting*, Medizinrecht, MBOÄ, § 23a Rn. 21.

1619 Vgl. auch *Häußermann/Dollmann*, MedR 2005, 255 (261).

1620 *Kilian*, in: *Prütting*, Medizinrecht, MBOÄ, § 23a Rn. 19.

Grund hierfür lässt sich auf die fortbestehende persönliche Haftung des einzelnen Arztes auf deliktischer Ebene verweisen.

(7) Übernahme des § 23a MBOÄ in Berufsordnungen der Landesärztekammern

Die Landesärztekammern in *Brandenburg,*[1621] *Hessen, Mecklenburg-Vorpommern, Thüringen, Schleswig-Holstein, Sachsen,* im *Saarland* und die Ärztekammer *Westfalen-Lippe* haben § 23a MBOÄ im selben Wortlaut übernommen. *Hamburg* hat die Regelung mit demselben Wortlaut übernommen, ihr aber noch einen dritten Absatz eingefügt, nachdem die ärztliche Tätigkeit in einer juristischen Person des Privatrechts, die gewerbsmäßig heilkundliche Leistungen anbietet und die Voraussetzungen des ersten Absatzes nicht erfüllt, im Ausnahmefall genehmigt werden kann. *Sachsen-Anhalt* hat zwar den Text des § 23a MBOÄ übernommen, schließt jedoch zusätzlich in § 23a I 1 Hs. 2 BO LSA die Gründung einer KG und OHG aus. Da die Personenhandelsgesellschaften keine juristische Personen darstellen, findet § 23a BO LSA auf sie ohnehin keine Anwendung.[1622]

Inhaltlich anders aufgebaut ist § 17 V BO Nds. für Ärzte in *Niedersachsen.* Zwar ist im Grundsatz die ärztliche Tätigkeit nach § 17 I BO Nds. an die Niederlassung in eigener Praxis gebunden. Als Ausnahme hiervon wird u. a. die ärztliche Tätigkeit in einer juristischen Person des Privatrechts nach § 17 V BO Nds. in § 17 I Nr. 5 BO Nds. aufgezählt. Im Kontrast zu § 23a I MBOÄ werden die Anforderungen an die Geschäftsführung weniger streng gehandhabt. Während § 23a I 4 lit. a) MBOÄ sowohl die verantwortliche Führung der Gesellschaft durch einen Arzt als auch die Mehrheit der Geschäftsführer voraussetzt, stellt § 17 V 1 BO Nds. kein Erfordernis verantwortlicher Führung durch einen Arzt auf. Zudem muss nicht die Mehrheit der zur Geschäftsführung berechtigen Personen von Beruf Arzt sein, sondern nach § 17 V 1 Nr. 4 BO Nds. „*mindestens die Hälfte dieser Personen*". Im Gegensatz zu § 23a I 4 lit. a) MBOÄ ist daher die paritätische Besetzung der Geschäftsführung durch einen Arzt und einen Angehörigen eines anderen Berufs möglich. Zudem wird in § 17 V 1 Nr. 7 BO Nds. die Mindestversicherungssumme der Berufshaftpflichtversicherung auf fünf Millionen Euro für jeden Versicherungsfall festgesetzt. Sie knüpft an die Anzahl der Gesellschafter – insbesondere also nicht an ärztliche Gesellschafter – und zusätzlich an diejenigen Geschäftsführer an, die nicht Gesellschafter sind. Auch wenn eine Pflicht zum Abschluss einer Haftpflichtversicherung für die berufliche Tätigkeit nach § 21 S. 2 BO Nds. nicht besteht, soweit ausreichender Versicherungsschutz durch eine Betriebshaftpflichtversicherung vorliegt, dürfte für Ärzte gleichwohl praktisch der Bedarf nach einer persönlichen Berufshaftpflichtversicherung bestehen, um ihr deliktisches Haftungsrisiko aufzugreifen.

1621 Anders jedoch noch *Kilian,* in: *Prütting,* Medizinrecht, § 23a MBOÄ Rn. 31a.
1622 So bereits auch *Kilian,* in: *Prütting,* Medizinrecht, § 23a MBOÄ Rn. 34.

In *Rheinland-Pfalz* übernimmt § 23b I 2 BO RP den Wortlaut des § 23b I 2 MBOÄ. Die Gründung einer MKG in Rechtsform einer Kapitalgesellschaft ist danach „*gem. § 23a BO RP*“ zulässig. Im Grundsatz wird auch die Norm des § 23a MBOÄ zur Ausgestaltung juristischer Personen des Privatrechts übernommen, sie steht allerdings nach § 23a I 1 Hs. 2 BO RP („*soweit dies durch formelles Gesetz zugelassen ist*“) unter dem Vorbehalt formell-gesetzlicher Anerkennung der Berufsausübung in Kapitalgesellschaften. Die Zugänglichkeit von Kapitalgesellschaften in *Rheinland-Pfalz* ist daher von der landesgesetzlichen Ausgestaltung abhängig.[1623]

In anderen Berufsordnungen wird bezüglich der Rechtsformwahl eine von §§ 23a, § 23b MBOÄ inhaltlich gänzlich abweichende Regelung vorgenommen. In *Bremen* legt § 23a I BO HB lediglich fest, dass nach Satz 3 die „*Verträge über den Zusammenschluss in der Form der juristischen Person des Privatrechts sowie deren Änderung*“ der Ärztekammer vorzulegen sind. Satz 2 reduziert die Zulässigkeit gemeinsamer Praxisführung auf Konstellationen, in denen die Beteiligten „*die Berechtigung zur Ausübung des ärztlichen, zahnärztlichen oder psychotherapeutischen Berufs besitzen.*“ § 23a I 2 BO HB ist dem Wortlaut nach allgemeingültig und richtet sich nicht allein an die berufliche Tätigkeit von Ärzten in Kapitalgesellschaften. § 23b BO HB ermöglicht dagegen die gemeinsame Berufsausübung mit einem umfassenderen Personenkreis, obwohl nach bisheriger Feststellung die Arztpraxis in der MKG geführt wird. Darüber hinaus gestattet § 23b I 2 BO HB den MKG die Rechtsform juristischer Person des Privatrechts ausdrücklich „*gem. § 23a*“ BO HB. § 23a I 2 BO HB und § 23b I 2 BO HB muten daher paradox an. Die Auflösung des Widerspruchs ist durch teleologische und systematische Erwägungen möglich. So sind §§ 23a, 23b BO HB nur dann sinnvoll miteinander vereinbar, wenn § 23a I 2 BO HB auf die Führung einer Praxis in Kapitalgesellschaften begrenzt ist. Die systematische Stellung spricht ohnehin für ein solches Verständnis, da allgemeine Erwägungen in § 18 BO HB platziert worden sind. Außerdem lässt sich dann § 23a I 2 BO HB eine Begrenzung kapitalgesellschaftlicher Organisation auf Ärzte untereinander oder mit Zahnärzten oder Psychotherapeuten entnehmen. Folglich ist die kapitalgesellschaftliche Gestaltung in *Bremen* auf MKG mit Zahnärzten und/oder Psychotherapeuten begrenzt. Mehrheitserfordernisse bestehen weder für Gesellschafter noch für die Geschäftsführung, auch mittelbare Beteiligungen sind nicht ausdrücklich verboten. Mit Angehörigen anderer als nach § 23b I 1 BO HB kooperationsfähigen Berufen bleibt Ärzten dagegen die Gründung einer kapitalgesellschaftlich organisierten MKG verwehrt. Folglich sind in *Bremen* Kapitalgesellschaften nur für MKG mit Zahnärzten und Psychotherapeuten zugänglich. An späterer Stelle[1624] wird diese einschneidende Regelung auf ihre Verfassungsmäßigkeit zu überprüfen sein.

In *Baden-Württemberg* bestehen keine ausdifferenzierten Anforderungen an die Zulässigkeit ärztlicher Berufsausübung in einer juristischen Person des

---

1623 Siehe hierzu näher S. 328 ff.
1624 Siehe hierzu S. 350.

Privatrechts. Nach § 23a I BO BW können Ärzte auch in der Form einer juristischen Person des Privatrechts ärztlich tätig sein. Mehrheitserfordernisse werden weder in Bezug auf Geschäftsführung noch für Gesellschafts- und Stimmrechtsanteile normiert. Auch die Beteiligung Dritter am Gewinn der Gesellschaft ist nicht ausdrücklich ausgeschlossen. Unbeschadet des Namens der Gesellschaft können zudem die Namen und Arztbezeichnungen aller ärztlichen Gesellschafter und der angestellten Ärzte nach § 23a II BO BW angezeigt werden.

Die Berufsordnungen der Ärztekammern *Bayerns*,[1625] *Berlins*[1626] und *Nordrheins*[1627] sehen dagegen die Rechtsform juristischer Personen des Privatrechts für MKG als unzulässig an. Hierauf ist aus einem Umkehrschluss der ausdrücklich als zulässig anerkannten PartG und GbR zu schließen. In *Berlin* liegt die Untersagung zentral an dem mittlerweile aufgehobenen landesgesetzlich geregelten Ausschluss ärztlicher Tätigkeit in Kapitalgesellschaften nach § 4a V KaG Bln. Während seines Bestehens wurde bereits die Adoption des § 23a MBOÄ in die Berufsordnung angestrebt, die allerdings durch die Rechtsaufsicht als § 4a V KaG widersprechend nicht gebilligt wurde.[1628] Folglich steht den Kooperationspartnern in *Bayern*, *Berlin* und dem Bereich der Ärztekammer *Nordrhein* eine kapitalgesellschaftliche Rechtsform nicht zur Auswahl.

β) Landesgesetzliche Bestimmungen zur Berufsausübung in juristischen Personen

Die Berufsordnungen der Ärzte fußen auf der Rechtsetzungsbefugnis der Landesärztekammern, die ihnen durch landesgesetzliche Ermächtigung zuteil wird. Daher sind neben den Regelungen der Berufsordnungen die landesgesetzlichen Bestimmungen inhaltlich darzustellen. Eine genauere Auseinandersetzung mit dem Inhalt der landesgesetzlichen Regelungen soll bei ihrer jeweiligen verfassungsmäßigen Überprüfung stattfinden.

Das Heilberufe-Kammergesetz *Baden-Württembergs* enthält keine Vorschrift, die sich ausdrücklich mit der ärztlichen Berufsausübung in Rechtsform einer juristischen Person des Privatrechts befasst. Allein die Ermächtigungsgrundlage hinsichtlich der gemeinsamen Ausübung der Berufstätigkeit in § 31 III Nr. 7 HBKG BW erweist sich damit als relevant. Nach der freiheitlichen Ausrichtung des deutschen Rechtssystems ist mithin landesgesetzlich von der grundsätzlichen Zulässigkeit ärztlicher Berufsausübung in Kapitalgesellschaften auszugehen, soweit sich kein Verstoß gegen die allgemeinen Berufspflichten durch einen derartigen Zusammenschluss ergibt.

1625 § 23a I 3 BO BY.
1626 § 23 I 2 BO Bln.
1627 § 23a I 2 BO Nordrh.
1628 *Kilian*, in: *Prütting*, Medizinrecht, § 23a MBOÄ Rn. 26, 29.

In *Sachsen-Anhalt* hält § 20 I Nr. 4 KGHB-LSA die Kammern dazu an, dass die zu erlassende Berufsordnung Vorschriften insbesondere hinsichtlich *„der Ausübung des Berufs in eigener Praxis, gemeinschaftlich sowie in der Rechtsform einer juristischen Person"*, enthalten soll. Der Wortlaut des § 20 I Nr. 4 KGHB-LSA gibt weder Zweck noch Richtung der in der Berufsordnung zu treffenden Regelungen vor. Auch aus der in dieser Hinsicht schweigenden Gesetzesbegründung lassen sich hierzu keine Anzeichen ablesen.[1629] Entnommen werden kann der Regelung lediglich die Zulässigkeit juristischer Personen als Rechtsform für die Berufsausübung. Besonders zu bemerken gilt es, dass § 20 I Nr. 4 KGHB-LSA grammatikalisch die Berufsausübung in Kapitalgesellschaften als solche in *eigener* Praxis erkennt. Der eingefügte Attributsatz *„gemeinschaftlich sowie in der Rechtsform einer juristischen Person"* ist fest mit der zuvor geschilderten *„Ausübung des Berufs in eigener Praxis"* zu ihrer weiteren Beschreibung verbunden. Daraus folgt die Erkenntnis, dass die Beurteilung, ob eine Niederlassung in eigener Praxis vorliegt, unabhängig von der Rechtsform vorgenommen werden kann.

Für das *Saarland* regelt § 17 III 2 SHKG, dass die Kammern für die Tätigkeit bei einer juristischen Person des Privatrechts in der Berufsordnung Anforderungen festlegen *können*, die insbesondere gewährleisten, dass die Tätigkeit eigenverantwortlich, unabhängig und nicht gewerblich ausgeübt wird. Eigene Regulierungen zur Ausgestaltung juristischer Personen des Privatrechts werden im SHKG nicht unternommen. Überraschend ist der Regelungsort in § 17 III 2 SHKG, mithin nach der Öffnung der Berufsordnung für weitere Regelungen zur *„kooperativen Berufsausübung"* in verschiedenen Rechtsformen in Satz 1. Dennoch ergibt sich keine Beschränkung der weit gehaltenen Regelungsbefugnis der Ärztekammer zur Normierung von Anforderungen an Kapitalgesellschaften auf kooperative Berufsausübung, da der zweite Satz in Kontrast zu dem vorhergehenden Satz auf das *„Führen einer Praxis"* rekurriert.

In *Nordrhein-Westfalen, Thüringen, Bremen,* und *Brandenburg* setzt jeweils eine § 29 II 2 HeilBerG NRW entsprechende Vorschrift für die Ausübung ärztlicher Tätigkeit in einer juristischen Person des Privatrechts voraus, dass die Kammern in der Berufsordnung Anforderungen festgelegt haben, die insbesondere gewährleisten, dass die heilkundliche Tätigkeit eigenverantwortlich, unabhängig und nicht gewerblich ausgeübt wird.[1630] Es handelt sich um einen Regelungsauftrag des Gesetzgebers an die berufsständischen Kammern, um Kapitalgesellschaften für die geregelten Heilberufe zugänglich zu machen. Die Regelungen unterscheiden sich von der Gestaltung im *Saarland* dadurch, dass die berufliche Tätigkeit in einer Kapitalgesellschaft für Ärzte nur nach dem Handeln der jeweiligen Landesärztekammer in Frage kommt. Im *Saarland „können"* die Kammern nach § 17 III 2 SHKG Anforderungen festlegen; unterbleiben sie, bleibt Ärzten die Wahl der Rechtsform einer Kapitalgesellschaft nicht verwehrt. Der Nachteil eines Regelungsauftrags an

1629 Siehe *Landtag Sachs.-Anhalt,* Drs. 5/859, S. 22.
1630 § 20 II 3 ThürHeilBG, § 31 IV 1 iVm 32 II HeilBerG Bbg; § 27 II 3 HeilBerG HB.

die Heilberufekammer wirkt sich dagegen in *Nordrhein-Westfalen* aus. Die Kammer *Nordrhein* hat keine eigene Regelung zu Ärztegesellschaften eingeführt und ferner nach § 17 II 1 Var. 3 BO Nordrh. die Ausübung ambulanter ärztlicher Tätigkeit bei Beschäftigungsträgern, die gewerbsmäßig ambulante heilkundliche Leistungen erbringen, untersagt.[1631]

Auch im hess. HeilBerG werden keine verbindlichen Anforderungen an die ärztliche Berufsausübung in Kapitalgesellschaften fixiert. § 25 Nr. 18 hess. HeilBerG enthält jedoch die Ermächtigung an die Berufskammern, in der Berufsordnung Vorschriften zu erlassen hinsichtlich *„der Gesellschafterstruktur, der Tätigkeit der Gesellschafter in der Gesellschaft, der Geschäftsführung, der Gesellschaftsanteile, der Stimmrechte, der Gewinnbeteiligung sowie des Gesellschaftsnamens im Falle der Berufsausübung in der Rechtsform einer juristischen Person des Privatrechts.“* Die Aufstellung konkreter Regelungen im hess. HeilBerG zur Ausgestaltung von Kapitalgesellschaften unterbleibt.

In *Mecklenburg-Vorpommern* und *Berlin* besteht eine ähnliche, wenn auch nicht gleichlautende Regelung vorgenommen. § 33 IV HeilBerG MV besagt, dass die Kammern in der Berufsordnung an das Führen einer Praxis in der Rechtsform einer juristischen Person des Privatrechts Anforderungen festlegen können, die gewährleisten, dass die heilkundliche Tätigkeit eigenverantwortlich, unabhängig und nicht gewerblich ausgeübt wird.[1632] Gleichzeitig wird in § 32 II HeilBerG MV verlangt, dass die Berufspflichten auch bei Ausübung des Berufs in der Rechtsform einer juristischen Person des privaten Rechts einzuhalten sind. Eine Haftungsbeschränkung gegenüber Patienten darf durch die Berufsausübung in der Rechtsform einer juristischen Person des Privatrechts nicht herbeigeführt werden. Aus dem Sinnzusammenhang durch den Bezug zu Heilbehandlungen kann lediglich die Haftung gegenüber Patienten aufgrund von Behandlungs- und Aufklärungsfehlern gemeint sein.[1633] Gesellschafter müssen nach § 32 II 4 HeilBerG MV mehrheitlich Angehörige der *„Kammern“* sein und in der Gesellschaft beruflich tätig sein. Dritte dürfen außerdem nach § 32 II 5 Alt. 1 HeilBerG MV nicht am Gewinn beteiligt sein, nach der zweiten Alternative dürfen Anteile der Gesellschaft nicht für Dritte gehalten werden. Das Nähere bleibt der Regelung durch die Berufsordnung überlassen.[1634]

Eine andere Regelungsweise findet sich in den Ländern *Schleswig-Holstein, Hamburg* und *Niedersachsen*, deren Regelungssystematik anhand des § 29 II 3

1631 Siehe hierzu S. 348 ff.

1632 In *Berlin* regelt § 26 III 1 BlnHKG gleichfalls, dass die Führung einer Praxis in Rechtsform einer juristischen Person des Privatrechts zulässig ist, soweit eine eigenverantwortliche, unabhängige und nicht gewerbliche Berufsausübung gewährleistet ist.

1633 Die Gesetzesbegründung des *Landtages Meck.-Vorp.*, Drs. 5/788, S. 41, schweigt hierzu.

1634 Siehe in Berlin § 26 III 3 ff. BlnHKG, wobei eine Voraussetzung einer Gesellschaftermehrheit von Kammermitgliedern nicht aufgestellt wird.

HBKG SH verdeutlicht werden soll. So wird zwar nach § 29 II 3 Nr. 7 HBKG SH für eine heilberufliche Tätigkeit in einer Kapitalgesellschaft die Gewährleistung der eigenverantwortlichen, unabhängigen und nicht gewerblichen Heilkundeausübung vorausgesetzt.[1635] Zudem werden weitere Erfordernisse statuiert. Zu ihnen zählen der Ausschluss von Gewinnbeteiligungen Dritter, das Majoritätserfordernis rekurrierend auf Gesellschaftsanteile und Stimmrechte zugunsten von Kammermitgliedern und die Aufteilung der Geschäftsführungsbefugnis auf Personen, von denen zumindest die Hälfte Kammermitglieder sind.[1636] Außerdem dürfen Kapitalgesellschaften – mit § 23b I 1 MBOÄ konform – nur Angehörige verkammerter Heilberufe, der in § 1 II PartGG genannten sonstigen Gesundheitsberufe sowie naturwissenschaftlicher und sozialpädagogischer Berufe angehören.

Hierzu im Gegensatz bleibt in *Sachsen*[1637] die Regelung gem. § 16 IV 2 SächsHKaG weitgehend auf eine Abbildung des § 23a MBOÄ reduziert. Die Norm beinhaltet eine Einschränkung der Gesellschafterfähigkeit auf einen näher benannten Kreis bestimmter Berufsgruppen, ein Gebot der aktiven Berufsausübung sowie ein Verbot der Beteiligung Dritter am Gewinn und die Ermächtigung an die Berufskammern, das Nähere in den Berufsordnungen zu regeln.

In *Rheinland-Pfalz* ist die Ausübung der ambulanten ärztlichen Tätigkeit außerhalb eines Krankenhauses und konzessionierter Privatkrankenanstalten nach § 21 II HeilBerG RP an die Niederlassung *„in eigener Praxis"* gebunden.[1638] Die Regelung wird unmissverständlich in einem Ausschluss von Zusammenschlüssen in Form von Kapitalgesellschaften begründet, der bei Überarbeitung des Gesetzes betont beibehalten worden ist.[1639] Da unter einer Niederlassung nach der Rechtsprechung[1640] die öffentlich erkennbare Bereitstellung zur Ausübung des ärztlichen Berufs in selbständiger Praxis zu verstehen ist, sind die bei einer GmbH angestellten Ärzte nicht in einer *eigenen* Praxis niedergelassen.[1641] Der Kapitalgesellschaft selbst wiederum mangelt es an der eigenen Zulassung, um sich als

---

1635 Gleichlautende Vorschriften in § 32 II Nr. 8 HKG Nds.; § 27 III 2 Hs. 1 HmbKGH.

1636 Siehe die katalogartige Darstellung in § 29 II 3 Nr. 1–7 HBKG SH; § 32 II Nr. 1–8 HKG Nds.; § 27 III 2 Nr. 1–6 HmbKGH.

1637 § 16 IV 2 SächsHKaG.

1638 Bis zum Inkrafttreten des neuen Berliner Heilberufekammergesetzes am 30.11.2018 galt noch ein gleiches Verbot ärztlicher Berufsausübung in juristischen Personen des Privatrechts nach § 4a V KaG, jedoch ohne Regelung einer Ausnahmemöglichkeit wie in § 21 II 5 HeilBerG RP.

1639 *Landtag Rh.-Pfalz*, Drs. 12/7097, S. 23; *OLG Zweibrücken*, MedR 2016, 798 (800). Der Landtag und die Landesregierung von *Rh.-Pfalz* haben diese Intention bekräftigt, *VerfGH Rh.-Pfalz*, Urt. v. 31.3.2017 – VGH N 4/16 u. VGH N 5/16, Rn. 37, 39.

1640 Siehe hier nur *BGH, NJW* 1978, 589 (589), rekurrierend auf *Daniels/Bulling*, BÄO, § 2 Rn. 28; näher *Taupitz*, NJW 1992, 2317 (2324); *ders.*, NJW 1996, 3033 (3035); *Treptow*, MVZ-GmbH, S. 67 f.

1641 Siehe hier nur *Treptow*, MVZ-GmbH, S. 67; *Taupitz*, JZ 1994, 1100 (1102); *ders.*, NJW 1996, 3033 (3035).

Arzt niederzulassen.[1642] Damit ist in *Rheinland-Pfalz* die Führung einer Praxis in einer Kapitalgesellschaft grundsätzlich unzulässig.[1643] Das Verbot entstammt jedoch keiner expliziten Untersagung, sondern ist Produkt der Auslegung des Niederlassungserfordernisses.[1644] Nach § 21 II 5 HeilBerG „*können*" die Kammern „*in besonderen Einzelfällen*" Ausnahmen zulassen, „*wenn sichergestellt ist, dass berufsrechtliche Belange nicht beeinträchtigt sind.*" Da die Einschaltung einer juristischen Person des Privatrechts keine Befreiung der Ärzte von der persönlichen Pflicht zur Beachtung ihrer gesetzlichen oder standesrechtlichen Berufspflichten bewirkt, ist allerdings das ärztliche Berufsrecht von den darin tätigen Ärzten ohnehin zu wahren. Zwar findet die Möglichkeit der Auslegung dort ihre Grenze, wo sie zum Wortlaut und zum klar erkennbaren Willen des Gesetzgebers in Widerspruch steht; dennoch soll der äußerst restriktive, auf „*besondere Einzelfälle*" begrenzte Wortlaut in § 21 II 5 HeilBerG RP verfassungskonform dahingehend ausgelegt werden können, dass sich das Ermessen der Landesärztekammer im Fall der Einhaltung der Berufspflichten auf die Anerkennung einer Ausnahme von dem repressiven Verbot reduziert.[1645]

In *Bayern* ist nach Art. 18 I 2 HKaG BY „*die Führung einer ärztlichen Praxis in der Rechtsform einer juristischen Person des Privatrechts [...] nicht statthaft*". Sie wird vollständig und jedermann untersagt.[1646] Die Gesetzesbegründung bezeugt, dass jegliche ärztliche Berufsausübung in einer juristischen Person des Privatrechts ausgeschlossen sein soll.[1647] Die Untersagung betrifft Kapitalgesellschaften unabhängig davon, ob die Berufsausübung mono- oder interprofessionell erfolgt. Da Ärzte ihre ärztliche Praxis zumindest teilweise in eine MKG einbringen, steht Art. 18 I 2 HKaG BY der Führung als Kapitalgesellschaft entgegen. Darüber hinaus

---

1642 *OLG Karlsruhe*, VersR 1994, 1459; *OLG Hamm*, NJW 1993, 801 (802); *Deutsch/Spickhoff*, Medizinrecht, Rn. 37.

1643 Siehe nur *Schiller/Hartmann*, in: *Halbe/Schirmer*, Kooperationen, A 1600 Rn. 4 Fn. 9.

1644 Vgl. *OLG Zweibrücken*, MedR 2016, 798 (800).

1645 *VerfGH Rh.-Pfalz*, Urt. v. 31.3.2017 – VGH N 4/16 u. VGH N 5/16, S. 18 f.; krit. *Köhler-Hohmann*, GuP 2017, 158 (160). Vgl. ferner bereits *Taupitz*, NJW 1996, 3033 (3041); *ders.*, JZ 1994, 1100 (1102); im Ergebnis ebenso *Attermeyer*, Arzt-GmbH, S. 57 f., 212.

1646 *Treptow*, MVZ-GmbH, S. 74; *Attermeyer*, Arzt-GmbH, S. 25; *Taupitz*, NJW 1996, 3033 (3034 ff.); *Laufs*, MedR 1995, 11 (12 f.).

1647 *Bay. Landtag*, Drs. 12/10455, S. 14 f.: „*Während die Praxisführung in der Rechtsform einer BGB-Gesellschaft im Einklang mit dem persönlich-freiberuflichen Charakter der von niedergelassenen Ärzten. Zahnärzten und Tierärzten eigenverantwortlich zu erbringenden Dienstleistungen steht [...] verträgt sich die „gemeinsame" Praxisführung in der Rechtsform einer Kapitalgesellschaft nicht mit dem aufgezeigten Charakter heilberuflicher Dienstleistungen. Damit können nicht nur – zum Nachteil der Patienten – die Bindungen an die staatlichen Gebührenordnungen für diese Heilberufe und deren unbegrenzte haftungsrechtliche Verantwortlichkeit, sondern auch wesentliche berufsrechtliche Verpflichtungen, so v. a. das berufstypische Werbeverbot, umgangen werden.*"

erfordert Art. 18 I 1 Nr. 2 HKaG BY die Ausübung der Tätigkeit in *eigener* Praxis und daher außerhalb einer Kapitalgesellschaft.

γ) Zwischenergebnis

In *Bayern* ist die Führung von MKG nach § 18 I 2 HKaG BY ausgeschlossen. Dementsprechend regelt die Berufsordnung in Bayern die Berufsausübung in einer juristischen Person des Privatrechts nicht. In *Baden-Württemberg* ist dagegen mangels einschränkender Regelungen in HBKG BW und der ärztlichen Berufsordnung die Führung einer MKG in einer juristischen Person des Privatrechts zulässig, sofern durch den Zusammenschluss keine Berufspflichten verletzt werden. In *Hessen* werden zwar durch das hess. HeilBerG keine Anforderungen an die Ausgestaltung juristischer Personen des Privatrechts gestellt, jedoch enthält die Berufsordnung fußend auf einer ausdrücklichen Ermächtigung in § 25 Nr. 18 hess. HeilBerG dem § 23a MBOÄ entsprechende Anforderungen an sie. In *Bremen* wird Ärzten der Eintritt in eine Kapitalgesellschaft mit Zahnärzten und Psychotherapeuten erlaubt, mit anderen Berufen nach § 23a I 2 BO HB jedoch ausgeschlossen. In den anderen Ländern ergeben sich Einschränkungen sowohl durch landesgesetzliche Regelungen als auch durch die Berufsordnungen der Landesärztekammern, die den in § 23a MBOÄ gestellten Anforderungen regelmäßig zumindest gleichen. Veraltet und daher nicht mehr zutreffend ist damit augenscheinlich *Steinhilpers* Aussage, die meisten Heilberufsgesetze verböten die Ausübung der ambulanten Heilkunde in einer Kapitalgesellschaft.[1648]

iii) Verfassungsmäßigkeit des umfassenden landesgesetzlichen Verbots in Bayern

α) Einleitung

Die verfassungsmäßige Überprüfung des Ausschlusses ärztlicher Berufsausübung in juristischen Personen ist ein Dauerbrenner der juristischen Literatur. Mehrheitlich wird der Ausschluss für verfassungswidrig erachtet.[1649] Die Thematik soll an dieser Stelle aus diversen Anlässen gleichwohl aufgegriffen und in deren Einflüssen

1648 *Steinhilper*, in: *Laufs et al.*, Hdb. Arztrecht, § 35 Rn. 93 Fn. 230. Siehe zum Umsetzungsstand von § 23a MBOÄ bereits *Saenger*, MedR 2006, 138 (140).

1649 Siehe hierzu S. 306 ff.; siehe zusätzlich *Schnapp/Kaltenborn*, SGb 2001, 101 (104); *Treptow*, MVZ-GmbH, S. 74 f.; *Schäfer*, in: *Bork/Schäfer*, GmbHG, § 1 Rn. 16; *Köhler-Hohmann*, Ärzte- und Heilkunde-GmbH, S. 45 ff. Zusätzlich die Gesetzgebungszuständigkeit der Länder bezweifelnd *Rieger*, MedR 1995, 87 (88). Dagegen die Verfassungsmäßigkeit der Verbote feststellend *Trautmann*, Gemeinschaftspraxis, S. 123 ff., 141. Frühere Auseinandersetzungen beinhalteten bereits – exemplarisch *Lach*, Freiberufliche Zusammenarbeit, S. 97 ff.; *Kremer*, Freiberufler-GmbH, passim; *Spitzl*, Die ärztliche Gemeinschaftspraxis, S. 72 f.

neu beleuchtet werden. Durch Einführung der PartGmbB als haftungsbeschränkter Rechtsformvariante der PartG – die gerade auch in *Bayern* Ärzten offensteht[1650] – könnten sich die rechtlichen Begleitumstände derart geändert haben, dass selbst bei Übernahme der bisherigen Argumentation der Rechtsprechung ein Ausschluss von Kapitalgesellschaften nicht mehr zu rechtfertigen ist. Ohnehin sind darüber hinaus in den bisherigen Auseinandersetzungen allein monoprofessionelle Zusammenschlüsse von Ärzten in Kapitalgesellschaften aufgegriffen worden, sodass auch der interprofessionellen Einbettung Beachtung zu schenken ist.

β) Eingriff in die Berufswahlfreiheit

Die Berufsfreiheit nach Art. 12 I GG schützt die Berufswahl und Berufsausübung als einheitliches Grundrecht, in das nur durch Gesetz oder auf Grund eines Gesetzes nach Art. 12 I 2 GG eingegriffen werden darf.[1651] Unumstritten erweist sich das Verbot der Führung einer kapitalgesellschaftlichen Arztpraxis als Regelung der ärztlichen Berufsausübung.[1652] Dagegen wirkt sich das Verbot gegenüber juristischen Personen[1653] nicht lediglich als Berufsausübungsregelung aus,[1654] da ihnen die Führung einer Arztpraxis zur Erbringung ambulanter Leistungen *stets* untersagt wird. Unerheblich ist, dass die GmbH selbst mangels eigener Handlungsfähigkeit keine medizinischen Leistungen vollbringen kann und sich angestellter Ärzte bedienen muss. Art. 18 I 2 HKaG BY untersagt nämlich nicht allein die ärztliche Tätigkeit, sondern das Angebot *ambulanter* ärztlicher Leistungen in einer kapitalgesellschaftlichen Arztpraxis. Insbesondere führt die Kapitalgesellschaften offenstehende Möglichkeit des Krankenhausbetriebs nicht zu einer

---

1650 Siehe zuvor S. 304 ff.

1651 *BVerfGE* 7, 377 (402).

1652 Siehe hier nur *Kaiser*, Ärzte-GmbH, S. 187 f.; *Attermeyer*, Arzt-GmbH, S. 48; *Henssler*, ZIP 1994, 844 (846); *Taupitz*, NJW 1996, 3033 (3042); *Trautmann* Gemeinschaftspraxis, S. 128.

1653 Zur möglichen Berufung auf Grundrechte juristischer Personen nach Art. 19 III GG siehe hier nur *Dreier*, in: *Dreier*, GG, Art. 19 Rn. 37; *Kämmerer*, in: *von Münch/Kunig*, GG, Art. 19 Rn. 12.

1654 So jedoch *BayVerfGH*, NJW 2000, 3418 (3419); *OLG München*, Urt. v. 18.9.2014 – Az. 29 U 1154/14; *OVG Nordrh.-Westf.*, MedR 2001, 150 (151); *Schnapp/Kaltenborn*, SGb 2001, 101 (106); *Trautmann*, Gemeinschaftspraxis, S. 128. Auch die ältere Rechtsprechung in Bezug auf die Zulässigkeit einer Steuerberatungsgesellschaft mbH bzw. der Ausübung der Rechtsberatung durch juristische Personen hat ein derartiges Verbot als Berufsausübungsregelung charakterisiert, siehe *OVG Koblenz*, NJW 1980, 1866 (1867) und *BVerwG*, NJW 1959, 1986 (1986). Im Übrigen eine Berufsausübungsregelung feststellend *Trautmann*, Gemeinschaftspraxis, S. 130. Hierin eine Preisgabe des Grundrechtsschutzes von Kapitalgesellschaften erkennend *Henssler*, ZIP 1994, 844 (846 f.), zust. *Taupitz*, JZ 1994, 1100 (1103).

Einordnung der Untersagung als Berufsausübungsregelung.[1655] Wie die Vertreter dieser Ansicht selbst herausarbeiten, ist schon die Ergreifung des Arztberufs durch Kapitalgesellschaften mit Hinblick auf die Höchstpersönlichkeit ärztlicher Leistungen nicht möglich. Demzufolge ist allein die Organisation eines ambulanten ärztlichen Angebots in einer Arztpraxis als Entscheidungskriterium heranzuziehen. Der Betrieb eines Krankenhauses unterscheidet sich hiervon wiederum erheblich, womit sie nach der Berufsbildlehre des *BVerfG* zu differenzieren sind. Infolge der Verschließung des Betriebs einer Arztpraxis in Kapitalgesellschaften ist das Verbot als objektive[1656] Berufszulassungsregelung anzusehen.[1657] Gegen *Kaisers*[1658] Einordnung als subjektive Berufszulassungsschranke spricht, dass keine Anschauung von *konkreten* Merkmalen der einzelnen juristischen Person erfolgt. Vielmehr findet lediglich eine pauschale Gegenüberstellung von juristischen gegenüber natürlichen Personen statt. Doch kann die rechtliche Personenstellung allein nicht als subjektives Kriterium ausreichen. Parallel hierzu wird schließlich auch nicht bezweifelt, dass ein alle natürliche Personen betreffendes Verbot grundsätzlich objektiv ausgerichtet ist, sofern das Verbot nicht an *konkrete* Eigenschaften anknüpft.

γ) Verletzung der Berufsfreiheit nach Art. 12 I GG

(1) Maßstab

Während Berufsausübungsregelungen durch vernünftige Gründe des Allgemeinwohls gerechtfertigt werden können, kommen objektive Berufsausübungsregelungen lediglich zur Abwehr nachweisbarer oder zumindest höchstwahrscheinlicher schwerer Gefahren für ein überragend wichtiges Gemeinschaftsgut in Betracht.[1659]

1655 So jedoch *Schnapp/Kaltenborn*, SGb 2001, 101 (106) in Anknüpfung an die Entscheidung des *BayVGH*, NJW 2000, 2318 ff.; daran anschließend *Trautmann*, Gemeinschaftspraxis, S. 128.

1656 Die Berufswahl statt der Berufsausübung wird bereits thematisiert in *BGHZ* 124, 224 (225). Siehe ferner *Taupitz*, JZ 1994, 1100 (1103); *ders.*, NJW 1996, 3033 (3039); *Rieger*, MedR 1995, 87 (88); *Weber/Vogt-Weber*, ArztR 1997, 179 (181); *Katzenmeier*, MedR 1998, 113 (114). *Ganster*, Freier Beruf, S. 598, spricht der Freiberufler-Kapitalgesellschaft dagegen eine eigene Grundrechtsträgerschaft ab.

1657 Nicht herangezogen werden kann der Betrieb eines MVZ durch Kapitalgesellschaften, da nach hier vertretener Ansicht die vertragsarztrechtlichen Regelungen nicht die berufsrechtlichen Regelungen verdrängen, MVZ mithin auch dem Verbot der Führung einer Praxis in einer Kapitalgesellschaft unterliegen; wie hier *Treptow*, MVZ-GmbH, S. 68, 77.

1658 Die Regelung knüpfe an ihre subjektive Eigenschaft als juristische Person des Privatrechts an und sei daher als subjektive Berufszulassungsregelung einzuordnen, die – richtigerweise, siehe *BVerfGE* 9, 338 (345) – nicht davon abhängig sei, ob die betreffende Eigenschaft beeinflusst werden kann oder nicht, *Kaiser*, Ärzte-GmbH, S. 190.

1659 *BVerfGE* 7, 377 (408).

Auf den ersten Blick mag das Verbot bezwecken: den Schutz der Gesundheit der Bevölkerung[1660] vor einer Verschlechterung der Behandlungsqualität,[1661] die Verhinderung von Umgehungen berufsrechtlicher Bestimmungen,[1662] den Schutz der Reputation des Arztberufs, des Vertrauens der Patienten in den Arztberuf und die medizinische Versorgung wie auch den Schutz vor Anonymisierung,[1663] die Verhinderung der Kommerzialisierung der Medizin im Sinne von Geschäften mit der Gesundheit.[1664] Der Schutz der Gesundheit der Bevölkerung wird dabei als überragend wichtiges Gemeinschaftsgut durch das *BVerfG* anerkannt.[1665] Zwar kommt dem Gesetzgeber zur Beurteilung der Eignung der Maßnahmen wie auch ihrer Erforderlichkeit eine Einschätzungsprärogative zu,[1666] einschneidende Maßnahmen lassen sich jedoch nicht rechtfertigen, wenn für die benannten Gefahren keine Erkenntnisse vorliegen.[1667]

(2) Unerwünschte Kommerzialisierung ambulanter ärztlicher Leistungen

Nicht bestritten werden kann im internationalen Vergleich, dass bei vorrangiger Verfolgung betriebswirtschaftlicher Zielsetzungen erhebliche Nachteile erwachsen können.[1668] Die Bekämpfung einer wie auch immer gearteten Kommerzialisierung der Medizin taugt dennoch nicht als ausreichende Grundlage für das Verbot.[1669] Der Kommerzialisierung im Vertragsarztwesen leistet bereits der (Bundes-) Gesetzgeber selbst Vorschub, indem Ärzten seit Jahrzehnten[1670] systematisch der Kostendruck erhöht wird[1671] und der typisch freiberufliche Markt ambulanter

1660 *Laufs*, MedR 1995, 11 (13).

1661 Bay. Landtag, Drs. 12/10455, S. 13 („*Schutz der heilungsuchenden Bevölkerung*").

1662 Bay. Landtag, Drs. 12/10455, S. 14.

1663 Diese Sorge teilt *Laufs*, MedR 1995, 11 (11), ebenso wie Begünstigung der ärztlichen Tätigkeit durch die Zulässigkeit der Arzt-GmbH.

1664 *Landtag Nordrh.-Westf.*, Drs. 11/5673, S. 31. Siehe die Aufzählung von Regelungszwecken bei *Taupitz*, NJW 1992, 2317 (2322 f.); *ders.*, NJW 1996, 3033 (3036).

1665 Siehe hier nur *BVerfGE* 103, 172 (184 f.); 82, 209 (230); 78, 179 (192).

1666 *Scholz/Buchner*, NZS 2012, 401 (403).

1667 *BVerfGE* 107, 186 (197); *Scholz/Buchner*, NZS 2012, 401 (403, 405 f.).

1668 Siehe hierzu insbesondere die gesamteuropäische Entwicklung im zahnärztlichen Bereich durch die Entstehung von Dentalketten, die vor allen Dingen in Spanien und Frankreich zu erheblichen Problemen wie u. a. überhöhten Preisen, irreführenden Nachlässen, nicht beendeten Behandlungen, profitgetriebenen Falschbehandlungen, Druck durch Quotenvorgaben gegenüber Zahnärzten, Ausbeutung von Zahnärzten und Behandlungen durch nicht ausgebildetes Personal geführt haben sollen, siehe näher Entschließung des Council of European Dentists, Dentalketten in Europa, 16. November 2018, CED-DOC-2018–069–FIN-D. In Bezug auf die USA *Hoppe*, Der Frauenarzt 1998, 1822; *Krahe*, MedR 2005, 691 (695).

1669 A. A. *OVG Nordrh.-Westf.*, MedR 2001, 150 (152).

1670 *Maaß*, NZS 2018, 41 (41) zu den ersten Gesetzen zur Dämpfung der Kosten der GKV.

1671 Siehe hier nur *Riedel*, GesR 2008, 1 (1); *Taupitz*, NJW 1996, 3033 (3037); *Gesellensetter*, Annäherung an das Gewerbe, S. 68; *Kazemi*, MedR 2005, 17 (18).

Behandlungen immer mehr Konkurrenten zugänglich gemacht wird.[1672] Bereits der Einführung von MVZ als Leistungserbringer lag der Wille des Gesetzgebers zugrunde, den „*Wettbewerb zwischen verschiedenen Versorgungsformen*“ zu ermöglichen[1673] und verstärkte den wirtschaftlichen Aspekt vertragsärztlicher Versorgung.[1674] Ärzten wiederum auf Landesebene den Weg zu einer Reaktion auf den wirtschaftlichen Druck zu versperren, zeigt keine Stringenz. Darüber hinaus konterkariert die landesrechtliche Ausgrenzung ökonomischer Faktoren im Hinblick auf den Grundsatz der Bundestreue in bedenklicher Weise die bundesgesetzliche Akzentuierung wirtschaftlicher Elemente.

Erst recht führt die ambulante ärztliche Berufsausübung in Kapitalgesellschaften nicht zu einer Umgehung des in §§ 1 II BÄO, 1 I MBOÄ verankerten Grundsatzes der Freiberuflichkeit, da nach § 1 GmbHG jeder gesetzlich zulässige Zweck in einer GmbH oder AG verfolgt werden kann.[1675] Ihre Gewerblichkeit erfolgt lediglich aufgrund gesetzlicher Fiktion,[1676] sodass die ärztliche Berufsausübung in Kapitalgesellschaften dem grundsätzlichen Verbot gewerblicher Berufsausübung nach § 18 II 1 MBOÄ nicht entgegensteht.[1677] Schließlich kann auch eine grundsätzliche

---

1672 Bereits durch die vom Gesundheitsstrukturgesetz eingeführte Möglichkeit der Anstellung von Ärzten wurde die mögliche Konkurrenz erhöht, *Laufs*, MedR 1995, 11 (15 f.). Ein durch die verstärkte Berücksichtigung von ökonomischen Grundsätzen im Gesundheitswesen entstehender Widerspruch entsteht auch bei Gegenüberstellung des Vertragsarztrechts mit dem in § 27 MBOÄ geregelten ärztlichen Werbeverbot, *Riedel*, GesR 2008, 1 (1). Außerdem wurde der Konkurrentenkreis durch Einführung der MVZ erheblich erweitert, exemplarisch durch Ermöglichung ihrer Leitung durch Krankenhausträger – die zuvor grundsätzlich auf stationäre Behandlung beschränkt waren – oder Kommunen, wobei gleichzeitig die stationäre Behandlung freiberuflichen Ärzten nicht eröffnet worden ist, *Koller*, Ärztliche Kooperationsformen, S. 117. Siehe bereits auch zur Einführung des Gesetzes zur Modernisierung der gesetzlichen Krankenversicherung (GMG) *Häußermann/Dollmann*, MedR 2005, 255; *Schulz/Schulte*, RPG 2006, 97 (101 f.); *Gesellensetter*, Annäherung an das Gewerbe, S. 68.

1673 BT-Drucks. 15/1525, S. 74.

1674 Allgemein *Riedel*, GesR 2008, 1. Vgl. auch *Koller*, Ärztliche Kooperationsformen, S. 140, die in der Einführung des MVZ ein Umkippen der vertragsärztlichen Versorgung in eine „*gewinnorientierte, wirtschaftliche Betätigung*“ erkennt.

1675 A. A. *OVG Nordrh.-Westf.*, MedR 2001, 150 (152 f.). A. A. wohl *Laufs*, MedR 1995, 11 (11), wonach eine GmbH offen gewerblich agiere.

1676 § 13 III GmbHG und § 3 I AktG („*gilt als Handelsgesellschaft*“); hierzu siehe hier nur *Lach*, Freiberufliche Zusammenarbeit, S. 99; *Taupitz*, NJW 1992, 2317 (2323); *ders.*, NJW 1996, 3033 (3037); *Treptow*, MVZ-GmbH, S. 64; *Katzenmeier*, NJW 1998, 113 (114).

1677 Siehe jedoch in Bezug auf § 23a MBOÄ *Gummert/Remplik*, Münchener Hdb. Gesellschaftsrecht Bd. 1, § 25 Rn. 18, wonach die Zulassung der Berufsausübung in Kapitalgesellschaften eine Ausnahme zu dem Verbot gewerblicher Berufsausübung darstelle.

Gewinnorientierung von Kapitalgesellschaften nicht als Ausschlussgrund dienen, denn ein Unterschied zur selbständigen ärztlichen Tätigkeit in eigener Praxis liegt insofern nicht vor. Auch freiberufliche Ärzte wirtschaften gewinnbringend, die Problematik des *„Arztes als Unternehmer“* ist von der Organisationsform unabhängig.[1678] Das an Berufsausübungsgemeinschaften gestellte Erfordernis, dass im Grundsatz alle Partner ein *unternehmerisches* Risiko zu tragen haben,[1679] zeigt erkennbar auf, dass die ärztliche Tätigkeit in ihrer Gesamtwürdigung nicht um ein ökonomisches Element herumkommt. Der Kosten- und Wettbewerbsdruck auch außerhalb des Vertragsarztsystems verstärkt die wirtschaftliche Komponente auch für freiberufliche Ärzte.[1680] Nicht außer Betracht gelassen werden sollte der weniger ausgeprägte wirtschaftliche Existenzdruck von in Kapitalgesellschaften[1681] tätigen Ärzten im Vergleich zu persönlich haftenden Ärzte.[1682] Allein die ausschließlich auf Gewinnerzielung ausgerichtete Berufsausübung verbietet sich für den Arzt.[1683] Ohne Weiteres kann zudem nicht festgestellt werden, dass die Versorgung durch Kapitalgesellschaften (gesamtgesellschaftlich) besser oder schlechter ist.[1684]

(3) Sicherung der Einhaltung des Berufsrechts

Die ärztlichen Berufspflichten gelten infolge der Zwangsmitgliedschaft in der Landesärztekammer auch für die in einer juristischen Person des Privatrechts tätigen Ärzte. Bei der Umgehung der berufsrechtlichen Vorschriften durch die GmbH selbst, wie sie früher insbesondere für die ärztlichen Werbebeschränkungen befürchtet wurde,[1685] kann die GmbH nach der Rechtsprechung des *BGH* als Störer wettbewerbsrechtlich zur Haftung gezogen werden,[1686] für den Arzt ergeben

1678 Vgl. *Bodemeyer*, VSSR 2011, 197 (202); *Gesellensetter*, Annäherung an das Gewerbe, S. 59 f., 63; *Wasem/Staudt*, MedR 2018, 476 (476 ff.).

1679 Vgl. *BÄK*, DÄBl. 2006, A-801 (A-804).

1680 Vgl. *Koller*, Ärztliche Kooperationsformen, S. 140; in Bezug auf die Bedeutung der Werbung für Ärzte in der heutigen modernen Dienstleistungsgesellschaft *Kleine-Cosack*, NJW 2003, 868 (868); *Kazemi*, MedR 2005, 17 (17 f.).

1681 Gerade in Bezug auf die Beschaffung teurer Praxisausstattung, vgl. hier nur *Klose*, BB 2003, 2702 (2705).

1682 Vgl. zur unionsrechtlich untersuchten Frage der Vereinbarkeit mit der Niederlassungsfreiheit eines Fremdbetriebsverbots für den Apothekenbetrieb *Herrmann*, EuZW 2009, 413 (414). Siehe dagegen das durch *Herrmann* besprochene und kritisierte Urteil des *EuGH* EuZW 2009, 409 (411), worin von einer Zügelung des privaten Interesses an Gewinnerzielung aufgrund der persönlichen Haftung ausgegangen wird.

1683 *Gesellensetter*, Annäherung an das Gewerbe, S. 68 f.

1684 *Wasem/Staudt*, MedR 2018, 676 (679 f.).

1685 So u.a. a. A. *OVG Nordrh.-Westf.*, MedR 2001, 150 (153).

1686 *BGH* MedR 1995, 113 (113); *LG Hamburg*, MedR 1995, 82 (82); siehe ferner hier nur *Taupitz* NJW 1996, 3033 (3038); *Taupitz*, NJW 1992, 2317 (2324); *Schnapp/Kaltenborn*, SGb 2001, 101 (106). Nach einer anderen Ansicht ergibt sich eine Reflexwirkung

sich mögliche berufsrechtliche Sanktionen bei Umgehung seines Berufsrechts. Selbst die GOÄ als für alle Ärzte geltendes zwingendes Preisrecht ist für ärztliche Leistungen einer GmbH anwendbar, da der den Anwendungsbereich bestimmende § 1 I GOÄ[1687] nicht auf die Vertragsparteien, sondern auf die beruflichen Leistungen der Ärzte abstellt.[1688] Zudem stellt die Gefahr einer Einflussnahme auf die berufliche Unabhängigkeit kein Charakteristikum der GmbH dar,[1689] was auch die vormals skeptische *Bundesärztekammer* mittlerweile durch Einfügung des § 23a MBOÄ nach eingehender Beratung anerkannt hat.[1690] Flächendeckend wird in Bezug auf andere freie Berufe die Tätigkeit in Kapitalgesellschaften als widerspruchsfrei zu freiberuflicher Berufsausübung akzeptiert.[1691] Die Argumentation des *OLG München* für die Verfassungsmäßigkeit des Verbots aus Art. 18 I 2 HKaG BY ist daher auch insoweit nicht überzeugend.

Für die Unterhaltung einer Praxis kann auch nicht die Approbation erforderliches Kriterium sein. Die juristische Person kann als solche keine Behandlungen vornehmen, sie bedarf der Bedienung von Ärzten. Da die Approbation die Behandlung von Patienten durch fachlich qualifizierte Personen sicherstellen soll, ist sie allein für die ärztliche Behandlung als eigentliche Betätigung erforderlich, nicht

---

des Berufsrechts auch für juristische Personen des Privatrechts als Arbeitsgeberin für Ärzte, die juristische Person des Privatrechts dürfe daher die angestellten Ärzte nicht daran hindern, ihren Berufspflichten gerecht zu werden. Nach anderer Ansicht werden juristische Personen des Privatrechts nicht durch das Berufsrecht erfasst, da das Berufsrecht außenstehende Dritte nicht binden kann. Zu den Ansichten siehe *Ratzel*, in: *Ratzel/Lippert*, MBOÄ, § 18 § 18a Rn. 32.

1687 § 1 I GOÄ lautet: *„Die Vergütungen für die beruflichen Leistungen der Ärzte bestimmen sich nach dieser Verordnung, soweit nicht durch Bundesgesetz etwas anderes bestimmt ist.“*

1688 *KG Berlin*, WRP 2017, 89 (89 f.) unter Hinweis auf *BGH*, ZMGR 2010, 37, worin jedoch das Vertragsverhältnis eines Krankenhausträgers mit einem niedergelassenen Arzt behandelt wird. Ebenso *Clausen*, in: *Clausen/Schroeder-Printzen.*, Medizinrecht, § 8 Rn. 190; *Clausen*, in: *Stellpflug et al.*, Gesundheitsrecht, D 4100 Rn. 4. Die Anwendbarkeit der GOÄ wird dagegen bestritten von *Hübner*, in: *Prütting*, Medizinrecht, GOÄ, § 1 Rn. 7; *Spickhoff*, in: *Spickhoff*, Medizinrecht, GOÄ, § 1 Rn. 6; *Haack*, in: *Wenzel*, Medizinrecht, Kap. 11, Rn. 194. Siehe näher S. 388 ff.

1689 Vgl. zu interprofessioneller Zusammenarbeit als Einflussfaktor *BVerfGE* 141, 82 (115 f.); *OLG Zweibrücken*, MedR 2016, 798 (801).

1690 *BÄK*, DÄBl 2006, A-801 (A-805); *Klinkhammer*, DÄBl. 2004, A-1551 (A-1552).

1691 Vgl. prägnant *Michel*, AnwBl 2017, 128 (131). So können Rechtsanwälte in sog. Rechtsanwaltsgesellschaften nach §§ 59c ff. BRAO beruflich tätig sein, Patentanwälte nach §§ 52c ff. PAO in sog. Patentanwaltsgesellschaften, Steuerberater in sog. Steuerberatungsgesellschaften nach §§ 49 ff. StBerG und Wirtschaftsprüfer nach §§ 27 ff. WPO in sog. Wirtschaftsprüfungsgesellschaften. Nach Landesrecht können auch Architekten beispielsweise nach §§ 2a, 2b ArchG BW und Beratende Ingenieure nach § 17 III Nr. 3 IngKammG in Kapitalgesellschaften ihren Beruf ausüben.

dagegen für die Organisationsform, derer sich die Ärzte bedienen.[1692] Solange keine Einflussnahme auf die originär Ärzten vorbehaltene Behandlungstätigkeit durch Weisungen ausgeübt wird, spricht mit der so manifestierten Erhaltung der ärztlichen fachlichen Unabhängigkeit nichts gegen eine kapitalgesellschaftliche Organisationsform.[1693] Die gänzliche Untersagung der Organisation ärztlicher Tätigkeit in einer juristischer Person des Privatrechts ist zumindest nicht erforderlich, da die Bindung ärztlicher Berufsträger unbeachtlich der äußeren Organisationsform bestehen bleibt. Die folgenlose Umgehung berufsrechtlicher Regelungen durch Einschaltung einer Kapitalgesellschaft ist daher nicht zu besorgen, da sie zu berufsgerichtlichen Maßnahmen gegen die Berufsträger berechtigt. Soweit nach wie vor trotz fortbestehender Bindung der Ärzte an ihr Berufsrecht mangels solcher der Kapitalgesellschaft selbst die Notwendigkeit zur Absicherung der Berufspflichten erblickt wird, so lässt sich allenfalls noch die Erforderlichkeit struktureller Qualitätsanforderungen an die Satzung als erforderlich einstufen.[1694]

(4) Mangel vertraglicher Haftung des behandelnden Arztes

Noch weniger überzeugend bemängelt das *OLG München* mit Verweis auf den *BayVerfGH*, die Zulässigkeit der Praxisführung durch eine GmbH führe dazu, dass die behandelnde Person nicht mehr den vertraglich Haftenden darstelle.[1695] Zwar ist die GmbH tatsächlich alleiniger Vertragspartner, aber problematische Auswirkungen werden hierdurch nicht gezeitigt und werden durch das *OLG München* nicht dargelegt, obwohl erkannt wird, dass neben der GmbH auf vertraglicher Basis der behandelnde Arzt bei Behandlungsfehlern nach deliktischen Grundsätzen haftet. Unberücksichtigt bleibt, dass auch bei einer typischerweise als GbR organisierten Gemeinschaftspraxis diese selbst statt des behandelnden Arztes seit Anerkennung der Teilrechtsfähigkeit der GbR[1696] Vertragspartnerin ist.[1697] Dass der Patient aufgrund der regelmäßig bestehenden deliktischen Verantwortung des Arztes[1698] mit

1692 *Taupitz*, NJW 1992, 2317 (2319 f.). Siehe speziell zur Zahnheilkunde-GmbH *BGHZ* 124, 224 (225 f.); *OLG Düsseldorf*, NJW-RR 1992, 808 (809 f.); *Taupitz*, EWiR 1992, 187 (187 f.); *Henssler*, ZIP 1994, 844 (845); ferner zur Klinik-Kapitalgesellschaft *BGHZ* 70, 158 (166 f.); zur Heilpraktikererlaubnis *BGH*, MedR 1992, 328 ff.

1693 Siehe hier wiederum nur *BGHZ* 124, 224 (225 f.); *OLG Düsseldorf*, NJW-RR 1992, 808 (809); *Taupitz*, NJW 1992, 2317 (2320). In Bezug auf Rechtsanwaltsgesellschaften in kapitalgesellschaftlicher Organisation *BVerfG*, NJW 2014, 613 (262).

1694 Siehe sogleich anhand der Überprüfung der Anforderungen des § 23a MBOÄ, ob invasive Vorgaben bezüglich der Gesellschaftsstruktur verfassungsrechtlich haltbar sind.

1695 *OLG München*, Urt. v. 18.9.2014, Az. 29 U 1154/14.

1696 *BGHZ* 146, 341 ff.

1697 So auch *OLG Zweibrücken*, MedR 2016, 798 (801).

1698 Vgl. hier nur *OLG Zweibrücken*, Beschl. V. 21.1.2016 – 3 W 128/15, MedR 2016, 798 (801); *Taupitz*, NJW 1992, 2317 (2324); *ders.*, MedR 1995, 475 (478 f.); *ders.*, NJW 1996, 3033 (3037); *Stuber*, WiB 1994, 705 (706); *Meyer/Kreft*, GmbHR 1997, 193 (195);

der GmbH sogar einen zusätzlichen Schuldner erhält,[1699] wird durch das *OLG München* ebenso übersehen.

Richtigerweise ist in diesem Zusammenhang aber anzusprechen, dass die vertragliche und deliktische Haftung in der Beweislast grundsätzlich unterschiedlich geregelt sind, indem § 280 I 2 BGB das Verschulden des Schuldners grundsätzlich vermutet, wobei noch strittig ist, ob sich die die Anwendung der Verschuldensvermutung bei Fragen der Arzthaftung ablehnende Rechtsprechung zu § 282 BGB a. F. auf die seit der Schuldrechtsmodernisierung geltende Norm des § 280 I 2 BGB übertragen lässt.[1700] Die juristische Person des Privatrechts haftet ohne Entlastungsmöglichkeit nach § 278 BGB für Fehlverhalten der angestellten Ärzte mit dem Gesellschaftsvermögen.[1701] Im Deliktsrecht trägt dagegen der Anspruchsteller die Beweislast für alle tatbestandserfüllenden Merkmale, was v. a. die Frage des Vorliegens einer Rechtsgutsverletzung, eines Behandlungsfehlers, der Kausalität des Behandlungsfehlers für die Rechtsgutsverletzung und – im Gegensatz zum vertraglichen Regelungsregime – das Verschulden des Arztes betrifft.[1702] Letztlich ergibt sich aus der abgelehnten Anwendung der Verschuldensvermutung durch die herrschende Lehre das Ergebnis, dass für Patienten kein Unterschied zwischen vertrags- und deliktsrechtlichem Anspruch in der Geltendmachung besteht, da insbesondere die durch die Rechtsprechung anerkannten Beweiserleichterungen bis zur Beweislastumkehr für die haftungsbegründende Kausalität sowohl im Vertragshaftungs- als auch im Deliktsrecht anwendbar sind.[1703] Außerdem unterscheiden sich vertragliche und deliktische Schadensersatzansprüche bei Verletzung von Leben, Körper, Gesundheit und Freiheit weder in ihrer Verjährung[1704] noch in der Erfassung eines Schmerzensgeldes.[1705] Daraus folgt, dass dem Patienten kein Nachteil aus dem Auseinanderfallen von Vertragspartner und behandelndem Arzt entsteht.

Schließlich kann ein Vergleich zu einem anderen klassischen freien Beruf herangezogen werden: Rechtsanwälte dürfen in einer juristischen Person rechtliche Beratung anbieten. Dabei ist die persönliche Haftung von Rechtsanwälten viel

---

Weber/Vogt-Weber, ArztR 1997, 179 (182 f.); *dies.*, DÄBl. 1998, A-1146 (A-1146); *Klose*, BB 2004, 2702 (2705); *Attermeyer*, Arzt-GmbH, S. 61; *Schnapp/Kaltenborn*, SGb 2001, 101 (106).

1699 *OLG Zweibrücken*, MedR 2016, 798 (801); bereits zuvor *Taupitz*, NJW 1992, 2317 (2324); *ders.*, NJW 1996, 3033 (3037); *ders.*, MedR 1995, 475 (479).

1700 *Martis/Winkhart-Martis*, Arzthaftungsrecht, Rn. B 474.

1701 *Steffen*, MedR 2006, 75 (78).

1702 *BGH*, NJW 1999, 1778 (1779); *Martis/Winkhart-Martis*, Arzthaftungsrecht, Rn. B 471.

1703 Vgl. zu Beweiserleichterungen *Martis/Winkhart-Martis*, Arzthaftungsrecht, Rn. B 480 ff.

1704 *Grothe*, in: MüKo BGB, § 199 Rn. 51; *Steffen*, MedR 2006, 75.

1705 Differenzen bestanden noch zur Zeit der Argumentation von *Laufs*, MedR 1995, 11 (14).

unsicherer, da ein deliktischer Tatbestand mangels Rechtsgutsverletzung im Sinne des § 823 I BGB meist nicht erfüllt sein wird.

Das Argument, der persönlichen Haftung käme Leitbildcharakter zu,[1706] ist spätestens mit Einführung und Übernahme der PartGmbB als zulässige Rechtsform in Art. 18 II HKaG BY iVm § 9 IV PartGG vollends seiner Validität verlustig geworden.[1707] Nach § 8 IV 1 PartGG haftet Gläubigern aus Schäden fehlerhafter Berufsausübung nur das Gesellschaftsvermögen der PartG. Eine persönliche Haftung des Arztes für Behandlungsfehler ist gerade nicht mehr über eine akzessorische Haftung nach § 8 I 1 PartGG, sondern allein aufgrund eines deliktischen Anspruchs unmittelbar gegen den Arzt möglich, was der Situation in einer Kapitalgesellschaft entspricht. Einzig in der nicht für das Verbot in Art. 18 I 2 HKaG BY maßgeblichen Haftung für nicht aus beruflichen Fehlern resultierende Verbindlichkeiten ergibt sich eine Divergenz in der Haftung zwischen PartGmbB und Kapitalgesellschaften, da Partner einer PartGmbB insoweit unbeschränkt persönlich nach § 8 I PartGG haften. Die Eröffnung der PartGmbB für Ärzte wird gerade aufgrund der fortbestehend divergenten Haftungslage das Bedürfnis kapitalgesellschaftlicher Organisation nicht obsolet machen.[1708]

(5) Schädliche Beeinflussung des Arzt-Patienten-Verhältnisses

Auch das Arzt-Patienten-Verhältnis wird nicht durch die Einschaltung einer Kapitalgesellschaft in Mitleidenschaft gezogen, weil das entsprechende Vertrauen vom Patienten dem behandelnden Arzt entgegengebracht wird und nicht der Praxis oder der Kapitalgesellschaft als Vertragspartner.[1709] Es kommt nicht zu einer Anonymisierung, da der Ansprechpartner des Patienten weiterhin approbierter Arzt ist.[1710] Nach Anerkennung der Rechtsfähigkeit der GbR ergeben sich auch in Bezug auf das Vertrauensverhältnis keine Unterschiede zu kapitalgesellschaftlicher Organisation.

Außerdem lässt sich aus heutiger Perspektive die durch das *OLG München*[1711] noch vorgenommene Differenzierung zwischen Arztpraxis und MVZ – dem als

---

1706 Respektive der postulierte Grundsatz des Gleichlaufs von Herrschaft und Haftung, vgl. hierzu die kritische Auseinandersetzung von *Kremer*, Freiberufler-GmbH, S. 39 ff.

1707 Zum 31.12.2018 bestanden in *Bayern* bereits 63 PartGmbB von Ärzten, Zahn-, Tierärzten oder Psychotherapeuten, *Lieder/Hoffmann*, NZG 2019, 249 (250 f.).

1708 Vgl. bereits zur Einführung der einfachen PartG *Taupitz*, JZ 1994, 1100 (1101).

1709 Siehe bereits *Lach*, Freiberufliche Zusammenarbeit, S. 98; nach *Kremer*, Freiberufler-GmbH, S. 185 und *Taupitz*, JZ 1994, 1100 (1103), NJW 1996, 3033 (3037), ist die Frage des Vertragspartners richtigerweise für Patienten von „*untergeordnete[m] Stellenwert*" bzw. „*zweitrangig*".

1710 Vgl. *Kremer*, Freiberufler-GmbH, S. 185. A.A. *OVG Nordrh.-Westf.*, MedR 2001, 150 (153); *Henke*, NJW 1974, 2035 (2036).

1711 *OLG München*, Urt. v. 18.9.2014, Az. 29 U 1154/14, Rn. 49.

Gebilde des Vertragsarztrechts die GmbH zur Verfügung steht – anhand dessen fachübergreifenden Charakters nicht mehr aufrecht erhalten, da durch das Versorgungsstärkungsgesetz MVZ auch einer Verbindung von fachgleichen Ärzten zugänglich gemacht worden sind. Fällt dieser Differenzierungsgrund weg, ist aber auch kein Grund für eine Unterscheidung bei der Rechtsformwahl mehr begründbar. Ohnehin war die Unterscheidung des *OLG München* schon vor der Änderung des § 95 I 2 SGB V nicht nachvollziehbar: Wenn aus der damals möglichen Organisierung fachübergreifender MVZ in Rechtsform einer GmbH keine Risiken für die Patienten ausgingen, stellen aus der „bloßen" Ärzte-GmbH abgeleitete Risiken hierzu einen Widerspruch dar. Die ärztliche Berufsausübung in einer GmbH hat den beaufsichtigenden Ärztekammern in anderen Ländern im Übrigen die Überwachung nicht erschwert.[1712] Besondere Risiken ergeben sich ausweislich der aktuellen Praxis im Bereich der Krankenhäuser, Privatkrankenanstalten und MVZ aus ärztlichen Zusammenarbeit jedenfalls in der GmbH nicht.[1713]

(6) Ländervergleich

Für die Verfassungswidrigkeit spricht außerdem das Ablassen anderer Bundesländer von der Einführung äquivalenter Verbote[1714] sowie das Abrücken des Landesgesetzgebers in *Berlin* von einer bisher äquivalenten Regelung ausdrücklich aufgrund verfassungsrechtlicher Bedenken.[1715] Auch die Bundesregierung sah im Jahr 1997 in einer Antwort auf eine Kleine Anfrage der SPD-Fraktion im Bundestag grundsätzlich keine Gefahr für die Volksgesundheit und die Versorgung der Patienten in dem Zusammenschluss von Ärzten in einer GmbH und erachtete die Beschränkung der Zulassungsmöglichkeiten auf natürliche Personen für verfassungsrechtlich problematisch.[1716] Hieraus ergibt sich jedenfalls eine erhebliche Beschneidung der Einschätzungsprärogative des bayerischen Gesetzgebers, denn eine für die Begründung einer Berufszugangsregelung erforderlichen nachweisbaren oder höchstwahrscheinlichen Gefahr für die Gesundheit der Bevölkerung begründenden Erkenntnisse liegen aus anderen Ländern gerade nicht vor.

(7) Keine Gefahren durch Interprofessionalität

Während Art. 18 I 2 HKaG BY für jegliche ärztliche Tätigkeit in juristischen Personen unbeachtlich mono- oder interprofessionell gemeinsamer Berufsausübung

---

1712 Vgl. *OLG Zweibrücken*, MedR 2016, 798 (799). Dagegen erkannte der *Landtag Nordrh.-Westf. „erhebliche Probleme"* bei der Überwachung der Berufsausübung in einer GmbH, Drs. 11/5673, S. 31.

1713 *OLG Zweibrücken*, MedR 2016, 798 (798, 800).

1714 So zuletzt ausdrücklich *Landtag des Saarlandes* Drs. 15/1876, S. 13; siehe bereits zuvor *Taupitz*, NJW 1996, 3033 (3038); siehe auch *Michel*, AnwBl 2017, 128 (132).

1715 *Abgeordnetenhaus Berlin*, Drs. 18/0454, S. 93 f.

1716 BT-Drs. 13/8315, S. 2, 9.

gilt,[1717] lässt sich auch der Interprofessionalität bezüglich MKG keine überzeugende Rechtfertigung für das Verbot entnehmen. Zwar kann sich das Berufsrecht eines Kooperationspartners in seiner Qualität und Regelungsrichtung der Anforderungen unterscheiden, Ärzte haben hiervon jedoch unbeeinträchtigt persönlich stets ihre berufsrechtlichen Pflichten zu wahren.[1718] Durch die zwingende Absicherung der Eigenverantwortlichkeit (§ 23a I 4 lit. a) BO BY) und des sonstigen Berufsrechts des Arztes (§ 23a I 4 lit. f) BO BY) im Kooperationsvertrag wird das ärztliche Berufsrecht ausreichend geschützt. Im Übrigen bleibt durch den Berufsträgervorbehalt nach § 2 I BÄO und strafrechtlich nach § 5 HeilprG gewährleistet, dass die Ausübung der Heilkunde als Arzt auch innerhalb der Gesellschaft nur durch approbierte Ärzte erfolgt.[1719] Ohnehin wäre nicht der Ausschluss der Rechtsform angebracht, sondern nach dem Verhältnismäßigkeitsgrundsatz die Regulierung der interprofessionellen Organisation.

(8) Einheitlichkeit des Heilberufsrechts

Schiller[1720] zeigt einen möglichen Aspekt auf, weshalb der Bayerische Gesetzgeber bisher dem Begehren der bayerischen Ärzteschaft nach einer Öffnung des Berufsrechts für Kapitalgesellschaften bisher getrotzt haben mag. Dem ärztlichen Verlangen steht nämlich die Ablehnung der bayerischen Kammern der Zahnärzte und Psychotherapeuten entgegen. Für diese gilt Art. 18 I 2 HKaG BY über Art. 46 I 1 HKaG BY bzw. Art. 65 S. 1 HKaG BY gleichfalls. Gleichwohl lässt sich hierin mangels qualitativer Beeinflussung der Grundrechtsbeeinträchtigung keine Rechtfertigung des Ausschlusses von Kapitalgesellschaften ableiten. Zudem ist das Begehren der Heilberufekammern insoweit irrelevant, da sie als Selbstverwaltungskörperschaften bei Ausübung ihrer durch den Staat übertragenen Satzungsgewalt an die Grundrechte gebunden sind.[1721]

(9) Ergebnis zu Art. 12 I GG

Im Resümee ist zu konstatieren, dass keine bisher geäußerte Zielsetzung den umfassenden Ausschluss kapitalgesellschaftlich organisierter Arztpraxen zu rechtfertigen mag. Auch auf der für MKG speziellen Interprofessionalität lässt sich das Verbot nicht tragen. Art. 18 I 2 HKaG BY verletzt daher das Grundrecht der Berufsfreiheit aus Art. 12 I GG.

1717 Siehe hierzu oben S. 332 f.
1718 Hierzu ausführlich S. 413 ff.
1719 So zu Majoritätsanforderungen bei berufsübergreifenden Gemeinschaften zwischen Rechts- und Patentanwälten bereits *BVerfG*, NJW 2013, 613 (618).
1720 *Schiller*, Bayerisches ÄBl. 2015, 506 (507).
1721 *Schnapp/Kaltenborn*, JuS 2000, 937 (938 f.).

δ) Verstoß gegen Gleichheitsgrundsatz

Daneben liegt auch ein Verstoß gegen den allgemeinen Gleichheitsgrundsatz des Art. 3 I GG vor.[1722] Er schließt die Ausübung ambulanter Tätigkeit in einer Arztpraxis-GmbH aus, während ein Krankenhaus in einer GmbH betrieben werden kann[1723] und Ärzte dort berufsrechtlich *ambulant* tätig sein dürfen.[1724] Ein sachgerechtes Differenzierungsmerkmal fehlt bezüglich ambulant erbrachter Leistungen. Unbeachtlich ist jedenfalls, dass die Erbringung ambulanter Leistungen in Krankenhäusern lediglich ein Annex der stationären Versorgung als eigentliche Aufgabe darstellt.[1725] Auch die Konzessionspflicht nach § 30 GewO für gewerblich[1726] betriebene Privatkrankenstätten, der eine Praxis-GmbH nicht unterliegt,[1727] kann keine Rechtfertigung der Ungleichbehandlung darstellen, da ihr lediglich der Zweck des Schutzes vor typischen Gefahren stationärer Aufnahme bei Eingliederung eines Patienten in ein betriebliches Organisationsgefüge eines unzuverlässig geführten oder unzureichend ausgestatteten Krankenhauses zugrunde liegt – sie dient gerade nicht der Verhinderung einer Tätigkeit ungeeigneter Personen.[1728] Selbst in Krankenhäusern börsennotierter Aktiengesellschaften können angestellte Ärzte auf diese Weise medizinische Entscheidungen treffen.[1729] Erst recht

---

1722 So bereits schon *Taupitz*, NJW 1996, 3033 (3041 f.); vgl. ferner *Ring*, Werberecht der Ärzte, S. 185 f. Selbstverständlich liegt in der Heterogenität der Landesregelungen kein Anknüpfungspunkt für einen Verstoß gegen den Gleichheitsgrundsatz aus Art. 3 I GG, da eine Ungleichbehandlung nur durch denselben Hoheitsträger Relevanz aufweist; Divergenzen zwischen den gesetzgebungskompetenten Ländern sind Ausdruck des Föderalismus. Nur klarstellend lässt sich daher *Trautmann*, Gemeinschaftspraxis, S. 140, auffassen.

1723 Zur Zulässigkeit des Betriebs eines Krankenhauses in Rechtsform einer GmbH, siehe bereits *BGHZ* 70, 158 ff.

1724 Siehe hier nur *Taupitz*, NJW 1992, 2317 (2321); *ders.*, JZ 1994, 1100 (1102). Vgl. ferner zu der Erbringung ambulanter Leistungen durch Krankenhäuser außerhalb von MVZ (mittlerweile teilweise veraltet) *Töfflinger*, Ambulante Kapitalgesellschaften, S. 39 ff.

1725 So jedoch *Trautmann*, Gemeinschaftspraxis, S. 138.

1726 Erforderlich ist zur Anwendung des § 30 GewO aufgrund der Stellung in Titel II der Betrieb eines stehenden Gewerbes. Vgl. auch *Braun*, NJW 1985, 2739 (2740 f.); *Diefenbach*, GewArch 1991, 281 (285); *Taupitz*, NJW 1996, 3033 (3042).

1727 *Braun*, NJW 1985, 2739 (2740 f.).

1728 Siehe hier nur *BVerwG*, NJW 1985, 1414; *OLG Zweibrücken*, MedR 2016, 798 (801); *OLG Düsseldorf* NJW-RR 1992, 808 (809); *Diefenbach* GewArch 1991, 281 (285); *Taupitz*, JZ 1994, 1100 (1102); *ders.*, NJW 1996, 3033 (3041 f.); *ders.*, NJW 1992, 2317 (2320 f.); *Dreher*, VersR 1995, 445 (451); *Weber/Vogt-Weber*, ArztR 1997, 179 (181); *Kuhn*, Arzt-AG, S. 183 ff.; *Laufs*, MedR 1995, 11 (14 f.); *Rieger*, MedR 1995, 87 (89); *Eisenberg*, Ärztliche Kooperationen, S. 277; *Trautmann*, Gemeinschaftspraxis, S. 138.

1729 Vgl. die Stellungnahme des Medizinrechtsausschusses im DAV Nr. 35/2011 zum Referentenentwurf des Bundesgesundheitsministeriums für ein Gesetz zur Verbesserung der Versorgungsstrukturen in der GKV, S. 8.

lässt sich die Ungleichbehandlung nicht durch das Sozialversicherungsrecht rechtfertigen, das separat zu der berufsrechtlichen Fragestellung zulässiger ambulanter Tätigkeit in Kapitalgesellschaften zu betrachten und ihr nachgelagert[1730] ist.[1731] Daher werden in verfassungswidriger Weise wesentlich gleich angelegte Sachverhalte ungleich behandelt.

Als noch gravierender erweist sich die Ungleichbehandlung im Vergleich zu personengesellschaftlich ausgestalteten Berufsausübungsgemeinschaften. Dies gilt umso mehr, seitdem die Einführung der Haftungsbegrenzung für berufliche Fehler innerhalb der PartGmbB zur Beseitigung der unbeschränkten persönlichen Haftung zumindest eines Gesellschafters als unumstößliches Charakteristikum von Personengesellschaften geführt hat. Insbesondere scheidet seither eine Differenzierung anhand des Ausschlusses persönlicher Haftung notwendig aus. Da gerade diese berufshaftungsbeschränkte Personengesellschaft nach Art. 18 I 2 HKaG BY wiederum ausdrücklich zugelassen ist, mutet die Differenzierung zu Kapitalgesellschaften willkürlich an, denn eine in gleicher Weise ausgestaltete Pflichthaftpflichtversicherung wird dem Haftungsinteresse der Patienten ausreichend gerecht. Das innerhalb der PartGmbB durch persönliche Haftung der Partner fortgesetzt bediente Haftungsinteresse von Lieferanten, Kreditgebern und Vermietern begründet keine Differenzierung hinsichtlich der Organisation der Berufsausübung.

Auch mithilfe anderer Aspekte lässt sich eine relevante Unterscheidung nicht aufrechterhalten. Insbesondere ist die fehlende Rechtspersönlichkeit hierzu ungeeignet, da PartG(mbB) und GbR gleichwohl regelmäßig Vertragspartner der Patienten werden. Vorbehalte gegen die kapitalgesellschaftliche Ausgestaltung müssten stringenterweise folglich ebenfalls gegenüber personengesellschaftlichen Berufsausübungsgemeinschaften erhoben werden – ihre Zulässigkeit manifestiert das Gegenteil, wobei einen solchen historischen Rückschritt in die 1960-er Jahre zudem zu Recht niemand in Erwägung zieht.

Mithin liegt ein Verstoß gegen Art. 3 I GG in doppelter Hinsicht vor, in dem jeweils gleiche Sachverhalte – zu ärztlicher Anstellung in kapitalgesellschaftlichen

---

1730 Vgl. hierzu bereits *Treptow*, MVZ-GmbH, S. 68, 77, der daher die berufsrechtlichen Vorgaben für MVZ für anwendbar hält. Die entgegenstehende Praxis durch Auffassung Medizinischer Versorgungszentren als Konstrukt sui generis, siehe hierzu *Schiller*, Bayerisches ÄBl. 2015, 506 (506), kann systematisch nicht überzeugen. Obschon das Konstrukt der MVZ ein eigenes Wesen aufweist, gehört es doch als Akteur der vertragsärztlichen Versorgung unstreitig dem Sozialversicherungsrecht an. Der sozialversicherungsrechtliche Gesetzgeber kann sich zur Ausgestaltung des Systems der GKV nur der Akteure des Gesundheitssektors im Rahmen ihrer berufsrechtlichen Möglichkeiten bedienen. Mangels Gesetzgebungskompetenz des Bundes für die Berufsausübung der Heilberufe kann das von ihm erlassene Sozialversicherungsrecht keinen Bruch eines entgegenstehenden landesspezifischen Berufsrechts nach Art. 31 GG bewirken.

1731 So jedoch *Trautmann*, Gemeinschaftspraxis, S. 139 f.

Privatkrankenanstalten und zu ambulanter ärztlicher Berufsausübung in (berufshaftungsbeschränkten) Personengesellschaften – durch die Regelung des Art. 18 I 2 HKaG BY unterschiedlicher Behandlung zugeführt werden.

ε) Keine Verletzung der Vereinigungsfreiheit aus Art. 9 I GG

Art. 9 I GG schützt als elementare Äußerungsform der menschlichen Handlungsfreiheit die Freiheit, sich privat in Vereinen, Verbänden und Assoziationen aller Art[1732] ohne Zielvorgabe zusammenzuschließen.[1733] Im Ausschluss juristischer Personen des Privatrechts zur Gestaltung ärztlicher Berufstätigkeit (im interprofessionellen Kontext mit Angehörigen anderer Gesundheitsberufe) liegt allerdings kein Eingriff in den Schutzbereich des Art. 9 I GG vor, da nicht die Vereinigungsbildung selbst unmöglich gemacht oder wesentlich erschwert[1734] wird – außerhalb von Kapitalgesellschaften kommt ein gemeinsamer Verbund in Betracht.

ζ) Zwischenergebnis

Aufgrund der Verletzung der Berufsfreiheit aus Art. 12 I GG und des allgemeinen Gleichheitsgrundsatzes nach Art. 3 I GG ist die Vorenthaltung kapitalgesellschaftlicher Zusammenschlüsse gegenüber Ärzten verfassungswidrig und daher aufzuheben.[1735]

iv) Verfassungsmäßigkeit des Ausschlusses von MKG in juristischen Personen des Privatrechts durch die Berufsordnung

α) Einleitung

Die Führung von MKG in Kapitalgesellschaften ist in den Berufsordnungen der Ärztekammern *Bayerns*, *Berlins* und *Nordrheins* nach einem Umkehrschluss aus der ausdrücklichen Anerkennung nur der GbR und PartG ausgeschlossen.[1736] Die Anlässe des Ausschlusses von Kapitalgesellschaften für MKG variieren deutlich.

β) Bayern

In Bayern fußt die Regelung des § 23a I 2 BO BY erkennbar auf dem gesetzlichen, jedoch verfassungswidrigen Ausschluss in Art. 18 I 2 HKaG BY. Der

---

1732 *BVerfGE* 17, 306 (314); 38, 281 (303).

1733 *C. W. Hergenröder*, in: *Henssler et al.*, Arbeitsrecht, GG, Art. 9 Rn. 1; *Burghart*, in: *Leibholz/Rinck*, GG, Art. 9 Rn. 1 f.

1734 Zum Eingriff in die Vereinigungsfreiheit *von Coelln*, in: *Gröpl et al.*, GG, Art. 9 Rn. 19. A. A. allerdings wohl *Scholz*, in: *Maunz/Dürig*, GG, Art. 9 Rn. 111 S. 109 Fn. 1.

1735 Vgl. ferner lediglich unter Hinweis auf nicht benannte systematische Erwägungen *Michel*, in: *Kluth*, Kammer- und Berufsrecht, S. 225 (242).

1736 § 23a I 2 BO BY, § 23 I 2 BO Bln., § 23a I 2 BO Nordrh.

Landesärztekammer ist die Anerkennung kapitalgesellschaftlicher Arztpraxen entgegen dem eindeutigen Gesetzeswortlaut nicht möglich. Auf einer verfassungswidrigen Ermächtigungsnorm kann der Eingriff nicht beruhen, womit auch die Verfassungswidrigkeit des § 23a I 2 BO BY zu konstatieren ist.

γ) Berlin

In *Berlin* basiert der Ausschluss grundlegend auf dem bis zuletzt geltenden Erfordernis nach § 4a V KaG Bln., sich zur ambulanten Berufsausübung in *„eigener"* Praxis niederzulassen. Eine zuvor unternommene Umsetzung des § 23a MBOÄ in die *Berliner* Berufsordnung wurde aufgrund von § 4a V KaG Berlin durch die Rechtsaufsicht nicht genehmigt.[1737] § 23b I 2 BO Bln. ist Folge dieser fehlenden Legalisierung von Ärztegesellschaften entsprechend § 23a MBOÄ. Durch die jüngste Anerkennung der Zulässigkeit kapitalgesellschaftlicher Arztpraxen in § 26 III BlnHKG nach grundlegender Reformierung des Heilberufsrechts steht der Inhalt der Berufsordnung diametral zu der Regelungsbefugnis der Ärztekammer im BlnHKG.[1738] Damit greift die Regelung des § 23b I 2 BO Bln. in die Berufsfreiheit in Überschreitung der ihr zugewiesenen Rechtsetzungskompetenz ohne gesetzliche Ermächtigung nach Art. 12 I GG ein, sodass § 23b I 2 BO Bln. als der gesetzgeberischen Grundentscheidung in § 26 III BlnHKG widersprechend verfassungswidrig ist.[1739] Daneben ist anknüpfend an die Rechtslage in *Bayern* der Ausschluss zusätzlich materiell verfassungswidrig.

δ) Nordrhein

In Bezug auf die Regelung für die Ärzte der Kammer *Nordrhein* ist ein ausdifferenzierter Blick erforderlich. Nach § 23a I 2 BO Nordrh. werden zwar im Umkehrschluss aus der Zulässigkeitserklärung von PartG und GbR die Rechtsformen juristischer Personen des Privatrechts als unzulässig aufgefasst. Zwar enthält die Berufsordnung im Gegensatz zur Berufsordnung der Ärztekammer *Westfalen-Lippe* keine besondere Anforderungen oder gar die Anerkennung kapitalgesellschaftlicher Arztpraxen, § 18a I 1 BO Nordrh. verweist gleichwohl zumindest auf ärztliche Berufsausübungsgemeinschaften in Rechtsform einer juristischen Person des Privatrechts.[1740] Die Literatur erkennt hierin ein Redaktionsversehen und

---

1737 *Kilian*, in: *Prütting*, Medizinrecht, MBOÄ, § 23a Rn. 26, 29.

1738 Zu der einzuhaltenden Satzungsbefugnis der Ärztekammern siehe hier nur *Taupitz*, JZ 1994, 1100 (1102).

1739 Zur Grenze des ermächtigenden Gesetzes hier nur *Taupitz*, Standesordnungen, S. 844 f.

1740 § 18a I 1 BO Nordrh. lautet: *„Bei Berufsausübungsgemeinschaften von Ärztinnen und Ärzten sind – unbeschadet des Namens einer Partnerschaftsgesellschaft oder einer juristischen Person des Privatrechts – die Namen und Arztbezeichnungen aller in der Gemeinschaft zusammengeschlossenen Ärztinnen und Ärzte sowie die Rechtsform anzukündigen."*

hält kapitalgesellschaftliche Ärztegesellschaften mangels ausdrücklicher Regelung zu ihren Anforderungen, die insbesondere gewährleisten, dass die heilkundliche Tätigkeit eigenverantwortlich, unabhängig und nicht gewerblich ausgeübt wird, in der Berufsordnung durch die Kammer für unzulässig.[1741] Dabei wird in der Begründung auf § 29 II 4 HeilBerG NRW[1742] verwiesen, der die Fixierung von Anforderungen in der Berufsordnung für die Führung einer Praxis in einer Kapitalgesellschaft ausdrücklich verlangt. Diese Argumentation ist allerdings abzulehnen, da ansonsten der Gesetzgeber den maßgeblichen Einfluss auf die Regelung der grundrechtsrelevanten Frage, in welcher Weise der ärztliche Beruf ausgeübt werden darf, verlöre.[1743] Denn diesem Denkansatz der Literatur zufolge verbliebe den Berufskammern die Möglichkeit, der erfolgten Grundentscheidung des Gesetzgebers aktiv oder durch bloße Nichtregelung zu widersprechen und diese zu überstimmen, was im Hinblick auf Rechtsstaats- und Demokratieprinzip äußerst problematisch anmutet.

Eine andere verfassungskonforme Lesart des § 29 II 4 HeilBerG NRW ist möglich, da ein Umkehrschluss systematisch zugunsten grundsätzlicher Zulässigkeit ohne besonders geregelte Anforderungen an die Kapitalgesellschaft nicht fernliegt. § 29 II 4 HeilBerG NRW ist ein Regelungsauftrag an die Berufskammern, die eigenverantwortliche, unabhängige und nicht gewerbliche Berufsausübung der Angehörigen der Heilberufe zu gewährleisten. Eine spezielle Normierung der Tätigkeit in einer Kapitalgesellschaft wird nicht ausdrücklich gefordert und erscheint nicht notwendig. Die Einhaltung der Berufspflichten, der Eigenverantwortlichkeit und Unabhängigkeit sowie der nicht gewerbliche Berufsausübung lassen sich durch eine Prüfung bei Vorlage des Gesellschaftsvertrags nach § 24 BO Nordrh. überprüfen. Ärzte sind zudem aus § 2 V BO Nordrh. – unabhängig von einer Tätigkeit inner- oder außerhalb einer Kapitalgesellschaft – zur Beachtung ihres Berufsrechts verpflichtet. Würden die ärztlichen Berufspflichten durch die Vereinigung in einer Kapitalgesellschaft beeinträchtigt, dürfte ein Arzt darin nicht seinen Beruf ausüben. Nach hier vertretener Ansicht ist mithin von der grundsätzlichen Zulässigkeit monoprofessioneller ärztlicher Kapitalgesellschaften bei Einhaltung des ärztlichen Berufsrechts auszugehen. Dafür spricht letztlich auch der bereits erwähnte § 18a I 1 BO Nordrh., der die Ankündigung einer Berufsausübungsgemeinschaft u. a. innerhalb juristischer Personen des Privatrechts regelt.

Für MKG als interprofessionelle Berufsausübungsgemeinschaften nach § 23a BO Nordrh. gilt nach einfachem Recht allerdings weiterhin die Unzulässigkeit aus dem

---

1741 *Kilian*, in: *Prütting*, Medizinrecht, MBOÄ, § 23a Rn. 27; vgl. ferner („*eindeutiges Verbot*") *Glindemann*, Personengesellschaften, S. 45.

1742 Zuvor wurde noch ausweislich des Gesetzesentwurfs der unmittelbar vorherigen Änderung des HeilBerG HRW der grundsätzliche Ausschluss der Berufsausübung in juristischen Personen des Privatrechts bezweckt, *Landtag Nordrh.-Westf.*, Drs. 12/4379, S. 31.

1743 Lediglich zweifelnd *Treptow*, MVZ-GmbH, S. 66.

Umkehrschluss in § 23a I 2 BO Nordrh. Der Ausschluss widerspricht der in § 29 II 4 HeilBerG NRW getroffenen Grundentscheidung des Gesetzgebers, die Berufsausübung in juristischen Personen des Privatrechts zu erlauben. In MKG werden die ärztlichen Berufspflichten durch ihre zwingende Sicherstellung im Kooperationsvertrag nach § 23a I 4 BO Nordrh. speziell gewährleistet. Daher ist bereits die Regelung aufgrund ihres widersprüchlichen Regelungsgehalts zur gesetzlichen Ermächtigung bereits formell verfassungswidrig. Die Unterscheidung mono- und interprofessioneller Berufsausübungsgemeinschaften ist auch im Hinblick auf die Berufsfreiheit nach Art. 12 I GG und speziell auch nach dem Gleichheitsgebot gem. Art. 3 I GG materiellrechtlich problematisch.

ε) Bremen

Für *Bremen* musste festgestellt werden, dass Angehörige anderer Berufe als Zahnärzte und Psychotherapeuten von der Gründung einer kapitalgesellschaftlich organisierten MKG aufgrund § 23a I 2 BO HB ausgeschlossen sind. Für die Differenzierung lässt sich kein hinreichender Grund anführen. Nach § 23b I 1 BO HB steht auch in *Bremen* Ärzten der Eintritt in eine interprofessionelle Berufsausübungsgemeinschaft mit einem umfangreicheren Personenkreis unter Einbringung der ärztlichen Praxis offen. Allein in der Rechtsform unterscheidet § 23a I 2 BO HB zwischen den kooperationsfähigen Berufen, obwohl die Organisation in einer Kapitalgesellschaft nichtärztlichen Kooperationspartnern keinen größeren Einfluss auf die ärztlichen Berufsausübung ermöglicht. Zwar besteht nach § 23a BO HB weder für die Geschäftsführung noch für den Gesellschafterkreis ein Mehrheitserfordernis zugunsten von Ärzten oder eine sonstige Gewährleistung zur Bewahrung der ärztlichen Einwirkungsmöglichkeiten. Solche Maßnahmen trifft § 23a BO HB aber auch nicht für Verbindungen mit Zahnärzten oder Psychotherapeuten. Zur Orientierung der Ausgestaltung kapitalgesellschaftlicher MKG verbleibt daher die allgemeine Norm des § 18 II BO HB, wonach lediglich die eigenverantwortliche, medizinisch unabhängige und nicht gewerbliche Berufsausübung zu gewährleisten ist. Außerdem muss auch in Bremen nach § 23b I 4 lit. a), b) und c) BO HB gesellschaftsvertraglich gewährleistet sein, dass die eigenverantwortliche und selbständige Berufsausübung des Arztes gewahrt ist, die Verantwortungsbereich oder Partner gegenüber Patienten getrennt sind und medizinische Entscheidungen grundsätzlich von Ärzten getroffen werden. Reicht zur Ausgestaltung von MKG mit Zahnärzten und Psychotherapeuten die Orientierung an §§ 18 II, 23 I 4 BO HB aus, kann es für Angehörige anderer Berufe nicht anders liegen. Es erscheint nicht ersichtlich, warum die Gefahr ihrer Einflussnahme auf die ärztliche Berufsausübung höher sein sollte, als bei Zahnärzten oder Psychotherapeuten. Der Ausschluss anderer Berufe als Zahnärzte und Psychotherapeuten von der Gründung kapitalgesellschaftlich organisierter MKG verstößt gegen Art. 3 I GG und ist daher verfassungswidrig.

v) Verfassungsmäßigkeit der landesgesetzlichen Bestimmungen zu Gesellschafts- und Stimmrechtsanteilen

Eine verfassungsrechtliche Auseinandersetzung mit den bedeutenden Einschränkungen der Vertragsfreiheit durch Mehrheitserfordernisse in Bezug auf Gesellschaftsanteile, Stimmrechtsanteile und die Geschäftsführung sowie das Gewinnbeteiligungsverbot für Dritte, das Gebot aktiver Berufstätigkeit in der Gesellschaft hat in Bezug auf das ärztliche Berufsrecht bislang nur vereinzelt stattgefunden.[1744]

In *Schleswig-Holstein, Niedersachsen, Hamburg* und *Mecklenburg-Vorpommern*[1745] werden neben der Regelung von Anforderungen an die Gesellschafterfähigkeit möglicher Kooperationspartner bereits auf landesgesetzlicher Ebene Mehrheitserfordernisse in Bezug auf die Verteilung von Gesellschafts- (und Stimmrechts-) Anteilen aufgestellt. Die Regelungen in *Schleswig-Holstein, Hamburg und Niedersachsen* gleichen sich inhaltlich. Daher erfolgt die Prüfung stellvertretend an der Regelung in *Schleswig-Holstein.*

α) Auslegung des § 29 II 3 Nr. 3 Hs. 1 HBKG SH

Zunächst ist die Norm zur Bestimmung ihres Regelungsgehalts genauer auszulegen. Nach § 29 II 3 Nr. 3 Hs. 1 HBKG SH setzt die heilberufliche Tätigkeit für eine juristische Person des Privatrechts voraus, dass die Mehrheit der Gesellschaftsanteile und der Stimmrechte „*Kammermitgliedern*“ zusteht. Neben einer Gesellschaftermehrheit wird auch die Mehrheit in Bezug auf die Stimmrechte gefordert, um zu verhindern, dass durch Stimmrechtsverträge oder abweichende Festlegung der Stimmrechte der entscheidende Einfluss auf diejenigen Kooperationspartner des Zusammenschlusses verschoben werden können, die nicht den adressierten Kammermitgliedern angehören.[1746] Die Mehrheitserfordernisse in Bezug auf Gesellschafts- und Stimmrechtsanteile entstammen der Konzeption als Berufsausübungsgemeinschaft.[1747] Das Verständnis des Begriffs „*Kammermitglieder*“ lässt sich nicht auf „*fachgleiche Kammermitglieder*“ reduzieren, die Norm widerspräche sich ansonsten selbst. Nach § 29 II 2 HBKG SH können nämlich Kammermitglieder Praxen gemeinsam mit Personen führen, die einem in § 1 II PartGG genannten

1744 *Kuhn*, Arzt-AG, S. 116 ff.; allein in Bezug auf das Gebot aktiver Berufsausübung in der Gesellschaft *Saenger*, MedR 2006, 138 (140).

1745 § 29 II 3 Nr. 3 Hs. 1 HBKG SH; § 32 II Nr. 4 HKG Nds; § 27 III 2 Nr. 2 HmbKGH; § 32 II 4 HeilBerG MV.

1746 In Bezug auf die ähnliche Norm des § 59e II 1 BRAO im rechtsanwaltlichen Berufsrecht *Wedel*, in: *Hartung/Scharmer*, BORA, BRAO, § 59e Rn. 13, unter Berücksichtigung der Gesetzesbegründung in BT-Drs. 13/9820, S. 15.

1747 Es lässt sich auf den historischen Regelungszweck der parallen Normierung im rechtsanwaltlichen Berufsrecht rekurrieren BT-Drs. 13/9820, S. 14; *Wedel*, in: *Hartung/Scharmer*, BORA, BRAO, § 59e Rn. 16; *Feuerich*, in: *Feuerich/Weyland*, BRAO, § 59e Rn. 9.

staatlichen Ausbildungsberuf im Gesundheitswesen, naturwissenschaftlichen oder einem sozialpädagogischen Beruf angehören. Es wäre angesichts des Zwecks der Legalisierung und Förderung interprofessioneller institutionalisierter Zusammenarbeit widersinnig, Mehrheitsanforderungen an die Gesellschafter- und Geschäftsführungsstruktur zu stellen, die jeweils an einen einzelnen Kammerberuf gebunden sind und nicht alle Angehörigen der in der Norm geregelten verkammerten Berufe einbeziehen und sowohl Ärzte, Apotheker, Psychotherapeuten als auch Zahnärzte jeweils nach § 28 II 3 Nr. 2, 3 HBKG SH ihrerseits die Mehrheit in den einzelnen Organen stellen müssten. Die Erfüllung der Mehrheitserfordernisse wäre dann allenfalls bei Beteiligung von sog. Mehrbändern, Angehörigen verschiedener Berufe, möglich[1748] und damit im medizinischen Spektrum praktisch nahezu ausgeschlossen. Ein Mehrbänder würde im Lichte jedes Berufsrechts seiner in der Gesellschaft ausgeübten Berufe nur als Angehöriger desselben Berufs gezählt, sodass sich rechnerisch fiktive Mehrheitsverhältnisse ergeben.[1749] Mehrheitserfordernisse auf fachgleiche Kammermitglieder zu beschränken führte zu systematischen Brüchen in der an alle verkammterten Heilberufe gerichteten Landesnorm und findet in der Gesetzesbegründung wie auch dem Wortlaut keinen Widerhall. Die bei den rechts- und wirtschaftsberatenden Berufen parallel bestehenden Verwerfungen[1750] resultieren dagegen aus unterschiedlichen Gesetzen, sodass bei ihnen jedenfalls regelungstechnisch kein innerer Widerspruch aufflammt. § 28 II 3 Nr. 2, Nr. 3 HBKG SH schließt damit im Ergebnis eine berufsfremde Gesellschaftermehrheit nicht aus, sofern zumindest den nach § 1 HBKG SH verkammerten Heilberufen kumuliert die ihnen vorbehaltene Majorität zukommt. Im Umkehrschluss besteht insoweit eine Einschränkung für die Wahl von Kooperationspartnern, als eine Mehrheit nichtverkammerter Berufe bei Gesellschafts- und/oder Stimmrechtsanteilen gleichwohl unzulässig ist.

β) Urteil des BVerfG zu berufsrechtlichen Mehrheitserfordernissen

Gerade im Recht der wirtschaftsberatenden Berufe hat sich zu ähnlich lautender Normierung berufsrechtlicher Bestimmungen, die eine Mehrheit der durch sie adressierten Berufsgruppe in der Gesellschaft sicherstellen sollen, bereits eine Judikatur entwickelt.

1748 Vgl. *Michel*, AnwBl 2017, 128 (132). Siehe zu Rechts- und Patentanwaltsgesellschaften noch *Kämmerer*, DStR-Beih 2014, 11 (12); *Römermann*, GmbHR 2012, 64 (66 f.); *Feuerich*, in: *Feuerich/Weyland*, BRAO, § 59e Rn. 9; *Leisner*, NJW 2004, 2340 (2340).

1749 *Römermann*, GmbHR 2012, 64 (67), spricht hierbei von einem notwendigen „*berufsrechtlichen Taschenspielertrick*", für den auf eine „*unwahrhaftige Argumentation*" zurückgegriffen werden muss; siehe ferner *ders.*, NZG 2014, 481 (484); *ders.*, GmbHR 2014, R 81 (R81); *ders.*, GmbHR 2013, R65 f.

1750 Siehe sogleich S. 352 ff., 575 ff., 588 ff.

Auch nach dem *BVerfG* stehen die Mehrheitsvorschriften des rechtsanwaltlichen Berufsrechts in § 59e II 1 BRAO nicht mit der Verfassung in Einklang.[1751] In Bezug auf Zusammenschlüsse von Rechtsanwälten und Patentanwälten zur gemeinsamen Berufsausübung verlangte die Norm für die Zulassung einer Berufsausübungsgemeinschaft als Rechtsanwaltsgesellschaft, dass die Mehrheit der Geschäftsanteile und der Stimmrechte Rechtsanwälten zustehen muss. Konträr zu § 59e II 1 BRAO ordnete das Berufsrecht der Patentanwälte in § 52e II 1 PAO – wenig überraschend – seinerseits für die Zulassung einer Berufsausübungsgemeinschaft in einer GmbH die obligatorische Mehrheit an Geschäfts- und Stimmrechtsanteilen zugunsten von Patentanwälten an, sodass beide Berufsrechte den Zusammenschluss theoretisch zwar an sich ermöglichten, während die disparaten Mehrheitsvorschriften diesen ohne Beteiligung von Mehrbändern praktisch vereitelten.

Der *BGH* hat die Regelungen noch als verfassungsgemäßen Eingriff in die Berufsausübungsfreiheit zur Absicherung der rechts- bzw. patentanwaltlichen Unabhängigkeit eingestuft.[1752] Die Mehrheitserfordernisse sollten im Widerspruch zu berufsrechtlichen Bestimmungen stehende Beschlüsse und Handlungen verhindern. Auch wenn Beschlüsse bei qualifizierter Mehrheit durch die Berufsträger nicht erzwungen werden können, sei einer einfachen Gesellschafter- und Stimmrechtsmehrheit von Berufsträgern stets die Verhinderung berufsrechtswidriger Beschlüsse möglich. Außerdem habe die Rechtsanwaltsgesellschaft selbst das anwaltliche Berufsrecht zu beachten, was nur sichergestellt sei, wenn die Organe der Gesellschaft auch den fachlichen Anforderungen genügten.[1753] Das Fehlen von Mehrheitserfordernissen für Personengesellschaften sei außerdem durch das Erfordernis eigener Zulassung kapitalgesellschaftlicher Rechtsanwaltsgesellschaften wie auch durch die Haftungsbeschränkung für schlechte Vertragserfüllung bei Kapitalgesellschaften sachlich begründet. Der Grundsatz der persönlichen Haftung der einzelnen Gesellschafter nach § 8 I PartGG stärke die Einhaltung des Berufsrechts gegenüber berufsfremden Einflüssen. Deshalb liege weder ein Verstoß gegen Art. 12 I GG noch gegen Art. 3 I GG vor.

Das *BVerfG*[1754] ist den Erwägungen des *BGH* nicht gefolgt und erkannte die Mehrheitserfordernisse trotz Verfolgung legitimer Zwecke für verfassungswidrig, soweit sie der Zulassung einer interprofessionellen Rechtsanwaltsgesellschaft bzw. Patentanwaltsgesellschaft und damit der Möglichkeit eigener Betätigung der Gesellschaft im Rechtsanwalts- bzw. Patentanwaltsberuf entgegenstanden.

Die Mehrheitserfordernisse dienten einerseits der Sicherung beruflicher Unabhängigkeit der Berufsträger und damit der Absicherung einer funktionierenden Rechtspflege, andererseits der Gewährleistung berufsrechtlicher

---

1751 *BVerfGE* 135, 90 ff.
1752 *BGH*, NJW 2012, 461 ff.
1753 *BGH*, NJW 2012, 461 (463).
1754 *BVerfGE* 135, 90 ff.

Qualifikationsanforderungen, um Rechtsuchende vor einem Tätigwerden fachlich ungeeigneter Personen zu bewahren und der Verhinderung berufsrechtswidriger Entscheidungen und Maßnahmen.[1755] Der Schutz vor Irreführung der Rechtsuchenden sei dagegen schon kein hinreichender Regelungszweck, da – wohl zu Recht – das Bestehen einer Vorstellung auf Seiten des Publikums über innere Strukturen wie den Mehrheitsverhältnissen in Rechtsanwaltsgesellschaften zu bezweifeln sei. Die Firmierung als Rechtsanwalts- und Patentanwaltsgesellschaft mache zudem ausreichend deutlich, welche Berufsgruppen in der Gesellschaft vereinigt sind.[1756] Zu keinem der legitimen Zwecke sei jedoch der Eingriff in die Berufsausübungsfreiheit erforderlich, da zu ihrer Verfolgung andere, gleich wirksame Mittel in Frage kommen, die das Grundrecht der Berufsfreiheit weniger stark einschränken.[1757] Die Sicherung der beruflichen Unabhängigkeit sei bereits durch gesetzlich geregelte Berufspflichten gewährleistet, die ihrerseits auf konkrete Verstöße im Einzelfall zielen und daher weniger belastend seien als generelle Vorgaben in Bezug auf die Gesellschafterstruktur; insbesondere sei den Berufsträgern nämlich nach § 43a I BRAO und § 29a I PAO untersagt, *„Bindungen einzugehen, durch die ihre berufliche Unabhängigkeit gefährdet“* wird, wobei über §§ 59m II BRAO, 52m II PAO dieses Verbot für die Gesellschaft selbst gelte.[1758] Zudem untersagten §§ 59 f IV 2 BRAO, 52 f IV 2 PAO ausdrücklich Einflussnahmen der Gesellschafter auf die berufliche Tätigkeit der Rechts- und Patentanwälte zum Schutz der beruflichen Unabhängigkeit.[1759] Schließlich sei den Kooperationspartnern als Angehörigen freier Berufe *„die große Bedeutung beruflicher Unabhängigkeit in ihrem Aufgabenbereich bekannt“*, weshalb Übergriffe in die berufliche Unabhängigkeit der jeweils anderen Berufsgruppe nicht zu befürchten seien.[1760] Die berufsrechtlichen Verbote erreichten zudem bereits das Ziel der Sicherstellung beruflicher Unabhängigkeit unmittelbar durch Untersagung von Bindungen, die die Unabhängigkeit gefährden; neben dem Gebot aktiver Berufsausübung und dem Verbot von Drittbeteiligungen, die für Rechtsanwalts- und Patentanwaltsgesellschaften geregelt sind, bedürfe es mangels spezifischer Gefährdungen für die anwaltliche Unabhängigkeit keiner Mehrheitserfordernisse mehr.[1761] Zusätzlich würden die Qualifikationsanforderungen bereits durch den umfassenden Berufsträgervorbehalt in § 59l S. 3 BRAO bzw. § 52l S. 3 PAO für die zugelassene Gesellschaft und allgemein nach § 4 BRAO bzw. § 5 PAO gewährleistet, denn der Zusammenschluss führe nicht zu einer Extension der beruflichen Kompetenzen auf diejenigen der Kooperationspartner.[1762] Zur

1755 *BVerfGE* 135, 90 (111 ff.).
1756 *BVerfGE* 135, 90 (117 f.).
1757 *BVerfGE* 135, 90 (118 ff.).
1758 *BVerfGE* 135, 90 (118).
1759 *BVerfGE* 135, 90 (119).
1760 *BVerfGE* 135, 90 (119).
1761 *BVerfGE* 135, 90 (120).
1762 *BVerfGE* 135, 90 (121 ff.); siehe bereits so *OLG Nürnberg*, NJW 2013, 948 (948).

Verhinderung berufsrechtswidriger Handlungen und Beschlüsse stelle im Übrigen die persönliche Bindung sämtlicher Berufsträger an das für die Gesellschaft maßgebliche Berufsrecht bei Vermeidung von Eingriffen in innere Strukturen der Gemeinschaft und unmittelbarem Ansatz an die berufsrechtlichen Pflichten ein milderes Mittel im Gegensatz zu Mehrheitserfordernissen dar.[1763] Das *BVerfG* misst ihr sogar eine gesteigerte Wirksamkeit im Vergleich zu Mehrheitserfordernissen bei.[1764] Einen Verstoß gegen Artt. 3 I, 9 I GG hat das *BVerfG* nach Bejahung der Verletzung der Berufsfreiheit anlassbedingt nicht mehr geprüft.

Auch ein Großteil der Literatur zum rechtsanwaltlichen Berufsrecht erhebt gegenüber berufsrechtlichen Gesellschaftsanteils- und Stimmrechtserfordernissen bereits seit deren Einführung verfassungsrechtliche Bedenken.[1765] Die Entscheidung fand demnach in der Literatur auch breite Zustimmung als Fortsetzung der „*Stück für Stück*" erfolgenden Einreißung berufsrechtlicher Hürden auch zwischen den Berufsrechten, auch wenn das Judikat mangels grundsätzlicher Aussagen über den Einzelfall hinaus als zu defensiv erachtet worden ist.[1766] Nach der Literatur liegt außerdem ein Verstoß gegen den Gleichbehandlungsgrundsatz des Art. 3 I GG vor, wenn für Zusammenschlüsse in Personengesellschaften keine den §§ 59e II 1, 59f I 2 BRAO vergleichbaren Mehrheitserfordernisse gelten.[1767] Auch sei ein Einfluss der Rechtsform auf die Organisation und Leitung einer Rechtsanwaltsgesellschaft nicht bewiesen, Beobachtungen zeigten jedenfalls ein anderes Bild.[1768] Nur vereinzelt wird vertreten, die Mehrheitserfordernisse seien nicht unverhältnismäßig.[1769]

γ) Anwaltsgerichtshof Baden-Württemberg

Der *AnwGH Baden-Württemberg* hatte kürzlich über eine geplante Satzungsänderung einer GmbH zu entscheiden, welche die Änderung der Gesellschafterstruktur

1763 BVerfG NZG 2014, 258 (263).

1764 BVerfG NZG 2014, 258 (263).

1765 *Henssler*, ZIP 1997, 1481 (1485 f.); *Römermann*, GmbHR 1999, 526 (528 f.); *Henssler/Deckenbrock*, AnwBl 2016, 211 (215 f.); *Kämmerer*, DStR 2014, 669 (670); *Hirtz*, EWiR 2016, 425 (426).

1766 *Kämmerer*, DStR 2014, 669 (670); *Singer*, DStR-Beih 2015, 11 (12); *Römermann*, NZG 2014, 481 (482 f., 487). Wohl ebenfalls positive Beurteilung zu entnehmen bei *Tellmann-Schumacher*, GRUR-Prax 2014, 116; im Ergebnis zust. *Glindemann*, AnwBl 2014, 214 (219), der vorrangig eine Verletzung des allgemeinen Gleichbehandlungssatzes begründet sieht; ähnlich wird Art. 3 I GG höhere Bedeutung beigemessen von *Kleine-Cosack*, AnwBl 2014, 221 (223 ff.).

1767 Siehe bereits *Römermann*, GmbHR 1998, 966 (969); siehe ferner zuletzt *Deckenbrock*, BRAK-Mitt. 2019, 44 (45); *Glindemann*, AnwBl 2014, 214 (217 f.); *Kleine-Cosack*, AnwBl 2014, 221 (223 ff.); *Römermann*, GmbHR 2012, 64 (66 f.); *Pluskat*, DStR 2004, 58 (60); *dies.*, AnwBl 2005, 609 (611).

1768 *Römermann*, GmbHR 2012, 64 (66); ähnlich *Deckenbrock*, BRAK-Mitt. 2019, 44 (45).

1769 *Merkner*, AnwBl 2004, 529 (531, 532 f.), wenngleich mit rechtspolitischer Kritik verbunden.

zulasten der bis dato statuierten rechtsanwaltlichen Gesellschafter- und Stimmrechtsmehrheit verfolgte.[1770] Die Berufskammer belehrte den in der Rechtsanwaltsgesellschaft tätigen Rechtsanwalt darüber, dass eine paritätische Gesellschafts- und Stimmrechtsbeteiligung eines Nichtanwalts § 59e II 1 BRAO widerspreche. Anlässlich der Klage gegen das Belehrungsschreiben[1771] lehnte das Gericht eine verfassungskonforme Auslegung des § 59e II 1 BRAO im Hinblick auf die Wortlautgrenze und den ausdrücklich erklärten Willen des Gesetzgebers[1772] ab;[1773] es erkennt in der Folge einen Verstoß gegen Art. 12 I GG, nicht jedoch gegen den allgemeinen Gleichbehandlungsgrundsatz. Nach dem Gericht ist die Gesellschafter- und Stimmrechtsmehrheit in Rechtsanwaltsgesellschaften – unter durchgehender Berufung auf die bereits dargelegte Entscheidung des *BVerfG*[1774] – nicht zur Erreichung des gesetzgeberischen Zwecks der Sicherung der Entscheidungsgewalt und des Einflusses der Rechtsanwälte zum Schutz ihrer anwaltlichen Unabhängigkeit, der „*Unabhängigkeit der Gesellschaft*", der berufsrechtlichen Qualifikationsanforderungen und Sicherung des rechtsanwaltlichen Berufsrechts erforderlich.[1775] Außerdem sei die Wahrung des Berufsrechts durch § 30 S. 1 BORA geschützt, nach dem für einen rechtmäßigen Zusammenschluss die Angehörigen anderer Berufe das anwaltliche Berufsrecht zu beachten hätten. Der Rechtsanwalt sei daher verpflichtet, seine nichtanwaltlichen Partner anzuhalten, bei ihrer Tätigkeit in der Berufsausübungsgemeinschaft das anwaltliche Berufsrecht zu beachten, ansonsten dürften Rechtsanwälte der Gesellschaft nicht beitreten bzw. sie nicht fortsetzen. Nach § 33 II BORA sei außerdem zu gewährleisten, dass jeder Rechtsanwalt bei beruflicher Zusammenarbeit gleich welcher Form zu gewährleisten habe, dass die Regeln der Berufsordnung der Rechtsanwälte auch von den geschaffenen Organisationen eingehalten werde.[1776]

Eine spezifische Gefährdung durch berufsübergreifende Zusammenarbeit eines Rechtsanwalts mit einem Steuerberater vermochte das Gericht ausführlich

---

1770 *AnwGH Bad.-Württ.*, Beschl. v. 19.10.2018 – AGH 13/2018 II.

1771 Krit., ob in der Belehrung ein die Klägerin beschwerender Verwaltungsakt liegt („*leerer Verwaltungsakt*") *Kämmerer*, DStR 2019, 1173 (1176 f.).

1772 BT-Drs. 13/9820, S. 12, 14.

1773 *AnwGH Bad.-Württ.*, Beschl. v. 19.10.2018 – AGH 13/2018 II, Rn. 65. Darüber hinaus wird eine an der Dienstleistungsrichtlinie 2006/123/EG ausgerichtete richtlinienkonforme Auslegung abgelehnt, da sie ihre Grenzen in dem nach der inländischen Rechtstradition Erlaubten findet und nicht zu einer Auslegung des nationales Rechts contra legem führen darf, der Wortlaut also die Grenze bildet, *AnwGH Bad.-Württ.*, Beschl. v. 19.10.2018 – AGH 13/2018 II, Rn. 65. Zu den Grenzen richtlinienkonformer Auslegung *BVerfG*, NJW 2012, 669 ff.

1774 *BVerfGE* 135, 90 ff.

1775 *AnwGH Bad.-Württ.*, Beschl. v. 19.10.2018 – AGH 13/2018 II, Rn. 94 ff.; zust. *Kämmerer*, DStR 2019, 1173 (1176).

1776 *AnwGH Bad.-Württ.*, Beschl. v. 19.10.2018 – AGH 13/2018 II, Rn. 113.

begründet und rekurrierend auf die Literatur[1777] ebenso wenig wie bei einem Zusammenschluss eines Rechtsanwalts mit einem Patentanwalt zu erkennen.[1778] So sei nach § 59i BRAO gewährleistet, dass die Rechtsanwaltsgesellschaft eine Kanzlei unterhalte, in der verantwortlich zumindest ein geschäftsführender Rechtsanwalt tätig sei, für den die Kanzlei den Mittelpunkt seiner beruflichen Tätigkeit bilde.[1779] Insbesondere begründe das Fehlen einer Vorschrift im Recht der Steuerberatungsgesellschaft zur Untersagung von Einflussnahmen auf die berufliche Tätigkeit der Steuerberater, wie sie für die Rechtsanwaltsgesellschaft bezüglich der Berufstätigkeit der Rechtsanwälte in § 59 f IV 2 BRAO besteht, keine Erforderlichkeit für ein Mehrheitserfordernis von Rechtsanwälten.[1780]

Dem ist in der Konsequenz zuzustimmen. Die Absicherung des rechtsanwaltlichen Berufsrechts gewährleisten Vorschriften des *anwaltlichen* Berufsrechts wie § 59 f IV 2 BRAO. Die Absicherung der Einhaltung des Berufsrechts der Steuerberater und *deren* fachlicher Unabhängigkeit ist dagegen keine Frage des anwaltlichen Berufsrechts. Auf ein Fehlen von Vorschriften, die die Unabhängigkeit der Steuerberater gewährleisten sollen, kann zum Zweck der Absicherung der Einhaltung des anwaltlichen Berufsrechts bereits mangels Geeignetheit[1781] kein Eingriff gestützt werden, denn das Berufsrecht der Rechtsanwälte ist von demjenigen der Steuerberater abstrakt.

δ) Rückschlüsse auf die Bewertung des § 29 II 3 Nr. 3 Hs. 1 HBKG SH

Zum Teil wurde in der Literatur die durch das *BVerfG* konstatierte Verfassungswidrigkeit auf das Berufsrecht grundsätzlich aller freien Berufe, teilweise nur rechts- und wirtschaftsberatender freier Berufe übertragen, sofern für sie entsprechende Mehrheitsregelungen bestehen.[1782] Eine grundsätzliche Übertragung erscheint jedenfalls verfrüht, denn die therapeutische Tätigkeit von Ärzten könnte ausgeprägtere Schutzmechanismen im Rahmen der Beteiligungsverhältnisse erfordern.

1777 *Glindemann*, AnwBl 2014, 214 (219 f.); *Kleine-Cosack*, AnwBl 2014, 221 (224); *Singer*, DStR-Beih 2015, 11 (14 f.); *Ost*, DStR 2015, 442 (445 ff.); *Römermann*, NZG 2014, 481 (486); *Hellwig*, AnwBl 2016, 776 (777, 785); *Brüggemann*, in: *Feuerich/Weyland*, BRAO, § 59e Rn. 13; *Bormann*, in: *Gaier et al.*, Anwaltliches Berufsrecht, § 59e BRAO Rn. 20.

1778 *AnwGH Bad.-Württ.*, Beschl. v. 19.10.2018 – AGH 13/2018 II, Rn. 110 ff.

1779 *AnwGH Bad.-Württ.*, Beschl. v. 19.10.2018 – AGH 13/2018 II, Rn. 129.

1780 *AnwGH Bad.-Württ.*, Beschl. v. 19.10.2018 – AGH 13/2018 II, Rn. 121 mit Verweis auf *Hellwig*, AnwBl 2016, 776 (782).

1781 A. A. *AnwGH Bad.-Württ.*, Beschl. v. 19.10.2018 – AGH 13/2018 II, Rn. 122, die Geeignetheit bejahend.

1782 Grundsätzlich transferierend *Kämmerer*, DStR 2014, 669 (670); *Kleine-Cosack*, AnwBl 2014, 221 (225 f.); *Glindemann*, AnwBl 2014, 214 (220). *Singer*, DStR-Beih 2015, 11, überträgt die Entscheidung dagegen ausdrücklich nur auf rechts- und wirtschaftsberatende Berufe bei gleichzeitiger Warnung vor vorschneller Verallgemeinerung; auf die sozietätsfähigen Berufe rekurrierend *Römermann*, NZG 2014, 481 (487).

Mangels ausdrücklicher Gesetzesbegründung wird der Zweck des § 29 II 3 Nr. 3 Hs. 1 HBKG SH in Anlehnung an § 59e II 1 BRAO die Verhinderung nicht auszuschließender Übergriffe[1783] auf die ärztliche Unabhängigkeit und die Sicherstellung des ärztlichen Berufsrechts umfassen.

Der Eingriff in die Gesellschafterstruktur kann dagegen nicht einer Irreführung der Patienten vorbeugen, da bei diesen mangels praktischer Verbreitung der Kooperationsform typischerweise schon keine Vorstellungen von den inneren Strukturen einer MKG herrschen. Ohnehin informieren bereits die Publikationspflichten nach §§ 18a II 1, 23b I 4 lit. g) MBOÄ ausreichend über alle partizipierenden Professionen und Personen. Zudem wird auch aufgrund landesspezifischer Differenzen und wegen der unterschiedlichen Anforderungen an Personen- und Kapitalgesellschaften objektiv kein typisches Bild der Gesellschafterstruktur bestehen.[1784]

Die Sicherung berufsrechtlicher Qualifikationsanforderungen kommt bei MKG nicht in Betracht. Im Gegensatz zu Rechtsanwaltsgesellschaften erfolgt für die in einer Kapitalgesellschaft firmierenden MKG keine eigene Zulassungspflicht, sie wird mangels natürlicher Personeneigenschaft auch nicht selbst behandelnd tätig.[1785] Daher ist die Gesellschaft nicht selbst eigenen berufsrechtlichen Pflichten wie im Berufsrecht der Rechtsanwälte nach § 59m II BRAO unterworfen.[1786]

Zu berücksichtigen ist in der Argumentation des *BVerfG* insbesondere die prononcierte weitreichende Identität der Berufsrechte von Patent- und Rechtsanwälten, die gegenseitige Übergriffe in die Unabhängigkeit nicht besorgen lasse.[1787] Hierauf rekurrierend wird teilweise das Gefährdungspotential für die berufliche Unabhängigkeit und die Einhaltung des eigenen Berufsrechts umso größer eingeschätzt, je mehr sich die beruflichen Tätigkeiten der Kooperationspartner unterscheiden.[1788] Dagegen lässt sich – kurioserweise[1789] wiederum mit dem *BVerfG* – anführen, dass die Gefahr der Beeinflussung der beruflichen Unabhängigkeit keine Besonderheit interprofessioneller Kooperationen ist, sondern bei monoprofessionellen

1783 Siehe insbesondere *LG Hamburg*, Urt. vom 11.03.2019 – 918 KLs 2/17, BeckRS 2019, 9009.

1784 Vgl. parallel für das anwaltliche Berufsrecht *BGH*, NJW 2012, 461 (464) unter Verweis auf *Leisner*, NJW 2004, 2340 (2341); *Henssler*, JZ 1998, 1065 (1068); *Römermann*, GmbHR 2012, 64 (65).

1785 Siehe für die Rechtsanwaltsgesellschaft dagegen nach § 59c I BRAO *BVerfGE* 135, 90 (116).

1786 So auch beiläufig *BGH*, GRUR 2001, 181 (184).

1787 *BVerfGE* 135, 90 (119).

1788 *Singer*, DStR-Beih. 2015, 11 (16), in Bezug auf die rechtsanwaltlichen Mehrheitserfordernisse bei Zusammenschlüssen mit Ärzten.

1789 Das *BVerfG* widerspricht sich in beiden genannten Annahmen zwar selbst, wenngleich sich den Aussagen in toto entnehmen lässt, dass die Beeinträchtigung beruflicher Unabhängigkeit eines Freiberuflers nicht generell allein aufgrund eines Zusammenschlusses mit anderen freien Berufen angenommen werden kann.

Berufsausübungsgemeinschaften gleichfalls und gegebenenfalls stärker ausgeprägt bestehen mag, da die berufliche Distanz die Respektierung der Unabhängigkeit des jeweils anderen indiziere.[1790] Beiden richtungsweisenden und scheinbar argumentativ diametral gegenüberstehenden Entscheidungen des *BVerfG* lässt sich für die Gesellschafterstruktur die mangelnde Bedeutung der Verwandtschaft kooperierender Berufe entnehmen, sodass für die Bewertung der Zulässigkeit die konkrete Ausgestaltung der Gesellschaft als zentrales Element heranzuziehen ist.

Zum Schutz von ärztlicher Unabhängigkeit und berufsrechtskonformer Berufsausübung sind Mehrheitserfordernisse wohl geeignet, da sie zumindest durch die zahlenmäßig ärztliche Mehrheit der Gesellschaftsanteile und Stimmrechte die Einhaltung des ärztlichen Berufsrechts fördern. Die Forcierung ärztlicher Gesellschafter- und Stimmrechtsmehrheit ist jedoch nicht erforderlich, da bereits mildere Eingriffe in die Berufsfreiheit das ärztliche Berufsrecht ausreichend und teilweise effektiver absichern.[1791] Schon das alleinige Erfordernis einer Stimmrechtsmajorität der Ärzte stellte weniger invasiv den ärztlichen Einfluss bei gesellschaftlichen Entscheidungen gleichwertig sicher, da allein sie für Abstimmungsentscheidungen von Belang ist. Ausreichend ist darüber hinaus abermals die berufsrechtliche Verpflichtung des Arztes, einer Gesellschaft nur dann beizutreten, wenn im Gesellschaftsvertrag die Beachtung des ärztlichen Berufsrechts bei der Berufsausübung und im Gesellschaftsbetrieb sichergestellt wird.[1792] Nach der Berufsordnung haben MKG ohnehin bereits einen entsprechenden Passus nach § 23b I 4 lit. f) MBOÄ in den Kooperationsvertrag aufzunehmen. Zudem bleiben Ärzte auch im Zusammenschluss an ihr Berufsrecht gebunden, sodass die vertragliche Regelung lediglich der Klarstellung des berufsrechtlichen Einflusses dient.

Darüber hinaus versagen die Regelungen bereits bei Beschlüssen, die – mangels Ausschlusses in § 23a MBOÄ zulässigerweise – nach ihrer Satzung einer qualifizierten Mehrheit bedürfen. Zwar können aufgrund berufseigener Mehrheit berufsrechtswidrige Beschlüsse verhindert werden, berufsrechtlich notwendige Beschlüsse lassen sich dagegen nicht erzwingen.[1793] Erst recht kann daher auch keine paritätische Beteiligung obligatorisch sein.[1794] Unbeachtlich der gesellschaftsrechtlichen Treuepflicht und außerhalb der Mehrheitserfordernisse stehender berufsrechtlicher Bindungen des Arztes ist Nichtärzten dann zumindest

1790 Im Hinblick auf die anwaltliche Unabhängigkeit berufsübergreifenden bei Zusammenschlüssen mit Ärzten *BVerfGE* 141, 82 (115 f.).

1791 A. A. jeweils zum gleichlautenden § 23a I 4 lit. b) MBOÄ *Saenger*, MedR 2006, 138 (141); ohne Begründung *Kuhn*, Arzt-AG, S. 123.

1792 Vgl. *BVerfGE* 141, 82 (117 f.); ferner *Michel*, in: *Kluth*, Kammer- und Berufsrecht, S. 225 (246).

1793 Vgl. zur anwaltlichen Berufsausübung *Römermann*, GmbHR 2012, 64 (65).

1794 Ein Erfordernis der Majorität ärztlicher *Geschäftsführer* statuiert aber § 29 II 3 Nr. 3 HBKG SH.

faktisch die Einflussnahme auf die ärztliche Berufsausübung inklusive ihrer Unabhängigkeit möglich. Da Ärzte bei ihrer Berufsausübung das eigene Berufsrecht einzuhalten haben, verbleibt ihnen bei berufsrechtswidrigen Beschlüssen[1795] die Berufsrechtskonformität herzustellen durch Nichtbeachtung des Gesellschafterbeschlusses oder durch Auszonung der ärztlichen Tätigkeit bzw. dem vollständigen Austritt aus der Gesellschaft. Hierin zeigt sich der fehlende Mehrwert der Mehrheitserfordernisse gegenüber den ohnehin bestehenden berufsrechtlichen Bindungen, die bereits durch konkrete Anknüpfung an einzelnes (Fehl-) Verhalten effektiv[1796] die Einhaltung des Berufsrechts absichern. Daher beruhen die Mehrheitsanforderungen ebenfalls lediglich auf dem Vertrauen berufsrechtskonformen Verhaltens der Ärzte.[1797] Warum Ärzten als Angehörigen der Berufsgruppe in gesellschaftlicher Minorität mit der in den Mehrheitserfordernissen fußenden Implikation unterstellten berufsrechtswidrigen Verhaltens weniger Vertrauen in ihr ordnungsgemäßes Verhalten geschenkt wird, lässt sich nicht begründen.

Die bestehenden Mehrheitserfordernisse erschweren die interprofessionelle Zusammenarbeit erheblich,[1798] denn bereits die beabsichtigte Ausübung interprofessioneller Kooperation wird in den zulässigen Formen praktisch verkürzt. Zudem bestehen praktisch durchaus Mehrheitserfordernisse der Zahnärzte,[1799] die mit dem ärztlichen Berufsrecht nicht zu vereinbaren sind, sodass einer MKG von Zahnärzten und Ärzten die kapitalgesellschaftliche Organisation praktisch vorenthalten ist – die in den wirtschafts- und rechtsberatenden denkbare Beteiligung von Mehrbändern eröffnet sich ihnen praktisch nicht in äquivalenter Weise. Weniger invasiv wäre zumindest die *landesgesetzliche* Unterwerfung der Berufsausübungsgemeinschaft *selbst* an das ärztliche Berufsrecht, sofern sie der therapeutischen und diagnostischen Tätigkeit eröffnet sein soll. Lediglich auf Ebene der Berufsordnung lässt sich die Berufsrechtsbindung mangels Erstreckung der Regelungskompetenz der Ärztekammern auf Nichtmitglieder nicht auf Gesellschaften erweitern. Auf diesem Weg bleibt bei genügender Absicherung der Berufspflichten sinnvoller Kooperation in Zusammenschlüssen im Einzelfall ausreichend Raum.

1795 Nicht mit dem ärztlichen Berufsrecht konforme Beschlüsse sind nicht nach § 134 BGB iVm § 29 II 3 HBKG SH unwirksam, da lediglich Anforderungen an die heilberufliche Tätigkeit eines Arztes innerhalb einer juristischen Person des Privatrechts gestellt werden, nicht jedoch eine Regelung für die Kapitalgesellschaft selbst erfolgt.

1796 Vgl. *BVerfGE* 135, 90 (124), wonach dieser unmittelbare Ansatz der Berufsrechtsbindung von gleicher, wenn nicht sogar von gesteigerten Wirksamkeit ist.

1797 Vgl. zu den Mehrheitserfordernissen nach §§ 59e, 59 f BRAO *BGH*, NJW 2012, 461 (463).

1798 A. A. *Kilian*, in: *Prütting*, Medizinrecht, MBOÄ, § 23a Rn. 16, der auf das Fehlen typischerweise entsprechender Anforderungen an die Vergesellschaftung verweist.

1799 Siehe hierzu nur § 17a MBO-ZÄ.

Ohnehin werden elementare berufsrechtliche Verpflichtungen bereits als *automatische* Folge des Zusammenschlusses geschützt, indem ihre strafrechtliche Flankierung auf Kooperationspartner ausgeweitet wird.[1800] Neben der strafrechtlichen Dimension wird zudem zivilprozessrechtlich den Angehörigen von Heilberufen einschließlich der Heilpraktiker[1801] ein Zeugnisverweigerungsrecht nach § 383 I Nr. 6 ZPO wie auch im Verwaltungsprozess iVm § 98 VwGO bereits aufgrund der von der Ausbildungssituation unabhängigen Schutzwürdigkeit der Intimsphäre Dritter zugestanden.

Auch das Strafurteil des *LG Hamburg*[1802] lässt sich nicht zugunsten von Mehrheitserfordernissen fruchtbar machen. Der darin ausgesprochenen Verurteilung der Beteiligten an einem MVZ insbesondere wegen mehrfachen gewerbs- und bandenmäßigen Betruges lag folgender Sachverhalt zugrunde: Ein MVZ betreibender Arzt befand sich in Liquiditätsschwierigkeiten und suchte nach einem neuen Mitgesellschafter. Hierzu bot sich ein Apotheker zum Einstieg an, der dem Arzt bereits durch mehrfache Darlehensvergabe in ein Abhängigkeitsverhältnis versetzt hat. Nachdem die Berechtigung zur Gründung von MVZ auf zur vertragsärztlichen Versorgung zugelassenen Leistungserbringer beschränkt worden ist,[1803] war Apothekern allerdings eine Beteiligung an MVZ nicht mehr zugänglich. Um die Teilnahme des Apothekers dennoch zu ermöglichen, wurde ein weiterer Arzt als Gesellschafter des MVZ-Trägers aufgenommen, der nach umfangreich dargelegter Überzeugung des Gerichts als Strohmann für den Apotheker fungierte und seine Gesellschaftsrechte ausschließlich gemäß dessen Weisungen ausüben sollte.

Obwohl das MVZ wegen der faktischen Beteiligung des Apothekers nach § 95 Ia SGB V nicht mehr als MVZ zur Abrechnung erbrachter Leistungen zulasten der GKV hätte zugelassen werden dürfen, rechnete die Gesellschaft gleichwohl ihre Leistungen fortdauernd als solches ab. Dabei versuchte der Apotheker die in dem MVZ beschäftigten Ärzte zur Steigerung der Umsätze zu drängen, ausschließlich über seine Apotheke Medikamente zu beziehen und Patienten mittels Vorlage vorausgefüllter Formulare zu einer Bestellung ihrer Medikamente über seine Apotheke anzuhalten. Als Hersteller von Zytostatika, hoch wirksamen und individuell hergestellten Krebsmedikamenten, war die Stellung als Alleinversorger des MVZ zur Verbesserung der Absatzmöglichkeit der hochpreisigen Arzneimittel finanziell höchst lukrativ. Der ursprüngliche ärztliche Gesellschafter sah nach einiger Zeit seine ärztliche Unabhängigkeit durch die Einflussnahme des hinter dem ärztlichen Gesellschafter als Strohmann stehenden Apothekers als gefährdet an, worauf sich ein Schlagabtausch der Widersacher ergab, der zu wechselseitigen Absetzungs- und Hausverbotserteilungsanträgen führte.

1800 Siehe hierzu S. 391 ff.

1801 *Greger*, in: *Zöller*, ZPO, § 383 Rn. 18.

1802 *LG Hamburg*, Urt. v. 11.03.2019 – 918 KLs 2/17, BeckRS 2019, 9009; inzwischen weitgehend bestätigt durch *BGH*, Urt. v. 19.8.2020 – 5 StR 558/19, NJW 2021, 90 ff. Die hiergegen eingelegte Verfassungsbeschwerde bliebt erfolglos, *BVerfG*, Beschl. v. 5.5.2021 – 2 BvR 2023/20, 2 BvR 2041/20, BeckRS 2021, 12702.

1803 Siehe hierzu S. 457 ff., 461 f.

Aufgrund der faktischen Anteils- und Stimmrechtsmehrheit des Apothekers hat der ursprüngliche ärztliche Gesellschafter die Gesellschaft verlassen und seine Anteile an den ärztlichen Strohmann übertragen müssen.

Der Fall legt eindrucksvoll offen, dass Versuche der Einflussnahme nichtärztlicher Gesellschafter auf die ärztliche Unabhängigkeit und medizinische Entscheidungen des Arztes kein Hirngespinst, sondern durchaus realistisch sind. Die schwächere Position von Patienten im Vergleich zu den Mandaten von Rechts- oder Patentanwälten bereits aufgrund ihrer geschwächten physischen Konstitution vermag die Brisanz und Signifikanz der ärztlichen Unabhängigkeit deutlich zu machen. Dennoch liegt aufgrund des Falls nicht auf der Hand, dass Mehrheitserfordernisse derartigem Gebaren überhaupt Einhalt gebieten würden. Nicht übersehen werden darf nämlich die *bewusste Umgehung* vertragsärztlicher Regelungen, gegen die auch Mehrheitserfordernisse nicht gefeit sind. Selbst noch striktere Vorgaben können umgangen werden und führen zu weniger Kontrollmöglichkeiten in der Aufsicht. So wurde im Fall des *LG Hamburg* die Umgehung des § 95 Ia SGB V sowohl der Staatsanwaltschaft als auch den Krankenkassen nur aufgrund der freiwilligen Anzeige durch den ausgeschiedenen Arzt bekannt. Dagegen stünde bei offener Beteiligungsmöglichkeit von Angehörigen nichtärztlicher Gesundheitsberufe eine verstärkte Sensibilisierung der Ärztekammern zur Überprüfung des ärztlichen Berufsrechts.

Letztlich lassen sich die Majoritätsmaßgaben zugunsten von Ärzten als Eingriff in Art. 12 I GG nicht mit der Begründung rechtfertigen, durch sie werde die Vornahme ärztlicher Behandlungen durch approbierte Ärzte gewährleistet. Während überhaupt zweifelhaft ist, ob diese Sicherstellung eine Angelegenheit der Landesgesetzgeber darstellt, ist §§ 1 I, 5 HeilprG nicht zur Heilkundeausübung Zugelassenen die Vornahme medizinischer Entscheidungen unter Strafandrohung ohnehin untersagt. Da den Kooperationspartnern keine ärztliche Kompetenz auf Basis des Zusammenschlusses mit einem Arzt zuwächst, wird der ärztliche Verantwortungsbereich durch das strafbewehrte Verbot bereits intensiver und effektiver garantiert als durch die Kreation eines Rahmens von Mehrheitsentscheidungen in der Gesellschafterversammlung. Daher ist die Regelung bereits zur Zweckerreichung nicht geeignet, zumal sie eine stets einheitliche und berufsrechtskonforme Abstimmung der Ärzte unterstellen muss. Als gleich wirksam aber weniger einschränkend erweist sich daher bereits eine Regelung, wie sie § 23b I 4 lit. c) MBOÄ in der obligatorischen Aufnahme einer gesellschaftsvertraglichen Regelung vorsieht, medizinische Entscheidungen Ärzten vorzubehalten. Eine solche Vorschrift mag sogar zur Sicherung des ärztlichen Kompetenzkreises effizienter sein, da sie alle Beteiligten nachvollziehbarer über das gebotene Verhalten *informiert*, worin sich ihr Gehalt angesichts der §§ 1 I, 5 HeilprG auch erschöpfen dürfte.

Im Übrigen liegt eine Verletzung des allgemeinen Gleichbehandlungsgrundsatzes aus Art. 3 I GG vor.[1804] Während interprofessionelle

---

1804 Anders allerdings in Bezug auf die rechtsanwaltliche Regelung des § 59c I BRAO der zweite Senat des *AnwGH Bad.-Württ.*, Beschl. v. 19.10.2018 – AGH 13/2018 II,

Berufsausübungsgemeinschaften in Form von Kapitalgesellschaften landesgesetzlichen Anforderungen Gesellschafter- und Stimmrechtsmehrheit unterliegen, unterfallen Personengesellschaften diesen nicht. Eine Erklärung kann lediglich aus dem Einstimmigkeitsprinzip herrühren, um den maßgeblichen Einfluss auf die Geschicke der Ärztegesellschaft zu sichern.[1805] Ein hinreichender Grund zur Differenzierung zwischen der Berufsausübung in Personengesellschaften und Kapitalgesellschaften besteht bereits aufgrund der persönlichen Bindung von Ärzten an ihr Berufsrecht nicht.[1806]

Der *BGH* hat jedoch zwischen einer Anwalts-GmbH und Rechtsanwaltssozietät in Form einer GbR die Haftung als relevantes Kriterium herausgearbeitet und erkannte in der gemeinschaftlichen Haftung, die einerseits die Sozietät andererseits die in ihr verbundenen Mitglieder akzessorisch betrifft, ein generalpräventives Merkmal für die Organisation und Leitung der Gesellschaft entsprechend der berufsrechtlichen Verpflichtungen.[1807] Zweck des Berufsrechts ist aber nicht vorrangig die Sicherstellung *konkret* qualitativ erfolgender Heilbehandlungen, zu deren Schutz stattdessen das Haftungsrecht heranzuziehen ist.[1808] Wie bereits dargelegt worden ist, bringt die ärztliche Berufsausübung innerhalb einer Kapitalgesellschaft keine erhöhten Risiken mit sich, da auch Personengesellschaften Mehrheitsentscheidungen zugänglich sind. Zudem sind Ärzte in den Kapitalgesellschaften gleichfalls an ihr Berufsrecht gebunden, sodass auch keine Unterschiede zwischen Kapital- und Personengesellschaften bezüglich der Sanktionsdrohungen für berufsrechtswidrigen Verhalten bestehen.[1809]

Zusammenfassend ist das Mehrheitserfordernis in § 29 II 3 Nr. 3 Hs. 1 HBKG SH verfassungswidrig. Im Übrigen sind die Mehrheitsanforderungen rechtspolitisch verfehlt, da sie der ausdrücklich eröffneten interprofessionellen Kooperation mit Angehörigen anderer gesundheitlicher Berufe als den nach § 1 HBKG SH[1810] keine gleichberechtigte Zusammenarbeit ermöglicht.[1811] Ihre Existenz lässt sich auf die

---

Rn. 130 f., der aufgrund der eigenen Zulassung der Rechtsanwaltsgesellschaften einen hinreichenden Differenzierungsgrund annimmt; Ärztegesellschaften nach § 23a MBOÄ erfahren hingegen keine zu § 59c I BRAO vergleichbare Zulassung, sodass dieses ohnehin zweifelhafte Differenzierungskriterium in keinem Fall für Ärztegesellschaften durchgreifen kann.

1805 Vgl. zur Rechtsanwaltsgesellschaft BT-Drs. 13/9820, S. 14.

1806 Vgl. hier nur exemplarisch in Bezug auf die parallelen Regelungen des rechts- und patentanwaltlichen Berufsrechts in § 59e II BRAO bzw. § 52e II PAO *Leisner*, NJW 2004, 2340 (2341); *Hartung/Wendenburg*, NJW 2009, 1551 (1554); *Kleine-Cosack*, AnwBl 2014, 221 (224); *Glindemann*, AnwBl 2014, 214 (217 ff.).

1807 *BGH*, DStRE 2011, 391 (392 f.).

1808 In Bezug auf anwaltliches Berufsrecht *Römermann*, GmbHR 2012, 64 (66).

1809 So jedoch in Bezug auf das rechtsanwaltliche Berufsrecht *BGH*, DStRE 2011, 391 (392).

1810 Resp. nach § 1 I HKG Nds. und § 1 HambKGH.

1811 *Wedel*, in: *Hartung/Scharmer*, BORA, BRAO, § 59e Rn. 18.

nur zögerlich ausdrückliche Legalisierung von Kapitalgesellschaften zur ärztlichen Berufsausübung zurückführen, die erst durch die Rechtsprechung zur Zulässigkeit der Zahnärzte-GmbH angestoßene Entwicklung erfolgt ist. Auch die Mehrheitserfordernisse sind insoweit eine Folge der *„unter dem Druck“ der* Rechtsprechung[1812] erfolgten *„Kodifizierung des Unvermeidlichen“* durch eine *„möglichst unattraktive Ausgestaltung“*[1813] zur Konservierung eines *„nostalgisch verklärten Idealberufsbilds“* des *„Arztes in seiner Praxis“*.[1814]

vi) Verfassungsmäßigkeit des Mehrheitserfordernisses in Bezug auf Gesellschafts- und Stimmrechtsanteile in Berufsordnungen

Allein in den Berufsordnungen *Baden-Württembergs* und *Bremens* bestehen in Bezug auf Gesellschafts- und Stimmrechte keine Mehrheitserfordernisse, weshalb nach dem freiheitlichen Prinzip der deutschen Rechtsordnung die Gesellschafts- und Stimmrechte auf die Beteiligten der MKG frei verteilt sein können. In der bisherigen Literatur, die sich seit Einführung des § 23a MBOÄ mit der Gründung einer juristischen Person des Privatrechts auseinandergesetzt hat, wird bisweilen die Frage der Satzungsbefugnis in Bezug auf die Ausgestaltung der Gesellschaftsformen außer Acht gelassen.[1815] In der Regel liegt sie nicht vor, weil die Mehrzahl der Heilberufsgesetze allein die Gewährleistung der eigenverantwortlichen, fachlich unabhängigen und nicht gewerblichen Berufsausübung erfordert und selbst keine Grundentscheidung für den erheblichen Eingriff in die Gesellschafterstruktur vorzeichnet. Selbst die in einzelnen Heilberufsgesetzen statuierten Mehrheitserfordernisse zugunsten der verkammerten Berufe ermächtigen die Kammern nicht zur Festlegung eines Majoritätspostulats allein zugunsten der *eigenen* Kammermitglieder. Unabhängig hiervon sind Mehrheitserfordernisse in der Berufsordnung ohnehin, nicht anders als in landesgesetzlicher Bestimmung, materiell verfassungswidrig.

vii) Verfassungsmäßigkeit der landesgesetzlichen Beschränkungen bezüglich der Geschäftsführung[1816]

In den Heilberufsgesetzen, die ausdrücklich die Gesellschafterstruktur von Kapitalgesellschaften regeln, wird auch die Geschäftsführung dem Erfordernis einer

1812 *Kleine-Cosack*, BRAO, Vor § 59c.
1813 *Römermann*, GmbHR 2012, 64 (68), in Bezug auf die Regelung der §§ 59c ff. BRAO zur Rechtsanwalts-GmbH.
1814 *Kleine-Cosack*, DB 2007, 1851 (1851).
1815 Vgl. *Kuhn*, Arzt-AG, S. 116 ff.
1816 Bei Organisation als Aktiengesellschaft wird von *Kuhn*, Arzt-AG, S. 78, 123 f. die von ihm als erforderlich und ausreichend erachtete obligatorische Sicherstellung entscheidenden ärztlichen Einflusses auf den Aufsichtsrat übertragen.

Mehrheit von Kammermitgliedern[1817] oder zumindest einer paritätischen Aufteilung von Kammermitgliedern und Nichtmitgliedern[1818] unterworfen. Wie bei den Mehrheitserfordernissen für Gesellschafts- und Stimmrechtsanteile sind die Heilberufsgesetze in den Regelungen zu den Geschäftsführungsmitgliedern allgemein auf „*Kammermitglieder*" ausgerichtet. Die Heilberufsgesetze behandeln wiederum die Berufsausübung mehrerer verkammerter Heilberufe einheitlich, obwohl durch die Hinzufügung des Adjektivs „*fachgleich*" oder die Herstellung eines Bezugs zu „*derselben Kammer*" semantisch klar an einzelne Kammerberufe angeknüpft werden könnte. Insoweit lässt sich zur Begründung, dass die Angehörigen verkammerter Berufe *kumulativ* ausschlaggebend sein müssen, nach oben verweisen.[1819] Nur ihre Beteiligung vermag mehreren Berufen gleichzeitig eine fiktive[1820] Mehrheit verschaffen, die exemplarisch betrachtet zugunsten von Ärzten als auch zugunsten der durch § 27 III 2 Nr. 1 HmbHKG ebenso erfassten Zahnärzte vorzuliegen hätte. Als Satzungsermächtigung der einzelnen Kammern lässt sich die Norm im Übrigen nicht auffassen,[1821] da in ihr die Vorgaben bereits detailliert aufgestellt werden.

Was als „*verantwortliche*" Führung zu verstehen ist, lässt sich schon nicht hinreichend ergründen.[1822] Im ähnlich gestalteten § 59 f I 1 BRAO im Berufsrecht der Rechtsanwälte soll darunter das Zustehen der „*ausschlaggebende[n] Entscheidungsgewalt*" von Rechtsanwälten verstanden werden,[1823] sodass die Geschäftsführung faktisch allein Rechtsanwälten zukommt.[1824] Der *BGH* stellte hierfür fest, dass die Verantwortung für maßgebliche Geschäftsführungsentscheidungen sicherzustellen sei, was die Einzelvertretungsbefugnis der geschäftsführenden Rechtsanwälte erfordere; dagegen sei nicht-anwaltlichen Geschäftsführern nur gemeinsam mit Rechtsanwälten Vertretungsbefugnis einzuräumen.[1825] Problematisch ist der

---

1817 § 27 III 2 Nr. 1 HmbKGH. Interessant ist im Vergleich zu § 23a I 4 Nr. 2 MBOÄ der Unterschied, dass an dortiger Stelle *kumulativ* die verantwortliche Führung der Gesellschaft durch Ärzte sowie deren Gesellschaftermehrheit erforderlich ist, während nach § 27 III 2 Nr. 1 HmbHKG *alternativ* ausgestaltet ist.

1818 Siehe hierzu § 29 II 3 Nr. 3 HBKG SH, § 17 V 1 Nr. 5 HKG Nds.

1819 Siehe bereits S. 351 f.

1820 Siehe hier nur *Römermann*, GmbHR 2012, 64 (67).

1821 Dann ließe sich die Kammerzugehörigkeit zwar wörtlich zwingender auf die einzelnen Kammerberufe beziehen, da die Kammern nur gegenüber ihren Mitgliedern Regelungen erlassen darf; gleichwohl änderte sich dann an der Auslegung nach Sinn und Zweck der Regelung nichts.

1822 Jeweils im Hinblick auf Rechtsanwaltsgesellschaften *Römermann*, NZG 2014, 481 (482); *ders.*, GmbHR 2012, 64 (65). Überspitzt formuliert *ders.*, NZG 2014, 481 (482) und GmbHR 2012, 64 (65), die Frage, ob übrige Geschäftsführer dann „unverantwortlich" handeln.

1823 BT-Drs. 13/9820, S. 15.

1824 *Römermann*, NZG 2014, 481 (482) im Hinblick auf *BGH*, NJW 2012, 461 ff.

1825 *BGH*, NJW 2012, 461 (462) unter Heranziehung der Gesetzesbegründung in BT-Drs. 13/9820, S. 15.

Bezug des Wortlauts auf die Führung *„der Gesellschaft“*, womit – darauf lässt auch die Gesetzesbegründung zum gleichklingenden § 59 f I 1 BRAO schließen – die gesamte Gesellschaft gemeint sein dürfte.[1826] Eine Begrenzung der *„verantwortlichen Führung“* auf den Bereich der ärztlichen Tätigkeit bzw. derjenigen der anderen Kammermitglieder ergibt sich aus der Norm nicht.[1827]

In Anknüpfung an den die Eigenverantwortlichkeit der Partner schützenden[1828] § 6 II PartGG, wonach ein Ausschluss der Partner von der Geschäftsführung nur für die sonstigen Geschäfte in Frage kommt, ließe sich weniger invasiv in die Berufsfreiheit eingreifen. So könnten alle beteiligten Ärzte berufsrechtlich relevante Entscheidungen selbst vornehmen, während lediglich zur Schaffung und Aufrechterhaltung eines organisatorischen Rahmens zur eigenverantwortlichen Berufsausübung erfolgende Entscheidungen[1829] auch durch Nichtärzte gefasst werden könnten. Gerade für interprofessionelle Berufsausübungsgemeinschaften wird bei der PartG eine Beschränkung der Geschäftsführung auf die dem Beruf eigenüblichen Tätigkeiten als sinnvoll erachtet.[1830] Die verpflichtende Erarbeitung eines Geschäftsverteilungsplans zur Leitung ärztlich relevanter Bereiche durch Ärzte[1831] stellt einen minimalen Eingriff in die Berufsfreiheit dar, der die Unabhängigkeit der Ärzte in ihrer Berufsausübung und die Einhaltung ihres Berufsrechts ausreichend und ebenso effektiv sicherstellt.

Mit Blick auf die Vertretungsaufgaben eines Geschäftsführers ist der Zweck von Mehrheitsanforderungen ohnehin nicht nachvollziehbar. Die Regelung ist schließlich nur dann plausibel, wenn sie der Gewährleistung einer Mehrheit der Kammerangehörigen in den innerhalb des Geschäftsführungsgremiums getroffenen Abstimmungen dient. Aus bloßen Entscheidungen eines Geschäftsführungsgremiums resultieren allerdings noch keine gesellschaftsrechtlichen Rechtsfolgen, weshalb der bloßen Anzahl an Geschäftsführern keine Bedeutung zukommt.[1832] Jedenfalls ist zur Sicherung der ärztlichen Unabhängigkeit auch keine mengenmäßige Aufteilung der Geschäftsführung erforderlich.[1833]

Neben der Verletzung der Berufsfreiheit durch das Mehrheitserfordernis bei Geschäftsführern ist auch ein Verstoß gegen den allgemeinen

---

1826 Vgl. hierzu auch das Verständnis von *Merkner*, AnwBl 2004, 529 (534), der kontextunabhängig auf das Handeln für die Gesellschaft abstellt.

1827 So jedoch in Bezug auf die entsprechende rechtsanwaltliche Regelung statt wohl aller *Henssler*, in: *Henssler/Prütting*, BRAO, 4. Auflage 2014, § 59 f Rn. 7.

1828 *Hirtz*, in: *Henssler/Strohn*, Gesellschaftsrecht, PartGG, § 6 Rn. 6 f.

1829 So zu *„sonstigen Geschäften“* nach § 6 II PartGG *Schäfer*, in: MüKo BGB, PartGG, § 6 Rn. 10; *Praß*, in: *Römermann*, PartGG, § 6 Rn. 27 ff.; *Henssler*, PartGG, § 6 Rn. 56, 61.

1830 *Praß*, in: *Römermann*, PartGG, § 6 Rn. 32.

1831 *Kuhn*, Arzt-AG, S. 69 ff., 123 f.

1832 *Römermann*, NZG 2014, 481 (482 f.). *ders.*, GmbHR 2012, 64 (65), spricht in diesem Bezug von der strikten Auslegung des BGH von *„Managern zweiter Klasse“*.

1833 *Henssler*, AnwBl 2017, 378 (384), in Bezug auf die Reformbedürftigkeit der Regelungen bzgl. Rechtsanwaltsgesellschaften.

Gleichbehandlungsgrundsatz in Art. 3 I GG zu erkennen, da Personengesellschaften keinen vergleichbaren Restriktionen unterliegen.[1834] Zwar wird das Personengesellschaftsrecht von dem Prinzip der Gesellschaftergeschäftsführung beherrscht,[1835] der vertragliche Ausschluss einzelner Gesellschafter von der Geschäftsführung ist allerdings nach § 710 BGB selbst in der GbR möglich, sodass keine grundsätzliche Divergenz zwischen Kapitalgesellschaft und GbR besteht. Im Übrigen ist im Kooperationsvertrag unabhängig von der Rechtsform die Einhaltung des ärztlichen Berufsrechts wie auch die eigenverantwortliche Berufsausübung der Ärzte nach § 23b I 4 lit. a), f) MBOÄ abzusichern.

viii) Verfassungsmäßigkeit des Mehrheitserfordernisses in Bezug auf Geschäftsführung in Berufsordnungen

Die meisten Berufsordnungen haben die Anordnung ärztlicher Mehrheit im Geschäftsführergremium nach § 23a I 4 lit. a) MBOÄ sowie die verantwortliche Führung durch einen ärztlichen Gesellschafter übernommen. Allein in *Baden-Württemberg* und *Bremen* bestehen weder Mehrheitserfordernisse noch eine Anforderung verantwortlicher Führung der Gesellschaft durch einen Arzt. In *Bayern, Berlin* und *Nordrhein* besteht aufgrund des in verfassungswidriger Weise erfolgenden Ausschlusses von Kapitalgesellschaften insgesamt keine Regelung zur Ausgestaltung der Geschäftsführung. Während wiederum eine hinreichend deutliche Satzungsermächtigung der Ärztekammern in einen tiefen Eingriff in die Gesellschaftsstruktur grundsätzlich nicht vorliegt,[1836] sind anknüpfend an die materielle Überprüfung von Mehrheitserfordernissen die entsprechenden Regelungen der Berufsordnung ebenfalls verfassungswidrig.

1834 Vgl. in Bezug auf die berufsrechtliche Situation bei der Zusammenarbeit von Rechtsanwälten, Steuerberatern und Wirtschaftsprüfern in Kapitalgesellschaften *Henssler*, WPK-Mitt. 1999, 2 (6); *Römermann*, NZG 2014, 481 (482).

1835 *Wedel*, in: *Hartung/Scharmer*, BORA, BRAO, § 59e Rn. 17.

1836 Regelmäßig ermächtigen die Landesgesetzgeber die Berufskammern lediglich zur Sicherstellung einer eigenverantwortlichen, unabhängigen und nicht gewerblichen Berufsausübung; erst recht genügt die generalklauselartige Regelung in *Sachs.-Anhalt* der Wesentlichkeitstheorie nicht. Selbst in *Hamburg*, *Schl.-Holst.* und *Niedersachsen* lässt sich keine Begrenzung auf ärztliche bzw. berufsgleiche Mehrheiten schließen, sondern lediglich auf die kumulative Mehrheit Angehöriger *aller* verkammerten Berufe, siehe hierzu bereits S. 364 ff. Allein in *Hessen* enthält § 25 Nr. 18 Hess. HeilBerG eine Ermächtigung an die Berufskammern, in der Berufsordnung u. a. Vorschriften hinsichtlich der Geschäftsführung im Falle der Berufsausübung in der Rechtsform einer juristischen Person des Privatrechts zu erlassen.

ix) Verfassungsmäßigkeit des Erfordernisses aktiver Berufsausübung in der Kapitalgesellschaft

Nach § 23a I 3 MBOÄ müssen die Gesellschafter in der Gesellschaft beruflich tätig sein. Die Regelung wurde in den Berufsordnungen der meisten Landesärztekammern übernommen[1837] und ist in einigen Heilberufsgesetzen ausdrücklich verankert.[1838] Sie ist der rechtsanwaltlichen Vorschrift in § 59e I 2 BRAO nachempfunden[1839] und beruht folglich auf der Konzeption der Gesellschaft als Berufsausübungsgemeinschaft.[1840] Das Erfordernis aktiver Berufsausübung entspringt für MKG außerdem bereits § 23b I 1, 3 MBOÄ in seiner Voraussetzung gemeinsamer Berufsausübung zum Zweck der Zusammenarbeit bei der Heilbehandlung.[1841] Insoweit besteht zwischen Kapitalgesellschaften und personengesellschaftlicher Organisation keine Differenzierung.[1842] Wie im anwaltlichen Berufsrecht[1843] muss in restriktiver Auslegung des Gebots allerdings die administrative organisatorische Tätigkeit eines Gesellschafters für die Gesellschaft ausreichend sein.

Der beabsichtigte Schutz der ärztlichen Unabhängigkeit vor Einflussnahme von Finanzinvestoren durch Beeinflussung der Gesellschafterstruktur lässt sich nachvollziehen.[1844] Eindrücklich zeigt der kürzlich entschiedene Fall des *LG Hamburg*[1845] die pekuniäre Attraktivität von Arztpraxen für unmittelbar und mittelbar beteiligte Finanzinvestoren, deren Wahrung ärztlicher Unabhängigkeit bereits vor Beeinflussung durch Entfachung finanziellen Drucks nicht sichergestellt ist.

Römermann hält die parallele Norm des rechtsanwaltlichen Berufsrechts mangels sinnvollen Gemeinwohlbelangs für verfassungswidrig.[1846] Rekurrierend auf die ärztliche Berufsausübung kann eingewendet werden, dass mit dem Schutz der

---

1837 Nicht jedoch in *Bad.-Württ.* und *Bremen.*

1838 § 16 IV 4 SächHs. HKaG; § 32 II 5 HeilBerG MV; § 26 III 3 BlnHKG; § 32 II Nr. 3 a. E. HKG Nds.; § 27 III 2 Nr. 3 HmbKGH.

1839 Vgl. *Scholz*, in: *Spickhoff*, Medizinrecht, MBOÄ, § 23a Rn. 2; implizit auch *Saenger*, MedR 2006, 138 (140).

1840 BT-Drs. 13/9820, S. 14; *Wedel*, in: *Hartung/Scharmer*, BRAO, § 59e Rn. 10, 12.

1841 Das in dem Gesellschaftszweck gemeinsamer Berufsausübung wurzelnde Aktivitätserfordernis wird übersehen in der Argumentation *Köblers*, Beteiligung Berufsfremder, S. 209, grundsätzlicher Zulässigkeit stiller Gesellschaften an einer PartG, der im Ergebnis gleichwohl zuzustimmen ist.

1842 So jedoch in Bezug auf das rechtsanwaltliche Berufsrecht *Wedel*, in: *Hartung/Scharmer*, BORA, BRAO, § 59e Rn. 12. Als *Berufsausübungs*gemeinschaft bedarf der Zusammenschluss auch in einer Sozietät jedoch gemeinsamer, also aktiver Berufsausübung in der Gesellschaft.

1843 *Henssler*, BRAK-Mitt. 2007, 186 (189).

1844 *Saenger*, MedR 2006, 138 (140).

1845 *LG Hamburg*, Urt. vom 11.03.2019 – 918 KLs 2/17, BeckRS 2019, 9009. Siehe hierzu bereits S. 361 f.

1846 *Römermann*, NZG 2014, 481 (484); so auch bereits u. a. *Pluskat*, AnwBl 2005, 609 (611).

beruflichen Unabhängigkeit vor berufsfremden Einflüssen und der Einhaltung des Berufsrechts durchaus tragfähige legitime Zwecke vorliegen, die auch das *BVerfG* grundsätzlich anerkennt.[1847] Das Gebot aktiver Berufsausübung beteiligter Gesellschafter fördert den Schutz der beruflichen Unabhängigkeit, da durch den Ausschluss reiner Kapitalbeteiligungen Einflüsse von *rein* finanziell an dem Zusammenschluss interessierten Personen oder Personenmehrheiten ausgeschlossen werden. So wird durch die Vorschrift eine Gewinnabschöpfung durch außenstehende Personen verhindert,[1848] auch dem Aufbau sonstiger finanzieller Drucksituationen durch Dritte wird vorgebeugt. Die Regelung ist auch erforderlich.[1849] Besteht ein rein finanzielles Interesse, trägt die Grundannahme reziproker Akzeptanz der beruflichen Unabhängigkeit durch die Kooperationspartner bei interprofessionellen freiberuflichen Zusammenschlüssen nicht mehr. Eine Gefahr für die berufliche Unabhängigkeit der Ärzte in einem gesundheitsrelevanten Bereich lässt sich nicht sicher ausschließen und ist einer Kontrolle durch die Ärztekammer nicht zugänglich, wie die Einflussnahme eines durch treuhänderische Gestaltung beteiligten Apothekers an einem MVZ auf die ärztliche Berufsausübung demonstriert.[1850] Lediglich finanziell an einer Gesellschaft beteiligte Personen sind vorrangig an wirtschaftlichem Profit interessiert.[1851] Nicht übertragen lassen sich daher Überlegungen[1852] zu einer Öffnung zugunsten reiner Finanzbeteiligungen nicht aktiv tätiger Gesellschafter, wie sie aktuell für das Berufsrecht der Rechtsanwälte gefordert werden. Das faktische Risiko einer Beeinträchtigung der ärztlichen Berufsausübung durch wirtschaftlichen Druck lässt sich durch gesellschaftsvertragliche Regelungen nicht ausreichend regulieren.[1853] Die Auswirkungen des

---

1847 Vgl. *BVerfGE* 135, 90 (111 ff.).

1848 *Henssler*, in: *Henssler/Prütting*, BRAO, § 59e Rn. 16.

1849 A. A. außerdem *Kuhn*, Arzt-AG, S. 117 ff. Insbesondere hinkt sein Vergleich mit Krankenhäusern, deren gesellschaftliche Ausgestaltung nicht den Ärztekammern in ihrer Berufsordnung für die Ärzte unterliegt. Im Übrigen ist die Beteiligung anderer Berufe als der in § 23b I 1 MBOÄ genannten kein Resultat des Erfordernisses aktiver Berufsausübung in der Gesellschaft.

1850 *LG Hamburg*, Urt. vom 11.03.2019 – 918 KLs 2/17, BeckRS 2019, 9009. Siehe hierzu bereits S. 361 f.

1851 Vgl. allgemein *Schulenburg/Heckmann*, GesR 2010, 525 (526).

1852 *Bundesrechtsanwaltskammer*, Stellungnahme Nr. 15/2018, S. 12 f. Zur Sicherstellung auch einer Vornahme berufsrechtlich erforderlicher satzungsändernder Beschlüsse wird eine Maximalbeteiligung nicht aktiv Beteiligter von 25 % vorgeschlagen, *Westermann*, NZG 2019, 1 (3); siehe bereits das Dafürhalten einer Beteiligungsquote von 50 % minus einer Aktie für Arzt-AG *Kuhn*, Arzt-AG, S. 118, wodurch bei Abstimmung aller Gesellschafter die Dreiviertelmehrheit der abgegebenen Stimmen bei satzungsändernden Beschlüsse nach § 53 II GmbHG bzw. § 179 II AktG allerdings nicht erreichbar wäre.

1853 So jedoch rekurrierend auf stille Beteiligungen *Köbler*, Beteiligung Berufsfremder, S. 276.

Gebots aktiver Berufsausübung stehen auch nicht außer Verhältnis zu dem verfolgten Zweck des Schutzes der ärztlichen Unabhängigkeit. Das Erfordernis aktiver Berufsausübung in der Gesellschaft ist daher verfassungsgemäß.

x) Verfassungsmäßigkeit des Ausschlusses von Gewinnbeteiligungen Dritter

Während bereits aus dem Gebot aktiver Berufsausübung eine unmittelbare Beteiligung von Personen, die entweder nicht dem Personenkreis des § 23b I 1 MBOÄ angehören oder in der Gesellschaft nicht aktiv ihren Beruf ausüben, ausscheidet, untersagen § 23a I 4 lit. c) MBOÄ entsprechende Vorschriften der meisten Berufsordnungen darüber hinaus *mittelbare* Gewinnbeteiligungen Dritter durch Treuhandgestaltungen und stille Beteiligungen.[1854] Teilweise erfolgt bereits eine entsprechende landesgesetzliche Regelung.[1855] Allein in *Baden-Württemberg, Berlin, Bayern, Bremen* und im Bereich der Ärztekammer *Nordrhein* ergeben sich keine gleichlautenden Regelungen.[1856] Kritisch beäugt wird ein entsprechender Ausschluss treuhänderischer Bindungen für Rechtsanwaltsgesellschaften.[1857]

Soweit die Landesgesetzgeber nicht bereits eine eigene Vorschrift zur Unzulässigkeit passiver Beteiligungen erlassen haben, wurden die Ärztekammern jedenfalls zur Regelung der beruflichen Pflichten bei gemeinsamer Berufsausübung ermächtigt. Legitimer Zweck der Regelung ist neben dem Schutz der Unabhängigkeit des ärztlichen Berufsträgers vor Fremdeinflüssen[1858] in dessen Konsequenz auch die Sicherstellung einer funktionierenden Gesundheitsversorgung der Bevölkerung. Zwar spricht nichts gegen eine Beteiligung Dritter an der Gesellschaft, soweit ärztlichen Berufsangehörigen in der Gesellschaft Gewähr für ihre berufsrechtskonforme Berufsausübung – speziell der Unantastbarkeit ihrer fachlichen Unabhängigkeit – geboten wird.[1859] Jedoch ergäben sich durch eine finanzielle Beteiligung Dritter am Gesellschaftsgewinn ein faktisch verstärktes Interesse, auf

---

1854 Siehe hierzu S. 315 ff.

1855 § 27 III 2 Nr. 4HmbKGH; § 32 II 6 HeilBerG MV; § 32 II Nr. 6 HKG Nds.; § 16 IV 5 SächsHKaG; § 29 II 3 Nr. 5 HBKG SH.

1856 In *Bayern* und *Berlin* im Hinblick auf das (vorherige) landesgesetzliche Verbot der Ausübung der ambulanten Heilkunde in juristischen Personen des Privatrechts basierend. In der Berufsordnung der Ärztekammer *Nordrh.* wird allein von einem verfassungswidrigen Ausschluss der Rechtsform für MKG, nicht jedoch für rein ärztliche Berufsausübungsgemeinschaften ausgegangen.

1857 *Kleine-Cosack*, BRAO, § 59e Rn. 12; *Wedel*, in: *Hartung/Scharmer*, BRAO, 59e Rn. 22.

1858 *Möller*, in: *Ratzel/Luxenburger*, Medizinrecht, Kap. 16 Rn. 413. Siehe entsprechend zu § 59e III BRAO *Kleine-Cosack*, BRAO, § 59e Rn. 12; *Henssler*, in: *Henssler/Prütting*, BRAO, § 59e Rn. 28; *Wedel*, in: *Hartung/Scharmer*, BRAO, § 59e Rn. 20; *Feuerich*, in: *Feuerich/Weyland*, BRAO, § 59e Rn. 11.

1859 Vgl. für stille Beteiligung an einer Apotheke *BGHZ* 75, 214 (215 f.) darauf abstellend, dass lediglich der Betrieb in der Hand von Apothekern zu liegen hat, wohingegen ein bestehender Einfluss auf die Betriebsführung den apothekenrechtlichen Normen bereits widersprach.

die Berufsausübung des Arztes durch Nutzung wirtschaftlicher Abhängigkeiten Einfluss zu nehmen.[1860] Um dem wirksam Einhalt zu gebieten, ist der Ausschluss Dritter von Gewinnbeteiligungen geeignet, da eine zu befürchtende Einflussnahme auf die ärztliche Berufsausübung unwahrscheinlicher wird.

Die Regelung ist auch erforderlich, weil Dritte bei bloßer Beteiligung am Gesellschaftsgewinn typischerweise lediglich finanzielle Interessen verfolgen. Die fachliche Unabhängigkeit und fortgeltende Bindung an das ärztliche Berufsrecht mögen unschwer bei finanziellen Notwendigkeiten schwerwiegend unter Druck geraten. Das Risiko für die ärztliche Berufsausübung wie auch die Gesundheit der Bevölkerung ist daher bei passiver Beteiligung im Vergleich zu gemeinsamer aktiver Berufsausübung typischerweise verschärft.

Eine gleich wirksame Maßnahme zum Schutz der ärztlichen Unabhängigkeit bei geringerer Eingriffsintensität kommt nicht in Betracht, eine vertragliche Fixierung wird sich demselben faktischen Druck ausgesetzt sehen. Zwar gibt es bereits in England, Wales und Schottland die Möglichkeit zu unmittelbaren Kapitalbeteiligungen Dritter bei Anwälten im Rahmen von sog. *„Alternative Business Structures“*.[1861] In Deutschland gilt jedoch selbst für Freiberufler außerhalb des Gesundheitssektors wie für Rechtsanwälte nach § 59e III BRAO ein Verbot mittelbarer Beteiligung, selbst wenn es aktuell rechtspolitisch unter Druck steht.[1862] Mangels bisheriger hinreichender Erfahrungen solcher („Fremd-“) Kapitalbeteiligungen zumindest und insbesondere im Bereich von Gesundheitsdienstleistungen kann der Gesetzgeber auf seine Einschätzungsprärogative gestützt auf die potentiell nachvollziehbare Gefahr durch ein Verbot finanzieller Beteiligungen am ärztlichen Praxisbetrieb reagieren. Die Einschätzungsprärogative wird den Ärztekammern übertragen, soweit sie zur Regelung der beruflichen Pflichten bei gemeinsamer Berufsausübung ermächtigt werden. Die Beschneidung passiver Investitionsmöglichkeiten steht zudem nicht außer Verhältnis zu der Absicherung ärztlicher Unabhängigkeit und dem als überragend wichtiges Gemeinschaftsgut anerkannten Schutz der Gesundheit der Bevölkerung. § 23a I 4 lit. c) MBOÄ hält daher zumindest einer Überprüfung des Eingriffs in die Berufsausübungsfreiheit nach Art. 12 I GG stand, insbesondere auch ihrer Schranken-Schranke des Gesetzesvorbehalts nach Art. 12 I 2 GG.[1863]

1860 So auch *Treptow*, MVZ-GmbH, S. 175; vgl. grundsätzlich zu Beteiligungen *Schulenburg/Heckmann*, GesR 2010, 525 (526); ferner *Henssler*, BRAK-Mitt. 2007, 238 (239), bzgl. wirtschaftlicher Abhängigkeiten bei Investitionen Dritter in Anwaltsgesellschaften.

1861 *Henssler*, BRAK-Mitt. 2007, 238 (239 f.); *ders.*, AnwBl 2013, 394 (398); *Kleine-Cosack*, AnwBl 2016, 311 (314); *Michel*, AnwBl 2017, 128 (132); ausführlich *Kilian/Lemke*, AnwBl 2011, 800 (804 ff.). Vgl. ferner auf den berufsrechtlichen Liberalisierungsprozess in England und Wales im Vergleich zu der deutschen Entwicklung hinweisend *Kilian*, WuB 2016, 656 (658).

1862 Vgl. *Michel*, in: *Kluth*, Kammer- und Berufsrecht, S. 225 (247).

1863 A. A. *Kuhn*, Arzt-AG, S. 117 f.; *Köbler*, Beteiligung Berufsfremder, S. 273 ff.

Das Verbot von Gewinnbeteiligungen Dritter an Kapitalgesellschaften nach § 23a MBOÄ verstößt jedoch gegen den allgemeinen Gleichbehandlungsgrundsatz des Art. 3 I GG und ist daher gleichwohl verfassungswidrig.[1864] Während Kapitalgesellschaften dem Verbot nach § 23a I 4 lit. c) MBOÄ unterliegen, sind Personengesellschaften nicht derselben Restriktion unterworfen. Stille Beteiligungen an ihnen sind mangels Verbotsregelung zulässig.[1865] Da sich berufsrechtliche Bindungen der Ärzte in ihrer Berufsausübung in einer Kapitalgesellschaft nicht von derjenigen innerhalb einer personengesellschaftlichen Berufsausübungsgemeinschaft unterscheiden,[1866] lässt sich eine Differenzierung zwischen ihnen nicht aufrechterhalten. Passive Beteiligungen ermöglichen unabhängig von der konkreten Rechtsform faktische Einwirkungen auf die ärztliche Berufsausübung.

xi) Zwischenergebnis zur ärztlichen Berufsausübung in juristischen Personen des Privatrechts

Die Gründung kapitalgesellschaftlicher MKG ist in den meisten Ländern ausdrücklich zulässig. Soweit sie in *Bayern* und *Berlin* auf Grundlage des Art. 18 I 2 HKaG BY ausgeschlossen werden, verstößt die Norm gegen Art. 12 I GG und Art. 3 I GG. Einflussnahmen auf die Gesellschafterstruktur durch Mehrheitserfordernisse für Gesellschafts- und Stimmrechtsanteile wie auch für die Geschäftsführung und durch Untersagung der Gewinnbeteiligungen Dritter sind ebenfalls in der Gesamtbetrachtung verfassungswidrig. Verfassungsrechtlich lässt sich lediglich das Erfordernis aktiver Berufstätigkeit innerhalb der Kapitalgesellschaft für die finanzielle Beteiligung an ihr rechtfertigen.

eee) Ausländische Rechtsformen

§ 23b I 2 MBOÄ ermöglicht die Führung in einer PartG *„nach dem PartGG"*, in der GbR und einer juristischen Person des Privatrechts nach § 23a MBO. Die Auswahl einer ausländischen Rechtsform wird in der Praxis von Ärzten durchaus in Erwägung gezogen.[1867] Die §§ 23a, 23b MBOÄ enthalten keine wörtliche Restriktion auf inländische juristische Personen. Systematisch und teleologisch ist der Einbezug ausländischer Kapitalgesellschaften zu vermuten, da ansonsten ausgehend von der Freiheitsvermutung in der Grundrechtsbetätigung die Berufsausübung in ihnen

---

1864 Zu einem Verstoß gegen Art. 3 I GG siehe bereits *Kuhn*, Arzt-AG, S. 119 f.; *Köbler*, Beteiligung Berufsfremder, S. 278 ff.

1865 Siehe bereits S. 303 f. und S. 304 ff.; siehe außerdem *Köbler*, Beteiligung Berufsfremder, S. 212 ff., 235 f.

1866 Eine Differenzierung ist zwischen *ambulanten* Berufsausübungsgemeinschaften anzustrengen, die von *Kuhn*, Arzt-AG, S. 119, in den Fokus gerückten Beteiligungsmöglichkeiten an Krankenhäusern lässt sich hierfür nicht fruchtbar machen.

1867 Siehe *BSGE* 111, 240 ff. zur vertragsarztrechtlichen Unzulässigkeit eines MVZ in Form einer Ltd.

mangels expliziter Regelung ohne Beschränkungen zulässig wäre. Auch § 18 II 1 MBOÄ („*in allen für den Arztberuf zulässigen Gesellschaftsformen*") legt die Erfassung ausländischer Kapitalgesellschaften nahe.[1868] Dafür spricht auch die unionsrechtliche Niederlassungsfreiheit nach Artt. 49, 54 AEUV, die trotz mangelnder Anwendbarkeit auf Gesundheitsdienstleistungen der die Garantie von Niederlassungsfreiheit und freiem Dienstleistungsverkehr zwischen den Mitgliedstaaten bezweckenden[1869] sekundärrechtlichen Dienstleistungsrichtlinie RL 2006/123/EG nach Art. 2 II lit. f) heranzuziehen ist.[1870] Selbst für eine rein auf Deutschland beschränkte kooperative Berufstätigkeit wird die Wahl ausländischer Rechtsformen ermöglicht.[1871] Mehrheitserfordernisse zugunsten eigener Berufsangehöriger bezüglich Gesellschafter, Stimmrechte und Geschäftsführer verstoßen auch gegen die unionsrechtliche Niederlassungsfreiheit. Sie steht jeder nationalen Regelung entgegen, die geeignet ist, die Ausübung der Niederlassungsfreiheit zu behindern oder weniger attraktiv zu machen.[1872] Zwar lassen sich solche Regelungen durch zwingende Gründen des Allgemeininteresses rechtfertigen, wenn sie geeignet und erforderlich sind.[1873] Die Erforderlichkeit zum Schutz der Gesundheit der Bevölkerung und primär des ärztlichen Berufsrechts sowie der ärztlichen Unabhängigkeit ist jedoch abzulehnen.[1874] Im Übrigen kann allein aufgrund der Nutzung einer ausländischen Rechtsform nicht automatisch die Untergrabung ärztlicher Berufspflichten befürchtet werden. Auch ein deutlich herabgesetztes Haftungskapital der ausländischen Gesellschaftsform vermag ihren Ausschluss nicht zu begründen,[1875] ohnehin führen Behandlungsfehler grundsätzlich zu einer persönlichen Haftung des behandelnden Arztes aus Delikt.

In Bezug auf ausländische Personengesellschaften ist die Beurteilung anders gelagert, denn im Umkehrschluss („*nach dem PartGG*") schließt § 23b I 2 MBOÄ

1868 Dass ausländische juristische Personen des Privatrechts als grundsätzlich zulässig in Frage kommen, unterstreicht § 17 III 2 SHKG, der auf die Beachtung des Rechts der Europäischen Union durch die Berufskammern in ihren Berufsordnungen in Bezug auf die Aufstellung von Regelungen an juristische Personen des Privatrechts ausdrücklich hinweist.

1869 Erwägungsgründe 1 und 12 der RL 2006/123/EG.

1870 Ansonsten wären die berufsrechtlichen Beschränkungen an den Artt. 9 ff. der RL 2006/123/EG, Beschränkungen aufgrund interprofessioneller Besonderheiten zusätzlich an Art. 25 der RL 2006/123/EG zu messen.

1871 *Henssler*, AnwBl 2017, 378 (378); *AGH Berlin*, AnwBl Online 2007, 58 (60).

1872 *EuGH*, NVwZ 1993, 661 (663); Rs. C-299/02, Kommission ./. Niederlande, Slg. 2004, 9783 Rn. 15; Rs. C-140/03, BeckRS 2005, 70302 Rn. 27.

1873 *EuGH*, NVwZ 1993, 661 (662); Rs. C-140/03, BeckRS 2005, 70302 Rn. 34; Rs. C-19/92.

1874 Vgl. zur Beurteilung von Mehrheitserfordernissen für den Betrieb von Optikergeschäften in Griechenland als Verstoß gegen die Niederlassungsfreiheit, *EuGH*, Rs. C-140/03, BeckRS 2005, 70302 Rn. 38.

1875 *AGH Berlin*, AnwBl Online 2007, 58 (59).

objektiv die Wahl ausländischer Äquivalente zur PartG aus. Gleiches gilt für die Organisation *„in der Rechtsform einer Gesellschaft bürgerlichen Rechts"*. Nach unionsrechtskonformer – im Hinblick auf die Niederlassungsfreiheit nach Art. 49 AEUV – und daneben verfassungskonformer Auslegung – in Rekurs auf Art. 19 III GG in Verbindung mit Art. 18 AEUV und Artt. 12 I, 3 I GG – müssen gleichwohl ausländische Personengesellschaften zulässige Organisationsformen darstellen. § 23b I 2 MBOÄ lässt sich nicht eindeutig und zwingend als Verbot ausländischer Personengesellschaften verstehen,[1876] sondern legt nahe, dass ausländischen Rechtsformen bei der Normentstehung schlicht keine Beachtung geschenkt worden ist. Zu resümieren verbleibt somit die zulässige Organisation von MKG in ausländischen Kapital- und Personengesellschaften.

bb) Anforderungen an den Kooperationsvertrag nach § 23b I 4 MBOÄ

aaa) Einleitung

Weder die nichtärztlichen Mitglieder der MKG noch die Gesellschaft werden unmittelbar zur Einhaltung der in § 23b MBOÄ statuierten Erfordernisse verpflichtet. Da diese im Gegensatz zu ärztlichen Kooperationspartnern in monoprofessionellen Berufsausübungsgemeinschaften nicht dem ärztlichen Berufsrecht unterworfen sind, sieht § 23b I 4 MBOÄ die Absicherung der ärztlichen Unabhängigkeit auf gesellschaftsvertraglicher Basis vor. Zur Festigung der Integrität des ärztlichen Berufsrechts ist es Aufgabe des Arztes, die in § 23b I 4 MBOÄ obligatorisch enumerierten Vertragsbedingungen im Gesellschaftsvertrag durchzusetzen. Gelingt ihm deren Realisierung gegenüber seinen berufsfremden Partnern nicht, darf er sich der Gesellschaft nicht – mit dem Zweck gemeinsamer Beteiligung an der Heilbehandlung nach § 23b I 3 MBOÄ[1877] – anschließen.[1878] Seine dennoch erfolgende Beteiligung erweist sich als Verletzung des ärztlichen Berufsrechts und kann die zuständige Ärztekammer zu disziplinarischen Maßnahmen veranlassen.[1879]

Als *„Kooperationsvertrag"* bezeichnet § 23b I 4 MBOÄ den Gesellschaftsvertrag der MKG. Daneben ist zwar in § 23b I 2 MBOÄ die Rede von einem *„schriftlichen Vertrag über die Bildung einer Kooperationsgemeinschaft"* in der Rechtsform einer Gesellschaft bürgerlichen Rechts, womit der *„Kooperationsvertrag"* wörtlich dem *„Gesellschaftsvertrag"* gegenübersteht. § 23b I 2 MBOÄ bezweckt allerdings lediglich die Begründung eines Schriftformerfordernisses für den Gesellschaftsvertrag

---

1876 Vgl. *BGH*, NJW 2005, 1568 in Bezug auf Aktiengesellschaften als Rechtsanwaltsgesellschaften, wobei der Bundesgesetzgeber nach der Gesetzesbegründung in Bezug auf Aktiengesellschaften *„keine Aussage treffen"* wollte (BT-Drs. 13/9820, S. 11).

1877 Siehe aber zu anderen Möglichkeiten des Zusammenschlusses in gemeinsamer berufsübergreifender Berufsausübungsgemeinschaft S. 516 ff.

1878 *Schirmer*, MedR 1995, 383 (383).

1879 *Schirmer*, MedR 1995, 383 (383).

einer als GbR organisierten MKG,[1880] das die anderen zulässigen Rechtsformen bereits gesellschaftsrechtlich nach § 3 I PartGG ohnehin erfüllen bzw. nach § 2 I 1 GmbHG oder § 23 I AktG übertreffen. Die in § 23b I 4 MBOÄ statuierten Gewährleistungen betreffen innergesellschaftliche Verabredungen, die üblicherweise in Gesellschaftsverträgen festgehalten werden, sodass ein separater „*Kooperationsvertrag*" kaum sinnstiftend wäre.

Junkert vertritt die Auffassung, es bestehe keine Notwendigkeit zur Aufnahme zusätzlicher Regelungen im Vergleich zu monoprofessionellen Zusammenschlüssen.[1881] Ihr ist unter Hinweis auf den Wortlaut des § 23b I 4 MBOÄ („*gewährleisten*") zu widersprechen. Dieser weist auf eine aktiv vorzunehmende Sicherstellung der katalogmäßigen Voraussetzungen hin. Außerdem liegt der Telos der Regelung in der Verschaffung der Geltung des ärztlichen Berufsrechts nicht nur gegenüber dem Arzt, sondern – so belegt § 23b I 4 lit f) MBOÄ eindrücklich – auch aufgrund privatrechtlicher Unterwerfung gegenüber seinen Kooperationspartnern. Daher reicht das Absehen von gesellschaftsrechtlichen, § 23b I 4 lit. a)-g) MBOÄ widersprechenden Regelungen nicht den Anforderungen § 23b Ab. 1 S. 4 MBOÄ. Erst durch die Aufnahme ausdrücklicher Regelungen wird den nicht dem ärztlichen Berufsrecht originär unterworfenen Kooperationspartnern transparent vor Augen geführt, welchen Konditionen die Zusammenarbeit mit dem Arzt unterliegt. Nur auf diese Weise erklärt sich die in § 23b I 4 MBOÄ prononcierte Verpflichtung zur Gewährleistung ohnehin zu beachtender berufsrechtlicher Grundsätze.[1882] Die ausdrückliche Gewährleistung ist den Partnern auch nicht unangemessen oder unzumutbar. Sie stellt einen milderen Weg als Verbote oder Beschränkungen der Zusammenarbeit dar, um Beeinträchtigungen der ärztlichen Eigenverantwortlichkeit und des ärztlichen Berufsrechts durch gemeinschaftliche berufsübergreifende Berufsausübung zu vermeiden. In der Praxis wird daher nicht zu Unrecht empfohlen, die katalogweise Aufzählung als eigenen Tatbestand in den Gesellschaftsvertrag aufzunehmen und eine Verpflichtung aller Gesellschafter zur Einhaltung dieser Grundsätze vorzusehen.[1883] Der Kooperationsvertrag darf selbstredend darüber hinaus nicht in seiner Gesamtbetrachtung gegen ärztliches Berufsrecht verstoßen.[1884]

1880 Siehe bereits S. 301 ff.

1881 *Junkert*, Ärzte und Physiotherapeuten, S. 62. Sie geht in der Folge auf die Erfordernisse des § 23b I 4 MBOÄ mit Ausnahme der Namensregelung in lit. g) nicht mehr ein.

1882 Im Kontrast zu *Schirmer*, MedR 1995, 383 (384), nach dem sich die heute in § 23b I 4 lit. a) und b) MBOÄ fixierten Erfordernisse ohnehin in der Berufsordnung geprägter Regelungen der Zusammenarbeit von Ärzten mit Nichtärzten schon ergeben, ist zu erkennen, dass alle in § 23b I 4 MBOÄ niedergelegten Vertragsvoraussetzungen bereits aus dem übrigen Berufsrecht ersichtlich sind.

1883 *Hartmann*, in: *Halbe/Schirmer*, Kooperationen, A 1500 Rn. 32.

1884 Bereits allgemein und vor Einführung von MKG *Taupitz*, MedR 1993, 367 (370).

bbb) Eigenverantwortliche und selbständige Berufsausübung des Arztes

Gemäß § 23b I 4 lit. a) MBOÄ hat der Kooperationsvertrag die Wahrung der eigenverantwortlichen und selbständigen Berufsausübung des beteiligten Arztes zu gewährleisten. Seit Einführung von MKG verdeutlicht die Regelung nach bisheriger Literaturansicht in Kombination mit § 23b I 4 lit. b) MBOÄ die Unzulässigkeit einer Verquickung der Verantwortungsbereiche in der Zusammenarbeit von Arzt und Nichtarzt als Wiederholung des Verbots in § 29a MBOÄ.[1885] § 23b I 4 lit. b) MBOÄ setzt wörtlich die Trennung der Verantwortungsbereiche der Partner gegenüber den Patienten voraus.

Die Regelungskonstruktion lässt an der damit herrschenden Negierung eigenständigen Gewichts beider literae Zweifel aufkommen, denn § 23b I 4 lit. b) MBOÄ wäre ansonsten substanzlos und erschöpfte sich in einem Pleonasmus. Der Fokus der Formulierungen ist zudem disparat. § 23b I 4 lit. b) MBOÄ rekurriert auf die Trennung der Verantwortungsbereiche *aller* („*der*") Partner in der MKG, während § 23b I 4 lit. a) MBOÄ die Absicherung der eigenverantwortlichen und selbständigen Berufsausübung – allein – „*der Ärzte*" im Blick hat. § 23b I 4 lit. b) MBOÄ ist daher eigenständige Relevanz beizumessen, er stellt keine reine Bekräftigung des voranstehenden § 23b I 4 lit. a) MBOÄ dar.

Eher richtig und präzise erscheint, dass § 23b I 4 lit. a) MBOÄ die ärztliche Unabhängigkeit sichern soll, indem sich gesellschaftsrechtliche Bindungen nicht beschränkend auf die selbständige und eigenverantwortliche Berufsausübung der Ärzte auswirken dürfen.[1886] Für die erforderliche Selbständigkeit des ärztlichen Gesellschafters lässt sich an § 18 IIa 2 MBOÄ anknüpfen, nach dem eine gemeinsame Berufsausübung die auf Dauer angelegte berufliche Zusammenarbeit selbständiger freiberuflich tätiger Gesellschafter voraussetzt. Die Selbständigkeit erfordert danach die Beteiligung am Gewinn und Verlust der Gesellschaft wie auch am Vermögen und dem immateriellen Wert der Praxis.[1887] Selbständigkeit und Eigenverantwortlichkeit der ärztlichen Gesellschafter sind nicht anders als in rein ärztlichen Berufsausübungsgemeinschaften nach § 18 II 1, IIa 2 MBOÄ zu gewährleisten.

Gewahrt bleiben muss gewiss die Unabhängigkeit des Arztes in seiner Behandlung der Patienten. Die Begründung einer Weisungsunterworfenheit des Arztes gegenüber nichtärztlichen Angehörigen der Gesellschaft stellt auch bei Eröffnung der Verbindung mit Angehörigen anderer Gesundheitsberufe einen unzulässigen Eingriff hierin dar. Die Untersagung der Befolgung nichtärztlicher Weisungen nach § 2 IV MBOÄ bleibt durch den Zusammenschluss unberührt.

1885 *Schirmer*, MedR 1995, 383 (384); *Werner*, Berufsausübung, S. 379; *Eisenberg*, Ärztliche Kooperationen, S. 195 f.

1886 Siehe auch im Ergebnis *Werner*, Berufsausübung, S. 376 ff.

1887 Siehe bereits vor Einfügung des § 18 IIa MBOÄ in sozialversicherungsrechtlicher und steuerrechtlicher Hinsicht *BSG*, MedR 2011, 298 (302 ff.); *BFH*, DStR 2016, 726 (728).

ccc) Trennung der Verantwortungsbereiche der Partner

Nach § 23b I 4 lit. b) MBOÄ bedarf es der kooperationsvertraglichen Gewährleistung der Trennung der Verantwortungsbereiche der Partner. Hiermit kann nicht der getrennte Auftritt gegenüber den Patienten bezweckt sein,[1888] denn die vereinten Leistungserbringer stehen selbst vertraglich gar nicht in Beziehungen zu den Patienten, sondern allein die Gesellschaft. Auch historisch lässt sich auf nichts anderes schließen; zwar war bei Einführung der Norm die GbR noch nicht als teilrechtsfähig anerkannt gewesen, sodass unter Anwendung der Doppelverpflichtungslehre eine Verpflichtung lediglich einzelner berufsspezifischer Partner nicht ausgeschlossen erschien.[1889] Gleichwohl konnte in Form der PartG als rechtsfähige Personengesellschaft die MKG gegründet werden, die unumstritten ihrerseits Vertragspartnerin der Patienten geworden ist.

Gegen eine in der Literatur[1890] verlautbarte bloße Bestätigung des Gebots der Trennung der Verantwortungsbereiche des § 29a II MBOÄ spricht der Kontext der Regelungen; die Norm sichert gleichwohl ab, dass nicht aufgrund des Zusammenschlusses die Verantwortungsbereiche nach § 29a II MBOÄ verschwimmen. Während § 29a II MBOÄ die Behandlung durch Ärzte und Nichtärzte beschreibt, regelt § 23b I 4 lit. b) MBOÄ allgemein die spezielle, berufsrechtlich erforderliche gesellschaftsrechtliche Struktur der Berufsausübungsgemeinschaft. Erforderlich ist mithin eine intern deutliche Fixierung der Verantwortungsbereiche in Bezug auf die Patientenbehandlung im Kooperationsvertrag. Davon unabhängig ist die nach § 29a II MBOÄ zu beantwortende Frage, ob und wie einzelfallabhängig die eigentliche Behandlung gemeinsam erfolgen darf.

§ 23b I 4 lit. b) MBOÄ dient eher der Verhinderung der Überschreitung der jeweiligen beruflichen Befugnisse, was ihm eine Hinweisfunktion beimessen lässt. Die jeweils eigenen beruflichen Kompetenzen erweitern sich nicht durch einen berufsübergreifenden Zusammenschluss. Anknüpfen lässt sich an die insoweit eher gelungene Formulierung im anwaltlichen Berufsrecht nach § 59a I 1 BRAO, wonach eine berufsübergreifende Sozietät ausdrücklich nur zur gemeinsamen Berufsausübung „*im Rahmen der eigenen Befugnisse*" zulässig ist.[1891] Die Regelung des § 23b MBOÄ steht inhaltlich dem nicht nach, differenziert allerdings umständlich und nicht stringent Innen- („*medizinische Entscheidungen [...] trifft [der Arzt]*" gemäß lit. c)) und Außenverhältnis („*gegenüber den Patienten*" nach lit. b)).

1888 So jedoch *Krieger*, MedR 1998, 57 (57).

1889 Vgl. *BGH*, JZ 2001, 95 ff.; NJW 2001, 1572 (1573); 2000, 1560 (1561); siehe allerdings zur Gemeinschaftsmandatierung bei interprofessionellen Sozietäten vor Anerkennung der Teilrechtsfähigkeit der GbR bereits *BGH*, NJW 1982, 1866 (1866); *OLG Köln* WiB 1997, 667, insoweit *zust. Römermann*, WiB 1997 667 (668).

1890 *Werner*, Berufsausübung, S. 379; verklausuliert wie hier wohl auch *Schirmer*, MedR 1995, 383 (384); *Eisenberg*, Ärztliche Kooperationen, S. 195.

1891 Siehe zu § 59a I BRAO *Henssler*, AnwBl 2009, 670 (671).

Fraglich ist insofern jedoch noch zweierlei: Müssen erstens die Verantwortungsbereiche den Patienten ersichtlich sein? Hierfür ließe sich der Wortlaut des § 23b I 4 lit. b) MBOÄ anführen, der im Gesellschaftsvertrag eine Trennung der Verantwortungsbereiche *„gegenüber“* den Patienten erforderlich macht und somit diesbezügliche Transparenz nahelegt. Durch die bessere Nachvollziehbarkeit für Patienten dürfte potentiell deren Vertrauen in die Kooperationsform positiv beeinflusst werden. Gegen ein Transparenzerfordernis aus § 23b I 4 lit. b) MBOÄ sprechen jedoch in stärkerem Maße die speziell zur Gewährleistung des Patientenvertrauens für die Kooperationsformen geschaffenen Ankündigungspflichten nach §§ 18a II 1, 23b I 4 lit. g) MBOÄ und der darin erforderlichen Nennung der Berufsbezeichnungen, die bereits ein besonderes Transparenzniveau bestimmen.

Zweitens fragt sich, ob die durch § 23b I 4 lit. b) MBOÄ postulierte Trennung der Verantwortungsbereiche Auswirkungen auf die Haftungsgestaltung nach sich zieht.[1892] Da eine Trennung der Verantwortungsbereiche *„gegenüber den Patienten“* vorgesehen ist, könnte zunächst die Regelung als nur auf die Haftung im Außenverhältnis bezogen aufzufassen sein. Den Patienten tritt allerdings stets die Berufsausübungsgemeinschaft als deren Vertragspartner gegenüber, diese stellt damit deren originären vertraglichen Anspruchsgegner dar. Daneben tritt die deliktische Haftung der Gesellschaft infolge der Zurechnung des deliktischen Verhaltens der Kooperationspartner nach analoger Anwendung des § 31 BGB. Insoweit haften die Gesellschafter im Außenverhältnis auf Gesellschaftsebene sozusagen „gemeinsam“. Während Gesellschafter in Kapitalgesellschaften nur bei eigenen deliktischen Handlungen in Anspruch genommen werden können, ist bei personengesellschaftlicher Ausprägung der MKG die grundsätzliche akzessorische Haftung der Gesellschafter für Gesellschaftsverbindlichkeiten zu berücksichtigen. Dabei ergibt sich gegenüber Außenstehenden nur bei der PartG nach § 8 II PartGG ein Ausschluss der Inanspruchnahme eines an der Auftragsausführung nicht beteiligten Partners. Allerdings bewirkt diese Haftungskonzentration gerade im Fall berufsübergreifender Beteiligungen an einer Behandlung infolge der gemeinsamen Beteiligung bei der Auftragsdurchführung keine Haftungskonzentration auf den Arzt bzw. den nichtärztlichen Kooperationspartner. Gegenüber den Patienten lassen sich keine Gestaltungen zur Haftungsaufteilung der Gesellschafter finden, sodass § 23b I 4 lit. b) MBOÄ nicht die Haftungsausgestaltung der MKG betreffen kann, da ansonsten zur Einhaltung der Vorschrift eine dem Zweck der Gesellschaft widersinnige Ausgliederung der Behandlungstätigkeiten aus der MKG erfolgen müsste.

In Frage kommt freilich eine Regelung zum Innenausgleich, welcher durch den für einen Haftungsfall verantwortlichen Gesellschafter zu leisten ist. Eine solche gesellschaftsvertragliche Abrede wirkt sich nur im Innenverhältnis und nicht

---

1892 Bejahend *Steffen*, MedR 2006, 75 (80) (*„verlangte Trennung der Verantwortungs- und Haftungsbereiche“*); so wohl auch *Weigt*, Praxisführung Professionell 2004 (8), S. 5.

gegenüber den Patienten aus. Insoweit kommt Kompetenzabgrenzungen Bedeutung zu.[1893]

ddd) Alleinige Entscheidungskompetenz der Ärzte

Nach § 23b I 4 lit. c) MBOÄ hat der Kooperationsvertrag zu gewährleisten, dass *„medizinische Entscheidungen, insbesondere über Diagnostik und Therapie, ausschließlich [...] der Arzt trifft, sofern nicht [...] der Arzt [...] nach seinem Berufsrecht den in der Gemeinschaft selbständig tätigen Berufsangehörigen eines anderen Fachberufs solche Entscheidungen überlassen darf"*. Im Gesellschaftsvertrag ist damit ein grundsätzlicher Arztvorbehalt für Diagnostik und Therapie als ärztliche Aufgaben[1894] ausdrücklich vorzusehen.[1895] Die Norm soll *„offenbar"* einer gesellschaftsvertraglichen Vereinbarung vorbeugen, die ein *„arbeitsteiliges Diagnose- und Behandlungskonzept"* festlegt.[1896] Zur Aufrechterhaltung der Sinnhaftigkeit interprofessioneller gemeinsamer Berufsausübung soll die Überlassung medizinischer Entscheidungen an einen nichtärztlichen Kooperationspartner aber möglich sein.[1897] Zuständig für die *„medizinische Konkretisierung"* des Behandlungsvertrags ist daher grundsätzlich der beteiligte Arzt, wenn nicht bereits einem Patientien durch einen externen Arzt eine Gesundheitsdienstleistung verordnet worden ist.[1898] Entscheidend ist insofern nach dem deutlichen Wortlaut des § 23b I 4 lit. c) MBOÄ erstaunlicherweise nicht das Berufsrecht des Kooperationspartners, sondern das ärztliche Berufsrecht.[1899] Da Ärzte eine medizinische Entscheidung nur dann einem Angehörigen eines nichtärztlichen Berufs überlassen, wenn dieser nach seinem eigenen Berufsrecht wiederum die Maßnahme ausführen darf, erhält das Berufsrecht des Kooperationspartners mittelbare Relevanz.[1900] Folglich kommt im Rahmen der gesellschaftsvertraglichen Übertragung medizinischer Entscheidungen auf Nichtärzte die Frage auf, ob der Kooperationspartner des Arztes zu ihrer Vornahme befähigt ist und ihm die fraglichen medizinischen Entscheidungen überlassen werden dürfen. Hierbei ist die rechtliche Befugnis Angehöriger nichtärztlicher Heilberufe entscheidend. Für Therapie- und Diagnostikentscheidungen wie die Verordnung einer bestimmten Behandlung bedarf der nichtärztliche Kooperationspartner einer Erlaubnis zur Ausübung der Heilkunde; darüber hinaus

---

1893 Solche hält *Steffen*, MedR 2006, 75 (80) *„zur Sicherung der Alleinzuständigkeit und Alleinverantwortlichkeit [...] für die ärztlichen Entscheidungen"* allerdings für erforderlich.

1894 *Bohne*, Delegation ärztlicher Tätigkeiten, S. 75.

1895 *Eisenberg*, Ärztliche Kooperationen, S. 196; *Schirmer*, MedR 1995, 383 (385).

1896 *Werner*, Berufsausübung, S. 380.

1897 *Eisenberg*, Ärztliche Kooperationen, S. 196.

1898 *Schirmer*, MedR 1995, 383 (386).

1899 Insofern mit falschem Bezug auf das Berufsrecht des Kooperationspartners *Eisenberg*, Ärztliche Kooperationen, S. 196.

1900 *Schirmer*, MedR 1995, 383 (384).

ist die Durchführungskompetenz zur Ausübung des eigenen Berufs ausreichend, um berufseigenübliche Entscheidungen im Rahmen bereits ärztlich verordneter Behandlung zu fassen. Deutlich nimmt die Regelung damit Rekurs auf §§ 1 I, 5 HeilprG, welche die Ausübung der Heilkunde ohne die erforderliche Zulassung strafrechtlich bewehren, über deren Befolgung § 23b I 4 lit. c MBOÄ belehrt.

Eine klare Regelung der Kompetenzverteilung in der Zusammenarbeit ist ohnehin erforderlich, um ein hohes Versorgungsniveau innerhalb der MKG zu erreichen und negative Einflüsse auf die Zusammenarbeit, Zufriedenheit und Leistungsfähigkeit der Partner durch rechtliche Unsicherheit und Haftungsrisiken abzuwehren.[1901]

Der Grundsatz der freien Arztwahl erlangt auch im Rahmen des § 23b I 4 lit. c) MBOÄ Bedeutung im Fall der ausschließlichen nichtärztlichen Behandlung innerhalb der MKG. Für die Angehörigen nichtärztlicher Gesundheitsberufe, zu deren (Fort-) Behandlung von Patienten diagnostische oder therapeutische Entscheidungen durch einen zur Heilkundeausübung berechtigten Berufsangehörigen getroffen werden müssen, darf der Gesellschaftsvertrag ausgerichtet an der Formulierung des Arztvorbehalts nach § 23b I 4 lit. c) MBOÄ („*der Arzt*" – also der gesellschaftsangehörige Arzt statt „*ein Arzt*") nicht auf einen Zwang schließen lassen, einen Arzt der Gesellschaft in die Behandlung zu involvieren. Bezüglich der Einbeziehung eines Arztes der Gesellschaft ist der Patientenwille von zentraler Bedeutung. Die Therapie- bzw. Diagnostikentscheidung hat – in Absehung von Heilpraktikern – abweichend vom Wortlaut daher lediglich durch *einen* Arzt zu erfolgen.

eee) Wahrung des Grundsatzes der freien Arztwahl

§ 23b I 4 lit. d) MBOÄ bestimmt die notwendige Gewährleistung des Grundsatzes der freien Arztwahl durch den Kooperationsvertrag. Das Recht der Patienten, den Arzt frei zu wählen oder zu wechseln, ist in § 7 II 1 MBOÄ verankert. Patienten sind nach § 7 II 1 MBOÄ in ihrer Wahl des behandelnden Arztes frei. Ein Arzt darf daher nur dann die Behandlung eines Patienten übernehmen, wenn der Patient eine entsprechende Entscheidung trifft.[1902] Die Norm trägt dem besonderen gegenseitigen Vertrauensverhältnis zwischen Arzt und Patient Rechnung und soll einer Degradierung des Patienten vom Subjekt zum reinen Objekt der Behandlung vorbeugen.[1903]

Die Gewährleistung des Rechts zur freien Arztwahl wird von der MBOÄ nicht allein für interprofessionelle Zusammenschlüsse zu MKG in § 23b I 4 lit. d) MBOÄ betont, sondern in § 18 IV MBOÄ für alle Formen der ärztlichen Kooperation

---

1901 Vgl. hierzu auf Makroebene *Guttau*, Nichtärztliche Heilberufe, S. 51 f.

1902 *Schirmer*, MedR 1995, 383 (385).

1903 *Lippert*, in: Ratzel/Lippert, MBOÄ, § 7 Rn. 1, 62. Zur staatlichen Pflicht zum Schutz der Menschenwürde *Herdegen*, in: *Maunz/Dürig*, GG, Art. 1 I Rn. 78 f.

festgehalten. Nur müßig wäre eine ausgedehnte Auseinandersetzung darüber, ob § 18 IV MBOÄ auch für MKG gilt, da die Norm von *„ärztlicher"* Kooperation spricht, während in MKG eine berufsübergreifende Berufsausübung unter ärztlicher Beteiligung erfolgt. Dafür spräche in systematischer Hinsicht die Aufnahme der *„Kooperationsgemeinschaft"* im vorangestellten § 18 I 1 MBOÄ, auf den sich § 18 IV MBOÄ bezieht. § 23 I 4 lit. d) MBOÄ bietet klarstellend einer aufkommenden Rechtsunsicherheit Abhilfe. Außerdem sind ohnehin nach § 23b I 4 lit. f) MBOÄ die berufsrechtlichen Bestimmungen der Ärzte im Gesellschaftsvertrag zu beachten, womit auch die in § 7 II MBOÄ festgehaltene freie Arztwahl der Patienten umfasst ist.

Schirmer erkennt eine praktische Relevanz der Gewährleistung der freien Arztwahl nur in solchen MKG, in denen mehrere Ärzte tätig sind.[1904] Dagegen ist zwar einzuwenden, dass dem Recht der Patienten zur freien Arztwahl nicht nur ein positiver Gehalt zukommt, einen der beteiligten Ärzte zu wählen. Darüber hinaus besteht jedoch auch das Recht des Patienten, den Behandlungsvertrag jederzeit zu kündigen und den behandelnden Arzt zu wechseln.[1905] In Betracht kommt nicht nur der Wechsel zu einem anderen behandelnden Arzt innerhalb derselben MKG, sondern auch darüber hinaus auf nicht an der Gesellschaft beteiligte Ärzte. Zudem kann ein Patient, der von einem externen Arzt Physiotherapie verordnet bekommen hat und sich diesbezüglich an den nichtärztlichen Kooperationspartner wendet, eine ärztliche Behandlung durch den Arzt in der MKG ablehnen. *Schirmer* ist aber zuzugestehen, dass eine Absicherung des Rechts zur freien Arztwahl in MKG in ähnlicher Weise wie in ärztlichen Berufsausübungsgemeinschaften besonders erforderlich ist, um eine rein interne Zuständigkeitsregelung für die Patientenbetreuung durch die beteiligten Ärzte ohne Einbezug der Patienten zu verhindern. Die Norm schützt zusätzlich einen Arzt in einer MKG mit mehreren Ärzten, der die Hinzuziehung eines externen statt gesellschaftsinternen Facharztes für geboten hält.

fff) Hinzuziehung Externer

Es ist zu fragen, ob aufgrund ausdrücklicher Regelung im Gesellschaftsvertrag oder zumindest auf Grundlage der gesellschaftsrechtlichen Treuepflicht[1906] einem Arzt die Möglichkeit der Hinzuziehung von gesellschaftsexternen Ärzten und Angehörigen anderer Gesundheitsberufe eingeschränkt werden dürfte. Während eine explizite gesellschaftsvertragliche Regelung insoweit eindeutig eine solche Limitierung festlegen würde, ist ihre Herleitung aus der Treuepflicht vergleichsweise

1904 *Schirmer*, MedR 1995, 383 (385).
1905 *Scholz*, in: *Spickhoff*, Medizinrecht, MBOÄ, § 7 Rn. 8.
1906 Zur gesellschaftsrechtlichen Treuepflicht, die Erreichung des gemeinsamen Zwecks zu ermöglichen *Weipert*, in: *Gummert/Weipert*, Münchener Hdb. Gesellschaftsrecht, Bd. 1, § 6 Rn. 32.

undeutlicher. Die gesellschaftsrechtliche Treuepflicht umfasst einen vertikalen und einen horizontalen Aspekt.[1907] Nach der vertikalen Treuepflichtbindung ist jeder Gesellschafter verpflichtet, seine gesellschaftsbezogene Tätigkeit im Gesellschaftsinteresse wahrzunehmen und alles zu unterlassen, was dieses Interesse beeinträchtigt. Die horizontale Treuepflicht betrifft die Verpflichtung der Gesellschafter zur Rücksichtnahme auf die Belange der Mitgesellschafter. Nach diesem Maßstab erscheint es plausibel, der Treuepflicht eine Begrenzung des Arztes in seiner Möglichkeit, externe Ärzte und Angehörige eines Gesundheitsberufs außerhalb der MKG hinzuzuziehen, auf solche Fälle zu entnehmen, in denen die gefragte Expertise innerhalb der Gesellschaft nicht vorhanden ist.

Um allerdings derartigen Bindungen des Arztes vorzubeugen, ist nach § 23b I 4 lit. e) MBOÄ im Gesellschaftsvertrag das Recht des behandelnden Arztes zu verankern, zur Unterstützung in seinen diagnostischen Maßnahmen oder zur Therapie auch andere als die in der Gemeinschaft kooperierenden Berufsangehörigen hinzuzuziehen.[1908] Sinn und Zweck der Regelung soll die Sicherstellung der Unabhängigkeit des Arztes sein.[1909] Da § 23b MBOÄ zuvor unter *„Berufsangehörigen"* regelmäßig die nichtärztlichen Kooperationspartner versteht, beschränkt sich § 23b I 4 lit. e) MBOÄ auch auf die Freiheit des Arztes zur Hinzuziehung externer Angehöriger nichtärztlicher Gesundheitsberufe. Die Freiheit des Arztes zur Überweisung an externe Ärzte ist bereits durch die notwendige Gewährleistung der Arztwahlfreiheit durch § 23b I 4 lit. d) MBOÄ im Gesellschaftsvertrag sicherzustellen. Im Übrigen unterscheidet sich die Gewährleistung der freien Arztwahl (Freiheit des Patienten) von § 23b I 4 lit. e) MBOÄ (Freiheit des Arztes) in der Initiative der Konsultation Externer. Das Judikat des jüngst wieder eingerichteten *BayObLG*, wonach die Verpflichtung zu der Verordnung einer möglichst umfassenden Therapie und eines möglichst großen Umfangs der Angebote eines Hotel-Sanatoriums mit der Unabhängigkeit und Eigenverantwortlichkeit der Ärzte unvereinbar ist,[1910] lässt sich auf § 23b I 4 lit. e) MBOÄ transferieren.

ggg) Einhaltung ärztlicher berufsrechtlicher Bestimmungen

i) Einleitung

Nach § 23b I 4 lit. f) MBOÄ hat der Kooperationsvertrag zu gewährleisten, dass die berufsrechtlichen Bestimmungen der Ärzte auch durch die *„übrigen"* – mithin nichtärztlichen – Partner beachtet werden. *„Insbesondere"* wird auf die Pflicht zur Dokumentation, das Verbot der berufswidrigen Werbung und die Regeln zur

---

1907 *Servatius*, in: *Henssler/Strohn*, Gesellschaftsrecht, BGB, § 705 Rn. 41.

1908 So auch *Schirmer*, MedR 1995, 383 (385).

1909 *Krieger*, MedR 1998, 57; *Werner*, Berufsausübung, S. 380; *Eisenberg*, Ärztliche Kooperationen, S. 197.

1910 *BayObLG*, MedR 2001, 206 (208).

Erstellung einer Honorarforderung verwiesen. Bereits dem Wortlaut nach („*insbesondere*“) ist die Aufzählung nicht abschließend und betrifft das gesamte ärztliche Berufsrecht.[1911] Auch teleologisch und systematisch lässt sich die Aufzählung nicht als abschließend verstehen, da sie ansonsten im Konflikt mit dem weiter gefassten § 18 II 2 MBOÄ stünde, der die Gewährleistung des ärztlichen Berufsrechts durch jeden Arzt bei beruflicher Zusammenarbeit gleich welcher Form erfordert. Um Ärzten in berufsübergreifender Verbindung kein „Mehr“ an Rechten als in einer Einzelpraxis oder in monoprofessionellen Berufsausübungsgemeinschaften zu gewähren, ist das gesamte ärztliche Berufsrecht vertraglich abzusichern.[1912] Die explizite gesellschaftsvertragliche Einigung über die Befolgung des ärztlichen Berufsrechts versetzt den beteiligten Arzt in die Lage, zivilrechtlich gegenüber nichtärztlichen Beteiligten die Beachtung ärztlicher Berufspflichten durchzusetzen.[1913]

Gegenüber der Gesellschaft oder den nichtärztlichen Partnern wird durch die gesellschaftsvertragliche Aufnahme der ärztlichen Berufspflichten jedoch kein Überwachungsverhältnis durch die zuständige Ärztekammer begründet, sodass sich die Aufsicht auf den Arzt und gegebenenfalls bei dessen Tolerierung berufsrechtswidrigen Verhaltens in der Gesellschaft disziplinarrechtliches Vorgehen gegen ihn beschränkt. Anlehnend an die bereits angeführte Entscheidung des *BVerfG*[1914] im Hinblick auf das rechtsanwaltliche Berufsrecht haben Ärzte nach § 23b I 4 lit. g) MBOÄ aktiv Einfluss auf das kollektive Verhalten der Gesellschaft zu nehmen, um Verstöße gegen die Berufsordnung zu verhindern. Darüber hinaus sind bisher eher unbeachtet nichtärztliche Gesellschafter bereits kraft der gesellschaftsrechtlichen Treuepflicht an die Bewahrung des ärztlichen Berufsrechts gebunden, da drohende disziplinarrechtliche Maßnahmen gegenüber dem beteiligten Arzt den gemeinsamen Zweck der Gesellschaft existenziell bedrohen.[1915]

Fraglich ist jedoch, wie weit die Bindung der Nichtärzte aufgrund des Gesellschaftsvertrags zu erfolgen hat. Möglich erscheint die eigene – zu den berufsrechtlichen Verpflichtungen des eigenen Berufsrechts – vertragliche Bindung des Nichtarztes an das ärztliche Berufsrecht. Eine derartig invasive Auslegung wäre jedoch weder interessengerecht noch verhältnismäßig, da ärztliche Regelungen zumindest nicht auf die berufsspezifischen Leistungen der Kooperationspartner ausgerichtet sind. Der Absicherung des ärztlichen Berufsrechts dient bereits ausreichend die Verpflichtung des Nichtarztes, gesellschaftlich verbundenen Ärzten die Einhaltung ihrer Berufspflichten ungestört zu ermöglichen. Dazu zählt insbesondere die Ermöglichung berufsrechtskonformer Gesellschafterbeschlüsse

1911 So bereits *Werner*, Berufsausübung, S. 381.
1912 *Eisenberg*, Ärztliche Kooperationen, S. 198.
1913 *Werner*, Berufsausübung, S. 382.
1914 *BVerfGE* 141, 82 (107 f.).
1915 Im Ergebnis auch *Werner*, Berufsausübung, S. 382, allerdings ohne Thematisierung der Überwachung durch die Ärztekammern.

und die Gewährleistung auch des ärztlichen Berufsrechts bei interprofessionellen Behandlungsaufträgen.[1916]

ii) Dokumentationspflicht

Die berufsrechtlich ausdifferenzierte Pflicht zur Dokumentation statuiert § 10 MBOÄ, wobei die Heilberufsgesetze bereits grundlegend die Aufzeichnungspflicht schaffen.[1917] Sie entspricht in wesentlichen Teilen der ohnehin bei Behandlungsverträgen zivilrechtlichen Dokumentationspflicht, deren Verletzung nach § 630h III BGB bei medizinisch gebotenen wesentlichen Maßnahmen zu einer Beweislastumkehr führt.[1918] Die Dokumentationspflicht dient der Gewährleistung sachgerechter therapeutischer (Weiter-) Behandlung und der Ablegung von Rechenschaft über die vorgenommene Behandlung.[1919] Behandelnder ist nach § 630a I BGB, wer die medizinische Behandlung eines Patienten zusagt. Der Begriff übersteigt die Berufsgruppe der Ärzte und erfasst auch Angehörige anderer Gesundheitsberufe wie Psychotherapeuten, Physiotherapeuten, Hebammen und Heilpraktiker.[1920] Apotheker werden zwar mangels Befugnis zur Heilbehandlung nicht als Behandelnde aufgefasst,[1921] bei ihrer Integration in die Heilbehandlung durch den Arzt lassen sie sich gleichwohl als Behandelnde auffassen. Andererseits wird bei gemeinsamer Berufsausübung die Gesellschaft als Vertragspartner des Patienten selbst zum Behandelnden und der Dokumentationspflicht unterworfen,[1922] da die eine Behandlung zusagende Person und die Behandlung tatsächlich Durchführender personenverschieden sein können.[1923]

iii) Werbeverbot nach § 27 MBOÄ

Die exemplarische Aufzählung in § 23b I 4 lit. g) MBOÄ verweist ferner auf die Sicherstellung des Verbots berufswidriger Werbung in § 27 MBOÄ.[1924] Werbung

---

1916 Vgl. hierzu die Bestimmung des Versicherungsumfangs von Mandanten in berufsübergreifenden Beratungsgesellschaften von *Jördening*, PartGmbB, S. 46.

1917 Siehe hier nur § 30 III 1 HBKG BW; § 33 I 2 Nr. 3 HKG Nds.; § 22 I Nr. 4 HeilBerG RP; Art. 18 I Nr. 3 HKaG BY.

1918 *Preis/Schneider*, NZS 2013, 281 (285 f.).

1919 *Preis/Schneider*, NZS 2013, 281 (285); *Weidenkaff*, in: *Palandt*, BGB, § 630 f Rn. 1.

1920 BT-Drs. 17/10488, S. 11, 18; *Katzenmeier*, NJW 2013, 817 (817 f.); *Preis/Schneider*, NZS 2013, 281 (282); *Weidenkaff*, in: *Palandt*, BGB, Vor § 630a Rn. 3.

1921 So ausdrücklich BT-Drs. 17/10488, S. 18.

1922 *Weidenkaff*, in: *Palandt*, BGB, § 630a Rn. 3.

1923 BT-Drs. 17/10488, S. 18.

1924 Für das ärztliche Werberecht sind außerdem Normen des Heilmittelwerbegesetzes, Wettbewerbsrechts, Telekommunikationsgesetzes, im Datenschutzrecht und der Gebührenordnung für Ärzte relevant, vgl. *Rumetsch/Kalb*, Ärztliches Werbeverbot, Rn. 12 ff.; *Raschke*, NJW 2015, 825. Siehe auch *Riedel*, GesR 2008, 1 (4 ff.). Auf die sonstigen Vorschriften wird es hier anlässlich des Wortlauts des § 23b I 1 S. 4 lit. f)

ist dabei ein Verhalten, das darauf angelegt ist, andere dafür zu gewinnen, die Leistung desjenigen in Anspruch zu nehmen, für den geworben wird.[1925] An dieser Stelle kann eine ausführliche Darstellung des ärztlichen Werbeverbots nicht erfolgen, sodass an dieser Stelle allein auf seinen Kern eingegangen und der Einfluss berufsübergreifender Zusammenarbeit untersucht wird.

Während früher bei Geltung des § 27 I a. F. MBOÄ angenommen wurde, dass allen[1926] Ärzten jegliche Werbung als dem Arztberuf wesensfremd[1927] strikt untersagt war, hat sich mittlerweile ausgehend von der Erkenntnis der Verfassungswidrigkeit eines grundsätzlichen Werbeverbots[1928] eine Liberalisierung hin zu einer grundsätzlichen Werbefreiheit ereignet.[1929] Als Eingriff in die grundgesetzlich zumindest über die Berufsfreiheit geschützte Werbefreiheit bedarf die

---

MBOÄ, der sich auf die Einhaltung *berufsrechtlicher* Pflichten beschränkt, bei einem Hinweis belassen.

1925 *BGH*, NJW 1992, 45; 2001, 2087. Differenzierter dagegen *Römermann/Schulte*, MedR 2001, 178, nach denen Werbung als Teil des Marketing zu verstehen ist, „*der durch den Einsatz von Medien den Personenzielgruppen bestimmte Botschaften über die angebotene Dienstleistung vermitteln soll, um bei diesen eine positive Einstellung hervorzurufen und die Erteilung von Aufträgen und damit eine Erhöhung des geschäftlichen Erfolges zu erreichen.*" Vgl. auch *Riedel*, GesR 2008, 1 (2), in Anlehnung an das Wettbewerbsrecht, nach dem jede Äußerung bei der Ausübung eines Handels, Gewerbes, Handwerks oder freien Berufs mit dem Ziel, den Absatz von Waren oder die Erbringung von Dienstleistungen, einschließlich unbeweglicher Sachen, Rechte und Verpflichtungen zu fördern als Werbung zu qualifizieren ist. Vgl. ähnlich ferner *Taupitz*, in: FS Geiß, S. 503 (511), wonach Werbung im Sinne des Wettbewerbsrechts in jeder an eine andere Person gerichteten geschäftlichen „Anpreisung von Waren oder Leistungen mit dem Ziel der Absatzförderung und der Leistungsverwertung durch den Abschluß [sic!] von Geschäften mit Kunden" liegt.

1926 § 27 MBOÄ unterscheidet auch jetzt nicht nach selbständiger oder unselbständiger Berufsausübung, *Ratzel/Lippert*, MedR 2002, 607 (610) unter Hinweis auf das sogleich angeführte Urteil des *OLG Nürnberg* unter anderer Angabe; *Ratzel*, in: *Ratzel/Lippert*, MBOÄ, § 27 Rn. 13; in Bezug auf § 25 I BO BY, siehe *OLG Nürnberg*, NJW-RR 1998, 113 (114).

1927 *Piper*, in: FS Brandner, S. 449 (450).

1928 So war bereits nach verfassungskonformer Auslegung des strikten Werbeverbots a. F. nur berufswidrige Werbung untersagt, *BVerfGE* 71, 162 (174); *BVerfG*, NJW 1986, 1536 (1537); 2000, 2734 (2734); MedR 2012, 516 (517); ferner *BGH*, GRUR 2001, 181 (183). Siehe ferner *Ratzel*, in: *Ratzel/Lippert*, MBOÄ, § 27 Rn. 3; vgl. für das rechtsanwaltliche Werberecht *Steinbeck*, NJW 2003, 1481 (1481 f.); *Dahns*, NJW-Spezial 2018, 702 (702).

1929 *BVerfG*, NZS 2004, 31; *Riedel*, GesR 2008, 1 (2); *Ring*, Werberecht der Ärzte, S. 50 f.; *Römermann/Schulte*, MedR 2001, 178 (178 f.); *Schinnenburg*, GesR 2007, 568 ff.; *Raschke*, NJW 2015, 825 (825 f.); *Ratzel*, in: *Ratzel/Lippert*, MBOÄ, § 27 Rn. 3; *Scholz*, in: *Spickhoff*, Medizinrecht, MBOÄ, § 27 Rn. 1; *Rumetsch/Kalb*, Werbeverbot, Rn. 2.

Werbebeschränkung einer Rechtfertigung.[1930] Das nunmehr in geringerem Ausmaß bestehende Werbeverbot dient dem Schutz der Gesundheit der Bevölkerung und soll das Vertrauen der Patienten in die Integrität medizinischer Entscheidungen aufrechterhalten.[1931] Auf der anderen Seite liegt Informationsvermittlung durch den Arzt durchaus im Interesse der Patienten,[1932] gerade auch um *„unberufenen Propheten und sonstigen unseriösen Meinungsbildnern"*[1933] nicht auf dem sensiblen medizinischen Gebiet das Feld zu überlassen. Gerade bei Kranken besteht nämlich die Gefahr, sich leicht beeinflussen oder verunsichern zu lassen.[1934]

§ 27 II MBOÄ gestattet Ärzten auf Grundlage der Gewährleistung des Patientenschutzes durch sachgerechte und angemessene Information und der Vermeidung einer Kommerzialisierung des Arztberufs sachliche berufsbezogene[1935] Informationen. Untersagt ist gemäß § 27 III MBOÄ erst berufswidrige Werbung, die insbesondere dann gegeben ist, wenn sie sich als anpreisend,[1936]

1930 *BVerfGE* 71, 162 (173). Vgl. auch *Ring*, Werberecht der Ärzte, S. 47 ff. In Bezug auf § 43b BRAO *BGH*, NJW 2001, 2087 (2087). Ggf. wird die Werbefreiheit zusätzlich über die Meinungsfreiheit geschützt, wenn eine Ankündigung einen wertenden, meinungsbildenden Inhalt hat oder Angaben enthält, die der Meinungsbildung dienen, *BVerfGE* 71, 162 (175); *Ring*, Werberecht der Ärzte, S. 52 f. *Papier/Petz*, NJW 1994, 1553 (1561), *Tettinger*, MedR 2001, 287 (292) und *Riedel*, GesR 2008, 1 (2), erkennen richtigerweise zusätzlich zu einem Eingriff in Berufs- und Meinungsfreiheit einen Eingriff in die durch Art. 5 I GG geschützte Informationsfreiheit der Patienten.

1931 *BVerfGE* 71, 162 (174); MedR 2012, 516 (517); siehe ferner *BGH*, GRUR 2001, 181 (183).

1932 *Römermann/Schulte*, MedR 2001, 178, beklagen ein *„Kommunikationsdefizit"* zu Zeiten des Verbots jeglicher Werbung. *Kleine-Cosack*, NJW 2003, 868 (870), sah insbesondere die Patientenrechte auf Selbstbestimmung und notwendige Informationen mit Füßen getreten durch *„informationelle Bevormundung durch Standesorganisationen, welche einseitige ideologische und ökonomische Standesinteressen, nicht aber Gemeinwohlbelange verfolgen"*. Siehe ferner *Ratzel*, in: *Ratzel/Lippert*, MBOÄ, § 27 Rn. 3; *zust. Rumetsch/Kalb*, Ärztliches Werbeverbot, Rn. 2.

1933 *Ratzel/Lippert*, NJW 2002, 607 (609).

1934 *BVerfGE* 71, 162 (173 f.); *Scholz*, in: *Spickhoff*, Medizinrecht, MBOÄ, § 27 Rn. 2.

1935 Das Merkmal der Berufsbezogenheit der Informationen wird im Berufsrecht der Rechtsanwälte bereits als verfassungsrechtlich nicht zu rechtfertigen angenommen, da nicht berufsbezogene Informationen wie über die Ehe eines Rechtsanwalts mit einer prominenten Person oder über die Mitgliedschaft in einem Schützenverein als sog. Sympathie-Werbung zwar geschmacklich fragwürdig sein mag, eine gemeinschaftsschädliche Wirkung diesen aber nicht zukomme. Insbesondere können sich Angaben aus dem Privatleben ohne unmittelbaren Zusammenhang zur beruflichen Tätigkeit des Arztes eine Stärkung des Arzt-Patienten-Verhältnisses bewirken, *BVerfG*, NJW 2003, 3470 (3471); *BGH*, NJW 2004, 440 (442 f.). Ein gestärktes Arzt-Patienten-Verhältnis kann sich wiederum auf die Heilung des Patienten auswirken; *Kazemi* MedR 2005, 17 (20). Siehe außerdem *Riedel*, GesR 2008, 1 (3).

1936 Näher *BÄK*, Arzt – Werbung – Öffentlichkeit, S. 2. Siehe ferner *KG Berlin*, WRP 2017, 89 (91); *Raschke*, NJW 2015, 825 (826); *Scholz*, in: *Spickhoff*, Medizinrecht,

irreführend[1937] oder vergleichend darstellt.[1938] Berufsbezogene Informationen und Angaben sind solche, die im Zusammenhang mit der beruflichen Tätigkeit des Arztes stehen, da sie die Entscheidung potentieller Patienten beeinflussen, ob und an welchen Arzt sie sich auf Grundlage vernünftiger und sachbezogener Erwägungen wenden.[1939] Die Werbung darf lediglich sachliche Informationen enthalten. Aufgrund verfassungskonformer Auslegung erfordert das Verbot einer werbenden Maßnahme die konkrete Gefährdung von Gemeinwohlbelangen wie des besonderen, für die ärztliche Behandlung notwendigen Vertrauensverhältnisses.[1940] Entgegen früherer Ansicht[1941] ist als sachliche Angabe damit auch die Angabe des Tätigkeitsschwerpunkts der Beteiligten an der MKG zulässig. Außerdem ist eine solche Angabe auf Praxisschild und Briefpapier bereits zulässig, um einer Irreführung der Patienten vorzubeugen, denn nach § 23b I 3, II MBOÄ ist der Bereich der Zusammenarbeit und damit das interprofessionelle Angebot der MKG begrenzt.

Die Landesärztekammern können berufsrechtliche Maßnahmen gegenüber den Ärzten treffen, während im Übrigen gegenüber der MKG selbst zivilrechtliche Maßnahmen auf dem Gebiet des Wettbewerbsrechts veranlasst werden können.[1942] Die Anspruchs- und Klageberechtigung nach § 8 III Nr. 2 UWG der

---

MBOÄ, § 28 Rn. 8. Siehe hierzu das Verbot einer blickfangartigen Werbung für Augenlaserbehandlungen zu einem Preis von 999,00 EUR statt 4.200,00 EUR auf einer Internetplattform *LG Hamburg*, GRUR-RR 2012, 257 ff.; zu der Untersagung einer marktschreierisch-reißerisch gestalteten und irreführenden Werbung für Augenlaserbehandlungen *LG Dortmund*, Urt. v. 21.04.2016 – 16 O 61/15, Rn. 33 ff. näher zur (außer-)berufsrechtlichen Zulässigkeit von Preiswerbung durch Ärzte *Köber*, ZMGR 2014, 367 (369, 370). *Römermann/Schulte*, MedR 2001, 178 (179), sehen das Verbot anpreisender Werbung insgesamt verfassungswidrig.

1937 Eine umfangreiche Rechtsprechungsübersicht zum Merkmal der irreführenden Werbung findet sich bei *Scholz*, medstra 2017, 346 (352).

1938 Nach *Raschke*, NJW 2015, 825 (826), soll sich dieser Dreiklang in der gerichtlichen Prüfung auf das Merkmal der Irreführung reduziert haben, wobei durch die Zitierung eines Urteils noch keinen näheren Schluss auf dieses Ergebnis darlegen dürfte.

1939 In Anlehnung an das Verständnis der Berufsbezogenheit von Informationen im rechtsanwaltlichen Berufsrecht, siehe dazu *Steinbeck*, NJW 2003, 1481 (1482).

1940 *BVerfG*, MedR 2012, 516 (517); *Landesberufsgericht für Heilberufe beim OVG Nordrh.-Westf.*, MedR 2009, 191 (192); Ärztegerichtshof des Saarlandes, MedR 2011, 835 (838). Siehe auch in Bezug auf das anwaltliche Werbeverbot nach § 43b BRAO: *BGH*, NJW 2001, 2087; *Tettinger*, MedR 2001, 287 (292); *OLG Naumburg*, NJW 2003, 3566 (3567).

1941 *Werner*, Berufsausübung, S. 383; wie hier bereits perspektivisch *Eisenberg*, Ärztliche Kooperationen, S. 198 f.

1942 *Rieger*, MedR 1995, 468 (473). Nach dem *BGH*, GRUR 2006, 598 (599), besteht im Regelfall kein durchgreifender Grund für einen dem Verhältnismäßigkeitsprinzip folgenden Vorrang berufsrechtlicher Mittel. A.A. zu Recht *Schinnenburg*, GesR 2007, 568 (571), zumindest in Bezug auf Länder, in denen die Landesärztekammer zum Erlass belastender Verwaltungsakte wie Unterlassungs- und Beseitigungsverfügung beliehen ist.

Landesärztekammern auf Beseitigung und Unterlassung unzulässiger geschäftlicher Handlungen wie eine gegen § 3a UWG verstoßende Vornahme berufsrechtswidriger Werbung ist in Rechtsprechung und Literatur anerkannt.[1943] Nur hingewiesen werden soll auf die aktuelle Postulierung einer ersatzlosen Streichung der anwaltlichen und wirtschaftsprüferrechtlichen Werbebeschränkungen in § 43b BRAO iVm §§ 6, 7 BORA bzw. § 52 WPO aufgrund verfassungs- und unionsrechtlicher Bedenken.[1944]

iv) Erstellung der Honorarforderung

§ 23b I 4 lit. f) MBOÄ betont ferner die Beachtung der Regeln zur Erstellung einer Honorarforderung auch durch die nichtärztlichen Partner. § 12 I 1 MBOÄ statuiert, dass das ärztliche Honorar angemessen sein muss und verdeutlicht damit einen sozialen Aspekt der ärztlichen Tätigkeit[1945] und soll zudem im Interesse einer einwandfreien ärztlichen Versorgung der Bevölkerung einem ruinösen Preiswettbewerb zulasten eines gewünschten Qualitätswettbewerbs und gleichzeitig einer finanziellen Überforderung von Patienten, wenn auch unionsrechtlich kritisiert,[1946] vorbeugen.[1947] Ausgehend von der GOÄ als Grundlage[1948] darf diese nach § 12 I 2 MBOÄ nicht „*in unlauterer Weise*" unterschritten werden. § 12 II MBOÄ – zulässiger vollständiger oder anteiliger Erlass von Gebührenforderungen aufgrund sozialer Aspekte – lässt sich entnehmen, dass ein Unterschreiten der Sätze lediglich eine Ausnahme darstellen soll und nicht systematisch erfolgen darf.[1949]

1943 *Schinnenburg*, GesR 2007, 568 (569 f.), jedoch noch auf § 4 Nr. 11 a. F. UWG bezogen; *BGH*, GRUR 2001, 181 (182); 2006, 598 (599).

1944 *Ringer*, AnwBl 2017, 155 (159). *Dahns*, NJW-Spezial 2018, 574 (575); 702 (702 f.), erkennt zudem keinen über das UWG hinausgehenden eigenständigen Regelungsgehalt des § 43b BRAO. Vgl. auch *OLG Naumburg*, NJW 2003, 3566 (3567).

1945 *Ratzel*, in: *Ratzel/Lippert*, MBOÄ, § 12 Rn. 1; *Scholz*, in: *Spickhoff*, Medizinrecht, MBOÄ, § 12 Rn. 1; *Rehborn*, in: *Prütting*, Medizinrecht, MBOÄ, § 12 Rn. 1.

1946 *Schäfer*, EuZW 2017, 1 (1); *Scholz*, in: *Spickhoff*, Medizinrecht, MBOÄ, § 12 Rn. 1.

1947 *Kamps/Kiesecker*, MedR 2000, 72 (72); so bereits *Daniels/Bulling*, BÄO, § 11 Rn. 11, 20 f.

1948 Nach § 11 BÄO ist die Bundesregierung ermächtigt, durch Rechtsverordnung mit Zustimmung des Bundesrats die Entgelte für ärztliche Tätigkeit in einer Gebührenordnung zu regeln. Nach § 1 GOÄ bestimmen sich die Vergütungen für die beruflichen Leistungen der Ärzte nach der GOÄ, soweit nicht durch Bundesgesetz etwas anderes bestimmt ist. Kritisch bezüglich des kompetenzgemäßen Erlasses der GOÄ *Rehborn*, GesR 2004, 170 (171 f.). Zu der verfassungsrechtlich umstrittenen Kompetenz des Bundes bereits *Daniels/Bulling*, BÄO, § 11 Rn. 4 ff. Zu politischen Bestrebungen, eine einheitliche Gebührenordnung für privat und gesetzlich Versicherte einzuführen *Wollenschläger*, NZS 2018, 385 ff., 445 ff.

1949 *Ratzel*, in: *Ratzel/Lippert*, MBOÄ, § 12 Rn. 18; *KG Berlin* NJW-RR 2008, 910 (zur Gebührenordnung für Zahnärzte). A. A. *Kamps/Kiesecker*, MedR 2000, 72 (73), die eine Unterschreitung der Gebührensätze als unzulässig bewerten.

§ 12 I 2 MBOÄ könnte sich als gesetzliche Marktverhaltensregel erweisen, deren Verletzung nach § 3a UWG iVm § 3 I UWG unzulässig wäre. Hierfür müsste sie zumindest sekundäre wettbewerbsbezogene Schutzfunktion aufweisen; die Norm muss also dazu bestimmt sein, zumindest auch das Marktverhalten zu regeln und hat überdies im Interesse der Marktteilnehmer – Verbraucher, sonstige Abnehmer oder Mitbewerber – zu bestehen.[1950] Bereits die Wortwahl („*in unlauterer Weise*") ist dem Wettbewerbsrecht entnommen[1951] und spricht für die Bewertung als Marktverhaltensregel. Nach § 12 IV MBOÄ sollen Patienten vor einer Inanspruchnahme von medizinisch nicht indizierten oder nicht erstattungsfähigen Leistungen vom Arzt über die damit verbundenen wirtschaftlichen Folgen informiert werden.[1952] Dies betrifft einerseits klassische Selbstzahlerleistungen und sog. individuelle Gesundheitsleistungen.[1953] V. a. jedoch besteht nach § 630c III BGB vor Behandlungsbeginn eine Informationspflicht für den Fall zumindest vorliegender hinreichender Anhaltspunkte, dass eine vollständige Übernahme der Behandlungskosten durch einen Dritten nicht gesichert ist.[1954] Da iSd § 3a UWG jede Rechtsnorm als gesetzliche Vorschrift anzusehen ist, erweisen sich Kammersatzungen wie die MBOÄ als gesetzliche Vorschriften nach § 3a UWG.[1955] Im Ergebnis ist § 12 I 2 MBOÄ als Marktverhaltensregelung iSd § 3a UWG anzusehen.

Der beteiligte Arzt hat sicherzustellen, dass die MKG ihrer Abrechnung für ärztliche Leistungen die GOÄ zugrunde legt, sofern nicht gegenüber gesetzlich Versicherten Patienten vorrangig gesetzliche Vergütungsregelungen eingreifen.[1956]

Problematisch ist lediglich, ob die Gebührentatbestände der GOÄ auf Behandlungsverträge mit einer kapitalgesellschaftlichen MKG Anwendung finden können, da allgemein die Anwendung der GOÄ auf ärztliche Leistungen im Namen von Kapitalgesellschaften aufgrund deren eigener Rechtspersönlichkeit abgelehnt wird.[1957] Die Ansicht ist allerdings inkonsequent, da sie auch auf die

---

1950 *Ohly*, in: *Ohly/Sosnitza*, UWG, § 3a Rn. 14, 21.

1951 *Kamps/Kiesecker*, MedR 2000, 72 (75 f.).

1952 *BÄK*, DÄBl. 2011, A-1980 (A-1990); *Scholz*, in: *Spickhoff*, Medizinrecht, MBOÄ, § 12 Rn. 1, 7 f.

1953 Zu der sehr heterogenen Gruppe individueller Gesundheitsleistungen (IGeL), denen prinzipiell lediglich die Ausgrenzung aus dem Leistungsspektrum der GKV gemein ist *Voigt*, Individuelle Gesundheitsleistungen, S. 4 ff.; *Voigt*, GuP 2015, 1 (1 f.).

1954 Vgl. bereits *Taupitz*, VersR 1992, 1064 (1067).

1955 *Ohly*, in: *Ohly/Sosnitza*, UWG, § 3a Rn. 12.

1956 *Scholz*, in: *Spickhoff*, Medizinrecht, MBOÄ, § 12 Rn. 2.

1957 *Scholz*, MedR 2015, 635 (640); *Köber*, ZMGR 2014, 367 (369); *Hübner*, in: *Prütting*, Medizinrecht, GOÄ, § 1 Rn. 7; *Spickhoff*, in: *Spickhoff*, Medizinrecht, GOÄ, § 1 Rn. 6; *Scholz*, in: *Spickhoff*, Medizinrecht, MBOÄ, § 12 Rn. 2; *Haack* in: *Wenzel*, Medizinrecht, Kap. 11, Rn. 194. Vgl. zur Abrechnung ärztlicher Leistungen durch Krankenhäuser *BGH*, ZMGR 2010, 37 (37 f.). *Preißler*, MedR 1995, 110 (111), bejaht nur die mittelbare Anwendung der GOÄ bei fehlender Vergütungsvereinbarung als taxmäßige Vergütung nach § 612 II BGB.

Nichtanwendbarkeit bei allen Behandlungsverträgen mit Berufsausübungsgemeinschaften jeglicher Couleur schließen müsste, denn auch Personengesellschaften treten trotz fehlender eigener Rechtspersönlichkeit als Vertragspartner des Behandlungsvertrags auf.[1958]

Eine Differenzierung zwischen Personen- und Kapitalgesellschaft bezüglich der Abrechnung nach GOÄ lässt sich auch nicht auf § 23b I 4 MBOÄ stützen,[1959] die nur interprofessionelle – und daher nicht die Majorität der – Berufsausübungsgemeinschaften erfasst und aufgrund der Öffnung der MKG expressis verbis für Kapitalgesellschaften nach § 23b I 2, § 23b I 5–7 MBOÄ auf sie ebenso anzuwenden wäre. Auch im steuerberaterrechtlichen (§ 1 StBVV[1960]) und rechtsanwaltlichen (§ 1 RVG) Berufsrecht wird keine Differenzierung an der Art der beruflichen Tätigkeit – selbständig oder in einer nicht notwendigerweise kapitalgesellschaftlich organisierten Steuerberatungsgesellschaft – vorgenommen wird. Zwar wird der Anwendungsbereich dort in § 1 II StBVV auf Steuerberatungsberatungsgesellschaften bzw. in § 1 I 3 RVG auf Gesellschaften per se expressis verbis erweitert. Eine solche Erweiterung kann allerdings weder in der BÄO noch in der GOÄ ausdrücklich zur Geltung gebracht werden, da der sie erlassende Bundesgesetz- bzw. -verordnungsgeber nicht über die Ausübungsformen des ärztlichen Berufs bestimmen kann. Somit kann der GOÄ im Umkehrschluss aber auch nicht ihre Begrenzung auf Ärzte und personengesellschaftliche Berufsausübungsgemeinschaften entnommen werden.

Außerdem knüpft § 1 GOÄ für die Bestimmung des Anwendungsbereichs nicht an die Vertragspartnerschaft eines Arztes in Person, sondern an *„die Vergütungen für die beruflichen Leistungen der Ärzte“* an.[1961] *„Leistungen der Ärzte“* lässt nicht auf deren eigene Vertragspartnerschaft schließen, sondern muss im Lichte der BÄO betrachtet werden, deren § 11 die Verordnungsermächtigung zum Erlass der GOÄ durch die Bundesregierung enthält. Solange Leistungen im Rahmen der ärztlichen Berufsausübung erbracht werden – worunter nach § 2 V BÄO die Ausübung der Heilkunde unter der Berufsbezeichnung „Arzt“ zu verstehen ist –, muss die GOÄ anzuwenden sein, denn § 1 I GOÄ bestimmt den Anwendungsbereich nach *„beruflichen“* Leistungen der Ärzte. Da für die Erteilung der Zulassung die tatsächliche Heilkundeausübung entscheidend ist,[1962] muss auch im Rahmen der

---

1958 Gleichsam bereits angemerkt von *Scholz*, MedR 2015, 635 (640).

1959 So jedoch *Scholz*, in: *Spickhoff*, Medizinrecht, MBOÄ, § 12 Rn. 2.

1960 § 11 StBVV lautet: *„(1) Die Vergütung (Gebühren und Auslagenersatz) des Steuerberaters mit Sitz im Inland für seine im Inland selbständig ausgeübte Berufstätigkeit (§ 33 des Steuerberatungsgesetzes) bemisst sich nach dieser Verordnung. […] (2) Für die Vergütung der Steuerbevollmächtigten und der Steuerberatungsgesellschaften gelten die Vorschriften über die Vergütung der Steuerberater entsprechend.“*

1961 So zuletzt auch *KG*, Urt. v. 4.10.2016 – 5 U 8/16, Rn 29; *LG Düsseldorf*, Urt. v. 30.8.2013 – 38 O 6/13, Rn. 21 f.; ferner *Clausen*, in: *Clausen/Schroeder-Printzen*, Medizinrecht, § 8 Rn. 190; *Clausen*, in: *Stellpflug et al.*, Gesundheitsrecht, D 4100 Rn. 4.

1962 Zur Ausübung der Zahnheilkunde nach § 1 ZHG *BGH*, NJW 1994, 786 (787).

Anwendbarkeit der GOÄ auf die tatsächliche Heilkundeausübung anstelle der Vertragspartnerschaft abgestellt werden. Auch dem Sinn und Zweck der Vorschrift zur Regelung der Vergütung ärztlicher Leistungen ist diese Auslegung geboten.[1963]

Für die Leistungen anderer Berufsgruppen als der Ärzte ist die GOÄ jedoch grundsätzlich nicht anzuwenden,[1964] da sie keine *„beruflichen Leistungen der Ärzte"* nach § 1 I GOÄ darstellen. Lediglich über die Verweise in § 6 I GOZ und § 1 GOP kommt die Anwendung für Zahnärzte teilweise und für Psychotherapeuten grundsätzlich in Betracht. Darüber hinaus ist die GOÄ zumindest nicht unmittelbar anwendbar für nichtärztliche Leistungen. Hieran ändert sich auch nichts durch die gesellschaftsvertragliche Verpflichtung zur Beachtung des ärztlichen Honorarrechts, da durch die Aufnahme einer Verpflichtung zur Anerkennung der ärztlichen Honorargrundsätze die Einhaltung des ärztlichen Berufsrechts beabsichtigt wird, das durch eine Bemessung nichtärztlicher Leistungen ohne Anknüpfung an die GOÄ nicht tangiert wird. Für die Berechnung der Vergütung von Leistungen der MKG, die durch Angehörige nichtärztlicher Berufe erbracht werden, bestehen nur zum Teil eigene gesetzliche Vorgaben außerhalb des Systems der GKV.[1965] Im Rahmen der Privatautonomie lässt sich vertraglich an die Regelungen der GOÄ zulässigerweise anknüpfen, ist jedoch nicht durch § 23b I 4 lit. f) MBOÄ bezweckt, dessen Anliegen viel mehr die Sicherstellung der ordnungsgemäßen Abrechnung ärztlicher Leistungen ist.

Da die Gesellschaft selbst Vertragspartnerin der Patienten für deren Behandlungen ist, können den Patienten gegenüber gemischte Rechnungen gestellt werden. Für Patienten muss allerdings deutlich erkennbar sein, auf welchen Behandlungen die einzelnen abgerechneten Positionen beruhen. So wird eine optische Trennung anhand der Berufszugehörigkeit des jeweils in die Behandlung involvierten Therapeuten erforderlich sein.

v) Verschwiegenheitspflicht des Arztes

α) Grundlage

Die Verschwiegenheitspflicht der Ärzte basiert auf mehreren Rechtsgrundlagen,[1966] sie wurzelt im allgemeinen Persönlichkeitsrecht nach Art. 1 I iVm Art. 2 I GG in seiner Teilausprägung des Schutzes der Privatsphäre[1967] und ist allem voran in

---

1963 *KG*, Urt. v. 4.10.2016 – 5 U 8/16, Rn 34; im Ergebnis in Bezug auf personengesellschaftliche Berufsausübungsgemeinschaften so auch *Scholz*, MedR 2015, 635 (640).

1964 *Spickhoff*, in: *Spickhoff*, Medizinrecht, GOÄ, § 1 Rn. 5; *Hübner*, in: *Prütting*, Medizinrecht, GOÄ, § 1 Rn. 1.

1965 So für Zahnärzte exemplarisch die Gebührenordnung für Zahnärzte (GOZ), dagegen keine für Physiotherapeuten und andere Gesundheitsfachberufe. Siehe ausführlich *Clausen*, in: *Clausen/Schroeder-Printzen*, Medizinrecht, § 7 Rn. 356 ff., 454 ff.

1966 Vgl. *Bäumler*, MedR 1998, 400 (400).

1967 *Dochow*, GesR 2018, 137 (139); *ders.*, MedR 2019, 279 (279 f.).

den Berufsordnungen der Landesärztekammern geregelt. Die Bedeutung der Verschwiegenheitspflicht zeigt sich augenscheinlich durch den ihr jeweils zugewiesenen ersten Rang in der Satzungsermächtigung an die Landesärztekammern.[1968] Zusätzlich ist sie strafbewehrt nach § 203 I Nr. 1 StGB und lässt sich zivilrechtlich als Nebenpflicht gemäß § 241 II BGB des Behandlungsvertrags begründen.[1969] Zudem unterliegen die Patientendaten nach dem sog. *„Zwei-Schranken-Prinzip"* parallel dem Datenschutzrecht, das seinerseits verfassungsrechtlich ebenso dem allgemeinen Persönlichkeitsrecht in Teilausprägung des Rechts auf informationelle Selbstbestimmung entspringt.[1970]

Nach § 9 I 1 MBOÄ haben Ärzte über das, was ihnen in ihrer Eigenschaft als Arzt anvertraut oder bekannt geworden ist, auch über den Tod des Patienten hinaus zu schweigen. Die Schweigepflicht des Arztes bezweckt den Schutz und die Entstehung des elementaren Vertrauensverhältnisses zwischen Arzt und Patient, um *„volle Offenheit"* des Patienten zu befördern.[1971]

§ 9 MBOÄ ist wie die gesamte Berufsordnung allein an ihre ärztlichen Mitglieder adressiert, sodass auch nur sie zur Verschwiegenheit verpflichtet werden. § 9 II 1 MBOÄ gestattet eine Offenbarung von Informationen nur, soweit eine Entbindung von der Schweigepflicht vorliegt oder soweit die Offenbarung zum Schutz eines höherwertigen Rechtsguts erforderlich ist.[1972] § 9 III MBOÄ erlaubt Ärzten das Zugänglichmachen von Informationen über Patienten gegenüber ihren Mitarbeitern und Personen, die zur Vorbereitung auf den Beruf an der ärztlichen Tätigkeit teilnehmen. Über die gesetzliche – mithin die aus § 203 I Nr. 1 StGB bestehende strafrechtliche – Pflicht zur Verschwiegenheit hat der Arzt zu belehren und dies schriftlich festzuhalten. Nach § 9 IV 1 MBOÄ sind Ärzte seit Fassung der MBOÄ durch den 121. Ärztetag in Erfurt gegenüber Mitarbeitern von Dienstleistungsunternehmen sowie sonstigen Personen zur Offenbarung befugt, soweit dies für die Inanspruchnahme der Tätigkeit der mitwirkenden Personen erforderlich ist, wobei nach § 9 IV 2 MBOÄ Ärzte für die schriftliche Verpflichtung der mitwirkenden Personen zur Geheimhaltung Sorge zu tragen haben. Nach § 9 V MBOÄ

1968 Siehe hier nur § 31 III Nr. 1 HBKG BW; Art. 19 Nr. 1 HKaG BY; § 33 II Nr. 1 HKG Nds; 24 I Nr. 1 HeilBerG RP.

1969 *Wagner*, in: MüKo BGB, § 630a Rn. 69; *Dochow*, MedR 2019, 279 (281); *Katzenmeier*, in: *Laufs et al.*, Arztrecht, Kap. IX Rn. 6 f. Kritisch in Bezug auf die unterbliebene zivilrechtliche Kodifikation der Schweigepflicht *Katzenmeier*, MedR 2013, 817 (823). Siehe in Bezug auf den anwaltlichen Beratungsvertrag *Michalski/Römermann*, NJW 1996, 3233 (3235 f.).

1970 *Dochow*, GesR 2018, 137 (139); *ders.*, MedR 2019, 279 (279); vgl. näher *BÄK*, Schweigepflicht und Datenschutz, S. A2.

1971 *Henssler et al.*, MedR 2016, 850 (852); *Herzog*, ZRP 2015, 121; *Lippert*, in: *Ratzel/Lippert*, MBOÄ, § 9 Rn. 1.

1972 Eine nicht abschließende Aufzählung ausdrücklich durch die Regelung unberührt belassener gesetzlicher Offenbarungspflichten sowie -befugnisse ist aufgeführt bei *BÄK*, Schweigepflicht und Datenschutz, S. A3 ff.

sind mehrere Ärzte, die gleichzeitig oder nacheinander denselben Patienten untersuchen oder behandeln, von der Schweigepflicht insoweit befreit, als das Einverständnis des Patienten vorliegt oder anzunehmen ist.

β) Erforderlichkeit ihrer Aufnahme in den Gesellschaftsvertrag

Nach § 23b I 4 lit. f) MBOÄ wird die Verschwiegenheitspflicht zwar nicht ausdrücklich als eine der berufsrechtlichen Bestimmungen aufgezählt, die die übrigen nichtärztlichen Partner nach dem Kooperationsvertrag zu beachten haben. Auch ansonsten schweigt § 23b MBOÄ zu den Einflüssen der ärztlichen Schweigepflicht auf eine Berufsausübungsgemeinschaft mit Nichtärzten. § 23b I 4 lit. f) MBOÄ verweist allerdings auf das gesamte ärztliche Berufsrecht.[1973] Als eine der ältesten und elementaren Berufspflichten der Ärzte,[1974] die das Vertrauensverhältnis zwischen Patient und Arzt prägt,[1975] besteht ein Kerninteresse an der Wahrung der Verschwiegenheit durch die nichtärztlichen Teilhaber über die ihnen bekannt gewordenen Informationen und an vertraglicher Fixierung dieser Verschwiegenheit. Dieses Bedürfnis besteht unabhängig von der Fragestellung, ob die nichtärztlichen Partner überhaupt auf ordnungsgemäße Weise mit Patientendaten in Kontakt geraten sind. Jedenfalls wäre gar eine *Verpflichtung* des Arztes zur Weitergabe von Informationen an die nichtärztlichen Partner zivilrechtlich als Verstoß gegen ein gesetzliches Verbot nach § 134 BGB zu werten.[1976]

γ) Berechtigte Weitergabe von Informationen an nichtärztliche Partner

Gesonderter Beurteilung bedarf die Frage, ob Ärzte zur Offenbarung von Patienteninformationen gegenüber nichtärztlichen Partnern berechtigt sind. Grundsätzlich besteht auch gegenüber Ärzten außerhalb des konkreten Arzt-Patienten-Verhältnisses in derselben Berufsausübungsgemeinschaft eine Schweigepflicht,[1977] sodass bei Angehörigen anderer Gesundheitsberufe nichts anderes gelten kann. In der Literatur wird erwogen, einen Informationsaustausch nur *„im Umfang der Erforderlichkeit"* als zulässig anzuerkennen.[1978] *Werner* konstatiert überdies, es könne

---

1973 Siehe bereits S. 382 f.

1974 *Taupitz*, Standesordnungen, S. 165 ff.; *Dochow*, GesR 2018, 137 (138). *Bäumler*, MedR 1998, 400 (400), bezeichnet die Verschwiegenheitspflicht außerdem als *„älteste bekannte Datenschutzvorschrift."* *Dochow*, MedR 2019, 279 (279), bezeichnet sie als die *„viel ältere Schwester des Patientendatenschutzes."*

1975 *Sodan*, Freie Berufe, S. 80; *Dochow*, GesR 2018, 137 (138 f.); *ders.*, MedR 2019, 279 (280, 281 f.).

1976 Zur Nichtigkeit einer Forderungsabtretung ohne Einwilligung *Ernst*, GesR 2015, 654 (655).

1977 Siehe hier nur *Lippert*, in: *Ratzel/Lippert*, MBOÄ, § 9 Rn. 27 f., 36; *Dochow*, MedR 2019, 279 (282).

1978 *Schirmer*, MedR 1995, 383 (385); *Werner*, Berufsausübung, S. 388 f.; *Eisenberg*, Ärztliche Kooperationen, S. 200 f.

keinesfalls zugelassen werden, dass *„ein der Partnerschaft angehörender Nichtarzt, der nicht an einer ärztlichen Behandlung beteiligt war, Zugang zu Patientendaten erhält.“*[1979] Dagegen stuften *Michalski* und *Römermann* für Fälle einer interprofessionellen Rechtsanwaltskanzlei die interprofessionellen Partner des Rechtsanwalts bereits als *„Gehilfen“* im Sinne von § 203 III StGB a. F. ein, der diesen eine nicht nennenswert hinter der berufsrechtlichen Verschwiegenheitspflicht zurückbleibende strafbewehrte Schweigepflicht auferlegt, sodass eine Offenbarung gegenüber ihnen keine Verletzung der Verschwiegenheitspflicht begründe.[1980] *Deckenbrock* nimmt ebenso in Bezug auf das rechtsanwaltliche Berufsrecht ein grundsätzlich stillschweigendes Einverständnis des Mandanten in die Weitergabe von Informationen an einen Sozius an, da bei Beauftragung einer Sozietät durch den Mandanten regelmäßig der Wissenstransfer erwartet werde.[1981] Das *BVerfG* hat ein solches konkludentes Einverständnis in die Weitergabe von Informationen insbesondere für eine interprofessionelle Gesellschaft eines Rechtsanwalts mit einem Arzt und Apotheker zu einer gemeinsamen Betreuung angenommen und sich darüber hinaus der Ansicht *Michalskis* und *Römermanns* angeschlossen.[1982] Dieser Anstoß gibt Anlass zu der Überlegung, ob in einer MKG von einem grundsätzlich konkludenten Einverständnis der Patienten in die Weiterleitung von Informationen auszugehen ist.

Grundsätzlich ist nach § 9 II 1 MBOÄ die ausdrückliche Entbindung des Arztes von der Schweigepflicht erforderlich.[1983] Ein Generaleinverständnis in die Weitergabe von Patienteninformationen an Partner der MKG erweist sich für die berufsübergreifende Zusammenarbeit als zweckmäßig. Zwar werden *„auf Vorrat“* erbetene Einverständniserklärungen als unzulässig angesehen,[1984] im Kontrast zu üblichen Fällen offener zukünftiger Kontaktaufnahme ist der Personenkreis möglicher Adressaten aber bereits bei Abgabe der Generaleinverständnisses auf die Gesellschaftsgrenzen abgrenzbar und überschaubar. Sie wird auch dem Patienteninteresse in besonderer Weise gerecht, da sie ihm die Bedeutung des Gebildes einer MKG vor Augen führt und erst damit autonom über die Zugänglichkeit seiner Informationen über seine Person entscheiden lässt. Zudem kommen erst durch die grundsätzliche Möglichkeit fachlichen Austauschs der Gesellschafter die Vorzüge

1979 *Werner*, Berufsausübung, S. 388.

1980 *Michalski/Römermann*, NJW 1996, 3233 (3235 f.).

1981 *Deckenbrock*, NJW 2008, 3529 (3530).

1982 *BVerfGE* 141, 82 (102); der Anschluss an *Michalski/Römermann*, NJW 1996, 3233 (3235 f.), erfolgte einzelfallbedingt allerdings nur im Hinblick auf das Zeugnisverweigerungsrechts nach §§ 53, 53a StGB, da Ärzte bereits der Verschwiegenheitspflicht nach § 203 I Nr. 1 StGB unterfallen, § 203 III StGB daher nicht zu bemühen war.

1983 Hierbei stehenbleibend *Krieger*, in: *ARGE*, Psychotherapeutengesetz, S. 169 (174).

1984 *Scholz*, in: *Spickhoff*, Medizinrecht, MBOÄ, § 9 Rn. 3.

der Kooperationsform zum Tragen. Möglich ist dann ohne Weiteres insbesondere auch die gemeinsame Führung einer Patientenkartei.[1985]

Sofern keine ausdrückliche Schweigepflichtentbindung nach § 9 II 1 MBOÄ vorliegt, ist die Weitergabe grundsätzlich nur bei konkludentem Einverständnis zulässig.[1986] Allein das nach außen erkennbar gemeinsame Behandlungsangebot der MKG kann nicht hinreichend auf ein konkludentes Einverständnis schließen lassen, denn allein an den Arzt gerichtete Behandlungswünsche durch Patienten sind nicht undenkbar. Für die Weitergabe besteht zumindest aus Sicht eines Patienten ohne Weiteres kein Grund zur Weitergabe von Informationen, sodass sich allein seiner Konsultation eines Arztes in berufsübergreifender Berufsausübungsgemeinschaft keine konkludente Schweigepflichtentbindung ableiten lässt.

Zwar lässt sich durchaus der Inanspruchnahme des berufsübergreifenden Angebots das Patienteninteresse an der Involvierung der nichtärztlichen Partner bei gleichzeitiger Weiterleitung von Daten an sie plausibel entnehmen.[1987] Der weit überwiegenden Mehrheit der Patienten wird die Kooperationsform der MKG allerdings unbekannt sein, weshalb ihnen die Tragweite einer Konsultation allein des Arztes für die Informationsweitergabe trotz gemeinsamer Ankündigung der Gesellschaft nicht hinreichend erkennbar sein dürfte.[1988] Es bedarf daher überhaupt eines für den Patienten ersichtlichen Anlasses, Informationen über seine Person an nichtärztliche Partner weiterzureichen, ansonsten würde ihm die Verweigerung des Einverständnisses und damit die autonome Entscheidung über die Entbindung des Arztes von der Schweigepflicht abgeschnitten. In Anknüpfung an die Einverständnisfiktion des § 9 V MBOÄ bei gleichzeitig oder nacheinander erfolgender Behandlung durch mehrere Ärzte[1989] wird damit zumindest die auch durch den Patienten wahrnehmbare Anbahnung einer Behandlung durch den nichtärztlichen Partner zu fordern sein. Die tatsächliche Behandlung durch den nichtärztlichen Partner lässt sich hingegen nicht voraussetzen,[1990] da selbst nach Terminvereinbarung mit einem nichtärztlichen Partner der Wunsch zur Behandlung durch eine andere Person aufkommen mag. Dadurch würde aber in Fällen, in denen die Behandlung wie geplant stattfindet, dem nichtärztlichen Partner die Möglichkeit zur Vorbereitung auf die Behandlung genommen.

Wird der Arzt weder ausdrücklich noch konkludent von seiner Schweigepflicht entbunden, könnte eine Offenbarung gleichwohl nach § 9 III, IV MBOÄ zulässig sein. § 9 III, IV MBOÄ wurden erst Ende des Jahres 2018 neu gefasst, in

---

1985 Offen gelassen von *Cansun*, Kooperationsmöglichkeiten, S. 130.

1986 Im Regelfall darf nicht von einer konkludenten Entbindungserklärung ausgegangen werden, siehe *Ernst*, GesR 2015, 654 (655).

1987 Vgl. *BVerfGE* 141, 82 (102).

1988 Dies nicht beachtend *Eisenberg*, Ärztliche Kooperationen, S. 200.

1989 Ähnlich bereits *Eisenberg*, Ärztliche Kooperationen, S. 200, bezugnehmend auf *Schirmer*, MedR 1995, 383 (385 f.).

1990 So jedoch *Schirmer*, MedR 1995, 383 (385).

einigen[1991] Berufsordnungen sind die Änderungen noch nicht übernommen. § 9 III, IV MBOÄ wurden erst im Anschluss an den Erlass des Gesetzes zur Neuregelung des Schutzes von Geheimnissen bei der Mitwirkung Dritter an der Berufsausübung schweigepflichtiger Personen[1992] durch Beschluss des Vorstands der Bundesärztekammer geändert. Daher spricht einiges – wie auch im selben Gesetz erfolgten Änderungen der BRAO, PAO, WPO und des StBerG – dafür,[1993] die Änderung des § 9 III, IV MBOÄ im Lichte der strafrechtlichen Neuerungen in § 203 III, IV StGB zu betrachten. Dem Bundesgesetzgeber fehlte letztlich die Gesetzgebungskompetenz zur Änderung der berufsrechtlichen Verschwiegenheitspflicht der Ärzte.

§ 9 III, IV MBOÄ unterscheiden zwischen Mitarbeitern des Arztes und Mitarbeitern Externer – „*Dienstleistungsunternehmen sowie sonstigen Personen*“, die an der beruflichen Tätigkeit mitwirken, wobei „extern“ als außerhalb des konkreten Arzt-Patientenverhältnisses zu verstehen ist. Die nichtärztlichen Gesellschafter befinden sich außerhalb dieses Arzt-Patientenverhältnisses. Sie unterscheiden sich von Arzthelfer und (dem gemeinsamen) Büropersonal durch ihre Funktion, die nicht auf eine Zuarbeit für den Arzt gerichtet ist. Vielmehr nimmt der nichtärztliche Partner eigene Behandlungen in der Gesellschaft vor und begründet seinerseits ein Vertrauensverhältnis zu den Patienten. Insofern lässt sich auch die Wertung des Strafgesetzgebers übertragen. „*Gehilfe*“ ist im Sinne des § 203 III StGB nicht nur, wer in einem Dienstverhältnis zum Geheimnisträger steht, sondern es bedarf eines inneren Zusammenhangs der berufsmäßigen[1994] Aktivität des Gehilfen mit der beruflichen Tätigkeit des Geheimnisträgers.[1995] Gehilfen gegenüber stehen sogenannte sonstige mitwirkende Personen. Während für die Weitergabe an sonstige Mitwirkende die Erforderlichkeit der Informationsvermittlung den Umfang zulässiger Weitergabe bestimmt, ist für die Weitergabe von Informationen an Gehilfen kein Erforderlichkeitsvorbehalt geregelt.[1996] Entgegen früher möglicher Einstufung als Gehilfe[1997] bedarf es nunmehr einer Weisungsunterworfenheit der betreffenden Person gegenüber dem Geheimnisträger, um von einer Gehilfenstellung ausgehen

---

1991 Umgesetzt wurden die Änderungen in den Berufsordnungen der Ärztekammern *Bad.-Württ., Berlin, Bremen, Hamburg, Hessen, Nordrh., Sachsen, Sachs.-Anhalt, Saarland* und *Thüringen.*

1992 BGBl. 2017, I, S. 3618 ff. Ausführlich zu den Neuregelungen *Dochow*, GesR 2018, 137 (140 ff.).

1993 Anders noch vor Änderung des § 9 III, IV MBOÄ *Dochow*, GesR 2018, 137 (151).

1994 *Heger*, in: *Lackner/Kühl*, StGB, § 203 Rn. 11; *Knauer/Brose*, in: *Spickhoff*, Medizinrecht, StGB, § 203 Rn. 21. Die Berufsmäßigkeit als Voraussetzung ist jedoch umstritten und wird abgelehnt von u. a. *Fischer*, StGB, § 203 Rn. 21, *Eisele*, in: *Schönke/Schröder*, StGB, § 203 Rn. 25.

1995 *Michalski/Römermann*, NJW 1996, 3233 (3236).

1996 Gleichwohl ist ein innerer funktionaler Zusammenhang zur beruflichen Tätigkeit erforderlich, siehe *Eisele*, in: *Schönke/Schröder*, StGB, § 203 Rn. 28.

1997 *BVerfGE* 141, 82 (110); bereits zuvor *Michalski/Römermann*, NJW 1996, 3233 (3235 f.).

zu können,[1998] wofür seit Änderung des § 203 StGB insbesondere die wörtliche Fassung des dritten Absatzes spricht.[1999]

Bei einem Gleichordnungsverhältnis der Berufsausübenden, die jeweils ein eigenständiges Aufgabengebiet bearbeiten, fehlt nach herrschender Ansicht jedoch die berufliche Unterstützung des Geheimnisträgers.[2000] Der Strafgesetzgeber stuft Mitgesellschafter einer Berufsausübungsgemeinschaft daher als sonstige Mitwirkende im Rahmen des § 203 III 2 StGB ein.[2001]

Die nichtärztlichen Partner lassen sich hieran angelehnt auch nicht als *„Mitarbeiter“* im Sinne des § 9 III MBOÄ ansehen, systematisch steht dem zusätzlich die Differenzierung von Mitarbeitern und Angehörigen anderer Fachberufe im Gesundheitswesen in § 29a I, II MBOÄ entgegen. Daher gilt sowohl berufs- als auch strafrechtlich eine Weitergabe gegenüber nichtärztlichen Partnern lediglich im Rahmen der Erforderlichkeit als von einer Schweigepflichtentbindung gedeckt.

Das Maß der Erforderlichkeit ist jedoch unbestimmt. Da die mit einem Arzt zusammengeschlossenen Angehörigen eines anderen freien Berufs aufgrund ihrer Eingliederung in die gesamtgesellschaftliche Organisation Mitarbeitern des Arztes jedoch zumindest wesentlich näher stehen als gesellschaftsexterne Dienstleister, mag an die Erforderlichkeit der Weitergabe ein abgestuftes Maß angelegt werden. Insbesondere wird Patienten gegenüber zumindest der Zusammenschluss mit Angehörigen anderer Gesundheitsberufe durch die Ankündigung nach § 18a II 1 MBOÄ auf einem Niveau transparent dargelegt, das selbst bezüglich der Mitarbeiter nicht erreicht wird. Für die mögliche Offenbarung gegenüber den nichtärztlichen Partnern spricht auch die ohnehin bestehende zivilrechtliche Verpflichtung der Gesellschaft selbst als Vertragspartnerin bezüglich des Behandlungsvertrags, denn mittelbar werden damit alle Behandelnden der Gesellschaft von der zivilrechtlichen Verschwiegenheitspflicht erfasst. Ausreichend dürfte daher der Zweck fachlichen Austauschs der Behandelnden über einen Behandlungsfall anlässlich der Entscheidung über die fortdauernde Behandlung sein.

Gegenüber Patienten des Nichtarztes trifft den Arzt die Verschwiegenheitspflicht ohne Einschränkung. *Taupitz* hat insoweit bereits für reine Arztpraxen festgestellt, es sei für den Schutz der Patienteninformationen vor Kenntniserlangung durch *„neugierige Mitpatienten“* zu sorgen, was auf Praxisgemeinschaften mit Nichtärzten zu übertragen ist.[2002] Ein ungesicherter Umgang mit Patientendaten in

---

1998 Siehe bereits BT-Drs. 18/11936, S. 22, wonach die Eingliederung in die Sphäre des Berufsträgers erforderlich ist. Ferner *Knauer/Bröse*, in: *Spickhoff*, Medizinrecht, StGB, § 203 Rn. 21; *Heger*, in: *Lackner/Kühl*, StGB, § 203 Rn. 11; *Dochow*, GesR 2018, 137 (139). A. A. noch ausführlich zu § 203 III StGB a. F., der noch nicht zwischen Gehilfen und sonstigen mitwirkenden Personen unterschieden hat, *Michalski/Römermann*, NJW 1996, 3233 (3236).

1999 Vgl. *Dochow*, GesR 2018, 137 (141).

2000 *BGH, NJW* 2018, 1095 (1099); *AGH Celle*, DStR 2017, 2246 (2247).

2001 BT-Drs. 18/11936, S. 22.

2002 *Taupitz*, VersR 1992, 448 (451); *ders.*, MedR 1993, 367 (369).

der Praxis in einer Weise, dass ein Zugriff auf die Daten durch Unbefugte erfolgen kann, verstößt daher gegen die Schweigepflicht.[2003] Gegen die Einrichtung gemeinsamer Wartezimmer spricht allerdings richtigerweise nichts. Ein Schutz davor, von anderen Personen im Wartezimmer oder bei Betreten der Praxis entdeckt zu werden, kann nicht bestehen; geheimhaltungsbedürftig ist für den Arzt erst die Tatsache, dass ein bestimmter Patient sich bei ihm in Behandlung befindet.[2004]

δ) Zusätzlicher Einfluss des Datenschutzrechts

Das Datenschutzrecht erreicht durch die Bedeutung von personenbezogenen Informationen in der modernen Datenverarbeitung höchste Relevanz und hat Einfluss auf ein modernes Verständnis der ärztlichen Schweigepflicht.[2005] Es ergibt sich aus einer vielschichtigen Ordnung europäischer und nationalstaatlicher Regelungen. Die europäische Datenschutz-Grundverordnung (DSGVO) findet Anwendung auf ganz oder teilweise automatisierte Verarbeitung personenbezogener Daten sowie für die nichtautomatisierte Verarbeitung personenbezogener Daten, die in einem Dateisystem gespeichert sind oder gespeichert werden sollen. Unter „*Verarbeitung*" ist nach Art. 4 Nr. 2 DSGVO jeder Vorgang mit oder ohne Hilfe automatisierter Verfahren oder „*jede solche Vorgangsreihe im Zusammenhang mit personenbezogenen Daten*" zu verstehen, wie Erheben, Erfassen, Organisation, Ordnen, Speicherung, Anpassung, Veränderung, Auslegen, Abfragen, Verwendung, Offenlegung durch Übermittlung, Verbreitung oder eine andere Form der Bereitstellung, Abgleich, Verknüpfung, Einschränkung, Löschen oder Vernichtung.

Nach den Artt. 5 ff. DSGVO ist zur Verarbeitung personenbezogener Daten grundsätzlich die nachweisbare (Art. 7 I DSGVO) Einwilligung der betroffenen Person (Art. 6 I DSGVO) zu einer Erhebung für festgelegte, eindeutige und legitime Zwecke (Art. 5 I lit. b) DSGVO) erforderlich. Die Einwilligung bedarf mithin solch transparenter Gestaltung, dass erhobene Daten rechtssicher zur internen Verarbeitung auch zwischen den zusammengeschlossenen interprofessionellen Partnern ausgetauscht werden können, um eine gemeinsame Betreuung des Patienten aus einer Hand einfacher vornehmen zu können. Die Einwilligung deckt auch die Offenbarung gegenüber den nichtärztlichen Partnern als Entbindung von der Verschwiegenheitspflicht ab.[2006] Dafür spricht neben dem Effizienzvorteil – warum sollte dem Patienten unter dem Risiko sich widersprechender Erklärungen eine

---

2003 *Dochow*, MedR 2019, 279 (285).

2004 *Taupitz*, MedR 1993, 367 (369).

2005 *Dochow*, MedR 2019, 279 (280).

2006 Eine klauselmäßige Schweigepflichtentbindung und damit einhergehende datenschutzrechtliche Einwilligung ist zulässig, *Ernst*, GesR 2015, 654 (655). An die Einwilligung eines Patienten zur Offenbarung eines Patientengeheimnisses sollen ohnehin geringere Anforderungen an die Wirksamkeitsvoraussetzungen als bei datenschutzrechtlichen Einwilligungen gestellt werden, *Ernst*, GesR 2015, 654 (655); *Dochow*, MedR 2019, 279 (286).

doppelte Entscheidung auferlegt werden – die ersichtliche inhaltliche Orientierung[2007] der Neuregelungen des § 203 III StGB am Datenschutzrecht.

Zu beachten sind allerdings Inkongruenzen von Datenschutzrecht und Verschwiegenheitspflicht. Während das Datenschutzrecht an natürliche und juristische Personen als Verantwortliche adressiert ist, bindet die ärztliche Schweigepflicht konkret die handelnden Ärzte persönlich.[2008] Zudem erfasst die ärztliche Verschwiegenheitspflicht ebenfalls Informationen, die von der DSGVO mangels Absicht zu ihrer „*Verarbeitung*" unberührt bleiben.[2009] Außerdem verdeutlicht Art. 9 II lit. i) DSGVO den weiteren Anwendungsbereich der Verschwiegenheitspflicht, indem die Verarbeitung von Gesundheitsdaten aus Gründen des öffentlichen Interesses als zulässig erachtet wird, wenn „*spezifische Maßnahmen zur Wahrung der Rechte und Freiheiten der betroffenen Person, insbesondere des Berufsgeheimnisses*" vorgesehen werden.

ε) Zeugnisverweigerungsrecht und Beschlagnahmeverbot

Ärzten kommt im Übrigen über § 53 I 1 Nr. 3 StPO im Strafprozess und nach § 383 I Nr. 6 ZPO im Zivilprozess ein Zeugnisverweigerungsrecht zu, das im Strafprozess durch ein Beschlagnahmeverbot gem. § 97 I Nr. 1 StPO flankiert wird. Nicht allen möglichen Kooperationspartnern wird ein solches Recht originär zugestanden. So gilt das Zeugnisverweigerungsrecht nach § 53 StPO allein auf den ausdrücklich genannten Berufskreis, worunter neben den Angehörigen ärztlicher bzw. akademischer Heilberufe allein Hebammen zu zählen sind. Physiotherapeuten und andere Heilberufe können sich im Umkehrschluss nicht auf ein Zeugnisverweigerungsrecht nach § 53 StPO oder ein Beschlagnahmeverbot gem. § 97 StPO berufen. Auch die als nach § 23b I 1 Var. 4 MBOÄ kooperationsfähig erachteten Sozialpädagogen unterliegen lediglich der strafbewehrten Verschwiegenheitspflicht nach § 203 I Nr. 6 StGB. Dagegen fallen nach § 23b I 1 Var. 3 MBOÄ kooperationsfähigen Naturwissenschaftler noch nicht einmal der Verschwiegenheitspflicht nach § 203 StGB. Jedoch sind Mitgesellschafter als mitwirkende Personen nach § 53a StPO zur Verweigerung des Zeugnisses berechtigt und unterliegen ferner nicht nach § 97 III StPO der Beschlagnahme.[2010]

Die Begründung prozessualer Sonderrechte über den Kooperationsvertrag ist selbst nicht möglich, allerdings auch nicht notwendig, da die Rechte den Betroffenen kraft Gesetzes zustehen. Eine gesellschaftsvertragliche Regelung des Zeugnisverweigerungsrechts und des Beschlagnahmeverbots kann allein

---

2007 *Dochow*, GesR 2018, 137 (149).

2008 *Dochow*, MedR 2019, 279 (282 f.).

2009 Siehe näher *Dochow*, GesR 2018, 137 (145); *ders.*, MedR 2019, 279 (284). Zur Inkongruenz des Schutzinteresses von Schweigepflicht und Persönlichkeitsschutz *Dochow*, MedR 2019, 279 (280, 283 ff.).

2010 Siehe bereits die Einstufung als „*Gehilfen*" bzw. „*Hilfspersonen*" nach §§ 53a, 97 StPO a. F. *BVerfGE* 141, 82 (110 f.); *Michalski/Römermann*, NJW 1996, 3233 (3235).

Informationszwecken der Kooperationspartner dienen, denen sie derivativ zustehen.

ζ) Zwischenergebnis

Die Verschwiegenheitspflicht der Ärzte wird durch den Zusammenschluss nicht unmittelbar beeinflusst. Sie steht der Weitergabe von Patientendaten an die nichtärztlichen Kooperationspartner nur dann nicht entgegen, wenn der Patient ausdrücklich – auch in Form eines Generaleinverständnisses – oder konkludent den Arzt von seiner Schweigepflicht entbunden hat. Darüber hinaus kommt auch die Befugnis zur Weitergabe nach § 9 IV MBOÄ in Betracht, sodass im Rahmen der Erforderlichkeit Patientendaten zulässigerweise weitergeleitet werden können. Als erforderlich aufgefasst werden kann die Weiterleitung von Patienteninformationen zum gemeinsamen fachlichen Austausch über die Behandlung.

Allerdings ist aus datenschutzrechtlichen Erwägungen eine nach Art. 7 I DSGVO nachweisbare Einwilligung in die Verarbeitung von Personendaten erforderlich. Dabei sollte die Einwilligung so transparent gestaltet sein, dass erhobene Daten zur internen Verarbeitung auch zwischen den zusammengeschlossenen interprofessionellen Partnern ausgetauscht werden können, um eine gemeinsame Betreuung des Patienten aus einer Hand vornehmen zu können. Da nicht jede durch den Arzt erlangte Information mangels Verarbeitung unter die Notwendigkeit einer Datenschutzeinwilligung fällt, sollte bei ihrer Einholung zusätzlich die Entbindung von der Schweigepflicht im erforderlichen Maße zur berufsübergreifenden Zusammenarbeit in der MKG bedacht werden.

hhh) Angabepflichten nach § 23b I 4 lit. g) MBOÄ

Nach § 23b I 4 lit. g) MBOÄ ist im Gesellschaftsvertrag der MKG ihre Verpflichtung aufzunehmen, *„im Rechtsverkehr die Namen aller [...] Partner und ihre Berufsbezeichnungen anzugeben und – sofern es sich bei ihr um eine [...] PartG handelt – den Zusatz „Partnerschaft“ zu führen.“* Die Auslegung der Norm verursacht Schwierigkeiten und führt zu bislang unterschiedlichen Ansätzen in der Literatur,[2011] die entweder eine Regelung über den Namen der Gesellschaft oder vom Namen getrennte berufsrechtliche Angabepflichten erkennt.

i) Selbständige berufsrechtliche Angabepflichten

Da nach § 23b I 5 MBOÄ lediglich die Voraussetzungen der literae a)-f) für die Bildung von juristischen Personen des Privatrechts entsprechend gelten, ist im Umkehrschluss § 23b I 4 lit. g) MBOÄ nicht auf Kapitalgesellschaften anwendbar und gilt nur für GbR und PartG. Zweck der Norm ist die Herstellung von Transparenz über die an der Kooperation Beteiligten.[2012] Während § 18a II 1 MBOÄ die

2011 Siehe hierzu sogleich.
2012 *Eisenberg*, Ärztliche Kooperationen, S. 201; *Schirmer*, MedR 1995, 383 (386).

Verpflichtung des Arztes zur Aufstellung eines gemeinsamen Praxisschilds betrifft, ist § 23b I 4 lit. g) Hs. 1 MBOÄ auf Angaben *„im Rechtsverkehr“* anwendbar. Vom Wortsinn ist der Anwendungsbereich der Norm weiter ausgestaltet und bezieht sich in Anknüpfung an das Verständnis des Rechtsverkehrs im Rahmen des § 267 StGB auf alle rechtserheblichen Handlungen[2013] der MKG. Insbesondere sind daher auf dem gesellschaftlichen Briefpapier die Namens- und Berufszugehörigkeitsangaben zu leisten.

ii) Regelung des Namens der MKG

Da nach § 23b I 4 lit. g) a. E. MBOÄ im Falle einer PartG der Zusatz *„Partnerschaft“* zu führen ist, soll sich die Norm nach einer anderen vertretenen Ansicht insgesamt auf den Gesellschaftsnamen beziehen, wobei der anzugebende Zusatz den Rechtsformzusatz betreffe.[2014] In der Anforderung zur Führung des Zusatzes *„Partnerschaft“* offenbare sich danach allerdings ein Widerspruch zu § 2 I 1 PartGG, denn danach hat der Name der PartG neben den Berufsbezeichnungen aller in der PartG vertretenen Berufe und dem Namen zumindest eines Partners der Zusatz *„und Partner“* oder *„Partnerschaft“* enthalten.[2015] Die berufsrechtliche Modifikation führe daher neben der Ausweitung der Nennung aller Gesellschafter zu einer Beschränkung der wählbaren Rechtsformangabe. Für ihr Verständnis spricht die sprachliche Gestaltung (*„Zusatz“*), die auch § 2 I PartGG enthalten ist.

iii) Stellungnahme

§ 23b I 4 lit. g) MBOÄ stellt keine Regelung des Gesellschaftsnamens dar. Gegen die Deutung als Namensregelung spricht allerdings noch nicht die Wertung der Norm aus kompetenzrechtlichen Gründen. § 1 III PartGG enthält den sog. Berufsrechtsvorbehalt, wonach das Berufsrecht die Berufsausübung in einer PartG ausschließen oder von weiteren Voraussetzungen abhängig machen kann. Er wird durch § 18 V MBOÄ explizit aufgegriffen. Hierdurch wird dem landesrechtlichen Berufsrecht zwar nicht die Abänderung des Organisationsrechts im Gesellschaftsrecht zugänglich,[2016] wozu Aufbau sowie gesellschaftsrechtliche Struktur der PartG zu zählen sind. Das Namensrecht ist damit Aufgabe des Gesellschaftsrechts, zumindest soweit es den Rechtsformzusatz betrifft und grundsätzliche Voraussetzungen

---

2013 Vgl. zur Auslegung des Begriffs des *„Rechtsverkehrs“* in Bezug auf den Tatbestand der Urkundenfälschung nach § 267 StGB *Puppe/Schumann*, in: *Kindhäuser et al.*, StGB, § 267 Rn. 100.

2014 *Kilian*, in: *Prütting*, Medizinrecht, MBOÄ, § 23b Rn. 13; so ebenfalls *Krieger*, in: *ARGE*, Psychotherapeutengesetz, S. 169 (171); zweifelnd *Zimmermann*, in: *Römermann*, PartGG, § 2 Rn. 48.

2015 Allerdings seien nach *Lieder/Hoffmann*, NZG 2019, 249 (251), auch die Abkürzungen „Part“ und „PartG“ für die einfache PartG zulässig.

2016 *Schäfer*, in: MüKo BGB, § 1 PartGG Rn. 78.

aufstellt. Allerdings lässt sich zulässig die Aufnahme mehrerer oder aller Gesellschafter in den Namen regeln, da nach § 2 I 1 PartGG lediglich „*mindestens*" der Name eines Partners im Namen enthalten sein muss. Sind jedoch alle Gesellschafter in den Partnerschaftsnamen zu integrieren, verbleibt zur Verhinderung einer Irreführung des Publikums keine Auswahl mehr in Bezug auf den Rechtsformzusatz, da die Bezeichnung „*und Partner*" neben den genannten Partnern weitere Gesellschafter suggeriert.[2017] § 23b I 4 lit. g) a. E. MBOÄ ließe sich daher als Klarstellung auffassen, dass bereits gesellschaftsrechtlich allein die Wahl des Zusatzes „*Partnerschaft*" zulässig ist.

Dennoch ist § 23b I 4 lit. g) a. E. MBOÄ so auszulegen, dass sie keine Regelung für den Namen der Gesellschaft selbst darstellt. Die Norm ist als Namensregelung schon zu unbestimmt, da sie ausdrücklich Angaben im „*Rechtsverkehr*" betrifft.[2018] Wörtlich ist der Regelung als auf jeglichen Auftritt im Rechtsverkehr rekurrierend – also auf dem Briefpapier etc. – ein weiter Anwendungsbereich und keine Beschränkung auf den Gesellschaftsnamen beizumessen. Insbesondere wird im Kontrast zu der ausdrücklich als Regelung des Namens juristischer Personen des Privatrechts in § 23b I 6 MBOÄ und ferner in § 23a II 1 MBOÄ für Ärztegesellschaften deutlich, dass sich die MBOÄ des Gebrauchs einer eindeutigen Bezeichnung bewusst gewesen wäre. Dieses offenkundige Bewusstsein spricht jedenfalls gegen eine systematische Auslegung dahingehend, dass – wenn in § 23b I 6 MBOÄ Kapitalgesellschaften eine Namensregelung erfahren – auch für GbR und PartG eine Namensregelung beabsichtigt sein müsste.

Auch teleologisch lässt sich unter Hinzuziehung des Informationszwecks darauf schließen, dass die Regelung über den Namen hinausgeht, da der Name der Gesellschaft hierzu nämlich nur bedingt tauglich ist. Bei Aufnahme aller Gesellschafter in den Partnerschaftsnamen wäre dieser im Einzelfall zudem derart sperrig, dass ihm überhaupt kein Informationscharakter mehr zukäme. Neben dem Rechtsformzusatz nach § 2 I 1 PartGG bleibt die Angabe „*Partnerschaft*" in Verbindung mit den Namen aller Gesellschafter auch nicht ohne Informationsgewinn für Patienten, da ihnen auf diese Weise verständlicher strukturiert der Gesellschafterkreis in Verknüpfung mit ihrer Berufsbezeichnung vor Augen geführt wird.

Gegen eine Namensregelung spricht schließlich, dass sich die Gesellschaft nach § 23b I 4 lit. g) MBOÄ zur Angabe von Namen und Berufsbezeichnungen wie auch Zusatz „*Partnerschaft*" im Gesellschaftsvertrag *verpflichten* muss. Unabhängig von der wenig sinnvollen sprachlichen Gestaltung[2019] wäre bereits *ipso iure* nach

2017 Siehe allgemein *Schäfer*, in: MüKo BGB, § 2 PartGG Rn. 11; insbesondere der Name sollte nicht über den Umfang der PartG und die beteiligten Partner täuschen, BT-Drs. 12/6152, S. 11.

2018 So bereits *Zimmermann*, in: *Römermann*, PartGG, § 2 Rn. 48.

2019 Der Gesellschaftsvertrag ist ein Entstehungserfordernis und Grundlage der Gesellschaft, sodass *sie* sich darin auch keinen Verpflichtungen unterwerfen kann.

§ 2 I PartGG die Führung des Zusatzes „*Partnerschaft*" aus Transparenzgründen verpflichtend.

Die Angabe lediglich eines Partners im Namen der PartG gem. § 2 I 1 PartGG ist daher möglich, beispielsweise „*Dr. med. Alles und Partner*".[2020] Hierfür spricht systematisch zudem der für Kapitalgesellschaften geltende § 23b I 6 MBOÄ, wonach lediglich der Name „*eines*" ärztlichen Gesellschafters als Angabe im Namen erforderlich ist. Zwar hat die Firma der Kapitalgesellschaft anders als Personengesellschaften außerdem den Zusatz „*medizinische Kooperationsgemeinschaft*" im Namen zu führen. Doch stattdessen haben Personengesellschaften anders als Kapitalgesellschaften, denen die Angabe nach § 23a II 2 MBOÄ in freiwilliger Entscheidung überlassen ist, über alle Gesellschafter nach § 23b I 4 lit. g) MBOÄ im Rechtsverkehr bereits Aufschluss zu geben.[2021] Kapitalgesellschaften unterliegen dagegen lediglich der Verpflichtung, die Berufsbezeichnungen aller in der Gesellschaft vereinigten Berufe (nicht: Namen der einzelnen Gesellschafter) nach § 23b I 7 MBOÄ abseits des Namens anzukündigen.

cc) Weitere Anforderungen an den Gesellschaftsvertrag

ccc) Gewinnverteilung

§ 23b MBOÄ selbst enthält keine Vorgaben zur Gewinnverwendung. Gleichwohl wird die Anwendung des § 18 I 3 MBOÄ vertreten, wonach der Gewinn ohne Vorliegen eines sachlichen Grunds nicht in einer Weise verteilt werden darf, die nicht dem Anteil der persönlich erbrachten Leistungen entspricht.[2022] § 18 I 2, 3 MBOÄ beziehen das Verbot der Umgehung des § 31 MBOÄ allerdings ausdrücklich nur auf Teil-Berufsausübungsgemeinschaften, in denen nicht alle Beteiligten ihre gesamte Berufsausübung in die Gesellschaft einbringen, sondern nur einzelne Leistungen gemeinsam erbringen. Eine analoge Anwendung von § 18 I 2, 3 MBOÄ muss daher mangels vergleichbarer Interessenlage ausscheiden, wenn die MKG keine Teil-Kooperationsgemeinschaft nach § 23b I 1 a. E. MBOÄ darstellt. Daher ist die Verteilung des Gewinns im Grundsatz Sache gesellschaftsvertraglicher Regelung. Sie muss sich nicht notwendigerweise allein an den erbrachten Leistungen orientieren, sodass mangels Einschlägigkeit des § 31 I MBOÄ[2023] die Vorteile der Zusammenarbeit in einer Gesellschaft Berücksichtigung finden können. Erst die zu gewährleistende ärztliche Unabhängigkeit setzt der freien Gewinnverteilung eine Grenze, sodass keine sie beeinträchtigende Incentivierung zur gegenseitigen Zuweisung erfolgen darf.

2020 Kritisch *Schirmer*, MedR 1995, 341 (349).

2021 Die entsprechende Geltung des § 23b I 4 MBOÄ auf Kapitalgesellschaften bezieht sich ausdrücklich allein auf lit. a)-f).

2022 *Möller/Makoski*, in: *Wenzel*, Arzthaftungsprozess, Rn. 266.

2023 Siehe hierzu bereits S. 187 ff.

Im Übrigen gelten jedoch die allgemein gesellschaftsrechtlichen Vorschriften, wonach insbesondere das zur Erhaltung des Stammkapitals erforderliche Vermögen der Gesellschaft grundsätzlich nach § 30 I 1 GmbHG nicht an die Gesellschafter ausgezahlt werden darf.

ddd) Korruptionstatbestände nach §§ 299a, 299b StGB

Die berufliche Zusammenarbeit im Gesundheitswesen unterliegt einer ambivalenten Einstufung durch den Gesetzgeber. Einerseits ist sie gesundheitspolitisch wünschenswert und wird daher berufsrechtlich und sozialrechtlich ausdrücklich normiert, andererseits ist sie in erhöhtem Maße korruptionsanfällig[2024] und wird deshalb auf mehreren Ebenen, insbesondere aber mittlerweile auch strafrechtlich reguliert. Die Normen dienen vorrangig dem Schutz des Wettbewerbs vor unlauteren Beeinflussungen und mittelbar dem Patienteninteresse an einer unbeeinflussten Berufsausübung.[2025]

Der *Große Senat des BGH*[2026] verneinte noch 2012 die Einschlägigkeit der zu der damaligen Zeit bestehenden Korruptionstatbestände insbesondere mangels Amtsträgerschaft der Vertragsärzte und versah sein Urteil mit einer nicht allzu subtilen Aufforderung, gesetzliche Grundlagen für die Strafbarkeit eines als durchaus strafwürdigen korrupten Verhaltens im Gesundheitswesen zu schaffen.[2027] In seinem Gesetzesantrag zum Gesetz zur Bekämpfung der Korruption im Gesundheitswesen erkannte der Freistaat Bayern im Januar 2015 im Gesundheitsbereich *„zunehmend Formen der unzulässigen Einflussnahme und auf die Erlangung regelwidriger Vorteile*

2024 BT-Drs. 18/6446, S. 16, 18 f. Vgl. auch *Rosenau et al.*, in: *Kuhlen et al.*, Korruption und Strafrecht, S. 53 (68 f., 71 f.).

2025 BT-Drs. 18/8106, S. 14, 17. Den doppelten Rechtsgüterschutz bezweifeln im Hinblick auf die Gesetzesgestaltung, die stets eine wettbewerbsbeeinträchtigende Handlung des Arztes erfordert, im Gegensatz zu früheren Fassungen jedoch keinen Tatbestand einer berufsrechtlichen Pflichtverletzung mehr enthält *Tsambikakis*, medstra 2016, 131 (132), *Dann/Scholz*, NJW 2016, 2077, und *Rosenau et al.*, in: *Kuhlen et al.*, Korruption und Strafrecht, S. 53 (57 ff.). Allerdings wird auch vertreten, dass §§ 299a, 299b StGB keine reinen Wettbewerbsdelikte darstellen, sondern auch die ärztliche Unabhängigkeit und das Vertrauen der Patienten in die Integrität medizinischer Entscheidungen unter Schutz stellen, siehe *Hohmann*, in: MüKo StGB, § 299a Rn. 1, ersichtlich an der ursprünglichen Fassung des Gesetzentwurfs ausgerichtet. Ferner kritisch in Bezug auf den strafrechtlichen Schutz des Vertrauens der Patienten in die Integrität heilberuflicher Entscheidungen *Kubiciel*, MedR 2016, 1 (2); *Ufer*, in: *Halbe/Schirmer*, Kooperationen, D 1100 Rn. 41.

2026 *BGH, NJW* 2012, 2530 ff., die Aufforderung an den Gesetzgeber ergibt sich aus Rn. 46 des Urteils; krit. *Fischer*, StGB, § 299a Rn. 2.

2027 Siehe ausführlich zur Genese der §§ 299a, 299b StGB *Ufer*, in: *Halbe/Schirmer*, Kooperationen, D 1100 Rn. 37 ff.

abzielende Kooperationen".[2028] Darunter werden in dem Dokument Absprachen zur Vergütung einer Patientenzuführung ebenso gefasst wie Vereinbarungen zwischen Pharmaunternehmen mit Ärzten zum Erhalt eines Entgelts in Form eines Rabatts oder einer Rückzahlung oder sonstiger Vergütungen bei Verschreibung von Arzneimitteln des Herstellers.[2029] Die in der Folge eingeführten und als Offizialdelikt ausgestalteten[2030] §§ 299a, 299b StGB stellen Bestechlichkeit und Bestechung im Gesundheitsweisen unter Strafe.[2031] Nach § 299a StGB strafbar sind Angehörige eines Heilberufs, der für die Berufsausübung oder die Führung der Berufsbezeichnung eine staatlich geregelte Ausbildung erfordert,[2032] wenn sie im Zusammenhang mit der Ausübung des Berufs einen Vorteil für sich oder einen Dritten als Gegenleistung dafür einfordern, sich versprechen lassen oder annehmen, dass bei der Verordnung von Arznei-, Heil- oder Hilfsmitteln oder von Medizinproduktion, bei ihrem Bezug oder bei der Zuführung von Patienten oder Untersuchungsmaterial einen anderen im inländischen oder ausländischen Wettbewerb in unlauterer Weise bevorzugen. § 299b StGB ist die Spiegelnorm zu § 299a StGB und bestraft denjenigen, der dem Angehörigen eines Heilberufs einen solchen Vorteil für diesen oder einen Dritten als Gegenleistung anbietet, verspricht oder gewährt. Während § 299a StGB als echtes Sonderdelikt nur von Angehörigen eines Heilberufs erfüllt werden kann,[2033] kommt als Täter einer Bestechung im Gesundheitswesen nach § 299b StGB jedermann in Betracht.[2034]

Zur Beurteilung der §§ 299, 299a StGB ist an die außerstrafrechtlichen Normen des Gesundheitsrechts zurückzugreifen, die bereits eine Zusammenarbeit verbieten bzw. gestatten.[2035]

2028 BR-Drs. 16/15, S. 1. Zur historischen Entwicklung beginnend mit dem sog. Herzklappenskandal im Jahr 1994 *Ramb/Reich*, CB 2015, 72 ff., und *Rosenau et al.*, in: *Kuhlen et al.*, Korruption und Strafrecht, S. 53 (53 ff.). Zum, Gesetzgebungsprozess, siehe *Geiger*, CCZ 2016, 172 (172 ff.).

2029 BR-Drs. 16/15, S. 1.

2030 BT-Drs. 18/8106, S. 16 f.; *Geiger*, CCZ 2016, 172 (174, 176); *Rosenau et al.*, in: *Kuhlen et al.*, Korruption und Strafrecht, S. 53 (61 f., 73 f.). Siehe zu den Schwierigkeiten der berufsgerichtlichen Ahnung von Verstößen gegen § 31 MBOÄ *Scholz*, GesR 2013, 12 (16).

2031 Zum Konkurrenzverhältnis zwischen §§ 299a, 299b StGB und §§ 299, 331 ff. StGB *Seifert*, medstra 2017, 280 ff.

2032 Damit scheiden mangels staatlich geregelter Ausbildung Heilpraktiker als Täter aus, vgl. oben bereits S. 191 ff. Vgl. ferner zum Täterkreis *Ramb/Reich*, CB 2015, 72 (74); *Geiger*, CCZ 2016, 172 (174); *Kubiciel*, MedR 2016, 1 (2 f.); *Lorenz*, medstra 2017, 342 (342 f.); *Dann/Scholz*, NJW 2017, 2077 (2078); *Stebner*, PharmR 2017, 178 (181 f.); *Rosenau et al.*, in: *Kuhlen et al.*, Korruption und Strafrecht, S. 53 (62 ff.); *Fischer*, StGB, § 299a Rn. 5.

2033 *Rosenau et al.*, in: *Kuhlen et al.*, Korruption und Strafrecht, S. 53 (56); *Hohmann*, in: MüKo StGB, § 299a Rn. 5.

2034 *Hohmann*, in: MüKo StGB, § 299b Rn. 2.

2035 *Bahner*, RDG 2017, 290 (291).

Der Begriff des Vorteils ist an den §§ 331 ff., 299 StGB orientiert[2036] weit zu verstehen[2037] und erfasst jede Leistung, auf die der Empfänger keinen Rechtsanspruch hat und die seine wirtschaftliche, rechtliche oder persönliche Lage objektiv verbessert.[2038] Erfasst werden auch geringwertige Vorteile und immaterielle Zuwendungen.[2039] Zentrales Tatbestandsmerkmal ist aufgrund des Wortlauts („dafür") außerdem eine konkrete, auch stillschweigend möglichen Unrechtsvereinbarung zwischen Vorteilsnehmer und -geber, dass der Vorteil als Gegenleistung für eine der in §§ 299a Nr. 1–3, 299b Nr. 1–3 StGB beschriebene ärztliche Entscheidungshandlung gewährt wird.[2040]

§§ 299a, 299b StGB haben nicht das Ziel, berufsrechtlich oder sozialrechtlich zulässige Kooperationsformen zu pönalisieren. Die Bildung eines MKG birgt trotz seiner berufsrechtlichen Akzeptanz bei der Umgehung sozialrechtlicher Vorschriften, insbesondere des Beteiligungsverbots, ein erhebliches Strafbarkeitsrisiko für die Beteiligten, auch weil weder sozial- noch strafrechtliche Rechtsprechung vorhanden ist. Die Strafbarkeitsrisiken erledigen sich auch nicht an der Struktur der Korruptionsdelikte. Zwar ist bei Personenidentität auf Nehmer- und Geberseite die Strafbarkeit mangels Tatbestandsmäßigkeit der „Selbstkorruption" ausgeschlossen.[2041] Doch trotz Verlassens der Gesellschaftssphäre bei der Zuweisung liegt innerhalb der Berufsausübungsgemeinschaft eine *„faktische"* Personenheterogenität vor. Mangels Unternehmensstrafbarkeit und aufgrund der Anknüpfung der §§ 299a, 299b StGB an die agierenden Personen (*„Angehöriger eines Heilberufs"*) mag innerhalb von Berufsausübungsgemeinschaften bei gegenseitigen Empfehlungen eine Zuführung von Patienten vorliegen.

dd) Anstellung von Ärzten

§ 23b MBOÄ schweigt im Gegensatz zu der Vorgängernorm zu der Beschäftigung von ärztlichen Mitarbeitern in MKG. Nach Kap. D II. Nr. 9 Abs. 4 MBOÄ-1997 durften angestellte Ärzte in MKG nur der Weisungsbefugnis der ärztlichen Partner unterstellt sein. Intendiert war die Verschließung der fachlichen Weisungsbefugnis gegenüber Ärzten zum Schutz ihrer beruflichen Unabhängigkeit.

Soweit die Thematik in der Literatur ersichtlich aufgegriffen worden ist, wird die Anstellung von Ärzten in der MKG heute für unzulässig gehalten.[2042] Dieser

2036 BT-Drs. 18/6446, S. 17.

2037 *Kubiciel*, MedR 2016, 1 (3).

2038 *Rosenau et al.*, in: *Kuhlen et al.*, Korruption und Strafrecht, S. 53 (65).

2039 *Kubiciel*, MedR 2016, 1 (3).

2040 *Kubiciel*, MedR 2016, 1 (3); *Dann/Scholz*, NJW 2016, 2077 (2078); *Geiger*, CCZ 2016, 172 (175); *Rönnau/Wegner*, MedR 2017, 206 (208 f.); *Rosenau et al.*, in: *Kuhlen et al.*, Korruption und Strafrecht, S. 53 (66).

2041 So lediglich *Schneider*, medstra 2018, 67 (71).

2042 Siehe nur *Dreixler*, Berufsrecht der Ärzte, S. 48. Die Darstellung als Hinweise für die Praxis sind insgesamt sehr unkritisch gehalten.

Ansicht ist zu widersprechen, da die Beschäftigung von Ärzten bei Beachtung der in §§ 19, 23 II MBOÄ gesetzten Grenzen für grundsätzlich zulässig einzustufen ist. § 23b MBOÄ sieht zwar für die Anstellung von Ärzten keine besondere Regelung mehr vor, ein Verbot statuiert die Regelung allerdings auch nicht ausdrücklich. Innerhalb der freiheitlichen Rechtsordnung bedarf ein Verbot der ausdrücklichen Normierung,[2043] die Aufhebung einer Vorschrift genügt hierzu nicht, zumal diese die Anstellung von Ärzten in der MKG *einschränkte*. Sollen ihrer Abschaffung Folgen für die nunmehr geltende Rechtslage entnommen werden, so ließe sich – auch im Kontext der generellen Liberalisierungstendenz – eher auf die Verschaffung eines neuen Freiraums der Berufsträger schließen. Doch auch derartige Auswirkungen der Abschaffung sind zu bezweifeln, denn bereits der alten Regelung ließ sich klarstellende Bedeutung ohne eigenen Beschränkungseffekt bemessen. Sie verdeutlichte lediglich die allgemeine und noch heute an selber Stelle fortbestehende Berufspflicht des § 2 IV MBOÄ-1997, wonach Ärzte keine Weisungen von Nichtärzten entgegennehmen dürfen.

Ist eine besondere Beschränkung der Anstellung von Ärzten in MKG nicht zu erkennen, ist unmittelbar von den allgemeinen Regelungen auszugehen. Nach § 19 I 2 MBOÄ ist zur Beschäftigung ärztlicher Mitarbeiter insbesondere die Leitung der Praxis durch einen niedergelassenen Arzt als Praxisinhaber erforderlich.[2044] Ihm gegenüber darf daher die fachliche Weisungsfreiheit des angestellten Arztes begrenzt werden, während die nichtärztlichen Gesellschafter gegenüber einem angestellten Arzt fachlich bereits wegen § 2 IV MBOÄ keine fachliche Weisungsbefugnis zukommen darf. In organisatorischen Angelegenheiten sind allerdings arbeitsrechtliche Weisungen auch der nichtärztlichen Gesellschafter denkbar.[2045] Nach § 23 I MBOÄ haben Ärzte in Beschäftigungsverhältnissen selbst ebenfalls die Regelungen der Berufsordnung zu beachten.

Die Anstellung von Ärzten *zur Gründung* einer MKG ohne Beteiligung eines Arztes auf Gesellschafterebene kommt hingegen nicht infrage. § 23b MBOÄ stellt keine Ausnahme zu dem in §§ 17 I, 19 I 2 MBO[2046] statuierten Fremdbesitzverbot dar. § 23b I 1 MBOÄ ist wörtlich auf gesellschaftsrechtliche Zusammenschlüsse begrenzt.

Fraglich ist darüber hinaus, ob ein angestellter Arzt der MKG oder einem ärztlichen Gesellschafter verantwortlich zuzuordnen ist. Während in

---

2043 Vgl. *BVerfGE* 17, 306 (313).

2044 *Köbler*, Beteiligung Berufsfremder, S. 187. *Köblers* Hinweis auf § 2 II des Hamburgisches Ärztegesetzes zur Untermauerung ist jedoch verfehlt, da das Hamburgische Ärztegesetz bereits durch das Hamburgische Kammergesetz für die Kammerberufe am 14.12.2005 abgelöst worden ist, welches eine entsprechende Regelung nicht mehr enthalten hat.

2045 So allgemein zu der Weisungsbefugnis von Arbeitgebern gegenüber angestellten Ärzten *Ratzel*, in: *Ratzel/Lippert*, MBOÄ, § 23 Rn. 1.

2046 Vgl. hier nur zum Fremdbetriebsverbot *Köbler*, Beteiligung Berufsfremder, S. 186 f.

gesellschaftsrechtlicher Hinsicht die Einordnung bei der Gesellschaft ersichtlich unumstritten ist und sich um eine berufsrechtliche Einordnung regelmäßig nicht bemüht wird, war die sozialrechtliche Zuordnung für lange Zeit umstritten und wurde zuletzt vom *BSG* zugunsten der Zuordnung zur (sozialrechtlich verstandenen) Berufsausübungsgemeinschaft entschieden.[2047] In berufsrechtlicher Betrachtung ist im Einklang mit der sozialversicherungsrechtlichen Bewertung von der Zuordnung zu einem einzelnen Arzt auszugehen, da § 19 MBOÄ an den einzelnen beschäftigenden Arzt adressiert ist und die Anstellung nach § 19 II MBOÄ von seinem Fachgebiet abhängig ist.

ee) Pflicht zur Ankündigung der MKG

Unabhängig von der gesellschaftsvertraglichen Verpflichtung nach § 23b I 4 lit. g) MBOÄ zum Auftritt im Rechtsverkehr muss nach § 18a II 1 MBOÄ eine Ankündigung des Arztes mit seinen Kooperationspartnern auf einem gemeinsamen Praxisschild erfolgen. Die Regelung lässt den Beteiligten im Gegensatz zu der früheren Regelung in Kap. D. I. Nr. 2 Abs. 10 MBOÄ-1997 („*darf*") keine Wahlmöglichkeit mehr, ob eine gemeinsame Ankündigung der MKG erfolgen soll. Im Gegensatz dazu bestand in *Bayern* bereits zuvor nach § 22a II 1 BO Bayern-1997 die Pflicht zur Ankündigung der MKG mit dem Zusatz „*Kooperationsgemeinschaft*" auf einem gemeinsamen Praxisschild. Die Pflicht zur Ankündigung nach § 18a II 1 MBOÄ ist von den Angaben im Rechtsverkehr nach § 23b I 4 lit. g) MBOÄ schon dem Wortlaut zufolge zu trennen. Die Pflicht zur Ankündigung auf dem Praxisschild ist eine spezielle, die Angaben auf dem Praxisschild betreffende Vorschrift, während die Pflichtangaben im gesamten Rechtsverkehr zu beachten sind.

Der Inhalt der auf dem Praxisschild erforderlichen Angaben lässt sich positiv §§ 17 IV, 18a II 1 MBOÄ und negativ dem § 27 MBOÄ entnehmen. Aus § 27 MBOÄ folgen zwar einheitliche Vorgaben für jede Form der Ankündigung und ist folglich für die *Begrenzung* der Möglichkeiten in den Formulierungen der Praxisschilder relevant.[2048] In § 27 MBOÄ werden nach dessen erstem Absatz zur Gewährleistung des Patientenschutzes und zur Vermeidung der Kommerzialisierung des Arztberufs durch sachgerechte und angemessene Information Grenzen gesetzt; die Norm bezieht sich daher lediglich auf die Verhinderung anpreisenden Verhaltens.[2049] Hinweise zum *notwendigen* Inhalt des Praxisschilds werden in § 27 MBOÄ nicht erteilt. § 17 IV MBOÄ verlangt allgemein zur Kenntlichmachung des Praxissitzes ein Praxisschild mit Angaben des Namens, der Arztbezeichnung, der Sprechzeiten und gegebenenfalls der Zugehörigkeit zu einer Berufsausübungsgemeinschaft nach den Anforderungen des § 18a MBOÄ. § 18a II 1 MBOÄ ergänzt den erforderlichen Inhalt des Praxisschilds speziell für MKG um die zusätzliche Angabe

---

2047 *BSG*, ZMGR 2016, 304.
2048 *Ratzel/Knüpper*, in: *Ratzel/Luxenburger*, Medizinrecht, Kap. 5 Rn. 192.
2049 *Ratzel*, in: *Ratzel/Lippert*, MBOÄ, § 27 Rn. 1.

aller beteiligten nichtärztlichen Partner, da sich ein Arzt auf ein „*gemeinsames*“ Praxisschild aufnehmen lassen muss. § 18a II 1 MBOÄ schweigt allerdings zu dem Umfang notwendiger Angaben zu den nichtärztlichen Partnern. Dagegen konkretisiert der voranstehende § 18a I MBOÄ die inhaltlich notwendige Ausgestaltung monoprofessioneller Berufsausübungsgemeinschaften präziser als § 18a II MBOÄ für MKG. Nach § 18a I MBOÄ sind Namen und Arztbezeichnungen aller in einer Berufsausübungsgemeinschaft zusammengeschlossenen Ärzte sowie die Rechtsform anzukündigen. Im Gegensatz zu § 18a II MBOÄ stellt die Vorschrift auch eine Pflicht zur Angabe der Rechtsform der MKG auf, die einem schützenswerten Interesse der Patienten und Vertragspartner im Hinblick auf die Haftungssituation der Gesellschaft dient.[2050]

Fraglich ist, ob die Berufszugehörigkeit nichtärztlicher Partner und die Rechtsform der MKG trotz fehlender expliziter Erwähnung in § 18a II MBOÄ auf dem gemeinsamen Praxisschild der Angabe bedürfen. Hierzu ist den Telos der Ankündigungspflicht zu rekurrieren. Die Norm bezweckt zur Gewährleistung der freien Arztwahl die Herstellung von Transparenz über das Leistungsgeschehen und die Zugehörigkeit zu Kooperationsgemeinschaften, weshalb Namen und Fachgebiete der Beteiligten benannt werden sollen.[2051] Speziell die Ankündigungspflicht von MKG dient der Verdeutlichung gemeinsamer Berufsausübung des Arztes mit einem Nichtarzt.[2052] Eine systematisch-teleologische Auslegung des Einbezugs der umfangreicheren Voraussetzungen des voranstehenden § 18a I MBOÄ lässt sich daher durchaus begründen. Die Regelungsobjekte sind zwar verschieden, in § 18a II, III werden allerdings die Anforderungen an die Ankündigung geschmälert, sodass sich die Pflichtangaben jeweils erst mit Blick auf § 18a I MBOÄ ergeben. Auch eine Anknüpfung an die im Rechtsverkehr nach § 23b I 4 lit. g) MBOÄ stets erforderlichen Angaben zu den Namen aller Partner und ihrer Berufsbezeichnung erscheint denkbar. Sie lässt sich mit einem *argumentum a minori ad maius* untermauern, denn wenn bereits allgemein im Rechtsverkehr die Namen aller beteiligten (auch nichtärztlichen) Partner inklusive ihrer Berufsbezeichnungen anzugeben sind, muss zur Schaffung besonderer Transparenz durch das Praxisschild eine zumindest ebenbürtige Information erfolgen. Zu bedenken ist schließlich, dass Patienten sich regelmäßig ausschließlich auf dem Praxisschild über die Beteiligten einer Praxis informieren werden. Zumindest ließe sich aufgrund der Regelungslücke und der unveränderten Interessenlage § 18a I 1 MBOÄ in doppelter Analogie – primär in Bezug auf das Regelungsobjekt, sekundär in Bezug auf die bei Nichtärzten logischerweise nicht vorhandene Arztbezeichnung – zur Ausgestaltung der Angaben heranziehen.

Fraglich bleibt der Umfang der Ankündigung bei Personen- und Kapitalgesellschaften, die sich nach hier vertretener Ansicht als Gesellschafter an MKG beteiligen können. Sowohl die bloße Aufnahme des Namens der Gesellschafter-Gesellschaft

---

2050 *Scholz*, in: *Spickhoff*, Medizinrecht, MBOÄ, § 18a Rn. 2.
2051 *BÄK*, DÄBl. 2008, A-1019 (A-1023).
2052 *Scholz*, in: *Spickhoff*, Medizinrecht, MBOÄ, § 18a Rn. 2.

als auch die Angabe der Namen der in der Gesellschafter-Gesellschaft vereinigten Partner erfüllen den Transparenzzweck der Ankündigung nach § 18a MBOÄ nur unzureichend. Eine unmittelbare Nennung der Kooperationspartner führte bei Organisation der MKG als GbR zu Verwerfungen in der Frage der Haftung, sowohl bei Beteiligung einer PartG als auch einer Kapitalgesellschaft. Regelmäßig läge dann eine Haftung der natürlichen Personen hinter den Personenmehrheiten aus Rechtsschein nahe und die Haftungsbegrenzungen nach § 8 II PartGG auf den Handelnden bzw. nach § 13 II GmbHG bzw. § 1 I 2 AktG liefen ins Leere. Die Nennung der Namen der Gesellschafter-Gesellschaft schaffte hingegen nicht die insbesondere zur Gewährleistung der freien Arztwahl notwendige Transparenz über die in der Gesellschaft vereinigten, ihre beruflichen Leistungen offerierenden natürlichen Personen. Die Informationen müssen daher teleologisch einerseits die besondere Haftungssituation als auch die dahinterstehenden Personen erkennen lassen. Folglich ist auf eine Angabe des Namens der Gesellschafter-Gesellschaft einschließlich ihrer Rechtsform sowie erkennbar ihr zugeordnet die Nennung der Namen der ihr angeschlossenen Gesellschafter inklusive Arzt- bzw. Berufsbezeichnung zu schließen.

Die Verpflichtung zur Ankündigung des Praxissitzes auf einem Praxisschild entfällt nach § 17 IV 3 MBOÄ, wenn die beteiligten Ärzte nicht unmittelbar patientenbezogen tätig sind und dies der zuständigen Ärztekammer angezeigt wird. Nach dem Wortsinn scheidet eine Ankündigungspflicht erst aus, wenn der Arzt bei seiner Tätigkeit keinen Patientenkontakt hat. Da § 23b I 3 MBOÄ die gemeinsame Beteiligung der Partner von MKG an Heilbehandlungen vorsieht, dürfte eine Ausnahme von einem gemeinsamen Praxisschild nicht in Frage kommen.

ff) Beendigung der MKG

Bei Beendigung der MKG ist namentlich bei der praktisch bedeutsamen GbR zwischen zwei Fällen zu unterscheiden. Einerseits kommt der Austritt eines (ärztlichen oder nichtärztlichen) Gesellschafters in Betracht, der zu einem Verbleib eines einzigen Gesellschafters und daher unmittelbar die Auflösung der Gesellschaft bewirkt. Hierbei ergeben sich zum üblichen Gesellschaftsrecht keine Besonderheiten. Ein verbleibender Arzt wird in der Folge in einer Einzelpraxis tätig. Andererseits kommt der Austritt des letzten ärztlichen oder nichtärztlichen Gesellschafters in Betracht, sodass die Gesellschaft ihre ursprüngliche Interprofessionalität einbüßt.

Tritt der letzte nichtärztliche Gesellschafter aus der Gemeinschaft aus und verbleiben lediglich Ärzte in ihr, entfällt ihr Zweck berufsübergreifender Berufsausübung auch im Falle einer im Gesellschaftsvertrag aufgenommenen Fortsetzungsklausel. Nach § 726 BGB erfolgt bei Zweckerreichung und nach Abschluss des Gesellschaftsvertrags eintretender, für jedermann offenkundigen Unmöglichkeit der Zweckerreichung zwingend und automatisch die Auflösung.[2053] Es käme

---

2053 *Habermeier*, in: *Staudinger*, BGB, § 726 Rn. 5; *Sprau*, in: *Palandt*, BGB, § 726 Rn. 2; *Westermann*, in: *Erman*, BGB, § 726 Rn. 1 f.; zur Unerreichbarkeit des

daher grundsätzlich nicht zu einer Anwachsung des Gesellschaftsanteils des Nichtarztes bei den verbleibenden ärztlichen Gesellschaftern, stattdessen folgt die Auseinandersetzung. Um die automatische Auflösung der Gesellschaft und insbesondere datenschutzrechtliche Probleme bei Weiterbehandlung der bisherigen Patienten zu vermeiden, lässt sich jedoch (antizipiert) ein Zweckwechsel bzw. Eventualzweck derart vereinbaren,[2054] dass die Gesellschaft als ärztliche Berufsausübungsgemeinschaft nach § 18 I, IIa MBOÄ fortgeführt wird. Tritt der letzte ärztliche Gesellschafter aus der MKG aus, entfällt die Anwendbarkeit des ärztlichen Berufsrechts für eine aufgrund einer Fortsetzungsklausel fortbestehenden Gesellschaft.

h) Beteiligung der Ärztekammern beim Zusammenschluss

Das Erfordernis der Einholung einer Genehmigung der konkreten MKG durch die zuständige Ärztekammer ist heute im Gegensatz zu der Regelung in D. II. Nr. 9 Abs. 5 S. 1 MBOÄ1997 nicht mehr in § 23b MBOÄ verankert.[2055] Allein die Ärztekammer Bayern erhält in § 23a II 1 BO BY noch die Genehmigungspflicht aufrecht.[2056] In den Bereichen der sonstigen Ärztekammern bedarf der Zusammenschluss zu MKG keiner vorherigen Genehmigung der zuständigen Ärztekammer mehr.[2057] In § 23b MBOÄ selbst ist außerdem weder eine Vorlagepflicht des Kooperationsvertrags entsprechend derjenigen in Kap. D II. Nr. 9 Abs. 5 S. 2 MBOÄ-1997 noch überhaupt eine Anzeigepflicht der MKG gegenüber der zuständigen Ärztekammer statuiert.[2058]

Einerseits käme für den Arzt eine Anzeigepflicht jedoch gemäß § 18 VI MBOÄ in Betracht,[2059] wie sie für MKG in Niedersachsen nach § 23 III BO Nds. ausdrücklich besteht. § 18 VI MBOÄ erfordert die Anzeige aller Zusammenschlüsse nach § 18 I MBOÄ sowie deren Änderungen und Beendigungen bei der zuständigen Ärztekammer. Zwar werden in der Praxis einzelner Ärztekammern MKG nicht als

Gesellschaftszwecks in Berufsausübungsgemeinschaften *BGH*, DStR 1995, 1722 (1722 f.).

2054 *BGH*, WM 2004, 329 (330); *Habermeier*, in: *Staudinger*, BGB, § 726 Rn. 3.

2055 Siehe auch *Ratzel/Lippert*, MedR 2004, 525 (529). Zum ehemaligen Genehmigungserfordernis siehe *Werner*, Berufsausübung, S. 390 ff.

2056 Die Genehmigungspflicht wirkt insofern konstitutiv, *Ratzel*, in: *Ratzel/Lippert*, MBOÄ, § 23a-d Rn. 15.

2057 Gleichwohl soll nach *Munte et al.*, Kooperative Berufsausübung, S. 36, auch nach Novellierung des Rechts der MKG im Jahr 2004 noch fortgelten.

2058 Auch die Pflicht zur Anzeige der MKG und die Pflicht zur Vorlage des Kooperationsvertrags sind in einzelnen Berufsordnungen abweichend geregelt. So enthält § 23a II 2 BO Bayern neben dem Genehmigungserfordernis aus § 23a II 1 BO Bayern explizit eine Pflicht zur Vorlage des Kooperationsvertrags, womit folglich eine Anzeigepflicht hinfällig ist. § 23 III BO Nds. enthält eine Pflicht zur Anzeige der Mitwirkung eines Arztes in einer MKG.

2059 Diese annehmend *Cansun*, Kooperationsmöglichkeiten, S. 130.

Zusammenschluss nach § 18 I MBOÄ gewertet, sodass sie eine Anzeigepflicht nach der jeweiligen § 18 VI MBOÄ entsprechenden Norm ablehnen. Doch werden MKG wie bereits festgestellt in § 18 I MBOÄ als Kooperationsgemeinschaften ohne das Attribut „medizinische" aufgefasst, sodass eine Anzeigepflicht grammatikalisch und systematisch nach einem solchen Verständnis durchaus besteht. Auch teleologisch ist auf eine Anzeigepflicht zu schließen, da MKG der Berufsausübung des Arztes in berufsübergreifendem Kontext dienen und daher im Vergleich mit monoprofessionellen Berufsausübungsgemeinschaften erst recht der Anzeige zur Aufsicht durch die Kammer bedürfen.

Andererseits kommt neben der Anzeigepflicht eine Verpflichtung zur Vorlage des Kooperationsvertrags in Frage. Nach § 24 MBOÄ sollen alle Verträge über die ärztliche Tätigkeit vor ihrem Abschluss der Ärztekammer vorgelegt werden, um die Wahrung der beruflichen Belange präventiv zu überprüfen.[2060] Die Formulierung („*sollen*") lässt auf eine freiwillige Vorlage schließen, die allerdings grundsätzlich erwartet wird.[2061] Zum Teil wird in der Literatur auf eine faktische Vorlagepflicht geschlossen, da Kooperationsverträge generell keine Standardverträge darstellten, eine Ausnahme von einer Vorlagepflicht daher nicht zulässig sei, gleichwohl aber flächendeckend gegen die Verpflichtung verstoßen werde.[2062] Allerdings belässt der Wortlaut letztlich dem Arzt die Wahl, ob er einen Vertrag vorlegt. Demnach lässt sich hierin keine Berufspflicht erblicken, deren Verletzung Grundlage berufsgerichtlicher Maßnahmen sein könnte.[2063] Auch im Kontext mit den Heilberufsgesetzen der Länder lässt sich nicht auf eine Vorlagepflicht schließen, da sie lediglich generalklauselartig die Satzungsbefugnis bezüglich gemeinsamer Berufsausübung regeln und eine Vertragsvorlage nicht erwähnen.

Verstößt der Inhalt des Vertrags allerdings gegen ärztliches Berufsrecht, liegt trotz fehlender Vorlagepflicht die Annahme eines bewussten Berufsrechtsverstoßes bei zuvor unterlassender Vorlage des Vertrages gleichwohl jedenfalls nicht fern, denn die Soll-Vorschrift des § 24 MBOÄ drückt eine regelmäßig zu erwartende Vorabvorlage hinreichend aus. Zur Absicherung sollte ein Arzt einen die

---

2060 *BGH*, MedR 2014, 807 (809); *Scholz*, MedR 2015, 635 (639).

2061 Anders allerdings in *Niedersachsen* nach § 24 BO Nds., wonach ein Arzt Verträge über seine ärztliche Tätigkeit vor ihrem Abschluss der Ärztekammer vorzulegen „*hat*". In der Bayern ist eine spezielle Vorlagepflicht für MKG in § 23a II 2 BO BY fixiert worden. Die *Berliner* Regelung in § 24 BO Bln. ist nach ihrem Wortlaut jedoch uneinheitlich (S. 1: „*sollen*", S. 2: „*Verpflichtung nach Satz 1*").

2062 *Scholz*, MedR 2015, 572 (573 f.). *Ratzel*, in: *Ratzel/Lippert*, MBOÄ, § 24 Rn. 1, schließt zwar auf eine Obliegenheit, stellt allerdings einen flächendeckenden und massiven Verstoß gegen die Vorschrift fest. Eine Obliegenheit stellt jedoch keine Pflicht dar, ihre Einhaltung liegt jedoch im eigenen Interesse, um einen Rechtsnachteil zu vermeiden.

2063 Vgl. bereits *Taupitz*, MedR 1993, 367 (377 f.) zu Vertragsgrundlagen integrativer Gesundheitszentren.

Berufsausübung betreffenden Vertrag daher im eigenen Interesse stets im Voraus vorlegen,[2064] aufgrund ihrer verstärkten Regelungsdichte insbesondere bei interprofessionellen Gestaltungen. Die Vorlage des Vertrags stellt damit nach § 24 MBOÄ eine Obliegenheit der an der MKG beteiligten Ärzte dar.

6. Regelungen des Berufsrechts potentieller Kooperationspartner

a) Simultaner Einfluss mehrerer Berufsrechte

Nach Feststellung der Zulässigkeit einer MKG anhand des ärztlichen Berufsrechts lässt sich noch keine sichere Aussage darüber zu treffen, ob die konkrete MKG auch tatsächlich eingegangen werden kann. Jeder der beteiligten Kooperationspartner ist ohne Beeinflussung durch den interprofessionellen Zusammenschluss an das eigene Berufsrecht gebunden.[2065] Deutlich wird diese Bindung bundesgesetzlich im Besonderen in § 1 III PartGG, wonach das Berufsrecht die Berufsausübung in der PartG von weiteren Voraussetzungen abhängig machen kann.[2066] Der Zusammenschluss muss daher auch aus der Warte des Berufsrechts der konkret beteiligten nichtärztlichen Kooperationspartner zulässig sein. Bei Vereinigung verschiedener freier Berufe zu gemeinsamer Ausübung kollidieren somit verschiedene Berufsrechte, die nicht notwendigerweise kombinierbar sind. Bereits der Gesetzgeber erkannte unter dem Stichwort der (In-) Kompatibilität[2067] explizit das Erfordernis für interprofessionelle Zusammenschlüsse, dass „*die beabsichtigte Kombination nach den Berufsrechten aller Beteiligten zulässig ist.*"[2068] Eine Harmonisierung berufsrechtlicher Normen zur Zusammenarbeit von Freiberuflern ist weitestgehend nicht erfolgt.[2069] Aufgrund der Fülle verschiedener Berufsrechte, die neben der Berufsvielfalt auch auf die unterschiedliche Zuordnung der Gesetzgebungskompetenzen an Bund und Länder zurückzuführen ist, ist sie ohnehin nur in äußerst begrenztem Maße zu erzielen. Auch auf Landesebene bestehen zwischen den Berufspflichten der verschiedenen Gesundheitsberufe aufgrund der

---

2064 Insoweit ist *Ratzel*, in: *Ratzel/Lippert*, MBOÄ, § 24 Rn. 1, zuzustimmen.

2065 Vgl. für das anwaltliche Berufsrecht *Bormann/Strauß* in: *Gaier et al.*, Anwaltliches Berufsrecht, BRAO, § 59a Rn. 88. Auf „*grundsätzliche*" Bindung an das eigene Berufsrecht begrenzt *Henssler/Trottmann*, NZG 2017, 241 (244).

2066 BT-Drs. 12/6152, S. 10 f.

2067 Siehe zuvor bereits in Bezug auf berufsrechtliche Verbote der Zusammenarbeit von Rechtsanwälten und Anwaltsnotaren *Taupitz*, AnwBl 1991, 558 ff.

2068 BT-Drs. 12/6152, S. 10.

2069 Insbesondere kritisch in Bezug auf Differenzen im Berufsrecht der wirtschaftsnahen freien Berufe aufgrund unterschiedlicher Zuständigkeiten verschiedener Bundesministerien für Rechtsanwälte (Justiz und Verbraucherschutz), Steuerberater (Finanzen) und Wirtschaftsprüfer (Wirtschaft) *Henssler*, JZ 1998, 1065 (1067); *Henssler/Deckenbrock*, AnwBl 2016, 211 (215).

Konkretisierung der Berufspflichten durch Verordnungsgeber bzw. diverse Berufskammern Unterschiede. Fehlt hingegen die Normierung für einen Beruf, gilt für dessen Angehörigen in Anbetracht des Gesetzesvorbehalts für Eingriffe in die Berufsfreiheit nach Art. 12 I GG[2070] die Präsumtion unbeschränkter Zulässigkeit interprofessioneller Zusammenschlüsse.[2071]

Durch diese parallele Anwendbarkeit verschiedener Berufsrechte unterschiedlicher Ausprägung, wird im Rahmen eines berufsübergreifenden Zusammenschlusses die *„fast erdrückende Regelungsdichte"*[2072] der ärztlichen Berufsausübung intensiviert.

Durch die Verbindung mit Angehörigen eines anderen freien Berufs wird ein Freiberufler nicht an das ihm fremde Berufsrecht (zusätzlich) gebunden. Zwar hat der *BGH* ein an Notare nach § 14 IV 1 BNotO gerichtetes Tätigkeitsverbot auf mit Anwaltsnotaren verbundene Rechtsanwälte erweitert,[2073] der Entscheidung ist allerdings in der dogmatischen Herleitung zu widersprechen.[2074] Die Berufsausübungsregelungen sind – ohne ausdrückliche Erstreckung auf Berufsfremde,[2075] sofern konkret überhaupt die Gesetzgebungskompetenz vorliegt – lediglich an die Angehörigen des geregelten Berufs adressiert.[2076] Es existiert kein reziprokes Grundprinzip in dem Sinne, dass aufgrund des Zusammenschlusses die berufsfremden Pflichten des Kooperationspartners als eigene übernommen werden.[2077]

Der Gesetzgeber resümierte bei Einführung der PartG, bei der Kollision unterschiedlicher Berufsrechte komme grundsätzlich nur die nach allen Regelungen zulässige Gestaltung als gemeinsamer Nenner in Frage. Soweit möglich sei der für einen einzelnen Berufsangehörigen zu beachtenden Norm Geltung zu

---

2070 So bereits *Taupitz*, AnwBl 1991, 558 (563); anders noch *BGH*, NJW 1975, 1414 (1414 f.).

2071 *Lenz*, in: *Meilicke et al.*, PartGG, § 1 Rn. 120.

2072 *Prehn*, MedR 2015, 560.

2073 *BGH*, NJW 2001, 1569 (1570 f.), Rn. 19 ff.

2074 *Zust.* dagegen *Bultmann*, AnwBl 2003, 607 (610).

2075 Siehe exemplarisch § 45 III BRAO.

2076 So kann sich insbesondere das bei den Heilberufen verbreitete Satzungsrecht nicht auf andere Berufe erstrecken.

2077 In diese Richtung jedoch *Bultmann*, AnwBl 2003, 607 (608), der aus den für Sozien von Rechtsanwälten geltenden Tätigkeitsverboten in §§ 45 III, 46 III BRAO einen allgemeinen Rechtsgedanken ableitet – hin zu einem Tätigkeitsverbot auch gegenüber dem Berufsträger selbst. Die Norm soll allerdings nur die Einhaltung des anwaltlichen Tätigkeitsverbots gewährleisten, um Interessenkonflikten des Anwalts unter Berücksichtigung außeranwaltlicher Tätigkeiten vorzubeugen, siehe zum Telos des § 45 BRAO *Hartung*, in: *Hartung/Scharmer*, BORA, BRAO, § 45 Rn. 10. Gegen die Anwendung auf berufsfremde Tätigkeitsverbote spricht bereits, dass die Anwaltskammer dann die Einhaltung des fremden Berufsrechts gegenüber dem Rechtsanwalt in einer interprofessionellen Berufsausübungsgemeinschaft als ihrem Mitglied durchzusetzen hätte.

verschaffen, wenn sie nicht den Berufsrechten anderer Kooperationsbeteiligter konträr entgegensteht.[2078] Der Rechtsausschuss des Bundestags[2079] ist anlässlich seiner Beschlussempfehlung zur Einführung der PartGmbB dem herrschenden Grundsatz gefolgt, dass bei divergenten berufsrechtlichen Voraussetzungen die strengsten Voraussetzungen heranzuziehen sind.[2080] Nach dieser *Theorie der Meistbelastung* ist das strengste Berufsrecht auf die gesamte Gesellschaft anzuwenden, soweit der entsprechenden Norm öffentlich-rechtlicher Charakter beizumessen ist, da sie ihren Zweck nur erfüllten, wenn sie von allen Gesellschaftern beachtet werden.[2081] Sie seien von Vorschriften zu unterscheiden, die sich als Außenprivatrecht der freiberuflichen Unternehmen bezeichnen lassen sollen.[2082] Regelungen mit zivilrechtlichem Charakter kämen nach ihrem Normzweck im Unterschied zu solchen öffentlich-rechtlichen Charakters lediglich auftragsbezogen nach dem jeweiligen Vertragstyp zur Geltung, entscheidend für ihre Anwendung sei der für das Mandat charakteristische Berufsträger.[2083] Ausführlich werden hierbei in

---

2078 BT-Drs. 12/6152, S. 11. Im Hinblick auf §§ 30 I, 33 BORA rekurrieren *Michalski/Römermann*, in: *Henssler/Streck*, Sozietätsrecht, Kap. B Rz. 775 f., auf das strengere Berufsrecht als *„kleinsten gemeinsamen Nenner"*.

2079 BT-Drs. 17/13944, S. 15.

2080 Ferner *Seibert*, DB 2013, 1710 (1712); *Pestke/Michel*, Stbg 2013, 366 (368); *Heckschen*, AnwBl Online 2018, 116 (124).

2081 *OLG Hamm*, NZG 2016, 73 (74); *Deckenbrock*, AnwBl 2014, 118 (127); *Deckenbrock*, BB 2002, 2453 (2458); *Hartmann*, in: *Halbe/Schirmer*, Kooperationen, A 1500 Rn. 3; *Henssler/Trottmann*, NZG 2017, 241 (243 f.); *Henssler*, in: *Henssler/Streck*, Sozietätsrecht, Kap. D Rz. 201; *ders.*, AnwBl 2009, 670 (674); *ders.*, WPK-Mitt. 1999, 2 (4); *Michel*, GuP 2016, 108 (110); *Pluskat*, GmbHR 2004, 1058 (1058); *Schüppen*, Wpg 2013, 1193 (1199); *Träger*, in: *Feuerich/Weyland*, BRAO, § 43 Rn. 5. Die Quellen gehen letztlich zurück auf *Riddermann*, in: *Kuhls et al.*, StBerG, § 56 Rn. 59, verweisend auf *Kofler*, BRAK-Mitt. 1997, 215, der wiederum verweisend auf *Feuerich*, Bundesrechtsanwaltsordnung, § 43 Rn. 139, der hierzu jedoch kein Wort verliert, sondern in Rn. 137 im Hinblick auf § 31 Nr. 2 der – aufgrund der *BVerfGE* 76, 171 (184 ff.) festgestellter fehlender Satzungsermächtigung der Bundesrechtsanwaltskammer nicht mehr anwendbaren – RichtlRA nach § 177 II Nr. 2 BRAO im Gegenteil resümiert: *„Ob sie* [die nichtanwaltlichen Partner] *an anwaltliches Standesrecht gebunden sind, folgt allein aus ihrem Berufs- und Standesrecht sowie dem Sozietätsvertrag."* § 31 Nr. 2 RichtlRA lautete: *„Jeder Partner bleibt an seine standesrechtlichen Grundsätze gebunden und hat die des anderen Partners zu berücksichtigen."*

2082 *Henssler/Trottmann*, NZG 2017, 241 (244); *Henssler*, WPK-Mitt. 1999, 2 (4). *Henssler*, AnwBl 2009, 670 (674), zieht insofern eine Parallele zum Recht der Kaufleute im HGB und verweist auf Vorschriften, die das Vertragsverhältnis von Rechtsanwalt und Mandant betreffen.

2083 *Henssler/Trottmann*, NZG 2017, 241 (244); *Henssler*, AnwBl 2009, 670 (674); *ders.*, WPK-Mitt. 1999, 2 (4). *Henssler/Trottmann*, NZG 2017, 241 (244), verweisen insofern beispielhaft auf den ärztlichen Behandlungsvertrag, das Steuerberatungsmandat und das Wirtschaftsprüfungsmandat.

Literatur und Rechtsprechung nicht übereinstimmende Berufsrechtsvorschriften öffentlich-rechtlichen Charakters thematisiert, die einen Zusammenschluss verschiedener Freiberufler verhindern oder – wie im Bereich der Pflichtberufshaftpflichtversicherung – unterschiedliche Voraussetzungen an die Berufsausübung ihrer Berufsangehörigen stellen.[2084]

Die Maxime des strengsten Berufsrechts ist realiter ein kaum weiterführender und eher Rechtsunsicherheit schaffender Versuch der Simplifizierung der komplexen Kollision diverser Berufsrechte. Ihr ist bereits nicht die Bindung eines Berufsfremden an das strengste Berufsrecht der in einer Assoziierung vertretenen Berufe zu entnehmen. Jeder Berufsangehörige bleibt an sein *eigenes* Berufsrecht gebunden.[2085] Die Formel manifestiert nicht mehr als diese Trivialität, sodass praktisch in der Berufsausübungsgesellschaft den Erfordernissen aller in ihr vertretenen Berufsrechten Rechnung zu tragen ist[2086] – daher wird bei Berufspflichten, die berufsspezifisch lediglich in ihrem Umfang differieren, durch Einhaltung des strengsten Berufsrechts Vorschriften anderer Berufsrechte geringerer Intensität und gleicher Ausrichtung simultan Geltung verschafft.[2087] Der Grundsatz versagt jedoch bereits bei Existenz berufsrechtlich konträrer, nicht widerspruchslos miteinander zu vereinbarender Regelungen. Die kollidierenden Berufsrechte verhindern dann den Zusammenschluss der betroffenen Berufsgruppe. So verhindern aktuell insbesondere diametrale Mehrheitserfordernisse für Geschäftsführung oder Gesellschaftsanteile regelmäßig interprofessionelle Zusammenschlüsse, sofern keine Beteiligung von Mehrbändern als zur Ausübung mehrerer Berufe berechtigten Personen erfolgt.[2088] Dem steht auch nicht die *eigene* Mitgliedschaft von Gesellschaften und die auf sie erstreckende Berufsausübung in einzelnen Berufskammern wie nach § 60 II 2 BRAO für Rechtsanwaltsgesellschaften, § 74 I StBerG für Steuerberatungsgesellschaften und § 58 I 1 a. E. WPO für Wirtschaftsprüfungsgesellschaften

2084 Siehe dazu insbesondere *BVerfGE* 135, 90; 141, 82. Zur Problematik unterschiedlicher Regelungen der Pflichtberufshaftpflichtversicherung siehe *Henssler/Trottmann*, NZG 2017, 241 (244 ff.).

2085 *OLG Dresden*, NJW 1999, 144 (146).

2086 Eindrücklich verdeutlicht dies *Merkner*, AnwBl 2004, 529 (530), in seiner Feststellung, aufgrund des Meistbelastungsprinzips müsse die Zusammenarbeit von Rechtsanwälten, Steuerberatern und Wirtschaftsprüfern es der „*Wirtschaftsprüfer Ordnung* [sic!], *Steuerberatungsgesetz und Bundesrechtsanwaltsordnung gleichermaßen recht machen*".

2087 Zu praktischen Bedenken insbesondere in der Versicherungspraxis *Riechert*, AnwBl 2019, 474 (475 f.), der seinerseits für die Berufshaftpflichtversicherung interprofessioneller Berufsausübungsgemeinschaften ein im VVG oder PartGG zu fixierendes Partizipationsmodell vertritt, wonach den berufsfremden Partnern einer Berufsausübungsgemeinschaft der eigene berufsspezifische Versicherungsschutz gleichfalls zukommen soll, um die Haftung für berufsfremde Berufsfehler zu vermeiden.

2088 Siehe hier nur *Merkner*, AnwBl 2004, 529 (530); *Pluskat*, AnwBl 2004, 535 (545); *Pluskat*, GmbHR 2004, 1058 (1062); siehe ferner zuletzt *Riechert*, AnwBl 2019, 474 (474).

entgegen, die bei interprofessioneller Ausgestaltung in mehreren Kammern vorliegen kann. Darüber hinaus versagt das Prinzip des strengsten Berufsrechts praktisch bei Klärung des zu erfüllenden Versicherungsschutzes interprofessioneller Berufsausübungsgemeinschaften.[2089]

Neben der folglich a priori nur beschränkt möglichen Anwendbarkeit des Meistbelastungsgrundsatzes auf lediglich miteinander vereinbare Berufsrechte offenbart sich seine Redundanz in der postulierten Einschränkung bezüglich *„zivilrechtlicher“*[2090] Vorschriften. Zwar mag hiergegen einzuwenden sein, dass zivilrechtliche Vorschriften nach Art. 74 I Nr. 1 GG allein durch den Bundesgesetzgeber erlassen werden können, während berufsrechtliche Vorschriften oftmals, insbesondere bei den Heilberufen sowie Architekten und beratenden Ingenieuren in die Gesetzgebungskompetenz der Länder fallen. Gleichwohl ist der Einschränkung beizupflichten und damit implizit der Entbehrlichkeit des gesamten Grundsatzes des strengsten Berufsrechts. Berufspflichten, die wie die Dokumentations- oder Aufklärungspflicht konkret auf die ärztliche Patientenbehandlung oder Mandatsbearbeitung rekurrieren, lassen sich nur schwerlich sinnvoll auf die Angehörige anderer Berufe übertragen. Bei offensichtlich monoprofessionellen Aufträgen wie der Patientenbehandlung ist allein die Unterwerfung des Arztes unter ärztliches Berufsrecht plausibel,[2091] sodass nicht zusätzlich die Berufspflichten eines Apothekers oder Rechtsanwalts zu beachten sind. Einen Nutzen verspricht die Anwendung des strengsten Berufsrechts somit bereits nur bei der Beauftragung einer konkret interprofessionellen Leistung. Doch können sich die Berufspflichten nur sinnvoll auf die jeweils berufsspezifischen Komponenten eines Auftrags beziehen; dafür spricht bereits der Telos der jeweiligen berufsspezifischen Vorschriften. So würden sich exemplarisch in der Dauer differenzierte Aufbewahrungspflichten für Dokumente nicht insgesamt maximieren und erst recht nicht durch Kumulation addieren. Es besteht kein Grund allein wegen des interprofessionellen Zusammenschlusses die ärztliche Pflicht der Aufbewahrung medizinischer Daten an die Aufbewahrungspflicht ihrer Kooperationspartner anzupassen. In der Ausdehnung

---

2089 *Riechert*, AnwBl 2019, 474 (474 f.), nach dem aktuell in Personengesellschaften außerhalb einer PartGmbB regelmäßig kein Versicherungsschutz eines Arztes für die persönliche Haftung für Berufsfehler seiner berufsfremden Kooperationspartner besteht. Vgl. auch die auf den Versicherungsschutz interprofessioneller PartGmbB bezogene faktische Abkehr (*„einschränkende Auslegung“*) von dem Grundsatz des strengsten Berufsrechts *Jördening*, PartGmbB, S. 44 ff. Krit. auch *Korch*, GmbHR 2016, 150 (152 f.), der gegenüber dem Grundsatz des strengsten Berufsrechts bei Berechnung der Versicherungsanforderungen die Additionsmethode präferiert.

2090 *Henssler*, WPK-Mitt. 1999, 2 (4); *Henssler/Trottmann*, NZG 2017, 241 (244).

2091 Vgl. zur Selektion des anwendbaren Berufsrechts auf Mandate von Angehörigen mehrerer Berufe ausgehend von der Berufstypizität der beauftragten Leistung, die durch ausdrückliche oder konkludente Parteiabrede beeinflusst werden kann *OLG Düsseldorf*, Hinweisbeschl. v. 12.2.2007 – 23 U 194/06, BeckRS 2007, 04483; anschließend an *BGH*, NJW 1982, 1866 (1867); siehe ferner *Jördening*, PartGmbB, S. 46.

der Aufbewahrung von Akten mit sensiblen Informationen über die Gesundheit, Finanzen et cetera eines Patienten auf einen Zeitraum lägen außerdem wohl erhebliche Probleme des Datenschutzes begründet.

Obsolet ist der Grundsatz im Übrigen aufgrund der bewussten Einengung seiner Relevanz auf Vorschriften, in denen dieselbe Vorgabe lediglich in unterschiedlichem Umfang erfolgt.[2092] Evident ist schließlich, dass die exemplarische Bildung einer Kapitalgesellschaft allen Berufsrechten entsprechen muss. Macht ein Berufsrecht die Genehmigung durch die Kammer erforderlich, während nach anderem Berufsrecht lediglich die Mitteilung an die Kammer zu erfolgen hat, ist aufgrund des Zwecks der Regelungen nicht bloß als strengere Voraussetzung die Genehmigung einer Kammer einzuholen, sondern gleichwohl der anderen Kammer die Assoziation anzukündigen. Bei alleiniger Relevanz des strengsten Berufsrechts bliebe der Zweck der Regelungen des Berufsrechts schwächerer Ausprägung unbeachtet. Insofern ist die Darstellung des *OLG Hamm* nicht hinreichend, wenn allgemein die Anwendung des strengsten Berufsrechts bei divergierenden berufsrechtlichen Anforderungen befürwortet wird.[2093]

Der Grundsatz des strengsten Berufsrechts ist auch nicht in einzelnen Berufsrechten angelegt. *Riddermann* sieht gleichwohl die Formel in der gesetzlichen Erweiterung anwaltlicher Tätigkeitsverbote nach § 45 III BRAO auf Nichtberufsträger in derselben Sozietät bestätigt.[2094] Doch die Regelung erweist sich als Ausnahmevorschrift, üblicherweise werden Berufspflichten gerade nicht gesetzlich auf andere Berufsgruppen expressis verbis erweitert. Daher bezieht sich § 45 III BRAO allein auf die ihm vorstehenden Absätze zu Tätigkeitsverboten für Rechtsanwälte, jedoch nicht auf sonstige Berufspflichten. Zusätzlich führen für das rechtsanwaltliche Berufsrecht §§ 30 S. 1, 33 II BORA[2095] und im ärztlichen Berufsrecht der bereits aufgegriffene § 23b I 4 lit. f) MBOÄ zur Illumination, dass keine automatische Bindung aller an das strengste Berufsrecht innerhalb einer Sozietät erfolgt – ansonsten wäre es nicht notwendig, die berufsfremden Kooperationspartner zur Einhaltung des für sie fremden Berufsrechts gesellschaftsvertraglich zu verpflichten. Zweck der erforderlichen vertraglichen Verpflichtung ist allein die Gewährleistung, dass der Berufsträger *selbst* auch in der interprofessionellen Berufsausübungsgemeinschaft *sein eigenes* Berufsrecht einhält.[2096] § 23b MBOÄ

2092 *Henssler/Trottmann*, NZG 2017, 241 (244).

2093 *OLG Hamm*, NZG 2016, 73 (74).

2094 *Riddermann*, in: *Kuhls et al.*, StBerG, § 56 Rn. 64.

2095 *Bormann/Strauß*, in: *Gaier et al.*, Anwaltliches Berufsrecht, BORA, § 30 Rn. 5, weisen für die Anwendung des rechtsanwaltlichen Berufsrechts auf eine fehlende Regelung in der BRAO hin, deren Lücke durch mittelbare Verpflichtung der berufsfremden Sozietätspartner ausgeglichen werden soll. Zu den verfassungsrechtlichen Bedenken an §§ 30 S. 1, 33 II BORA *Bormann/Strauß*, in: *Gaier et al.*, Anwaltliches Berufsrecht, BORA, § 30 Rn. 10 ff.; *Hartung*, in: *Hartung/Scharmer*, BORA, § 30 Rn. 5 ff.

2096 *Bormann/Strauß*, in: *Gaier et al.*, Anwaltliches Berufsrecht, BORA, § 30 Rn. 7. So auch selbst als Vertreter der Theorie der Meistbelastung *Henssler*, in: *Henssler/*

dient folglich der Verhinderung negativen Einflusses auf das ärztliche Berufsrecht durch praktischen Widerstreit unterschiedlicher Berufsrechte mittels seiner vorherigen Absicherung.[2097]

Hauptsächlich ist der Grundsatz jedoch infolge seiner Widersinnigkeit abzulehnen. Wenn das strengste Berufsrecht nämlich sich allein auf öffentlich-rechtliche Vorschriften beziehen soll,[2098] stellt die Maßgeblichkeit des strengsten Berufsrechts für alle Beteiligten einen erheblichen Bruch seiner eigenen denklogischen Herleitung dar. Die genannten öffentlich-rechtlichen Vorschriften sind zum wesentlichen Teil auf die *Errichtung* der Gesellschaft bezogen, die überhaupt erst zu der Kollision verschiedener Berufsrechte führt. Nicht schlüssig darlegen lässt sich, weshalb und auf welche Weise *vor* der eigentlichen Kollision der Berufsrechte sich bereits das strengste Berufsrecht auf die Beteiligten, deren Berufsrecht weniger streng ist, als maßgeblich erweisen soll. Eine Ärztekammer wird die Beteiligung eines Arztes an einer interprofessionellen Berufsausübungsgemeinschaft daher auch richtigerweise allein am ärztlichen Berufsrecht – und eben nicht an den ihr eher unbekannten Normen eines möglicherweise strengeren Berufsrechts des Kooperationsberufs, zu dessen Beaufsichtigung sie gar nicht beauftragt ist – prüfen. Auch nach Gründung der Gesellschaft ändert sich nichts an der Prüfung *ihrer* Vereinbarkeit mit den einzelnen Berufsrechten durch die Kammern der Beteiligten. Deshalb ist auch nicht die Unterwerfung der Gesellschaft unter das strengste Berufsrecht erforderlich. Sie ist mangels Kammerzugehörigkeit – grundsätzlich wie im ärztlichen Berufsrecht oder vor ihrer Zulassung wie nach anwaltlichem Berufsrecht – selbst einerseits gar nicht unmittelbar dem Berufsrecht unterworfen,[2099] sondern allein die in ihr vereinigten Berufsträger. Diese sind andererseits durch die Bindung an ihr Berufsrecht gehalten, dass die Gesellschaft den (Zulassungs-) Erfordernissen ihres Berufsrechts entspricht. Daraus, dass alle assoziierten Berufsträger auf die Gesellschaft, die Tätigkeit in ihr und damit auch auf die Kooperationspartner hinwirken müssen, um ihrem eigenen Berufsrecht gerecht zu werden, ergibt sich die Vereinbarkeit der gemeinsamen interprofessionellen Berufsausübung mit allen betroffenen Berufsrechten.[2100]

Prütting, BRAO, BORA, § 30 Rn. 5; ferner *Scharmer*, in: *Hartung/Scharmer*, BORA, § 30 Rn. 4, 19 f.

2097 Vgl. auch *Kilian*, in: *Prütting*, Medizinrecht, MBOÄ, § 23b Rn. 2, nach dem sich durch Kollision verschiedener Berufsrechte Spannungslagen ergeben können, die die MBOÄ zugunsten des ärztlichen Berufsrechts aufzulösen versucht.

2098 *Henssler*, WPK-Mitt. 1999, 2 (4); *Henssler/Trottmann*, NZG 2017, 241 (244).

2099 Als missverständlich muss daher der Gesetzentwurf zur Neuordnung des Rechts der Syndikusanwälte, BT-Drs. 18/5201, S. 31, aufgefasst werden, wenn es dort heißt: „*bei interprofessionellen Berufsausübungsgemeinschaften, die nicht dem anwaltlichen Berufsrecht unterliegen*".

2100 Vgl. *OLG Dresden*, NJW 1999, 144 (147).

b) Zahnärzte

aa) Einführung

Wie bei allen Heilberufen ist allein die Gesetzgebungskompetenz der Länder für die Regelung der zahnärztlichen Berufsausübung eröffnet, da sich die konkurrierende Gesetzgebungskompetenz des Bundes nach Art. 74 I Nr. 19 GG lediglich auf die Berufszulassung erstreckt.[2101] Zahnärzte werden in Landeszahnärztekammern mit Pflichtmitgliedschaft verkammert,[2102] die die Berufsausübung ausdifferenziert zu regeln und zu kontrollieren berufen ist.[2103] Ihre Satzungskompetenz zum Erlass von Berufsordnungen ist in denselben Normen wie für die Ärztekammern geregelt.[2104] Es ergeben sich zumindest keine gesetzlichen Unterschiede zu den Berufsausübungsregelungen der Ärzte, dennoch ergeben sich Divergenzen aus den Berufsordnungen. Sie orientieren sich an der von der Bundeszahnärztekammer als privatrechtlichem Zusammenschluss der Landeszahnärztekammern ergangenen Musterberufsordnung (MBO-ZÄ).[2105] Von der MBO-ZÄ vor dem 19.11.2016 ging keine nennenswerte Vereinheitlichungswirkung aus.[2106] Noch immer weichen die Berufsordnungen der Landesärztekammern aber mehr oder minder im systematischen Aufbau,[2107] inhaltlich[2108] und sprachlich[2109] ab.

2101 Vgl. *Haage*, Einführung in das Berufsrecht der Zahnärzte, Rn. 27.

2102 Im Saarland sind Ärzte und Zahnärzte gemeinsam verkammert gem. § 1 I 1 Nr. 1 HBKG Saarland, wobei in der errichteten Ärztekammer nach § 1 I 2 HBKG Saarland eine Abteilung Ärzte und eine Abteilung Zahnärzte neben der Abteilung Versorgungswerk mit jeweils eigener Vermögensverwaltung gebildet werden.

2103 So z.B. in *Bad.-Württ.* nach § 1 Nr. 2, § 2 I Nr. 2 HBKG BW. Siehe näher *Haage*, Einführung in das Berufsrecht der Zahnärzte, Rn. 19 ff. Zu den wesentlichen Aufgaben der Zahnärztekammern siehe *Ries et al.*, Zahnarztrecht, S. 67.

2104 In *Bad.-Württ.* z.B. durch § 31 HBKG BW.

2105 *Heidemann*, in: *Stellpflug et al.*, Gesundheitsrecht, B 3000 Rn. 37; *Haage*, Einführung in das Berufsrecht der Zahnärzte, Rn. 30; *Ries et al.*, Zahnarztrecht, S. 67. Die aktuelle Fassung der MBO-ZÄ datiert vom 11.11.2017.

2106 *Deutsch/Spickhoff*, Medizinrecht, Rn. 84; *Henssler*, PartGG, § 1 Rn. 285. Zu einem anderen Urteil gelangt jedoch *Heidemann*, in: *Stellpflug et al.*, Gesundheitsrecht, B 3000 Rn. 40.

2107 Siehe exemplarisch die Berufsordnung der Zahnärztekammer Nordrh. vom 26.11.2005, veröffentlicht am 13.7.2007, die an die neue MBO-ZÄ nicht angepasst ist.

2108 Siehe hierzu exemplarisch die nicht erfolgte Übernahme des § 17a MBO-ZÄ in die Berufsordnungen von *Bad.-Württ.*, *Bayern*, *Berlin*, *Brandenburg*, *Meck.-Vorp.*, *Niedersachsen* und *Sachs.-Anhalt*.

2109 Siehe exemplarisch § 17 II BOZÄ HE, die § 17 II MBO-ZÄ zwar nachgebildet, jedoch negativ formuliert ist.

bb) Zulässige Kooperationspartner

Bisher wurde den Möglichkeiten der Zahnärzte zu interprofessionellen Berufsausübungsgemeinschaften weder in Praxis noch in Wissenschaft besondere Beachtung geschenkt.[2110] Die berufliche Zusammenarbeit regeln §§ 16 ff. MBO-ZÄ. Die Regelungen orientieren sich zumindest vage an den parallelen Vorschriften der §§ 18, 23a, 23b, 23c MBOÄ.[2111] Nach § 16 MBO-ZÄ dürfen Zahnärzte ihren Beruf einzeln oder gemeinsam in allen für den Zahnarztberuf zulässigen Gesellschaftsformen ausüben, wenn ihre eigenverantwortliche, fachlich unabhängige sowie freiberufliche Berufsausübung gewährleistet ist. § 17 I MBO-ZÄ[2112] trifft weitere Voraussetzungen für den Einbezug Angehöriger anderer Heilberufe, staatlicher Ausbildungsberufe im Gesundheitswesen und anderer zur Verschwiegenheit verpflichteter freier Berufe in eine behandlerische Berufsausübungsgemeinschaft,[2113] weshalb im Umkehrschluss § 16 MBO-ZÄ rein zahnärztliche Bündnisse regelt. Der für interprofessionelle Behandlungsgesellschaften nach § 17 I 3 MBO-ZÄ entsprechend anwendbare § 9 IV MBO-ZÄ postuliert die sachliche, räumliche und organisatorische sowie für den Patienten erkennbare Trennung nichtzahnärztlicher Tätigkeit von der zahnärztlichen Berufsausübung. Die Terminologie des § 17 I 1

2110 Siehe die spärlichen Ausführungen bei *Jahn*, in: *Halbe/Schirmer*, A 1800 Rn. 4, 29, 72; *Heidemann*, in: *Stellpflug et al.*, Gesundheitsrecht, B 3000 Rn. 195 ff., 199; *Bundeszahnärztekammer*, Kommentar MBO-ZÄ, § 17 Rn. 1 ff., § 17a Rn. 1 ff. Lediglich *Hartmann*, in: *Halbe/Schirmer*, Kooperationen, A 1500, geht regelmäßig anlässlich der Untersuchung von MKG nach § 23b MBOÄ auch auf die Rechtslage bei Zahnärzten ein.

2111 *Henssler*, PartGG, § 1 Rn. 286.

2112 § 17 I MBO-ZÄ lautet: *„Zahnärzte können sich auch mit selbstständig tätigen und zur eigenverantwortlichen Berufsausübung berechtigten Angehörigen anderer Heilberufe oder staatlicher Ausbildungsberufe im Gesundheitswesen in den rechtlich zulässigen Gesellschaftsformen zusammenschließen, wenn ihre eigenverantwortliche, fachlich unabhängige sowie freiberufliche Berufsausübung gewährleistet ist. Gleiches gilt für den Zusammenschluss mit anderer freien Berufen, die ebenfalls einer berufsrechtlichen oder anderen gesetzlichen Schweigepflicht unterliegen. Die Regelung in § 9 IV gilt entsprechend.“* § 17 II MBO-ZÄ gestattet darüber hinaus einem Zahnarzt *„in Partnerschaften gemäß § 1 I und 2 PartGG oder anderen Gesellschaftsformen mit Angehörigen anderer Berufe als den in I beschriebenen zusammen zu arbeiten, wenn er in der Partnerschaft oder Gesellschaft nicht die Zahnheilkunde am Menschen ausübt.“*

2113 Interprofessionelle Zusammenschlüsse werden in der Praktikerliteratur angelehnt an den Terminus der MBOÄ als MKG bezeichnet, so exemplarisch *Ries et al.*, Zahnarztrecht, S. 119; *Jahn*, in: *Halbe/Schirmer*, Kooperationen, A 1800 Rn. 4, 29. Siehe jedoch die Bezeichnung als MKG in § 22 I a. F. BOZÄ BW, abgedruckt bei *VG Stuttgart*, MedR 2004, 634 (635). § 14 MBO-ZÄ vom 29.6.2002 und § 15 der MBO-ZÄ vom 25.11.1999 waren überschrieben als *„Gemeinsame Ausübung zahnärztlicher Tätigkeit“*; § 17 MBO-ZÄ trägt seit der MBO-ZÄ vom 16.02.2005 die Überschrift *„Zahnärzte und andere freie Berufe“*.

MBO-ZÄ ist nicht gelungen, da *„andere Heilberufe“* und *„staatliche Ausbildungsberufe im Gesundheitswesen“* bereits die gleiche Zielrichtung aufweisen. Im Gegensatz zu § 23b I 1 Var. 1 MBOÄ entfällt die Präzision auf *akademische* Heilberufe, die in den Vorgängerregelungen des § 17 I MBO-ZÄ noch enthalten gewesen war.[2114] § 17 I MBO-ZÄ[2115] gestattet somit in offenerer Weise als § 23b MBOÄ Zusammenschlüsse u. a. mit *„anderen Heilberufen“*, zu denen auch Heilpraktiker gehören.[2116] Daneben ist die Teilnahme Angehöriger staatlicher Ausbildungsberufe im Gesundheitswesen sowie anderer freier, zur Verschwiegenheit verpflichteter Berufe ausdrücklich (*„Gleiches gilt“*) ermöglicht. Gleichwohl scheidet ein Zusammenschluss von Zahnärzten und Ärzten unter zusätzlicher Beteiligung eines Heilpraktikers oder eines nichtheilberuflichen Freiberuflers nach *ärztlichem* Berufsrecht aus, da de lege lata lediglich akademische Heilberufe kooperationsfähig sind.[2117]

Außer Zweifel steht jedenfalls in allen Berufsordnungen die Partizipationsmöglichkeit von Ärzten bei Berufsausübungsgemeinschaften nach zahnärztlichem Berufsrecht. Allein in *Mecklenburg-Vorpommern* ist der Kreis kooperationsfähiger Berufe nach § 16 III BOZÄ MV auf Angehörige akademischer Heilberufe und staatlicher Ausbildungsberufe im Gesundheitswesen beschränkt. Auf den bis Februar 2005 geltenden Katalog kooperationsfähiger Berufe wurde verzichtet, um die Entwicklung bei anderen medizinischen Fachberufen berücksichtigen zu können.[2118] Sicherlich dürfte bei der Ausgestaltung der Änderung nicht nur die zuvor erfolgte Öffnung des ärztlichen Berufsrechts in § 23b MBOÄ, sondern auch das Urteil des *VG Stuttgart*[2119] eine Rolle gespielt haben, das ein Verbot eines Zusammenschlusses mit Heilpraktikern für verfassungsrechtlich nicht gerechtfertigt hielt.

§ 17 MBO-ZÄ zur Regelung interprofessioneller Zusammenschlüsse ist von den Landeszahnärztekammern bislang nur eingeschränkt übernommen worden. So fehlt in vielen Berufsordnungen die Partizipationsmöglichkeit nichtheilkundlicher freier Berufe in die Behandlungsgesellschaft nach § 17 I 2 MBO-ZÄ,[2120] was sich durch seine erst kürzliche Einfügung zum 11.11.2017 erklären mag. Da ein Verbot

---

2114 § 14 II 1 MBO-ZÄ vom 29.6.2002, § 15 II 1 der MBO-ZÄ vom 25.11.1999 enthielten einen abschließenden Katalog ausgewählter Berufe, die sich in *„akademische Berufe“* (Nr. 1) und *„staatlich anerkannte Berufe und weitere Berufe im Gesundheitswesen“* (Nr. 2) unterteilten. Die Vorgängernorm des § 17 I MBO-ZÄ vom 16.2.2005 entsprach dagegen bereits den heutigen § 17 I 1, 3 MBO-ZÄ. Satz 2 wurde erst durch die aktuell geltende MBO-ZÄ vom 11.11.2017 aufgenommen.

2115 Anders jedoch die Regelungen in § 16 I BOZÄ SH und § 17 III BOZÄ MV.

2116 *Hartmann*, in: *Halbe/Schirmer*, Kooperationen, A 1500 Rn. 17.

2117 Der Ausschluss von Heilpraktikern ist jedoch nach hier vertretener Ansicht verfassungswidrig, siehe S. 248 ff.

2118 *Heidemann*, in: *Stellpflug et al.*, Gesundheitsrecht, B 3000, Rn. 196; *Schnieder*, ZP 2005 (4), 8 (8 ff.).

2119 *VG Stuttgart*, MedR 2004, 634 ff..

2120 So die Berufsordnungen der Landeszahnärztekammern in *Berlin*, *Brandenburg*, *Bremen*, *Hessen*, *Meck.-Vorp.*, *Niedersachsen*, *Westf.-Lippes*, *Thüringen* und im *Saarland*.

einer Regelung bedurft hätte, mag sich die fehlende Übernahme andererseits darauf zurückführen lassen, dass sie als entbehrlich angesehen und ihr nur deklaratorische Bedeutung beigemessen worden ist. Lediglich in den Berufsordnungen in *Baden-Württemberg*,[2121] *Rheinland-Pfalz*,[2122] *Sachsen*[2123] und *Sachsen-Anhalt*[2124] wurde die Neufassung bereits adaptiert, während die Regelungen in *Bayern* und *Brandenburg* näher an § 23b I 1 MBOÄ angelehnt sind. Abweichend hiervon übernimmt für den Bereich der Zahnärztekammer *Nordrhein* § 11 BO-ZÄ Nordrh. den Torso der Regelung und eröffnet die Zusammenarbeit mit selbständig tätigen und zur eigenverantwortlichen Berufsausübung berechtigen Angehörigen anderer Heilberufe im Gesundheitswesen. Die Norm wird verfassungskonform derart offen zu interpretieren sein, dass als „Heilberufe" im Sinne der Norm auch die Angehörigen der Ausbildungsberufe erfasst werden. Eine § 17 I 3 MBO-ZÄ entsprechende Regelung zur sachlich, räumlich und organisatorisch getrennten Ausübung des zahnärztlichen Berufs von Tätigkeiten des Kooperationspartners existiert de lege lata allein in *Mecklenburg-Vorpommern* und *Nordrhein* nicht. Weitere Voraussetzungen an den Gesellschaftsvertrag oder den Namen der Gesellschaft werden in den zahnärztlichen Berufsordnungen nicht normiert.[2125]

cc) Zulässige Rechtsformen

Nach § 17 I MBO-ZÄ ist die Organisation behandelnder interprofessioneller Berufsausübungsgemeinschaften *„in den rechtlich zulässigen Gesellschaftsformen"* zulässig. Neben der Zulässigkeit der GbR steht Zahnärzten als ausdrücklich in § 1 II 2 PartGG genannten Freiberuflern die Beteiligung an einer PartG offen.[2126] Mangels Betriebs eines Handelsgewerbes bei der therapeutischen Tätigkeit nach § 1 II BÄO, § 1 I 2, 3 MBOÄ bzw. für Zahnärzte nach § 1 IV ZHG, § 2 I 2 MBO-ZÄ sind Personenhandelsgesellschaften keine zur Berufsausübung zugänglichen Rechtsformen.[2127]

2121 § 17 I BOZÄ BW.
2122 § 17 I BOZÄ RP.
2123 § 17 I BOZÄ Sachsen.
2124 § 17 I BOZÄ LSA.
2125 § 17a II BOZÄ TH enthält eine Vorschrift zu der Regelung des Namens der Gesellschaft lediglich für Zusammenschlüsse in Kapitalgesellschaften.
2126 Beachte zur Ausgestaltung in Personengesellschaften im Bereich der Zahnärztekammer Westf.-Lippe § 17a II ihrer BOZÄ, wonach wörtlich gesellschaftliche Mehrheitsanforderungen auch für diese gelten. Auch für Zahnärzte ist in *Bayern* (§ 18 II HKaG BY gilt nach nach Art. 46 HKaG BY entsprechend, siehe *Henssler/Trottmann*, NZG 2017, 241 (242)) und *Niedersachsen* (§ 32 IV HKG Nds. gilt unmittelbar) die PartGmbB zugänglich.
2127 Zu Gesellschaftsformen zahnärztlicher Berufsausübungsgemeinschaften *Ries et al.*, Zahnarztrecht, S. 125 f.

§ 17a MBO-ZÄ regelt die Ausgestaltung kapitalgesellschaftlicher Zahnheilkundegesellschaften zur Ausübung der Zahnheilkunde. Die Norm ist an die §§ 59c ff. BRAO, § 23a MBOÄ angelehnt und soll der Ökonomisierung einen Riegel vorschieben.[2128] Zahnheilkundegesellschaften können daher nur von Zahnärzten und Angehörigen der in § 17 I genannten Berufe gegründet und betrieben werden. Zahnärztliche Gesellschafter müssen in der Gesellschaft zahnärztlich tätig sein. Außerdem muss gewährleistet sein, dass die Gesellschaft verantwortlich von einem Zahnarzt geführt wird, Geschäftsführer sowie Inhaber der Gesellschafts- und Stimmrechtsanteile mehrheitlich Zahnärzte und Dritte nicht am Gewinn der Gesellschaft beteiligt sind.[2129] Nur in *Hamburg* und *Rheinland-Pfalz* wurde § 17a MBO-ZÄ inhaltsgleich übernommen.[2130] Obwohl sie bereits zum 7.11.2014 integriert worden ist, wurde eine § 17a MBO-ZÄ entsprechende Norm über die Ausübung der Zahnheilkunde durch juristische Personen des Privatrechts in vielen Berufsordnungen nicht eingefügt.[2131] Nach den betroffenen Berufsordnungen ist die Tätigkeit in einer Kapitalgesellschaft mangels ausdrücklichen Verbots zulässig, ohne besonderen Anforderungen genügen zu müssen. Gleiches gilt für Zahnärzte im Kammerbezirk *Nordrhein*, da sie nach § 10 II BOZÄ Nordrh. in Rechtsform einer juristischen Person des Privatrechts ihren Beruf ausüben können, wobei keine näheren Anforderungen an ihre Ausgestaltung gestellt werden.

Während in *Bayern* de lege lata die Führung einer Kapitalgesellschaft auch für Zahnärzte bereits gesetzlich nach Artt. 46, 18 I 2 HKaG BY in verfassungswidriger Weise[2132] als nicht statthaft einstuft, knüpft § 6 I BO-ZÄ Bln. die Berufsausübung an die Niederlassung in eigener Praxis und schließt damit die Nutzung von Kapitalgesellschaften aus. Mit Wirkung zum 30.11.2018[2133] wurde im neuen Berliner Heilberufekammergesetz (BlnHKG) die nach § 4a V 1 geltende Bindung der Tätigkeit an die eigene Praxis beseitigt. § 6 BO-ZÄ Bln. greift seither empfindlicher und konträr zur nunmehr gesetzlich in § 26 III BlnHKG anerkannten Zulässigkeit von Kapitalgesellschaften in die Grundrechte der Zahnärzte ein, er ist daher verfassungswidrig.

2128 *Heidemann*, in: *Stellpflug et al.*, Gesundheitsrecht, B 3000 Rn. 199. Vgl. auch *Bundeszahnärztekammer*, Kommentar MBO-ZÄ, § 17a Rn. 3.

2129 Siehe näher *Bundeszahnärztekammer*, MBO-ZÄ Kommentar, § 17a Rn. 3 ff.

2130 § 17a BOZÄ HH; § 17a BOZÄ RP. Interessant ist dies insbesondere für die Berufsordnung in *Rh.-Pfalz*, da nach § 21 II HeilBerG RP eine Bindung der ärztlichen Tätigkeit an die Niederlassung in eigener Praxis gebunden ist, weshalb in § 23a I 1 BO RP die ärztliche Tätigkeit in einer Kapitalgesellschaft unter dem Vorbehalt landesrechtlicher Zulassung gestellt worden ist.

2131 Keine entsprechende Regelung enthalten die Berufsordnungen der Zahnärztekammern *Bad.-Württ.*, *Bayern*, *Berlin*, *Brandenburg*, *Meck.-Vorp.*, *Niedersachsen* und *Sachs.-Anhalt*.

2132 Siehe zur Verletzung der Artt. 12 I, 3 I GG S. 333 ff.

2133 § 94 I BlnHKG.

In *Sachsen* verweist § 17 III BOZÄ Sachsen für Kapitalgesellschaften auf die gesetzliche Regelung in § 16 IV SächsHKaG. Gesetzlich wird dort der zulässige Personenkreis beschrieben, die aktive berufliche Tätigkeit in der Gesellschaft vorgeschrieben, der Abschluss einer ausreichenden Berufshaftpflichtversicherung vorausgesetzt und die Gewinnbeteiligung Dritter ausgeschlossen. § 17 III 2–4 BOZÄ Sachsen regelt zusätzlich, dass die Kapitalgesellschaft verantwortlich von Zahnärzten oder Ärzten geleitet werden muss und Geschäftsführer mehrheitlich Zahnärzte oder Ärzte zu sein haben, wobei eine kooperative Leitung sowie Geschäftsführung möglich ist. Augenscheinlich werden zumindest Gesellschaftsanteile und Stimmrechte nicht beschränkt. Die Satzungsermächtigung[2134] in *Sachsen* reicht für die zusätzlich in § 17 III BOZÄ aufgenommenen Beschränkungen jedoch nicht aus, sodass diese formell verfassungswidrig sind.

Das Erfordernis des § 17a S. 3 MBO-ZÄ verantwortlicher Geschäftsführung durch einen Zahnarzt und der Majorität bei Geschäftsführung, Gesellschaftsanteilen und Stimmrechten steht mit den parallel bestehenden Mehrheitserfordernissen zugunsten der Ärzte nach § 23a I 4 MBOÄ in nicht auflösbarem Konflikt.[2135] Allein bei – der praktisch kaum denkbaren – Partizipation mindestens eines sog. Mehrbänders als Arzt und Zahnarzt ist die Erfüllung der Voraussetzungen nach § 17a S. 3 MBO-ZÄ und § 23a I 4 MBOÄ denkbar.[2136] Die Mehrheitserfordernisse zugunsten von Zahnärzten sind wie die parallelen Vorgaben der Ärzte § 23a I 4 MBOÄ für verfassungswidrig zu halten.[2137] Somit bleibt der Gehalt des § 17a MBO-ZÄ für die Begrenzung von kapitalgesellschaftlichen Zahnheilkundegesellschaften auf die Eingrenzung des beteiligten Personenkreises und das Erfordernis aktiver Tätigkeit begrenzt.

Bremen, *Hessen* und das *Saarland* haben die insoweit verfassungswidrige Regelung des § 17a MBO-ZÄ grundsätzlich übernommen. Deren Regelungen gestalten sich jedoch durch den gleichfalls inkorporierten Verweis auf die § 17 I MBO-ZÄ entsprechenden Normen restriktiver, da dort nichtmedizinische freie Berufe von der Beteiligung ausgeschlossen werden. Die Vorschriften sind auch insoweit als verfassungswidrig zu beurteilen, da die dort normierte Tätigkeit in der Kapitalgesellschaft keine gemeinsame Beteiligung bei Heilbehandlungen erfordert. Da von der Beteiligung nichtmedizinischer freier Berufe keine Gefahr für die zahnärztliche Berufsausübung ausgeht, ist deren Ausschluss mangels Erforderlichkeit nicht verhältnismäßig. Gleiches trifft insoweit für die Berufsordnung in *Thüringen* zu,

2134 § 16 IV 6 SächsHKaG lautet: „*Das Nähere regelt die jeweilige Berufsordnung.*"

2135 Vgl. auch *Hartmann*, in: *Halbe/Schirmer*, Kooperationen, A 1500 Rn. 29.

2136 Anders dagegen in *Sachsen*, wo § 17 III 2–4 BOZÄ Sachsen die Auflösung dieses Konflikts antizipieren und die verantwortliche Führung sowie die Mehrheit von Geschäftsführern von Ärzten *oder* Zahnärzten fordern.

2137 Siehe hierzu S. 351 ff. Hierbei ist zu beachten, dass im Bereich der Zahnärztekammer Westf.-Lippe zumindest kein Verstoß gegen Art. 3 I GG vorliegt, da § 17a II BOZÄ Westf.-Lippe sowohl Kapital- als auch Personengesellschaften erfasst.

wobei nach § 17a I 3 lit. d) BOZÄ TH zusätzlich verhältnismäßig in verfassungsgemäßer Weise eine ausreichende Berufshaftpflichtversicherung für jeden in der Gesellschaft tätigen Zahnarzt erfordert.

Besonderer Erwähnung bedarf die Regelung des § 17a II BOZÄ Westf.-Lippe, wonach neben juristischen Personen des Privatrechts aufgrund der Adressierung an *„Berufsausübungsgemeinschaften"* auch personengesellschaftlich organisierte Zusammenschlüsse den detailliert geregelten Anforderungen zu Gesellschaftsanteilen, Stimmrechten, Geschäftsführung und Gewinnbeteiligungen unterliegen. Mangels Verhältnismäßigkeit dieser Einschränkungen ist § 17a II BOZÄ Westf.-Lippe verfassungswidrig.

Darüber hinaus darf nach § 17a II 1 BOZÄ TH. nur der Name der in der Gesellschaft tätigen zahnärztlichen Gesellschafter im Namen der Zahnärztegesellschaft enthalten sein. § 17a II 1 BOZÄ TH konfligiert mit § 23a II BO TH in erheblichem Maße, da jeweils nur die Namen der in der Gesellschaft tätigen eigenen Berufsangehörigen enthalten sein dürfen. Zur Auflösung des Konfliktes bedarf es mindestens eines sogenannten Mehrbänders. Die Norm ist verfassungsrechtlich nicht haltbar, denn der Grundrechtseingriff lässt sich nicht durch einen hinreichenden Grund rechtfertigen. Um dem Patientenschutz und berufsständischen Interessen ausreichend Rechnung zu tragen, ist lediglich die Sicherstellung der Vornahme zahnheilkundlicher Behandlungen durch approbierte Zahnärzte erforderlich.

dd) Organisatorische Anforderungen

Neben den hier für verfassungswidrig erachteten Erfordernissen nach § 17a S. 3 Nr. 1, Nr. 2 MBO-ZÄ für Zahnheilkundegesellschaften beschränken sich die meisten Berufsordnungen auf die entsprechende Anwendung § 9 IV MBOZÄ nachgebildeter Normen, wonach eine nebenberufliche Tätigkeit von der zahnärztlichen Berufsausübung sachlich, räumlich und organisatorisch sowie für den Patienten erkennbar getrennt auszuüben ist.[2138] Die Trennung diene dem Schutz des Ansehens der Zahnärzteschaft in der Bevölkerung und der Zahnarzt-Patienten-Beziehung[2139] wie auch dem Patientenschutz und fußt auf steuerrechtlichen Erwägungen unter Verweis auf die Abfärbetheorie.[2140] Fraglich ist bei näherer Betrachtung freilich, ob eine entsprechende Anwendung des § 9 IV MBO-ZÄ im Rahmen interprofessioneller Berufsausübungsgemeinschaften überhaupt sinnvoll erscheint. § 9 IV MBO-ZÄ dient der strikten Abgrenzung zahnärztlicher und außerzahnärztlicher Tätigkeit des Zahnarztes. Bei angestrebter gemeinsamer Berufsausübung hinterlässt die Anwendung dieses Prinzips strikter Trennung ohne erhebliche Modifikation der

---

2138 Hierfür verweist die Bundeszahnärztekammer auf *BGH*, NJW 2008, 2850 ff., zur notwendigen Trennung einer gewerblichen Ernährungsberatung eines Arztes von seiner ärztlichen Tätigkeit.

2139 *Heidemann*, in: *Stellpflug et al.*, Gesundheitsrecht, B 3000 Rn. 137.

2140 *Bundeszahnärztekammer*, Kommentar MBO-ZÄ, § 9 Rn. 14. Zur Abfärbetheorie siehe bereits S. 213.

Anforderungen Fragezeichen und widerspricht dem Konzept als Berufsausübungsgemeinschaft schon im Grundsatz. Sowohl die erforderliche räumliche Trennung im Sinne einer Auszonung zahnarztfremder Tätigkeiten aus der Praxisfläche[2141] bzw. den gemeinsamen Praxisräumen als auch die sachliche Trennung widerstreben dem nach § 17 I 1, 2 MBO-ZÄ wünschenswerten Angebot interprofessioneller Leistungserbringung. Allein die grundsätzlich sachliche Verantwortungsverteilung entsprechend der beteiligten Berufsbilder mutet sinnvoll an. Unklar bleiben auch die Konsequenzen organisatorischer Trennung nach personellen, wirtschaftlichen und rechtlichen Aspekten,[2142] denn Berufsausübungsgemeinschaften bezwecken die Bildung einer organisatorischen Einheit. Allenfalls über die Außendarstellung auf einem Praxisschild[2143] kann durch Nennung der Berufsbezeichnungen eine transparente Gestaltung der Leistungserbringung gegenüber Patienten zweckmäßig erfolgen. Prinzipiell bieten sich Anleihen bei der berufsrechtlichen Regelung der Ärzte in § 23b I 4 lit. b), c) MBOÄ an, um ein harmonisches, die Spezifikationen kollektiver Berufsausübung berücksichtigendes Verständnis zu entwickeln. In dessen Adaption zur ausreichenden Berücksichtigung aus § 9 IV MBO-ZÄ übertragbarer Trennungsaspekte haben die Verantwortungsbereiche der Partner gegenüber Patienten bei grundsätzlicher Zuordnung zahnmedizinischer Entscheidungen an den beteiligten Zahnarzt getrennt zu bleiben. Der Verweis auf eine entsprechende Anwendung des § 9 IV MBO-ZÄ muss daher so aufgefasst werden, dass die Verantwortungsbereiche wie in einer MKG nach § 23b MBOÄ getrennt zu sein haben.

Allein in *Bayern* wird im Übrigen nach § 17 I 3 BOZÄ BY der Zweck des Zusammenschlusses entsprechend § 23b I 3 MBOÄ und der Vorgängernormen in § 14 II 2 MBO-ZÄ vom 29.6.2002 und § 15 II 2 der MBO-ZÄ vom 25.11.1999[2144] konkret auf solche Berufsangehörige beschränkt, die in ihrer Verbindung mit dem Zahnarzt einen gleichgerichteten oder integrierenden diagnostischen oder therapeutischen Zweck durch räumlich nahes und koordiniertes Zusammenwirken aller beteiligten Berufsangehörigen erfüllen können. In Anbetracht des in § 17 I BOZÄ BY offenbarten Zwecks gemeinsamer Behandlungstätigkeit ist die Begrenzung, welche sich augenscheinlich an § 23b I 3, II MBOÄ orientiert,[2145] sinnvoll, insbesondere auch verhältnismäßig und rechtmäßig.

2141 *Bundeszahnärztekammer*, Kommentar MBO-ZÄ, § 9 Rn. 12.

2142 *Bundeszahnärztekammer*, Kommentar MBO-ZÄ, § 9 Rn. 11.

2143 Vgl. § 22 MBO-ZÄ.

2144 § 14 II 2 MBO-ZÄ vom 29.6.2002 sowie § 15 II 2 der MBO-ZÄ vom 25.11.1999 lauteten: *„Dem Zahnarzt ist eine solche Zusammenarbeit im einzelnen nur mit den genannten Berufsangehörigen und in der Weise erlaubt, dass diesen in ihrer Verbindung mit dem Zahnarzt einen gleichgerichteten oder integrierenden diagnostischen oder therapeutischen Zweck bei der Heilbehandlung am Menschen, auch auf dem Gebiet der Prävention und Rehabilitation, durch räumlich nahes und koordiniertes Zusammenwirken aller beteiligten Berufsangehörigen erfüllen können."* Das besondere Zweckverfolgungsgebot wurde mit der MBO-ZÄ vom 16.2.2005 aufgehoben.

2145 Siehe hierzu bereits S. 298.

Nach § 3 II MBO-ZÄ ist die Aufnahme und Änderung zahnärztlicher Tätigkeit der Zahnärztekammer unverzüglich anzuzeigen. Die Informationen beziehen sich nach der Bundeszahnärztekammer insbesondere auch auf die Niederlassung in selbständiger Tätigkeit sowie diesbezüglicher Änderungen.[2146] Daher sind der Zahnärztekammer Informationen über die MKG weiterzuleiten.

ee) Grenzen der Zusammenarbeit aus zahnärztlicher Perspektive

Grenzen der Zusammenarbeit werden in § 17 I MBO-ZÄ nicht explizit erwähnt. Dennoch haben Zahnärzte aufgrund ihrer persönlichen Unterwerfung unter ihr Berufsrecht bei der Ausgestaltung der Zusammenarbeit mit Ärzten die allgemeinen Grundsätze des zahnärztlichen Berufsrechts zu beachten. So ist der allgemeinen Berufspflicht des § 2 I 2 MBO-ZÄ zur Einhaltung der Freiberuflichkeit aufgrund persönlicher,[2147] eigenverantwortlicher und fachlich unabhängiger zahnärztlichen Berufsausübung Rechnung zu tragen. Sicherzustellen ist die fachliche Unabhängigkeit der Zahnärzte von Nichtzahnärzten. Zudem muss das aus § 2 III MBO-ZÄ folgende Recht der Patienten auf freie Arztwahl innerhalb von interprofessionellen Zusammenschlüssen beachtet werden. Die Untersagung berufsrechtswidriger Werbung ist ebenso zu beachten und darf nicht durch die Gesellschaft umgangen werden. Letztlich darf nach § 2 VII MBO-ZÄ ein Zahnarzt für die Verordnung, die Empfehlung oder den Bezug von Arz-nei-, Heil- oder Hilfsmitteln sowie Medizinprodukten für Patienten Vorteile für sich oder Dritte nicht fordern, versprechen lassen oder annehmen. Nach § 2 VIII MBO-ZÄ ist dem Zahnarzt außerdem nicht gestattet, für die Zuweisung und Vermittlung von Patienten Vorteile zu fordern, sich versprechen oder gewähren zu lassen, selbst zu versprechen oder zu gewähren. § 2 VII, VIII MBO-ZÄ entsprechen[2148] dem Verbot entgeltlicher Zuweisung nach § 31 I MBOÄ und führen zu keinen nicht ohnehin bereits bestehenden Einschränkungen des Zusammenschlusses von Zahnärzten mit Ärzten.

ff) Zwischenergebnis

Zusammenschlüsse von Ärzten mit Nichtärzten sind auch nach zahnärztlichem Berufsrecht im Grundsatz zulässig. Bei der Gründung einer Kapitalgesellschaft stehen in Gebieten von Zahnärztekammern, die eine § 17a MBO-ZÄ ähnliche Regelung getroffen haben, ärztliches (§ 23a I 4 MBOÄ) und zahnärztliches Berufsrecht aufgrund konträrer Majoritätsanforderungen miteinander in Konflikt. Wie im Fall des ärztlichen Berufsrechts sind diese Mehrheitserfordernisse allerdings verfassungswidrig.

2146 *Bundeszahnärztekammer*, Kommentar MBO-ZÄ, § 3 Rn. 2.
2147 Hierzu näher *Ries et al.*, Zahnarztrecht, S. 121 f.
2148 So auch *Heidemann*, in: *Stellpflug et al.*, Gesundheitsrecht, B 3000 Rn. 57e.

c) *Psychologische Psychotherapeuten*

aa) Regelung der Berufsausübung

Die Berufsausübung von Psychotherapeuten[2149] ist durch die Heilberufsgesetze der Länder und die Berufsordnungen der Psychotherapeutenkammern geregelt, denen die Berufsangehörigen verpflichtend angehören.[2150] Sie sind privatrechtlich in der Bundespsychotherapeutenkammer[2151] als nicht eingetragenem Verein ohne Satzungsgewalt vereinigt, die eine Musterberufsordnung (MBO-Pt) zur Förderung bundesweiter Vereinheitlichung der landesgesetzlichen Berufsordnungen veröffentlicht hat.

Während bei den anderen verkammerten Heilberufen in *Nordrhein-Westfalen* mit den Kammern *Nordrhein* und *Westfalen-Lippe* zwei Berufskammern bestehen, gibt es in *Nordrhein-Westfalen* eine einzige Kammer für Psychotherapeuten. Außerdem haben sich die östlichen Länder *Brandenburg, Mecklenburg-Vorpommern, Sachsen, Sachsen-Anhalt* und *Thüringen* auf Grundlage des OPK-Staatsvertrags[2152] auf eine gemeinsame Ostdeutsche Psychotherapeutenkammer (OPK) verständigt. Nach dessen Art. 1 IV findet auf die Kammer und ihre Mitglieder grundsätzlich das SächsHBKG *„in der jeweils geltenden Fassung"* Anwendung. Die Einrichtung der OPK ist verfassungsrechtlich im Hinblick auf das grundsätzliche Verbot der Mischverwaltung fragwürdig. So ist es verfassungsrechtlich vorbehaltlich ausdrücklicher grundgesetzlicher Ausnahme unzulässig, wenn eine Gliedkörperschaft die Integrität der anderen durch Eingriff in ihre organisatorische Selbständigkeit, Aufgabenerfüllung oder in ihr Verwaltungsverwahren durch verbindliche Weisungen, Vetorechte oder ähnliche Maßnahmen beeinträchtigen kann.[2153] Zwar erteilten alle Landesgesetzgeber ihr initiales Einverständnis bei Errichtung der OPK in die Anwendung des SächsHBKG *„in der jeweils geltenden Fassung"* bei bestehender Kündigungsmöglichkeit des OPK-Staatsvertrags nach seinem Art. 7 I 2. Gleichwohl besteht bei wesentlichen Änderungen des SächsHBKG ohne Einwirkungsmöglichkeit eines aufkündigenden Landesgesetzgebers eine Bindung an dessen Regelungen bis zum Ende des nachfolgenden Jahres fort. Bei nicht wesentlichen Änderungen des SächsHBKG gilt sogar eine Frist von zwei Jahren zum Ablauf

---

2149 Die gemeinsame Bezeichnung der Psychologische Psychotherapeuten und Kinder- und Jugendlichenpsychotherapeuten als Psychotherapeuten wird an dieser Stelle beibehalten.

2150 Zu Zeit der Einführung des PsychThG wurde eine Verkammerung der Psychotherapeuten zwar allgemein angenommen, sie war jedoch noch unklar, siehe *Spellbrink*, NZS 1999, 1 (4); *Schirmer*, MedR 1998, 435 (437); *Haage*, MedR 1998, 291 (293, 294 f.); BT-Drs. 13/8035, S. 19.

2151 *Stellpflug*, in: *Stellpflug et al.*, Gesundheitsrecht, B 4000 Rn. 42 ff., 55; *Wollersheim*, in: *Clausen/Schroeder-Printzen.*, Medizinrecht, § 6 Rn. 389.

2152 Staatsvertrag über die gemeinsame Berufsvertretung der Psychologischen Psychotherapeuten und der Kinder- und Jugendlichenpsychotherapeuten vom 2.6.2005.

2153 *Kirchhof*, in: *Maunz/Dürig*, GG, Art. 83 Rn. 89.

eines Kalenderjahres. Gleiches gilt für die Kündigung, um neu eingeführten, vom SächsHBKG abweichenden Regelungen gegenüber den im Land tätigen Psychotherapeuten Geltung zu verschaffen. Darüber hinaus mag sich über die Kündigung hinaus für die Zukunft eine faktische Bindung bei der Schaffung neuer irreversibler Strukturen ergeben, die zunächst implementiert werden müssen. Aufgrund dieser Aufgabe effektiver gesetzlicher Einwirkungsmöglichkeit auf die Berufsregelungen durch die meisten Länder ist nach hier vertretener Ansicht die Errichtung der OPK verfassungswidrig.

bb) Zulässige Kooperationspartner

Ausdrücklich regelt § 21 MBO-Pt Zusammenschlüsse zu Berufsausübungsgemeinschaften, Kooperationsgemeinschaften und sonstigen Organisationen. Zunächst dürfen nach § 21 I MBO-Pt Ärzte sich im Rahmen der Vorgaben des Heilberufsgesetzes zu Berufsausübungsgemeinschaften in allen rechtlich möglichen Formen mit anderen Angehörigen ihrer Berufsgruppe oder Angehörigen anderer Gesundheits- oder Beratungsberufe zusammenschließen. Aus § 21 I MBO-Pt selbst folgt grundsätzlich keine Einschränkung eines Zusammenschlusses von Psychotherapeuten mit Ärzten. Eine Mehrheit der Psychotherapeutenkammern hat die Vorschrift in dieser Weise übernommen.[2154] In *Hamburg, Niedersachsen* und *Schleswig-Holstein* sind Ärzte ebenfalls zulässige Partner in Berufsausübungsgemeinschaften, da dort „*Angehörige anderer Berufsgruppen*" taugliche Kooperationspartner darstellen.[2155] Während in *Niedersachsen* und *Hamburg* keine vordergründige gesetzliche Beschränkung folgt – und somit keine ausdrücklichen Anforderungen an Berufsgruppen gestellt werden –, ist nach § 29 II 2 HBKG SH Kammermitgliedern die gemeinsame Führung einer Praxis nur mit Personen möglich, die einem in § 1 II PartGG genannten staatlichen Ausbildungsberuf im Gesundheitswesen, naturwissenschaftlichen oder einem sozialpädagogischen Beruf angehören. Im Umkehrschluss ist Psychotherapeuten der Zusammenschluss mit Angehörigen von Berufen, die nicht unter § 29 II 2 HBKG SH fallen, bereits landesgesetzlich untersagt. Die Kooperationsfähigkeit von Ärzten wird durch § 29 II 2 HBKG SH jedenfalls nicht beschränkt.

Nach § 21 I 1 BOPt BY dürfen sich Psychotherapeuten mit anderen Psychotherapeuten zu Berufsausübungsgemeinschaften und nach § 21 I 2 BOPt BY zu Verbindungen zur kooperativen Berufsausübung[2156] zusammenschließen mit selbständig tätigen und zur eigenverantwortlichen Berufsausübung befugten

---

2154 Angehörige anderer Gesundheits- und Beratungsberufe sind demnach zulässige Kooperationspartner in Berufsausübungsgemeinschaften für Psychotherapeuten in *Berlin* (§ 21 I BOPt Bln.), *Bad.-Württ.* (§ 29 I BOPt BW), Bremen (§ 21 I BOPt HB), *Hessen* (§ 23 I BOPt HE), *Nordrh.-Westf.* (§ 21 I BOPt NRW), *Rh.-Pfalz* (§ 21 I BOPt RP) und im *Saarland* (§ 21 I BOPt SL).

2155 § 19 IX BOPt HH; § 21 I BOPt Nds.; § 22 I BOPt SH.

2156 Zweifel an einer Einordnung als interprofessionelle Berufsausübungsgemeinschaften ergeben sich durch die Bezeichnung als kooperative Berufsausübung mit

Berufsangehörigen anderer akademischer Heilberufe oder staatlicher Ausbildungsberufe im Gesundheitswesen sowie mit Personen, die über eine Qualifikation nach § 5 II PsychThG verfügen. Ärzte sind damit kooperationsfähige Partner im Sinne von § 21 I 2 BOPt BY. In *Bayern* kann die Psychotherapeutenkammer nach § 21 I 3 BOPt BY aus wichtigem Grund Ausnahmen von den Beschränkungen nach Satz 2 zulassen, es handelt sich insoweit um eine Erweiterung der Kooperationsmöglichkeiten.

In den ostdeutschen Ländern dürfen sich nach § 21 I BOPt OPK Psychotherapeuten interprofessionell im Rahmen der Vorgaben des SächsHKaG zu Berufsausübungsgemeinschaften in den für den Beruf zugelassenen Rechtsformen nur mit Mitgliedern der Heilberufskammern, Naturwissenschaftlern im Gesundheitswesen, Angehörigen staatlich geregelter Gesundheitsberufe und Sozialpädagogen zusammenschließen. Nach § 21 I BOPt OPK sind Ärzte mithin als Mitglieder einer Heilberufskammer zulässige Kooperationspartner.

Eine Einengung des Zwecks gemeinsamer Berufsausübung ist im Kontrast zu § 23b I 3 MBOÄ in keiner der Berufsordnungen für Psychotherapeuten vorgesehen. Insbesondere lässt sich aus der Verpflichtung zur öffentlichen Ankündigung einer Berufsausübungsgemeinschaft nach § 21 II MBO-Pt, die auch eine Information über jeden Ort der Berufsausübung umfasst, die Zulässigkeit überörtlicher mono- und interprofessioneller Berufsausübungsgemeinschaften deutlich ableiten.

cc) Zulässige Rechtsformen

Auch in Bezug auf die Rechtsform werden in § 21 I MBO-Pt keine Einschränkungen ausdrücklich statuiert. Im Gegensatz zum ärztlichen Berufsrecht kennt die MBO-Pt kein Formerfordernis für den Gesellschaftsvertrag einer GbR, dem gleichfalls bei Verbindung mit einem Arzt nach § 23b I 2 MBOÄ genüge zu tun ist.[2157] Fast alle Berufsordnungen statuieren die Zulässigkeit von Zusammenschlüssen in *„allen rechtlich möglichen Formen“*.[2158] Damit ist nach den meisten[2159] Berufsordnungen

Hinweis auf die obige Darstellung bei MKG nach § 23b MBOÄ nicht. Aufgrund der in § 21 BOPt BY ebenso erfolgten Regelung monoprofessioneller Berufsausübungsgemeinschaften (exemplarisch § 21 I 4, II BOPt BY zu Rechtsform und Publikationserfordernissen) lässt sich bereits systematisch kein anderer Rückschluss zu.

2157 Vgl. zur Formfreiheit *Stellpflug/Berns*, MBO-Pt, Rn. 730.

2158 In den Berufsordnungen der *OPK* und in *Schl.-Holst.* ist nach § 21 I BOPt OPK bzw. § 22 I BOPt SH die Rechtsformwahl ausdrücklich auf die nach dem SächsHKaG bzw. HKG S-H zugelassenen Rechtsformen beschränkt. *Bayern* hat diesbezüglich keine Regelung aufgenommen, was sich durch nicht statthafte Berufsausübung in juristischen Personen des Privatrechts nach Art. 18 I 2 HKaG BY erklärt.

2159 Anderes gilt aufgrund der jeweiligen Heilberufsgesetze für *Bayern* nach Art. 18 I 2 HKaG BY, der gem. Art. 65 HKaG auch für Psychotherapeuten anwendbar ist. Wie bereits an anderer Stelle jedoch dargelegt, ist der Ausschluss der ambulanten Berufsausübung in der Rechtsform juristischer Personen des Privatrechts verfassungswidrig, siehe auch *Stellpflug/Berns*, MBO-Pt, Rn. 734; siehe bereits konkret

die Organisation in Kapitalgesellschaften neben Personengesellschaften[2160] zulässig. Neuerdings ist dies auch in *Berlin* nach dem Außerkrafttreten des Berliner Kammergesetzes am 30. November 2018[2161] und der Aufnahme einer Regelung über die ambulante Berufsausübung in einer Kapitalgesellschaft und Anforderungen an diese in § 26 III BlnHKG nunmehr gesetzlich zulässig.[2162] Da nach § 21 I BOPt Berlin Berufsausübungsgemeinschaften in allen rechtlich möglichen Formen zulässig sind, kommt auch in *Berlin* ein Zusammenschluss von Psychotherapeuten mit Ärzten in juristischen Personen des Privatrechts in Frage.

Die Berufsordnungen regeln die Ausgestaltung juristischer Personen des Privatrechts nicht näher.[2163] In einigen Ländern bestehen jedoch bereits in den Heilberufsgesetzen ausdifferenzierte Vorschriften, die neben Ärzten auch Psychotherapeuten erfassen.[2164] So setzt § 29 II 3 HBKG SH u. a. voraus, dass die Mehrheit der Gesellschaftsanteile sowie der Stimmrechte und mindestens die Hälfte der zur Geschäftsführung befugten Personen Kammermitglieder sind und Dritte am Gewinn der Gesellschaft nicht beteiligt sind.[2165] In *Sachsen* wird lediglich nach § 16 IV SächsHKG neben der ausdrücklich genannten Pflicht zur Einhaltung der Berufspflichten vorausgesetzt, dass die notwendig kooperationsfähigen Gesellschafter in der Gesellschaft beruflich tätig sind, Dritte nicht am Gewinn der Gesellschaft

---

in Bezug auf ärztliche Praxen S. 333 ff. In *Rh.-Pfalz* (§ 21 II 1 iVm § 1 I Nr. 3 und 4 HeilBG RP) ist die Anordnung der Niederlassung in *eigener* Praxis ausdrücklich auch für Psychotherapeuten zu beachten. Die Ausnahmeregelung in § 21 II 5 HeilBerG RP ist verfassungskonform dahingehend auszulegen, dass bei Einhaltung der Berufspflichten ein Anspruch auf Zulassung einer Ausnahme durch die Kammer besteht, *VGH Rh.-Pfalz*, Urt. v. 31.3.2017 – VGH N 4/16 und VGH 5/16, S. 18 f.; siehe dazu näher oben S. 331 f. Daher sind für Psychotherapeuten Zusammenschlüsse mit Ärzten auch in Rechtsformen juristischer Personen des Privatrechts in *Rh.-Pfalz* bei Einhaltung der Berufspflichten der Psychotherapeuten zulässig.

2160 Auch für Psychotherapeuten kommt die PartGmbB in *Bayern* (gem. Art. 18 II, 65 I HKaG BY, siehe *Henssler/Trottmann*, NZG 2017, 241 (242)) und in *Niedersachsen* (gem. § 32 IV HKG Nds.) in Betracht.

2161 § 94 I BlnHKG.

2162 Zuvor hatte § 4a V des aufgehobenen Berliner Kammergesetzes für die ambulante psychotherapeutischer Tätigkeit eine Bindung an die Niederlassung in eigener Praxis vorgesehen.

2163 Zu den Auswirkungen einer fehlenden ausdrücklichen Regelung der Ärztekammer *Nordrh.* trotz Regelungsauftrags durch den Landesgesetzgeber siehe bereits S. 348 ff.

2164 Siehe näher bereits S. 328 ff.

2165 Siehe ähnliche Regelungen auch in § 27 III 2 HmbKGH, § 32 II HKG Nds. Zwar gilt eine ähnliche Regelung auch in § 32 II HeilBerG MV; *Meck.-Vorp.* hat jedoch mit den anderen Ländern die Ostdeutsche Psychotherapeutenkammer (OPK) gegründet, auf die Kammer und ihre Mitglieder findet daher das SächsHBKG Anwendung. Daher gilt § 32 II HeilBerG MV für Psychotherapeuten im Gegensatz zu Ärzten nicht. Konsequent erwähnt § 1 HeilBerG MV Psychotherapeuten nicht zur Bemessung des Anwendungsbereichs.

beteiligt sind und Anteile für Dritte nicht gehalten werden.[2166] Da das SächsHBKG nach Artikel 1 IV des Staatsvertrags zur Errichtung der OPK in *Brandenburg*, *Mecklenburg-Vorpommern*, *Sachsen*, *Sachsen-Anhalt* und *Thüringen* auf ihre Mitglieder Anwendung findet, gelten in diesen Ländern die Maßstäbe des § 16 IV SächsHKG gleichfalls.

Während die einfache PartG von Psychotherapeuten in allen Ländern gewählt werden kann, ist die Rechtsformvariante der PartGmbB lediglich von Psychotherapeuten – und Ärzten – in *Bayern* nach Artt. 18 II, 65 HKaG BY und in *Niedersachsen* nach § 32 IV HKG Nds zugänglich.[2167]

dd) Organisatorische Anforderungen

Auch Psychotherapeuten ist ein Zusammenschluss mit Angehörigen eines fremden Berufs nicht uneingeschränkt zulässig. Sie dürfen sich nicht ihrer Verpflichtung zur Einhaltung des sie betreffenden Berufsrechts entledigen. Nach § 21 IV MBO-Pt muss die freie Wahl des Psychotherapeuten durch die Patienten gewährleistet und die selbständige, eigenverantwortliche sowie nicht gewerbliche Berufsausübung gewahrt sein muss. Außerdem ist nach § 21 V MBO-Pt die Verarbeitung von Patientendaten so zu organisieren, dass bei Auflösung des Zusammenschlusses eine Trennung der Datenbestände unter Wahrung der gesetzlichen Geheimhaltungspflichten, der Dokumentations- und Aufbewahrungspflichten, der schutzwürdigen Belange der Psychotherapeuten sowie der schutzwürdigen Belange der Patienten möglich ist. Der Zweck der Dokumentation liegt in der Ermöglichung einer sachgerechten Behandlung durch den Therapeuten und gegebenenfalls Fortsetzung der Therapie durch einen anderen Psychotherapeuten sowie der Information behandelnder Ärzte im Anschluss an die durchgeführte Therapie.[2168]

Nach § 21 VI MBO-Pt ist eine Beteiligung von Psychotherapeuten an privatrechtlichen Organisationen, die missbräuchlich die eigenverantwortliche Berufsausübung einschränken, Überweisungen an den Leistungserbringerkreis außerhalb der Organisation ausschließen oder in anderer Weise die Beachtung der Berufspflichten der Kammermitglieder beschränken, unzulässig. Als Vorschrift im Rahmen des § 21 MBO-Pt, der als *„Zusammenschlüsse zu Berufsausübungsgemeinschaften, zu Kooperationsgemeinschaften und sonstigen Organisationen“* überschrieben ist, werden unter privatrechtlicher Organisation Berufsausübungsgemeinschaften zu verstehen sein. Zu den gewährleistenden Berufspflichten zählt neben anderen das im Vergleich zu den anderen Heilberufen speziell berufsrechtlich artikulierte Abstinenzgebot nach § 6 MBO-Pt.[2169] Nach § 6 I MBO-Pt sind Psychotherapeuten zur professionellen Gestaltung ihrer Beziehungen zu Patienten

---

2166 Ebenso in Berlin nach § 26 III BlnHKG.
2167 Siehe zu Ärzten bereits S. 86 ff., 305.
2168 *Stellpflug/Berns*, MBO-Pt, Rn. 368.
2169 *Stellpflug/Berns*, MBO-Pt, Rn. 178.

und deren Bezugspersonen verpflichtet. Das Abstinenzgebot als eine der wichtigsten Berufspflichten ist Ausdruck besonderer Schutzbedürftigkeit der Patienten, bei denen sich eine starke psychische Dependenz von seinem Therapeuten entwickeln kann.[2170] Besonderer Anlass, die Umgehung des Abstinenzgebots in Zusammenschlüssen mit Ärzten zu besorgen, besteht nicht. Dennoch muss die Unzulässigkeit der Annahme entgeltlicher, grundsätzlich auch angemessen honorierter[2171] Dienstleistungen nach § 6 III 2 MBO-Pt beachtet werden. Die MKG muss folglich v. a. beachten, Patienten des Psychotherapeuten keine Dienstleistungsaufträge zu erteilen.

Wie Angehörige anderer Heilberufe sind Psychotherapeuten berufsrechtlich (nach § 8 MBO-Pt) und strafrechtlich gemäß § 203 I Nr. 1 StGB zur Verschwiegenheit verpflichtet. Aufgrund der eigenständigen Verschwiegenheitsverpflichtung der Ärzte nach § 9 MBOÄ, § 203 I Nr. 1 StGB ergeben sich aus Verbindungen mit Ärzten keine Gefährdungen für die psychotherapeutische Schweigepflicht.

Für die organisatorische Ausgestaltung interprofessioneller Berufsausübungsgemeinschaften ergeben sich im Berufsrecht der Psychotherapeuten keine besonderen Anforderungen, wie sie für Ärzte enumerativ in § 23b I 4 MBOÄ aufgezählt sind. Zur Einhaltung selbständiger, eigenverantwortlicher Berufsausübung bedarf es jedenfalls einer organisatorischen Trennung der Verantwortungsbereiche, um fachliche Weisungen Berufsfremder auszuschließen.[2172] Bei Zusammenschlüssen mit einem Arzt wird durch die obligatorische Einhaltung der Voraussetzungen des § 23b I 4 MBOÄ zugleich bereits den berufsrechtlichen Erfordernissen für Psychotherapeuten bereits hinreichend Rechnung getragen, wenn sich der Arzt gesellschaftsvertraglich zur Befolgung psychotherapeutischer Berufspflichten wie insbesondere dem Abstinenzgebot verpflichtet.

ee) Anzeigepflichten

Der Kooperationsvertrag bedarf keiner vorherigen Genehmigung durch die Landespsychotherapeutenkammer,[2173] ein Zusammenschluss mit Ärzten wie

---

2170 *Stellpflug*, ZMGR 2014, 391 (392 f.); *Stellpflug/Berns*, MBO-Pt, Rn. 178. In Bezug auf § 174c StGB *Gutmann et al.*, MedR 2019, 18; BT-Drs. 13/8267, S. 4, 8. § 6 V MBO-Pt verpönt jegliche sexuelle Kontakte mit Patienten, wie sie auch § 174c StGB strafrechtlich erfasst, IV erfordert die Beschränkung außertherapeutischer persönlicher Kontakte auf das Nötigste, um die therapeutische Beziehung möglichst wenig zu stören. Zu den Ausprägungen des Transparenzgebots siehe *Gutmann et al.*, MedR 2019, 18 ff.; darüber hinaus auch *Renzikowski*, NStZ 2011, 696 (698); *Stellpflug*, in: *Stellpflug et al.*, Gesundheitsrecht, B 4000 Rn. 70 ff.; *Stellpflug/Berns*, MBO-Pt, Rn. 176 ff.

2171 *Stellpflug/Berns*, MBO-Pt, Rn. 184.

2172 Vgl. zur Zulässigkeit fachlicher Weisungen gegenüber Psychotherapeuten auch § 3 V MBO-Pt.

2173 *Stellpflug/Berns*, MBO-Pt, Rn. 745.

auch seine Änderung sind nach § 21 VII 1 MBO-Pt der Landespsychotherapeutenkammer lediglich anzuzeigen. Auf Verlangen ist der zugrundeliegende Kooperationsvertrag der zuständigen Landesärztekammer gem. § 21 VII 2 MBO-Pt vorzulegen. Anzeige- und Vorlageverpflichtung dienen der Möglichkeit zur Überprüfung der Einhaltung des psychotherapeutischen Berufsrechts.[2174] In *Baden-Württemberg* wird nach § 29 III 1, 2 BOPt BW abweichend eine Mitteilungspflicht und Auskunftsberechtigung der Psychotherapeutenkammer, nicht dagegen ihr Recht zur Erzwingung der Vorlage des Gesellschaftsvertrags ausdrücklich bestimmt. In den Schlussbestimmungen nach § 33 II 1 BOPt BW wird eine solche gleichwohl für die gesamte Berufstätigkeit offenkundig, da auf Verlangen die Praxisdokumentation vorzulegen ist, wozu auch die Vorlage der Gesellschaftsverträge zählt. In *Hamburg* besteht dagegen lediglich eine Mitteilungspflicht nach § 19 III BOPt HH.

ff) Öffentlicher Auftritt interprofessioneller Berufsausübungsgemeinschaften

Nach § 21 II MBO-Pt, dessen Inhalt sich – bis auf in *Hamburg*, *Schleswig-Holstein* und im *Saarland* – in allen Berufsordnungen wiederfindet,[2175] sind nach psychotherapeutischem Berufsrecht interprofessionelle Berufsausübungsgemeinschaften anzukündigen. Die öffentliche Ankündigung hat die Namen aller in der Gemeinschaft zusammengeschlossenen Psychotherapeuten, der Angehörigen anderer Berufsgruppen, die zugehörigen Berufsbezeichnungen, die Rechtsform und jeden Ort der Berufsausübung zu umfassen. Die Ankündigung dient dem Patientenschutz[2176] und betrifft nicht das Praxisschild, für das eine eigene Regelung in § 23 I MBO-Pt besteht. Vielmehr haben jegliche öffentliche Auftritte wie auf dem Briefpapier Informationen nach § 21 II MBO-Pt zu enthalten.

2174 *Stellpflug/Berns*, MBO-Pt, Rn. 745.

2175 Aus der Reihe fällt die nicht vollständig inhaltsgleiche Regelung in § 29 II BOPt BW, wonach bei Zusammenschlüssen sichergestellt werden muss, dass im Rechtsverkehr und bei öffentlichen Ankündigungen die Namen aller Partner und deren Berufsbezeichnungen angegeben werden und die rechtliche Form des Zusammenschlusses kenntlich gemacht wird. § 21 II 1 BOPt BY übernimmt nicht die Angabe der Rechtsform der Berufsausübungsgesellschaft „*unbeschadet des Namens einer Partnerschaftsgesellschaft*". Da in *Bayern* nach dem Verständnis der Berufsordnung der Psychotherapeuten lediglich Gesellschaften bürgerlichen Rechts und Partnerschaftsgesellschaften mit bzw. ohne beschränkte Berufshaftung zulässig sind, erübrigt sich eine wiederholte Angabe der Rechtsform bei Partnerschaftsgesellschaften, während aus fehlender Angabe der Rückschluss auf eine Gesellschaft bürgerlichen Rechts auch nach Laienbetrachtung naheliegt. Auch in *Schl.-Holst.* ist die Angabe der Rechtsform nach § 19 BOPt SH nicht ausdrücklich verlangt.

2176 *Stellpflug/Berns*, MBO-Pt, Rn. 736 f.

§ 23 I MBO-Pt verlangt die Anzeige der Ausübung der Psychotherapie durch ein Praxisschild.[2177] Die Anzeige bezweckt zur Aufrechterhaltung einer funktionierenden Gesundheitsversorgung[2178] die Information der Öffentlichkeit über das Angebot der ausgeübten Psychotherapie, während die Ankündigung nach § 21 II MBO-Pt auf die Kenntlichmachung der Berufsausübung in Gemeinschaft abzielt.[2179] Eine wechselseitige Beeinflussung der öffentlichen Anzeigeverpflichtung nach § 23 I MBO-Pt und der Ankündigungspflicht des § 21 II MBO-Pt besteht zwar nicht originär, gleichwohl wird davon ausgegangen, dass die nach § 21 II MBO-Pt zu erteilenden Informationen ebenfalls auf dem Praxisschild enthalten sein müssen.[2180] Sowohl die Tatsache interprofessioneller Kooperation des Psychotherapeuten als auch die Rechtsform der Berufsausübungsgemeinschaft sind als Information anzusehen, die für eine Inanspruchnahme durch Patienten als notwendig zu erachten sind.

gg) Zwischenergebnis

Das Berufsrecht der Psychotherapeuten schließt die gemeinsame Berufsausübung von Psychotherapeuten und Ärzten nicht aus. Durch die grundsätzlich offenere Gestaltung des Berufsrechts der Psychotherapeuten im Vergleich zum ärztlichen Berufsrecht ergeben sich in nuce keine zusätzlichen Beschränkungen. Bedeutsam ist die Gewährleistung der charakteristischen Berufspflichten von Psychotherapeuten, die wie das Abstinenzgebot für Ärzte nicht in gleicher Weise bestehen.

d) Apotheker

aa) Einführung

Der Beruf des Apothekers stellt einen freien Heilberuf dar, der sich von den ärztlichen Heilberufen durch den gewerblichen Charakter des Apothekenbetriebs als Teilnahme am allgemeinen wirtschaftlichen Verkehr unterscheidet.[2181] Zwischen der Berufsausübung von Ärzten und Apothekern besteht eine grundsätzlich strikte Trennung.[2182] Die Ärztekammern halten MKG nach § 23b MBOÄ mit Apothekern aufgrund *deren* Berufsrechts für unzulässig.[2183]

2177 *Stellpflug/Berns*, MBO-Pt, Rn. 785. Die hamburgische Berufsordnung der Psychotherapeuten gebraucht in § 19 IV 1 BOPt HH lediglich den offeneren Begriff der „Bezeichnung einer Praxis".

2178 *Stellpflug/Berns*, MBO-Pt, Rn. 786.

2179 Vgl. § 25 III 1 BOPt BW, der lautet: *„Praxisschilder sind hinsichtlich Größe und Gestaltung in zweckmäßiger Weise zu gestalten und müssen geeignet sein, der Öffentlichkeit die Praxis anzuzeigen."*

2180 So auch bereits *Stellpflug/Berns*, MBO-Pt, Rn. 785.

2181 *BVerfGE* 5, 25 (29 f.).

2182 *BVerwG*, NJW 1995, 1627 (1628); *BGH*, VersR 2015, 469 (470); siehe auch *Dettling/Mand*, Fremdbesitzverbote, S. 261.

2183 Ausdrücklich allein *LÄK Bad.-Württ.*, PartG/MKG, Punkt 4.2.

bb) Gesetzliche Regelung der Berufsausübung auf Bundesebene

Während die Berufszulassung der konkurrierenden Bundesgesetzgebungskompetenz nach Art. 74 I Nr. 19 GG unterfällt, sind ihr seit expliziter Aufnahme des Apothekenwesens auch Errichtung und Betrieb von Apotheken unterworfen.[2184] Die Regelung der Berufsausübung der Apotheker ist hingegen Sache der Länder.

Nach § 1 BApO sind Apotheker berufen, die Bevölkerung ordnungsgemäß mit Arzneimitteln zu versorgen, sie dienen damit der Gesundheit des einzelnen Menschen und des gesamten Volkes. Nach § 1 I ApoG obliegt Apotheken die im öffentlichen Interesse gebotene Sicherstellung einer ordnungsgemäßen Arzneimittelversorgung der Bevölkerung. Nach § 2 III 1 BApO ist Inhalt der Ausübung des Apothekerberufs die Ausübung einer pharmazeutischen Tätigkeit unter der Berufsbezeichnung *„Apotheker"*. Als pharmazeutische Tätigkeit wird nach § 2 III 2 Nr. 7 BApO auch die Information und Beratung über Arzneimittel als solche, einschließlich ihrer angemessenen Verwendung umfasst. Ferner gehören nach § 2 III 2 Nr. 5 BApO zur pharmazeutischen Tätigkeit Bevorratung, Herstellung, Prüfung, Lagerung, Vertrieb und Abgabe von unbedenklichen und wirksamen Arzneimitteln der erforderlichen Qualität in der Öffentlichkeit zugänglichen Apotheken.

Der Betrieb einer Apotheke wird durch das ApoG und die die ApBetrO geregelt. So bedarf der Betrieb einer Apotheke nach § 1 II ApoG der Erlaubnis der zuständigen Behörde, die nach § 2 I ApoG bei Erfüllung der gesetzlichen Voraussetzungen[2185] zu erteilen ist. Vor der sog. Abnahme, der Bescheinigung über die Einhaltung gesetzlicher Anforderungen, darf eine Apotheke nach § 6 ApoG nicht eröffnet werden. Nach § 7 S. 1 ApoG verpflichtet die Betriebserlaubnis den Apotheker ausgehend von dem Leitbild des Gesetzgebers des *„Apothekers in seiner Apotheke"*[2186] zur persönlichen Leitung der Apotheke in eigener Verantwortung.

§ 8 S. 1 ApoG eröffnet für einen gemeinsamen Betrieb einer Apotheke durch mehrere Personen, nur die Rechtsformen der GbR und die OHG, deren sämtliche Gesellschafter einer Erlaubnis durch die zuständige Behörde bedürfen.[2187] Eine Apotheke darf mithin – nach § 23 ApoG strafbewehrt – bereits dann nicht betrieben

---

2184 Vor der Föderalismusreform wurde die Gesetzgebungskompetenz des Bundes in Art. 74 I Nr. 11 GG gesehen, BT-Drs. 16/813, S. 13; *Steiner*, in: *Spickhoff*, Medizinrecht, GG, Art. 74 Rn. 8; *BVerfGE* 5, 25 (28 ff.); 7, 377 (387).

2185 Zu den Voraussetzungen zur Erteilung einer Erlaubnis siehe *Wiesener*, in: *Ratzel/Luxenburger*, Medizinrecht, Kap. 33 Rn. 3 ff.

2186 Siehe hier zur Rechtsprechung nur *BVerfGE* 17, 232 (238); *BVerwGE* 92, 172 (178); siehe auch *Taupitz*, Standesordnungen, S. 91 f.; *Rotta*, NJW 1995, 755 (756); *Becker*, ApoR 2004, 8 (8); *Rixen*, in: *Rixen/Krämer*, ApoG, § 7 Rn. 1; *Starck*, Fremd- und Mehrbetriebsverbot, S. 9; *Koenig/Meurer*, ApoR 2004, 153 (153, 155); *Eichenhofer*, MedR 2007, 329 (330); als *„überkommen"* angesehenes Leitbild *Taupitz*, Verbot des Fremd- und Mehrbesitzes, S. 49. Auch *Kruis*, EuZW 2007, 175 (177), sieht das Leitbild des Apothekers in seiner Apotheke als nicht mehr haltbar an.

2187 Die Verfassungsmäßigkeit partiell bezweifelnd bereits *Wulffius*, Apothekenbesitzrecht, S. 157 f., 160 f. Zur Genese und Entwicklung der Norm *Mand*, WRP 2008, 906 (907); siehe auch *Kieser*, Apothekenrecht, S. 3 f. Da der Betrieb einer Apotheke die

werden, wenn einem der Gesellschafter keine Betriebserlaubnis erteilt worden ist.[2188] Beteiligungen an einer Apotheke in Form stiller Gesellschaften und partiarischer Vertragskonstrukte[2189] – nach dem Wortlaut unabhängig von der Höhe der konkreten Ausgestaltung der Umsatz- oder Gewinnbeteiligungen – sind zur Verhinderung unangemessener Beeinträchtigung der wirtschaftlichen Selbständigkeit und Eigenverantwortlichkeit des Apothekers nach § 8 S. 2 ApoG grundsätzlich unzulässig.[2190] Allein in Fällen des § 9 ApoG sind Pachtverträge über Apotheken auch bei partiarischer Ausgestaltung nicht unzulässig.

Die Erfordernisse persönlicher Erlaubniserteilung nach § 1 II ApoG und persönlicher Leitung nach § 7 S. 1 ApoG ergeben in Kombination mit §§ 8, 9 ApoG ein umfangreiches Fremdbetriebs- und nutzungsverbot von Apotheken zugunsten der wirtschaftlichen und pharmazeutischen Unabhängigkeit der Apotheker[2191] und weiterführend zum Schutz der menschlichen Gesundheit,[2192] indem die ertragreiche Verwertung der wirtschaftlichen Ergebnisse einer Apotheke durch Nichtapotheker untersagt wird.[2193] Ärzte dürfen sich einfachgesetzlich folglich mangels

---

Ausübung eines Handelsgewerbes nach § 1 II HGB darstellt, kommt für den Betrieb der Apotheke aufgrund der automatischen Umwandlung einer GbR in einer OHG bei Geschäftsbetrieb istkaufmännischen Umfangs lediglich die offene Handelsgesellschaft in Frage, *Krämer*, in: *Rixen/Krämer*, ApoG, § 8 Rn. 8.

2188 *Senge/Hadamitzky*, in: *Erbs/Kohlhaas*, Strafrechtliche Nebengesetze, ApoG, § 8 Rn. 3, § 23 Rn. 3; *Kiefer*, Vereinbarkeit des Fremd- und Mehrbesitzverbots, S. 31; *Taupitz*, Verbot des Fremd- und Mehrbesitzes, S. 16, 67 f.

2189 Zur Bewertung eines Vertrags als partiarisches Rechtsverhältnis *Wiesener*, in: *Ratzel/Luxenburger*, Medizinrecht, Kap. 33 Rn. 17.

2190 *BGH*, MDR 1998, 94 (95); siehe ferner *Koenig/Meurer*, ApoR 2004, 153 (154, 155 ff.); *Krämer*, in: *Rixen/Krämer*, ApoG, § 8 Rn. 3, 18 ff. Das *RG*, JW 1909, 501 (501 f.), und der *BGH*, NJW 1979, 2351 (2352); 1972, 338 (338 f.), haben die stille Gesellschaft noch als mit dem Apothekenbetrieb und der an Apotheker beschränkten Konzessionserteilung für grundsätzlich vereinbar gehalten.

2191 *Koenig/Meurer*, ApoR 2004, 153 (153); *Kiefer*, Vereinbarkeit des Fremd- und Mehrbesitzverbots, S. 31; *Rotta*, NJW 1995, 755 (756 f.).

2192 *Friauf*, Fremd- und Nutzungsverbot, S. 56 f. Zur differenzierenden Bezeichnung als Fremd*betriebs- und nutzungs*verbot siehe hier nur *Taupitz*, Verbot des *Fremd-* und Mehrbesitzes, S. 15 f. und passim; aufbauend auf *Schiedermair/Pieck*, ApoG, Gr. V, S. 71 ff.; ferner *Eichenhofer*, MedR 2007, 329 (330); *Chertkova*, Fremdbesitzverbot, S. 29 f.; vgl. in Bezug auf die Terminologie des Mehrbetriebsverbot *Taupitz/Schelling*, NJW 1999, 1751 (1751). Nach anderer, geläufiger Terminologie als Fremdbesitzverbot bezeichnet durch *Schnitzler*, Heilberufe, S. 45 f.; *D. Prütting*, in: *D. Prütting*, Medizinrecht, ApoG, § 2 Rn. 12, § 7 Rn. 1, § 8 Rn. 1 ff.

2193 Siehe hier nur *Taupitz*, Verbot des Fremd- und Mehrbesitzes, S. 15; *Povel*, Fremd- und Mehrbesitz, S. 27; *Chertkova*, Fremdbesitzverbot, S. 29 f. Das Fremdbesitzverbot wurde erkennbar nah an der heutigen Form bereits im Jahr 1801 durch die revidierte Apothekenordnung in Preußen statuiert, so wurde der Betrieb einer Apotheke durch einen Nichtapotheker auf die Fälle von Witwen und minderjährigen Kindern

ihnen erteilter personengebundener Erlaubnis zum Apothekenbetrieb nicht an Apotheken beteiligen. Fremdbetriebs- und Fremdnutzungsverbot werden in der Ausformung als Verbot gegenüber natürlichen Personen als Nichtapotheker zum Betrieb einer Apotheke (durch Einstellung eines Apothekers) als verfassungs- und unionsrechtmäßig erachtet.[2194] Wegen der Eröffnung lediglich der GbR und OHG nach § 8 ApoG ist außerdem die Organisation als Kapitalgesellschaft unzulässig.[2195]

---

bis zu ihrer Volljährigkeit bei Einschaltung eines sog. Provisors als Betreibenden der Apotheke beschränkt; darüber hinaus mussten alle anderen Nichtapotheker ihre Apotheken innerhalb eines Jahres an einen Apotheker verkaufen oder verpachten. Siehe hierzu näher *Wulffius*, Apothekenbesitzrecht, S. 51 f.; *Chertkova*, Fremdbesitzverbot, S. 24. Nach zwischenzeitlicher Liberalisierung in der amerikanischen Besatzungszone wurde im Jahr 1960 das Fremdbesitzverbot erstmals bundesweit in der heutigen Form mit dem bundeseinheitlichen Gesetz über das Apothekenwesen eingeführt, *Wulffius*, Apothekenbesitzrecht, S. 30; *Becker*, ApoR 2004, 8 (8 f.); *Chertkova*, Fremdbesitzverbot, S. 18; *Povel*, Fremd- und Mehrbesitzverbot, S. 44; *Schiedermair/Pieck*, ApoG, Gr. II, S. 38 f; *Becker*, ApoR 2004, 8 (8 f.); *Kieser*, Apothekenrecht, S. 3.

2194 Nach verfassungs- und unionsrechtlicher Überprüfung *Starck*, Fremd- und Mehrbetriebsverbot, S. 10 ff., 30 ff.; das Fremd*betriebs*verbot verfassungsrechtlich im Grundsatz billigend *Taupitz*, Verbot des Fremd- und Mehrbesitzes, S. 67 ff.; unionsrechtliche Überprüfung bei *Friauf*, Fremd- und Mehrbesitz, S. 56 ff., 66 f.; *Kiefer*, Vereinbarkeit des Fremd- und Mehrbesitzverbos, S. 106 ff.

2195 *Scholz*, in: *Spickhoff*, Medizinrecht, MBOÄ, § 23a Rn. 4. Das Fremdbesitzverbot wurde neben dem Mehrbesitzverbot im Jahr 1964 durch *BVerfGE* 17, 232 (240 ff.), zwar als verfassungsgemäß erkannt. Die Verfassungsmäßigkeit des Ausschlusses von Kapitalgesellschaften zum *Betrieb von Apotheken* ist allerdings in Zweifel zu ziehen. Das Interesse der Apotheker an einer den sonstigen wirtschaftlichen Verhältnissen entsprechenden Haftungsbegrenzung – eingedenk erheblicher finanzieller Risiken bei Aufbau einer Apotheke, vgl. *Koenig/Schreiber*, EWS 2007, 385 (387) –, dürfte beachtlich sein. Anknüpfend an die persönliche Bindung der Apotheker an ihr Berufsrecht lässt sich dessen Schutz und der Schutz der Gesundheit der Bevölkerung auf eine die Berufsfreiheit schonendere Weise erreichen. A. A. *Wende*, Fremdbesitzverbot, S. 111 ff., 116 ff. So lässt sich einerseits eine modifizierte eidesstattliche Erklärung über die Nichtvornahme von Vereinbarungen entgegen § 8 S. 2, § 9 I, § 10 und § 11 ApoG, wie sie bereits nach § 2 I Nr. 5 ApoG zur Erteilung der Betriebserlaubnis obligatorisch ist, nutzbar machen. Andererseits können Anforderungen an die Satzung formuliert werden. Außerdem ist unter Beachtung der Niederlassungsfreiheit ein Verbot des Erwerbs von Apotheken durch Kapitalgesellschaften mangels Erforderlichkeit unionsrechtswidrig, siehe am Optikerurteil des *EuGH*, Urt. v. 21.4.2005 – C-140/03, Slg. 2005, I-3177, BeckRS 2005, 70302 – Kommission ./. Griechenland orientiert *OVG Saarlouis*, NVwZ-RR 2008, 95 (102 ff.), *zust. Kruis*, EuZW 2007, 175 (177); *Herrmann*, EuZW 2009, 409 (412 ff.); *Martini*, NJW 2009, 2112 (2116); *Streinz*, JuS 2009, 1034 (1036 f.); *Chertkova*, Fremdbesitzverbot, S. 138 ff.; siehe bereits zuvor hier nur *Taupitz*, Verbot des Fremd- und Mehrbesitzes, S. 99 ff.; *Povel*, Fremd- und Mehrbesitzverbot, S. 147 ff., 232 ff.; *Koenig/Schreiber*, EWS 2007, 385 (385 ff.). A.A. allerdings wenig überzeugend *EuGH*, DStRE 2010, 319 ff.; *Starck*,

Regelmäßig ist in der Literatur darüber hinaus die Überzeugung vorhanden, dass aufgrund des § 11 ApoG die Beteiligung eines Apothekers an einer MKG unzulässig sei.[2196] § 11 I 1 ApoG untersagt Erlaubnisinhabern und dem Apothekenpersonal zum Schutz der Wahlfreiheit der Patienten und der Unabhängigkeit des Arztes und der Kontrollfunktion des Apothekers sowie des Vertrauens in die Heilberufe[2197] die Vornahme von Rechtsgeschäften und Absprachen mit Ärzten und anderen Personen, die eine bevorzugte Lieferung bestimmter Arzneimittel, die Zuführung von Patienten, die Zuweisung von Verschreibungen oder die Fertigung von Arzneimitteln ohne die volle Angabe der Zusammensetzung zum Gegenstand haben. Da der Zweck der Zusammenarbeit bereits nach ärztlichem Berufsrecht gemäß § 23b I 3 MBOÄ auf Erfüllung eines gleichgerichteten oder integrativen diagnostischen oder therapeutischen Zwecks bei der Heilbehandlung beschränkt zu sein hat, ist die Beteiligung eines Apothekers *mit seiner Apotheke* in einer MKG ohne Verstoß gegen § 11 I ApoG praktisch ausgeschlossen, der an den Apothekenbetrieb anknüpft. Nach § 11 II ApoG ist lediglich die Abgabe im Rahmen des üblichen Apothekenbetriebs hergestellter anwendungsfertiger Zytostatikazubereitungen unmittelbar an den anwendenden Arzt zulässig.[2198]

Dezidiert muss der Ansicht widersprochen werden, wenn aufgrund apothekenrechtlicher Vorschriften, insbesondere des § 11 I ApoG, MKG unter Beteiligung von Apothekern als unzulässig eingestuft werden. Die Normen des ApoG können Kooperationen nur entgegenstehen, wenn sie überhaupt anwendbar sind.[2199] Apothekenrecht und Berufsrecht der Apotheker sind dabei zu differenzieren.[2200] Zwar liegt § 11 I ApoG eine strenge Trennung der Berufe des Apothekers und des Arztes zugrunde.[2201] Die

---

Fremdbesitzverbot, S. 40 ff.; *Dettling/Mand*, Fremdbesitzverbote, S. 262 ff.; *Mand*, WRP 2008, 906 (919); *Kiefer*, Vereinbarkeit des Fremd- und Mehrbesitzverbots, S. 106 ff.

2196 *Scholz*, in: *Spickhoff*, Medizinrecht, MBOÄ, § 23b Rn. 2, spricht von *„Restriktionen aus dem ApoG"*, bejaht aber – richtigerweise – die Möglichkeit zur Gründung einer Gesellschaft zur medizinischen und pharmazeutischen Beratung, wobei offen bleibt, ob eine solche als MKG nach § 23b MBOÄ zu verstehen wäre.

2197 *BVerwG*, NJW 1995, 1627 (1628); *BGH*, GRUR 2014, 1009 (1010); *OVG Nordrh.-Westf.*, NVwZ-RR 2000, 216 (216 f.); *LG Freiburg*, PharmR 2013, 183 (184); *Wulffius*, Apothekenbetriebsrecht, S. 171.

2198 Die Ausnahme erschien dem Gesetzgeber zugunsten der Bedürfnisse der Praxis geboten, da einerseits nicht jede Apotheke zur Herstellung von Zytostatikazubereitungen in der Lage ist und aus Sicherheitsgründen diese Zubereitungen grundsätzlich nicht an Patienten ausgehändigt werden sollen, BT-Drs. 14/756, S. 5.

2199 Vgl. allgemein auch *D. Prütting*, in: *D. Prütting*, Medizinrecht, ApoG, § 11 Rn. 2.

2200 Vgl. *Rixen*, in: *Rixen/Krämer*, ApoG, Einl. Rn. 7.

2201 *Schiedermair/Pieck*, ApoG, § 11 Rn. 1. Zu dem im deutschen Raum am dem 13. Jahrhundert n. Chr. nachweisbaren Prozess der Trennung der Berufe des Apothekers und des Arztes *Schiedermair/Pieck*, ApoG, Gr. I S. 23; *Taupitz*, Standesordnungen, S. 212 f., 332 f.; *Povel*, Fremd- und Mehrbesitzverbot, S. 39 ff.

Vorschrift untersagt darüber hinaus die Zusammenarbeit von Ärzten und Apothekern nicht schlechthin, sondern lediglich die Verschränkung ärztlicher Tätigkeit mit dem Apothekenbetrieb. Die berufliche Tätigkeit von Apothekern außerhalb des Apothekenbetriebs wird durch § 11 I ApoG nicht erfasst, insoweit sind Kooperationen mit Ärzten zulässig.[2202] Über die Regelung des Apothekenbetriebs hinaus kann § 11 I ApoG nach verfassungskonformer Auslegung ohnehin keine Restriktion der Berufsausübung von Apothekern zukommen, da dem Bundesgesetzgeber die dazu erforderliche Gesetzgebungskompetenz fehlt. Dem Bundesgesetzgeber wird in Art. 74 I Nr. 19 GG lediglich das Recht der Zulassung zu Heilberufen – nicht aber zu ihrer Berufsausübung – und des Apothekenwesens zugewiesen. Eine rein pharmazeutische Beratung, die allein bereits nach § 23b I 1 MBOÄ Basis einer Zusammenarbeit innerhalb von MKG sein kann,[2203] bleibt von dem Kooperationsverbot unberührt. Dieselben verfassungsrechtlichen Erwägungen wie auch der Wortlaut des § 8 ApoG („*eine Apotheke [...] betreiben*") ziehen die Unanwendbarkeit der Begrenzung der Rechtsformwahl bei pharmazeutischer Berufsausübung ohne Apothekenbetrieb inner- und außerhalb einer MKG nach sich.

cc) Regelungen der Berufsausübung auf Landesebene

Einschränkungen für die beratende und gutachterliche Tätigkeit von Apothekern können sich jedoch aus den landesrechtlichen Bestimmungen ergeben. Auch Apotheker sind auf Basis der länderspezifischen Heilberufsgesetze in Landesapothekerkammern zwangsverkammert, denen die Satzungskompetenz zur Regelung der Berufsausübung ihrer Mitglieder erteilt worden ist. Zwar haben sich die Landesapothekerkammern in der Bundesapothekerkammer als gemeinsame Arbeitsgemeinschaft zusammengeschlossen,[2204] im Kontrast zu anderen verkammerten Heilberufen wurde jedoch keine Musterberufsordnung zur Vereinheitlichung der landesbezogenen Berufsordnungen erarbeitet. Ungeachtet dessen ergeben sich eindeutige Parallelen und weitgehende inhaltliche Übereinstimmungen in den Regelungen, wenn auch der Aufbau der Berufsordnungen zum Teil sehr unterschiedlich ist.

Grundsätzlich enthalten alle Berufsordnungen Vorschriften zu dem Tätigkeitsbereich, der Gewährleistung eigenverantwortlicher und fachlich unabhängiger Berufsausübung, der Arzneimittelsicherheit – insbesondere zu der Beteiligung in der Pharmakovigilanz –, sowie das Verbot der Heilkundeausübung, die Verpflichtung zur Zusammenarbeit mit Berufen im Gesundheitswesen, die Verschwiegenheitspflicht und ausführliche Werbebeschränkungen wie auch Vorschriften gegen den unlauteren Wettbewerb. Die Tätigkeit eines Apothekers muss daher

---

2202 Vgl. nur *D. Prütting*, in: *D. Prütting*, Medizinrecht, ApoG, § 11 Rn. 2, die Offensichtliches klarstellt, wenn sie Kooperationen für zulässig hält, soweit sie § 11 I ApoG nicht tangieren. Viel zu weitgehend daher dagegen *Schmid*, in: Münchener Hdb. Gesellschaftsrecht Bd. 1, § 24 Rn. 13.

2203 Siehe hierzu oben S. 155 ff.

2204 Siehe § 1 I, II der Satzung der Bundesapothekerkammer.

in der MKG auf die pharmazeutische Beratung beschränkt sein. Als besonders modern darf die Berufsordnung der Apotheker in *Rheinland-Pfalz* gelten. Bereits die Präambel macht deutlich, welche Tätigkeitsbereiche der Auftrag der Apotheker „*insbesondere*" erfasst. Dazu gehören die Sicherung der Qualität, der effizienten Anwendung der Arzneimittel, Medizinprodukte, Biozide, Kosmetika und Nahrungsergänzungsmittel und die Organisation und Kontrolle des Umgangs mit ihnen wie auch die Beratung der Patienten, Verbraucher und Beteiligten im Gesundheitssystem.[2205] Auch sonstige pharmazeutische Leistungen wie die Medikationsanalyse, das Medikationsmanagement und das Arbeiten im medizinisch wissenschaftlichen Bereich wie auch präventive Leistungen zur Erhaltung der Gesundheit sind vom Tätigkeitsbereich nach der Präambel der rheinland-pfälzischen Berufsordnung erfasst.[2206] Das Medikationsmanagement als besondere[2207] pharmazeutische Beratung durch Apotheker erlangt insbesondere bei Multimorbidität Bedeutung, wenn einem Patienten parallel verschiedene Arzneimittel verordnet werden.[2208] Ziel des Medikationsmanagements ist die Erhöhung der Effektivität der Arzneimitteltherapie und die Minimalisierung von Arzneimittelrisiken für den Patienten, exemplarisch aufgrund mangelnder Therapieadhärenz des Patienten oder Wechselwirkungen mehrerer verschriebener Arzneimittel.[2209] Zudem beschreibt § 1 II BO-Apo RP als einzige Berufsordnung den Begriff apothekerlicher Berufsausübung näher, und zwar als jede Tätigkeit, bei der apothekerliche Fachkenntnisse angewendet oder verwendet werden. Die Berufsordnung in *Rheinland-Pfalz* zeigt ein ausgeprägtes Bewusstsein für sinnvolle Tätigkeiten von Apotheken außerhalb des Apothekenbetriebs auf. So wird nicht nur – wie in der Mehrheit der Berufsordnungen aufgenommen – eine allgemeine Beratung und Information von Patienten und Ärzten aus Gründen der Arzneimittelsicherheit oder einer sinnvollen Therapiebegleitung aufgenommen, sondern nach § 10 II BO-Apo RP auch das Angebot einer auf Wunsch angebotenen „*patientenorientierten pharmazeutischen Betreuung*", die „*im Einvernehmen mit Arzt und Patient*" erfolgen soll. Zwar werden Kooperationen mit Ärzten in Berufsordnungen anderer Länder

---

2205 Einen Hinweis auf die nicht abgeschlossen aufgezählten, verschiedenen Tätigkeitsbereiche von Apothekern beinhalten die Berufsordnungen der Apotheker in allen Ländern.

2206 Einen Hinweis auf Medikationsanalyse und -management enthalten ansonsten lediglich die Berufsordnungen der Apotheker in *Sachsen* (§ 2 II), *Sachs.-Anhalt* (§ 1 I), *Schl.-Holst.* (§ 1 II) und *Thüringen* (Präambel). Das Medikationsmanagement ist außerdem in § 1a III Nr. 6 ApBetrO erfasst.

2207 Das Medikationsmanagement ist insoweit als überobligatorisches Angebot von den allgemeinen Beratungspflichten der Apotheken zu trennen, *Braun*, A&R 2014, 213 (213 f.).

2208 Siehe näher *Braun*, A&R 2014, 213 (214). Siehe auch ABDA, Grundsatzpapier zur Medikationsanalyse und zum Medikationsmanagement, S. 4.

2209 ABDA, Grundsatzpapier zur Medikationsanalyse und zum Medikationsmanagement, S. 4.

nicht in gleicher Weise greifbar, mangels Verbots erzeugen sie jedoch auch keinen Ausschluss. Die von allen Berufsordnungen statuierten Beschränkungen von Kooperationen zwischen Apothekern und Ärzten wie auch Angehörigen anderer Berufe des Gesundheitswesens lehnen sich an § 11 I ApoG an und sind für die rein beratende Tätigkeit außerhalb des Apothekenbetriebs nicht einschlägig.

Zudem wird in keiner Apotheker-Berufsordnung eine Auswahl zulässiger Rechtsformen normiert. Während § 8 ApoG außerhalb des Apothekenbetriebs nicht einschlägig ist, beziehen sich die im Rahmen ärztlicher Berufsausübung in Kapitalgesellschaften geprüften Vorschriften der Heilberufsgesetze ausdrücklich auf die Führung einer *„Praxis“* oder die *„ärztliche“* Berufsausübung. § 16 IV 1 SächsHBKG gibt zwar vor, dass die Berufspflichten auch bei Betreiben einer Praxis oder Apotheke in der Rechtsform einer juristischen Person des privaten Rechts einzuhalten sind. Während die Norm in Bezug auf Apotheken der bundesrechtlichen Norm des § 8 S. 1 ApoG nach ihrem Wortlaut widerspricht und mangels anderer Auslegungsmöglichkeit zur bundesrechtskonformen Interpretation nach dem Gedanken praktischer Konkordanz und dem Grundsatz bundesfreundlichen Verhaltens[2210] daher durch die Kollisionsnorm des Art. 31 GG derogiert[2211] wird, knüpft ohnehin der Wortlaut der Norm abermals an den Apothekenbetrieb und nicht an die hier fragliche Berufsausübung außerhalb von Apotheken an. Da § 16 IV SächsHKaG als Regelung einer Apotheke in Rechtsform einer juristischen Person des Privatrechts den §§ 8, 11 ApoG in Gänze entgegensteht, verbleibt nach der in § 16 IV 7 SächsHKaG angeordneten Unberührtheit der §§ 8, 11 ApoG kein Anwendungsbereich.

Nach § 32 II HeilBerG MV sind die Grenzen der Ausgestaltungen von juristischen Personen des Privatrechts auch für rein beratend und gutachterlich tätige Apotheker anwendbar. Die Norm knüpft lediglich an die *„Ausübung des Berufs in der Rechtsform einer juristischen Person des privaten Rechts“* an und verpflichtet auch in diesem Fall zur Einhaltung der Berufspflichten. Zwar bleiben die §§ 8, 11 ApoG nach § 32 II HeilBerG MV unberührt; dies führt allerdings nicht zur Unanwendbarkeit der Norm für Apotheker, sondern vermeidet lediglich eine Kollision des § 32 II HeilBerG MV mit der bundesgesetzlichen Norm des § 8 S. 1 ApoG im Rahmen eines Apothekenbetriebs. Die in der Norm statuierten Mehrheitserfordernisse von Kammerangehörigen sind jedoch verfassungsrechtlich nicht haltbar.[2212] Ebenso steht die Ausweitung der nach § 26 III BlnKHG festgelegten Mehrheitsvoraussetzungen auf Kammermitglieder, die keine Einzel oder Gemeinschaftspraxis führen, zwar nicht im Widerspruch zu § 8 S. 1 ApoG, jedoch ergeben sich dieselben verfassungsrechtlichen Bedenken.

2210 Vgl. *Rixen*, in: *Rixen/Krämer*, ApoG, Einl. Rn. 8; *Grau*, in: *Rixen/Krämer*, ApoG, § 2 Rn. 32.

2211 Zur Rechtsfolge der Derogation im Gegensatz zur Suspension nach Art. 31 GG *Dreier*, in: *Dreier*, GG, Art. 31 Rn. 42 f.

2212 Siehe oben bereits für Ärzte S. 351 ff.

In *Bayern* finden nach Art. 59 I HKaG BY die Vorschriften des ersten Abschnitts auf Apotheker sinngemäß Anwendung, sodass sich der Ausschluss der Führung einer ärztlichen Praxis in Kapitalgesellschaften nach Art. 18 I 2 HKaG BY sinngemäß auf den Betrieb einer Apotheke als Äquivalent zu dem üblichen Ort ärztlicher Berufsausübung bezieht. Da die Norm insoweit mit § 8 S. 1 ApoG im Einklang steht, erfolgt keine Derogation nach Art. 31 GG. Nach dem hier vertretenen Verständnis, dass Art. 18 I 2 HKaG BY auf den Apothekenbetrieb gerichtet ist, ergibt sich für eine rein beratende und gutachterliche Tätigkeit von Apothekern keine Einbuße.

Richtigerweise können sich Ärzte und Apotheker zum Zweck medizinischer und pharmazeutischer Beratung jedenfalls in einer PartG zusammenschließen.[2213] Zwar werden Apotheker, wohl auf Wunsch der Standesorganisationen,[2214] nicht im Rahmen des § 1 II PartGG als freier Beruf im Sinne des PartGG aufgezählt. Da dem Betrieb einer Apotheke gewerblicher Charakter zukommt,[2215] ist dessen Organisation zwangsweise nicht freiberuflich und kann nur außerhalb einer PartG erfolgen.[2216] Gleichwohl wird die Zugehörigkeit des Apotheker*berufs* zu den freien Berufen trotz dessen gewerblicher Züge im Apothekenbetrieb und aufgrund seiner höchstpersönlichen, auf wissenschaftlicher Bildung basierenden Leistungen bei Ausübung der Kontrollfunktionen und Einbindung in die ärztliche Beratung sowie aufgrund ihrer Regelung durch die Heilberufsgesetze der Länder angenommen.[2217]

2213 *BGH, NJW* 2013, 2674 (2675); *LG Essen,* GesR 2009, 557; diesem zust. *Ring/Vogel,* MedR 2014, 876 (880). A. A. *Krämer,* in: *Rixen/Krämer,* ApoG, § 8 Rn. 4.

2214 So jedenfalls *Henssler,* PartGG, § 1 Rn. 85; *Seibert/Kilian,* in: *Kilian,* PartGG, § 1 Rn. 11; *Zimmermann,* in: *Römermann,* PartGG, § 1 Rn. 57. Die von ihnen zitierte Gesetzesbegründung in BT-Drs. 12/6152, S. 10, erwähnt jedoch, die Apotheker hätten *„sich bereits in § 8 Apothekengesetz für die GbR und die OHG als einzig zulässige Kooperationsformen entschieden"*. Da § 8 ApoG jedoch – im Gegensatz zu den durch die Landesapothekerkammern erlassenen Berufsordnungen als Standesrecht – ein formelles Gesetz darstellt, liegt darin keine Entscheidung der Standesorganisationen der Apotheker. Außerdem bezieht sich § 8 ApoG wie dargelegt lediglich auf den Apotheken*betrieb.* Siehe gleichwohl die entsprechende Aussage von *Seibert,* der als Regierungsdirektor im Bundesministerium der Justiz maßgeblich an der Vorbereitung des PartGG beteiligt gewesen ist, *Seibert,* Partnerschaft, S. 42 Fn. 36.

2215 Die Regelungen des Apothekenrechts im engeren Sinne sind daher dem Gewerberecht als besonderem Ordnungsrecht zuzuordnen, *Rixen,* in: *Rixen/Krämer,* Einl. Rn. 1.

2216 Das Ergebnis ist freilich wenig erbaulich, weshalb u.a. *Taupitz,* Verbot des Fremd- und Mehrbesitzes, S. 60 f., und *Wende,* Fremdbesitzverbot, S. 117 f., den Ausschluss von Apothekern von der PartG aus unsachlichen, politischen Motiven kritisieren. Kritik bedarf vielmehr jedoch der aus einem Umkehrschluss aus § 8 S. 1 ApoG erfolgende Ausschluss der KG, in der neben dem Komplementär Kommanditisten lediglich in Höhe ihrer Einlage haften.

2217 Ausführlich *Taupitz,* Standesordnungen, S. 88 ff.; siehe auch *Taupitz,* Verbot des Fremd- und Mehrbesitzes, S. 39; *Povel,* Fremd- und Mehrbesitzverbot, S. 58 f.; *BVerfGE* 17, 232 (239).

Außerhalb des Apothekenbetriebs sind Apotheker bei beratender und gutachterlicher Tätigkeit freiberuflich tätig und insoweit nach dem Prinzip der Einzelähnlichkeit[2218] mit den exemplarisch in § 1 II PartGG aufgezählten Heilberufen vergleichbar. Der Apothekerberuf stellt somit einen partnerschaftsfähigen ähnlichen Beruf im Sinne des § 1 II PartGG dar.[2219] In diesen Fällen steht auch § 8 ApoG infolge seines Bezugs auf den Apothekenbetrieb der Nutzung einer PartG zur Beratung bzw. Begutachtung nicht entgegen. Diesen Gedanken hat bereits das *LG Essen* in einem Beschluss geäußert, in dem es das Amtsgericht zur Eintragung einer PartG eines Arztes mit einem Apotheker zur Beratung in das Partnerschaftsregister angewiesen hat.[2220] In den Entscheidungen des *BGH* wurde § 8 ApoG nur beiläufig erwähnt, die hier beschriebene Schlussfolgerung lag den Entscheidungen aber denklogisch zugrunde.[2221]

dd) Zwischenergebnis

Aus dem Berufsrecht der Apotheker ergeben sich bei beratender Tätigkeit des Apothekers keine näheren Voraussetzungen für einen Zusammenschluss mit Ärzten. Die Integration des Apothekenbetriebs in eine gemeinsame Berufsausübungsgemeinschaft scheitert aber gemäß § 11 I ApoG. Insoweit besteht Kongruenz zwischen den Berufsrechten, da auch das ärztliche Berufsrecht in § 23b I 3 MBOÄ die Integration des Apothekenbetriebs in eine MKG vereitelt.

e) Hebammen bzw. Entbindungspfleger

aa) Zulässigkeit interprofessioneller Zusammenschlüsse

Für nichtakademische Heilberufe haben sich historisch allein bei Hebammen in allen Bundesländern Vorschriften über die Berufsausbildung entwickelt.[2222] Einen ausdrücklichen Ausschluss von Zusammenschlüssen zu interprofessionellen Berufsausübungsgemeinschaften enthalten die Berufsordnungen bzw. -gesetze der Länder regelmäßig nicht. Mangels ausdrücklichen Verbots sind interprofessionelle

---

2218 *Zimmermann*, in: *Römermann*, PartGG, § 1 Rn. 124.

2219 *BGH*, NJW 2013, 2674 (2675 f.); 2016, 2263 (2264); *Ring/Vogel*, MedR 2014, 876 (880); *Hirtz*, EWiR 2016, 425 (426); *Seibert/Kilian*, in: *Kilian*, PartGG, § 1 Rn. 11; *Kilian*, WuB 2017, 235 (238); a. A. *Zimmermann*, in: *Römermann*, PartGG, § 1 Rn. 57. Ebenso ablehnend *Henssler*, PartGG, § 1 Rn. 85 ff., gleichwohl rechtspolitische Bedenken äußernd.

2220 *LG Essen*, Beschl. v. 25.6.2009 – 7 T 170/09, GesR 2009, 557.

2221 *BGH*, NJW 2013, 2674 (2675 f.); 2016, 2263 (2264).

2222 Zu der historischen Entwicklung und dem Berufsbild der Hebamme *Pitz*, Medizinalpersonal, S. 7 ff. Siehe zu den ersten Entwicklungen von lokalen Hebammenordnungen *Burckhard*, Studien zur Geschichte des Hebammenwesens, S. 5 ff.

Berufsausübungsgemeinschaften zulässig, soweit Hebammen hierdurch nicht in der Einhaltung ihrer Berufspflichten gehindert werden.[2223]

Allein in *Baden-Württemberg* regelt § 9 HebBO BW die berufliche Kooperation detailliert. Nach § 9 I 1 HebBO BW dürfen Hebammen ihren Beruf *„einzeln oder in einer Berufsausübungsgemeinschaft"* ausüben. Personell wird in § 9 I 2 HebBO BW nur eine Berufsausübungsgemeinschaft als *„Zusammenschluss von freiberuflichen tätigen Hebammen"*[2224] eröffnet. Während bereits durch Umkehrschluss die Unzulässigkeit gemeinsamer interprofessioneller Berufsausübung zu schlussfolgern ist, bekräftigt § 9 II 2 HebBO BW die Monoprofessionalität einer Berufsausübungsgemeinschaft, in dem Gesellschafter *„nur"* Hebammen sein können. Die Regelung zielt final auf den Ausschluss berufsfremder Beteiligung an der Berufsausübung von Hebammen. Der Kontext lässt keinen Raum für interprofessionelle Berufsausübungsgemeinschaften als ungeregelte Vereinigungen zu, da nach § 9 I 1 HebBO BW die Berufsausübung allein einzeln oder in einer – nach Satz 2 definierten – Berufsausübungsgemeinschaft zulässig ist. Eine MKG mit Hebammen ist nach deren Berufsrecht ausgeschlossen – auch wenn die *Landesärztekammer Baden-Württemberg* Hebammen ausdrücklich als mögliche Kooperationspartner aufzählt.[2225]

Die § 9 I 2, II 2 HebBO BW abzuleitende Unzulässigkeit interprofessioneller Zusammenschlüsse lässt sich als Eingriff in die Berufsausübungsfreiheit nach Art. 12 I GG (landes-) verfassungsrechtlich nicht rechtfertigen. Formell ist die HebBO BW durch das baden-württembergische Sozialministerium erlassen worden, das sich hierfür auf die in Art. 24 des Dritten Rechtsbereinigungsgesetzes[2226] beruft. Eine Standesorganisation der Hebammen mit Selbstverwaltungsrechten besteht (noch[2227]) nicht. Art. 24 Nr. 1 des 3. RBerG ermächtigt das Sozialministerium, durch Rechtsverordnung die Aufgaben und Berufspflichten einschließlich der Fortbildung und Überwachung der Berufsausübung der Hebammen und Entbindungspfleger (Hebammenberufsordnung) zu bestimmen. Fraglich ist insoweit, ob die Ermächtigung für ein Verbot von Zusammenschlüssen von Hebammen mit

2223 Die Zulässigkeit gemeinsamer MKG von Ärzten und Hebammen wird anhand der Berufsregelungen der Hebammen ersichtlich nicht thematisiert.

2224 Auf die Aufzählung von Entbindungspflegern wird allein zur linguistischen Simplifizierung verzichtet.

2225 Im Unterschied zu Kooperationen mit Apothekern, bei denen ein Hinweis auf ein der MKG mit ihnen entgegenstehendes Berufsrecht der Apotheker erfolgt, verweist die *LÄK Bad.-Württ.*, PartG/MKG, Punkt 4.2, gerade nicht auf eine entsprechende Unzulässigkeit nach § 9 II 2 HebBO BW.

2226 Drittes Gesetz zur Bereinigung des bad.-württ. Landesrechts (Dritten Rechtsbereinigungsgesetz – im Folgenden 3. RBerG) vom 18. Dezember 1995, GBl. vom 12. Januar 1996, S. 29 (35).

2227 Siehe zu den Bestrebungen der Einrichtung von Hebammenkammern und bereits erfolgten Aktivitäten hier nur *Ensel*, DHZ 2018 (8), 78 f.

Ärzten ausreicht. Das Grundgesetz billigt eine Normsetzung durch die Exekutive grundsätzlich, setzt jedoch einen vom Parlament vorgezeichneten Rahmen voraus, in dem sich die Regelungen der Exekutive bewegen dürfen.[2228] Nach Art. 61 I 2 der Landesverfassung *Baden-Württembergs* kann eine Ermächtigung zum Erlass von Rechtsverordnungen nur durch Gesetz erteilt werden, wobei im Gesetz Inhalt, Zweck und Ausmaß der erteilten Ermächtigung bestimmt sein müssen. Die Regelung entspricht inhaltlich der Vorschrift in Art. 80 I 1, 2 GG. Das Parlament soll sich als formeller Gesetzgeber seiner Verantwortung nicht dadurch entziehen können, dass es einen Teil seiner Gesetzgebungsmacht der Exekutive überträgt, ohne genau die Grenzen der übertragenen Kompetenzen bedacht und bestimmt zu haben.[2229] Die Bestimmtheit der Ermächtigungsgrundlage ist durch ihre Auslegung nach den allgemein gültigen Auslegungsmethoden zu ermitteln, wobei die Bestimmtheitsanforderungen im Einzelnen nicht pauschal, sondern nur von Fall zu Fall beurteilen lässt und dabei von den Besonderheiten des jeweiligen Regelungsgegenstands sowie der Intensität der Maßnahme abhängig ist.[2230] Jedenfalls fehlt es dann an der nötigen Beschränkung, wenn die Ermächtigung so unbestimmt ist, dass nicht mehr vorausgesehen werden kann, was dem Bürger gegenüber zulässig sein soll.[2231] Zudem folgt dem Vorbehalt des Gesetzes, dass die wesentlichen Entscheidungen durch das Parlament getroffen werden müssen.[2232] Die Ermächtigung zur Regelung der Berufspflichten in Art. 24 Nr. 1 des 3. RBerG ist generalklauselartig formuliert und lässt nicht darauf schließen, was Hebammen als Regelungsadressaten einer Rechtsverordnung zu erwarten haben. Durch die Generalklausel ließe sich kaum eine Regelung, die Hebammen auch nur im Entferntesten in ihrer Berufsausübungsregelung beträfe, von der Ermächtigungsgrundlage ausschließen.

Dies lässt sich auch aus der Entstehungsgeschichte der Ermächtigungsgrundlage in Art. 24 Nr. 1 des 3. RBerG entnehmen. Während die HebBO BW a. F.[2233] im Jahr 1992 noch auf § 17 des Reichshebammengesetzes[2234] aus dem Jahr 1938 gestützt worden ist, wurde die in der 2016 erlassenen HebBO BW genannte, generalklauselartig ausgestaltete Ermächtigungsgrundlage des Art. 24 Nr. 1 des 3. RBerG erst 1996 verkündet.[2235] Es macht zunächst stutzig, dass das Sozialministerium seine

2228 *BVerfGE* 34, 52 (59 f.).
2229 *BVerfGE* 1, 14 (60); 7, 282 (301); 23, 62 (72 f.); 41, 251 (265 f.); 34, 52 (60); 58, 257 (277).
2230 *BVerfGE* 1, 14 (60); 58, 257 (277 f.).
2231 *BVerfGE* 1, 14 (60); 7, 282 (302); 23, 62 (72 f.); 41, 251 (265 f.); 34, 52 (60); 58, 257 (277).
2232 *BVerfGE* 58, 257 (275).
2233 Verordnung des Sozialministeriums über die Berufspflichten der Hebammen und Entbindungspfleger (Hebammenberufsordnung – HebBO) vom 25. November 1992, GBl. 1992, S. 774.
2234 Hebammengesetz vom 21. Dezember 1938, RGBl. I 1938, S. 1893.
2235 Art. 24 Nr. 1 des Dritten Gesetzes zur Bereinigung des bad.-württ. Landesrechts (Drittes Rechtsbereinigungsgesetz – 3. RBerG) vom 18. Dezember 1995, GBl. 1996, 29 (35).

Ermächtigung 1992 in einem vorkonstitutionellen Reichsgesetz gesucht hat. Erstens wurde nämlich bereits im Jahr 1985 auf Bundesebene das Reichshebammengesetz aus dem Jahr 1938 durch das Hebammengesetz[2236] abgelöst, das Reichshebammengesetz war mithin bereits außer Kraft, als sich das Sozialministerium im Jahr 1992 hierauf berufen hat. Zweitens obliegt die Gesetzgebungskompetenz zur Regelung der Berufsausübung der Hebammen nach Art. 74 I Nr. 19 GG gerade nicht dem Bund, sondern dem Land. Eine Ermächtigung des Sozialministeriums hätte sich mithin aus dem Landesrecht ergeben müssen. Das Reichshebammengesetz konnte jedoch durch den Bundesgesetzgeber nicht gänzlich außer Kraft gesetzt werden, da es neben Berufszulassungsregelungen auch Berufsausübungsregelungen enthielt, die nach Art. 129 II GG als Landesrecht fortgalten und daher nicht nach Art. 74 I Nr. 19 GG der Bund zuständig gewesen sind.[2237] Somit blieb dem Bundesgesetzgeber nicht nur verwehrt, Berufsausübungsregelungen zu erlassen, sondern auch die Aufhebung bestehender Berufsausübungsregelungen.[2238] Durch Aufhebung der vorkonstitutionellen Vorschriften, wäre die Ermächtigungsgrundlage der 1992 erlassenen Berufsordnung weggefallen und daher nach Ansicht des Landesgesetzgebers die Berufsordnung außer Kraft gesetzt.[2239] Um diesen Zustand zu verhindern, hat der Landesgesetzgeber eine neue Ermächtigungsgrundlage in Art. 24 Nr. 1 des 3. RBerG geschaffen. Diese neue Ermächtigungsgrundlage musste im Gegensatz zu der vorkonstitutionellen Ermächtigungsgrundlage[2240] im Reichshebammengesetz den Anforderungen der Gewaltenteilung, insbesondere Art. 61 I 2 der Landesverfassung *Baden-Württembergs* genügen. Die Vorstellungen des Landesgesetzgebers haben sich dabei auf den Inhalt der damals bestehenden HebBO bezogen. Zur Zeit der Verkündung der Ermächtigungsgrundlage im Landesrecht bestand darin jedoch noch keine Regelung über berufliche Kooperation in gesellschaftlicher Verfestigung. Eine solche Norm wurde erst durch die neue HebBO BW im Jahr 2016 mit dem thematisierten § 9 HebBO BW eingeführt. Es ist daher deutlich, dass auch dem Landesgesetzgeber nicht bewusst gewesen ist, das Sozialministerium zu einer Regelung über berufliche Kooperation zu ermächtigen. Vielmehr

2236 Gesetz über den Beruf der Hebamme und des Entbindungspflegers (Hebammengesetz – HebG) vom 4. Juni 1985, BGBl. I 1985, S. 902.

2237 BT-Drs. 10/1064, S. 12.

2238 *Landtag Bad.-Württ.*, Drs. 11/6379, S. 47; BT-Drs. 10/1064, S. 13.

2239 *Landtag Bad.-Württ.*, Drs. 11/6379, S. 47. In der Literatur wird vertreten, der nachträgliche Wegfall der Ermächtigungsgrundlage einer Rechtsverordnung lasse auch die Rechtsverordnung selbst automatisch außer Kraft treten, da sie mit der entfallenden Ermächtigungsgrundlage eine „*funktionale Einheit*“ bilde. Nach ständiger Rechtsprechung des *BVerfG* fällt die Rechtsverordnung allerdings nur hinfort, wenn sie erkennbar ebenso aufgehoben wird, siehe näher *Remmert*, in: *Maunz/Dürig*, GG, Art. 80 Rn. 51 f.

2240 Über die Fortgeltung vorkonstitutioneller Ermächtigungsgrundlagen für den Fall, dass sie inhaltlich nicht den Anforderungen des Art. 80 I GG genügten, bestand allgemein Einigkeit, siehe *Remmert*, in: *Maunz/Dürig*, GG, Art. 80 Rn. 46.

wird dem Landesgesetzgeber dieser Punkt gar nicht in den Sinn gekommen sein, da zur selben Zeit keine entsprechende Regelung bestand. Dementsprechend wurde der Zweck des Art. 24 Nr. 1 des 3. RBerG nach der Gesetzesbegründung darin gesehen, „*der Konkretisierung der Verpflichtung von Hebammen und Entbindungspflegern, ihren Beruf gewissenhaft und entsprechend dem Stand der jeweiligen medizinischen Erkenntnisse auszuüben, sowie der Überwachung der Berufsausübung*“ zu dienen.[2241] Die Gesetzesbegründung ist im Gegensatz zur Generalklausel in Art. 24 Nr. 1 des 3. RBerG viel enger ausgestaltet und orientiert sich an den Pflichten der Hebammen bei der Ausübung ihrer tatsächlichen Behandlung. Es lässt sich durch Aufnahme der Gesetzesbegründung in die Auslegung des Art. 24 Nr. 1 des 3. RBerG noch viel weniger darauf schließen, dass eine gemeinsame Berufsausübung durch das zuständige Ministerium beschränkt werden dürfen soll. Die erlassene Berufsordnung geht mithin in ihrem Verbot interprofessioneller Zusammenschlüsse über ihre Ermächtigung hinaus. Hebammen müssten als Regelungsadressaten nach Auslegung der Ermächtigungsgrundlage anhand der allgemeinen Auslegungsmethoden,[2242] v. a. unter Berücksichtigung der Genesis und des Wortlauts, nicht mit einer Regelung interprofessioneller Zusammenschlüsse rechnen. Die Ermächtigungsgrundlage rechtfertigt daher keinen Ausschluss von Zusammenschlüssen mit Ärzten durch das Sozialministerium, sodass dieser formell verfassungswidrig ist.

Als Schranken-Schranke des Eingriffs in die Berufsausübungsfreiheit nach Art. 12 I GG ist materiell darüber hinaus insbesondere der Grundsatz der Verhältnismäßigkeit zu berücksichtigen, wonach die eingreifende Regelung einen legitimen Zweck in geeigneter, erforderlicher und angemessener Weise verfolgen muss. Der legitime Zweck kann nicht durch das Ministerium als Verordnungsgeber selbst festgelegt werden, sondern muss in der Ermächtigungsgrundlage gesetzlich fixiert werden.[2243] Zur Rechtfertigung eines Eingriffs in die Berufsausübungsfreiheit muss der verfolgte Zweck auf vernünftigen Gründen des Gemeinwohls beruhen.[2244] Die Ermächtigungsgrundlage in Art. 24 Nr. 1 des 3. RBerG überlässt dem Sozialministerium die Bestimmung der Aufgaben und Berufspflichten der Hebammen. Hebammen sollen ihren Beruf gewissenhaft und entsprechend dem Stand der jeweiligen medizinischen Erkenntnisse ausüben,[2245] Zweck ist daher die Gewährleistung der in der Berufsordnung verfassten Berufspflichten als Ausformung der in § 2 I HebBO BW verankerten Aufgabe von Hebammen, Schwangeren und Müttern durch Hilfestellung und Ratschläge Unterstützung zu leisten, und der Schutz

2241 *Landtag Bad.-Württ.*, Drs. 11/6379, S. 47.
2242 *BVerfGE* 58, 257 (277).
2243 *Grzeszick*, in: *Maunz/Dürig*, GG, Art. 20 Rn. 111.
2244 *BVerfGE* 7, 377 (405 f.); 117, 163 (182); 123, 186 (238).
2245 *Landtag Bad.-Württ.*, Drs. 11/6379, S. 47.

eigenverantwortlicher Berufsausübung vor berufsfremden Einflüssen inkompetenter[2246] Dritter. Hervorgehoben werden soll die Pflicht zur Verschwiegenheit, die nach § 5 I 3 HebBO BW ausdrücklich auch gegenüber nicht an der Behandlung mitwirkenden Ärzten einzuhalten ist.[2247] Die Verschwiegenheitspflicht nach § 5 I HebBO BW dient einerseits dem Schutz des besonderen Vertrauens in Mikroperspektive zwischen konkreter Hebamme und Schwangerer, andererseits wird auf Makroebene das Vertrauen der Allgemeinheit in den Hebammenberuf und das Versorgungssystem an sich unter Schutz gestellt.[2248] Die Verschwiegenheitspflicht der Hebammen ist strafrechtlich in § 203 I Nr. 1 StGB flankiert, ihrem Schutz dienen zudem das Zeugnisverweigerungsrecht nach § 53 I Nr. 3 StPO,[2249] § 383 I Nr. 6 ZPO[2250] in Straf- und Zivilprozess wie auch das Beschlagnahmeverbot gem. § 97 I Nr. 1 StPO.

Der Ausschluss interprofessioneller Berufsausübungsgemeinschaften ist zwar zur Zweckerreichung geeignet, da sich durch berufliche Kooperation der Kreis von Personen erweitert, die von Umständen potentiell Kenntnis erlangen können, die der Hebamme von einer Schwangeren oder Mutter anvertraut worden sind.[2251] Das Verbot ist jedoch nicht erforderlich, da zum Schutz der Berufspflichten der Hebammen ein anderes, gleich wirksames Mittel zur Verfügung steht, das nicht oder weniger stark die Berufsausübungsfreiheit einschränkt.[2252] Einerseits ändert sich durch Eintritt in eine interprofessionelle Berufsausübungsgemeinschaft nichts an der Bindung von Hebammen an ihr Berufsrecht. Zudem sind auch Ärzte berufs-, zivil- und strafrechtlich der Verschwiegenheitspflicht unterworfen, bereits die

2246 Vgl. *Horschitz/Kurtenbach*, Hebammengesetz, S. 34, zum Zweck der Zuziehungspflicht einer Hebamme zur Leistung von Geburtshilfe nach § 4 I HebG.

2247 Daneben sind zu nennen die freie Wahl des Geburtsorts für Hebammen nach § 9 IV HebBO BW und das Verbot berufsunwürdiger Tätigkeit nach § 8 II HebBO BW, das sich nach systematischer Auslegung auf die Außenwirkung der Hebammentätigkeit bezieht. Vgl. hierzu auch in den anderen Ländern das Verbot berufsunwürdiger Werbung gem. § 8 I Nr. 5 BayHebBO; § 10 Nr. 3 HebBO Bbg; § 9 I Nr. 2 HebBO HB; § 8 I Nr. 6 HebBO HH; § 5 I Nr. 3 HebBO Th; § 8 I Nr. 3 HebBO MV; § 6 I Nr. 4 HebG Nds.; § 8 Nr. 4 HebBO NRW; § 7 Nr. 2 HebBO RP; § 8 IV Nr. 7 HebBO SL; § 3 V HebBVO LSA; § 9 III Nr. 3 HebG Sachsen; § 8 I Nr. 9 HebBO SH; § 7 Nr. 7 HebBO Bln. In Hessen wird hingegen in § 2 X HebBO Hessen ein Verbot nach Form und Inhalt „unsachlicher“ Werbung statuiert.

2248 Schutz des allgemeinen Vertrauen der Bevölkerung in die Verschwiegenheit der Berufsangehörigen, *Lippert*, in: *Ratzel/Lippert*, MBOÄ, § 9 Rn. 6; vgl. ferner *Eisele*, in: *Schönke/Schröder*, § 203 Rn. 3 als denkbar mittelbarem Zweck neben dem Individualschutz durch die Strafnorm des § 203 StGB.

2249 *Schmitt*, in: *Meyer-Goßner*, StPO, § 53 Rn. 17.

2250 *Reichold*, in: *Thomas/Putzo*, ZPO, § 383 Rn. 6 („*in der Gesundheitspflege Tätige*“).

2251 *BVerfGE* 141, 82 (101).

2252 Zur Erforderlichkeit im Rahmen des Verhältnismäßigkeitsprüfung *BVerfGE* 25, 1 (19 f.); 141, 82 (100); *Grzeszick*, in: *Maunz/Dürig*, GG, Art. 20 Rn. 113 ff.

Kenntniserlangung über einen – nicht unbedingt ärztlichen – Partner einer Berufsausübungsgemeinschaft begründet die ärztliche Schweigepflicht.[2253] Im Umkehrschluss aus § 9 IV MBOÄ[2254] lässt sich auf die Verschwiegenheitsverpflichtung von Ärzten in § 5 I 3 HebBO BW entsprechender Weise gegenüber nicht an der Behandlung mitwirkenden Kollegen schließen.[2255] § 5 I 3 HebBO BW wird seinerseits insoweit einzuschränken sein, dass in interprofessionellen Zusammenschlüssen eines Arzt mit einer Hebamme grundsätzlich von einem Einverständnis der Schwangeren ausgegangen werden kann,[2256] dass Arzt und Hebamme sich über die Betreuung bzw. Behandlung bei gegebenem Anlass austauschen. Darin liegen der Vorzug und letztlich auch der Sinn einer interprofessionellen Berufsausübungsgemeinschaft,[2257] die Offenbarung geheimhaltungsbedürftiger Umstände über die Gemeinschaft hinaus ist aber nicht zu befürchten. Die Offenbarung berufsmäßig bekannt gewordener Umstände unterstellt die Annahme berufsrechtswidrigen Verhaltens von Hebamme und/oder Arzt. Vor berufsrechtswidrigen Verhaltensweisen schützt jedoch auch kein Verbot von Zusammenschlüssen mit Angehörigen anderer Berufe.

Auch zur Sicherung anderer Berufspflichten der Hebammen lässt sich das Assoziierungsverbot nicht rechtfertigen. Ausreichend ist die gesellschaftsvertragliche Absicherung des Berufsrechts der Hebammen. Wird ihnen die Einhaltung ihrer Berufspflichten innerhalb des Zusammenschlusses nicht ermöglicht, ist von dem Eintritt in die Gesellschaft Abstand zu nehmen oder nach Gründung der Gesellschaft der Austritt zu forcieren.

Das in § 9 I, II 2 HebBO BW verankerte Verbot interprofessioneller Berufsausübungsgemeinschaften ist im Ergebnis zumindest insoweit (landes-) verfassungswidrig, als durch ihn Zusammenschlüsse mit Ärzten verhindert werden.

bb) Rechtsform interprofessioneller Zusammenschlüsse

Mangels Einschränkung der Kooperationsmöglichkeiten in allen Ländern mit Ausnahme *Baden-Württembergs* ist die Wahl aller Rechtsformen inklusive der Kapitalgesellschaften möglich, die keinen Gewerbebetrieb voraussetzen, da auch Hebammen freiberuflich tätig sind. Hebammen ist ausdrücklich nach § 1 II 2 PartGG die Gründung einer PartG möglich. Die PartGmbB kann dagegen nicht gewählt werden, da bisher in keinem Bundesland eine nach § 8 IV PartGG erforderliche

---

2253 Vgl. *BVerfGE* 141, 82 (102 ff.) Rn. 60 ff.; *Lippert*, in: *Ratzel/Lippert*, MBOÄ, § 9 Rn. 4.

2254 § 9 IV MBOÄ lautet: *„Wenn mehrere Ärztinnen und Ärzte gleichzeitig oder nacheinander dieselbe Patientin oder denselben Patienten untersuchen oder behandeln, so sind sie untereinander von der Schweigepflicht insoweit befreit, als das Einverständnis der Patientin oder des Patienten vorliegt oder anzunehmen ist."*

2255 Vgl. zur ärztlichen Verschwiegenheitsverpflichtung *Lippert*, in: *Ratzel/Lippert*, MBOÄ, § 9 Rn. 27 ff.

2256 Siehe hierzu bereits in Bezug auf § 9 MBOÄ S. 391 ff.

2257 *BVerfGE* 141, 82 (102).

gesetzliche[2258] Regelung einer besonderen Berufshaftpflichtversicherung erlassen worden ist.

In *Baden-Württemberg* werden nach § 9 II 1 HebBO BW für Berufsausübungsgemeinschaften ausdrücklich nur die Rechtsformen der GbR und PartG eröffnet, sodass im Umkehrschluss die Organisation in einer Kapitalgesellschaft ausgeschlossen ist. In der Vorenthaltung einer Organisationsform liegt vorrangig[2259] ein Eingriff in die Berufsausübung der betroffenen Berufsangehörigen. In die Berufsfreiheit darf nach Art. 12 I 2 GG nur durch Gesetz oder auf Grund eines Gesetzes eingegriffen werden.[2260] Bereits die generalklauselartige Ermächtigungsgrundlage in Art. 24 Nr. 1 des 3. RBerG zur Bestimmung der Berufspflichten ist nach Art. 61 I 2 der Landesverfassung *Baden-Württemberg* nicht hinreichend bestimmt genug, um die Ausübung des Hebammenberufs in bestimmten Rechtsformen auszuschließen. Aus der Gesetzesbegründung[2261] wird deutlich, dass der Landesgesetzgeber keine Vorstellungen bezüglich eines Ausschlusses bestimmter Rechtsformen hatte. Im Übrigen lässt sich materiell kein Ausschluss von Kapitalgesellschaften als Rechtsform für die Berufsausübung der Hebammen rechtfertigen.[2262] Es leuchtet insbesondere nicht ein, weshalb in *Baden-Württemberg* der Landesgesetzgeber dem Sozialministerium eine Verordnungsermächtigung zur Vorbeugung einer Gefahr für die Berufspflichten der Hebammen erteilt haben soll, die gleichfalls bei Ärzten, Zahnärzte und Psychotherapeuten vorliegen müssten. In komparativer Gegenüberstellung mit der ausdifferenzierten Satzungsermächtigung der Heilberufskammern in § 31 III HBKG BW ist die Wahl von Kapitalgesellschaften für Ärzte, Zahnärzte und Psychotherapeuten mangels Auftrags zur Regelung zulässiger Organisationsformen uneingeschränkt zulässig.[2263]

cc) Sicherung der Berufspflichten der Hebamme

Der Zusammenschluss mit einem Arzt führt zu keinem nennenswertem Risiko für die Einhaltung der Berufspflichten der Hebammen. Sie sind in der konkreten Ausgestaltung des Gesellschaftsvertrags und bei tatsächlicher Berufsausübung

2258 Vgl. BT-Drs. 17/10487, S. 14, wonach für die Zulässigkeit der Haftungsbeschränkung nach § 8 IV PartGG eine spezielle gesetzliche Regelung als Voraussetzung gilt.

2259 An dieser Stelle soll nur darauf hingewiesen werden, dass die Berufsfreiheit nach Art. 12 GG gemäß Art. 19 IV GG auf Kapitalgesellschaften anwendbar ist, sodass auch ihre Grundrechte betroffen sind. Siehe hierzu näher bei Betrachtung des ärztlichen Berufsrechts S. 333 ff.

2260 Vgl. *BGH*, NJW 1994, 786 (787) zur Zulässigkeit einer Zahnärzte-GmbH.

2261 *Landtag Bad-Württ.*, Drs. 11/6379, S. 47.

2262 Insoweit lässt sich auf die Beurteilung des Verbots der Führung einer ärztlichen Praxis in einer juristischen Person des Privatrechts nach Art. 18 I 2 HKaG BY verweisen, siehe S. 333 ff.

2263 Für Ärzte ausdrücklich nach § 23a BO BW, für Zahnärzte und Psychotherapeuten mangels Regelung.

innerhalb der Kooperation zu beachten und dürfen nicht durch die konkrete Ausgestaltung des Bündnisses beeinträchtigt werden. Die Bindung einer Hebamme an ihre Berufspflichten bleibt von dem Eintritt in eine interprofessionelle Berufsausübungsgemeinschaft unbeeinträchtigt.

dd) Zwischenergebnis

De lege lata steht Hebammen nach ihrem Berufsrecht grundsätzlich ein Zusammenschluss mit Ärzten zur gemeinsamen Berufsausübung in allen freiberuflich nutzbaren Rechtsformen offen. Allein in *Baden-Württemberg* ist nach ihrem Berufsrecht gemäß § 9 I, II 2 HebBO BW der Eintritt in eine interprofessionelle Berufsausübungsgemeinschaft und nach § 9 II 1 HebBO BW ihre Organisation als Kapitalgesellschaft unzulässig. Die Vorschrift ist jedoch formell und materiell verfassungswidrig.

f) Sonstige Berufe

Alle sonstigen kooperationsfähigen Ausbildungsberufe des Gesundheitswesens wie die des Physiotherapeuten, Ergotherapeuten oder des Podologen zeichnen sich selbst bei erteilter beschränkter Heilpraktikererlaubnis nach § 1 I HeilprG dadurch aus, dass besondere Vorschriften zur Berufsausübung regelmäßig nicht bestehen.[2264] Die Berufsausübung regelt sich cum grano salis allein anhand allgemeiner Vorschriften, vorrangig denen des bürgerlichen Rechts und des allgemeinen Strafrechts.[2265]. Aufgrund des regelmäßigen Fehlens landesrechtlicher Berufsausübungsvorschriften ist insoweit die uneingeschränkte Zulässigkeit interprofessioneller Zusammenschlüsse für diese Berufsangehörigen zu konstatieren.[2266] Verfehlt ist im Hinblick auf die freiheitliche Grundordnung und den Gesetzesvorbehalt in Art. 12 I 2 GG jedenfalls das Postulat der ausdrücklich geregelten Eröffnung interprofessioneller Berufsausübung.[2267]

Da die Führung von Berufsbezeichnungen wie nach § 1 MPhG nur durch natürliche Personen in Betracht kommt, ist jedenfalls eine Kapitalgesellschaft nicht zu ihrer Führung berechtigt.[2268] Die Berufsausübung in Kapitalgesellschaften ist

---

2264 *Guttau*, Nichtärztliche Heilberufe, S. 51, resümiert daher, dass nichtärztliche Heilberufe bei gleichzeitiger Überregulierung des ärztlichen Berufs *„geradzu unterreguliert"* seien.

2265 Vgl. insgesamt für praktisch alle nichtärztlichen Heilberufe *Schnitzler*, MedR 2011, 270 (272).

2266 Vgl. zu der Rechtslage des Rechts der Psychotherapeuten *Twer*, Physiotherapeuten, S. 60. Siehe auch allgemein *Lenz*, in: *Meilicke et al.*, PartGG, § 1 Rn. 120.

2267 So jedoch wohl *Cramer et al.*, Der Frauenarzt 1996, 1069 (1071).

2268 *BSGE* 77, 130 (134 f.).

mangels Verbots gleichwohl zulässig.[2269] Außerdem kommt die Wahl der PartG in Betracht,[2270] wobei die berufshaftungsbeschränkte Rechtsformvariante mangels ausdrücklicher gesetzlicher („*durch Gesetz*") berufsspezifischer Regelung einer auf § 8 IV PartGG zugeschnittenen Berufshaftpflichtversicherung ausscheidet. Die Möglichkeit der Entwicklung eines neuen Berufsrechts, das die Rechtsformvariante der PartGmbB eröffnet, ist eher theoretischer Natur.[2271]

7. Regelungen des Sozialversicherungsrechts

a) *Einführung*

Neben der Frage nach der berufsrechtlichen Zulässigkeit ist für die Beteiligten der nach ärztlichem Berufsrecht als MKG verstandenen Berufsausübungsgemeinschaft die Frage nach dem potentiellen „*Absatzmarkt*" von besonderer praktischer Relevanz.[2272] In Anbetracht der hohen Versichertenquote von ca. 90 % der Bevölkerung im System der GKV[2273] wird wie bei reinen Arztpraxen[2274] für den wirtschaftlichen Erfolg regelmäßig entscheidend sein, dass

---

2269 *BSGE* 77, 130 (135 f.); *BSG*, NJW 1996, 3228 (3229). Dabei prüft jedoch das *BSG* auf Bundesebene (insbesondere wohl in § 1 MPhG aufgrund des Hinweises des *Senats*, die Berufsausübung durch eine GmbH liege außerhalb der Vorstellung des historischen Gesetzgebers) erlassene Regelungen der Berufs*ausübung*, wobei dem Bund jedoch nach Art. 74 I Nr. 19 GG hierzu keine Gesetzgebungskompetenz erteilt worden ist – ohnehin regelt das MPhG lediglich die Berufs*zulassung*. Richtigerweise wäre zu konstatieren, dass besondere (landesrechtliche) Regelungen der Berufsausübung nicht existieren, sodass ein Verbot der Berufsausübung in Kapitalgesellschaften nicht besteht.

2270 Ausdrücklich werden Krankengymnasten und Heilmasseure als mögliche Partner in § 1 II 2 PartGG deklariert, andere Gesundheitsfachberufe lassen sich bei gesetzlich geregelten Berufsbildern (wie durch ErgThG, PodG und DiätAssG) als diesen ähnlicher Beruf einordnen; siehe allerdings in Bezug auf den ausdrücklich in § 1 II 2 PartGG aufgezählten Beruf des Physiotherapeuten a. A. *Saenger*, MedR 2006, 138 (140); *Schiller/Hartmann*, in: *Halbe/Schirmer*, Kooperationen, A 1600 Rn. 98; *Sodan*, Freie Berufe, S. 214.

2271 So auch *Schüppen*, Wpg 2013, 1193 (1195); *Kilian*, MDR 2013, 1137 (1141).

2272 In Bezug auf Zusammenschlüsse von Physiotherapeuten und Ärzten *Junkert*, Ärzte und Physiotherapeuten, S. 19; siehe auch in Bezug auf das Nachfragepotential der Ärzte-GmbH *Taupitz*, VersR 1992, 1064 ff.; *ders.*, NJW 1992, 2317 (2324 f.); *Katzenmeier*, MedR 1998, 113 (118); *Preißler*, MedR 1995, 110 (111); *Weber/Vogt-Weber*, ArztR 1997, 179 (183 ff.); *dies.*, DÄBl. 1998, A-1146 (A-1148).

2273 Nach einer Berechnung des Verbands der Ersatzkassen waren im Jahr 2018 ca. 87,7 % der Bevölkerung gesetzlich krankenversichert, abrufbar unter https://www.vdek.com/presse/daten/b_versicherte.html (letzter Aufruf am 28.7.2020).

2274 *BVerfGE* 11, 30 (43 f.); *Bristle*, in: *Sodan*, Krankenversicherung, § 17 Rn. 116. Zur wirtschaftlichen Tragfähigkeit der seinerzeit neuen Ärztepartnerschaft *Schirmer*, MedR 1995, 341 (341).

alle in der MKG angebotenen Leistungen zulasten der GKV abgerechnet werden können. Die ökonomische Signifikanz der Abrechnungsmöglichkeit zulasten der GKV ergibt sich aus den ansonsten verbleibenden Kostenträgern. Neben einer möglichen Übernahme der durch den Patienten gezahlten Kosten für erbrachte Leistungen durch eine private Krankenversicherung[2275] kommt nur noch die Behandlung von echten Selbstzahlern in Betracht. Faktisch beschränkte sich das Marktpotential auf präventive und rein wunscherfüllende, insbesondere kosmetische Leistungen, die ohnehin nur von Selbstzahlern nachgefragt werden.[2276] Interprofessionelle Gesellschaften haben daher nur dann eine Aussicht auf weitere Verbreitung, wenn sie ihre Leistungen zulasten des Systems der GKV erbringen können.[2277]

Hierzu müssten MKG oder zumindest die in ihr zusammengeschlossenen Angehörigen verschiedener Gesundheitsberufe, insbesondere der Arzt, zur Leistungserbringung als Mitglied der Kooperationsgemeinschaft im System der GKV zur Abrechnung gegenüber den GKV berechtigt sein. Der Zugang von Ärzten zur Leistungserbringung zulasten der GKV unterliegt anderen Vorschriften als die Leistungserbringung Angehöriger anderer Berufe. Daher ist in einem ersten Schritt zu überprüfen, ob die Teilnahme zur vertragsärztlichen Versorgung in Betracht kommt, danach ist die Leistungserbringung zu Leistungen der Kooperationspartner Untersuchungsgegenstand.

b) Teilnahme der MKG an der vertragsärztlichen Versorgung

aa) Einführung

Die Teilnahme der MKG an der vertragsärztlichen Versorgung ist auf zwei Wegen denkbar. Zunächst kommt die Teilnahme der MKG selbst an der vertragsärztlichen Versorgung in Betracht. Ein zur Teilnahme an der vertragsärztlichen Versorgung zugelassenes Institut der MKG kennt das Vertragsarztrecht jedenfalls nicht,[2278] weshalb ihre Teilnahme an der vertragsärztlichen Versorgung nicht in Betracht komme.[2279] Sie sei damit lediglich als „*zweites Standbein*“ der verbundenen Partner geeignet.[2280]

2275 Zur Abgrenzung des Sachleistungsprinzips im Rahmen der GKV und dem Erstattungsprinzip der privaten Krankenversicherer *Stumpf*, WRP 2008, 286 (287).

2276 In Bezug auf die Ärzte-GmbH stellt *Preißler*, MedR 1995, 110 (111); zust. *Katzenmeier*, MedR 1998, 113 (118), fest, dass eine faktische Beschränkung auf präventive und kosmetische Leistungen vorliegt.

2277 So bereits schon *Cramer et al.*, Der Frauenarzt 1996, 1069 (1071).

2278 *Möller/Makoski*, in: *Wenzel*, Arzthaftungsprozess, Rn. 267; *Möller*, in: *Ratzel/Luxenburger*, Medizinrecht, Kap. 16 Rn. 426; *Wigge*, in: *Schnapp/Wigge*, Vertragsarztrecht, § 9 Rn. 121; *Rehborn*, in: *Laufs et al.*, Hdb. Arztrecht, § 22 Rn. 59.

2279 *Lenz*, MDR 1994, 741 (746); *Möller*, in: *Ratzel/Luxenburger*, Medizinrecht, Kap. 16 Rn. 426; unsicher („*wohl*“) *Zimmermann*, in: *Römermann*, PartGG, § 1 Rn. 178.

2280 *Damas*, Thera-Biz 2015 (4), 76 (77).

Diese zügige Feststellung allein aufgrund semantischer Inkongruenz im Vertragsarztrecht ist nicht sachgerecht. Auch andere berufsrechtliche Kooperationsformen stimmen nicht wörtlich mit ihrer vertragsarztrechtlichen Ausformung überein. So kann jedes der berufsrechtlichen Gebilde der Berufsausübungsgemeinschaft, der Organisationsgemeinschaft und der Einzelpraxis im Vertragsarztrecht als MVZ zugelassen sein.[2281] Andererseits ist gleichlautenden Begriffen in Berufs- und Vertragsarztrecht u. U. ein unterschiedlicher Inhalt beizumessen.[2282] Daher sind alle Teilnahmeformen des § 95 I 1 SGB V dahingehend zu untersuchen, ob sich die MKG an der vertragsärztlichen Versorgung beteiligen kann.

Nach § 95 I 1 SGB V nehmen an der vertragsärztlichen Versorgung zugelassene Ärzte, zugelassene MVZ[2283] sowie ermächtigte Ärzte und ermächtigte Einrichtungen teil. Andere als die dort genannten Teilnameberechtigten können nicht an der vertragsärztlichen Versorgung mitwirken.[2284] Da offenkundig die Zulassung bzw. Ermächtigung der MKG als Arzt ausscheidet, kommt lediglich noch ihre Zulassung als MVZ oder zumindest ihre Ermächtigung als Einrichtung in Betracht.

bb) Zulassung als Medizinisches Versorgungszentrum (MVZ)

aaa) Gründungsberechtigung

i) Beschreibung der aktuellen Rechtslage

Durch das Gesundheitsmodernisierungsgesetz im Jahr 2004 wurden MVZ als eigenständige Leistungserbringer in der ambulanten Versorgung etabliert.[2285] Seither werden MVZ in der Praxis gut angenommen und ihre Anzahl steigt stetig.[2286] Entscheidend ist für die Möglichkeit der Zulassung als MVZ die Gründungsberechtigung aller Gesellschafter der MKG. Nach Einführung der MVZ ermöglichte § 95 I 6 SGB V a. F. noch deren Gründung durch die Leistungserbringer, *„die auf Grund von Zulassung, Ermächtigung oder Vertrag an der medizinischen Versorgung der Versicherten teilnehmen"*. MVZ wurden ausdrücklich als Einrichtungen zur *„interdisziplinäre[n] Zusammenarbeit von ärztlichen und nicht ärztlichen Heilberufen"* eingeordnet, die *„den Patienten eine Versorgung aus einer Hand anbieten."*[2287] Die Norm knüpfte also die Gründungsberechtigung an den Teilnahmestatus der

2281 *Ratzel*, in: *Ratzel/Lippert*, MBOÄ, §§ 18–18a Rn. 35; siehe ferner *Wollersheim*, in: *Plagemann*, Sozialrecht, § 19 Rn. 13.
2282 Siehe hierzu sogleich S. 468 ff.
2283 Zu allgemeinen Anforderungen an MVZ siehe oben S. 91 ff., 97 ff.
2284 *Taupitz*, VersR 1992, 1064 (1064).
2285 *Lindenau*, MVZ, S. 44 ff.
2286 Vgl. *Hoßbach*, MedR 2017, 905 (905).
2287 BT-Drs. 15/1525, S. 74.

Leistungserbringer in dem System der GKV unabhängig von der Art der Teilnahmeform. So waren Hebammen, Heil- und Hilfsmittelerbringer und Apotheken zur Gründung eines MVZ berechtigt.[2288] Die Gründung eines MVZ war daher als berufsrechtlich verstandene MKG zulässig.[2289]

Durch das GKV-Versorgungsstrukturgesetz wurde jedoch der Kreis der Gründungsberechtigten erheblich begrenzt, um der Gefahr einer Beeinflussung medizinischer Entscheidungen durch Kapitalinteressen Einhalt zu gebieten.[2290] Die Einschränkung stützte sich auf die nach den *„Erfahrungen der letzten Jahre"* beobachteten Nutzung nichtärztlicher Leistungserbringer als *„Erwerbsvehikel"*,[2291] gleichwohl konnte die Bundesregierung keine konkreten Beispiele hierfür nennen.[2292] Seither sind nur noch die in § 95 Ia 1 SGB V explizit aufgezählten Leistungserbringer zur Gründung eines MVZ berechtigt: zugelassene Ärzte, zugelassene Krankenhäuser, Erbringer nichtärztlicher Dialyseleistungen nach § 126 III SGB V, anerkannte Praxisnetze nach § 87b II 3 SGB V, gemeinnützige Träger, die aufgrund von Zulassung oder Ermächtigung an der vertragsärztlichen Versorgung teilnehmen und Kommunen.[2293] Die Gründung durch Erbringer nichtärztlicher Dialyseleistungen nach § 126 III SGB V wurde durch das Terminservice- und

---

2288 Siehe hierzu BT-Drs. 15/1525, S. 107 f.; BSGE 124, 266 ff., siehe ferner *Lindenau*, MVZ, S. 55 ff.; *Wigge*, in: *Schnapp/Wigge*, Vertragsarztrecht, § 6 Rn. 173; *Ratzel*, ZMGR 2004, 63 (64); *Schulz/Schulte*, RPG 2006, 97 (97 f.); *John*, ZMGR 2019, 67 (70); *Wigge*, MedR 2004, 123 (130, 132 f.); *Munte et al.*, Kooperative Berufsausübung, S. 65 f.; *Schäfer-Golz*, in: FS Huber, S. 951 (956 f.); *Rau*, DStR 2007, 351 (351 f.); *Lindenau*, MVZ, Rn. 160 ff.; *Wigge et al.*, in: *Wigge/von Leoprechting*, Handbuch MVZ, S. 119 f.; *Kaufmann/Grühn*, MedR 2012, 297 (298); *Scholz/Buchner*, NZS 2012, 401 (401 f.); *Zech*, MedR 2016, 118 (119); *Hiddemann*, in: *Schnapp/Wigge*, Vertragsarztrecht, § 14 Rn. 29 Fn. 64; *Junkert*, Ärzte und Physiotherapeuten, S. 25; *Schwanenflügel*, NZS 2006, 285 (290); *Treptow*, MVZ-GmbH, S. 82 f.; *Butzer*, NZS 2005, 344; *Meschke*, MedR 2009, 263 (264). A.A. *Scholz*, GesR 2003, 369 (371 f.), der *„sprachliche Irreführung"* bemängelte, allein eine Organisationsgesellschaft zwischen Ärzten und nichtärztlichen Heilberufen und eine Leistungserbringung aus einer Hand mit berufsfremden Leistungserbringern nur über Integration einer Managementgesellschaft als zulässig erachtete.

2289 Insoweit kann *Junkert*, Ärzte und Physiotherapeuten, S. 31 f., gefolgt werden.

2290 BT-Drs. 17/6906, S. 70. Zu den verfassungsrechtlichen und europarechtlichen Bedenken der Begrenzung des Gründerkreises eines MVZ: *Scholz/Buchner*, NZS 2012, 401 (402 ff.).

2291 Regierungsentwurf, BT-Drs. 17/6906, S. 113.

2292 Antwort der Bundesregierung auf eine Kleine Anfrage BT-Drs. 17/3131, S. 10 ff.

2293 Die Aufnahme der Kommunen in den berechtigten Gründerkreis stellt nach in der Literatur vertretener Ansicht einen Verstoß gegen das in Art. 84 I 7 GG geregelte Aufgabenübertragungsverbot dar, so *Schaks*, NZS 2016, 761 (764 ff.); *zust. Wigge*, in: *Schnapp/Wigge*, Vertragsarztrecht, § 6 Rn. 175.

Versorgungsgesetz zuletzt mit Einfügung des § 95 Ia S. 2 Hs. 1 SGB V auf die Gründung fachbezogener MVZ begrenzt.

Da nach § 72 I 2 SGB V die Vorschriften des vierten Kapitels des SGB V grundsätzlich auch für Zahnärzte, Psychotherapeuten und MVZ gelten, soweit sie sich auf Ärzte beziehen, ist der Kreis der Gründungsberechtigten insgesamt breiter zu verstehen. Die Zulassung einer MKG unter Beteiligung von Psychotherapeuten oder Zahnärzten als MVZ kommt daher in Betracht.[2294] Zusammenschlüsse von Ärzten mit MVZ lassen sich berufsrechtlich als ärztliche Berufsausübungsgemeinschaft nach § 18 IIa 1 MBOÄ auffassen; sie sind daher gerade keine MKG. § 18 IIa 1 MBOÄ übernimmt die undeutliche Wortwahl in § 95 SGB V in Bezug auf MVZ. Die Gesellschafterstellung muss sich jedenfalls auf den *Träger* des MVZ beziehen, da das MVZ als Einrichtung nicht rechtsfähig sein kann.

2294 Die Gründungsberechtigung von Zahnärzten war dabei im Detail und aufgrund der Voraussetzung fachübergreifender Einrichtungen lange Zeit umstritten, abgelehnt wurde sie u. a. von *SG Münster*, Urt. v. 1.9.2018 – S 2 KA 2/08; *Ziermann*, MedR 2004, 540 (543); *Behnsen*, das Krankenhaus 8/2004, S. 1 (4); kritisch hierzu *Möller*, MedR 2007, 263 (264); *Tettinger*, GesR 2004, 449 (450); *Fiedler/Weber*, NZS 2004, 358 (359); *Hampe/Suhr*, MedR 2014, 148 (150 f.). Anerkennung rein zahnärztlicher MVZ dagegen durch *SG Stuttgart*, Beschl. v. 26.4.2007 – S 10 KA 2895/07 ER, Rn. 58 ff. Offen gelassen von *LSG Nordrh.-Westf.*, Urt. v. 28.10.2009 – L 11 KA 94/08, Rn. 29. Siehe dazu auch die Begründung zu § 32b ZV-Z, wonach die Aufhebung der damaligen, für die Anstellung von Zahnärzten geltende Altersgrenze von 55 Jahren ausdrücklich auch für solche Zahnärzte gelten sollte, die in einem medizinischen Versorgungszentrum als Angestellte tätig sind, ist dies ersichtlich, BT-Drs. 15/1525, S. 159. Durch Zahnärzte gegründete MVZ sind jedoch zulässig, nunmehr sind durch das GKV-Versorgungsstärkungsgesetz fachgruppengleiche MVZ ermöglicht worden, denen in der Literatur zum Teil kein versorgungspolitischer Nutzen und sogar eine für die Versorgungssicherheit auf dem Land und strukturschwache Regionen kontraproduktive Sogwirkung in die Ballungszentren bescheinigt wird, *Zimmermann*, MedR 2018, 662 (666). Siehe im Hinblick auf die Beteiligung von Private-Equity-Gesellschaften insbesondere an Zahnarzt-MVZ-Ketten durch den Erwerb von Krankenhäusern die kleine Anfrage, BT-Drs. 19/4926, und die entsprechende Antwort der Bundesregierung, BT-Drs. 19/5386, zur Entwicklung von MVZ durch Finanzinvestoren. Siehe außerdem zur gesamteuropäischen Entwicklung die Entschließung des Council of European Dentists, Dentalketten in Europa CED-DOC-2018–069–FIN-D. Siehe auch die Beschlussempfehlung des Gesundheitsausschusses zum Terminservice- und Versorgungsgesetz BT-Drs. 19/8351, S. 187 ff. Die Beteiligung von Finanzinvestoren war auch wissenschaftlich problematisiert worden, *Zimmermann* MedR 2018, 662 (666). Die Gründung von zahnärztlichen MVZ von einem Krankenhaus innerhalb eines Planungsbereichs wurde durch das TSVG grundsätzlich auf 10 Prozent des Versorgungsanteils der vertragszahnärztlichen Versorgung begrenzt, BT-Drs. 19/8351, S. 58 f., 187.

Angehörige anderer Berufe sind seit Änderung des Gründerkreises präkludiert,[2295] ihnen ist allein noch die Kooperation mit einem MVZ an der medizinischen Versorgung möglich.[2296] Unter Beteiligung nunmehr ausgeschlossener Berufsangehöriger gegründete MVZ genießen zumindest in ihrem Umfang bis zur erfolgten Rechtsänderung Bestandsschutz.[2297] Es wird dabei diskutiert, ob auf den durch den Gesetzgeber verfolgten *„umfassenden Bestandsschutz"*[2298] berufend Beteiligungen aufgestockt oder neu begründet werden können und die Trägergesellschaft des Alt-MVZ in die nunmehr nicht mehr nach § 95 Ia SGB V zulässige Rechtsform der AG umgewandelt werden kann.[2299] Die Berufung auf altes Recht muss unzulässig sein, sodass die Umwandlung in eine AG oder die Aufnahme einer nicht mehr gründungsberechtigten Person unzulässig ist.[2300] Auch die Gründung eines weiteren MVZ durch ein bestehendes MVZ scheidet nach dem *BSG* zu Recht aus.[2301] Der Bestandsschutz darf nicht zu einer Rechtserweiterung führen; MVZ als

---

2295 *Klöck*, NZS 2013, 368 (369); vgl. zur Gründungsfähigkeit der Apotheker zuletzt *LG Hamburg*, Urt. v. 11.03.2019 – 918 KLs 2/17, Rn. 43, BeckRS 2019, 9009; hierzu *Dann/Schomm*, GuP 2019, 140 (140). Zu den verfassungsrechtlichen und europarechtlichen Bedenken der Begrenzung des Gründerkreises eines MVZ: *Scholz/Buchner*, NZS 2012, 401 (402 ff.).

2296 *Wigge*, in: *Schnapp/Wigge*, Vertragsarztrecht, § 6 Rn. 166.

2297 Die Gründung durch nunmehr präkludierte Personen unter Einschaltung eines Treuhänders führt hingegen zu mangelnder Abrechnungsfähigkeit erbrachter Leistungen zulasten der Krankenkasse und daher zu einem erheblichen Strafbarkeitsrisiko, siehe *LG Hamburg*, Urt. vom 11.03.2019 – 918 KLs 2/17; krit. *Dann/Schomm*, GuP 2019, 140 (143 f.).

2298 BT-Drs. 17/6906, S. 71.

2299 Dafür *Klöck*, NZS 2013, 368 (371).

2300 Vgl. *Bäune et al.*, MedR 2012, 77 (80).

2301 *BSG*, NZS 2019, 101 ff.; zust. *Chandna-Hoppe*, NZS 2019, 105 (105 f.); so auch *Kremer/Wittmann*, Vertragsärztliche Zulassungsverfahren, Rn. 860; kritisch dagegen *Hoßbach*, MedR 2019, 325 (329). Dagegen allerdings bejahend *Hess. LSG*, MedR 2017, 903 ff. Der Hinweis des *Hess. LSG* auf § 72 I 2 SGB V und die dort postulierte entsprechende Anwendbarkeit der Regelungen für MVZ schlägt fehl, da es dem MVZ als Einrichtung dennoch an der Rechtsfähigkeit mangelt, die bereits wegen des Erfordernisses unmittelbarer Gesellschafterstellung der Gründungsberechtigten in der MVZ-Trägergesellschaft von Relevanz ist, vgl. *Wigge*, in: *Schnapp/Wigge*, Vertragsarztrecht, § 6 Rn. 172 ff. Die Gründung eines MVZ durch ein MVZ liefe auf die eigentliche Trägerschaft des ursprünglichen MVZ-Trägers hinaus. Um dieses Ergebnis zu erreichen bedarf es keiner Gründungsberechtigung des MVZ selbst, die lediglich der Umgehung der Gründungsbeschränkungen dienen soll. Der Kreis der Gründungsberechtigten lässt sich zudem entgegen *Wodarz*, NZS 2014, 531 (533), nicht extensiv dahingehend auslegen, dass MVZ-Trägergesellschaften von ihm erfasst werden; im Kontrast zu Krankenhaus-Trägern (*„zugelassene Krankenhäuser"*, zur Begriffsverwendung siehe bereits S. 94 ff.) sieht § 95 Ia S. 1 SGB V bereits MVZ als Gründungsberechtigte nicht vor. Weiter a. A. siehe hier nur *Klöck*, NZS 2013, 368 (371).

Einrichtungen waren bereits bei vorheriger Rechtslage nicht zur Gründung eines MVZ berechtigt, weshalb sie auch nach 2012 ausscheide.[2302] § 72 I 2 SGB V verweise zwar auf die entsprechende Anwendung der auf Ärzte bezogenen Vorschriften auch für MVZ; doch da § 95 Ia SGB V sich auf die Frage der Gründung eines MVZ bezieht, wäre eine entsprechende Anwendung auf Ärzte widersprüchlich, wenn die Gründungsberechtigung der Ärzte auch auf MVZ anzuwenden wäre.[2303] Außerdem würde die gesetzgeberische Intention unterlaufen, wenn nach neuem Recht nicht mehr Gründungsberechtigte über ein von ihnen zuvor gegründetes MVZ weiterhin MVZ mittelbar gründen dürften. Dem Urteil des *BSG* ist inhaltlich zuzustimmen, denn das MVZ ist selbst kein Rechtsträger, sondern stellt lediglich eine Einrichtung dar.[2304] Das MVZ selbst entspricht eher der Praxis des Arztes,[2305] weshalb es verwundert, wenn es in sozialrechtlicher Hinsicht als rechtsfähig erachtet werden soll, um die Zulassung zur vertragsärztlichen Versorgung zu erhalten.[2306] Auch die Zulassung ist allein der rechtsfähigen Trägergesellschaft gegenüber zu erteilen für den Ort des MVZ – parallel erhält schließlich auch nicht die Arztpraxis die Zulassung zur Teilnahme an der vertragsärztlichen Versorgung, sondern der rechtsfähige Arzt für den Ort seiner Niederlassung. Gleiches gilt für Anstellungsgenehmigungen, da nicht das MVZ Arbeitgeber der angestellten Ärzte ist, sondern die Trägergesellschaft. Die an das MVZ als Einrichtung erteilte Anstellungsgenehmigung führte dagegen im Ergebnis zu nicht genehmigter Angestelltentätigkeit von Ärzten, da die sie anstellende Trägergesellschaft gar nicht zur Anstellung mangels Genehmigung befugt wäre.

Während die Übertragung von Gesellschaftsanteilen an dem MVZ-Träger an nicht (mehr) gründungsberechtigte Personen nach § 134 BGB wegen Verstoßes

---

2302 Krit. gegenüber der grammatikalischen Auslegung des *BSG* zur Frage der Gründungsberechtigung *Hoßbach*, MedR 2019, 325 (329), der überzeugend auf die Nichtnennung der nach allgemeiner Ansicht gründungsfähigen Zahnärzte und Psychotherapeuten in § 95 Ia SGB V hinweist, für die nach § 72 I 2 SGB V auf Ärzte bezogene Vorschriften des vierten Kapitels ebenso wie für MVZ gelten, wenn nichts Abweichendes bestimmt ist.

2303 Krit. außerdem, ob systematische Erwägungen ausreichen, um einen Ausschluss von MVZ als Gründungsberechtigte neuer MVZ anzunehmen *Hoßbach*, MedR 2019, 325 (329).

2304 Das *BSG*, NZS 2019, 101 (104), bezeichnet daher das MVZ als *„reine Kooperationsform“*; *Meschke*, MedR 2009, 263 (264; 265), bezeichnet sie passend als Unternehmen ihrer Trägergesellschaften; siehe ferner *Schäfer-Golz*, in: FS Huber, S. 951 (954).

2305 Auch *Kremer/Wittmann*, Vertragsärztliche Zulassungsverfahren, Rn. 848, vergleichen die Einrichtung „MVZ“ unter anderem mit der Arztpraxis.

2306 So aber selbst *BSG*, NZS 2019, 101 (104). Zustimmungswürdig a. A. *Meschke*, MedR 2009, 263 (264); *Fiedler/Weber*, NZS 2004, 358 (359; 362); *Peikert*, ZMGR 2004, 211 (214 f.); *Kremer/Wittmann*, Vertragsärztliche Zulassungsverfahren, Rn. 860; siehe hierzu bereits S. 94 ff.

gegen § 95 Ia S. 1 SGB V nichtig ist,[2307] kann § 95 Ia SGB V nicht bereits die Gründung einer Gesellschaft durch einen neuen Gesellschaftsvertrag verbieten. Als MVZ kann die Gesellschaft erst auftreten, wenn ihr die erforderliche Zulassung erteilt worden ist, weshalb die Nichtigkeit zur Verhinderung der Beteiligung nicht Gründungsberechtigter an MVZ nicht erforderlich ist.[2308]

ii) Verfassungsmäßigkeit der Beschränkung der Gründungsberechtigung

Die Einschränkung des Kreises der Gründungsberechtigten ist in der Literatur auf Kritik gestoßen und teilweise wegen Verletzung der Berufsfreiheit nach Art. 12 I GG und des allgemeinen Gleichheitsgrundsatzes nach Art. 3 I GG für verfassungswidrig und wegen Verstoßes gegen die Niederlassungsfreiheit nach Artt. 49, 54 AEUV für unionsrechtswidrig erachtet worden.[2309] Die Einschränkung der Gründungsberechtigung von MVZ wurde auch durch den Medizinrechtsausschuss im DAV heftig kritisiert.[2310] Der Kritik ist in gebotener Kürze zuzustimmen, zumal der Ausschluss zuvor Gründungsberechtigter bereits anlasslos und ohne konkrete Hinweise auf Fehlentwicklungen[2311] erfolgt ist. Insbesondere gibt es selbst Jahre nach der Begrenzung des Gründerkreises von MVZ durch das Versorgungsstrukturgesetz noch weiterhin die Möglichkeit für Investoren zur Beteiligung an gründungsfähigen Leistungserbringerunternehmen, um auch als nicht gründungsberechtigter Akteur zumindest mittelbar ein MVZ betreiben zu können. So wird ein Eindringen zahlreicher großer Fremdinvestoren wie Private-Equity-Gesellschaften auf den als lukrativ bewerteten zahnärztlichen Markt beklagt, die die ärztliche Unabhängigkeit gefährden, indem sie allein Kapitalinteressen verfolgen, insbesondere sind jedoch durch Krankenhäuser gegründete Ketten-MVZ weiterhin zulässig.[2312]

Auch das neue Terminservice- und Versorgungsgesetz vom 6. Mai 2019[2313] belässt trotz noch weiterer Eingrenzung des Gründerkreises auf zum Erwerb von Leistungserbringerunternehmen wie zugelassenen Krankenhäusern oder Erbringern nichtärztlicher Dialyseeinrichtungen als „Erwerbsvehikel“. So wird nach § 95 Ia 2 SGB V Erbringern nichtärztlicher Dialyseleistungen nach § 126 III SGB V

2307 *OLG Köln*, MedR 2017, 488 (490); zust. *Dahm*, MedR 2017, 490 (491); ferner *John*, ZMGR 2019, 67 (70).

2308 A. A. *OLG Köln*, MedR 2017, 488 (490); *John*, ZMGR 2019, 67 (70), die zu einer Nichtigkeit des Gesellschaftsvertrags nach § 134 BGB kommen.

2309 Ausführlich *Scholz/Buchner*, NZS 2012, 401 (402 ff.); *zust. Klöck*, NZS 2013, 368 (369); *Zech*, MedR 2016, 118 (121 ff.).

2310 Stellungnahme Nr. 35/2011, S. 9 f.

2311 Siehe hierzu die Antwort der Bundesregierung auf eine Kleine Anfrage BT-Drs. 17/3131, S. 10 ff.; sie kommentierend *Schnapp/Nolden*, ZESAR 2012, 452 (455).

2312 *Zimmermann*, MedR 2018, 662 (666).

2313 Gesetz für schnellere Termine und bessere Versorgung, BGBl. 2019 Teil I Nr. 18, S. 646 ff.

nur noch die Gründung fachbezogener medizinischer Versorgungszentren erlaubt, wobei ein Fachbezug bei mit Dialyseleistungen zusammenhängenden ärztlichen Leistungen im Rahmen einer umfassenden Versorgung der Dialysepatienten vorliegt. Außerdem ist nunmehr nach dem neu eingefügten § 95 Ib SGB V Krankenhäusern die Gründung eines zahnärztlichen medizinischen Versorgungszentrums grundsätzlich nur noch dann möglich, soweit der Versorgungsanteil der vom Krankenhaus damit insgesamt gegründeten zahnärztlichen medizinischen Versorgungszentren an der vertragszahnärztlichen Versorgung in dem Planungsbereich der Kassenzahnärztlichen Vereinigung 10 Prozent nicht überschreitet. Regelungspolitischer Hintergrund der Begrenzung des Gründerkreises war abermals ein Entgegenwirken gegenüber der Entwicklung, dass MVZ *„immer häufiger von Investoren gegründet werden, die allein Kapitalinteressen verfolgen und keinen fachlichen Bezug zur medizinischen Versorgung haben"* und die *„Unabhängigkeit medizinischer Entscheidungen von Kapitalinteressen"* gewährleistet werden sollte, wofür sich *„die uneingeschränkte Einbeziehung von Erbringern nichtärztlicher Dialyseleistungen nach § 126 III in den Gründerkreis" eines MVZ* nicht bewährt habe.[2314] Die Verengung der Gründungsberechtigung ist in der erfolgten Form bereits mangels Geeignetheit zur Förderung des verfolgten Zwecks der Integrität medizinischer Entscheidungen sowie der ärztlichen Unabhängigkeit als verfassungswidriger Eingriff in die Berufsausübungsfreiheit nach Art. 12 I GG zu erachten. Darüber erweist sie sich als ungerechtfertigte Ungleichberechtigung (Art. 3 I GG).[2315]

bbb) Organisation des MVZ

Das MVZ muss nach § 95 I 2 SGB V unter ärztlicher Leitung stehen, womit jedoch nicht die wirtschaftliche bzw. rechtliche Unternehmensführung oder die Gesellschafterstruktur der MVZ-Trägergesellschaft gemeint ist, sondern das

2314 BT-Drs. 19/6337, S. 116; siehe bereits als Zielsetzung des GKV-Modernisierungsgesetzes BT-Drs. 15/1525, S. 107 f.: *„Durch die Beschränkung auf die im System der gesetzlichen Krankenversicherung tätigen Leistungserbringer soll sichergestellt sein, dass eine primär an medizinischen Vorgaben orientierte Führung der Zentren gewährleisten wird."* Ferner als Zielsetzung des GKV-Versorgungsstrukturgesetzes BT-Drs. 17/6906, S. 70: *„Die Erfahrungen der letzten Jahre haben gezeigt, dass* [MVZ] *besonders in den kapitalintensiven Bereichen wie der Labormedizin oder der operierenden Augenheilkunde immer häufiger von Investoren gegründet werden, die keinen fachlichen Bezug zur medizinischen Versorgung haben, sondern allein Kapitalinteressen verfolgen. In den* [MVZ], *die von solchen Investoren gegründet werden, besteht die Gefahr, dass medizinische Entscheidungen von Kapitalinteressen beeinflusst werden. [...] Diese Entwicklung birgt Gefahren für die Unabhängigkeit medizinischer Entscheidungen von Kapitalinteressen. Um dem entgegenzuwirken können künftig* [MVZ] *nach Satz 1 nur noch von den zur vertragsärztlichen Versorgung zugelassenen Ärzten und von nach § 108 zugelassenen Krankenhäusern gegründet werden."*

2315 Der ausführlichen Darlegung von *Scholz/Buchner*, NZS 2012, 401 (402 ff.), wird sich insoweit angeschlossen.

Bestehen einer ärztlichen Gesamtverantwortung in Bezug auf die Binnenstruktur des MVZ.[2316] Durch Installation des ärztlichen Leiters soll die Unabhängigkeit medizinischer Entscheidungen von Kapitalinteressen und nicht-medizinischen Einflüssen gewährleistet werden.[2317] Der ärztliche Leiter muss nach § 95 I 3 SGB V selbst als angestellter Arzt oder Vertragsarzt in dem MVZ tätig und in medizinischen Fragen weisungsfrei sein. Ein externer ärztlicher Leiter ist mithin im Gegensatz zu früherer Rechtslage eindeutig nicht mehr möglich.[2318] Für die Interpretation des Aufgabenbereichs des ärztlichen Leiters werden die Grundsätze des ärztlichen Dienstes im Krankenhaus fruchtbar gemacht.[2319]

Aus § 95 Ia 2 SGB V wird zudem deutlich, dass es sich bei einem MVZ um eine *„Einrichtung"* handeln muss. Damit muss eine räumlich und sachlich abgrenzbare Einheit sichtbar sein, um eine Abgrenzung von lediglich auf dem Papier stehenden Organisationseinheiten zu ermöglichen.[2320]

Einer ärztlichen Gesellschaftermehrheit bedarf das MVZ – im Gegensatz zu § 23a I 4 lit. b) MBOÄ – seit dem GKV-Versorgungsstärkungsgesetz eindeutig[2321] – nicht. Seither erfasst § 103 IVc 3 SGB V den Fall der Nachbesetzung einer Praxis durch MVZ ohne ärztliche Gesellschaftermehrheit. MVZ sind bei der Praxisnachfolge gegenüber den übrigen Bewerbern grundsätzlich[2322] nachrangig zu berücksichtigen, wenn *„die Mehrheit der Geschäftsanteile und der Stimmrechte nicht bei Ärzten liegt, die in dem medizinischen Versorgungszentrum als Vertragsärzte tätig sind[.]"*[2323] Der Wortlaut gibt jedenfalls nicht weiter vor, dass eine Gesellschaftermehrheit von

---

2316 *Clemens*, in: *Quaas et al.*, Medizinrecht, § 17 Rn. 14; *Joussen*, in: *Becker/Kingreen*, SGB V, § 95 Rn. 9; *Wigge*, in: *Schnapp/Wigge*, Vertragsarztrecht, § 6 Rn. 153 f.; a.A. *Klose*, BB 2003, 2702 (2703, 2705), der zur Sicherstellung der ärztlichen Leitung ein Mehrheitserfordernis zugunsten von Ärzten sowohl innerhalb der Geschäftsführung und Vertretung des MVZ als auch in der Gesellschafterstruktur erkennt.

2317 BT-Drs. 17/6906, S. 70; *Wigge*, in: *Schnapp/Wigge*, Vertragsarztrecht, § 6 Rn. 153 f.

2318 *Joussen*, in: *Becker/Kingreen*, SGB V, § 95 Rn. 9; *Wigge*, in: *Schnapp/Wigge*, Vertragsarztrecht, § 6 Rn. 153. Vgl. zur vorherigen Unsicherheit *Wigge et al.*, in: *Wigge/von Leoprechting*, MVZ, S. 112.

2319 *Wigge et al.*, in: *Wigge/von Leoprechting*, MVZ, S. 111 f.

2320 *Clemens*, in: *Quaas et al.*, Medizinrecht, § 17 Rn. 21 unter Hinweis auf *Quaas*, f&w 2007, 690 (692).

2321 Siehe zuvor aufgrund systematischer Auslegung noch *Klose*, BB 2003, 2702 (2703). Gegen das Erfordernis ärztlicher Gesellschaftermehrheit überzeugend *Köbler*, Beteiligung Berufsfremder, S. 263 f.

2322 Nach § 103 IVc 4 SGB V gilt der Nachrang nicht für ein MVZ, das am 31.12.2011 zugelassen war und bei dem die Mehrheit der Geschäftsanteile und der Stimmrechte bereits zu diesem Zeitpunkt nicht bei den dort tätigen Vertragsärzten lag.

2323 Krit. in Bezug auf die Sachgerechtigkeit der Vorschrift *Klöck*, NZS 2013, 368 (371 f.); zur Verfassungs- und Unionsrechtswidrigkeit des § 103 IVc 3 SGB V *Schnapp/Nolden*, ZESAR 2012, 452 (455 ff., 457 ff.). Für eine einschränkende Auslegung des Nachrangs von MVZ ohne ärztliche Gesellschaftermehrheit *Sproll* in: *Krauskopf*, Soziale Krankenversicherung, § 103 Rn. 51.

Vertragsärzten erforderlich ist, die sich zumindest aus der Einberechnung von nicht im MVZ tätigen, also passiv beteiligten Vertragsärzten zu ergeben hätte.[2324] Die Belastung eines MVZ mit ärztlicher Gesellschafterminorität ist immens, da es bei Beteiligung auch nur eines vorrangig zu berücksichtigenden Bewerbers im Bewerbungsprozess um die Nachfolge eines Vertragsarztsitzes selbst dann nicht zum Zug kommt, wenn es den bestgeeigneten Bewerber darstellt.[2325] Da die Norm dem Schutz der Freiberuflichkeit ärztlicher Berufsausübung dienen soll, lässt sich „*Vertragsärzte*" nach § 72 I 2 SGB V auf Zahnärzte und Psychotherapeuten erweitern. Es steht nicht die Interprofessionalität im Vordergrund der Regelung – wie dagegen im Fall von § 23a I 4 lit. a), b) MBOÄ –, sondern der Fokus liegt auf der Abgrenzung der unterschiedlichen gründungsberechtigten Leistungserbringer nach § 95 Ia 1 SGB V wie insbesondere zugelassenen Krankenhäusern.

Bedienen können sich MVZ-Träger nach § 95 Ia 3 SGB V der zulässigen Rechtsformen *„der Personengesellschaft, der eingetragenen Genossenschaft oder der Gesellschaft mit beschränkter Haftung oder in einer öffentlich rechtlichen Rechtsform."* Somit stehen ein Großteil – bis auf öffentlich-rechtliche Rechtsformen – berufsrechtlich nach § 23b I 2 MBOÄ ermöglichten Rechtsformen auch vertragsarztrechtlich offen. Die nach §§ 23a, 23b I 2 MBOÄ berufsrechtlich zulässige AG ist dagegen nach auf die GmbH beschränktem Wortlaut in § 95 Ia 3 SGB V unzulässig. Die analoge Anmeldung scheitert am entgegenstehenden Willen des Gesetzgebers, da die Regelungslücke nicht planwidrig ist. Der Ausschluss der AG ist jedoch verfassungsrechtlich nicht haltbar.[2326]

ccc) Entgegenstehendes Berufsrecht

Neben der fehlenden Kongruenz von MKG und MVZ bezüglich des Kreises der Gründungsberechtigten bestehen weitere Differenzen. Während für MVZ ersichtlich aus §§ 95 Ia, 103 IVc 3 SGB V eine ärztliche Gesellschaftermehrheit nicht obligatorisch ist, erfordert berufsrechtlich § 23a I 4 lit. b) MBOÄ[2327] eine solche in Kapitalgesellschaften. Ferner unterliegt die Vereinigung in einer MKG im Gegensatz zu MVZ der besonderen Zweckverfolgung nach § 23b I 3 MBOÄ und dem Erfordernis, den Gesellschaftsvertrag an § 23b I 4 MBOÄ auszurichten.

Der Überprüfung bedarf, inwiefern MVZ mit den berufsrechtlichen Anforderungen an eine ärztliche Praxis stehen. Die Ausübung ambulanter ärztlicher Tätigkeit außerhalb von Krankenhäusern einschließlich konzessionierter Privatkliniken

---

2324 Dies konfligiert nicht mit dem Berufsrecht, da für kapitalgesellschaftlich organisierte MVZ ausweislich des § 18 IIa 1 MBOÄ lediglich die Voraussetzungen des § 23a I 4 lit. a), b) und d) MBOÄ anwendbar sind, sodass gerade kein Erfordernis aktiver beruflicher Tätigkeit der Gesellschafter (geregelt in § 23a I 3 MBOÄ) besteht.

2325 *Schnapp/Nolden*, ZESAR 2012, 452 (453).

2326 *Klöck*, NZS 2013, 368 (371); *Rademacker*, in: *Kasseler Kommentar*, SGB V, § 95 Rn. 75.

2327 Nach hier vertretener Ansicht in verfassungswidriger Weise, siehe ausführlich S. 351 ff.

ist nach § 17 I MBOÄ grundsätzlich an die Niederlassung in einer Praxis gebunden. Hierbei stellt sich die Frage, ob MVZ als Praxis oder gesetzliche Ausnahme von der Praxisbindung nach § 17 I a. E. MBOÄ zu qualifizieren sind und folglich berufsrechtliche Anforderungen an eine Arztpraxis zu befolgen sind. § 17 I Hs. 2 MBOÄ eröffnet die Möglichkeit seiner Erweiterung durch gesetzliche Vorschriften. Die Norm beschränkt sich in ihrem Wortlaut nicht auf landesgesetzliche Regelungen, auch kompetenzgemäß erlassene bundesgesetzliche Regelungen können die berufsrechtlichen Möglichkeiten erweitern. Für die Einordnung als Praxis lässt sich allerdings anführen, dass sie wie MVZ eine Einrichtung darstellt.[2328] Als Praxis wird das öffentlich erkennbare Bereitstellen der räumlichen, gegenständlichen und personellen Grundlagen des Angebots ärztlicher Leistungen außerhalb des Krankenhauses verstanden, wobei derjenige die Praxis führt, der *„nach außen hin die Verantwortung übernimmt, den Umfang, den Zeitpunkt und die Art der Durchführung von Aufträgen bestimmen und die Höhe der Liquidation festlegen kann, in dessen Namen die Behandlungsverträge geschlossen werden und der im Falle des Verkaufs oder der Verpachtung den Goodwill der Praxis realisieren darf.“*[2329] §§ 32 I 1 Ärzte-ZV in Verbindung mit der Entsprechensklausel für MVZ in § 1 III Ärzte-ZV liegt ersichtlich die sozialversicherungsrechtliche Einordnung des MVZ als Praxis zugrunde, da die vertragsärztliche Tätigkeit in freier Praxis auszuüben ist. Die an Vertragsarztpraxen gestellten Anforderungen, insbesondere des § 24 Ärzte-ZV, sind daher zu beachten.[2330] Berufsrechtlich ermöglicht § 18 IIa 1 MBOÄ den Zusammenschluss mit § 23a I 4 lit. a), b) und d) MBOÄ entsprechenden MVZ in Berufsausübungsgemeinschaften, die ersichtlich der §§ 17 IV, 18a I MBOÄ zumindest eine Praxis führen. Selbst bei Beteiligung institutioneller Gründer stellt das MVZ eine von den Gründern eigenständig zu betrachtende Einrichtung dar, in der Ärzte auch als Vertragsärzte ihre Tätigkeit verrichten können. Die berufsrechtliche Inkorporierung der MVZ in § 18 IIa 1 MBOÄ lässt darauf schließen, dass §§ 18 ff. MBOÄ grundsätzlich und in Bezug auf § 23a MBOÄ lediglich rekurrierend auf § 23a I 4 lit. a), b) und d) MBOÄ – also *nicht* hinsichtlich der Gesellschafterbegrenzung des § 23a I 2 MBOÄ – Anwendung finden, da ansonsten Ärzten insbesondere bei Gründung eines Vertragsärzte-MVZ die Flucht aus dem Berufsrecht ermöglicht würde.[2331]

2328 Siehe bereits S. 94 ff.

2329 So selbst *Taupitz*, NJW 1996, 3033 (3035).

2330 *Treptow*, MVZ-GmbH, S. 68, lässt sich daher im Ergebnis folgen. Dasselbe Verständnis von MVZ als Praxis liegt *LSG Sachsen*, MedR 2010, 360 (363) zugrunde. A. A. *Bauckmann*, MVZ, S. 86 (nicht ärztliche Praxis, sondern Konzeption als unternehmerische Betätigung).

2331 Daher nicht überzeugend *Bauckmann*, MVZ, S. 86, der auf Gründer-/Gesellschafterebene die §§ 18 ff. MBOÄ für nicht anwendbar gegenüber MVZ einstuft, wobei dessen Ebenenbildung in ihren übrigen Auswirkungen unbeleuchtet bleiben.

Während das MVZ nicht dem ärztlichen Berufsrecht unterfällt, sind die Regelungen gleichwohl von den in dem MVZ tätigen Ärzten zu beachten.[2332] So stellt § 33 II Nr. 5 Nds. HKG klar, dass in der Berufsordnung für die Berufsausübung „*in Praxiseinrichtungen zur ambulanten Patientenbehandlung und in sonstigen Einrichtungen der medizinischen Versorgung*" Regelungen über Berufspflichten getroffen werden können.[2333] Konflikte sind derart aufzulösen, dass Ärzte nicht alle offenen Räume des Vertragsarztrechts nutzen können, sondern nur im Rahmen des von ihnen zu beachtenden Berufsrechts. Aufgrund der offensichtlich differenzierten Beurteilung der MVZ anhand der Maßstäbe des § 23a I 4 lit. a), b) und d) MBOÄ iVm § 18 IIa 1 MBOÄ ist die ärztliche Tätigkeit in den übrigen MVZ aufgrund des Ausnahmetatbestands in § 17 I a. E. MBOÄ zulässig, sodass berufsrechtliche Anforderungen an den MVZ-Träger nicht bestehen. Diese deutlich in der MBOÄ angelegte Unterscheidung ist wenig sinnvoll und sollte daher aufgegeben werden; insbesondere benachteiligt sie MVZ, an denen Ärzte als Gesellschafter beteiligt sind.

Zwar wird das Verhältnis zwischen Berufsrecht und Vertragsarztrecht zum Teil als ungeklärt bezeichnet,[2334] nach anderen Ansichten gehe das Vertragsarztrecht aufgrund der Aufhebung einer dynamischen Verweisung auf landesrechtliche Regelungen in § 33 II 4 Ärzte-ZV sogar stets vor und könne engere berufsrechtliche Bestimmungen für Vertragsärzte liberalisieren.[2335] Hiergegen ist einzuwenden, dass alle praktizierenden Ärzte unabhängig von einer Zulassung zur vertragsärztlichen Versorgung nach § 95 I SGB V, §§ 19 ff. Ärzte-ZV Pflichtmitglieder ihrer jeweiligen Kammer sind. Die Kammern erhalten durch die für die Berufsausübung gesetzgebungsbefugten Landesgesetzgeber Satzungsbefugnis zu näherer Ausgestaltung der landesgesetzlich formulierten Berufspflichten. Der Bundesgesetzgeber kann die Gesetzgebungsbefugnis nach dem GG nicht eigenmächtig durch Anordnung in Bundesgesetzen umgehen. Sozialrechtliche Regelungen stellen einen *Zusatz* dar und heben berufsrechtliche Regelungen nicht auf.[2336] Aufgrund der unterschiedlichen Regelungszwecke kollidieren Bundes- und Landesrecht zudem grundsätzlich nicht, Art. 31 GG lässt sich nicht zugunsten des Bundesrechts heranziehen. Selbst bei Aufnahme zusätzlicher, berufsregelender Regelungen im Vertragsarztrecht dürfen diese nur in Hinblick auf den sozialrechtlichen Zweck erlassen werden;[2337] auf das landesrechtliche Berufsrecht haben sie – außerhalb des

---

2332 *LSG Sachsen*, MedR 2010, 360 (363); siehe ferner *John*, ZMGR 2019, 67 (69); *Rompf*, MedR 2015, 570 (570).

2333 *Scholz*, MedR 2015, 635 (639).

2334 *Möller*, in: *Ratzel/Luxenburger*, Medizinrecht, § 16 Rn. 4.

2335 *Gummert/Remplik*, in: Münchener Hdb. Gesellschaftsrecht, Bd. 1, § 25 Rn. 7.

2336 Daher bezeichnet *Butzer*, NZS 2005, 344 (347), den Krankenversicherungsgesetzgeber als Türsteher, der die in das vertragsärztliche System „*Einlass begehrenden Personen oder Einrichtungen*" kontrolliert und gegebenenfalls abweist. Beizupflichten ist *Wollersheim*, in: *Plagemann*, Sozialrecht, § 19 Rn. 14, der die zulässige Ausgestaltung von MVZ von der berufsrechtlichen Rechtslage abhängig macht.

2337 Siehe so auch *Trautmann*, NZS 2004, 238 (240); *Engelmann*, MedR 2002, 561 (572).

Zustehens einer bundeseigenen Gesetzgebungskompetenz kraft Sachzusammenhangs[2338] – keinen Einfluss. Da sich das Sozialversicherungsrecht der Leistungen Angehöriger geregelter Berufe bedient, lässt sich unabhängig von der Existenz einer dynamischen Verweisung keine bundeseigene ungeschriebene Kompetenz zur *erweiternden* Abänderung der Berufsregelungen ableiten.[2339] Folglich sind die sozialrechtliche Regelungen übertreffenden Voraussetzungen des Berufsrechts in § 23a MBOÄ an den Zweck des Zusammenschlusses wie auch an den Gesellschaftsvertrag zu beachten.

ddd) Zwischenergebnis

Die Neuzulassung von MKG selbst als MVZ kommt nach der in ihrer Verfassungsmäßigkeit kritisch zu beurteilenden Regelung nur bei ausschließlicher Beteiligung von Psychotherapeuten und Zahnärzten neben Ärzten in Betracht. Gleichwohl bestehen noch sog. Alt-MVZ, an denen alle Leistungserbringer des Vierten Kapitels beteiligt sein können.

cc) Ermächtigung als ärztlich geleitete Einrichtung

Nach § 95 I 1 Var. 4 SGB V können ärztlich geleitete Einrichtungen zur vertragsärztlichen Versorgung ermächtigt werden. Wie die Zulassung führt die Ermächtigung der Einrichtung nach § 95 IV 1 SGB V zu der Berechtigung und Verpflichtung der Teilnahme an der vertragsärztlichen Versorgung. Eine Einrichtung steht unter ärztlicher Leitung, wenn einem Arzt als natürliche Person die Gesamt- und Letztverantwortlichkeit für Diagnostik und Therapie zukommt.[2340] Da die ambulante vertragsärztliche Versorgung vorrangig durch zugelassene Ärzte und zugelassene MVZ gewährleistet werden soll und verbleibende Versorgungslücken durch die Ermächtigung von Krankenhausärzten, weiteren Ärzten und erst nachrangig durch ärztlich geleitete Einrichtungen geschlossen werden sollen,[2341] stellt die Ermächtigung von MKG eher eine nur theoretische Möglichkeit zur Erbringung von

2338 *BVerfGE* 98, 265 (303).

2339 Daher nicht überzeugend a. A. *BSG*, NJOZ 2011, 1645 (1646), wonach es mit der kompetenziellen Eigenständigkeit des Vertragsarztrechts unvereinbar sei, gegen den Willen des Gesetzgebers einem berufsrechtlichen Erfordernis auch im Bereich des Vertragsarztrechts Geltung zuzuerkennen. Anders dagegen ist die Bewertung *zusätzlicher* Anforderungen des Sozialrechts, die in der im vorstehenden Urteil in Bezug genommenen Entscheidung Gegenstand sind in *BSGE* 100, 154 ff.

2340 *Köhler-Hohmann*, Ärzte- und Heilkunde-GmbH, S. 84 ff.

2341 *Schiller*, in: *Schnapp/Wigge*, Vertragsarztrecht, § 5 Rn. 78. Die zuvor zugunsten der niedergelassenen Ärzte geltende *„Präponderanz"* – siehe hierzu *BVerfGE* 16, 286 (298); *BSG*, MedR 1983, 114 (115); NZS 2000, 625 (625 f.) – ist seit Einführung der MVZ auf sie zu erweitern.

Leistungen zulasten der GKV dar.[2342] Ohnehin ist eine Ermächtigung nach § 31 VII 1 Ärzte-ZV grundsätzlich[2343] u. a. zeitlich zu bestimmen, also zu befristen.[2344] Die Ermächtigung ermöglicht daher nicht notwendig die dauerhafte Teilnahme an der vertragsärztlichen Versorgung.

dd) Genehmigung als Berufsausübungsgemeinschaft nach § 33 II, III Ärzte-ZV

Kommt für einen Großteil berufsrechtlich zulässiger Konstellationen interprofessioneller Berufsausübung in MKG nicht die Zulassung der Gesellschaft zur Erbringung von Leistungen der vertragsärztlichen Versorgung in Betracht, ist zweitens zu prüfen, ob zumindest die Gründung einer Berufsausübungsgemeinschaft nach § 33 II, III Ärzte-ZV in Frage kommt.

aaa) Allgemeine Anforderungen an Berufsausübungsgemeinschaften

Der Begriff der Berufsausübungsgemeinschaft in § 33 II Ärzte-ZV ist als eigenständig zu verstehen, er stimmt nicht mit der berufsrechtlichen Beurteilung nach § 18 I 1 Var. 1 MBOÄ überein.[2345] Im Gegensatz zur berufsrechtlichen Berufsausübungsgemeinschaft bedarf die Berufsausübungsgemeinschaft nach vertragsärztlichem Verständnis der Genehmigung durch den Zulassungsausschuss der KV nach § 33 II Ärzte-ZV.[2346] Das Genehmigungserfordernis stellt ein Verbot mit Erlaubnisvorbehalt dar.[2347] Auf die Erteilung der nach § 33 III 1 Ärzte-ZV vorherigen Genehmigung besteht bei Erfüllung der materiellen Voraussetzungen ein Rechtsanspruch.[2348] Sie wirkt konstitutiv und statusbegründend.[2349] Der Zulassungsausschuss der zuständigen KV kann sie nicht mit Hinweis auf Vorgaben des direkten Berufsrechts verweigern, da insofern keine Prüfungskompetenz (mehr) besteht.[2350] Zwingend

---

2342 So bereits die Einschätzung in Bezug auf die Teilnahme einer Heilkunde-GmbH vor Einführung der MVZ von *Taupitz*, VersR 1992, 1064 (1065); *ders.*, NJW 1992, 2317 (2319).

2343 Eine Ausnahme hierzu bildet die Ermächtigung nach § 119b SGB V gemäß § 31 VII 3 Ärzte-ZV.

2344 In der Praxis wird die Ermächtigung grundsätzlich auf zwei Jahre befristet, siehe *Bogan*, in: *Rolfs et al.*, Sozialrecht, Ärzte-ZV, § 31 Rn. 25.

2345 So auch *Scholz*, ZMGR 2010, 143 (145).

2346 Näher hierzu *Rompf*, MedR 2015, 570 (571); *Blaurock*, MedR 2006, 643 (644); *Trautmann*, MedR 2004, 238 (239).

2347 *Wigge*, in: *Schnapp/Wigge*, Vertragsarztrecht, § 6 Rn. 10.

2348 *BSGE* 91, 164 (168); *Bristle*, in: *Sodan*, Krankenversicherung, § 17 Rn. 154.

2349 *BSG*, SozR 4–5520, § 33 Nr. 2, Rn. 21; *Bristle*, in: *Sodan*, Krankenversicherung, § 17 Rn. 154.

2350 A.A. *Henssler*, PartGG, § 1 Rn. 265, noch stützend auf *BSG*, NJW 2004, 1820 ff., das in diesem Punkt jedoch veraltet ist. Bis zum 1.1.2007 war die Prüfungskompetenz der Zulassungsausschüsse ausdrücklich auch auf die landesrechtlichen Vorschriften des Berufsrechts bezogen. § 33 II 4 Ärzte-ZV lautete vor Änderung durch das Vertragsarztrechtsänderungsgesetz: *„Die Genehmigung darf nur versagt werden, wenn*

erforderlich ist zur Gründung einer Berufsausübungsgemeinschaft nach § 33 II Ärzte-ZV die gesellschaftsrechtliche Vereinbarung – oder besser: Verpflichtung – zur gemeinsamen Ausübung der vertragsärztlichen Tätigkeit in der Gesellschaft, wozu die gemeinschaftliche Behandlung der Kassenpatienten in gemeinsamen Räumen unter Anstellung gemeinsamen Personals mit gemeinsamer Einrichtung bei Führung einer gemeinsamen Patientenkartei und Abrechnung zu verstehen ist.[2351] Nach § 32 I 1 Ärzte-ZV gilt die Verpflichtung zur Ausübung der vertragsärztlichen Tätigkeit in freier Praxis, worunter die persönliche Selbständigkeit und Unabhängigkeit von einem Weisungsverhältnis zu verstehen ist.[2352] Nach § 32 I 1 Ärzte-ZV müssen Ärzte der Berufsausübungsgemeinschaft, um selbst zugelassen zu werden, in *„freier Praxis"* tätig sein, worunter Literatur und Rechtsprechung eine Tätigkeit in *„eigener Praxis"* verstehen.[2353] Der Arzt muss seine Tätigkeit in voller Eigenverantwortung ausführen können, wozu es der Gestaltungsmöglichkeit des medizinischen Auftrags nach eigenem Ermessen bedarf;[2354] insbesondere bei einem Angestelltenverhältnis fehlt dieses Erfordernis, weil der Arzt dann seinem Arbeitgeber die fortlaufende Ausübung der ärztlichen Tätigkeit schuldet und sie *„für ihn"* ausübt.[2355]

Rechtsfolge der Genehmigung ist die gemeinsame Abrechnung unter einer einheitlichen Betriebsstättennummer, die der Berufsausübungsgemeinschaft nach § 15 IV BMVÄ iVm §§ 5 I 1 der Richtlinie zur Vergabe der Arzt-, Betriebsstätten- sowie der Praxisnetznummern[2356] zugewiesen wird. Zwar folgt aus der Genehmigung als Berufsausübungsgemeinschaft die gemeinsame Abrechnung gegenüber der KV, dennoch ist Ärzten die Beteiligung nur bei ihnen erteilter – arztbezogener[2357] – Zulassung zur Teilnahme an der vertragsärztlichen Versorgung möglich. Die Gemeinschaft selbst erhält keine Zulassung und ist daher nicht Leistungserbringer.[2358] Rechtsträger der Praxis – die Berufsausübungsgemeinschaft – und

---

die Versorgung der Versicherten beeinträchtigt wird oder landesrechtliche Vorschriften über die ärztliche Berufsausübung entgegenstehen."

2351 *Bristle*, in: *Sodan*, Krankenversicherung, § 17 Rn. 152.

2352 *Bristle*, in: Sodan, Krankenversicherung, § 17 Rn. 152, unter Hinweis auf *BSG*, SozR 4–5520, § 33 Nr. 2 Rn. 24.

2353 Siehe hier nur *Taupitz*, VersR 1992, 1064 (1066); *Weber/Vogt-Weber*, ArztR 1997, 179 (184); *Katzenmeier*, MedR 1998, 113 (118). Diesen Aspekt übersieht *Köhler-Hohmann*, Ärzte- und Heilkunde-GmbH, S. 153 ff.

2354 *Düring*, in: *Schallen*, Ärzte-ZV, § 33 Rn. 72; *Scholz*, in: *Rolfs et al.*, Sozialrecht, Ärzte-ZV, § 32 Rn. Rn. 6.

2355 *Taupitz*, NJW 1996, 3033 (3035); *Butzer*, MedR 2001, 604 (610); *Trautmann*, NZS 2004, 238 (244).

2356 Richtlinie der Kassenärztlichen Bundesvereinigung nach § 75 Absatz 7 SGB V zur Vergabe der Arzt-, Betriebsstätten- sowie der Praxisnetznummern, zuletzt geändert zum 1.5.2019.

2357 *BSGE* 106, 222 (228); *BSG*, MedR 2014, 421 (422).

2358 Siehe hier nur *Wertenbruch*, NJW 2003, 1904 (1904). Demgegenüber steht die – nach *BVerfG*, MedR 2019, 296 ff. verfassungsgemäße – Erteilung eines Versorgungsauftrags

Zulassungsinhaber – die einzelnen ärztlichen Gesellschafter – fallen auseinander. Der Zulassungsausschluss kann die Genehmigung einer Berufsausübungsgemeinschaft nach § 33 III Ärzte-ZV mit Auflagen versehen. So ist möglich, die interprofessionelle Berufsausübungsgemeinschaft zur Einhaltung der Gebietsgrenzen eines jeden Mitglieds und zur besonderen personengebundenen Kennzeichnung im Rahmen der Abrechnung zu verpflichten, wer welche Leistungen erbracht hat.[2359]

bbb) Zulässigkeit interprofessioneller Berufsausübungsgemeinschaften

Vor dem VÄndG war die gemeinsame Ausübung vertragsärztlicher Tätigkeit nach § 33 II 1 Ärzte-ZV nur unter Vertragsärzten zulässig.[2360] Schon ausdrücklich lässt seither § 33 II 1 Ärzte-ZV Raum für interprofessionelle Ausgestaltung von Berufsausübungsgemeinschaften. Danach ist die gemeinsame Ausübung vertragsärztlicher Tätigkeit *„unter allen zur vertragsärztlichen Versorgung zugelassenen Leistungserbringern an einem gemeinsamen Vertragsarztsitz [...]"* zulässig. Im Umkehrschluss aus § 33 II 1 Ärzte-ZV sind nicht zur vertragsärztlichen Versorgung zugelassene Leistungserbringer keine möglichen Partner einer Berufsausübungsgemeinschaft nach § 33 II Ärzte-ZV.[2361] Nach 95 I 1 SGB V nehmen an der vertragsärztlichen Versorgung *„zugelassene Ärzte und zugelassene medizinische Versorgungszentren sowie ermächtigte Ärzte und ermächtigte Einrichtungen"* teil. Da § 33 II 1 Ärzte-ZV den Kreis möglicher Teilnehmer an einer Berufsausübungsgemeinschaft auf *„zugelassene"* Leistungserbringer beschränkt, kommen zunächst

---

zur Übernahme der Versorgung chronisch niereninsuffizienter Patienten durch einen Vertragsarzt nach § 4 I 1, Ia der Anlage 9.1 Bundesmantelvertrag-Ärzte (BMVÄ) an die Dialysepraxis – nicht dagegen an den Arzt –, wobei nach § 4 Ib der Anlage 9.1 BMVÄ bei gemeinschaftlicher Berufsausübung der Versorgungsauftrag in der Dialysepraxis verbleibt, wenn ein Arzt ausscheidet.

2359 So in Bezug auf fachübergreifende Berufsausübungsgemeinschaften *Luxenburger*, in: ARGE, Psychotherapeutengesetz, S. 67 (68 f.).

2360 Hierzu *Steinhilper*, in: ARGE, Psychotherapeutengesetz, S. 19 (36 f.); *Nentwig/Pfisterer*, in: *ARGE*, Psychotherapeutengesetz, S. 147 (152); *Fiedler/Fürstenberg*, NZS 2007, 184 (188); *Blaurock*, MedR 2006, 643 (643, 646). Auf diese Rechtslage stellt jedoch u. a. noch *Henssler*, PartGG, § 1 Rn. 267, ab. Zugunsten der Zulässigkeit der Anerkennung einer MKG von einem Arzt mit einem Psychotherapeuten als Berufsausübungsgemeinschaft bereits nach alter Rechtslage *Schirmer*, MedR 1998, 435 (449).

2361 *Köbler*, Beteiligung Berufsfremder, S. 203. Nach § 33 II Ärzte-ZV soll klargestellt werden, dass keine Einbeziehung nicht zur vertragsärztlichen Versorgung zugelassener Leistungserbringer erfolgen darf, so *Möller*, MedR 2003, 195 (197); *Ziermann*, MedR 2006, 643 (644); *Trautmann*, NZS 2004, 238 (244 f.).

lediglich zugelassene Ärzte und zugelassene MVZ,[2362] nicht jedoch ermächtigte Ärzte und ermächtigte Einrichtungen in Betracht.[2363] Zur vertragsärztlichen Versorgung zugelassene Teilnehmer sind dabei neben Ärzten und MVZ in Verbindung mit § 72 I 2 SGB V und in Anlehnung an § 1 III Ärzte-ZV[2364] auch Psychotherapeuten.[2365] Eine berufsrechtliche MKG mit Psychotherapeuten hat damit Aussicht auf die Erteilung einer Genehmigung nach § 33 II, III Ärzte-ZV.[2366]

Dagegen kommt eine Berufsausübungsgemeinschaft mit Zahnärzten nicht in Frage, da diese zur vertrags*zahn*ärztlichen Versorgung zugelassen werden.[2367] Allerdings kommt die Beteiligung eines Mund-, Kiefer- und Gesichtschirurgen an einer zahnärztlichen und an einer ärztlichen BAG in Betracht. Dabei liegt aber

---

2362 Zur Beteiligung von MVZ an Berufsausübungsgemeinschaften nach § 33 II Ärzte-ZV *Möller*, MedR 2007, 263 (269); *Scholz*, ZMGR 2010, 143 (145); *Köbler*, Beteiligung Berufsfremder, S. 202; *Rothfuß*, in: *Bäune et al.*, Ärzte-ZV, § 33 Rn. 7.

2363 Vgl. *Cansun*, Kooperationsmöglichkeiten, S. 145 f.

2364 Sog. „Entsprechensklausel", nach der die Ärzte-ZV auch für Psychotherapeuten gilt. Im Übrigen spricht auch § 27 I 2 Nr. 1 SGB V von *„ärztlicher Behandlung einschließlich der Psychotherapie."*

2365 Vgl. *Wollersheim*, in: *Clausen/Schroeder-Printzen*, Medizinrecht, § 6 Rn. 394; *Orlowski et al.*, VÄndG, S. 113. Psychotherapeuten wurden durch die Integrationslösung in die KVen und die vertragsärztliche Versorgung einbezogen und erhalten damit unmittelbaren Zugang zur Teilnahme an der Versorgung der Versicherten, *Stock*, NJW 1999, 2702 (2703 ff.). Siehe ferner *Schirmer*, MedR 1998, 435 (437 ff.); *Spellbrink*, NZS 1999, 1 (2 ff., 6 ff.); *Haage*, MedR 1998, 291 (291); *Schlund*, NJW 1998, 2722 (2723); *Steinhilper*, in: *ARGE*, Psychotherapeutengesetz, S. 19 ff.

2366 *Kremer/Wittmann*, Vertragsärztliche Zulassungsverfahren, Rn. 1357; *Scholz*, in: *Rolfs et al.*, Sozialrecht, Ärzte-ZV, § 33 Rn. 17; *Cansun*, Kooperationsmöglichkeiten, S. 158; *Düring*, in: *Schallen*, Ärzte-ZV, § 33 Rn. 77; *Rothfuß*, in: *Bäune et al.*, Ärzte-ZV, § 33 Rn. 24. *Wigge*, in: *Schnapp/Wigge*, Vertragsarztrecht, § 6 Rn. 6, 20, 98 ff. Dabei verkennt *Wigge* jedoch die Zulässigkeit interprofessioneller Zusammenschlüsse als sozialrechtlich verstandene Berufsausübungsgemeinschaften, wenn er die in den ärztlichen Berufsordnungen geregelte MKG selbst in Bezug auf Psychotherapeuten, die er zuvor als mögliche Partner einer gemeinsamen Berufsausübung mit Ärzten erkannt hat (Rn. 6) als dem Vertragsarztrecht (richtigerweise) fremd einstuft und daher (fälschlicherweise) einen Ausschluss von Psychotherapeuten immanent annimmt. Richtigerweise anders noch nach alter Rechtslage *SG München*, MedR 2004, 235 f.

2367 Siehe hier nur *Scholz*, in: *Rolfs et al.*, Sozialrecht, Ärzte-ZV, § 33 Rn. 18; *Rothfuß*, in: *Bäune et al.*, Ärzte-ZV, § 33 Rn. 24; *Ratzel*, in: *Spickhoff*, Medizinrecht, Ärzte-ZV, § 33 Rn. 5; *Wollersheim*, in: *Plagemann*, Sozialrecht, § 19 Rn. 12; *Cansun*, Kooperationsmöglichkeiten, S. 147. A. A. *Wigge*, in: *Schnapp/Wigge*, Vertragsarztrechts, § 6 Rn. 6. Der von *Wigge* angeführte § 1a Nr. 12 BMVÄ nennt Zahnärzte jedoch gerade nicht als zulässige Teilnehmer an einer Berufsausübungsgemeinschaft.

keine Überschneidung der Versorgungsbereiche vor, eine gemeinsame Berufsausübung erfolgt stattdessen nur im jeweiligen Tätigkeitsbereich.[2368]

Nach der Gesetzesbegründung soll eine Berufsausübungsgesellschaft nach § 33 II 1 Ärzte-ZV möglich sein zwischen Ärzten, Psychotherapeuten und medizinischen Versorgungszentren, wobei die Zulässigkeit bezüglich der MVZ unabhängig davon sein soll, ob sie als juristische Personen oder als Personengesellschaften organisiert sind.[2369] So bestimmt auch § 1a Nr. 12 BMVÄ, dass als Berufsausübungsgemeinschaften rechtlich verbindliche Zusammenschlüsse von Vertragsärzten oder/und Vertragspsychotherapeuten oder Vertragsärzten und MVZ untereinander zur gemeinsamen Ausübung der Tätigkeit aufzufassen sind. Im Ergebnis ist somit der Zusammenschluss eines Arztes mit einer MVZ-Trägergesellschaft genehmigungsfähig, auch wenn an dieser ein Zahnarzt oder ein nicht mehr gründungsberechtigter Berufsangehöriger beteiligt ist. Krankenhäuser bzw. ihre Träger sind ohne gleichzeitige Trägerschaft eines MVZ nicht bereits zugelassener Leistungsbringer im Rahmen der vertragsärztlichen Versorgung. Sie scheiden als unmittelbar Beteiligter einer Berufsausübungsgemeinschaft nach § 33 II 1 Ärzte-ZV somit aus.[2370]

Heilmittelerbringer, Hebammen, Hilfsmittelerbringer oder Apotheker werden in den Abschnitten fünf bis acht des vierten Kapitels im SGB V ebenfalls als Leistungserbringer bezeichnet. Sie beteiligen sich auch an der vertragsärztlichen Versorgung,[2371] da sie ihre Leistungen aufgrund einer vertragsärztlichen Verordnung bei der Behandlung gesetzlich Versicherter erbringen. Sie sind jedoch nicht *zur vertragsärztlichen Versorgung zugelassene* Leistungserbringer und scheiden daher im Umkehrschluss als Mitglieder einer vertragsärztlichen Berufsausübungsgemeinschaft nach § 33 II Ärzte-ZV aus. *Junkert* schließt dagegen nach analoger Anwendung des § 33 II Ärzte-ZV auf die Zulässigkeit einer PartG zwischen Ärzten und nichtärztlichen Angehörigen eines Gesundheitsberufs als Gemeinschaftspraxis.[2372] Hierfür zieht sie eine – nicht dargelegte und im Trüben bleibende – teleologische und historische Auslegung der Norm heran, die sie mit Quellen zu belegen versucht

---

2368 Vgl. *BSG*, Urt. v. 3011.2016 – B 6 KA 17/15 R, juris; *BSG*, KrV 2016, 191 ff.; *Düring*, in: *Schallen*, Ärzte-ZV, § 33 Rn. 82.

2369 BR-Drs. 353/06, S. 70; BT-Drs. 16/2474, S. 16, 31. Siehe ferner *Kremer/Wittmann*, Vertragsärztliche Zulassungsverfahren, Rn. 1357; *Düring*, in: *Schallen*, Ärzte-ZV, § 33 Rn. 77; *Rothfuß*, in: *Bäune et al.*, Ärzte-ZV, § 33 Rn. 24. Der Hinweis von *Rothfuß*, in: *Bäune et al.*, Ärzte-ZV, § 33 Rn. 24, nach berufsrechtlichen Maßstäben komme die Beteiligung von MVZ an Berufsausübungsgemeinschaften nicht in Betracht, ist mittlerweile veraltet, da durch die eingeführte Legaldefinition in § 18 IIa 1 MBOÄ die krankenversicherungsrechtlichen MVZ inkorporiert worden sind.

2370 A. A. *Cansun*, Kooperationsmöglichkeiten, S. 146.

2371 Siehe hierzu die Aufzählung der Beteiligten an der vertragsärztlichen Versorgung von *Wenner*, Vertragsarztrecht, § 9 Rn. 1 ff.

2372 *Junkert*, Ärzte und Physiotherapeuten, S. 31.

und als vermeintlich allgemein herrschende Ansicht darstellt,[2373] die ersichtlich eine vereinzelt aufzufindende Meinung darstellte.[2374] Soweit ersichtlich nahmen lediglich *Nentwig et alii*[2375] die Anwendung des noch auf Vertragsärzte als Mitglieder einer Berufsausübungsgemeinschaft begrenzten § 33 II Ärzte-ZV a. F. auf interprofessionelle Kooperationen an. Sie begründeten die Anwendung des § 33 II Ärzte-ZV a. F. einerseits durch die Gefahr des Unterlaufens der durch das PartGG und landesrechtlichen Regelungen eröffneten Kooperationsmöglichkeiten. Andererseits müsse die Ärzte-ZV als Verordnung im Lichte des höherrangigen Gesetzesrechts ausgelegt werden, womit nach ihren Äußerungen allein das PartGG gemeint sein konnte. Andererseits berücksichtige die konträre Auslegung des § 33

2373 Genannt werden *Nentwig et al.*, PartGG, S. 129 f. (tatsächlich jedoch S. 144 f.), *Seibert*, in: Münchener Hdb. Gesellschaftsrecht, Bd. 1, 2004, § 33 Rn. 4 (so nicht existent: *Seibert* ist keiner der Autoren in besagter Quelle, inhaltlich befasst sich allein das Kapitel von *Gummert* in § 25 des Sammelwerkes mit ärztlichen Gemeinschaftspraxen und Praxisgemeinschaften, der sich mit der Fragestellung befasst, ob Vertragsärzte mit nicht zur vertragsärztlichen Versorgung zugelassenen Ärzten an einem Zusammenschluss durch § 33 II 1 Ärzte-ZV gehindert sind und eher nebenbei erwähnt, dass *„nur berufstägige Ärzte"* der Gemeinschaftspraxis angehören dürfen) und als einzige – Gegenansicht *Henssler*, PartGG, 1. Auflage 1997, § 1 Rn. 131.

2374 Gegen die Zulässigkeit interprofessioneller Gemeinschaftspraxen nach § 33 II SGB V a. F. bereits damals *Engelmann*, ZMGR 2004, 3 (10), der besagt, dass alle Mitglieder einer Berufsausübungsgemeinschaft als Vertragsärzte zugelassen sein müssen. *Scholz*, GesR 2003, 369 (371), schloss wortlautgetreu auch Berufsausübungsgemeinschaften zwischen Vertragsärzten und MKG aus, die nach Änderung des § 33 II 1 Ärzte-ZV nunmehr aufgrund Gleichstellung der MVZ mit Ärzten nach § 72 I 2 SGB V, § 1 III Ärzte-ZV beschränkt zulässig sind; auch *Ratzel/Lippert*, MedR 2004, 525 (530), anerkennen nur die Zulässigkeit monoprofessioneller Berufsausübungsgemeinschaften. Siehe im Rückblick nach Änderung des § 33 II 1 Ärzte-ZV dahingehend, dass zwischen zur vertragsärztlichen Versorgung zugelassenen Leistungserbringern eine Berufsausübungsgemeinschaft nur unter Ärzten zulässig gewesen ist *Rau*, DStR 2007, 351 (351); *Fiedler/Fürstenberg*, NZS 2007, 184 (188); in diese Richtung gehend („[i]*m Gegensatz zu herkömmlichen Arztpraxen*") *Rau*, MedR 2004, 667 (671). Siehe hier für die noch immer bestehende Ablehnung nur: *Henssler*, PartGG, § 1 Rn. 278; *Wigge*, in: *Schnapp/Wigge*, Vertragsarztrecht, § 6 Rn. 20; im Umkehrschluss auch *Ratzel*, in: *Spickhoff*, Medizinrecht, Ärzte-ZV, § 33 Rn. 6; *Wollersheim*, in: *Plagemann*, Sozialrecht, § 19 Rn. 12; *Rothfuß*, in: *Bäune et al.*, Ärzte-ZV, § 33 Rn. 24.

2375 *Nentwig et al.*, PartGG, S. 145 f. *Pawlita*, in: *Schlegel/Voelzke*, juris Praxiskommentar SGB V, § 95 Rn. 163, verweist – ohne jede Begründung oder nähere Darlegung – für die Zulässigkeit einer Berufsausübungsgemeinschaft nach § 33 II Ärzte-ZV mit Nichtärzten auf § 23b MBOÄ – die Aussage lässt sich ihrem Zusammenhang nach aber auf Psychotherapeuten begrenzt verstehen. Die von *Eisenberg*, Ärztliche Kooperationen, S. 186 ff., vorgenommene analoge Anwendung des § 33 II Ärzte-ZV rekurriert allein auf *Ärzte*partnerschaften, deren Genehmigungsfähigkeit zeitweise abgelehnt worden ist, weil sie nicht *„Gemeinschaftspraxis"* sei.

II 1 Ärzte-ZV a. F. im Sinne einer genehmigungsfreien Zulässigkeit von Zusammenschlüssen von Vertragsärzten mit Angehörigen anderer Gesundheitsberufe nicht die Interessen an einer rechtlich gesteuerten vertragsärztlichen Patientenversorgung.[2376]

Gegen die vorgebrachte Argumentation ist einzuwenden, dass § 1 III PartGG die Berufsausübung in der Partnerschaft von weiteren Voraussetzungen abhängig gemacht und somit vertragsarztrechtlich die Monoprofessionalität vorgeschrieben werden kann.[2377] Zudem wird die Ärzte-ZV einerseits selbst als formelles Gesetz behandelt,[2378] andererseits lässt sie sich nicht anhand des PartGG, sondern in systematischem Zusammenhang mit dem SGB V auslegen, dessen Konkretisierung sie bezweckt. Im Übrigen wäre die Annahme eines Genehmigungserfordernisses als verbotene belastende Analogie[2379] zu bewerten, wenn nach dem Gesetzeswortlaut die Genehmigungsfreiheit der Verbindung von Ärzten mit Nichtärzten resultiert. Auf die erwähnte analoge Anwendung komme es nach *Junkert* aufgrund der Einführung von MVZ nicht mehr an. Doch mit Abschaffung der Gründungsberechtigung von Angehörigen der meisten medizinischen Berufe[2380] kommt die Gründung eines MVZ gerade nicht mehr in Frage.

Zudem unterliegt *Junkert* einem systematischem Missverständnis, denn die Konstruktionen von Berufsausübungsgemeinschaften nach § 33 II Ärzte-ZV und MVZ nach § 95 I SGB V entsprechen wie gezeigt nicht einander – ansonsten bliebe fraglich, weshalb das Institut der Berufsausübungsgemeinschaften nach § 33 II Ärzte-ZV weiterhin besteht. Während sozialrechtlich genehmigte Berufsausübungsgemeinschaften mangels eigener Zulassung keine tauglichen Leistungserbringer zur Gründung von MVZ sind, können zugelassene MVZ an Berufsausübungsgemeinschaften nach § 33 II Ärzte-ZV partizipieren. Die zwischenzeitlich erfolgte Erweiterung des Kreises zulässiger Mitglieder nach § 33 II 1 SGB V auf *„zur vertragsärztlichen Versorgung zugelassene Leistungserbringer“* sollte nach dem Gesetzentwurf die Kooperationsmöglichkeiten erweitern und klarstellen, dass auch zwischen Ärzten, Psychotherapeuten und MVZ Berufsausübungsgemeinschaften zulässig sind.[2381] Angehörige anderer Berufe sollten sich somit nicht nach § 33 II 1 Ärzte-ZV beteiligen können.

2376 *Schirmer*, MedR 1995, 383 (389 f.), ging von Genehmigungsfreiheit aus, da er allein die separat speziell geregelten Zulassungen für jeden Berufsangehörigen überprüft und § 33 II Ärzte-ZV außen vor lässt.

2377 Zu den Auswirkungen des Berufsrechtsvorbehalts auf den Kreis zulässiger Kooperationspartner *Henssler*, PartGG, § 1 Rn. 240 ff.; *Schirmer*, MedR 1995, 341 (342); *Krieger*, MedR 1995, 95 (96).

2378 *BSGE* 91, 164 (166); ausführlich *Köhler-Hohmann*, Ärzte- und Heilkunde-GmbH, S. 213 ff.

2379 Zur belastenden Analogie *Konzak*, NVwZ 1997, 872 (873).

2380 Siehe hierzu bereits S. 456 ff.

2381 BT-Drs. 16/2474, S. 16, 31. Bei der späteren Einfügung des § 33 II 2 Ärzte-ZV wurde zunächst zwar in dem Gesetzesentwurf auf Leistungserbringer allgemein Bezug

Entgegen *Nentwig et alii* sind daher Angehörige anderer Berufe als Ärzte und Psychotherapeuten von der (unmittelbaren)[2382] Beteiligung an einer Berufsausübungsgemeinschaft nach § 33 II 1 Ärzte-ZV ausgeschlossen,[2383] § 33 II Ärzte-ZV ist auf sie nicht anwendbar.

Die Ausgrenzung nicht zur vertragsärztlichen Versorgung zugelassene Leistungserbringer aus Berufsausübungsgemeinschaften im Rahmen des § 33 II Ärzte-ZV ist nicht verwunderlich, da das Gebilde allein aus der vertragsarztrechtlichen Perspektive aufzufassen ist.[2384] Das vierte Kapitel des SGB V regelt die Beziehungen der Krankenkassen zu den Leistungserbringern, in §§ 72 ff. SGB V speziell zu Ärzten, Zahnärzten und Psychotherapeuten. Nicht Regelungszweck ist dagegen das Verhältnis der Ärzte zu ihren Patienten. Die vertragsärztlich genehmigte Berufsausübungsgemeinschaft tritt nämlich gegenüber den KVen als einheitliche Rechtspersönlichkeit auf.[2385] Der Genehmigung als Berufsausübungsgemeinschaft folgt die gemeinsame Abrechnung unter gemeinsamer Vertragsarztnummer.[2386] Die Beteiligung von Hebammen, Physiotherapeuten oder Angehörigen anderer Berufe ist daher bereits nicht sinnvoll und rechtsfolgenorientiert in sozialversicherungsrechtlicher Hinsicht nicht denkbar. Sie rechnen auf andere Weise und ohne Zwischenschaltung der KV zulasten des Systems der GKV Leistungen ab als durch

---

genommen (*„Berufsausübungsgemeinschaften dürfen nicht gegründet werden, um Bestimmungen über eine unzulässige Zusammenarbeit zwischen Vertragsärzten und anderen Leistungserbringern zu umgehen.“)*, die Norm wurde jedoch an die berufsrechtliche Vorschrift in § 18 I 2 MBOÄ angepasst erlassen, sodass sie sich mit § 33 II 1 Ärzte-ZV anfügt, siehe BR-Drs. 456/11, S. 48, 161; BT-Drs. 17/6906, S. 38, 105 f.; BT-Drs. 17/8005, S. 134.

2382 Erinnert sei an die zulässige Beteiligung eines MVZ, an dem sich wiederum auch Zahnärzte als Gründungsberechtigte beteiligen können.

2383 So die heute ersichtlich allgemeine Ansicht: *Rothfuß*, in: *Bäune et al.*, Ärzte-ZV, § 33 Rn. 24; *Düring*, in: *Schallen*, Ärzte-ZV, § 33 Rn. 77. *Ratzel*, in: *Spickhoff*, Medizinrecht, Ärzte-ZV, § 33 Rn. 6, erkennt neben Gemeinschaftspraxen unter Vertragsärzten ebenso nur Berufsausübungsgemeinschaften zwischen Vertragsärzten und MVZ bzw. MVZ untereinander für zulässig. Ausschließlich Ärzte als zulässige Gesellschafter einer Gemeinschaftspraxis anerkennend *Wigge*, in: *Schnapp/Wigge*, Vertragsarztrecht, § 6 Rn. 20 – während die Aussage in Bezug auf „Gemeinschaftspraxen“ nach herkömmlichem Verständnis ohne rechtliche Einordnungsfunktion als rein ärztliche Berufsausübungsgemeinschaft durchaus richtig erscheint, ist sie im Rahmen des § 33 II Ärzte-ZV verfehlt.

2384 Daher kommt richtigerweise auch keine Berufsausübungsgemeinschaft nach § 33 II Ärzte-ZV zwischen Vertragsärzten und Privatärzten in Frage, sondern im Hinblick auf die vertragsärztliche Tätigkeit allenfalls eine Praxisgemeinschaft bzw. Organisationsgemeinschaft nach § 33 I Ärzte-ZV. Siehe bereits S. 89 ff.

2385 *BSG*, SozR 4–5520 § 33 Nr 2 Rn. 18; SozR 4–2500 § 106 Nr 6 Rn. 21; Urt. v. 30.11.2016 – B 6 KA 17/15 R, juris, Rn. 29.

2386 *Scholz*, in: *Rolfs et al.*, Sozialrecht, Ärzte-ZV, § 33 Rn. 39; *Engelmann*, ZMGR 2004, 3 (4).

Zulassung zur vertragsärztlichen Versorgung.[2387] Gleiches gilt für den teilweise als *„nicht nachvollziehbar“*[2388] kritisierten Ausschluss von Zahnärzten – sie rechnen nicht gegenüber der KV sondern gegenüber der KZV ab, ein gemeinsamer Auftritt gegenüber der KV zur Abrechnung ist daher ebenso wenig sinnvoll.

Für einen berufsübergreifenden Zusammenschluss ist Ärzten die Berufsausübungsgemeinschaft iSd § 33 II Ärzte-ZV im Ergebnis nur mit Psychotherapeuten und MVZ eröffnet.

ccc) Rechtsform der Berufsausübungsgemeinschaften

i) Personengesellschaftliche Organisation

Unumstritten ist heute die Zulässigkeit der Organisation einer Berufsausübungsgemeinschaft nach § 33 II Ärzte-ZV in einer GbR oder PartG. Während die Genehmigungsfähigkeit einer GbR nicht bezweifelt worden ist, steht seit Längerem nach eingehenden Diskussionen[2389] fest, dass Zusammenschlüsse in Form einer PartG als Berufsausübungsgemeinschaften der Genehmigung fähig sind.[2390]

Ob auch die in *Bayern* und *Niedersachen* berufsrechtlich zulässige PartGmbB als Rechtsform nach § 33 II Ärzte-ZV in Frage kommt, ist soweit ersichtlich noch nicht diskutiert worden. Kommt es zur Beantwortung ihrer vertragsarztrechtlichen Zulässigkeit – wie wohl von der herrschenden Meinung angenommen – vorrangig auf die vertragliche Haftung der Gesellschafter gegenüber ihren Patienten an, müsste ihre Zulässigkeit aufgrund der Haftungsbegrenzung für Berufsfehler auf das Gesellschaftsvermögen nach § 8 IV PartGG entfallen. Gegen die zentrale Bedeutung der Vertragssituation ist jedoch einzuwenden, dass das Vertragsarztrecht vorrangig dem Funktionsschutz des GKV-Systems dient und sich daher die Absicherung der Ansprüche von Krankenkassen und KV gegenüber den vertragsärztlichen Leistungserbringern als entscheidend erweisen muss.[2391] Da mögliche Erstattungsansprüche der KV oder Krankenkassen nicht aus Schäden einer fehlerhaften Berufsausübung resultieren, besteht mangels Haftungsbeschränkung nach § 8 IV PartGG für diese die persönliche akzessorische Haftung der Partner nach § 8 I

2387 Siehe hierzu sogleich unter S. 489 ff.

2388 *Pawlita*, in: *Schlegel/Voelzke*, juris Praxiskommentar SGB V, § 95 Rn. 163; *Scholz*, ZMGR 2010, 143 (143 f.); *Scholz*, in: *Rolfs et al.*, Sozialrecht, Ärzte-ZV, § 33 Rn. 18. Zur Zulässigkeit einer Zusammenarbeit von Ärzten mit Zahnärzten in einem MVZ in Gegenüberstellung zu ihrer Unzulässigkeit in einer Berufsausübungsgemeinschaft *Vogl*, ZMGR 2010, 63 (64, 65 f.).

2389 Siehe hier nur *Schirmer*, MedR 1995, 383 (388) *Eisenberg*, Ärztliche Kooperationen, S. 186 ff. *Attermeyer*, S. 27; kritisch dagegen *Dreher*, VersR 1995, 245 (246).

2390 *BSG*, NJW 2004, 1820 (1822). Siehe ferner *Köhler-Hohmann*, Ärzte- und Heilkunde-GmbH, S. 148 f.; im Ergebnis auch *Hess*, in: Kasseler Kommentar, SGB V, § 98 Rn. 75, terminologisch allerdings nicht exakt die *„Zulassungsfähigkeit“* konstatierend.

2391 Siehe hierzu ausführlicher sogleich S. 483 ff.

PartGG wie bei einer üblichen PartG fort. Die Wahl der PartGmbB ist daher auch sozialversicherungsrechtlich zulässig.

Im Übrigen lässt sich ein Arzt auch als Gesellschafter einer berufsübergreifenden Personengesellschaft wie in der monoprofessionellen Variante in freier Praxis nieder, wenn seine Dispositionsbefugnis in ausreichendem Maße abgesichert ist. Hierzu reicht es aus, den berufsrechtlichen Voraussetzungen an den Gesellschaftsvertrag nach § 23b I 4 MBOÄ[2392] genüge zutun.

ii) Kapitalgesellschaftliche Organisation

α) Einleitung

Nach Anerkennung der berufsrechtlichen Zulässigkeit von in Kapitalgesellschaften geführten Berufsausübungsgemeinschaften durch § 23a MBOÄ blieb *Koch* skeptisch, ob in Zukunft im vertragsärztlichen Bereich die Organisation von Berufsausübungsgemeinschaften in juristischen Personen zulässig wird.[2393] Die Frage, ob ärztliche Berufsausübungsgemeinschaften nach § 33 II Ärzte-ZV in Kapitalgesellschaften organisiert sein können, lässt der rechtswissenschaftlichen Literatur bereits seit Längerem keine Ruhe und stellt eine entscheidendes Themenfeld einiger Dissertationen dar.[2394] Deren Ausführlichkeit ist an dieser Stelle nicht zu erreichen, weshalb allein die Kernargumentation in den Vordergrund gerückt werden soll. Zur Führung einer Berufsausübungsgemeinschaft sollen jedenfalls nach wohl mittlerweile[2395] fast einhelliger Meinung juristische Personen des Privatrechts nicht als zulässige Rechtsformen zur Verfügung stehen.

Nach § 95 I SGB V komme nur eine Zulassung von *„Ärzten"*, nicht jedoch von juristischen Personen mit Ausnahme der MVZ in Betracht, der Zulassung von juristischen Personen mangele es an einer Rechtsgrundlage.[2396] Insoweit wird in

---

2392 Siehe hierzu näher S. 374 ff.

2393 *Koch*, GesR 2005, 241 (244).

2394 *Köhler-Hohmann*, Ärzte- und Heilkunde-GmbH, passim, insbesondere S. 153 ff.; *Eisenberg*, Ärztliche Kooperationen, S. 233 ff.; *Kaiser*, Ärzte-GmbH, S. 305 ff.; *Kuhn*, Arzt-AG, S. 190 ff.; siehe zuletzt *Meschke*, MedR 2018, 655 (656);

2395 Nicht mehr vertreten wird, dass vertragsärztlichen Berufsausübungsgemeinschaften dieselben Rechtsformen wie MVZ zur Verfügung zu stehen haben, so noch *Schallen*, in: *Schallen*, Ärzte-ZV, 6. Aufl., § 33 Rn. 86 ff. Diese Auffassung wurde mit der 9. Auflage durch den Neubearbeiter *Düring* fallengelassen. Soweit ersichtlich sind von ihrer Auffassung der Genehmigungsfähigkeit in Anschluss an *Schallen* nicht ausdrücklich abgerückt *Köhler-Hohmann*, Ärzte- und Heilkunde-GmbH, S. 153 ff.; *Cansun*, Kooperationsmöglichkeiten, S. 158; als verfassungswidrig erachtet den Ausschluss kapitalgesellschaftlicher Organisation aufgrund Verstoßes gegen Art. 3 I GG *Kuhn*, Arzt-AG, S. 197 f.

2396 *Wigge*, in: *Schnapp/Wigge*, Vertragsarztrecht, § 6 Rn. 19; *Kremer/Wittmann*, Vertragsärztliche Zulassungsverfahren, Rn. 1361; *Rothfuß*, in: *Bäune et al.*, Ärzte-ZV, § 33 Rn. 85; *Düring*, in: *Schallen*, Ärzte-ZV, § 33 Rn. 88. *Braun/Richter*, MedR 2005,

der Literatur[2397] auf ein Urteil des *BSG* vom 15. August 2012 verwiesen,[2398] das die Zulassung einer nach englischem Recht gegründeten Limited die Zulassung zur vertragsärztlichen Versorgung nach § 95 I SGB V abgelehnt hat. Der Zulassung eines in einer Kapitalgesellschaft tätigen Arztes stehe zudem sein Angestelltenverhältnis[2399] zu der Kapitalgesellschaft dem Postulat einer Tätigkeit in freier Praxis entgegen.[2400] Entscheidend sei, dass in einer juristischen Person des Privatrechts nicht wie in einer Personengesellschaft allein aufgrund der Gesellschafterstellung für die Gesellschaft gehandelt werden könne, sondern nur aufgrund Bestellung zum Geschäftsführer bzw. Vorstand oder als sonstiger Angestellter.[2401] Es wird in der Argumentation gesehen, dass MVZ nach § 33 II 1 Ärzte-ZV auch zwar Mitglieder von Berufsausübungsgemeinschaften sein können, wenn sie selbst als juristische Person des Privatrechts geführt werden.[2402] Dies spreche jedoch nicht für die Zulässigkeit der Führung einer Berufsausübungsgemeinschaft in Form einer Kapitalgesellschaft, da auch bei Beteiligung eines MVZ in einer Berufsausübungsgemeinschaft dieses selbst *zugelassener* Leistungserbringer sei, während die Berufsausübungsgemeinschaft keinen besonderen zulassungsrechtlichen Status erhalte. Deshalb erhalte die als Kapitalgesellschaft geführte Berufsausübungsgemeinschaft keine Zulassung.[2403]

Im Kontrast zu anderen Monographien,[2404] die sich unmittelbar der Verfassungsmäßigkeit der anscheinend existierenden Beschränkung in der Rechtsformwahl zuwenden, wird an dieser Stelle vorrangig das einfache Recht auf seinen Inhalt geprüft. Statuiert es nach seiner Auslegung kein Verbot kapitalgesellschaftlicher

---

685 (687), halten eine an § 23a MBOÄ ausgerichtete Änderung des § 33 II Ärzte-ZV für die Annahme der Zulässigkeit von GmbHs erforderlich.

2397 *Rademacker*, in: Kasseler Kommentar, SGB V, § 95 Rn. 116; *Düring*, in: *Schnapp/Wigge*, Vertragsarztrecht, § 5 Rn. 8 Fn. 7; *Meschke*, MedR 2018, 655 (656); *Wigge*, in: *Schnapp/Wigge*, Vertragsarztrecht, § 6 Rn. 19; verfassungsrechtlich *krit. Treptow*, MedR 2014, 425 (425 f.).

2398 *BSGE* 111, 240 ff.

2399 Das Angestelltenverhältnis kann nach § 32b I 1 Ärzte-ZV nur *zu* einem Vertragsarzt und daher nicht zu einer nicht zugelassenen GmbH bestehen, so bereits *Weber/Vogt-Weber*, ArztR 1997, 179 (184).

2400 Siehe hier nur *Eisenberg*, Ärztliche Kooperationen, S. 292; *Henssler*, ZIP 1994, 844 (847); *Katzenmeier*, MedR 1998, 113 (118); *Meyer/Kreft*, GmbHR 1997, 193 (196); *Taupitz*, NJW 1992, 2317 (2318); *ders.*, NJW 1996, 3033 (3035); *Weber/Vogt-Weber*, ArztR 1997, 179 (184).

2401 *Kremer/Wittmann*, Vertragsärztliche Zulassungsverfahren, Rn. 1361;

2402 Die Beteiligung von kapitalgesellschaftlich organisierten MVZ an Berufsausübungsgemeinschaften ausdrücklich bezweckend BT-Drs. 16/2474, S. 31; BR-Drs. 353/06, S. 70.

2403 *Rothfuß*, in: *Bäune et al.*, Ärzte-ZV, § 33 Rn. 85 Fn. 218.

2404 *Kuhn*, Arzt-AG, S. 191 ff.

Organisation einer Berufsausübungsgemeinschaft, ist dessen verfassungsrechtliche Kritisierung hinfällig.

β) Wortlaut des § 33 II Ärzte-ZV

Ausgangspunkt der Überprüfung vertragsarztrechtlicher Zulässigkeit kapitalgesellschaftlicher Berufsausübungsgemeinschaften ist der Wortlaut des § 33 II SGB V. § 33 II Ärzte-ZV regelt selbst keine Anforderungen an die Rechtsform,[2405] im Wortlaut ist der Ausschluss juristischer Personen des Privatrechts damit nicht angelegt. Allenfalls lässt sich eine gesetzgeberische Intention angedeutet erkennen, die Berufsausübungsgemeinschaften nicht in juristischen Personen des Privatrechts zulassen möchte;[2406] diese Intention hat jedoch im Gesetz keinen Niederschlag gefunden und tritt auch sonst nicht deutlich zu Tage. Nach grammatikalischer Auslegung des § 33 II Ärzte-ZV ist die Zulässigkeit von kapitalgesellschaftlichen Berufsausübungsgemeinschaften anzunehmen.

γ) Keine pauschale Übertragbarkeit von BSG, Urt. v. 15.8.2012 – B 6 KA 47/11 R

Ein Verweis auf das Urteil des *BSG* kann den Ausschluss von Kapitalgesellschaften nicht stützen. Der Fall hatte eine als Limited organisierte Einzelpraxis zum Gegenstand, deren Zulassung (als MVZ) das *BSG*[2407] zuvörderst anhand des damaligen Merkmals einer fachübergreifenden Einrichtung ab, die in der Einzelpraxis nicht erfüllt war. Das Urteil setzte sich daher mit der Frage auseinander, ob ein einzelner Arzt eine MVZ-GmbH gründen und *allein* betreiben kann.[2408] Während der fachübergreifende Aspekt, aus dem das *BSG* auf die Konzeption des MVZ als

---

2405 *Düring*, in: *Schallen*, Ärzte-ZV, § 33 Rn. 87.

2406 Siehe insbesondere BT-Drs. 16/2474, S. 21, wonach kooperative Versorgungsformen, die in der Rechtsform einer juristischen Person organisiert sind, haftungsrechtlich den als Personengesellschaft organisierten kooperativen Versorgungsformen wie Gemeinschaftspraxis und „*MVZ in der Freifreiberuflervariante*“ gleichgestellt werden sollen, wobei sich die erläuterte Regelung des § 95 II 6 SGB V allein auf die Zulassung von MVZ in Rechtsform einer juristischen Person des Privatrechts bezieht und mithin Berufsausübungsgemeinschaften im Sinne des § 33 II Ärzte-ZV nicht als juristische Personen des Privatrechts organisierbar erscheinen.

2407 „*Ein einzelner* [Hervorhebung durch Verfasser hinzugefügt] *Arzt (Zahnarzt, Psychotherapeut) kann seine vertragsärztliche Tätigkeit nicht in der Rechtsform einer juristischen Person des Privatrechts ausüben*“, *BSG*, ZMGR 2012, 430 (431 f.).

2408 Offen gelassen von *Schaks*, NZS 2016, 761 (762 f.); (eher) ablehnend *Fiedler*, DStR 2016, 322 (322); *Wigge*, in: *Schnapp/Wigge*, Vertragsarztrecht, § 6 Rn. 151; *Niggehoff*, in: *Sodan*, Krankenversicherung, § 18 Rn. 95; befürwortend dagegen *Möller et al.*, in: *Ratzel/Luxenburger*, Medizinrecht, § 9 Rn. 31; *Pflugmacher*, Ärzte Zeitung v. 15.6.2015, S. 16. Die Gründung durch einen einzelnen Vertragsarzt ist jedenfalls zulässig, wenn dieser das MVZ nicht allein betreibt, siehe *BSGE* 111, 240 (249).

Kooperationsform mehrerer Berufsträger schloss, ersatzlos entfallen ist,[2409] rückte § 33 Ärzte-ZV mangels zu beurteilender Berufsausübungsgemeinschaft korrekterweise überhaupt nicht in den Prüfungsrahmen des *6. Senats*, sodass sich dem Urteil keine Äußerung zu einem Verbot kapitalgesellschaftlicher Organisation einer Gemeinschaftspraxis entnehmen lässt.

δ) Fehlende Rechtsgrundlage

Abzulehnen ist die Argumentation des *BSG*, der Gesetzgeber sei nicht verpflichtet, jede von einem Berufsangehörigen gewünschte Rechtsform für die Ausübung der freiberuflich auszuübenden ärztlichen oder psychotherapeutischen Heilkunde zur Verfügung zu stellen.[2410] Zunächst ist anzumerken, dass der Gesetzgeber in § 33 II Ärzte-ZV keine Auswahl zulässiger Rechtsformen getroffen hat,[2411] sodass im Ausgangspunkt alle zweckentsprechenden Rechtsformen für die Gründung einer Berufsausübungsgemeinschaft in Betracht kommen. Andererseits beruft sich das *BSG* auf ein Urteil des *BGH*[2412] zur Unzulässigkeit der Gestaltung einer Rechtsanwaltsgesellschaft als GmbH & Co. KG. Dabei stellte der *BGH* richtigerweise fest, dass die klagende Gesellschaft überhaupt nur Träger des Grundrechts der Berufsfreiheit sein kann, wenn sie ein Handelsgewerbe betreibt.[2413] Hintergrund ist die *gesellschaftsrechtliche* Norm des § 161 I HGB für die Kommanditgesellschaft, die den Betrieb eines Handelsgewerbes als Gesellschaftszweck zwingend erfordert.[2414] Werden die gesellschaftsrechtlichen Voraussetzungen bereits der Gesellschaftsform – nicht erst erfüllt, kann weiterführend das Berufsrecht die (Un-) Zulässigkeit

---

2409 So noch *BSGE* 111, 240 (249); siehe zur Änderung *Schaks*, NZS 2016, 761 (762 f.); *Pflugmacher*, Ärzte Zeitung v. 15.6.2015, S. 16. Gleichwohl indizieren noch immer das Motiv des Gesetzgebers, die Möglichkeit von arztgruppengleichen MVZ zu schaffen, und die Einstufung als zu fördernde kooperative Versorgungsform – BT-Drs. 18/4095, S. 53, 105; ähnlich *Niggehoff*, in: *Sodan*, Krankenversicherung, § 18 Rn. 95; dagegen übersieht *Schaks*, NZS 2016, 761 (762) diesen Zweck der Förderung kooperativer Versorgungsformen durch das GKV-VSG – die Unzulässigkeit eines sog. „*Mono-MVZ*", denn „*arztgruppengleich*" impliziert eine Verbindung mindestens zweier Ärzte derselben Facharzt- oder Schwerpunktbezeichnung, vgl. zur Konkretisierung des Begriffs „*fachübergreifend*" in § 95 I 3 Hs. 1 SGB V a. F., BT Drs. 16/2474, S. 21. MVZ bleibt damit ein kooperatives Element immanent.

2410 *BSG*, ZMGR 2012, 430 (433).

2411 So bereits *Düring*, in: *Schallen*, Ärzte-ZV, § 33 Rn. 87.

2412 *BGH*, *NJW* 2011, 3036 ff.

2413 *BGH*, *NJW* 2011, 3036 (3038); bestätigend *BVerfG*, NZG 2012, 343 (344 f.). Hiervon abgewichen bzgl. der Sonderregelungen im Berufsrecht der Steuerberater (§ 49 II StBerG) und Wirtschaftsprüfer (§ 27 II WPO) *BGH*, NZG 2014, 1179 (1180 ff.), die als leges speciales zu §§ 105 II, 161 I HGB aufgefasst werden; siehe hierzu auch die Besprechung von *Henssler/Markworth*, NZG 2015, 1 ff.

2414 *Sauter*, in: *Prinz/Hoffmann*, Personengesellschaften, § 2 Rn. 35 ff.; *Gummert*, in: *Henssler/Strohn*, Gesellschaftsrecht, HGB, § 161 Rn. 8; § 105 Rn. 8 ff.

nicht entstehender Gesellschaften sinnvollerweise nicht ausdrücklich anordnen. Die Fälle des *BSG* und des *BGH* sind nicht miteinander zu vergleichen: Während eine Berufsausübungsgemeinschaft in kapitalgesellschaftlicher Rechtsform wie der GmbH, die nach § 6 I GmbHG zu jedem gesetzlich zulässigem Zweck errichtet werden kann, gesellschaftsrechtlich zulässig ist, bedarf es gesellschaftsrechtlich zur Gründung einer Personenhandelsgesellschaft des Betriebs eines Handelsgewerbes – eine Kommanditgesellschaft ohne Zweck des Betriebs eines Handelsgewerbes ist bereits *gesellschaftsrechtlich* nicht vorgesehen. Dagegen steht der Fall des *BSG*, in dem eine gesellschaftsrechtlich in zulässiger Weise gegründete Gesellschaft lediglich *sozialrechtlich* nicht ausdrücklich vorgesehen ist. Den entsprechenden Unterschied zwischen gesellschaftsrechtlichen und berufsrechtlichen Erwägungen der Unzulässigkeit von Rechtsformen stellt der *BGH* ebenfalls in seinem Urteil klar.[2415] Da aus gesellschaftsrechtlicher wie auch in den meisten Ländern aus berufsrechtlicher Sicht einer Zulässigkeit von juristischen Personen des Privatrechts nichts entgegensteht, müsste aus dem Krankenversicherungsrecht selbst ein Ausschluss erfolgen.

ε) Grundsätzlich keine Zulassung von Kapitalgesellschaften nach § 95 I SGB V

Nach § 95 I 1 SGB V nehmen an der vertragsärztlichen Versorgung zugelassene Ärzte und zugelassene medizinische Versorgungszentren sowie ermächtigte Ärzte und ermächtigte Einrichtungen teil. Die zugelassenen MVZ stellen nach § 95 I 2 SGB V ärztlich geleitete Einrichtungen dar, in denen Ärzte als Angestellte oder Vertragsärzte tätig sind. Sie können nach § 95 Ia 3 SGB V „*in der Rechtsform der Personengesellschaft* [sic!], *der eingetragenen Genossenschaft oder der Gesellschaft mit beschränkter Haftung oder in einer öffentlich-rechtlichen Rechtsform*“ geführt werden. Tatsächlich versagt § 95 I 1, Ia 3 SGB V juristischen Personen des Privatrechts eine Zulassung zur vertragsärztlichen Versorgung jedenfalls dann, wenn sie kein MVZ darstellen.[2416] Eine sonstige Norm begründet nicht die Zulassungsfähigkeit

2415 *BGH*, NJW 2011, 3036 (3038): „*Soweit die Kl. in diesem Zusammenhang darauf verweisen, dass in der Vergangenheit die Rechtsprechung aus Art. 12 I GG abgeleitet hat, dass eine GmbH ([…] oder eine AG […] zur Rechtsanwaltschaft zugelassen werden können (Sic!), übersehen sie, dass diese Gesellschaftsformen alle nicht zweckgebunden sind. […] Hiervon unterscheidet sich die Situation […] aber grundlegend, da diese mit dem gewünschten Gesellschaftszweck als Handelsgesellschaft nach deutschem Recht bereits nicht wirksam gegründet werden kann.*“ Zust. *Feldmann*, GWR 2011, 443 (443). Rechtspolitische Kritik äußern u. a. *Henssler*, NZG 2011, 1121 (1122); *Henssler/Markworth*, NZG 2015, 1 (3, 6 f.).

2416 Daneben bliebe nur Raum für eine Ermächtigung der Gesellschaft zur vertragsärztlichen Versorgung nach § 95 I 1 SGB V, § 31 Ärzte-ZV. Die Ermächtigung hat zwar zulassungsähnlichen Charakter, dennoch dient sie vorrangig nur zur Schließung von Versorgungslücken und ist grundsätzlich subsidiär, *Becker*, NZS 1999, 521 (523);

von Kapitalgesellschaften. Kapitalgesellschaften können daher nur als MVZ zur Teilnahme an der vertragsärztlichen Versorgung zugelassen werden.

Die fehlende Zulassungsfähigkeit von Kapitalgesellschaften zur Teilnahme an der vertragsärztlichen Versorgung ist jedoch nicht überraschend und schließt keineswegs die Organisation einer Berufsausübungsgemeinschaft in Form einer Kapitalgesellschaft aus. Berufsausübungsgemeinschaften erhalten ohnehin keine Zulassung, sondern werden durch die Zulassungsausschüsse nach § 33 III Ärzte-ZV *„genehmigt"*.[2417] Es ist frappierend, dass für die Frage der Zulässigkeit von kapitalgesellschaftlichen Berufsausübungsgemeinschaften eine nicht erforderliche Zulassung postuliert wird,[2418] während dies für Personengesellschaften – richtigerweise – nach keiner Ansicht erfolgt. In der Organisation einer Berufsausübungsgemeinschaft als Personengesellschaft oder Kapitalgesellschaft ergibt sich kein wesentlicher Unterschied. Personengesellschaften sind seit Anerkennung der (Teil-) Rechtsfähigkeit der (Außen-) GbR ebenso rechtlich verselbständigt[2419] und werden Vertragspartner der Patienten. Auch die medizinische Behandlung erbringt – wenn nicht ausnahmsweise ein Vertrag allein zwischen dem zugelassenen Arzt und dem Patienten geschlossen wird – die Personengesellschaft, indem einer der zugelassenen Ärzte sie ausführt. Die fehlende Zulassungsfähigkeit von Kapitalgesellschaften nach § 95 I SGB V lässt daher keinen Rückschluss auf die Genehmigungsfähigkeit einer kapitalgesellschaftlichen Berufsausübungsgemeinschaft nach § 33 II, III Ärzte-ZV zu.

Aus der Zulässigkeit von MVZ lässt sich auch nicht der Ausschluss kapitalgesellschaftlicher Berufsausübungsgemeinschaften wegen Spezialität des § 95 I, Ia 3 SGB V ableiten, da sowohl die GmbH und die eingetragene Genossenschaft als juristische Personen als auch Personengesellschaften für die Gründung von MVZ in Frage kommen. Personengesellschaften müsste eine Spezialität ebenso erfassen und so zu der Redundanz einer Regelung zu Berufsausübungsgemeinschaften per

---

Wenner, Vertragsarztrecht, § 17 Rn. 1. Sie ist im Gegensatz zur Zulassung nach § 31 VII Ärzte-ZV zeitlich, räumlich und ihrem Umfang nach zu bestimmen. Praktisch ist es aussichtslos, als ärztlich geleitete Einrichtung eine Ermächtigung zu erhalten, siehe hier bereits *Eisenberg*, Ärztliche Kooperationen, S. 291 f.; *Preißler*, MedR 1995, 110 (111); *Katzenmeier*, MedR 1998, 113 (118); *Taupitz*, NJW 1992, 2317 (2318); *ders.*, VersR 1992, 1064 (1065).

2417 *BSG*, MedR 2011, 298 (302); vgl. *Köhler-Hohmann*, Ärzte- und Heilkunde-GmbH, S. 156 f.; *Engelmann*, ZMGR 2004, 3 (10).

2418 Siehe *Wigge*, in: *Schnapp/Wigge*, Vertragsarztrecht, § 6 Rn. 19; *Rothfuß*, in: *Bäune et al.*, Ärzte-ZV, § 33 Rn. 85. *Gummert/Remplik*, in: Münchener Hdb. Gesellschaftsrecht, Bd. 1, § 25 Rn. 45, fällt dagegen diese Inkongruenz ersichtlich auf, ohne der Fragestellung weiter nachzugehen; vgl. ferner *Treptow*, MedR 2014, 425 (426), welcher auf eine Inkonsequenz *des Gesetzes* schließt, die durch Zulassung der Gemeinschaftspraxis als Rechtsträger des ärztlichen Unternehmens geschlossen werden könne.

2419 *BSG*, MedR 2014, 421 (422).

se führen. Soll von einer Beeinflussung der Rechtsform von Berufsausübungsgemeinschaften durch die Regelung zu MVZ ausgegangen werden, drängt sich somit viel eher die Zulässigkeit auch juristischer Personen des Privatrechts in Übernahme der nach § 95 Ia SGB V zugelassenen Rechtsformen auf. Darüber hinaus ergäbe sich die paradoxe Rechtslage, dass die Berufsausübungsgemeinschaft selbst als Personengesellschaft zu führen sei,[2420] auch wenn in ihr lediglich in juristischen Personen organisierte MVZ zusammengeschlossen sind. Der Zusammenschluss von MVZ in Berufsausübungsgemeinschaften zeigt die Verwobenheit der beiden Institute gemeinsamer vertragsarztrechtlicher Berufsausübung.

ζ) Tätigkeit in freier Praxis?

Hauptsächlich wird gegen kapitalgesellschaftliche Berufsausübungsgemeinschaften eingewandt, die in ihnen angestellten Ärzte könnten mangels Niederlassung in freier Praxis gemäß § 32 I 1 Ärzte-ZV nicht zugelassen werden, sodass auch folglich der Genehmigung der Berufsausübungsgemeinschaft die fehlende Zulassung der Ärzte als Vertragsärzte entgegenstünde.[2421] Eine Praxis sei nur *„frei"*, wenn die Praxisräume von dem Arzt unterhalten werden, ohne auf die Eigentumsverhältnisse abzustellen.[2422] § 32 I 1 Ärzte-ZV dient der Abgrenzung zu Angestelltenverhältnissen und erfordert eine in beruflicher und persönlicher Selbständigkeit gesicherte Tätigkeit, bei der erhebliche Einflussnahmen Dritter ausgeschlossen sein müssen und das wirtschaftliche Risiko notwendig zu tragen ist. Es bedarf ausreichender Handlungsbefugnisse, um den medizinischen Auftrag nach eigenem Ermessen zu gestalten, d.h. zumindest der Teilhabe an der Disposition über den Einsatz persönlicher, sächlicher und räumlicher Mittel.[2423]

Die Tätigkeit in freier Praxis ist nach neuerer Rechtsprechung auch in einer Kapitalgesellschaft denkbar, wenn der Arzt nicht lediglich seine Leistungen im Rahmen eines Beschäftigungsverhältnisses erbringt.[2424] Die Rechtsprechung erging zwar im Hinblick auf Freiberufler-MVZ, sie ist in ihrer Bedeutung für die Organisation von Berufsausübungsgemeinschaften indessen nicht minder bedeutsam. Die Entscheidung widmet sich in Bezug auf § 32 Ärzte-ZV der Zulassung der einzelnen Ärzte als Vertragsärzte, sie ist daher allgemein übertragbar. Das *BSG*

2420 Da eine PartG ausscheidet – ihr können nur natürliche Personen nach § 1 I 3 PartGG beitreten – verbliebe als einzig genehmigungsfähige Rechtsform die GbR.

2421 Siehe z.B. *Butzer*, NZS 2005, 344 (352); *Eisenberg*, Ärztliche Kooperationen, S. 292 f.; *Taupitz*, VersR 1992, 1064 (1064 f.); *ders.*, NJW 1996, 3033 (3035).

2422 Synonym zu verwenden sind die Begrifflichkeiten der *„freien"* und *„eigenen"* Praxis, *Taupitz*, VersR 1992, 1064 (1064 f.); *ders.*, NJW 1996, 3033 (3035); *Eisenberg*, Ärztliche Kooperationen, S. 292 f.

2423 *BSGE* 106, 222 ff., *BSG*, NJW 1973, 1435 (1436 Rn. 15 f.); siehe ferner *Taupitz*, VersR 1992, 1064 (1065); *ders.*, NJW 1996, 3033 (3035); *Scholz*, in: *Spickhoff*, Medizinrecht, MBOÄ, § 17 Rn. 2; *Dreher*, VersR 1995, 245 (246 f.); *Ziegler*, MedR 2018, 645 (648 ff.).

2424 *BSG*, Urt. v. 29.11.2017 – B 6 KA 31/16 R, BeckRS 2017, 145083 Rn. 34 ff.

orientiert sich dabei an § 23a MBOÄ und erkennt richtigerweise in der Stellung als Gesellschafter oder als Geschäftsführer der GmbH die mögliche Selbständigkeit des Arztes begründet.[2425] Ein Arzt in einer juristischen Person des Privatrechts mag nicht wie in einer Personengesellschaft allein aufgrund seiner Gesellschafterstellung für die Gesellschaft handeln können, sondern nur aufgrund seiner Bestellung zum Geschäftsführer bzw. Vorstand oder als sonstiger Angestellter.[2426] Erforderlich ist daher nach dem *BSG* die Sicherstellung des *„bestimmenden Einflusses“* der Vertragsärzte auf den Betrieb der Praxis,[2427] die ihm als lediglich Angestellter stets oder als Minderheitsgesellschafter regelmäßig nicht zukommt. Doch auch in Personengesellschaften sind gesellschaftsvertragliche Einschränkungen des Prinzips der Selbstorganschaft und des Einstimmigkeitsprinzips bei Gesellschafterbeschlüssen denkbar.[2428] Zu befürworten ist daher auch das Abstellen des *BSG* auf die *tatsächliche* Dispositionsbefugnis des zuzulassenden Arztes. Folglich müssten im nunmehr zu vollziehenden Schritt der Rechtsprechung kapitalgesellschaftliche Gestaltungen von Berufsausübungsgemeinschaften nach § 33 II Ärzte-ZV strukturell im Grundsatz anerkannt sein.

Bereits vor Einführung von MVZ und Aufnahme von als Kapitalgesellschaften organisierten Arztgesellschaften in das ärztliche Berufsrecht in § 23a MBOÄ wurde von *Eisenberg*[2429] eine verfassungskonforme Auslegung des § 32 I 1 Ärzte-ZV dahingehend für geboten erachtet, dass eine Zulassung von Ärzten in kapitalgesellschaftlich organisierten Berufsausübungsgemeinschaften in Betracht komme. Die Ärzte-ZV habe sich bei ihrer Einführung im Jahr 1957 an den besonders strikten Voraussetzungen des Berufsrechts orientiert, wonach eine gemeinsame Ausübung der ärztlichen Tätigkeit nur ausnahmsweise zugelassen worden ist. Mit der Entwicklung ärztlicher Kooperationen von einer grundsätzlichen Zulässigkeit von Gemeinschaftspraxen und der Einführung der Ärztepartnerschaft müsse nach Feststellung der Zulässigkeit einer Zahnarzt-GmbH durch den *BGH* auch der berufsrechtlich zulässigen Tätigkeit in kapitalgesellschaftsrechtlichen Formen die Auslegung angepasst werden. Eine Anpassung erfolge nämlich bereits bei Gemeinschaftspraxen in GbR und Ärztepartnerschaften, da diese im Vergleich zu Einzelpraxen keine Führung einer eigenen Praxis eines ärztlichen Gesellschafters mit uneingeschränkter Dispositionsbefugnis darstelle,[2430] weshalb nach Einführung der PartG auch die vertragsarztrechtliche

---

2425 *BSG*, Urt. v. 29.11.2017 – B 6 KA 31/16 R, BeckRS 2017, 145083 Rn. 37.
2426 *Kremer/Wittmann*, Vertragsärztliche Zulassungsverfahren, Rn. 1361.
2427 BSGE 124, 266–278, SozR 4–2500 § 95 Nr 33, Rn. 36.
2428 Vgl. hierzu §§ 709, 710 BGB für die Geschäftsführung der GbR.
2429 *Eisenberg*, Ärztliche Kooperationen, S. 311 ff.
2430 So bereits zuvor *Dreher*, VersR 1995, 245 (246); *Weber/Vogt-Weber*, ArztR 1997, 179 (184).

Zulässigkeit von Ärztepartnerschaften bezweifelt worden ist.[2431] Zudem spreche der Regelungszweck für die Zulässigkeit einer kapitalgesellschaftlichen Organisation, da ein die Handelsregistereintragung vornehmendes Registergericht bereits die Eintragung ablehnen müsse, wenn entgegen den berufsrechtlichen Bestimmungen die in einer Kapitalgesellschaft zusammengeschlossenen Ärzte weisungsabhängig und nicht eigenverantwortlich tätig würden. Schließlich wurde in der Literatur bereits zuvor darauf hingewiesen, dass die Handelsregisterpublizität Gesellschafterwechsel transparenter als in einer GbR gestalte.[2432]

Sowohl die Rechtsprechung als auch die Literatur lassen einen entscheidenden Aspekt in ihren Argumentationssträngen vermissen: Das Erfordernis der freien Praxis ist wegen seiner sozialrechtlichen Einbettung vorrangig unter Berücksichtigung des Grundsatzes der finanziellen Stabilität der GKV zu beleuchten. Dieser darf nicht als alleinstehendes, selbstbezweckendes Axiom verstanden werden, sondern stellt einen Aspekt des allgemeinen Funktionsschutzes des Systems der GKV als überragend wichtiges Gemeinschaftsgut[2433] dar.[2434] Mit Blick auf die unstreitige Zulässigkeit von Kapitalgesellschaften in der ambulanten Versorgung als MVZ, in der stationären Versorgung bei Krankenhäusern und in der

---

2431 Siehe hier bereits die Auseinandersetzung von *Schirmer*, MedR 1995, 383 (388); *Eisenberg*, Ärztliche Kooperationsformen, S. 186 ff.

2432 *Weber/Vogt-Weber*, ArztR 1997, 179 (184).

2433 *BVerfGE* 70, 1 (30).

2434 *BVerfGE* 103, 172 (184): *„Die Sicherung der finanziellen Stabilität und damit (*Hervorhebung durch Verfasser*) der Funktionsfähigkeit der gesetzlichen Krankenversicherung [...].“* Neben den notwendigen finanziellen Erwägungen sind qualitative Zielsetzungen vorhanden. Leistungskürzungen in der GKV sind jedenfalls kein Beleg für die Außerachtlassung qualitativer Aspekte, so jedoch *Schaks*, Finanzielle Stabilität, S. 60 f. Das System der GKV muss um einen Ausgleich qualitativer – in diesem Rahmen auch quantitativer – und finanzieller Aspekte der flächendeckenden Gesundheitsversorgung bemüht sein. Zu dem aus Art. 1 I, 2 I, 3 I, 20 I GG abzuleitenden Verfassungsauftrag zur Sicherstellung einer flächendeckenden vertragsärztlichen Versorgung *Bauer-Schade*, Flächendeckende Versorgung, S. 69 ff., 89. Die Folgen des Absinkens qualitativer Versorgungsaspekte können bei erheblichen qualitativen Mängeln das Vertrauen der Akteure, insbesondere der Patienten, in den Gesundheitsmarkt erschüttern und für dessen Kollaps sorgen. Die Folgen eines Vertrauensverlusts wären volkswirtschaftlich enorm. Es wäre mit einer Erhöhung der Arbeitsausfallzeiten zu rechnen, würde sich – eingedenk der Versicherungsquote von ca. 90 % in der GKV – ein Teil der Patienten bei Krankheiten nicht mehr in professionelle medizinische Behandlung begeben. Die Bereitschaft von medizinischen Leistungserbringern, sich dem System der GKV anzuschließen, würde bei verminderter Inanspruchnahme durch Ärzte und daher abnehmender wirtschaftlicher Lukrativität verfallen. Nicht verwunderlich ist die Beobachtung durch *Stackelberg/Lehmann*, GuP 2016, (29), dass die Ausrichtung des Leistungsangebot von Ärzten am Vergütungssystem statt an dem Versorgungsbedarf der Versicherten nicht unüblich ist. Das Leistungsangebot abseits staatlicher Beeinflussung („schwarz“) würde zu weiteren Qualitätseinbußen und Steuerausfällen führen.

sonstigen Leistungserbringung von Heil- oder Hilfsmittelerbringern verbleiben zum Schutz der Funktionsfähigkeit des Systems der GKV keine grundsätzlichen Bedenken gegen die Beteiligung von Kapitalgesellschaften an der vertragsärztlichen Versorgung.[2435] Dies gilt umso mehr, nachdem MVZ nicht mehr notwendig fachübergreifende Einrichtungen darstellen, sodass sich eine fachlich-qualitative Differenzierung zu Berufsausübungsgemeinschaften nicht mehr rechtfertigen lässt. Außerdem ist die sukzessiv verstärkte Eintrittsmöglichkeit von Krankenhausträgern in die ambulante Versorgung zu berücksichtigen.[2436]

Dennoch sind zur Sicherung der finanziellen Stabilität der GKV Bedenken zu erheben. In einer MVZ-GmbH haben die Gründungsberechtigten nach § 95 II 6 SGB V zur Sicherung von Forderungen der KV und Krankenkassen gegen ein MVZ aus dessen vertragsärztlicher Tätigkeit eine selbstschuldnerische Bürgschaft abzugeben oder eine andere Sicherheit nach § 232 BGB zu stellen. Für Berufsausübungsgemeinschaften wird kein vergleichbares Erfordernis geregelt. Da die Abrechnung gegenüber der KV gemeinsam erfolgt, wären etwaige Rückzahlungsansprüche der KV nur durch das Gesellschaftsvermögen der Kapitalgesellschaft gedeckt, so im Fall der GmbH aufgrund von § 13 II GmbHG. Eine persönliche Haftung der Ärzte gegenüber der KV ist – von betrügerischen Zuvielabrechnungen abgesehen – in einer Kapitalgesellschaft ausgeschlossen. Der als überragend wichtiges Schutzgut anerkannte Funktionsschutz zugunsten des Systems der GKV erfordert jedoch, dass sich Ärzte möglichen Forderungen der KV nicht durch Einschaltung einer Kapitalgesellschaft entziehen können.[2437] Für die ambulante vertragsärztliche Versorgung verdeutlicht das Erfordernis der Stellung von Sicherheiten in § 95 II 6 SGB V das vorrangige Interesse an der Sicherstellung der Finanzstabilität des GKV-Systems. So regeln die §§ 72 ff. SGB V schließlich auch die Beziehungen der Krankenkassen zu ihren Leistungserbringern, nicht dagegen das Verhältnis der Leistungserbringer zu den Versicherten.

Die an den mit den Patienten bestehenden Behandlungsverträgen konkret beteiligten Rechtssubjekte sind bezüglich der Gewährleistung der Finanzstabilität eher unerheblich. Im Gegensatz zur Haftung weisen die Rechtsformen in der vertraglichen Situation zu den Patienten – dies war bereits im Rahmen der berufsrechtlichen Auseinandersetzung mit der Zulässigkeit von Kapitalgesellschaften zu

---

2435 Vgl. bereits in diese Richtung ohne den Aspekt der Funktionsfähigkeit des Systems der GKV *Töfflinger*, Ambulante Kapitalgesellschaften, S. 122 ff.

2436 Siehe bereits zu den Möglichkeiten nach dem GKV-Modernisierungsgesetz *Koller*, Ärztliche Kooperationen, S. 221 ff.; zur weiteren Öffnung der ambulanten Versorgung durch das GKV-Wettbewerbsstärkungsgesetz *Pitschas*, MedR 2008, 473 (474 f., 475 f.); zur noch weiteren Öffnung durch das GKV-Versorgungsstrukturgesetz und ihm nachfolgend das GKV-Versorgungsstärkungsgesetz *Wrase*, GuP 2012, 1 (6 f.); *Steinhilper*, GuP 2016, 15 (18); *Stackelberg/Lehmann*, GuP 2016, 24 (25 ff.).

2437 Weder in der Rechtsprechung noch in der Literatur lässt sich dieser Aspekt bei Auslegung der §§ 32a I 1,33 II Ärzte-ZV soweit ersichtlich finden.

erfahren – keine wesentlichen Unterschiede auf. Die deliktische Haftung gegenüber den Patienten für Behandlungsfehler besteht fort, während auch die im Rahmen von Kapitalgesellschaften angestrebte finanzielle Absicherung gegenüber Lieferanten von Büro- bzw. Praxismaterial und Verkäufern von Praxisausstattung keine Belastung des Verhältnisses der Krankenkassen zu ihren Leistungserbringern herbeiführt. Sie sind in einem MVZ daher auch nicht durch die nach § 95 II 6 SGB V zu stellenden Sicherheiten abzusichern. Die Haftungsbeschränkung gegenüber Dritten ist aus der Auslegung der §§ 32a I 1, 33 II Ärzte-ZV somit auszuklammern, sie kann nicht in einen Ausschluss kapitalgesellschaftlicher Rechtsformen münden, erst recht nicht diesen rechtfertigen.

Das hier gezeichnete Bild der vorrangigen Bedeutung der Haftung *gegenüber der KV* wird bei Berücksichtigung der Zulässigkeit von Beteiligungen kapitalgesellschaftlich organisierter MVZ an Berufsausübungsgemeinschaften nach § 33 II Ärzte-ZV vervollständigt. Die persönliche Haftung der Gesellschafter des MVZ-Trägers bleibt nämlich bei einer Berufsausübungsgemeinschaft unverändert bestehen. Das Verständnis einer freien Praxis hat sich nach systematischer Gesamtbetrachtung im Rahmen des § 32a I 1 Ärzte-ZV auf die Gewährleistung der persönlichen Haftung der Vertragsärzte gegenüber der KV zu konzentrieren. Der kapitalgesellschaftlichen Organisation von Berufsausübungsgemeinschaften, der zumindest im Grundsatz nichts entgegenstünde, wäre aufgrund der Haftungssituation gegenüber den KV und den Krankenkassen daher ausgeschlossen. Dem widerspräche auch nicht die zuletzt zu Freiberufler-MVZ ergangene Rechtsprechung des *BSG*, die sich mit der Thematik der Berufsausübungsgemeinschaften nicht beschäftigen musste und daher die Sicherung von Ansprüchen der KV und der Krankenkassen nicht aufgreifen musste.

In Betracht kommt nunmehr eine Analogie zu § 95 II 6 SGB V, um den finanziellen Sicherheitsinteressen der KV bzw. der Krankenkassen Rechnung zu tragen. Eine Regelungslücke im Rahmen der §§ 32a I 1, 33 II SGB V liegt vor. Sie ist auch unbewusst, denn selbst die umfangreiche wissenschaftliche Auseinandersetzung förderte den Aspekt der finanziellen Stabilität des Systems der GKV bislang nicht zutage. Es besteht auch zwischen MVZ und kapitalgesellschaftlich organisierten Berufsausübungsgemeinschaften trotz unterschiedlicher Teilnahmeform ein vergleichbarer Sachverhalt, da die Leistungserbringung der zusammengeschlossenen Berufsträger den KV gegenüber einheitlich abgerechnet wird. Bei § 95 II 6 SGB V entsprechender Sicherheitengestellung besteht daher kein verfassungsgemäßer Grund, die Genehmigung nach § 33 III Ärzte-ZV für kapitalgesellschaftlich organisierte Berufsausübungsgemeinschaften zu versagen. Unter Hinweis auf die Vergleichbarkeit kapitalgesellschaftlicher Berufsausübungsgemeinschaften und MVZ verstieße eine andere Auslegung als willkürliche Ungleichbehandlung gegen das allgemeine Gleichheitsgebot in Art. 3 I GG.

η) Zwischenergebnis

Kapitalgesellschaftlich organisierte Berufsausübungsgemeinschaften sind nach § 33 II, III Ärzte-ZV iVm § 95 II 6 SGB V bei Stellung ausreichender Sicherheiten für die Ansprüche von Krankenkassen und der KV genehmigungsfähig. Keine der bislang geäußerten Bedenken lassen sich aufrechterhalten. Da § 33 II 1 Ärzte-ZV im Gegensatz zu § 95 Ia 3 SGB V keine zulässigen Rechtsformen ausdrücklich bestimmt, ist neben der GmbH und eG auch die AG zulässige Rechtsform.[2438] Erforderlich ist jedenfalls die bestimmende Einflussmöglichkeit der Vertragsärzte auf den Praxisbetrieb.

ddd) Sozialversicherungsrechtliche Grenzen gemeinsamer Tätigkeit

Während § 128 SGB V insbesondere Hilfsmittelerbringer direkt adressiert, gilt die Regelung über § 128 Va Alt. 1 SGB V auch für Vertragsärzte, deren Handlungen in der Zusammenarbeit mit anderen Leistungserbringern den notwendigen Gegenpart einer unzulässigen Kooperation bilden.[2439] § 73 VII SGB V verbietet für die Zuweisung von Versicherten entgeltliche Zuwendungen, wobei § 128 II 3 SGB V entsprechend Anwendung findet. Danach sind neben einer unentgeltlichen oder verbilligten Überlassung von Geräten und Materialien und Durchführung von Schulungsmaßnahmen und der Gestellung von Räumlichkeiten oder Personal oder der Beteiligung an den Kosten hierfür auch Einkünfte aus Beteiligungen an Unternehmen von Leistungserbringern erfasst, die Vertragsärzte durch ihr Verordnungs- oder Zuweisungsverhalten selbst maßgeblich beeinflussen. In Berufsausübungsgemeinschaften ist sowohl eine gemeinsame Kostenbeteiligung als auch die gesellschaftsrechtliche Beteiligung an einer durch das Verordnungsverhalten beeinflussbaren Praxis vorhanden. Außerdem wird in einer nach § 33 II 1 Ärzte-ZV zulässigen interprofessionellen Berufsausübungsgemeinschaft zwischen Vertragsärzten und Psychotherapeuten die Zusammenarbeit aufgrund von § 23b I 3 MBOÄ offen bezweckt. Die Anwendung von §§ 73 VII, 128 II SGB V stünde ihrer

---

2438 Die AG ist keine zulässige Rechtsform für MVZ mehr, um die Unabhängigkeit ärztlicher Entscheidungen von reinen Kapitalinteressen zu gewährleisten, BT-Drs. 17/ 6906, S. 71. Auch könne nach Ansicht des Gesetzgebers eine einfach zu treffende Aussage zu der nach § 103 IVd S. 3 SGB V erforderlichen Mehrheit der Geschäftsanteile und der Stimmrechte von Ärzten infolge „der einfacheren Übertragbarkeit von Aktien regelmäßig nicht in gleicher Weise Rechnung getragen werden, wie in Gesellschaften mit beschränkter Haftung". Dem ist jedoch unter Hinweis auf die Möglichkeit der Vinkulierung der Aktien zu widersprechen, außerdem geht die Begründung des Gesetzgebers offensichtlich nur von börsennotierten Aktiengesellschaften aus.

2439 *Luthe*, in: *Hauck/Noftz*, SGB V, § 128 Rn. 8; *Schneider*, in: *Schlegel/Voelzke*, Juris Praxiskommentar SGB V, § 128 Rn. 21. Verstöße können bis zum Entzug der vertragsärztlichen Zulassung führen, siehe hier nur *Bombien/Heckmann*, SGb 2013, 76 (78).

Errichtung entgegen. Aus der Inkongruenz lässt sich ableiten, dass die Ausweitung des § 128 II 3 SGB V beschränkt sein muss. Die Lösung des Widerspruchs zwischen § 33 II Ärzte-ZV und §§ 73 VII, 128 II SGB V lässt sich jedenfalls nicht normhierarchisch bewerkstelligen, da die Ärzte-ZV als formelles Gesetz angesehen wird.[2440] Hierauf lässt auch § 33 II 3 Ärzte-ZV einen Rückschluss zu, der eigens Kickback-Konstellationen zur gegenseitigen Partizipation an dem jeweiligen wirtschaftlichen Erfolg von Arzt und Psychotherapeut verbietet.[2441] Die Norm bezieht sich nach ihrem Wortlaut lediglich auf Teil-Berufsausübungsgemeinschaften, bei denen die beteiligten Leistungserbringer zumindest einen Teil ihres Leistungsangebots eigenständig ausüben.[2442] Damit gilt § 128 II 3 SGB V, auf den § 73 VII 2 SGB V verweist, nur für den nicht vergemeinschafteten Teil der Berufsausübung. Ansonsten wäre das Institut der (Teil-) Berufsausübungsgemeinschaft praktisch unmöglich. Bei gemeinsamer Berufsausübung von Vertragsarzt und Psychotherapeut, scheidet die Anwendung von § 33 II 3 Ärzte-ZV mit der ferner folgenden Nichtanwendbarkeit von §§ 73 VII, 128 II SGB V aus.

ee) Organisation als Praxisgemeinschaft nach § 33 I Ärzte-ZV

aaa) Allgemein

Soweit Angehörige nichtärztlicher Berufe weder zur Gründung von MVZ berechtigt sind noch an einer Berufsausübungsgemeinschaft nach § 33 II Ärzte-ZV beteiligt sein können, verbleibt lediglich die Anzeige der MKG als vertragsärztliche Praxisgemeinschaft nach § 33 I Ärzte-ZV. Ihre Mitglieder bilden gegenüber den KVen und Patienten keine Rechtseinheit, sie rechnen insbesondere nicht gemeinsam gegenüber den KVen ab.[2443] Ohne diesen Weg kundzutun, trennen *Schirmer* und *Eisenberg* die sozialversicherungsrechtliche Bewertung von MKG in Form einer PartG anhand der berufsspezifischen Teilnahmeform der unterschiedlichen Kooperationspartner auf.[2444] Die Möglichkeit der Zusammenarbeit folgt danach den separat geregelten Anforderungen zur Teilnahme an der medizinischen Versorgung der Versicherten. Im Rahmen einer Praxisgemeinschaft ist ein Gewinnpooling, also die Abgabe individuell erwirtschafteter Gewinne in einen gemeinsamen Gewinnpool zur Verteilung nach einem vereinbarten Schlüssel unter den Beteiligten, zwar nicht ausgeschlossen, darf jedoch keine Umgehung des § 128 SGB V (ggf. iVm § 73 VII SGB V) darstellen.[2445]

2440 *BSGE* 91, 164 (166); ausführlich *Köhler-Hohmann*, Ärzte- und Heilkunde-GmbH, S. 213 ff.

2441 *Fiedler/Fürstenberg*, NZS 2007, 184 (189 f.).

2442 *Wollersheim*, in: *Plagemann*, Sozialrecht, § 19 Rn. 56.

2443 Siehe hier nur *Kremer/Wittmann*, Vertragsärztliche Zulassungsverfahren, Rn. 1360.

2444 *Schirmer*, MedR 1995, 383 (388); ihm folgt *Eisenberg*, Ärztliche Kooperationen, S. 203.

2445 *LG Hamburg*, MedR 2005, 98; A. A. *LSG Niedersachsen-Bremen*, NZS 2004, 386 (388). Ferner pro Zulässigkeit *Rothfuß*, in: *Bäune et al.*, Ärzte-ZV, § 33 Rn. 12; *Kremer/*

bbb) Interprofessionalität einer Praxisgemeinschaft

Nach § 33 I Ärzte-ZV ist die *„gemeinsame Nutzung von Praxisräumen und Praxiseinrichtungen sowie die gemeinsame Beschäftigung von Hilfspersonal durch mehrere Ärzte“* zulässig. Da § 33 I Ärzte-ZV allerdings nur zwischen Ärzten Praxisgemeinschaften ausdrücklich als zulässig statuiert, drängt sich zunächst im Umkehrschluss der Ausschluss berufsübergreifender Praxisgemeinschaften auf. Auf diese Weise wird in der Literatur nur Ärzten die Teilnahme an Praxisgemeinschaften zugebilligt.[2446] Andererseits wird der Wortlaut nach anderer Ansicht als missverständlich aufgefasst, berufsübergreifende Praxisgemeinschaften seien zulässig.[2447] Hierfür lässt sich allerdings nicht auf die *berufsrechtliche* Zulässigkeit interprofessioneller Berufsausübungsgemeinschaften nach § 23b MBOÄ rekurrieren.[2448]

Doch einerseits hätte die Untersagung interprofessioneller Praxisgemeinschaften einer Regelung bedurft,[2449] andererseits enthält der Wortlaut des § 33 I 3 Ärzte-ZV den Anhaltspunkt, dass eine Beteiligung anderer Berufe zulässig sein muss, denn danach ist – allein – die *„gemeinsame Beschäftigung von Ärzten und Zahnärzten“* nicht zulässig, sodass im Übrigen eine Praxisgemeinschaft von Arzt und

---

Wittmann, Vertragsärztliche Zulassungsverfahren, Rn. 1360; *Ziermann*, MedR 2006, 643 (646). Gegen eine Indizwirkung der Vereinbarung eines Gewinnpoolings für eine tatsächlich gemeinsame Berufsausübung *Rothfuß*, in: *Bäune et al.*, Ärzte-ZV, § 33 Rn. 7; a.A. *Kremer/Wittmann*, Vertragsärztliche Zulassungsverfahren, Rn. 1360. Auch nach *LG Hamburg*, MedR 2005, 98 steht die Praxisgemeinschaft einem Gewinnpooling nicht entgegen. Allerdings stellt Gewinnpooling ein erhebliches Indiz für eine entgeltliche Zuweisung dar, *Düring*, in: *Schallen*, Ärzte-ZV, § 33 Rn. 23.

2446 *Steinhilper*, in: *Laufs et al.*, Arztrecht, § 35 Rn. 55; *Cramer*, MedR 2006, 173 (174), differenziert rekurrierend auf gemischte Gemeinschaftspraxen von Vertrags- und Privatärzten, eine *„Infizierung“* vertragsärztlicher Tätigkeit durch die Nähe mit Nichtvertragsärzten sei zu vermeiden. Vgl. bereits *Luxenburger*, in: *ARGE*, Psychotherapeutengesetz, S. 67 (70).

2447 *Scholz*, in: *Rolfs et al.*, Sozialrecht, Ärzte-ZV, § 33 Rn. 7; *Rothfuß*, in: *Bäune et al.*, Ärzte-ZV, § 33 Rn. 7; *Düring*, in: *Schallen*, Ärzte-ZV, § 33 Rn. 7; unklar *Schäfer-Gölz*, in: *Halbe/Schirmer*, Kooperationen, A 1300 Rn. 8 f. Implizit auch *Pawlita*, in: *Schlegel/Voelzke*, SGB V, § 95 Rn. 213. Siehe ferner *Wigge*, in: *Schnapp/Wigge*, Vertragsarztrecht, § 6 Rn. 127; *Wollersheim*, in: *Plagemann*, Sozialrecht, § 19 Rn. 90. *Narr*, Ärztliches Berufsrecht, B 435, wird bisweilen zum Beleg einer Gegenansicht angeführt, die keine Praxisgemeinschaften zwischen Ärzten und nichtärztlichen Gesundheitsberufen anerkenne; dies stimmt allerdings so pauschal nicht, da Narr die *„gemeinsame Nutzung von Einrichtungsgegenständen und Apparaten zwischen Ärzten und selbständig tätigen Angehörigen nichtärztlicher Heilhilfsberufe“* anerkennt. Eine Praxisgemeinschaft sei dagegen nur unter Ärzten zulässig, soweit es sich bei dem Zusammenschluss um eine fachliche Zusammenarbeit handele.

2448 So allerdings *Rothfuß*, in: *Bäune et al.*, Ärzte-ZV, § 33 Rn. 7.

2449 *Rothfuß*, in: *Bäune et al.*, Ärzte-ZV, § 33 Rn. 7; vgl. auch *Cramer*, MedR 2006, 173 (173).

Zahnarzt zulässig sein muss. Da Zahnärzte nicht bereits über die Entsprechensklausel in § 1 III Ärzte-ZV erfasst werden, belegt ihre zulässige Beteiligung, dass über Ärzte, Psychotherapeuten und MVZ auch andere Berufe als Beteiligte einer Praxisgemeinschaft in Betracht kommen.

Außerdem ist ein Blick auf die parallele Problematik sog. gemischter Gemeinschaftspraxen zwischen einem Vertragsarzt und einem Privatarzt instruktiv. Da § 33 I 1 Ärzte-ZV lediglich *„Ärzte"* als Mitglieder einer Praxisgemeinschaft benennt, sind Praxisgemeinschaften zwischen ihnen mangels Anknüpfung an die vertragsärztliche Zulassung im Kontrast zu § 33 II Ärzte-ZV bei Berufsausübungsgemeinschaften anerkannt,[2450] die Aufsicht durch die KV über alle Beteiligten der Praxisgemeinschaft kann daher nicht ausschlaggebend sein.[2451]

Schließlich ist statt ersichtlich aller der Zweck der § 33 I 2 Ärzte-ZV zu abstrahierenden Pflicht zur Unterrichtung über die Einrichtung einer Praxisgemeinschaft in die Bewertung einzubeziehen. Die Unterrichtung der KV dient merklich der genaueren Aufsicht über die Einhaltung der krankenversicherungsrechtlichen Regelungen. Insbesondere soll durch sie ein Gestaltungsmissbrauch verhindert werden, der bei *„Auslebung"* als Berufsausübungsgemeinschaft vorläge.[2452] Die beteiligten Ärzte können innerhalb einer Praxisgemeinschaft im Gegensatz zu gemeinsam gegenüber der KV abrechnenden Ärzten in Berufsausübungsgemeinschaft bei Beteiligung beider Ärzte an der Behandlung eines Patienten jeweils Gebühren abrechnen.[2453] In einer Gemeinschaft von Ärzten mit Angehörigen anderer Berufe scheidet hingegen schon strukturell ein solcher Missbrauch mangels gemeinsamer Abrechnung innerhalb von *Berufsausübungsgemeinschaften* gegenüber der KV aus.

Nicht außer Acht gelassen werden darf jedoch, dass die Verletzung der krankenversicherungsrechtlichen Regelungen zur Zusammenarbeit in §§ 128, 73 VII

2450 *Düring*, in: *Schallen*, Ärzte-ZV, § 33 Rn. 7. Als Hintergrund der Erweiterung auf *„Ärzte"* muss die Überwachung der getrennten Berufsausübung durch die KV im Rahmen der vertragsärztlichen Versorgung durch Privatarzt und Vertragsarzt sein, da sie mangels Verbots erlaubt ist und ohne Anzeigepflicht den KV nicht hinreichend bekannt würde.

2451 *Möller*, in: *Ratzel/Luxenburger*, Medizinrecht, Kap. 16 Rn. 426 f., überträgt das Modell der gemischten Gemeinschaftspraxis auf die MKG. Zur gemischten Gemeinschaftspraxis siehe bereits S. 89 ff.

2452 Vgl. zum Gestaltungsmissbrauch der Praxisgemeinschaft die Urteile des *Bayerisches LSG*, Breith. 2007, 820 ff., *LSG Niedersachsen-Bremen*, MedR 2007, 623 ff., und *LSG Nordrh.-Westf.*, MedR 2008, 50 ff.; siehe ferner *Düring*, in: *Schallen*, Ärzte-ZV, § 33 Rn. 20 f.; *Krafczyk*, MedR 2003, 313; *Fiedler*, NZS 2004, 389 (389).

2453 So kommt insbesondere die doppelte Abrechnung der sog. Ordinationsgebühr in Betracht, die in einer Berufsausübungsgemeinschaft pro Behandlung nur einmal gezahlt würde, *BSGE* 96, 99 (104 f.); *BSG*, Beschl. v. 11.5.2011 – B 6 KA 1/11 B, Rn. 11 f., juris; *LSG Niedersachsen-Bremen*, Urt. v. 21.3.2012 – L 3 KA 103/08, Rn. 23 f., juris; *SG Berlin*, Urt. v. 25.9.2019 – S 83 KA 23/18, Rn. 23, juris. Siehe ferner *Wollersheim* in *Plagemann*, Sozialrecht, § 19 Rn. 94; *Düring*, in: *Schallen*, Ärzte-ZV, § 33 Rn. 98.

SGB V denkbar ist. Die Forderung und Annahme unzulässiger Zuwendungen stellt nach § 128 V SGB V ausdrücklich einen Verstoß gegen die vertragsärztlichen Pflichten dar. An der Kenntnis über Zusammenschlüsse von Vertragsärzten mit Nichtärzten hat die KV somit ein erhebliches Interesse, um auch die berufliche Aktivität innerhalb interprofessioneller Gemeinschaften adäquat überwachen zu können. Auf teleologischer Auslegung basierend ist § 33 I 1 Ärzte-ZV auf berufsübergreifende Praxisgemeinschaften mit der Konsequenz anzuwenden, dass die KV über ihre Errichtung zu informieren ist.

Ferner ist fraglich, inwiefern die sozialversicherungsrechtlichen Vorschriften zur Zusammenarbeit in §§ 73 VII, 128 II SGB V auf die berufsübergreifende Praxisgemeinschaft Anwendung finden.[2454] Insbesondere unzulässig ist als untersagte entgeltliche Zuweisung nach § 128 II 3 SGB V die Gestellung von Räumlichkeiten oder Personal oder die Beteiligung an den Kosten hierfür sowie Einkünfte aus Beteiligungen an Unternehmen von Leistungserbringern zu verstehen, die Vertragsärzte durch ihr Verordnungs- oder Zuweisungsverhalten selbst maßgeblich beeinflussen. „*Zuweisung*" ist weit zu verstehen und umfasst alle Fälle der Überweisung, Verweisung und Empfehlung, was insbesondere in der Gesetzesbegründung[2455] mit Verweis auf § 31 MBOÄ deutlich wird.[2456] Grundsätzlich kann die gemeinsame Kostentragung für medizinische Ausstattung innerhalb einer Praxisgemeinschaft nicht untersagt sein, da sie ansonsten als zulässig beurteiltes Konstrukt stets in einem unauflöslichem Widerspruch zu § 128 II 3 SGB V stünde, der für Ärzte entsprechend über § 73 VII SGB V anzuwenden ist. Die Errichtung einer Praxisgemeinschaft im Sinne des § 33 I Ärzte-ZV stellt daher einen Ausnahmetatbestand insoweit dar, der die gemeinsame Kostentragung zur Schaffung der Grundlage der unabhängig erfolgenden Berufsausübung der Beteiligten soweit legitimiert, als keine Verbindung mit konkreten Zuweisungen besteht. Die vertragsärztlichen Verpflichtungen aus §§ 73 VII, 128 II, Va SGB V sind insoweit zu beachten, als sich Kosten- (und Gewinn-) Beteiligungen nicht mehr allein durch den Zweck der Praxisgemeinschaft erklären lassen, sondern der entgeltlichen für Zuweisungen von Patienten dienen.[2457] Allerdings sind der intendierten und nach § 23b I 3, II MBOÄ *berufsrechtlich* erforderlichen fachlichen Zusammenarbeit Zuweisungen ebenso wie die gegenseitige Kostenbeteiligung immanent. Da sozialversicherungsrechtlich keine Ausnahme von § 128 II 3 SGB V für derartige Zusammenarbeit der in Praxisgemeinschaft verbundenen Beteiligten ersichtlich ist, ist vertragsarztrechtlich die Eingehung einer Praxisgemeinschaft nicht möglich.

2454 *Bäune et al.*, MedR 2012, 77 (92).

2455 BT-Drs. 17/6906, S. 89.

2456 *Bäune et al.*, MedR 2012, 77 (91).

2457 Vgl. *Düring*, in: *Schallen*, Ärzte-ZV, § 33 Rn. 7 („*keine rechtswidrige Zuweisungspraxis*"); A. A. *Wiese*, Einbindung von Gesundheitsberufen, S. 178, der die gemeinsame Entrichtung der Miete als Beteiligung an den Kosten der Räumlichkeiten als unzulässig erkennt.

ccc) Zwischenergebnis

Berufsrechtlich stellt der Zusammenschluss eine MKG als interprofessionelle Berufsausübungsgemeinschaft dar. Eine interprofessionelle Praxisgemeinschaft kommt nach § 33 I Ärzte-ZV in Betracht im Gegensatz zu Berufsausübungsgemeinschaften nach § 33 II Ärzte-ZV, die zu gemeinsamer Abrechnung gegenüber der zuständigen KV führen. In der Praxisgemeinschaft erfolgt *gegenüber der KV* ein getrennter Auftritt, die Berechnung medizinischer Leistungen zulasten der GKV erfolgt auf unterschiedliche Weise.

Die Einschaltung einer vertragsärztlichen Praxisgemeinschaft nach § 33 I Ärzte-ZV bringt jedoch eine entscheidende Schwäche mit sich. Praxisgemeinschaften dienen nicht der gemeinsamen Behandlung von Patienten,[2458] die gemeinsame Behandlung als Zweck der MKG nach § 23b I 3 MBOÄ ist im Rahmen der vereinbarten Praxisgemeinschaft nach § 33 I Ärzte-ZV daher ausgeschlossen. *Berufsrechtlich* folgt die Gründung nur einer Medizinischen Teil-Kooperationsgemeinschaft, die sich auf die gemeinsame Leistungserbringung außerhalb der vertragsärztlichen Leistungserbringung begrenzt; darüber hinaus muss auch berufsrechtlich auf eine Praxisgemeinschaft geschlossen werden, in der keine gemeinsame Berufsausübung erfolgt.

ff) Ergebnis: Sozialversicherungsrechtlich nicht geregelte Berufsausübungsgemeinschaft

Bisher konnte kein sozialversicherungsrechtliches Konstrukt festgestellt werden, das der MKG als Berufsausübungsgemeinschaft weitgehend entspricht. Die Berechtigung zur Gründung eines MVZ fehlt den Angehörigen der meisten Gesundheitsberufe. Während sich Berufsausübungsgemeinschaften nach § 33 II Ärzte-ZV nur mit Blick auf den Zweck gemeinsamen Auftritts und gemeinsamer Abrechnung gegenüber der KV allein auf zur vertragsärztlichen Versorgung zugelassene Leistungserbringer anwenden lassen, schränkt die Ankündigung als Praxisgemeinschaft nach § 33 I Ärzte-ZV den Zweck auf Ressourcenteilung derart ein, dass auch berufsrechtlich im Rahmen vertragsärztlicher Tätigkeit lediglich von einer Organisationsgemeinschaft auszugehen ist.

Die gemeinsame Berufsausübung von Ärzten und Angehörigen nicht zur vertragsärztlichen Versorgung zugelassener Leistungserbringer ist de lege lata ausgehend von der Unanwendbarkeit des § 33 II Ärzte-ZV und dem Gedanken einer freiheitlichen Grundordnung jedoch nicht unzulässig,[2459] sondern lediglich

---

2458 *BSGE* 96, 99 (103).

2459 Hiervon geht jedoch offensichtlich implizit der Großteil der Literatur aus, indem sie die Teilnahme der MKG an der vertragsärztlichen Versorgung ausschließen: *Möller/Makoski*, in: *Wenzel*, Arzthaftungsprozess, Rn. 267; *Möller*, in: *Ratzel/Luxenburger*, Medizinrecht, Kap. 16 Rn. 426; *Wigge*, in: *Schnapp/Wigge*, Vertragsarztrecht, § 9 Rn. 121; *Rehborn*, in: *Laufs et al.*, Hdb. Arztrecht, § 22 Rn. 59.

ungeregelt. Auch für Vertragsärzte gilt nämlich die Berufsfreiheit in ihrer Ausprägung, mit anderen,[2460] auch Berufsfremden, ihren Beruf auszuüben. Auch der Regelungszweck erfordert nicht ihre Untersagung. Die ordnungsgemäße Versorgung der gesetzlich Versicherten sicherzustellen,[2461] steht einer Berufsausübungsgemeinschaft mit Angehörigen anderer Gesundheitsberufe nicht entgegen. Die Finanzierbarkeit des GKV-Systems bleibt durch interprofessionelle Berufsausübungsgemeinschaften unbeeinflusst. Insbesondere bleibt den KV die Kontrolle abgerechneter Leistungen aufgrund ihrer Nachvollziehbarkeit anhand der Ärzten lebenslang vergebenen Arztnummer gewährleistet, zumal ohnehin Angehörige anderer Berufe als Kooperationspartner des Arztes keine ärztlichen Befugnisse durch den Zusammenschluss erwerben. Ärzten ist zudem die Einbindung Angehöriger anderer Berufe in die Behandlung bereits nur im Einklang mit den berufsrechtlichen Regelungen erlaubt, sodass auch eine Gefahr für die Versorgungsqualität der Versicherten kaum ersichtlich ist. Die Untersagung eines gemeinsamen Auftritts hätte daher zumindest einer Regelung bedurft.[2462] Die Zulassung von Berufsausübungsgemeinschaften für einen nur beschränkten Kreis reicht jedenfalls nicht aus, wenn nur für eben diesen Berufskreis die Rechtsfolgen dieser *eingerichteten* zu genehmigenden Gemeinschaftsform überhaupt sinnvoll sind.

Selbst bei einem Verständnis des Rechts auf Zugang zur Leistungserbringung zulasten der GKV in seiner Ausprägung als status positivus[2463] steht die Nichtregelung interprofessioneller Berufsausübungsgemeinschaften ihrer Zulässigkeit nicht entgegen. Der Zugang zur vertragsärztlichen Versorgung erfolgt durch Zulassung des *einzelnen* Arztes. Die Zulassung ist aber unabhängig von dem Eingehen einer Berufsausübungsgemeinschaft, wie § 33 II 1 Ärzte-ZV („*zugelassenen Leistungserbringern*") eindrücklich bezeugt. Selbst in der Gesetzesbegründung[2464] wird kein

---

2460 So bereits zur Bejahung fachübergreifender Gemeinschaftspraxen *BSGE* 55, 97 (101).

2461 Vgl. zur Öffnung des Kassenarztrechts für Gemeinschaftspraxen ohne vorherige Prüfung ihrer Erforderlichkeit zur Versorgung der Versicherten BR-Drs. 135/77, S. 21; siehe zur Entwicklung der Akzeptanz von Berufsausübungsgemeinschaften bereits S. 65 ff.

2462 Vgl. *BSGE* 55, 97 (101), zu fachübergreifenden Gemeinschaftspraxen; ferner *Cramer*, MedR 2006, 173 (173), zur Begründung gemischter Gemeinschaftspraxen.

2463 Vgl. zur Beurteilung anhand der nachgezeichneten Rechtsprechung und problemabhängig differenzierende Beurteilung als Bündel von Rechtspositionen des status negativus, status positivus und des status activus *Rixen*, MedR 2018, 667 (670 ff.). Für eine Beurteilung als Teilhaberecht hier nur *Riedel*, NZS 2009, 260 (261 f.), selbst auf die überwiegende Ansicht als Abwehrrecht verweisend. Zudem auch *Neumann*, FS 50 Jahre BSG, 245 (247 f., 260 ff.), die Berufsfreiheit nach Art. 12 I GG auf Grundlage der *Glykol-Rechtsprechung, BVerfGE* 105, 252 ff., als normgeprägtes Grundrecht auffassend; hierzu krit. *Ruffert*, in: *Dreier*, GG, Art. 3 Rn. 50 unter Verweis auf *Hoffmann-Riem*, in: FS R. Schmidt, 450 (452).

2464 BT-Drs. 16/2474, S. 31: *„Dabei wird anstelle des Begriffs „Vertragsarzt" der umfassendere Begriff „zur vertragsärztlichen Versorgung zugelassene Leistungserbringer" gewählt, um zu verdeutlichen, dass vertragsarztrechtlich nicht nur*

Wille des Gesetzgebers zu einer Untersagung beruflicher Zusammenschlüsse mit Angehörigen von Gesundheitsberufen erkennbar, die nicht zur vertragsärztlichen Versorgung zugelassen werden können. Mangels ausdrücklicher Regelung ist darüber hinaus auch keine Genehmigung der interprofessionellen Berufsausübungsgemeinschaft durch die KV erforderlich.

Nunmehr ausgehend von der Zulässigkeit gemeinsamer Berufsausübung auch bei der vertragsärztlichen Versorgung aufgrund einer unbewussten Regelungslücke ergibt sich gleichwohl Anlass zur Überwachung der Zusammenarbeit von Arzt und Angehörigem eines anderen Gesundheitsberufs. Um der jeweils zuständigen KV die erforderliche Überwachung zu ermöglichen, ist über sie eine Unterrichtung entsprechend § 33 I 2 Ärzte-ZV zu verlangen. Die praktischen Folgen der Eingehung einer sozialversicherungsrechtlich nicht geregelten Berufsausübungsgemeinschaft sind aus Sicht der KV vergleichbar mit der Gründung einer Praxisgemeinschaft, da eine gemeinsame Abrechnung ihr gegenüber nicht stattfindet. Eine unzulässige Analogie ist damit nicht verbunden, denn bereits bei Gründung interprofessioneller Praxisgemeinschaften ist nach § 33 I 2 Ärzte-ZV die Anzeige an die KV verpflichtend – erst recht muss die KV dann auch über die gemeinsame Berufsausübung informiert werden.

Tiefe Einschnitte erfolgen jedoch durch das Verbot von Zuweisungen gegen Entgelt nach § 128 II SGB V, das insbesondere die Gestellung von Räumlichkeiten oder Personal oder die Beteiligung an den Kosten hierfür sowie Einkünfte aus Beteiligungen an Unternehmen von Leistungserbringern, die Vertragsärzte durch ihr Verordnungs- oder Zuweisungsverhalten selbst tatsächlich maßgeblich beeinflussen,[2465] erfasst. § 128 II 3 SGB bestimmt den erforderlichen Zusammenhang zwischen der Beteiligung – als Zuwendung im Sinne des ersten Satzes – und der Verordnungsentscheidung – im eigenen maßgeblichen Einfluss auf die Höhe der Einkünfte des Vertragsarztes. Nicht das ärztliche Verordnungsverhalten muss durch die Einkünfte maßgeblich beeinflusst werden, sondern umgekehrt die Einkünfte durch das Verordnungsverhalten des Arztes;[2466] daraus ergibt sich nämlich erst mittelbar der Rückschluss der Beeinflussung des Verordnungsverhaltens durch eigene finanzielle Interessen des Arztes. § 128 SGB V wurde eingeführt, da berufs-, wettbewerbs- und strafrechtliche Vorschriften Fehlentwicklungen in der

---

Berufsausübungsgemeinschaften zwischen Ärzten, sondern zwischen allen zur vertragsärztlichen Versorgung zugelassenen Leistungserbringern, also Ärzten, Psychotherapeuten und medizinischen Versorgungszentren, zulässig sind und bezüglich der medizinischen Versorgungszentren auch unabhängig davon, ob sie als juristische Personen oder als Personengesellschaften organisiert sind."

2465 Die Beeinflussungsmöglichkeit reicht nicht aus; in der Beschlussempfehlung wurde das Wort „*können*" zur Verdeutlichung gestrichen, dass das Zuwendungsverbot auf eine tatsächliche Beeinflussung des Verordnungs- oder Zuweisungsverhaltens von Vertragsärzten abstellt, BT-Drs. 17/8005, S. 119; vgl. ferner *Bombien/Hartmann*, Sgb 2013, 76 (77).

2466 So jedoch *Wabnitz*, in: *Spickhoff*, Medizinrecht, SGB V, § 128 Rn. 2.

praktischen Zusammenarbeit zwischen Leistungserbringern und Vertragsärzten nicht ausreichend entgegengewirkt hätten.[2467] Die Norm dient dem Schutz der fachlichen Unabhängigkeit der Vertragsärzte zur Sicherung des Vertragsarztsystems sowie dessen Ansehen,[2468] da Fehlverhalten und kollusives Zusammenwirken von Ärzten mit anderen Leistungserbringern dem Gesundheitswesen schwer schaden.[2469] Zulasten der GKV getroffene Verordnungs- und Therapieentscheidungen sollen möglichst unbeeinflusst von finanziellen Interessen Dritter bleiben.[2470] Kann der Arzt durch seine ärztlichen Entscheidungen zusätzlich, wenn auch nur mittelbar, ein „zweites Mal" verdienen, wird ihn ein solcher finanzieller Anreiz hierin potentiell beeinflussen können. Ausreichend ist allein, dass eine Zuwendung für die ärztliche Verordnungsentscheidung erfolgt.[2471] Durch § 128 II SGB V sollten daher *„sämtliche Geldzahlungen und sonstige Zuwendungen an Vertragsärzte im Zusammenhang mit der Versorgung mit Hilfsmitteln ausdrücklich untersagt"* werden.[2472] § 128 SGB V ist nicht auf Hilfsmittelerbringer beschränkt, die in den Absätzen 2, 3, 5 und 5a angesetzten Maßstäbe gelten nach § 128 Vb SGB V auch für die Versorgung mit Heilmitteln entsprechend, weil der Hilfsmittelversorgung entsprechende Fehlentwicklungen beklagt worden sind.[2473] Bereits vor dieser ausdrücklichen Entsprechungsregel für Heilmittelerbringer hat der Gesetzgeber bereits das Zuwendungsverbot auf Heilmittel ersichtlich für anwendbar gehalten.[2474] Im Kontrast zu den in § 33 II Ärzte-ZV ausdrücklich geregelten Berufsausübungsgemeinschaften der zur vertragsärztlichen Versorgung zugelassenen Leistungserbringer untereinander erfahren §§ 73 VII, 128 II SGB V keine Einschränkungen hinsichtlich der ungeregelten Berufsausübungsgemeinschaften mit anderen Leistungserbringern.[2475] Soweit vertreten wird, dass § 128 II SGB V allein die berufsrechtliche

---

2467 BT-Drs. 16/10609, S. 58. *Dahm/Schmidt*, in: *Rieger et al.*, HK-AKM, Stichwort Falschabrechnung (1780) Rn. 17, und *Flasbarth*, MedR 2009, 708 (715), erkannten zusätzlich auch kein ausgeprägtes Interesse der Ärztekammern und Krankenkassen an der Sanktionierung von Fehlverhalten im Gesundheitswesen.

2468 Vgl. hierzu zu § 3 MBOÄ *Ratzel*, in: *Ratzel/Lippert, MBOÄ*, § 3 Rn. 1. Neben der Wirtschaftlichkeit der Versorgung bestrebt § 128 II SGB V die Gewährleistung der Wahlfreiheit der Versicherten bezüglich des Leistungserbringers, *Röß*, NStZ 2018, 441 (441).

2469 *Grinblat*, MPR 2015, 53 (57).

2470 *Dieners/Stallberg*, A&R 2009, 243 (243).

2471 *Burk*, PharmR 2010, 89 (91).

2472 BT-Drs. 16/10609, S. 58.

2473 BR-Drs. 456/11, S. 128; BT-Drs. 17/6906, S. 86. Bei Einführung des § 128 SGB V waren Heilmittelerbringer noch nicht von der Norm betroffen, *Flasbarth* MedR 2009, 708 (709); wohl a. A. *Bäune et al.*, MedR 2012, 77 (91).

2474 BT-Drs. 16/12256, S. 65.

2475 Vgl. noch die Gesetzesbegründung im Hinblick auf die Ergänzung des § 33 II Ärzte-ZV in BR-Drs. 456/11, S. 161; BT-Drs. 17/6906, S. 105 f.: *„Es wird klargestellt, dass eine Berufsausübungsgemeinschaft nicht zur Verschleierung einer unzulässigen Zusammenarbeit zwischen Vertragsärzten und anderen Leistungserbringern gegründet*

Regelung vertragsarztrechtlich absichern sollte,[2476] ist zu entgegnen, dass mit der Zeit § 128 II SGB V immer enger gefasst worden ist und seither zumindest keine reine Übertragung der berufsrechtlichen Grundsätze in § 128 II SGB V mehr möglich ist. Zwar handelt es sich bei der interprofessionellen Berufsausübungsgemeinschaft nicht um ein „Unternehmen von Leistungserbringern“, sondern um ein gemeinsames Unternehmen von Vertragsarzt und einem anderen Leistungserbringer. Die sonach am Wortlaut des § 128 II 3 SGB V verharrende Auslegung würde jedoch dem Sinn und Zweck der Vorschrift – der Verhinderung der Umgehung des Zuwendungsverbots – widersprechen.

Insbesondere wird auch keine Abhilfe durch § 128 IV SGB V verschafft, der *aufgrund vertraglicher Vereinbarungen mit den Krankenkassen* die vertragsärztliche Mitwirkung an der Hilfsmittelerbringung gestattet, da Absatz 4 mangels Nennung in § 128 Vb SGB V nicht auf Heilmittelerbringer anwendbar ist.

Denkbar bliebe in Beachtung des § 128 II 3 SGB V allenfalls die allein vom eigenen Erfolg hinsichtlich der *Kosten und Einkünfte* abhängige Beteiligung eines jeden Gesellschafters, sodass nur noch marginale wirtschaftliche Vorteile im Zusammenschluss zu erzielen wären – beispielsweise in der Nutzung gemeinsamer Räumlichkeiten, die ohne den anderen Partner nicht hätten gemietet werden können. Da bei gemeinschaftlichen Anschaffungen und schon bei der gemeinschaftlichen Anmietung von Räumlichkeiten die Kostenverursachung regelmäßig nicht auf einzelne Gesellschafter konsequent zurückführbar sind, findet stets eine gemeinsame Kostentragung statt. Gleiches gilt für die Herbeiführung wirtschaftlichen Erfolgs, sodass praktisch Berufsausübungsgemeinschaften mit Heilmittelerbringern stets § 128 SGB V entgegensteht. § 128 II SGB V erweist sich insoweit als praktisch unüberwindbares Hindernis. *Wiese* ist daher zuzustimmen, wenn er allein lose Kooperationen als zulässig erachtet.[2477] Der Sachverständigenrat befürwortet „*eine Ausweitung der Kooperation der Gesundheitsberufe*“, die „*für alle Beteiligten und nicht zuletzt für die Patienten weitaus vorteilhafter sein [kann], als an den alten Mustern festzuhalten*“, da „*flache, vernetzte Teamstrukturen als sinnvoll und tragfähig*“ angesehen werden.[2478]

Der Vollständigkeit halber soll nur darauf hingewiesen werden, dass bei alleiniger Zulassung des Vertragsarztes bei gleichzeitiger Nichtzulassung von Heilmittelerbringern § 128 II SGB V einem Zusammenschluss sozialversicherungsrechtlich

---

werden darf. Insbesondere die Verteilung von Gewinnen aus der gemeinsamen Berufsausübung in Abhängigkeit von Zuweisungszahlen verstößt gegen das Verbot der Zuweisung von Versicherten gegen Entgelt nach § 73 Absatz 7 SGB V (neu).“ Im Anschluss erfolgte eine Änderung des Wortlauts in Anlehnung an § 18 I 2 MBOÄ, BT-Drs. 17/8005, S. 134.

2476 Vgl. *Ratzel*, ZMGR 2012, 258 (262).

2477 *Wiese*, Einbindung von Gesundheitsberufen, S. 188.

2478 Gutachten des SVR zur Begutachtung der Entwicklung im Gesundheitswesen, BT-Drs. 16/6339, S. 95.

nichts im Wege steht, da die Einschränkungen nur zugelassene Heilmittelerbringer betreffen. Gleichwohl wäre der Zusammenschluss aufgrund des berufsrechtlichen Erfordernisses der fachlichen Zusammenarbeit nach § 23b I 3 Ärzte-ZV regelmäßig auf die privatärztliche Tätigkeit beschränkt, da Kassenpatienten die Leistungen des nicht zur Abrechnung gegenüber den Krankenkassen zugelassenen Heilmittelerbringers selbst zu zahlen hätten.

Der Anwendungsbereich des § 128 SGB V wird hingegen nicht auf Hebammen erweitert, sodass Zusammenschlüsse mit ihnen auch praktisch in Betracht kommen.[2479] Unschädlich ist daher für Berufsausübungsgemeinschaften von Ärzten mit Hebammen die fehlende ausdrückliche Anerkennung ihrer Zulässigkeit.

c) Erbringung nichtärztlicher Leistungen zulasten der gesetzlichen Krankenversicherung

Die Berechtigung zur Leistungserbringung von Angehörigen anderer Berufe zulasten der GKV ist mit der rechtlichen Möglichkeit zur Erbringung ärztlicher Leistungen im Rahmen der vertragsärztlichen Versorgung noch nicht abgehandelt. Sie unterliegt nicht den Normen im zweiten Abschnitt des vierten Kapitels des SGB V, sondern wird durch die Abschnitte fünf bis acht im vierten Kapitel des SGB V geregelt. Die Erbringung nichtärztlicher medizinischer Leistungen kann auf Grund von Zulassung, Ermächtigung oder Vertrag erfolgen.

aa) Zahnärzte und Psychotherapeuten

Zwar sind Psychotherapeuten keine Ärzte, sie sind jedoch in die vertragsärztliche Versorgung der Versicherten integriert worden.[2480] Für ihre Zulassung zur Erbringung von Leistungen im Rahmen der vertragsärztlichen Versorgung gelten daher grundsätzlich dieselben Regelungen wie für Ärzte,[2481] sodass bei Erfüllung der Zulassungsvoraussetzungen aus vertragsärztlicher Sicht der Zulassung der MKG oder der Genehmigung als Berufsausübungsgemeinschaft grundsätzlich keine Bedenken bestehen.

Während Psychotherapeuten durch die Integrationslösung an der vertragsärztlichen Versorgung teilnehmen, nehmen Zahnärzte mit ihrer Zulassung an der separaten vertragszahnärztlichen Versorgung teil.[2482] Sie bedürfen nach §§ 95 I 1,

---

2479 Siehe bereits *Wiese*, Einbindung von Gesundheitsberufen, S. 179; siehe genauer unten S. 506 ff.

2480 *Stock*, NJW 1999, 2702 (2703 ff.). Siehe ferner *Schirmer*, MedR 1998, 435 (437 ff.); *Spellbrink*, NZS 1999, 1 (2 ff., 6 ff.); *Haage*, MedR 1998, 291 (291); *Schlund*, NJW 1998, 2722 (2723); *Steinhilper*, in: *ARGE*, Psychotherapeutengesetz, S. 19 ff.

2481 Zu den Besonderheiten des Zulassungsverfahrens von Psychotherapeuten *Kremer/Wittmann*, Vertragsärztliche Zulassungsverfahren, Rn. 28 ff., 427 f.; *Bäune*, in: *Bäune et al.*, Ärzte-ZV, § 18 Rn. 31.

2482 Siehe auch *Wollersheim*, in: *Plagemann*, Sozialrecht, § 19 Rn. 12.

72 I 2 SGB V der Zulassung und nehmen an der vertragszahnärztlichen Versorgung der Versicherten teil. Für die Zulassung ist neben den Vorschriften des SGB V die Zahnärzte-ZV anzuwenden, deren Vorschriften im Wesentlichen der Ärzte-ZV entsprechen. Bei Erfüllung der Voraussetzungen aus vertragsärztlicher Sicht bestehen daher auch aus Sicht der Zahnärzte keine durchgreifenden grundsätzlichen Bedenken gegen den Zusammenschluss.

bb) Heilmittelerbringer

aaa) Einleitung

Eine nähere Betrachtung verdient die aus praktischen Erwägungen interessante MKG unter Beteiligung von Gesundheitsfachberufen. Die Gesundheitsfachberufe werden in krankenversicherungsrechtlicher Hinsicht nicht einheitlich bewertet: Während der Großteil als sog. Heilmittelerbringer iSd §§ 124 ff. SGB V aufgefasst wird, besteht für Hebammen eine eigenständige Regelung in § 134a SGB V.[2483]

Der Begriff des Heilmittelerbringers ist im SGB V nicht definiert, ebenso wenig der Begriff der Heilmittel. § 32 SGB V gestaltet den Anspruch der gesetzlich Krankenversicherten auf Heilmittel ohne deren Definition aus. Insbesondere auch mit Blick auf die Definition des Heilmittelbegriffs im Recht der gesetzlichen Unfallversicherung in § 30 SGB VII, der sich nach der Gesetzesbegründung[2484] an der Praxis der GKV orientiert, werden Heilmittel als persönliche medizinische, ärztlich verordnete Dienstleistungen verstanden, die einem Heilzweck dienen oder einen Heilerfolg sichern und nur von entsprechend ausgebildeten Personen, in der Regel nichtärztlichen Leistungserbringern im Sinne des § 124 SGB V, erbracht werden dürfen.[2485] Zur Erbringung der Heilmittel sind die Angehörigen der Gesundheitsberufe jedoch nur dann berechtigt, wenn sie zuvor durch einen Arzt verordnet worden sind.[2486] § 124 I SGB V[2487] nennt hierfür als Heilmittel insbesondere Leistungen der Physiotherapie, der Stimm-, Sprech- und Sprachtherapie, der Ergotherapie, der Podologie und der Ernährungstherapie. Die zulasten der GKV verordnungsfähigen Heilmittel werden abschließend in § 2 I Heilmittel-RL aufgezählt[2488] und in §§ 17 ff. Heilmittel-RL näher bestimmt. Heilmittelerbringer im Sinne von § 124 I

2483 Zu den Regelungen der Hebammen siehe sogleich S. 506 ff.

2484 BT-Drs. 13/2204, S. 83.

2485 Grundlegend erörtert *BSGE* 88, 204 (206 ff.); siehe ferner *BSG*, NZS 2007, 495 (496); *Schnitzler*, MedR 2011, 270 (274); *Bombien/Hartmann*, SGb 2013, 76 (79); *Barkow von Creytz*, NZS 2018, 121 (121).

2486 *Wiese*, Einbindung von Gesundheitsberufen, S. 171. Zudem lässt sich seine systematische Argumentation bzgl. des Leistungskatalogs mit § 92 I 2 Nr. 6 SGB V stützen, der dem G-BA die Beschließung einer Richtlinie für die Verordnung u.a. von Heilmitteln aufgibt.

2487 So auch § 2 I 2 Heilmittel-RL.

2488 *Rosenthal*, WzS 2002, 289 (290); *Schnitzler*, MedR 2011, 270 (274).

SGB V sind somit insbesondere[2489] Physiotherapeuten, Ergotherapeuten, Diätassistenten[2490] und Podologen.

bbb) Zulassung von Heilmittelerbringern

Heilmittelerbringer benötigen nach § 124 I SGB V zur Leistungserbringung zulasten der GKV eine Zulassung. Eine analoge Anwendung des § 95 SGB V, wie sie von *Abanador* für Kranken- und Altenpfleger für diskussionswürdig erachtet worden ist,[2491] ist für die Zulassung von Heilmittelerbringern aus systematischen Erwägungen abzulehnen, da § 124 SGB V einen speziell geregelten Zulassungsweg anordnet.[2492] Die aktuell noch gültigen auf § 124 IV SGB V a. F.[2493] beruhenden Zulassungsempfehlungen bestimmen zulassungsfähige und -unfähige Berufsgruppen wie auch Anforderungen an die Praxisausstattung.[2494]

Das Recht der Beziehungen von Heilmittelerbringern zu den Krankenkassen war Gegenstand umfangreicher Neuregelungen durch das Terminservice- und

---

2489 Die noch gültigen Zulassungsempfehlungen nach § 124 IV SGB V a. F. für eine bundesweit einheitliche Anwendung der Zulassungsvoraussetzungen nennen Kreise zulassungsfähiger und -unfähiger Berufe, vgl. Teil 2 Abschnitt A Nr. 1 für Physiotherapiepraxen, Massagepraxen und medizinische Badebetriebe. Die Zulassungsempfehlungen werden in naher Zukunft ersetzt durch den mit Wirkung ab dem 1.10.2020 auf Bundesebene für jeden Heilmittelbereich zu schließenden Vertrag nach § 125 I SGB V zwischen dem Spitzenverband Bund der Krankenkassen mit den für die Wahrnehmung der Interessen der Heilmittelerbringer maßgeblichen Spitzenorganisationen nach § 124 II Nr. 10 SGB V personelle, räumliche und sachliche Voraussetzungen regeln, die eine zweckmäßige und wirtschaftliche Leistungserbringung im Sinne des § 124 I Nr. 2 gewährleisten. Die Zulassungsempfehlungen gelten nach § 124 VI 5 SGB V in der bis zum 10.5.2019 geltenden Fassung bis zum Inkrafttreten des Vertrags nach § 125 I oder bis zur Entscheidung durch die Schiedsstelle nach § 125 V SGB V fort. Die Empfehlungen stellen nur Verwaltungsbinnenrecht dar, können durch die Gerichte jedoch zur Auslegung herangezogen werden und führen immerhin zu einer Selbstbindung der Krankenkassen, siehe *Knipsel*, NZS 2004, 623 (624); *Adam*, in: *Sodan*, Krankenversicherung, § 26 Rn. 14 f; *Butzer*, in: *Becker/Kingreen*, SGB V, § 124 Rn. 17.

2490 Die frühere Weigerung des Bundesausschusses der Ärzte und Krankenkassen, über die Aufnahme der Diättherapie in die Heilmittel- und Hilfsmittelrichtlinien zu entscheiden, beeinträchtigte Diätassistenten rechtswidrig in ihrer Berufsfreiheit, so *BSG*, NZS 2001, 590; *Schnitzler*, Heilberufe, S. 75 f.

2491 *Abanador*, Substitution ärztlicher Leistungen, S. 163 ff.

2492 *Butzer*, in: *Becker/Kingreen*, SGB V, § 124 Rn. 1.

2493 Zweck des § 124 IV SGB V a. F. war die Sicherstellung der einheitlichen Anwendung der Zulassungsbedingungen.

2494 Siehe hierzu Teil 2 der aktuellen Zulassungsempfehlung nach § 124 IV SGB V für Heilmittelerbringer in der Fassung vom 26.11.2018.

Versorgungsgesetz (TSVG) vom 6. Mai 2019.[2495] Die früheren ersten beiden Absätze des Paragraphen sind zu einem gemeinsamen § 124 I SGB V verschmolzen. Heilmittel können danach zulasten der GKV im Bereich der ambulanten Versorgung auf eigene Rechnung nur bei Zulassung des Heilmittelerbringers abgegeben werden.[2496] Die heutige sprachliche Gestaltung der Neuregelung allerdings bereits im Ansatz deutlich misslungen. Insbesondere fällt auf, dass die die größtenteils aus § 124 II SGB V a. F. übernommenen Nummern 1–3 nach dem Wortlaut nicht mehr wie früher[2497] als Zulassungsvoraussetzungen in Betracht kommen. Stattdessen ist die Zulassung sprachlich nun deutlich von diesen Nummern getrennt, indem Heilmittel nur durch *„zugelassene Leistungserbringer“* – mithin also durch Leistungserbringer, denen eine Zulassung bereits erteilt worden ist – abgegeben werden dürfen, die – also zusätzlich zur Zulassung – die Nr. 1–3 erfüllen; grammatikalisch drücken die Nr. 1–3 nicht mehr aus, wann eine Zulassung erfolgt. Stattdessen ist nunmehr sprachlich eine Verknüpfung der Voraussetzungen Nr. 1–3 an die Abgabe der Heilmittel ersichtlich. Eine solche Gestaltung kann jedoch mit dem Wesen der Zulassung, die ihrerseits nicht mehr zur Abgabe von Heilmitteln berechtigen und mangels Rechtsfolgen sinnentleert würde, nicht entsprechen. Die in § 124 I Nr. 1–3 SGB V sind zum Erhalt der Zulassung kumuliert zu erfüllen. So werden die Nr. 1–3 auch in der Gesetzesbegründung zu § 124 I SGB V unmissverständlich als Zulassungsvoraussetzungen bezeichnet.[2498]

Bei der durch das TSVG vorgenommenen Ergänzung der Zulassungsvoraussetzungen fallen weitere sprachliche Unzulänglichkeiten der Regelung auf. § 124 I Nr. 1 SGB V setzt voraus, dass die für die Leistungserbringung erforderliche Ausbildung sowie eine entsprechende zur Führung der Berufsbezeichnung berechtigende Erlaubnis oder ein vergleichbarer akademischer Abschluss erforderlich ist. Grammatikalisch wird durch das Bindeglied *„sowie“* ein Alternativverhältnis zwischen der zur Führung der Berufsbezeichnung berechtigenden Erlaubnis und einem dieser Erlaubnis vergleichbaren akademischen Abschluss ausgesagt. Gerade die Vergleichbarkeit der Erlaubnis zur Führung der Berufsbezeichnung und eines akademischen Abschlusses ist jedoch sehr fragwürdig, da die Erlaubniserteilung keinen *„Abschluss“* einer Ausbildungszeit darstellt. Allein die Berechtigung zur Führung eines akademischen *Grades* könnte als Vergleichsbasis herangezogen werden. Bei Heranziehung der Begründung zu § 124 I SGB V wird diese sprachliche Gestaltung dennoch bestätigt: Durch Nr. 1 *„wird nunmehr entweder die zur Führung der Berufsbezeichnung berechtigende Erlaubnis oder ein vergleichbarer*

2495 Gesetz für schnellere Termine und bessere Versorgung (TSVG), BGBl. 2019 Teil I Nr. 18, S. 646 ff.

2496 Siehe noch zur Vorgängerregelung *BSG,* GesR 2014, 176 (177).

2497 Die Einleitung des § 124 II 1 SGB V a. F. lautete: *„Zuzulassen ist, wer […]“*.

2498 BT-Drs. 19/8351, S. 197.

akademischer Abschluss gefordert.“[2499] Folglich bestehen nach dem Wortlaut des § 124 I Nr. 1 SGB V zwei Zulassungsmöglichkeiten: erstens, eine Ausbildung und eine Erlaubnis zur Führung der Berufsbezeichnung, alternativ zweitens, eine Ausbildung und ein der Erlaubnis zur Führung der Berufsbezeichnung vergleichbarer akademischer Abschluss. Dieses Ergebnis kann kaum sinnvoll sein und dürfte auch nicht – der ebenso wirren Gesetzesbegründung zum Trotz – Anlass der Ergänzung der Ausbildungsvoraussetzungen sein. Vielmehr sind unter teleologischer Hinsicht nur zwei Wege des Verständnisses sinnvoll: Einerseits könnte das Alternativverhältnis wie sprachlich ausgedrückt zwischen der Erlaubnis zur Führung der Berufsbezeichnung und dem akademischen Abschluss zu sehen sein, wobei der Begriff des akademischen Abschlusses als akademischer Grad auszulegen wäre, um einen Vergleich zu ermöglichen. Der akademische Abschluss wäre dann zusätzlich als Ausbildung von § 124 I Nr. 1 SGB V erfasst. Andererseits kommt teleologisch begründet ein Alternativverhältnis zwischen der nach erfolgreicher Ausbildung erteilten Erlaubnis zur Führung der Berufsbezeichnung und einem vergleichbaren akademischen Abschluss infrage. Der akademische Abschluss wäre bei dieser Auslegung nicht mehr als „*Ausbildung*“ im Sinne des § 124 I Nr. 1 Alt. 1 SGB V zu verstehen. Beide Auslegungen führten zum selben Ergebnis und entsprechen auch wiederum der weiteren Gesetzesbegründung.[2500] Die Intention des Gesetzgebers tritt dort deutlicher zutage, denn zur Erteilung einer Erlaubnis zur Führung der Berufsbezeichnung des – hier beispielhaft genannten – Physiotherapeuten nach § 1 I MPhG ist eine Ausbildung erforderlich, die entweder in staatlich anerkannten Schulen vermittelt wird und mit einer staatlichen Prüfung abschließt oder, soweit auf Länderebene geregelt, „*zur Erprobung von Ausbildungsangeboten*“ auch an einer Hochschule vermittelt werden kann.[2501] Sind bereits akademische Ausbildungen im Rahmen der Modellversuche also nach § 2 I Nr. 1 MPhG durch das Merkmal der Ausbildung erfasst, kann diese Wertung auf § 124 I Nr. 1 SGB V zu übertragen sein. Bei den Modellstudiengängen stellt bereits der akademische Abschluss die erforderliche Ausbildung dar, die Grundlage für eine Erlaubnis zur Führung einer bestimmten Berufsbezeichnung nach § 2 I MPhG ist. Studiengänge außerhalb der Modellvorhaben sind jedoch im Rahmen des § 9 II MPhG keine geeigneten Ausbildungswege, die nach § 2 I Nr. 1 MPhG daher nicht für eine Erlaubnis zur Führung der Berufsbezeichnung des Physiotherapeuten in Betracht kommen. Damit sollen Absolventen mit der Ausbildung von Physiotherapeuten vergleichbarer Studiengänge für die sozialrechtliche Leistungserbringung nach § 124 I Nr. 1 Alt. 2 SGB V in Betracht kommen, die ihrerseits jedoch nach § 2 I Nr. 1 MPhG nicht als

2499 BT-Drs. 19/8351, S. 197.

2500 „*Dadurch wird klargestellt, dass auch Personen mit einem einschlägigen akademischen Abschluss eine Zulassung erteilt werden kann. Die bisher allein verwendete Formulierung der Berufsbezeichnung betrifft nur die Fachschulabsolventen.*“, BT-Drs. 19/8351, S. 197.

2501 Vgl. hierzu § 9 I, II MPhG zur Ausbildung von Physiotherapeuten.

Physiotherapeut zugelassen werden könnten. In der Folge gelten die Zulassungsvoraussetzungen nicht mehr notwendigerweise neben den berufsrechtlichen Voraussetzungen zur Führung einer Berufsbezeichnung, sondern können nunmehr auch gegenüber Personen Anwendung finden, für die keine berufsrechtlichen Regelungen existieren. So können nunmehr beispielsweise zur Erbringung der Physiotherapie als Heilmittel zulasten der GKV auch Nicht-Physiotherapeuten nach § 124 I SGB V zugelassen werden. Die demnach zusätzlich zulassungsfähigen *„Berufsgruppen“*[2502] sollen im Vertrag nach § 125 I SGB V geregelt werden.

Des Weiteren setzt nach § 124 I Nr. 2 SGB V die Zulassung voraus, dass der antragstellende Heilmittelerbringer über eine Praxisausstattung verfügt, die eine zweckmäßige und wirtschaftliche Leistungserbringung gewährleistet. Die Regelung wurde aus § 124 II 1 Nr. 2 SGB V ohne Änderung übernommen. Daher bedarf wie zuvor[2503] die Eröffnung einer Zweigniederlassung oder die örtliche Verlegung der Betriebsstätte einer weiteren bzw. erneuten Zulassung. Daneben ist nach § 124 I Nr. 3 SGB V die Anerkennung der zur Versorgung mit Heilmitteln geltenden Verträge nach §§ 125 I, 125a SGB V erforderlich.

Neben den in § 124 II SGB V a. F. genannten Voraussetzungen einer Zulassung als Heilmittelerbringer wurden als ungeschriebene Zulassungsvoraussetzungen auch die persönliche Eignung und Zuverlässigkeit der Leistungserbringung durch Rechtsprechung und Literatur anerkannt.[2504] Aufgrund der grundsätzlichen Übernahme der Zulassungsvoraussetzungen wird die persönliche Eignung und Zuverlässigkeit auch ohne Erwähnung in der Gesetzesbegründung und ohne Normierung weiterhin als ungeschriebene Zulassungsvoraussetzung zu betrachten sein, um eine bedarfsgerechte, zweckmäßige und wirtschaftlich in der fachlich gebotenen Qualität nach dem allgemein anerkannten Stand der medizinischen Erkenntnisse erfolgenden Versorgung der Versicherten zu gewährleisten.[2505] Die Zulassung kann nicht nur, wie der Wortlaut vermeintlich vorgibt, gegenüber natürlichen Personen erteilt werden, sondern ist zur Gewährleistung der Berufsfreiheit auch juristischen Personen und Personengesellschaften gegenüber zu erteilen, sofern berufsrechtliche Regelungen einer derartigen Form der Berufsausübung nicht entgegenstehen und der fachlich verantwortliche Leiter die Zulassungsvoraussetzungen erfüllt, da § 124 II SGB V einen Ausschluss juristischer Personen oder Personengesellschaften nicht deutlich ausdrückt.[2506] Mangels eindeutigen Ausschlusses der Organisation

---

2502 So ausdrücklich und wiederum inkonsequent nicht auf die Vergleichbarkeit akademischer Abschlüsse abstellend BT-Drs. 19/8351, S. 197.

2503 *BSG*, Urt. v. 20.04.2016 - B 3 KR 23/15 R, BeckRS 2016, 70947. *Plagemann*, FD-SozVR 2016, 380823; *Butzer*, in: *Becker/Kingreen*, SGB V, § 124 Rn 14.

2504 *BSG*, NZS 2002, 535 (536 f.); *Gitter*, SGb 2003, 46 (46); *Knipsel*, NZS 2004, 623 (625); *Adam*, in: *Sodan*, Krankenversicherung, § 26 Rn. 20 ff.

2505 Vgl. *BSG*, NZS 2002, 535 (537).

2506 *BSG*, NZS 1996, 328 (330 ff.); NJW 1996, 3228 (3229); siehe auch *Butzer*, in: *Becker/Kingreen*, SGB V, § 124 Rn. 2 f. Dagegen verlangt *Knipsel*, NZS 2004, 623 (626), die

in juristischen Personen des Privatrechts im Berufsrecht[2507] können daher auch Kapitalgesellschaften eine Zulassung zur Versorgung der gesetzlich Krankenversicherten mit Heilmitteln erhalten. Auch die Zulassung der MKG eines Arztes mit einem Heilmittelerbringer nach § 124 I SGB V kommt in Betracht.

Während eine Zulassung bis Änderung durch das Terminservice- und Versorgungsgesetz vom 6. Mai 2019 nach § 124 II 2 SGB V a. F. auch ausdrücklich für mehrere Heilmittelbereiche erteilt werden konnte und damit eine weitere Zulassung im Übrigen auch erforderlich gewesen ist,[2508] ist nach der umfangreichen Änderung des Rechts der Heilmittelerbringer eine Zulassung in mehreren Heilmittelbereichen nicht mehr ausdrücklich vorgesehen, jedoch auch nicht ausgeschlossen. Einer Zulassung in mehreren Heilmittelbereichen steht daher nach dem Wortlaut nichts entgegen. Während im Gesetzentwurf der Bundesregierung noch keine Änderung des Heilmittelerbringerrechts angedacht gewesen ist, liefert die Beschlussempfehlung des Ausschusses für Gesundheit, in der die Änderungen eingefügt wurden, keine Hinweise auf deren Hintergründe.[2509] Daher ist anzunehmen, dass die Möglichkeit der Zulassung eines Heilmittelbringerunternehmens für mehrere Heilmittelbereiche nicht entfallen sollte. Auch weiterhin ist daher eine Zulassung in mehreren Heilmittelbereichen möglich. Die Beteiligung unterschiedlicher Heilmittelerbringer an einer MKG ist daher sozialversicherungsrechtlich möglich.

Die notwendige Zusammenarbeit zwischen Vertragsärzten und Heilmittelerbringern wird in den §§ 14–16a Heilmittel-RL[2510] geregelt, wobei nach § 14 S. 1 Heilmittel-RL nur durch ein enges Zusammenwirken von Therapeut und Vertragsarzt eine ausreichende, zweckmäßigen und wirtschaftlichen Versorgung mit Heilmitteln zu gewährleisten ist. Die Regelungen gehen jedoch nicht auf einen Zusammenschluss von Heilmittelerbringern mit einem Vertragsarzt ein, hierfür wurde dem G-BA auch keine Regelungskompetenz nach § 92 SGB V zugewiesen.

Gestattung der Berufsausübung in einer juristischen Person oder Personengesellschaft durch das direkte Berufsrecht. Jedoch bedarf es nicht einer ausdrücklichen Gestattung, sondern aufgrund der aus Art. 2 I GG abgeleiteten Freiheitsvermutung der Regelung einer Einschränkung der Berufsfreiheit. Siehe auch kontrovers diskutiert bei *Twer*, Physiotherapeuten, S. 118 ff.

2507 Siehe hierzu S. 453 f.

2508 *Butzer*, in: *Becker/Kingreen*, SGB V, § 124 Rn. 4.

2509 Siehe hierzu die Begründung zu den Änderungen des § 124 SGB V BT-Drs. 19/8351, S. 197 f.

2510 Heilmittel-RL in der Fassung vom 19. Mai 2011, zuletzt geändert am 20.3.2020, in Kraft seit 6.6.2020. Die Heilmittelrichtlinie wird durch den in § 91 SGB V geregelten Gemeinsamen Bundesausschuss erlassen, der seinerseits nach § 91 I SGB V von den Kassenärztlichen Bundesvereinigungen, der Deutschen Krankenhausgesellschaft und dem Spitzenverband Bund der Krankenkassen gebildet wird.

Die auf § 125 I SGB V basierenden Rahmenempfehlungen legen zusätzlich weitergehend[2511] Inhalt und Umfang der Zusammenarbeit des Heilmittelerbringers mit dem verordnenden Vertragsarzt fest. Nach § 17 der Rahmenempfehlungen nach § 125 I SGB V über die einheitliche Versorgung mit Heilmitteln bedarf es ihres engen Zusammenwirkens (I) durch Sicherstellung ihrer Kooperation für den Beginn, die Durchführung und den Abschluss der Heilmittelbehandlung (II), wobei der Heilmittelerbringer den Vertragsarzt aus eigenwirtschaftlichen Überlegungen nicht in seiner Verordnungsweise beeinflussen darf (III). Nach Änderung des Rechts der Heilmittelerbringer durch das TSVG werden durch den Spitzenverband Bund der Krankenkassen in Vereinbarung mit den zur Wahrnehmung der Interessen der Heilmittelerbringer maßgeblichen Spitzenorganisationen auf Bundesebene keine Rahmenempfehlungen mehr über die einheitliche Versorgung mit Heilmitteln geschlossen, sondern ein Vertrag über die Einzelheiten der Versorgung mit dem jeweiligen Heilmittel. Diese Verträge haben jedoch weiterhin nach § 125 I 4 SGB V die Heilmittel-RL des G-BA zu berücksichtigen, womit sie auch in Zukunft den maßgeblichen Rahmen des Vertrags vorgibt. Die abgeschlossenen Verträge haben verbindliche Wirkung für die Krankenkassen gem. § 125 I 1 SGB V. Aus den Zulassungsempfehlungen nach § 124 IV SGB V in Teil 1, Nr. 4 wird ersichtlich, dass Heilmittelerbringer in Form einer Praxisgemeinschaft (Nr. 4.1) oder einer Gemeinschaftspraxis (Nr. 4.2) kooperieren dürfen. Nach Nummer 4.2 schließen sich in einer Gemeinschaftspraxis *„Leistungserbringer aus einem oder mehreren Heilmittelbereich(en) zur gemeinsamen Berufsausübung und Gewinnerzielung mit einer Praxis (-ausstattung) zusammen. Die Größe und Aufteilung der Praxisräume muss der Anzahl der gleichzeitig tätigen Therapeuten entsprechen. Gleichzeitig tätige Therapeuten können neben abhängig Beschäftigten auch unständig Beschäftigte sowie freie Mitarbeiter sein.“* Nummer 5 der Zulassungsempfehlungen betreffen interdisziplinäre Heilmittelpraxen. Geregelt wird allerdings alleine zusätzlich zur Regelung der Nummer 4.2 die Zulassung von Heilmittelpraxen, die für mehr als einen *Heilmittelbereich* zugelassen werden soll. Dabei wird eine separate Zulassung für die jeweiligen Heilmittelbereiche erteilt. Auf Zusammenschlüsse mit Ärzten gehen die Regelungen daher nicht ein. Die Regelungen gelten als Bestandteil des allgemeinen Teils der Zulassungsempfehlungen für alle Heilmittelbereiche, auch die Ernährungstherapie, die zwar von eigenständigen Zulassungsempfehlungen betroffen ist, aber eine gleichlautende Regelung erfahren hat.

2511 Die Heilmittel-RL des G-BA bilden aufgrund der ausdrücklich in § 125 I 1 SGB V a. F. vorgesehenen Berücksichtigung der Heilmittelrichtlinien bei Erlass der Rahmenempfehlungen eine vorrangige Grundlage für die nach § 125 I SGB V abgegebenen Rahmenempfehlungen, *Adam*, in: *Sodan*, Krankenversicherung, § 26 Rn. 38; *Schmidt-DeCaluwe*, in: *Becker/Kingreen*, SGB V, § 92 Rn. 33; *Butzer*, in: *Becker/Kingreen*, § 125 Rn. 4.

ccc) Grenzen

Thematisiert wurde bereits § 128 II SGB V, der über § 73 VII SGB V auch für Vertragsärzte teilweise Anwendung findet. § 128 Vb SGB V ordnet die entsprechende Anwendung der Absätze 2, 3, 5 und 5a für Heilmittelerbringer an. Sie unterliegen damit auch dem Verbot, sich mit Vertragsärzten zu Berufsausübungsgemeinschaften zusammenzuschließen.[2512] Auf die vorigen Ausführungen[2513] zu den Grenzen der Möglichkeiten eines Zusammenschlusses von Ärzten mit Heilmittelerbringern kann verwiesen werden.

cc) Hebammen

Nach § 24c Nr. 1 SGB V umfassen die Leistungen bei Schwangerschaft und Mutterschaft neben anderen Leistungen die ärztliche Betreuung und Hebammenhilfe. Hebammenhilfe umfasst die durch Hebammen nach dem HebG zu erbringenden Leistungen während der Schwangerschaft einschließlich Geburtsvorbereitungskurse, die Geburtshilfe bei der Entbindung, die Überwachung des Wochenbettverlaufs, die Betreuung nach der Geburt und die Rückbildungsgymnastik.[2514]

§ 134a SGB V regelt die Erbringung von Leistungen bei Schwangerschaft und Mutterschaft durch freiberuflich tätige Hebammen und von Hebammen geleiteten Einrichtungen.[2515] Mit dem Spitzenverband Bund der Krankenkassen schließen die Berufsverbände der Hebammen und die Verbände der von Hebammen geleiteten Einrichtungen auf Bundesebene Verträge[2516] über die in § 134a I SGB V genannten Inhalte.[2517] In § 134a I 1 SGB V sind dazu genannt: die Versorgung mit Hebammenhilfe, die abrechnungsfähigen Leistungen unter Einschluss einer Betriebskostenpauschale bei ambulanten Entbindungen in von Hebammen geleiteten Einrichtungen, die Anforderungen an die Qualitätssicherung in diesen Einrichtungen, die Anforderungen an die Qualität der Hebammenhilfe

---

2512 Vgl. *Wiese*, Einbindung von Gesundheitsberufen, S. 178.

2513 Siehe S. 493 ff.

2514 *Welti*, in: *Becker/Kingreen*, SGB V, § 24d Rn. 7; *Nebendahl*, in: *Spickhoff*, Medizinrecht, SGB V, § 24d Rn. 8 f.; *Schaks*, in: *Berchtold et al.*, Gesundheitsrecht, SGB V, § 24d Rn. 5; *Nolte*, in: Kasseler Kommentar, SGB V, § 24d Rn. 19.

2515 *Rehborn*, in: *Berchtold et al.*, Gesundheitsrecht, SGB V, § 134a Rn. 3.

2516 Vertrag über die Versorgung mit Hebammenhilfe nach § 134a SGB V, gültig ab dem 25.9.2015. Vertragspartner des Spitzenverbands Bund der Krankenkassen sind der Bund freiberuflicher Hebammen e.V. (BfHD) und der Deutsche Hebammenverband e.V. (DHV). Daneben ist am Ergänzungsvertrag über Betriebskostenpauschalen ist auch der eingetragene Verein Netzwerk der Geburtshäuser beteiligt.

2517 *Wiese*, Einbindung von Gesundheitsberufen, S. 98; *Welti*, in: *Becker/Kingreen*, SGB V, § 134a Rn. 3; *Luthe*, WzS 2014, 315 (315 ff.).

einschließlich der Verpflichtung der Hebammen zur Teilnahme an Qualitätssicherungsmaßnahmen sowie über die Höhe der Vergütung und die Einzelheiten der Vergütungsabrechnung durch die Krankenkassen. Der Vertrag entfaltet zunächst nach § 134a II Nr. 1 SGB V und § 5 II 1 Vertrag nach § 134a SGB V Rechtswirkungen für freiberuflich tätige Hebammen, wenn sie einem vertragschließenden Verband angehören und die Satzung des Verbands vorsieht, dass die von dem Vertrag abgeschlossenen Verträge Rechtswirkung für die dem Verband angehörenden Hebammen haben. Mitglieder der vertragschließenden Berufsverbände sind nach § 7 I des Vertrags nach § 134a SGB V erst zur Leistungserbringung und Abrechnung berechtigt, wenn von ihnen das Abfrageformular der Anlage 4.2 bei ihrem Berufsverband eingegangen ist. Außerdem gilt der Vertrag nach § 134a II Nr. 2 SGB V, § 5 II 2 Vertrag nach § 134a SGB V für freiberuflich tätige Hebammen, die dem nach Absatz 1 geschlossenen Vertrag durch einseitige empfangsbedürftige, öffentlich-rechtliche Willenserklärung[2518] mittels Beitrittserklärung nach Anlage 4.1 beim Spitzenverband Bund der Krankenkassen zum Vertrag beitritt. Zusätzlich ist ebenso das Abfrageformular nach Anlage 4.2 des Vertrags nach § 134a SGB V auszufüllen und von ihnen dem Spitzenverband Bund der Krankenkassen zukommen zu lassen nach § 7 II des Vertrags nach § 134a SGB V. Nach § 134a II 2 SGB V sind Hebammen, für die der Vertrag keine Rechtswirkungen hat, nicht als Leistungserbringer zugelassen. Daraus folgt, dass Hebammen ihre Leistungen nur dann zulasten der GKV abrechnen können, wenn sie einem der vertragschließenden Berufsverbände angehören oder den von den Vertragspartnern getroffenen Vereinbarungen beitreten.[2519] Einer speziellen persönlichen Zulassung der Hebamme durch die Krankenkassen bedarf es jedoch nicht,[2520] der Beitritt zum Vertrag oder die Mitgliedschaft in einem der vertragschließenden Verband wirkt als Zulassung zur Leistungserbringung.[2521] Zulasten der Krankenkassen dürfen nur die im Vertrag nach § 134a I SGB V vereinbarten Leistungen abgerechnet werden,[2522] wobei auch die Mutterschaftsrichtlinie des Gemeinsamen Bundesausschusses nach § 4 des Vertrags nach § 134a SGB V zu berücksichtigen sind.[2523]

2518 *Knittel*, in: *Krauskopf*, Soziale Krankenversicherung, SGB V, § 134a Rn. 6; *Wiese*, Einbindung von Gesundheitsberufen, S. 100.

2519 *Trenk-Hinterberger*, in: *Spickhoff*, Medizinrecht, SGB V, § 134a Rn. 15.

2520 *Wiese*, Einbindung von Gesundheitsberufen, S. 99 f.; *Trenk-Hinterberger*, in: *Spickhoff*, Medizinrecht, SGB V, § 134a Rn. 15.

2521 *Wiese*, Einbindung von Gesundheitsberufen, S. 100; *Welti*, in: *Becker/Kingreen*, SGB V, § 134a Rn. 6.

2522 Aktuell relevante Fassung Anlage 1.1 Hebammen-Vergütungsvereinbarung zum Vertrag über die Versorgung mit Hebammenhilfe nach § 134a SGB V, zuletzt geändert zum 15.7.2018.

2523 Vgl. noch zur alten Fassung des Vertrags nach § 134a SGB V vom 1.8.2007 *Wiese*, Einbindung von Gesundheitsberufen, S. 100. Die Fassung des Vertrags ist auffindbar unter http://www.hebammengesetz.de/geb2010–2.pdf (zuletzt aufgerufen am 19.11.2021).

Hebammen haben nach § 6 I 1 des Vertrags nach § 134a SGB V Leistungen persönlich zu erbringen. Nach § 6 I 3 des Vertrags nach § 134a SGB V kann die persönliche Leistungserbringung auch in einer Hebammeninstitution freiberuflicher Hebammen erfolgen. In vorherigen Vertrag nach § 134a SGB V zum 1.8.2007 wurde in § 6 II 2[2524] von *„Hebammengemeinschaften freiberuflicher Hebammen"* geredet.

Wiese beurteilt Zusammenschlüsse von Ärzten und Hebammen als zulässig.[2525] Der Zusammenschluss zwischen Ärzte und Hebammen sei Ausdruck der Berufsausübungsfreiheit nach Art. 12 GG. Er begründet die Zulässigkeit damit, dass solche interprofessionellen Zusammenschlüsse zwar nicht im Vertrag nach § 134a SGB V ausdrücklich vorgesehen sind, jedoch der Umsetzung der zur Prozessqualität in § 9 II getroffenen Vereinbarungen zuträglich seien. Ferner unterlägen Hebammen nicht den Einschränkungen der §§ 128, 73 SGB V. Den Erwägungen ist zuzustimmen. Nach § 6 II lit. a) des Vertrags vom 1.8.2007 war zur Sicherung der Prozessqualität bei der Versorgung der Versicherten mit Hebammenhilfe insbesondere zu gewährleisten, im Bedarfsfall Kinderärzte, Gynäkologen, Krankenhäuser und Krankenkassen hinzugezogen werden. Nunmehr wird die Prozessqualität in Anlage 3 (Qualitätsvereinbarung) zum Vertrag nach § 134a SGB V verankert. Nach § 4 VI der Qualitätsvereinbarung kooperiert die Hebamme regional zuständigen Diensten des Gesundheitswesens mit dem Ziel, eine ausreichende Versorgung der Versicherten sowie des oder der Kinder zu gewährleisten. Als zuständige Dienste des Gesundheitswesens führt die Norm neben anderen Kliniken mit geburtshilflicher und pädiatrischer Abteilung, Gynäkologen, Labor und sowie in der Diagnostik als auch Therapie bei Neugeborenen und Säuglingen erfahrene Kinderärzte auf. *Wieses* Argumentation der Zuträglichkeit von interprofessionellen Zusammenschlüssen von Hebammen mit Ärzten ist daher auch heute stichhaltig. V. a. aber sind Hebammen nicht aufgrund § 128 I 3 SGB V in der Zusammenarbeit mit Ärzten beschränkt, da sie von der Entsprechensklausel des § 128 VI 1 SGB V nicht erfasst werden. Zwar sind sie als sonstige Anbieter von Gesundheitsleistungen iSd § 128 VI 1 SGB V aufzufassen,[2526] sie erbringen allerdings keine Leistungen nach den §§ 31, 116 VII SGB V: § 31 SGB V betrifft die Versorgung mit apothekenpflichtigen Arznei- und Verbandmittelns wie auch Harn- und Blutteststreifen im Rahmen der Krankenbehandlung nach § 27 SGB V, § 116b SGB V die ambulante spezialfachärztliche Versorgung. Die Hebammenhilfe erfolgt als Teil der Leistung bei Schwangerschaft und Mutterschaft nach §§ 24c ff. SGB V, deren Leistungsansprüche nach dem

---

2524 § 6 II 2 des Vertrags nach § 134a SGB V vom 1.8.2007 lautete: *„Die persönliche Leistungserbringung kann auch in einer Hebammengemeinschaft freiberuflicher Hebammen erfolgen."*

2525 *Wiese*, Einbindung von Gesundheitsberufen, S. 179.

2526 So ist der achten Abschnitt des vierten Kapitels überschrieben als *„Beziehungen zu sonstigen Leistungserbringern"*.

systematischen Aufbau des SGB V als eigenständige, abschließend[2527] gegenüber allgemeinen Leistungen im Fall von Krankheit geregelte speziellere Leistungsgruppe aufzufassen sind. Sonstige Beschränkungen kommen nicht in Betracht, sodass Hebammen in einer gemeinsamen Berufsausübungsgemeinschaft mit Ärzten zulasten der GKV Leistungen erbringen können.

dd) Heilpraktiker

Nach bisherigem Ergebnis können sich Heilpraktiker nicht an MVZ[2528] oder Berufsausübungsgemeinschaften nach § 33 II Ärzte-ZV beteiligen. Allein die Beteiligung an einer Organisationsgemeinschaft im Sinne des § 33 I Ärzte-ZV ist nicht ausgeschlossen. Um Heilbehandlungen zulasten der GKV erbringen zu können, müsste ein Heilpraktiker selbst als Leistungserbringer an der medizinischen Versorgung der Versicherten teilnehmen. Heilpraktikerleistungen können im Rahmen des GKV-Systems aber nicht nachgefragt werden.[2529] Während bereits nach § 23b MBOÄ de lege lata eine Zusammenarbeit mit Heilpraktikern – nach vorliegendem Dafürhalten verfassungswidrig – ausgeschlossen ist, schließt das Sozialversicherungsrecht zusätzlich die Übernahme von Leistungen der Heilpraktikern durch das System der GKV aus, da sie weder ärztliche Leistung nach § 15 I SGB V noch Heilmittel nach § 32 SGB V darstellen.[2530] Der Ausschluss ist nach der Rechtsprechung des *BVerfG* verfassungsgemäß.[2531] Aufgrund ihres generellen Ausschlusses der Leistungserbringung zulasten der GKV ergeben sich aus Perspektive der Heilpraktiker keine weiteren Einschränkungen in Bezug auf ihre Berufsausübung.

Prononciert soll resümiert werden, dass Heilpraktikerleistungen nicht zulasten der GKV erbracht werden können – die Möglichkeit des Vertragsarzts, sich mit Heilpraktikern zu einer – wie erkannt – ungeregelten Berufsausübungsgemeinschaft zu assoziieren, bleibt hierdurch unberührt, da an den Zusammenschluss schließlich keine Rechtsfolgen eines gemeinsamen Auftritts, im Besonderen bei der Abrechnung erbrachter Leistungen, gegenüber Einrichtungen des GKV-Systems eintreten. Der Vertragsarzt rechnet seine erbrachten Leistungen wie zuvor allein gegenüber der KV ab. Insbesondere entfaltet § 128 II SGB V keine Exklusionswirkung, da er sich nur auf Leistungserbringer des Systems der GKV bezieht.

Anderes gilt, soweit ein Angehöriger eines anderen Berufs lediglich zusätzlich die Heilpraktikerzulassung erhalten hat, wenn es sich also um sog.

2527 Ausführlich *Schaks*, in: *Berchtold et al.*, Gesundheitsrecht, SGB V, § 24c Rn. 3 ff.; außerdem *Nebendahl*, in: *Spickhoff*, Medizinrecht, SGB V, § 24c Rn 1; *Welti*, in: *Becker/Kingreen*, SGB V, § 24c Rn. 1; implizit auch *Schaks*, SGb 2017, 675 (676).

2528 Bereits dem umfassenderen Kreis Gründungsberechtigter haben Heilpraktiker nicht angehört, siehe *Dahm et al.*, MVZ, S. 59 Rn. 7; *Lindenau*, MVZ, Rn. 150.

2529 Vgl. *Rauscher*, VersR 2016, 217 ff.

2530 Vgl. *BSG*, NJW 1979, 2363 ff.; *Butzer*, in: *Becker/Kingreen*, SGB V § 32 Rn. 10; *Clausen*, in: *Clausen/Schroeder-Printzen*, Medizinrecht, § 8 Rn. 467.

2531 *BVerfGE* 78, 155 (161 ff.).

„Add-on-Heilpraktiker" handelt. Ihnen ist nach vorliegender Argumentation bereits berufsrechtlich nicht die Beteiligung an einer MKG versperrt. Der Erhalt der Heilpraktikererlaubnis bringt zudem auch keinen Mangel mit sich, der exemplarisch der Berechtigung zur Leistungserbringung zulasten der GKV eines Physiotherapeuten entgegenstehen würde. § 124 I Nr. 1 SGB V erfordert in fachlicher Hinsicht lediglich die für die Leistungserbringung erforderliche Ausbildung sowie eine entsprechende zur Führung der Berufsbezeichnung berechtigende Erlaubnis oder einen vergleichbaren akademischen Abschluss. Die Zulassung nach § 1 HeilprG beeinträchtigt die abgeschlossene Ausbildung des Physiotherapeuten ebenso wie seine Berechtigung zur Führung der Berufsbezeichnung nach §§ 1 I Nr. 2, 2 I MPhG nicht. Leistungen, die der Kooperationspartner des Arztes allein aufgrund seiner Zulassung nach § 1 HeilprG erbringen darf, kann er durch seine Zulassung nach § 124 SGB V gleichsam nicht gegenüber den Gesetzlichen Krankenkassen abrechnen, denn § 28 I 2 SGB V sowie § 15 I 2 SGB V erfordern die *ärztliche* Verordnung von Heilmitteln.

ee) Apotheker

Die Beziehungen der Krankenkassen zu Apotheken bezieht sich nach den §§ 129 ff. SGB V lediglich auf die Arzneimittelversorgung. Pharmazeutische Tätigkeiten, die dem Erfordernis fachlicher Zusammenarbeit bei der Behandlung berufsrechtlich nach § 23b I 3 MBOÄ genügen, bleiben dabei außer Betracht. Sozialversicherungsrechtlich kommt ein Zusammenschluss von Ärzten mit Apothekern nicht in Betracht. Die Arzneimittelversorgung in Apotheken ist bereits berufsrechtlich nicht ausreichend für die Gründung einer MKG.

ff) Angehörige anderer nach § 23b I 1 MBOÄ kooperationsfähiger Berufe

Schirmer verweist unter Nennung von klinischen Chemikern als Beispiel darauf, dass Zusammenschlüsse mit Angehörige von Berufen, die in der Gesellschaft keine von der ärztlichen Leistung eigenständigen Leistung erbringen, sondern stattdessen im Rahmen der laborärztlichen Behandlung außerhalb der ärztlichen Berufsausübung zugelassene Maßnahmen ausführen, ihrerseits nicht zur Leistungsabrechnung gegenüber der GKV besonders zugelassen werden.[2532] Richtig daran ist die nicht bestehende Zulassungspflicht der nichtärztlichen Berufsangehörigen. Jedoch läge im Falle einer unselbständigen, nicht eigenverantwortlichen Berufsausübung bereits keine MKG vor, womit dem Zusammenschluss in einer Gesellschaft berufsrechtliche Erwägungen entgegenstünden. Die Beteiligung an MVZ kommt mangels Gründungsberechtigung gemäß § 95 Ia S. 1 SGB V ebenso wenig in Betracht wie an einer Berufsausübungsgemeinschaft nach § 33 II Ärzte-ZV. Gleichwohl kann ein Arzt mit ihnen eine Organisationsgemeinschaft nach

---

2532 *Schirmer*, MedR 1995, 383 (389); ihm folgend *Eisenberg*, Ärztliche Kooperationen, S. 203.

§ 33 I Ärzte-ZV gründen. Einwände gegen sie bestehen mangels eigener Teilnahme an der medizinischen Versorgung der gesetzlich Krankenversicherten aus dem Recht der Kooperationspartner nicht.

d) Sonstige Möglichkeiten gemeinsamer Leistungserbringung

aa) Sozialpädiatrische Zentren

In Betracht kommt nach der Literatur auch ein Zusammenschluss zu sozialpädiatrischen Zentren im Sinne des § 119 SGB V.[2533] Unter Sozialpädiatrie versteht man ein interdisziplinäres Arbeitsgebiet der Kinderheilkunde unter Einbeziehung von unter anderem Psychologie, Sozialpädagogik, Kinderkrankenpflege, Logopädie, Spieltherapie, Physiotherapie.[2534] Sozialpädiatrische Zentren als Einrichtungen, in denen Untersuchungen und Behandlungen durch interdisziplinäres Zusammenwirken von Ärzten und Nichtärzten vorgenommen werden, wenn Kinder wegen der Art, Schwere oder Dauer ihrer Krankheit oder der ihnen drohenden Krankheit nicht von geeigneten Ärzten oder in geeigneten Frühförderstellen behandelt werden können.[2535] In Betracht kommen insbesondere Psychologen, Heilpädagogen, Ergotherapeuten, Physiotherapeuten oder Logopäden als nichtärztliche Partner.[2536] Nach § 119 I SGB V bedarf ein sozialpädiatrisches Zentrum zur ambulanten sozialpädiatrischen Behandlung der Ermächtigung durch den Zulassungsausschuss, die ohne Ermessensspielraum des Zulassungsausschusses zu erteilen ist, soweit und solange sie notwendig ist, um eine ausreichende sozialpädiatrische Behandlung sicherzustellen, wobei die Bedarfsermittlung einen Beurteilungsspielraum eröffnet.[2537] Ist eine ausreichende sozialpädiatrische Versorgung ohne Beachtung der Planungsbereiche anderweitig sichergestellt, ist der Ermächtigungsanspruch ausgeschlossen.[2538] § 119 SGB V schafft keine neue Teilnahmeform für die sozialpädiatrische Behandlung, sondern ermöglicht eine Ermächtigung außerhalb der vertragsärztlichen Versorgung stehender ärztlich geleiteter Einrichtungen.[2539] Die Ermächtigung gilt dabei für die ärztlichen und nichtärztlichen Behandlungen des

---

2533 *Schirmer*, MedR 1995, 383 (389); ihm folgend *Eisenberg*, Ärztliche Kooperationen, S. 203 f.

2534 *Pschyrembel*, Klinisches Wörterbuch, Stichwort „Sozialpädiatrie", Seite 1983; siehe ferner *Ossege*, in: *Berchthold et al.*, Gesundheitsrecht, SGB V, § 119 Rn. 12;

2535 *Knittel*, in: *Krauskopf*, Soziale Krankenversicherung, SGB V, § 119 Rn. 3; *Welti*, in: *Becker/Kingreen*, SGB V, § 119 Rn. 3.

2536 *Hess*, in: Kasseler Kommentar, SGB V, § 119 Rn. 2; *Welti*, in: *Becker/Kingreen*, SGB V, § 119 Rn. 3; *Meschke/Netzer-Nawrocki*, KrV 2017, 102 (102); *Kremer/Wittmann*, Vertragsärztliche Zulassungsverfahren, Rn. 1076; *Sonnhoff*, in: *Hauck/Noftz*, SGB V, § 119 Rn. 8.

2537 *Meschke/Netzer-Nawrocki*, KrV 2017, 102 (103). Zur Bedarfsermittlung *Szabados*, in: *Spickhoff*, Medizinrecht, SGB V, § 119 Rn. 3.

2538 *BSG*, GesR 2012, 29 (30).

2539 *Knittel*, in: *Krauskopf*, Soziale Krankenversicherung, SGB V, § 119 Rn. 2.

sozialpädiatrischen Zentrums.[2540] Die besondere Ermächtigung dient der ganzheitlichen Behandlung mit einem *„Bündel von integrierten, gezielten medizinischen, psychologischen, pädagogischen und sozialen Maßnahmen“*, die aufgrund der deutlich differenzierteren und spezialisierteren Leistungen nur in fachübergreifend tätigen sozialpädiatrischen Zentren mit Ärzten und nichtärztlichen Fachkräften als *„interdisziplinäre Funktionseinheit“* angeboten werden können.[2541] In der Differenziertheit des Leistungsspektrums unterscheiden sich sozialpädiatrische Zentren von Arztpraxen,[2542] weshalb das Prinzip von MKG als interprofessionelle Berufsausübungsgemeinschaft grundsätzlich auf sie übertragbar erscheint. Träger eines sozialpädiatrischen Zentrums können nicht Vertragsärzte oder MVZ sein, da sie bereits an der pädiatrischen Versorgung teilnehmen.[2543] Der Träger muss jedoch auch nicht ein nach § 116 SGB V zugelassenes Krankenhaus sein, sondern kann ausschließlich für die ambulante Versorgung errichtet werden.[2544] In Bezug auf die Rechtsform regelt § 119 SGB V keine Anforderungen. Damit kommt zwar nicht der einzelne Vertragsarzt als Träger, jedoch die nicht als MVZ nach § 95 I SGB V zugelassene und nach § 33 II Ärzte-ZV genehmigte MKG selbst als GbR, PartG oder Kapitalgesellschaft als Träger in Betracht, sofern die personellen und sachlichen Anforderungen an sozialpädiatrische Zentren, insbesondere die ärztliche Leitung der Einrichtung und die Gewähr für eine leistungsfähige und wirtschaftliche sozialpädiatrische Behandlung, erfüllt werden. Die Leistungsfähigkeit wird grundsätzlich angenommen, wenn in zwei gleich besetzten Teams neben dem ärztlichen Leiter mindestens vier nichtärztliche Therapeuten in Vollzeit zur interdisziplinären Leistungserbringung beitragen.[2545] Zudem haben sozialpädiatrische Zentren alle Stufen der Diagnose, Therapie und Formen der sozialen Eingliederung zu leisten.[2546] Die Behandlung in einem sozialpädiatrischen Zentrum ist jedoch nur auf Überweisung bestimmter Fachärzte möglich (sog. Facharztfilter),

2540 *Knittel*, in: *Krauskopf*, Soziale Krankenversicherung, SGB V, § 119 Rn. 9; a. A. *Bregenhorn-Wendland*, in: *Peters*, Krankenversicherung, SGB V, § 119 Rn. 1, nach dem die Erbringung der nichtärztlichen Leistungen unmittelbar zwischen den Krankenkassen und den sozialpädiatrischen Zentren zu regeln ist.

2541 BT-Drs. 11/2237, S. 202 zu § 128 SGB V a. F.; *Hess*, in: Kasseler Kommentar, SGB V, § 119 Rn. 1; *Meschke/Netzer-Nawrocki*, KrV 2017, 102 (102 f.); *Kremer/Wittmann*, Vertragsärztliche Zulassungsverfahren, Rn. 1076. Vgl. auch *BSG*, GesR 2012, 29 (30), wonach die spezifische Aufgabe der sozialpädiatrischen Zentren in der gleichzeitigen integrierten multidisziplinären Arbeit von ärztlichen und nicht ärztlichen Fachkräften liegt.

2542 *Rau*, in: *Orlowski/Remmert*, GKV, SGB V, § 119 Rn. 3; *Kremer/Wittmann*, Vertragsärztliche Zulassungsverfahren, Rn. 1076.

2543 *Welti*, in: *Becker/Kingreen*, SGB V, § 119 Rn. 3.

2544 *Hess*, in: Kasseler Kommentar, SGB V, § 119 Rn. 2.

2545 *BSG*, MedR 2016, 997 (1001), unter Hinweis auf das sog. *„Altöttinger Papier“*. Siehe näher *Bregenhorn-Wendland*, in: *Peters*, Krankenversicherung, SGB V, § 119 Rn. 3.

2546 Vgl. zum Normzweck nur *Köhler-Hohmann*, in: *Schlegel/Voelzke*, SGB V, § 119 Rn. 17.

eine Beschränkung stützt die Rechtsprechung auf § 31 VII 2 Ärzte-ZV, der auch für die Ermächtigung im Rahmen des § 119 SGB V gilt.[2547] Die Attraktivität erscheint auch deshalb für medizinische Versorgungszentren eingeschränkt, weil die interdisziplinären Leistungen von sozialpädiatrischen Zentren auf Kinder begrenzt ist, die gerade auf diese Art von differenzierten und hochspezialisierten Leistungen angewiesen sind.[2548]

bb) Besondere Versorgung, § 140a SGB V

Als Alternative zu vertragsärztlicher Regelversorgung der Versicherten dient die auf Selektivverträgen basierende sog. besondere Versorgung nach § 140a SGB V der Förderung einer sektorenübergreifenden, interdisziplinären Versorgung.[2549] Neben Einführung der MVZ war die bereits zuvor eingeführte integrierte Versorgung Mittelpunkt der Weiterentwicklung der Versorgungsstrukturen im System der GKV hin zu einer Überwindung der Sektorengrenzen zwischen ambulantem und stationären Sektor – während das MVZ jedoch eine akteursbezogene Maßnahme durch Einführung eines neuen vertragsärztlichen Leistungserbringers darstellt, ist die Einführung der integrierten Versorgung handlungsbezogen zu verstehen.[2550] Nach § 140a I 1 SGB V können die Krankenkassen mit den benannten Leistungserbringern Verträge über eine besondere Versorgung der Versicherten abschließen. Sie ermöglichen eine verschiedene Leistungssektoren übergreifende oder eine interdisziplinär fachübergreifende Versorgung sowie unter Beteiligung vertragsärztlicher Leistungserbringer oder deren Gemeinschaften besondere ambulante ärztliche Versorgungsaufträge.

Zwar können sich im Rahmen der sog. Verbundlösung die teilnahmewilligen Leistungserbringer in einer Gesellschaft zusammenschließen, die den Krankenkassen gegenübertritt.[2551] Zudem waren bereits im Rahmen der früheren sog. integrierten Versorgung und sind noch immer Versorgungsformen zwischen ärztlichen und nichtärztlichen Leistungserbringern ermöglicht.[2552] Die beteiligten Vertragspartner der Krankenkassen sind abschließend[2553] in § 140a III SGB V festgelegt. Zu dem Personenkreis zählen nach § 140a III 1 Nr. 1 SGB V insbesondere die nach

2547 *BSG*, MedR 2016, 997 (1003 ff.); *zust. Arnold*, MedR 2016, 1005 (1006). Im Ergebnis ebenso aufgrund der subsidiären Behandlungszuständigkeit *Rau*, in: *Orlowski/Remmert*, GKV, SGB V, § 119 Rn. 6 f. Kritisch dagegen aufgrund von Wortlaut und systematischen Erwägungen *Meschke/Netzer-Nawrocki*, KrV 2017, 102 (104 ff.).

2548 *BSG*, MedR 2016, 997 (1000); *zust. Arnold*, MedR 2016, 1005 (1006).

2549 *Fischinger/Werthmüller*, in: *Spickhoff*, Medizinrecht, SGB V, § 140a Rn. 5, 12; *Engels*, in: *Krauskopf*, SGB V, § 140a Rn. 3 f., 52 f..

2550 *Lindenau*, MVZ, Rn. 384.

2551 *Koller*, Ärztliche Kooperationsformen, S. 255; basierend auf *Franken*, Integrierte Versorgung, S. 89 ff.

2552 *Engels*, in: *Krauskopf*, Soziale Krankenversicherung, SGB V, § 140a Rn. 6, 17 ff.

2553 BT-Drs. 19/4095, S. 128.

dem vierten Kapitel des SGB V zur Versorgung der Versicherten berechtigten Leistungserbringer und deren Gemeinschaften. Zu diesem Kreis gehören neben zugelassenen Ärzten, Zahnärzten, Psychotherapeuten und medizinischen Versorgungszentren auch Heil- und Hilfsmittelerbringer sowie Hebammen, sofern für diese nach § 134a II SGB V die Verträge nach § 134a I SGB V Rechtswirkung entfalten.[2554] Daraus folgt bereits, dass nicht zur Versorgung der Versicherten berechtigte Leistungserbringer keine Verträge über die besondere Versorgung der Versicherten mit den Krankenkassen abschließen können.[2555] Die Eigenschaft als Leistungserbringer bzw. die Beteiligung ein einem solchen stellt mithin die erforderliche „Eintrittskarte" für das System der besonderen Versorgung dar.[2556] Die besondere Versorgung nach § 140a SGB V ist daher lediglich als zusätzliche Möglichkeit in Betracht zu ziehen. Voraussetzung bleibt jedoch allem voran die Berechtigung der Erbringung von Leistungen zulasten der GKV, sodass die Besondere Versorgung nach § 140a SGB V lediglich eine Scheinlösung für MKG darstellen.[2557]

e) Ergebnis

Die von *Cramer et alii*[2558] gezeichnete Aussicht für MKG war bereits skeptisch: Da u. a. sowohl die Kompetenzen der gemeinsamen Selbstverwaltung bei Vertragsärzten mit den Kompetenzen der Kassen bei Zulassung der Heilmittelerbringer zusammengeführt werden müssten, werde die praktische Umsetzung an einer *„ohne Not"* vorzunehmenden Preisgabe eigener Kompetenzen scheitern. Bislang hat sich mehr als zwanzig Jahre nach ihrem gewagten Ausblick die Situation nicht entscheidend verändert, wenn auch Zusammenschlüsse zeitweise in MVZ ausdrücklich erlaubt gewesen sind.[2559] Nach Entziehung der Befugnis zur Gründung von MVZ für den größten Teil nichtärztlicher Leistungserbringer und Einfügung

---

2554 Vgl. *Engelhard*, in: *Hauck/Noftz*, SGB V, K 140a Rn. 34; *Engels*, in: *Krauskopf*, Soziale Krankenversicherung, SGB V, § 140a Rn. 54.

2555 *Adolf*, in: *Schlegel/Voelske*, jurisPK-SGB V, § 140a Rn, 78; *Engels*, in: *Krauskopf*, Soziale Krankenversicherung, SGB V, § 140a Rn. 38; *Engelhard*, in: *Hauck/Noftz*, SGB V, K 140a Rn. 35.

2556 *Kuhlmann*, KH 2004, 13 (16); ihm anschließend *Lindenau*, MVZ, Rn. 416.

2557 Daher eher Sand in die Augen streuend *Hartmann*, in: *Halbe/Schirmer*, Kooperationen, A 1500 Rn. 7; ohne Wertung *Schroeder-Printzen*, in: *Clausen/Schroeder-Printzen*, Medizinrecht, § 11 Rn. 18.

2558 *Cramer et al.*, Der Frauenarzt 1996, 1069 (1073 f.). Von Schwierigkeiten bei dem Erhalt einer kassenärztlichen Gesamtzulassung interprofessioneller Partnerschaften bereits ausgehend *Lenz*, MDR 1994, 741 (746) mit Verweis auf *Kosek*, Ärztliche Praxis vom 12.4.1994.

2559 Siehe hierzu nochmals nur *Rau*, MedR 2004, 667 (671); *Steffen*, MedR 2006, 75 (79 f.); *Junkert*, Ärzte und Physiotherapeuten, S. 31; a.A. *Scholz*, GesR 2003, 369 (371), der allein eine Zulässigkeit der Gründung einer Organisationsgemeinschaft anerkennen mochte.

des § 128 II SGB V für Hilfsmittelerbringer sowie seine spätere Erweiterung auf Heilmittelerbringer und Ärzte über §§ 73 VII, 128 IVa, 5b SGB V haben sich die Möglichkeiten interprofessioneller Berufsausübung für Vertragsärzte erheblich zurückentwickelt. Es ist zu resümieren, dass die MKG weithin nur außerhalb der Erbringung von GKV-Leistungen möglich ist. Ihre für die praktische Bedeutung von MKG düstere Einschätzung hat sich bewahrheitet.

8. Private Krankenversicherung (PKV)

Nach Beleuchtung der Leistungsabrechnung zulasten des Systems der GKV fragt sich die Leistungspflicht der PKV für die Erbringung behandlerischer Leistungen der MKG gegenüber deren Patienten. Die PKV stellt im Gegensatz zur GKV mit ihrem Sachleistungsprinzips eine Nachversicherung dar,[2560] wonach der Versicherte bezüglich der Behandlungskosten in Vorleistung tritt und diese bei Leistungsverpflichtung des Versicherers erstattet bekommt. Dem Versicherungsvertrag liegen die MB/KK zugrunde. § 4 II 1 MB/KK sieht dabei die Begrenzung der freien Arztwahl für den Versicherten auf die niedergelassenen approbierten Ärzte und Zahnärzte vor, während § 4 II 2 MB/KK ferner und im Kontrast zur GKV die Inanspruchnahme von Heilpraktikern ermöglicht, soweit die konkreten Tarifbedingungen nichts anderes bestimmen. Arznei-, Verband-, Heil- und Hilfsmittel werden nach § 4 III MB/KK nur nach Verordnung der in Absatz 2 genannten Behandelnden verordnet.

Hieraus folgt nach den bisherigen Feststellungen die grundsätzliche Leistungspflicht der PKV für vorgenommene Behandlungen innerhalb der MKG. Innerhalb personengesellschaftlich organisierter MKG steht die Niederlassung des Arztes außer Frage, sodass ihm vergütete Behandlungskosten von dem Versicherer gegenüber dem Patienten zu erstatten sind. Auch die Leistungen der Kooperationspartner, die Heilmittel auf Verordnung eines – nicht notwendigerweise des in der MKG tätigen – Arztes erbringen, sind zu erstatten ebenso wie Leistungen des Heilpraktikers im Einklang mit den Tarifbestimmungen. Auch auf eine Erstattung von Behandlungskosten aus Leistungen einer Kapitalgesellschaft organisierten MKG hat entgegen der allgemeinen Ansicht ein privat Versicherter nach § 4 II MB/KK einen Anspruch.[2561] Unabhängig von einer AGB-Kontrolle und Feststellung einer unangemessenen Benachteiligung der Versicherten nach § 307 I, II BGB[2562] ist bei Gesellschafter-Ärzten einer Kapitalgesellschaft rekurrierend auf die

---

2560 *Fleßner*, in: *Clausen/Schroeder-Printzen*, Medizinrecht, § 5 Rn. 24; *Kalis*, in: *Sodan*, Krankenversicherung, § 42 Rn. 8.

2561 Siehe hier nur *OLG Düsseldorf*, VersR 1994, 207; r+s 1997, 257 (257 f.); *OLG Hamm*, NJW 1993, 801 (802); *Taupitz*, VersR 1992, 1064 (1066 f.); *Fleßner*, in: *Clausen/Schroder-Printzen*, Medizinrecht, § 5 Rn. 187 f.; *Schiller/Hartmann*, in: *Halbe/Schirmer*, Kooperationen, A 1600 Rn. 10. A. A. unter Kritik des tradierten Niederlassungsbegriffs *Dreher*, VersR 1995, 245 (246, 251 ff.).

2562 Solch eine unangemessene Benachteiligung vertritt *Dreher*, VersR 1995, 245 (253).

Feststellung ihrer Niederlassung in freier Praxis nach § 32 I Ärzte-ZV[2563] auszugehen. Die Begrenzung dient – wie bereits im System der GKV § 32 Ärzte-ZV – der Risikobeschränkung zugunsten der PKV, sodass nur Anspruch auf Kostenerstattung für medizinisch notwendige Behandlungsleistungen besteht.[2564] Insbesondere ergibt sich auch kein Risiko der Verpflichtung zu Erstattung erhöhter Abrechnungen mangels Bindung einer Kapitalgesellschaft an die GOÄ bei Abrechnung ärztlicher Leistungen. Sowohl wörtlich als auch systematisch findet die GOÄ bei Abrechnung ärztlicher Behandlungsleistungen durch eine juristische Person des Privatrechts Anwendung.[2565] Ferner muss der Wandel des ärztlichen Berufsrechts zu einer allgemeinen Akzeptanz der Berufsausübung in Kapitalgesellschaften wie auch im Sozialversicherungsrecht mit Begründung von MVZ als Leistungserbringer berücksichtigt werden,[2566] sodass gem. § 307 I, II BGB eine unangemessene Benachteiligung der Versicherten bei Ausschluss ärztlicher Leistungen durch eine juristische Person nach § 4 II 1 MB/KK anzunehmen ist.

III. Zusammenschlüsse zur gemeinsamen Berufsausübung ohne ärztliche Ausübung der Heilkunde am Menschen

1. Einleitung

§ 23c MBOÄ gestattet Ärzten berufsrechtlich in allen Rechtsformen die Zusammenarbeit mit Angehörigen anderer Berufe als den in § 23b MBOÄ beschriebenen, wenn sie nicht die Heilkunde ausüben. Da § 23c MBOÄ über die Professionen des § 23b MBOÄ hinausgeht, lässt sich schlussfolgern, dass Zusammenschlüsse, in denen keine Heilkunde am Menschen ausgeübt wird, für Angehörige der bereits nach § 23b MBOÄ benannten Berufe umso mehr in Betracht kommen müssen. Man mag der Norm daher ein *„auch"* gedanklich hinzufügen, sodass Ärzten erlaubt ist, *„auch"* mit Angehörigen anderer Berufe als den in den § 23b MBOÄ beschriebenen Zusammenschlüsse ohne Heilkundeausübung am Menschen einzugehen. Da bereits ein Zusammenschluss zur gemeinsamen Berufsausübung unter Einschluss der Heilkunde am Menschen zulässig ist, muss erst recht ein weniger intensiv auf die ärztliche Berufsausübung wirkender Zusammenschluss zulässig

---

2563 Siehe S. 483 ff.

2564 Siehe hier nur *OLG Karlsruhe*, r+s 1994, 389 (390).

2565 Siehe S. 388 ff. Ohne ausdrücklich abweichende Vereinbarung ist die GOÄ ohnehin auch Abrechnungsgrundlage einer Kapitalgesellschaft für ihre ärztlichen Leistungen, siehe *Taupitz*, VersR 1992, 1064 (1066).

2566 *Kalis*, in: *Sodan*, Krankenversicherung, § 44 Rn. 36. *Fleßner*, in: *Clausen/Schroder-Printzen*, Medizinrecht, § 5 Rn. 187 f., sähe dagegen einen Ausschluss von Leistungen einer MVZ-GmbH als überraschend und unwirksam nach § 305c I BGB an.

sein.[2567] Außerdem läge bei anderer Auslegung ein evidenter Verstoß gegen den allgemeinen Gleichheitsgrundsatz aus Art. 3 I GG vor, da Angehörigen nichtmedizinischer Berufe die Vereinigung erlaubt wäre, obwohl in der Sache aufgrund der alleinigen Differenzierung der §§ 23b, 23c MBOÄ an der Ausgestaltung der ärztlichen Berufsausübung kein Unterschied vorliegt. Auch als Eingriff in die Berufsausübungsfreiheit wäre mangels Verhältnismäßigkeit eine andere Auslegung nicht zu rechtfertigen. Mithin können Ärzte sich mit Angehörigen aller Berufe, mit denen ein Zusammenschluss in einer MKG möglich ist, auch derart verbinden, dass lediglich eine Tätigkeit außer der Heilkundeausübung am Menschen vergemeinschaftet wird.

§ 23c MBOÄ kommt insgesamt klarstellende Bedeutung zu,[2568] da danach Zusammenschlüsse, in denen der Arzt keine behandelnde Tätigkeit ausübt, für grundsätzlich zulässig erachtet werden. Dennoch lohnt sich v. a. ein geboten rascher Blick auf die Norm in Bezug auf diejenigen Berufe des Gesundheitswesens, die nicht nach § 23b MBOÄ kooperationsfähig sind. Es soll daher an dieser Stelle kurz auf die Möglichkeit eines Zusammenschlusses eingegangen werden, der zwar zur gemeinsamen Berufsausübung mit ihnen erfolgt, der jedoch nicht die Ausübung der Heilkunde beinhaltet. Dazu wird zu beleuchten sein, was unter *„Heilkunde am Menschen“* aufzufassen ist. In der Folge ist zu überprüfen, ob Heilpraktiker, Gesundheitshandwerker oder Kosmetiker sich nach § 23c MBOÄ mit Ärzten zusammenschließen dürfen. Außerdem wird die vertragsärztliche Zulässigkeit des Zusammenschlusses zu überprüfen sein.

2. Historischer Abriss

Bis 1995 galt in § 29 MBOÄ-1994[2569] für Ärzte noch ein allgemeines Verbot der Zusammenarbeit mit Nichtärzten, wobei es auf die Heilbehandlung beschränkt war. Andere Regelungen zu einer Zusammenarbeit mit Nichtärzten bestanden nicht. Erstmals regelte § 23b MBOÄ-1995[2570] die sonstigen Partnerschaften mit Angehörigen anderer Berufe als für MKG und beschränkte ihre Organisationsform ausdrücklich auf die Rechtsform der PartG.[2571] Nach weiterer Änderung der MBOÄ lautete Kap. D II. Nr. 10 der MBOÄ-1997: *„Einem Arzt ist es gestattet, in Partnerschaften gemäß § 1 I und II PartGG mit Angehörigen anderer Berufe als den*

2567 So bereits auch *Köbler*, Beteiligung Berufsfremder, S. 199.

2568 So bereits zu Kap. D II. Nr. 10 MBOÄ-1997 *Hildebrandt*, Freiberufliche Zusammenschlüsse, S. 67.

2569 DÄBl. 1994, A 53 (A 57).

2570 DÄBl. 1995, A 407 (A 412). § 23b MBOÄ-1995 lautete: *„Einem Arzt ist es gestattet, in Partnerschaften gemäß § 1 I und II PartGG mit Angehörigen anderer Berufe als den in § 23a II genannten zusammenzuarbeiten, wenn er in der Partnerschaft nicht die Heilkunde am Menschen ausübt. Der Eintritt in eine solche Partnerschaftsgesellschaft ist der Ärztekammer anzuzeigen.“*

2571 Vgl. *Schirmer*, MedR 1995, 383 (387).

vorstehend in Kapitel C[2572] *Nr. 9 genannten zusammenzuarbeiten, wenn er in der Partnerschaft nicht die Heilkunde am Menschen ausübt. Der Eintritt in eine solche [PartG] ist der Ärztekammer anzuzeigen.*"[2573] 2004 wurde die Regelung inhaltsgleich in die novellierte MBOÄ übernommen.[2574] Erst auf dem 114. Deutschen Ärztetag in Kiel im Jahr 2011 wurde die Vorschrift erweitert und erhielt ihre jetzige Gestalt.

3. Zweck des Zusammenschlusses

§ 23c MBOÄ ist aufgrund seiner Kürze in Bezug auf die Einteilung der Kooperationsform nur wenig aussagekräftig, der Zweck sonstiger Partnerschaften wird lediglich verklausuliert beschrieben. Der Zusammenschluss wird nicht ausdrücklich „*zur gemeinsamen Berufsausübung*" oder „*zu gemeinsamer Organisation*" gestattet; selbst von einem „*Zusammenschluss*" – wie in § 23b I 1 MBOÄ erwähnt („*zusammenschließen*") – ist nicht die Rede, sondern von „*Zusammenarbeit*". Synonyme zu „*Zusammenarbeit*" sind Gemeinschaftsarbeit, Gemeinschaftsproduktion, Kooperation, Koproduktion, Partnerschaft, Teamarbeit, Teamwork, Kollaboration, Liaison, Synergie und Verbund,[2575] was semantisch gleichwohl einen verfestigten Zusammenschluss zur Gemeinschaftsarbeit nahelegt. Der Begriff der Zusammenarbeit findet ansonsten zwar noch in § 29a MBOÄ Verwendung, dort allerdings in Bezug auf die eigentliche Behandlungstätigkeit,[2576] die ausweislich des Wortlauts in sonstigen Partnerschaften nicht zulässig ist – und konkret im hier besprochenen Fall Angehöriger nach § 23b MBOÄ kooperationsfähiger Berufe gar nicht beabsichtigt ist. Da diese Zusammenarbeit „*in allen Rechtsformen*" vorgesehen ist, greift § 23c MBOÄ evident eine gesellschaftliche Berufsausübung auf.[2577] Außerdem spricht die Genese für die Annahme einer Regelung von Berufsausübungsgemeinschaften, da bis 2011 die sonstige Partnerschaft nur in Rechtsform der nach

---

2572 Offensichtliches Redaktionsversehen, da die Regelung in Kap. D beschrieben steht und das Kap. C lediglich zwei Nummern enthielt; daher ist deutlich, dass die Regelung zu MKG in Kap. D. II. Nr. 9 MBOÄ-1997 gemeint gewesen ist. Bereits die Vorgängerregelung in § 23b MBOÄ-1995 enthielt einen Verweis auf die Regelung zu MKG (damals noch § 23a MBOÄ-1995).

2573 Siehe DÄBl. 1997, A-2354 (A-2363).

2574 Siehe DÄBl. 2004, A-1578 (A-1580), die Vorschrift lautete: „*Einem Arzt ist es gestattet, in Partnerschaften gemäß § 1 I und II PartGG mit Angehörigen anderer Berufe als den in § 23 b beschriebenen zusammenzuarbeiten, wenn er in der Partnerschaft nicht die Heilkunde am Menschen ausübt. Der Eintritt in eine solche Partnerschaftsgesellschaft ist der Ärztekammer anzuzeigen.*"

2575 *Duden*, Schlagwort „*Zusammenarbeit*".

2576 *Ratzel*, in: *Ratzel/Lippert*, MBOÄ, § 29a Rn. 1; *Scholz*, in: *Spickhoff*, Medizinrecht, MBOÄ, § 29a Rn. 2.

2577 Siehe zu § 23c MBOÄ a. F., wonach nur die PartG als zulässige Rechtsform anerkannt worden ist, bereits *Köbler*, Beteiligung Berufsfremder, S. 199.

allgemeiner Ansicht[2578] für Berufsausübungsgemeinschaften exklusiven PartG offenstand.

Organisationsgemeinschaften umfasst § 23c MBOÄ nicht, da in ihnen keine „*Zusammenarbeit*" stattfindet. Vielmehr wird nur eine Organisation zur pekuniären Ausnutzung von Synergieeffekten geteilt, um getrennt voneinander zu arbeiten.[2579] Organisationsgemeinschaften mit Angehörigen anderer Berufe als den in § 23b MBOÄ genannten müssen im Umkehrschluss erst recht zulässig sein, da in ihnen die Heilkunde am Menschen nicht angestrebt ist. Konsequent sind Organisationsgemeinschaften in der MBOÄ lediglich in § 18 I MBOÄ bei Aufzählung zulässiger Kooperationen und in § 18a III MBOÄ bei Ermöglichung ihrer Ankündigung ausdrücklich inkorporiert worden. Hiervon zu segregieren ist der Wunsch beteiligter Ärzte, außerhalb der Gesellschaft (eigenständig) die Heilkunde am Menschen auszuüben bei simultan insoweit bestehender Praxisgemeinschaft mit den übrigen Beteiligten der sonstigen Partnerschaft. Hierfür gelten die allgemeinen Maßstäbe an Organisationsgemeinschaften.[2580]

4. Umfasste Berufe

§ 23c MBOÄ umfasst als Kooperationspartner eines Arztes „*Angehörige anderer Berufe als den in § 23b genannten*". Wörtlich ergibt sich daraus keine Begrenzung des Berufskreises auf bestimmte erforderliche Eigenschaften. Kooperationspartner nach § 23c MBOÄ müssen also keine besonderen Berufsqualifikationen aufweisen, sodass auch Heilpraktiker als Kooperationspartner infrage kommen.

Fraglich ist letztlich, ob lediglich Zusammenschlüsse mit Angehörigen freier Berufe im Gesundheitswesen zulässig sind[2581] oder auch Gewerbetreibende als Partner in Betracht kommen. Für eine Beschränkung auf Angehörige freier Berufe spricht die Überschrift des § 23c MBOÄ als „*Beteiligung von [...] Ärzten an sonstigen Partnerschaften[.]*" Der PartG können nur Angehörige freier Berufe nach § 1 II PartGG angehören. Das Wortlautargument überzeugt allerdings nur, wenn „*Partnerschaft*" in der Überschrift gesellschaftsrechtlich aufzufassen ist, woran in der Gesamtbetrachtung erhebliche Zweifel bestehen müssen. Da § 23c MBOÄ Zusammenschlüsse „*in allen Rechtsformen*" ermöglicht, geht seine Bedeutung evident über Vereinigungen in einer PartG hinaus. Außerdem findet § 18 II 1 MBOÄ – nach welchem Ärzte ihren Beruf einzeln oder gemeinsam in allen für den Arztberuf zulässigen Gesellschaftsformen ausüben dürfen, wenn ihre eigenverantwortliche, medizinisch unabhängige sowie nicht gewerbliche Berufsausübung gewährleistet ist – keine Anwendung, wenn der beteiligte Arzt keine Heilkundeausübung

2578 Kritisch zu einer pauschalen Einordnung siehe nur *Zimmermann*, in: *Römermann*, PartGG, § 1 Rn. 7 ff.; *Römermann*, NZG 2014, 481 (482), siehe näher S. 110 Fn. 508.
2579 Siehe hier nur *Trautmann*, Gemeinschaftspraxis, S. 26.
2580 Siehe hierzu näher S. 540 ff.
2581 *Schirmer*, MedR 1995, 383 (387); *Korts/Korts*, Heilberufsgesellschaften, S. 26.

am Menschen in der Gesellschaft vornimmt. Dafür spricht zunächst die Historie der Norm. In vergangenen Regelungen wurde durch expliziten Verweis auf § 1 II PartGG lediglich die PartG als zulässige Gesellschaftsform eröffnet, die allein freien Berufen offensteht. Aus diesen Zeiten rührt noch die an die Änderungen im Jahr 2011 nicht angepasste Überschrift der Norm. Dafür spricht auch eine verfassungskonforme Auslegung des § 18 II 1 MBOÄ, der die Sicherung der medizinischen Unabhängigkeit hervorhebt. Übt ein approbierter Arzt in der Gesellschaft nicht die Heilkunde am Menschen aus, klingt ein Bedürfnis für Einschränkungen seiner Tätigkeit wenig plausibel. Insoweit lässt sich auch auf § 3 I MBOÄ rekurrieren, der lediglich die Verwendung der Berufsbezeichnung für gewerbliche Zwecke untersagt, nicht jedoch gewerbliche Tätigkeiten per se. Mangels Heilkundeausübung lässt sich ein Ausschluss von Gewerbetreibenden nicht zum Schutz des Arzt-Patienten-Verhältnisses oder zur der Aufrechterhaltung der Reputation des ärztlichen Berufs begründen. Darüber hinaus lässt sich die Anwendbarkeit des § 18 II 1 MBOÄ ablehnen, wenn man Zusammenschlüssen nach § 23c MBOÄ einen Ausnahmecharakter zubilligt, indem man sie u. a. aufgrund ihrer Bezeichnung als *„sonstige"* Partnerschaften als Gegensatz zu den in § 18 I MBOÄ aufgeführten Assoziationen auffasst.[2582] § 18 II 1 MBOÄ steht daher einem Zusammenschluss mit Gewerbetreibenden nach § 23c MBOÄ nicht entgegen. Daher lässt sich festhalten, dass sowohl mit freiberuflichen Heilpraktikern als auch mit Angehörigen handwerklicher bzw. gewerblicher Berufe wie Gesundheitshandwerkern und Kosmetikern[2583] ein Zusammenschluss nach § 23c MBOÄ zulässig ist. Ohne Einschränkungen zu beachten sind allerdings die Korruptionsregelungen der §§ 33 ff. MBOÄ, sofern der Arzt außerhalb der Gesellschaft heilkundlich an Menschen tätig ist.

Im Übrigen erfasst § 23c MBOÄ auch solche Personen, die zwar einen nach § 23b I 1 MBOÄ erfassten Beruf ausüben, der Zweck des Zusammenschlusses jedoch nicht § 23b I 3, II MBOÄ erfüllt. Zwar spricht § 23c MBOÄ von *„Angehörigen anderer Berufe als den in § 23b beschriebenen[,]"* was die Bestimmung des Kreises kooperationsfähiger Personen allein nach der abstrakten Berufszugehörigkeit im Sinne des § 23b I 1 MBOÄ nahelegt. Wörtlich spricht § 23c MBOÄ nicht davon, dass *„auch"* mit nach § 23b MBOÄ nicht erfassten Berufen ein Zusammenschluss erfolgen kann, sondern er begrenzt den Kreis auf die bisher nicht erfassten Berufe. Doch die Norm stellt – im Gegensatz zu § 23a I 2 MBOÄ – auf den gesamten § 23b MBOÄ ab und erfasst somit auch den konkreten Kooperationszweck nach § 23b I 3, II MBOÄ. Außerhalb des gemeinschaftlichen Heilbehandlungszwecks nach § 23b I 3, II MBOÄ könnten Angehörige der nach § 23b I 1 MBOÄ im Rahmen von MKG kooperationsfähiger Berufe bei anderem Verständnis keinen berufsrechtlich erlaubten Zusammenschluss eingehen. Eine verfassungsrechtlich tragfähige

2582 Dem wird allerdings sogleich entgegengetreten, siehe S. 526 ff.

2583 *Kilian*, in: *Prütting*, Medizinrecht, MBOÄ, § 23c Rn. 2, mit Hinweis auf *Schirmer*, MedR 1995, 383 (387), hielt bereits unter dem Regime der ehemaligen, auf die PartG beschränkten Norm Kooperationen mit Kosmetikern für zulässig.

Begründung für den Ausschluss von eigentlich sogar zur gemeinsamen Heilbehandlung fähigen Berufsangehörigen ist nicht ersichtlich. Somit können auch Angehörige eines bereits von § 23b I 1 MBOÄ erfassten Berufes an Zusammenschlüssen nach § 23c MBOÄ teilnehmen.

5. Tätigkeitsbegrenzung: Keine „Heilkunde am Menschen"

a) Begriffsklärung

§ 23c MBOÄ erlaubt Ärzten die Zusammenarbeit, wenn sie nicht die Heilkunde am Menschen ausüben. Der Umfang vergemeinschafteter ärztlicher Tätigkeit wird damit negativ abgegrenzt. Während die Heilkunde *„am Menschen"* untersagt wird, stehen Ärzten im Umkehrschluss Tätigkeiten außerhalb der Heilkundeausübung ebenso offen wie die Ausübung der Heilkunde zumindest insoweit, als sie nicht am Menschen erfolgt. Dem Begriff der *„Heilkunde am Menschen"* wird also zentrale Bedeutung beigemessen. Frappierend ist allerdings die beklagenswert jungfräuliche[2584] Auseinandersetzung mit der Thematik,[2585] während hierauf in der Rechtsprechung zu § 23c MBOÄ ersichtlich noch keine Augenmerk gelegt wurde.

Schirmer ging anlässlich der Einführung der neugeregelten Kooperationsform verständlicherweise rudimentär in exemplarischer Darstellung ein und bezeichnete sie als *„nicht-medizinische"* Gesellschaften.[2586] Paradoxerweise solle aber die Heilkunde am Menschen durch den Arzt ausgeübt werden dürfen, wenn sie einen nur *„unselbständigen Teil einer übergeordneten und andersgearteten Dienstleistung"* darstelle. *Lüke-Rosendahls* Verständnis der Heilkunde am Menschen ist ohne nähere Untersuchung auf Heilbehandlungen beschränkt.[2587] Sie versteht Zusammenschlüsse nach § 23c MBOÄ als *„Nichtbehandlungspartnerschaften"*.[2588] Dagegen geht zwar *Werner* ebenso wenig auf den Begriff ein, er drückt jedoch aus, dass *„keinerlei diagnostische oder therapeutische Maßnahmen"* durchgeführt werden dürften, auch nicht außerhalb der Heilbehandlung.[2589] Als *„nichtmedizinische*

2584 Dies gilt auch für Kooperationen nach § 23c MBOÄ mit Rechtsanwälten, *Breulmann*, AnwBl 2017, 830 (831). Siehe hierzu näher S. 564 ff.

2585 Kürzlich näherten sich *Michel*, GuP 2016, 108 (110), und *Breulmann*, AnwBl 2017, 830 (831 ff.), dieser bedeutenden Fragestellung, deren Anlass das dem Beschluss des *BVerfGE* 141, 82 ff. zu Grunde liegende Verfahren bildete.

2586 *Schirmer*, MedR 1995, 383 (387).

2587 *Lüke-Rosendahl*, Beruf des Arztes, S. 136. Dieses Verständnis wird auch zugrunde gelegt von *Kilian/Glindemann*, BRAK-Mitt. 2011, 303 (303), die gutachterliche Tätigkeiten als zulässig im Rahmen des § 23c MBOÄ einstufen.

2588 *Lüke-Rosendahl*, Beruf des Arztes, S. 132, 135, ausdrücklich in Anlehnung an *Eggesieker*, Partnerschaft, Fach E Arzt, 2.040; Begriff übernommen durch *Kilian*, in: *Prütting*, Medizinrecht, MBOÄ, § 23c Rn. 4; *Henssler*, PartGG, § 1 Rn. 274; *ders.*, in: *Henssler/Prütting*, BRAO, PartGG, § 1 Rn. 28.

2589 *Werner*, Interprofessionelle Kooperation, S. 420 f.

Kooperationsgemeinschaft" ohne nähere Inhaltsbestimmung fasst *Hildebrandt* die Kooperationen auf.[2590] Allein *Michel, Eisenberg* und *Breulmann* legen einen Fokus auf die Problematik.[2591] Kürzlich hat *Breulmann*[2592] den Begriff einer näheren Untersuchung unterzogen, ohne jedoch die antagonistischen Positionen bzw. Begriffe zu würdigen.

Die Beschreibung „*Ausübung der Heilkunde am Menschen*" findet sich allein in § 23b MBOÄ. Die Berufsordnung spricht an anderen Stellen von „*Behandlung*" (so z.B. in den §§ 7 ff. MBOÄ), „*Therapie*" (z.B. in § 23b I 3 MBOÄ, § 7 III MBOÄ), „*Heilbehandlung*" (ebenso § 23b I 3 MBOÄ) oder „*Diagnostik*" (§ 7 III MBOÄ, § 23b I 3 MBOÄ). Ersichtlich wird dabei die Wertung des Begriffs „*Heilbehandlung*" oder „*Behandlung*" als Oberbegriff, während Diagnostik und Therapie Bestandteile der Heilbehandlung sind. Der Begriff der „*Heilkundeausübung am Menschen*" geht jedoch über die Behandlung hinaus. Wäre dem nicht so, hätte der Satzungsgeber schließlich den auch sonst applizierten Begriff der Heilbehandlung gewählt. Der Begriff der *Heilkunde* wird ansonsten in § 2 V BÄO gebraucht, wonach die Ausübung des ärztlichen Berufs die Ausübung der Heilkunde unter der Bezeichnung „*Arzt*" ist. Eine Definition erfolgt in der BÄO jedoch nicht. Eine solche lässt sich allein in § 1 II HeilprG ausfindig machen. Ihre Übertragung auf das ärztliche Berufsrecht und § 23c MBOÄ kommt aus Kohärenzgesichtspunkten durchaus in Frage,[2593] zumal das HeilprG die Heilpraktikertätigkeit als Heilkundeausübung „*ohne als Arzt bestallt zu sein*" beschreibt. Danach ist als Ausübung der Heilkunde „*jede berufs- oder gewerbsmäßig vorgenommene Tätigkeit zur Feststellung, Heilung oder Linderung von Krankheiten, Leiden oder Körperschäden bei Menschen*" zu verstehen, „*auch wenn sie im Dienste von anderen ausgeübt wird.*"

Als problematisch stellt sich dabei der weite Umfang der in § 1 II HeilprG fixierten Bestimmung der Heilkunde heraus. Sie erfasst wörtlich nicht nur Handlungen der Diagnostik und Therapie, sondern geht weit über die Heilbehandlung hinaus.[2594] So stellte auch die Erstellung medizinischer Gutachten als wissenschaftlich begründetes Urteil eines Sachverständigen über bestimmte Fragen betreffend den Gesundheitszustand, Erkrankung, Fehlbehandlung, Körperschäden etc. von Personen eine Form der Ausübung der Heilkunde dar.[2595] Daher nehmen regelmäßig Ärzte Begutachtungen vor, vornehmlich als Sachverständige in gerichtlichen

2590 *Hildebrandt*, Freiberufliche Zusammenschlüsse, S. 67 f.; ebenso *Kaiser*, Ärzte-GmbH, S. 17.

2591 *Eisenberg*, Ärztliche Kooperationen, S. 205 f.; *Michel*, GuP 2016, 108 (110); *Breulmann*, AnwBl 2017, 830 (831 ff.).

2592 *Breulmann*, AnwBl 2017, 830 (831 ff.).

2593 *Breulmann*, AnwBl 2017, 830 (831).

2594 Vgl. *Taupitz*, ArztR 1993, 173 (175).

2595 Gerichtshof für die Heilberufe Niedersachsen – 1 S 1/15, S. 6. So ferner *Eisenberg*, Ärztliche Kooperationen, S. 205; *Breulmann*, AnwBl 2017, 830 (832).

Prozessen.[2596] Berufsrechtlich wird die Ausstellung ärztlicher Gutachten und Zeugnisse deshalb auch in § 25 MBOÄ systematisch im Kapitel „*Berufliches Verhalten*" als Konkretisierung[2597] der allgemeinen ärztlichen Berufspflicht zu gewissenhafter Berufsausübung nach § 2 II MBOÄ geregelt. Sofern es zur Erstellung von Gutachten oder der Durchführung einer rein beratenden Tätigkeit der unmittelbar physischen Begutachtung eines Menschen bedarf,[2598] liegt eine Ausübung der Heilkunde vor. Selbst bei Begutachtung ohne unmittelbare Anschauung von Menschen nach reinem Aktenstudium wird nach dem Wortlaut des § 1 II HeilprG bereits die Heilkunde in Form der Feststellung von Krankheiten ausgeübt. Erst bei rein allgemeiner Überprüfung von Sicherheitsstandards und ähnlichen Expertisen ohne Anschauung von Individuen würde sich die Tätigkeit nicht mehr als Heilkundeausübung nach der Begriffsdefinition in § 1 II HeilprG auffassen lassen.

Fraglich ist, ob sich die folgende teleologische Einschränkung, die der Heilkundebegriff von der allgemeinen Ansicht im Hinblick auf Genese und Zweck des HeilprG in der Gefahrenabwehr erfährt,[2599] bei Übernahme der Definition der Heilkunde aus § 1 II HeilprG übertragen ließe. Heilkundeausübung liegt demnach erst in einer Tätigkeit, die ärztliche oder medizinische Fachkenntnisse erfordert und bei generalisierender und typisierender Betrachtungsweise gerade gesundheitliche Schäden verursachen kann.[2600] Ob gutachterliche oder rein beratende Tätigkeiten dann noch der Heilkundeausübung unterfallen, kann bezweifelt werden. Der Rückgriff auf § 1 II HeilprG einschließlich des kontextbezogenen Verständnisses erscheint zwar nicht schon im Hinblick auf die unterschiedliche Ausrichtung und Qualität der Vorschriften ausgeschlossen – Gefahrenabwehr bei Berufszulassung im Rahmen des § 1 II HeilprG im Kontrast zur berufsausübungsregelnden Beschränkung bei beruflicher Zusammenarbeit nach § 23c MBOÄ.

Auf die Übertragbarkeit der teleologischen Einschränkung des § 1 II HeilprG kommt es allerdings schon deshalb nicht an, weil § 23c MBOÄ aus anderweitigen Erwägungen nicht der Heilkundebegriff des § 1 II HeilprG zugrunde liegt und Ärzten ein umfangreicherer Handlungsspielraum in sonstigen Partnerschaften eröffnet ist. Hierfür lässt sich zwar nicht der Argumentation *Schirmers* folgen.[2601] Er muss nämlich eingestehen, dass medizinische Untersuchungen der Heilkundeausübung

---

2596 Siehe bereits die Einordnung der Erstellung medizinischer Gutachten als freiberufliche ärztliche Berufstätigkeit nach § 18 I Nr. 1 EStG *BFH*, BStBl. III 1958, 205 (206).

2597 *Scholz*, in: *Spickhoff*, Medizinrecht, MBOÄ, § 25 Rn. 1.

2598 Den Körperbezug unter Hinweis auf die Anamnese verwerfend *Breulmann*, AnwBl 2017, 830 (832).

2599 Siehe bereits *Taupitz*, ArztR 1993, 173 (175); *Haage*, HeilprG, § 1 Rn. 10; diese Einschränkung nicht aufnehmend dagegen *Eisenberg*, Ärztliche Kooperationsformen, S. 205; *Breulmann*, AnwBl 2017, 830 (832).

2600 Siehe bereits *BVerwG*, NJW 1959, 833 (834); 1994, 3024 (3026); *VGH Bad.-Württ.*, Urt. v. 19.3.2009 – 9 S 2/08, BeckRS 2009, 32779 Rn. 17; *OVG Nordrh.-Westf.*, MedR 2004, 487 (488); *Taupitz*, ArztR 1993, 173 (175); *Haage*, HeilprG, § 1 Rn. 10.

2601 *Schirmer*, MedR 1995, 383 (387).

unterfallen, um sie dennoch unvermittelt im Rahmen des § 23c MBOÄ unter der Bedingung ihrer Unselbständigkeit zuzulassen. § 23c MBOÄ setzt allerdings keinen Anlass zur Differenzierung der Tätigkeit in „*selbständige*" und „*unselbständige Teile*" einer Dienstleistung, ohnehin liegt ihre Beurteilung in der Schwebe.

Einen ersten Anhaltspunkt, um von dem Verständnis des § 1 II HeilprG abzurücken, setzt die ausdrückliche Beschränkung auf die „*Ausübung der Heilkunde am Menschen.*" Als Beschränkung des weiten Verständnisses von „*Heilkunde*" taugt der Zusatz nicht, denn nach § 1 HeilprG ist der humane Zusammenhang dem Heilkundebegriff immanent. Es liegt zudem fern, dass der Zusatz „*am Menschen*" als Pleonasmus der Hervorhebung des begrenzten Tätigkeitsumfangs dienen soll, denn die doppelte Rekurrenz auf eine Tätigkeit an Menschen trägt nur schwerlich zu einer Klarstellung bei. Weitere Anhaltspunkte für eine andere Auslegung ergeben sich aus der bislang stets unbeachtet gebliebenen Systematik der §§ 23b, 23c MBOÄ als dem Arzt expressis verbis zugängliche interprofessionelle Berufsausübungsgemeinschaften. Besondere Beachtung verdient die besondere Zweckbegrenzung des § 23b I 3 MBOÄ für MKG auf einen gleichgerichteten oder integrierenden diagnostischen oder therapeutischen Zweck bei der Heilbehandlung,[2602] sodass in ihnen nicht die Erbringung aller Facetten der Heilkunde zulässig ist. § 23b I 3 MBOÄ stellt ein besonderes Abgrenzungsmerkmal zwischen den berufsübergreifenden Zusammenschlüssen zu gemeinsamer Berufsausübung dar, das zwischen Heilbehandlungen und anderer Tätigkeit unterscheidet. Die Erbringung anderer Leistungen der Heilkunde erfordert nicht die Beachtung der strengeren Anforderungen des § 23b MBOÄ an einen Zusammenschluss. Da ein Arzt auch bei einer körperlichen Untersuchung zu einer Gutachtenerstellung weder therapeutisch[2603] noch diagnostisch im Rahmen einer Heilbehandlung tätig wird, liegt in ihr keine Ausübung der Heilkunde im Sinne des § 23c MBOÄ vor.[2604]

Eine derartige Auslegung des Terminus „*Heilkunde am Menschen*" erscheint auch in teleologischer Draufsicht geboten.[2605] Nicht jedoch, weil der Zweck eines Zusammenschlusses zur Beratung inklusive Gutachtenerstellung ansonsten aufgehoben würde.[2606] Eine solche Argumentation käme einem Zirkelschluss gleich, da anhand der konkreten Form des Zusammenschlusses argumentiert würde, nicht

2602 Die gleiche Richtung bzw. Integration der Behandlungsleistungen (vgl. § 23b I 3 MBOÄ) der berufsverschiedenen Partner ist an dieser Stelle nicht von Belang, da nicht die inhaltliche Verknüpfung der Tätigkeiten, sondern ihre Art als Abgrenzungsmerkmal herangezogen werden.

2603 *Michel*, GuP 2016, 108 (110); sich ihm anschließend *Scholz*, in: *Spickhoff*, Medizinrecht, MBOÄ, § 23c Rn. 1.

2604 Vgl. unbegründet auf die Intention zur Weiterbehandlung abstellend *Eisenberg*, Ärztliche Kooperationen, S. 205 f.

2605 An der Übernahme des Heilkundebegriffs aus § 1 HeilprG allein aus teleologischen Gründen im Ergebnis zweifelnd *Breulmann*, AnwBl 2017, 830 (833); *Kilian*, in: *Prütting*, Medizinrecht, MBOÄ, § 23c Rn. 4.

2606 So jedoch *Michel*, GuP 2016, 108 (110).

jedoch von der Norm auf ihren rechtlichen Aussagegehalt geschlossen wird. Die Norm entbehrt auch nicht ihres Sinnes, weil der Arzt *„grundsätzlich peripher die Heilkundeausübung im weitgefassten Sinne“* des § 1 HeilprG tangiert,[2607] denn gutachterliche Tätigkeiten sind auch fernab physischer Untersuchungen von Individuen denkbar.[2608] Unerheblich ist dabei, ob der eröffnete Raum als nur gering aufgefasst wird.[2609]

Eisenberg schlägt eine Gesamtbetrachtung der angebotenen Dienstleistung vor, bei der insbesondere das Ergebnis zu berücksichtigen sei; werde für eine Gutachtenerstellung eine Untersuchung am Menschen erforderlich, könne allein dieser Umstand nicht dazu führen, dem Arzt eine Beteiligung an der sonstigen Partnerschaft zu verwehren, da er in diesem Kontext keine Heilkunde betreibe.[2610] Auch *Eisenbergs* Ablehnung der Heilkundeausübung durch ihre unbegründete Negierung der Ausübung der Heilkunde stellt einen Zirkelschluss dar.

Allerdings verhindert die Ausgrenzung gutachterlicher und beratender Tätigkeit unter Einbezug körperlicher Untersuchung aus dem Heilkundebegriff das Aufklaffen einer Regelungslücke. Die §§ 23b, 23c MBOÄ sind nämlich als abschließende Regelung zulässiger interprofessioneller Zusammenschlüsse zu gemeinsamer Berufsausübung aufzufassen. Wäre gutachterliche und beratende Tätigkeit bereits als Ausübung der Heilkunde am Menschen zu verstehen, entstünde eine paradoxe Rechtslage: zum einen gestattete die MBOÄ ein institutionell verfestigtes Zusammenwirken bei der Heilbehandlung mit Angehörigen anderer Gesundheitsberufe nach § 23b MBOÄ; demgegenüber blieben weniger intensiv die Patientenautonomie beeinflussende Zusammenschlüsse zur Erbringung sachverständiger Leistungen unter Beteiligung derselben Partner verwehrt, da die erforderlichen Intensität von Leistungen zur Anwendung des § 23b MBOÄ noch nicht erreicht würden, die Tätigkeit aufgrund ihrer Zuordnung als Teil der Heilkundeausübung am Menschen gleichwohl in Gesellschaften im Sinn des § 23c MBOÄ untersagt wäre.

Außerdem lässt sich § 23c MBOÄ teleologisch der Schutz der Patienten durch Vorbeugung eines Interessenkonflikts zwischen kommerziellen Interessen der Berufsausübungsgemeinschaft und den Interessen des Patienten als Zweck entnehmen.[2611] Dem Schutz der Patienten muss eine Norm jedoch lediglich dann dienen, wenn er überhaupt notwendig ist. Begibt sich ein Patient gar nicht in die Behandlung eines Arztes, die zu der Inanspruchnahme weiterer gesundheitsrelevanter Dienstleistungen führt, sondern lässt er nur objektiv ohne Behandlungsintention

---

2607 So jedoch *Eisenberg*, Ärztliche Kooperationen, S. 206.

2608 *Schirmer*, MedR 1995, 383 (387), benannte bereits 1995 beispielhafte Gestaltungen wie im Krankenhausbau oder auf dem Gebiet der Umwelthygiene, die keiner physischen Untersuchung von Personen bedurften.

2609 So jedoch *Breulmann*, AnwBl 2017, 830 (833).

2610 *Eisenberg*, Ärztliche Kooperationen, S. 206.

2611 Vgl. *Heidemann*, in: *Stellpflug et al.*, Gesundheitsrecht, B 3000 Rn. 198.

einen bestimmten lokalen oder seinen gesamten Gesundheitszustand beurteilen, keimt ein Interessenkonflikt für den Arzt nicht auf. Das bedeutet in der Konsequenz, dass im Falle der Erteilung medizinischer Ratschläge zur Behebung gesundheitlicher Probleme Interessenskonflikte auftreten können und dass die Heilkunde am Menschen ausgeübt wird.[2612] Für therapeutische Empfehlungen hat der Arzt daher eine lediglich begutachtete Person auf eine therapeutische Behandlung zu verweisen. Auch wenn mangels Behandlungsvertrags noch kein Arzt-Patienten-Verhältnis zwischen Gutachter und Begutachtetem besteht, ist dabei aufgrund der besonderen Fachkompetenz des Arztes auf ein erhebliches Beeinflussungspotential zu schließen. Da dem nach § 23c MBOÄ beteiligten Arzt nicht verwehrt ist, außerhalb der sonstigen Partnerschaft behandlerisch tätig zu sein, kann der Hinweis auch auf seine Sprechstunde erfolgen. Ein präventiver Hinweis an den Patienten, dass im Rahmen des gutachterlichen Auftrags keine therapeutischen Hinweise erteilt werden, ist nicht verpflichtend,[2613] zur Herstellung des auch bei der Begutachtung notwendigen Vertrauensverhältnisses jedoch empfehlenswert. Begutachteten sind bei Verweisung auf die (eigene) Sprechstunde darauf hinzuweisen, dass sie in ihrer Entscheidung frei sind, ob sie sich an den begutachtenden Arzt zwecks Behandlung wenden.

Ferner wäre die Untersagung gutachterlicher und beratender Tätigkeit nach § 23c MBOÄ fragwürdig, da die verfassungsrechtlich gebotene Klarheit eines Verbots fehlt. Da berufsrechtliche Maßnahmen beim Verstoß gegen berufsrechtliche Pflichten drohen, hätte ein Verbot gutachterlicher und beratender Tätigkeit dem Bestimmtheitsgebot des Art. 103 II GG entsprechen müssen. Ärzten als Adressaten des § 23c MBOÄ wird allerdings nicht offenkundig, welches Verhalten von ihnen gefordert ist.

b) Nichtmedizinische Kooperationsgemeinschaften

Nunmehr ist zu hinterfragen, auf wen sich der Ausschluss der Heilkundeausübung am Menschen in § 23c MBOÄ bezieht. Die Norm gestattet Ärzten, mit Angehörigen anderer Berufe als den in § 23b beschriebenen in allen Rechtsformen zusammenzuarbeiten, wenn „*sie*" nicht die Heilkunde am Menschen ausüben. Grammatikalisch wird ein Bezug auf die angesprochenen Ärzte hergestellt. Schlüssig wäre dies, da allein Ärzte als Mitglieder der Ärztekammern unmittelbar von den Regelungen der Berufsordnungen betroffen sein können. Es kommt stattdessen jedoch auch ein Verständnis in Betracht, nach dem sowohl Ärzte als auch die „*Angehörigen anderer Berufe*" adressiert werden. Konsequenterweise dürfte dann *in der Gesellschaft* die Heilkunde weder durch einen beteiligten Arzt noch durch die Kooperationspartner ausgeübt werden. Nach beiden Verständnismöglichkeiten scheidet jedenfalls für

---

2612 Allein aufgrund teleologischer Auslegung auf den Zweck vorgenommener Untersuchungen abstellend *Breulmann*, AnwBl 2017, 830 (832 f.).

2613 So aber wohl *Breulmann*, AnwBl 2017, 830 (833).

den Arzt die Ausübung der Heilkunde am Menschen in der Gesellschaft aus. Der Untersuchung bedarf daher allein, ob Kooperationspartner des Arztes die Heilkunde in der Gesellschaft ausüben dürfen.

Zwar können die Kooperationspartner nicht unmittelbar einer Regelung unterworfen werden. Jedoch kann die Regelung dem Arzt einen Zusammenschluss mit sonstigen Berufsangehörigen derart beschränkt gestatten, dass in ihm eine Heilkundeausübung am Menschen weder durch den Arzt noch durch den Kooperationspartner erfolgt. Dieser Regelungstechnik bedient sich die MBOÄ bereits in § 23a MBOÄ und § 23b MBOÄ. Gegen ein solches Verständnis spricht neben der grammatikalischen Gestaltung die Genese der Norm. Bereits die 1995 erstmals eingeführte Regelung gestattete *„einem Arzt"* die Zusammenarbeit in einer PartG mit Angehörigen anderer als den noch katalogartig in § 23a II MBOÄ-1995 genannten Berufe, wenn *„er"* in der Partnerschaft nicht die Heilkunde am Menschen ausübte.[2614] Auf dem 107. Deutschen Ärztetag in Bremen wurde die Norm 2004 lediglich geschlechterneutral angepasst und bezieht sich seither auf *„Ärztinnen und Ärzte"* statt auf *„den Arzt"*, womit auch die Bezugnahme *„er"* in *„sie"* anzupassen gewesen ist. Eine Intention zur Änderung inhaltlicher Art drängt sich jedenfalls nicht auf. Mangels anderer Anhaltspunkte zur Auslegung des Personenbezugs in § 23c MBOÄ ist allein ärztlichen Kooperationspartnern die Ausübung der Heilkunde am Menschen in sonstigen Partnerschaften berufsrechtlich untersagt.

Daraus ist weiter zu schließen, dass im Übrigen durch die Kooperationspartner des Arztes in der Gesellschaft sehr wohl die Heilkunde am Menschen ausgeübt werden kann. Damit kommt insbesondere bereits de lege lata ein Zusammenschluss mit Heilpraktikern in Betracht, die ihrerseits die Heilkunde ausüben. Der von *Lüke-Rosendahl, Eggesiecker, Kilian und Henssler* pauschalierte Begriff der *„Nichtbehandlungsgesellschaften"*[2615] ist daher ungeeignet. Dagegen ist die Bezeichnung als *„nichtmedizinische Kooperationsgemeinschaft"*[2616] nicht zu kritisieren. Sie greift richtigerweise den Terminus der Kooperationsgemeinschaft als interprofessionelle Berufsausübungsgemeinschaft auf und verdeutlicht zudem, dass die Zusammenarbeit auf nichtmedizinischer Ebene stattfindet. Gesellschaften des § 23c MBOÄ stellen damit eine weitere Form der in § 18 I MBOÄ bezeichneten *„Kooperationsgemeinschaften"* dar. Dafür spricht systematisch auch die in § 18a II

2614 Zum Wortlaut des § 23b MBOÄ-1995 siehe bereits S. 517 Fn. 2571.

2615 *Lüke-Rosendahl*, Beruf des Arztes, S. 132, 135, ausdrücklich in Anlehnung an *Eggesieker*, Partnerschaft, Fach E Arzt, 2.040; Begriff übernommen auch durch *Kilian*, in: *Prütting*, Medizinrecht, MBOÄ, § 23c Rn. 4; *Henssler*, PartGG, § 1 Rn. 274; *Henssler*, in: *Henssler/Prütting*, BRAO, PartGG, § 1 Rn. 28; *Glindemann*, Personengesellschaften, S. 128. Noch weniger geeignet ist die von *Eisenberg*, Ärztliche Kooperationen, S. 205 ff., gebrauchte Bezeichnung als „interprofessionelle Partnerschaften", da bereits MKG das berufsübergreifende Element immanent ist.

2616 So bereits *Hildebrandt*, Freiberufliche Zusammenschlüsse, S. 67 f.; *Kaiser*, Ärzte-GmbH, S. 17.

MBOÄ gemeinsam erfolgende Regelung ihrer Ankündigung. Außerdem lässt sich hierfür anführen, dass § 18 I MBOÄ das in § 23b MBOÄ vorhandene Attribut „*medizinische*" fehlt; die Kooperationsform der MKG stellt daher nur *eine* Ausprägung der in § 18 I MBOÄ bezeichneten Kooperationsgemeinschaften dar, die einer nichtmedizinischen Variante notwendig Raum belässt.

c) Umfang der Untersagung der Heilkundeausübung

Offen ist schließlich, inwieweit das Verbot der Ausübung von Heilkunde in der Gesellschaft reicht. Möglich erscheinen Interpretationen dahingehend, dass die Heilkundeausübung durch den Arzt in der Gesellschaft nicht *bezweckt* sein oder – was regelmäßig ohne Diskurs unterstellt wird – tatsächlich ausgeübt werden darf. Die Genese gibt insofern keinen Anhaltspunkt. Allein der Wortlaut kann hierfür fruchtbar gemacht werden. § 23c MBOÄ drückt aus, dass Ärzten gestattet ist mit anderen Berufen „*zusammenzuarbeiten, wenn sie nicht die Heilkunde am Menschen ausüben.*" Bereits zuvor wurde dargelegt, dass sich § 23c MBOÄ nicht des Begriffs des Zusammen*schlusses*, sondern der Zusammen*arbeit* bedient. Während gleichwohl zu konstatieren ist, dass ein Zusammenschluss aufgrund der Eröffnung aller Rechtsformen durch § 23c MBOÄ geregelt wird, kommt auch dem Begriff der Zusammenarbeit Bedeutung zu. Das Verbot der Heilkunde betrifft nämlich weitergehend die dauerhaft stattfindende Zusammenarbeit in der Gesellschaft, nicht dagegen lediglich den Zusammenschluss in der Gesellschaft als vorgelagerten Zeitpunkt. Daher kann nicht allein der Zweck der Gesellschaft entscheidend sein. Ärzten ist stattdessen in der Gesellschaft die Ausübung der Heilkunde am Menschen zu Behandlungszwecken dauerhaft untersagt. Außerhalb der Gesellschaft darf der Arzt dennoch auch gleichzeitig die Heilkunde ausüben, da § 23c MBOÄ sie nicht verbietet.[2617]

Ein besonderes verfassungsrechtliches Problem stellt sich bei Zusammenschlüssen mit anderen Berufen des Gesundheitsbereichs nicht, da § 23b MBOÄ eine Kooperationsform zur Ausübung der Heilkunde am Menschen bietet. Der Ausschluss der Ausübung der Heilkunde am Menschen durch den Arzt in Zusammenschlüssen mit Angehörigen nicht in § 23b I 1 MBOÄ erfasster Berufe des Gesundheitssektors ist bereits im Rahmen des § 23b MBOÄ verfassungsrechtlicher Kontrolle unterzogen worden.[2618] Anders muss jedoch die Beurteilung in Bezug auf sonstige Partnerschaften mit Kooperationspartnern außerhalb des Gesundheitssektors lauten, da ein Zusammenschluss nach § 23b MBOÄ nicht zulässig und für Ärzte die Ausübung der Heilkunde am Menschen in den allein offenstehenden Zusammenschlüssen nach § 23c MBOÄ ausgeschlossen ist.[2619]

2617 Zur gleichzeitigen Berufsausübung außerhalb der Gesellschaft siehe bereits *Schirmer*, MedR 1995, 383 (387); *Eisenberg*, Ärztliche Kooperationen, S. 206 f.; *Henssler*, PartGG, § 1 Rn. 277.

2618 Siehe hierzu S. 248 ff.

2619 Siehe hierzu S. 564 ff.

6. Rechtsform

a) Allgemein

Nach § 23c MBOÄ kann eine *„sonstige Partnerschaft"* in allen Rechtsformen betrieben werden. Eine Beschränkung auf die Rechtsform der PartG ergibt sich aus dem Titel der Vorschrift nicht. Die Betitelung des § 23c MBOÄ als *„sonstige Partnerschaften"* ist ein Relikt der früheren Regelungen, die lediglich die PartG als zulässige Rechtsform vorsahen.[2620] Mithin kommen insbesondere auch die Handelspersonengesellschaften in Betracht, sofern der Zweck der Gesellschaft in dem Betrieb eines Handelsgewerbes nach § 1 II HGB liegt.

b) Partnerschaftsgesellschaft (PartG)

Werner hielt die Organisation als PartG für nicht zulässig, da der Arzt nicht ärztlich tätig sei und damit nicht seinen Beruf ausübe.[2621] Pikant war in Bezug auf diese Feststellung, dass die Vorgängerregelung den Zusammenschluss allein in Form der PartG vorgesehen hat. Korrekt ist die Feststellung insoweit, dass sich die Partner einer PartG *„zur Ausübung ihrer Berufe"* zusammenschließen müssen,[2622] reine Kapitalbeteiligungen also ausgeschlossen sind.[2623] Richtigerweise setzt jedoch die Ausübung des ärztlichen Berufs nicht die Ausübung der Heilkunde am Menschen zwingend voraus, sondern umfasst auch die gutachterliche und fachlich beratende Tätigkeit.[2624] Das *BVerfG* hat diese Feststellung zwar ausdrücklich auf eine Tätigkeit *„für Patienten"* bezogen. Jedoch bezeugt § 1 II a. E. MBOÄ bereits ein weites Verständnis der ärztlichen Aufgaben. Danach haben sie an der Erhaltung der natürlichen Lebensgrundlagen im Hinblick auf ihre Bedeutung für die Gesundheit der Menschen mitzuwirken. Der Blick der MBOÄ auf den Arztberuf ist als *„geweitet"*[2625] zu erkennen, sodass bereits in einer Beratung im Bereich der Umweltmedizin oder Arbeitsmedizin eine ärztliche, freiberuflich ausgeübte Tätigkeit vorliegen kann. Ohnehin lässt sich erst bei berufsfremden Tätigkeiten, die in keinem Zusammenhang mit der Ausbildung und den Fachkenntnissen stehen, nicht mehr von Berufsausübung im Sinne der Heilberufsgesetze ausgehen,[2626] deren Wertung aufgrund ihrer berufscharakterisierenden Bedeutung auch maßgeblich für die gesellschaftsrechtliche Beurteilung der Berufsausübung nach § 1 I PartGG sein

---

2620 Siehe auch *Kilian*, in: *Prütting*, Medizinrecht, MBOÄ, § 23b Rn. 2.

2621 *Werner*, Interprofessionelle Kooperation, S. 421 f.

2622 *Hirtz*, in: *Henssler/Strohn*, Gesellschaftsrecht, PartGG, § 1 Rn. 34.

2623 *Seibert/Kilian*, in: *Kilian*, PartGG, § 1 Rn. 3.

2624 *BVerfGE* 141, 82 (103); *BGH, NJW* 2013, 2674 (2675); *Henssler*, PartGG, § 1 Rn. 276.

2625 *Lippert*, in: *Ratzel/Lippert*, MBOÄ, § 1 Rn. 22.

2626 Zur Rechtsprechung siehe hier nur *VG Braunschweig*, MedR 1995, 283 (284); *VG Kassel*, Urt. v. 26.7.2004 – 5 E 1194,/04; *VG Köln*, Urt. v. 27.10.2004 – 9 K 2843/03, Rn. 21; siehe ausführlich *Stellpflug*, MedR 2004, 71 (74).

müssen. Die Gründung einer PartG ist daher nicht bereits qua Gesellschaftsrecht ausgeschlossen.

Die PartGmbB als Rechtsformvariante steht allerdings allein Ärzten, Zahnärzten und Psychotherapeuten in *Bayern* und *Niedersachsen* zur Auswahl, wobei sie angesichts der tätigkeitsunabhängig zu stellenden erhöhten Mindestversicherungssummen für eine Tätigkeit außerhalb der Ausübung der Heilkunde am Menschen nur wenig lukrativ sein werden.[2627]

c) *Kapitalgesellschaften*

Die Gründung der Berufsausübungsgemeinschaft in einer Kapitalgesellschaft ist in allen Ländern – auch in *Bayern* – zulässig, da sie weder unmittelbar noch mittelbar wie in einer Praxisgemeinschaft der Führung einer Arztpraxis dient und damit insbesondere in *Bayern* Art. 18 I 2 HKaG BY nicht einschlägig ist.[2628] Bei Gründung einer Kapitalgesellschaft für interprofessionelle Berufsausübung nach § 23c MBOÄ ist das Verhältnis zwischen § 23c MBOÄ und § 23a MBOÄ in den Fokus zu rücken. Wird § 23a MBOÄ auch bei Zusammenschlüssen als anwendbar angesehen, in denen die ärztliche Heilkunde nicht am Menschen ausgeübt wird, ergäben sich deutliche Einschränkungen durch die (ohnehin bereits als verfassungswidrig erachteten[2629]) Mehrheitserfordernisse in Bezug auf Anteils- und Stimmrechtsverteilung sowie die Geschäftsführung. Zumindest *Kilian* vertritt die Ansicht, dass allein die mit dem Berufsbild des Arztes befassten berufsrechtlichen Regelungen für beteiligte Ärzte im Rahmen des § 23c MBOÄ gelten.[2630]

Aus dem Wortlaut der Norm lässt sich auf einen unterschiedlichen Ansatzpunkt der §§ 23a, 23c MBOÄ schließen und damit auf die Anwendbarkeit des § 23a MBOÄ auch auf Zusammenschlüsse im Sinne des § 23c MBOÄ. So spricht § 23a I 1 MBOÄ von der *„ärztlichen"* Tätigkeit, während § 23c MBOÄ an die Ausübung der *„Heilkunde am Menschen"* anknüpft, wobei wie bereits demonstriert *„Heilkunde am Menschen"* nur ein Teilaspekt ärztlicher Tätigkeit erfasst.

Gegen die Anwendbarkeit des § 23a MBOÄ und seiner erheblichen Einschränkungen in die unternehmerische Gestaltungsfreiheit sprechen allerdings

---

2627 Die Mindestversicherungssumme pro Versicherungsfall beträgt in *Bayern* nach Art. 18 II HKaG BY 5.000.000,00 EUR, wobei die Begrenzung für Leistungen des Versicherers für alle innerhalb eines Versicherungsjahres verursachten Schäden auf den Betrag der Mindestversicherungssumme vervielfacht mit der Zahl der Partner begrenzt werden kann – die Jahreshöchstleistung muss sich jedoch mindestens auf den vierfachen Betrag der Mindestversicherungssumme belaufen. Gleiches gilt für *Niedersachsen* nach § 32 IV HKG Nds.

2628 Ausweislich der Gesetzesbegründung sind selbst Praxisgemeinschaften in einer Kapitalgesellschaft nach Art. 18 I 2 HKaG BY nicht statthaft, *Bay. Landtag*, Drs. 12/10455, S. 14 f.

2629 Siehe dazu S. 351 ff., 364, 364 ff., 367 f.

2630 *Kilian*, in: *Prütting*, Medizinrecht, MBOÄ, § 23c Rn. 3.

teleologische und systematische Erwägungen. Einerseits sollen durch die Vorschrift des § 23a MBOÄ die Einhaltung der Berufspflichten sowie der fachlichen Unabhängigkeit und des Vertrauensverhältnisses zwischen Arzt und Patient bei ärztlicher Tätigkeit in einer Kapitalgesellschaft gewährleistet werden.[2631] § 23a MBOÄ knüpft hierfür an § 18 II 1 MBOÄ an, wonach die ärztliche Berufsausübung in allen für den Arztberuf zulässigen Gesellschaftsformen erlaubt ist. Da ärztliche Heilbehandlungen innerhalb von Gesellschaften nach § 23c MBOÄ als Heilkunde am Menschen unzulässig sind, lassen sich Mehrheitserfordernisse bei Stimm- und Gesellschaftsanteilen und in der Geschäftsführung nicht mit unter Hinweis auf die zu gewährleistende fachliche Unabhängigkeit in der Heil*behandlung* behaupten.

Systematisch lässt sich auch der Verweis auf § 23a MBOÄ in § 23b I 2 MBOÄ zur Regelung kapitalgesellschaftlich organisierter MKG heranziehen. Sollte § 23a MBOÄ anwendbar sein, wäre angesichts der damit einhergehenden Freiheitsbeschränkungen der Ärzte ein ausdrücklicher Hinweis in § 23c MBOÄ zu erwarten gewesen, wie er in § 23b I 2 MBOÄ erfolgt. Obwohl ausdrücklich eine Zusammenarbeit *„in allen Rechtsformen"* in Betracht kommt, verweist § 23c MBOÄ dagegen (*„mit Angehörigen anderer Berufe als den in § 23b beschriebenen"*) allein zum Zweck der Bestimmung des zulässigen Gesellschafterkreises auf § 23b MBOÄ. Hierin kann keine umfassende Übernahme des § 23b MBOÄ inklusive seines Verweises auf § 23a MBOÄ erkannt werden, denn insbesondere die Rechtsformen werden in § 23b I 2 MBOÄ konträr zu § 23c MBOÄ erheblich einschränkt.[2632] Zudem beschränkt § 23a I 2 MBOÄ den Gesellschafterkreis in Ärztegesellschaften auf Ärzte und Angehörige der in § 23b I 1 MBOÄ genannten Gesundheitsberufe. Antagonistisch weitet § 23c MBOÄ seinen Anwendungsbereich explizit auf weitere Berufe aus.

Zudem lässt sich § 18a MBOÄ systematisch ableiten, dass im Rahmen von Ärztegesellschaften nach § 23a MBOÄ Heilbehandlungen erfolgen und dessen Ausweitung auf Zusammenschlüsse ohne ärztliches Heilbehandlungsangebot nicht in Frage kommt. Die Ankündigung der Berufsausübungsgemeinschaften knüpft in § 18a I 2 MBOÄ ersichtlich an eine Praxis an, in der nach § 17 I MBOÄ die ärztliche Tätigkeit ambulant ausgeübt wird. Die Ankündigung für Gesellschaften nach § 23c MBOÄ erfolgt dagegen separat nach § 18a II 2 MBOÄ ohne Bezeichnung der Niederlassung als Praxis oder das Erfordernis eines Praxisschilds.

Der *Heilberufsgerichtshof Niedersachsen* erkennt ebenso in einem Urteil, dass die Beschränkungen der Nutzung einer Kapitalgesellschaft nur für die Fälle der Ausübung therapeutischer Tätigkeit gelten,[2633] wenngleich das HKG Nds. und insbesondere die BO Nds. sich sowohl semantisch als auch strukturell von § 23a MBOÄ erheblich abheben. So regelt § 17 I Nr. 5 BO Nds., dass die *ärztliche* Tätigkeit an

---

2631 Vgl. *Scholz*, in: *Spickhoff*, Medizinrecht, MBOÄ, § 23a Rn. 1.

2632 Daher lässt sich auch § 23b I 4 MBOÄ zur Ausgestaltung des Gesellschaftsvertrags gerade nicht in § 23c MBOÄ integrieren, da dieser der Absicherung der ärztlichen Heilbehandlungstätigkeit dient.

2633 *Gerichtshof für die Heilberufe Niedersachsen*, 1 S 1/15.

die Niederlassung in eigener Praxis gebunden ist, außer bei einer Tätigkeit als Gesellschafter einer als juristischen Person des Privatrechts nach Maßgabe des fünften Absatzes. V wiederum setzt für die *heilberufliche* Tätigkeit als Gesellschafter einer in Rechtsform einer juristischen Person des Privatrechts geführten Praxis u. a. ferner voraus, dass alle Gesellschafter einem bestimmten Berufskreis angehören, die Mehrheit der Gesellschaftsanteile und Stimmrechte Kammermitgliedern zusteht und mindestens die Hälfte der zur Geschäftsführung befugten Personen Kammermitglieder sind. § 17 V Nr. 2 BO Nds. begrenzt zudem den Gegenstand des Unternehmens auf die ausschließliche Wahrnehmung heilberuflicher Tätigkeiten, wobei der *Heilberufsgerichtshof Niedersachsen* in der sprachlichen Differenzierung von Absatz 1 (*„ärztlich"*) und Absatz 5 (*„heilberuflich"*) eine Tätigkeit erkennt, die in *„ihrem Hauptzweck nach der Therapie, d.h. der Behandlung, Linderung oder Vorbeugung einer Krankheit"* dient.[2634] Insbesondere falle eine rein gutachterliche Tätigkeit nicht mehr unter den Begriff heilberuflicher Tätigkeit, da sie statt einer Therapiemaßnahme ein wissenschaftlich begründetes Urteil über bestimmte Fragen wie Gesundheitszustand, Erkrankung, Fehlbehandlung, Körperschäden etc. darstelle.[2635] Unabhängig von dem durchaus kritikwürdigen Wortlaut des § 17 V BO Nds. – das Verständnis heilberuflicher Tätigkeit als heilkundliche therapeutische Tätigkeit ist rein dem Wortlaut nach wenig nachvollziehbar, da *„heilberuflich"* eher an die Gesamtheit der Heilberufe anknüpft, zu denen der Arzt zu zählen ist[2636] – ist dem systematisch und teleologisch begründeten Verständnis des Gerichts zu § 17 I, V BO Nds. beizupflichten. Richtigerweise überträgt es diese Auslegung auch auf § 32 I, II HKG Nds. Nach § 32 I Nr. 6 HKG Nds. ist die ärztliche, zahnärztliche, tierärztliche und psychotherapeutische Tätigkeit ausnahmsweise nicht an die Niederlassung in eigener Praxis gebunden, wenn die Tätigkeit als Gesellschafter einer als juristischen Person des Privatrechts nach Maßgabe des § 32 II HKG Nds. geführten Praxis erfolgt. § 32 II HKG Nds. enthält dabei denselben Wortlaut wie § 17 V BO Nds.

In Betracht kommt auch keine analoge Anwendung der Voraussetzungen des § 23a MBOÄ auf Zusammenschlüsse, in denen keine Heilbehandlungen vorgenommen werden sollen. Es besteht nach dargelegtem Verständnis bereits nicht die erforderliche Regelungslücke. So ist nach § 23c MBOÄ die Zusammenarbeit mit anderen als den in § 23b MBOÄ genannten Berufsangehörigen ausdrücklich *„in allen Rechtsformen"* zulässig. Damit wird bereits eine Regelung in der MBOÄ getroffen. Eine Regelungslücke ist allenfalls bei Abstellen auf die Nichtanordnung von Beschränkungen erkennen. Jedoch scheitert eine Analogie auch dann mangels

---

2634 *Gerichtshof für die Heilberufe Niedersachsen* – 1 S 1/15, S. 6.

2635 *Gerichtshof für die Heilberufe Niedersachsen* – 1 S 1/15, S. 6.

2636 So lässt sich auch nur durch die systematisch und teleologische begründete Auslegung die Feststellung des Gerichts erklären, dass *„nicht jede ärztliche Tätigkeit eine heilberufliche Tätigkeit"* darstelle, vgl. Gerichtshof für die Heilberufe Niedersachsen – 1 S 1/15, S. 5.

vergleichbarer Sachlage. Die Berufsausübung einschließlich der Vornahme medizinischer Behandlungen in einer Kapitalgesellschaft hebt sich erheblich von der beruflichen Tätigkeit in einer Kapitalgesellschaft ohne medizinische Behandlungen ab, da insbesondere die charakteristischen Einwirkungsmöglichkeiten auf Kranke kaum vorhanden sind.[2637] Des Weiteren bleibt die Bindung des einzelnen Arztes an das ärztliche Berufsrecht unberührt, weitere Einschränkungen bei der Konstitution der Berufsausübungsgemeinschaft erscheinen daher auch als nicht verhältnismäßig. Im Ergebnis sind Kapitalgesellschaften in jedem Land für die Gründung einer Berufsausübungsgemeinschaft ohne ärztliches Heilbehandlungsangebot zugänglich, ohne den § 23a MBOÄ entsprechenden Regelungen der Berufsordnungen unterworfen zu sein.

7. Ankündigung

Sonstige Partnerschaften nach § 23c MBOÄ können nach § 18a II 2 MBOÄ angekündigt werden. Hierbei ist bei beabsichtigter Angabe der Berufsbezeichnung des Arztes nur gestattet, die Bezeichnung „*Arzt*" oder eine andere führbare Bezeichnung anzugeben. Im Gegensatz zu einer Ankündigung von MKG nach § 18a II 1 MBOÄ ist ein gemeinsames *Praxis*schild, das den Anforderungen des § 17 IV MBOÄ entspricht, nicht erforderlich. Es wäre sogar irreführend, da in der Gesellschaft keine Heilbehandlungen durch den Arzt angeboten werden dürfen.

8. Grenzen der Zusammenarbeit

Die Zusammenarbeit in sonstigen Partnerschaften unterliegt in § 23c MBOÄ mit Ausnahme der Untersagung der Ausübung der Heilkunde am Menschen durch den Arzt keinen besonderen Schranken. Ärzte haben allerdings die Beschränkungen der sonstigen Regelungen ihrer Berufsordnung zu beachten.[2638] Speziell wenn der Arzt außerhalb der sonstigen Partnerschaft noch die Heilkunde am Menschen ausübt, ist § 3 I 1 MBOÄ zu beachten, wonach Ärzten zum Schutz ihrer Unabhängigkeit und des Ansehens der Ärzteschaft[2639] neben der Ausübung ihres Berufs die Ausübung einer anderen Tätigkeit untersagt ist, welche mit den ethischen Grundsätzen des ärztlichen Berufs nicht vereinbar ist.

Außerdem sind bei der Kooperation nach § 23c MBOÄ mit Angehörigen anderer Berufe im Gesundheitswesen auch §§ 30 f. MBOÄ zu beachten. Insbesondere hat der Arzt, sollte er zusätzlich außerhalb des Zusammenschlusses die Heilkunde am Menschen ausüben, Beeinflussungen zur Wahrung seiner ärztlichen

2637 Vgl. *Gerichtshof für die Heilberufe Niedersachsen* – 1 S 1/15, S. 7, wobei nicht die Frage einer analogen Anwendung der nach § 17 V BO Nds. folgenden Maßgaben im Raum stand.

2638 So bereits *Eisenberg*, Ärztliche Kooperationen, S. 209 f.; dagegen fragwürdig auf Einzelfallbewertungen beschränkend *Schirmer*, MedR 1995, 383 (387).

2639 *Ratzel*, in: *Ratzel/Schirmer*, MBOÄ, § 3 Rn. 1.

Unabhängigkeit nach § 30 MBOÄ vorzubeugen. Konflikten mit dem Verbot der unerlaubten Zuweisung entgeltlicher bzw. unentgeltlicher Art ist daher Einhalt zu gebieten. So darf der Arzt seinen Patienten nicht einen mit ihm von der eigenen Heilkundeausübung getrennt zusammengeschlossenen Kooperationspartner ohne hinreichenden Grund zu empfehlen, vgl. § 31 II MBOÄ. Im Zusammenschluss selbst wohnt – entgegen der Lage in einer MKG – kein hinreichender Grund inne, da § 23c MBOÄ diesen nur in einem die Heilkundeausübung des Arztes ausschließenden Rahmen zulässt. An einer Legitimationswirkung, wie sie § 23b MBOÄ in der expliziten Regelung der Zusammenarbeit bei der Heilbehandlung zu entnehmen ist, mangelt es somit § 23c MBOÄ. Außerdem ist selbstverständlich die Verschwiegenheitspflicht des Arztes gegenüber seinen Patienten einzuhalten, die er außerhalb der sonstigen Partnerschaft behandelt. Seinen Kooperationspartnern der sonstigen Partnerschaft darf er die Privatgeheimnisse seiner Patienten nicht offenbaren. Die Heilkundeausübung außerhalb der Partnerschaft bedarf einer organisatorischen, rechtlichen, wirtschaftlichen und räumlichen[2640] Trennung. Eine nähere allgemeine Beurteilung erscheint jedoch nicht möglich, da die möglichen Gestaltungsformen nur im Einzelfall einer Bewertung zugänglich sind.

9. Gesellschaftsvertrag

§ 23c MBOÄ stellt an die Ausgestaltung des Gesellschaftsvertrags keine ausdrücklich genannten Voraussetzungen. Insbesondere enthält die Vorschrift keinen zu § 23b I 4 MBOÄ äquivalenten Katalog gesellschaftsvertraglich erforderlicher Garantien. Seine Übertragung muss mangels vergleichbarer Interessenlage ausscheiden, da in sonstigen Partnerschaften keine fachliche Kooperation bei der medizinischen Behandlung von Patienten erfolgt.

Gleichwohl darf der Zusammenschluss zu keinen Umgehungen des ärztlichen Berufsrechts führen. Wird ein beteiligter Arzt außerhalb der sonstigen Partnerschaft heilkundlich am Menschen tätig, besteht zumindest die Gefahr rechtswidriger Zuweisungen zwischen Arzt und einem nichtärztlichen Kooperationspartner, der in der Gesellschaft medizinische Behandlungen ausführt. Ein solches Verhalten ist für den Arzt berufsrechtswidrig wegen § 31 MBOÄ. Außerdem wäre es gem. §§ 299a, 299b StGB strafbar für Ärzte und Angehörige anderer Heilberufe, die für die Berufsausübung oder die Führung der Berufsbezeichnung eine staatlich geregelte Ausbildung erfordern – Heilpraktiker werden durch die §§ 299a, 299b StGB allerdings mangels staatlich geregelter Ausbildung nicht beschränkt.[2641] Da § 31 MBOÄ – im Gegensatz zu §§ 23b, 29 MBOÄ – nicht lediglich „*Fachberufe*

2640 Ausreichend kann statt räumlicher Abgrenzung auch die zeitlich getrennte Nutzung der Räume sein, so zum Betrieb einer gewerblichen Ernährungsberatung in den Praxisräumen *BGH*, NJW 2008, 2850 ff.; anders dagegen noch *OLG Frankfurt a. M.*, GRUR-RR 2005, 230 ff.

2641 Siehe hier nur *Stebner*, PharmR 2017, 178 (181 f.).

im Gesundheitswesen" in die Regelung einbezieht, sondern in seinem Absatz 1 allgemein „*Dritte*" und in seinem zweiten Absatz auch „*sonstige Anbieter gesundheitlicher Leistungen*" aufnimmt, ist dessen Verständnis weiterzufassen. Daher ist Ärzten insbesondere untersagt, für die Zuweisung von Patienten ein Entgelt oder andere Vorteile zu versprechen oder zu gewähren. Da Heilpraktiker weder über das ärztliche Berufsrecht noch durch strafrechtliche Normierung einem entsprechenden Zuweisungsverbot unterliegen, zeigt sich bereits aus Belehrungsgründen ein unabweisbares Bedürfnis zur gesellschaftsvertraglichen Sicherstellung des ärztlichen Berufsrechts.

10. Anzeigepflicht gegenüber den Landesärztekammern

§ 23c MBOÄ a. F. hat in seinem zweiten Satz eine Anzeigepflicht gegenüber der zuständigen Ärztekammer statuiert. Bereits die erste Regelung zu sonstigen Partnerschaften enthielt eine Anzeigepflicht in § 23b S. 1 MBOÄ-1995. Eine Genehmigungspflicht bestand demgegenüber für sonstige Partnerschaften nie. Mit Änderung des § 23c MBOÄ im Jahr 2011 wurde neben der Ausweitung der Gestaltungsmöglichkeiten die Anzeigepflicht aus der Vorschrift entfernt.[2642] Nicht aufgehoben wurde dagegen die allgemeine Anzeigepflicht des § 18 VI 1 MBOÄ. Danach sind „*[a]lle Zusammenschlüsse nach Absatz 1 sowie deren Änderung und Beendigung*" der zuständigen Ärztekammer anzuzeigen. Zwar liegt isoliert nach der historischen Entwicklung aus zwei parallel geregelten Anzeigepflichten in § 18 VI 1 MBOÄ und § 23c S. 2 MBOÄ a. F. durch die Aufhebung der letzteren nahe, sonstige Partnerschaften nicht mehr für anzeigepflichtig einzustufen.[2643] Sonstige Partnerschaften werden als interprofessionelle Berufsausübungsgemeinschaften allerdings unter „*Kooperationsgemeinschaften*" in § 18 I MBOÄ erfasst[2644] und sind deshalb bereits nach § 18 VI 1 MBOÄ anzeigepflichtig. § 23c S. 2 MBOÄ a. F. konnte folglich nur der Klarstellung über die bestehende Anzeigepflicht für sonstige Partnerschaften dienen. Die Anzeigepflicht bezweckt die Sicherstellung der Kontrollmöglichkeiten der Ärztekammer in Bezug auf die Einhaltung des ärztlichen Berufsrechts und erweist sich damit als zur angemessenen Überwachung erforderliche Information. Gleichwohl fassen die Ärztekammern in der Praxis nichtmedizinische Kooperationsgemeinschaften nicht als nach § 18 I, VI 1 MBOÄ anzeigebedürftig auf.[2645]

2642 Sie besteht allerdings noch in *Rh.-Pfalz* nach § 23c S. 2 BO RP.

2643 So beiläufig ohne Erläuterung *Ratzel*, in: *Ratzel/Lippert*, MBOÄ, § 23a-d Rn. 16 Fn. 39.

2644 Nicht überzeugend ist dagegen die Verlautbarung der *BÄK*, DÄBl. 2008, A-1019 (A-1020), die Aufzählung in § 18 I MBOÄ sei nicht abschließend, da der Normtext für weitere Kooperationsformen keine Anzeichen enthält.

2645 Dies lässt sich den Rückmeldungen mehrerer Ärztekammern auf eine Anfrage des Verfassers zu statistischen Aufzeichnungen bezüglich der Kooperationsmodelle entnehmen.

11. Abweichende Berufsordnungen der Landesärztekammern

In den Berufsordnungen fast aller Landesärztekammern wurde eine wortgleiche Vorschrift übernommen. Keine entsprechende Regelung enthält die Berufsordnung der Ärztekammer *Nordrhein*. Im Jahr 2012 wurde eine vergleichbare Regelung in § 23b BO Nordrh. a. F. aufgehoben, die ihrerseits dem auf die PartG beschränkten § 23c MBOÄ-2004 entsprochen hat.[2646] Die Aufhebung der Norm[2647] ist im Lichte der Öffnung der sonstigen Partnerschaften für alle Rechtsformen durch Änderung des § 23c MBOÄ im Jahr 2011 zu sehen. Ihre erfolgte Aufhebung führt daher nicht zu einem Verbot interprofessioneller Zusammenschlüsse außerhalb des § 23b MBOÄ. Ohnehin hätte im Gegenteil die Untersagung als Eingriff in die Berufsfreiheit der ausdrücklichen Normierung bedurft. Es bestehen folglich keine zusätzlichen Einschränkungen im Bezirk der Ärztekammer *Nordrhein*.

Auch die *Berliner* Berufsordnung enthält kein Äquivalent zu § 23c MBOÄ, obwohl seit Änderung der MBOÄ im Jahr 2011 die *Berliner* Berufsordnung mehrfach geändert worden ist – zuletzt am 16. Oktober 2018. Mangels expliziten Verbots ist Ärzten ein interprofessioneller Zusammenschluss außerhalb von MKG jedenfalls nicht untersagt und unterliegt keinen besonderen Einschränkungen.

Die Ärztekammer *Niedersachsen* hat in dem inhaltlich § 23c MBOÄ entsprechenden § 23a BO Nds. einen anderen Titel gewählt: *„Beteiligung von Ärzten an sonstigen Berufsausübungsgemeinschaften und Gründung von sonstigen Organisationsgemeinschaften.*" Ein relevanter Unterschied zu der Regelung in § 23c MBOÄ ergibt sich damit freilich nicht, da seit Öffnung des § 23c MBOÄ für alle Rechtsformen der Schwerpunkt auf *„sonstigen*", nicht dagegen mehr auf *„Partnerschaften*" liegt. Bemerkenswert ist dagegen die Berücksichtigung *„sonstige[r] Organisationsgemeinschaften*", die in der MBOÄ keine Erwähnung finden. Insoweit stellt § 23a BO Nds. – wenn auch aufgrund des Wortlauts (*„zusammen zu arbeiten*") logisch brüchig auf einer Ebene – klar, dass auch berufsübergreifende Organisationsgemeinschaften zulässig sind, während die MBOÄ offensichtlich keinen Bedarf für diese Differenzierung sieht.[2648] In ähnlich offener Weise lässt sich der Titel des § 23c BO *Sachsen* (*„Beteiligung von Ärzten an sonstigen Kooperationen*") auffassen. Der Normtext[2649] ist an die Vorgängerregelung des § 23c MBOÄ angelehnt (*„dem Arzt*", *„er*") und verdeutlicht, dass allein dem beteiligten Arzt die Ausübung der Heilkunde in der Gesellschaft untersagt ist.

2646 Siehe auch allein *Kilian*, in: *Prütting*, Medizinrecht, MBOÄ, § 23c Rn. 6. Siehe zur Norm selbst S. 518 Fn. 2575.

2647 Bei Aufhebung des § 23b BO Nordrh. blieb die ausdrücklich auf ihn bezogene Norm des § 18a II 2 BO Nordrh. evident als Redaktionsversehen bestehen.

2648 Siehe näher S. 542 ff.

2649 § 23c BO *Sachsen* lautet: *„Dem Arzt ist es gestattet, mit Angehörigen anderer Berufe als den in § 23b beschriebenen in allen Rechtsformen zusammen zu arbeiten, wenn er nicht die Heilkunde am Menschen ausübt.*"

In *Rheinland-Pfalz* ist nach § 23c BO RP Ärzten gestattet, in Partnerschaften gemäß § 1 I, II PartGG mit Angehörigen anderer Berufe als den in § 23b beschriebenen zusammenzuarbeiten, wenn sie in der Partnerschaft nicht die Heilkunde ausüben. Die Norm beschränkt wie die Vorgängernorm des heutigen § 23c MBOÄ durch den Verweis auf das PartGG sowohl die Rechtsformwahl auf die PartG als auch den Personenkreis auf Angehörige freier Berufe im Sinne des § 1 II PartGG. Darüber hinaus werden Zusammenschlüsse, die weder § 23b BO RP noch unter § 23c BO RP unterfallen, nicht untersagt. Die Norm ist verfassungskonform dahin auszulegen, dass in anderen Rechtsformen und mit einem nahezu[2650] unbeschränkten weiteren Kreis Beteiligter zulässig sind. Wo keine Heilkunde am Menschen im Rahmen einer Heilbehandlung ausgeübt wird, erscheint das Schutzbedürfnis des Ansehens des Arztberufs und seiner Eigenverantwortlichkeit wie auch der Berufspflichten nur gering ausgeprägt. Zumindest stünde ein pauschales Verbot, das in einem Umkehrschluss des § 23c BO RP alle sonstigen Zusammenschlüsse verbieten würde, in seiner Wirkung außer Verhältnis zu dem verfolgten legitimen Ziel. § 23c BO RP ist daher eng nach ihrem Wortlaut dergestalt zu interpretieren, dass seine Aussage auf Zusammenschlüsse in der PartG beschränkt sind, darüber hinaus dagegen keine Einschränkungen vorliegen.

12. Berufsrechtliche Einschränkungen von Seiten der Kooperationspartner

Angehörige von Gesundheitsberufen, die nicht bereits nach § 23b MBOÄ kooperationsfähig sind, unterliegen keinen eigenen verpflichtenden berufsrechtlichen Regelungen ihrer Berufsausübung. Für Heilpraktiker hat der Verband Deutscher Heilpraktiker e.V. (VDH) sich lediglich privatrechtlich eine *„Berufsordnung für Heilpraktiker“* (BOH) gegeben. Es gibt jedoch weder eine Pflichtmitgliedschaft im VDH noch ist die Einhaltung der Regelungen der BOH verbindlich – Verstöße gegen sie von Mitgliedern des Verbands können nicht durch Eingriffe in die Berufsausübung sanktioniert werden, sondern als ultima ratio allein durch einen Ausschluss aus dem Verband nach Art. 28 BOH.[2651]

Für Angehörige von Berufen, die sich bereits unter § 23b I 1 MBOÄ subsumieren lassen, bestehen in Verbindung mit einem Arzt ebenso wenig Einschränkungen der Zusammenarbeit unter Ausschluss der Heilkunde am Menschen. Nur bei Beteiligung einer weiteren Person neben dem Arzt ist bei Zahnärzten gegebenenfalls mit § 17 II MBO-ZÄ eine § 23c MBOÄ entsprechende Regelung zu berücksichtigen, sodass ihnen die Ausübung der Zahnheilkunde in der Gesellschaft untersagt ist.[2652] Dabei ist zu beachten, dass Zahnärzten im Gegensatz zu Ärzten bereits nach

2650 Zu beachten bleiben gleichwohl die Unvereinbarkeiten nach § 3 I BO RP.

2651 Vgl. *Hilpert-Mühlig*, MedR 2019, 473 (475).

2652 § 17 II MBO-ZÄ lautet: *„Einem Zahnarzt ist gestattet, in Partnerschaften gemäß § 1 I und II PartGG oder anderen Gesellschaftsformen mit Angehörigen anderer Berufe*

dem Normtext die Ausübung der Zahnheilkunde in Zusammenschlüssen mit Heilpraktikern nach § 17 I Alt. 1 MBO-ZÄ erlaubt ist.

13. Sozialversicherungsrecht

Scheinbar findet das Sozialversicherungsrecht im Rahmen von Kooperationen nach § 23c MBOÄ keine Anwendung, weshalb seine Bedeutung in der ohnehin nur vereinzelten Auseinandersetzung bislang nicht in Betracht gezogen worden ist.[2653] Dieser Schein trügt. Zwar übt der Arzt in der Gesellschaft nicht die Heilkunde am Menschen aus. Ausgeschlossen ist die Ausübung der Heilkunde am Menschen jedoch wohlgemerkt nur *innerhalb* der Gesellschaft. Im Umkehrschluss ist dem Arzt außerhalb der Gesellschaft die Heilkundeausübung am Menschen nach wie vor erlaubt. Nun wird keine nach § 33 II, III Ärzte-ZV zu genehmigende Berufsausübungsgemeinschaft vorliegen – schon mangels Erbringung vertragsärztlicher Leistungen *in* der Gesellschaft. Gleichwohl kommt eine sozialversicherungsrechtlich aufzufassende Praxis- bzw. Organisationsgemeinschaft nach § 33 I Ärzte-ZV in Betracht. Da § 23c MBOÄ berufsrechtlich nicht die Erbringung gemeinsamer Behandlungen als Zweck voraussetzt, steht die sozialversicherungsrechtliche Qualifikation als Praxisgemeinschaft hierzu auch nicht im Widerspruch.

Bei Beteiligung Angehöriger nicht in § 23b I 1 MBOÄ genannter Berufe sind sozialversicherungsrechtliche Beschränkungen nicht ersichtlich, da diese bereits keine Leistungserbringer darstellen und somit den Beschränkungen des § 128 SGB V nicht unterfallen. Erhebliche Einschränkungen ergeben sich allerdings mit Angehörigen von Berufen, denen bereits MKG offenstehen und die zulasten des Systems der GKV Leistungen erbringen können. Nach § 128 I, II SGB V gilt für Zusammenschlüsse mit Hilfsmittelerbringern das grundsätzliche Depotverbot und das Verbot finanzieller Zuwendungen im Zusammenhang mit der Versorgung mit Hilfsmitteln, sodass ihnen außerhalb vertraglicher Vereinbarungen nach § 128 IV SGB V mit den Krankenkassen kaum Raum belassen ist.[2654] Außerdem gilt insbesondere das Beteiligungsverbot nach § 128 II 3, Vb auch für Heilmittelerbringer,[2655] während Hebammen nicht unter das Beteiligungsverbot fallen.[2656]

---

als den in I beschriebenen zusammen zu arbeiten, wenn er in der Partnerschaft oder Gesellschaft nicht die Zahnheilkunde am Menschen ausübt.“

2653 Vgl. *Werner*, Interprofessionelle Kooperation, S. 419 ff.

2654 Zu den engmaschigen Beschränkungen rein finanzieller Beteiligung von Ärzten an Unternehmen von Hilfsmittelerbringern siehe *Braun/Püschel*, MedR 2013, 655 ff.; *Grinblat*, MPR 2015, 53 (56 f.); *Bombien/Hartmann*, SGb 2013, 76 ff.; *Ratzel*, in: *Ratzel/Lippert*, MBOÄ, § 3 Rn. 15 f.; zur Rechtslage vor Reformierung des § 128 SGB V *Bonvie*, in: *ARGE*, FS 10 Jahre, S. 827 (835 ff.).

2655 Siehe näher zur Zulässigkeit interprofessioneller Praxisgemeinschaften nach § 33 I Ärzte-ZV und den auf sie anwendbaren Einschränkungen S. 490 ff., 547 f.

2656 Siehe bereits S. 506 ff.

14. Ergebnis

Ärzte können auch mit Angehörigen von Gesundheitsberufen eine sonstige Partnerschaft nach § 23c MBOÄ eingehen. Über die Berufe des § 23b I 1 MBOÄ hinaus sind Zusammenschlüsse insbesondere auch mit Heilpraktikern,[2657] Gesundheitshandwerkern und Kosmetikern zulässig, wenn der Arzt keine diagnostischen oder therapeutischen Maßnahmen im Rahmen der Heilbehandlung vornimmt. Wird der Arzt daneben außerhalb der Gesellschaft noch kurativ tätig, so sind bei Tätigkeit in denselben Räumlichkeiten die berufs- und ggf. krankenversicherungsrechtlichen Vorgaben zu Organisationsgemeinschaften zu beachten. Die Norm des § 23c MBOÄ dient damit zwar in weiten Teilen, jedoch nicht umfassend lediglich der Klarstellung, dass Gesellschaften von Ärzten mit Angehörigen anderer als den in § 23b MBOÄ genannten Berufen zulässig sind, wenn die Ärzte nicht die Heilkunde am Menschen in der Gesellschaft ausüben.

IV. Zusammenschlüsse ohne Vergemeinschaftung der Berufsausübung

1. Einleitung

Statt einer Vergemeinschaftung der Berufsausübung ist bei Zusammenschlüssen Angehöriger verschiedener Berufe auch die auf die organisatorische Ebene begrenzte Kooperation möglich. Parallel bestehendes monoprofessionelles Paradebeispiel ist die ärztliche Praxisgemeinschaft, in der sich mehrere Ärzte sachliche, räumliche und personelle Mittel teilen.[2658] Mangels Zusammenschlusses im eigentlichen Sinne werden Anstellungsverhältnisse nicht thematisiert.[2659]

2657 Nota bene: Der Ausschluss von Heilpraktikern aus MKG wird hier als verfassungswidrig erachtet, siehe S. 248 ff.

2658 Siehe zur Abgrenzung von Berufsausübungs- und Praxisgemeinschaften S. 117 ff. Vgl. ferner *Fiedler/Fürstenberg*, NZS 2007, 184 (191) zur Abgrenzung von Berufsausübungs- und Organisationsgemeinschaften. Siehe daneben weitere Formen, insbesondere zu Betriebsgesellschaften hier nur *Michalski*, Freie Berufe, S. 96 ff., *Taupitz*, MedR 1993, 367 ff.

2659 Siehe hier nur zur Anstellung von Psychotherapeuten bzw. bei Psychotherapeuten in Bezug auf das Vertragsarztrecht insbesondere *Stellpflug*, in: *ARGE*, FS 10 Jahre, S. 851 (860 ff.); *Stellpflug/Warntjen*, MedR 2008, 281 (281 ff., insb. 284); zur Ablehnung der Anstellung von Ärzten bei Psychotherapeuten *Schirmer* MedR 1998, 435 (449).

2. Organisationsgemeinschaften

a) Allgemeine Hinweise

Nach § 18 I 1 MBOÄ dürfen sich Ärzte *„zu Berufsausübungsgemeinschaften, Organisationsgemeinschaften, Kooperationsgemeinschaften und Praxisverbünden zusammenschließen."* Bei Organisationsgemeinschaften handelt es sich um die gemeinsame Nutzung von Räumen, Personal und/oder Gerätschaften unter Wahrung der ärztlichen Selbständigkeit im übrigen.[2660] In Organisationsgemeinschaften findet keine gemeinsame Berufsausübung statt, die Beteiligten vergesellschaften nicht ihre berufliche Tätigkeit.[2661] Sie üben ihre Berufe unabhängig voneinander, also eigenständig mit eigenem Patientenstamm aus.[2662] Insbesondere treten sie den Patienten gegenüber nicht gemeinsam auf, allerdings erfolgt ein gemeinsamer Auftritt zur Herstellung der Voraussetzungen ordnungsgemäßer Berufsausübung in einem von der konkreten Ausgestaltung der Organisationsgemeinschaft abhängigen Maß gegenüber anderen Dritten wie Vermietern, Personal, Lieferanten etc.[2663] In Betracht kommen als besondere Ausformungen zwischen Ärzten und Angehörigen anderer Gesundheitsberufe Praxis-, Labor- und Apparategemeinschaften.[2664] Abzugrenzen sind sie von schuldrechtlichen Austauschverträgen wie Miet- oder Pachtverträgen. So käme gleichfalls die Bildung einer Organisationsgemeinschaft zur gemeinsamen Anschaffung und Nutzung eines medizinisch-technischen Geräts, aber auch seine entgeltliche Überlassung durch einen Arzt an einen Angehörigen eines anderen Gesundheitsberufs in Betracht.[2665]

2660 Siehe an dieser Stelle nur *Ratzel*, in: *Ratzel/Lippert*, MBOÄ, §§ 18–18a Rn. 28; *Trautmann*, Gemeinschaftspraxis, S. 26; *Köbler*, Beteiligung Berufsfremder, 2011, S. 198; *Taupitz*, MedR 1993, 367 (368); *Ahrens*, MedR 1992, 141 (142); *Henke*, NJW 1974, 2035 (2035). *Ratzel*, in: *Ratzel/Lippert*, MBOÄ, §§ 18–18a Rn. 23, setzt dabei den Begriff der Organisationsgemeinschaft mit demjenigen der Praxisgemeinschaft gleich. Siehe hierzu auch die Gegenüberstellung von Berufsausübungs- und -organisationsgemeinschaften auf S. 117 ff.

2661 Siehe hier nur *Hart*, JURA 2000, 14 (16). Vgl. außerdem *Scholz*, ZMGR 2010, 143 (149), der zu der Abgrenzung von Berufsausübungsgemeinschaft und Organisationsgemeinschaft auf die vergemeinschafteten Interessen abstellt. Eine noch praktikable Abgrenzung der Kooperationsformen bezweifelnd *Ratzel/Lippert*, MedR 2004, 525 (528).

2662 *Cramer*, MedR 2004, 553 (554); *Gummert/Remplik*, in: Münchener Hdb. Gesellschaftsrecht, Bd. 1, § 25 Rn. 167.

2663 *Gummert/Remplik*, in: Münchener Hdb. Gesellschaftsrecht, Bd. 1, § 25 Rn. 167; *Fiedler/Fürstenberg*, NZS 2007, 184 (191).

2664 Siehe näher *Gummert/Remplik*, Münchener Hdb. Gesellschaftsrecht, Bd. 1, § 25 Rn. 23 ff.; 171 ff.

2665 Siehe hier nur *Ahrens*, MedR 1992, 141 (146); *Taupitz*, MedR 1993, 367 (373), die darauf hinweisen, dass sich ein die Kostendeckung übersteigendes, gewinnbringendes Entgelt als Umgehung des Verbots entgeltlicher Patientenzuweisung darstellt.

b) Landesgesetzliche Regelungen

Die landesgesetzlichen Regelungen beschränken sich regelmäßig auf die Regulierung gemeinsamer Berufsausübung: Regelungen zur Zusammenarbeit mit Angehörigen anderer Berufe werden ohne Vorgaben zu beruflicher Zusammensetzung und Rechtsform den Ärztekammern übertragen. Allein in *Bayern* soll ausweislich der Gesetzesbegründung[2666] die Praxisgemeinschaft neben *„Einzel-, Gemeinschafts- und Gruppenpraxen"*[2667] Art. 18 I 2 HKaG BY unterliegen. Danach ist die Führung einer ärztlichen Praxis in Rechtsform einer juristischen Person des Privatrechts nicht statthaft. *Taupitz* erachtet die Einbeziehung der Praxisgemeinschaften in das Verbot des Art. 18 I 2 HKaG BY für nicht erforderlich und daher als verfassungswidrigen Eingriff in die Berufsfreiheit.[2668] Dem ist entgegenzuhalten, dass Organisationsgemeinschaften entgegen der Gesetzesbegründung aufgrund der Wortlautgrenze schon nicht von dem Verbot betroffen sind. Art. 18 I 2 HKaG BY untersagt die Führung einer ärztlichen Praxis. Hierunter wird das öffentlich erkennbare Bereitstellen der räumlichen, gegenständlichen und personellen Grundlagen des Angebots ärztlicher Leistungen außerhalb des Krankenhauses verstanden, wobei derjenige die Praxis führt, der *„nach außen hin die Verantwortung übernimmt, den Umfang, den Zeitpunkt und die Art der Durchführung von Aufträgen bestimmen und die Höhe der Liquidation festlegen kann, in dessen Namen die Behandlungsverträge geschlossen werden und der im Falle des Verkaufs oder der Verpachtung den Goodwill der Praxis realisieren darf."*[2669] Organisationsgemeinschaften schaffen bzw. verbessern lediglich die Rahmenbedingungen der Berufsausübung, insbesondere durch die Teilung personeller, räumlicher und sächlicher Kosten.[2670] Der Praxisbetrieb erfolgt unabhängig voneinander; nach außen tritt gegenüber den Patienten nicht die Praxisgemeinschaft als Vertragspartner der Behandlungsverträge auf. Stattdessen tritt der Arzt im eigenen Namen auf, sofern er nicht einer an der Praxisgemeinschaft beteiligten Berufsausübungsgemeinschaft angeschlossen ist, in *deren* Namen er die Behandlung übernimmt. Sowohl die personen- als auch die kapitalgesellschaftliche Gestaltung lässt daher die Führung der ärztlichen Praxis unberührt. Damit geht die Erfassung von Organisationsgemeinschaften durch Art. 18 I 2 HKaG BY über den Normtext hinaus. Weder enthält das Gesetz systematische Anhaltspunkte, noch findet der gesetzgeberische Wille auf andere Weise eine Stütze im Gesetz, kapitalgesellschaftlich organisierte Organisationsgemeinschaften zu untersagen. Steht aber nach allen anderen Auslegungsarten der objektive Norminhalt dem

2666 *Bay. Landtag*, Drs. 12/10455, S. 14 f.

2667 Zur unpassenden Nutzung des Begriffs der Gruppenpraxen, die einen Oberbegriff für Gemeinschaftspraxen und Praxisgemeinschaften darstellen, *Taupitz*, NJW 1996, 3033 (3034); *Attermeyer*, Arztpraxis-GmbH, S. 25 f. Zum Begriff der Gruppenpraxis ferner *Dochow*, PinG 2018, 51 (52).

2668 *Taupitz*, NJW 1996, 3033 (3039 f.).

2669 So selbst *Taupitz*, NJW 1996, 3033 (3035).

2670 *Rehborn*, in: *Laufs et al.*, Hdb. Arztrecht, § 22 Rn. 13.

in der Gesetzesbegründung zum Ausdruck kommenden Willen des Gesetzgebers entgegen, so kann im Hinblick auf den Grundsatz der Rechtsklarheit[2671] allein der objektive Aussagegehalt Bedeutung beanspruchen.[2672] Doch auch aufgrund des *„pragmatischen Methodenpluralismus“* bei der Auslegung von Gesetzen, nach dem keine hierarchische Prioritätsordnung der vier wesentlichen Auslegungsmethoden besteht und ihre gegenseitige Abwägung im Einzelfall erforderlich ist,[2673] kann allein aufgrund der Gesetzesbegründung als einzigem Anhaltspunkt keine Untersagung hergeleitet werden. Das Verbot in Art. 18 I 2 HKaG BY tangiert die kapitalgesellschaftliche Führung von Organisationsgemeinschaften daher nicht.[2674] Folglich beschränken keine landesgesetzlichen Regelungen die Ausgestaltung berufsübergreifender Organisationsgemeinschaften.

c) Standesrechtliches Berufsrecht

aa) Zulässigkeit interprofessioneller Verbindungen

Zumindest früher war rege umstritten, ob Praxisgemeinschaften zwischen einem Arzt und einem Angehörigen eines nichtärztlichen Heilberufs (oder gar anderer Berufe) zulässig sind.[2675] Auch heute wird noch vertreten, Organisationsgemeinschaften seien nach ärztlichem Berufsrecht nur zwischen Ärzten zulässig.[2676]

§ 18 I 1 MBOÄ schweigt zur Zulässigkeit interprofessioneller Organisationsgemeinschaften. Zumindest lässt sich dem Wortlaut (*„Ärzte [...] sich“*) nicht ihr Ausschluss entnehmen, da er notwendigerweise allein auf Ärzte als Regelungsadressaten gerichtet ist. Schließlich werden in derselben Regelung die MKG als berufsübergreifende Berufsausübungsgemeinschaft und der fakultativ interprofessioneller Praxisverbund aufgezählt. Die Kooperationsformen

---

2671 Nach dem Gebot der Rechtsklarheit müssen Normen hinreichend klar gefasst sein, damit der Bürger sich ein eigenes Bild von seiner Rechtslage machen kann, siehe *Grzeszick*, in: *Maunz/Dürig*, GG, Art. 20 Rn. 53.

2672 Vgl. ferner angedeutet zu dem Erfordernis einer Stütze im Gesetz *Römermann*, GmbHR 2014, R81 (R82); *Römermann*, NZG 2014, 481 (486).

2673 Hierzu *Zimmermann*, RabelZ 2019, 242 (264 f.).

2674 So im Ergebnis – jedoch ohne Problematisierung – bereits *Cansun*, Kooperationsmöglichkeiten, S. 121.

2675 Siehe ausführlich dargestellt bei *Taupitz*, MedR 1993, 367 (369), der aufgrund teleologischen Verständnisses des Verbots der Zusammenarbeit mit Nichtärzten als auf die fachliche Tätigkeit zum Schutz der fachlichen ärztlichen Unabhängigkeit bezogen Praxisgemeinschaften nicht als unzulässig erkannte. Siehe außerdem die Zulässigkeit feststellend *Trautmann*, Gemeinschaftspraxis, S. 25 f. A. A. *Michalski*, Freie Berufe, S. 136; einschränkend (*„grundsätzlich“*) ferner *Heberer*, Ärztliches Berufsrecht, S. 492.

2676 Vgl. die Hervorhebung der Berufszugehörigkeit von *Steinhilper*, in: *Laufs et al.*, Hdb. Arztrecht, § 35 Rn. 55, 58, darüber hinaus allein die Beteiligung von Zahnärzten als zulässig anerkennend.

werden daher nicht durch die auf Ärzte begrenzte Ansprache generell auf monoprofessionelle Kooperationen reduziert. Im Gegensatz zu den restlichen Kooperationsformen des § 18 I 1 MBOÄ fehlt dem Begriff der Organisationsgemeinschaft allerdings eine Legaldefinition bzw. nähere Ausgestaltung innerhalb der gesamten MBOÄ. Im Lichte der freiheitlichen Rechtsordnung lässt sich das Fehlen einer begrenzenden Vorschrift nur so interpretieren, dass die Kooperationsform auch Angehörigen anderer Berufe im Grundsatz frei zugänglich ist; ihr Ausschluss hätte dagegen als Eingriff in die Berufsfreiheit einer Regelung bedurft, wie sie beispielsweise im Berufsrecht der Rechtsanwälte in § 59a III BRAO erfolgt ist.[2677]

Auch historisch betrachtet lässt sich auf die Zulässigkeit interprofessioneller Organisationsgemeinschaften schließen. Während mittlerweile § 18 I 1 MBOÄ den Gesellschafterkreis von Organisationsgemeinschaften konturlos belässt, ist die Vorgängerregelung des § 22 MBOÄ-1997 auf „*Organisationsgemeinschaften unter Ärzten*" beschränkt gewesen.[2678] Für die Zulässigkeit interprofessioneller Organisationsgemeinschaften spricht auch folgendes *argumentum a maiore ad minus*: Mit der MKG nach § 23b MBOÄ wird Ärzten ausdrücklich die engere und intensivere Kooperationsform einer interprofessionellen Berufsausübungsgemeinschaft eröffnet, in der sie die Heilkunde am Menschen ausüben dürfen. Erscheint das Risiko eines möglichen Einflusses anderer Professionen auf den Arzt in seiner Berufsausübung in einer interprofessionellen Berufsausübungsgemeinschaft als hinnehmbar, muss eine gesellschaftliche Kooperation ohne Vergemeinschaftung der Berufsausübung erst recht zulässig sein, da das Risiko berufsfremder Einflussnahme weit weniger ausgeprägt ist.[2679]

2677 § 59a III BRAO verweist auf die Vorschriften zur Regelung der interprofessionellen gemeinschaftlichen Berufsausübung, so u.a. auf § 59a I 1 BRAO.

2678 *Saenger*, NZS 2001, 234 (234), erkennt daher nach der Vorgängernorm noch richtigerweise eine Beschränkung auf Ärzte als Gesellschafter einer Organisationsgemeinschaft. Der in sich aufgrund der benannten Zwecksetzung von Organisationsgemeinschaften zur gemeinsamen Berufsausübung widersprüchliche § 22 MBOÄ-1997 lautete: „*Zur gemeinsamen Berufsausübung sind die in Kapitel D Nrn. 7 bis 11 geregelten Berufsausübungsgemeinschaften (Gemeinschaftspraxis, Ärztepartnerschaft), Organisationsgemeinschaften unter Ärzten (zum Beispiel Praxisgemeinschaften, Apparategemeinschaften) und die MKG sowie der Praxisverbund zugelassen.*"

2679 Siehe bereits in diese Richtung *Köbler*, Beteiligung Berufsfremder, S. 198 ff., der eine Organisationsgemeinschaft mit Angehörigen der in § 23b MBOÄ benannten Gesundheitsberufe allein aufgrund des erläuterten bestehenden Widerspruchs zu der für zulässig befundenen interprofessionellen Berufsausübungsgemeinschaft in MKG für zulässig erachtet.

Der Zulässigkeit interprofessioneller Organisationsgemeinschaften steht nicht das Verbot der Zusammenarbeit mit Nichtärzten nach § 29a MBOÄ entgegen. Einerseits ist es nach seinem Sinn und Zweck auf die konkrete Zusammenarbeit in der eigentlichen Heilbehandlung beschränkt,[2680] andererseits besteht mangels gemeinsamer Berufsausübung kein Risiko negativer Auswirkungen der Beteiligung des Nichtarztes auf die ärztliche fachliche Unabhängigkeit.[2681]

Die Begründung der Zulässigkeit interprofessioneller Organisationsgemeinschaften unter Anstrengung des § 23c MBOÄ ist dagegen nicht überzeugend.[2682] *Trautmann* bezieht sich auf die Nichteingliederung der Ausübung der Heilkunde am Menschen als Abgrenzungselement und fasst Organisationsgemeinschaften, in denen mangels gemeinsamer Berufsausübung folglich auch keine Heilkunde am Menschen ausgeübt wird, unter § 23c MBOÄ. Die Auffassung widerspricht jedoch dem Wortlaut („*Zusammenarbeit*") insofern, dass § 23c MBOÄ einen aktiven Zusammenschluss zu gemeinsamer Berufsausübung beabsichtigt. In einer Organisationsgemeinschaft wäre jedenfalls keine „*Zusammenarbeit*" über die bloße Schaffung der Grundlagen der jeweils separaten Berufsausübung denkbar. Zudem wäre entgegen dem Wortlaut auch systematisch nicht einzusehen, weshalb konträr zu den sonstigen Vorschriften § 23c MBOÄ als Auffangtatbestand sowohl Berufsausübungs- als auch Berufsorganisationsgemeinschaften umfassen sollte. § 23c MBOÄ regelt unmittelbar richtigerweise lediglich Berufsausübungsgemeinschaften.[2683]

Als Zwischenergebnis lässt sich damit konstatieren, dass Ärzten die Gründung einer Organisationsgemeinschaft jedenfalls mit Angehörigen der von § 23b I 1 MBOÄ erfassten nichtärztlichen Gesundheitsberufen erlaubt ist.

Allerdings ist eine Bindung der Organisationsgemeinschaft an den Berufskreis in § 23b I 1 MBOÄ wörtlich genauso wenig ersichtlich wie aus systematischen Erwägungen. So werden nämlich in § 18 I 1 MBOÄ neben Organisationsgemeinschaften mit (ärztlichen) Berufsausübungsgemeinschaften, MKG und Praxisverbünden[2684] nur auf bestimmte Kooperationspartner limitierte Kooperationsformen aufgezählt. Mangels ausdrücklicher Ausgestaltung in der Berufsordnung sticht die Organisationsgemeinschaften charakterisierende Offenheit im Kontrast zu den anderen Kooperationsformen ins Auge. Zudem bildet sich systematisch die Korrelation des Berufsgruppenumfangs zulässiger Kooperationspartner innerhalb der einzelnen Kooperationsformen und des Integrationsgrads der Heilkundeausübung in die Gesellschaft ab: Je weniger die Heilkunde am Menschen in eine Zusammenarbeit einbezogen wird, desto breiter ist der Kreis zulässiger Kooperationspartner.

2680 Vgl. zu § 29a MBOÄ *Ratzel*, in: *Ratzel/Lippert*, MBOÄ, § 29a MBOÄ Rn. 1.

2681 Bereits zum Verbot der Zusammenarbeit mit Nichtärzten vor Einführung der MKG als Kooperationsform *Taupitz*, MedR 1993, 367 (369).

2682 So allerdings zu dessen Vorgängernorm *Trautmann*, Gemeinschaftspraxis, S. 25 f.

2683 So im Ergebnis auch *Köbler*, Beteiligung Berufsfremder, S. 199

2684 Siehe zu Praxisverbünden S. 548 ff.

Während ärztliche Berufsausübungsgemeinschaften nach § 18 IIa 1 MBOÄ im Wesentlichen auf Ärzte begrenzt sind, kann in MKG mit ausgewählten Berufsangehörige unter strengen Voraussetzungen und bis zu einem gewissen Grad die Heilkunde am Menschen ausgeübt werden. In nicht als Berufsausübungsgemeinschaften aufzufassenden Praxisverbünden können sich ferner Krankenhäuser und Vorsorge- und Rehabilitationskliniken beteiligen. Als loseste Form der Kooperation mangels institutionalisierter fachlicher Zusammenarbeit und ohne unmittelbaren Einfluss auf die Berufsausübung ist systematisch für Organisationsgemeinschaften ein entsprechend weiterer Personenkreis die Konsequenz. § 23c MBOÄ kann diesbezüglich systematisch zumindest abgeleitet werden, dass ohne Berührungspunkte zur Heilkundeausübung am Menschen Berufsausübungsgemeinschaften mit allen Berufen zulässig ist, soweit keine Unvereinbarkeit nach § 3 I MBOÄ vorliegt. Obwohl § 23c MBOÄ nicht unmittelbar anwendbar ist, lässt sich damit auch unter Hinweis auf diesen in einem *argumentum a maiore ad minus* auf die Zulässigkeit interprofessioneller Organisationsgemeinschaften unabhängig von dem in § 23b MBOÄ bezeichneten Berufskreisen schließen. Der rein organisatorische Zusammenschluss zu gemeinsamer Nutzung von Ressourcen oder Personal stellt keine Gefahr für die ärztliche Berufsausübung oder das Ansehen des ärztlichen Berufs dar, sodass mit Heilpraktikern, Gesundheitshandwerkern und anderen Berufen des ferneren Gesundheitsmarkts Organisationsgemeinschaften möglich sind.

bb) Regelung der Berufsausübung

Für die Beteiligung an einer interprofessionellen Organisationsgemeinschaft bestehen im ärztlichen Berufsrecht keine besonderen Regelungen. Selbstredend hat der Arzt die Einhaltung seiner ärztlichen Berufspflichten zu gewährleisten. Daher kann sich aus der Gesamtbetrachtung des Gesellschaftsvertrags gleichwohl seine Unzulässigkeit ergeben, wenn er die Gefahr begründet, dass der Arzt seine Berufspflichten insbesondere aus wirtschaftlichem Druck außer Acht lassen wird.[2685] Mangels gemeinsamer Berufsausübung sind die Patientenkarteien der Beteiligten getrennt zu führen.[2686] Das Behandlungsgeschehen betreffende Informationen darf der Arzt nach § 9 I, 2 MBOÄ an den Partner der Organisationsgemeinschaft nur weitergeben, wenn der Patient in die Weitergabe durch eindeutige Entbindung von der zusätzlich nach § 203 StGB strafbewehrten[2687] Schweigepflicht eingewilligt hat oder die Offenbarung zum Schutz eines höherwertigen Rechtsguts erforderlich ist.

2685 Siehe bereits *Taupitz*, MedR 1993, 367 (370).

2686 Zu den datenschutzrechtlichen Erfordernissen *Dochow*, PinG 2018, 51 (52 f.).

2687 In Bezug auf anwaltliche Bürogemeinschaften zweifelt *Kleine-Cosack*, BRAO, § 43a Rn. 78, an der tatsächlichen Möglichkeit zur Wahrung der Verschwiegenheit in Bürogemeinschaften und verneint daher eine Verschwiegenheitspflicht der Partner untereinander; krit. zu der dieser Auffassung folgenden Begründung der Entsprechensklausel in § 59a III BRAO, nach welcher die Maßstäbe von

Aus der organisatorischen und/oder räumlichen Nähe lässt sich keine Befugnis zu einem derartigen *„jederzeit mögliche[n] Gedankenaustausch"* als *„regelmäßige Begleiterscheinung"* über die Vorgänge in der Patientenbehandlung herleiten, der dem Partner der Organisationsgemeinschaft Kenntnis von Vorgängen aus der Privatsphäre der Patienten verschafft.[2688] Eine konkrete Zusammenarbeit unter Offenlegung von Patientendaten kommt daher nur im Einzelfall nach der Einwilligung des Patienten in Betracht. In der Bereitstellung eines Warteraums, der gleichermaßen dem Aufenthalt von den Patienten des Arztes und des Nichtarztes dient, lässt sich kein Verstoß gegen die ärztliche Schweigepflicht erblicken, da selbst in der rein ärztlichen Praxis ein Patient von anderen Wartenden gesehen werden kann.[2689] Zulässig ist zumindest auch der abstrakte fachliche Austausch ohne Weitergabe von Patientendaten. Zu beachten ist zudem die aus § 18 VI MBOÄ resultierende Anzeigepflicht, die Organisationsgemeinschaften in ihrem Verweis auf § 18 I MBOÄ als dort genannte Kooperationsform umfasst.[2690]

Nach § 29a II MBOÄ sind bei der Zusammenarbeit die Verantwortungsbereiche des Arztes und des Angehörigen des Fachberufs klar erkennbar voneinander zu trennen. Außerdem sind die Vorschriften der Zusammenarbeit nach §§ 3 II, 31 II MBOÄ einhalten. Eine Empfehlung des nichtärztlichen Kooperationspartners darf nur im Einzelfall nach den allgemeinen Regelungen mangels gemeinsamer Berufsausübung wie in einer MKG erfolgen. Da nach § 18a III MBOÄ die Ankündigung der Organisationsgemeinschaft im Gegensatz zu früher[2691] zulässig ist, kann in ihr keine nach § 31 II MBOÄ unzulässige Empfehlung des Kooperationspartners erkannt werden, selbst wenn die Rechtsprechung bereits in sachlich gehaltenen Schildern innerhalb einer Arztpraxis auf einen in gemieteten Räumen der Arztpraxis tätigen Orthopädietechniker eine unzulässige Empfehlung angenommen hat.[2692] Die Ankündigung bedarf allerdings im Eigeninteresse der Beteiligten einer

---

Berufsausübungsgemeinschaften auf Organisationsgemeinschaften transferiert werden *Henssler*, AnwBl Online 2018, 564 (577).

2688 So jedoch fragwürdig *Michalski*, Freie Berufe, S. 130 f., 141 ff., der daher die Verschwiegenheitspflicht in das Zentrum seiner Überlegungen zu der Zulässigkeit interprofessioneller Praxisgemeinschaften stellt und im Ergebnis Organisationsgemeinschaften (bei ihm zusammengefasst als Betriebsgemeinschaften) und Berufsausübungsgemeinschaften gleichen Voraussetzungen unterwirft, vgl. S. 224.

2689 So sind nach *Taupitz*, MedR 1993, 367 (369), Patienten nicht daran gehindert, einen anderen Arzt aufzusuchen, wenn sie das Wartezimmer als zu öffentlich empfinden.

2690 Zumindest einige Landesärztekammern interpretieren ihrerseits die Norm nicht so streng und erkennen keine Anzeigepflicht für Organisationsgemeinschaften in der § 18 VI MBOÄ nachgebildeten Norm in der jeweiligen Berufsordnung.

2691 Gleichwohl wurde in der Praxis zuvor die Praxisgemeinschaft gegenüber Dritten in Verkennung der Rechtslage angekündigt, *Ratzel*, in: *Ratzel/Lippert*, MBOÄ, §§ 18–18a Rn. 23.

2692 *BGH*, GRUR 2017, 194 (198 f.).

präzisen Beschreibung, um der Gefahr einer Haftung als Scheingesellschafter einer Berufsausübungsgemeinschaft zu entgehen.[2693]

cc) Rechtsform

Die MBOÄ schweigt zu den für Organisationsgemeinschaften zugänglichen Rechtsformen. Ausgehend von der freiheitlichen Grundordnung des deutschen Rechtssystems sind die Gesellschafter daher in der der Rechtsformwahl in den Grenzen des Gesellschaftsrechts frei. Mangels gemeinsamer Berufsausübung kann die PartG allerdings nicht gewählt werden.[2694] Die Voraussetzungen des § 23a MBOÄ brauchen nicht beachtet zu werden, da § 23a I 3 MBOÄ die berufliche Tätigkeit in der Kapitalgesellschaft voraussetzt und somit nur Berufsausübungsgemeinschaften regelt. Außerdem knüpft § 23a MBOÄ an die Gestaltung der Rechtsanwaltsgesellschaft nach §§ 59c ff. BRAO an,[2695] die gleichfalls als Berufsausübungsgemeinschaft konzipiert ist.[2696] Der durch die allgemeine Ansicht unter Hinweis auf die Gesetzesbegründung auch für Organisationsgemeinschaften *landesgesetzlich* aus Art. 18 I 2 HKaG BY abgeleitete Ausschluss juristischer Personen des Privatrechts in *Bayern* lässt sich nicht aufrechterhalten.[2697]

d) Sozialversicherungsrechtliche Beschränkungen

Konstatiert werden konnte bereits die grundsätzliche Zulässigkeit berufsübergreifender Praxisgemeinschaften nach § 33 I Ärzte-ZV, die allerdings bei Beteiligung von Heil- oder Hilfsmittelerbringern allerdings durch § 128 Ärzte-ZV erheblich beschränkt werden.[2698] Zu beachten ist die Unterrichtungspflicht gegenüber der

---

2693 Vgl. den Hinweis auf die Rechtsscheinhaftung der *BÄK*, DÄBl. 2008, A-1019 (A-1023); siehe ferner *BGH*, AnwBl 2014, 557 (557), zur entstehenden Erwartung des Rechtsverkehrs, bei einheitlicher Kurzbezeichnung sei die berufliche und unternehmerische Selbständigkeit der Berufstätigen aufgegeben. Siehe näher zum Risiko der Rechtsscheinhaftung bei Ankündigung der Praxisgemeinschaft *Ratzel*, in: *Ratzel/Lippert*, MBOÄ, §§ 18–18a Rn. 23; *Möller/Makoski*, in: *Wenzel*, Arzthaftungsprozess, Rn. 283. Dabei erkannte *OLG Brandenburg*, GesR 2016, 89 (90), selbst bei Bezeichnung als *„Gemeinschaftspraxis"* im Briefkopf und gemeinsamem Internetauftritt der Praxis mit Vorstellung der Ärzte aufgrund des arztbezogenen Praxisstempels keine ausreichende Grundlage für eine Haftung aus Rechtsscheingrundsätzen. Siehe allerdings in Bezug auf die Bezeichnung als *„Kanzleigemeinschaft"* *OLG Köln*, NJW-RR 2004, 279 (280).

2694 Siehe hier nur noch *Rehborn*, in: *Laufs et al.*, Hdb. Arztrecht, § 22 Rn. 18.

2695 *Scholz*, in: *Spickhoff*, Medizinrecht, MBOÄ, § 23a Rn. 2.

2696 BT-Drs. 13/9820, S. 14.

2697 Siehe hierzu S. 541 f.

2698 Näher S. 489 ff.

KV nach § 33 I 2 Ärzte-ZV, um die Möglichkeit rechtlicher Kontrolle der konkreten Vereinbarungen der Praxisgemeinschaft zu ermöglichen.[2699]

3. Praxisverbünde

Nach § 23d I 1 MBOÄ können Ärzte eine Kooperation verabreden, *„auch ohne sich zu einer Berufsausübungsgemeinschaft zusammenzuschließen,"* die *„auf die Erfüllung eines durch gemeinsame oder gleichgerichtete Maßnahmen bestimmten Versorgungsauftrags oder auf eine andere Form der Zusammenarbeit zur Patientenversorgung gerichtet ist."* Zweck solcher Praxisverbünde ist die Erreichung eines gemeinsamen Versorgungsziels, wobei der offene Wortlaut der Norm eine flexible Ausgestaltung der Kooperation ermöglicht.[2700] Grundsätzlich sind Praxisverbünde zwar auf den Zusammenschluss von Ärzten ausgerichtet, im Fokus steht jedoch aufgrund des engen Zusammenhangs zur sozialversicherungsrechtlichen Vorschrift bezüglich Praxisnetze in § 87b II 3 SGB V[2701] die interdisziplinäre Betreuung zur Verbesserung ambulanter Versorgungsstrukturen.[2702] In Praxisverbünden können nach § 23d III MBOÄ neben anderen Ärzten auch Krankenhäuser, Vorsorge- und Rehabilitationskliniken sowie Angehörige anderer Gesundheitsberufe nach § 23b MBOÄ einbezogen werden. Ärzte können somit einen Praxisverbund mit Physiotherapeuten, Ergotherapeuten und anderen nichtärztlichen Heilberufen gründen.[2703]

Praxisverbünde erweisen sich als Kooperationsform sui generis und lassen sich weder Berufsausübungsgemeinschaften, noch Organisationsgemeinschaften zuordnen.[2704] Gegen die Einordnung als Berufsausübungsgemeinschaft spricht bereits § 23d I 1 MBOÄ, wonach der Praxisverbund eine verabredete Kooperation darstellt, *„auch ohne sich zu einer Berufsausübungsgemeinschaft zusammenzuschließen[.]"* Der Wortlaut (*„auch"*) mag zwar noch ein Wahlrecht nahelegen, einen Praxisverbund als Berufsausübungsgemeinschaft zu gründen. Die Gegenüberstellung von Praxisnetzen und Berufsausübungsgemeinschaften sowie MKG in § 18 I 1 MBOÄ verdeutlicht allerdings die Differenzierung der Kooperationsformen.[2705] Außerdem soll *„allen dazu bereiten Ärzten"* die Teilnahme am Praxisverbund ermöglicht werden, was gegen die Annahme einer höchstpersönlichen Berufsausübungsgemeinschaft spricht.

2699 *Ahrens*, MedR 1992, 141 (146).

2700 *Eisenberg*, Ärztliche Kooperationen, S. 214.

2701 In der Praxis wird regelmäßig der sozialversicherungsrechtliche Begriff des Praxisnetzes nach § 87b II 2 SGB V als Synonym zu Praxisverbünden verwandt, siehe *Möller*, in: *Ratzel/Luxenburger*, Medizinrecht, Kap. 16 Rn. 472.

2702 *Staeck*, ästhetische dermatologie 2012 (3), 42.

2703 *Rieger*, MedR 1998, 75 (75); vgl. auch *Bördlein*, Ärzte Zeitung v. 16.8.2013, S. 13.

2704 *Rieger*, MedR 1998, 75 (77); *Eisenberg*, Ärztliche Kooperationen, S. 213; *Erbsen*, Praxisnetze, S. 67 f.; *Koller*, Ärztliche Kooperationsformen, S. 145 f.

2705 Bereits *Koller*, Ärztliche Kooperationsformen, S. 144.

Gegen die Einordnung als Organisationsgemeinschaft sprechen systematisch die Kontrastierung von Organisationsgemeinschaften und Praxisverbünden in § 18 I 1 MBOÄ[2706] sowie die Zweckrichtung von Praxisverbünden auf die Zusammenarbeit zur Patientenversorgung, wohingegen in Organisationsgemeinschaften lediglich die gemeinsame Nutzung räumlicher oder sachlicher Mittel sowie von Personal verabredet wird.[2707] Der Praxisverbund steht aufgrund der vereinbart systematischen, nicht notwendig fachlichen Kooperation zur Patientenversorgung der Berufsausübungsgemeinschaft näher als der Organisationsgemeinschaft.[2708] Gleichwohl wirkt sich die Zugehörigkeit zu einem Praxisverbund nicht auf die selbständige Tätigkeit in eigener Praxis am bisherigen Ort des Praxissitzes der Ärzte aus.[2709] Die am Praxisverbund beteiligten Ärzte üben ihre berufliche Tätigkeit nicht innerhalb des Praxisverbunds, sondern in ihrer eigenen Praxis aus. Im Namen des Praxisverbunds werden keine ärztlichen Leistungen erbracht,[2710] sodass statt des Praxisverbunds der Arzt selbst bzw. seine Berufsausübungsgemeinschaft Vertragspartner des Behandlungsvertrags wird.[2711] Allein aufgrund des Zusammenschlusses zu einem Praxisverbund sind die Verbundbeteiligten nicht berechtigt, Daten von Patienten ohne deren Einverständnis auszutauschen.[2712] Es bedarf stattdessen der Entbindung von der Verschwiegenheitsverpflichtung durch den Patienten wie auch datenschutzrechtlich der ausdrücklichen Einwilligung in die Weitergabe nach Art. 6 I lit. a) der VO (EU) 2016/679.

Voraussetzung für den Zusammenschluss in einem Praxisverbund mit nichtärztlichen Akteuren ist die Einhaltung der *„Grundsätze aus § 23b*" MBOÄ. Unklar bleibt die Bezugnahme auf die (welche?) Grundsätze des § 23b MBOÄ in § 23d III a. E. MBOÄ. Jedenfalls scheidet sowohl die umfassende Anwendung des § 23b MBOÄ als auch derjenigen seiner Vorschriften aus, die an die gemeinsame Berufsausübung in einer MKG anknüpfen, da eine gemeinsame Berufsausübung in Praxisverbünden gerade nicht gewollt ist. Die Übertragung auf sie ausgerichteter Regelungen

2706 *Koller*, Ärztliche Kooperationsformen, S. 145.

2707 Vgl. noch zum alten Terminus der Praxisgemeinschaft *Rieger*, MedR 1998, 75 (77); *Erbsen*, Praxisnetze, S. 61 f., 65.

2708 Daher ist die Einordnung als Zwischenstufe zwischen Berufsausübungsgemeinschaft und Organisationsgemeinschaft zu unterstützen, die von *Möller*, in: *Ratzel/ Luxenburger*, Medizinrecht, Kap. 16 Rn. 474; *Kilian*, in: *Prütting*, MBOÄ, § 23d Rn. 3, vorgenommen wird.

2709 *Scholz*, in: *Spickhoff*, Medizinrecht, MBOÄ, § 23d Rn. 1; *Eisenberg*, Ärztliche Kooperationen, S. 221; *Rieger*, MedR 1998, 75 (77).

2710 *Steinhilper*, in: *Laufs et al.*, Hdb. Arztrecht, § 35 Rn. 90.

2711 *Erbsen*, Praxisnetze, S. 64 f.; *Möller*, in: *Ratzel/Luxenburger*, Handbuch Medizinrecht, Kap. 16 Rn. 490, verweist richtigerweise auf die Beachtung des Risikos einer Rechtsscheinhaftung, wenn durch die nach § 18a III 2 MBOÄ zulässige Ankündigung des Praxisverbunds der Eindruck erweckt wird, es erfolge eine gemeinschaftliche Leistungserbringung.

2712 Zur Lage zu Zeiten der Regelungen im BDSG noch Rieger, MedR 1998, 75 (79).

ist nicht mit der Eigenart des Praxisverbunds zu vereinbaren.[2713] Das Prinzip fachlicher Zusammenarbeit nach § 23b I 3, II MBOÄ lässt sich ebenso wenig auf Praxisverbünde übertragen,[2714] da der in § 23d I 1 MBOÄ speziell umschriebene Kooperationszweck nicht unbedingt fachlicher Art zu sein hat. Zudem lässt sich die in § 23b I 2 MBOÄ geregelte Rechtsformwahl mangels gemeinsamer Berufsausübung nicht transferieren, sodass die Orientierung an den im Kooperationsvertrag nach § 23b I 4 MBOÄ aufzunehmenden Gewährleistungen verbleibt.[2715] Inhaltlich zielen sie allerdings auf die Absicherung berufsrechtskonformer ärztlicher Berufsausübung innerhalb einer berufsübergreifender Berufsausübungsgemeinschaft ab, für die ein äquivalentes Bedürfnis in Praxisverbünden fehlt.

Überwiegend passen die Anordnungen zudem nicht: So ist eine Trennung der ohnehin mangels gemeinsamen Auftritts separierten Verantwortungsbereiche gegenüber Patienten in dem Vertrag eines Praxisverbunds ebenso unsinnig wie der verpflichtend gemeinsame Auftritt als Gemeinschaft gegenüber Patienten.[2716] Erst recht wenig plausibel ist mangels gemeinsamer Berufsausübung die Applikation des Erfordernisses vertraglicher Unterwerfung beteiligter Nichtärzte unter das ärztliche Berufsrecht – seine Anwendung zur Klarstellung gegenüber Netzärzten, dass ihnen durch Zusammenarbeit im Praxisnetz mit Nichtärzten keine weiteren Rechte zuwachsen, ist zumindest unverhältnismäßig.[2717] Gegen die Übertragung der auf gemeinsame Berufsausübung ausgerichteten Maßgaben des § 23b I 4 MBOÄ spricht ferner die Offenheit der Praxisverbünde, in denen nach § 23d I 2 MBOÄ *„allen dazu bereiten [...] Ärzten"* die Teilnahme ermöglicht werden soll. Der diffuse und kaum sinnvolle Verweis auf die *„Grundsätze nach § 23b"* entbehrt daher vollständig einer Bedeutung.

Während berufsrechtlich der Gesellschaftsvertrag des Praxisverbunds der zuständigen Ärztekammer nach § 23d II MBOÄ lediglich vorzulegen ist, stehen vertragsarztrechtlich Praxisverbünde als Praxisnetze unter dem Erfordernis der Anerkennung durch die zuständige Kassenärztliche Vereinigung nach § 87b II 3 SGB V. Die Anerkennung erfolgt nach den Kriterien und Qualitätsanforderungen der Kassenärztlichen Bundesvereinigung aufgrund § 87b IV SGB V, die eine Privilegierung der Praxisnetze im Rahmen der vertragsärztlichen Honorarverteilung rechtfertigen sollen.[2718]

2713 Vgl. bereits *Erbsen*, Praxisnetze, S. 129, die *„ausschließlich"* eine *„sinngemäße und im Rahmen des Praxisverbundes sinnvolle Übertragung"* für geboten erachtet.

2714 *Erbsen*, Praxisnetze, S. 142, überträgt dagegen den heutigen § 23b I 3, II MBOÄ in abgemilderter Weise.

2715 So beziehen *Broglie/Hartmann*, in: *Clausen/Schroeder-Printzen*, Medizinrecht, § 11 Rn. 77, *„die Grundsätze"* auf die gesellschaftsvertraglichen Inhalte nach § 23b I 4 MBOÄ.

2716 A. A. *Erbsen*, Praxisnetze, S. 130 ff., die lediglich die Verpflichtung zu einem gemeinsamen Auftritt im Rechtsverkehr für nicht übertragbar hält.

2717 So allerdings *Erbsen*, Praxisnetze, S. 136.

2718 Näher zur Anerkennung von Praxisnetzen *Rompf*, MedR 2015, 570 (571).

4. Gewerbliche „Hilfszusammenschlüsse“/ Betriebsgemeinschaften

Auf hier als gewerbliche Hilfszusammenschlüsse bezeichnete Assoziationen soll prägnant hingewiesen werden. Darunter lassen sich – auch im Vertragsarztrecht anerkannte[2719] – Betriebsgesellschaften fassen, deren Ziel die Anschaffung von Räumen und/oder technischer Ausstattung sowie Beschäftigung von Personal zur entgeltlichen Bereitstellung gegenüber Ärzten und Angehörigen weiterer Gesundheitsberufe sein kann.[2720] Es sind vielfältige Modelle in der Praxis anzutreffen:[2721] Möglich sind Zusammenschlüsse der in einer Gemeinschaftspraxis verbundenen Ärzte zur Vornahme benötigter Investitionen, aber auch integrative Gesundheitszentren[2722] bzw. Ärztehäuser,[2723] in denen Angehörige häufig sich ergänzender Berufs- oder Fachgruppen zu gemeinsamer betriebswirtschaftlicher Geschäftsführung in zentralen Funktionsbereichen wie Einkauf, Schreibbüro oder Personalwesen vereinigen.[2724] In der Trägerorganisation können Ärzte neben Nichtärzten beteiligt sein, aus praktischen Gründen findet der Zusammenschluss meist in Form der GmbH statt.[2725] Der Arzt schließt mit der Trägergesellschaft einen Mietvertrag über die Räumlichkeiten der GmbH, um darin den ärztlichen Beruf auszuüben. In seiner Berufsausübung ist er von der Trägergesellschaft mithin unabhängig, tritt im eigenen Namen auf und handelt auf eigene Rechnung.[2726] Möglich ist auch die gemeinsame Anmietung von Räumlichkeiten der GmbH mit anderen Ärzten in Praxisgemeinschaft, in ärztlicher Berufsausübungsgemeinschaft oder mit Angehörigen anderer Gesundheitsberufe in einer MKG. Aufgrund ihres Auftritts als eigenständiges Rechtssubjekt gegenüber den Gesundheitsdienstleistungen

---

2719 *Wigge*, in: *Schnapp/Wigge*, Vertragsarztrecht, § 6 Rn. 136.

2720 *Steinhilper*, in: *Laufs et al.*, Hdb. Arztrecht, § 35 Rn. 91; Bezeichnung als *„Kosten-GmbH“* bei *Schiller/Hartmann*, in: *Halbe/Schirmer*, Kooperationen, A 1600 Rn. 18.

2721 *Möller*, in: *Ratzel/Luxenburger*, Medizinrecht, Kap. 16 Rn. 492; ferner *Möller/Makoski*, in: *Wenzel*, Arzthaftungsprozess, Rn. 322.

2722 *Krieger*, in: ARGE, Psychotherapeutengesetz, S. 169 (175 ff.); *Krieger*, MedR 1998, 57 (57 f.); *Taupitz*, MedR 1993, 367 ff.

2723 Siehe dazu *Ahrens*, MedR 1992, 141 (142), der Ärztehäuser als räumliche Zusammenfassung mehrerer selbständiger Praxen unterschiedlicher Fachgebiete aufgrund zentraler Planung in einem Gebäude beschreibt. Vgl. außerdem Michalski, Freie Berufe, S. 97.

2724 Vgl. *BVerfG*, MedR 2012, 516 ff.: Eine GmbH und Co. KG stattete angemietete Räumlichkeiten mit den erforderlichen medizinischen Gerätschaften inklusive des notwendigen Personals aus und stellte das Gesamtpaket ärztlichen Nutzern gegen Entgelt zur Verfügung.

2725 *Krieger*, in: ARGE, Psychotherapeutengesetz, S. 169 (175). Bereits zu Ärztehäusern *Ahrens*, MedR 1992, 141 (142).

2726 *Krieger*, in: ARGE, Psychotherapeutengesetz, S. 169 (176).

erbringenden Personen (-gruppen) bei deren Organisation ihrer Berufsausübung stellen Betriebsgesellschaften keine Organisationsgemeinschaft dar.

Mangels gemeinsamer Berufsausübung der Gesellschafter in der Trägergesellschaft gelten gegenüber den Kooperationspartnern für den Arzt die normalen Regelungen zur Berufsausübung, insbesondere ist die Verschwiegenheitsverpflichtung zu beachten. Ferner können sich an der Betreibergesellschaft Angehörige außerhalb des Berufskreises in § 23b I 1 MBOÄ beteiligen. Insbesondere steht das Gewerblichkeitsverbot nach § 18 II 1 MBOÄ nicht einer gemeinsamen Trägergesellschaft mit Gesundheitshandwerkern entgegen. § 18 II 1 MBOÄ beinhaltet kein Verbot gewerblicher Tätigkeit abseits ärztlicher Berufsausübung,[2727] zudem betrifft er wörtlich („*dürfen ihren Beruf [...] in [...] Gesellschaftsformen ausüben*") nur Gesellschaften zu gemeinsamer Berufsausübung. Auch ein Konflikt mit § 3 I 1 MBOÄ besteht mangels Unvereinbarkeit der Vermietungstätigkeit mit ethischen Grundsätzen des ärztlichen Berufs nicht. Verstöße gegen § 31 I, II MBOÄ und § 32 I MBOÄ werden regelmäßig nicht ersichtlich sein. So lassen sich in der nach außen erfolgenden Kundgabe von Leistungserbringern durch die Trägergesellschaft – z.B. auf der trägereigenen Website oder an der Fassade des Gebäudes – keine nach § 31 II MBOÄ untersagte Empfehlung erkennen.

2727 *Kern*, NJW 2000, 833 (837); *Taupitz*, MedR 1993, 219 (224).

§ 5 Zusammenschlüsse von Ärzten mit Angehörigen nichtmedizinischer freier Berufe

I. Einleitung

Aufgrund der typischen ärztlichen Behandlungstätigkeit liegen interprofessionelle Zusammenschlüsse mit Angehörigen anderer Heilberufe nahe, wie sie bisher dargestellt worden sind. Doch es kommen auch andere freie Berufe für sinnvolle Zusammenarbeit in Betracht. § 23c MBOÄ stellt die berufsrechtliche Regelung von Zusammenschlüssen mit solchen Personen dar, die weder Arzt sind noch einen von § 23b I MBOÄ erfassten Beruf ausüben und greift damit genuin Assoziierungen mit zumindest nicht charakteristisch am Gesundheitsmarkt beteiligten Berufsgruppen auf.[2728] Geprägt sind die Zusammenschlüsse von Ärzten mit Angehörigen freier nichtmedizinischer Berufe allesamt durch ein vollkommen unterschiedliches Aufgabengebiet.[2729]

Zunächst sollen Konzepte möglicher Zusammenschlüsse erarbeitet werden, die sich jedoch erst in der Praxis anhand konkreter Bedürfnisse ausarbeiten lassen. Es ist anzunehmen, dass sich durch den steten infrastrukturellen und technischen Wandel wie auch den medizinischen Fortschritt immer neue Potentiale für die Verwertung medizinischen Know-hows ergeben. So kommen Kooperationen mit neu entstandenen Berufsbildern, aber auch neue Felder möglicher Kooperationen mit bestehenden Berufen in Betracht. Aufgrund der aus ärztlicher Sicht untergeordneten Bedeutung von Zusammenschlüssen mit Angehörigen von Berufen außerhalb des Gesundheitswesens können sie an dieser Stelle auch nur angerissen werden. Die vorliegende Arbeit beschränkt sich auf plakative Gestaltungen, die in der Gesellschaft jedoch alle – auch erklärbar durch eine große bestehende Rechtsunsicherheit[2730] – noch selten zu finden sind. So soll der Zusammenschluss mit Rechtsanwälten sowie mit wirtschaftsberatenden und technischen Freiberuflern näher beleuchtet werden. Eine Kernfrage soll dabei sein, inwieweit der Arzt den ärztlichen Beruf in einer solchen interprofessionellen Berufsausübungsgemeinschaft ausüben kann und ob er in seiner Tätigkeit Beschränkungen unterliegt, die verfassungsrechtlicher Überprüfung

---

2728 Dies übersehend *Michel*, in: *Kluth*, Kammer- und Berufsrecht, S. 225 (244).

2729 Vgl. *Gotzens*, Interprofessionelle Zusammenarbeit, S. 148.

2730 Vgl. die Einschränkung der durch den *BGH* erfolgten Vorlage *BVerfGE* 141, 82 (95 f.); zu dem noch beim *BVerfG* anhängigen Verfahren zu der Ausgestaltung eines Zusammenschlusses eines Rechtsanwalts mit einem Steuerberater siehe den Vorlagebeschluss des AnwGH Bad.-Württ. 13/2018 II.

bedürfen. Bereits an anderer Stelle wurde deutlich, dass in interprofessionellen Zusammenschlüssen kein einheitliches Berufsrecht gilt, sondern jeder Partner weiterhin seinem eigenen Berufsrecht unterliegt und somit für die Errichtung gemeinsamer Gesellschaften alle Berufsrechte der beteiligten Berufe Beachtung finden müssen.[2731] Bedeutsam erscheint insbesondere die für die Praxis essentielle Klärung der Zulässigkeit von Zusammenschlüssen zu Berufsausübungsgemeinschaften.

II. Zweckmäßige Zusammenschlüsse

1. Zusammenschlüsse mit Rechtsanwälten

Zwar scheint eine Zusammenarbeit von Ärzten mit Rechtsanwälten zunächst nicht naheliegend. Die juristische Vertretung des Arztes für begangene Behandlungsfehler bedarf richtigerweise keines Zusammenschlusses,[2732] zumal ein solcher Zweck ein wohl fatales Signal an alle Patienten bezüglich der Behandlungsqualität sendete. Im Ergebnis wäre aufgrund einer spürbaren Konfrontation der Interessenkreise von Arzt und Patient die zur medizinischen Behandlung erforderliche besondere Vertrauensbeziehung kaum aufzubauen.[2733]

Rechtsanwälte hingegen sind ihrerseits regelmäßig auf das Fachwissen anderer Professionen angewiesen:[2734] Zu einer sorgfältigen Mandatsbearbeitung im Bereich des Arzthaftungsrechts, allgemeinen Deliktsrechts, des Strafrechts oder des öffentlichen Rechts kann ein medizinisches Grundverständnis erforderlich sein, das regelmäßig in Kanzleien nicht vorhanden ist und gewöhnlich durch externe Privatgutachten beschafft werden muss.[2735] Potentiell dürfte die Mandantschaft umso mehr der Bearbeitung des Rechtsanwalts vertrauen, wenn ihm ein Arzt als fachkundiger Spezialist zur Seite steht, um komplexe Zusammenhänge aufzufassen.[2736]

Nach Meinung einiger stünde der Sinnhaftigkeit entgegen, dass Gutachten des mit dem Rechtsanwalt dauerhaft zusammengeschlossenen Arztes vor Gericht als „*Hausgutachten*“ der Parteiergreifung beschuldigt würden und daher ihren Wert innerhalb eines Prozesses verlören – der mit dem Rechtsanwalt soziierte müsse

---

2731 Siehe S. 413 ff.

2732 *Gotzens*, Interprofessionelle Zusammenarbeit, S. 148.

2733 Vgl. pauschal kritisch zu dem Sinn eines Zusammenschlusses eines Rechtsanwalts mit einem Arzt *Kämmerer*, DStR-Beih 2015, 33 (33).

2734 *Michalski/Römermann*, in: *Henssler/Streck*, Sozietätsrecht, Kap. B Rz. 764 ff.; *dies.*, NJW 1996, 3233 (3233); *Gotzens*, Interprofessionelle Zusammenarbeit, S. 147 f.; *Quodbach*, Grenzen interprofessioneller Zusammenarbeit, S. 63 ff., 155. Vgl. auch das verlautbarte Interesse von Rechtsanwälten an der Zusammenarbeit mit u. a. Heilberuflern, Architekten und Ingenieuren nach *Kilian*, ZRP 2019, 213 (215).

2735 *Dautert*, in: *Wenzel*, Arzthaftungsprozess, Rn. 2788.

2736 *Quodbach*, Grenzen interprofessioneller Zusammenarbeit, S. 52 f.

Arzt als befangen gelten.[2737] Das Resultat wäre demnach die Ablehnung des Gutachtens vor Gericht oder eine reduzierte Überzeugungskraft des Gutachtens und in der Konsequenz auch die Ablehnung des Bedürfnisses einer dauerhaften Kooperation zwischen Arzt und Rechtsanwalt.[2738] Dem ist jedoch zu widersprechen. Das ärztliche Gutachten lässt sich vorprozessual und im Rahmen der Beweisaufnahme nutzbar machen.[2739] Durch Nutzung der ärztlichen Expertise lässt sich das Prozessrisiko eher abschätzen, die Beweissituation des Mandanten verbessern und für den Mandanten innerhalb der außergerichtlichen Verhandlungen eine bessere Position verschaffen.[2740] Gutachterlich können Schädigungen, die bis zur möglichen Anordnung eines gerichtlichen Sachverständigengutachtens bereits wieder behoben (verheilt) und einer Begutachtung nicht mehr zugänglich sein können, gesichert werden.[2741] Während der gerichtliche Sachverständige nach seiner Hinzuziehung bei verheilten Schädigungen lediglich die Begutachtung nach Aktenlage möglich ist, kann der Privatgutachter bereits vorprozessual die persönliche Untersuchung des Geschädigten vornehmen.[2742] Auch prozessual bleibt der Wert des Gutachtens erhalten. Gerichte können bei Beweisantritt durch Sachverständigengutachten im Zivilprozess nach §§ 144 I 1 Alt. 2, 404 I 1 ZPO Sachverständige nach eigener Auswahl zur Begutachtung hinzuziehen, wodurch sich das Gericht sowohl Klarheit über den Sach- und Streitstand verschaffen als auch verwertbare Beweise beschaffen kann.[2743] Ein Sachverständiger *ist* bei entsprechendem Beweisantritt heranzuziehen, wenn die Beantwortung einer Frage Fachwissen voraussetzt, das die eigene Sachkunde des Gerichts überschreitet.[2744] Regelmäßig ist dies in Arzthaftungsprozessen der Fall. Besitzt das Gericht ausnahmsweise besondere Sachkunde, ist sie im Urteil und zuvor in einem Hinweis an die Parteien darzulegen.[2745]

Die Auswahl des gerichtlichen Sachverständigen obliegt zwar allein dem Gericht nach § 404 I ZPO, den Parteien kommt insoweit kein Beteiligungsrecht an der Auswahl zu[2746] – bereits die Hinzuziehung des mit dem Rechtsanwalt verbundenen

---

2737 *Gotzens*, Interprofessionelle Zusammenarbeit, S. 148; *Singer*, DStR 2013, 1856 (1859).

2738 *Gotzens*, Interprofessionelle Zusammenarbeit, S. 148; *Quodbach*, Grenzen interprofessioneller Zusammenarbeit, S. 63 f.

2739 *Hattemer/Rensen*, MDR 2012, 1384 (1384); siehe auch *Quodbach*, Grenzen interprofessioneller Zusammenarbeit, S. 64, der diese Zweiteilung nicht derart explizit darstellt.

2740 *Quodbach*, Grenzen interprofessioneller Zusammenarbeit, S. 64.

2741 *Meller-Hannich*, ZZP 129 (2016), 263 (278).

2742 Siehe zur Art möglicher Gutachtenerstellung *Hirgstetter*, in: *Wenzel*, Arzthaftungsprozess, Rn. 1338.

2743 *Fritsche*, in: *Rauscher/Krüger*, MüKo ZPO, § 144 Rn. 23; *Zuck*, NJW 2010, 3622 (3623); *Bürger*, MedR 1999, 100 (102).

2744 *BGH*, *NJW* 2015, 1311; *BGH*, *NJW*-RR 2007, 357 (358); *Schmid*, NJW 1994, 767 (769).

2745 *BGH*, *NJW*-RR 2007, 357 (358); 1997, 1108; NJW 2015, 1311; *Bürger*, MedR 1999, 100 (101); so ferner bereits *BGH*, MDR 1967, 745.

2746 *Bürger*, MedR 1999, 100 (102).

Arztes ist damit schon unwahrscheinlich. Bei vernünftigen, objektiv begründeten Zweifeln an der Neutralität des Gutachters kann dieser nämlich durch eine Partei nach § 406 I 1 ZPO wegen Befangenheit wie ein Richter in entsprechender Anwendung des § 42 ZPO auf Antrag abgelehnt werden.[2747] Bei regelmäßiger Geschäftsbeziehung des Sachverständigen und der Anwaltskanzlei einer Partei kann daher ein Sachverständiger als befangen abgelehnt werden,[2748] auch die Erstattung eines Privatgutachtens in derselben oder vergleichbaren Sache sowie das Angebot hierzu berechtigen zur Ablehnung.[2749] Eine Tätigkeit als gerichtlich angeordneter Sachverständiger in einem Prozess, an dem der mit dem Arzt verbundene Rechtsanwalt eine Partei vertritt, ist daher nur in dem eher unwahrscheinlichen Fall möglich, dass die Gegenpartei den Arzt als Sachverständigen nicht ablehnt.[2750] Gleiches gilt ohnehin, wenn der Arzt bereits privatgutachterlich in derselben Sache tätig gewesen ist; der Zusammenschluss fügt also seiner Unbefangenheit keinen zusätzlichen Mangel zu.

Dennoch ist neben den gerichtlich angeordneten Gutachten die Einbringung von Privatgutachten in den Prozess möglich, um beispielsweise das Gutachten eines gerichtlich angeordneten Sachverständigen zu erschüttern.[2751] Häufig bleibt einer Partei nichts anderes übrig, als ein für sie ungünstiges Gutachten des gerichtlichen Sachverständigen mit Hilfe eines Privatgutachtens überprüfen zu lassen und dessen Ansicht im Rahmen des Zeugenbeweises vorzutragen.[2752] Privatgutachten können zwar grundsätzlich nicht als Beweismittel in den Prozess eingeführt werden, stellen jedoch qualifizierten, „*urkundlich belegten*“[2753] Parteivortrag dar.[2754] Insbesondere ergeben sich Auswirkungen auf die Substantiierungslast.[2755] Sogar die Mitwirkung des Privatgutachters kommt in Betracht, auch wenn sie nicht nach der ZPO vorgesehen ist. So kann der Privatgutachter eine Partei bei Ausübung

2747 *BGH*, NJW 1975, 1363; *Zimmermann*, in: MüKo ZPO, § 406 Rn. 4.

2748 *OLG München*, MDR 2006, 1309 (1309). Siehe weitere Fälle nachhaltiger Zusammenarbeit, die nach der Rechtsprechung zur Ablehnung des Sachverständigen geführt haben bei *Martis/Winkhart-Martis*, Arzthaftungsrecht, Rn. S 87 ff.

2749 *Hartmann*, in: *Baumbach et al.*, ZPO, § 406 Rn. 13; *Reichold*, in: *Thomas/Putzo*, ZPO, § 406 Rn. 2; siehe ferner *Martis/Winkhart-Martis*, Arzthaftungsrecht, Rn. S 86 f.

2750 Die Verwendung eines Privatgutachtens erfordert die Zustimmung beider Parteien, *BGHZ* 98, 32 (40); *BGH*, NJW-RR 1994, 255 (256); siehe ferner *Ghassemi-Tabar/Nober*, NJW 2016, 552 (553).

2751 *BGH*, NJW-RR 2010, 711; NJW 2015, 1311; *Bürger*, MedR 1999, 100 (110).

2752 So bereits *BGH*, VersR 1981, 752.

2753 Siehe hier nur *BGH, NJW* 1982, 2874 (2875).

2754 *BGH*, NJW-RR 2008, 1252 (1252 f.); siehe ferner *Hattemer/Rensen*, MDR 2012, 1384 (1384 f.); *Meller-Hannich*, ZZP 129 (2016), 263 (278 f.); *Ahrens*, Beweis, Kap. 44 Rn. 36; *Rosenberg et al.*, Zivilprozessrecht, § 122 Rn. 14; *Hille*, DS 2017, 237 (238 f.); *Walter*, in: *Jorzig*, Arzthaftungsrecht, 3. Teil 4. Kap., Rn. 11; *Ghassemi-Tabar/Nober*, NJW 2016, 552 (553); *Reichold*, in: *Thomas/Putzo*, ZPO, Vorb. § 402 Rn. 5.

2755 *Hille*, DS 2017, 237 (239).

ihres Fragerechts nach §§ 397, 402, 411 III ZPO unterstützen[2756] oder das Fragerecht der Partei übertragen bekommen.[2757]

Ausnahmsweise kommt die Einbringung als sachverständiger Zeuge nach § 414 ZPO in Betracht, um die eigene Wahrnehmung zu vergangenen Tatsachen oder Zustände, zu deren Wahrnehmung Fachkenntnis erforderlich ist, zu bezeugen.[2758] Wertungen und Schlussfolgerungen darf der Privatgutachter dann jedoch nicht ziehen.[2759] Der Einbezug des Arztes als sachverständiger Zeuge kommt insbesondere in dem nicht seltenen Fall in Betracht, dass ein selbständiges Beweisverfahren nach §§ 485 ff. ZPO zur Beweissicherung unterblieben ist. Als sachverständiger Zeuge kann der Privatgutachter von der Gegenpartei zudem nicht nach § 406 ZPO abgelehnt werden.[2760] Wird außerdem der auf privatgutachterliche Stellungnahme gestützte Parteivortrag im Prozess vom Gericht übergangen, kann der Anspruch auf rechtliches Gehör aus Art. 103 I GG verletzt sein.[2761] Es besteht für das Gericht die Pflicht zur Würdigung allen erheblichen Parteivorbringens.[2762] Wird ein für den Mandanten günstiges entscheidungserhebliches Beweisergebnis durch das Gericht nicht berücksichtigt, sind der verfassungsrechtlich gewährleistete Anspruch auf rechtliches Gehör aus Art. 103 I GG[2763] und auch §§ 412, 286 ZPO[2764] verletzt. Explizit werden durch die ständige Rechtsprechung richtigerweise ebenso Privatgutachten erfasst, denn ein Patient, aber auch ein Arzt bedarf zum Erheben von Einwendungen gegen ein anderes, auch gerichtlich angeordnetes Gutachten häufig der Befragung eines Experten oder lässt sich ein Privatgutachten anfertigen.[2765] Ist ein Gutachten, auch das des gerichtlich angeordneten Sachverständigen, mit Widersprüchen behaftet oder unvollständig, so gilt gerade in Arzthaftungsprozessen, dass den Widersprüchen durch das Gericht nachzugehen und die Vollständigkeit des Gutachtens kritisch zu überprüfen ist.[2766] Ergeben sich Differenzen

---

2756 *Hattemer/Rensen*, MDR 2012, 1384 (1386); *Frahm*, in: *Wenzel*, Arzthaftungsprozess, Rn. 3846.

2757 *BGH, NJW*-RR 2009, 409 (410); *Ghassemi-Tabar/Nober*, NJW 2016, 552 (554).

2758 *OLG Karlsruhe*, NJOZ 2003, 768 (769); *Hille*, DS 2017, 237 (238); *Ghassemi-Tabar/Nober*, NJW 2016, 552 (553).

2759 *Walter*, in: *Jorzig*, Arzthaftungsrecht, 3. Teil 4. Kap., Rn. 17.

2760 *Hartmann*, in: *Baumbach et al.*, ZPO, § 414 Rn. 6; *Greger*, in: *Zöller*, ZPO, § 406 Rn. 2, § 414 Rn. 1.

2761 *BVerfG*, NJW 1997, 122 (123); *BGH, NJW* 2015, 1311; 2017, 1397 (1398); *BGH, NJW*-RR 2010, 711.

2762 *Hattemer/Rensen*, MDR 2012, 1384 (1385).

2763 *BGH, NJW*-RR 2010, 495; *BVerfG*, Beschl. v. 15. 5. 2012 – 1 BvR 1999/09, Rn. 13 f.

2764 *BGH*, VersR 1981, 752.

2765 *BGH*, VersR 1981, 752 f.; *NJW* 1990, 759 (759 f.); 1996, 1597 (1598 f.); 1994, 1592 (1593); 1994, 1596 (1597); 1995, 779; NJW-RR 2009, 1112 (1113); 2014, 545 (545).

2766 *BGH*, VersR 1981, 752; 1985, 1187 (1188); NJW-RR 2009, 387 (388); 2010, 711 (712); NJW 1994, 1596 (1597); 2419 (2420); 1995, 779 (780); 1996, 1597 (1598); 1997, 794 (795); 1638 (1639); *OLG Karlsruhe*, NJOZ 2003, 768 (770); siehe ferner *Gehrlein*, NJ 2016, 89 (94).

zwischen mehreren Gutachten, explizit auch zwischen einem gerichtlich angeordneten Gutachten und einem Privatgutachten, so sind die betroffenen Punkte aufzuarbeiten, erst recht wenn die Resultate deutlich voneinander abweichen.[2767] An die Substanziierungslast einer Partei dürfen hierbei nur maßvolle Anforderungen erhoben werden.[2768] Das Gericht kann sich dann nicht ohne einleuchtende und logisch nachzuvollziehende Begründung einem Gutachten anschließen, es würde sonst willkürlich handeln.[2769] Das Privatgutachten kann also nicht ohne Weiteres übergangen werden, auch wenn Einwendungen der Gegenpartei, wie beispielsweise Zweifel an der Unparteilichkeit oder der Sachkunde des Gutachters gegen das ärztliche Gutachten ernst zu nehmen sind und eine sorgfältige Auseinandersetzung des Gerichts mit den Einwendungen erfordern.[2770] Dabei ist zu berücksichtigen, dass in der Praxis nicht selten Gerichte einer privatgutachterlichen Stellungnahme gegenüber einem schlichten schriftsätzlichen Parteivortrag durchaus höheres Gewicht beimessen.[2771]

Allein der Einwand der Gegenseite, das dem Mandanten günstige Gutachten sei eher ein „*wohlwollendes Bestätigungsschreiben*“ reicht nicht aus, um die Ergebnisse anzuzweifeln. Eine Ablehnung des Privatgutachters durch die Gegenseite kommt nicht in Frage. §§ 402 ff. ZPO beziehen sich lediglich auf den gerichtlichen Sachverständigen, nicht dagegen auf Privatgutachter. Demnach hängt es auch nicht von der Zustimmung des Prozessgegners ab, ob das Privatgutachten durch das Gericht zu verwerten ist – es hat sich mit den darin enthaltenen Punkten auseinanderzusetzen.[2772] Die Beurteilung eines Privatgutachtens als Gefälligkeitsgutachten durch den gerichtlich angeordneten Sachverständigen stellt dabei einen Ablehnungsgrund für die das Privatgutachten einbringende Partei dar.[2773] Außerdem kann es keinen Unterschied machen, ob das Privatgutachten durch einen mit dem Rechtsanwalt des Mandanten zusammengeschlossenen Sachverständigen erfolgt oder, ob

---

2767 *BVerfG*, NJW 1997, 122; *BGH*, NJW 1990, 759 (759 f.); 1994, 2419 (2420 f.); 1596 (1597); 1592 (1593); 1997, 794 (795 f.); 1996, 1597 (1598 f.); 1997, 1638 (1639 f.); 2008, 2846 (2848); 2015, 411 (412); *NJW*-RR 2009, 387 (388 f.); 1980, 533; *Schmid*, NJW 1994, 767 (770); *Zuck*, NJW 2010, 3622 (3623); siehe ferner *Ahrens*, Beweis, Kap. 44 Rn. 39 f.; *Hattemer/Rensen*, MDR 2012, 1384 (1385); *Hille*, DS 2017, 237 (239 f.); *Frahm*, in: *Wenzel*, Arzthaftungsprozess, Rn. 3850; *Ghassemi-Tabar/Nober*, NJW 2016, 552 (553); *Spickhoff*, NJW 2017, 1790 (1796).

2768 *BGH*, VersR 1981, 752; *Bürger*, MedR 1999, 100 (101).

2769 So erstmals *BGH*, VersR 1980, 533; siehe ferner *BGH*, *NJW*-RR 2009, 387 (388 f.); *NJW* 1997, 1638 (1639); *Reichold*, in: *Thomas/Putzo*, ZPO, § 286 Rn. 4.

2770 *BGH*, NJW 1988, 762 (763); 2015, 1311; *BGH*, VersR 1981, 752. Vgl. hierzu auch *BVerfG*, NJW 1997, 122. *Bürger*, MedR 1999, 100 (110).

2771 *Hille*, NJW 2017, 1398. Nach *Bleutge*, GewArch 2019, 169 (175), reiche der Wert eines Privatgutachtens mittlerweile an denjenigen eines gerichtliches Gutachten fast heran.

2772 *BVerfG*, NJW 1997, 122 (122 f.); *Martis/Winkhart-Martis*, Arzthaftungsrecht, S. 36 ff.

2773 *OLG Zweibrücken*, NJW 1998, 912 (913).

ein Dritter dieses Gutachten erstellt.[2774] Auch das Gutachten eines Dritten wird durch eine Partei in den Prozess nur dann eingebracht, wenn es für sie günstig ausfällt.[2775] Außerdem ist nicht unbeachtet zu lassen, dass Gefälligkeitsgutachten regelmäßig leicht als solche erkannt werden.[2776] Insbesondere wegen der Nähe des Arztes zum Rechtsanwalt und dessen Mandanten wird der Arzt eher einen Anreiz haben, von derartigen Gefälligkeitsgutachten Abstand zu nehmen, ist er sich doch des ihm gegenüber entgegengebrachten Misstrauens bewusst.[2777]

Nicht außer Betracht gelassen werden darf die grundsätzlich kritische Beäugung ärztlicher Gutachter bei Arzthaftungsprozessen durch die Rechtsprechung. Der *BGH* hat im Jahr 1975 bereits angemahnt, dass ein Tatrichter nicht übersehen dürfe, dass eine nicht geringe Zahl medizinischer Gutachter Schwierigkeiten habe, *„sich bei der Ausübung ihres Amtes von überholten und in diesem Zusammenhang der Rechtsordnung widersprechenden Standesregeln freizumachen.“*[2778] Zweifel an der Unparteilichkeit eines ärztlichen Gutachters wurden durch die Rechtsprechung wiederholt aufgenommen und führten zur Belehrung der Tatrichter, dass im Arzthaftungsprozess nicht selten eine verfehlte Solidaritätshaltung bestehe[2779] und die Objektivität der Verfasser nachhaltig zu kontrollieren sei.[2780] Auch heutzutage bestehen diese Zweifel in der vorherrschenden ständigen Rechtsprechung fort.[2781]

Zudem ist ein mit dem Rechtsanwalt verbundener Arzt an das ärztliche Berufsrecht auch bei lediglich gutachterlicher Tätigkeit gebunden. Selbstverständlich kann der Arzt gutachterlich nur dann tätig werden, wenn er auf dem betreffenden Gebiet ausreichende Kenntnisse besitzt, also aufgrund seines Sachverstands

---

2774 Bei Einbringung eines Gutachtens des mit dem Rechtsanwalt zusammengeschlossenen Arztes in den Prozess einen Unterschied zu Privatgutachten durch Dritte feststellend *Gotzens*, Interprofessionelle Zusammenarbeit, S. 148; *Quodbach*, Grenzen interprofessioneller Zusammenarbeit, S. 63 ff.

2775 In einer Entscheidung des *BVerfG*, NJW 1997, 122 f., wurde der Hinweis des gerichtlichen Gutachters, das in den Prozess eingebrachte Privatgutachten sei ein *„wohlwollendes Bestätigungsschreiben“* nicht im Entscheidungstext berücksichtigt. Der *BGH*, VersR 1981, 752, geht ebenfalls darauf ein, dass einer Partei im Fall eines für sie ungünstigen Gutachtens durch einen gerichtlich bestellten Sachverständigen häufig nichts anderes übrig bleibe, als mit Hilfe eines Privatgutachtens dieses überprüfen zu lassen und eine ihr günstige Ansicht im Prozess vorzutragen.

2776 *Hennies*, in: *Marx/Klepzig*, Medizinische Begutachtung, S. 15.

2777 So auch *Quodbach*, Grenzen interprofessioneller Zusammenarbeit, S. 65.

2778 *BGH*, NJW 1975, 1463 (1464).

2779 *BGH*, VersR 1978, 542 (544) mit Hinweis auf *Franzki/Franzki*, NJW 1975, 2225 (2227); *Taupitz*, Standesordnungen, S. 306.

2780 *BGH*, VersR 1980, 940 (940 f.).

2781 Vgl. hier nur zur kritischen Würdigung medizinischer Gutachten, insbesondere zur Überprüfung auf Vollständigkeit *BGH*, VersR 1981, 752; 1985, 1187 (1188); NJW-RR 2009, 387 (388); 2010, 711 (712); NJW 1994, 1596 (1597); 2419 (2420); 1995, 779 (780); 1996, 1597 (1598); 1997, 794 (795); 1638 (1639); *Gehrlein*, NJ 2016, 89 (94).

die an ihn gestellten Fragen kompetent beantworten und begründen kann.[2782] Der begutachtende Arzt bleibt über die Kollegialitätspflicht nach § 29 I 1 MBOÄ hinaus nicht nur nach §§ 25, 29 II MBOÄ daran gebunden, in dem Gutachten mit der notwendigen Sorgfalt nach bestem Wissen seine ärztliche Überzeugung auszusprechen,[2783] sondern er soll auch unsachliche Kritik an der Behandlungsweise eines Arztes sowie herabsetzende Äußerungen nach § 29 I 3 MBOÄ unterlassen. Die Ärzteschaft betonte auch vor der die *„Krähentheorie"*[2784] bekämpfende Klarstellung in der MBOÄ im Jahr 1979[2785] stets, dass die Verpflichtung zur Objektivität vor Kollegialität stehe.[2786] Diese Bindungen gelten sowohl für Ärzte als gerichtliche Sachverständige[2787] als auch für Privatgutachter.[2788] Zu berücksichtigen ist zudem, dass sich ein Arzt bei bewusst falscher Begutachtung oder bei falscher Angabe als Sachverständiger einem Strafbarkeitsrisiko nach § 278 StGB bzw. §§ 153, 154 StGB aussetzen würde.

Konzis resümiert lässt sich die Tätigkeit des Arztes sinnvoll in die Mandatsbearbeitung von Rechtsanwälten im Rahmen einer interprofessionellen Berufsausübungsgemeinschaft integrieren. Selbst im Prozess kann ein durch den Arzt verfasstes Gutachten nutzbar gemacht werden, das Gericht hat sich mit den unbestrittenen und bestrittenen Aussagen des Privatgutachtens auseinanderzusetzen, sofern die gutachterlichen Einwendungen nicht bereits von vornherein unbeachtlich sind.[2789] Die spezifische Bedeutung von Privatgutachten ist daher in der Möglichkeit zu sehen, das erkennende Gericht *„zur kritischen Würdigung des von einem gerichtlichen Sachverständigen erstatteten Gutachtens zwingen zu können."*[2790]

Daher ist ein Einwand aus Kostengründen aus Sicht des Mandanten[2791] – dem aufgrund des regelmäßig höheren Honorars als nach dem JVEG zur Vergütung von Sachverständigen im Zivilprozess zumindest eine höhere Belastung als Vorschuss erwächst[2792] –, der aus ökonomischer Sicht möglicherweise erst abwarten möchte, wie ein gerichtlich angeordnetes Gutachten ausfällt, sicherlich nachvollziehbar. Es

---

2782 *Katzenmaier*, in: *Laufs et al.*, Arztrecht, Kap. XII Rn. 29; *Bürger*, MedR 1999, 100 (102).
2783 *Bürger*, MedR 1999, 100 (103).
2784 „Eine Krähe hackt der anderen kein Auge aus."
2785 DÄBl. 1979, 2442 (2444).
2786 *Taupitz*, Standesordnungen, S. 306 ff.
2787 *Bürger*, MedR 1999, 100 (103).
2788 Vgl. *BGH*, DStRE 2017, 185 (186).
2789 *BGH*, VersR 1981, 752.
2790 *Ahrens*, Beweis, Kap. 44 Rn. 43.
2791 So *Quodbach*, Grenzen interprofessioneller Zusammenarbeit, S. 65.
2792 Vgl. *Meller-Hannich*, ZZP 129 (2016), 263 (277 f.); *Ghassemi-Tabar/Nober*, NJW 2016, 552 (554). Regelmäßig werden die Kosten für ein Privatgutachten nach §§ 91 I 1 ZPO von den durch die unterliegende Partei zu erstattenden außergerichtlichen Kosten erfasst, wenn der Auftrag zur Gutachtenerstellung unmittelbar prozessbezogen erfolgte und zur zweckentsprechenden Rechtsverfolgung als notwendig anzusehen ist, *BGHZ* 153, 235 (235 ff.).

greift aber aufgrund der prozessualen Einflussnahme tatsächlich nur dann durch, wenn sowohl das gerichtlich angeordnete Gutachten als auch das Privatgutachten zum selben Ergebnis kommen. Allein ein Hasardeur wird diesen Weg sehenden Auges beschreiten. Ist dem Privatgutachten nämlich bereits die Erkenntnis zu entnehmen, dass sich die Position des Mandanten nicht gutachterlich festigen lässt, können dem Mandanten zumindest die Prozesskosten inklusive der gegnerischen Rechtsanwaltskosten vor Anstrengung des Prozesses erspart werden. Es besteht somit ein Bedarf für dauerhaft verknüpfte Zusammenarbeit von Ärzten und Rechtsanwälten.[2793] Die Zusammenarbeit von Ärzten mit Nicht-Rechtsanwälten bietet daher in der Tat ein interessantes und nützliches Dienstleistungsangebot, das nicht nur im Interesse der beteiligten Personen, sondern auch der Verbraucher und der Allgemeinheit liegt.[2794]

Dem Arzt eröffnet sich neben der typischen Behandlungstätigkeit ein erweitertes Tätigkeitsfeld. Dazu gehört auch die nicht allein Anwälten überlassene Mediation als Streitbehandlungsverfahren zur Entwicklung eigenverantwortlicher Konfliktlösung durch die Parteien, das regelmäßig neben mediativen Kenntnissen des Mediators auch die Expertise in dem fachlichen Konfliktschwerpunkt voraussetzt.[2795] Umgekehrt verlangt die mediative Tätigkeit eines Arztes bereits dann den Einbezug eines anwaltlichen Mediators, wenn die Mediation nach § 2 III Nr. 4 RDG aufgrund des Einbezugs des rechtlichen Rahmens der Verhandlungen eine Rechtsdienstleistung darstellt.[2796] Für eine solche Co-Mediation eignen sich interprofessionelle Zusammenschlüsse zur gemeinsamen Berufsausübung mit gemeinsamem Auftritt.[2797]

2. Wirtschaftsberatende Berufe

Auch mit Steuerberatern und anderen unternehmensberatenden Berufsangehörigen ist eine Zusammenarbeit zur Beratung von Arztpraxen durchaus sinnvoll. Durch ihre Expertise können Ärzte den professionellen Alltag ärztlicher

---

2793 A.A. *Gotzens*, Interprofessionelle Zusammenarbeit, S. 148; ebenfalls kritisch *Kämmerer*, DStR-Beih 2015, 33 (33). Einen Bedarf bejahend wohl eher allein in Bezug auf interne Zusammenarbeit *Quodbach*, Grenzen interprofessioneller Zusammenarbeit, S. 65 f., gleichwohl die Möglichkeit zur Einflussnahme auf den gerichtlichen Prozess erkennend.

2794 Grundsätzlich zum Wert (nicht institutionalisierter) Zusammenarbeit von Medizinern und Rechtsanwälten lediglich exemplarisch *BGH*, NJW 2005, 2692 (2692); *Dahns/Gelmke*, NJW-Spezial 2004, 237 (237); allgemein über Zusammenschlüsse von Rechtsanwälten mit Medizinern hinaus für Berufsausübungsgemeinschaften beispielhaft *Henssler*, AnwBl 2013, 394 (397); *Römermann*, Anwaltsgesellschaften, S. 89.

2795 *Hartung/Wendenburg*, NJW 2009, 1551 (1551 f.).

2796 *Hartung/Wendenburg*, NJW 2009, 1551 (1552), und *Hess*, in: Verhandlungen Deutscher Juristentag, S. F 57 Fn. 291, sprechen von einer erzwungenen „*Co-Mediaton*".

2797 *Hartung/Wendenburg*, NJW 2009, 1551 (1552 f.).

Mandaten besser nachvollziehen und auf diese Weise exemplarisch Steuerberatern praxisrelevante Kenntnisse vermitteln, um deren steuerliche Beratung zu optimieren. Gleiches gilt für die Integration medizinischer Kompetenzen in die Prüfung medizin- bzw. gesundheitsorientierter Unternehmen durch Wirtschaftsprüfer.

3. Technische und sonstige Freiberufler

Angehörige der Berufe für Arbeitssicherheit wie Sicherheitsingenieure können sich sinnvoll mit Ärzten verbinden, um die für Arbeitsschutz und Unfallverhütung verantwortlichen Personen zu beraten und auf ein sicherheitsorientiertes Verhalten aller Angehörigen eines Betriebs hinzuwirken,[2798] exemplarisch aber auch in Bezug auf innerbetriebliche Hygienemaßnahmen. Ihre Verbindung kommt außerdem für den Krankenhausbau oder zur Beratung im Krankenhausmanagement in Frage, ebenso wie ärztliche Expertise in Zusammenschlüssen zur Bearbeitung von Umweltfragen wie Umweltbegutachtung und –hygiene mit Biologen, Chemikern oder Ingenieuren gefragt sein kann.[2799] Biologen und Chemiker sind zwar auch zulässige Kooperationspartner einer MKG nach § 23b I 1 Var. 3 MBOÄ; in einem Zusammenschluss im Sinne des § 23c MBOÄ wird allerdings keine (mittelbare) Beteiligung an der Heilbehandlung des Arztes bezweckt.[2800] Möglich ist auch die Fusion mit hauptberuflichen Sachverständigen[2801] zur Erbringung spezialisierter gutachterlicher Leistungen auf kombinierbaren Feldern.

In Anbetracht der besonderen Situation angestiegener Flüchtlingszahlen in den letzten Jahren kommen auch Zusammenschlüsse mit Dolmetschern in Betracht, die nach § 1 II PartGG als freier Beruf im Sinne des PartGG ausdrücklich genannt sind.[2802]

II. Zusammenschlüsse zu gemeinsamer Berufsausübung

1. Gesellschaftsrecht

Gesellschaftsrechtliche Regelungen sind grundsätzlich unabhängig von den Berufszugehörigkeiten der einzelnen Kooperationspartner. Insoweit kann auf die bereits dargestellten gesellschaftsrechtlichen Grundsätze verwiesen werden. Für die Gründung einer PartG ist die Zugehörigkeit zu einem freien Beruf entscheidend,

2798 Vgl. das Gesetz über Betriebsärzte, Sicherheitsingenieure und andere Fachkräfte für Arbeitssicherheit (ASiG).

2799 *Schirmer*, MedR 1995, 383 (387); *Schmidt*, Ärztliche Praxis 1995 (45), 17; *Korts/Korts*, Heilberufsgesellschaften, S. 26.

2800 Vgl. bereits S. 516 ff.

2801 Vgl. § 1 II 2 PartGG.

2802 Siehe zum Anspruch auf Kostenübernahme für Dolmetscherleistungen nach § 6 I 1 Alt. 2 AsylbLG *Greiser/Frerichs*, SGb 2018, 213 (220 f.).

während die berufshaftungsbeschränkte Rechtsformvariante nur bei ausdrücklich gesetzlicher Regelung einer § 8 IV PartGG entsprechenden Versicherung möglich ist. Den rechts- und wirtschaftsberatenden freien Berufen sowie den technischen freien Berufen stehen die haftungsbeschränkte Form der PartGmbB im Gegensatz zu den meisten Ärzten zur Verfügung.[2803]

2. Ärztliches Berufsrecht

Das ärztliche Berufsrecht im weiteren Sinne ist, wie bereits im Rahmen von Kooperationsgestaltungen mit Angehörigen anderer Berufe erfolgt, getrennt auf berufsrechtliche und sozialversicherungs- bzw. vertragsarztrechtliche Regelungen zu kontrollieren.

a) Berufsrecht im engeren Sinne

Der maßgebende Inhalt des § 23c MBOÄ wurde bereits besprochen. Die Berufsordnungen der Landeskammern enthalten grundsätzlich[2804] eine zu § 23c MBOÄ parallele Vorschrift. Gem. § 23c MBOÄ ist Ärzten gestattet, „*mit Angehörigen anderer Berufe als den in § 23b beschriebenen in allen Rechtsformen zusammenzuarbeiten, wenn sie nicht die Heilkunde am Menschen ausüben.*" Offensichtlich steht die ärztliche Beteiligung an einer rein beratend und gutachterlich[2805] tätigen interprofessionellen Gemeinschaft mit anderen freien Berufen nach § 23c MBOÄ in Einklang mit dem ärztlichen Berufsrecht.[2806] In den Fokus sollen daher die für den Arzt bestehenden Grenzen gemeinschaftlicher interprofessioneller Berufsausübung mit Angehörigen freier nichtmedizinischer Berufe gerückt werden.

aa) MKG nach § 23b MBOÄ

Die Gründung einer MKG nach § 23b MBOÄ unter Beteiligung eines Rechtsanwalts oder wirtschaftsberatender Berufe scheidet aus. Angehörige rechts- und wirtschaftsberatender Berufe lassen sich nicht unter die medizinischen bzw. medizinnahen Berufsgruppen in § 23b I 1 MBOÄ fassen. Ihr Ausschluss ist auch gerechtfertigt, da MKG eine gemeinsame Beteiligung *bei der Heilbehandlung* bezwecken

---

2803 Aktuell steht die PartGmbB allein Ärzten in *Bayern* gem. Art. 18 II HKaG BY und in *Niedersachsen* gem. § 32 IV HKG Nds. zur Auswahl. Dagegen steht Rechtsanwälten, Steuerberatern, Wirtschaftsprüfern, Architekten und beratenden Ingenieuren die PartGmbB offen.

2804 Ausnahmen stellen die Berufsordnungen der Ärztekammern *Nordrh.* und *Berlin* dar, siehe bereits S. 536.

2805 Ärztliche Berufsausübung liegt auch bei rein gutachterlicher oder beratender Tätigkeit vor, *BVerfGE* 141, 82 (103); *Henssler*, PartGG, § 1 Rn. 118. Siehe bereits oben S. 521 ff.

2806 Vgl. *BVerfGE* 141, 82 ff.; *BGH*, NJW 2016, 2263 ff.

und heilbehandlerische Tätigkeiten für Rechtsanwälte nicht in Betracht kommen.[2807]

bb) Sonstige Partnerschaft nach § 23c MBOÄ

aaa) Keine Ausübung der Heilkunde am Menschen

i) Tradiertes Verständnis zu § 23c MBOÄ

Es wurde bereits festgestellt, dass § 23c MBOÄ interprofessionelle Vereinigungen zu Berufsausübungsgemeinschaften erfasst, während Organisationsgemeinschaften nicht unter die Norm fallen.[2808] Prinzipiell lässt sich an die Ergebnisse in Bezug auf Zusammenschlüsse mit Angehörigen anderer Gesundheitsberufe zu gemeinsamer Berufsausübung anschließen, in denen keine ärztliche Heilkundeausübung erfolgt.[2809] Bei den dort untersuchten Zusammenschlüssen besteht die Besonderheit, dass die ärztliche Heilkunde in einem Zusammenschluss mit Angehörigen der Gesundheitsberufe zulässig ist, sofern die Voraussetzungen des § 23b MBOÄ beachtet werden. Diese Möglichkeit ergibt sich bei einem Zusammenschluss mit Angehörigen des nun untersuchten Personenkreises nicht. Nur in diesem Kontext bedarf es der folgenden Überlegungen.

An dieser Stelle ist über die zuvor entwickelte Auslegung des Tatbestandsmerkmals hinauszugehen, nach welchem Ärzte in der Gesellschaft nach § 23c MBOÄ die Heilkunde am Menschen nicht ausüben. Im naheliegenden und regelmäßig[2810] gezogenen Umkehrschluss lässt sich ein Verbot solcher Zusammenschlüsse ableiten, in denen die Ausübung der Heilkunde am Menschen bezweckt sein soll. Systematisch lässt sich § 23c MBOÄ als kontrastive Kooperationsform zur MKG als anderer Ausprägung interprofessioneller Zusammenschlüsse, die eine gemeinsame Beteiligung der Gesellschafter an der Heilbehandlung beinhaltet, und darüber hinaus als Spezialnorm zu dem allgemein §§ 17, 19 MBOÄ entnommenen Fremdbetriebsverbot[2811] begreifen. § 23a MBOÄ schließt zudem systematisch eindeutig die Beteiligung an ärztlicher therapeutischer Berufsausübung in Kapitalgesellschaften von Personen aus, die nicht zumindest Gesellschafter einer MKG nach § 23b I 1 MBOÄ sein können. Daraus ließe sich ein grundsätzliches Beteiligungsverbot nichtmedizinischer Berufsangehöriger an der heilkundlichen Berufsausübung des Arztes abstrahieren, das nur bei Einhaltung der §§ 23a, 23b MBOÄ aufgebrochen wird – den

---

2807 Vgl. weniger dezidiert bereits zu Kap. D II. Nr. 10 MBOÄ-1997 *Werner*, Interprofessionelle Kooperation, S. 419.

2808 Siehe hierzu bereits S. 518 f.

2809 Siehe hierzu S. 521 ff.

2810 Siehe hier nur *Kilian*, in: *Prütting*, Medizinrecht, MBOÄ, § 23c Rn. 4; *Schirmer*, MedR 1995, 341 (348).

2811 Siehe z.B. *Köbler*, Beteiligung Berufsfremder, S. 186 f.

§§ 23a, 23b MBOÄ sind gerade in Bezug auf die Gesellschafterfähigkeit keine Divergenzen zwischen Personen- und Kapitalgesellschaften eigen.

ii) Antithetischer Auslegungsansatz

Nicht undenkbar ist gleichwohl, dass sich § 23c MBOÄ zu der Frage der *Zulässigkeit therapeutischer Behandlungen* in Zusammenschlüssen mit anderen Berufen als den in § 23b MBOÄ geregelten enthält. In der Folge erschiene der zu ihrem Verbot führende Umkehrschluss nicht mehr zwingend. Zur Annahme dieser Indifferenz lässt sich auf die Klarstellungsfunktion des § 23c MBOÄ rekurrieren, wonach Ärzten außerhalb therapeutischer und diagnostischer Tätigkeiten jede Art von Zusammenarbeit offensteht. Wörtlich streitet hierfür die Verwendung des Begriffs der „Zusammen*arbeit*" in § 23c MBOÄ anstelle des „Zusammen*schlusses*". So lässt sich wörtlich die Ausgrenzung der Ausübung der Heilkunde am Menschen auf die Zusammenarbeit als gemeinsame Tätigkeit auffassen, während die Frage des organisatorischen Zusammenschlusses als § 23c MBOÄ logisch immanent unerwähnt bleibt. In systematischer Hinsicht lässt sich hierzu wiederum die Abgrenzung zu MKG bemühen. Nach § 23b I 3 MBOÄ erfolgt eine gemeinsame Beteiligung *bei* der Heilbehandlung – im Rahmen von Zusammenschlüssen nach § 23c MBOÄ mit Angehörigen nichtmedizinischer freier Berufe ist eine aufeinander abgestimmte Beteiligung an medizinischen Behandlungen von Patienten dagegen gar nicht denkbar. Die angestrebte Verknüpfung der Beteiligten dient stattdessen lediglich dem Angebot thematisch verbundener Anschlussdienstleistungen außerhalb therapeutischer Behandlungen, sodass in der Gesellschaft die Vornahme diagnostischer und therapeutischer Handlungen allein durch den Arzt sinnvoll wären. Auch § 29a MBOÄ versagt die aktive gesellschaftsrechtliche Beteiligung anderer Freiberufler nicht, da er allein die konkrete Behandlungstätigkeit[2812] am Patienten von der Zusammenarbeit mit Dritten ausschließt. Während § 29a MBOÄ für die konkrete Behandlung das Verbot der gemeinsamen Untersuchung statuiert, gewährleistet demnach § 23c MBOÄ auf Ebene des Gesellschaftsvertrags, dass die eigentliche Behandlung allein durch den beteiligten Arzt ohne jedwede Partizipation des nichtmedizinischen Kooperationspartners zu erfolgen hat. Zudem wird die Freiberuflichkeit des Arztes, auch nicht entgegen dem Verbot gewerblicher Berufsausübung nach § 18 II 1 MBOÄ, durch die Beteiligung Angehöriger nichtmedizinischer freier Berufe nicht beeinträchtigt, sofern der Zusammenschluss der gemeinsamen Ausübung ihrer freien Berufe dient.[2813]

2812 *Ratzel*, in: *Ratzel/Lippert*, MBOÄ, § 29a Rn. 1.

2813 A. A. *Gummert/Meier*, MedR 2007, 75 (77). *Schulenburg/Heckmann*, GesR 2010, 525 (526, 528), gehen grundsätzlich von einem Verstoß gegen das Gebot der Freiberuflichkeit und das Verbot der Gewerblichkeit aus.

iii) Begrenzte Zulässigkeit therapeutischer Maßnahmen in sonstigen Partnerschaften

Mag zunächst eher die bisher nicht angezweifelte Auffassung der notwendigen Ausgliederung der Heilkunde am Menschen aus der Gesellschaft überzeugen, insbesondere auch weil die Argumente zur Begründung von Zweifeln an ihr eher weit hergeholt scheinen, so ist dennoch im Ergebnis die herrschende Ansicht in Bezug auf Angehörige von Berufen, die nicht bereits nach § 23b MBOÄ kooperationsfähig sind, nicht haltbar. In Heranziehung verfassungskonformer Auslegung muss § 23c MBOÄ dahin zu verstehen sein, dass die Heilkunde von Ärzten in interprofessionellen Berufsausübungsgemeinschaften mit Angehörigen nichtmedizinischer freier Berufe ausüben können, sofern durch den konkreten gesellschaftlichen Zusammenschluss die ärztlichen Berufspflichten, insbesondere die ärztliche Verschwiegenheitspflicht und die ärztliche Unabhängigkeit, nicht beeinträchtigt werden. Die Auslegung führt implizit ferner zu der Feststellung der Verfassungswidrigkeit des § 23a I 2 MBOÄ, soweit er in § 23b MBOÄ nicht aufgeführten Berufe die Beteiligung an Ärztegesellschaften versagt. Wiederum lässt sich an den Beschluss des *BVerfG*[2814] zu Berufsausübungsgemeinschaften zwischen Rechtsanwälten mit Ärzten und Apothekern anknüpfen. Misslich ist allerdings die Entstehung gewisser Divergenzen bei dieser Auslegung des § 23c MBOÄ in Abhängigkeit von der Kooperationsfähigkeit des Sozius nach § 23b MBOÄ, die aus der zuvor dargestellten Möglichkeit zu einem Zusammenschluss nach § 23b MBOÄ mit Angehörigen der Gesundheitsberufe unter Eingliederung der ärztlichen Heilkundeausübung folgt.

α) Kein verfassungsrechtlich zu rechtfertigendes Verbot therapeutischer Behandlungen

Die Annahme eines Verbots der Ausübung der Heilkunde am Menschen in Berufsausübungsgemeinschaften mit Angehörigen nichtmedizinischer Berufe führte zumindest[2815] zu einem Grundrechtseingriff in die Berufsausübungsfreiheit der Ärzte. Zu ihr zählt die von dem Verbot betroffene Freiheit, sich mit Angehörigen anderer Berufe zusammenzuschließen.[2816]

Zunächst zeigt auch ein Blick in die Heilberufsgesetze der Länder auf, dass den Berufskammern grundsätzlich keine Regelungskompetenz für den

---

2814 *BVerfGE* 141, 82 ff.

2815 Zu Vereinfachungszwecken wird sich in der Argumentation auf die hier ausreichende Heranziehung der Grundrechte beteiligter Ärzte beschränkt.

2816 Das Recht, sich mit Trägern anderer Berufe zur gemeinsamen Berufsausübung zusammenschließen zu dürfen, ist von der Berufsfreiheit nach Art. 12 I GG umfasst, *BVerfGE* 80, 269 (278); 141, 82 (97); *Hartung/Wendenburg*, NJW 2009, 1551 (1553). In die Richtung einer Berufswahlregelung ginge ersichtlich nur *Kunz*, Berufsbilder, S. 137.

Ausschluss bzw. die Beschränkung von Zusammenschlüssen mit nichtmedizinischen Berufen beinhalten. Allein § 29 II 2 HBKG SH, § 27 III 2 Nr. 3 HmbKGH und § 32 II Nr. 3 HKG Nds. setzten einen Gesundheitsbezug nichtärztlicher Freiberufler voraus, der wörtlich und systematisch lediglich auf Kapitalgesellschaften zu beziehen ist.

Die Sicherung des allgemeinen Gesundheitssystems, die Einhaltung des ärztlichen Berufsrechts, dabei insbesondere der ärztlichen Verschwiegenheitspflicht und die Erhaltung der ärztlichen Unabhängigkeit stellten zwar legitime Zwecke für einen die Berufsausübung regelnden Grundrechtseingriff dar,[2817] die durch ein Zusammenschlussverbot geeignet verfolgt würden. Allerdings ist ein Verbot bereits nicht erforderlich,[2818] da es nämlich dem Arzt nach § 18 II 2 MBOÄ ohnehin obliegt, bei beruflicher Zusammenarbeit die Einhaltung der ärztlichen Pflichten zu gewährleisten. Hieraus ist die Konsequenz zu ziehen, dass Ärzten das Eingehen einer Verbindung bereits untersagt ist, wenn in ihr die Einhaltung des Berufsrechts gefährdet ist. In der Einwirkung auf den Inhalt des Gesellschaftsvertrags können und müssen Ärzte sicherstellen, dass ihnen die Befolgung ihrer Berufspflichten ermöglicht wird. Eines zusätzlichen generell wirkenden Verbots bedarf es daher mangels weitergehenden Absicherungseffektes zugunsten der ärztlichen Berufspflichten nicht mehr. Sichergestellt werden müssen in dem Bündnis insbesondere die elementaren ärztlichen Berufspflichten. Dazu zählen diejenigen Normen, die konkret die Behandlung regulieren und das Vertrauen des Patienten – und damit makroperspektivisch der Gesellschaft – in den Arzt bzw. in die Ärzteschaft sicherstellen sollen, um einen funktionsfähigen Gesundheitsmarkt zu bewahren. Außerdem bedürfen neben den berufsrechtlichen Vorschriften zum Werberecht in § 27 MBOÄ auch die Verschwiegenheitspflicht des Arztes nach § 9 MBOÄ und ihre vertragliche,[2819] strafrechtliche und prozessuale Absicherung in § 203 I Nr. 1 StGB, §§ 53, 97 StPO, § 383 I Nr. 6 ZPO sowie das zur Verhinderung einer Umgehung des Zeugnisverweigerungsrechts bestehende[2820] Beschlagnahmeverbot der Absicherung.[2821]

Insbesondere war die Einhaltung der Werbebeschränkungen in der Literatur Gegenstand von Diskussionen über die ambulante Ausübung der Heilkunde durch einen Arzt innerhalb einer juristischen Person des Privatrechts,[2822] wobei

---

2817 Vgl. auch *Michel*, AnwBl 2017, 128 (133). Dagegen stellt der gesellschaftliche Bedarf konkreter Zusammenschlüsse keinen ausreichenden Zweck dar, siehe bereits ausführlich S. 274.

2818 Zweifelnd *Glindemann*, Personengesellschaften, S. 134; zweifelnd a. A. *Schirmer/Dochow*, in: *Wenzel*, Medizinrecht, Kap. 10 Rn. 198.

2819 Zur Schweigepflicht als vertragliche Nebenpflicht *Weidenkaff*, in: *Palandt*, BGB, § 630a Rn. 21.

2820 *BGH*, NJW 1992, 763 (764); *Greven*, in: Karlsruher Kommentar, § 97 Rn. 1; *Michalski/Römermann*, NJW 1996, 3233 (3235).

2821 Vgl. die Prüfung des § 59a I 1 BRAO *BVerfGE* 141, 82 ff.

2822 Siehe hier nur *Taupitz*, in: FS Geiß, S. 503 (505 ff.); *Meyer/Kreft*, GmbHR 1997, 193 (195); *Eisenberg*, Ärztliche Kooperationsformen, S. 263 f.

die Rechtsprechung die Einhaltung der originär den Arzt treffenden, als Marktverhaltensvorschrift eingestuften Werbebeschränkungen durch das Wettbewerbsrecht anhand § 4 Nr. 11 UWG a. F.– nunmehr aufgegangen und ergänzt in § 3a UWG n. F.– gesichert sah.[2823] Nach § 3a UWG handelt unlauter, wer einer gesetzlichen Vorschrift zuwiderhandelt, die auch dazu bestimmt ist, im Interesse der Marktteilnehmer das Marktverhalten zu regeln und der Verstoß geeignet ist, die Interessen von Verbrauchern, sonstigen Marktteilnehmern oder Mitbewerbern spürbar zu beeinträchtigen. Demnach kann eine juristische Person des Privatrechts ihrerseits als Verhaltensstörer aufgefasst werden. Diese Beurteilung lässt sich auf interprofessionelle Berufsausübungsgemeinschaften fruchtbar übertragen. Allem voran wird nämlich durch die Judikatur klargestellt, dass nicht nur der Arzt das Werbeverbot zu berücksichtigen hat, sondern auch die Gesellschaft, in der er die Heilkunde ambulant ausübt. Im Übrigen kann im Hinblick auf die zuvor dargestellte MKG nach § 23b MBOÄ ein Verbot interprofessioneller Zusammenschlüsse nicht aufgrund der Sicherung des berufsrechtlichen Werbeverbots nach § 27 MBOÄ ergehen, denn selbst in MKG werden Zusammenschlüsse sogar mit gemeinsamer Beteiligung an der Heilbehandlung anerkannt, in denen ein Großteil zulässiger Gesellschafter mangels herausgebildetem eigenen Berufsrechts[2824] keinen berufsrechtlichen Werbeverboten unterliegen. Im Kontrast zu ihnen unterliegen gerade die rechts- und wirtschaftsberatenden freien Berufe eigenen berufsrechtlichen Werbebeschränkungen.[2825]

Auch die Sicherung der Verschwiegenheitspflicht rechtfertigt ein Verbot therapeutischer Betätigung des Arztes in Gesellschaften nach § 23c MBOÄ nicht. Die Zulässigkeit von MKG mit Berufen ohne etabliertes Berufsrecht bezeugt, dass ein Verbot zu der Absicherung der *berufsrechtlich* geforderten Schweigepflicht in interprofessionellen Zusammenschlüssen nicht notwendig ist.[2826] Auch zur Absicherung der strafbewehrten Verschwiegenheitspflicht des behandelnden Arztes vor Umgehungen durch einen ihr nicht originär unterliegenden Kooperationspartner ist der Ausschluss nicht erforderlich, da § 203 IV StGB mitwirkende Personen

---

2823 *BGH*, NJW-RR 1995, 41 (42); zum ähnlich gelagerten Werberecht ambulant tätiger Zahnärzte *BGH*, GRUR 1999, 504 (506); 2001, 181 (184).

2824 Lediglich exemplarisch seien hier genannt Physiotherapeuten, Ergotherapeuten, Podologen und Diätassistenten.

2825 Für Rechtsanwälte ist nach § 43b BRAO Werbung *„nur erlaubt, soweit sie über die berufliche Tätigkeit in Form und Inhalt sachlich unterrichtet und nicht auf die Erteilung eines Auftrags im Einzelfall gerichtet ist.*“ Wortgleich gilt für Steuerberater § 57a StBerG, nach § 52 WPO ist für Wirtschaftsprüfer Werbung erlaubt, *„es sei denn, sie ist unlauter.*“ § 52 WPO geht als deklaratorische Regelung nicht über das Wettbewerbsrecht hinaus, BT-Drs. 16/2858, S. 27. Außerdem wird regelmäßig die Werbung der Architekten reguliert, vgl. § 11 Berufsordnung der Architektenkammer Berlin.

2826 Vgl. hierzu bereits *BVerfGE* 141, 82 (118 f.).

von Berufsgeheimnisträgern ebenfalls einer ebenbürtigen Strafandrohung unterzieht.[2827] Äquivalent hierzu gelten das strafprozessuale Zeugnisverweigerungsrecht nach § 53 StPO und das Beschlagnahmeverbot nach § 97 StPO zur Absicherung der Schweigepflicht auch für mitwirkende Personen nach §§ 53a, 97 III StPO. Ohnehin hat bereits vor Ausweitung des tauglichen Täterkreises in § 203 III StGB auf mitwirkende Personen das *BVerfG* Gesellschafter als Gehilfen eines Berufsgeheimnisträgers eingestuft, die ebenfalls der Geheimhaltungspflicht unterfielen.[2828]

Auch auf spezifische Aspekte eines funktionsfähigen Gesundheitsmarkts wie dem Schutz der ärztlichen Unabhängigkeit, des besonderen Vertrauensverhältnisses zwischen Arzt und Patient und der Patientensicherheit lässt sich nicht zur Rechtfertigung eines Verbots der Heilkunde am Menschen rekurrieren. Zwar mag Patienten ein Nebeneinander von rechts- oder wirtschaftsberatenden Berufen mit Ärzten in einer Gesellschaft äußerst ungewöhnlich erscheinen. Der Zusammenschluss beeinträchtigt mangels Beteiligung der berufsfremden Kooperationspartner bei der eigentlichen Heilbehandlung aber nicht die Patientensicherheit. Mangels eigener Expertise werden Angehörige anderer freier Berufe als Kooperationspartner des Arztes in medizinische Fachfragen nicht intervenieren.[2829] Durch den Zusammenschluss erwerben die nichtärztlichen Kooperationspartner im Übrigen keine Zuerkennung heilkundlicher Kompetenz, sodass deren medizinische Tätigkeit nicht zu besorgen ist. Nach § 2 I BÄO bedarf nämlich der Approbation als Arzt, wer den ärztlichen Beruf, also die Heilkunde unter der Berufsbezeichnung „*Arzt*", ausüben will. Hieraus und aus den personengebundenen[2830] Anforderungen des § 3 I BÄO für die Erteilung der Approbation ergibt sich die Bindung der Approbation an den Erteilungsempfänger als natürliche Person. Ein Dritter kann sich nicht auf die einem Arzt erteilte Approbation berufen, bei heilbehandlerischer Tätigkeit des Berufsfremden folgte seine Strafbarkeit daher nach § 5 HeilprG, sofern er auch keine Heilpraktikererlaubnis besitzt. Die in § 5 HeilprG statuierte Strafbarkeit wirkt präziser und grundrechtsschonender als der generelle berufsrechtliche Ausschluss heilkundlicher Tätigkeit am Menschen in Zusammenschlüssen mit Angehörigen nichtmedizinischer freier Berufe. Ohnehin wird das Einsatzgebiet nichtärztlicher Gesellschafter für die Gemeinschaft allein im berufseigenen Tätigkeitsfeld eine strategische Perspektive aufweisen. Im Gegensatz zu

2827 Zur Strafbarkeit mitwirkender Personen *Weidemann*, in: BeckOK, StGB, § 203 Rn. 30.

2828 Explizit bezogen auf § 53a StPO *BVerfGE* 141, 82 (110).

2829 Vgl. *BVerfGE* 141, 82 (115 f.) zum Risiko für die anwaltlichen Unabhängigkeit vor ärztlicher/apothekerlicher Einflussnahme in gemeinsamer Berufsausübungsgemeinschaft.

2830 So werden nach § 3 I Nr. 2 BÄO die Unwürdigkeit oder Unzuverlässigkeit, nach § 3 I Nr. 3 BÄO die gesundheitliche Eignung, nach § 3 I Nr. 4 BÄO die fachliche Erfahrung und nach § 3 I Nr. 5 BÄO die deutschen Sprachkenntnisse des Antragstellers zu den zu erfüllenden Anforderungen erhoben.

den in MKG beteiligten Angehörigen anderer medizinischer Berufe besteht von Seiten nichtmedizinischer Berufsangehöriger kein Interesse an einer Zuleitung des erheblich von medizinischer Expertise abhängigen Patienten zur Erbringung medizinischer Leistungen. Patienten vermögen inhaltlich den Sinn oder Unsinn der Konsultation des nichtmedizinischen Partners besser einzuschätzen als die Einbeziehung medizinischer Fachberufe.

Daher wird das Vertrauensverhältnis zwischen Arzt und Patient auch nicht durch einen etwaigen Interessenkonflikt belastet. So mag ein Arzt regelmäßig bei Feststellung von Verletzungen eines Patienten durch einen Unfall an einen mit ihm verbundenen Rechtsanwalt verweisen; dies dient regelmäßig auch dem Interesse des Patienten, dem die Rechtsverfolgung erleichtert wird.[2831] Die Weiterleitung entspricht daher in der Regel dem Patientenwunsch und dem Anlass der Beauftragung einer interprofessionellen Berufsausübungsgemeinschaft.[2832] Zudem ist die Weiterleitung von Patienten an Kooperationspartner keine Besonderheit der sonstigen Partnerschaft, sie ist selbst monoprofessionellen fachübergreifenden Gemeinschaftspraxen gemein. Interessenkonflikte pekuniärer Art zwischen Patienten- und Arztinteresse bestehen dem Grunde nach sogar bei dem Inhaber einer Einzelpraxis; dieser könnte das ihm entgegengebrachte Vertrauen seitens des Patienten zur Steigerung der Einnahmen für die Vornahme objektiv nicht erforderliche Behandlungsmaßnahmen missbrauchen. Um derartiges Verhalten zu verhindern, verlangt § 2 II MBOÄ die gewissenhafte Berufsausübung der Ärzte entsprechend dem ihnen entgegengebrachten Vertrauen sowie ihr ärztliches Handeln am Wohl der Patienten auszurichten. Warum die Pflicht zu gewissenhafter Berufsausübung nach § 2 II MBOÄ und die bestehenden Sanktionsmöglichkeiten bei Berufsrechtsverstößen in interprofessionellen Verbindungen mit Nichtmedizinern nicht zur Sicherstellung der Einhaltung des Berufsrechts genügen sollen, ist nicht einzusehen.

Außerdem verbleibt auch bei Annahme eines Verbots therapeutischer Tätigkeit in Gesellschaften nach § 23c MBOÄ Ärzten die Möglichkeit, außerhalb des Zusammenschlusses die Heilkunde am Menschen auszuüben. Es bestünde mithin ein Zwang zu mehr oder weniger artifizieller Auslagerung medizinischer Behandlungen aus der Gemeinschaft. Der hierdurch erhöhte Verwaltungsaufwand für den Arzt setzt seinerseits einen Anreiz zur Umgehung des ärztlichen Berufsrechts, genauer: zur Minimierung des konkreten Aufwands durch „gelebte“, wenngleich nicht offenkundige Integration der Heilkunde am Menschen in einer Gesellschaft. Die Überwachung ärztlicher Tätigkeit durch die Ärztekammern würde damit

2831 Früher wurde das Gebot loyaler Wahrung der Interessen von Patienten oder Mandanten als interprofessionellen Berufsausübungsgemeinschaften entgegenstehend angesehen, siehe *Ahrens*, MedR 1992, 141 (145 Rn. 36); *Schröder/Taupitz*, Menschliches Blut, S. 58 f.

2832 Zum Interesse der Klienten an berufsübergreifenden Leistungen *BVerfGE* 141, 82 (102).

jedoch im Vergleich zu einer umfangreicheren Berufsausübungsgemeinschaft erschwert.

Mithin taugt keines der denkbaren Begründungen zur Untersagung diagnostischer und therapeutischer Behandlungsmaßnahmen in sonstigen Partnerschaften mit Angehörigen nichtmedizinischer freier Berufe, die bereits kraft des eigenen Berufsrechts ähnlichen Bestimmungen wie Ärzte unterliegen, sich auf ihre professionelle Unabhängigkeit stützen können, strafrechtlich bereits nach § 203 I StGB der Verschwiegenheitspflicht unterworfen sind und denen ein Zeugnisverweigerungsrecht nach § 53 StPO sowie das Beschlagnahmeverbot nach § 97 StPO zukommt.[2833] Dies gilt umso mehr nach Novellierung der § 203 StGB, §§ 53a, 97 StPO zur Aufnahme bei § 203 I StGB unterfallenden Personen mitwirkender Personen.[2834] Daher kann auch nicht mehr ausschlaggebend sein, ob ein beteiligter Freiberufler kraft eigenen Berufsrechts der Verschwiegenheit verpflichtet ist oder ob diese erst durch die Verbindung mit dem Arzt zu einer Berufsausübungsgemeinschaft derivativ strafrechtlich entsteht. Mangels Erforderlichkeit einer Untersagung ambulanter Heilkundeausübung am Menschen in sonstigen Partnerschaften für die Erreichung dem Gemeinwohl dienender Zwecke ist der antithetische Auslegungsansatz als einzige mit der Verfassung in Einklang stehende Interpretation zu bevorzugen.

β) Verfassungswidrigkeit der Begrenzung des Gesellschafterkreises in Ärztegesellschaften

In der Folge ist der explizite Ausschluss[2835] von Angehörigen anderer als in § 23b I 1 MBOÄ genannter Berufe als Gesellschafter von Ärztegesellschaften verfassungsrechtlich nicht mehr haltbar. Wie bei MKG ist bei kapitalgesellschaftlicher Organisation § 23a MBOÄ neben § 23c MBOÄ anzuwenden, wenn in die Gesellschaft diagnostische und therapeutische Behandlungsleistungen integriert als ärztliche Tätigkeit werden. Jedenfalls ist die Differenzierung grundsätzlicher Beteiligungsmöglichkeiten zwischen Personen- und Kapitalgesellschaften für die Bemessung des Kreises zulässiger Gesellschafter nicht durch einen vernünftigen Grund gedeckt.

2833 Vgl. bereits allgemein die Rechtsprechung zu Berufsausübungsbeschränkungen zulasten von Freiberuflern betrachtend *Kleine-Cosack*, DB 2007, 1851 (1851 f.). *Breulmann*, AnwBl 2017, 830 (833 f.), erkennt ebenfalls, dass Patientenschutzaspekte in einer PartG mit einem Rechtsanwalt nicht gefährdet, die Aufgabenfelder abgrenzbar und die berufsrechtlichen Grundsätze von Arzt und Rechtsanwalt ähnlich sind.

2834 Schon vorher ließ sich allerdings überzeugend an die Gehilfeneigenschaft anknüpfen, um in einer interprofessionellen Berufsausübungsgemeinschaft sowohl die Verschwiegenheitspflicht strafrechtlich und die strafprozessualen Privilegien des Zeugnisverweigerungsrechts wie auch des Beschlagnahmeverbots abzusichern, siehe *Michalski/Römermann*, NJW 1996, 3233 (3234 ff.).

2835 Siehe hierzu S. 311 ff.

γ) Ankündigung der ärztlichen Praxis

Die Ankündigung einer Gesellschaft nach § 23c MBOÄ erfolgt unter den Einschränkungen des § 18 II 2 MBOÄ. Hiernach darf, sofern die Angabe der Berufsbezeichnung vorgesehen ist, nur die Bezeichnung *„Arzt' oder eine andere führbare Bezeichnung"* genutzt werden. Die Vorschrift rekurriert auf den grundsätzlichen Ausschluss der Heilkundeausübung am Menschen in Gesellschaften mit Nichtmedizinern. Es fragt sich daher, welche Ankündigung bei erfolgter Integration der heilbehandlerischen Tätigkeit des Arztes in eine Gesellschaft mit nichtmedizinischen Freiberuflern vorzunehmen ist. Der Arzt unterhält in der Gesellschaft nach § 17 I MBOÄ notwendigerweise eine ärztliche Praxis, innerhalb welcher er seine Behandlungen vornimmt. Gemäß § 17 IV MBOÄ ist der Praxissitz durch ein Praxisschild kenntlich zu machen, wobei die Zugehörigkeit zu einer Berufsausübungsgemeinschaft nach §§ 17 IV 2, 18a MBOÄ anzugeben ist. Die in § 18a II 2 MBOÄ vorgesehene Ankündigung von Gesellschaften nach § 23c MBOÄ ist auf Gesellschaften ausgerichtet, in denen keine Behandlungen vorgenommen werden; die Übertragung der Ankündigung der MKG nach § 18 II 1 MBOÄ widerspricht allerdings ihrem Zweck, der gemeinsamen Zusammenarbeit bei der Heilbehandlung Ausdruck zu verleihen. Systematisch betrachtet sollte daher eine Ankündigung nach § 23c II 2 MBOÄ ausreichen, da durch die zusätzlich zu nennenden Informationen auf dem Praxisschild – die an das Unterhalten einer *Arztpraxis* und nicht lediglich an den Zusammenschluss zu einer Gesellschaft anknüpfen – die heilbehandlerische Tätigkeit des Arztes bereits offenkundig wird.

bbb) Einschränkung der Gesellschaftsform

In Betracht kommt insbesondere der Zusammenschluss in einer Handelspersonengesellschaft, sofern Zweck der Gesellschaft der Betrieb eines Handelsgewerbes nach § 1 HGB darstellt.[2836] Daneben kommen zusätzlich die PartG[2837] als historisch originäre Rechtsform nach § 23a MBOÄ-1995 sonstiger Partnerschaften, die GbR und Kapitalgesellschaften in Betracht. Wird die Heilkunde in der kapitalgesellschaftlich organisierten Berufsausübungsgemeinschaft durch den Arzt nicht ausgeübt, lässt sich bereits teleologisch und systematisch die Anwendung der Einschränkungen des § 23a MBOÄ nicht begründen.[2838] Da nach hier befürworteter verfassungsmäßiger Auslegung des § 23c MBOÄ die Vornahme diagnostischer und therapeutischer Behandlungen durch den Arzt in sonstigen Partnerschaften zulässig ist, dürfte bei deren Integration in die kapitalgesellschaftlich organisierte Gesellschaft § 23a MBOÄ in analoger Anwendung soweit heranzuziehen sein, wie er der Verfassung nicht widerspricht.[2839]

2836 Siehe zur möglichen Einbeziehung von Gewerbetreibenden S. 519 ff., 599 ff.

2837 Die berufshaftungsbeschränkte Rechtsform ist nur von Ärzten in Bayern und Niedersachsen wählbar, Art. 18 II HKaG BY, § 32 IV HKG Nds.

2838 Siehe hierzu bereits S. 530 ff.

2839 Hierzu siehe näher S. 333 ff., 347 ff., 351 ff., 364, 364 ff., 367 f., 368 ff., 370 ff., 372.

b) Sozialversicherungsrecht

Anknüpfend an die bisherige Darstellung ist nach hier vertretener Ansicht das pauschale berufsrechtliche Verbot der Heilkundeausübung in einer Gesellschaft nach § 23c MBOÄ wegen Verstoßes gegen das Übermaßverbot verfassungswidrig.[2840] Sozialversicherungsrechtlich ist ein Zusammenschluss von Ärzten mit nicht von § 33 II Ärzte-ZV erfassten Berufen zu gemeinsamer Berufsausübung mangels Regelung grundsätzlich zulässig.[2841] Diesen Gedanken weitergesponnen ist zu konstatieren, dass auch der Arzt in einer interprofessionellen Berufsausübungsgemeinschaft mit Angehörigen freier Berufe außerhalb des Gesundheitswesens an der vertragsärztlichen Versorgung teilnehmen können muss. Eine Beeinträchtigung vertragsarztrechtlicher Zielsetzungen ist nicht zu erkennen – insbesondere lässt sich ein Risiko der Einflussnahme des kooperativ verbundenen Berufsträgers auf die vertragsärztliche Tätigkeit nicht sinnvoll begründen. In der Gesellschaft bleibt weiterhin klar, dass der Arzt die heilkundliche Leistung zulasten der GKV erbringt.[2842] Anders als in den durch § 128 SGB V[2843] betroffenen nichtärztlichen Berufen besteht für ihn kein gestiegenes monetäres Interesse an Zuweisungen zu weiteren medizinischen Leistungen zulasten des Systems der GKV und der Freiheit der Patienten bei der Auswahl ihrer Leistungserbringer.

3. Berufsrecht der Kooperationspartner

a) Einführung

Bereits einleitend soll auf die Anwendbarkeit der Dienstleistungsrichtlinie, insbesondere des Art. 25 RL 2006/123/EG zu interprofessionellen Zusammenschlüssen verwiesen werden, die bei Gesundheitsdienstleistungen gemäß Art. 2 II lit. f) RL 2006/123/EG nicht heranzuziehen ist. Nach Erwägungsgrund 22 sollen Gesundheitsdienstleistungen von ihrem Anwendungsbereich ausgenommen werden, *„die von Angehörigen eines Berufs im Gesundheitswesen gegenüber Patienten erbracht werden, um deren Gesundheitszustand zu beurteilen, zu erhalten oder wiederherzustellen,*

2840 Siehe hierzu ausführlich S. 566 ff.

2841 Siehe hierzu S. 493 ff.

2842 Vgl. zum Grundsatz, dass zu jedem Zeitpunkt klar sein muss, welcher Arzt Versicherte zulasten der GKV behandelt *BSGE* 110, 269 (278).

2843 Zweck des § 128 SGB V ist neben der Sicherstellung der Wahlfreiheit der Patienten bei Auswahl unter den versorgungsberechtigten Leistungserbringern die Verhinderung von Formen der Zusammenarbeit mit Leistungserbringern, die die ärztliche Behandlung allein zum Wohl des Patienten ohne Rücksicht auf eigene pekuniäre Interessen nicht zulänglich gewährleisten, siehe BT-Drs. 16/10609, S. 58; BT-Drs. 17/6906, S. 85 f.; ferner *Luthe*, in: *Hauck/Noftz*, SGB V, § 128 Rn. 4; *Dieners/Stallberg*, A&R 2009, 243 (244).

wenn diese Tätigkeiten in dem Mitgliedstaat, in dem die Dienstleistungen erbracht werden, einem reglementierten Gesundheitsberuf vorbehalten sind.“

b) Berufsrecht der Rechtsanwälte

aa) Einführung in die Regelungssystematik des anwaltlichen Berufsrechts

Der Bund verfügt nach Art. 74 I Nr. 1 GG über die Gesetzgebungskompetenz zur Regelung der Rechtsanwaltschaft und der Rechtsberatung und damit des Berufsrechts der Rechtsanwälte.[2844] Auf dieser Grundlage wurde die Bundesrechtsanwaltsordnung (BRAO) erlassen, die die Berufszulassung in ihrem zweiten Teil, sowie die wesentlichen Berufspflichten für die Berufsausübung im dritten Teil regelt. In § 59b I BRAO wird der Bundesrechtsanwaltskammer die Satzungskompetenz zur Regelung des Näheren zu den beruflichen Rechten und Pflichten übertragen. Nach § 59b II Nr. 1 BRAO kann die Berufsordnung die allgemeinen Berufspflichten wie auch die Verpflichtungen bei beruflicher Zusammenarbeit regeln. Der Satzungsgewalt der Kammer sind jedoch die wesentlichen Entscheidungen entzogen, sie bedürfen der Entscheidung durch den Gesetzgeber und können nicht auf die Satzungsversammlung der Bundesrechtsanwaltskammer delegiert werden.[2845] Für den Erlass der Berufsordnung ist gemäß § 191a II BRAO die bei der Bundesrechtsanwaltskammer nach § 191a I BRAO eingerichtete Satzungsversammlung zuständig. Die Berufsordnung der Bundesrechtsanwaltskammer richtet sich an die Rechtsanwälte und Rechtsanwaltsgesellschaften,[2846] für die erst seit 18.5.2017 durch das Gesetz zur Umsetzung der Berufsanerkennungsrichtlinie und zur Änderung weiterer Vorschriften im Bereich der rechtsberatenden Berufe[2847] ausdrücklich § 59b BRAO entsprechend anzuwenden ist.[2848] Sie ist im Gegensatz zu

---

2844 *Lewinski*, Berufsrecht, S. 28.

2845 Vgl. nur *BVerfGE* 34, 165 (192 f.); 41, 251 (265 f.); 49, 89 (126); 77, 170 (230 f.); ferner *Schwärzer*, in: *Feuerich/Weyland*, BRAO, § 59b Rn. 1; *Lorz*, NJW 2002, 169 (171); *Dahns* in: *Gaier et al.*, Anwaltliches Berufsrecht, § 59b Rn. 5; *Taupitz*, Standesordnungen, S. 804 ff.

2846 Bindung aller Mitglieder der einzelnen Rechtsanwaltskammern und daher auch der Rechtsanwaltsgesellschaften selbst, siehe *Weyland*, in: *Feuerich/Weyland*, BRAO, § 175 Rn. 7a. Ungenau dagegen *Schwärzer*, in: *Feuerich/Weyland*, BRAO, § 59b Rn. 3a, der Sozietäten als Normadressaten bezeichnet, die ihrerseits aber im Gegensatz zu zugelassenen Rechtsanwaltsgesellschaften kein Regelungssubjekt darstellen, sondern allein die in ihr zusammengeschlossenen Rechtsanwälte.

2847 BGBl. 2017 I, S. 1121 ff.

2848 Zuvor war von der herrschenden Literaturauffassung die Anwendbarkeit der Berufsordnung für Rechtsanwaltsgesellschaften abgelehnt worden, da § 59m BRAO in seiner Verweisungskette auf für sie entsprechend anwendbare Vorschriften keinen Hinweis auf § 59b BRAO enthalten hat, siehe *Römermann*, MDR 2000, 733 (735); so noch immer (veraltet) *ders.*, in: *Römermann*, BORA, § 30 Rn. 29 ff.; *Schwärzer*, in: *Feuerich/Weyland*, BRAO, § 59b Rn. 3a; *v. Wedel*, in: *Hartung/Scharmer*, BORA und FAO, BRAO, § 59m Rn. 10; siehe auch BT-Drs. 18/9521, S. 122 f. A.A. bereits

der Musterberufsordnung für die deutschen Ärzte durch die Bundesärztekammer verbindlich. Die Vorschriften der Berufsordnung haben höherrangiges Recht zu beachten und dürfen daher insbesondere nicht dem Unions- und Verfassungsrecht sowie der BRAO selbst entgegenstehen.[2849]

bb) Berufsausübungsregelungen nach dem anwaltlichen Berufsrecht

aaa) Zulässigkeit des Zusammenschlusses

Der wesentliche Teil der Anwaltschaft praktiziert noch immer in Einzelkanzleien oder innerhalb einer als GbR organisierten monoprofessionellen Berufsausübungsgemeinschaft.[2850] Die wesentlichen anwaltlichen Berufspflichten sind in § 43a BRAO komprimiert dargestellt. Nach § 43a I BRAO darf ein Rechtsanwalt keine Bindungen eingehen, die seine berufliche Unabhängigkeit gefährden. In § 43a II 1 BRAO findet sich die berufsrechtliche Verankerung der anwaltlichen Verschwiegenheitspflicht als eine der anwaltlichen Kardinalpflichten zur Begründung des Vertrauensverhältnisses zwischen Rechtsanwalt und Mandant.[2851] § 43 IV BRAO untersagt die Vertretung widerstreitender Interessen. Die §§ 59a ff. BRAO, §§ 30, 32 f. BORA stellen die wesentlichen Regelungen zur Absicherung der Einhaltung der rechtsanwaltlichen Berufspflichten in gesellschaftsrechtlichen Bindungen dar.[2852]

Die Regelung der Ausübung des rechtsanwaltlichen Berufs in Gemeinschaft findet ihre Ausgangsbasis in § 59a BRAO. § 59a I 1 BRAO statuiert für Berufsausübungsgemeinschaften ein aufgeweichtes Fremdbeteiligungsverbot.[2853] Danach dürfen sich Rechtsanwälte *„mit Mitgliedern einer Rechtsanwaltskammer und der Patentanwaltskammer, mit Steuerberatern, Steuerbevollmächtigten, Wirtschaftsprüfern und vereidigten Buchprüfern zur gemeinschaftlichen Berufsausübung im Rahmen der eigenen beruflichen Befugnisse verbinden."* Die Norm bezweckt den Schutz

---

damals *AnwGH Hamm*, NJW-RR 2002, 1494 (1495); *Henssler*, in: *Henssler/Prütting*, BRAO, § 59m Rn. 9; *Brüggemann*, in: *Feuerich/Weyland*, BRAO, § 59m Rn. 8; *Lang*, BRAK-Mitt. 2013, 159 (159 f.). Die Einfügung des § 59b BRAO in die Verweisungskette des § 59m BRAO sollte bestehende Unklarheiten beseitigen, BT-Drs. 18/9521, S. 122.

2849 Vgl. *Römermann/Praß*, in: *Römermann*, BORA, Stand: 1.6.2019, Einführung §§ 1 ff. Berufsordnung Rn. 12 ff.

2850 *Kilian*, ZRP 2019, 213 (214).

2851 *BGH*, NJW 2010, 1740 (1740); *Henssler*, in: *Henssler/Prütting*, BRAO, § 43a Rn. 1; *Deckenbrock*, AnwBl Online 2019, 321 (322).

2852 Vgl. *BGH, NJW* 2018, 1095 (1097 f.), in Bezug auf die Begrenzung des Gesellschafterkreises § 59a BRAO erläuternd.

2853 *Lewinski*, Berufsrecht, S. 290 f., spricht insofern von einem Fremdbesitzverbot. Vgl. zur Semantik am Beispiel des apothekenrechtlichen Fremdbetriebsverbots *Taupitz*, Fremd- und Mehrbesitz, S. 14 ff.

der Mandanteninteressen, insbesondere die Gewährleistung der Verschwiegenheitspflicht[2854] – nach dem *BVerfG* überzeugend ferner die übrigen anwaltlichen Berufspflichten, die Gewährleistung des Verbots der Vertretung widerstreitender Interessen und der anwaltlichen Unabhängigkeit.[2855] Aufgenommen wurde sie durch das Gesetz zur Neuordnung des Berufsrechts der Rechtsanwälte und der Patentanwälte vom 2. September 1994.[2856] Der rechtsuchende Bürger kann seitdem fachübergreifend betreut werden, wobei der nicht-rechtsanwaltliche Berufsangehörige bereits nach dem Wortlaut nur im Rahmen seiner *„eigenen"* beruflichen Befugnis tätig werden darf.[2857] Eine Novellierung der Zusammenschlussmöglichkeiten mit weiteren Berufen – explizit wurde auch mit Ärzten in einer medizinrechtlich ausgerichteten Anwaltskanzlei diskutiert[2858] – stellte der Gesetzgeber aufgrund *„erheblicher Meinungsunterschiede innerhalb der Anwaltschaft"* im späteren Verlauf *„zurück"*.[2859] Zwar werden Ärzte nicht ausdrücklich als Angehörige eines kooperationsfähigen Berufs aufgezählt, das *BVerfG*[2860] hat 2016 allerdings § 59a I 1 BRAO insoweit für verfassungswidrig erachtet und daher für nichtig erklärt, als er Ärzte und Apotheker von einer gemeinsamen interprofessionellen Berufsausübungsgemeinschaft in Rechtsform einer PartG ausschloss.[2861] In Bezug auf die hier zu stellende Frage der Zulässigkeit interprofessioneller Berufsausübungsgemeinschaften unter ärztlicher Beteiligung mag diese defensive Verwerfung des § 59a I 1 BRAO durch das *BVerfG* als Resultat ausreichend sein. Auch wurde sich bereits an anderer Stelle der Begründung in der Sache durchaus angeschlossen.[2862]

bbb) Organisation von Rechtsanwaltsgesellschaften

Nach § 51a BRAO ist Rechtsanwälten die Führung einer Sozietät in Rechtsformvariante der ParGmbB gestattet. In den letzten Jahren hat sie sich praktisch bereits zu einer beträchtlichen Alternative im Berufsfeld der Rechtsanwälte, Steuerberater

---

2854 *Henssler*, WPK-Mitt. 1999, 2 (2); BT-Drs. 12/4993, S. 34.

2855 *BVerfGE* 141, 82 (99 f.); zust. *Henssler/Deckenbrock*, AnwBl 2016, 211 (212).

2856 BGBl. 1994, Teil I S. 2278 ff.; Gesetzesbegründung BT-Drs. 12/4993.

2857 BT-Drs. 12/4993, S. 33; siehe auch *Gotzens*, Interprofessionelle Zusammenarbeit, S. 108.

2858 Nach dem Regierungsentwurf der zweiten Großen Koalition vom 30.11.2006 sei eine weitgehende Aufhebung des Zusammenarbeitsverbots angesichts des Wandels der gesellschaftlichen Verhältnisse angezeigt, BT-Drs. 16/3655, S. 83 f.

2859 BT-Drs. 16/6634, S. 1.

2860 *BVerfGE* 141, 82 ff.

2861 Bereits zuvor wurde die Verfassungswidrigkeit des § 59a I BRAO festgestellt durch *Römermann*, Anwaltsgesellschaften, S. 93 f.; *Gotzens*, Interprofessionelle Zusammenarbeit, S. 171 f., 201 f.; *Quodbach*, Grenzen interprofessioneller Zusammenarbeit, S. 207. Siehe näher bereits S. 249 ff.

2862 Siehe bereits S. 256 ff.

und Wirtschaftsprüfer entwickelt und stellt zum Ende des Jahres 2018 in neun Bundesländern die vorherrschende Variante der PartG dar, wobei in vier weiteren Bundesländern fast die Hälfte in der berufshaftungsbeschränkten Form zusammengeschlossen waren.[2863]

Nicht verwunderlich ist, dass die Sozietät in der Rechtsform der GbR sowohl mono- als auch interprofessionell die am weitesten verbreitete[2864] Organisationsform für berufliche Zusammenarbeit von Rechtsanwälten darstellt. Gleichwohl nimmt die Zusammenarbeit in juristischen Personen des Privatrechts zu.[2865] Der Tätigkeit von Rechtsanwälten in einer GmbH wurde erstmals 1994 durch einen Beschluss des *BayObLG* der Weg geebnet,[2866] der für die Folgezeit grundsätzliche Maßstäbe setzte.[2867] Zuvor wurden wie im ärztlichen Berufsrecht vor allen Dingen die Unabhängigkeit der Rechtsanwälte, der freiberufliche Charakter, das Vertrauensverhältnis zwischen Anwalt und Mandant und die Unvereinbarkeit der Haftungsbeschränkung mit den rechtsanwaltlichen Berufspflichten zur Ablehnung kapitalgesellschaftlicher Organisation ins Feld geführt.[2868] Während für Berufsausübungsgemeinschaften in Personengesellschaften unter Beteiligung von Rechtsanwälten lediglich die Sozietätsfähigkeit berufsfremder Berufsangehöriger in § 59a BRAO herangezogen wird,[2869] postuliert § 59c BRAO – grundlegend anders als § 23a MBOÄ – im Zusammenspiel mit § 3 BRAO und § 3 RDG die eigene Zulassung der GmbH als Rechtsanwaltsgesellschaft. Sollen in der Gesellschaft außergerichtliche Rechtsdienstleistungen erbracht werden, erfordert bereits die Eintragung in das Handelsregister zwingend die Zulassung durch die zuständige Rechtsanwaltskammer.[2870] Zwar spricht § 59c I BRAO wörtlich nur von der Zulassungsmöglichkeit

2863 *Lieder/Hoffmann*, NZG 2019, 249 (250), Diagramm 3.

2864 *Posegga*, DStR 2013, 547 (547); vgl. auch noch *Henssler*, AnwBl Online 2018, 546 (567 f.).

2865 *Lang*, BRAK-Mitt. 2013, 159 (159); siehe auch die Presseerklärung Nr. 9 vom 3.6.2019 der *BRAK*, nach der 947 Rechtsanwalts-GmbHs zum 1.1.2019 vorlagen im Vergleich zu 884 im Vorjahr.

2866 *BayObLG*, GmbHR 1995, 42 ff. Zu der zuvor bereits regen (nicht notwendig schriftlichen) Auseinandersetzung in Anwaltschaft und rechtswissenschaftlicher Literatur bezüglich der Tätigkeit von Rechtsanwälten in Kapitalgesellschaften überblicksartig *Henssler*, JZ 1992, 697 (697, 698 ff.), der eine Dominanz befürwortender oder ablehnender Stellungnahmen nicht erkennen mochte. Siehe ferner *Taupitz*, JZ 1994, 1100 (1104 ff.).

2867 Siehe zu den dem *BayObLG* folgenden Gerichten *Römermann*, GmbHR 1998, 966 (967), der das BayObLG insofern als *„Ersatzgesetzgeber"* bezeichnete.

2868 Siehe ausführlich *Henssler*, JZ 1992, 697 (698); *Taupitz*, JZ 1994, 1100 (1104 ff.); *Römermann*, GmbHR 1998, 966 (967); *Merkner*, AnwBl 2004, 529 (529 f.).

2869 Das rechtsanwaltliche Berufsrecht lässt die Rechtsfähigkeit der Außen-GbR außer Betracht und führt die Anknüpfung an die einzelnen Berufsträger fort. Siehe dazu näher *Deckenbrock*, AnwBl 2014, 118 (passim).

2870 *Brüggemann*, in: *Feuerich/Weyland*, BRAO, § 59c Rn. 1.

(*„können“*), gleichwohl ist die Erbringung von Rechtsdienstleistungen durch die für die GmbH agierenden Rechtsanwälte gegenüber Dritten nach § 3 RDG nicht ohne eigene Zulassung der GmbH zulässig.[2871] Danach ist die selbständige Erbringung außergerichtlicher Rechtsdienstleistungen nämlich nur in dem Umfang zulässig, in dem sie gesetzlich ausdrücklich erlaubt wird. § 3 RDG statuiert damit ein Verbot mit Erlaubnisvorbehalt, wobei sich die Erlaubnis für Rechtsanwälte aus § 3 BRAO ergibt, der an die Befugnisse des Dienstherrn anknüpft.[2872] Die Zulassung als Rechtsanwaltsgesellschaft kommt im Übrigen nur dann in Betracht, wenn der Gegenstand des Unternehmens – im interprofessionellen Kontext: zumindest auch – die Beratung und Vertretung in Rechtsangelegenheiten ist.[2873] Zwar soll nach amtlicher Begründung[2874] die Aufnahme anderer Erwerbstätigkeiten in der Rechtsanwalts-GmbH grundsätzlich versagt sein, interprofessionellen Zusammenschlüssen mit den in § 59a I 1 BRAO enumerierten Berufen ist gleichwohl ausdrücklich in § 59e I 1 BRAO Raum belassen worden. Sind außergerichtliche Rechtsdienstleistungen dagegen nicht in der Gesellschaft bezweckt, bedarf es bereits nicht der Zulassung nach § 59c I BRAO.

Rechtsanwaltsgesellschaften haben nach § 59d BRAO den Erfordernissen der §§ 59c, 59e, 59f BRAO zu entsprechen, dürfen sich nicht in Vermögensverfall befinden und bedürfen des Nachweises des Abschlusses einer Berufshaftpflichtversicherung nach § 59j BRAO oder einer vorläufigen Deckungszusage. Die Gesellschafter haben gemäß § 59e I 2 BRAO in der Gesellschaft beruflich tätig zu sein. Zudem muss die Mehrheit der Geschäftsanteile und der Stimmrechte nach § 59e II 1 BRAO Rechtsanwälten zustehen. § 59f I BRAO erfordert außerdem die verantwortliche Führung der Rechtsanwaltsgesellschaft von Rechtsanwälten, wobei die Geschäftsführer mehrheitlich Rechtsanwälte zu sein haben. Geschäftsführer kann nach § 59f II BRAO außerdem nur sein, wer zur Ausübung eines gesellschafterfähigen Berufs berechtigt ist. Hervorzuheben ist zudem die in § 59f IV 1 BRAO besonders statuierte Pflicht zur Gewährleistung der beruflichen Unabhängigkeit der Rechtsanwälte, die Geschäftsführer oder Prokurist bzw. Handlungsbevollmächtigter sind. Nach § 59f IV 2 BRAO sind Einflussnahmen der Gesellschafter auf die berufliche Tätigkeit der einzelnen Rechtsanwälte untersagt. § 59l S. 3 BRAO stellt sicher, dass auch in interprofessionellen Berufsausübungsgemeinschaften

---

2871 Vgl. bereits bei Geltung des dem RDG vorgehenden RBerG *Taupitz*, JZ 1994, 1100 (1106 ff.).

2872 *Wolf*, in: *Gaier et al.*, Anwaltliches Berufsrecht, RDG, Vor § 1 Rn. 4. Nicht schlüssig ist allerdings die systematisch und wörtlich unterschiedliche Behandlung von Personen- und Kapitalgesellschaften bzgl. der Zulassungsfähigkeit, denn die sozierten Rechtsanwälte werden für die Gesellschaft und nicht im eigenen Namen tätig, so leitet der *BGH*, NJW 2011, 2301 (2301 f.), aus § 59a I BRAO die zulässige Mandatserteilung an die (berufsübergreifende) Berufsausübungsgemeinschaft ab; *zust. Deckenbrock*, AnwBl 2014, 118 (124).

2873 *Offermann-Burckhart*, AnwBl 2015, 122 (127).

2874 BT-Drs. 13/9820, S. 13.

sämtliche – entgegen dem Wortlaut nicht nur die Vertretung vor Gerichten und Behörden als Prozess- und Verfahrensbevollmächtigte, sondern auch die Übernahme von reinen Beratungsmandaten – rechtsbesorgende Dienstleistungen nur von anwaltlichen Berufsträgern erbracht werden dürfen, die in ihrer Person die gesetzlichen Voraussetzungen erfüllen.[2875]

Die Voraussetzungen der Stimmrechts- und Anteils- sowie Geschäftsführermehrheit wie auch der verantwortlichen Führung der Gesellschaft zugunsten der Rechtsanwälte ist vom *BVerfG*[2876] richtigerweise für verfassungswidrig erachtet worden, soweit sie Zusammenschlüssen in Berufsausübungsgemeinschaften mit Patentanwälten entgegenstehen. Zu kritisieren ist allerdings die abermalige Begrenzung der Kassation von §§ 59e II 1, 59f I BRAO auf die Parameter des konkret damals vorliegenden Falls. Nunmehr hat der *AnwGH Baden-Württemberg* dem *BVerfG* abermals die §§ 59e II 1, 59 f I BRAO aufgrund erheblicher Zweifel an deren Verfassungsmäßigkeit zur Entscheidung vorgelegt, dieses Mal in Bezug auf die Zulassung einer Rechtsanwaltsgesellschaft unter paritätischer Beteiligung von Steuerberatern.[2877]

Auch die Beteiligung von Ärzten an einer Rechtsanwaltsgesellschaft bedarf de lege lata der Mehrheit von Rechtsanwälten bei Gesellschaftsanteilen und Stimmrechten sowie in der Geschäftsführung. Die Rechtsanwaltsgesellschaft unterliegt nach § 59j II BRAO einer im Vergleich zu persönlich haftenden Rechtsanwälten einer erhöhten Mindestversicherungssumme, die sich nach dem *BVerfG* in einer veränderten Risikoabschätzung unter Einsatzes der eigenen beruflichen Reputation rechtfertige.[2878]

Die Rechtsprechung[2879] geht entgegen dem Wortlaut („*Gesellschaften mit beschränkter Haftung*") auch von der Zulassungsfähigkeit der Führung in einer Aktiengesellschaft[2880] aus. Demnach regeln die §§ 59c ff. BRAO „*die Zulassung einer*

2875 *BVerfGE* 135, 90 (118, 123 ff.); *AnwGH Bad.-Württ.*, Beschl. v. 19.10.2018 – AGH 13/2018 II, Rn. 123 ff.

2876 *BVerfGE*, 135, 90 ff.

2877 *AnwGH Bad.-Württ.*, Beschl. v. 19.10.2018 – AGH 13/2018 II; zust. *Kämmerer*, DStR 2019, 1173 (1175 f.); *Pestke*, Stbg 2019, 128 (139). Näher hierzu siehe S. 355 ff.

2878 *BVerfG*, NJW 2001, 1560 (1560 f.); zust. *Henssler*, in: *Henssler/Prütting*, BRAO, § 59j Rn. 3; *Kleine-Cosack*, BRAO, § 59j Rn. 4; krit. dagegen *Brüggemann*, in: *Weyland*, BRAO, § 59j Rn. 3; *Buchmann/Gerking*, in: *Gaier et al.*, Anwaltliches Berufsrecht, BRAO, § 51a Rn. 49. Die Entscheidung des *BVerfG* erging gerade auch im Hinblick auf die Einschätzungsprärogative des Bundesgesetzgebers, der den erhöhten Mindestversicherungsbetrag auf damals fehlende Erfahrungen gestützt hat, NJW 2001, 1560 (1561). Nachdem nunmehr Rechtsanwaltsgesellschaften seit bereits mehr als 20 Jahren geregelt sind, kommt eine Neubewertung allerdings durchaus in Betracht.

2879 *BGH*, NJW 2005, 1568 (1569); *OLG Hamm*, NJW 2006, 3434 (3435). A. A. noch *Kempter/Kopp*, NJW 2000, 3449 (3452); *Kempter/Kopp*, NJW 2001, 777 (781); *Kempter/Kopp*, NJW 2004, 3605 (3606 ff.).

2880 Richtigerweise ferner die Zulässigkeit und Zulassungsfähigkeit der *KGaA* und der *Limited* nach § 59c BRAO befürwortend *Brüggemann*, in: *Weyland*, BRAO, Vor § 59c

Kapitalgesellschaft als Rechtsanwaltsgesellschaft".[2881] Hierfür wird sich auf den Mangel eines ausdrücklichen Verbots verbunden mit Wertungen aus Art. 12 I, 3 I GG und unter Verweis auf die früheren Entscheidungen des *BGH* zu der Zulässigkeit der Zahnarzt-GmbH[2882] sowie des *BayObLG* in Bezug auf die Anwalts-GmbH[2883] gestützt. Außerdem wird auf den explizit geäußerten gesetzgeberischen Willen abgestellt, keine Aussagen „*zur Frage der Zulassung anderer Gesellschaftsformen*"[2884] zu beabsichtigen, sodass für die Zulassung einer Aktiengesellschaft als Rechtsanwaltsgesellschaft die Erfüllung der Voraussetzungen der §§ 59c ff. BRAO gefordert werden.[2885]

Die Berufspflichten sind nicht allein an die Berufsträger, sondern über die Verweisung in § 59m II BRAO auch an zugelassene Rechtsanwaltsgesellschaften adressiert.[2886] Nach § 59m III BRAO sind die Gesellschafter und die Mitglieder der durch Gesetz oder Gesellschaftsvertrag vorgesehenen Aufsichtsorgane der Rechtsanwaltsgesellschaft zur Verschwiegenheit verpflichtet. Auf diese Weise werden insbesondere nichtanwaltliche Gesellschafter wie auskunfts- und einsichtsbefugte Erben[2887] zur Verschwiegenheit verpflichtet, die ihrerseits nicht der Verschwiegenheit unterworfen sind,[2888] obwohl sich die BRAO originär nur an Rechtsanwälte richtet. Ein Konflikt der Gesetzgebungskompetenzen, insbesondere in Anbetracht ärztlicher Geschäftsführer, deren Berufsausübung den Ländern obliegt gemäß Art. 74 I Nr. 19 GG, besteht jedoch nicht, da § 59m III BRAO der Regelung der Organe von zugelassenen Rechtsanwaltsgesellschaften darstellt, die ihrerseits selbst Mitglieder nach § 60 II Nr. 2 BRAO sind.[2889]

Rn. 16, 19. Die Rechtsanwalts-AG dagegen noch ablehnend *Hommelhoff/Schwab*, WiB 1995, 115 (117 f.).

2881 *BGH*, NJW 2005, 1568 (1569).

2882 *BGH*, NJW 1994, 786 ff.

2883 *BayObLG*, NJW 1995, 199 ff.

2884 BT-Drs. 13/9820, S. 11.

2885 *BGH*, NJW 2005, 1568 (1569 ff.); siehe zur Zulässigkeit der Prozessvertretung durch eine Rechtsanwalts-AG *BFH*, NJW 2004, 1974 (1974 f.); siehe zur Eintragungsfähigkeit einer Rechtsanwalts-AG in das Handelsregister ferner *BayObLG*, NJW 2000, 1647 (1647); siehe zur Literatur hier nur *Brüggemann*, in: *Weyland*, BRAO, Vor § 59c Rn. 8 ff., 59c Rn. 1; *Römermann*, MDR 2000, 733 (734 f.); *Hartung*, BB 2000, 946 (947); grundlegend nur grundsätzlichen Rechtsformwahl noch vor Einführung der Rechtsanwaltsgesellschaft in §§ 59c ff. BRAO *Römermann*, Anwaltsgesellschaften, S. 182 ff.

2886 *BVerfG*, NJW 2014, 613 (617); siehe dagegen noch *Deckenbrock*, AnwBl 2014, 118 (121), nach dem allein die Berufsträger Zuordnungssubjekt berufsrechtlicher Regelungen seien.

2887 BT-Drs. 13/9820, S. 19; siehe näher *Henssler*, in: *Henssler/Prütting*, BRAO, § 59m Rn. 12.

2888 *Bormann/Strauß*, in: *Gaier et al.*, Anwaltliches Berufsrecht, BRAO, § 59m Rn. 1, 10; *Deckenbrock*, AnwBl Online 2019, 321 (321 f.).

2889 Außerdem wird diese Verschwiegenheitspflicht strafrechtlich flankiert durch § 203 I Nr. 3 StGB, wonach auch Organe oder Mitglieder eines Organs einer

ccc) Rechtsformunabhängige Pflichten des Rechtsanwalts in berufsübergreifender Gemeinschaft

Neben der beruflichen Unabhängigkeit nach § 43a IBRAO und der Verschwiegenheitsverpflichtung nach §43a II BRAO erweist sich die Grundpflicht zur Geradlinigkeit nach § 43a IV BRAO iVm § 3 BORA als besondere Berufspflicht. Danach darf der Rechtsanwalt keine widerstreitenden Interessen vertreten. Nach § 3 I BORA darf der Rechtsanwalt nicht tätig werden, wenn er eine andere Partei in derselben Rechtssache im widerstreitenden Interesse bereits beraten oder vertreten hat oder mit dieser Rechtssache in sonstiger Weise iSd § 45 BRAO beruflich befasst war. Dieses Verbot gilt nach § 3 II BRAO auch für alle mit ihm in derselben Berufsausübungs- oder Bürogemeinschaft verbundenen Rechtsanwälte.

Zur Aufrechterhaltung der Funktionsfähigkeit der Rechtspflege sind Werbebeschränkungen nach § 43b BRAO zu berücksichtigen, nach denen über die berufliche Tätigkeit in Form und Inhalt sachlich zu unterrichten ist und eine Werbemaßnahme nicht auf die Erteilung eines Auftrags im Einzelfall gerichtet sein darf. Die Norm untersagt verfassungskonform nur gemeinwohlschädliche Werbung, die dem Vertrauen der Rechtsuchenden in die Seriosität, Zuverlässigkeit und Integrität des einzelnen Anwalts oder der Anwaltschaft insgesamt Schaden zufügen kann.[2890] Geschmackliche Verfehlungen sind demgegenüber einer rechtlichen Wertung entzogen.[2891]

§§ 30 ff. BORA enthalten Regelungen zu besonderen Berufspflichten der Rechtsanwälte bei beruflicher Zusammenarbeit. § 30 BORA regelt insbesondere berufsübergreifende Kooperationsarten. Voraussetzung für einen Zusammenschluss mit nach § 59a I BRAO sozietätsfähigen Berufsangehörigen zu gemeinschaftlicher Berufsausübung ist nach § 30 S. 1 BORA die nach Einschätzung des *BVerfG* verfassungsgemäße vertragliche Anerkennung des anwaltlichen Berufsrechts durch die nichtanwaltlichen Partner bei ihrer Tätigkeit.[2892] Eine Bindungswirkung der nichtanwaltlichen Partner ergibt sich nämlich nicht unmittelbar aus § 30 BORA. Da Verträge mit Klienten des nichtanwaltlichen Partners grundsätzlich mit der Gesellschaft und nicht mit den einzelnen Partnern geschlossen werden, gibt es auch ein Bedürfnis zur vertraglichen Verpflichtung des nichtanwaltlichen Partner zur Einhaltung des anwaltlichen Berufsrechts, insoweit es überhaupt sinnvollerweise auf den Nichtanwalt Anwendung finden kann. Die Funktion der Verpflichtung von Nichtanwälten einer interprofessionellen Sozietät ist gerade darin zu erkennen, dass *dem beteiligten Rechtsanwalt* bereits präventiv die Sorge zur Sicherstellung

---

Rechtsanwaltsgesellschaft der Strafandrohung bei Verletzung von Privatgeheimnissen unterliegen.

2890 *Kleine-Cosack*, BRAO, Vor § 43b BRAO, Rn. 10; *Ringer*, AnwBl 2017, 155 (155).

2891 *Prütting*, in: *Henssler/Prütting*, BRAO, § 43b BRAO Rn. 17; *Ringer*, AnwBl 2017, 155 (156).

2892 *BVerfGE* 141, 82 (117).

seiner anwaltlichen Grundpflichten in der interprofessionellen Zusammenarbeit auferlegt wird.

Römermann[2893] stuft § 30 S. 1 BORA als verfassungswidrig ein, u. a. mit dem Hinweis, dass sie indirekt Angehörige anderer Berufe betreffe, wofür § 59b BRAO keine Ermächtigungsgrundlage enthalte. Zumindest der Annahme der Verfassungswidrigkeit aufgrund indirekter Betroffenheit anderer Berufsangehöriger ist zu widersprechen. Eine nähere Regelung der allgemeinen Berufspflichten und insbesondere auch der beruflichen Zusammenarbeit bringt in einer interprofessionellen Sozietät notwendigerweise auch mittelbare Beschränkungen für die nichtanwaltlichen Partner mit sich, da Rechtsanwälte an ihre Berufspflichten unbeachtlich eines berufsübergreifenden Zusammenschlusses gebunden bleiben. Wäre selbst eine indirekte Betroffenheit von Nichtberufsträgern mit der Verfassung kategorisch unvereinbar, so verkämen die beruflichen Pflichten zu einer reinen Absichtserklärung des Berufsstands, die durch eine Verbindung mit Nichtanwälten jederzeit umgangen werden könnte. Durch Satzungsermächtigung zu einer Regelung der allgemeinen Berufspflichten und insbesondere der beruflichen Zusammenarbeit muss sich daher verständigerweise implizit die Möglichkeit zur Regelung von Berufspflichten ergeben, die der Sicherstellung anwaltlicher Berufsregelungen bei berufsübergreifender Zusammenarbeit dienen.

Römermanns Testat der Verfassungswidrigkeit ist gleichwohl in anderem Bezug zuzustimmen. § 30 S. 1 BORA verlangt auch im Rahmen einer Bürogemeinschaft die Beachtung des anwaltlichen Berufsrechts durch den Nichtanwalt, obwohl diese Organisationsform nicht der gemeinsamen Berufsausübung dient. In diesen Fällen hat der beteiligte Rechtsanwalt seine anwaltlichen Grundpflichten bereits gegenüber dem Nichtanwalt der Bürogemeinschaft einzuhalten, ein gemeinsamer Auftritt gegenüber Klienten bzw. Patienten findet nicht statt, sodass die Umgehung der rechtsanwaltlichen Berufspflichten innerhalb des Zusammenschlusses bereits nicht zu besorgen ist.

Bedeutung erlangt außerdem insbesondere § 33 II BORA, wonach bei beruflicher Zusammenarbeit gleich welcher Form durch jeden Rechtsanwalt zu gewährleisten ist, dass die Regeln der Berufsordnung auch von der Organisation eingehalten werden. Die Norm ermöglicht durch Auferlegung einer eigenen Pflicht des Rechtsanwalts ein Einschreiten gegen Rechtsanwälte als Geschäftsführer einer Rechtsanwaltsgesellschaft, wenn das berufsrechtswidrige Verhalten der Gesellschaft zuzurechnen ist.[2894]

cc) Kompatibilität von ärztlichem und rechtsanwaltlichem Berufsrecht

Resümierend folgt aus §§ 23c MBOÄ, 59a I 1 BRAO als grundsätzliche Ausgangsbasis der Beurteilung interprofessioneller Zusammenschlüsse die Zulässigkeit der

2893 *Römermann*, in: *Römermann*, BORA, § 30 Rn. 5.

2894 *Lang*, BRAK-Mitt. 2013, 159 (162), spricht insofern von „*Sippenhaft*“.

Vereinigung von Ärzten mit Rechtsanwälten unter den folgenden Prämissen: § 23c MBOÄ gestattet die Assoziation sowohl unter Eingliederung der Heilkunde am Menschen als auch ohne ihre Integration. § 59a I 1 BRAO wurde aufgehoben, soweit er Zusammenschlüsse mit Ärzten verboten hat, wobei bislang das Verdikt der Verfassungswidrigkeit lediglich Zusammenschlüsse in einer PartG betroffen hat. Mangels unveränderter Interessenlage in einer GbR ist insbesondere unter Berücksichtigung der traditionellen Nutzung als Gesellschaftsform für freiberufliche Zusammenschlüsse die Rechtslage nicht anders zu beurteilen.

Für die Organisation des Zusammenschlusses in einer Kapitalgesellschaft ergibt sich ein stärker ausdifferenziertes Bild. Die Anwendung des nicht verfassungswidrigen Inhalts § 23a MBOÄ ist nach hier vertretener Ansicht entgegen dem weiteren Wortlaut („*ärztlich*") aber erst geboten, wenn in der Gesellschaft die Heilkunde am Menschen ausgeübt werden soll. Dagegen ist bei beabsichtigtem Angebot außergerichtlicher Rechtsdienstleistungen als Gesellschaftsleistung die Zulassung der Rechtsanwaltsgesellschaft nach § 3 RDG iVm §§ 3, 59c BRAO erforderlich, sodass die strukturellen Anforderungen der §§ 59e, 59f BRAO, insbesondere die darin enthaltenen Mehrheitserfordernisse, zu befolgen sind. Der Kreis gesellschaftsfähiger Berufe wird in § 59e I 1 BRAO mit Verweis auf § 59a I 1 BRAO geregelt, dessen partielle Verfassungswidrigkeit bezogen auf die Rechtsform der PartG mangels wesentlicher organisatorischer Differenzen für das interprofessionelle Miteinander übertragbar erscheint.[2895] Die an anderer Stelle[2896] für verfassungswidrig erachteten Majoritäts- und Verantwortlichkeitserfordernisse des § 23a MBOÄ, der bei Integration eines ärztlichen Heilbehandlungsangebots in die Gesellschaft für anwendbar gehalten wird,[2897] stehen diametral den Mehrheitsanforderungen der §§ 59e, 59f BRAO im Berufsrecht der Rechtsanwälte entgegen, da die Vorschriften jeweils die Majorität der eigenen Berufsangehörigen erfordern. Daher ist ein Zusammenschluss von Ärzten mit Rechtsanwälten in Kapitalgesellschaften ohne Einbeziehung sog. Mehrbänder praktisch ausgeschlossen. Die bezeichneten Inkompatibilitäten sind verfassungswidrig, die entsprechenden Vorschriften der BRAO bedürfen der Aufhebung durch das *BVerfG*.

Im Übrigen steht bisher allein Ärzten in Bayern gem. Art. 18 II HKaG BY und in Niedersachsen nach § 32 IV HKG Nds. die Rechtsformvariante der PartGmbB zur Wahl, während sie für Rechtsanwälte bundeseinheitlich nach § 51a BRAO in Betracht kommt. Trotz Zweifeln an ihrer Attraktivität für kleinere Berufsausübungsgemeinschaften wird die PartGmbB praktisch insbesondere bei

---

2895 Vgl. bereits die Einschätzung von *Singer*, DStR 2016, 990 (991), dass andere Maßstäbe für Kapitalgesellschaften ziemlich „*unwahrscheinlich*" seien; ferner *Henssler/Deckenbrock*, AnwBl 2016, 211 (213 f.).

2896 Siehe hierzu S. 364, 367 f.

2897 Siehe hierzu S. 571.

monoprofessioneller Berufsausübung von Rechtsanwälten akzeptiert.[2898] Bei interprofessionellen Zusammenschlüssen wird unter Anwendung des ausdrücklich in der Gesetzesbegründung[2899] aufgenommenen herrschenden Prinzips des strengsten Berufsrechts angenommen, dass der jeweils höchste Versicherungsbetrag zu Grunde zu legen sei.[2900] Während nach § 51a I 1 BRAO die Berufshaftpflichtversicherung die Haftpflichtgefahren für Vermögensschäden decken muss, die sich aus der Beratung und Vertretung in Rechtsangelegenheiten ergeben, beträgt die Mindestversicherungssumme nach § 51a II BRAO 2,5 Millionen Euro für jeden Versicherungsfall, wobei die Jahreshöchstleistung des Versicherers auf diese Summe multipliziert um die Anzahl der Partner, mindestens jedoch um den Faktor vier, der Gesellschaft begrenzt werden kann. Die Mindestversicherungssumme bei zwei bis vier Partnern liegt daher bei 10 Millionen Euro bei Rechtsanwälten. In *Bayern*[2901] hat die ärztliche PartGmbB nach Art. 18 II HKaG eine dem aus der Berufsausübung erwachsenden Haftungsrisiko angemessene Berufshaftpflichtversicherung zu unterhalten, bei der die Mindestversicherungssumme pro Versicherungsfall 5 Millionen Euro beträgt und in gleicher Weise durch Multiplikation um die Anzahl der Partner, mindestens jedoch um den Faktor vier, begrenzt werden kann. Für Ärzte ergibt sich somit eine Mindestversicherungssumme von 20 Millionen Euro. Die Leistungen sind in der Höhe zwar ersichtlich an der besonderen ärztlichen Einwirkungsmöglichkeit auf den Körper der Patienten ausgerichtet, einen „Rabatt" gewährt die Regelung für Gesellschaften ohne therapeutische Maßnahmen gleichwohl nicht. Über die Vereinbarung der höchsten Mindestversicherungssumme hinaus – bei Vereinigungen von Ärzten mit Rechtsanwälten mithin 20 Millionen Euro – hat die Versicherung auch den Anforderungen der Beteiligten anderer Berufe zu genügen, sodass insbesondere der Umfang der versicherten Tätigkeit an alle Berufe anzupassen ist, denn § 8 IV 1 PartGG erfordert den Abschluss einer „*zu diesem Zweck* [der Haftung für berufstypische Berufsfehler, Anm. durch Verfasser] *durch Gesetz vorgegebene Berufshaftpflichtversicherung*", der in § 51a BRAO und Art. 18 II HKaG BY *verschiedene, unabhängig voneinander geregelte* Inhalte betrifft.

Zu beachten ist auch § 45 III BRAO, wonach einzelne Tätigkeitsverbote für Rechtsanwälte auf die mit ihnen in einer Gesellschaft zur gemeinschaftlichen Zusammenarbeit zusammengeschlossenen Angehörigen auch anderer Berufe erstreckt werden. Praktisch wirkt sich das Tätigkeitsverbot nicht bereits wegen

---

2898 *Ruppert*, DStR 2013, 1623 (1627); *Grunewald*, GWR 2013, 393 (394). Diese Bedenken scheinen durch die praktische Akzeptanz jedoch entkräftet zu werden, siehe *Lieder et al.*, NJW 2018, 2175 (2178).

2899 BT-Drs. 17/13944, S. 15.

2900 Jeweils mit Kritik an der mangelnden Harmonisierung der rechts- und wirtschaftsberatenden Berufsrechte verbunden *Römermann*, NJW 2013, 2305 (2310); *Offermann-Burckhart*, AnwBl 2014, 474 (484); *Römermann/Jähne*, BB 2015, 579 (581); *Buchmann/Gerling*, in: *Gaier et al.*, Anwaltliches Berufsrecht, BRAO, § 51a Rn. 57.

2901 In *Niedersachsen* besteht eine inhaltsgleiche Regelung in § 32 IV HKG Nds.

der gemeinsamen beruflichen Tätigkeit aus, insbesondere hindert das Verbot nach § 45 I Nr. 4, III BRAO einen zweckmäßigen Zusammenschluss nicht: Danach ist die Tätigkeit untersagt, wenn der Rechtsanwalt oder in entsprechender Anwendung der Arzt in derselben Angelegenheit außerhalb seiner Anwaltstätigkeit oder einer sonstigen Tätigkeit im Sinne des § 59a I 1 BRAO bereits beruflich tätig war. Die vorherige Tätigkeit muss demnach außerhalb des Anwaltsberufs bzw. eines der nach § 59a I 1 BRAO sozietätsfähigen Berufe erfolgt sein.[2902] Da Ärzte seit der Entscheidung des *BVerfG*[2903] kooperationsfähig sind, erweist sich die ärztliche Tätigkeit in der Gesellschaft nicht als eine das Tätigkeitsverbot nach § 45 I Nr. 4, III BRAO auslösende Vorbefassung.

dd) Reformierung des anwaltlichen Berufsrechts

Nicht zuletzt auf Grundlage der letztlich ergangenen Judikate zur Zusammenarbeit von Rechtsanwälten[2904] befindet sich das anwaltliche Gesellschaftsrecht aktuell verstärkt im Diskurs, die erforderliche Novellierung der §§ 59a, 59e, 59f BRAO ist bis zur Einreichung der Arbeit trotz andauernder Anmahnung in der Literatur[2905] nicht erfolgt. In letzter Zeit wurden Reformvorschläge der *Bundesrechtsanwaltskammer*,[2906] von *Henssler*[2907] und an diesen anknüpfend von dem *Deutschen Anwaltverein*[2908]

2902 *Bormann/Strauß* in: *Gaier et al.*, Anwaltliches Berufsrecht, § 45 BRAO Rn. 37.

2903 *BVerfGE* 141, 82 ff., siehe bereits S. 249 ff.

2904 Siehe hierzu insbesondere zur Verfassungswidrigkeit von Mehrheitserfordernissen bei Zusammenschlüssen von Patent- und Rechtsanwälten *BVerfGE 135, 90* ff., zur Verfassungswidrigkeit der Untersagung eines Zusammenschlusses von Rechtsanwälten mit Ärzten *BVerfGE* 141, 82 ff., und zuletzt *AnwGH Bad.-Württ.*, Beschl. v. 19.10.2018 – AGH 13/2018 II, zur Annahme der Verfassungswidrigkeit von Mehrheitserfordernissen bei Zusammenschlüssen von Rechtsanwälten mit Steuerberatern.

2905 Siehe hier nur *Deckenbrock*, NJW 2017, 1425 (1430); *Römermann*, NZG 2018, 1041 (1041); *ders.*, AnwBl 2009, 681 (686); *Henssler/Deckenbrock*, AnwBl 2016, 211 (214 ff.); *Kleine-Cosack*, AnwBl 2016, 311 (315); *Kilian*, WuB 2016, 656 (659); *Kilian/Glindemann*, BRAK-Mitt. 2016, 102 (104, 106); *Dahns*, NJW-Spezial 2018, 254 (254); *Hartung*, NJW 2018, 1102 (1103); *ders.*, ZKM 2017, 196 (198); *Henssler*, AnwBl Online 2018, 564 (567); *Kämmerer*, DStR 2019, 1173 (1176); *Offermann-Burckart*, ZRP 2018, 158 ff.; siehe zuvor bereits *Deckenbrock*, AnwBl 2014, 118 (126, 129); *Henssler*, AnwBl 2014, 762 (768). Allgemein zum Änderungsbedarf *Henssler*, NJW 2017, 1644 (1644 ff.); *Dahns*, NJW-Spezial 2018, 254 (255); unter Hinweis auf die unionsrechtlichen Grundfreiheiten *Brüggemann*, in: *Weyland*, BRAO, Vor 59c Rn. 22 ff. Bereits bei Einführung die Verkennung des Bedarfs an interprofessioneller Beratung aus einer Hand *krit. Zuck*, MDR 1998, 1317 (1321).

2906 Stellungnahme Nr. 15/2018, Mai 2018. Besprochen von *Römermann*, NZG 2018, 1041 ff.; *Römermann*, BB 2019, 899 (900 ff.).

2907 AnwBl Online 2018, 564 ff.

2908 AnwBl Online 2019, 257 ff.

publiziert. Es erstaunt jedenfalls nicht, dass das *BVerfG* abermals über die Verfassungswidrigkeit des §§ 59e II 1, 59f I 1, 2 BRAO zu entscheiden haben wird.[2909] Nachdem lange eine gesetzgeberische Tätigkeit nicht zu erkennen gewesen ist,[2910] hat das Bundesministerium der Justiz und für Verbraucherschutz am 27. August 2019 ein Eckpunktepapier zur grundlegenden Novellierung des anwaltlichen Berufsrechts in Bezug auf interprofessionelle Zusammenschlüsse publiziert. Es wird in der Literatur[2911] und von den Berufsverbänden[2912] als richtiger Ansatz begrüßt, wenn auch kritisiert wird, dass der Entwurf zu kurz greife. Aufgegriffen wird u. a. in seinem Punkt 9 ein früherer Vorschlag aus dem Regierungsentwurf 2006[2913] zur Öffnung anwaltlicher Zusammenarbeit gegenüber *„vereinbarerer"* Berufe, worunter alle Berufe zu fassen sein sollten, die ein Rechtsanwalt neben seiner anwaltlichen Tätigkeit ausüben dürfe.[2914] Im Übrigen sollen für Berufsausübungsgesellschaften *„soweit wie möglich"* rechtsformneutral einheitliche berufsrechtliche Regelungen erfolgen (Punkt 1) und Eingriffe in Gesellschaftsstrukturen zur Sicherung der Unabhängigkeit und Eigenverantwortlichkeit der Rechtsanwälte wie auch der Einhaltung der sonstigen Berufspflichten wie durch Mehrheitserfordernisse nunmehr unterbleiben (Punkt 15). Darüber hinaus wird erwogen, allen Berufsausübungsgemeinschaften die anwaltlichen Berufspflichten aufzuerlegen und sie als Adressaten berufsrechtlicher Sanktionen zu erfassen (Punkt 11).[2915] Im Prinzip vollzieht dieser Gedanke die

---

2909 Vorlagebeschluss des *AnwGH Bad.-Württ.*, DStR 2019, 1173 m. Anm. *Kämmerer*. Die Gesellschafter einer bereits als Rechtsanwaltsgesellschaft zugelassenen Berufsausübungsgemeinschaft fassten eine Satzungsänderung dergestalt ins Auge, dass der als Steuerberater bestellte, bisherige Minderheitsgesellschafter paritätisch an der GmbH beteiligt und nunmehr als weiterer allein vertretungsberechtigter Geschäftsführer bestellt wird. Die zuständige Kammer belehrte in einem Schreiben den anwaltlichen Mehrheitsgesellschafter über ihre Auffassung, bei Implementierung der Satzungsänderung die Zulassung als Rechtsanwaltsgesellschaft aufgrund Verstoßes gegen §§ 59e II 1, 59 f I 1, 2 BRAO entziehen zu müssen.

2910 Die Antwort der Bundesregierung auf eine Kleine Anfrage der Bundestagsfraktion der FDP, BT-Drs. 19/3014, S. 4, ließ noch auf eine fortgesetzte gesetzgeberische Zurückhaltung und den Mangel ernsthaften Interesses an der Anpassung der §§ 59a ff. BRAO schließen.

2911 *Dahns*, NJW-Spezial 2019, 638 (638 f.); als zu kurz greifend bzw. halbherzig werden sie eingestuft von *Kilian*, ZRP 2019, 213 ff.; *Brügmann*, ZRP 2019, 242 ff.

2912 Siehe hier nur die Stellungnahmen der *Bundesarchitektenkammer* vom 29. November 2019; Nr. 37/2019 des *Deutschen Anwaltvereins* insb. zu Ziffer 6.

2913 BT-Drs. 16/3655, S. 107.

2914 Die *BRAK* erhebt gegen diese Ausweitung in ihrer Stellungnahme Nr. 25/2019 *„ganz erhebliche Bedenken"*, da in der Konsequenz *„nahezu jeder Beruf und jede Tätigkeit"* als sozietätsfähig anzusehen wäre. Sie favorisiert eine nur an dem Zeugnisverweigerungsrecht nach § 53 I 1 Nr. 3 StPO orientierte, beschränkte Öffnung des in § 59a I 1 BRAO verankerten Berufskreises, S. 8 ff. *Krit.* aus der Perspektive der Beteiligung von Insolvenzverwaltern *Bergner/Berg*, NZI 2020, 259 (261 ff.).

2915 So bereits zuvor *Henssler*, AnwBl 2014, 762 (765).

Konsequenz der anerkannten Teilrechtsfähigkeit der GbR, die bisher in keinem der kodifizierten Berufsrechte adäquat Ausdruck gefunden hat.[2916] Reine Kapitalbeteiligungen sollen grundsätzlich auch weiterhin untersagt bleiben, wobei Ausnahmen für alternative Finanzierungsmöglichkeiten zum Aufbau auf Legal Tech basierender Rechtsdienstleistungsangebote (Punkte 6 und 7) angestrebt werden; insgesamt solle eine Lockerung mit der Maßgabe einer besonderen Absicherung des anwaltlichen Berufsrechts geprüft werden. Festgehalten werden soll auch an der Maxime, grundsätzlich nur natürlichen Personen die Beteiligung zu eröffnen, wobei Beteiligungsgesellschaften ausnahmsweise zulässig sein sollen. Insoweit bleibt das neuerdings präsentierte Konzept auf der restriktiven Linie des II. Zivilsenats, der die gesellschaftliche Beteiligung einer PartG an einer Rechtsanwaltsgesellschaft zurückgewiesen hat.[2917]

c) *Berufsrecht der Patentanwälte*

Das Recht der Patentanwälte wird gesetzlich durch die Patentanwaltsordnung geregelt, das durch die Berufsordnung der Patentanwaltskammer innerhalb der Grenzen des §§ 52b, 82 II Nr. 1 PAO ausdifferenziert normiert wird. Patentanwälten kommt nach § 3 II Nr. 1 PAO u. a. die berufliche Aufgabe zuteil, in Angelegenheiten der Erlangung, Aufrechterhaltung, Verteidigung und Anfechtung gewerblicher Schutzrechte oder eines Sortenschutzrechts andere zu beraten und Dritten gegenüber zu vertreten. Patentanwälte vertreten nach § 3 II Nr. 2–4 PAO außerdem andere vor dem Patentamt und -gericht, dem BGH und Bundessortenamt. Zugang zum Beruf des Patentanwalts erhalten nach § 5 I PAO grundsätzlich nur Personen, die nach § 5 II PAO eine besondere Befähigung für den Beruf erlangt haben. Die Befähigung erlangt, wer die technische Befähigung nach § 6 PAO im Bereich naturwissenschaftlicher oder technischer Fächer erworben und die Prüfung über die erforderlichen Rechtskenntnisse nach § 8 PAO bestanden hat und mindestens ein halbes Jahr bei einem Patentanwalt tätig gewesen ist.

Das Berufsrecht der Patentanwälte ist zumindest im Bereich der Regelungen zu gemeinsamer Berufsausübung spiegelbildlich zu dem Recht der Rechtsanwälte ergangen. Daher scheidet de lege lata die berufliche Zusammenarbeit von Ärzten mit Patentanwälten nach § 52a I PAO in Berufsausübungsgemeinschaften, nach § 52e I 1 PAO in Patentanwaltsgesellschaften und nach § 52a III PAO auch in Bürogemeinschaften aus. Die Verfassungswidrigkeit des § 59a I 1 BRAO in Bezug auf

---

2916 Vgl. in diese Richtung bezüglich des rechtsanwaltlichen Berufsrechts *Henssler/Deckenbrock*, AnwBl 2016, 211 (216); *Henssler*, AnwBl 2014, 762 (763 f.); ausführlich zum hieraus resultierenden Anpassungsbedarf der BRAO *Deckenbrock*, AnwBl 2014, 118 (119 ff.).

2917 Hierzu bereits kritisch *Henssler*, NJW 2017, 1644 (1644 ff.); *Römermann*, GmbHR 2017, 572 (576); siehe bereits oben S. 223 ff.

Ärzte lässt sich jedoch auf § 52a PAO übertragen. Auch ansonsten kann auf die Ausführungen zum Recht der Rechtsanwälte verwiesen werden.

d) Berufsrecht der Steuerberater

aa) Einführung in das Berufsrecht der Steuerberater

Nach § 32 I StBerG leisten Steuerberater, Steuerbevollmächtigte und Steuerberatungsgesellschaften geschäftsmäßig Hilfe in Steuersachen.[2918] Das Berufsrecht der Steuerberater gliedert sich hauptsächlich in die bundesgesetzliche Regelungen des StBerG und die als Satzung erlassene Berufsordnung der Steuerberaterkammer. Die Berufsausübung der Steuerberater ist in den §§ 49 ff. StBerG normiert. Sie können sich zur gemeinsamen Berufsausübung entweder in Steuerberatungsgesellschaften nach §§ 49 ff. StBerG oder[2919] in Sozietäten nach § 56 I StBerG vereinigen. Die als Berufsausübungsgemeinschaft konzipierte Steuerberatungsgesellschaft[2920] bedarf der Anerkennung, die nach § 32 III 2 StBerG den Nachweis ihrer verantwortlichen Führung durch Steuerberater erfordert.

Steuerberater sind ebenso wie Steuerberatungsgesellschaften nach ihrem jeweiligen Sitz gem. § 74 I StBerG Pflichtmitglieder der Steuerberaterkammer. Wie bei Rechtsanwaltsgesellschaften sind auch die nichtsteuerberaterlichen Mitglieder des Vorstandes, Geschäftsführer oder persönlich haftende Gesellschafter einer Steuerberatungsgesellschaft Pflichtmitglieder in der Steuerberaterkammer gem. § 74 II StBerG.[2921]

bb) Relevante Berufsausübungsregelungen der Steuerberater

Steuerberater sind wie Ärzte und Rechtsanwälte nach § 57 I StBerG und § 2 BOStB zu einer unabhängigen, von sachfremden Einflüssen freien Berufsausübung verpflichtet, wobei sie ausdrücklich gemäß § 6 BOStB wie Rechtsanwälte Interessenkollisionen zu vermeiden haben.[2922] Dies folgt aus der Stellung des Steuerberaters als Interessenvertreter seiner Mandanten. In seiner Berufsausübung darf ein Steuerberater keine Bindungen eingehen, die seine berufliche Entscheidungsfreiheit gefährden könnten.[2923] Außerdem üben Steuerberater ihren Beruf nach § 57 I

2918 Neben Steuerberatern sind zur geschäftsmäßigen Hilfeleistung in Steuersachen nach § 3 Nr. 1 StBerG neben weiteren insbesondere auch Rechtsanwälte und Wirtschaftsprüfer befugt. Vgl. näher *Streck/Mack*, in: *Heussen/Hamm*, Rechtsanwalts-Handbuch, § 47 Rn. 7 ff., 12 ff.

2919 Vgl. *Henssler*, WPK-Mitt. 1999, 2 (5 f.).

2920 *Koslowski*, StBerG, § 49 Rn. 1.

2921 Siehe hierzu bereits krit. S. 580.

2922 Näher zur Unabhängigkeit der Steuerberater und insbesondere Interessenkollisionen *Willerscheid*, DStR 2018, 635 (635 ff.).

2923 *Willerscheid*, DStR 2018, 635 (636).

StBerG eigenverantwortlich, gewissenhaft, verschwiegen und unter Verzicht auf berufswidrige Werbung aus.

Nach § 49 I StBerG können in den Rechtsformen der AG, KGaA, GmbH, OHG, KG oder PartG geführte Berufsausübungsgemeinschaften als Steuerberatungsgesellschaften anerkannt werden. Das Recht der Steuerberatungsgesellschaften basiert damit auf einer grundlegend anderen Herangehensweise als das berufsrechtliche Verständnis der Rechtsanwälte und Ärzte. Einerseits werden ausdrücklich die Handelspersonengesellschaften als anerkennungsfähig angesehen,[2924] nach § 50 I 3 StBerG sogar dann, wenn persönlich haftender Gesellschafter eine Kapitalgesellschaft ist, welche die Voraussetzungen des § 50a StBerG erfüllt.[2925] Im systematischen Miteinander von Gesellschafts- und Berufsrecht ist die Regelung nicht hinreichend deutlich, da gesellschaftsrechtlich die Ausübung eines Handelsgewerbes als Zweck von Handelspersonengesellschaften verfolgt werden muss.[2926] Kritik verdient die durch den *BGH* befürwortete Zulässigkeit der KG unter Begründung einer Modifikation der die Gesellschaftsidentität regelnden §§ 105 I, 161 HGB durch den berufsrechtlichen § 49 II StBerG als lex specialis.[2927] Eine KG kommt dagegen nach ärztlichem Berufsrecht nicht ausdrücklich in Frage, da die Ausübung des Arztberufs keine gewerbliche Tätigkeit darstellt. Bei Ausübung der Heilkunde am Menschen verhindert das Gewerblichkeitsverbot in § 18 II 1 MBOÄ das Entstehen eines Handelsgewerbes. Andere Tätigkeiten lassen sich dagegen von Ärzten auch im Rahmen eines Handelsgewerbes ausüben, sodass für sie die KG nach § 23c MBOÄ („*in allen Rechtsformen*") offensteht.[2928] Andererseits kann auch die PartG als Steuerberatungsgesellschaft anerkannt werden. Dagegen ist die Anerkennung einer GbR als Steuerberatungsgesellschaft im Umkehrschluss aus der positiven Aufzählung ausgeschlossen, eine berufliche Zusammenarbeit kann allerdings in Zusammenschlüssen zu gemeinsamer Berufsausübung nach § 56 I StBerG ohne Anerkennung der Gesellschaft erfolgen, wobei dann auch eine GbR zulässig ist. Eine GbR kann nach § 50a II StBerG zudem ausschließlich zum Zweck des Haltens der Anteile einer Steuerberatungsgesellschaft gegründet werden.

§ 50 StBerG regelt nicht abschließend[2929] die Voraussetzungen für die Anerkennung einer Steuerberatungsgesellschaft. Auch im Recht der Steuerberater existieren in Anbetracht der Gesellschafterkonstellationen nähere Restriktionen. Nach

---

2924 Dabei gilt zusätzlich § 49 II StBerG für Personenhandelsgesellschaften, wonach sie anerkannt werden können, wenn sie wegen ihrer Treuhandtätigkeit als Handelsgesellschaften in das Handelsregister eingetragen worden sind.

2925 *Koslowski*, StBerG, § 49 Rn. 8; *Henssler/Markworth*, NZG 2015, 1 (2), die jedoch statt des § 50 I 3 StBerG den § 50 II 3 StBerG nennen.

2926 Siehe in Bezug auf Rechtsanwälte *BGH*, NZG 2011, 1064 (1065).

2927 Detailliert kritisch *Henssler/Markworth*, NZG 2015, 1 (6).

2928 Vgl. bereits pro Zulässigkeit einer KG von Steuerberatern mit Rechtsanwälten, obwohl diesen die KG nicht offensteht *Juretzek*, DStR 2015, 431 (433).

2929 *Koslowski*, StBerG, § 50 Rn. 1.

§ 50 II StBerG dürfen persönlich haftende Gesellschafter von Steuerberatungsgesellschaften *„auch Rechtsanwälte, niedergelassene europäische Rechtsanwälte, Wirtschaftsprüfer, vereidigte Buchprüfer und Steuerbevollmächtigte Mitglieder“* sein, Ärzte können sich somit nicht an Steuerberatungsgesellschaften beteiligen. In Übernahme der Rechtsprechung des *BVerfG* zur Zusammenarbeit von Rechtsanwälten mit Ärzten lässt sich kein tragfähiger Grund erblicken. Gleiches gilt für die Mehrheitserfordernisse nach § 50 IV StBerG bezüglich Vorstandschaft bzw. Geschäftsführung und persönlich haftender Gesellschafter, wenngleich sie rechtsformunabhängig gelten. Ein Mehrheitserfordernis bezüglich der Kapitalbeteiligung existiert dagegen nicht.[2930]

Auch einen Zusammenschluss zu einer Sozietät verwehrt das Berufsrecht der Steuerberater nach § 56 I StBerG mit Ärzten, da eine gemeinschaftliche Berufsausübung nur mit anderen Steuerberatern, Steuerbevollmächtigten, Wirtschaftsprüfern, vereidigten Buchprüfern, Mitgliedern einer Rechtsanwaltskammer[2931] und der Patentanwaltskammer erlaubt ist. Mehrheitserfordernisse bestehen bei der nicht als Steuerberatungsgesellschaft anerkannten Sozietät keine.

Steuerberater und Steuerbevollmächtigte dürfen nach § 56 V 1 StBerG eine auf einen Einzelfall oder auf Dauer angelegte berufliche Zusammenarbeit, der nicht die Annahme gemeinschaftlicher Aufträge zugrunde liegt, mit Angehörigen freier Berufe im Sinne des § 1 II PartGG sowie von diesen gebildeten Berufsausübungsgemeinschaften eingehen. Im Rahmen derartiger Kooperationen steht Steuerberatern eine auch langfristige Zusammenarbeit mit Ärzten offen.[2932] Die Kooperation ermöglicht jedoch weder einen Zusammenschluss zu einer Berufsausübungs- noch zu einer Bürogemeinschaft, sondern beschränkt sich auf eine fachliche Unterstützung der anderen Partner bei deren Berufsausübung, die hierin auf fremdes Fachwissen angewiesen sind.[2933]

e) Berufsrecht der Wirtschaftsprüfer

Das Berufsrecht der Wirtschaftsprüfer besteht im Wesentlichen aus der Wirtschaftsprüferordnung (WPO) und der Berufssatzung für Wirtschaftsprüfer/vereidigte Buchprüfer (BSWP/vBP).

Eine ärztliche Beteiligung an einer Wirtschaftsprüfungsgesellschaft als Äquivalent zu Steuerberatungs- bzw. Rechtsanwaltsgesellschaften kommt grundsätzlich nicht in Betracht, da § 28 IV Nr. 1, 1a WPO die Gesellschafterfähigkeit auf

2930 *Deckenbrock*, BRAK-Mitt. 2019, 44 (45).

2931 Da die Mitgliedschaft in der Rechtsanwaltskammer nach § 60 II 3 BRAO auch für nichtanwaltliche Geschäftsführer von Rechtsanwaltsgesellschaften verpflichtend ist, kommt ein Zusammenschluss in praktisch wohl nicht gestaltbaren Fällen zumindest theoretisch in Betracht.

2932 *Koslowski*, StBerG, § 56 Rn. 37.

2933 *Pruns*, BC 2013, 277 (277 f.).

Wirtschaftsprüfer, Wirtschaftsprüfungsgesellschaften, EU- oder EWR-Abschlussprüfer, vereidigte Buchprüfer, Steuerberater, Steuerbevollmächtigte, Rechtsanwälte und anderen dort näher bezeichneten Personen beschränken. Ärzten ist eine Beteiligung lediglich bei Genehmigung aufgrund besonderer Befähigung nach § 28 II 2, IV Nr. 1a WPO möglich, da immerhin der Arztberuf mit der Tätigkeit als Wirtschaftsprüfer vereinbar ist. In kapitalgesellschaftlicher Organisation verlangt § 28 IV Nr. 3 WPO die Beachtung von Mehrheitserfordernissen zugunsten von Wirtschaftsprüfern. Die Mehrheitserfordernisse dürften einer verfassungsrechtlichen Betrachtung zumindest in Bezug auf Ärzte nicht standhalten.

Mittlerweile ist Wirtschaftsprüfern die Beteiligung an Personengesellschaften zur gemeinsamen Berufsausübung ohne deren Anerkennung als Wirtschaftsprüfungsgesellschaft zugänglich.[2934] Nach § 44b I 1 WPO dürfen Wirtschaftsprüfer ihren Beruf mit natürlichen und juristischen Personen sowie mit Personengesellschaften, die der Berufsaufsicht einer Berufskammer eines freien Berufes im Geltungsbereich der WPO unterliegen und ein Zeugnisverweigerungsrecht nach § 53 I 1 Nr. 3 StPO haben, örtlich und überörtlich in Personengesellschaften gemeinsam ausüben. Ärzte erweisen sich damit für Wirtschaftsprüfer zumindest in Personengesellschaften als grundsätzlich kooperationsfähige Berufsgruppe. Erforderlich ist nach § 44b IV WPO allerdings, dass Ärzten auch bei gesamtschuldnerischer Inanspruchnahme der für Wirtschaftsprüfer vorgeschriebene Versicherungsschutz für jeden Versicherungsfall uneingeschränkt zur Verfügung steht. Zu beachten ist im Übrigen, dass Sozietäten nach § 319 I HGB nicht als Abschlussprüfer zur Vornahme gesetzlicher Abschlussprüfungen nach § 316 ff. HGB auserkoren werden können.[2935]

f) Berufsrecht der Architekten[2936]

Die Gesetzgebung für das Berufsrecht der Architekten ist bei den Ländern verblieben. In *Baden-Württemberg* gliedert es sich im Wesentlichen in das Architektengesetz (ArchG) und die Berufsordnung der Architekten (BOArch), die von der Architektenkammer auf Grundlage des § 17 ArchG erlassen wird.

Nach § 2 I ArchG darf die Berufsbezeichnung „Architekt" sowie andere dort geregelten Berufsbezeichnungen nur führen, wer unter der entsprechenden Bezeichnung in die Architektenliste eingetragen oder wer zu ihrer Führung nach § 8 ArchG berechtigt ist. Ausdrücklich werden durch §§ 2a, 2b ArchG PartG, PartGmbB – sie

---

2934 Siehe bereits *Henssler*, WPK-Mitt. 1999, 2 (5). Anders noch *AG Mannheim*, BRAK-Mitt. 1997, 93 (93 f.); hierzu kritisch *Seibert*, BRAK-Mitt. 1997, 94 f.; *AG Bayreuth*, WPK-Mitt. 1997, 327.

2935 Rechtspolitisch ist dieser Ansatz nach Anerkennung der Rechtsfähigkeit der Außen-GbR fragwürdig, siehe *Habersack/Schürnbrand*, in: *Staub*, HGB, § 319 Rn. 13.

2936 Im Rahmen dieser Arbeit lässt sich für die eher seltene Kombination von Ärzten mit Architekten nicht ausführlich auf alle landesrechtlichen Besonderheiten eingehen, weshalb lediglich exemplarisch die Rechtslage in Bad.-Württ. umrissen werden soll.

ist aufgrund der Regelung der Versicherungsanforderungen zur Beschränkung der Berufshaftung in § 2a IV ArchG zulässig – und Kapitalgesellschaften geregelt. Mangels Regelung der GbR ist von ihrer grundsätzlichen Zulässigkeit auszugehen. Abschnitt 2 IV UII BOArch stellt ausdrücklich klar, dass berufliche Zusammenschlüsse mit Angehörigen anderer Berufe zulässig sind. §§ 2a, 2b ArchG treffen zudem lediglich Regelungen über Partnerschaften und Kapitalgesellschaften, die selbst bei der Architektenkammer in ein entsprechendes Verzeichnis aufgenommen werden sollen und deren Firma eine nach § 2 I ArchG geschützte Bezeichnung enthalten soll. Im Umkehrschluss ist der Zusammenschluss in Kapitalgesellschaften stets zulässig, wenn nicht die Berufsbezeichnung im Namen enthalten sein soll, solange der an ihr beteiligte Architekt selbst in die Architektenliste eingetragen ist. Die Aufnahme in das bei der Architektenkammer geführte Verzeichnis der Kapitalgesellschaften kommt jedoch nicht in Betracht, da eine interprofessionelle Kapitalgesellschaft nur dann nach § 2b II Nr. 2 ArchG aufgenommen wird, wenn die an ihr Beteiligten natürlichen Personen freiberufliche Leistungen auf dem Gebiet der Planung, Beratung, Projektsteuerung oder Objektüberwachung Bauwesen erbringen. Aufgrund der Beschränkung kooperationsfähiger Berufe kommt es auf die in § 2b II Nr. 3 ArchG fixierten Mehrheitserfordernisse am Kapital, den Stimmrechten und der Geschäftsführung zugunsten von in der Architektenliste registrierten Personen gar nicht an. Der Ausschluss anderer Berufe – ebenso wie nachgelagert die Mehrheitserfordernisse – dürfte verfassungsgemäß sein, da er keine erheblichen Konsequenzen für die Berufsausübung der Architekten zeitigt. Ihnen steht die Gründung einer Kapitalgesellschaft zur Ausübung ihres Berufs mit anderen Personen offen. Zwar wird die Gesellschaft dann nicht in das Architektenverzeichnis aufgenommen, der Architekt selbst wird in seiner Listung jedoch nicht beeinträchtigt. Da § 2 I 1 a. E. PartGG ausdrücklich vorschreibt, dass der Name die Berufsbezeichnung aller gesellschaftlich vertretenen Berufe enthalten muss, kann § 2a ArchG nicht umgangen werden. Nach § 2a I 1 ArchG kann der Name der PartG bereits die Berufsbezeichnung enthalten, wenn mindestens ein Partner Mitglied der Architektenkammer ist und die PartG in das Verzeichnis der Partnerschaften bei der Architektenkammer eingetragen ist. Nach § 2 II 1 ArchG ist für die Aufnahme in das Verzeichnis lediglich vorausgesetzt, dass die für die Mitglieder der Architektenkammer geltenden Berufspflichten *von der Partnerschaft* beachtet werden. Von der PartG werden die Berufspflichten bereits eingehalten, wenn der Gesellschaftsvertrag eine entsprechende Regelung trifft.[2937]

Tatsächlich besteht eine PartG zwischen einem Arzt und einem Architekten mit dem Gesellschaftszweck der gemeinschaftliche Berufsausübung ihrer Berufe zur Beratung und Projektentwicklung sozialer und medizinischer Einrichtungen.[2938]

2937 So lässt sich auch § 2a II 2 ArchG verstehen, der lautet: „*Dies ist im Partnerschaftsvertrag zu regeln.*“

2938 Der Gesellschaftszweck lautet: „*Die gemeinschaftliche Berufsausübung der Partner in einer PartG als Architekt und Ärztin ohne Heilkunde am Menschen; die von*

g) *Berufsrecht der Ingenieure*[2939]

Das Berufsrecht selbständig tätiger beratender Ingenieure ist Sache der Länder. So gliedert sich in *Baden-Württemberg* die Regulierung der Tätigkeit vorrangig in landesgesetzliche Regelungen im Ingenieurgesetz (IngG) und Ingenieurkammergesetz (IngKammG) sowie die Berufsordnung der Ingenieurkammer aufgrund von § 2 I Nr. 4 IngKammG. Nach § 15 IngKammG dürfen unter der Berufsbezeichnung „*Beratender Ingenieur*“ nur eigenverantwortlich und unabhängig tätige[2940] Ingenieure den Beruf ausüben, die in die bei der Kammer zu führenden Liste eingetragen sind.

Nach dem Berufsrecht der Beratenden Ingenieuren ist die gemeinsame Berufsausübung mit Ärzten zulässig. Dort ergibt sich einerseits mangels Regelung eines Ausschlusses bestimmter Rechtsformen, dass Zusammenschlüsse zu gemeinsamer Berufsausübung in allen zweckentsprechenden Rechtsformen möglich sind. Daher dürfte eine OHG mangels Handelsgewerbe ausscheiden, während die gleichfalls nicht erwähnte GbR zulässig ist. Ausdrücklich erwähnt werden kapitalgesellschaftliche Organisationsformen in § 17 III Nr. 3 IngKammG und die PartG in einfacher und berufshaftungsbeschränkter Form in § 17a IngKammG. Während für kapitalgesellschaftliche Rechtsformen zwar keine Berufe von der Beteiligung ausgeschlossen werden, ist gleichfalls für sie in § 17 III Nr. 3 lit. b), c) IngKammG die Majorität der beratenden Ingenieure bei Kapital- und Stimmrechtsbeteiligung sowie in der Geschäftsführung vorgeschrieben. Für die sonst noch ausdrücklich geregelte PartG und PartGmbB besteht – wie in den Berufsrechten der bereits dargestellten Berufe- keine gleichartige Regelung. Zur Gründung einer PartG ist nach § 17 I 1 IngKammG sogar ausdrücklich die Beteiligung einer zur Führung der Berufsbezeichnung berechtigten Person ausreichend, wenn die Gesellschaft selbst in die Liste der Beratenden Ingenieure aufgenommen werden und die Berufsbezeichnung im Namen tragen soll. Im Kontrast zu anderen Berufsrechten ist die Tätigkeit des Ingenieurs bei Nichterfüllung der Majoritätsanforderungen in einer interprofessionellen Kapitalgesellschaft nicht ausgeschlossen. Vielmehr dürfte nach dem Wort des Gesetzes nur die Aufnahme *der Gesellschaft* selbst in die Liste der Beratenden Ingenieure nach § 17 III IngKammG ausgeschlossen sein; die Tätigkeit des Beratenden Ingenieurs als Gesellschafter der Kapitalgesellschaft dürfte hingegen zulässig sein, da seine persönliche Eintragung nach § 17 II IngKammG gleichfalls zulässig ist.

Lieferinteressen unabhängige Übernahme von Beratung und Projektentwicklung für soziale und medizinische Einrichtungen“, siehe *Lieder/Hoffmann*, NZG 2017, 325 (326).

2939 Im Rahmen dieser Arbeit lässt sich für die eher seltene Kombination von Ärzten mit Beratenden Ingenieuren nicht ausführlich auf alle landesrechtlichen Besonderheiten eingehen, weshalb lediglich exemplarisch die Rechtslage in Bad.-Württ. umrissen werden soll.

2940 Zur Bestimmung der Eigenverantwortlichkeit und Unabhängigkeit siehe die ausführliche Regelung in § 13 IngKammG.

III. Organisationsgemeinschaften

Für Ärzte ist eine Beschränkung des Kreises kooperationsfähiger Berufe in Organisationsgemeinschaften nicht ausdrücklich geregelt. In den Berufsordnungen der sächsischen und niedersächsischen Landesärztekammer werden die nach § 23c MBOÄ zugelassenen interprofessionellen Verflechtungen mit Angehörigen nichtmedizinischer Berufe als *„sonstige Kooperationen"* bezeichnet bzw. ausdrücklich „sonstige Organisationsgemeinschaften" ermöglicht. Im Geltungsbereich dieser Berufsordnungen scheint es geboten, die Zulässigkeit interprofessioneller Organisationsgemeinschaften unter Beteiligung von Ärzten auf § 23b BO Sachsen bzw. § 23b BO Nds. zu stützen. In den Berufsordnungen der anderen Landesärztekammern dagegen ist die Anknüpfung an § 18 I 1 MBOÄ entsprechende Vorschriften geboten. Mangels ausdrücklicher Regelung der Organisationsgemeinschaften lässt sich ein Ausschluss auch nichtärztlicher Berufskreise kaum plausibel begründen. Zwar besagt § 18 I 1 MBOÄ, dass Ärzte *„sich"* u. a. zu Organisationsgemeinschaften zusammenschließen dürfen; die Norm bleibt notwendigerweise jedoch auf Ärzte als eigener Adressatenkreis beschränkt. Der Wortlaut des § 18 I 1 MBOÄ berücksichtigt schließlich ebendort auch nicht die erforderliche Beteiligung nichtärztlicher Gesundheitsberufe innerhalb von MKG. Darüber hinaus verhält sich § 18 I 1 MBOÄ zu einer Beteiligung von Angehörigen nichtärztlicher und nichtmedizinischer Berufe gegenüber indifferent. Eine Untersagung hätte jedenfalls der ausdrücklichen Regelung bedurft.

Rechtsanwälten soll für interprofessionelle Zusammenschlüsse insbesondere an Bürogemeinschaften gelegen sein.[2941] Sie bezwecken als Berufsorganisationsgemeinschaften die gemeinsame Nutzung von Räumen, ihrer Infrastruktur und anderen sachlichen Mitteln wie auch Personal.[2942] Für sie gilt nach § 59a III BRAO die in § 59a I 1 BRAO fixierte Einschränkung des Kreises zulässiger Kooperationspartner entsprechend. Mit nicht sozietätsfähigen Personen ist die Gründung einer Bürogemeinschaft ebenfalls untersagt.[2943] Der *BGH*[2944] stufte § 59a III BRAO unter Berufung auf eine vermeintlich bestehende Gefährdungslage für geheimhaltungsbedürftige Informationen, deren Verhütung ersichtlich Anliegen des Gesetzgebers gewesen ist,[2945] als verfassungsgemäß ein.[2946] Dabei bleibt unbedacht, dass auch in monoprofessionellen Bürogemeinschaften mangels gemeinsamer Berufsausübung[2947] keine Gefährdungslage

---

2941 *Kilian*, ZRP 2019, 213 (215), unter Hinweis auf empirische Nachweise.

2942 *Henssler*, in: *Henssler/Streck*, Sozietätsrecht, Kap. A Rz. 38.

2943 Siehe bereits *Deckenbrock*, NJW 2008, 3529, (3530); *Deckenbrock*, AnwBl Online 2019, 321 (326).

2944 *BGH, NJW* 2018, 1095 (1101 f.).

2945 Siehe bereits die *BRAK*, SV-Mat. 12/2006, BRAK-Mitt. 2006, 212 (214).

2946 *Zust. Brüggemann*, in: *Feuerich/Weyland*, BRAO, § 59a Rn. 80.

2947 Die Partner treten daher insbesondere nicht gemeinsam gegenüber Mandanten auf, womit sich für diese die wechselseitige Weitergabe von Informationen aus den selbständigen Mandaten nicht erschließt. Siehe bereits *Deckenbrock*, AnwBl Online 2019, 321 (326).

anderen Ausmaßes besteht. Rechtsanwälte sind ohne eindeutige Befreiung von der Verschwiegenheitspflicht nach § 203 I Nr. 3 StGB strafbewehrt auch gegenüber einem mit ihm in einer Bürogemeinschaft verbundenen Rechtsanwalt zur Geheimhaltung von Informationen aus Mandatsverhältnissen verpflichtet,[2948] da der Mandant lediglich den einzelnen Anwalt beauftragt, dessen Einwirkungssphäre die Information bereits mit der Weitergabe verlässt. Die Bürogemeinschaft bedarf somit einer organisatorischen Trennung, durch die die Verschwiegenheitspflicht gegenüber den Partnern beachtet wird. Die Problematik spitzt sich bei Hinzutreten interprofessioneller Bezüge zumindest bei Beteiligung von Ärzten nicht zu. Erhält ein Arzt nur beiläufig bei seiner Berufsausübung Kenntnis von Privatgeheimnissen, die der Geheimhaltung durch einen Anwalt unterlagen, so obliegt auch ihm nach § 203 I StGB die Geheimhaltung der Information, da es nicht auf die Person des Mitteilenden, sondern den Zusammenhang der Kenntnisnahme mit der Ausübung eines Berufs des § 203 I StGB ankommt.[2949] Da berufsfremde Einflüsse auf die anwaltliche Berufsausübung im Hinblick auf die notwendige strukturelle Aufspaltung nicht zu besorgen sind,[2950] ist die restriktive Beschränkung des Kreises tauglicher Mitglieder einer Bürogemeinschaft in der aktuellen Fassung mangels Erforderlichkeit zum Zweck der Sicherstellung der berufsrechtlichen Pflichten als verfassungswidrig zu bewerten.[2951] Da § 59a I 1 BRAO jedenfalls insoweit verfassungswidrig ist, als er einer Berufsausübungsgemeinschaft zwischen Rechtsanwälten und Ärzten im Wege steht, ist der hieran anknüpfende § 59a III BRAO erst recht insoweit verfassungswidrig, als er de lege lata eine Bürogemeinschaft zwischen Ärzten und Rechtsanwälten untersagt.[2952]

Die bereits vor Einführung der §§ 59c ff. BRAO anerkannte[2953] Gründung von Bürogemeinschaften als GmbH wird nicht durch die Konzeption von Rechtsanwalts-GmbH als Berufsausübungsgemeinschaft untersagt.[2954] Vielmehr bedarf die GmbH dann gar nicht erst selbst der Zulassung als Rechtsanwaltsgesellschaft, da sie kein Rechtsdienstleistungen im eigenen Namen anbietet.[2955] Im Übrigen findet auch § 23a MBOÄ keine Anwendung, der Ärztegesellschaften als Vereinigungen zu gemeinsamer Berufsausübung regelt.

2948 *Deckenbrock*, AnwBl Online 2019, 321 (325 f.); *Deckenbrock*, NJW 2008, 3529 (3530).
2949 *OLG Hamburg*, NJW 1962, 689 (691).
2950 *Kilian*, ZRP 2019, 213 (215).
2951 Ebenfalls skeptisch *Henssler*, AnwBl Online 2018, 564 (577).
2952 Ebenso bereits *Henssler/Deckenbrock*, AnwBl 2016, 211 (215).
2953 Siehe hier nur *Taupitz*, JZ 1994, 1100 (1108).
2954 *Henssler*, in: *Henssler/Prütting*, BRAO, § 59c Rn. 5; *Brüggemann*, in: *Weyland*, BRAO, Vor § 59c Rn. 15; § 59c Rn. 2, 4; *Bormann/Strauß*, in: *Gaier et al.*, Anwaltliches Berufsrecht, § 59c Rn. 26; *Offermann-Burckart*, AnwBl 2015, 122 (127 f.); *Henssler*, AnwBl Online 2018, 564 (577); a. A. soweit ersichtlich allein *Zuck*, MDR 2018, 1317 (1318).
2955 *Bormann/Strauß*, in: *Gaier et al.*, Anwaltliches Berufsrecht, § 59c Rn. 26.

Für Steuerberater ist gleichsam das Eingehen einer Bürogemeinschaft nach § 56 II StBerG beschränkt, während für Wirtschaftsprüfer, Architekten und Beratende Ingenieure keine vergleichbare Beschränkung mangels ausdrücklicher Normierung besteht.

IV. Kooperationen

Die berufliche Zusammenarbeit lässt sich ferner als „Kooperation" aufgrund eines Vertrags sui generis mit Geschäftsbesorgungs- und Werkvertragselementen mit der Maßgabe organisieren, sich bei Aufträgen gegenseitig zu empfehlen und nach Möglichkeit zum gemeinsamen Wohl vielseitig zusammenzuarbeiten.[2956] Einen gemeinsamen Zweck verfolgen die Parteien durch Vereinbarung gegenseitiger Empfehlungen nicht, sodass kein Gesellschaftsverhältnis begründet wird. Die Auftragserteilung eines Mandaten/Patienten erfolgt gegenüber den einzelnen Kooperationspartnern.[2957]

Grenzen des ärztlichen Berufsrechts ergeben sich insbesondere aus § 3 MBOÄ und dem Verbot entgeltlicher Zuweisung nach § 31 I MBOÄ. Die Norm verbietet u. a. auch das Versprechen und Gewähren eines Entgelts oder anderer Vorteile durch den Arzt für die Zuweisung von Patienten. Als Patient ist jeder zu verstehen ist, der eine Heilbehandlung im Sinne von § 1 HeilprG erfährt,[2958] während durch die Rechtsprechung als Zuweisung *„alle Fälle der Überweisung, Verweisung und Empfehlung von Patienten an bestimmte andere Ärzte"* aufgefasst werden.[2959] Die Norm begrenzt nicht den Personenkreis, von dem eine verpönte Zuweisung an Ärzte ausgehen mag, weshalb sie gleichfalls durch Rechtsanwälte oder Ingenieure denkbar ist. Mangels gemeinsamer Berufsausübung bedarf die Empfehlung des Arztes nach § 31 II MBOÄ eines hinreichenden Grundes.

Aus Sicht des rechtsanwaltlichen Berufsrechts sind Kooperationen unbeachtlich der Berufszugehörigkeit des Kooperationspartners zulässig.[2960] Das Berufsrecht der Rechtsanwälte setzt in §§ 30, 33 BORA Grenzen, insbesondere soll das rechtsanwaltliche Berufsrecht durch den nichtanwaltlichen Partner beachtet werden.[2961] Da nach verfassungskonformer Auslegung[2962] selbst bei Bürogemeinschaften ein Rechtsanwalt nur bei gemeinschaftlichen Elementen beruflicher Zusammenarbeit

2956 *Hartung/Wendenburg*, NJW 2009, 1551 (1555); *Henssler*, AnwBl 2009, 670 (678 f.); ferner *Huff*, NJW-Spezial 2005, 429.

2957 *Henssler*, AnwBl 2009, 670 (679).

2958 *Scholz*, in: *Spickhoff*, Medizinrecht, MBOÄ, § 31 Rn. 3.

2959 *BGH*, MedR 2011, 500 (506).

2960 *BGH*, NJW 2005, 2692 (2693).

2961 *Hartung/Wendenburg*, NJW 2009, 1551 (1555).

2962 Nach verbreiteter Ansicht ist die dem anwaltlichen Berufsrecht zugedachte Unterwerfung von Nicht-Rechtsanwälten durch §§ 30, 33 BORA verfassungswidrig, *Henssler*, PartGG, § 1 Rn. 323; *Kleine-Cosack*, BRAO, Vor § 59a Rn. 1; *Deckenbrock*, BB 2002, 2453 (2458).

die Beachtung fremder Berufspflichten verlangen kann,[2963] ist bei noch loser konstruierten Kooperationen erst recht keine grundsätzliche Bindung des berufsfremden Partners denkbar. Praktisch dürfte sich mangels gemeinschaftlicher Elemente beruflicher Zusammenarbeit dann keine Einschränkung ergeben. Im Kontrast zu Rechtsanwälten eröffnet § 56 V 1 StBerG Steuerberatern das Eingehen einer Kooperation lediglich mit Angehörigen freier Berufe iSd § 1 II PartGG[2964] – die Norm steht daher einer Kooperation mit Ärzten als in § 1 II PartGG explizit aufgeführten Freiberuflern nicht entgegen.

V. Schlussfolgerung

Nach dem Befund, dass Zusammenschlüsse mit Angehörigen der Gesundheitsberufe grundsätzlich zulässig sind, konnte dargelegt werden, dass auch mit Angehörigen geregelter freier Berufe außerhalb des Gesundheitssektors eine Assoziation rechtlich zulässig ist. Zwar deutet insbesondere der Wortlaut des § 23c MBOÄ scheinbar auf die notwendige Ausgrenzung der Heilkunde am Menschen aus der gemeinsamen Gesellschaft hin, aufgrund verfassungskonformer Auslegung ist ihre Integration gleichwohl zulässig. Dabei ist gerade im Hinblick auf einen für Patienten offen gemeinsamen Auftritt und in Übertragung der Voraussetzungen des § 23b I 4 MBOÄ an den Gesellschaftsvertrag kein nicht nur berufspolitischer Grund ersichtlich, der den Ausschluss heilbehandlerischer Maßnahmen rechtfertigen könnte. Auch aus dem Berufsrecht der Kooperationspartner lässt sich keine grundsätzliche Unvereinbarkeit eines Zusammenschlusses mit Ärzten abstrahieren, speziell Zusammenschlüsse mit Steuerberatern sind in einer Berufsausübungsgemeinschaft de lege lata aber unzulässig. Darüber hinaus stellen die Berufsrechte der Kooperationspartner eigene Anforderungen an die Ausgestaltung. Die auf den Zusammenschluss mit Ärzten in einer PartG begrenzte Rechtsprechung des *BVerfG* in Bezug auf die noch vorhandene Einschränkung auf sozietätsfähige Berufe nach § 59a I 1 BRAO ist jedenfalls auf andere Gesellschaftsformen übertragbar.

2963 *Scharmer*, in: *Hartung/Scharmer*, BORA, BORA, § 30 Rn. 17.
2964 Vgl. näher bereits *Henssler*, AnwBl 2009, 670 (679).

§ 6 Zusammenschlüsse mit Gewerbetreibenden

I. Einleitung

Es ist denkbar, dass neben synallagmatischen Vertragsbeziehungen mit Herstellern von Arznei- oder Hilfsmitteln oder Medizinprodukten sowie Erbringern von Heilmittelversorgungen gemäß § 33 MBOÄ[2965] Zusammenschlüsse von Ärzten mit Gewerbetreibenden jeglicher Couleur als potentiell profitable Unternehmen reizvoll erscheinen. Ärzte und andere Dienstleister bzw. Unternehmen im Gesundheitswesen haben viele komplementäre Interessen, weshalb deren gute Kooperation zu einer gut funktionierenden Patientenversorgung beitragen kann, wobei ärztliche Unabhängigkeit und das Interesse an Absatzförderung im Gewerbe sich entgegenstehen können.[2966] Lukrativ erscheint ein Zusammengehen von Ärzten mit medizinischen Einrichtungen wie Krankenhausträgern[2967] sowie Teilen der Medizinprodukteindustrie,[2968] der Pharmaindustrie[2969] und Gesundheitshandwerkern,[2970] mit gewerblichen Unternehmensberatern oder Akteuren der Finanzbranche zur Vermittlung von Darlehen für die Leistungen innerhalb ärztlicher Behandlung[2971] oder für den Vertrieb von Versicherungen sowie im Ernährungs-, Fitness- und Wellnessbereich.[2972]

2965 Siehe näher zu Austauschbeziehungen, insbesondere im Rahmen von Anwendungsbeobachtungen, *Scholz*, in: *Spickhoff*, Medizinrecht, MBOÄ, § 33 Rn. 1.

2966 *Ratzel*, in: *Ratzel/Lippert*, MBOÄ, § 3 Rn. 6.

2967 Hierbei ist insbesondere die Gründung von MVZ nach § 95 Ia SGB V denkbar, was berufsrechtlich bereits vor Aufnahme der Legaldefinition ärztlicher Berufsausübungsgemeinschaften in § 18 IIa MBOÄ im Jahr 2011 als unbedenklich angesehen worden ist, siehe *Bohle/Grau*, KH 2004, 885 (886). MVZ unter Beteiligung von Krankenhausträgern können in diesem Rahmen nicht näher erörtert werden, da das umfassende Angebot von Krankenhäusern nicht gleichzusetzen ist mit demjenigen Angehöriger nichtärztlicher Berufe.

2968 Zu rechtlichen Grenzen der Kooperationen zwischen Medizinprodukteindustrie und medizinischen Einrichtungen siehe *Rübsamen*, MedR 2014, 152 ff.

2969 Vgl. *Stumpf/Voigts*, MedR 2009, 205 (206).

2970 Siehe hierzu bereits S. 202 ff. Siehe darüber hinaus für die Zusammenarbeit mit Hilfsmittelerbringern im Rahmen des verkürzten Versorgungswegs nur *Ratzel*, in: *Ratzel/Lippert*, MBOÄ, § 3 Rn. 7 ff.; *Luthe*, in: *Hauck/Noftz*, SGB V, § 128 Rn. 4, 26 ff.

2971 Vgl. insbesondere zu sog. Dentalkrediten *Kazemi/Lingenberg*, MedR 2005, 196 (197). Kritisch in Übertragung auf das ärztliche Berufsrecht aufgrund von § 3 II MBOÄ *Ratzel*, in: *Ratzel/Lippert*, MBOÄ, § 3 Rn. 24; *Scholz*, in: *Spickhoff*, MBOÄ, § 3 Rn. 6.

2972 Vgl. *Ratzel*, in: *Ratzel/Lippert*, MBOÄ, § 3 Rn. 3, 23; *Eberbach*, MedR 2008, 325 (328). Auf der Homepage darf nicht für Hautcremes unter Angabe der Bezugsquelle

II. Zusammenschluss mit einem MVZ

Mit allen Trägern eines MVZ steht Ärzten die (ärztliche) Berufsausübungsgemeinschaft nach § 18 IIa 1 MBOÄ offen, wenn das MVZ den Erfordernissen des *„§ 23a I lit. a), b) und d) [sic!]"* genügen. § 18a IIa 1 MBOÄ rekurriert in seinem die inhaltlichen Anforderungen an ein kooperationsfähiges MVZ festsetzenden Verweis auf § 23a MBOÄ nicht auf die Berufszugehörigkeit in § 23a I 2 MBOÄ. Zudem erfasst der Verweis weder das Erfordernis aktiver Berufsausübung für Gesellschafter noch das Beteiligungsverbot für Dritte. Daher ist mit allen nach § 95 Ia SGB V zulässigen Trägern eines MVZ der Zusammenschluss möglich, insbesondere auch mit Krankenhausträgern. Elementar für den Zusammenschluss ist nach § 23a I 4 lit. a), b) und d) MBOÄ allerdings die Gesellschaftsanteils- und Stimmrechtsmehrheit der Ärzte wie auch die Majorität in der Geschäftsführung und die ausreichende Berufshaftpflichtversicherung der tätigen Ärzte.

Vertragsarztrechtlich eröffnet § 33 II 1 Ärzte-ZV *„allen zur vertragsärztlichen Versorgung zugelassenen Leistungserbringern"* den Zusammenschluss in einer Berufsausübungsgemeinschaft. Da neben Vertragsärzten nach § 95 I 1 SGB V MVZ gleichfalls zur vertragsärztlichen Versorgung zugelassen sind,[2973] ist der Zusammenschluss auch vertragsarztrechtlich zulässig, sodass Leistungen zulasten der GKV abgerechnet werden können. Erforderlich ist die bereits vor dem Zusammenschluss vorhandene Zulassung der Leistungserbringer, sodass insbesondere allein die potentielle Erfüllung der für die Errichtung eines MVZ erforderlichen Gründereigenschaft nach § 95 Ia S. 1 SGB V nicht ausreicht. Zu beachten ist außerdem, dass die berufliche Eigenverantwortlichkeit des Arztes durch den Zusammenschlusses nicht eingeschränkt werden darf. Bei Entfall der Erteilungsvoraussetzungen für seine Zulassung droht dem Vertragsarzt ansonsten deren Entziehung nach § 95 VI SGB V. Daher ist insbesondere auf die Bewahrung seiner beruflichen und persönlichen Selbständigkeit zu achten.[2974]

---

geworben werden, *Gerichtshof für die Heilberufe Nds.*, 15.12.2014 – 1 S 1/14; Patienten dürfen (erst recht nicht) ungefragt Bestellformulare für Nahrungsergänzungsmittel vorgelegt werden, *BerufsG Karlsruhe*, DÄBl. 2016, A-356; keine Abgabe von Sportlernahrung oder Nahrungsergänzungsmitteln durch den Arzt im Rahmen der Heilbehandlung, *LG Rottweil*, MedR 2007, 494; *OLG Stuttgart*, Beschl. v. 5.12.2006 – 2 U 141/06; wechselseitige Verweisung von Fitnessstudio und Arzt stellt Verstoß gegen unlauteren Wettbewerb dar, *LG Ravensburg*, 1 KfHO 969/98; *OLG Frankfurt*, VersR 1998, 1299. Ferner zu gewerblicher Ernährungsberatung, die nicht im Zusammenhang mit der ärztlichen Tätigkeit ausgeübt werden darf, darüber hinaus ist jedoch keine räumliche Trennung von der Arztpraxis erforderlich *BGH*, MedR 2008, 613 ff.; hierzu ferner *Harneit*, MedR 2017, 688 ff.

2973 *Wigge*, in: *Schnapp/Wigge*, Vertragsarztrecht, § 6 Rn. 20 Fn. 51; *Ratzel*, in: *Spickhoff*, Medizinrecht, MBOÄ, § 33 Rn. 6.

2974 Nur exemplarisch zur Voraussetzung der Tätigkeit in freier Praxis nach § 32 I 1 Ärzte-ZV *Rademacker*, in: Kasseler Kommentar, SGB V, § 95 Rn. 112.

III. Sonstige Zusammenschlüsse

Ansonsten kommt allein außerhalb der Ausübung der Heilkunde am Menschen ein Zusammenschluss mit Gewerbetreibenden in Betracht. Zwar lässt sich systematisch durchaus der Verdacht begründen, dass nach § 23c MBOÄ allein Angehörige freier Berufe zur gemeinsamen Berufsausübung außerhalb behandlerischer Tätigkeit in Betracht kommen.[2975] Es ist aber bereits nicht nachvollziehbar, welchem Schutz die umfassende Ausgrenzung Gewerbetreibender von einer Zusammenarbeit mit Ärzten dienen sollte, wenn im Besonderen nicht die Beeinflussung von Patienten in Behandlung des Arztes denkbar ist. So beschränkt sich das grundsätzliche Verbot der Zusammenarbeit mit anderen Berufen nach § 29a I MBOÄ angesichts zulässiger Varianten der Beteiligung medizinischer Berufe nach § 29a II MBOÄ auf die medizinische Behandlung. Das Gewerblichkeitsverbot in § 18 II 1 MBOÄ lässt sich aus seinem Kontext allein auf Behandlungsgesellschaften beziehen. Dafür spricht augenscheinlich die Regelung des § 3 I MBOÄ, wonach gewerblichen Tätigkeiten neben der ärztlichen Berufsausübung grundsätzlich Freiraum belassen bleibt. Nach § 3 II MBOÄ ist sogar eine gewerbliche Betätigung des behandelnden Arztes zulässig, wenn sie einen notwendigen Bestandteil der Therapie darstellt. Durchaus kommt es hierbei auf die konkrete Ausgestaltung des Bündnisses an, denn selbst eine Zusammenkunft in den Praxisräumen des Arztes, in denen er außergesellschaftlich Patienten behandelt, ist nicht ausgeschlossen.[2976]

Die Integration der Ausübung der Heilkunde in eine Gemeinschaft mit Gewerbetreibenden bleibt allerdings in verfassungsrechtlich nicht zu beanstandender Weise ausgeschlossen. Antagonistisch zu Zusammenschlüssen mit Angehörigen nichtmedizinischer freier Berufe besteht für die ärztliche Unabhängigkeit nämlich ein erhöhtes Gefahrenpotential, wenn gewerbliche Leistungen verbunden mit der ärztlichen Heilbehandlung angeboten werden könnten. Nur exemplarisch soll hierbei auf das Beispiel eines Zusammenschlusses mit einem Versicherungsvermittler zurückgegriffen werden. Die zur Versicherungsvermittlung erforderliche Maklererlaubnis nach § 34d GewO kann dabei personengebunden an natürliche oder juristische Personen erteilt werden; dem Zusammenschluss stünde aus gewerberechtlicher Sicht zumindest nicht entgegen, dass dem Arzt selbst keine Erlaubnis nach § 34d GewO erteilt würde.[2977] Neben monetären Aspekten bei Bestreiten des „Tagesgeschäfts“ käme gerade die Entstehung einer nicht mehr mit der ärztlichen Unabhängigkeit zu vereinbarenden Bindung gegenüber dem Versicherungsvermittler in Frage: So geriete der Arzt in einen erheblichen Loyalitätskonflikt,

---

2975 So exemplarisch *Schirmer*, MedR 1995, 383 (387); *ders.*, MedR 1995, 341 (348). *Korts/Korts*, Heilberufsgesellschaften, S. 26.

2976 Siehe näher bereits S. 519 ff.

2977 So kann die Erlaubnis beispielsweise in Personengesellschaften ohnehin nur an die dahinterstehenden Gesellschafter erteilt werden, siehe näher *Schönleiter*, in: *Landmann/Rohmer*, GewO, § 34d Rn. 15 f.

wenn er Kenntnis von persönlichen Umständen des Patienten besitzt, die dieser bezüglich eines Antrags zum Abschluss einer Versicherung nicht oder fehlerhaft angegeben hat. Insoweit bleibt auch zu beachten, dass § 3 I MBOÄ dem Angebot von Dienstleistungen oder Waren in Zusammenhang mit Heilbehandlungen grundsätzlich einen Riegel vorschiebt. Die Übertragung der zur verfassungskonformen Auslegung des § 23c MBOÄ begründenden Argumentation kommt daher nicht in Frage.

Verweisungen von Kunden der Gesellschaft auf seine Arztpraxis unterfallen nicht dem Zuweisungsverbot des § 31 MBOÄ. Zwar verweist der Arzt im Namen der sonstigen Partnerschaft quasi als Dritter auf seine Arztpraxis, der Patient befindet sich hingegen nicht in derselben, dem Arzt unterlegenen Situation wie in einem Patientengespräch. Als Kunde der sonstigen Partnerschaft ist ihm die autonome Beschlussfassung über sein weiteres Vorgehen zuzutrauen, zumal ihm die Person des Arztes, der auf sich selbst verweist, bereits bekannt ist.

IV. Finanzielle Beteiligungen

Die rein finanzielle Beteiligung von Ärzten an Unternehmen außerhalb des Gesundheitswesens ist mangels spezifischer Auswirkungen auf die berufliche, behandlerische Tätigkeit nicht bedenklich. Auch ihre Teilhabe an Unternehmen im Gesundheitswesen kommt in Betracht, unterliegt jedoch bei Vertragsärzten den Beschränkungen des § 128 II SGB V.[2978] Nicht zulässig ist dagegen wegen Konflikts mit dem Grundsatz der Freiberuflichkeit und der erforderlichen Eigenverantwortlichkeit der Ärzte die rein finanzielle Beteiligung gewerblicher Akteure an der ärztlichen Tätigkeit,[2979] sie kommt bereits für andere Ärzte und freiberufliche Dritte nicht in Betracht. Hiervon auszunehmen sind bei marktgerechter Ausgestaltung partiarische Austauschverträge wie Darlehens-, Miet- und Pachtverträge, die nicht unmittelbar auf die konkrete Behandlung von Patienten einwirken, etwa durch tatsächliche Abhängigkeit des Arztes oder aufgrund wesentlicher Einschränkung seiner Dispositionsbefugnis.[2980]

2978 Zu den Auswirkungen des Beteiligungsverbots nach § 128 II 3 SGB V *Ratzel*, ZMGR 2012, 258 ff. Zu den Grenzen der Beteiligung an Unternehmen von Hilfs- und Heilmittelerbringern *Grinblat*, MPR 2015, 53 (56 f.); *Braun/Püschel*, MedR 2013, 655 ff.; *Bombien/Hartmann*, SGb 2013, 76 ff.; *Ratzel*, in: *Ratzel/Lippert*, MBOÄ, § 3 Rn. 15 f.; veraltet aber *Bonvie*, in: *ARGE*, FS 10 Jahre, S. 827 (835 ff.). Bisweilen wird auch hierbei diffus von *„Zusammenarbeit"* gesprochen, gemeint ist allerdings regelmäßig eine (un-) mittelbare finanzielle Teilhabe am nichtärztlichen Unternehmen, vgl. *Bombien/Hartmann*, SGb 2013, 76 ff., die lediglich einmal Teil-Berufsausübungsgemeinschaften erwähnen.

2979 Siehe ausführlich *Gummert/Meier*, MedR 2007, 75 ff.

2980 *Gummert/Meier*, MedR 2007, 75 (83 f.).

§ 7 Zusammenfassung

I. Kooperationen erfreuen sich bei Angehörigen freier Berufe noch immer wachsender Bedeutung. Die Hintergründe für Kooperationen bzw. Zusammenschlüsse sowohl allgemein als auch spezifisch im Hinblick auf berufsübergreifende Zusammenarbeit sind für Ärzte mannigfaltiger Art. Es verbinden sich jeweils persönliche Erwartungen der Kooperierenden mit einer ins Auge gefassten Zusammenarbeit. Dabei lässt sich zwischen ökonomischen, fachlichen, rechtlichen und persönlichen Motiven differenzieren. Herausragend dürften in Anbetracht des wirtschaftlichen Risikos selbständiger Ärzte als Anbieter in einem von Wettbewerb zwischen Ärzten sowie zwischen Ärzten und Angehörigen anderer Gesundheitsberufe wie Heilpraktikern oder anderen medizinischen Einrichtungen wie Krankenhäusern geprägten Markt von Gesundheitsdienstleistungen wirtschaftliche Faktoren sein. In Verbindung mit Angehörigen anderer Gesundheitsberufe liegt zudem die besonders für Patienten bequeme Möglichkeit des Angebots einer ganzheitlichen Betreuung im Rahmen eines Behandlungsgebiets auf der Hand. Aus solchen Angeboten können die berufsübergreifend zusammengeschlossenen Behandelnden insbesondere durch eine verbesserte Kommunikation profitieren. Siehe hierzu näher S. 51 ff., 99 ff.

II. In Zusammenschlüssen zu gemeinsamer Berufsausübung mit anderen Ärzten ergibt sich die Möglichkeit des Zusammenschlusses in Personen- und Kapitalgesellschaften. Als Personengesellschaften stehen Ärzten die traditionell verwendete Gesellschaft bürgerlichen Rechts (GbR) und die Partnerschaftsgesellschaft (PartG) zur Verfügung. Der berufshaftungsbeschränkten Rechtsformvariante der Partnerschaftsgesellschaft nach § 8 IV PartGG (PartGmbB) können sich dabei aktuell allerdings mangels erforderlicher gesetzlicher Regelung der speziellen Berufshaftpflichtversicherung in anderen Ländern nur Ärzte in Bayern und Niedersachsen bedienen. Dagegen ist Ärzten die Wahl der Personenhandelsgesellschaften zur ambulanten Berufsausübung mangels Gewerbebetriebs verwehrt, da der ärztliche Beruf nach § 1 II BÄO und § 1 I 2, 3 MBOÄ kein Gewerbe, sondern einen freien Beruf darstellt. Kapitalgesellschaften stehen Ärzten in den meisten Ländern mittlerweile zur Auswahl. § 23a MBOÄ geht auf besondere Anforderungen an solche ein. Siehe hierzu näher S. 65 ff.

III. Zusammenschlüsse von Ärzten mit Angehörigen anderer Gesundheitsberufe werden in den Berufsordnungen der Landesärztekammern insbesondere in § 23b MBOÄ entsprechenden Vorschriften zur Regelung von sog. Medizinischen Kooperationsgemeinschaften (MKG) aufgegriffen. MKG stellen nach eingehender Auslegung der Norm interprofessionelle Berufsausübungsgemeinschaften dar und ermöglichen Ärzten die gemeinsame Berufsausübung in einer Gesellschaft mit Angehörigen der in § 23b I 1 MBOÄ aufgezählten Berufsgruppen. Dieser Schluss lässt sich insbesondere durch systematische Erwägungen begründen. So kann eine MKG ausweislich der ausdrücklich zulässigen Beschränkung auf einzelne Leistungen gem. § 23b I 1 MBOÄ auch als Teil-Berufsausübungsgemeinschaft eingegangen werden. Während auch für ärztliche Berufsausübungsgemeinschaften eine solche ausdrückliche Regelung vorliegt, hätte es aufgrund ihrer Natur als auf gemeinsame Kostentragung beschränkter Zusammenschluss bei Organisationsgemeinschaften einer ausdrücklichen Regelung nicht bedürft. Darüber hinaus steht MKG ausdrücklich nach § 23b I 2 die PartG offen, die nach weit überwiegender Ansicht als Gesellschaftsform zu aktiver gemeinsamer Berufsausübung zu verstehen ist. Auch die Zugänglichkeit der sog. Ärztegesellschaft nach § 23a MBOÄ, die nach § 23a I 3 MBOÄ eine aktive Berufsausübung der Gesellschafter in der Gesellschaft erfordert, lässt diesen Rückschluss zu.

MKG erweisen sich daher nicht als Organisationsgemeinschaften. Insbesondere folgt dies u. a. dem Umstand, dass in solchen aufgrund des für sie charakteristisch getrennten Auftritts der Kooperationspartner nach außen und ihrer isolierten Berufsausübung der nach § 23b I 3, II MBOÄ fixierte Zweck fachlicher Zusammenarbeit bei der Heilbehandlung nicht verfolgbar ist. Es besteht deshalb und aus Gründen der Rechtssicherheit auch kein Wahlrecht der zusammengeschlossenen Partner dahingehend, die MKG als Berufs- oder Organisationsgemeinschaft auszugestalten. MKG sind folglich allein Behandlungsgesellschaften, in denen Ärzte und ihre Partner Heilbehandlungen an ihren Patienten vornehmen. Siehe hierzu S. 117 ff.

Zwar stellen MKG keine Organisationsgemeinschaften dar; hieraus lässt sich allerdings nicht im Umkehrschluss die Unzulässigkeit von Organisationsgemeinschaften mit Angehörigen der Gesundheitsberufe ableiten. Bereits aus der Anerkennung interprofessioneller Berufsausübungsgemeinschaften ergibt sich, dass erst recht weniger auf die Berufsausübung des Arztes einwirkende Assoziationen erlaubt sein müssen. Sie unterliegen im Kontrast zu MKG lediglich keiner ausdrücklichen Regelung. Siehe hierzu S. 540 ff.

IV. Der Zusammenschluss zu einer MKG ist Ärzten mit Angehörigen des in § 23b I 1 MBOÄ bezeichneten Berufskreises möglich. Im Kontrast zu früheren Regelungen zählt die Norm nicht kooperationsfähige Berufe enumerativ auf, sondern legt generalklauselartig vier verschiedene Berufsgruppen fest, um die Entwicklung der anderen medizinischen Fachberufe ohne Regelungsänderung berücksichtigen zu können. Einer MKG beitreten können Angehörige akademischer Heilberufe, Angehörige staatlicher Ausbildungsberufe im Gesundheitswesen, Naturwissenschaftler und Angehörige sozialpädagogischer Berufe. Hierunter fallen u. a. Zahnärzte, Psychotherapeuten, Apotheker, Hebammen, Physiotherapeuten, Ergotherapeuten, Podologen, Pflegefachkräfte und klinische Chemiker. Siehe hierzu S. 144 ff.

V. Der Zusammenschluss mit Heilpraktikern zur Gründung einer MKG kommt nach der MBOÄ für Ärzte dagegen nicht in Frage, da die Heilpraktikertätigkeit nicht zu dem Kreis kooperationsfähiger Berufe nach § 23b I MBOÄ zählt. Ihnen fehlt sowohl eine berufsspezifische akademische Ausbildung – zur Charakterisierung als akademischer Beruf im Gesundheitswesen nach § 23b I 1 Var. 1 MBOÄ – als auch eine staatliche Regelung der Ausbildung – zum Verständnis als staatlicher Ausbildungsberuf im Gesundheitswesen nach § 23b I 1 Var. 2 MBOÄ. Gleichwohl ist die Beteiligung von sog. Add on-Heilpraktikern nach der Norm zulässig. Als Add-on Heilpraktiker werden solche Angehörigen eines akademischen Heilberufs oder eines staatlichen Ausbildungsberufs verstanden, denen *zusätzlich* die Ausübung der Heilkunde für das abgrenzbare Gebiet berufstypischer Tätigkeit nach § 1 HeilprG erlaubt worden ist. Die Heilpraktikererlaubnis behaftet die erwiesene Kompetenz Angehöriger eines akademischen Heilberufs oder eines staatlichen Ausbildungsberufs nicht mit einem Mangel, der zum Ausschluss der Kooperationsfähigkeit führt. Als ein maßgeblicher Leitgedanke des § 23b I MBOÄ stellt sich nämlich das Kriterium anerkannter Kompetenz für die Kooperationsfähigkeit anderer Berufe im Gesundheitswesen heraus. Ein für die Ausführung berufsspezifischer Heilbehandlungen ausgebildeter Angehöriger eines Ausbildungsberufs, der bei ärztlicher Verordnung tätig werden darf, wird seiner Kompetenz nicht dadurch verlustig, dass er aufgrund der zusätzlichen Erlaubnis nach § 1 HeilprG die berufsspezifische Behandlung selbst anordnen darf. Keine Add on-Heilpraktiker in diesem Sinne sind Angehörige eines akademischen Heilberufs oder eines staatlichen Ausbildungsberufs, die über den Bereich ihrer berufscharakteristischen Behandlungen hinaus für einen anderen oder den gesamten Bereich der Heilkunde eine Erlaubnis nach § 1 HeilprG zusätzlich besitzen. Siehe hierzu S. 159 ff., 191 ff., 196 ff.

VI. Der aus den Berufsordnungen der Landesärztekammern resultierende Ausschluss von Heilpraktikern ist in allen Ländern materiell, in *Berlin*, *Sachsen* und dem *Saarland* zusätzlich auch formell verfassungswidrig. Ihr Ausschluss verfolgt vordergründig den Patientenschutz, realiter ist er der Patientensicherheit jedoch eher abträglich. Das landesspezifische ärztliche Berufsrecht vermag die Tätigkeit des von der Ärzteschaft als gefährlich eingestuften Berufsstands der Heilpraktiker nicht zu verbieten, sondern kann allenfalls über die Errichtung von Regelungen für die Berufsausübung *der Ärzte* Einfluss nehmen. Die Exklusion von Heilpraktikern aus MKG führt jedoch zu einer geringeren Einflussmöglichkeit von Ärzten auf die Versorgung von Patienten der – doch als gefährlich eingestuften – Heilpraktiker. Mit anderen Worten belässt man die zunehmende Anzahl Heilpraktiker konsultierender Patienten ihrem selbst gewählten Schicksal riskanter Behandlungen durch medizinische Laien. Lieber wird abgewartet, bis das Kind in den Brunnen gefallen ist und sich die latente Gefahr einer Falschbehandlung durch Unkundige realisiert hat, um – soweit überhaupt noch möglich – wieder die Behandlung an sich zu ziehen. Nur so lässt sich nachvollziehbar das Konzept *„Patientensicherheit durch Abgrenzung"* verstehen: Es wird ein durchaus makaberer Lerneffekt auf Patientenseite angestrebt, Heilpraktiker den Ärzten nicht vorzuziehen. Die Ärzteschaft zieht sich also eher aus der eigens proklamierten Verantwortung für die Patientensicherheit zurück, denn die Inklusion von Heilpraktikern brächte das Potential mit sich, auf Heilpraktiker einwirken und gefährlichen, insbesondere schleichend risikobehafteten Behandlungssituationen vorbeugen zu können. Heilpraktiker aus MKG auszuschließen ist daher bereits praktisch nicht geeignet, die Patientensicherheit zu stärken. Auch auf andere Weise lässt sich der Ausschluss von Heilpraktikern verfassungsmäßig nicht stützen. Siehe hierzu S. 248 ff.

VII. Entgegen der wohl herrschenden Ansicht in der Literatur, aber auch des *BGH* kommt ein Zusammenschluss in einer MKG mit den Berufen des Gesundheitshandwerks nicht in Betracht. Gegen ihre Beteiligung in einer Gesellschaft, in der Ärzte die Heilkunde ausüben, spricht bereits § 18 II 1 MBOÄ. Danach ist u. a. die nicht gewerbliche Berufsausübung zu gewährleisten. Die ärztliche Berufsausübung wäre in Anlehnung an die steuerrechtliche Rechtsprechung durch die gewerbliche Tätigkeit der Gesundheitshandwerker „infiziert". Zudem ist der in § 23b I 3, II MBOÄ fixierte Zweck von MKG in der Kombination mit Gesundheitshandwerkern nicht zu erreichen, da ihnen die Kompetenz zur Ausführung medizinischer Behandlungen fehlt. Ihr Ausschluss lässt sich verfassungsrechtlich deshalb rechtfertigen. Siehe hierzu S. 202 ff., 232 f., 298.

VIII. Als weitere obligatorisch zu beachtende Anforderung an die Gründung einer MKG erweist sich das neben der Zugehörigkeit zu einem kooperationsfähigen Beruf bestehende Gebot fachlicher Konnexität der Kooperationspartner nach § 23b I 3, II MBOÄ. Der danach erforderliche medizinische Zweck liegt in der Verfolgung eines gleichgerichteten oder integrierenden diagnostischen oder therapeutischen Zwecks bei der Heilbehandlung. Eine Begrenzung der Leistungen der MKG auf medizinisch indizierte Behandlungen enthält die Norm nicht. Maßgeblich ist lediglich das theoretische Potential der Zusammenarbeit, das nach außen durch Angabe der Berufsbezeichnungen in ausreichendem Maß deutlich wird, sodass auch die Erbringung von Behandlungen der wunscherfüllenden Medizin in einer MKG zulässig ist. Siehe hierzu S. 231 ff.

Das Erfordernis fachlicher Konnexität stellt allerdings einen verfassungswidrigen Eingriff in die Berufsausübungsfreiheit nach Art. 12 I GG dar. Der beabsichtigte Ausschluss „*medizinischer Gemischtwarenläden*" dient keinem den Eingriff rechtfertigenden Zweck, da insbesondere die Absicherung des ärztlichen Berufsrechts bereits aus der bindenden Gestaltung des Gesellschaftsvertrags nach § 23b I 4 MBOÄ erfolgt. Siehe hierzu S. 299.

IX. § 23b I 2 MBOÄ bestimmt die zulässigen Gesellschaftsformen. Die Norm ermöglicht die Gründung einer MKG als Personengesellschaft in einer PartG und – unter Voraussetzung eines schriftlichen Gesellschaftsvertrags – auch in der GbR als der typischen Rechtsform von Berufsausübungsgemeinschaften zur ärztlichen Berufsausübung sowie als juristische Person des Privatrechts „*gemäß*" § 23a MBOÄ. Jegliche Gründung einer MKG in einer Kapitalgesellschaft unterliegt dem Verweis auf § 23a MBOÄ. Den dortigen Anforderungen ist daher ungeachtet der Bezeichnung als „*Ärztegesellschaften*" zu genügen; irrelevant ist für die Frage der

Anwendbarkeit des § 23a MBOÄ, ob ärztliche Gesellschafter die Mehrheit stellen. § 23a I 4 MBOÄ stellt dabei insbesondere Anforderungen an die Gesellschafterstruktur und die Aufstellung des geschäftsführenden Organs. Die Mehrheit der Gesellschaftsanteile und der Stimmrechte muss danach ärztlichen Gesellschaftern zustehen, auch die Geschäftsführer müssen mehrheitlich Ärzte sein. Zudem ist die Gesellschaft verantwortlich durch einen ärztlichen Gesellschafter zu führen. Ferner schließt die Norm Gewinnbeteiligungen Außenstehender unabhängig von der Berufszugehörigkeit aus und erfordert nach § 23a I 3 MBOÄ die aktive Berufsausübung der Gesellschafter in der Ärztegesellschaft. In *Schleswig-Holstein, Hamburg* und *Niedersachsen* bestehen bereits Regelungen gleicher Richtung auf gesetzlicher Ebene. Siehe hierzu S. 137 ff., 301 ff., 351 ff.

X. Soweit die Nutzung von Kapitalgesellschaften in *Bayern* landesgesetzlich umfassend ausgeschlossen wird – weshalb § 23a I 3 BO BY normhierarchisch nachvollziehbar Kapitalgesellschaften zur Gründung einer MKG nicht zur Verfügung stellt –, werden die Berufsfreiheit der Ärzte nach Art. 12 I GG wie auch der allgemeine Gleichbehandlungsgrundsatz nach Art. 3 I GG verletzt. Die gegenteilige Auffassung insbesondere des *OLG München*[2981] wie auch des *BayVerfGH*[2982] überzeugt allemal seit Einführung und Zugänglichkeit der berufshaftungsbeschränkten PartGmbB für bayerische Ärzte nicht. Siehe hierzu S. 333 ff.

Die in *Berlin* Kapitalgesellschaften ausschließende Vorschrift des § 23a I 2 BO Bln. ist aufgrund des Widerspruchs zur landesgesetzlichen Regelung des § 26 III BlnHKG formell verfassungswidrig. Darüber hinaus halten die bestehenden Majoritätserfordernisse zugunsten von Ärzten in Bezug auf Gesellschafts- und Stimmrechtsanteile wie auch der Geschäftsführung zur Sicherung unbeeinflusster ärztlicher Berufsausübung einer verfassungsrechtlichen Überprüfung nicht stand. Die Umsetzung der Mehrheitsanforderungen in den Berufsordnungen der Landesärztekammern scheitert bereits in der Mehrzahl an der fehlenden Übertragung ausreichender Satzungsbefugnis durch den Gesetzgeber. Allerdings sind die formell verfassungsgemäß erlassenen Majoritätsvoraussetzungen der Berufsordnungen wie auch landesgesetzlich entsprechende Normierungen als unverhältnismäßige Grundrechtseingriffe materiell verfassungswidrig. Siehe hierzu S. 348.

XI. Als verfassungswidrig stellen sich darüber hinaus die Majoritätsanforderungen an die Verteilung der Gesellschafts- und Stimmrechtsanteile sowie der Geschäftsführungspositionen heraus. Die Regelungen halten materiell den Anforderungen des Verhältnismäßigkeitsgrundsatzes nicht stand. Der Mehrheitsanforderungen bedarf es weder zum Schutz der ärztlichen Unabhängigkeit oder um die Einhaltung des Berufsrechts sicherzustellen. Die beteiligten Ärzte haben unbeachtlich der gesellschaftsrechtlich eingegangenen Bindungen das für sie geltende Berufsrecht

---

2981 *OLG München*, Urt. v. 18.9.2014, Az. 29 U 1154/14, Rn. 49.
2982 *BayVerfGH*, NJW 2000, 3418 ff.

zu wahren, wozu auch die Wahrung der ärztlichen Unabhängigkeit zählt. Darüber hinaus reicht als milderes Mittel die in den Berufsordnungen in § 23b I 4 lit. f) MBOÄ erfolgte Verpflichtung zur Sicherstellung des ärztlichen Berufsrechts über den Gesellschaftsvertrag aus. Neben einer Verletzung der Berufsfreiheit liegt außerdem eine Verletzung des allgemeinen Gleichheitsgrundsatzes nach Art. 3 I GG vor, da vergleichbare Anforderungen an die Struktur der Gesellschafter und der geschäftsführenden Gesellschafter für Personengesellschaften ohne hinreichenden Differenzierungsgrund nicht bestehen. Siehe hierzu S. 351 ff., 364 ff., 367 f.

XII. Ebenfalls verfassungswidrig ist das Verbot der Gewinnbeteiligungen Dritter an Ärztegesellschaften nach § 23a I 4 lit. c) MBOÄ. Zwar lässt sich der Eingriff in die Berufsfreiheit nach Art. 12 I GG rechtfertigen, allerdings liegt eine nicht zu rechtfertigende Ungleichbehandlung gegenüber personengesellschaftlichen Rechtsformen vor. Siehe hierzu S. 370 ff.

XIII. Das Berufsrecht der Angehörigen eines anderen Berufs darf bei Gründung einer MKG nicht außer Acht gelassen werden – wird dem Kooperationspartner nach seinem Berufsrecht der Zusammenschluss verboten oder lediglich unter Einschränkungen bzw. Einhaltung bestimmter Vorgaben ermöglicht, ist diesem der Zusammenschluss kraft seiner berufsrechtlichen Bindung nicht bzw. nur bei Beachtung dieser Vorgaben erlaubt. Für interprofessionelle Berufsausübungsgemeinschaften hat sich dabei die Theorie der Meistbelastung etabliert, nach der jeweils das strengste Berufsrecht in Bezug auf partikulare Fragestellungen zu beachten ist. Die Theorie dient allerdings lediglich der Simplifizierung, ihr ist schon deshalb zu widersprechen. Sie ist nur insoweit von Belang, als zwei oder mehr verschiedene Berufsrechte im selben Kontext lediglich unterschiedlich hohe Standards vorschreiben. Das strengste Berufsrecht führt dann aber nicht zur Unanwendbarkeit der weniger strengen Berufsrechte; diese wirken sich lediglich *praktisch* nicht aus, weil ohne die Beachtung des strengsten Berufsrechts dem hiervon betroffenen Berufsangehörigen der konkrete Zusammenschluss berufsrechtlich verwehrt bliebe. Die Theorie versagt, wenn die Berufsrechte diametral entgegenstehende oder sonst disparate Vorgaben vorsehen. Der Gesellschaftsvertrag hat daher allen Berufsrechten so zu entsprechen, dass alle Beteiligte ihrem eigenen Berufsrecht uneingeschränkt folgen können. Siehe hierzu S. 413 ff.

XIV. Das jeweilige Berufsrecht der Angehörigen der wohl praktisch bedeutsamsten Berufe steht einem Zusammenschluss mit Ärzten zur gemeinsamen Behandlung grundsätzlich offen gegenüber. Dies gilt insbesondere für Zahnärzte, Psychotherapeuten und Apotheker. Siehe hierzu S. 420 ff., 429 ff., 436 ff.

Bei Apothekern ist zu beachten, dass lediglich eine freiberufliche beratende Tätigkeit des Apothekers als zulässige Berufsausübung in der MKG in Betracht kommt. Die Integration des Apothekenbetriebs in die MKG ist dagegen unzulässig und scheidet schon wegen § 11 I ApoG, aber auch nach § 23b I 1 MBOÄ mangels insoweit freiberuflicher Tätigkeit aus. Siehe hierzu S. 436 ff.

Allein Hebammen in *Baden-Württemberg* ist der Zusammenschluss nach § 9 I, II 2 HebBO BW untersagt. Das Verbot ist jedoch formell und materiell verfassungswidrig. Siehe hierzu S. 445 ff.

Mangels ausdrücklichen Ausschlusses ist aus Sicht derjenigen Angehörigen kooperationsfähiger Berufe, die keinem eigenständig ausgebildeten Berufsrecht unterliegen, der Zusammenschluss in einer MKG zugänglich. Hierzu zählen insbesondere Physio- und Ergotherapeuten. Siehe hierzu S. 453 f.

XV. Um in der MKG Heilbehandlungen gegenüber den Versicherten der GKV erbringen zu können, ist eine besondere Erlaubnis nach dem SGB V erforderlich, denn nach § 95 I 1 SGB V nehmen an der vertragsärztlichen Versorgung zugelassene Ärzte, zugelassene MVZ sowie ermächtigte Ärzte und ermächtigte Einrichtungen teil. Zwar kennt das Krankenversicherungsrecht bzw. Vertragsarztrecht ausdrücklich kein zur MKG vergleichbares Institut, gleichwohl kommt die Erbringung von Heilbehandlungen zulasten der GKV in Frage. Abhängig von der Berufsangehörigkeit der beteiligten „Gründer" besteht die Möglichkeit der Zulassung der MKG selbst als MVZ, das als autonomer Leistungserbringer agiert. Die Anforderungen an ein MVZ nach § 95 SGB V sind dabei einzuhalten, wodurch insbesondere die Gründungsberechtigung der als Gründer vorgesehenen Kooperationspartner vorliegen muss. Nachdem nach altem Recht noch alle Leistungserbringer gründungsberechtigt waren, kommt die Zulassung als MVZ nunmehr nur noch bei ausschließlicher Beteiligung von Psychotherapeuten und Zahnärzten neben Ärzten in Betracht. Die mögliche Erlaubnis als ärztlich geleitete Einrichtung stellt aufgrund ihrer Subsidiarität keine praktische Alternative zur Erbringung von Leistungen zulasten des GKV-Systems dar. Siehe hierzu S. 454 ff., insb. 655 ff.

Neben der Zulassung der Gesellschaft kommt auch die Erlaubnis der in ihr vereinigten Ärzte und ihrer Kooperationspartner in Betracht, die jeweils den Vorgaben der individuellen Berufsgruppe unterliegt, sodass abermals die Legalität gemeinsamer Berufsausübung von der berufsspezifischen Konformität abhängt. Dabei hängt die Zulässigkeit aus vertragsarztrechtlicher Sicht insbesondere von dem Erhalt einer Genehmigung nach § 33 II Ärzte-ZV ab, wenn die MKG als vertragsarztrechtliche Berufsausübungsgemeinschaft verstanden werden soll. Die Genehmigung als Berufsausübungsgemeinschaft wird allerdings nur bei solchen Zusammenschlüssen erteilt, bei denen ausschließlich die ebenfalls zur vertragsärztlichen Versorgung zugelassenen Psychotherapeuten nach § 33 II Ärzte-ZV beteiligt sind. Damit können auch die durch eine berufsübergreifende GmbH eines Arztes und eines Psychotherapeuten erbrachten vertragsärztlichen Leistungen zulasten der gesetzlichen Krankenkassen abgerechnet werden. Hierbei ist die Gründung einer Berufsausübungsgemeinschaft nach § 33 II Ärzte-ZV als Kapitalgesellschaft nach verfassungsmäßiger Auslegung und entgegen der heute allgemein vertretenen Ansicht zulässig. Seit Bestehen der MVZ können keine grundsätzlichen Bedenken mehr gegen die reguläre Beteiligung von Kapitalgesellschaften an der vertragsärztlichen Versorgung erhoben werden. Seit Entfall des fachübergreifenden Charakters von MVZ ist *insoweit* kein wesentlicher Unterschied zu

Berufsausübungsgemeinschaften zu erkennen. Unter Beachtung des bisher in der Diskussion außer Acht gelassenen Grundsatzes der finanziellen Stabilität der GKV kann als Differenzierungsmerkmal allein die Haftung gegenüber den Kassenärztlichen Vereinigungen (KV) maßgeblich sein. Hierzu genügt allerdings bereits in Analogie zu § 95 II 6 SGB V, der für als GmbH ausgestaltete MVZ eine selbstschuldnerische Bürgschaftserklärung der beteiligten Gesellschafter erfordert. Über die Verbindung zu einer Berufsausübungsgemeinschaft mit Psychotherapeuten hinaus kann keine Genehmigung nach § 33 II Ärzte-ZV erfolgen. Siehe hierzu S. 468 ff.

Die Organisationsgemeinschaft nach § 33 I Ärzte-ZV entspricht nicht dem berufsrechtlich erforderlichen Zweck der MKG, fachlich bei der Heilbehandlung zusammenzuarbeiten. Die Organisationsgemeinschaft lässt sich lediglich insoweit nutzbar machen, als die MKG nur eine Zusammenarbeit außerdem der vertragsärztlichen Versorgung betrifft. Siehe hierzu S. 489 ff.

Die Leistungserbringung von MKG unter Verbindung mit anderen nichtärztlichen Kooperationspartnern ist ungeregelt. Hieraus lässt sich allerdings nicht auf ihre Unzulässigkeit in vertragsarztrechtlicher Hinsicht schließen. Da die Genehmigung nach § 33 II Ärzte-ZV der gemeinsamen Abrechnung der an einer vertragsärztlichen Berufsausübungsgemeinschaft gegenüber den KV dient, lässt sich aus der Norm keinen Rückschluss dahingehend zu, dass die Verbindung mit Angehörigen anderer Gesundheitsberufe unzulässig wäre. Vielmehr ist mangels ausdrücklichen Ausschlusses ihre grundsätzliche Zulässigkeit zu konstatieren. Ein solcher Zusammenschluss tritt den KVen nicht einheitlich zur Abrechnung gegenüber, da die nicht vertragsärztlichen Partner hierzu ohnehin nicht berechtigt sind. Die Auswirkungen einer solchen sozialversicherungsrechtlich nicht geregelten Berufsausübungsgemeinschaft lassen sich daher mit der Gründung einer Praxisgemeinschaft vergleichen. In Analogie zu § 33 I 2 Ärzte-ZV wird eine Anzeige an die KV über den Zusammenschluss zu fordern sein. Insbesondere §§ 73 VII, 128 II SGB V führen jedoch zu erheblichen Einschränkungen bei der Zusammenarbeit mit Heilmittelerbringern, die sich praktisch nicht mit den Vorgaben des Berufsrechts vereinbaren lassen. Praktisch sind daher allein Zusammenschlüsse mit zur Abrechnung gegenüber den Krankenkassen berechtigten Hebammen zulässig, weil § 128 SGB V auf sie keine Anwendung findet. Siehe hierzu S. 493 ff., 498 ff.

XVI. §§ 23b, 23c MBOÄ regeln gemeinsam abschließend die Möglichkeiten interprofessioneller Zusammenschlüsse zu gemeinsamer Berufsausübung unter ärztlicher Beteiligung. Ärzte können mit Berufsangehörigen, die bereits nach § 23b I 1 MBOÄ als Mitglied einer MKG in Betracht kommen, nach § 23c MBOÄ bezeichnete sonstige Partnerschaften gründen. In ihnen ist nicht die gemeinsame fachliche Zusammenarbeit bei Heilbehandlungen von Patienten bezweckt, der Arzt übt in ihnen die Heilkunde am Menschen nicht aus. Aus ihrer Einordnung als Berufsausübungsgemeinschaft und ihrem berufsübergreifendem Kontext ist die Gesellschaft im Kontrast zu MKG als *„nichtmedizinische Kooperationsgemeinschaft"* aufzufassen, deren grundsätzliche Verankerung in § 18 I MBOÄ (*„Kooperationsgemeinschaften"*) liegt. Gleichwohl können seine Kooperationspartner Heilbehandlungen vornehmen. Solche nichtmedizinische Kooperationsgemeinschaften erweisen sich daher nicht als „*Nichtbehandlungsgesellschaften*“. Allein die ärztliche Tätigkeit in der Gesellschaft ist nach § 23c MBOÄ derart beschränkt, dass keine Heilkunde am Menschen ausgeübt wird. Der Heilkunde-Begriff des § 23c MBOÄ ist dabei nicht in Anknüpfung an den Begriff in § 1 II HeilprG, sondern in Beachtung des unmittelbaren Zusammenhangs der Vorschrift mit § 23b I 3 MBOÄ auszulegen. Er erfasst deshalb nur solche Tätigkeiten, die zu einem diagnostischen oder therapeutischen Zweck erfolgen. Folglich erfasst der Ausschluss der Ausübung der Heilkunde am Menschen lediglich diagnostische und therapeutische Tätigkeiten des Arztes, nicht jedoch die körperliche Untersuchung zur Erstellung von Gutachten. Der Arzt kann deshalb in der Gesellschaft beratend oder gutachterlich in der Gesellschaft tätig sein. Außerhalb der Gesellschaft kann ein an ihr beteiligter Arzt therapeutisch tätig sein, wobei die Organisation der Arztpraxis grundsätzlich in Verbindung mit der nichtmedizinischen Kooperationsgemeinschaft als Organisationsgemeinschaft möglich ist. Siehe hierzu S. 516 ff.

XVII. Die Möglichkeiten zur Errichtung interprofessioneller Zusammenschlüsse unter ärztlicher Beteiligung zu anderen Zwecken als der gemeinsamen Berufsausübung und unbeachtlich rein finanzieller Beteiligungen untergliedern sich vorrangig in Organisationsgemeinschaften, Praxisverbünde nach § 23d MBOÄ und gewerbliche Hilfszusammenschlüsse wie Arzthäusern. Insbesondere ist der Ansicht zu widersprechen, Organisationsgemeinschaften seien unzulässig. Für deren Zulässigkeit spricht unter Heranziehung der Zulässigkeit von Berufsausübungsgemeinschaften als engeren Verknüpfungen der Ärzte mit Angehörigen anderer Berufe nach §§ 23b, 23c MBOÄ schon ein Schluss a maiore ad minus. Bei der Beteiligung von Heil- oder Hilfsmittelerbringern ist allerdings zu berücksichtigen, dass im sozialversicherungsrechtlichen Bereich erhebliche Restriktionen aus § 128 Ärzte-ZV folgen. Siehe hierzu S. 539 ff.

XVIII. § 23c MBOÄ eröffnet Ärzten ausdrücklich die Möglichkeit, mit Angehörigen anderer Berufe als den in § 23b beschriebenen in allen Rechtsformen zusammenzuarbeiten, wenn sie nicht die Heilkunde am Menschen ausüben. Insoweit kommen insbesondere Zusammenschlüsse mit anderen Freiberuflern in Frage. Hierzu zählen – aufgrund der im Kern zu befürwortenden und hier übertragenen Rechtsprechung des *BVerfG* zu § 59a I 1 BRAO – Rechtsanwälte, Wirtschaftsprüfer, Architekten und Ingenieure. Insbesondere die Zusammenarbeit von Ärzten mit Rechtsanwälten kann sich als fruchtbar herausstellen. Zwar dürfte jedenfalls praktisch die Erstellung von Gutachten als gerichtlicher Sachverständiger in solchen Prozessen ausscheiden, in denen der Rechtsanwalt prozessbevollmächtigt ist. Die Expertise des Arztes lässt sich dennoch gut in den eigenen Parteivortrag und die Mandatsbearbeitung integrieren. Siehe hierzu S. 553 ff.

§ 23c MBOÄ lässt die gemeinsame interprofessionelle Berufsausübung zu, solange durch die beteiligten Ärzte keine Heilkundeausübung am Menschen in der Gesellschaft erfolgt. Im Umkehrschluss würde § 23c MBOÄ untersagt in solchen von der Überschrift des § 23c MBOÄ als „sonstige Partnerschaften“ bezeichneten

Verbindungen die Ausübung der Heilkunde am Menschen untersagen. § 23c MBOÄ muss allerdings in Heranziehung systematischer und verfassungskonformer Auslegung, dabei speziell auch in Abgrenzung zu dem speziell auf medizinisch ausgerichtete Berufe betreffenden § 23b MBOÄ dahingehend verstanden werden, dass eine ärztliche Behandlungstätigkeit auch in einem Zusammenschluss mit Angehörigen nichtmedizinischer Freiberufe zulässig ist. Ein Verbot therapeutischer Tätigkeit in Berufsausübungsgemeinschaften mit Angehörigen anderer freier Berufe würde sich als unverhältnismäßig und daher verfassungswidrig erweisen. Die Verbindung an sich führt keine relevanten Gefahren für die ärztliche Berufsausübung herbei. Mangels fachlicher Kongruenz der Tätigkeiten dürfte sogar ein geringerer Einfluss auf die Berufsausübung des beteiligten Arztes zu erwarten sein als in einer ärztlichen Berufsausübungsgemeinschaft. Sicherlich bleibt aber zweifelhaft, ob sich das Angebot von Heilbehandlungen in derart heterogenen Zusammenschlüssen am Markt durch ein hinreichend entwickeltes Interesse der Patienten etablieren lässt. Siehe hierzu S. 563 ff.

Das Berufsrecht der Rechtsanwälte sieht einen Zusammenschluss mit Ärzten nicht ausdrücklich im maßgeblichen § 59a I 1 BRAO vor. Erst die Entscheidung des Bundesverfassungsgerichts vom 12. Januar 2016 – 1 BvL 6/13[2983], durch welche die Vorschrift insoweit als für mit dem Grundgesetz unvereinbar und daher nichtig erklärt worden ist, als sie Rechtsanwälten untersagt, sich mit Ärzten und Apothekern zur Ausübung ihrer Berufe zu einer PartG zusammenzuschließen, lässt sich die Zulässigkeit eines solchen Zusammenschlusses bejahen. Misslich ist der begrenzte Umfang der Entscheidung. Steuerberatern ist in ihrem Berufsrecht der Eintritt in eine gemeinsame Berufsausübungsgemeinschaft mit Ärzten hingegen – in verfassungsrechtlich fragwürdiger Weise – verboten. Siehe hierzu S. 249 ff., 574 ff., 588 ff.

XIX. Nach § 23c MBOÄ ist auch der Zusammenschluss mit Angehörigen nicht freier Berufe zulässig. Insbesondere lässt es sich bereits systematisch nicht rechtfertigen, § 23c MBOÄ als nach seinem Wortlaut grundsätzlich für jedweden berufsübergreifenden Zusammenschluss offenen Tatbestand auf derartige Konstellationen nicht anzuwenden. Das in § 18 II 1 MBOÄ statuierte Erfordernis der Gewährleistung der nicht gewerblichen Berufsausübung der Ärzte bezieht sich lediglich auf die Ausübung der Heilkunde am Menschen. Bei ärztlicher Tätigkeit, die nicht der Diagnostik oder Therapie von Patienten dient, ist kein vernünftiger Grund ersichtlich, der eine Beschränkung der Berufsausübungsfreiheit der Ärzte rechtfertigen würde. Daher kommen Gemeinschaften mit Gesundheitshandwerkern, Versicherungsmaklern etc. in Betracht. Die Heilkunde am Menschen kann ein Arzt nur außerhalb der Gesellschaft mit Gewerbetreibenden ausüben. Insoweit divergieren Zusammenschlüsse mit Gewerbetreibenden und mit Angehörigen anderer freier Berufe. Die Tätigkeit Gewerbetreibender ließe sich – sicher abhängig von ihrem Produktrepertoire, aber man denke nur bereits an Vertreiber von

---

2983 *BVerfGE* 141, 82 ff.

Nahrungsergänzungsmitteln, Anbieter gewerblicher Gesundheitsleistungen oder selbständig tätige Versicherungsvertreter – im Verbund mit Ärzten regelmäßig einfacher gewinnbringend in die ärztliche Behandlung integrieren als Leistungen von Freiberuflern, die regelmäßig nur bei besonderen Gegebenheiten von Patienten zusätzlich nachgefragt würden. Der für Ärzte entstehende Loyalitätskonflikt trägt einen Ausschluss der Heilkundeausübung in derartigen Verbindungen in verfassungsmäßiger Weise. Siehe hierzu S. 599 ff.

Literaturverzeichnis

Abanador, Michelle: Die Zulässigkeit der Substitution ärztlicher Leistungen durch Leistungen nichtärztlicher Pflegepersonals. Zugleich ein Beitrag zu § 63 Abs. 3c SGB V. Nomos Verlagsgesellschaft, 2011. Zugl. Düsseldorf, Univ., Diss., 2011 (zitiert: *Abanador*, Substitution ärztlicher Leistungen)

Abele, Adolf: Urständ der Vervielfältigungstheorie? DStR 1966, 754–756

Achterfeld, Claudia: Aufgabenverteilung im Gesundheitswesen. Springer-Verlag Berlin Heidelberg, 2014. Zugl. Köln, Univ., Diss., 2013/14

Adler, Guido/Knesebeck, Jost-H. von dem: Ärztemangel und Ärztebedarf in Deutschland? Fragen an die Versorgungsforschung. BGesBl. 2011, 228–237

dies.: Gesundheitsfachberufe. Auf akademische Wegen. DÄBl. 2010, A-386–A-390

Ahrens, Hans-Jürgen: Der Beweis im Zivilprozess. Verlag Otto Schmidt, Köln, 2015 (zitiert: *Ahrens*, Beweis)

ders.: Deregulierung für rechtsberatende freie Berufe? – Zur Sonderstellung des Freiberuflers gegenüber den Gewerbetreibenden –. AnwBl 1992, 247–253

ders.: Praxisgemeinschaften in Ärztehäusern mit Fremdgeschäftsführung – Voraussetzungen und Grenzen ärztlichen Unternehmertums. MedR 1992, 141–146

Altmeppen, Holger: Gesetz betreffend die Gesellschaften mit beschränkter Haftung. Verlag C. H. Beck, 9. Auflage, 2019 (zitiert: *Roth/Altmeppen*, GmbHG)

Anders, Monika/Gehle, Burkhard (Hrsg.): Zivilprozessordnung mit GVG und anderen Nebengesetzen. Verlag C. H. Beck, München. 78. Auflage, 2020 (zitiert: *Bearbeiter*, in: *Baumbach et al.*, ZPO)

Arbeitsgemeinschaft Medizinrecht im DAV: Teilgemeinschaftspraxis – Überörtliche Organisationsgemeinschaft – Einnahmepooling – Gemeinsame Berufsausübung. ZMGR 2003, 59–65 (zitiert: *ARGE*, ZMGR 2003, 59)

Arendt, Hannah: Die Freiheit, frei zu sein. dtv Verlagsgesellschaft, München, 2018 (deutsche Erstausgabe, englischer Originaltitel: The Freedom to be free)

Arens, Wolfgang: Eintragungsfähigkeit von Steuerberatungs- und Wirtschaftsprüfungs-GmbH & Co. KG im Handelsregister. DStR 2011, 1825–1828

Arndt, Klaus Friedrich: Heilpraktikerrecht. Entstehung, Funktionswandel, Berufszulassungsregelung. Alfred Metzner Verlag, Frankfurt a. M., 1985 (zitiert: Arndt, Heilpraktikerrecht)

Arnold, Wiebke: Anmerkung zu BSG, Urt. v. 17.2.2016 – B 6 KA 6/15 R (LSG Bayern). MedR 2016, 1005–1006

Attermeyer, Elke: Die ambulante Arztpraxis in der Rechtsform der GmbH. Springer-Verlag, Berlin Heidelberg, 2005. Zugl. Düsseldorf, Univ., Diss., 2003 (zitiert: *Attermeyer*, Arzt-GmbH)

Bahner, Beate: Die Zusammenarbeit zwischen Krankenhäusern, niedergelassenen Ärzten und sonstigen Leistungserbringern. Zuweisungsmanagement im strafrechtlichen Fokus. RDG 2017, 290–297

Barkow von Creytz, Dunja: Manuelle Therapie auch vom Bademeister? Zu den leistungserbringungsrechtlichen Anforderungen für Heilmittel. NZS 2018, 121–124

Barmer GEK: Barmer GEK Arztreport. Asgard-Verlag, St. Augustin, 2010 (zitiert: *Barmer GEK*, Arztreport)

Bartels, Ulrich: Kooperation eines Zahnarztes mit einem Heilpraktiker. Problemstellung zu VG Stuttgart, Urt. v. 22.1.2004 – 4 K 1741/03. MedR 2004, 634.

ders.: Selbstständige Berufsausübung durch Physiotherapeuten. Problemstellung zu VG Stuttgart, Urt. v. 10.4.2008 – 4 K 5891/07. MedR 2009, 238

Bauckmann, Marcus: Medizinische Versorgungszentren im Spannungsfeld von Gesellschaftsrecht, ärztlichem Berufsrecht und Verfassungsrecht. Verlag Dr. Kovac, Hamburg, 2011. Zugl. Hall in Tirol, Univ., Diss., 2010 (zitiert: *Bauckmann*, MVZ)

Bauer-Schade, Stefan: Die flächendeckende vertragsärztliche Versorgung. Begriff, Inhalt und Sicherstellung der flächendeckenden Versorgung der gesetzlich Krankenversicherten mit vertragsärztlichen Leistungen. Verlag Duncker & Humblot, Berlin, 2013. Zugl. Halle, Univ., Diss., 2012 (zitiert: *Bauer-Schade*, Vertragsärztliche Versorgung)

Baumbach, Adolf (Begr.): Gesetz betreffend die Gesellschaften mit beschränkter Haftung. Verlag C. H. Beck, München. 22. Auflage, 2019 (zitiert: *Bearbeiter*, in: *Baumbach/Hueck, GmbHG*)

ders. (Begr.): Handelsgesetzbuch mit GmbH & Co., Handelsklauseln, Bank- und Kapitalmarktrecht, Transportrecht (ohne Seerecht). Verlag C. H. Beck, München. 39. Auflage, 2020 (zitiert: *Bearbeiter*, in: *Baumbach/Hopt*, HGB)

Baumgärtner, Werner/Holzmann, Steffen/Holzmann, Michael: Warum muss ich etwas ändern? S. 12–33. In: *Baumgartner, Werner/Holzmann, Michael/Holzmann, Steffen:* Zukunft Arztpraxis. Thieme-Verlag, Stuttgart, 2012 (zitiert: *Baumgartner et al.*, in: *Baumgartner et al.*, Zukunft Arztpraxis)

Bäumler, Helmut: Medizinische Dokumentation und Datenschutzrecht. MedR 1998, 400–405

Bäune, Stefan/Meschke, Andreas/Rothfuß, Sven: Kommentar zur Zulassungsverordnung für Vertragsärzte und Vertragszahnärzte (Ärzte-ZV, Zahnärzte-ZV). Springer-Verlag, Berlin, Heidelberg, 2008 (zitiert: *Bearbeiter*, in: *Bäune et al.*, Ärzte-ZV)

Bausch, Jürgen: Kleine Geschenke erhalten den Absatz. DÄBl. 2010, 390–391

Beck, Lukas: Besonderheiten der PartGmbB – erste Bilanz und Diskussionsbedarf. AnwBl 2015, 380–391

Beck, Susanne: Enhancement – die fehlende rechtliche Debatte einer gesellschaftlichen Entwicklung. MedR 2006, 95–102

Becker, Ulrich: Lockerung des Mehr- und Fremdbesitzverbots von Apotheken im Lichte des Grundgesetzes und der Grundfreiheiten des EG-Vertrags. ApoR 2004, 8–14

ders.: Zur verfassungsrechtlichen Stellung der Vertragsärzte am Beispiel der zulassungsbezogenen Altersgrenzen. NZS 1999, 521–530

Becker, Ulrich/Kingreen, Thorsten (Hrsg.): SGB V. Gesetzliche Krankenversicherung. Kommentar. Verlag C. H. Beck, München. 6. Auflage, 2018 (zitiert: *Bearbeiter*, in: *Becker/Kingreen*, SGB V)

Beerheide, Rebecca: 3 466 neue Vertragsarztsitze möglich. DÄBl. 2019, A-1043–A-1044

Berchtold, Josef/Huster, Stefan/Rehborn, Martin: Gesundheitsrecht. SGB V, SGB XI. Nomos-Verlagsgesellschaft, Baden-Baden. 2. Auflage, 2018 (zitiert: *Bearbeiter*, in: *Berchtold et al.*, Gesundheitsrecht)

Berg, Sebastian: Anmerkung zu BerufsG für Heilberufe beim VG Potsdam, Urt. v. 24.2.2014 – VG 19 K 2123/11.T. MedR 2014, 692–693

Bergmann, Karl Otto/Pauge, Burkhard/Steinmeyer, Heinz-Dietrich: Gesamtes Medizinrecht. Nomos Verlagsgesellschaft, Baden-Baden. 3. Auflage, 2018 (zitiert: *Bearbeiter*, in: *Bergmann et al.*, Medizinrecht)

Bergner, Daniel/Berg, Judith: Berufsausübungsgesellschaften von Rechtsanwälten und Insolvenzverwaltern – künftig möglich? NZI 2020, 259–265

Berninger, Axel: Rechtsanwalts- und Patentanwalts-GmbHs mit Doppelzulassung. GWR 2014, 101

Bertelsmann Stiftung (Hrsg.): Daten, Analysen, Perspektiven Nr. 3, 2017. Arztbewertungen. Druckhaus Rihn, Detmold, 2017 (zitiert: *Bertelsmann Stiftung*, Arztbewertungen)

Beuthien, Volker (Hrsg.): Genossenschaftsgesetz. Verlag C. H. Beck, München. 16. Auflage, 2018 (zitiert: *Bearbeiter*, in: *Beuthien*, GenG)

ders.: Rechtsanwälte mit beschränkter Haftung? ZRP 2012, 127

Bittmann, Folker/Brockhaus, Matthias/Rübenstahl, Markus/Schröder, Kathie/Tsambikakis, Michael: WisteV-Stellungnahme zum Entwurf eines Gesetzes zur Bekämpfung der Korruption im Gesundheitswesen - § 299a StGB-E. WiJ 2015, 176–196 (zitiert: *Bittmann et al.*, WiJ 2015, 176)

Blaurock, Claudia: Gestaltungsmöglichkeiten der Zusammenarbeit von Vertrags- und Privatarzt. MedR 2006, 643–646

Blaurock, Uwe: Handbuch Stille Gesellschaft. Verlag Otto Schmidt, Köln, 7. Auflage 2010. (zitiert: *Blaurock*, Stille Gesellschaft)

Bleutge, Peter: Das Sachverständigenrecht in den Jahren 2017 – 2018 – Ein Überblick –. GewArch 2019, 169–177

Bockelmann, Paul: Das Ende des Heilpraktikergesetzes. NJW 1966, 1145–1154

Bodemeyer, Jürgen: Der Arzt als Unternehmer: Kooperation in und mit Medizinischen Versorgungszentren aus der Sicht eines Krankenhausträgers. VSSR 2011, 197–204

Bohle, Thomas/Grau, Ulrich: Krankenhaus, Vertragsarzt und MVZ. Das Krankenhaus 2004, 885–888

Bohne, Kerstin: Delegation ärztlicher Tätigkeiten. Verlag Peter Lang, Frankfurt a. M. u.a., 2012. Zugl. Univ. Diss., Halle-Wittenberg, 2011

Bombien, Andreas/Hartmann, Peter: Aktuelle gesetzliche Entwicklungen im Bereich der Zusammenarbeit zwischen Leistungserbringern und Ärzten. SGb 2013, 76–81

Bonvie, Horst: Beteiligung des Arztes am Erfolg anderer Dienstleister in der Gesundheitswirtschaft. S. 827–839. In: *Geschäftsführender Ausschuss der Arbeitsgemeinschaft Medizinrecht im DAV*: Medizinrecht heute: Erfahrungen, Analysen, Entwicklungen. Festschrift 10 Jahre Arbeitsgemeinschaft Medizinrecht im DAV, 2008. (zitiert: *Bonvie*, in: *ARGE*, FS 10 Jahre)

Bördlein, Ingeborg: Innovative Strategien für eine optimierte Patientenversorgung. Ärzte Zeitung Nr. 137 vom 16.8.2013, S. 13

Bork, Reinhard/Schäfer, Carsten (Hrsg.): GmbHG Kommentar. 5. Auflage, RWS Verlag, Köln, 2019 (zitiert: *Bearbeiter*, in: *Bork/Schäfer*, GmbHG)

Braun, Alfred: Die ärztliche Praxis und die Privatkrankenanstalt des § 30 GewO. NJW 1985, 2739–2741

Braun, Julian: Das Medikationsmanagement als überobligatorisches Beratungsangebot der Apotheke. A&R 2014, 213–218

Braun, Julian/Püschel, Constanze: Die gesellschaftsrechtliche Beteiligung von Ärzten und ihren Verwandten an Unternehmen nichtärztlicher Leistungserbringer. MedR 2013, 655–658

Braun, Susanne: U.K. Limited – eine Rechtsform für Ärzte? MedR 2007, 218–223

Braun, Susanne/Richter, Jörg: Gesellschaftsrechtliche und steuerrechtliche Grundfragen der Ärzte-GmbH. MedR 2005, 685–690

Breulmann, Esther: Anwalt-Arzt-PartG: Welche Leistungen darf die PartG erbringen? Ein gesellschaftsrechtlicher Überblick auf Grundlage des Heilkundebegriffes des § 23c MBOÄ. AnwBl 2017, 830–834

Brügmann, Cord: Reform des Rechtsdienstleistungsmarkts. ZRP 2019, 242–243

Bultmann, Peter Friedrich: Die allgemeinen Berufspflichten des Rechtsanwalts als Sozius: § 43 BRAO. AnwBl 2003, 607–612

Bundesärztekammer: Niederlassung und berufliche Kooperation – Neue Möglichkeiten – Hinweise und Erläuterungen zu §§ 7–19 und 23 a-d (Muster-) Berufsordnung. Stand 28. März 2008. DÄBl. 2008, A-1019–1025

dies.: Niederlassung und berufliche Kooperation – Neue Möglichkeiten – Hinweise und Erläuterungen zu §§ 17–19 und 23a-d (Muster-) Berufsordnung (MBO). Stand 17. Februar 2006. DÄBl. 2006, A-801–A-806 (zitiert: *BÄK*, DÄBl. 2006, A-801)

dies.: Verstärkte Kooperation zwischen Ärzten und Fachberufen. DÄBl. 1995, A-1818 (zitiert: *BÄK*, DÄBl. 1995, A-1818)

Bundeszahnärztekammer: Kommentar zur Musterberufsordnung der Bundeszahnärztekammer. 2. Auflage, 2018 (zitiert: *Bundeszahnärztekammer*, Kommentar MBO-ZÄ)

Bunjes, Johann/Geist, Reinhold (Begr.): Umsatzsteuergesetz. Verlag C. H. Beck, München. 18. Auflage, 2019 (zitiert: *Bearbeiter*, in: *Bunjes*, UStG)

Burckhard, Georg: Studien zur Geschichte des Hebammenwesens. I. Band, Erstes Heft. Die deutschen Hebammenordnungen von ihren ersten Anfängen bis auf die Neuzeit. I. Teil. Mit 2 Abbildungen im Text. Verlag von Wilhelm Engelmann, 1912 (zitiert: *Burckhard*, Geschichte des Hebammenwesens)

Bürger, Raimund: Sachverständigenbeweis im Arzthaftungsprozess. MedR 1999, 100–111

Burghardt, Rainer/Dahm, Franz-Josef: Investive Beteiligungen von Ärzten und Nichtärzten im Bereich der Heilberufe. Problemstellung und Lösungsansätze. MedR 1999, 485–492

Burk, Enno: Zum Anwendungsbereich der Zuwendungs- und Beteiligungsverbote in § 128 Abs. 2 und 6 SGB V – Leitlinien für pharmazeutische Unternehmer und Hilfsmittelanbieter. PharmR 2010, 89–94

Busse, Alexander/Goez, Christoph/Kleemann, Roland/Kuhls, Clemens/Maxl, Peter/Riddermann, Thomas/Ruppert, Stefan/Willerscheid, Katharina (Hrsg.): Kommentar zum Steuerberatungsgesetz. Praktikerkommentar mit Schwerpunkten zum Berufsrecht der Steuerberater. NWB Verlag, Herne. 3. Auflage, 2012 (zitiert: *Bearbeiter*, in: *Kuhls et al.*, StBerG)

Butzer, Hermann: § 95 SGB V und die Neuausrichtung des ärztlichen Berufsrechts. NZS 2005, 344–352

ders.: Nullbeteiligungsgesellschaften unter Ärzten. MedR 2001, 604–613

Cansun, Deniz: Zivil- und berufsrechtliche Kooperationsmöglichkeiten von Vertragsärzten. Shaker Verlag, Aachen, 2009. Zugl. Hannover, Univ., Diss., 2009 (zitiert: *Cansun*, Kooperationsmöglichkeiten)

Chandna-Hoppe, Katja: Anmerkung zu BSG, Urteil vom 16.5.2018, B 6 KA 1/17 R, BeckRS 2018, 21275. NZS 2019, 105–106

Chertkova, Elena: Das Fremdbesitzverbot im deutschen Apothekenrecht. Verlag Dr. Kovac, Hamburg, 2012. Zugl. Mannheim, Univ., Diss., 2011 (zitiert: *Chertkova*, Fremdbesitzverbot)

Clade, Harald: Wieder mehr Newcomer auf dem Land. DÄBl. 2014, A-2080–A-2081

Clausen, Tilman/Schroeder-Printzen, Jörn: Münchener Anwaltshandbuch Medizinrecht. Verlag C. H. Beck, München. 3. Auflage, 2020 (zitiert: *Bearbeiter*, in: *Clausen/Schroeder-Printzen*, Medizinrecht)

Clemens, Thomas: Das medizinische Versorgungszentrum – Kriminologie und aktuelle Rechtsfragen –. S. 11–23. In: *Schiller, Herbert/Tsambikakis, Michael (Hrsg.)*: Kriminologie und Medizinrecht. Festschrift für Gernot Steinhilper. C.F. Müller, Heidelberg u.a., 2013 (zitiert: *Clemens*, in: FS Steinhilper)

Cramer, Udo H.: Gemeinschaftspraxis ohne vertragsärztliche Zulassung aller Partner. Anmerkung zu OLG München, Urt. v. 12.9.2005 – 21 U 2982/05 (LG Ingolstadt). MedR 2006, 173–174

ders.: Praxisgemeinschaft versus Gemeinschaftspraxis – Auf den Gesellschaftszweck kommt es an! MedR 2004, 552–556

Cramer, Udo H./Maier, B./Bachl, F.: Die Partnerschaftsgesellschaft zwischen Ärzten und Nichtärzten – Mehr Effizienz im Gesundheitswesen? Ein Beitrag aus Sicht der Praxisführung und der Vertragspartner. Der Frauenarzt 1996, 1069–1074. (zitiert: *Cramer et al.*, Der Frauenarzt 1996, 1069)

Dahm, Franz-Josef: Anmerkung zu LG Köln, Urt. v. 1.12.2016 – 5 O 236/15. MedR 2017, 490–491

ders.: Ärztliche Kooperationsgemeinschaften und Beteiligungsmodelle – im Spannungsfeld der Berufsordnung („MRT-Koop" u. a.). MedR 1998, 70–74

ders.: Die „fehlerhafte" Gesellschaft der Gemeinschaftspraxis. S. 39–50. Geschäftsführender Ausschuss der Arbeitsgemeinschaft Medizinrecht im DAV, Psychotherapeutengesetz – Ärztliche Kooperationsformen I. Herbsttagung Dresden 24./25.9.1999. Verlag Otto Schmidt, Köln, 2000 (zitiert: *Dahm*, in: *ARGE*, Psychotherapeutengesetz)

ders.: Rechtliche Probleme und wirtschaftliche Chancen des Angebots nicht(zahn)ärztlicher Zusatzleistungen. MedR 1995, 106–109

ders.: Zuweisung gegen Entgelt und Vorteilsgewährung bei Beteiligung an einer Gesellschaft. Anmerkung zu LandesberufsG für Heilberufe bei dem OVG Nordrhein-Westfalen, Urt. v. 6.7.2011 – 6t A 1816/09.T. MedR 2012, 69–75

Dahm, Franz-Josef/Möller, Karl-Heinz/Ratzel, Rudolf: Rechtshandbuch Medizinische Versorgungszentren. Springer-Verlag, Heidelberg, 2005 (zitiert: *Dahm et al.*, MVZ)

Dahm, Franz-Josef/Ratzel, Rudolf: Liberalisierung der Tätigkeitsvoraussetzungen des Vertragsarztes und Vertragsarztrechtsänderungsgesetz – VÄndG. MedR 2006, 555–568

Dahns, Christian: Änderungsbedarf bei der Zusammenarbeit mit anderen Berufen. NJW-Spez. 2018, 254–255

ders.: Eckpunkte für eine Reform der anwaltlichen Berufsausübungsgesellschaften. NJW-Spezial 2019, 638–639

ders.: Ende des Verbots der Einzelfallwerbung?! NJW-Spezial 2018, 574–575

ders.: Verzichtbare Werbevorschriften. NJW-Spezial 2018, 702–703

ders.: Vorschläge für eine Reform der anwaltlichen Haftung. NJW-Spezial 2011, 574–575

Dahns, Christian/Gelmke, Daniel: Aktuelle Entwicklungen zur Zusammenarbeit mit anderen Berufen. NJW-Spezial 2004, 237–240

Damas, Jens-Peter: Kooperationsmöglichkeiten zwischen Physiotherapeut und Arzt oder Zahnarzt. Thera-Biz 2015, Heft 4, S. 76–77

Damm, Reinhard/Mickwitz, Elena von: Kooperation und Haftung in interprofessionellen Sozietäten. JZ 2001, 76–83

Daniels, Josef/Bulling, Manfred: Bundesärzteordnung. Verlag Luchterhand, Berlin, 1963 (zitiert: *Daniels/Bulling*, BÄO)

Dann, Matthias/Scholz, Karsten: Der Teufel steckt im Detail – Das neue Anti-Korruptionsgesetz für das Gesundheitswesen. NJW 2016, 2077–2080

Dann, Matthias/Schomm, Katharina: MVZ-Gründer und Abrechnungsbetrug. GuP 2019, 140–144

Deckenbrock, Christian: Sozietät und Bürogemeinschaft – berufsrechtlich gebotene Gleichbehandlung? NJW 2008, 3529–3533

ders.: Anmerkung zu AGH Baden-Württemberg, Beschl. v. 19.10.2018 – AGH 13/2018 II. BRAK-Mitt. 2019, 44–45

ders.: Anwaltliche Verschwiegenheit und berufliche Zusammenarbeit. Ein Beitrag auch im Hinblick auf die Erweiterung des Kreises der sozietätsfähigen Berufe. AnwBl Online 2019, 321–326

ders.: Das allgemeine Berufsrecht der Berufsausübungsgemeinschaft. Überlegungen zur überfälligen Reform des anwaltlichen Gesellschaftsrechts. AnwBl 2014, 118–129

ders.: Die „kleine BRAO-Novelle“ im Überblick. NJW 2017, 1425–1430

ders.: Interessenkonflikte bei Wirtschaftsprüfern und Rechtsanwälten unter dem besonderen Aspekt der beruflichen Verschwiegenheitspflicht. BB 2002, 2453–2461

Dettling, Heinz-Uwe/Mand, Elmar J.: Fremdbesitzverbote und präventiver Verbraucherschutz. Zur Gemeinschaftsrechtskonformität des apothekenrechtlichen Fremd- und Vielbesitzverbots. Wissenschaftliche Verlagsgesellschaft mbH, Stuttgart, 2006 (zitiert: *Dettling/Mand*, Fremdbesitzverbote)

Deutsch, Erwin/Spickhoff, Andreas: Medizinrecht. Springer-Verlag, Heidelberg. 7. Auflage, 2014

Diefenbach, Wilhelm: Die Rechtsprechung des Bundesverwaltungsgerichts zur Gewerbeordnung. GewArch 1991, 281–296

Dieners, Peter/Stallberg, Christian: Mehr Schein als Sein – Auswirkungen des neuen § 128 SGB auf die pharmazeutische Industrie. A&R 2009, 243–252

Dochow, Carsten: Neuregelungen im Rahmen der ärztlichen Schweigepflicht – Eine Relativierung des Patientengeheimnisschutzes? GesR 2018, 137–152

ders.: Notwendigkeit der Datenschutz-Folgenabschätzung und Benennung eines Datenschutzbeauftragten in der Arztpraxis? PinG 2018, Heft 2, S. 51–61

ders.: Unterscheidung und Verhältnis von Gesundheitsdatenschutz und ärztlicher Schweigepflicht (Teil 1). MedR 2019, 279–287

Döge, Melanie: Die Aktiengesellschaft als Rechtsform der Kooperation von Rechtsanwälten. ZIP 2019, 596–605

Dünhauser, Hubert: Der Beruf des Heilpraktikers – „crux medicorum" oder Schutz vor Scharlatanerie? RPG 2000, 109–120

Dornblüth, Otto (Begr.): Klinisches Wörterbuch. De Gruyter, Berlin. 266. Auflage, 2014 (zitiert: *Pschyrembel*, Klinisches Wörterbuch)

Dreher, Eduard/Maassen, Hermann (Begr.): Strafgesetzbuch. Verlag C. H. Beck, München. 29. Auflage, 2018 (zitiert: *Bearbeiter*, in: *Lackner/Kühl*, StGB)

Dreher, Meinrad: Die ärztliche Berufsausübung in Gesellschaften und § 4 Abs. 2 S. 1 MBKK (Teil 1). VersR 1995, 245–254

Dreier, Horst (Hrsg.): Grundgesetz-Kommentar. Mohr Siebeck, Tübingen.

Band I. Artikel 1–19. 3. Auflage, 2013

Band II. Artikel 20–82. 3. Auflage, 2015

(jeweils zitiert: *Bearbeiter*, in: *Dreier*, GG)

Dreixler, Markus: Berufsrecht der Ärzte. Möglichkeiten der Gestaltung ärztlicher Berufsausübung in den Schranken des Berufsrechts. DATEV eG, Nürnberg, 2013 (zitiert: *Dreixler*, Berufsrecht der Ärzte)

Droste, Josef: Gemeinschaftliche Berufsausübung von Rechtsanwälten mit Angehörigen anderer steuer- und wirtschaftsberatender Berufe. Verlag Peter Lang, Frankfurt a. M. u. a., 1998. Zugl. Köln, Univ., Diss, 1998 (zitiert: *Droste*, Gemeinschaftliche Berufsausübung)

Dudenredaktion: Deutsches Universalwörterbuch, Dudenverlag, Mannheim u. a. 9. Auflage, 2019 (zitiert: Duden)

Dünisch, Friedrich: Das Recht des Heilpraktikerberufs und der nichtärztlichen Heilkundeausübung. Verlag R. S. Schulz, Starnberg, Stand 1.11.2000 (zitiert: *Dünisch*, Recht des Heilpraktikerberufs)

Eberbach, Wolfram H.: Die Verbesserung des Menschen – Tatsächliche und rechtliche Aspekte der wunscherfüllenden Medizin –. MedR 2008, 325–336

Eberhardt, Lothar: Die zivilrechtliche Haftung des Heilpraktikers. VersR 1986, 110–116

Ebert, A./Beyer, L.: Unterschiedliche Nomenklatur erschwert die Kommunikation zwischen Arzt und Physiotherapeut. Manuelle Medizin 2016, 322–325

Effertz, Dennis A.: Der Apotheker als Behandelnder ohne Behandlungsbefugnis. GesR 2019, 15–21

Ehlers, Alexander P. F.: Medizin in den Händen von Heilpraktikern – „Nicht-Heilkundigen". Springer-Verlag, Heidelberg u. a., 1995 (zitiert: *Ehlers*, Heilpraktiker)

Ehlers, Dirk/Lechleitner, Marc: Die Aufgaben der Rechtsanwaltskammern: Rechtsstellung der Rechtsanwaltskammern und der Bundesrechtsanwaltskammer in der Verfassungs- und Verwaltungsrechtsordnung der Bundesrepublik Deutschland. Deutscher Anwaltverlag, Bonn, 2006 (zitiert: *Ehlers/Lechleitner*: Aufgaben der Rechtsanwaltskammern)

Ehmann, Horst: Praxisgemeinschaft/Gemeinschaftspraxis. MedR 1994, 141–149

Eichenhofer, Eberhard: Auswirkungen europäischen Rechts auf das deutsche Gesundheitswesen. Chancen und Risiken der Diskussion um „Doc Morris". MedR 2007, 329–335

Eichhorn, Peter/Seelos, Hans-Jürgen/Schulenburg, Johann-Matthias von der/Ballier, Roland: Krankenhausmanagement. Urban und Fischer, München, Jena, 2000 (zitiert: *Bearbeiter*, in: *Eichhorn et al.*, Krankenhausmanagement)

Eilers, Stephan/Rödding, Adalbert/Schmalenbach, Dirk (Hrsg.): Unternehmensfinanzierung. Verlag C. H. Beck, München. 2. Auflage, 2014 (zitiert: *Bearbeiter*, in: *Eilers et al.*, Unternehmensfinanzierung)

Eisenberg, Judith: Ärztliche Kooperations- und Organisationsformen. Verlag Peter Lang, Frankfurt a. M., 2002. Zugl. Köln, Univ., Diss., 2001 (zitiert: *Eisenberg*, Ärztliche Kooperationen)

Engelmann, Klaus: (Rechts-) Grundlagen und Grundfragen der palliativmedizinischen Versorgung. GesR 2010, 577–586

ders.: Die Gemeinschaftspraxis im Vertragsarztrecht. ZMGR 2004, 3–15

ders.: Zur rechtlichen Zulässigkeit einer (vertrags-) ärztlichen Tätigkeit außerhalb des Ortes der Niederlassung. MedR 2002, 561–572

Ensel, Angelica: Die Idee voranbringen – 3. Runder Tisch Hebammenkammer. DHZ 2018, Heft 8, S. 78–79

Epping, Volker/Hillgruber, Christian: BeckOK Grundgesetz. Verlag C. H. Beck, München. 42. Edition, 1.12.2019 (zitiert: *Bearbeiter*, in: *Epping/Hillgruber*, GG)

Erbsen, Maike C.: Praxisnetze und das Berufsrecht der Ärzte. Verlag Peter Lang, Frankfurt a. M., 2003, Zugl. Univ., Diss., Heidelberg, 2002 (zitiert: *Erbsen*, Praxisnetze)

Erlinger, Rainer: Arzt und Hebamme: Kompetenzabgrenzung im Kreißsaal. Anforderungen der Rechtsprechung an die Organisation. Der Gynäkologe 2005, 734–738

Ernst, Stefan: Schweigepflichtentbindungen im Gesundheitswesen. GesR 2015, 654–656

Feldmann, Eva: Rechtsanwaltsgesellschaft kann nicht in Form einer GmbH & Co. KG betrieben werden. GWR 2011, 443–444

Feuerich, Wilhelm E. (Begr.): Bundesrechtsanwaltsordnung. Berufsordnung. Fachanwaltsordnung. Partnerschaftsgesellschaftsgesetz. Recht für Anwälte aus dem Gebiet der Europäischen Union. Patentanwaltsordnung. Verlag Franz Vahlen, München. 9. Auflage, 2016 (zitiert: *Bearbeiter*, in: *Feuerich/Weyland*, BRAO)

Feuerich, Wilhelm E.: Bundesrechtsanwaltsordnung. Verlag Franz Vahlen, München. 2. Auflage 1992

Fiedler, André: Anmerkung zu LSG Nds.-Bremen, Urteil vom 10.2.2003 – L3 KA 434/02. NZS 2004, 389–390

ders.: Das vertragsärztliche Zulassungsrecht nach Inkrafttreten des GKV-VSG. DStR 2016, 322–328

Fiedler, André/Fürstenberg, Rudolf: Entwicklungen des Vertragsarztrechts unter besonderer Berücksichtigung des Vertragsarztrechtsänderungsgesetzes und der Änderungen der Berufsordnung aufgrund der Beschlüsse des 107. Deutschen Ärztetags 2004 in Bremen. NZS 2007, 184–191

Fiedler, André/Weber, Tilmann: Medizinische Versorgungszentren. NZS 2004, 358–364

Filges, Axel C.: Die Zukunft des anwaltlichen Berufsrechts – Nach der Reform ist vor der Reform. NJW 2010, 2619–2624

Fischer, Thomas: Strafgesetzbuch. Verlag C. H. Beck, München. 67. Auflage, 2020

Flach, Stefan: Berufsrecht in der Musiktherapie. S. 85–87. In.: *Decker-Voigt, Hans-Helmut/Weymann, Eckhard (Hrsg.):* Lexikon Musiktherapie. Hogrefe-Verlag, Göttingen u. a. 2. Auflage, 2009 (zitiert: *Flach*, in: *Decker-Voigt/Weymann*, Musiktherapie)

Flasbarth, Roland: Vertriebsbeschränkung im Hilfsmittelsektor – Inhalt und Grenze des § 128 SGB V als Marktordnungsregelung. MedR 2009, 708–716

Fleischer, Holger/Goette, Wulf (Hrsg.): Münchener Kommentar zum Gesetz betreffend die Gesellschaften mit beschränkter Haftung. Band 1 §§ 1–34. Verlag C. H. Beck, München. 3. Auflage, 2018 (zitiert: *Bearbeiter*, in: MüKo GmbHG)

Flügge, Sibylla: Hebammen und heilkundige Frauen: Recht und Rechtswirklichkeit im 15. und 16. Jahrhundert. Stroemfeld, Frankfurt a. M., 1998. Zugl. Frankfurt a. M., Univ., Diss., 1993 (zitiert: *Flügge*, Hebammen im 15. Und 16. Jahrhundert)

Frahm, Wolfgang: Die Zulässigkeit der Delegation ärztlicher Leistungen auf nichtärztliches Personal. VersR 2009, 1576–1580

Francke, Robert: Wissenschaftlich anerkannte psychotherapeutische Verfahren nach § 1 Abs. 3 Satz 1 PsychThG. MedR 2000, 447–453

Frank, Diane R./Schmid, Wolfgang A. (Hrsg.): Recht für Ärzte von A-Z. Thieme-Verlag, Stuttgart, 2014. (zitiert: *Bearbeiter*, in: *Frank/Schmid*, Recht für Ärzte)

Frank, Rainer/Vogel, Sebastian T.: Korruptionsbekämpfung im Gesundheitswesen – symbolisch und (un) gut. Die geplante Einführung des § 299a StGB wirft mehr Fragen auf als beantwortet werden. AnwBl. 2016, 94–100

Franken, Andreas: Die privatrechtliche Binnenstruktur der integrierten Versorgung, §§ 140a-h SGB V. Zugleich ein Beitrag zum Anwendungsbereich von § 69 SGB V sowie der Normen des UWG und GWB im Bereich der gesetzlichen Krankenversicherung. Tenea Verlag für Medien, Berlin, 2003. Zugl. Düsseldorf, Univ., Diss., 2002 (zitiert: *Franken*, Integrierte Versorgung)

Franzki, Harald: Die Zusammenarbeit von Arzt und Hebamme bei der Geburtshilfe – insbesondere im Spiegel der Rechtsprechung. S. 125–138. In: *Berg, Dietrich/Ulsenheimer, Klaus (Hrsg.)*: Patientensicherheit, Arzthaftung, Praxis, und Krankenhausorganisation. Springer-Verlag, Heidelberg u. a., 2006 (zitiert: *Franzki*, in: *Berg/Ulsenheimer*, Patientensicherheit)

Franzki, Harald/Franzki, Dietman: Waffengleichheit im Arzthaftungsprozess. NJW 1975, 2225–2229

Friauf, Heinrich: Das apothekenrechtliche Verbot des Fremd- und Mehrbesitzes. Verlag C. F. Müller, Heidelberg, 1992 (zitiert: *Friauf*, Fremd- und Mehrbesitz)

Gaier, Reinhard/Wolf, Christian/Göcken, Stehan: Anwaltliches Berufsrecht. Verlag Otto Schmidt, Köln. 3. Auflage, 2020 (zitiert: *Bearbeiter*, in: *Gaier et al.*, Anwaltliches Berufsrecht)

Gallwas, Hans-Ullrich: Kompetenz des Bundes aus Art. 74 Nr. 19 GG zur Regelung der Berufe in der Altenpflege? DöV 1993, 17–22

Ganster, Günther: Freier Beruf und Kapitalgesellschaft – das Ende der freien Professionen? Eine umfassende juristische Analyse zum scheinbar unaufhaltsamen Siegeszug der Kapitalgesellschaften in den freien Professionen. De Gruyter, Berlin, 2000. Zugl. Frankfurt a. M., Univ., Diss., 1999 (zitiert: *Ganster*, Freier Beruf)

Gätjen, Bernhard/Combé, Daniel: Anmerkung zu OLG Celle, Urt. v. 21.12.2006 – 13 U 118/06. MedR 2007, 437–439

Gehrlein, Markus: Grundlagen des Arzthaftungsrechts. NJ 2016, 89–98

Geibel, Stefan J.: Treuhandrecht als Gesellschaftsrecht. Mohr Siebeck, Tübingen, 2008. Zugl. Tübingen, Univ., Habil.-Schr., 2006 (zitiert: *Geibel*, Treuhandrecht)

Geiger, Daniel: Das Gesetz zur Bekämpfung von Korruption im Gesundheitswesen und seine Auswirkungen auf Strafverfolgung und Healthcare-Compliance. CCZ 2016, 172–178

Gelking, Christoph: Deregulierung der Freien Berufe. Verlag Peter Lang, Frankfurt a. M. u. a. 1997. Zugl. Freiburg, Univ., Diss., 1996 (zitiert: *Gelking*, Deregulierung)

Gerabek, Werner E./Haage, Bernhard D./Keil, Gundolf/Wegner, Wolfgang: Enzyklopädie Medizingeschichte. Band 1. De Gruyter, Berlin, 2007 (zitiert: *Bearbeiter*, in: *Gerabek* et al., Medizingeschichte)

Gerlach, Ferdinand M.: Anforderungen an die Praxis der Zukunft. S. 51–65. In: *Wille, Eberhard/Knabner, Klaus:* Strategien für mehr Effizienz und Effektivität im Gesundheitswesen. 16. Bad Orber Gespräche über kontroverse Themen im Gesundheitswesen. Verlag Peter Lang, Frankfurt a. M., 2013 (zitiert: *Gerlach*, in: *Wille/Knabner*, Gesundheitswesen)

Gerlach, Stefan: Das AsylbLG – Ein Überblick zum aktuell geltenden Asylbewerberleistungsgesetz (Teil II). SGb 2018, 408–414

Gerst, Thomas: Medizinische Versorgungszentren: Weitere Entwicklung noch ungewiss. DÄBl. 2006, A-2988–A-2990

Gesellensetter, Catrin: Die Annäherung des Freien Arztberufs an das Gewerbe. Eine verfassungs-, sozial- und berufsrechtliche Untersuchung. Duncker & Humblot, Berlin, 2007. Zugl. Berlin, Freie Univ., Diss., 2005/06 (zitiert: *Gesellensetter*, Annäherung an das Gewerbe)

Geyer, Judith/Kratzenberger, Sandra/Ullmann, Robert: Freiberufliche Einkünfte unter Mithilfe fachlich gebildeter Arbeitskräfte – Auslegung des Tatbestandsmerkmals der eigenverantwortlichen Tätigkeit. DStR 2019, 1285–1292

Ghassemi-Tabar, Nima/Nober, Robert: Der Privatgutachter im Zivilprozess. NJW 2016, 552–554

Gitter, Wolfgang: Anmerkung zu BSG, Urteil vom 13.12.2001 – B 3 KR 19/00 R, SGb 2003, 43. SGb 2003, 46–47

Glindemann, Jan: Anwalts-GmbH und das Bundesverfassungsgericht: Ende der Diskriminierung? AnwBl 2014, 214–220

ders.: Personengesellschaften zur Ausübung freier Berufe. Eine vergleichende Untersuchung des deutschen und französischen Rechts. Mohr Siebeck, Tübingen, 2019. Zugl. Köln, Univ., Diss., 2018 (zitiert: *Glindemann*, Personengesellschaften)

Goette, Wulf: BGB-Gesellschaft: Auseinandersetzung einer Freiberuflersozietät. Anmerkung zu BGH, Beschluss vom 28.09.1995 – II ZR 257/94. DStR 1995, 1722–1723

Goette, Wulf/Habersack, Matthias (Hrsg.): Münchener Kommentar zum Aktiengesetz. Band 1 §§ 1–75. Verlag C. H. Beck, München. 5. Auflage, 2019 (zitiert: *Bearbeiter*, in: MüKo AktG)

Gollasch, Christian Walter: Die fachübergreifende Gemeinschaftspraxis. Rechtliche Voraussetzungen und Grundlagen der gemeinsamen Berufsausübung von Ärzten unterschiedlicher Fachgebiete in der Gesellschaft bürgerlichen Rechts. Nomos-Verlagsgesellschaft, Baden-Baden, 2003 Zugl. Heidelberg, Univ. Diss., 2002 (zitiert: *Gollasch*, Fachübergreifende Gemeinschaftspraxis)

Gotzens, Markus: Die interprofessionelle Zusammenarbeit von Rechtsanwälten mit Angehörigen anderer freier Berufe. Verlag Peter Lang, Frankfurt a. M. u.a., 1998. Zugl. Köln, Univ. Diss., 1998 (zitiert: *Gotzens*, Interprofessionelle Zusammenarbeit)

Graf Kerssenbrock, Trutz: Sind der „verkürzte Versorgungsweg" und Depots in Arztpraxen bei der Abgabe von Diabetesteststreifen durch Ärzte per se unzulässig? Zugleich Besprechung der Urteile des I. Senats des BGH v. 2.6.2005 – I ZR 215/02 sowie I ZR 317/02 –. MedR 2006, 199–202

Graml, Georg: Das ärztliche Verbot der Zuweisung gegen Entgelt. LIT-Verlag, Berlin, Münster, 2012. Zugl. Mannheim, Univ., Diss., 2011 (zitiert: *Graml*, Zuweisungsverbot)

Greiser, Johannes/Frerichs, Konrad: Der Anspruch von Flüchtlingen auf psychotherapeutische Behandlung. SGb 2018, 213–221

Greve, Rolf/Polster, Dirk: Der Trend zur Kooperation: Genossenschaften und Netzwerke. S. 191–216. In: *Kirk, Michael/Kramer, Josef W./Steding, Rolf (Hrsg):* Genossenschaften und Kooperation in einer sich wandelnden Welt. Festschrift für Hans-H. Münkner zum 65. Geburtstag. LIT-Verlag, Münster, 2000 (zitiert: *Greve/Polster*, in: FS Münkner)

Grinblat, Roman: Unzulässige Zusammenarbeit zwischen Leistungserbringern und Vertragsärzten am Beispiel der Heilmittelversorgung. MPR 2015, 53–57

Grote, Hugo: Anmerkung zu BVerwG, Urt. v. 17.8.2017 – 3 C 12/16 (VGH Kassel). NVwZ 2017, 1882–1883

Grunewald, Barbara: Die Entwicklung des anwaltlichen Berufsrechts im Jahr 2016. NJW 2016, 3694–3697

dies.: Die Partnerschaftsgesellschaft mit beschränkter Berufshaftung. GWR 2013, 393–394

dies.: Die Partnerschaftsgesellschaft mit beschränkter Berufshaftung – sinnvolle Ergänzung des PartGG oder systemwidrige Privilegierung einiger Weniger? ZIP 2012, 1115–1117

Gummert, Hans (Hrsg.): Münchener Anwaltshandbuch Personengesellschaftsrecht. Verlag C. H. Beck, München. 3. Auflage, 2019 (zitiert: *Bearbeiter*, in: *Gummert*, Personengesellschaften)

Gummert, Hans/Meier, Mareike: Nullbeteiligungsgesellschaften. MedR 2007, 75–85

Gummert, Hans/Rieger, Bodo/Weipert, Lutz (Hrsg.): Münchener Handbuch des Gesellschaftsrechts Band 1. Verlag C. H. Beck, München, 1. Auflage, 2004 (zitiert: *Bearbeiter*, in: Münchener Hdb. Gesellschaftsrecht, Bd. 1, 2004)

Gummert, Hans/Weipert, Lutz (Hrsg.): Münchener Handbuch des Gesellschaftsrechts. Verlag C. H. Beck, München.

Band 1. BGB-Gesellschaft, Offene Handelsgesellschaft, Partnerschaftsgesellschaft, Partenreederei, EWIV. 5. Auflage 2019 (zitiert: *Bearbeiter*, in: Münchener Hdb. Gesellschaftsrecht, Bd. 1)

Band 2. Kommanditgesellschaft, GmbH & Co. KG, Publikums-KG, Stille Gesellschaft. 5. Auflage 2019 (zitiert: *Bearbeiter*, in: Münchener Hdb. Gesellschaftsrecht, Bd. 2)

Günther, Oliver H./Kürstein, Beate/Riedel-Heller, Steffi G./König, Hans-Helmut: The Role of Monetary and Nonmonetary Incentives on the Choice of Practice Establishment: A Stated Prederence Study of Young Physicians in Germany. Health Services Research, Vol. 45, Issue 1, February 2010, S. 212–229 (zitiert: *Günther et al.*, Health Services Research 2010, 212)

Gutmann, Thomas/Tibone, Giulietta/Schleu, Andrea/Thorwart, Jürgen: Sexueller Missbrauch in der Psychotherapie: Notwendige Diskussion der Perspektiven von Juristen und Psychotherapeuten. MedR 2019, 18–25

Guttau, Thomas: Nichtärztliche Heilberufe im Gesundheitswesen. Notwendigkeit, Zulässigkeit und Umsetzung einer verstärkten Einbeziehung unter besonderer Berücksichtigung des Heilpraktikergesetzes. Nomos Verlagsgesellschaft, Baden-Baden, 2013. Zugl. Bremen, Univ., Diss., 2012 (zitiert: *Guttau*, Nichtärztliche Heilberufe)

Haage, Heinz: Berufsrechtliche Beurteilung des neuen Psychotherapeutengesetzes. MedR 1998, 291–296

ders.: Darf ein Arzt als Zahnarzt tätig sein? MedR 2002, 395–399

ders.: Diätassistentengesetz. Nomos Verlagsgesellschaft Baden-Baden, 2. Auflage 2014

ders.: Einführung in das Berufsrecht der Zahnärzte. Nomos-Verlagsgesellschaft, Baden-Baden, 2015

ders.: Heilpraktikergesetz. Nomos-Verlagsgesellschaft, Baden-Baden. 2. Auflage, 2013 (zitiert: *Haage*, HeilprG)

ders.: Zahnheilkundegesetz. Nomos-Verlagsgesellschaft, Baden-Baden. 2. Online-Auflage, 2017 (zitiert: *Haage*, ZHG)

Häberle, Peter (Hrsg.): Strafrechtliche Nebengesetze. Verlag C. H. Beck, München. 228. Ergänzungslieferung, 2019 (*Bearbeiter*, in: *Erbs/Kohlhaas*, Strafrechtliche Nebengesetze)

Habermas, Jürgen: Technik und Wissenschaft als „Ideologie". Edition Suhrkamp, Berlin, 1969

Habersack, Mathias: Die Anerkennung der Rechts- und Parteifähigkeit der GbR und der akzessorischen Gesellschafterhaftung durch den BGH. BB 2001, 477–483

Hahn, Erik: Bleaching, professionelle Zahnreinigung und Zahnschmuck – Ästhetisch motivierte Maßnahmen und der Begriff der „Zahnheilkunde". MedR 2010, 485–491

Halbe, Bernd: Gemeinschaft macht stark. Kooperationsformen für Ärzte, Teil 1. Praxis Computer 2001, Heft 2, S. 8–11

ders.: Moderne Versorgungsstrukturen: Kooperation oder Korruption? Bestandsaufnahme und Ausblick. MedR 2015, 168–175

Halbe, Bernd/Schirmer, Horst Dieter (Hrsg.): Handbuch Kooperationen im Gesundheitswesen. Rechtsformen und Gestaltungsmöglichkeiten. Ordner 1. Medhochzwei Verlag, Heidelberg, 49. Aktualisierung, Januar 2019. (zitiert: *Bearbeiter*, in: *Halbe/Schirmer*, Kooperationen)

Halstrick, Claudia: Zusammenarbeit von Arzt und Hebamme in der ambulanten Schwangerenvorsorge. Frauenarzt 2005, 91–94

Hampe, Dennis/Suhr, Katharina: Zulassung eines rein zahnärztlichen Medizinischen Versorgungszentrums? MedR 2014–152

Hannich, Rolf (Hrsg.): Karlsruher Kommentar zur Strafprozessordnung. Verlag C. H. Beck, München. 8. Auflage, 2019 (zitiert: *Bearbeiter* in: Karlsruher Kommentar)

Harneit, Paul: Beteiligung von Leistungserbringern an Unternehmen. MedR 2017, 688–694

Hart, Dieter: Grundlagen des Arzthaftungsrechts – Leistungs- und Haftungsschuldner. JURA 2000, 14–19

ders.: Patientensicherheit im Medizin- und Gesundheitsrecht. Entwicklungen seit 2011. MedR 2019, 509–518

ders.: Patientensicherheit nach dem Patientenrechtegesetz. MedR 2013, 159–165

ders.: Patientensicherheit, Fehlermanagement, Arzthaftungsrecht – zugleich ein Beitrag zur rechtlichen Bedeutung von Empfehlungen. MedR 2012, 1–15

ders.: Patientensicherheit, Risikomanagement, Arzneimittelbehandlung und Arzthaftungsrecht. Zugleich ein Beitrag zur Krankenhausorganisation. MedR 2007, 383–393

Hartung, Markus: Keine Bürogemeinschaft von Anwalt mit Mediator und Berufsbetreuer. Gleichzeitig Anmerkung zu AGH Celle v. 22.05.2017 AGH 16/17 (I 9). ZKM 2017, 196–199 *ders.*: Weder Sozietät noch Bürogemeinschaft des Anwalts mit Mediator oder Berufsbetreuer. Anmerkung zu BGH, Urteil vom 29.1.2018 – AnwZ (Brfg) 32/17. NJW 2018, 1102–1103

Hartung, Markus/Wendenburg, Felix: Die interprofessionelle Mediationskanzlei. Zusammenarbeit von Anwaltsmediatoren und nichtanwaltlichen Mediatoren. NJW 2009, 1551–1556

Hartung, Wolfgang: Rechtsanwalts-AG ist zulässig. Anmerkung zu BayObLG München, Beschluss vom 27.03.2000 – 3Z BR 331/99. BB 2000, 946–947

ders.: Sozietät oder Kooperation? AnwBl 1995, 333–338

ders. (Hrsg.): Berufs- und Fachanwaltsordnung. Verlag C. H. Beck, München. 5. Auflage, 2012 (zitiert: *Bearbeiter*, in: *Hartung*, BRAO)

Hartung, Wolfgang/Scharmer, Hartmut (Hrsg.): Berufs- und Fachanwaltsordnung. Verlag C. H. Beck, München. 6. Auflage, 2016 (zitiert: *Bearbeiter*, in: *Hartung/Scharmer*, BRAO)

Hattemer, Stefanie/Rensen, Hartmut: Der Privatgutachter im Arzthaftungsprozess. MDR 2012, 1384–1389

Hauck, Karl/Noftz, Wolfgang (Begr.): Sozialgesetzbuch V. Gesetzliche Krankenversicherung. Erich Schmidt Verlag, Berlin. Erg. Lfg. 7/18, 2018 (zitiert: *Bearbeiter*, in: *Hauck/Noftz*, SGB V)

Häußermann, Daniel/Dollmann, Michael: Die Ärztegesellschaft mbH. MedR 2005, 255–261

Heberer, Jörg: Arzt und Recht. Medizinisch Wissenschaftliche Verlagsgesellschaft, Berlin, 2013 (zitiert: *Bearbeiter*, in: *Heberer*, Arzt und Recht)

ders.: Das ärztliche Berufs- und Standesrecht. Verlag Ecomed, Landsberg. 2. Auflage, 2001

Heckschen, Heribert: Die PartG mbB – eine Gesellschaftsform für Freiberufler. AnwBl Online 2018, 116–127

Heilmann, Stefan (Hrsg.): Praxiskommentar Kindschaftsrecht. Bundesanzeiger-Verlag, Köln, 2015 (zitiert: *Bearbeiter*, in: *Heilmann*, Kindschaftsrecht)

Heintschel-Heinegg, Bernd von: BeckOK StGB. Verlag C. H. Beck, München. 45. Edition, 2020 (zitiert: *Bearbeiter*, in: *Heintschel-Heinegg*, StGB)

Heinze, Meinhard: Die Rechtsbeziehungen der Leistungserbringer von Heil- und Hilfsmitteln zu den Krankenkassen. VSSR 1991, 1–36

ders.: Die Vertragsstrukturen des SGB V. SGb 1990, 173–178

Helios, Marcus/Streider, Thomas: Beck'sches Handbuch der Genossenschaft. Verlag C. H. Beck, München, 2009 (zitiert: *Bearbeiter*, in: *Helios/Strieder*, Genossenschaft)

Hellwig, Hans-Jürgen: BVerfG und EuGH lassen vom geltenden Berufsgesellschaftsrecht nicht viel übrig. AnwBl 2016, 776–787 *ders.:* Haftpflichtversicherung statt Handelndenhaftung bei der Partnerschaftsgesellschaft. NJW 2011, 1557–1559

Henke, Norbert: Rechtsprobleme ärztlicher Zusammenarbeit im ambulanten Bereich. NJW 1974, 2035–2040

Henssler, Martin: Anforderungen an ein modernes Anwaltsrecht – Blick ins Jahr 2030. Die Dynamik des Berufsrechts in England als Herausforderung für Deutschland. AnwBl 2013, 394–400

ders.: Brauchen wir ein zusätzliches sozietätsspezifisches Berufsrecht? 12 Thesen zum Reformbedarf im Recht der anwaltlichen Berufsausübungsgesellschaften. AnwBl 2014, 762–769

ders.: DAV-Vorschlag zur großen BRAO-Reform. AnwBl Online 2019, 257–297. Zugl. DAV-Stellungnahme Nr. 8/2019

ders.: Der Gesetzentwurf zur Regelung der Rechtsanwalts-GmbH. ZIP 1997, 1481–1491

ders.: Die Freiberufler-GmbH. Zugleich eine Analyse der Auswirkungen des „Zahnarzt-GmbH"-Urteils des BGH vom 25. November 1993, ZIP 1994, 381. ZIP 1994, 844–852

ders.: Die gesetzliche Regelung der Rechtsanwalts-GmbH. NJW 1999, 241–248

ders.: Die internationale Rechtsanwaltspartnerschaft – unnötige Hürden im geltenden Gesellschaftsrecht. NZG 2019, 401–407

ders.: Die interprofessionelle Zusammenarbeit des Anwalts mit anderen Berufen. Praxisprobleme und Reformbedarf. AnwBl 2009, 670–680

ders.: Die interprofessionelle Zusammenarbeit in der Sozietät. WPK-Mitt. 1999, 2–7

ders.: Die Kapitalbeteiligung an Anwaltsgesellschaften (Teil 2). BRAK-Mitt. 2007, 238–244

ders.: Die Kapitalbeteiligung an Anwaltsgesellschaften (Teil 1). BRAK-Mitt. 2007, 186–190

ders.: Die LLP – die bessere Alternative zur PartG mbB? NJW 2014, 1761–1766

ders.: Die PartGmbB – großer Wurf oder (zu) kleine Lösung? Die Antwort „made in Germany" auf die angelsächsische LLP – eine erste Bilanz. AnwBl 2014, 96–106

ders.: Die Postulationsfähigkeit ausländischer Anwaltsgesellschaften. NJW 2009, 3136–3139

ders.: Die Rechtsanwalts-GmbH. JZ 1992, 697–710

ders.: Die überfällige Reform des Rechts der anwaltlichen Berufsausübungsgemeinschaften. AnwBl 2017, 378–385

ders.: Gesetzentwurf zur Reform des Berufsrechts der anwaltlichen Berufsausübungsgesellschaften. AnwBl Online 2018, 564–604

ders.: Keine Öffnung für Anwaltskonzerne. NJW 2017, 1644–1646 *ders.*: Keine Organisationsfreiheit für Rechtsanwälte – Das Verbot der Rechtsanwalts-GmbH & Co. KG. NZG 2011, 1121–1130

ders.: Mediation und Rechtsberatung. NJW 2003, 241–249

ders.: Partnerschaftsgesellschaftsgesetz. Verlag C. H. Beck, München. 3. Auflage, 2018 (zitiert: *Henssler*, PartGG)

ders.: Sozietät zwischen Anwaltsnotar und Wirtschaftsprüfer. Anmerkung zum Beschluss des BVerfG vom 8.4.1998. JZ 1998, 1065–1068

Henssler, Martin/Deckenbrock, Christian: Die vorsichtige Öffnung des Kreises der sozietätsfähigen Berufe. Startschuss für die überfällige Reform des anwaltlichen Gesellschaftsrechts. AnwBl 2016, 211–216

Henssler, Martin/Kleen, Julia/Riegler, Andreas: Auswirkungen der Vorratsdatenspeicherung auf das Berufsgeheimnis der Ärzte und Rechtsanwälte. MedR 2016, 850–857 (zitiert: *Henssler et al.*, MedR 2016, 850)

Henssler, Martin/Markworth, David: Anforderungen an eine Freiberufler-GmbH & Co. KG. NZG 2015, 1–7

Henssler, Martin/Prütting, Hanns (Hrsg.): Bundesrechtsanwaltsordnung mit EuRAG, Eignungsprüfungsverordnung, Berufs- und Fachanwaltsordnung, Rechtsdienstleistungsgesetz, Partnerschaftsgesellschaftsgesetz und CCBE-Berufsregeln. Verlag C. H. Beck, München. 4. Auflage, 2014 (zitiert: *Bearbeiter*, in: *Henssler/Prütting*, BRAO)

Henssler, Martin/Streck, Michael (Hrsg.): Handbuch Sozietätsrecht. Verlag Otto Schmidt, Köln. 2. Auflage, 2011 (zitiert: *Bearbeiter*, in: *Henssler/Streck*, Sozietätsrecht)

Henssler, Martin/Strohn, Lutz (Hrsg.): Gesellschaftsrecht. Verlag C. H. Beck, München. 4. Auflage, 2019 (zitiert: Bearbeiter, in: *Henssler/Strohn*, Gesellschaftsrecht)

Henssler, Martin/Trottmann, Franziska: Berufsrechtliche Besonderheiten bei der interprofessionellen Partnerschaftsgesellschaft mit beschränkter Berufshaftung. NZG 2017, 241–249

Henssler, Martin/Willemsen, Heinz Josef/Kalb, Heinz-Jürgen: Arbeitsrecht Kommentar. Verlag Otto Schmidt, Köln. 9. Auflage, 2020 (zitiert: *Bearbeiter*, in: *Henssler et al.*, Arbeitsrecht)

Herr, David/Lessing, Constanze: Bedarfsgerechte Versorgung – Perspektiven für ländliche Regionen und ausgewählte Leistungsbereiche. Das Gutachten 2014 des Sachverständigenrates zur Begutachtung der Entwicklung im Gesundheitswesen. G+S 2014, Heft 6, S. 7–14

Herrmann, Christoph: Fremdbesitzverbot bei Apotheken kein Verstoß gegen europäisches Recht. Anmerkung zu EuGH (Große Kammer), Urteil vom 19. 5. 2009 - C-171, 172/07 Apothekerkammer des Saarlandes u.a./Saarland u.a. EuZW 2009, 409–415

Herzog, Felix: Hände weg von der ärztlichen Schweigepflicht! ZRP 2015, 121–123

Hess, Burkhard: Mediation und weitere Verfahren konsensualer Streitbeilegung – Regelungsbedarf im Verfahrens- und Berufsrecht? Gutachten F für den 67. Deutschen Juristentag. In: Verhandlungen des siebenundsechzigsten Deutschen Juristentags, Band I. Verlag C. H. Beck, München, 2008 (zitiert: *Hess*, in: Verhandlungen Deutscher Juristentag)

Heudorf, U./Carstens, A./Exner, M.: Heilpraktiker und öffentliches Gesundheitswesen. Gesetzliche Grundlagen sowie Erfahrungen aus den Überprüfungen der Heilpraktikeranwärter und der infektionshygienischen Überwachung von Heilpraktiker-Praxen im Rhein-Main-Gebiet 2004–2007. Bundesgesundheitsblatt 2010, 245–257 (zitiert: *Heudorf et al.*)

Heuermann, Bernd/Brandis, Peter (Hrsg.): Einkommensteuergesetz. Körperschaftsteuergesetz. Gewerbesteuergesetz. Verlag Franz Vahlen, München. 150. Ergänzungslieferung, 2019 (zitiert: *Bearbeiter*, in: *Blümich, EStG*)

Heussen, Benno/Hamm, Christoph: Beck'sches Rechtsanwalts-Handbuch. Verlag C. H. Beck, München. 11. Auflage, 2016 (zitiert: *Bearbeiter*, in: *Heussen/Hamm*, Rechtsanwalts-Handbuch)

Heyers, Johannes: Aktuelle Entwicklungen zur Haftung von Sozien einer GbR. MDR 2013, 1322–1327

Hibbeler, Birgit/Korzilius, Heike: Die Medizin wird weiblich. DÄBl. 2008, A-609–A-612

Hickel, Reinhard/Knüpper, Peter: Zum Profil des Zahnarztes in Wissenschaft und Praxis. Die neue Approbationsordnung als Grundlage. BGesBl 2011, 1035–1045

Hiddemann, Till-Christian/Muckel, Stefan: Das Gesetz zur Modernisierung der gesetzlichen Krankenversicherung. NJW 2004, 7–13

Hildebrandt, Rolf: Entwicklungen und Rechtsprobleme freiberuflicher Zusammenschlüsse im ärztlichen und anwaltlichen Bereich sowie der Formwechsel der Partnerschaft in die GmbH. Verlag Peter Lang, Frankfurt a. M. u.a., 2000. Zugl. Marburg, Univ., Diss., 1999 (zitiert: *Hildebrandt*, Freiberufliche Zusammenschlüsse)

Hildebrandt, Ronny: Der Heilpraktiker nach dem Dritten Pflegestärkungsgesetz – Standortbestimmung und Ausblick. In: Arbeitsgemeinschaft Medizinrecht im Deutschen Anwaltverein: Medizinrecht heute: Erfahrungen, Analysen, Entwicklungen. Festschrift 20 Jahre Arbeitsgemeinschaft Medizinrecht im DAV. Deutscher Anwaltverlag, 2018, Bonn. S. 255–269 (zitiert: *Hildebrandt*, in: *ARGE Medizinrecht*, FS 20 Jahre)

Hille, Christian Peter: Die Qualifikation des prozessbegleitenden Privatgutachtens als qualifizierter Parteivortrag und deren prozessuale Auswirkungen. DS 2017, 237–240

ders.: Keine Erstattung von Kosten eines Privatgutachters bei eigener Sachkunde der Partei. Anmerkung zu BGH, Beschluss vom 1.2.2017 – VII ZB 18/14. NJW 2017, 1398

Hilpert-Mühlig, Ursula: Berufsrecht/Berufsaufsicht aus Sicht des Heilpraktikers. MedR 2019, 473–475

Hirtz, Bernd: Partnerschaftsgesellschaft von Rechtsanwälten auch mit Ärzten und Apothekern. EWiR 2016, 425–426

Hirtz, Bernd: Wichtige Aspekte aus Sicht von Neusozius und Sozietät. AnwBl 2008, 82–89

Hohlheimer, Irene/Oberlander, Willi: Kooperationsformen bei Rechtsanwälten – Disziplinäre und interdisziplinäre Zusammenarbeit im Rahmen gesetzlich geregelter und nicht geregelter Formen. Institut für Freie Berufe, Nürnberg, 2005 (zitiert: *Hohlheimer/Oberlander*, Kooperationsformen bei Rechtsanwälten)

Holldack-Heckmann, Friederike: Gruppenpraxis, ambulante Versorgung und Krankheit. Zur medizinsoziologischen Analyse neuerer Formen ärztlicher Kooperation. Verlag Peter Lang, Frankfurt a. M., 1981. Zugl. Erlangen, Univ., Diss., 1980 (zitiert: *Holldack-Heckmann*, Gruppenpraxis)

Hommelhoff, Peter/Schwab, Martin: BayObLG: Zulässigkeit einer Anwalts-GmbH. WiB 1995, 115–118

Hoppe, Jörg-Dietrich: Ärztinnen und Ärzte werden an der Vernetzung der Versorgungslandschaft mitwirken, jedoch muß der Kern der Freiberuflichkeit unangetastet bleiben. Der Frauenarzt, 1998, 1822.

Höra, Knut (Hrsg.): Münchener Anwaltshandbuch Versicherungsrecht. Verlag C. H. Beck, München. 4. Auflage, 2017 (zitiert: *Bearbeiter*, in: *Höra*, Versicherungsrecht)

Horschitz, Harald/Kurtenbach, Hermann: Hebammengesetz. Gesetz über den Beruf der Hebamme und des Entbildungspflegers vom 4. Juli 1985. Elwin Staude Verlag Hannover, 3. Auflage 2003 (zitiert: *Horschitz/Kurtenbach*, HebG)

Hoßbach, Marius G.: Anmerkung zu LSG Hess., Urt. v. 30.11.2016 – L 4 KA 20/14 (SG Marburg).MedR 2016, 905–906

ders.: Problemstellung zu BSG, Urt. v. 16.5.2018 – B 6 KA 1/17 (Hessisches LSG). MedR 2019, 325–326

Hübner, Marco: Arztbewertung im Internet zeigt Wirkung auf Praxiszulauf. Ärzte Zeitung 2017, Nr. 56, S. 12

Huff, Martin: Voraussetzungen für eine Kooperation nach der BORA. NJW-Spezial 2005, 429–430

Hüffer, Uwe (Begr.): Aktiengesetz. Verlag C. H. Beck, München. 14. Auflage, 2020 (zitiert: *Hüffer/Koch*, AktG)

Huster, Stefan: Der Vertragsarzt zwischen Heilauftrag und wirtschaftlichem Interesse. VSSR 2011, 183–196

Igl, Gerhard: Recht der Gesundheitsfachberufe, Heilpraktiker und sonstigen Berufe im Gesundheitswesen. Medhochzwei-Verlag, Heidelberg. 90. Aktualisierung, 2019 (zitiert: *Bearbeiter*, in: *Igl*, Gesundheitsfachberufe)

Igl, Gerhard/Welti, Felix: Gesundheitsrecht. Eine systematische Einführung. Verlag Franz Vahlen, München. 3. Auflage, 2018 (zitiert: *Bearbeiter*, in: *Igl/Welti*, Gesundheitsrecht)

Joecks, Wolfgang/Miebach, Klaus: Münchener Kommentar zum StGB. Verlag C. H. Beck, München

Band 4 §§ 185–262 StGB, 3. Auflage, 2017

Band 5 §§ 263–358 StGB, 3. Auflage, 2019

(jeweils zitiert: *Bearbeiter*, in: MüKo StGB)

John, Henrike: Beteiligung berufs- und fachfremder Investoren im ärztlichen und zahnärztlichen Bereich. ZMGR 2019, 67–72

Joos, Stefanie/Musselmann, Berthold/Szeczenyi, Joachim: Integration of Complementary and Alternative Medicine into Family Practices in Germany: Results of a National Survey. Evidence-Based Complementary and Alternative Medicine 2011, Article ID 495813, S. 1–8 (zitiert: *Joos et al.*)

Jördening, Sebastian: Die Partnerschaftsgesellschaft mit beschränkter Berufshaftung. Eine freiberufliche Alternative zur GmbH & Co KG im System des deutschen Gesellschaftsrechts. Nomos Verlagsgesellschaft, Baden-Baden, 2018. Zugl. Hannover, Univ., Diss., 2018. (zitiert: *Jördening*, PartGmbB)

Jorzig, Alexandra (Hrsg.): Handbuch Arzthaftungsrecht. Fehlerkategorien. Schadensregulierung. Mandats- und Verfahrensgestaltung. Praxistipps. Verlag C. F. Müller, Heidelberg, 2018 (zitiert: *Bearbeiter* in: *Jorzig*, Arzthaftungsrecht)

Junkert, Iris Ursula: Die Partnerschaftsgesellschaft zwischen Ärzten und Physiotherapeuten. Berlin, Freie Univ., Diss., 2006 (zitiert: *Junkert*, Ärzte und Physiotherapeuten)

Juretzek, Peter: Zur Zulässigkeit der Rechtsform der GmbH & Co. KG für die gemeinsame Berufsausübung von Freiberuflern. DStR 2015, 431–433

Kaiser, Stephan: Die Ärzte-GmbH. Rechtliche Fragen der gemeinsamen Erbringung ambulanter ärztlicher Leistungen in der Rechtsform einer Gesellschaft mit beschränkter Haftung. Verlag Dr. Kovac, 2006. Zugl. Göttingen, Univ., Diss., 2006 (zitiert: *Kaiser*, Ärzte-GmbH)

Kalb, Peter: Ist das Berufsrecht der Heilberufe noch zeitgemäß? GesR 2012, 143–148

Kallenbach, Jessica: Vorlage zum BVerfG: Mehrheitserfordernis in der Steuerberater- und Anwalts-GmbH. Anmerkung zu AnwGH Baden-Württemberg, Beschluss vom 19.10.2018 – AGH 13/2018 II. AnwBl 2019, 165

Kämmerer, Jörn Axel: BVerfG soll erneut Vorgaben für Mehrheitsverhältnisse und Stimmrechtsanteile in Rechtsanwalts-GmbH prüfen. DStR 2019, 1173–1176

ders.: Interprofessionelle Zusammenarbeit und europäische Kohärenz. DStR-Beihefter zu Heft 13/2015, 33–43 *ders.*: Verfassungswidrigkeit von gesetzlichen Beschränkungen multiprofessioneller Zusammenarbeit, hier: zwischen Rechts- und Patentanwälten. DStR 2014, 669–671

Kamps, Hans/Kiesecker, Regine: Einfachsatz nach der GOÄ – unterschreitungsfähig? MedR 2000, 72–77

Kamps, Heinz-Willi/Wollweber, Markus: Formen der Berufsausübung für Steuerberater – Sozietät, GmbH& Co. KG, Bürogemeinschaft und Kooperation. DStR 2009, 926–932

Katzenmeier, Christian: Der Behandlungsvertrag – Neuer Vertragstypus im BGB. NJW 2013, 817–823

ders.: Kapitalgesellschaften auf dem Gebiet der Heilkunde. MedR 1998, 113–118

ders.: Verrechtlichung der Medizin, S. 45–60. In: *Katzenmeier, Christian/Bergdolt, Klaus (Hrsg.)*: Das Bild des Arztes im 21. Jahrhundert. Springer-Verlag, Heidelberg, 2009

Kaufmann, Franz-Xaver: Schrumpfende Gesellschaft. Vom Bevölkerungsrückgang und seinen Folgen. Suhrkamp, Frankfurt a. M., 2005 (zitiert: Kaufmann, Schrumpfende Gesellschaft)

Kaufmann, Marcel/Grühn, Jana: Das Versorgungsstrukturgesetz jenseits der Reform des Vertragsarztrechts. MedR 2012, 297–301

Kazemi, Robert: Der Arzt im Internet – Möglichkeiten und Grenzen der Präsentation im World Wide Web. MedR 2005, 17–22

Kazemi, Robert/Lingenberg, Carolin: Der Arzt als Kreditvermittler – Rechtliche Aspekte des Angebots von Finanzierungen zahnersatztechnischer Leistung durch den niedergelassenen Zahnarzt. MedR 2005, 196–203

Kemmler, Iris: Einflussrichtungen der Europäischen Union auf das Krankenversicherungsrecht in Deutschland. NZS 2015, 401–410

Kempter, Fritz-Eckehard/Kopp, Stephan: Die Rechtsanwalts-AG - eine Anwaltsgesellschaft sui generis außerhalb des anwaltlichen Berufsrechts? NJW 2000, 3449–3452

dies.: Die Rechtsanwalts-Aktiengesellschaft - Vertretungsbefugnis kraft Verfassungsrechts? NJW 2004, 3605–3608

dies.: Hinweise zur Gestaltung der Satzung einer Rechtsanwalts-AG. NJW 2001, 777–781

Kern, Bernd-Rüdiger: Heilhilfsmittelversorgung durch den behandelnden Arzt. Zur Zulässigkeit des verkürzten Versorgungsweges. NJW 2000, 833–837

Kettler, Nele/Klingenberger, David: Was junge Zahnärzte heute wollen. zm 2016, Heft 24, S. 80–85

Kiefer, Gernot/Meseke, Stephan: Kooperation von Ärzten und Krankenhäusern – Sinnvolle Gestaltungen und unzulässige Kick-Back-Zahlungen. VSSR 2011, 211–229

Kiefer, Wolfgang: Die Vereinbarkeit des Fremd- und Mehrbesitzverbots für Apotheken mit der Niederlassungsfreiheit nach Art. 43, 48 EGV und die Nichtanwendung nationalen Rechts durch Verwaltungsbehörden. Richard Boorberg Verlag, Stuttgart, 2009. Zugl. Jena, Univ., Diss., 2008 (zitiert: *Kiefer*, Vereinbarkeit des Fremd- und Mehrbesitzverbots)

Kies, Friedrich: Ausbildungs- und Prüfungsverordnungen für Psychologische Psychotherapeuten und für Kinder- und Jugendlichenpsychotherapeuten. NJW 1999, 2724

Kiesecker, Regine: Begriff der Zweigpraxis. Anmerkung zu OVG Nordrh.-Westf. Urt. v. 2.12.1998 – 13 A 4750/96 (VG Düsseldorf), MedR 1999, 426.

Kieser, Timo: Apothekenrecht. Einführung und Grundlagen. Deutscher Apotheker Verlag, Stuttgart, 2006.

Kilian, Matthias: Die Partnerschaftsgesellschaft mit beschränkter Berufshaftung. MDR 2013, 1137–1142

ders.: Gemeinschaftliche Berufsausübung von Ärzten, Apothekern und Rechtsanwälten in der PartG. (§ 59a BRAO). WuB 2017, 235–239

ders.: Keine große BRAO-Reform. ZRP 2019, 213–215

ders.: Partnerschaftsgesellschaftsgesetz. Nomos Verlagsgesellschaft, Baden-Baden, 2012 (zitiert: *Bearbeiter* in: *Kilian*, PartGG)

ders.: Verfassungswidrigkeit von Sozietätsverboten im anwaltlichen Berufsrecht. § 59a BRAO. WuB 2016, 656–659

Kilian, Matthias/Glindemann, Jan: Arzt- und Apotheker sind keine sozietätsfähigen Berufe. Anmerkung zu OLG Bamberg, Beschluss vom 12.04.2011 – 4 W 9/11. BRAK-Mitt. 2011, 303–304

dies.: Verfassungswidrigkeit des § 59a BRAO: Sozietätsfähigkeit ohne Schranken? BRAK-Mitt. 2016, 102–108

Kilian, Matthias/Lemke, Stefanie: Anwaltsgesellschaftaften mit berufsfremder Kapitalbeteiligung. ABS, ILP und MDP: Der Regulierungsansatz in Australien und England. AnwBl 2011, 800–808

Kindhäuser, Urs/Neumann, Ulfried/Paeffgen, Hans-Ullrich (Hrsg.): Strafgesetzbuch. Nomos-Verlagsgesellschaft, Baden-Baden. 5. Auflage, 2017 (zitiert: *Bearbeiter*, in: *Kindhäuser et al.*, StGB)

Kircheldorf, Hans R.: Erkenntnisse und Irrtümer in Medizin und Naturwissenschaften. Springer-Verlag, Heidelberg, 2014. (zitiert: *Kircheldorf*, Erkenntnisse und Irrtümer)

Kirchhof, Ferdinand: Das Berufsbild des Arztes im Wandel. ZMGR 2010, 210–216

Kirchhof, Paul/Seer, Roman: Einkommensteuergesetz. Verlag Otto Schmidt, Köln. 19. Auflage, 2020 (zitiert: *Bearbeiter*, in: *Kirchhof/Seer*, EStG)

Kleine-Cosack, Michael: Berufsständische Autonomie und Grundgesetz. Nomos-Verlagsgesellschaft, Baden-Baden, 1986. Zugl. Freiburg, Univ., Diss., 1983 (zitiert: *Kleine-Cosack*, Berufsständische Autonomie)

ders.: Bundesrechtsanwaltsordnung mit Berufs- und Fachanwaltsordnung. Verlag C. H. Beck, 5. Auflage, 2008 (zitiert: *Kleine-Cosack*, BRAO)

ders.: Durchbruch zur interprofessionellen Anwaltssozietät? Entmythologisierung des Rechtsanwaltsberufs im Vorlagebeschluss des BGH. AnwBl 2013, 570–576

ders.: Erweiterung der interprofessionellen Sozietät durch das BVerfG. AnwBl 2016, 311–315

ders.: Freiheit der multidisziplinären Zusammenarbeit von (Syndikus-) Rechtsanwälten. Aktuelle Möglichkeiten und Zukunftsperspektiven. AnwBl 2017, 590–600

ders.: Liberalisierung des Gesellschaftsrechts der Freiberufler. DB 2007, 1851–1857

ders.: Teilnichtigkeit von zwei Normen in der BRAO: Konsequenzen einer Entscheidung des BVerfG. AnwBl 2014, 221–226

ders.: Vom Werbeverbot zum Werberecht des Arztes. Auf dem Weg zu einem einheitlichen Werberecht aller Freiberufler. NJW 2003, 868–870

Klinkhammer, Gisela: Neue Kooperationen sind jetzt möglich. DÄBl. 2004, A-1551–A-1552

Klöck, Oliver: Das Medizinische Versorgungszentrum im GKV-Versorgungsstrukturgesetz. NZS 2013, 368–373

Klose, Alexander: Im Schatten der Profession: Rechtsberatungsgesetz und Heilpraktikergesetz. KJ 2007, 35–50

Klose, Holger: Zulässigkeit von Kapital- und Personengesellschaften für Ärzte und andere Heilberufe ab 2004. BB 2003, 2702–2706

Klose, Joachim/Rehbein, Isabel: Ärzteatlas 2016. Daten zur Versorgungsdichte von Vertragsärzten. Wissenschaftliches Institut der AOK, Berlin, 2016 (zitiert: *Klose/Rehbein,* Ärzteatlas 2016)

dies.: Ärzteatlas 2017. Daten zur Versorgungsdichte von Vertragsärzten. Wissenschaftliches Institut der AOK, Berlin, 2017 (zitiert: *Klose/Rehbein,* Ärzteatlas 2017)

Kluth, Winfried: Funktionale Selbstverwaltung: verfassungsrechtlicher Status – verfassungsrechtlicher Schutz. Mohr Siebeck, Tübingen, 1997. Zugl. Köln, Univ., Habil.-Schr., 1996 (zitiert: *Kluth*, Funktionale Selbstverwaltung)

ders.: Handbuch des Kammerrechts. Nomos Verlagsgesellschaft, Baden-Baden. 1. Auflage 2005 (zitiert: *Bearbeiter*, in: *Kluth*, Handbuch des Kammerrechts)

ders.: Verfassungs- und europarechtliche Fragen einer gesetzlichen Beschränkung der Abgabe von Hilfsmitteln durch Ärzte. Verlag Erich Schmidt, 2004. (zitiert: *Kluth*, Abgabe von Hilfsmitteln)

ders.: Verlangt der demographische Wandel eine neue Zuordnung der ärztlichen und sonstigen Gesundheitsdienstleistungen – Eine Problemskizze. MedR 2010, 372–378

Knipsel, Ulrich: Die Rechtsbeziehungen der Krankenkassen zu den nichtärztlichen Leistungserbringern im Licht der Rechtsprechung des BSG. NZS 2004, 623–631

Knoll, Christian/Schüppen, Matthias: Die Partnerschaftsgesellschaft – Handlungszwang, Handlungsalternative oder Schubladenmodell? (Teil II). DStR 1995, 646–652

Köber, Christiane: (Un-)zulässige Preiswerbung von Leistungserbringern im Gesundheitswesen. ZMGR 2014, 367–372

Köbler, Sebastian: Die Beteiligung Berufsfremder an Arztpraxen, Apotheken und anderen Heilberufsunternehmen. Fremdbesitz – Fremdbetrieb – Fremdnutzung. Verlag Duncker & Humblot, Berlin, 2011. Zugl. Mannheim, Univ., Diss., 2010 (zitiert: *Köbler*, Beteiligung Berufsfremder)

Koch, Bertram F.: Niederlassung und berufliche Kooperation. Neue Möglichkeiten nach der novellierten (Muster-)Berufsordnung für Ärzte. GesR 2005, 241–245

Koenig, Christian/Meurer, Friederike: Das apothekenrechtliche Fremdbesitzverbot auf dem Prüfstand von Verfassungs- und Gemeinschaftsrecht. ApoR 2004, 153–160

Koenig, Christian/Schreiber, Kristina: Keine Diskriminierung von Kapitalgesellschaften – auch nicht auf Gesundheitsmärkten! EWS 2007, 385–392

Kofler, Rolf: Anmerkung zu OLG Stuttgart, Urteil vom 21.3.1997 – 2 U 131/96. BRAK-Mitt. 1997, 215

Köhler-Hohmann, Christel: Die Teilnahme der Ärzte- bzw. der Heilkunde-GmbH an der vertragsärztlichen Versorgung. Verlag Peter Lang, Frankfurt a. M., 2007. Zugl. Frankfurt a. M., Univ., Diss., 2006 (zitiert: *Köhler-Hohmann*, Ärzte- und Heilkunde-GmbH)

dies.: Ist eine verfassungskonforme Auslegung regelhaft erforderlich? GuP 2017, 158–160

Köhler, Helmut/Piper, Henning (Begr.): Gesetz gegen den unlauteren Wettbewerb mit Preisangabenverordnung. Verlag C. H. Beck, München. 7. Auflage, 2016 (zitiert: *Bearbeiter*, in: *Ohly/Sosnitza*, UWG)

Koller, Iris Felicitas: Ärztliche Kooperationsformen unter haftungs- und berufsrechtlichen Gesichtspunkten. Von der Einzelpraxis zum Unternehmensnetzwerk. Verlag Peter Lang, Frankfurt a. M., 2007. Zugl. Passau, Univ., Diss., 2007. (zitiert: *Koller*: Ärztliche Kooperationsformen)

Konzak, Olaf: Analogie im Verwaltungsrecht. NVwZ 1997, 872–873

Kopetsch, Thomas: Dem deutschen Gesundheitswesen gehen die Ärzte aus! Studie zur Altersstruktur- und Arztzahlenentwicklung. Bundesärztekammer und Kassenärztliche Bundesvereinigung, Berlin. 5. Auflage, 2010 (zitiert: *Kopetsch*, Gesundheitswesen)

Korch, Stefan: Haftungsrisiken in der PartG mbB – Interdisziplinäre Partnerschaften und Fragen der Rechtsscheinhaftung. GmbHR 2016, 150–154

Korn, Klaus: Probleme bei der ertragsteuerrechtlichen Abgrenzung zwischen freier Berufstätigkeit und Gewerbe. DStR 1995, 1249–1256

Körner, Anne/Leitherer, Stephan/Mutschler, Bernd/Rolfs, Christian (Hrsg.): Kasseler Kommentar Sozialversicherungsrecht. SGB I, SGB IV, SGB V, SGB VI, SGB VII, SGB X, SGB XI. Verlag C. H. Beck, München, Stand: 107. Ergänzungslieferung, 2019 (zitiert: *Bearbeiter*, in: Kasseler Kommentar)

Korts, Petra/Korts, Sebastian: Heilberufsgesellschaften – ärztliche Partnerschaft. Verlag Recht und Wirtschaft, Heidelberg, 1996 (zitiert: *Korts/Korts*, Heilberufsgesellschaften)

Korzilius, Heike/Maybaum, Thorsten: Immer mehr angestellte Ärzte in den Praxis. DÄBl. 2018, A-692–A-694.

Koslowski, Günter: Steuerberatungsgesetz mit Durchführungsverordnungen. Verlag C. H. Beck, München. 7. Auflage, 2015 (zitiert: *Koslowski*, StBerG)

Krafczyk, Wolfgang: Praxisgemeinschaften im Zweilicht – Ein Situationsbericht. MedR 2003, 313–319

Krahe, Sascha: Ärztliche Kooperationsformen in den USA und in Deutschland. MedR 2005, 691–696

Krauskopf, Dieter (Begr.): Soziale Krankenversicherung Pflegeversicherung. Verlag C. H. Beck, München, Stand: 105. Ergänzungslieferung, Januar 2020

Band 1: SGBV I, SGB IV, SGB V §§ 1 bis 68.

Band 2: SGB V Vor § 69 bis § 283.

(jeweils zitiert: *Bearbeiter*, in: *Krauskopf*, Soziale Krankenversicherung)

Kreienberg, Walter: Gemeinschaftspraxis. ÄM 1962, 1548–1561

Kremer, Arnold: Die GmbH als Rechtsform freiberuflicher Partnerschaften. Eine Rechtstatsachenstudie zur Lösung des Konflikts zwischen den Vereinigungsbedürfnissen der freien Berufe und den Wesensmerkmalen der juristischen Personen. Berlin, Freie Univ., Diss., 1979 (zitiert: *Kremer*, Freiberufler-GmbH)

ders.: Freie Berufe in der Rechtsform der GmbH: GmbHR 1983, 259–267

Kremer, Ralf/Wittmann, Christian: Vertragsärztliche Zulassungsverfahren. C.F. Müller, Heidelberg u.a., 3. Auflage 2018

Krenzler, Michael: Die Zukunft des anwaltlichen Berufsrechts zwischen Deregulierung und Neuordnung. BRAK-Mitt. 2010, 234–239

Krieger, Gerd: Die Ausdehnung des Leistungsbildes durch Zusammenarbeit mit Nichtärzten. Zusätzliche Gesundheitsdienstleistungen unter Berücksichtigung der MBO-Ä 1997. MedR 1998, 57–59

ders.: Kooperation zwischen Ärzten und Angehörigen nichtärztlicher Fachberufe. S. 169–178. Geschäftsführender Ausschuss der Arbeitsgemeinschaft Medizinrecht im DAV, Psychotherapeutengesetz – Ärztliche Kooperationsformen I. Herbsttagung Dresden 24./25.9.1999. Verlag Otto Schmidt, Köln, 2000 (zitiert: *Krieger*, in: *ARGE*, Psychotherapeutengesetz)

ders.: Partnerschaftsgesellschaftsgesetz. Eine neue Möglichkeit, in freier Praxis partnerschaftlich zusammenzuarbeiten. MedR 1995, 95–98

Kröhnert, Steffen/Medicus, Franziska/Klingholz, Reiner: Die demografische Lage der Nation. Wie zukunftsfähig sind Deutschlands Regionen? Deutscher Taschenbuch Verlag, München, 2006 (zitiert: *Kröhnert et al.*, Demografische Lage)

Kruis, Tobias: Das Leitbild des Apothekers in der (nicht notwendig eigenen) Apotheke. EuZW 2007, 175–177

Kubiciel, Michael: Bestechlichkeit und Bestechung im Gesundheitswesen – Grund und Grenze der §§ 299a, 299b StGB-E. MedR 2016, 1–4

Kudlich, Hans (Hrsg.): Münchener Kommentar zur Strafprozessordnung. Band 1 §§ 1–150 StPO. Verlag C. H. Beck, München, 2014 (zitiert: *Bearbeiter*, in: MüKo StPO)

Kuhlmann, Jens-M.: Neue Versorgungsmöglichkeiten für Krankenhäuser durch das GMG. KH 2004, 13–18

Kuhn, Bertolt/Amelung, Volker E.: Gemeinden unter Druck – Welche Rolle kann die Kommune bei der Lösung von ambulanten ärztlichen Versorgungsproblemen spielen? G+S 2015, Heft 6, S. 16–24

Kuhn, Maximilian: Die ambulante Arzt-AG unter besonderer Berücksichtigung der gesellschaftsrechtlichen Binnenstruktur. Verlag Peter Lang, Frankfurt a. M., 2008. Zugl. Köln, Univ., Diss., 2007 (zitiert: *Kuhn,* Arzt-AG)

Kunz, Peter W.: Die Berufsbilder der rechts-, steuer- und wirtschaftsberatenden Berufe, insbesondere die sich daraus ergebenden Konsequenzen für die Formen der Zusammenarbeit. Münster, Univ., Diss., 1982 (zitiert: *Kunz,* Berufsbilder)

Lach, Michael: Formen freiberuflicher Zusammenarbeit. Der Konflikt zwischen Gesellschaftsrecht, Standes- und Berufsrechten sowie den Notwendigkeiten gesellschaftlicher Zusammenarbeit. München, Univ., Diss., 1970 (zitiert: *Lach,* Freiberufliche Zusammenarbeit)

Landmann, Robert von/Rohmer, Gustav (Begr.): Gewerbeordnung. Verlag C. H. Beck, München. 82. Ergänzungslieferung, 2019 (zitiert: *Bearbeiter*, in: *Landmann/Rohmer*, GewO)

Lang, Christian: Zur Ahndung berufsrechtlicher Pflichtverletzungen durch Rechtsanwaltsgesellschaften. BRAK-Mitt. 2013, 159–163

Langheid, Theo/Wandt, Manfred: Münchener Kommentar zum Versicherungsvertragsgesetz. Band 2. §§ 100–216. Verlag C. H. Beck, München. 2. Auflage, 2017 (zitiert: *Bearbeiter*, in: MüKo VVG)

Laschet, Helmut: Bewertungsportale: Ärzte stehen nicht am Pranger. Ärzte Zeitung 2014, Nr. 116, S. 1

Laufs, Adolf (Begr.): Arztrecht. Verlag C. H. Beck, München, 7. Auflage 2015 (zitiert: *Bearbeiter*, in: *Laufs et al.*, Arztrecht)

ders.: Arzt und Recht im Umbruch der Zeit. NJW 1995, 1590–1599

ders.: Arzt zwischen Heilberuf, Forschung und Dienstleistung. S. 77–100. In: *Thomas, Hans (Hrsg.):* Ärztliche Freiheit und Berufsethos. Verlag J. H. Röll, Dettelbach, 2005 (zitiert: *Laufs*, in: *Thomas*, Freiheit und Berufsethos)

ders.: Die Ärzte-GmbH und das Berufsrecht. MedR 1995, 11–16

ders.: Die Entwicklungen des Arztrechts 1985/86. NJW 1986, 1515–1521

ders.: Werbende Ärzte? NJW 2001, 1768–1770

Laufs, Adolf/Uhlenbruck, Wilhelm (Begr.): Handbuch des Arztrechts. Verlag C. H. Beck, München. 5. Auflage, 2019 (zitiert: *Bearbeiter*, in: *Laufs et al.*, Hdb. Arztrecht)

Leibholz, Gerhard/Rinck, Hans-Justus (Begr.): Grundgesetz. Verlag Otto Schmidt, Köln. 79. Ergänzungslieferung, 2019 (zitiert: *Bearbeiter*, in: *Leibholz/Rinck*, GG)

Leinemann, Wolfgang/Taubert, Thomas: Berufsbildungsgesetz. Verlag C. H. Beck, München. 2. Auflage, 2008 (zitiert: *Leinemann/Taubert*, BBiG)

Leisner, Walter Georg: Handwerkstätigkeit und Reisegewerbe. Das Handwerk im „stehenden Gewerbe" im Spannungsfeld mit dem Reisegewerbe unter Berücksichtigung steuerrechtlicher Gesichtspunkte. Gildebuchverlag, Hamburg, 2015 (zitiert: *Leisner*, Handwerkstätigkeit und Reisegewerbe)

Leisner, Walter: Verfassungswidrige Hürden für eine Rechtsanwalts- und Patentanwaltskanzlei. NJW 2004, 2340–2341.

Leitzen, Mario: Die Partnerschaftsgesellschaft mit beschränkter Berufshaftung. DNotZ 2013, 596–602

Lenz, Tobias: Die Partnerschaft – alternative Gesellschaftsform für Freiberufler? MDR 1994, 741–746

Leuering, Dieter: Auf dem Weg zur Partnerschaftsgesellschaft mit beschränkter Berufshaftung. ZIP 2012, 1112–1115

ders.: Die Partnerschaft mit beschränkter Berufshaftung. NZG 2013, 1001–1005

Leuering, Dieter/Rubner, Daniel: Rechtsanwaltsgesellschaften in der Rechtsform der KG. NJW-Spezial 2010, 591–592

Lewinski, Kai von: Berufsrecht der Rechtsanwälte, Patentanwälte und Steuerberater. Nomos Verlagsgesellschaft, Baden-Baden. 4. Auflage, 2017 (zitiert: *von Lewinski*, Berufsrecht)

Lieder, Jan/Frehse, Nico/Kilian, Matthias: Fünf Jahre PartG mbB – Die Verbandsform für Anwälte. NJW 2018, 2175–2179 (zitiert: *Lieder et al.*, NJW 2018, 2175)

Lieder, Jan/Hoffmann, Thomas: Die PartG mbB – Rechtstatsachen und Rechtsprobleme. NJW 2015, 897–903

dies.: Die PartG mbB läuft der klassischen Partnerschaftsgesellschaft den Rang ab. NZG 2019, 249–252

dies.: Rechtstatsachen zur PartG mbB und zur LLP. NZG 2014, 127–131

dies.: Rechtstatsachen zur Partnerschaftsgesellschaft mit und ohne beschränkte Berufshaftung. NZG 2017, 325–333

dies.: Rechtstatsachen-Update zur PartG mbB. NZG 2016, 287–294

Linardatos, Dimitrios: Die Partnerschaftsgesellschaft mit beschränkter Berufshaftung – eine echte Alternative zur Limited Liability Partnership oder eine systemwidrige Implementierung in das Partnerschaftsgesellschaftsgesetz? VersR 2013, 1488–1498

Linck, Joachim: Doping aus juristischer Sicht. MedR 1993, 55–62

Lindenau, Lars: Das Medizinische Versorgungszentrum. Rechtliche Grundlagen und Ausblick in die GKV. Verlag C. F. Müller, Heidelberg u. a., 2008. Zugl. Regensburg, Univ., Diss., 2007 (zitiert: *Lindenau*, MVZ)

Löffler, Siegfried: Deutsche Apotheker wünschen engere Zusammenarbeit mit Ärzten. GuP 2015, 219–220

Lorenz, Henning: Korruptionsbekämpfung im Gesundheitswesen und Veterinärmedizin – ein ungleiches Paar? medstra 2017, 342–346

Lorz, Ralph Alexander: Die Erhöhung der verfassungsgerichtlichen Kontrolldichte gegenüber berufsrechtlichen Einschränkungen der Berufsfreiheit. Eine Analyse am Beispiel der berufsrechtlichen Werbeverbote. NJW 2002, 169–174

Lüke-Rosendahl, Frauke: Der Beruf des Arztes unter besonderer Berücksichtigung der ärztlichen Kooperationen. Verlag Peter Lang, Frankfurt a. M., 1999 (zitiert: *Lüke-Rosendahl*, Beruf des Arztes)

Luthe, Ernst-Wilhelm: Hebammen im Spiegel des Leistungserbringungsrechts. WzS 2014, 315–322

Lux, Jochen: Haftung von berufsfremden Mitgliedern einer gemischten Sozietät. MDR 2009, 957–960

Luxenburger, Bernd: Praxisgemeinschaft – sinnvolle Kooperationsform – Gestaltungsmißbrauch und Folgen. S. 67–81. In: Geschäftsführender Ausschuss der Arbeitsgemeinschaft Medizinrecht im DAV, Psychotherapeutengesetz – Ärztliche Kooperationsformen I. Herbsttagung Dresden 24./25.9.1999. Verlag Otto Schmidt, Köln, 2000 (zitiert: *Luxenburger*, in: *ARGE*, Psychotherapeutengesetz)

Maaß, Helen S.: Die Entwicklung des Vertragsarztrechts in den Jahren 2016 und 2017 – Teil 1. NZS 2018, 41–49

Makoski, Kyrill: Zusammenarbeit zwischen Krankenhäusern und Vertragsärzten – sozialrechtlich erwünscht, berufsrechtlich verboten? MedR 2009, 376–386

Makoski, Kyrill/Möller, Karl-Heinz: Bürgschaftsprobleme bei der Errichtung von Medizinischen Versorgungszentren. MedR 2007, 524–532

Mand, Elmar J.: Das Fremdbesitzverbot für Apotheken ist tot. Es lebe das apothekenrechtliche Fremdbesitzverbot! WRP 2008, 906–919

Mandler, Tobias: Psychologische Psychotherapeuten in Ausbildung. MedR 2016, 874–884

Markworth, David: Anwaltsvertragsschlüsse für eine Sozietät. Offenkundigkeitsprinzip und Vertretungsbefugnisse in der Rechtsanwalts-GbR. NJW 2015, 2152–2157

Martini, Mario: Fremdbesitzverbot bei Apotheken – Filialerlaubnis für DocMorris. Anmerkung zu EuGH (Große Kammer), Urteil vom 19. 5. 2009 - C-171/07 u. C-172/07 Apothekerkammer des Saarlandes u.a./Saarland u.a. NJW 2009, 2112–2116

Martis, Rüdiger/Winkhart-Martis, Martina: Arzthaftungsrecht. Fallgruppenkommentar. Verlag Otto Schmidt, Köln. 5. Auflage, 2018

Marx, Hans Hermann/Klepzig, Harald: Basiswissen medizinische Begutachtung. Thieme-Verlag, Stuttgart, 1998 (zitiert: *Bearbeiter*, in: *Marx/Klepzig*, Medizinische Begutachtung)

Maunz, Theodor (Begr.): Bundesverfassungsgerichtsgesetz. Verlag C. H. Beck, München. 58. Ergänzungslieferung, 2020 (zitiert: *Bearbeiter*, in: *Maunz et al.*, BVerfGG)

Maunz, Theodor/Dürig, Günter (Begr.): Grundgesetz. Kommentar. Verlag C. H. Beck, München. 89. Lieferung, 2019 (zitiert: *Bearbeiter*, in: *Maunz/Dürig, GG*)

Meilicke, Wienand/Graf v. Westphalen, Friedrich/Hoffmann, Jürgen/Lenz, Tobias/Wolff, Reinmar: Partnerschaftsgesellschaftsgesetz. Gesetz über Partnerschaftsgesellschaften Angehöriger Freier Berufe. Verlag C. H. Beck, München. 3. Auflage, 2015 (zitiert: *Bearbeiter*, in: *Meilicke et al.*, PartGG)

Meller-Hannich, Caroline: Die Rolle des Sachverständigen im deutschen Zivilprozess. ZZP 129 (2016), 263–293

Merkner, Andreas: Interprofessionelle Zusammenarbeit von Wirtschaftsprüfern, Steuerberatern und Rechtsanwälten in der GmbH. AnwBl 2004, 529–534

Meschke, Andreas: MVZ-Trägergesellschaften – Veränderungen auf Gesellschafter- und Trägerebene. MedR 2009, 263–272

ders.: Selbstständige freiberufliche Tätigkeit und Kooperationen in Berufsausübungsgemeinschaften. Anforderungen an die Vertragsgestaltung und die Leistungserbringung. MedR 2018, 655–662

Meschke, Andreas/Netzer-Nawrocki, Juliane: Sozialpädiatrische Zentren gemäß § 119 SGB V – Ermächtigungsvoraussetzungen und Besonderheiten in der Rechtsprechung. KrV 2017, 102–106

Meyer-Lutterloh, Klaus: Praxiskooperationen und Praxisnetze. MD-Verlag, Berlin. 5. Auflage, 2000

Meyer, Justus/Kreft, Volker: Die Arzt-GmbH auf dem Prüfstand. GmbHR 1997, 193–200

Meyer, Patricia: Die Partnerschaftsgesellschaft mit beschränkter Berufshaftung gemäß § 8 Abs. 4 PartGG. Verlag Duncker & Humblot, Berlin, 2016. Zugl. Trier, Univ., Diss., 2015/16 (zitiert: *Meyer*, PartG)

Michalski, Lutz (Begr.): Kommentar zum Gesetz betreffend die Gesellschaften mit beschränkter Haftung. Verlag C. H. Beck, München. 3. Auflage, 2017 (zitiert: *Bearbeiter*, in: *Michalski et al.*, GmbHG)

ders.: Gesellschafts- und Kartellrecht der berufsrechtlich gebundenen freien Berufe. Verlag Otto Schmidt, Köln, 1989. Teilw. zugl. Bielefeld, Univ., Habil.-Schr., 1986/87 (zitiert: *Michalski*, Freie Berufe)

Michalski, Lutz/Römermann, Volker: Interprofessionelle Zusammenarbeit von Rechtsanwälten, NJW 1996, 3233–3239

Michel, Dirk: Aktuelle Entwicklungen in der Europäischen Debatte um die Deregulierung reglementierter Berufe. S. 225–250. In: *Kluth, Winfried (Hrsg.)*: Jahrbuch des Kammer- und Berufsrechts 2014. Peter Junkermann Verlag, Halle (Saale), 2014 (zitiert: *Michel*, in: *Kluth*, Kammer- und Berufsrecht)

ders.: Verletzung der Berufsfreiheit durch Sozietätsverbot. GuP 2016, 108–111

ders.: Was die EU unter „better regulation" versteht – und wie die Freien Berufe davon profitieren können. AnwBl 2017, 128–138

Michels, Dina: Die unzulässige Zusammenarbeit im Gesundheitswesen und ihre rechtliche Einordnung. medstra 2018, 65–67

Michels, Rolf: Der Arzt im Spannungsfeld zwischen Ökonomie, Heilauftrag und Steuerrecht – dargestellt an ausgewählten Beispielen. In: *Schiller, Herbert/Tsambikakis, Michael (Hrsg.)*: Kriminologie und Medizinrecht. Festschrift für Gernot Steinhilper. C.F. Müller, Heidelberg u.a., 2013, S. 91–105 (zitiert: *Michels*, in: FS Steinhilper)

Michels, Rolf/Möller, Karl-Heinz/Ketteler-Eisig, Thomas: Ärztliche Kooperationen. Rechtliche und steuerliche Beratung. NWB Verlag, Herne. 4. Auflage, 2018 (zitiert: *Michels et al.*, Ärztliche Kooperationen)

Molkentin, Thomas: Psychische Erkrankungen und Berufskrankheiten. SGb 2019, 200–205

Möller, Karl-Heinz: Aktuelle Probleme bei Gründung und Betrieb von Gemeinschaftspraxen. MedR 2006, 621–630

ders.: Auswirkungen des VÄndG auf Medizinische Versorgungszentren. MedR 2007, 263–270

ders.: Beitritt zur Gemeinschaftspraxis – persönliche Haftung für Altverbindlichkeiten. MedR 2004, 69–76

ders.: Gemeinschaftspraxis zwischen Privatarzt und Vertragsarzt. MedR 2003, 195–199

Montgomery, Frank Ulrich/ Hübner, Marlis/ Dörfer, Bert Sebastian/ Kreitz, Svenja/ Lehmann, Anja: Vertragsärztliche Tätigkeit – eine berufsrechtsfreie Zone? MedR 2015, 555–559 (zitiert: Montgomery et al., MedR 2015, 555)

Müller-Glöge, Rudi/Preis, Ulrich/Schmidt, Ingrid (Hrsg.): Erfurter Kommentar zum Arbeitsrecht. Verlag C. H. Beck, München. 19. Auflage, 2019 (zitiert: *Bearbeiter*, in: Erfurter Kommentar)

Müller-Lissner, Adelheid: Studieren, um zu assistieren? Neue Assistenzberufe im Krankenhaus. Berliner Ärzte 2018, Heft 3, S. 14–19

Müller, Carl-Heinz: Kooperationen in und mit Medizinischen Versorgungszentren aus ärztlicher Sicht. VSSR 2011, 205–209

Müller, Wolfgang: Einbeziehung der Freien Berufe in das Handelsrecht unter besonderer Berücksichtigung von Arzt, Apotheker, Rechtsanwalt, Wirtschaftsprüfer und Architekt. Verlag Wasmund-Bothmann, 1968. Zugl. Kiel, Univ., Diss., 1967 (zitiert: *Müller*, Freie Berufe)

Munte, Axel/Ehlers, Alexander P./Walter, Ute: Kooperative Berufsausübung zwischen Ärzten und anderen Heilberufen. Deutscher Ärzte-Verlag, Köln. 3. Auflage, 2005 (zitiert: *Munte et al.*, Kooperative Berufsausübung)

Nadler, Gerhard: Berufspädagogische und juristische Aspekte zur beruflichen Bildung und Tätigkeit von Rettungsassistent und Rettungssanitäter. Verlag Peter Lang, Frankfurt a. M., 2004. Zugl. Bremen, Univ., Diss., 2003 (zitiert: *Nadler*, Rettungsassistent und -sanitäter)

Narr, Helmut (Begr.): Ärztliches Berufsrecht. Ausbildung, Weiterbildung, Berufsausübung. Deutscher Ärzteverlag Köln. 2. Auflage, 25. Ergänzungslieferung 2016. (zitiert: *Narr*, Ärztliches Berufsrecht)

Narr, Helmut: Keine fachübergreifende Gemeinschaftspraxis. DMW 1982, 434–436

Nentwig, Wolf Martin/Bonvie, Horst/Hennings, Sven/Pfisterer, Claus: Das Partnerschaftsgesellschaftsgesetz. Die berufliche Zusammenarbeit von Medizinern. Verlag Kirchheim, Mainz. 2. Auflage, 2003 (zitiert: *Nentwig et al.*, PartGG)

Nentwig, Wolf-Martin/Pfisterer, Claus: Ausgewählte Probleme der Partnerschaftsgesellschaft. S. 147–162. In: Geschäftsführender Ausschuss der Arbeitsgemeinschaft Medizinrecht im DAV, Psychotherapeutengesetz – Ärztliche Kooperationsformen I. Herbsttagung Dresden 24./25.9.1999. Verlag Otto Schmidt, Köln, 2000 (zitiert: *Nentwig/Pfisterer*, in: *ARGE*, Psychotherapeutengesetz)

Neufang, Bernd/Bartschat, Daniel: Die neue PartG mbB – ein Beitrag zur weiteren Verunsicherung? StB 2012, 430–434

Neumann, Volker: Die Berufsfreiheit der Leistungserbringer zwischen Eingriff und Teilhabe. In: *Wulffen, Matthias von/Krasney, Otto Ernst (Hrsg.):* Festschrift 50 Jahre Bundessozialgericht. Carl Heymanns Verlags KG, Köln u.a., 2004 (zitiert: *Neumann*, in: FS 50 Jahre BSG)

Neupert, Michael: Die konkurrierende Gesetzgebung im Gesundheitswesen am Beispiel der „Regelkompetenz" von Rettungsassistenten. MedR 2004, 134–138

Nösser, Gerhard/Hespeler, Ulrike: Anmerkung zu VGH Bad.-Württ., Urt. v. 19.3.2009 – 9 S 1412/08. MedR 2009, 615–616

Oberhauser, Anette: Wer darf was? DHZ 2018, Heft 13, S. 10–14

Oesingmann, Ulrich: Verbände und Freie Berufe im Wandel der Märkte, S. 99 – 104. In: Merz, Joachim (Hrsg.): Freie Berufe im Wandel der Märkte. Nomos-Verlagsgesellschaft, Baden-Baden, 2003

Oetker, Hartmut (Hrsg.): Handelsgesetzbuch. Verlag C. H. Beck, München. 6. Auflage, 2019 (zitiert: *Bearbeiter*, in: *Oetker*, HGB)

Offermann-Burckart, Susanne: Anwaltliches Gesellschaftsrecht – die Partnerschaftsgesellschaft mbB. AnwBl 2014, 474–487

dies.: Anwaltliches Gesellschaftsrecht – die Satzung der Anwalts-GmbH. AnwBl 2015, 122–139

dies.: Berufsrechtliches Gesellschaftsrecht – Entwurf mit Feinjustierungsbedarf. ZRP 2018, 158–161

Ohne Verfasser: Ärzte setzen zunehmend auf die Online-Karte. Ärzte Zeitung 2016, Nr. 99D, S. 8

Organisation für wirtschaftliche Zusammenarbeit und Entwicklung: Health at a Glace 2015: OECD Indicators. OECD Publishing, Paris, 2015 (zitiert: OECD, Health at a Glance)

Orlowski, Ulrich/Halbe, Bernd/Karch, Thomas: Vertragsarztrechtsänderungsgesetz (VÄndG). Mit Kommentierung zum Bundesmantelvertrag – Erste Erfahrungen aus der Praxis. Verlag C. F. Müller, Heidelberg u. a. 2. Auflage, 2008 (zitiert: *Orlowski et al.*, VÄndG)

Orlowski, Ulrich/Remmert, Jens: SGB V-Kommentar – Gesetzliche Krankenversicherung – GKV. Verlag C. F. Müller, Heidelberg u. a. 54. Aktualisierung, 2020 (zitiert: *Bearbeiter*, in: *Orlowski/Remmert,* GKV)

Osmialowski, Christoph: Möglichkeiten und Grenzen der vertraglichen Gestaltung von Berufsausübungsgemeinschaften. ArztR 2011, 32–39

Ost, Fabian: Neue Gestaltungsfreiheit für interprofessionelles Zusammenwirken in Wirtschaftsprüfungs- und Steuerberatungsgesellschaften nach der Entscheidung des BVerfG vom 14.1.2014. DStR 2015, 442–448

Palandt, Otto (Begr.): Bürgerliches Gesetzbuch. Verlag C. H. Beck, München. 79. Auflage, 2020 (zitiert: Bearbeiter, in: Palandt, BGB)

Papier, Hans-Jürgen/Petz, Helmut: Rechtliche Grenzen des ärztlichen Werbeverbots. NJW 1994, 1553–1562

Paul, Stephan/Stein, Stefan/Kaltofen, Daniel: Auf die Größe kommt es an: Mittelstandsprivilegien im Rahmen von Basel III und die Auswirkungen auf die Kosten von Unternehmenskrediten. DStR 2013, 1849–1856

Peikert, Peter: Erste Erfahrungen mit Medizinischen Versorgungszentren. ZMGR 2004, 211–221

Pestke, Axel: Mehrheitserfordernis zu Gunsten der Rechtsanwälte in der Steuerberater- und Anwalts-GmbH verfassungsgemäß? Anmerkung zu AnwGH Baden-Württemberg, Beschluss vom 19.10.2018 – AGH 13/2018 II. Stbg 2019, 128–139

Pestke, Axel/Michel, Christian: Die Partnerschaftsgesellschaft mit beschränkter Berufshaftung (PartG mbB) – Ein Angebot an die rechts- und steuerberatenden sowie die wirtschaftsprüfenden Berufe –. Stbg 2013, 366–372

Peters, Horst (Begr.): Handbuch der Krankenversicherung. Teil II – Sozialgesetzbuch V. Verlag W. Kohlhammer, Stuttgart. 19. Auflage, 89. Ergänzungslieferung, April 2018 (zitiert: *Bearbeiter*, in: *Peters*, Krankenversicherung)

Pfalzgraf, Heinrich: Liegt in der Vereinbarung umsatzabhängiger Mieten, Pachten oder Nutzungsentgelte ein Verstoß gegen § 20 Abs. 2 Ärzte-ZV? Zugleich eine Erörterung der Kriterien, die das Wesen der Tätigkeit des Vertragsarztes am Vertragsarztsitz ausmachen. MedR 2000, 257–261

Pflugmacher, Ingo: Fachgleiches MVZ: Bricht jetzt die Zeit für Praxisketten an? Ärzte Zeitung Nr. 111 vom 15.6.2015, S. 6

Pielow, Johann-Christian: BeckOK GewO. Verlag C. H. Beck, München. 49. Edition, 1.3.2020 (zitiert: *Bearbeiter*, in: *Pielow*, GewO)

Piper, Henning: Zur wettbewerbs- und berufsrechtlichen Bedeutung des Werbeverbots der ärztlichen Berufsordnungen. S. 449–472. In: *Pfeiffer, Gerd (Hrsg.)*: Festschrift für Hans Erich Brandner zum 70. Geburtstag. Verlag Otto Schmidt, Köln, 1996 (zitiert: *Piper*, in: FS Brandner)

Pitschas, Rainer: Änderung der Versorgungsstrukturen durch Verflechtung von Leistungssektoren: Ambulante Krankenhausbehandlung nach § 116b SGB V. MedR 2008, 473–482

Pitz, Andreas: Was darf das Medizinalpersonal? Die Kompetenzen medizinischer Helfer bei eigenverantwortlichem Handeln und Arbeitsteilung. Tectum-Verlag Marburg, 2007. Zugl. Mannheim, Univ., Diss., 2006 (zitiert: *Pitz*, Medizinalpersonal)

Plagemann, Hermann (Hrsg.): Münchener Anwaltshandbuch Sozialrecht. Verlag C. H. Beck, München, 5. Auflage 2018. (zitiert: *Bearbeiter*, in: *Plagemann*, Sozialrecht)

ders.: Anmerkung zu BSG, Urteil vom 20.04.2016 – B 3 KR 23/15, BeckRS 2016, 70947. FD-SozVR 2016, 380823

Pluskat, Sorika: Chancen für eine interprofessionelle GmbH von Rechtsanwälten, Steuerberatern und Wirtschaftsprüfern mit gleichberechtigten Gesellschaftern. Diskussionsanstoß und Reformvorschlag. DStR 2004, 58–64

dies.: Die Entscheidung des BGH zur Anwalts-AG vom 10.1.2005, AnwBl 2005, 424. AnwBl 2005, 609–613

dies.: Vorzeitiges „Aus" für die interprofessionelle GmbH von Rechtsanwälten, Steuerberatern und Wirtschaftsprüfern? Aktuelle Planungen für eine neue europäische Prüferrichtlinie. GmbHR 2004, 1058–1065

dies.: Zusammenarbeit zwischen Rechtsanwälten, Steuerberatern und Wirtschaftsprüfern – bald Wirklichkeit? AnwBl 2004, 535–545

Pöhlmann, Peter/Fandrich, Andreas/Bloehs, Joachim: Genossenschaftsgesetz. Verlag C. H. Beck, München. 4. Auflage, 2012 (zitiert: *Bearbeiter*, in: *Pöhlmann et al.*, GenG)

Posegga, Volker: Die Haftung der Mitglieder einer freiberuflichen Sozietät. Eine Bestandsaufnahme der höchstrichterlichen Rechtsprechung zur Haftung der Mitglieder einer freiberuflichen Sozietät nach der Entscheidung des BGH vom 10. 5. 2012, IX ZR 125/10 (Teil I). DStR 2013, 547–552

ders.: Partnerschaft: Persönliche Haftung des Partners, der mit der Bearbeitung des Auftrags nicht befasst war. Anmerkung zu OLG Hamm, Urt. v. 14.2.2010 – 28 U 151/09. DStR 2010, 2007–2008

Povel, Lara M.: Das Fremd- und Mehrbesitzverbot für Apotheker. Eine Untersuchung am Maßstab des Verfassungs- und Gemeinschaftsrechts. Verlag Duncker & Humblot, Berlin. Zugl. Köln, Univ., Diss., 2009 (zitiert: *Povel*, Fremd- und Mehrbesitzverbot)

Prehn, Annette: Bedeutung des ärztlichen Berufsrechts für den Vertragsarzt – eine verfassungsrechtliche Analyse. MedR 2015, 560–569

Preißler, Reinhold: Genehmigungsfähigkeit überörtlicher Berufsausübungsgemeinschaften. Anmerkung zu LSG Nordrhein-Westfalen, Urt. v. 21.8.202 – L 10 KA 23/02. GesR 2002, 97–99.

ders.: Verzahnung, Vernetzung und andere neue ärztliche Kooperationsformen. Eine kritische Auseinandersetzung. MedR 1998, 90–92

ders.: Zulassung neuer Kooperationsformen zur vertrags(zahn-)ärztlichen Versorgung und Abrechnung der in diesen Zusammenschlüssen erbrachten Leistungen. MedR 1995, 110–111

Preis, Ulrich/Schneider, Angie: Das Patientenrechtegesetz – eine gelungene Kodifikation? NZS 2013, 281–288

Prinz, Ulrich/Hoffmann, Wolf-Dieter: Beck'sches Handbuch der Personengesellschaften. Gesellschaftsrecht – Steuerrecht. Verlag C. H. Beck, München. 5. Auflage, 2020 (zitiert: Bearbeiter, in: *Prinz/Hoffmann*, Personengesellschaften)

Pruns, Matthias: Die Zusammenarbeit von selbstständigen Bilanzbuchhaltern und Rechtsanwälten – Wie füreinander gemacht? BC 2013, 277–279

Prütting, Dorothea (Hrsg.): Medizinrecht. Kommentar. Verlag Luchterhand, Köln. 5. Auflage, 2019 (zitiert: *Bearbeiter*, in: *Prütting*, Medizinrecht)

Prütting, Hanns: Verfassungswidrigkeit des Verbots der Partnerschaftsgesellschaft von Rechtsanwälten mit Ärzten und Apothekern. EWiR 2016, 195–196

Quaas, Michael/Zuck, Rüdiger/Clemens, Thomas/Gokel, Julia Maria: Medizinrecht. Öffentliches Medizinrecht – Pflegeversicherungsrecht – Arzthaftpflichtrecht – Arztstrafrecht. Verlag C. H. Beck, 4. Auflage 2018 (zitiert: *Bearbeiter*, in: *Quaas et al.*, Medizinrecht)

Quodbach, Martin: Grenzen der interprofessionellen Zusammenarbeit für Rechtsanwälte. Tenea Verlag, Berlin, 2002. Zugl. Köln, Univ., Diss., 2002 (zitiert: *Quodbach*, Grenzen interprofessioneller Zusammenarbeit)

Ramb, Michael/Reich, Laura: Verschärfung des Korruptionsstrafrechts im Gesundheitssektor – Neuer Straftatbestand erhöht Risiken bei der Zusammenarbeit –. CB 2015, 72–76

Raschke, Andreas: Inhalt und Grenzen des ärztlichen Werberechts. NJW 2015, 825–830

Ratzel, Rudolf: Begrenzung der Delegation ärztlicher Leistungen an Nichtärzte durch Berufs- und Haftungsrecht de lege lata und de lege ferenda. ZMGR 2008, 186–196

ders.: Beteiligung von Ärzten an Unternehmen im Gesundheitswesen. ZMGR 2012, 258–262

ders.: Die Teilgemeinschaftspraxis (TGP) oder „ohne pizzo keine pizza!" GesR 2007, 457–458

ders.: Medizinische Versorgungszentren. ZMGR 2004, 63–68

ders.: Stand der Umsetzung in den Berufsordnungen der Länder nach den Beschlüssen des 107. Deutschen Ärztetages in Bremen. ZMGR 2005, 143–149

ders.: Teilberufsausübungsgemeinschaft mit Radiologen? GesR 2012, 564–565

ders.: Zivilrechtliche Konsequenzen von Verstößen gegen die ärztliche Berufsordnung. MedR 2002, 492–496

ders.: Zusammenarbeit von Ärzten mit Orthopädietechnikern und Sanitätshäusern. GesR 2007, 200–203

Ratzel, Rudolf/ Lippert, Hans-Dieter: Kommentar zur Musterberufsordnung der deutschen Ärzte (MBO), Springer-Verlag, Berlin, Heidelberg, 6. Auflage, 2015 (zitiert: *Bearbeiter*, in: *Ratzel/Lippert*, MBOÄ)

dies.: Das Berufsrecht der Ärzte nach den Beschlüssen des 107. Deutschen Ärztetages in Bremen. MedR 2004, 525–533

dies.: Das Werberecht der Ärzte nach den Beschlüssen des 105. Deutschen Ärztetages in Rostock. MedR 2002, 607–615

Ratzel, Rudolf/Luxenburger, Bernd (beide Hrsg.): Handbuch Medizinrecht. Verlag C.F. Müller, Heidelberg. 3. Auflage, 2015 (zitiert: *Bearbeiter*, in: *Ratzel/Luxenburger*, Medizinrecht)

Rau, Stephan: Deregulierung im Gesundheitsdienstleistungsbereich: das Vertragsarztrechtsänderungsgesetz. DStR 2007, 351–354

ders.: Offene Rechtsfragen bei der Gründung Medizinischer Versorgungszentren? MedR 2004, 667–672

Rauscher, Michael: Rechtsfragen zur Erstattung von Heilpraktikerleistungen. VersR 2016, 217–221

Rauscher, Thomas/Krüger, Wolfgang: Münchener Kommentar zur Zivilprozessordnung mit Gerichtsverfassungsgesetz und Nebengesetzen. Verlag C. H. Beck, München.

Band 1 §§ 1–354. 5. Auflage, 2016

Band 2 §§ 355–945b. 5. Auflage, 2016

(jeweils zitiert: *Bearbeiter*, in: MüKo ZPO)

Rehborn, Martin: Berufsgerichtliche Verfahren gegen Ärzte - grundlegende Rechtsfragen. GesR 2004, 170–176

Reichert, Jochem: Vinkulierung von GmbH-Geschäftsanteilen – Möglichkeiten der Vertragsgestaltung. GmbHR 2012, 713–723

Reiff, Peter: Persönliche Haftung des neu in eine GbR eintretenden Gesellschafters auch für schon bestehende Verbindlichkeiten. Mit Anmerkung: Prof. Dr. Peter Reiff. VersR 2003, 771–775

Reimer, Felix/Penner, Andreas: Kooperationen unter Korruptionsverdacht, §§ 299a, b StGB. Sektorenübergreifende Kooperationen unter dem Einfluss des Korruptionsstrafrechts. GuP 2018, 121–128

Reiter, Carsten: Ärztliche Berufsausübungsgemeinschaft vs. Organisationsgemeinschaft. Ist die wirtschaftliche Beteiligung Dritter an einer Arztpraxis statthaft? GesR 2005, 6–15

Renzikowski, Joachim: Anmerkung zu BGH, Urteil vom 14. 4. 2011 - 4 StR 669/10 (LG Münster). NStZ 2011, 696–698

Riechert, Stefan: Versicherungsschutz in der interprofessionellen Sozietät mit Anwälten. AnwBl 2019, 474–476

Riedel, Daniel: Das Teilhabegrundrecht auf Zulassung zur vertragsärztlichen Versorgung. NZS 2009, 260–264

Riedel, Gert: Das Werberecht des niedergelassenen Vertragsarztes. Eine kritische Bestandsaufnahme. GesR 2008, 1–9

Rieger, Hans-Jürgen: Die Heilkunde-GmbH in der Rechtsprechung unter besonderer Berücksichtigung des Verfassungsrechts. MedR 1995, 87–90

ders.: Lexikon des Arztrechts. De Gruyter, Berlin, New York, 1984

ders.: Vernetzte Praxen. MedR 1998, 75–81

ders.: Werbung durch gewerbliche Unternehmen auf dem Gebiet der Heilkunde. MedR 1995, 468–474

Rieger, Hans-Jürgen/Dahm, Franz-Josef/Katzenmeier, Christian/Steinhilper, Gernot/Stellpflug, Martin H. (Hrsg.): Heidelberger Kommentar. Arztrecht, Krankenhausrecht, Medizinrecht. Ordner 1–4. Verlag C. F. Müller, Heidelberg. 74. Aktualisierungslieferung, 2018 (zitiert: *Bearbeiter*, in: *Rieger et al.*, HK-AKM)

Ries, Hans-Peter/Schneider, Karl-Heinz/Althaus, Jürgen/Großbölting, Ralf/Voß, Martin: Zahnarztrecht. Praxishandbuch für Zahnmediziner. Springer-Verlag, Heidelberg. 2. Auflage, 2008 (zitiert: *Ries et al.*, Zahnarztrecht)

Rieser, Sabine: „Markante Maßnahmen" fürs Land. DÄBl. 2014, A-1231–A-1233

Rijkenberg, Arie Machiel/Sprundel, Marc van/Stassijns, Gaetane: Die Kooperation zwischen Arbeitsmedizinern und anderen Fachärzten einschließlich Versicherungsmedizinern. Eine Übersicht der aktuellen Literatur. VersMed 2013, 140 145

Ring, Gerhard: Anmerkung zum Beschluss des BGH vom 16.5.2013 (II ZB 7/11; NJW 2013, 2674) – Zur Frage der Verfassungswidrigkeit des Sozietätsverbots zwischen Rechtsanwälten einerseits und Ärzten sowie Apothekern andererseits. NJ 2013, 478–479

ders.: Die Zulässigkeit einer interprofessionellen Partnerschaft zwischen Rechtsanwälten und Ärzten sowie Apothekern. WM 2016, 957–962

ders.: Werberecht der Ärzte. Nomos Verlagsgesellschaft, Baden-Baden, 2000

Ringer, Matthias: Dienstleistungsrichtlinie und (neues) UWG – was bleibt von § 43b BRAO? Die aktuelle Rechtsprechung zur Anwaltswerbung – Zeit für eine Neuausrichtung. AnwBl 2017, 155–159

Rixen, Stephan: Art. 12 Abs. 1 GG als Grundrecht der Vertragsärzte: Effektive Gewährleistung oder „zahnloses" Versprechen? MedR 2018, 667–675

Rixen, Stephan/Krämer, Clemens: ApoG. Apothekengesetz mit Apothekenbetriebsordnung (ApBetrO). Verlag C. H. Beck, München, 2014 (zitiert: *Bearbeiter*, in: *Rixen/Krämer*, ApoG)

Röhricht, Volker/Graf von Westphalen, Friedrich/Haas, Ulrich: HGB. Kommentar zu Handelsstand, Handelsgesellschaften, Handelsgeschäften, besonderen

Handelsverträgen und Internationalem Vertragsrecht (ohne Bilanz-, Transport- und Seerecht). Verlag Otto Schmidt, Köln. 5. Auflage, 2019 (zitiert: *Bearbeiter*, in: *Röhricht et al.*, HGB)

Rolfs, Christian/Giesen, Richard/Kreikeblohm, Ralf/Udsching, Peter (Hrsg.): Beck'scher Online-Kommentar Arbeitsrecht. Verlag C. H. Beck, München. 52. Edition, 2019 (zitiert: *Bearbeiter*, in: *Rolfs et al.*, Arbeitsrecht)

dies. (Hrsg.): Beck'scher Online-Kommentar Sozialrecht. Verlag C. H. Beck, München. 52. Edition, 1.3.2020 (zitiert: *Bearbeiter*, in: *Rolfs et al.*, Sozialrecht)

Römermann, Volker (Hrsg.): PartGG. Kommentar zum Partnerschaftsgesellschaftsgesetz. RWS Verlag, Köln. 5. Auflage, 2017 (zitiert: *Bearbeiter*, in: *Römermann*, PartGG)

ders.: Anmerkung zu OLG Köln, Urteil vom 3.5.1996 – 11 U 252/95. WiB 1997, 667–668

ders.: Anwalts-GmbH im Wettbewerb. GmbHR 1998, 966–969

ders. (Hrsg.): BeckOK Berufsordnung der Rechtsanwälte BORA – Online-Kommentar. Verlag C. H. Beck, München, 27. Edition, 1.6.2019 (zitiert: *Bearbeiter*, in: *Römermann*, BORA)

ders.: Das Tor steht offen: Das BVerfG erlaubt weitergehende interprofessionelle Zusammenarbeit von Rechtsanwälten und Patentanwälten – mit erheblichen Auswirkungen auf andere. NZG 2014, 481–487

ders.: Die Anwalts-GmbH & Co. KG. AnwBl 2008, 609–612

ders.: Die PartG mbB – eine neue attraktive Rechtsform für Freiberufler. NJW 2013, 2305–2310

ders.: Dogmatisches Chaos und unabsehbare Haftungsgefahren bei der Freiberufler-GmbH (&Co. KG) – Besprechung der Entscheidungen des BGH v. 10.10.2011 – AnwZ (Brfg) 1/10 und v. 18.7.2011 – AnwZ (Brfg) 18/10 -. GmbHR 2012, 64–68

ders.: Endlich Hoffnung für das anwaltliche Gesellschaftsrecht? BB 2019, 899–904

ders.: Entwicklungen und Tendenzen bei Anwaltsgesellschaften. Eine vergleichende Studie zu EWIV, Sozietät und Kapitalgesellschaft. Verlag Otto Schmidt, Köln, 1995. Zugl. Bayreuth, Univ., Diss., 1995 (zitiert: *Römermann*, Anwaltsgesellschaften)

ders.: Erste Praxisprobleme mit der Neuregelung der Anwalts-GmbH. GmbHR 1999, 526–530.

ders.: GmbH & Co. KG: Versagung der Zulassung einer Rechtsanwalts-GmbH & Co.KG. GmbHR 2012, 341–344

ders.: Interprofessionelle Freiberufler-GmbH: BVerfG öffnet das Tor (nur) eine Handbreit weiter. GmbHR 2014, R81–R82

ders.: PartG mbB – die anwaltliche Rechtsform der Zukunft?! AnwBl 2012, 288–291 *ders.:* Reform des anwaltlichen Gesellschaftsrechts: Endlich Bewegung? NZG 2018, 1041–1050

ders.: Taschenspielertricks bei interprofessionellen Freiberufler-GmbH – bald überflüssig? GmbHR 2013, R65–R66

ders.: Was spricht eigentlich gegen eine sinnvolle Fortentwicklung des anwaltlichen Gesellschaftsrechts? – Besprechung der Entscheidung des BGH vom 20.3.2017 – AnwZ (Brfg) 33/16 –. GmbHR 2017, 572–576

ders.: Weite Öffnung für interprofessionelle Sozietäten von Rechtsanwälten. NJW 2016, 682–685

ders.: Zulässigkeit der Rechtsanwalts-AG und Eintragung im Handelsregister unter Fantasienamen. Anmerkung zu BayObLG München, Beschluss vom 27.03.2000 – 3Z BR 331/99. MDR 2000, 733–735

Römermann, Volker/Jähne, Ina: Die Partnerschaftsgesellschaft mit beschränkter Berufshaftung – ein Erfolgsmodell? BB 2015, 579–584

Römermann, Volker/Praß, Jan-Philipp: Die Partnerschaftsgesellschaft mit beschränkter Berufshaftung. NZG 2012, 601 -608

Römermann, Volker/Schulte, Mark: Werberecht und Verbot der überörtlichen Gemeinschaftspraxis nach der neuen ärztlichen Musterberufsordnung. MedR 2001, 178–182

Römermann, Volker/Zimmermann, Achim: Neue Möglichkeiten des Zusammenschlusses für die freien Berufe. BB 2016, 2691–2695

Rompf, Thomas: Vertragsärztliche Kooperationen im Lichte des ärztlichen Berufsrechts. MedR 2015, 570–572

Rönnau, Thomas/Wegner, Kilian: Zur Strafbarkeit von niedergelassenen Ärzten gem. § 299a StGB, die kostenfrei erhaltene Blutzuckermessgeräte an Patienten weitergeben. MedR 2017, 206–211

Rosenau, Henning/Lorenz, Henning/Wendrich, Lisa: Korruption im Gesundheitswesen. S. 53–74, in: *Kuhlen, Lothar/Kudlich, Hans/Martin Victor Gomez/Ortiz de Urbina Gimeno, Inigo*: Korruption und Strafrecht. Verlag C. F. Müller, 2018 (zitiert: *Rosenau et al.*, in: *Kuhlen et al.*, Korruption und Strafrecht)

Rosenberg, Leo (Begr.): Zivilprozessrecht. Verlag C. H. Beck, München. 18. Auflage, 2018 (zitiert: Rosenberg et al., Zivilprozessrecht)

Rosenthal, Frank: Podologen als Leistungserbringer der Krankenkassen. WzS 2002, 289–296

Röß, Simon: Die strafrechtliche Bewertung eines Verstoßes gegen § 128 Abs. 2 SGB V. NStZ 2018, 441–447

Roth, Frank: Die Postulationsfähigkeit der LLP. BB Beilage 3/2010, 29–32

Rotta, Christian: Novellierung des Apothekenrechts: Aufbruch zu neuen Ufern? NJW 1995, 755–760

Rübsamen, Katrin: Rechtliche Grenzen der Kooperationen zwischen Medizinproduktindustrie und medizinischen Einrichtungen. MedR 2014, 152–156

Rumetsch, Virgilia/Kalb, Peter: Ärztliches Werberecht. Verlag C. F. Müller, Heidelberg, 2015

Ruppert, Stefan: Partnerschaftsgesellschaft mit beschränkter Berufshaftung – Ende gut, alles gut? DStR 2013, 1623–1628

Saalfrank, Valentin (Hrsg.): Handbuch des Medizin- und Gesundheitsrechts. Wissenschaftliche Verlagsgesellschaft, Stuttgart. 7. Aktualisierungslieferung, 2018 (zitiert: *Bearbeiter*, in: *Saalfrank*, Medizin- und Gesundheitsrecht)

Sachverständigenrat zur Begutachtung der Entwicklung im Gesundheitswesen: Bedarfsgerechte Versorgung – Perspektiven für ländliche Regionen und ausgewählte Leistungsbereiche. Gutachten 2014. Verlag Hans Huber, Bern, 2014 (zitiert: *SVR*, Gutachten 2014)

Säcker, Jürgen/Rixecker, Roland/Oetker, Hartmut/Limperg, Bettina (Hrsg.): Münchener Kommentar zum Bürgerlichen Gesetzbuch. Verlag C. H. Beck, München

Band 1 Allgemeiner Teil, §§ 1–240, AllgPersönlR, ProstG, AGG. 8. Auflage, 2018

Band 6 Schuldrecht – Besonderer Teil IV, §§ 705–853, Partnerschaftsgesellschaftsgesetz, Produkthaftungsgesetz. 7. Auflage 2017

(jeweils zitiert: *Bearbeiter*, in: MüKo BGB)

Saenger, Ingo: Gesellschaftsrechtliche Binnenstruktur der ambulanten Heilkundegesellschaft. MedR 2006, 138–146

Salger, Hanns-Christian: Beschränkte Berufshaftung. Zum Gesetzentwurf zur Einführung einer „Partnerschaftsgesellschaft mit beschränkter Berufshaftung". DB 2012, 1794–1797

Sandberger, Georg/Müller-Graff, Peter-Christian: Die rechtloche Form freiberuflicher Zusammenarbeit. ZRP 1975, 1–7

Sasse, René: Heilpraktikerrecht – Ein Überblick und Ausblick. GesR 2018, 279–289

Schabram, Peter: Grundzüge des Psychotherapeutengesetzes und seine Umsetzung aus anwaltlicher Sicht. S: 1–17. In: Geschäftsführender Ausschuss der Arbeitsgemeinschaft Medizinrecht im DAV, Psychotherapeutengesetz – Ärztliche Kooperationsformen I. Herbsttagung Dresden 24./25.9.1999. Verlag Otto Schmidt, Köln, 2000 (zitiert: *Schabram*, in: *ARGE*, Psychotherapeutengesetz)

Schäfer-Gölz, Reiner: Medizinisches Versorgungszentrum – Ärztegesellschaft. Gesellschaftsrecht in der Medizin zwischen Sozialrecht und Berufsordnungsrecht. S. 951–968. In: *Baums, Theodor/Wertenbruch, Johannes/Lutter, Marcus/Schmidt, Karsten (Hrsg.)*: Festschrift für Ulrich Huber zum siebzigsten Geburtstag. Mohr Siebeck, Tübingen, 2006 (zitiert: *Schäfer-Gölz*, in: FS Huber)

Schäfer, Anne: Mangelnde Beteiligtenfähigkeit des MVZ(-Trägers)? Zugleich Anm. zu LSG Berlin-Brandenburg, Beschl. V. 27.1.2010 – L 7 KA 139/09. GesR 2010, 351–355 *dies.*: Mindest- und Höchstpreise vor dem EuGH – Herausforderung für die freien Berufe. EuZW 2017, 1–2

Schäfer, Daniel: Zwischen Disziplinierung und Belehrung: Reformversuche der akademischen Hebammenausbildung in der „aufgeklärten“ Reichsstadt Köln. S. 13–29. In: *Schäfer, Daniel (Hrsg.)*, Rheinische Hebammengeschichte im Kontext, kassel university press, 2010 (zitiert: *Schäfer*, in: *Schäfer*, Rheinische Hebammengeschichte)

Schäfer, Madlen: Der Pendler-Arzt. Ärzte Zeitung 2020, Nr. 56, 24

Schaks, Nils: Das Medizinische Versorgungszentrum nach dem GKV-Versorgungsstärkungsgesetz. NZS 2016, 761–767

ders.: Das reformierte Mutterschutzgesetz und der Begriff „Entbindung“ – eine rechtsmethodische Betrachtung. SGb 2017, 675–682

ders.: Der Grundsatz der finanziellen Stabilität der gesetzlichen Krankenversicherung. Eine verfassungs- und sozialrechtliche Untersuchung. Verlag Duncker & Humblot, Berlin, 2007. Zugl. Berlin, Freie Univ., Diss., 2006 (zitiert: *Schaks*, Finanzielle Stabilität)

Schallen, Rolf (Begr.): Zulassungsverordnung für Vertragsärzte, Vertragszahnärzte, Medizinische Versorgungszentren, Psychotherapeuten. C.F. Müller, Heidelberg u.a., 9. Auflage 2018 (zitiert: *Bearbeiter*, in: *Schallen*, Ärzte-ZV)

ders. (Hrsg.): Zulassungsverordnung für Vertragsärzte, Vertragszahnärzte, Medizinische Versorgungszentren, Psychotherapeuten. Verlag C. F. Müller, Heidelberg. 6. Auflage, 2008 (zitiert: *Schallen*, Ärzte-ZV, 6. Auflage)

Scharlach, Heiko/Hoffmann, Uwe: Die Partnerschaftsgesellschaft – auf Umwegen zum Erfolg. WM 2000, 2082–2088.

Schattel, Christel R.: Die Gruppenpraxis, eine Alternative ambulanter ärztlicher Versorgung für die Bundesrepublik Deutschland? Versuch einer Effizienzanalyse. Konstanz, Univ., Diss., 1980 (zitiert: *Schattel*, Gruppenpraxis)

Schiedermair, Rudolf/Pieck, Johannes: Apothekengesetz. Govi Verlag, Frankfurt a. M. 2. Auflage, Stand April 1978 (zitiert: *Schiedermair/Pieck*, ApoG)

Schiller, Herbert: In Bayern: Partnerschaftsgesellschaft mit beschränkter Berufshaftung (PartGmbB) statt GmbH! Steine statt Brot oder eine echte Alternative? Bayerisches Ärzteblatt 2015, 506–508

Schillhorn, Kerrin: Delegation an medizinische Fachberufe – Approbation vs. (beschränkte) Heilpraktikererlaubnis. ZMGR 2017, 101–104

Schinnenburg, Wieland: Zivilrechtliche Abmahnungen der Ärztekammern gegen ihre eigenen Mitglieder. GesR 2007, 568–572

Schirmer, Horst Dieter: Berufsrechtliche und kassenarztrechtliche Fragen der ärztlichen Berufsausübung in Partnerschaftsgesellschaften (Teil 2). MedR 1995, 383–390 *ders.*: Berufsrechtliche und kassenarztrechtliche Fragen der ärztlichen Berufsausübung in Partnerschaftsgesellschaften (Teil 1). MedR 1995, 341–352

ders.: Eingliederung der Psychologischen Psychotherapeuten und Kinder- und Jugendlichenpsychotherapeuten in das System der vertragsärztlichen Versorgung. MedR 1998, 435–454

Schirmer, Horst Dieter/Fuchs, Christoph: Rationierung, ihre kritischen Wirkungen für die ärztliche Berufsausübung und die Schutzfunktion der ärztlichen Selbstverwaltung – Einige rechtliche und medizinethische Anmerkungen, S. 121–146. In: *Katzenmeier, Christian/Bergdolt, Klaus (Hrsg.)*: Das Bild des Arztes im 21. Jahrhundert. Springer-Verlag, Heidelberg, 2009 (zitiert: *Schirmer/Fuchs*, in: *Katzenmeier/Bergdolt*, Das Bild des Arztes im 21. Jahrhundert)

Schlegel, Rainer/Voelzke, Thomas: juris Praxiskommentar SGB V. Sozialgesetzbuch Fünftes Buch (SGB V). Gesetzliche Krankenversicherung. Juris GmbH, Saarbrücken. 3. Auflage, 2016 (zitiert: *Bearbeiter*, in: *Schlegel/Voelzke*, SGB V)

Schlingensiepen, Ilse: Kooperation ist eine Frage des Teamgeistes. FABS-Analyse ärztlicher Zusammenschlüsse. Uro-News 2014, Heft 5, S. 56

Schlömer, Claus: Demographische Ausgangslage: Status quo und Entwicklungstendenzen ländlicher Räume in Deutschland. S. 25–43. In: *Fachinger, Uwe/Künemund, Harald (Hrsg.)*: Gerontologie und ländlicher Raum. Lebensbedingungen, Veränderungsprozesse und Gestaltungsmöglichkeiten. Springer-Verlag, Heidelberg, 2015 (zitiert: *Schlömer*, in: *Fachinger/Künemund*, Gerontologie und ländlicher Raum)

Schlund, Gerhard H.: Das Psychotherapeutengesetz – ein Überblick. NJW 1998, 2722–2723

Schmid, Hugo: Verfahrensregeln für Arzthaftungsprozesse. NJW 1994, 767–773

Schmidt, Corinna Alexander: Grenzen finanzieller Einflussnahme auf ärztliche Entscheidungen bei der Kooperation von Ärzten mit anderen Leistungserbringern in der Gesundheitswirtschaft. Duncker & Humblot, Berlin, 2014. Zugl. Düsseldorf, Univ., Diss., 2012 (zitiert: *Schmidt*, Grenzen finanzieller Einflussnahme)

Schmidt, Karsten (Hrsg.): Münchener Kommentar zum Handelsgesetzbuch. Band 3 §§ 161–237. Verlag C. H. Beck, München. 4. Auflage, 2019 (zitiert: *Bearbeiter*, in: MüKo HGB)

ders.: Das Handelsrechtsreformgesetz. NJW 1998, 2161–2169

ders.: Die Anwalts-GmbH % Co. KG: Kraftprobe des Berufsrechts oder des § 105 Abs. 2 HGB? (§ 105 Abs. 2 HGB). DB 2011, 2477–2480

ders.: Die BGB-Außengesellschaft: rechts- und parteifähig. Besprechung des Grundlagenurteils II ZR 331/00 vom 29.1.2001. NJW 2001, 993–1003

ders.: Die Freiberufliche Partnerschaft. Zum neuen Gesetz zur Schaffung von Partnerschaftsgesellschaften. NJW 1995, 1– 7 *ders.:* Die Gesellschafterhaftung bei der Gesellschaft bürgerlichen Rechts als gesetzliches Schuldverhältnis – Zum Stand der nach den BGH-Urteilen vom 24.2.2003 und vom 7.4.2003. NJW 2003, 1897–1904

ders.: Gesellschaftsrecht. Verlag Heymanns, Köln u. a. 4.Auflage, 2002

ders.: HGB-Reform und gesellschaftsrechtliche Gestaltungspraxis. DB 1998, 61–65

ders.: Partnerschaftsgesetzgebung zwischen Berufsrecht, Schuldrecht und Gesellschaftsrecht. ZIP 1993, 633–652

ders.: Plädoyer für die freiberufliche (GmbH & Co.-)Kommanditgesellschaft. Siebente WPO-Novelle und achtes Steuerberatungsänderungsgesetz: gesellschaftsrechtlich immer noch rückständig! DB 2009, 271–274

Schmidt, Klaus: Berufsordnung steckt die Grenzen. Praxis-Kooperation mit Nicht-Ärzten. Ärztliche Praxis 1995, Heft 45, S. 17

Schmidt, Reiner/Wollenschläger, Ferdinand (Hrsg.): Kompendium Öffentliches Wirtschaftsrecht. Springer-Verlag, Heidelberg, 4. Auflage 2016 (zitiert: *Bearbeiter*, in: *Schmidt/Wollenschläger*, Öffentliches Wirtschaftsrecht)

Schnapp, Friedrich E./Kaltenborn, Markus: Die gemeinschaftliche Berufsausübung niedergelassener Ärzte aus berufsrechtlicher, vertragsarztrechtlicher und verfassungsrechtlicher Perspektive. SGb 2001, 101–109

dies.: Grundrechtsbindung nichtstaatlicher Institutionen. JuS 2000, 937–943

Schnapp, Friedrich E./Nolden, Alice: Das „Minderheiten-MVZ" im Praxisnachfolgeverfahren – diskriminierendes Vertragsarztrecht im toten Winkel des Europarechts? ZESAR 2012, 452–461

Schnapp, Friedrich E./Wigge, Peter: Handbuch des Vertragsarztrechts. Verlag C. H. Beck, München. 3. Auflage, 2017 (zitiert: *Bearbeiter*, in: *Schnapp/Wigge*, Vertragsarztrecht)

Schneider, Günter: Rechtliche Grundlagen der Qualitätssicherung in der vertragsärztlichen Versorgung. NZS 1997, 267–271

Schneider, Hendrik: Der Begriff der Zuführung von Patienten in den Tatbeständen Bestechlichkeit und Bestechung im Gesundheitswesen. medstra 2018, 67–73

Schnieder, Karl-Heinz: Neue Musterberufsordnung für Zahnärzte – Perspektiven für zahnärztliche Praxen. ZP, Heft 4, S. 8–16

Schnittker, Helder/Bank, Stephan: Die LLP in der Praxis. Gesellschaftsrecht und Steuerrecht der Limited Liability Partnership. Verlag C. H. Beck, München, 2008 (zitiert: *Schnittker/Bank*, LLP)

Schnitzler, Jörg: Das Recht der Heilberufe. Übersicht, Begriff, Verfassungsfragen. Nomos Verlagsgesellschaft Baden-Baden, 2004. Zugl. Bremen, Univ., Diss., 2002/03 (zitiert: *Schnitzler*, Heilberufe) *ders.*: Heilhilfsberufe: Erlaubnispflicht nach dem Heilpraktikergesetz? Zusammenhang und Auswirkungen des Urteils des Bundesverwaltungsgerichts vom 26.8.2009 – 3 C 19/08 –, MedR 2010, 334. MedR 2010, 828–832

ders.: Podologen im Dickicht des Gesundheitsrechts. Überblick und aktuelle Fragen. MedR 2011, 270–275

Scholz, Karsten: Anforderungen an die Berufsausübungsgemeinschaft aus zivil- und sozialrechtlicher Sicht. ZMGR 2010, 143–151.

ders.: Die Entwicklung des Berufs- und Vertragsarztrechts 2016/2017. medstra 2017, 346–353

ders.: Die Pflegekammergesetze in Niedersachsen, Rheinland-Pfalz und Schleswig-Holstein. GuP 2017, 41–47

ders.: Die Unzulässigkeit von Zuwendungen und Vorteilen nach § 73 Abs. 7 und § 128 Abs. 2 S. 3 SGB V. GesR 2013, 12–16

ders.: Geltungsanspruch des Berufsrechts gegenüber Ärzten in Krankenhäusern und Medizinischen Versorgungszentren. MedR 2015, 635–643

ders.: Neuerungen im Leistungserbringerrecht durch das GKV-Modernisierungsgesetz. GesR 2003, 369–374

ders.: Rechtssicherheit für (Vertrags-)Ärzte durch Verfahren. MedR 2015, 572–576

Scholz, Rupert/Buchner, Reimar: Beschränkungen der Berechtigung zur Gründung medizinischer Versorgungszentren nach § 95 Abs. 1a SGB V i.d.F. des GKV-VStG zum Schutz der ärztlichen Unabhängigkeit? – Verfassungsrechtliche und europarechtliche Bewertung. NZS 2012, 401–410

Schön, Wolfgang: Gibt es das partiarische Darlehen? ZGR 1993, 210–244

Schönke, Adolf/Schröder, Horst (Begr.): Strafgesetzbuch. Verlag C. H. Beck, München. 30. Auflage, 2019 (zitiert: *Bearbeiter*, in: *Schönke/Schröder*, StGB)

Schröder, Meinhard: Mehr Wettbewerb in den freien Berufen? – Die Angriffe der Europäischen Kommission auf Honorarordnungen und Beteiligungsverbote. EuZW 2016, 5–10

Schröder, Michael/Taupitz, Jochen: Menschliches Blut: verwendbar nach Belieben des Arztes? Zu den Formen erlaubter Nutzung menschlicher Körpersubstanzen ohne Kenntnis des Betroffenen. Ferdinand Enke Verlag, Stuttgart, 1991 (zitiert: *Schröder/Taupitz*, Menschliches Blut)

Schulenburg, Dirk: Kooperation von Ärzten und Heilpraktikern. Rheinisches Ärzteblatt 2010, Heft 12, S. 21.

Schulenburg, Dirk/Heckmann, Charlotte: Die Beteiligung Dritter an einer Arztpraxis aus berufsrechtlicher Sicht. GesR 2010, 525–529

Schulte Westenberg, Michael: Die Zulassung der Leistungserbringer von Hilfsmitteln. NZS 2003, 297–301

Schulte, Christian/Waechter, Thomas: Der Heilkundebegriff des § 1 Abs. 2 HprG – Eine Untersuchung am Beispiel der apparativen Legastheniebehandlung. MedR 2000, 78–82

Schulz, Carsten/Schulte, Hendrik: Medizinische Versorgungszentren – Zukunftsweisende Versorgungsform. RPG 2006, 97–108

Schüppen, Matthias: Die Partnerschaftsgesellschaft mit beschränkter Berufshaftung (PartG mbB). Schubladenmodell oder Handlungszwang? Wpg 2013, 1193–1204

Schütz, Joachim/Knieps, Franz: Wettbewerb in der ambulanten vertragsärztlichen Versorgung. ZRP 2012, 164–168

Schütze, Bernd: Die Sachwalterstellung der Vertragsärzte – Grenze für Boni, Fangprämien und andere Interessenverquickungen., in: *Hohmann-Dennhardt, Christina/Masuch, Peter/Villiger, Mark (Hrsg.)*: Festschrift für Renate Jaeger. Grundrechte und Solidarität. Durchsetzung und Verfahren. N.P. Engel Verlag, 2010, S. 539–560 (zitiert: *Schütze*, in: FS Jaeger)

Schwanenflügel, Matthias von: Moderne Versorgungsformen im Gesundheitswesen – Förderung der Qualität und Effizienz –. NZS 2006, 285–291

Schwintowski, Hans-Peter: Grenzen der Anerkennung fehlerhafter Gesellschaften. NJW 1988, 937–942

Seer, Roman/Düren, Klaus: Ausgliederung gewerblicher Tätigkeiten zur Vermeidung der Gewerbesteuerpflicht freiberuflicher Sozietäten. BB 2000, 2176–2183

Seibert, Ulrich: Die Partnerschaft. Eine neue Gesellschaftsform für die Freien Berufe. Bundesanzeiger, Köln, 1994 (zitiert: *Seibert*, Partnerschaft)

ders.: Die Partnerschaftsgesellschaft mit beschränkter Berufshaftung (PartGmbB). DB 2013, 1710–1714

Seifert, Laura: Das Konkurrenzverhältnis zwischen §§ 299a, 299b StGB und § 299, 331 ff. StGB. Besteht ein „Dreiklassenstrafrecht“ der Ärzte und ihrer Kooperationspartner? medstra 2017, 280–283

Singer, Reinhard: Konsequenzen der Entscheidung des BVerfG vom 14.1.2014 für das Berufsrecht der Rechtsanwälte und Steuerberater. DStR-Beih. 2015, 11–19

ders.: Verfassungswidrigkeit der berufsrechtlichen Beschränkungen interprofessioneller Partnerschaften für Rechtsanwälte. DStR 2013, 1856–1859

ders.: Verfassungswidrigkeit der berufsrechtlichen Beschränkungen interprofessioneller Partnerschaften für Rechtsanwälte. Zugleich Anmerkung zu BVerfG, Beschl. V. 12.1.2016 – 1 BvL 6/13. DStR 2016, 990–992

Sodan, Helge (Hrsg.): Handbuch des Krankenversicherungsrechts. Verlag C. H. Beck, München, 3. Auflage 2018 (zitiert: *Bearbeiter*, in: *Sodan*, Krankenversicherung)

ders.: Freie Berufe als Leistungserbringer im Recht der gesetzlichen Krankenversicherung. Mohr-Siebeck, Tübingen, 1997. Teilw. zugl. Erlangen-Nürnberg, Univ., Habil.-Schr., 1996 (zitiert: *Sodan*, Freie Berufe)

Sommer, Michael/Treptow, Oliver: Die „Umwandlung“ einer Partnerschaftsgesellschaft in eine PartG mbB und ihre Folgen. NJW 2013, 3269–3275

Sottas, Beat/Höppner, Heidi/Kickbusch, Ilona/Pelikan, Jürgen/Probst, Josef: Umrisse einer neuen Gesundheitspolitik. Careum working paper 7. Careum-Verlag, 2013 (zitiert: Sottas et al., Gesundheitspolitik)

Spellbrink, Wolfgang: Die Rechtsstellung des Psychotherapeuten nach dem Psychotherapeutengesetz – zugleich eine Einführung in das Psychotherapeutengesetz. NZS 1999, 1–9

Spickhoff, Andreas (Hrsg.): Medizinrecht. Verlag C. H. Beck, 3. Auflage, 2018 (zitiert: *Bearbeiter*, in: *Spickhoff*, Medizinrecht)

ders.: Die Entwicklung des Arztrechts 2014/2015. NJW 2015, 1728–1734

ders.: Die Entwicklung des Arztrechts 2016/2017. NJW 2017, 1790–1796

Spielberg, Petra: Kooperation mit anderen freien Berufen möglich. DÄBl. 1995, A-1636–A-1637

Spielmeyer, Günter: Zur Genehmigungsfähigkeit einer fachübergreifenden Gemeinschaftspraxis. DÄBl. 1981, A-2152–A-2154

Spitzl, Guntram: Die ärztliche Gemeinschaftspraxis. Göttingen, Univ., Diss., 1965

Stackelberg, Johann-Magnus von/Lehmann, Kathleen: Das GKV-Versorgungsstärkungsgesetz: Reform ohne Konsequenz. GuP 2016, 24–29

Staeck, Florian: Ärztetag debattiert über Praxisnetze. Ästhetische Dermatologie & Kosmetik 2012, Heft 3, S. 42

Starck, Christian: Die Vereinbarkeit des apothekenrechtlichen Fremd- und Mehrbetriebsverbotes mit den verfassungsrechtlichen Grundrechten und dem gemeinschaftsrechtlichen Niederlassungsrecht. Nomos Verlagsgesellschaft, Baden-Baden, 1999 (zitiert: *Starck*, Fremd- und Mehrbetriebsverbot)

ders.: Rechtliche Bewertung der Niederlassungsfreiheit und des Fremdbesitzverbots im Apothekenrecht. Nomos Verlagsgesellschaft, Baden-Baden, 2007 (zitiert: *Starck*, Fremdbesitzverbot)

ders.: Regelungskompetenzen im Bereich des Art. 12 Abs. 1 GG und ärztliches Berufsrecht. Bemerkungen zum Facharzt-Beschluss des BVerfG. NJW 1972, 1489–1493

Staub, Hermann (Begr.): Handelsgesetzbuch. Großkommentar. Band 7/1. De Gruyter, Berlin. 5. Auflage, 2010 (zitiert: *Bearbeiter*, in: *Staub*, HGB)

Staudinger, Julius von (Begr.), Kommentar zum Bürgerlichen Gesetzbuch mit Einführungsgesetz und Nebengesetzen. Otto Schmidt-Verlag, Köln/De Gruyter, Berlin.

Band §§ 705–740 (Gesellschaftsrecht), Neubearbeitung 2003

Band §§ 1626–1633; RKEG (Elterliche Sorge 1 – Inhalt und Inhaberschaft), Neubearbeitung 2015.

(jeweils zitiert: *Bearbeiter*, in: *Staudinger*, BGB)

Stebner, Frank A.: Der Umgang mit homöopathischen Arzneimitteln von Heilpraktikern beschränkt auf das Gebiet der Psychotherapie. PharmR 2014, 403–409

ders.: Kooperation mit ungewohnten Partnern. Ärzte Zeitung 2010, Nr. 209, S. 14

ders.: Strafbarkeit von Heilpraktikern nach § 299a StGB (Bestechlichkeit im Gesundheitswesen). PharmR 2017, 178–182

Steffen, Erich: Formen der Arzthaftung in interdisziplinär tätigen Gesundheitseinrichtungen. MedR 2006, 75–80

Stehle, Heinz: Die „Freiberufler-GmbH" – ihre Vor- und ihre Nachteile. DStR 1983, 100–105

Stein, Friedrich/Jonas, Martin: Kommentar zur Zivilprozessordnung. Band 5, §§ 328–510. Mohr Siebeck, Tübingen. 22. Auflage, 2006 (zitiert: *Bearbeiter*, in: *Stein/Jonas*, ZPO)

Steinbeck, Anja: Werbung von Rechtsanwälten im Internet. NJW 2003, 1481–1487

Steinhilper, Gernot: Das Psychotherapeutengesetz in der praktischen Anwendung – Einige Anmerkungen zu zulassungsrechtlichen und organisatorischen Fragen –. S. 19–38. In: Geschäftsführender Ausschuss der Arbeitsgemeinschaft Medizinrecht im DAV, Psychotherapeutengesetz – Ärztliche Kooperationsformen I. Herbsttagung Dresden 24./25.9.1999. Verlag Otto Schmidt, Köln, 2000 (zitiert: *Steinhilper*, in: *ARGE*, Psychotherapeutengesetz)

ders.: Niederlassungsmöglichkeiten nach dem GKV-VSG. GuP 2016, 15–21

ders.: Selbständige freiberufliche Tätigkeit und Kooperation: von Vertragsärzten und angestellten Ärzten. MedR 2018, 639–645

Stellpflug, Martin H.: Berufsausübung der Psychologischen Psychotherapeuten und Kinder- und Jugendlichenpsychotherapeuten im Sinne der Heilberufs- und Kammergesetze. MedR 2005, 71–74

ders.: Der neue Heilberuf: Psychologische Psychotherapeuten und Kinder- und Jugendlichenpsychotherapeuten, S. 851–874. In: *Geschäftsführender Ausschuss der Arbeitsgemeinschaft Medizinrecht im DAV*: Medizinrecht heute: Erfahrungen, Analysen, Entwicklungen. Festschrift 10 Jahre Arbeitsgemeinschaft Medizinrecht im DAV, 2008. (zitiert: *Stellpflug*, in: *ARGE*, FS 10 Jahre)

ders.: Update Psychotherapeutenrecht. ZMGR 2014, 391–394

Stellpflug, Martin H./Berns, Inge: Musterberufsordnung für die Psychologischen Psychotherapeuten und Kinder- und Jugendlichenpsychotherapeuten. Text und Kommentierung. Psychotherapeutenverlag Heidelberg, 3. Auflage 2015. (zitiert: *Stellpflug/Berns*, MBO-Pt)

Stellpflug, Martin H./Hildebrandt, Ronny/Middendorf, Max: Gesundheitsrecht. Kompendium für die Rechtspraxis. Verlag C. F. Müller, Heidelberg. 45. Aktualisierung 2018 (zitiert: *Bearbeiter*, in: *Stellpflug et al.*, Gesundheitsrecht)

Stellpflug, Martin H./Warntjen, Maximilian: Die Neuregelung des § 23i Abs. 7 der Bedarfsplanungs-Richtlinie – Keine Anstellung von Ärzten bei Psychotherapeuten? MedR 2008, 281–285

Stelzl, Stefan: Heilberuf oder Kosmetik: Abgrenzungsfragen am Beispiel des Zahn-Bleaching. ZMGR 2006, 168–172

Stock, Christof: Anmerkung zu Hess. VGH, Urt. v. 4.2.2016 – 7 A 983/15 (VG Kassel). MedR 2016, 991–992

ders.: Das un-mögliche Ende des Heilpraktikers. MedR 2018, 73 - 76

ders.: Die Indikation in der Wunschmedizin. Ein medizinrechtlicher Beitrag zur ethischen Diskussion über „Enhancement". Verlag Peter Lang, Frankfurt a. M., 2009. Zugl. Halle-Wittenberg, Univ., Diss., 2008 (zitiert: *Stock*, Enhancement)

ders.: Erste Rechtsprechung zum Psychotherapeutengesetz. NJW 1999, 2702–2706

ders.: Heilauftrag und Wunschmedizin. Zugleich eine Anmerkung zu BGH, MedR 2018, 43–44. MedR 2019, 872–875

Streinz, Rudolf: Europarecht – Grundfreiheiten. Niederlassungsfreiheit – Rechtfertigung des sog. Fremdbesitzverbots von Apotheken aus Gründen des Gesundheitsschutzes – „DocMorris". JuS 2009, 1034–1037

Stuber, Manfred: Das Partnerschaftsgesellschaftsgesetz unter besonderer Berücksichtigung der Belange der Anwaltschaft. WiB 1994, 705–710

Stumpf, Christoph A.: Wettbewerb im Sozialrecht? Zur Anwendbarkeit des Wettbewerbsrechts auf Geschäftsbeziehungen zwischen Krankenkassen und Leistungserbringern. WRP 2008, 286 - 291

Stumpf, Christoph A./Voigts, Helge-Marten: Gesundheitsmarkt zwischen Kooperation und Korruption. Rechtliche Grenzen der Zusammenarbeit zwischen Ärzten und Leistungserbringern nach Standes- und Wettbewerbsrecht. MedR 2009, 205–210

Sundmacher, Leonie/Ozegowski, Susanne: Regional distribution of physicians: the role of comprehensive private health insurance in Germany. The European Journal of Health Economics 2016, 443–451

Tamm, Burkhard: Die Zulässigkeit von Außenseitermethoden und die dabei zu beachtenden Sorgfaltspflichten. Verlag Duncker & Humblot, Berlin, 2007. Zugl. Bayreuth, Univ., Diss., 2006 (zitiert: *Tamm*, Außenseitermethoden)

Tamm, Marina: Plädoyer für eine Neuregelung des Heilpraktikergesetzes. VuR 2008, 465–741

Taupitz, Jochen: Anmerkung zu VG München, Urt. v. 27.6.1995 – M 16 K 94,3604, MedR 1996, 229. MedR 1996, 234–235

ders.: Arzt und Heilpraktiker im Doppelberuf? MedR 1993, 219–224

ders.: Berufsständische Satzungen als Verbotsgesetze im Sinne des § 134 BGB. JZ 1994, 221–227 *ders.*: Das apothekenrechtliche Verbot des „Fremd- und Mehrbesitzes" aus verfassungs- und europarechtlicher Sicht. Verlag C. F. Müller, Heidelberg, 1998 (zitiert: *Taupitz*, Fremd- und Mehrbesitz)

ders.: Das Berufsrisiko des Arztes: Entwicklung, Steuerung und Risikominimierung. MedR 1995, 475–482

ders.: Der Heilpraktiker aus der Sicht des Haftungsrechts: "Arzt", "Mini-Arzt" oder "Laie"? NJW 1991, 1505–1510

ders.: Die GmbH als Organisationsform ambulanter heilkundlicher Tätigkeit. NJW 1992, 2317–2325.

ders.: Die Standesordnungen der freien Berufe. De Gruyter, Berlin, New York, 1991. Zugl. Göttingen, Univ., Habil.-Schr., 1989 (zitiert: *Taupitz*, Standesordnungen)

ders.: Erlaubnispflichtige Ausübung der Heilkunde. Problemstellung zu OVG Nordrh.-West., Urt. v. 2.12.1998 – 13 A 5322/96. MedR 2000, 46

ders.: Grundlagen berufsrechtlicher Inkompatibilitäten. AnwBl 1991, 558–563

ders.: Heilpraktikererlaubnis für approbierten Zahnarzt zur Durchführung ganzkörperlicher Behandlung. Problemstellung zu OVG Nordrhein.-Westf., Urt. v. 13.8.1998 – 13 A 1781/96. MedR 1999, 187–188

ders.: Integrative Gesundheitszentren – neue interprofessionelle Formen ärztlicher Zusammenarbeit. MedR 1993, 367–378

ders.: Körperpsychotherapie als erlaubnispflichtige Heilkundeausübung. ArztR 1993, 173–179

ders.: Rechtliche Bindungen des Arztes: Erscheinungsweisen, Funktionen, Sanktionen. NJW 1986, 2851–2861

ders.: Zum Umfang der Beratungspflicht eines Rechtsanwalts im Zusammenhang mit der Gründung einer Heilkunde-GmbH. Anmerkung zu BGH, Urt. v. 6.2.1992 – IX ZR 95/91. MedR 1992, 271–272

ders.: Zur Verfassungswidrigkeit des Verbots, ärztliche Praxen in Form einer juristischen Person des Privatrechts zu führen. NJW 1996, 3033–3042.

ders.: Zur Zulässigkeit von Freiberufler-GmbHs. Heilkunde-GmbH: ja, Rechtsberatungs-GmbH: nein? JZ 1994, 1100–1108

Taupitz, Jochen/Pitz, Andreas/Katharina, Niedziolka: Der Einsatz nicht-ärztlichen Heilpersonals bei der ambulanten Versorgung chronisch kranker Patienten insbesondere im Rahmen von Disease Management Programmen. LIT Verlag Dr. W. Hopf Berlin, 2008 (zitiert: *Taupitz et al.*, Heilpersonal)

Taupitz, Jochen/Schelling, Holger: Das apothekenrechtliche Verbot des „Mehrbesitzes" – auf ewig verfassungsfest? NJW 1999, 1751–1757

Tellmann-Schumacher, Cordula: Gesellschaft mbH als Rechts- und Patentanwaltsgesellschaft. GRUR-Prax 2014, 116

Tettinger, Peter Josef: Die Auswirkungen des GMG auf das zahnärztliche Berufsrecht und die Selbstverwaltung. GesR 2004, 449–456

ders.: Grundfragen zahnärztlicher Freiberuflichkeit. MedR 2001, 287–294

Tettinger, Peter Josef/Wank, Rolf/Ennuschat, Jörg (Hrsg.): Gewerbeordnung. Verlag C. H. Beck, München. 8. Auflage, 2011 (zitiert: *Bearbeiter*, in: *Tettinger et al.*, GewO)

Thanner, Mirjam/Nagel, Eckhard/Loss, Julika: Möglichkeiten und Grenzen einer Zusammenarbeit mit Heilpraktikern aus ärztlicher Sicht. Forschende Komplementärmedizin 2013, 23–32 (zitiert: *Thanner et al.*)

Töfflinger, Christina: Die Teilnahme von Kapitalgesellschaften an der ärztlichen Versorgung im ambulanten Sektor. Das sozial- und berufsrechtliche Fremdbeteiligungsverbot auf dem EG-rechtlichen Prüfstand. Bonn, Univ., Diss., 2010 (zitiert: *Töfflinger*, Ambulante Kapitalgesellschaften)

Transfeld, Carsten: Anteilsübertragung trotz Vinkulierung – ein vermeintlicher Widerspruch? Lösungsansätze für die gesellschaftsrechtliche Praxis. GmbHR 2010, 185–189

Transparency International: Transparenzmängel, Korruption und Betrug im deutschen Gesundheitswesen – Kontrolle und Prävention als gesellschaftliche Aufgabe. Grundsatzpapier, 2008 (zitiert: *Transparency International*, Transparenzmängel)

Trautmann, Arnim: Der Vertrag über die ärztliche Gemeinschaftspraxis. Vertragsarzt-, berufs- und gesellschaftsrechtliche Anforderungen unter besonderer Berücksichtigung von Junior-/Seniorpartnerschaften. Centaurus-Verlag, Herbolzheim, 2005. Zugl. Gießen, Univ., Diss., 2004 (zitiert: *Trautmann*, Gemeinschaftspraxis)

ders.: Die vertragsarztrechtlichen Voraussetzungen der gemeinschaftlichen Berufsausübung von Ärzten nach § 33 Abs. 2 Ärzte-ZV. NZS 2004, 238–246

Treptow, Oliver: Anmerkung zu BSG, Urt. v. 15.8.2012 – B 6 KA 47/11 R (LSG Rheinland-Pfalz). MedR 2014, 425–426

ders.: Die Mitgliedschaft in der als Medizinisches Versorgungszentrum zugelassenen Ärzte-GmbH. Nomos Verlagsgesellschaft, 2011. Zugl. Mannheim, Univ., Diss., 2011 (zitiert: *Treptow*, MVZ-GmbH)

ders.: Neue Rechtsform für Ärzte in Niedersachsen. Niedersächsisches Ärzteblatt 2016, Heft 10, S. 28

Tsambikakis, Michael: Kommentierung des Gesetzes zur Bekämpfung der Korruption im Gesundheitswesen. medstra 16, 131–141

Twer, Dae Shik von der: Die Rechtsstellung des Physiotherapeuten. Verlag Peter Lang, Frankfurt a. M., 2001. Zugl. Köln, Univ., Diss., 2000 (zitiert: *von der Twer*, Physiotherapeuten)

Ulmer, Kai Oliver: Praktische Probleme der beschränkten Berufshaftung einer Rechtsanwalts-PartG. AnwBl 2014, 806–814

Ulmer, Peter: Die Haftungsverfassung der BGB-Gesellschaft. Stand und Perspektiven im Lichte neuer BGH-Urteile. ZIP 2003, 1113–1122

ders.: Die höchstrichterlich „enträtselte" Gesellschaft bürgerlichen Rechts. Zugleich Besprechung zu BGH ZIP 2001, 330. ZIP 2001, 585–599

Vogl, Werner: Rechtsfragen bei Gründung und Betrieb eines zahnärztlichen MVZ. ZMGR 2010, 63–67

Voigt, Tobias: IGeL: Chance oder Schande in der öffentlichen Gesundheitsversorgung? Zum Rechtsverhältnis von Arzt und Patient bei privaten Zusatzleistungen. GuP 2015, 1–7

ders.: Individuelle Gesundheitsleistungen (IGeL) im Rechtsverhältnis von Arzt und Patient. Springer Verlag, Heidelberg u.a., 2013 (zitiert: *Voigt,* Individuelle Gesundheitsleistungen)

Vorwerk, Volkert/Wolf, Christian: BeckOK ZPO. Verlag C. H. Beck, München. 36. Edition, 2020 (zitiert: *Bearbeiter,* in: *Vorwerk/Wolf,* ZPO)

Walter, Alexander: Haftungsverhältnisse in ärztlichen Kooperationsformen nach der Anerkennung der Rechtsfähigkeit von BGB-Gesellschaften. MedR 2002, 169–173

Wank, Rolf: Telearbeit. NZA 1999, 225 - 235

Wasem, Jürgen/Staudt, Susanne: Der selbständige freiberufliche Vertragsarzt aus ökonomischer Perspektive. MedR 2018, 676–680

Weber, Ralph/Vogt-Weber, Beate: Die rechtliche Zulässigkeit und wirtschaftliche Sinnhaftigkeit des Betreibens einer Arztpraxis in der Rechtsform der GmbH. ArztR 1997, 179–186

dies.: Neue Organisationsformen – Arztpraxis als GmbH: kaum sinnvoll. DÄBl. 1998, A-1146–A-1149

Wehrheim, Michael/Brodthage, Sven: Die Abfärbetheorie bei teilweise gewerblich tätigen Personengesellschaften. DStR 2003, 485–492

Wehrheim, Michael/Wirtz, Holger: Die Partnerschaftsgesellschaft. Recht, Steuern, Betriebswirtschaft. Erich Schmidt Verlag, Berlin. 6. Auflage, 2018 (zitiert: *Wehrheim/Wirtz,* PartG)

Weigt, Manfred: Medizinische Kooperationsgemeinschaft: Neue Rechtsform eröffnet neue Perspektiven. Praxisführung Professionell 2004, Heft 8, S. 5

Weller, Marc-Philippe/Kienle, Florian: Die Anwalts-LLP in Deutschland. Anerkennung – Postulationsfähigkeit – Haftung (Teil II). DStR 2005, 1102–1107

Wende, Peter: Das Fremdbesitzverbot in den freien Berufen. Eine rechtsvergleichende Untersuchung bei Rechtsanwälten, Steuerberatern, Wirtschaftsprüfern, Ärzten und Apothekern in Deutschland, England und Frankreich. Deutscher

Anwaltverlag, Bonn. Zugl. Köln, Univ., Diss., 2012 (zitiert: *Wende*, Fremdbesitzverbot)

Wenner, Ulrich: Strukturproblem der Gesundheitsversorgung in Deutschland – Herausforderungen für die Rechtsprechung des BSG. MedR 2015, 175–181

ders.: Vertragsarztrecht nach der Gesundheitsreform. Verlag C. H. Beck, München, 2008 (zitiert: Wenner, Vertragsarztrecht)

Wenzel, Frank (Hrsg.): Der Arzthaftungsprozess. Medizinschaden. Fehler – Folgen – Verfahren. Verlag Luchterhand, Köln, 2012 (zitiert: *Bearbeiter*, in: *Wenzel*, Arzthaftungsprozess)

ders.: Handbuch des Fachanwalts Medizinrecht. Verlag Luchterhand, Köln. 3. Auflage, 2013 (zitiert: *Bearbeiter*, in: *Wenzel*, Medizinrecht)

ders.: Patientenrechtegesetz. Kommentar für die Praxis. Verlag medhochzwei, Heidelberg, 2017 (zitiert: *Bearbeiter*, in: *Wenzel*, Patientenrechtegesetz)

Werner, Frank: Gemeinschaftliche ärztliche Berufsausübung und Formen interprofessioneller ärztlicher Kooperation. Verlag Peter Lang, Frankfurt a. M., 1999. Zugl. Mannheim, Univ., Diss., 1997 (zitiert: *Werner*: Berufsausübung)

Wertenbruch, Johannes: Die Innenhaftung bei der Partnerschaftsgesellschaft mbB. NZG 2013, 1006–1010

Wertenbruch, Johannes: Die vertragliche Bindung der Kassenarztzulassung eines Gesellschafters an die Ärzte-Personengesellschaft. NJW 2003, 1904–1908

Westermann, Harm Peter: Zur Zulassung der GmbH § Co. KG (auch: UG & Co. KG) als Berufsausübungsgesellschaft von Rechtsanwälten. NZG 2019, 1–8

Westermann, Harm Peter/Grunewald, Barbara/Maier-Reimer, Georg: BGB. Verlag Otto Schmidt, Köln. 15. Auflage, 2017 (zitiert: *Bearbeiter*, in: *Erman*, BGB)

Weyand, Raimand: Partnerschaftsgesellschaften als neue Organisationsform für die freiberufliche Praxis. INF 1995, 22–27

Wiemers, Matthias: Die Gesundheitshandwerke zwischen Handwerksrecht und Gesundheitsrecht. DVBl. 2012, 942–950

Wiese, Hauke Christian: Die Einbindung von Gesundheitsberufen in die gesundheitssozialrechtlichen Leistungserbringungssysteme und der Einfluss auf die Gestaltung der Gesundheitsberufe und ihrer Berufsausübung, S. 13–28, LIT Verlag Berlin, 2016. Zugl. Kiel, Univ., Diss., 2015 (zitiert: Wiese, Einbindung von Gesundheitsberufen)

Wigge, Peter: Medizinische Versorgungszentren nach dem GMG. Zulassung, Rechtsformen, Trägerschaft. MedR 2004, 123–134

Wigge, Peter/Kleinke, Sören: Kooperative Berufsausübung zwischen Apothekern und anderen Gesundheitsberufen. MedR 2002, 391–394

Wigge, Peter/von Leoprechting, Gunter(Hrsg.): Handbuch Medizinische Versorgungszentren. Rechtliche Grundlagen – Unternehmensgründung – wirtschaftliche

Rahmenbedingungen. Verlag W. Kohlhammer, Stuttgart, 2011 (zitiert: Bearbeiter, in: *Wigge/von Leoprechting*, MVZ)

Willerscheid, Katharina: Die Pflicht des Steuerberaters zur unabhängigen Berufsausübung. DStR 2018, 635–640

Willkomm, Jan/Braun, Sebastian: Kooperationen zwischen niedergelassenen Privatärzten und Heilpraktikern – ein zulässiges Modell? ZMGR 2019, 11–14

Wimmer, W.: Medizinjuristisches zum gegenwärtigen paramedizinischen Kurpfuschertum. In: *Barz, J./Bösche, J./Frohberg, H./Joachim, H./Käppner, R./Mattern, R. (Hrsg.)*: Fortschritte der Rechtsmedizin. Festschrift für Georg Schmidt. Springer-Verlag, Berlin u. a., 1983. S. 250–260 (zitiert: *Wimmer*, in: FS Schmidt)

Wittmann, Christian/Koch, Detlef: Die Zulässigkeit gesellschaftsrechtlicher Beteiligungen von Ärzten an Unternehmen der Hilfsmittelbranche im Hinblick auf § 128 Abs. 2 SGB V und das ärztliche Berufsrecht. MedR 2011, 476–485

Wodarz, Katharina: Beteiligung von MVZ an MVZ. Zugleich Anmerkung zu SG Marburg, Gerichtsbescheid vom 20. Januar 2014 – S 12 KA 117/13. NZS 2014, 531–534

Wölker, Teresia: Wer nicht wirbt, der stirbt – das gilt auch für Praxen. Ärzte Zeitung 2003, Nr. 125, S. 18

Wollenschläger, Ferdinand: Eine Einheitliche Gebührenordnung für ambulante ärztliche Leistungen (Teil 1). Herausforderungen und Grenzen einer Harmonisierung angesichts im GKV- und privatärztlichen Sektor fundamental divergierender Leistungs- und Vergütungssysteme. NZS 2018, 385–392

ders.: Eine Einheitliche Gebührenordnung für ambulante ärztliche Leistungen (Teil 2). Herausforderungen und Grenzen einer Harmonisierung angesichts fundamental divergierender Leistungs- und Vergütungssysteme im GKV- und privatärztlichen Sektor. NZS 2018, 445–452

Wrase, Michael: Das GKV-Versorgungsstrukturgesetz. GuP 2012, 1–9

Wulffius, Gerhard: Apothekenbesitzrecht. Entwicklungslinien, Grundrechtsprobleme, Umgestaltungsmöglichkeiten. Tübingen, Univ., Diss., 1964 (zitiert: *Wulffius*, Apothekenbesitzrecht)

Wüst, Günther: Ausbaubedürfnisse im Gesellschaftsrecht. JZ 1989, 270–278

Zech, Till: Berechtigung von gemeinnützigen Trägern zur Gründung eines MVZ. – Eine Analyse des § 95 Abs. 1a S. 1 Alt. 4 SGB V –. MedR 2016, 118–123

Zentes, Joachim/Swoboda, Bernhard/Morschett, Dirk (Hrsg.): Kooperationen, Allianzen und Netzwerke. Grundlagen – Ansätze – Perspektiven. Springer-Verlag, Heidelberg, 2003 (zitiert: *Bearbeiter*, in: *Zentes et al.*, Kooperationen)

Ziegler, Ole: Freiberufliche Tätigkeit im Lichte der Rechtsprechung der verschiedenen Gerichtszweige. MedR 2018, 645–654.

Ziermann, Karin: Sicherstellung der vertragszahnärztlichen Versorgung durch Medizinische Versorgungszentren. MedR 2004, 540–547

Zimmermann, Markus: Heilmittelwerbegesetz. Nomos-Verlagsgesellschaft, Baden-Baden, 2012

ders.: Zahnärztliche MVZ nach dem GKV-VSG – eine kritische Bestandsaufnahme. MedR 2018, 662–666

Zimmermann, Reinhard: Juristische Methodenlehre in Deutschland. RabelZ 83 (2019), 242–287

Zöller, Richard (Begr.): Zivilprozessordnung. Verlag Otto Schmidt, Köln. 33. Auflage, 2020 (zitiert: *Bearbeiter*, in: *Zöller*, ZPO)

Zuck, Rüdiger: Die Anwalts-GmbH nach §§ 59c ff. BRAO. MDR 1998, 1317–1322

ders.: Internationales Anwaltsrecht. NJW 1987, 3033–3036

ders.: Verfassungsrechtliche Rahmenbedingungen des zivilprozessualen Beweisverfahrens – Sachverständigenbeweis. NJW 2010, 3622–3624

Zwingel, Bernd/Preißler, Reinhold: Ärzte-Kooperationen und Medizinische Versorgungszentren. Deutscher Ärzte-Verlag, Köln. 2. Auflage, 2008 (zitiert: *Zwingel/Preißler*, MVZ)

Zykla-Menhorn, Vera: Arzt-Patienten-Kommunikation: Reden ist Gold, aber... DÄBl. 2013, A-743

Internetquellen

Bundesärztekammer: Arzt – Werbung – Öffentlichkeit, abrufbar unter https://www.bundesaerztekammer.de/fileadmin/user_upload/downloads/pdf-Ordner/Recht/Arzt-Werbung-Oeffentlichkeit.pdf, letzter Aufruf am 28.07.2020 (zitiert: *BÄK*, Arzt – Werbung – Öffentlichkeit)

dies.: Hinweise und Empfehlungen zur ärztlichen Schweigepflicht, Datenschutz und Datenverarbeitung in der Arztpraxis, abrufbar unter http://daebl.de/YC26, letzter Aufruf am 28.07.2020 (zitiert: *BÄK*, Schweigepflicht und Datenschutz)

dies.: Prozessverbesserung in der Patientenversorgung durch Kooperation und Koordination zwischen den Gesundheitsberufen. Abschlusspapier der Konferenz der Fachberufe im Gesundheitswesen bei der Bundesärztekammer. Berlin, 2010, abrufbar unter https://www.bundesaerztekammer.de/fileadmin/user_upload/downloads/FachberufeProzessverbesserung201111.pdf, letzter Aufruf am 28.7.2020 (zitiert: *BÄK*, Kooperation und Koordination)

Bundesärztekammer/Kassenärztliche Bundesvereinigung: Physician Assistant – Ein neuer Beruf im deutschen Gesundheitswesen. Berlin, 2017, abrufbar unter: https://www.bundesaerztekammer.de/fileadmin/user_upload/downloads/pdf-Ordner/Fachberufe/Physician_Assistant.pdf, letzter Aufruf am 28.07.2020 (zitiert: *BÄK/KBV*, Physician Assistant)

Landesärztekammer Baden-Württemberg: Kooperationsmöglichkeiten für niedergelassene (Vertrags-) Ärztinnen/(Vertrags-) Ärzte, Februar 2011, abrufbar unter https://www.aerztekammer-bw.de/10aerzte/40merkblaetter/10merkblaetter/kooperation.pdf, letzter Aufruf am 28.7.2020 (zitiert: *LÄK Bad.-Württ.*, Kooperationsmöglichkeiten)

dies.: Partnerschaftsgesellschaft/Medizinische Kooperationsgemeinschaft, Stand Februar 2011, abrufbar unter https://www.aerztekammer-bw.de/10aerzte/40merkblaetter/10merkblaetter/partnerschaftsgesellschaft.pdf, letzter Aufruf am 28.7.2020 (zitiert: *LÄK Bad.-Württ.*, PartG/MKG)

Müller, Thorsten: Arzt und Sanitätshaus – Kooperation als Erfolgsmodell, S. 1–8, http://www.thorsten-karin-mueller.de/Lektuere/Kooperationen_OT.pdf, letzter Aufruf am 28.7.2020 (ursprünglich veröffentlicht in Orthopädie-Technik 2006, Heft 11; zitiert: *Müller*, Arzt und Sanitätshaus)

Sächsische Landesärztekammer: Niederlassung und berufliche Kooperation vom 6.8.2008, S. 3, abrufbar unter https://www.slaek.de/media/dokumente/05slaek/02aufgaben/berufsrecht/hinwkoop.pdf, letzter Aufruf am 28.7.2020 (zitiert: *Sächsische LÄK*, Niederlassung und berufliche Kooperation)

Stichwortverzeichnis

www.ingramcontent.com/pod-product-compliance
Ingram Content Group UK Ltd.
Pitfield, Milton Keynes, MK11 3LW, UK
UKHW021922290926
8980IPUK00016B/1416

9 783631 861998